ISBN 978-0-331-06306-6
PIBN 11009537

ALLGEMEINE

LITERATUR-ZEITUNG

VOM JAHRE

1809.

DRITTER BAND.

SEPTEMBER bis DECEMBER.

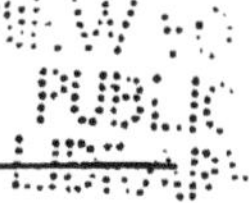

HALLE,
in der Expedition dieser Zeitung,
und LEIPZIG,
in der Königl. Sächs. privil. Zeitungs-Expedition.
1809.

Num. 239.

ALLGEMEINE LITERATUR-ZEITUNG

Freytags, den 1. September 1809.

WISSENSCHAFTLICHE WERKE.

PHILOSOPHIE.

BERLIN, b. Unger: *Ueber die innere Wahrnehmung.* Eine Abhandlung, welcher von der Königl. Akademie d. Wissenschaften zu Berlin der Preis von 50 Ducaten zuerkannt worden ist, von *David Theodor Suabedissen*, Lehrer an der Unterrichts-Anstalt der reformirten Gemeine zu Lübeck. 1808. 189 S. 8.

Die philosophische Klasse der Königl. Akademie der Wissenschaften zu Berlin hatte für das Jahr 1807. folgende Preisaufgabe bekannt gemacht: *Giebt es eine unmittelbare innere Wahrnehmung, und worin ist diese von der innern Anschauung und von der blossen Abstraction der Regeln unsers Denkens und Empfindens durch wiederholte Beobachtung verschieden? Worin sind die Anschauungen von der Empfindung und dem innern Gefühle verschieden? In welcher Beziehung stehen diese Handlungen oder Lagen des Gemüths mit den Begriffen und Ideen?* — Unstreitig betrifft diese Aufgabe Gegenstände, welche an sich und in Beziehung auf ihren Einfluss auf die merkwürdigsten Erscheinungen auf dem Gebiete der Philosophie vor vielen andern verdienten von einer Akademie der Wissenschaften, welcher das Gedeihen und Fortschreiten der Wissenschaften, wie es seyn soll, am Herzen liegt, dem angestrengten absichtlichen und gemeinsamen Nachforschen vorzüglich unbefangener, keiner Partey angehörigen, Denker näher gebracht zu werden. Jedes Philosophiren, jedes wissenschaftliche Denken entspringt ja aus dem menschlichen Geiste, beruht auf gewissen Thätigkeiten desselben, und die Selbsterkenntniss von diesen Thätigkeiten hat daher unmittelbar und mittelbar immer den grössten Einfluss auf die Richtung, auf den Erfolg und das Product des Philosophirens. Aber auch von diesem Einflusse abgesehn hat die Aufgabe schon allein in der Rücksicht ein grosses Interesse, dass sie die richtigere und bestimmtere Erkenntniss der Geisternatur zum Zwecke hat. Die vor uns liegende mit dem Preise gekrönte Beantwortung ist dieser Auszeichnung werth; sie hat die Frage von allen Seiten deutlich und gründlich erörtert, die Wahrnehmung, die Anschauung, die Empfindung, das Gefühl, die Begriffe an sich betrachtet, und ihre Verhältnisse zu einander bestimmt, dadurch einen schätzbaren Beytrag zur Theorie dieser Aeusserungen des Gemüths gegeben; manchen noch nicht völlig bestimmten und daher schwankenden Begriffen einen höhern Grad von Deutlichkeit und Bestimmtheit gegeben, auch davon Anwendung auf mehrere in der Philosophie streitige Gegenstände gemacht. Denn der Vf. derselben betrachtet die Aufgabe vorzüglich von der Seite, als durch sie die Fragen: was ist das Ursprüngliche im menschlichen Gemüthe, und wie kann man von demselben Kunde erhalten? unabhängig von irgend einer bestimmten Schulphilosophie der Entscheidung näher gebracht, und vermittelst derselben die vorhandene Entzweyung in den Principien des Philosophirens aufgehoben werden kann. Sollte sich auch der Vf. in dem letzten geirrt, und diese Entscheidung noch von andern Untersuchungen abhangen: so hat doch die Erörterung der Frage selbst viel Einfluss darauf, und unabhängig davon einen Werth an sich. Mit Unparteylichkeit, unbefangen, ohne schon vor der Untersuchung von irgend einer philosophischen Schule eingenommen zu seyn, hat der Vf. sich bemüht, nur allein in der aufmerksamen Reflexion auf das menschliche Gemüth und die Sprache, in der genauen Erörterung des Bewusstseyns die Data zur Beantwortung der Frage, und daher in der Einleitung die Vorurtheile gegen die Reflexion, gegen die Anthropologie, die seit einiger Zeit sich verbreitet haben, zu entkräften gesucht. Indessen ist er doch nicht ganz frey von aller Ansteckung des Zeitgeistes geblieben, und hat bey allem redlichen Eifer für Wahrheit doch durch Anschmiegung an die Terminologie der neuesten Philosophie auch zugleich manche ihrer Ansichten und vermeinten Entdeckungen angenommen, die selbst noch einer wissenschaftlichen Begründung bedürfen. Auch dringt die Untersuchung nicht allezeit tief genug ein, und verläfst den vorgezeichneten richtigen Weg der Erörterung. Doch diese Fehler werden durch eine Menge von richtigen, feinen und treffenden Bestimmungen der Begriffe, ihrer Verwandtschaft und Verschiedenheit, durch viele neue Ansichten und Aufklärungen über die Natur der Aeusserungen des Gemüths, und viele neue Probleme zu weiterem Forschen reichlich aufgewogen. Die Abhandlung zerfällt in *drey* Abschnitte, die in der Aufgabe selbst bestimmt sind. Die innere Wahrnehmung, ihre Vergleichung mit der Anschauung und der Abstraction der Regeln des Denkens und Empfindens macht den Inhalt des *ersten* aus; in dem *zweyten* wird die Natur der Empfindungen und Gefühle, und ihr Verhältniss zu der Wahrnehmung und Anschauung, und endlich in dem *dritten* das Verhältniss aller dieser erörterten Gemüthsäusserungen zu den Begriffen und

und Ideen unterſucht. Das Ganze beſchlieſsen einige Bemerkungen zur Ueberſicht und Erläuterung.

Es giebt *äuſsere* und *innere Wahrnehmung*. Der Vf. umfaſst beide nach ihrem Eigenthümlichen und gemeinſamen Merkmalen, um dadurch das Weſen der Wahrnehmung überhaupt, und dann insbeſondere der innern richtiger zu beſtimmen. *Aeuſsere Wahrnehmungen* ſind die Uranfänge der äuſsern Erfahrung, die erſten auf Erkenntniſs gerichteten Aeuſserungen des Gemüths, in welchen wir etwas auffaſſen, ohne Beſtimmung, ohne Begriff und Urtheil. Sie unterſcheiden ſich daher von der Erfahrung und Erkenntniſs als ein Unbeſtimmtes von dem Beſtimmten: es wird in ihnen auch nicht eigentlich vorgeſtellt, wenn Vorſtellen bedeutet, daſs ſich das Gemüth einen Gegenſtand vorhalte. Dagegen iſt die äuſsere Wahrnehmung der Anfang, der wahre Inhalt und das Reelle der äuſseren Erfahrungs-Erkenntniſs, und es iſt daher in ihr Thun und Leiden, das Subjective und Objective noch innig verſchmolzen. An ſich, als bloſse Gemüthslage betrachtet, iſt äuſsere und innere Wahrnehmung nicht von einander verſchieden; aber ihre Beziehung iſt verſchieden, indem ſie, vermöge des urſprünglichen Gegenſatzes zwiſchen dem Objectiven und Subjectiven, nicht durch einen Schluſs, ſondern unmittelbar entweder auf ein dem Subjecte, als dem Innern, überhaupt Entgegenſtehendes, ein Aeuſseres, oder auf ein im Subjecte ſelbſt Befindliches, alſo Inneres bezogen wird. Die innern Wahrnehmungen begleiten unmittelbar die Reihe der innern Veränderungen eines beſeelten Weſens, d. h. diejenigen Veränderungen, die in ſeinem Daſeyn, ſo fern es als für ſich beſtehend betrachtet wird, vorgehen; die äuſseren begleiten unmittelbar die äuſseren Veränderungen des Daſeyns eines beſeelten Weſens, d. h. diejenigen Veränderungen, die in ſeinem Daſeyn vorgehen, ſo fern es als nur in und mit dem Daſeyn Anderer beſtehend angenommen wird. Die inneren und die äuſseren Wahrnehmungen ſind ſelbſt dieſe Veränderungen, ſo fern ſie Veränderungen eines ſich ſelbſt vernehmenden Weſens ſind. (Wenn wir dieſes auflöſen, ſo iſt Wahrnehmung Bewuſstſeyn einer Veränderung eines mit Bewuſstſeyn begabten Weſens. Denn das ſich ſelbſt vernehmen iſt wohl nichts anders, als ſich bewuſst werden.) Die äuſsere Wahrnehmung iſt nur durch ein Beſtimmt*werden* eines Selbſtthätigen möglich; die innere iſt das unmittelbare Erfaſſen eines Beſtimmt*ſeyns*. (Dieſe Beſtimmungen des Unterſchieds der äuſsern und der innern Wahrnehmung ſind zu ſcharf, und eben deswegen zu wenig treffend. Warum ſollte die äuſsere Wahrnehmung nicht auch ein Erfaſſen eines Beſtimmt*werdens* ſeyn? Durch dieſen Unterſchied wird eine Scheidewand zwiſchen beiden geſetzt, die nicht in der Natur vorhanden iſt, da jede äuſsere Wahrnehmung auch eine innere, aber nicht umgekehrt iſt.) Das Eigenthümliche der Wahrnehmung, ſowohl der innern als der äuſsern, beſteht in ihrer *Urſprünglichkeit* oder *Unmittelbarkeit*, und in ihrer *Unbeſtimmtheit*. Durch beide Merkmale unterſcheidet ſie ſich von allen Gemüthsäuſserungen, bey welchen Reflexion oder willkürliche ideelle Thätigkeit Statt findet, durch die letzte noch beſonders von der Anſchauung.... Die Unmittelbarkeit der Wahrnehmung wird auch durch den Ausdruck, *durch den Sinn* wahrnehmen, ausgedrückt. Der Sinn macht die Wahrnehmung nicht mittelbar, indem er etwa in einem bloſsen Auffaſſen beſtände, worauf ein Zuſammenfaſſen folgte, er iſt kein Mittelvermögen, wie ſich wohl manche Pſychologen ausdrucken. Es giebt kein Auffaſſen ohne ein Zuſammenfaſſen. (Dieſes iſt eine Behauptung, die nicht mit allen Erfahrungen zuſammen ſtimmt. Die Seele erhält Eindrücke, ohne daſs ſie mit Bewuſstſeyn verbunden ſind.) Die *innere Wahrnehmung* iſt ein Innewerden Seiner Selbſt. Wir gelangen durch dieſelbe zum Bewuſstſeyn der Veränderungen und der Zuſtände des Gemüths. Beide machen nur gleichſam das Aeuſsere, die bewegliche Oberfläche des eigentlich Innern des Gemüths aus. Allein der Menſch hat auch ein unmittelbares Wiſſen und Bewuſstſeyn von ſeinem Seyn, welches nicht der Fluſs der innern Veränderungen, der an und mit dem Wechſel der Auſſendinge dahin flieſst, ſondern eben das Seyn iſt, woran alle jene Veränderungen ablaufen, was aber an ſich genommen, unverändert und immer ſich ſelbſt gleich in ſich ſelbſt beruht. Wir ſind uns dieſes Seyns unmittelbar bewuſst, es iſt dieſes Gewiſsſeyn ſeines Seyns eine innere Wahrnehmung, und zwar die *abſolut innere* Wahrnehmung. „Das abſolut innere Seyn, oder das abſolute Leben, ſteht als ſolches mit nichts im Gegenſatze, wird durch nichts beſtimmt; ſo auch nicht die mit demſelben unmittelbar verbundene Wahrnehmung. Denn ſie iſt eigentlich nur das Seiner Selbſt bewuſste Leben, oder, das Selbſtbewuſstſeyn des Lebens; ſie iſt mehr ein *Inneſeyn* als ein *Innewerden* Seiner Selbſt; ſie iſt die *Vernunft*, das *Sich-Selbſt-Vernehmen des Weſens*." (Hier hat doch der Vf. offenbar der Unbefangenheit, die er ſich vorgeſetzt hatte, vergeſſen, und von dem Geiſte oder wenigſtens von der Terminologie der das Abſolute zu erkennen vermeinenden Philoſophie ſich anſtecken laſſen. Denn iſt dieſes Sich-Selbſt-Vernehmen des Weſens wohl etwas anders, als das reine formale Selbſtbewuſstſeyn des Ichs? Zwar verneint es der Vf. (S. 37.) in der Anmerkung, aber ohne aus Gründen zu zeigen, daſs es dieſes nicht iſt. Er ging darauf offenbar hinaus, dieſem urſprünglichen Bewuſstſeyn, welches der Centralpunkt alles Wiſſens, aber von allem Inhalt leer iſt, auch einen realen Inhalt zu geben, und dadurch die Erkenntniſs nicht allein ſeiner Form, ſondern auch ſeinem Inhalte nach an etwas urſprünglich Gewiſſes (das Weſen, das abſolute Leben) zu knüpfen, wie S. 34. erhellet. Allein es heiſst auch hier: *en Rhodus, en ſalta*. Es iſt nicht genug, zu ſagen, wir ſind uns in und durch die abſolut innere Wahrnehmung unſeres Weſens, und des abſoluten Lebens bewuſst, ſondern es muſs bewieſen werden. Sonſt wird aller Schwärmerey Thür und Thor geöffnet.)

Die Anſchauung iſt von dem Vf. durch Reflexion auf die verſchiedenen Aeuſserungen des Gemüths, welche mit dem Worte Anschauung bezeichnet werden, recht gut nach ihrer eignen Natur und ihrem Verhältnifs zur Wahrnehmung erörtert worden. Er geht von dem Auffassen eines Gegenstandes im Sehen, und durch jeden Sinn (*sinnliche Anschauung*) zu dem geistigen Sehen unkörperlicher Gestalten, in den aufbehaltenen treuen Bildern eines sinnlichen Gegenstandes (*anschauliche Vorstellung*), in der identischen Umbildung körperlicher Gestalten oder freyen Bildung neuer Gestalten (*geistige Anschauung*), in dem Ergreifen der selbsterschaffenen Formen ohne allen Stoff und Schein des Stoffes (*mathematische Anschauung*) fort. Dem Erkennen kommt in der Anschauung *Unmittelbarkeit* und *Bestimmtheit* zu; durch das letzte Merkmal unterscheidet sich dieselbe von der Wahrnehmung. Jede Anschauung ist *Vorstellung*: denn es wird dem Gemüthe Etwas vorgestellt, an welches es *an*- oder *hin*schaut, und daher dem Gemüthe gegenüber steht. Da in jeder Anschauung ein wechselseitiges Bezogenseyn von Subject und Object wesentlich ist: so kommt jeder Anschauung Klarheit zu, die aber verschiedene Grade hat. Anschauung ist daher überhaupt das *unmittelbare Gerichtetseyn der Erkenntnifsthätigkeit auf einen Gegenstand, als ein durchaus Bestimmtes oder Einzelnes.* Die Anschauung ist, wenn der Gegenstand in der Körperwelt enthalten ist, die *äußere*; wenn er aber nur in der Region des Gedankens gefafst wird, die *innere* Anschauung, und zu dieser gehören die Producte der reproductiven und productiven Einbildungskraft und der mathematischen Construction. Jetzt kommt der Vf. auf die *intellectuelle* oder *Vernunft-Anschauung*, durch welche, wie mehrere Philosophen des Alterthums und der neueren Zeit gemeynt haben, das Uebersinnliche, das Absolute, die Gottheit unmittelbar erkannt werden sollte. Nach einer kurzen historischen Skizze stellt er die Erklärungen von *Fichte* und *Schelling* über das, was sie unter dieser intellectuellen Anschauung verstanden wissen wollten, weil sie die bestimmtesten sind, mit ihren eignen Worten zusammen, und beurtheilt sie, wobey er sich doch weniger auf die Sache als auf die Wortbezeichnung einläfst. Er gesteht *Fichte* die Möglichkeit und Wirklichkeit der Geisteshandlung, oder der Richtung des Geistes auf sich selbst in seinem absolut freyen Handeln zu; läugnet aber, dafs sie Anschauung genannt werden könne und dürfe, weil ihr die Bestimmtheit fehle. Und ohne über die Möglichkeit und Wirklichkeit des absoluten Wissens zu entscheiden, beweiset er nur, dafs das Merkmal der Unmittelbarkeit *Schelling* keineswegs berechtige, dasselbe Anschauung zu nennen. Am Schlusse dieser interessanten Untersuchung macht er doch auch einige gute Bemerkungen über den Gegenstand selbst, so wie über den Gebrauch, welchen die Mystiker mit dem Ausdruck Anschauung machen. Die Vergleichung der innern Wahrnehmung und Anschauung, so wie der ersten mit der Abstraction der Regel des Denkens und Empfindens konnte nun, nachdem jene sorgfältig erörtert worden, keine Schwierigkeit haben.

Zweyter Abschnitt. Die Untersuchung der Natur der Empfindung ist, wie uns scheint, dadurch einseitig geworden, dafs der Vf. nicht, wie bey der Wahrnehmung und Anschauung, von den verschiedenen Arten derselben, dem Besondern, ausging, um dadurch die gemeinsamen Merkmale zu finden, sondern gleich anfangs die Untersuchung dahin richtet, zu zeigen, dafs es nur *äußere*, keine innere Empfindung gebe. Er geht, mit einem Worte, von einer Nominal-Erklärung aus, ohne die Richtigkeit derselben selbst vorher begründet zu haben. Wir empfinden, sagt er, indem wir einer in unsern Beziehungen zur Aufsenwelt vorgehenden Veränderung inne werden. Die Empfindung ist das Innewerden einer Veränderung in diesen Beziehungen, oder das Aufnehmen einer Einwirkung. Jede Empfindung ist unmittelbar, und ein Zustand des Subjects; sie kann aber äufserlich heifsen, in so fern sie durch die Entfernung oder Veränderung des Aeufsern aufhört oder verändert wird. Giebt es aber nicht nach dem Sprachgebrauch auch innere Empfindungen, als: Empfindung der Ermüdung, Ermattung, der Kälte, Wärme, des Aergers, der Reue? Diese Frage wird von dem Vf. nicht bündig genug erörtert, weil er sich schon durch die vorläufige Erklärung, die Empfindung bestehe in der Beziehung auf etwas Aeufseres, dieselbe erschwert hatte. Er bemerkt, dafs Empfindung und Gefühl wegen ihrer Verwandtschaft in dem gemeinen Sprachgebrauch verwechselt werden, aber darum doch nicht identisch sind; dafs diese Veränderungen und Zustände nach Verschiedenheit der Beziehung beides, sowohl Empfindung als Gefühl, seyn können, ohne deswegen beides zugleich zu seyn. „Befindet sich z. B. der Mensch, der sich ärgert, in unmittelbarer Beziehung auf die Ursache des Aergers; ist ihm dieselbe gegenwärtig, und wirkt durch ihre Gegenwart auf sein Gemüth: so kann man, indem man diese Gemüthsstimmung unmittelbar auf den zugleich mit ihr vorhandenen und fortwirkenden Gegenstand bezieht, dieselbe Empfindung nennen. Hat aber diese unmittelbare Fortwirkung des Gegenstandes durch die Entfernung desselben, oder durch andere Ursachen aufgehört, und die erregte ärgerliche Stimmung des Gemüths dauert noch fort: so ist sie alsdann, als etwas vom Aeufseren Abgerissenes, in dem Menschen selbst Beschlossenes, nicht mehr Empfindung, sondern Gefühl zu nennen." — Allein hierdurch ist die Möglichkeit solcher Zustände des Gemüths, in welchen es eine Veränderung leidet, nicht von dem Aeufseren, sondern selbst von einem Innern, gar nicht widerlegt. Das Gefühl sey immer Etwas Inneres, so folgt ja noch nicht daraus, dafs es nicht auch innere Empfindungen gebe und geben könne, die zwar diese mit dem Gefühle gemein haben, dafs sie innere Zustände sind und auf das Subject bezogen werden, ohne darum ihrer Natur nach Gefühle zu seyn. Bey dem Denken ist z. B. die Erkenntnifsthätigkeit auf ein Object gerichtet, um dasselbe nach seinen Merkmalen und Verhältnissen zu bestimmen; es entspringt hiedurch eine Reihe von Thätigkeiten, welche das

Selbst-

Selbstbewufstseyn modificiren und den Zustand verändern; das Subject ist thätig, aber es wird auch durch seine Thätigkeit immer in einen andern Zustand gesetzt, es leidet und empfindet seine eigne Thätigkeit. Diese Empfindung ist noch kein Gefühl der Lust oder Unlust, sondern nur ein Innewerden seiner Thätigkeit durch ein Afficirtwerden von Innen heraus, nicht von Aufsen. Das Bewufstseyn der Thätigkeit ist jederzeit mit einem Leiden, mit Empfindung verbunden. Aber, könnte man sagen, ist dieses Empfinden nicht eben dasselbe, was der Vf. das Wahrnehmen nennt? Es ist allerdings wesentlich dasselbe Bewufstseyn, und vielleicht nur darin verschieden, dafs bey der Wahrnehmung das Bewufstseyn des Afficirenden, bey der Empfindung aber das Bewufstseyn des Afficirtseyns etwas mehr hervorgehoben ist.

Gefühl ist überhaupt das Innewerden Seiner selbst. So fern aber ein Subject Seiner selbst nur als in einem gewissen Zustande befindlich inne wird, so fern könnte man von dem Gefühl behaupten, es sey das Innewerden eines innern Zustandes. Das Gefühl ist unmittelbar, an sich betrachtet, weder etwas Objectives, noch etwas Subjectives, sondern beides zugleich, der bestimmte Zustand und das Bewufstseyn desselben; es ist etwas Inneres und jederzeit von Bewufstseyn begleitet; es ist bestimmt, mit einer klaren Vorstellung des eignen Zustandes verbunden, oder unbestimmt. — In dieser Erklärung ist gerade das Wesentliche des Gefühls, Lust und Unlust, am wenigsten berücksichtigt. Denn es giebt so viele innere Zustände, die nicht Gefühle sind, als: das Empfinden, Denken, Begehren, mit den sich darauf beziehenden Thätigkeiten, dafs die gegebene Erklärung viel zu weit ist. Die Frage: ob es nicht auch ein *Selbstgefühl*, ein Innewerden Seiner selbst im Gegensatze seiner Zustände gebe, wird bejahend beantwortet, indem sich der Vf. auf das Zeugnifs der unmittelbaren innern Erfahrung und auf den Begriff des Selbstbewufstseyns beruft. Alle wechselnden Gefühle, worin wir unserer Zustände inne werden, sind begleitet und begründet von einem immer gleichen Gefühle *unsers wesentlichen Bestehens*. Das Selbstgefühl ist das Gefühl des Lebens im Daseyn, des freyen Lebens in der Beschränkung. Man kann jeden Menschen auf sein Gewissen fragen, ob er nur Zustände fühle, und nicht vielmehr Sich mit einem gewissen immer wechselnden Zustande. (Es fragt sich hier: ist dieses Selbstgefühl etwas anderes, als das Selbstbewufstseyn, welches die Gefühle begleitet? Ist es nicht dasselbe, was der Vf. die absolut innere Wahrnehmung nannte? denn auch hier sagt der Vf. (S. 106.), was er oben von dieser Wahrnehmung gesagt hatte, es sey das sich selbst vernehmende Wesen. Aber dann müssen wir auch die obigen Bemerkungen wiederholen.) S. 110. finden wir eine Uebersicht einer allgemeinen Eintheilung der Gefühle, die sich mehr durch Neuheit als durch logische Vollkommenheit empfiehlt: denn die Gefühle, die sich auf die Thätigkeit des Denkens und Erkennens, der Urtheilskraft und des Begehrungsvermögens beziehen, fehlen ganz und gar, und manche Theilungsglieder sind unverständlich, wenn z. B. das moralische Gefühl für ein Innewerden seines wahren Seyns und Wesens im Streben zur Erweiterung und Beherrschung der Beschränkung erklärt wird. Empfindung und Gefühl unterscheiden sich so von einander, jene ist das Aufnehmen eines Aeufseren, dieses das Innewerden eines Innern.

(*Der Beschlufs folgt.*)

LITERARISCHE NACHRICHTEN.

Gelehrte Gesellschaften und Preise.

Am 7ten Jul. hielt die *Classe der Geschichte und alten Literatur des Instituts der Wissenschaften und Künste* zu Paris ihre öffentl. Versammlung, unter dem Präsidium des Senators Grafen *Boissy d'Anglas*. Nach Vorlesung des Urtheils über die durch die neuesten Preisaufgaben veranlafsten Concurrenzschriften las der beständige Secretär, Hr. *Dacier*, eine Notiz von dem Leben und den Schriften *Gaillard's*, so wie von dem Leben und den Schriften *Bitaubé's*; Hr. *Ginguene* erstattete Bericht von den Arbeiten der Classe während des verflossenen Jahrs; Hr. *Silvestre de Sacy* las ein Memoire über die Dynastie der Assassinen und den Ursprung ihres Namens, Hr. *Monges* eine Abhandl. über die Masken der Alten, und Hr. *Brial* ein Mem. über den Ursprung und das Alterthum der Kreuze und Säulen, die man zu unsern Zeiten auf dem Wege von Paris nach St. Denis sah.

Der Preis für die Frage des J. 1807., betreffend eine Untersuchung des Einflusses des *Mahomedanismus* auf den Geist, die Sitten und die Regierung der Völker, bey welchen er eingeführt wurde, in den ersten drey Jahrhunderten der Hegira — wurde Hn. *Oelsner*, ehemaligem Deputirten der K. Fr. Reichsst. Frankfurt, zuerkannt. Von neuem wurde für das J. 1810. die bisher nicht befriedigend beantwortete Frage aufgegeben, die eine kritische Untersuchung der Geschichtschreiber des *Alexis Comnenus* und seiner drey Nachfolger aus seiner Familie forderte. Für das J. 1811. ist folgende Aufgabe bestimmt: „Zu untersuchen, welche Völker das cis- und transalpinische Gallien in den verschiedenen Epochen von dem Jahre 410. der christlichen Zeitrechnung bewohnten; die Lage der Hauptstädte dieser Völker und den Umfang ihres Gebiets zu bestimmen, und die allmähligen Veränderungen in der Eintheilung Galliens in Provinzen anzudeuten." Der Preis besteht in einer goldnen Medaille von 1500 Franken. Die Französisch oder Lateinisch einzusendenden Concurrenzschriften auf die erste Frage müssen vor dem 1. April 1810., die auf die zweyte Frage vor dem 1. April 1811. an das Secretariat frey eingesendet werden.

ALLGEMEINE LITERATUR-ZEITUNG

Sonnabends, den 2. September 1809.

WISSENSCHAFTLICHE WERKE.

PHILOSOPHIE.

Berlin, b. Unger: *Ueber die innere Wahrnehmung.* Von *David Theodor Suabedissen* u. s. w.

(*Beschluss der in Num. 239. abgebrochenen Recension.*)

Die Unterscheidung der Wahrnehmung und Anschauung, insbesondere der innern, von der Empfindung und dem Gefühl hat ihre grossen Schwierigkeiten, wie der Vf. S. 113. bemerkt. Indessen ist es seinem Scharfsinne doch gelungen, alle diese Aeusserungen durch Merkmale zu trennen, auch wenn sie ganz zusammen zu fallen schienen. Die Wahrnehmung unterscheidet sich von Gefühl und Empfindung dadurch, dass sie von weiterem Umfange ist als das Gefühl und die Empfindung, in so fern die Wahrnehmung das Aeussere wie das Innere umfasst, die Empfindung sich nur auf das Aeussere, das Gefühl nur auf das Innere bezieht. Daher ist der Unterschied zwischen der innern Wahrnehmung und der Empfindung leicht, desto schwieriger zwischen der äussern Wahrnehmung und der Empfindung. Man hat zwar einen beide umfassenden Ausdruck „Perception," allein dadurch würde man die Schwierigkeit mehr umgehen, als sie lösen. Besser ist es die verschiedenen Ausdrücke der Sprache beyzubehalten, und dem Unterschiede, den sie andeuten, nach zu gehen. Ungeachtet beide in der Unmittelbarkeit und Unbestimmtheit übereinstimmen, so unterscheiden sie sich doch dadurch, dass die Wahrnehmung ein *Auffassen*, die Empfindung ein *Aufnehmen* ist. Jenes scheint ein mehr thätiges, dieses ein mehr leidentliches Verhalten des Gemüths auszudrücken, ohne jedoch blosse Thätigkeit oder blosses Leiden zu bezeichnen. „Die Wahrnehmung ist eine Aeusserung der Geistesthätigkeit, welche dem äussern Eindrucke begegnet; die Empfindung lässt den Eindruck eindringen und wird desselben erst in der Wirkung die er im Subjecte hervorbringt, inne. Darum scheint uns die Wahrnehmung in dem Gemüthe selbst, die Empfindung aber in dem Organe vorzugehen. Bey jener bleibt der Zustand des Subjects, nach seinem reellen Bestehen, unverändert; diese ist eine Veränderung des Subjects in seiner Realität. Jene ist auf Erkenntniss abzweckend, diese in Gefühl übergehend. Jene ist daher mehr der thätigen, männlichen, diese der passiven, weiblichen Natur eigen. (Dieses ist allerdings ein bedeutender Unterschied. Das Aufnehmen ist mehr leidend, das Auffassen mehr thätig. Allein es fragt sich, ob ein Auffassen möglich ist, ohne ein vorhergehendes Aufnehmen; ob nicht jede Wahrnehmung eine Empfindung voraussetzt. Auffassen lässt sich nichts, wo nichts gegeben ist; das Gegebenseyn in Beziehung auf ein Subject ist aber ein Aufnehmen. Dann würde auch für die innere Wahrnehmung eine innere Empfindung angenommen werden müssen, und des Vfs. Erörterung würde wesentliche Abänderungen erleiden. Es ist ferner noch die Frage: ob nicht das Aufnehmen und das Auffassen, ob gleich der Vf. das eine als ein Leiden, das andere als eine Thätigkeit betrachtet, doch ihrer Natur nach einerley und nur in der Richtung der Thätigkeit verschieden sind, dort die Thätigkeit des Erkenntnissvermögens durch einen Stoff, der sich aufdringt, hier durch selbstthätige aus dem innern ausgehende Richtung erregt, in beiden Fällen doch dasselbe Ergreifen und successive Aufnehmen, und Verbindung in ein Ganzes bewirke. Da das Aufnehmen, wie es der Vf. bey der Empfindung nimmt, doch eine Entgegenwirkung des Gemüths, und kein blosses Leiden in einem lebenden Wesen denkbar ist, sondern mit jeder leidenden Veränderung auch eine thätige Gegenwirkung verbunden ist; so sind wir schon dadurch genöthiget, jenen strengen Gegensatz zwischen einem Leiden und einer Thätigkeit aufzugeben, und soll Empfindung von Wahrnehmung doch unterschieden werden, ein anderes Unterscheidungsmerkmal aufzusuchen.)

Die Anschauung wird leicht von dem Gefühl unterschieden. Dieses gilt nicht nur von der äusseren Anschauung, bey welcher das Bezogenseyn auf ein Aeusseres der Natur des Gefühles geradezu widerspricht, sondern auch von der innern. Denn die Anschauung ist Vorstellung, kein Gefühl ist aber eine Vorstellung. Das Gefühl ist ganz innerlich, es betrifft das Seyn des Menschen selbst in seiner Beschränkung. Die Anschauung aber setzt voraus eine Aeusserung des Menschen; sie entsteht, wenn die sich aus dem Menschen heraus hebende Kraft auf etwas stösst, unmittelbar gehemmt oder bestimmt wird. Das Gefühl ist Einheit des Objectiven und Subjectiven, des Reelen und Ideellen, in dem sich Bewusstseyn mit dem Bewusstseyn in ihm zu Einem mischt, und nur in der darüber angestellten Reflexion getrennt wird. Anschauung aber ist ein unmittelbares Bezogenseyn der

der ideellen Thätigkeit, als ſolcher auf ein Reelles, als ſolches; hier iſt alſo Ideelles und Reelles getrennt, ihre Einheit beſteht nur in der Unmittelbarkeit der Beziehung. Hier erörtert der Vf. noch die Frage, ob nicht Gefühl in innere Anſchauung übergehen könne, wie wir es bey der Empfindung ſehen. Er verneinet die Möglichkeit dieſes Uebergangs, weil das Innere des Menſchen nicht ſich ſelbſt gegenüber treten könne und zwar als bloſs Seyendes und als bloſs Denkendes. Die Einheit des Seyns und Denkens, worin das wahrhaft Lebende beſtehe, müſste ſich ſelbſt auflöſen, welches ſie nicht kann, ohne ſich zu zernichten. Allein dieſe tranſcendente Erklärung löſet ſich in Nichts auf, da der Menſch von dem abſoluten Seyn eine Idee, aber keine Erkenntniſs hat, und ſein Daſeyn nur nach dem Inhalte des empiriſchen Bewuſstſeyns beſtimmen kann, jene Einheit des Reellen und Ideellen ſelbſt wieder nur eine ideelle Einheit iſt. Zu dem ſtreitet damit die Selbſtbetrachtung, die Reflexion auf ſich, welche Inſtanz der Vf. durch allen aufgebotenen Scharfſinn nicht entfernen kann. Der Menſch ſagt er, trennt Sich von Sich ſelbſt, indem er auf ſich reflectirt, Aber dieſe Trennung iſt keine abſolute, wie ſie zur Anſchauung erfodert wird! — Was iſt denn aber eine abſolute Trennung? Und gehört dieſe zum Weſen der Anſchauug? Kam dieſes Merkmal auch ſchon in der oben gegebenen Erörterung der Anſchauung vor? Oder greift ſie der Vf. jetzt nur auf, um die in dem Gefühle behauptete Einheit retten zu können? Kurz wir können uns nicht überzeugen, daſs dieſer Grund, warum das Gefühl nicht in Anſchauung übergehen könne, der wahre ſey; er wird ſich in einer vollſtändigeren Erörterung des Gefühls, die nicht bey den allgemeinen und unbeſtimmten Merkmalen der Einheit des Ideellen und Reellen ſtehen bleibt, gewiſs finden. Eben dieſes gilt auch wie uns dünkt, von der Vergleichung des Gefühls und der innern Wahrnehmung. Beide, ſagt er, ſind weder Vorſtellung noch Erkenntniſs; in beiden iſt Identität des Objectiven und Subjectiven; ſie ſcheinen alſo dem Inhalte und der Form nach identiſch zu ſeyn. Ihr Unterſchied kann daher kein weſentlicher ſeyn, ſondern nur in einer Verſchiedenheit der Relation des Menſchen zu Sich ſelbſt beſtehen. Das Gefühl iſt der reelle, die innere Wahrnehmung der ideelle Ausdruck ſeines Daſeyns. Das Selbſtgefühl iſt das abſolute Leben ſelbſt in ſeiner unmittelbaren Offenbarung, die innere abſolute Wahrnehmung iſt das unmittelbare Selbſtvernehmen des abſoluten Lebens, als die Vernunft im engern Sinne. Beiden liegt zum Grunde die Einheit des Weſens und des Vernehmens, des Realen und des Idealen; nur daſs jenes mehr im Gefühl, dieſes mehr in der Wahrnehmung hervortritt.

Die tranſcendente Idee des Abſoluten, des abſoluten Lebens, ſpielt auch in dem *dritten* Abſchnitte eine groſse Rolle, und die ganze Anſicht von den Ideen, deren Natur und Verhältniſs zu den Begriffen beruhet darauf. Da unſere Anzeige ſchon ſo ausgedehnt worden iſt, ſo müſſen wir uns begnügen, nur die Hauptgedanken noch heraus zu heben. Die Idee iſt die unmittelbare Beziehung des urſprünglichen oder abſoluten Lebens auf eine beſtimmte Art des Daſeyns. Der beſonnene Menſch iſt unmittelbar eines urſprünglichen, ſich ſelbſt gleichen, abſolut ſelbſtſtändigen Lebens, oder eines Abſoluten inne; er erkennt zugleich ein auf unendlich mannichfaltige Weiſe beſtimmtes Daſeyn. Beides ſcheint im Gegenſatze. Die Aufhebung dieſes Scheines, der Gedanke der Einheit dieſes Gegenſatzes, die abſolute Beziehung des abſolut urſprünglichen Lebens auf das beſtimmte Daſeyn, das Hineinverſetzen jenes, des Unendlichen, Unbeſchränkten, Urſprünglichen, als des einzig Wahren und Weſentlichen, in dieſes, das Endliche, Beſchränkte, Abhängige, iſt die Idee. Deswegen weil der Verſtand in den Begriffen das endliche Daſeyn ordnet, gleichſam zu einer beſondern Welt macht, und von dem Ueberſinnlichen abgränzt, deswegen ſind die Ideen, als welche dieſe Sonderung wieder aufheben, unverſtändlich und von den Begriffen nicht allein verſchieden, ſondern auch mit denſelben im Gegenſatze. Der Verſtand mit den Begriffen ſteht allein von dem Leben der Natur abgeſondert; die Ideen ſind nur im Leben, ſo fern es in Erſcheinung übergehen will. Sie werden der Vernunft zugeſchrieben; ſo fern ſie in dem unmittelbaren Vernehmen des abſoluten Lebens wurzeln; der Einbildungskraft, ſo fern ſie das urſprüngliche Leben im Uebergange zum beſondern Leben ausdrücken. Man könnte ſie erklären als die im urſprünglichen Leben ſelbſt enthaltenen Möglichkeiten, ſich im Daſeyn darzuſtellen. — So fern ſie das urſprüngliche Leben nach ſeiner in ihm ſelbſt gegründeten Darſtellungsweiſe, mit andern Worten, ſo fern ſie in Gott ſind, ſo ſind ſie das wahre Leben und Weſen der Dinge, das Urreale ſelbſt; ſo fern ſie ſich aber im menſchlichen Gemüthe befinden, als das Innewerden des urſprünglichen Lebens in dem beſtimmten Daſeyn, ſo ſind ſie der ideelle Ausdruck des Urrealen, die Bezeichnung, der Gedanke des wahren Lebens und Weſens der Dinge, das Realſte, was in einem denkenden Weſen, als ſolchen, vorkommen kann.

TECHNOLOGIE.

Berlin, in d. Realſchulbuchh.: *Theoretiſch praktiſches Handbuch der allgemeinen Fabrikenkunde*, oder Anleitung zur Kenntniſs und Einrichtung, ſo wie zur ordnungsmäſsigen Verwaltung der wichtigſten Künſte, Fabriken, Manufacturen und chemiſch-techniſchen Gewerbe. Von *Siegism. Friedr. Hermbſtädt.* — *Erſten* Bandes *erſter* Theil:

Auch unter dem Titel:

Anleitung zu einer gemeinnützigen Kenntniß der Natur, Fabrication und Nutzanwendung des Eſſigs, ſo wie der verſchiednen Arten deſſelben, für Eſſigfaſigfabrikanten, Landwirthe und bürgerliche Haushaltungen, die ſich ihren Bedarf an Eſſig ſelbſt verfertigen wollen. 1807. XIV u. 240 S. 8. (1 Rthlr.)

Mit dieſem Werkchen beginnt der um die techniſche Chemie ſehr verdiente Vf. die Ausführung eines groſsen Planes, deren ſchnelleres Fortſchreiten jeder Freund der Induſtrie begierig wünſchen muſs. Rationeller Betrieb der chemiſchen Künſte iſt das noch ferne Ziel, deſſen Erreichung dieſes Werk befördern ſoll und wird. Zwar verhehlte der Vf. ſich nicht die groſse Schwierigkeit, praktiſche Schriften ſicher und bald in die Hände dererer zu ſpielen, welche Gebrauch davon machen ſollen, wozu auch unſre gelehrten Blätter nur mittelbar mitwirken können. Daher äuſsert er in der Vorrede den Wunſch, daſs zu dieſem Zwecke auch in niedern Schulen eigne Lehrſtellen für die theoretiſche und praktiſche Chemie geſtiftet werden möchten, um die Aufklärung dahin zu verbreiten, wo ſie eigentlich der Kunſt zu ſtatten kommt, unter den Gewerbſtand ſelbſt. So wünſchenswerth dieſe Anordnung in einem reichen Staate ſeyn möchte, ſo ſehr zweifelt doch Rec. an deren Ausführbarkeit, ſo wie die Sachen jetzt ſtehen. Man würde ſich glücklich ſchätzen müſſen, wenn es gelänge, ſie nur hie und da zum Theile zu bewerkſtelligen. Dieſs aber iſt allerdings nicht unmöglich, wenn man für gut finden will, den rechten Weg einzuſchlagen. Wenn die jungen Leute, die ſich dem Schulamte widmen, auf Univerſitäten aufgemuntert und angehalten würden, ſich in der Phyſik und Chemie eben ſo wohl gründliche Kenntniſſe zu erwerben, als in den ſogenannten Brodſtudien, ſo würde man zwar nicht eben Chemiker in Schulen haben, aber doch Männer, die im Stande ſind, Chemiker zu leſen, zu benutzen, die Wichtigkeit der Wiſſenſchaft zu würdigen, der Jugend früh eindrücklich zu machen und den Zögling in die Literatur ſeines Gewerbes einzuführen. Schon dadurch würde die edle Abſicht unſres Vfs. in der Hauptſache erreicht werden.

Hr. *H.* verſpricht, im Verfolge dieſes Werkes nicht nur die ſchon vorhandnen chemiſchen Gewerbe durch Demonſtration aufzuhellen, ſondern nach und nach auch neue Erwerbsquellen zu entwickeln, welche, ohne einer koſtſpieligen Anlage zu bedürfen, doch Gewinn genug bringen würden, um einer Familie den jährlichen Unterhalt von tauſend bis fünfzehnhundert Reichsthalern zu gewähren. Dieſes Verſprechen von einem Manne, der es ſeinem hohen Rufe ſchuldig iſt, Wort zu halten, muſs uns in dieſen brodloſen Zeiten mit froher Erwartung füllen. Man erzählt vom groſsen Friedrich, daſs er auf die Frage: wovon die übergroſse Menſchenfülle ſeiner Staaten ſich nähre? geantwortet habe: Es betrügt Einer den Andern! Wenn irgend Wahrheit in dieſem Sarkasmus liegt: ſo iſt es die höchſte Zeit, jedem Einzelnen ſein eignes Stück Brod anzuweiſen; und neue Quellen des Verdienſtes zu entdecken; dieſs läſst ſich von unſerm Vf. um ſo mehr erwarten, da er laut den Vorſatz äuſsert, die Geheimniſskrämerey durch offne Mittheilung zu beſchämen.

Die vorliegende Schrift zerfällt in *achtzehn* Abſchnitte. In der Einleitung (S. 1—14.) lehrt er die einfachern Stoffe kennen, welche bey der Eſſiggährung im Spiele ſind; dann beſchreibt der *erſte* Abſchnitt die Weingährung, Eſſiggährung und faule Gährung im Bezug auf ihr Aufeinanderfolgen; der *zweyte* liefert die Geſchichte des Eſſigs und die Theorie ſeiner Entſtehung; der *dritte* handelt von den Bedingniſſen der Eſſigbereitung; die folgenden von den Materialien und Brauanſtalten; von der Bereitung des Eſſigs aus Wein, Lauer, Brauſemoſt und trübem Wein; von Eſſig aus Aepfeln und Birnen, mit verſchiednen Fermenten; vom Eſſig aus andern Obſt- und Beerenarten, als: Kirſchen, Johannisbeeren, Himbeeren, Erdbeeren, Berberitzenbeeren, Brombeeren, Heidelbeeren, Moosbeeren, Ebereſchenbeeren, Preuſselbeeren, Traubenkirſchen, Pflaumen, Aprikoſen, Pfirſichen und Hanbutten; vom Eſſig aus Zucker, Roſinen und Honig; aus Runkelrüben, Mohrrüben, Paſtinaken und Zuckerwurzeln; aus Ahorn- und Birkenwaſſer; aus Milch; aus Weizen-, Gerſten- und Hafermalz, Kleyen und Bier. Der *dreyzehnte* handelt von den Eſſigfermenten; die übrigen von der Aufbewahrung des Eſſigs; von der Prüfung der Güte, Stärke und Reinheit der Eſſigarten; von den Mitteln den Eſſig zu verſtärken; von der Bereitung der Würzeſſige und von den verſchiednen ökonomiſchen und techniſchen Benutzungsarten des Eſſigs.

Als eine auf bewährte Grundſätze der Chemie und reiche Erfahrung gebaute, wiſſenſchaftliche und doch ſehr populäre Darſtellung einer wichtigen und gemeinnützigen Kunſt iſt dieſe Schrift für den Gelehrten und Ungelehrten gleich ſchätzenswerth, weit erhaben über die Menge grob empiriſcher Kunſtbücher, in denen des Unwahren, Halbwahren und Schiefen ſo viel iſt, daſs die Kritik lieber verſtummt, und welche der Verbeſſerung der Induſtrie ſo ungemein hinderlich ſind, weil der Fabrikant, ſobald er Anwendung machen will, das Opfer einer lügenhaften Compilation oder der ſchriftſtelleriſchen Ungeſchicklichkeit eines Empirikers wird. Hier findet der Lehrbegierige im Gegentheile nur das Gute und Wahre vollſtändig, in der ſchwer nachzuahmenden, dem berühmten Vf. eigenthümlichen leichten Manier aus einander geſetzt und mit trefflichen Winken begleitet. Es wird gewiſs von erfreulichen Folgen ſeyn, wenn dieſe Arbeit durch Vermittlung der Gelehrten dem Eſſigfabrikanten in die Hände geſpielt, dem jungen Bürger in Schulen empfohlen wird. — Auch iſt wohl zu erwarten, daſs manche der hier abgehandelten Eſſigarten in Gegenden, wo ihr Material im Ueberfluſs vorhanden iſt, der Induſtrie neuen Stoff geben werden. Vorzüglich iſt in dieſer Hinſicht der

neun-

neunte Abschnitt wichtig, worin der Vf. aus eigner, vieljähriger Erfahrung über die Essigbereitung im Grossen aus Runkelrüben spricht. Als ganz neu für unser Vaterland ist die im *eilften* Abschnitt (S. 170 — 173.) gelehrte Milchessigbereitung anzusehen, wobey das rohe Verfahren der ghilanischen Gebirgsbewohner zum Grunde gelegt zu seyn scheint, wie wohl sie der Kunst im Grossen angepasst worden ist. Der Vf. schlägt vor, aus den sauren Molken, welche gewöhnlich weggegossen, oder den Schweinen verfüttert würden, für welche sie doch nur wenig Nahrung enthielten, Essig zu bereiten. Er berechnet, dass man von 100 milchenden Kühen jährlich 180 Oxhoft Essig erhalten könne, welche er zu 1080 Rthlr. anschlägt. Diese Fabrication scheint demnach für grosse Wirthschaften ungemein vortheilhaft zu seyn; indessen findet Rec. doch dabey manches zu bemerken. Die sauren Molken werden ausser der Fütterung in mehrern Gegenden schon sehr nützlich zur Leinenbleiche und zum Einbäuchen grober Wäsche verwendet, und sind demnach keinesweges als ein werthloses Material zu betrachten. Zweytens gesteht der Vf. selbst zu, dass sich der Milchessig wegen seines unvermeidlichen Klebergehaltes nicht lange aufbewahren lassen werde. Er fordert also einen sehr schnellen und lebhaften Vertrieb, und auf dem Lande, wo dieser, zumal im Anfange der Fabrication, nicht leicht zu bewirken ist, würde man bey eintretender Verderbniss der Waare einen Verlust besorgen müssen, der vielleicht mehr als den ganzen zu hoffenden Gewinn verschlingen könnte. Drittens erfordert die Sache ein eignes geräumiges Lokale an Haus- und Kellerraum, man weiss aber, dass in grossen Wirthschaften am wenigsten Raum zu erübrigen ist. Viertens verursacht die Erbauung eines neuen Gebäudes, die Anschaffung der Gährungsfässer, Siedegeräthschaften und andrer Erfordernisse zur ersten Einrichtung beträchtliche Kosten, welche sich auf dem Lande weit höher belaufen, als wenn die Anlage in einer Stadt gemacht werden könnte. Nicht minder beträchtlich sind fünftens die immerwährenden Kosten des Betriebes, an Arbeitslohn für 4 — 5 Menschen, welche dabey vollauf zu thun haben würden, und an Feuerung, sowohl zum Einkochen der Molken, als zur Unterhaltung des zur Essiggährung nothwendigen Wärmegrades. (Denn, die Mutterfässer in Ermangelung einer Gährungsstube beyläufig durch Malzdarren u. dgl. zu erwärmen, wie der Vf. vorschlägt, ist unthunlich, sobald die Fabrication nur etwas im Grossen und ununterbrochen fortgehen soll.) Da endlich sechstens nach des Vfs. Vorschrift zu den bis auf ¼ eingekochten Molken auf jeden Oxhoft 5 Quart Branntwein gesetzt werden sollen, welche eigentlich die meiste Säure dabey hergeben müssen, so wird dadurch die Ausgabe ungemein erhöht. Wenn man nach obigem Satze 65000 Quart Molken als das jährliche Quantum annimmt, so wie es, schon concentrirt, zur Gährung angestellt wird, so werden dazu 1800 Quart Branntwein erfordert, welche man allein zu 450 Rthlr. anschlagen kann. Wenn man nun alle diese immerwährenden Auslagen und Kosten des Betriebes, ferner die Interessen vom Kapital zur ersten Einrichtung und den Verlust am Werthe des Materials, von 1080 Rthlr., als dem Verkaufswerthe der Waare abrechnet, so ergiebt sich, unter der Voraussetzung, dass der Vertrieb schon im Gange ist und sonst alles gut geht, kaum ein reiner Ertrag von 90 Rthlr., und dann frägt sich noch, ob nicht in grossen Wirthschaften das Gebäude, nur als Aufbewahrungsraum, schon eben so hoch genutzt werden könne.

ERDBESCHREIBUNG.

Ohne Druckort: *Deutschland und vorzüglich Sachsen im Anfange des Jahres* 1806. Für diejenigen, welche es mit der gegenwärtigen Zeit vergleichen wollen. 1807. 152 S. 8. (16 gr.)

Diese Schrift ist die *erste* Abtheilung eines geographischen Lesebuchs, welches vor dem letzten Kriege geschrieben ward. Als geographisches Handbuch zum Nachschlagen und ernstlichen Gebrauche ist es nicht zu empfehlen, denn es ist unvollständig, unverhältnissmässig hier gedehnt und dort verkürzt, nur aus wenigen, oft nicht einmal aus den besten Quellen flüchtig zusammengetragen, unbequem geordnet, und entbehrt grade das, wodurch ein solches Buch dennoch interessant werden könnte, die sämmtlichen politischen und Gränzveränderungen seit dem Presburger Frieden.

VERMISCHTE SCHRIFTEN.

Ohne Druckort: *Das Jahr* 1806. *und Deutschlands Souveräne zu Anfang des Jahres* 1807. Uebersicht der denkwürdigsten Vorfälle seit dem Presburger Friedenstraktat. Mit den Bildnissen der fünf Stifter des Preussischen Kriegsheeres und einer Anzeige aller Länder der Preussischen Monarchie in chronologischer Folge. 1807. 135 S. 8. (10 gr.)

Ausser den auf dem Titel genannten Dingen sind noch einige andere, übrigens entlehnte Aufsätze, die der damaligen Zeitgeschichte angehören, beygefügt, und daraus ein sehr mittelmässiges Aggregat gebildet. Es verlohnt sich der Mühe nicht, mehr darüber zu sagen.

ALLGEMEINE LITERATUR-ZEITUNG

Montags, den 4. September 1809.

WISSENSCHAFTLICHE WERKE.

NATURGESCHICHTE.

Amsterdam, in dem Kunst- u. Literatur-Compt.: *Entozoorum sive Vermium intestinalium historia naturalis* auctore *Carolo Asmundo Rudolphi.* Phil. et Med. Doct. huius in univ. lit. Gryphiswald. Prof. etc. *Volumen I.* cum tabb. VI. aeneis (bis jetzt nur 2, es sollen 4 nachgeliefert werden) 1808. 527 S. 8. (3 Rthlr.) *).

Siebenzehnjährige vorzügliche Beschäftigung mit den Eingeweidewürmern, das Lesen aller nur von einigermassen wichtigen Schriften über dieselben, und die Zergliederung einiger tausend Thiere zu seinem Zwecke, setzten den Vf. in den Stand etwas so vollständiges über die Eingeweidewürmer zu liefern, als wir noch nicht über manche andre Thierklassen besitzen, deren Untersuchung doch weit weniger beschwerlich ist. Schon des Vfs. *Observationes circa Vermes intestinales* und seine *Beobachtungen über die Eingeweidewürmer* im *Wiedemannischen zoologischen Archiv* zeigten, wie gründlich der Vf. seinen Gegenstand bearbeite, und was er zu leisten vermöge; und doch übertrift dieses Werk noch unsre Erwartungen. Dass manches noch hypothetisch und erst in der Folge zu vervollständigen und zur Gewissheit zu erheben ist, wird man sehr natürlich finden, und es bedarf der Entschuldigung des Hrn. *R.* nicht, dass er bey der Wichtigkeit des Gegenstandes für den Arzt, schon jetzt sein Werk herausgab. Vielen Dank sind ihm überdiess insbesondere die Ausländer dafür schuldig, dass er lateinisch schrieb, und sie dadurch mit den beträchtlichen und wichtigen Entdeckungen und Beobachtungen der Deutschen über die Eingeweidewürmer bekannt machte.

Dieser erste Band umfasst die allgemeine, der zweyte, zu dem allein die Kupfer gehören, wird die besondere Geschichte der Eingeweidewürmer enthalten. Der allgemeine Theil ist in drey Theile zerlegt. Der *erste*, welcher die *Bibliotheca entozoologica* begreift, ist kein trockenes Titelregister der 629 Schriften, welche er aufzählt, sondern enthält richtige Urtheile und für die Geschichte der Wissenschaft wichtige Bemerkungen in systematischer Ordnung. Unter den *Subsidiis* vermissen wir die *Delicias Cobresianas*, **Brünnichs** *Literatura danica* und einige andere, wodurch der Vf noch auf einige hierher gehörige Schriften würde aufmerksam gemacht seyn: z. B. *Fossius Disp. de lumbricis et dracunculis*, u. m. Doch vermissen wir durchaus keine wichtige Schrift, und zeigen diess nur als Beweis an, dass wir mit Aufmerksamkeit diess lehrreiche Verzeichniss durchsahn.

Den *zweyten Theil* dieses ersten Bandes macht die allgemeine Geschichte der Eingeweidewürmer, die *Physiologia entozoologica* aus, welche in 18 Capiteln abgehandelt ist. In dem *ersten* derselben lehrt der Vf. als *Vorerinnerung*, dass man, die Eingeweidewürmer aufzusuchen, die Thiere so frisch wie möglich anwenden, alle ihre Theile untersuchen, und manche Arten aufzufinden, selbst das Mikroskop zu Hülfe nehmen müsse. Er zeigt die Vorsichtsmassregeln, die man zu beobachten hat, um die Eingeweidewürmer ganz, und insbesondre ihren Kopf unverletzt zu erhalten. Sie selbst zu untersuchen, müssen sie frisch, und wenn es möglich ist, lebendig seyn. Im Wasser, dessen Temperatur der des Thieres gleich ist, worin sie leben, lassen sie sich lange, oft 24 Stunden lebend bewahren, in warmen oder ganz kaltem Wasser platzen sie leicht, und verschütten ihr Eingeweide, trocken dagegen schrumpfen sie bald zusammen. Auch unter dem, zu ihrer Betrachtung unentbehrlichen Mikroskope müssen sie im Wasser auf einem flachen Glase mit einem Rande liegen. Hohle Gläser, so wie den Pressschieber, dessen *Göze* sich sehr oft bediente, verwirft Hr. *R.* mit Recht, indem da, wo es nöthig ist, auf andre Art ein minder schädlicher und zerstörender Druck angebracht werden kann. Die Zergliederung verrichtet man am besten auf einer rothen Wachstafel, welche durch ihre Farbe die oft durchsichtigen und farbenlosen Theile des Wurmes besser erkennen lässt, und worin man die Nadeln zur Ausbreitung der Haut leicht befestigen kann, in einer flachen Schale unter Wasser. Injectionen sind selten anwendbar, und geben leicht zu Irrthümern Veranlassung. Im *zweyten* Capitel zeigt der Vf. dass ἕλμινς und *Lumbricus* die ältesten *allgemeinen Namen* der Eingeweidewürmer gewesen seyen, verwirft sie aber als veraltet, dunkel und solche, die ihre ursprüngliche Bedeutung verloren hätten. Die Benennungen *Vermes intestinales*, *Intestina*, *Splanchnelminthа*, *Gymnodela*, seyen unzulässig, theils

*) Eine frühere Recension dieses Werks findet sich in N. 207.; die Wichtigkeit desselben rechtfertigt den Abdruck dieser spätern.

theils weil die Eingeweidewürmer sich nicht ausschliesslich in den Därmen finden, oder weil sie nicht bezeichnend genug sind. Eben diesen letztern Fehler hat aber auch der vom Vf. angenommene *Entozoa*, der auch manchen Insecten und Infusorien zukommt, und dass er neu und es äusserst schwer sey ein *nomen omnibus numeris perfectum* zu finden, rechtfertigt wohl gerade einen *neuen* Namen am wenigsten. Wir würden bey weitem lieber die Benennung *Helminthes* mit *Dumeril* angenommen haben, die wenigstens bey dem ältesten classischen Naturhistoriker, *Aristoteles*, ausschliesslich Eingeweidewürmer bezeichnet. Im *dritten* Cap., welches untersucht, *wohin die Eingeweidewürmer im natürlichen Systeme zu stellen seyen*, wird *Linné's* Eintheilung der Thiere in rothblütige und weissblütige, und insbesondere die der letztern in Insecten und Würmer aus bekannten Gründen getadelt, und von dem Vf. folgende 4 Classen der Linnéischen Würmer angegeben: I. *Mollusca: branchiis nervisque instructa.* [Diese Merkmale haben sie aber mit den Crustaceen gemein.] II. *Gymnodela: branchiis destituta, instructa nervis.* [Diess ist auch der Fall bey den Insecten.] III. *Entozoa: branchiis nervisque destituta corporis partibus difformibus.* IV. *Phytozoa: branchiis nervisque destituta, simplicia, partibus internis non dignoscendis.* Am Ende dieses Capitels giebt der Vf. von den Entozois diese Erklärung: „*Animalcula aliis in animalibus obvia, oculis nudis conspicua, nervis carentia, partibus internis dissimilibus instructa.*" Wenn gleich Hr. *R.* sagt: „*Characteres negativos ceteris postponendos esse, non ignoro, alii vero si deficiant, his carere nequeo,*" so können wir doch seine Unterscheidungskennzeichen durchaus nicht billigen. Der Mangel der Nerven ist, wenn wir selbst auch ihr Daseyn bezweifeln, doch nicht erwiesen: ob die *Phytozoa* keine *partes internas dissimiles* haben, eben so wenig, Kleinheit und Durchsichtigkeit können es uns leicht unmöglich machen sie zu entdecken; der Aufenthalt in andern Thieren kann so wenig wie jeder andere Aufenthalt (Im Wiedemannischen Archiv 2. B. 1. St. 487. sagt Hr. *R.* selbst von der *Filaria*: „diese Gattung ist aber noch nicht hinlänglich von *Gordius* unterschieden: denn das giebt doch wohl kein Recht sie zu trennen, dass sie an verschiedenen Orten leben."), und eben so wenig die Grösse, eins der unsichersten Kennzeichen der Arten, geschweige der Gattungen, Ordnungen und Classen, hier angewendet werden, einen Bestimmungsgrund abzugeben. Im *vierten* Cap. macht der Vf. die *Zeder*schen *Ordnungen der Eingeweidewürmer* auch zu den seinigen, trennt aber die Gattung *Cochlus* von der ersten derselben den *Entozois nematoideis*, *Zeders Rundwürmern*, die zweyte Ordnung: *E. acanthocephala*, Zeders *Hakenwürmer*, und die dritte *E. trematoda*, Zeders *Saugewürmer*, seyen höchst natürlich, kaum aber sey so die vierte Ordnung, *E. cestoidea*, Zeders *Bandwürmer* zu nennen, und durchaus unnatürlich die fünfte: *E. cystica*, Zeders *Blasenwürmer*. Nach diesen Ordnungen sind in der Folge die Theile der Eingeweidewürmer, und ihre Geschäfte behandelt, und zwar im *fünften* Cap. ihre *äussere Gestalt*, insbesondere, der Kopf, der Hals, der Leib und der Schwanz. Im *sechsten* ihre *Farbe*, die gewöhnlich weiss ist, oder sonst von der genossenen Nahrung und den Eyerstöcken abhängt. Im *siebenten* Cap., welches „*de cutis structura, motibusque generatim*" überschrieben ist, setzt der Vf. bey den Infusionsthierchen, welche wir ohne Fasern sich bewegen sehen, die Ursache der Bewegung mit einigen neuern Physiologen in einen Muskelstoff. Wenn wir aber diese Fasern nicht sehen, fliesst denn daraus, dass sie nicht da sind? Wir möchten sie eben so wenig hier behaupten als ihr Daseyn, so wie die Reizbarkeit, Contractibilität und Expansibilität aller andern Theile des organischen Körpers ausser der Faser läugnen, und gestehen lieber geradezu unsre Unwissenheit. Die blosse Durchsichtigkeit; welche doch auch die Faser besitzen kann, kann sie unsichtbar machen, und daher den kleineren Rundwürmern u. a. die Fasern zu fehlen scheinen. Analogie ähnlicher Bewegungen muss hier über die Grade der Wahrscheinlichkeit des Daseyns und Nichtdaseyns entscheiden. In den mehresten Eingeweidewürmern sind deutliche Querfasern und Längsfasern unter der Haut vorhanden, welche ihre Ortsbewegungen und andre Bewegungen hervorbringen, und mit grosser Sorgfalt sind sie hier beschrieben, und die dabey bemerkten Verschiedenheiten aufgezählt. *Besondre Muskeln*, die eigentliche Fasernbündel bilden, findet man nach dem *achten* Cap. nur im Rüssel der Hakenwürmer. Vielleicht gehören aber auch hieher die Muskeln an den Saugöffnungen der Saugwürmer. Obgleich der Körper der Eingeweidewürmer im ganzen genommen höchst weich ist, so besitzen sie doch auch nach dem *neunten* Cap. *einige harte, hornartige und stechende Theile.* Bey dem *Trichocephalus echinatus* besitzt das Kopfende eine ansehnliche Härte und Elasticität; der *Strongulus armatus* am Kopfe eine hornartige vorn gezähnelte Blase, und so andre am Maul ziemlich harte Theile. Ausserdem gehören die Stacheln und Haken hierher, welche man in allen Ordnungen der Eingeweidewürmer findet. Die Stacheln und Haken dienen nach des Vfs. Meinung nicht bloss zum Bohren und Anhalten, sondern auch zu einem Reize, der den Zufluss der Säfte vermehrt, von denen der Wurm sich ernährt. *Nerven* haben nach dem *zehnten* Cap. die Eingeweidewürmer nicht, und das, was *Werner* und *Cuvier* dafür im Spuhlwurm hielten, sind Längsfasern. So wie aber auch bey den grössern Thieren die Endes der Nerven verschwinden, und sich mit der übrigen Körpermasse zu vereinigen scheinen, so scheint diese Vereinigung durch den ganzen Körper bey den Eingeweidewürmern Statt zu finden. Wie in dem wiedemannischen Archiv, läugnet auch hier Hr. *R.* im *elften* Cap. dass die Eingeweidewürmer *athmen*, wenn er gleich zugiebt, dass sie, wie die von den Athmungswerkzeugen verschiedenen Theile andrer Thiere, Sauerstoff absorbiren. Die *Ernährungs-* und die *Fortpflanzungswerkzeuge* werden nicht bloss den Ordnungen sondern auch den Gattungen nach sehr ausführlich beschrieben. Nach dem *zwölften* Cap. haben die Rundwürmer alle einen deutlichen Mund und Darmcanal. Auch

bey

bey den Filarien fand der Vf. den letztern, wo er doch durch die Windungen der Fortpflanzungswerkzeuge so versteckt ist, dafs *Göze* ihn gar nicht nannte, und *Zeder* für eine Gesichtstäuschung hielt. Einen After bemerkte Hr. *R.* bey ihnen nicht, aber wohl Mund, Darmcanal und After bey den Gattungen *Oxyuris*, *Trichocephalus*, *Ascaris* und *Ophiostoma*. Vom *Cucullanus* vermuthet Hr *R.* dafs der After mit den Geschlechtstheilen eine gemeinschaftliche Cloake habe. Bey *Liorhynchus* sind nur der Mund und Darmcanal genannt. Von der Gattung *Hamularia* (Schranks *Linguatula*, Zeders *Tentacularia*) sagt der Vf.: „*oris tubulos duos emittit, sed ex* Treutleri *et* Zederi *observatione laterales, sed tantopere a reliquorum structura alienos, et cum Ascaridum spiculis convenientes, ut genus mihi quam maxime ambiguum videntur.*" Die Gattung *Prinoderma* ist noch bey dieser Ordnung aufgefügt, da sie in Rücksicht der innern Bildung mit derselben übereinstimmt. Bey dieser Ordnung kann man nicht nur oft Schlund, Magen und Därme unterscheiden, sondern der Vf. bemerkte auch die innere faltige Haut derselben, wie bey den zusammengesetzteren Thieren. In ihren Eingeweiden wird, wie bey diesen, das zur Ernährung Taugliche vom Untauglichen abgesondert, und dieses wie Unrath fortgeführt. Etwas, dafs bey ihnen die *Galle* und den Speichel vertrete, kennen wir noch nicht. Die feinen Fäden die von dem Nahrungscanal überall zur muskulösen Haut, und den Zeugungswerkzeugen hingehn, hält der Vf. theils für einsaugende, theils für ernährende Gefäfse. Ueberdiefs aber saugen die Rundwürmer auch durch die Haut vielen Nahrungsstoff ein, und werden daher, wenn sie todt oder lebend zusammengefallen sind, im Wasser wieder ausgedehnt. Bey den Hakenwürmern ist die Ernährung durch die Einsaugung vermittelst der Haut noch beträchtlicher, aber nicht wie *Treutler* will, die einzige Art derselben, sondern der Vf. nimmt mit *Zedern* noch eine Ernährung durch den Mund an, wenn gleich der Speisecanal fehlt. Die Nahrungsgefäfse aber, die wenigstens bey den *Echinorhynchis* von der Oeffnung im Rüssel zu entstehen scheinen, werden sehr ausführlich beschrieben. Bey dem *Tetrarhynchus* vermuthet Hr. *R.* eine ähnliche Beschaffenheit, der *Schistarus* dagegen hat allein Darmcanal und After, und gehört daher wohl nicht zu dieser Ordnung. Die Beschaffenheit und Verschiedenheit der Saugöffnungen der Saugwürmer, denen auch der Darmcanal fehlt, die Muskelfasern, die zur Bewegung desselben dienen, und das Nahrungsgefäfs, dessen Aeste sich durch den Körper verbreiten, werden sehr schön beschrieben. Wenn dabey behauptet wird, die Farbe der *Masse*, welche das Nahrungsgefäfs enthält, sey bey den *Saug*würmern derselben Art immer dieselbe, so scheint *das Schäffers* Beobachtungen zu widersprechen. Von den Gattungen der sehr verschiedenartigen Cestoiden haben die Schleimwürmer, Nelkenwürmer, Riemen- und Tricusspidarien vermuthlich keinen Speisecanal, sondern nur ein Nahrungsgefäfs, vermuthlich aber die *Bothriocephali* wie die eigentlichen *Taenien* mehrere Mündungen und Schlünde, wodurch sie die Nahrung einnehmen, und zu zweyen oder einem Canal führen. Dafs sie, wie einige wollen, auch durch die Oeffnungen der Glieder Nahrung einsaugen, läugnet der Vf. wohl mit Recht gänzlich, spricht ihnen aber nicht alle Ernährung durch Einsaugung vermittelst der Haut ab; die Blasenwürmer verhalten sich ungefähr eben so, wie die Bandwürmer. Zuletzt bemerkt noch der Vf.: dafs diejenigen Eingeweidewürmer, welche keinen After haben, und bey welchen man ungefärbten Nahrungssaft in den Gefäfsen erblickt, vermuthlich keinen andern, als gänzlich assimilirbaren Nahrungsstoff zu sich nehmen, und dafs überdiefs bey ihnen und den Pflanzenthieren eine Art der Ernährung durch die Haut Statt finde, welche man bey den zusammengesetztern Thieren nicht antreffe (?), und die vielleicht selbst von ihrer Willkür zum Theil abhänge. Dafs, wie *Werner* will, die Gelenke der Bandwürmer haarig und rauch seyen, wird geleugnet. Die *Geschlechtstheile* der Eingeweidewürmer werden im *dreyzehnten*, ihre *Begattung und Geburt* im *vierzehnten* Cap. abgehandelt. Bey den Rundwürmern hat man bisjetzt nur einige Ascariden, von den Saugwürmern Egelschnecken in der Begattung angetroffen, von den übrigen noch keine. Mit Genauigkeit sind die Geschlechtstheile der Ascariden, der *Trichocephali*, *Strongyli*, *Cucullani*, so wie die männlichen des *Prinoderma* beschrieben. Bey diesem letztern hat der Vf. aber nicht angezeigt, dafs er nach *Göze* ein Zwitter sey, und dieser sogar die Eyer des mit Spiculis versehenen Exemplars abbildete, wodurch er sich wesentlich von den Rundwürmern unterscheiden würde; denn die Körper, die *Frölich* im *Ascaris hermaphrodita* für Eyer hielt, will Hr. *R.* als solche nicht erkennen, und wir glauben mit Recht. Dafs, wie *Göze* es bey dem *Ascaris brevicaudata* beobachtete, der ganze Hintertheil des Männchens bey der Begattung in die weiblichen Geburtsglieder trete, hält Hr. *R.* bey den andern Ascariden für unmöglich. Bey den Gattungen *Filaria*, *Hamularia*, *Oxyuris* und *Liorhynchus* sind die Zeugungstheile noch nicht entdeckt oder zweifelhaft. Die Art und Weise wie die Ernährung der Embryonen in den Eyern geschehe, ist unbekannt. Der Vf. vermuthet, dafs sie durch die Schwanzspitze den Nahrungsstoff einsaugen, weil man bey den Kappenwürmern bemerkt, dafs sie vermittelst desselben damit zusammenhängen; die Ernährung der Eyer selbst im Uterus läfst sich beym Spuhlwurm, bey dem sie rauh sind, noch wohl erklären; bey den übrigen, welche glatte Eyer haben vermuthet der Vf. dafs sie anfangs mit der Gebährmutter zusammenhängen, und hernach durch Absorption ernährt würden. Bey den Hakenwürmern findet man zwar getrennte Geschlechter, die Männchen haben aber beym *Echinorhynchus* keine Ruthe, sondern am Hintertheile des Körpers einen einige Kügelchen enthaltenden Sack, und die Weibchen geben ihre Eyer durch den Mund von sich; Hr. *R.* muthmafst daher, dafs die Befruchtung ausserhalb des mütterlichen Körpers, wie bey den Fischen, geschehe. Die gegenseitige Begattung und beyderley Geschlechtstheile der Saug-

wür-

würmer waren bereits bekannt, und werden theils nach andern, theils und insbesondere bey dem *Amphistoma* und *Polystoma* nach des Vf. eigenen Beobachtungen dargestellt. Was die Bandwürmer betrift, so sind die Caryophyllien getrennten Geschlechtes und begatten sich wahrscheinlich eben so wie die Rundwürmer. Die von andern für den Speisecanal gehaltene vertiefte Linie der *Ligula* sieht der Vf. für den Eyerstock an. Bey der Tricuspidaria vermuthet er, dass, wie bey den Tänien die Quercanäle Härchen ausstossen, welche die männlichen Zeugungstheile seyen; denn es ist ihm glaublich, dass die Bändchen, Borsten, Fäden, Warzen, Hörner, welche aus den Oeffnungen am Rande, dem Rande oder der flachen Seite der Glieder der Tänien hervortreten, eben so viele Ruthen seyen. Bey der *Taenia denticulata* sahe der Vf. deutlich, dass die Hörnchen hohl waren. Sie sollen sich theils selbst befruchten, aber auch zwey Individuen sich wechselseitig begatten können. Bey den Blasenwürmern sind bis jetzt weder Zeugungstheile noch Fortpflanzung bekannt.

(Der Beschluss folgt.)

GRIECHISCHE LITERATUR.

GOTHA, b. Ettinger: *Diatribe historico-critica de Sapphus Poëtriae vita et scriptis* adornavit *H. F. Magnus Volger*, Pädagogii Ilfeldensis Collaborator. 1809. 64 S. 8.

Der Inhalt dieser fleissig geschriebenen lesenswerthen Schrift ist eine vollständige Aufzählung aller derjenigen Notizen, die man von den Lebensumständen der Sappho findet; sodann ein Verzeichniss ihrer Schriften, wie der von ihr noch vorhandenen Fragmente, mit der Angabe der verschiedenen Ausgaben der letzten. Die erste Abtheilung beschäftiget sich hauptsächlich mit Untersuchung und Widerlegung der bekannten Annahme Mehrerer von zwey Sappho's, mit dem Erweise von der Gleichzeitigkeit der Dichterin Sappho und des Anakreon, mit Nachweisung des Ansehens, unter dem jene unter den Alten gestanden, der Untersuchung ihrer Liebesgeschichte mit Phaon und endlich der Sagen von ihrem Tode. Alle diese Untersuchungen sind nicht ohne kritischen Fleiss angestellt. Bey der Annahme der Gleichzeitigkeit der Sappho und des Anakreons stützt sich der Vf. vorzüglich, S. 12 fgg., auf das Zeugniss des Hermesianax, das er gegen Athenäus in Schutz nimmt. Er giebt zu (S. 13) Anakreon könne unter Cyrus und Polykrates, Sappho unter Alyattes gelebt haben, nichts desto weniger aber Anakreon, der weit älter geworden als die schon in ihrem vierzigsten Jahre gestorbene Sappho, S. 28 fgg., noch ein Zeitgenosse des Alyattes wie dieser gewesen seyn. Er bezieht sich diessfalls auf die Verse des Anakreon bey *Chamäleon* und das Fragment der *Sappho* bey *Stobäus Floril.* LXXI. pag. 291. *Grot.* — Ueber die Streitfrage hingegen von der Gleichzeitigkeit der Erinna und Sappho neigt sich der Vf. (S. 17) mehr auf die Seite des Eusebius und Syncellus als älterer verneinender Zeugen gegen den bejahenden Suidas und anderer, die dessen Ansehn folgen. Mit Recht wird S. 20—21, wo die Frage über der Dichterin Hang zu Ausschweifungen, vorzüglich unnatürlichen Lesbischen, kurz in Anregung gebracht ist, die seichte, ja abgeschmackte Erklärung derjenigen, die das Beywort *mascula* im bekannten Horazischen Verse *Ep. I.* 19. 28.

Temperat Archilochi Musam pede mascula Sappho

für eine solche Folgerung nützen wollten, abgewiesen, und die gesundere Auslegung „*de masculo in politissimis versibus scribendis ingenio*" vorgezogen. Sich wegwendend von solcher heillosen Haschung mancher Gelehrten nach ärgerlichen Anekdoten, verweilt Hr. *V.* länger bey den vielen schönen Zeugnissen der Alten, dichtrischen und prosaischen, die Sappho's poetischem Talente gezollt wurden, und führt jene, aus der Anthologie vorzüglich geschöpfte, meist wörtlich an, theils weist er die letztern nach (S. 22—26). Ueber die Nachrichten von ihrer Gestalt, die minder begünstigt von der Natur war als ihr Talent, wird vorzüglich Ovid benutzt. Ueber Sappho's unglückliche Liebe zu Phaon und ihren berüchtigten Sprung vom Leukadischen Felsen, der ihr Leben endete, werden die bekannten Stellen, vorzüglich, was jenes betrifft, Strabos Zeugniss X. pag. 452 aufgeführt (S. 30 fgg.). Die Benutzung einer neuern Ansicht davon in einem Aufsatze des Morgenblattes, wo wir nicht irren von *Zinserling*, vermissen wir hier. — Es folgt eine Angabe der verschiedenen Münzen mit Sappho's Bildnisse, und sodann eine Aufzählung der verschiedenen Metren, der sie sich in ihren Gedichten bedient haben soll, nach der Angabe der Scholiasten, und eine Untersuchung derjenigen, die ihren noch vorhandenen Fragmenten zum Grunde liegen. Den Schluss macht eine sehr umständliche Literatur der verschiedenen Ausgaben derselben, auch der Uebersetzungen. Der Vf., seit seinen akademischen Jahren mit vieler Liebe für Sappho's Gedichte eingenommen, beschäftigt sich, laut der Vorrede, schon seit geraumer Zeit mit einer neuen kritischphilologischen Ausgabe derselben. Er will diese dem angezeigten Werkchen nachfolgen lassen, wenn das Publicum Lust dazu hat. Wir zweifeln nicht, sie werde mit Dank aufgenommen werden.

ALLGEMEINE LITERATUR-ZEITUNG

Dienstags, den 5. September 1809.

WISSENSCHAFTLICHE WERKE.

NATURGESCHICHTE.

Amsterdam, in d. Kunst- u. Literatur-Compt.: *Entozoorum sive Vermium intestinalium historia naturalis, auctore Carolo Asmundo Rudolphi* etc.

(*Beschlufs der in Num. 241. abgebrochenen Recension.*)

Das *funfzehnte* Kapitel ist der Untersuchung eines äufserst schwierigen Gegenstandes, *dem Wachsthum, Alter und der Wiederergänzung der Eingeweidewürmer*, gewidmet, und mit grofser Sorgfalt sind hier die natürlich nicht zahlreichen Data gesammelt, welche zur Aufklärung desselben beytragen können. Der dem Vf. weit gröfser scheinende Unterschied zwischen den Embryonen der Eingeweidewürmer und den ausgewachsenen, als bey irgend einer andern sich nicht verwandelnden Thierart, ist doch wohl nur scheinbar. Bey den Bandwürmern findet man die bedeutendsten Unterschiede in der Gröfse der Individuen, bey den übrigen Eingeweidewürmern sind sie minder auffallend. Manche Nachrichten von ungeheuer grofsen Thieren dieser Art werden als erdichtet verworfen, oder bey den Bandwürmern daraus erklärt, dafs man die nach und nach abgegangenen Stücke zusammenzählte, und sie für Stücke eines einzigen Bandwurms hielt. Dafs die Tänien durch hinzukommende neue Glieder wachsen, ist dem Vf. nicht glaublich. Er nimmt blofs eine Entwicklung und Vergröfserung der Glieder an. Ueberhaupt aber, da man gewöhnlich ausgewachsene Eingeweidewürmer im thierischen Körper antrifft, mufs ihr Wachsthum sehr schnell von Statten gehn. Die mehresten haben ein sehr kurzes, doch auch einige ein langes Leben; am sichersten läfst sich dieses von dem Hautwurm beweisen, den der Vf. mit *Gmelin Filaria medinensis* nennt, und als einen Eingeweidewurm betrachtet, weshalb er in der Folge seine Rechtfertigungsgründe anführt. Die Ergänzungskraft der Eingeweidewürmer ist sehr zweifelhaft, und gegen *Andry's* und andrer Versuchen und Beobachtungen, welche dieselbe bey den Tänien zu beweisen scheinen, werden mehrere Einwendungen vorgebracht; doch sahe der Vf. selbst das abgeschnittene Schwanzende des riesenmäfsigen Kratzers bald sich zusammenziehen und zuwachsen. Das *sechszehnte* Kap. handelt vom *Aufenthalte der Eingeweidewürmer, sowohl den Ländern als den Theilen des thierischen Körpers nach.* In der ersten Rücksicht ist fast nur der Mensch mit einiger Genauigkeit beobachtet. Dafs die schlechten Nahrungsmittel der ärmern Aegypter die grofse Neigung derselben zu Würmern anzeige, wird zugegeben, dafs aber die vielen Fischspeisen bey den Holländern den Bandwurm bey ihnen veranlassen, dadurch widerlegt, dafs in andern Gegenden, wo auch sehr viele Fische gegessen werden, diefs der Fall nicht sey. Die *Taenia Solium* ist die gewöhnlichste, aber in der Schweiz und Rufsland *Taenia lata* häufiger. *Linné's T. vulgaris* scheine nach der Abbildung eine Abänderung der *T. lata* zu seyn, gleichwohl habe Hr. *R.* aus Schweden immer *T. solium* erhalten, und diese sey dort auch die gewöhnliche. In Ansehung der Theile des thierischen Körpers werden erst diejenigen Eingeweidewürmer genannt, welche keinen bestimmten Aufenthalt haben, dann diejenigen, bey denen er bestimmt ist, woraus sich ergiebt, dafs aufser in den harten Theilen, dem Blute und der Milz keine Theile sind, in denen man sie nicht gefunden hätte. Im *siebenzehnten* Kap. werden mehrere Beyspiele angeführt, welche hinlänglich beweisen, dafs Eingeweidewürmer durch den Genufs eines Thieres sich einem Thiere andrer Art *mittheilen*, und wenigstens eine Zeit lang in diesem fortleben können, und die Meinung verworfen, dafs jede Art von Eingeweidewürmern nur Einer Thierart eigen sey. Der Mensch z. B. habe den *Ascaris lumbricoides* mit dem Pferde, Rindvieh und Schweine, den *Trichocephalus* mit dem Affen, den *Strongylus giganteus* mit sehr vielen Thieren, eben so das *Distoma hepaticum* mit vielen, und den *Cysticercus cellulosae* mit dem Affen und Schweine gemein. *Ueber den Ursprung der Eingeweidewürmer*, wovon das *achtzehnte* oder *letzte* Kap. dieses Theiles handelt, äufserte Hr. *R.* schon in dem *Wiedemannischen* Archiv, dafs er denselben einer *Generatio aequivoca* zuschreibe, weil sie ihm sonst unerklärbar sey, sagt aber doch am Ende: „Uebrigens mag es hier leicht wahr seyn, was das alte Sprichwort sagt: *incidit in Scyllam, qui vult vitare Charybdim.*" Jetzt scheint er sich eine genauere Kenntnifs zuzutraun, um sie unbedingt annehmen zu dürfen. Nachdem er nämlich mit sehr wichtigen, und gröfstentheils nicht zu widerlegenden Gründen dargethan hat, dafs die Würmer nicht von Aufsen in den Körper kommen können, indem sie weder aufserhalb desselben angetroffen werden, noch es wahrscheinlich sey, dafs sie in demselben ihre Gestalt verändern, oder ihre Eyer durch das Athmen oder die Nahrung hineinkommen, schliefst er, und zwar gewifs mit Recht, dafs sie angeboren würden, aus Gründen, welche gröfstentheils schon *Bloch* für diese

diese Meinung anführte, auf den wir in diesem Kapitel doch etwas mehr Rücksicht genommen zu sehn wünschten. — Nun untersucht er, wo sie dann herkämen? und da sie wahrscheinlich nicht vom Vater, auch nicht von der Mutter mitgetheilt werden könnten, weil sie, insbesondere die letztere, sonst alle Wurmarten enthalten müssten, weil man sich die Art dieser Mittheilung nicht denken könne (?), und die lebendige Junge gebärenden Würmer diese Meinung widerlegten, nimmt er jetzt vollkommen eine *Generatio aequivoca* an, wie sie *Treviranus* in seiner *Biologie*; und *Braun* in seiner *Diss. de vermium intestinalium prima origine* (welche wir nicht gelesen haben) aufstellen. Das Trennen organischer, nicht assimilirbarer, Stoffe von den übrigen Theilen in den organischen Körpern, und ihre Vereinigung mit andern, scheinen ihm hier die Keime der Eingeweidewürmer zu bilden. Wer eine Epigenese annimmt, meynt Hr. *R.*, müsse diese Hypothese nicht verwerfen können. Wir können nicht umhin, hier das Ende des vorhergehenden Kapitels abzuschreiben: „*Cur animalium diversissimorum vermes saepe iidem vel simillimi, simillimorum varii diversi sint, hoc omnino ignoratur, res tamen, qualis exhibetur, a naturae scrutatore referenda: posteri forsan, chemica partium analysi perfectiori* (davon versprechen wir uns nicht viel), *aliisque adminiculis, nobis non concessis, utentes explicabunt: nosmet, ab hypothesi fallaci cavendo, observationum numerum augeamus, et omnia, quae lucem afferant, sollicite animadvertamus. Me paucissima scire, non ignoro, sed ea tantum cura est, ut quae sciam et calleam, quaeque obiter tantum viderim, brevi, ut quae certa dubiave habeam, probe distinguam. Systema physiologicum conflandi si desiderium esset, quo nunc plurimos flagrare doleo, verba obscura proferendo* (davon ist der Vf., wenn wir das Wort *dissimilatio* ausnehmen, weit entfernt, so wie vom folgenden) *anomalias tacendo, et ingenio in omnibus indulgendo, id quidem facillime exstruerem, sed commenta delet dies.*"

Der *dritte* Theil dieses Bandes ist der *Entozoologia practica* gewidmet. Im *neunzehnten* Kapitel wird *von dem Nutzen der Eingeweidewürmer* geredet, welchen der Vf. nicht anzugeben wagt. Den *Schaden*, den sie stiften sollen, hält der Vf. im *zwanzigsten* Kap. auch nicht für so beträchtlich, wie man ihn oft angegeben hat. Die Kratzer durchbohren leicht Magen und Därme, von andern Eingeweidewürmern ist diess aber weder erwiesen, noch wahrscheinlich. In den *Scirrhis* fand Hr. *R.* nie Eingeweidewürmer, häufig aber in Adergeschwülsten. Die Hydatiden schaden, auch wenn sie keinen Wurm enthalten, eben so, als wenn sie von einem Wurm bewohnt werden, besonders dem Gehirn. Im Auge und der Nase können sie schaden, kommen aber in beiden selten vor. In den Gehörwerkzeugen sind sie bis jetzt nur im Braunfisch, und in der Milz noch keine bemerkt. Die Lungen scheinen sie nicht zu zerstören, schaden aber in ihr durch ihre Anhäufung. In der grossen Magendrüse sind sie selten, und, wie es scheint, nicht nachth ilig. Die Leber, Gallengänge und Gallenblase enthalten oft viele Würmer, ohne immer Krankheit vorauszusetzen, oder Krankheit zu erregen. Die Nieren sind zwar oft ganz verzehrt, und dann voll grosser Strongyli, dass diese aber diess verursachen, bezweifelt der Vf., weil (?) man diese Würmer nie in gesunden Nieren findet. Die Finnen der Menschen, Affen, Schweine und Delphine bringen nach dem Vf. vorzüglich nur Schwäche zuwege. In den Därmen sey der Springwurm und Haarkopf nie in solcher Menge, dass man zweifeln könne, wie es möglich sey, dass sie dieselben enthalten haben (wir haben die erstern allerdings in solcher Menge von einem fünfjährigen Knaben abgehn gesehn, dass sie heftige Bauchschmerzen und Convulsionen erregten, und durch Opium vertrieben wurden), noch weniger sey diess im Menschen mit dem Bandwurme, wohl aber mit den Spuhlwürmern der Fall. Bey Thieren dagegen desto häufiger, und vorzüglich fand Hr. *R.* die Därme von Gänsen, Enten, Hühnern und dem nordl. Taucher, wie vorzüglich den Darmkanal des Trappen ganz mit Bandwürmern angefüllt. Nie fand indess Hr. *R.* eine dadurch erregte Entzündung oder Durchbohrung, und eben so wenig hat man Beyspiele dadurch erregter Verstopfungen oder eingeklemmter Brüche. Die besondern Uebel, welche die Springwürmer, Spuhlwürmer, Bandwürmer und der Hautwurm erregen, so wie die Zufälle und der Ursprung der allgemeinen Wurmkrankheit, und die Würmer, als besondere Krankheitszufälle, werden sodann näher beschrieben, und der Schluss daraus gezogen, dass die Krankheiten, welche von Würmern herrühren, bey weitem so häufig nicht seyen, als man gewöhnlich glaube, wobey doch auch Beweise *a priori* angewendet werden. Die Würmer können, nach des Hn. *R.* Meinung, nie eine allgemeine, aber wohl heftige örtliche Krankheiten, Zuckungen, Krämpfe, unangenehmes Jucken und Schmerz erregen. Im *ein und zwanzigsten* Kap., *von den Wurmmitteln*, werden zuerst die mit den Eingeweidewürmern in dieser Rücksicht angestellten Versuche, dann die mechanischen, hierauf die wurmtödtenden, dann die abführenden, und zuletzt die eingebildeten äussern Arzneyen aufgezählt; dann von der eben so verwerflichen bestimmten Zeit der Kur, und zuletzt von der allgemeinen und besondern Kur geredet. Unter den mechanischen Mitteln wird dem gekörnten reinen Zinn, unter den wurmtödtenden dem Chabertschen Oele vor allen andern der Vorzug gegeben. Wir wundern uns, das Baumöl nicht besonders genannt zu sehen, da wir, der hier angeführten Beyspiele des langen Lebens der Würmer in Oel ungeachtet, dasselbe bey Springwürmern sehr oft von dem grössten Nutzen gefunden haben. Das *zwey und zwanzigste* Kap. handelt noch als *Anhang* von den *Insecten* welche man in den Thieren antrifft, freylich sehr kurz und nicht vollständig.

Diese treue und kurze Darstellung des Inhalts dieses Buches wird hinlänglich darthun, wie gehaltreich und wie wichtig dasselbe für Naturforscher und Aerzte sey; diese Darstellung allein wird uns jedes Lobes überheben, welches wir dem Vf. gern und reichlich dar-

darbrachten, nur das können wir nicht verschweigen, dass uns lange kein Buch so vielen wahren Genuss gewährt habe, als dieses.

MATHEMATIK.

Berlin, b. Frölich: *Anfangsgründe der reinen Mathematik, zum* Leitfaden seiner Vorlesungen entworfen von Dr. *J. J. A. Ide.* 1803. *Erster* Theil. Arithmetik. 235 S. *Zweyter* Theil. Geometrie. 228 S. 8. Mit 2 Kpfrn. (1 Rthlr. 12 gr.)

Bey der übergrossen Menge von Lehrbüchern der Mathematik, deren immer eins aus dem andern abgeschrieben ist, geht man mit einiger Unlust daran, ein solches Buch durchzublättern, weil man vermuthen muss, das tausendmal Gesagte wieder in derselben Ordnung, und vielleicht schlechter, wiederholt zu finden. Angenehm aber wird man dann überrascht, wenn der selbstdenkende Geist uns aus dem Buche anspricht und uns das Alte gleichsam neu zu machen weiss. Das Ansehn und Alter selbst eines Buchs, wie *Euklid's* treffliche Elemente, darf das Streben des Geistes nicht hemmen, auch in der Geometrie noch, wo möglich, hie und da einiges anders und besser zu ordnen und zu begründen. Bemühungen dieser Art, wenn sie bloss aus Neuerungssucht und ohne hinlängliche Bekanntschaft mit dem Geiste der Wissenschaft unternommen werden, fallen freylich so aus, dass kein echter Geometer ihnen Beyfall geben kann; aber kein philosophischer Mathematiker wird deshalb behaupten, dass im *Euklid*, wie in einem heiligen Buche, kein Wort geändert werden dürfe. Der Vf. des vorliegenden Werks hat, wie Rec. glaubt mit Recht und mit Glück, sich seinen eigenen Plan vorgezeichnet, nach welchem manche Sätze nicht in der gewöhnlichen Ordnung auf einander folgen. „Was die Folge der Begriffe und Sätze veranlasst hat — so sagt er in der Vorrede — ist nicht die beschränkte Rücksicht auf Demonstration, wodurch sie nur gar zu oft neben einander zu stehen kommen, wie die Fixsterne am Himmel, von denen der Allmächtige allein weiss, warum sie in diese und keine andere Reihe zusammen getreten sind." — Diess scheint Rec. nun zwar in Beziehung auf die gewöhnliche Ordnung der Begriffe und Sätze der reinen Mathematik zu viel gesagt; dagegen giebt er dem Vf. Recht, wenn er weiterhin fortfährt: „Wer mit einem systematischen Ueberblicke nur dreist ins Einzelne geht, dem kann es unmöglich fehlen, auch mit den Beweisen eben so glücklich zurecht zu kommen. Und dann gewinnt die Evidenz nicht bloss im Kleinen, sondern, was noch viel wichtiger ist, auch im Grossen, und zugleich das Ganze an Kürze. Dann brauchen zwey Winkel des Dreyecks nicht lange zuvor erst kleiner als zwey rechte zu seyn, um sich dazu nach mühsamen Streben endlich den dritten completiren zu dürfen."

In der Einleitung handelt der Vf. von der Mathematik überhaupt, ihrer Eintheilung, Methode und ihrem Nutzen. Der Begriff der Mathematik ist wie gewöhnlich angegeben, nämlich: Wissenschaft, die sich mit Betrachtung der Grösse beschäftigt. Rec. würde diess nicht der Mühe werth finden zu bemerken, wenn er nicht neuerlich in einer Recension von *Vieth's* mathem. Anfangsgründen in einer Literaturzeitung gelesen hätte, dass diess ein *Irrthum* sey, den man durchaus bey allen modernen Mathematikern finde. Die Eintheilung der Mathematik ist bey unserm Vf. folgende: zuvörderst reine und angewandte; die reine theilt er sodann in allgemeine und besondere, die allgemeine in Elementar- und höhere Mathematik; die Elementar-Mathematik in die Euklideische Grössenlehre und Arithmetik nebst Algebra. Die besondere in die Lehre von der Ausdehnung, von der Zeit und von der Kraft. Die angewandte in Hydrodynamik, Pyrometrie, Optik, Katoptrik, Dioptrik, Photometrie, Astronomie, und endlich Kriegswissenschaften, Baukunst, Wasserbaukunst, Schiffsbaukunst, Bergbau, Markscheidekunst und Maschinenlehre. Diese Eintheilung ist nicht fehlerfrey. Am Ende der Einleitung wird Einiges über den Nutzen der Mathematik gesagt. Unter andern heisst es: „der Mathematiker habe es mit nichts Anderem, als Wahrheit zu thun, die welche sie ihm von der Seite, er werde also mit ihrem Wesen aufs Innigste vertraut, und gewöhne sich so an ihre Gestalt, dass er sie *allenthalben beym ersten Blicke* erkenne und vom Irrthum zu unterscheiden wisse." Das ist nun wohl etwas zu viel gesagt. — In der Arithmetik wird im *ersten* Abschnitte unter der Ueberschrift: *Euklideische Grössenlehre*, von der Vergleichung der Grössen, des Ganzen und Unterschieden gehandelt. Der *zweyte* Abschnitt ist *Arithmetik* überschrieben, obgleich der ganze *erste* Theil denselben Titel führt, und handelt im *ersten* Kapitel von Bestimmung der Grössen durch Zahlen; im *zweyten* von den Rechnungsarten; im *dritten* von zusammengesetzten Zahlen; im *vierten* vom dekadischen Zahlensystem; im *fünften* von Irrationalzahlen; im *sechsten* von den Verhältnissen und Proportionen; im *siebenten* von Wurzelgrössen; im *achten* von Logarithmen; im *neunten* von den Reihen. Der *dritte* Abschnitt behandelt die Algebra. Die Lehre von den Brüchen kömmt im *zweyten* der oben genannten Kapitel des *zweyten* Abschnitts vor, ist also nicht, wie einige Neuere wollen, auf die Lehre von Verhältnissen gegründet. Die Behandlung ist durchaus gründlich, aber vom Anfange bis zu Ende auch durchaus Buchstabenrechnung. Für Anfänger in der Arithmetik ist diess abschreckend, und in den ersten Sätzen unnöthig. Die Lehre von Logarithmen und Reihen hat Rec. vorzüglich gefallen. Exempel sind allenthalben nur sehr sparsam beygefügt; das Buch ist aber auch nicht für den Unterricht der ersten Anfänger oder für Selbstunterricht, sondern zum Leitfaden bey Vorlesungen bestimmt. Hin und wieder wird auf Stellen verwiesen, die erst in folgenden Kapiteln vorkommen, z. B. S. 164. wird in der Lehre von den Logarithmen schon die Reihe

$$(1+k)^m = 1 + \frac{mk}{1} + \frac{m(m-1)}{1 \cdot 2} k^2 \text{ u. s. w.}$$

gebraucht, die erst in dem folgenden Kapitel entwickelt wird.

Der *zweyte* Theil behandelt die Geometrie, und zwar im *ersten* Abschnitte die ebene. Das *erste* Kapitel handelt von Linien und Winkeln. Die Lehre von den Parallelen wird hier nach der Methode des M. *Johann Schultz* behandelt, die dieser — mit unnöthiger Weitschweifigkeit — in einem eigenen Buche vorträgt (entdeckte Theorie der Parallelen u. s. w. Königsberg 1784.). Wer durch diesen Beweis mehr befriedigt zu werden glaubt, als durch die übrigen, die *Klügel* in seiner Abhandlung aufzählt (*Conatuum praecipuorum theoriam parallelarum demonstrandi recensio*, Götting. 1763.), der findet ihn hier kurz und trocken, ohne ihn in jenem Buche erst aus dem Wasser ziehen zu dürfen. Das *zweyte* Kapitel: Von den geradlinigten Figuren. Der Beweis des pythagoreischen Lehrsatzes ist der Euklidische. *Drittes* Kap. Vom Kreise. *Viertes* Kap. Von den geometrischen Constructionen, so weit sie nämlich das Werk der Elementargeometrie sind. *Fünftes* Kap. Berechnung der Linien und Flächen. Zum Normalmass wird hier mit Recht die Pendellänge als das beste empfohlen, weil selbst bey den aus neueren Gradmessungen hergenommenen Längen, vielleicht wegen unregelmässiger Krümmung des Meridians, zu viel Ungewissheit sey. In der Berechnung der Flächen wird bloss der Formel für die Dreyecksfläche aus den drey Seiten ein Exempel beygefügt. Der Satz, dass der Kreis einem Dreyeck gleich sey, das den Umfang zur Grundlinie und den Halbmesser zur Höhe hat, wird fast zu gelehrt durch Buchstabenrechnung bewiesen. Am Ende dieses Kapitels noch einige geometrische Constructionen, denen hier vor den arithmetischen Operationen der Vorzug beygelegt wird, dass sie die gesuchte Linie jedesmal genau darstellen, da man hingegen durch Berechnung sie nur beynahe zu erhalten im Stande sey. Es hätte hinzugesetzt werden können: theoretisch genommen. In Praxi kann man bekanntlich z. B. $\sqrt{2}$ viel genauer berechnen, als man die Diagonale des Quadrats je construiren und messen kann, weil wir keine mathematischen Puncte und Linien machen können. Bey der *Sectio divina* hätte erwähnt werden können, dass die Hypotenuse zum Halbmesser und zur Zehnecksseite die Fünfecksseite sey. Die schönen Beweise der Geometrie der Alten verdienen hier, wie bey manchen Sätzen der Stereometrie, nicht in Vergessenheit zu gerathen. *Sechstes* Kap. Die ebene Trigonometrie. — *Zweyter* Abschnitt. Die Körperlehre. *Erstes* Kap. Von den Lagen der Ebenen. *Zweytes* Kap. Das Prisma und die Pyramide. Der Satz, dass die Pyramide ein Drittel des Prisma von gleicher Höhe und Grundfläche sey, wird hier nicht aus der Theilung des dreyseitigen Prisma abgeleitet (welchen Satz Rec. vermisst), sondern arithmetisch. *Drittes* Kap. Die Kugel. Der Inhalt derselben wird ebenfalls arithmetisch gefunden. Hier werden zuletzt als Uebergang zur sphärischen Trigonometrie die sphärischen Dreyecke betrachtet. Die Relationen der *sechszehn* sphärischen Dreyecke, welche durch sechs grösste Kreise entstehen, deren drey durch Pole der drey andern gelegt sind, werden auch in den besseren und vollständigeren Lehrbüchern nicht erörtert. Zum Behuf der Aufgabe: aus den drey Winkeln eines sphärischen Dreyecks die Seiten zu finden, wird nur das eine correspondirende Polardreyeck betrachtet, dessen Seiten und Winkel die Winkel und Seiten des Hauptdreyecks zu 180° ergänzen. *Kästner* verlangt statt dessen ein Polardreyeck, dessen Seiten und Winkel den Winkeln und Seiten des Hauptdreyecks *gleich* sind, welches so, wie es da ausgedrückt wird, gar nicht existirt, indem immer wenigstens *ein* Winkel des Polardreyecks *eine* Seite des Hauptdreyecks (und umgekehrt) zu 180° ergänzen muss.

Ob der Vf., seiner oben erwähnten Eintheilung der reinen Mathematik zufolge, noch eine reine Chronometrie und reine Dynamik liefern werde, wissen wir nicht; aber wohl wünschten wir, von seiner Hand auch die höhere Geometrie so kurz und systematisch bearbeitet zu sehn.

LITERARISCHE NACHRICHTEN.

Todesfälle.

Am 19ten April starb zu Carlsruhe in Ober-Schlesien *J. B. Regehly*, Ober-Consistorialrath, Kirchen- und Schulen-Inspector des oberschlesischen Departements und Pastor daselbst; Vf. einer Beschreibung von Carlsruhe (1799.). Er wurde am 26sten März 1738. zu Constadt geboren.

Am 3ten Jun. starb zu Oels *Elias Gottlieb Dominici*, Hofprediger, Consistorialrath und Stadtpastor, daselbst, vormals Rector des dasigen Gymnasiums; Vf. mehrerer Programme und Predigten, und Bearbeiter neuer Auflagen einer Agende und eines Katechismus für das Oelsnische Fürstenthum, wie auch Mitbearbeiter der neuesten Auflage des dasigen Gesangbuchs. Er wurde zu Bernstadt am 8ten Aug. 1744. geboren.

Im Jul. starb zu Paris der Abbé *de Tressan*, ein Sohn des berühmten Vfs. von Ritterromanen, selbst Vf. eines ähnlichen Romans, einer mit der Geschichte verglichenen Mythologie, die auch ins Deutsche übersetzt ist u. s. w.

ALLGEMEINE LITERATUR-ZEITUNG

Mittwochs, den 6. September 1809.

WISSENSCHAFTLICHE WERKE.

OEKONOMIE.

Leipzig, b. Hinrichs: *Neues allgemein praktisches Wörterbuch der Forst- und Jagdwissenschaft nebst Fischerey* für Forstmänner, Jäger, Jagdliebhaber und Fischer, ingleichen für Gutsbesitzer, Jagd- und Fischereyberechtigte, mit Rücksicht auf die in diese Fächer einschlagenden Gesetze. Nach eigner Erfahrung bearbeitet von *Karl Adam Heinrich von Bose*, herausgegeben, berichtigt und vervollkommnet von *Friedr. Gottlob Leonhardi*, ordentl. Prof. der Oekonomie. *Erster* Band (oder vielmehr Theil). 1807. 314 S. gr. 8. m. Kpfrn. (1 Rthlr. 12 gr.) (*Zweyten* Theils) *erster* und *zweyter* Bd. Auch unter dem Titel: *Neues allgemeines praktisches Wörterbuch der Jagdwissenschaft* u. s. w. 1808 — 1809. 464 u. 380 S. gr. 8. (4 Rthlr.)

Der Unterschied, den man zwischen diesem und den andern Wörterbüchern der Art, z. B. dem von einer Gesellschaft Forstmänner und Jäger herausgegebenen Handbuche der praktischen Forst- und Jagdkunde in alphabetischer Ordnung findet, besteht hauptsächlich darin, dass diess das neueste ist, und dass die andern nicht nach den verschiedenen Zweigen der Forst-, Jagd- und Fischkunde in eigene Bände abgesondert sind, und daher hier dieser *erste* Band (oder vielmehr Theil) bloss die Forstkunde, der *zweyte* aber (in zwey Bänden) die Jagdkunde enthält, und der *dritte* die Fischerey in sich fassen soll. Was aber bey dieser Trennung gewonnen wird, ist nicht abzusehen: denn in Deutschland ist ja gewöhnlich der Forstmann auch zugleich Jäger, und in den neuern Zeiten wird ja die Fischerey auch, wie sonst, wieder zu dem Jagdfach gezogen. Da nun aber diess Wörterbuch das neueste ist, so sollte man vermuthen, dass es auch an Vollständigkeit, Genauigkeit, Gleichheit, Deutlichkeit, Präcision, in Anordnung und gedrängter Zusammenstellung der Sachen seine Vorgänger übertreffe. Allein auch hierin kann Rec. diesem Wörterbuche, ohne ihm gerade Brauchbarkeit absprechen zu wollen, keine sonderlichen Vorzüge vor den andern einräumen. Das einzige, worin es sich auszeichnet, ist die Angabe der königl. sächs. Gesetze bey manchen Wörtern; in jeder andern Hinsicht hat diess Werk keine ausgezeichnete Vorzüge vor andern. Man findet dieselbe Ungleichheit in Behandlung der Materien, und oft dieselbe Unbestimmtheit und Weitläuftigkeit in Erklärung der Wörter und Darstellung ihrer Begriffe. Der *Borkenkäfer — Dermestes typographus* — (soll heissen: Fichtenborkenkäfer, schwarzer Wurm u. s. w. *Bostrichus typographus*) wird mit folgenden paar Zeilen abgefertigt: „Er ist unter allen Käferarten derjenige, welcher dem Holze den meisten Schaden verursacht, und besonders bey dem Nadelholze die sogenannte Baumtrockniss verursacht. Eine genauere Beschreibung und Abbildung findet man in *Leonhardi's* Forst- und Jagdkalender von 1794. 2te Aufl. Wenn es nun sonst keinen schädlichen Borkenkäfer gäbe, als diesen; wenn nicht die Naturgeschichte der Blattlaus fast zwey ganze Seiten füllte, wenn nicht die Beschreibung mancher minder wichtigen Holzart, z. B. des gerade gegenüber stehenden *Bohnenbaums*, der in Kursachsen *wild* wachsen soll, so weitläuftig angegeben wären, wenn nicht die Beschreibung der *Raupen* fast neun Seiten füllte, so würde man diese Kürze (die Unbestimmtheit abgerechnet) planmässig finden können. Aber wie sieht es auch mit der Aufzählung dieser schädlichen Raupen aus? Die schädlichsten sollen die hier angegebenen seyn: 1) von *Pap. crataegi*, 2) *rhamni*, 3) von *Sphinx tiliae* (?!), 4) von *Phal. bomb. Dispar*, 5) *neustria*, 6) *Phal. Geom. brumata*, 7) *Ph. tortriae* (soll wohl heissen *Ph. Tortrix viridana*), 8) *Ph. bomb. pini*, und 9) von *Ph. bomb. vinula*. Kein Wort von der *Phal. Bomb. Monacha*, von *Ph. Geometra piniaria*, von *Ph. Noctua piniperda*. Wie bestimmt und deutlich ferner die Erklärungen mancher Wörter angegeben sind, kann der Leser aus dem Artikel *Pfleglich* sehen. „*Pfleglich*, heisst es, ist ein Ausdruck, welcher eine gehörige Behandlung des Holzes, besonders in Rücksicht des Abholzens, bezeichnet. Hierzu gehört die Eintheilung des Holzes in gewisse Gehaue, beym Laubholze in 12 bis 15, und beym Nadelholze in 60 bis 100 Schläge, und das richtige Verfahren beym Abholzen in Rücksicht des künftigen Wiederwuchses, wie solches alles an gehörigen Orten dieses Werks ausführlich gezeigt ist. Nicht minder gehört auch dazu ordentliches Ansäen des Schwarz- und Laubholzes, so wie auch zweckmässige Anpflanzung des letztern." Die alte *Onomatologia forestalis* (1772) sagt: *Pfleglich* ist ein uraltes Holzwort, womit unsere Vorfahren angedeutet, dass man mit schlagbarem Holze wohl nützlich, jedoch mit Masse und sparsam, als ein Pfleger und Verwalter, dem ein Gut anvertraut ist, umgehen, und vor allen Dingen das junge Holz und Wiederwachs bestermassen befördern und vor Be-

Beschädigungen verschonen solle. Und die Vff. des Handbuchs sagen: *Pfleglich* heisst so viel, als eine gute Aufsicht und Wirthschaft halten, und bedeutet, den Forst forstgerecht, nämlich den Regeln der Forstwirthschaft gemäss behandeln. Welche Erklärung hier die beste sey, lässt sich leicht einsehen. In dem Art. *Pfosten* liesse sich ein ähnliches Beyspiel in einer ähnlichen Vergleichung aufstellen. Auf ähnliche unbestimmte Beschreibungen stösst man allenthalben, besonders wenn sie zusammen gezogen sind. Man lese z. B. *Quandel*, *Quandelstangen*, *Quirl* u. a. m. Manche Artikel sucht man auch wohl vergebens, wie spitzblättrigen *Weissdorn*. Auch hat diess Lexicon einen Hauptfehler mit ähnlichen gemein, dass nämlich die bekanntesten Dinge immer der Länge und Breite nach beschrieben und erklärt sind, wie z. B. die Forstgewächse, da doch gewiss jeder Forstmann, der ein Forstlexicon kauft, auch eine Forstbotanik besitzt, und die unbekanntern gar nicht gefunden werden. Z. B. sucht man bey unserm Vf. vergebens, was bey Brettern oder Bohlen Dreyssiger, Vierziger, Einhundert und Zwanziger sind.

Mehr Fleiss als in dem *ersten* Theile von der Forstwissenschaft bemerkt man in dem *zweyten* Theile von der Jagdwissenschaft, obgleich auch hier oft die nöthige Genauigkeit vermisst wird. Die Beschreibungen der Säugethiere und Vögel sind mehrentheils zweckmässig zusammengezogen; nur werden zu viel Vögel beschrieben, die den Naturforscher wohl, nicht aber den Jäger interessiren, z. B. der Spottvogel *(Sylvia fruticeti)*, der weissstirnige Sänger *(Sylvia albifrons)* u. a. m., und zuweilen ist die Beschreibung auch zu weitläuftig, wie sie sich gerade in dem vorliegenden Buche, z. B. in *Bechstein's* oder *Naumann's* Naturgeschichte, vorfand. Ja es kommen sogar Vögel mit vollständigen Beschreibungen vor, die wahrscheinlich gar nicht existiren, wie die Brandeule *(Strix stridula)*; da hingegen auf der andern Seite Vögel nur kurz angegeben, oder gar ausgelassen sind, welche einer vorzüglichen Beschreibung bedurft hätten, wie die Baizvögel, der Isländer, Geerfalke, Blaufuss, Schlechtfalke (welches der Wanderfalke ist) u. a. m. Unverzeihlig aber ist der Fehler, dass die Thiere nicht unter den bey der Jägerey üblichen Benennungen beschrieben sind, sondern mehrentheils unter ihrem Geschlechtsnamen stehen. Wer daher z. B. den bekannten Namen Becassine aufsucht, der findet dieses Wort nicht, weil die Vff. voraussetzen, dass man schon wisse, dass diess die Heerschnepfe sey. Es sind zwar bey allen Thieren die in den verschiedenen Provinzen Deutschlands gewöhnlichen Benennungen beygesetzt, allein was hilft diess, wenn sie nicht in der alphabetischen Ordnung angegeben sind, und hier auf den eigentlichen systematischen Namen und die Beschreibung hingewiesen wird. So wird in der Beschreibung der gemeinen wilden Gans *(Anas Anser ferus)* die *folgende* Moorgans angeführt; allein statt derselben folgt der Gänsesäger, und wer nicht weiss, dass die Moorgans auch Saatgans heisst, der kann die Beschreibung derselben gar nicht finden; und da bey dem Jäger die Saat- oder Moorgans eigentlich Schneegans heisst, und unter diesem Namen die schneeweisse Hagelgans *(Anas hyperborea)*, die wohl selten ein Jäger zu Gesicht bekommen wird, nur angeführt ist, so wird er gar durch diese Sorglosigkeit irre geführt. So wird auch der Jäger vergeblich seinen Saatvogel oder gemeinen Brachvogel aufsuchen, wenn er nicht schon weiss, dass es der Goldregenpfeifer ist; eben so wenig wird er den Sperber finden, wenn er nicht weiss, dass er auch Finkenhabicht heisst, und unter die Familie der Habichte gehört. Unbegreiflich aber ist es, wenn man die *Wasserbecassine*, eine Art Strandläufer, nicht einmal unter den Strandläufern findet, sondern unter den Buchstaben *P* mit dem Namen *punktirter Strandläufer;* und so ist es bey mehrern Thieren, z. B. dem grauköpfigen Specht, der unter *G* steht. Gleich der Anfang empfiehlt sich schon nicht. Hier heisst es: „*Aas* ist ein todter Körper eines Thieres. Den Namen des Worts leiten einige von Essen, andere aus der Mühle her, und in diesem letztern Verstande soll es so viel bedeuten, als Schrot von geringem Getreide, das man oft auf Fütterungen für Wildpret, vorzüglich aber braucht, um die Vögel damit zu körnen und zu locken. Mit eigentlichem Aas von Thieren ludert man gewöhnlich die Raubthiere." Was soll das heissen? Der ganze Artikel ist aus der *Onomatologia forestalis-piscatorio-venatoria* zusammengezogen, wo man darauf hinzudeuten scheint, dass das Wort Aas auch statt Aesung oder Fütterung gebraucht wird. Das bekannte Wort Aesung haben aber unsere Vff. selbst ausgelassen. Auch mit den Kupfern dieses Theils — die vom ersten fehlen Rec. — kann Rec. nicht zufrieden seyn. In der Bügeldohne Fig. 2. hätten die Schlingen so gestellt seyn sollen, dass sie in einander griffen, damit sie der Wind nicht verdrehen kann; denn mit so genannten Windhaaren zu stellen, ist Pfuscherey. Die Hängedohne Fig. 3. sieht wie ein abgehobelter und bunt ausgestochener Triangel aus, der an einem Faden hängt, und die Schlingen fehlen ganz. Die Abbildung des Lerchenstreichens mit dem Tag- und Nachtgarn hätte wegfallen können: denn diese Fangarten versteht doch wohl jeder Jäger und Jagdliebhaber, und es fehlte auch nicht an seltnern und wichtigern Dingen zum Abzeichnen.

LITERATURGESCHICHTE.

Leipzig, b. Barth: *Recitatio de Friederici Augusti Cari*, olim philosophiae professoris ordinarii novae fundationis in Academia Lipsiensi die VI. mensis Februarii a. MDCCCVII. hac vita defuncti, *virtutibus atque meritis*, societatis anthropologicae summam, qua virum immortalem, olim hujus societatis directorem, veneratur, pietatem, documento publico testari cupientis, auctoritate dita, a *Henrico Augusto Schott*, Phil. Prof. extr. Theol. Bacc. 1808. VIII u. 64 S. 8.

Die anthropologische Gesellschaft, deren der Titel erwähnt, verdankt dem sel. *Carus*, der von ihrer Eröfföffnung bis zu seinem Tode (vom 5. Dec. 1792. bis 6. Febr. 1807.) die Direction derselben geführt, ihre Stiftung. Gleich nach seinem Tode fasste die Gesellschaft den Entschluss, ihre Dankbarkeit gegen den verdienten Mann in einer in ihrem Namen herauszugebenden Denkschrift öffentlich an den Tag zu legen, und jährlich am 6. Febr., als am Sterbetage desselben, sein Andenken in der Stille zu feiern (*memoriam privatim recolendi*). Da die Herausgabe jener Gedächtnissschrift indessen aus mehrern Gründen hätte verschoben werden müssen, fand man es schicklich, den 6. Febr. v. J. mit dieser Rede zu feiern, und sie dem Publicum mitzutheilen. — Rec. hat diese der seltenen Verdienste des zu früh verstorbenen *Carus* würdige Rede mit Vergnügen gelesen. Er gehörte zu den Wenigen, denen es von dem Schicksale wie vorbehalten ist, erst nach ihrem Tode zu ihrem Ruhme bekannter zu werden. Zwar hat er unsere A. L. Z. mit schätzbaren Beyträgen unterstützt, und an andern kritischen Blättern, besonders an der Leipziger Literaturzeitung, deren Herausgabe er mit besorgte, Theil genommen; allein bey seinen Lebzeiten ist unter seinem Namen nichts erschienen, als die zwey S. 23. genannten akademischen Schriften: *historia antiquior sententiarum ecclesiae graecae de accommodatione Christo imprimis et Apostolis tributa.* Lips. 1793., und seine Dissertation: *de Anaxagorae Cosmotheologiae fontibus* Lips. 1797., ob er gleich von seinen Freunden und Schülern öfter aufgefordert wurde, seine psychologischen Schriften herauszugeben. — So sehr Rec. die hierin sichtbare Bescheidenheit des sel. *Carus* ehrt, so wenig wünscht er ihm hierin unbedingt Nachahmer, auch unter solchen Männern, die nicht allein seine Bescheidenheit, sondern auch sein Reichthum an Kenntnissen bey dem thätigsten Fleisse auszeichnet. Denn der Schriftsteller, der auch ganz vorbereitet zu seinem Werke schreitet, wird seinen Ideen doch nur dann erst ihre völlige Ausbildung geben, wenn er unmittelbar damit beschäftigt ist, sie Lesern mitzutheilen. Bis dahin verhandelt er alles nur mit sich selbst; von diesem Augenblicke an muss er alles mit auf seinen Leser berechnen, sich in manche Untersuchung einlassen, zu welcher ihn seine Neigung allein vielleicht nicht veranlasst hätte, und auf eine Darstellung für Andere bedacht seyn, durch welche seine Ideen noch an Licht und Klarheit gewinnen. Eben deshalb gewinnt das Publicum nicht immer, wenn der Mann, der als Schriftsteller auftreten könnte, mit seinen Schriften hervorzutreten zu lange Anstand nimmt. — In unserm schreibseligen Zeitalter kann dieses nur dem Gelehrten gesagt seyn, der allen Beruf zum Schriftsteller hat, und den nur Liebe zur Sache und wohl überlegte Rücksichten auf seine eigne Ehre zum Schreiben einladen. — Von dem Leben des sel. *Carus* erfahren wir in dieser Schrift weiter nichts, als dass die Lausitz sein Vaterland sey, er daselbst das Gymnasium zu Bautzen besucht habe, und nachdem er zuerst in Leipzig und dann in Göttingen hauptsächlich die Theologie studirt hatte, auf der ersten Universität als öffentlicher Lehrer aufgetreten, und erst in den letzten Jahren seines Lebens (1804.) daselbst zu einer ordentlichen Professur neuer Stiftung befördert sey. Sein musterhafter Fleiss, mit welchem er insbesondere theologische, philologische und philosophische Vorlesungen hielt, ist um so verdienstlicher, da ihm wenig äussere Aufmunterungen zu Theil wurden. Erst nachdem er mehrere Jahre über das alte und neue Testament nebst andern philologischen Vorlesungen gehalten, und auch die Geschichte der Philosophie vorgetragen hatte, fing er im J. 1797. seine Vorlesungen über die Psychologie an, bey welchen er anfangs das *Jakob*'sche Lehrbuch zum Grunde legte, hernach aber einem eignen, wenn auch nicht im Druck erschienenen, Leitfaden folgte. Die Psychologie zog ihn um so mehr an, da er von derselben schon vorher in seinen exegetischen Vorlesungen mit Nutzen Gebrauch gemacht hatte. Zu den psychologischen kamen bald noch andere verwandte, als Vorlesungen über die biblische Psychologie, in welchen die Vorstellungsarten der Vff. der biblischen Bücher von der Seele erörtert wurden, und Vorlesungen über die Geschichte der Entwicklung der psychologischen Begriffe und der Psychologie selbst. In den letzten vier Jahren seines Lebens hielt der verst. *Carus* auch Vorlesungen über die Moral, die Geschichte derselben, die Religionsphilosophie, die Logik und Pädagogik. Gleich nachdem er im J. 1797. zum ersten Mal über die Erfahrungs-Seelenlehre Vorlesungen gehalten hatte, verband er mit jenen Vorlesungen ein psychologisch praktisches Collegium, in welchem fähigere Jünglinge zur Erörterung psychologischer Fragen in Unterredungen, Disputationen und Aufsätzen geübt werden sollten. Dieses Institut, welches Rec. schon aus Hn. *Schulze's* Geschichte der Univers. Leipzig S. 271. kannte, hatte neben jenen Vorlesungen über die Psychologie seinen Fortgang, und währt seit des Stifters Tode unter der Direction des Hn. D. *Goldhorn* fort. Im J. 1802. entstand aus und neben demselben die schon oben erwähnte anthropologische Gesellschaft, die zum Theil mit jenem Institute einerley Zweck hatte, zum Theil aber auch unmittelbarer für die Ausbildung der Psychologie errichtet wurde. Aus diesem Grunde sollte in sie niemand aufgenommen werden, als wer seine akademische Laufbahn bereits zurückgelegt hätte, oder sie bald zurücklegen würde. Auch sollten die Mitglieder der Gesellschaft auf Lebenszeit mit derselben in Verbindung bleiben, ihr Wohnsitz sey auch, wo er wolle. Unter ihren Mitgliedern, die am Schlusse der Vorrede genannt werden, befinden sich auch mehrere Männer, die theils schon öffentliche Aemter bekleiden, oder schon rühmlich bekannt geworden sind, von welchen Rec., ausser dem Vf. und dem schon oben erwähnten D. *Goldhorn*, noch Hn. D. *Zachariae* und den im J. 1797. zu Dessau verstorb. Prof. *Tillich* nennt. Schliesslich bemerkt Rec., dass, so sehr in dieser Schrift auch die Dankbarkeit und Achtung ihres Vfs. gegen seinen Lehrer und Freund sichtbar ist, sie doch keinesweges das in Abrede stellt, oder mit Stillschweigen übergeht, was man an demselben, besonders im Anfange, als ihr Lehrer tadeln konnte. So wird z. B. S. 56—58. zugestanden, dass des sel. *Carus* Vortrag in der ersten Zeit zu geblümt und gesucht gewesen sey, dabey oft nicht die erforderliche Deutlichkeit gehabt habe, und noch bemerkt, dass er weiterhin von diesen Mängeln immer mehr frey geworden sey.

RECHTSGELAHRTHEIT.

BERLIN, b. Amelang: *Chauffour's*, des jüngern, *Betrachtungen über die Anwendung des kaiserl. Decrets vom 17ten März 1808. in Betreff der Schuldforderungen der Juden.* Aus d. Französ. übersetzt und mit einer Nachschrift begleitet von *Friedr. Buchholz.* 1809. IV u. 89 S. 8. (12 gr.)

Die hier angezeigten Betrachtungen sind ein Auszug aus einer vom Vf. vor dem Appellationsgerichte zu Kolmar am 9. Nov. 1808. gehaltenen Schutzrede in Sachen der Emmschen Erben aus Sigolsheim gegen Hirz Moses, Juden aus Winzenheim. Ihre Tendenz ist, nachzuweisen, dass die Sanction des Art. IV. des angeführten Decrets, „keine *Obligation*, zum Vortheile eines Juden unterzeichnet, soll eingefordert werden können, wenn der Inhaber derselben nicht beweiset, dass ihr Werth ganz und ohne Betrug geliefert worden ist," sich selbst auch auf solche Verträge erstrecke, welche vor einem Notar abgeschlossen, und von diesem in einer darüber angefertigten Urkunde bewahrheitet sind, und dass dem zu Folge der Jude selbst dann noch verbunden sey, den in dem Decrete verlangten Beweis zu führen, wenn der vom Notarius angefertigte Contract die geschehene Aufzählung des baaren Geldes bestätigen sollte. Die Gründe für diese Deutung nimmt der Vf. theils daraus, dass in der französ. Gesetz- und Rechtssprache *Obligation* und *Contrât* Synonymen sind, und Obligation alle vertragsmässigen Verbindlichkeiten umfasst; theils daraus, dass das Wort *Obligation* im Gegensatze von andern Beweisurkunden, immer von einer von Notarien verfassten Urkunde zu verstehen sey; und endlich auch noch selbst aus dem Geiste des Decrets und der dabey zum Grunde liegenden Absicht des Gesetzgebers. — Hart mag diese Deutung für die Juden allerdings fallen; es mag ihnen den Beweis und die gerichtliche Verfolgung mancher ganz rechtlichen Forderung bedeutend erschweren; indessen im Ganzen genommen scheint sich gegen die hier gegebene Deutung doch nichts weiter einwenden zu lassen, als dass durch sie eine auffallende Anomalie entstehen würde, welche sich mit der Sanction des Art. 1319. des Code Napol. wohl schwerlich vereinigen lassen dürfte, und der selbst auch das entgegenstehen würde, dass nach dem Art. 14. des Decrets Anleihen auf Pfänder bey Juden dann für gültig und rechtsbeständig erklärt werden, „wenn von einem Notar ein Akt aufgesetzt wird, dass in seiner und der Zeugen Gegenwart das Geld vorgezählt wurde." Dass das Decret, wie der Vf. (S. 36.) sagt, ein Decret der Rache sey, eine Genugthuung, welche dem Volke gegen Menschen gegeben wird, die nur allzulange sein Elend und seine Leichtgläubigkeit gemissbraucht haben; dass es eine Schuldenabthuung sey, wovon uns die Römer mehrere Beyspiele gegeben haben; — was der Vf. zur Rechtfertigung jener Anomalie anführt — das möchten wir nicht unterschreiben. Traurig würde es übrigens seyn, wenn die Notarien in jener Gegend von Frankreich so gewissenlos verführen, wie der Vf. (S. 41.) behauptet. Wäre es wahr, dass die Instrumentalzeugen selbst in den wenigsten Fällen gegenwärtig sind, und dass in den meisten Notariaten 2 Zeugen von Profession sich alle acht Tage einfinden, um die im Laufe der Woche abgeschlossenen Contracte einmal für allemal zu unterzeichnen; so liesse sich jene Anomalie freylich nicht nur rechtfertigen, sondern sie wäre sogar nothwendig. Doch nicht allein die Juden dürfte in diesem Falle die Folge der Nachlässigkeit und Pflichtvergessenheit des Notarien treffen, sondern die gesetzlich anerkannte Beweiskraft ihrer Instrumente müsste ganz vernichtet werden, u. das ganze Institut bedürfte die durchgreifendste Reform.

Die Nachschrift des Uebersetzers (S. 52 — 89.) enthält nach seiner eignen in der Vorrede gegebenen Erklärung nichts, was er nicht in seiner frühern Schrift: *Moses und Jesus, oder über das intellectuelle und moral. Verhältniss der Juden und Christen,* bereits angedeutet hätte. Unsre Leser kennen den Inhalt dieser Schrift aus der Recension unsrer A. L. Z. Nr. 139. 1808. Die Massregeln, welche der französ. Kaiser gegen die Juden genommen hat, finden des Vfs. ganzen Beyfall, was sich nach seinen Grundsätzen sehr wohl erwarten liess. Er findet sie alle so geeigenschaftet, dass man der Verwandlung der Juden in Franzosen mit Sicherheit entgegen sehen kann. Insbesondere verspricht er sich vom 17. Art. des Decrets eine wundervolle Wirkung. Da nach diesem jeder conscribirte Jude zum persönlichen Dienste verpflichtet ist, und die Natur des Menschen es mit sich bringt, nur das zu lieben, was grosse Opfer heischt, so hofft er, „es werde von jetzt an für Individuen, die im Grunde nur ein schimärisches Vaterland hatten, nach welchem sie sich benannten, ein wirkliches Vaterland geben, und mit demselben eine ganz neue Benennung." Ob dem Vf. seine Hoffnung nicht täuschen werde, wird der Erfolg lehren. Wir für unsere Person können in dieser Anordnung des Art. 17. keinesweges das alles finden, was der Vf. darin zu finden glaubt. Die Umwandlung der Juden in gute Staatsbürger beruht nach unserer Ansicht lediglich auf ihrer moralischen und intellectuellen Cultur, und nur in sofern, als die Verfassung der jüdischen Gemeinden in Frankreich hierauf abzweckt, mögen wir von den dort getroffenen Anordnungen das erwarten, was der Vf. nur von ihrer Verpflichtung zum persönlichen Kriegsdienste sich verspricht. — Das Decret vom 17. May 1808. selbst ist in einer Uebersetzung den Betrachtungen von *Chauffour* vorausgeschickt. Jedoch hätte der Uebersetzer wohl gethan, wenn er den französ. Text auch neben der Uebersetzung gegeben hätte; auf jeden Fall war diess beym Art. IV. nothwendig.

ALLGEMEINE LITERATUR-ZEITUNG

Mittwochs, den 6. September 1809.

LITERARISCHE NACHRICHTEN.

I. Oeffentliche Anstalten.

Halle.

Durch die eben so gemeinnützigen als unermüdeten Bemühungen des verdienstvollen und berühmten Hn. Ober-Bergrath und Prof. *Reil* ist zu Halle an der Saale ein *Gesundheitsbad* zu Stande gekommen, dem an Mannigfaltigkeit und Zweckmäſsigkeit der Anstalten vielleicht keines gleich kömmt.

Der vor der Stadtmauer liegende heilige Born, dessen Heilkräfte sich schon in den ältern Zeiten einen solchen Ruf erworben hatten, daſs man Kapellen in seiner Nähe aufführte und aus der Stadt wie aus der Ferne jährliche feyerliche Wallfahrten zu ihm anstellte, war sonderbar genug nachher vernachläſsigt worden, und es muſs auffallen, daſs der berühmte ehemalige Professor *Hoffmann* zu Halle die Mineralquelle zu Lauchstädt berühmt machte, und diesen ihm näher liegenden heiligen Born vorbey ging, dessen an Luftsäure und *Eisen* reichhaltiges Wasser zum Trinken und Baden wider Gicht und Schwäche des Muskel- und Nervensystems mit dem gröſsten Nutzen gebraucht werden kann.

Hr. Ober-Bergrath *Reil* hat nun bereits ein geräumiges Badehaus von vielen Zimmern, mit allem nöthigen Apparat und mancherley Bequemlichkeiten versehen, einrichten lassen. Hier stehn den Curgästen

1) auſser obigem mineralischem Bade
2) der Gebrauch der Mutterlauge aus den Salinen als Surrogat des Seewassers,
3) die Soolbäder bereit, deren medicinische Wirkungen in Skrofeln, Hautkrankheiten und Atonie des Saugadersystems durch die Erfahrungen der neuesten Zeiten auſser Zweifel gesetzt sind.
4) Es ist ferner eine auf- und absteigende Douche,
5) eine Traufe,
6) ein allgemeines Qualmbad angelegt, welches den russischen ähnelt, und wider Gicht, Rheumatismen, Hautkrankheiten und Steifigkeit der Glieder heilsam ist.
7) Hiezu kömmt noch ein örtliches *Qualmbad*, wobey ein nach den Angaben des Hn. Ober-Bergrath *Bückling* verfertigter Dampfkessel angewandt wird, welcher der praktischen Heilkunde für die Zukunft sehr groſse Vortheile verspricht.
8) Der Saalstrom selbst bietet zu Fluſs- und Sturzbädern alle Bequemlichkeiten an, und
9) endlich kann man hier alle Arten künstlicher Bäder gebrauchen.

Groſse Vortheile bietet Halle nun denjenigen, welche zu ernstlicher Cur die Hallischen Bäder gebrauchen, dadurch an, daſs sie sich in verwickelten innerlichen Krankheiten der Hülfe eines der berühmtesten Aerzte in Deutschland, eines *Reil*, bedienen, und in chirurgischen Krankheiten zu einem *Meckel* und *Bernstein* ihre Zuflucht nehmen können. Die gewöhnlichen Geschäfte eines Brunnenarztes werden auſserdem von dem geschickten Praktiker, Hn. Dr. *Ulrich*, besorgt.

Für das Vergnügen und die Unterhaltung der Badegäste ist auf alle Weise gesorgt. Es wird jeden Sommer hindurch eine Schauspielergesellschaft hier spielen, wie denn bereits im Jun. und Jul. d. J. die Nuthische Gesellschaft hier Vorstellungen und Balleite gegeben hat. Man erwartet auch, daſs die Regierung ein ansehnliches vacantes Gebäude der Anstalt übergeben werde, um es zu einem Schauspielhause einzurichten. Auf einem groſsen, für Promenaden bestimmten, Platze ist bereits ein Tanzsaal erbaut worden. Zu Einrichtung eines wöchentlichen Concerts haben sich Hr. General-Receveur *Türpen* und Hr. Tribunalsrichter *Niewandt* vereinigt. Die Gröſse der Stadt bietet überdieſs den Badegästen bequeme Wohnungen, und die gebildete Klasse der Einwohner ihren Umgang und Unterhaltung an. Die hiesige Freymauerloge und die Ressource hat ihnen den freyen Gebrauch ihres Versammlungshauses und Gartens verstattet. An mehreren öffentlichen Orten finden sie gesellige Zirkel, und in der umliegenden gesunden und anmuthigen Landschaft, dem Strome, den Hochwegen, und in der Nähe mehrerer Städte Gelegenheit zu Spaziergängen, Land- und Wasserpartieen, und zu nahen und fernen Excursionen. Wer Lectüre liebt, findet sich hier durch die Buchhandlungen, Leihbibliotheken und bestehenden Lesegesellschaften überflüſsig versorgt. Es werden auch künftig während der Curzeit von Professoren manche interessante und gemeinnützige Vorlesungen für gebildete Personen beiderley Geschlechts gehalten werden, an denen die Badegäste mit Vergnügen Antheil nehmen können. Auſserdem finden Familien mit Kindern hier berühmte Schulanstalten, um die Zeit ihres Aufenthalts zum Unterrichte derselben in allen Künsten und Wissenschaften anwenden zu können.

Ob nun gleich diese heilsame Anstalt noch zur Zeit wenig bekannt geworden, so haben sich doch schon diesen Sommer eine beträchtliche Anzahl Badegäste aus allen gebildeten Ständen hier eingefunden; und es leidet keinen Zweifel, dass die Hallischen Bäder an Celebrität bald den berühmtesten Deutschlands gleichkommen werden.

II. Vermischte Nachrichten.

An des verewigten vierten Dompredigers, *Hermann Bredenkamp*, Stelle wählte, durch Verfügung des Senats zu Bremen, weil das lutherische Kirchenwesen in dieser Stadt noch nicht definitiv regulirt ist, eine Anzahl von 42 lutherischen Honoratioren, bestehend aus Graduirten, Predigern, Aelterleuten, abgegangenen und noch fungirenden lutherischen Diaconen, unter Leitung von drey Wahlcommissarien, Hn. Dr. und Senators *Gottlieb Friedr. Carl Horn*, Hn. Dr. *Wilhelm Olbers*, des berühmten Astronomen, und Hn. Aeltermanns *Joh. Marth. Lameyer*, am 31. Julius mit 25 Stimmen Hn. *Bernhard Franke*, Consist. Rath und Pastor bey der lutherischen Gemeinde zu *Schledehausen* im Districte Osnabrück, zum vierten Prediger zu St. Petri oder an dem Dome zu Bremen; Hr. Pastor *Funk* zu *Altona*, der sich durch verschiedene Schriften rühmlich bekannt gemacht hat, erhielt 17 Stimmen. Zufällig fügte es sich, dass der dritte Wahlcommissarius, Hr. *Lameyer*, bey einer unvermuthet entstandenen Vacanz im Senate am 29. Julius zum Senator erwählt, und am 31. Julius, unmittelbar vor der Wahl in dem Dome, von einem grossen Gefolge theilnehmender Bürger aus allen Ständen auf das Rathhaus begleitet wurde, um daselbst feyerlich beeidigt zu werden. Hr. Dr. *Horn* ist also nun nicht mehr der einzige lutherische Senator zu Bremen. Die Rede, welche dieser erste Wahlcommissarius an die Wahlmänner hielt, ehe zur Wahl geschritten ward, machte durch ihren guten und edeln Geist einen wohlthuenden Eindruck.

INTELLIGENZ DES BUCH- UND KUNSTHANDELS.

I. Ankündigungen neuer Bücher.

Neue Verlagsbücher von Mohr und Zimmer in Heidelberg. Jubilate-Messe 1809.

Bibel. Die Schriften des Alten Testaments. Neu übersetzt von *J. C. W. Augusti* und *W. M. L. de Wette*. 1r Band. Die fünf Bücher Moses und Josua. Mit 1 Kupfer nach Raphael von Lips. gr. 8. Weiss Druckpapier 1 Rthlr. 18 gr. od. 3 Fl. 9 Kr. Ord. Druckpap. 1 Rthlr. 8 gr. od. 2 Fl. 24 Kr.

Creuzer, Fr., Dionysus, sive commentationes academicae de rerum bacchicarum orphicarumque originibus et caussis. Vol. I. Fasc. 1. cum figuris aeneis. 4 maj. 1 Rthlr. 20 gr. od. 3 Fl. 45 Kr.

Ewald, J. L., Rede bey Vereinigung des reformirten und katholischen Gymnasiums in Heidelberg, gehalten am 21. Nov. 1808. 8. geh. 4 gr. od. 18 Kr.

Gmelin, C. C., Flora Badensis Alsatica. Vol. III. cum tab. aen. 8 maj. (in Commiss.) 3 Rthlr. 8 gr. od. 5 Fl.

Goldfaden, der; eine schöne alte Geschichte. Wieder herausgegeben von *C. Brentano*. Mit 25 Vignetten. 8. geheftet 2 Rthlr. 2 gr. od. 3 Fl. 45 Kr.

Gräter, F. D., Lyrische Gedichte, nebst einigen vermischten. Mit dem Bildnisse des Verfassers, gestochen von Lips. 8. Velinpap. 3 Rthlr. 8 gr. od. 5 Fl., Postpap. 2 Rthlr. od. 3 Fl., Schreibp. 1 Rthlr. 8 gr. od. 2 Fl., Druckp. 1 Rthlr. od. 1 Fl. 30 Kr.

Auch unter dem Titel:

— gesammelte poetische und prosaische Schriften. 1r Theil. Eben so.

Jahrbücher, Heidelberger, der Literatur. *Zweyter* Jahrgang. gr. 8. geh. 52 Hefte. 8 Rthlr. 12 gr. od. 15 Fl. 18 Kr.

Kaibel, H. D., Fest- und Casual-Predigten. Aus dessen hinterlassenen Manuscripten gewählt und nach seinem Tode herausgegeben. 2r Band. gr. 8. 1 Rthlr. 4 gr. od. 1 Fl. 45 Kr.

Medicus, L. W., Entwurf eines Systems der Landwirthschaft. gr. 8. 1 Rthlr. 10 gr. od. 2 Fl. 30 Kr.

Mittermayer, Jos., Dissertatio inauguralis de nullitatibus in caussis criminalibus Observat. spec. I. 4 maj. 10 gr. od. 40 Kr.

Mureti, M. A., Scripta selecta. Curavit *C. Ph. Kayser*. Accedit *Fr. Creuzer* epistola ad editorem. 8 maj. Velinpap. 4 Rthlr. od. 7 Fl. 12 Kr., Schreibp. 2 Rthlr. 8 gr. od. 4 Fl. 12 Kr., Druckp. 1 Rthlr. 12 gr. od. 2 Fl. 42 Kr.

Musäos, Hero und Leandros. Uebers. von *A. L. Danquard*. 12. (in Commiss.) 5 gr. od. 20 Kr.

Nonni Dionysiacorum libri sex. Adjecit *G. H. Moser*. Praefatus est *Fr. Creuzer*. 8 maj. Postpap. 2 Rthlr. 8 gr. od. 4 Fl. 12 Kr., Druckpap. 1 Rthlr. 12 gr. od. 2 Fl. 24 Kr.

Richter, Jean Paul Fr., Doctor Katzenbergers Badereise, nebst einer Auswahl verbesserter Werkchen. 2 Bände. 8. geh. Velinpapier 5 Rthlr. od. 9 Fl., Druckpap. 3 Rthlr. od. 5 Fl. 24 Kr.

Schilling, C. F., von Canstadt, Handbuch für Denker. 2ten Theils 1 und 2te Abtheil. gr. 8. (in Commiss.) 5 Rthlr. od. 7 Fl. 30 Kr.

Schlosser, F. L., Leben des Theodor de Beza und des Peter Martyr Vermili. Ein Beytrag zur Geschichte der Zeiten der Kirchen-Reformationen. Mit einem Anhang bisher ungedruckter Briefe Calvins und Beza's und andrer Urkunden ihrer Zeit. gr. 8. 2 Rthlr. 12 gr. od. 3 Fl. 45 Kr.

Sty-

Seyfried, C., Dissertatio inauguralis juridica de jure testamentorum secundum Codicem Napoleonis. 4 maj. 9 gr. od. 36 Kr.

Studien. Herausgegeben von *L. Daub* und *Fr. Creuzer*. 4ten Bandes 1s Stück. gr. 8. geh. 20 gr. od. 1 Fl. 15 Kr.

Versuch in Fragen bey der Confirmations-Handlung. 8. 2 gr. od. 8 Kr.

Wallenberg, *A. M.*, de Rhythmi in morbis epiphania. 8 maj. (in Commiss.) geh. 1 Rthlr. 8 gr. od. 2 Fl.

Zachariä, *K. S.*, Zusätze und Veränderungen, welche der Code Napoleon als Badisches Landrecht erhalten hat. Ein Nachtrag zu seinem Handbuch des französischen Civilrechts. gr. 8. 6 gr. od. 24 Kr.

Lettres sur Paris, ou Correspondance de M***. dans les années 1806 et 1807. 12. geh. 1 Rthlr. 16 gr. od. 2 Fl. 15 Kr.

Manières allemandes de parler français, par Mr. *Ser.* 8. (in Commiss.) 16 gr. od. 1 Fl. 12 Kr.

Recherches sur le Système nerveux en général et sur celui du cerveau en particulier, par *F. F. Gall* et *G. Spurzheim*. gr. 4. Paris. (in Commiss.) 4 Rthlr. od. 7 Fl. 12 Kr.

* * *

Die Scheidung des Lichts von der Finsterniss. Nach Raphael gest. von Lips. 4. 12 gr. od. 54 Kr.

Bildniss des Dichters *F. D. Gräter*. Gemalt von Gross, gest. von Lips. 4. 8 gr. od. 36 Kr.

Ansichten von der Stadt und dem Schlosse zu Heidelberg, von *Schlicht*. 4 Blätter. gr. Folio. 3 Rthlr. 8 gr. od. 6 Fl.

So eben ist erschienen und in allen Buchhandlungen zu haben:

Aristotelis Politicorum, libri octo superstites. Graeca recensuit, emendavit, illustravit, interpretationemque latinam adjecit *Jo. Gottl. Schneider*, Saxo. II Voll. 8 maj. 5 Rthlr. 12 gr.

Meister's, *J. C. F.*, Lehrbuch des Naturrechts. gr. 8. 2 Rthlr. 8 gr.

Wünsch, C. E., Beleuchtung einiger in die Naturlehre überflüssig eingeführten Stoffe und Kräfte. 8. 8 gr.

Frankfurt a. d. Oder, im August 1809.

Akademische Buchhandlung.

Linnaei philosophiam botanicam, studio C. *Sprengelii*, impensis librarii Kümmel, Halensis typis expressam, nundinisque Lipsiensibus paschalibus distractam nunciamus. Est autem editio haec quarta, eo magis necessaria, quo uberioribus nostra aetas incrementis rem herbariam auxit. Primam enim, Holmiensem 1751., recusam Viennae Austr. 1755., repetierunt secunda Viennensis 1770., et, additis tribus fere paragraphis tabulaque unica, Berolinensis, auctore summo *Willdenowio* 1790. Haec vero quarta paragraphos ipsas sancte servatas tot auxit commentariis, novisque doctrinae botanicae incrementis, ut priore sesqui major sit. Icones, ab editoris filio ad naturam delineatae, omnino novae sunt, novemque tabulis comprehensae. — Venit hic liber, charta scriptoria expressus 2 Rthlr. 22 gr., charta vulgari expressus 2 Rthlr. 8 gr.

Ackermann, *J. F.*, de cognoscendis, construendis et curandis febribus, Epitome. Vol. I. quod theoriam generalem febrium et febres Splanchnicas comprehendit. Heidelberg, Mohr et Zimmer. 1809. gr. 8. 2 Rthlr. 8 gr.

Selbst die vorzüglichsten unsrer neuern Aerzte, welche bis jetzt über die Fieber, diese verwickelten und gefährlichen Krankheitsformen, geschrieben haben, begnügten sich mit einer blossen Bezeichnung der Symptome, ohne sich auf Erforschung ihrer charakteristischen Differenzen tiefer einzulassen. Der um die Heilkunde mannichfach verdiente Verfasser des vorliegenden Werks wollte diesen Gegenstand streng wissenschaftlich und erschöpfend behandeln, und indem er hiebey von den unbestreitbaren Principien des physischen Organismus ausgeht, und die Erscheinungen auf die höheren dynamischen Gesetze zurückführt: so musste auch für die von ihm behandelten Krankheitsformen eine hellere und bestimmtere Ansicht gewonnen und dadurch dem ausübenden Arzte leichter gemacht werden, das gestörte Gleichgewicht zwischen der Kraft und dem Organismus wieder herzustellen, so wie von diesem Standpunkte aus die ganze Heilkunde einer neuen Gestaltung entgegengeht. Den Inhalt des *ersten* Bandes, den auch ein würdiges Aeusseres empfiehlt, bezeichnet schon der Titel. Der *zweyte* wird die *pneumatischen* Fieber, den Typhus und die übrigen abhandeln.

Leipzig, bey Barth, ist erschienen: Dr. *C. W. Conradi* klinisches Taschenbuch für praktische Aerzte. 2 Bände. 5te rechtmässige sehr vermehrte Auflage. 8. 1809. 3 Rthlr. 12 gr.

Die vielen Auflagen dieses Werks, ohne die unrechtmässigen schmutzigen Nachdrücke in Anschlag zu bringen, bezeugen schon hinlänglich, wie fest der Herr Verfasser seinen Ruhm als praktischer Arzt und Schriftsteller begründet hat. Er hat dasselbe zu einem Hauptnachweisebuch für jeden prakt. Arzt erhoben, durch die stets neuen Bearbeitungen und Nachträge der neuesten Untersuchungen und Fortschritte in der ausübenden Arzneyk., besonders ist diese neue Auflage als ein fast ganz neu bearbeitetes Werk anzusehn.

Dieses Werk ist sogleich der 7te Theil seiner mit Hn. Hofrath Dr. *Ebermeyer* gemeinschaftlich herausgegebenen *Encyklopädie* für praktische Aerzte und Wundärzte, welche nun bis zum 9ten Theile erschienen ist. Den anatomischen und physiologischen Theil, als den ersten und 2ten, hat er ebenfalls neu bearbeitet; der 3te Theil enthält die diätischen Grundsätze, welche

auch

auch für Nichtärzte sehr deutlich dargestellt sind; der 4te die Kenntniss der einfachen und zusammengesetzten Arzneymittel für Aerzte und Wundärzte; der 5te die pharmaceutische Kenntniss für Aerzte und Apotheker gleichmässig bearbeitet; der 6te die Kunst Recepte und Formulare zweckmässig zu schreiben; der 7te eben angezeigte Klinik; der 8te die theoretisch-praktische Geburtshülfe; der 9te die Behandlung der äussern Krankheiten oder der chirurg. Fälle. Sämmtliche Theile dieser Encyklopädie sind mit grossem Beyfall aufgenommen, und verdienen denselben um so mehr, als sie ein wahres Repertorium älterer und neuerer Grundsätze und Erfahrungen über den ganzen medicinischen Cursus bilden.

So eben ist erschienen und in allen soliden Buchhandlungen Deutschlands zu haben:

Alexander Laborde's neuer allgemeiner und vollständiger Wegweiser durch Spanien, enthaltend die umständliche Beschreibung sämmtlicher Provinzen, der Haupt- und Neben-Routen, der vornehmsten Städte und Ortschaften u. s. w., kurz aller Merkwürdigkeiten von Spanien überhaupt. Nebst einer Menge interessanter Bemerkungen über den Ackerbau, die Industrie und den Handel, den Geist und Charakter, die Sitten und Gebräuche der spanischen Nation. Frey nach dem Französischen bearbeitet von *Christian August Fischer. Erster* Theil. *Catalonien, Valencia, Murcia, Andalusien, Estremadura* und *la Mancha*.

Auch unter dem Titel:

Neuestes Gemälde von Spanien, im Jahre 1808. Nach *Alexander Laborde*, von *Christian August Fischer. Erster* Theil. — Alle 3 Theile auf Druckpapier 3 Rthlr., auf Schreibpap. 4 Rthlr.

Hiermit übergebe ich dem Publicum ein Werk, das sich durch seinen Inhalt, so wie durch die berühmten Namen der beiden Verfasser, gewiss von selbst empfehlen, und eines allgemeinen Beyfalls zu erfreuen haben wird. Geographen und Statistiker vom Handwerke werden hier manche interessante Berichtigung älterer Angaben, manche genaue Details antreffen; blosse Liebhaber und Zeitungsleser werden sich desselben in allem, was Spanien betrifft, als eines bequemen Repertoriums bedienen können; Militärpersonen, welche die Märsche, die Standquartiere u. s. w. der deutschen Contingente beurtheilen wollen, werden hier die besten Nachrichten finden; Staatsmänner, die über so manche auffallende Erscheinung Aufschlüsse suchen, werden in diesem Werke aufs vollkommenste befriedigt werden; Oekonomen und Kaufleute, die den Ackerbau, die Industrie und den Handel von Spanien aufs genaueste zu kennen wünschen, werden sich hier sehr umständlich unterrichten; Philosophen und Sittenmaler werden in diesem Werke eine Ausbeute finden, die ihnen kein anderes über dasselbe Land erschienene gewähren kann; Reisende endlich (und wie viel Militärs dürften sich nicht darunter befinden?) werden diesen Wegweiser mit dem grössten Vortheil benutzen, und sich sehr bald überzeugen, dass er ihnen unentbehrlich ist. — Schliesslich nun noch die Bemerkung, dass sich dieses Werk auch durch ein bequemes und gefälliges Aeussere empfiehlt, dass der *zweyte* Theil, der die noch übrigen Provinzen enthält, zu Michaelis, und der *dritte*, der den allgemeinen Bemerkungen gewidmet ist, spätstens zu Ende dieses Jahrs erscheint.

Leipzig, im Julius 1809. Heinrich Gräff.

Im Verlage des Buchhändlers J. G. Heyse in Bremen ist erschienen:

Bredenkamp's, H., Predigten über die Lehre von Gott, gehalten in den Jahren 1806 bis 1808. gr. 8. 1 Rthlr.

Cheyne, Dr. *J.*, Versuch über den acuten Wasserkopf oder die Wassersucht im Gehirn, a. d. Engl. von Dr. *Ad. Müller*. gr. 8. 1 Rthlr. 4 gr.

Französische Declinations-Tabelle. Fol. 5 gr.

Giesebrecht's, K., dramatische Studien. 8. 1 Rthlr. 8 gr.

Gildemeister's, J. Fr., Beyträge zur Kenntniss des vaterländischen Rechts. 1r Bd. gr. 8. 1 Rthlr.

Heinecken, Dr. und Prof., über die wichtigsten Fortschritte in der Physik und Chemie in den letzten 30 Jahren, eine Vorlesung. 8. brosch. 4 gr.

Home, Dr. *Fr.*, Untersuchungen über die Natur, Ursache und Heilung des Croup, a. d. Engl. von Dr. *F. D. Mohr*, mit Vorrede und Anmerkungen von Dr. *J. A. Albers*. gr. 8. 10 gr.

Sarracini, A. A., Romanzen, Balladen und Erzählungen. 8. 1 Rthlr. 4 gr.

In Commission ist daselbst zu haben:

Evers, A. J., Bilancen und Abschlüsse der Bücher von drey ganz verschiedenen Compagnie-Handlungen u. s. w. 4. 1 Rthlr.

Wessel, J. W., Sammlung kleiner Vorschriften zum Gebrauch für Lernende. 1 Rthlr.

Dessen kleine Uebungs-Vorschriften. 1 Rthlr. 8 gr.

In einigen Wochen erscheint:

Teatro Español dado á luz por *A. Norwich*. Tomo I. gr. 8.

Obige Bücher sind durch alle gute Buchhandlungen zu bekommen.

II. Auctionen.

Die auf den 5ten September 1808. angesetzt gewesene und bisher verschobene Versteigerung der Bibliothek des verstorbenen Geheimenraths und Kanzlers *Koch* in *Giessen* wird den *11ten September dieses Jahrs* 1809. unfehlbar ihren Anfang nehmen.

Giessen, den 20sten Julius 1809.

ALLGEMEINE LITERATUR - ZEITUNG

Donnerstags, den 7. September 1809.

WERKE DER SCHÖNEN KÜNSTE.

POESIE.

Berlin, b. Hitzig: *Sigurd, der Schlangentödter.* Ein Heldenſpiel in ſechs Abentheuren, von *Friedrich Baron de la Motte Fouqué.* 1808. 166 S. kl. 4. (1 Rthlr. 12 gr.)

Nachdem der Nibelungen Lied wieder hervorgerufen war, blieb nichts *mehr* zu wünſchen, als daſs die unſterbliche Heldenfabel auch in einer dramatiſchen Darſtellung vergegenwärtigt werden möchte. Mancherley Wege ſtanden dazu offen. Die uralte groſse Dichtung:

„Die gröſseſte Geſchicht',
Die zur Welte je geſchah"

ſchallte in Sage und Lied mächtig durch alle deutſche Stämme und Völker und nahm, nach Ort und Zeit, mannichfaltige Geſtaltung an, blieb jedoch überall unverwüſtlich und herrlich, gleich wie ihr gefeierter Held, und ſelbſt durch den gehörnten Siegfried leuchtet noch deſſen wahre Geſtalt. Das deutſche Volksbuch, welches die alte Sage noch bis jetzt in aller Mund lebendig erhalten, hat ſich unlängſt wirklich einer dramatiſchen Bearbeitung erfreuet (in *Fr. Schlegels* Europa II. 2. S. 82 ff.), deren Vollendung wünſchenswerth iſt. Auch der Nibelungen Lied, zwar die vollendete Bildung des altdeutſchen Epos darſtellend, eröffnet zugleich wieder eine reiche Quelle für die Tragödie; um ſo mehr, da es ſelbſt ſchon in der Anlage des Ganzen, ſo wie in Darſtellung und Ausdruck ſich dazu hinneigt. Vor allen aber eignet ſich dazu die nordiſche Geſtaltung dieſer Fabel. Hier, aufgenommen in den ganzen mythologiſchen Kreis, ja wohl urſprünglich darin zu Hauſe, bietet ſie zugleich eine ſymboliſche Darſtellung dar. Die Idee eines allwaltenden Schickſals iſt ein Grundzug des alten Nordens, der ſich durch alle ſeine Fabeln hinzieht und auch die von den Niflungen alſo durchdrungen hat, daſs auf dem Anfang unſerer Nibelungen dort ſchon ein alter Götterfluch, — der in den Hort und zumal in einen kleinen unſcheinbaren Ring deſſelben das ganze furchtbare Verhängniſs einſchlieſst, — ſo wie eine viel frühere Blutſchuld und daraus aufgegangene Frevel und Gräuel des alten Tantaliſchen Stammes laſten, und eben ſo noch darüber hinaus, ins dritte und vierte Glied, gerächt werden. Dennoch, wie das Schickſal ſelbſt unter mancherley Geſtalten thätig hervortritt, als Nornen, Diſen, Walküren; wie auch die Götter menſchlich erſcheinen und willkürlich eingreifen: ſo ahndet und erkennt zwar der Held das über ihn Waltende, aber er ſtellt ſich frey darunter hin, glaubt nicht minder an ſich ſelbſt, den Gott in ihm und ſeine eigene Kraft, und dem inneren Gebote und eigenen Triebe folgend, ſorgt er nicht um das Unvermeidliche und Unabwendliche, das unerbittlich auch den Scheuenden und Fürchtenden, nur früher, dahin reiſst.

Alſo ſtellt ſich dieſe Fabel dar in ihren älteſten noch vorhandenen Denkmalen, den Liedern der *ältern* oder poetiſchen *Edda*, unter welchem Namen alle noch übrigen heidniſchen Lieder der Skandinavier begriffen werden, welche ſich bey dem Eindringen des Chriſtenthumes nach Island flüchteten und dort noch allein erhalten haben, und deren Sammlung man dem *Sämund* (um 1100) beylegt. In dem ſchon ſeit 1787. zu erwartenden *zweyten* Bande dieſer Edda müſſen folgende *acht* hieher gehörige Lieder erſcheinen: *Sigurdar - Quida* (in zwey Geſängen), *Fafnis - Mal*, *Bynhildar - Quida* oder *Sigurdrifa - Mal*, *Helreid Brynhildar*, *Gudruna - Quida*, *Atla - Quida*, *Atla - Mal*; welche rhapſodiſch dieſe ganze Fabel umfaſſen, und mit dem ebenfalls noch ungedruckten *Sinfiotla - Lock* und *Helga - Quida Hundingsbana* genau zuſammen hängen. Die *jüngere* oder proſaiſche *Edda* und zwar deren *erſter* und Haupttheil, der ein ſyſtematiſcher, mythiſch chronologiſcher, zuweilen noch mit Originalſtellen untermiſchter Auszug ſolcher älteren, groſsen Theiles verlorenen Lieder iſt, und dem *Snorre* (um 1200) zugeſchrieben wird, enthält auch dieſe Fabel der *Niflungen*, neben der von *Rolf Krake*, als die einzige an die eigentlich mythologiſchen angeknüpfte und ausführlich erzählte Heldenfabel, zugleich als Schluſs des Ganzen: ſo wie ſie auch in unſerem epiſchen Cyklus gleichſam den letzten tragiſchen Act ausmacht. Dabey ergänzt dieſer Auszug ſehr glücklich die zwiſchen jenen Liedern vorhandene unangenehme Lücke, von Sigurds und Brynhilds erſter Zuſammenkunft bis zu ſeinem Tode. Noch merkwürdiger und wichtiger iſt aber die ausführliche proſaiſche Erzählung, nach Art eines Heldenromans, in der *Wolſunga - Saga*, welche, in genauer Verbindung und faſt Ein Werk mit der *Ragnar Lodbrok - Saga*, die ganze groſse Geſchichte dieſes weltberühmten Heldenſtammes, von der Wurzel bis in ſeine äuſserſten und letzte Zweigen darſtellt, und in das 9te bis 11te Jahrhundert fällt. Sie gründet ſich auf dieſelben alten Geſänge und hat ſogar einige derſelben ganz oder doch zum gröſsten Theil in ſich aufgenommen, z. B. die *Brynhildar - Quida*, und aus anderen, auch den verlorenen, ſind häufig, beſonders in den Geſprächen, Stellen eingewebt: ſo wie dagegen wohl manchen Liedern der Edda eine proſaiſche Einleitung voran geht. Auf dieſelbe Art enthält einen Theil dieſer Fabel die zwar ſpätere und ſich auf die vorige beziehende *Nornageſt - Saga*, wo ein wunderbarer Alter, Nornageſt genannt, der dabey zugegen geweſen ſeyn will, ſie dem norwegiſchen König *Olaf, Trygwa's Sohn*, der im 12ten Jahrhundert das Chriſtenthum einführte, erzählt und unter andern auch einen groſsen Theil der *Sigurdar - Quida* und das *Brynhildar - Helreid* ganz einſchaltet. Aehnlich iſt vielleicht auch die *Iarl Magus - Saga*, wonach ein Magier vor *Karl dem Groſsen* Erſcheinungen der berühmteſten Helden und darunter auch die aus dieſem Kreis herauf ruft. Die *Floamanna - Saga* ſcheint, wie das alte hiſtoriſche Bruchſtück im *zweyten* Theil der proſaiſchen, und das *Hyndlu - Lied* in der poetiſchen Edda, nur hier bezügliche Geſchlechtsfolgen und Namen zu enthalten. — Zwar waren, bey dem häufigen Verkehr mit den eigentlich deutſchen Völkern, welchen dieſe Fabel auch angehörte, manche Verſchiedenheiten in den nordiſchen Sagen ſehr natürlich, und unter andern erwähnt auch die Nornageſt - Saga ausdrücklich ſolcher abweichenden Erzählungen darin, z. B. von dem Tode Sigurds; und die Iarl Magus - Saga und noch mehr das zwar nur von Saxo (im zwölften Jahrhundert) erwähnte Lied von Chrimhilda's Hochzeit, wodurch ein *ſächſiſcher* Sänger, um dieſelbe Zeit, den *däniſchen* Herzog Knud Laward vor einem ähnlichen Mordanſchlag warnte, laſſen auf dergleichen ſchlieſsen: dennoch ruhn alle dieſe nordiſchen Werke wohl auf demſelben Grund und Boden und ſind nur in der Anlage, Ausführung und Umſtändlichkeit verſchieden. Dagegen iſt die *Wilkina Saga*, wovon die *Niflunga - Saga* nur der letztere Theil, wieder von wirklich deutſchen Liedern und Sagen ausgegangen. Die *Blomſturwalla - Saga* bezeugt, daſs der norwegiſche Biſchof *Biörn* zu Nidaros (jetzo Drontheim) von einer ſpaniſchen Geſandtſchaftsreiſe (im J. 1258.) die deutſche Urſchrift mitgebracht und darnach übertragen habe. Solches beſtätigt das Werk ſelbſt, in der Einleitung und auch innerhalb, da es ſich wiederholentlich auf deutſche Gedichte, mündliche Ueberlieferungen und ſelbſt auf Denkmäler von Felſen, Mauern u. ſ. w. beruft. Auch ergiebt es die Vergleichung mit den noch vorhandenen Rhapſodien des deutſchen Heldenbuches, in ſeinem ganzen Umfange, als Inbegriff aller zum nationalen Fabelkreis gehörigen Gedichte, genommen. Dennoch iſt auch in dieſer Saga die nordiſche Fabel unverkennbar ein beſtimmender und weſentlicher Antheil. Eine ähnliche Miſchung haben vielleicht die drey unter einander nicht ſehr abweichenden Lieder von Grimild, in den *Kämpe-Wiſer*, und erinnern, zwar ganz auf däniſchen Grund verpflanzt, an das erwähnte Lied des ſächſiſchen Sängers. Endlich, unſer Nibelungen Lied ſelbſt iſt, erweislich, aus einer innigen Vermählung der nordiſchen mit der deutſchen Fabel alſo empor gewachſen.

Aus der letzten, wahrſcheinlich nach dem Original des Volksbuches vom gehörnten Siegfried hat ſchon der treffliche Meiſter *Hans Sachs* in ſeiner treuherzigen Art eine Tragödie gebildet. Die alte nordiſche Fabel aber von der *Wolſungen* und *Giukungen* (*Niflungen*) hat man, nach *Snorre*, ſogar ſchon im dreyzehnten Jahrhundert auf dem Theater zu Conſtantinopel geſehen. Und dieſe iſt es auch, welche jetzt der deutſche Dramatiker, mit tragiſchem Sinne, ſich erwählt hat. Hr. *von Fouqué*, ſchon unter dem Namen *Pellegrin*, beſonders durch ſeine dramatiſchen Spiele rühmlich bekannt, wirft hier zuerſt, wie er ſelbſt in der würdigen Zueignung an den kräftigen deutſchen Volksredner *Fichte* ſagt, das Pilgerkleid ab und tritt in eigener Perſon hervor. Und mit herzlichem Gruſs wollen wir den Edlen bewillkommnen, der ſchon von je an und unter jedem Namen dem deutſchen Vaterlande zugehörte; und zugleich dem frommen Pilger Glück wünſchen, daſs er jetzt ein ſo ſchönes Ziel ſeiner Wallfahrt erreicht hat.

Ohne hier einen umſtändlichen Auszug der reichen und neuen Fabel zu geben, noch in Beurtheilung des Einzelnen einzugehen, wird es genug ſeyn, zu ſagen, daſs dieſs Heldenſpiel von echter Poeſie durchdrungen und belebt und, wenn auch wohl unſerer gegenwärtigen Bühne nicht zuſagend, doch nicht minder ein wirkliches, raſch fortſchreitendes Drama iſt. Es ſtellt getreu die alte Heldenfabel nur in und aus ihr ſelbſt dar, ohne ſie durch etwas anderes, als eben durch die lebende Poeſie und dieſe dramatiſche Geſtaltung, der Gegenwart und Heimath anzunähern, noch ganz etwas Neues und Eigenes daraus wieder zu gebären. Dieſs möchte freylich veranlaſst haben, daſs zuweilen etwas mehr *über* die Fabel und Helden und von ihnen geredet wird, um ihre Gröſse und Herrlichkeit recht kund zu thun, als dieſe unumwunden ſich bloſs durch ſich ſelbſt ausſprechen und darſtellen; dagegen hie und da, beſonders in den Nebenperſonen, der Vf. etwas zu viel auf Charakterſchilderung hält, deren doch die reine Tragödie eben nicht bedarf. In dem Ganzen webet aber mächtig der oben angedeutete altnordiſche Geiſt. Die dreyeinigen Nornen *Werdur*, *Werdandi* und *Skuld* (Vergangenheit, Gegenwart und Zukunft) bilden einen bedeutungsſchweren Chor, in welchem, wie in jenem der Eumeniden, das Schickſal perſönlich mit auf die Bühne tritt. Er hätte vielleicht noch mehr durchgeführt werden können. Die uralte Schuld, welche, drohend aus düſteren Wolken, über dem im Sonnenſchein des Lebens herrlich darunter hervorleuchtenden Heldengeſchlechte ſteht, iſt in ahndungsvollen, blitzenden Zügen, an ſchicklichen Stellen, trefflich enthüllt: in dem Liede der die ſchlafende Brynhildis umwandelnden *Nornen*, in *Reigens* Sterbelied, und in dem erſten Geſpräch Sigurds mit ſeiner Mutter *Hiordiſa*. In dem letzten aber konnte der auf Sigurds Stamm ruhende alte Fluch noch höher angehoben werden: wie nämlich ſchon *Sige*, *Odins* Sohn, we-

wegen eines Mordes auf der Jagd, flüchtig und wieder von seinem Schwager ermordet ward; wie sein Sohn *Reri* auf einem Seezuge umkam, und seine Gemahlin, eine Riesentochter, sterbend sich den gewaltigen *Wolfung* aus dem Leibe schneiden liess; wie dieser mit allen seinen Söhnen, durch Verrath seines Tochtermannes *Siggeir*, kämpfend fiel; wie *Sigmund*, allein, durch seine Schwester *Sygnia* gerettet, ihre und Siggeirs Knaben zum Vatermord reizen wollte, aber die zu schwächlichen tödtete; wie darauf Sygnia ihn täuschte, dass er mit ihr den fürchterlichen *Sinfiotle* erzeugte, mit welchem er die übrigen Kinder Siggeirs und diesen selbst tödtete und in seinem Pallast verbrannte, worauf Sygnia sich selbst in die Flammen stürzte; endlich, wie Sinfiotle von seiner Stiefmutter *Borghildur* durch Gift hingerichtet und diese verstossen wird. — Dieses furchtbare Gewebe von Unthaten, zwar Stoff genug zu einer oder mehrern Tragödien, hätte, in kurzer Rede zusammen gedrängt, ein glänzendes Seitenstück zu der bekannten in *Göthe's* Iphigenia gegeben. So dürfte auch in dem als Fortsetzung angekündigten Heldenspiel *Sigurds Rache*, dessen Einsicht Rec. jetzt schon vergönnt war, die in dem Titel ausgedrückte Beziehung auf die Mordschuld an diesem herrlichsten der Helden im Ganzen noch etwas mehr hervor zu heben und durch zu halten seyn, z. B. in dem Wechselliede *Högne's* und *Gunnars* bey Versenkung des Horts in den Rhein, in dem Todesgesang Gunnars und in *Gudruna's* Klageliedern; welche Gesänge man doch hier, wie die erwähnten im *ersten* Theil, als Stellvertreter des Chors betrachten muss.

Uebrigens ist alles, was die im Einzelnen mannichfaltig gestaltete nordische Fabel selbst darbot, glücklich gewählt und benutzt. Nur folgender Zug, wenn ihn der Dichter gekannt hätte, würde besser die dritte und vierte Abenteure verbunden und die bloss aus einem Monolog der Brynhildis bestehende Scene in der letzten unnöthig gemacht und ersetzt haben. Nämlich, ehe Sigurd zu den Niflungen kommt, wird Gudruna (ähnlich dem Anfange unserer Nibelungen) durch Träume von einem edlen Falken und Hirsch geängstiget, und kommt in einem prächtigen Aufzuge zu der weisen Brynhild, dieselbe darüber zu befragen. Beide beginnen einen Wettstreit über die damals lebenden Helden. Brynhild preiset die Thaten *Haki's*, *Hagbards Sohn*, Gudruna setzt ihre Brüder höher, Brynhild aber erhebt Sigurden über alle. Darauf erzählt Gudruna ihre Träume und Brynhild verkündigt ihrer beider so eng verschlungenes Schicksal.

Als ein sprechendes Zeugniss von dem Geiste des Ganzen und der eigenthümlichen Darstellung, zugleich als ein treffliches lyrisches Stück, meist für sich verständlich, stehe hier der oben bezeichnete Gesang der Nornen, womit die zweyte Abenteure anhebt. Brynhild, ganz gewaffnet und im Harnisch, liegt auf einer von hoher Lohe umwallten Burg (*Swafurloga*) in vieljährigem Zauberschlaf, worin sie Odin, wegen der in dem Liede berührten That versenkt hatte.

Die drey Nornen.

(um sie her wandelnd und singend.)

Nornen, Schicksals ordnende Mächte,
Nennen uns drey die Menschenkinder,
Heimlich aus unserm Hauchen keimt's. —
Die Saat zum Frieden, zum Fechten spriesst,
Zu dem Fest der Braut, zum Mahl der Trauer,
Zum Streit der Rache, zum Tanzreihn drauf.

Trüb auch hier über die Träum'rin hin
Treibt unser Willen Gebilde viel
Und lagert so Lust als Klagen rings.
Wir schenken dir Macht, und verschmachten bald
Schön Fürstenkind, voll hohen Sinns.
Wir spielen ein vielfach ernstes Spiel.

Wurdur hat das Geword'ne gelenkt,
Wardandi lenkt das Werdende jetzt,
Und Skuld hat Kunde, was kommen soll.
Zu sichten aller Zeit Geschichten,
Ziemt uns, den drey'n, im stäten Vereine,
Bis Zeit entgleitend ausglimmt, wir mit.

Wurdur.

Der alte Held, König Hialmgunnar,
Heissklopfender Brust, rief opfernd aus:
Sieg mir, dem greisenden Krieger Sieg!
Odin, steh' mit in des Dieners Streit;
Stolz hebt Agnar, der Held, sich auf,
Heischt Land und Leute zum Pfand des Siegs.

Dem Diener Sieg verhiess Odin;
Dem Gegner da half Bryhhildis Hand,
Der schönen Königstochter Kraft.
Dem Tag gleich, tröstlicher Gaben reich,
Trat sie hellstrahlend und schnell herauf,
Leicht lenkend die Schlacht nach eigener Macht.

Lenkte sie stolz; Hialmgunnars Heer schmolz;
Hochherrschend und herrlich stand Agnar,
Und Odins Woll'n zerstob in Wolken.
Zu keckes Licht, zu gewicht'ge Kraft,
Dir zürnte Odin schwer. Zu Boden
Warf hin dich strafender Zauberschlaf.

Wardandi.

So liegt sie, träumend von Siegen nur,
Sieht nicht zum Kampfesgericht mehr auf,
Und draussen lodert die Lohe wild;
Lodert im Rund allstund um's Schloss her,
Verschliesst mit wallendem Schein den Eingang,
Die glüh'nde Bahn kommt keiner heran.

Skuld.

Doch wagen wird's Einer. Heran die Bahn
Wird reiten ein Degen frey und frank,
durch drohend flackernde Flammen her.
Rasch treibt er zum Trab den Rosshuf an,
Tritt prachtvoll ein, Brynhildis wacht,
Denkt günstiger Hochzeit süssem Geschenk.

Wardandi.

Schon vor des leuchtenden Schlosses Thor,
Schnell durch des Feuers Wirbel zur Burg
Kommt er, der Kecke. Was frommt ihm jetzt?
Kühnlicher Reitkunst schneller Preis.
Er steigt der Treppen Steine herauf,
Stark hallt sein Harnisch durch das Gebäu.

Alle

Alle drey.

Dreht um uns, Schwestern des Nebels Dunst,
Dicht einhüllend, den ernsten Nordschein?
Hauch' Ahnung bang' um der Nornen Bahn?
Rauschen uns hören, ergrau'n darob,
Bann dir, o blindes Erdkind zum Loos;
Lichthell Schau'n, ziemt richtenden Göttern!

(Sie verschwinden.)

Dieser auch in der Form eigenthümliche Gesang mahnt zugleich, noch etwas von derselben überhaupt zu sagen. Das Ganze, der gewöhnliche Dialog, ist in dem schon zum dramatischen angenommene zehn- und elfsylbige Vers, jedoch mit vorherrschend männlichem Ausgang. In den lyrischen Stellen ist aber durchaus die eigenthümliche Form der Altnordischen Poesie wieder erneuet. Diese, eben so wohl, als die eigentlich deutsche, auf dem Princip der Bedeutsamkeit beruhend, misst oder vielmehr zählt die meist kurzen Verse nicht so wohl nach Sylben als nach Hauptaccenten. Doch waltet immer entweder der jambische oder der trochäische Sylbenwechsel vor; im Ganzen mehr der letzte, da die nordische Sprache den Artikel als Suffixum und überhaupt viel weniger Präfixa und Augmente hat, als die deutsche, die mehr zum jambischen Fall geneigt ist. Für jede accentlose oder minder accentuirte Sylbe können auch zwey dergleichen oder eine stärker betonte stehen, daher auch spondeische, dactylische und anapästische Bewegungen abwechseln. Der eigentliche Reim ist der altnordischen Poesie fremd, und ihr erst später, wohl von der deutschen angebildet; sie beruht aber nicht minder auf etwas Aehnlichem, nämlich auf einer Uebereinstimmung der Consonanten, oder der *Alliteration*. Diese, ist nicht bloss für das Auge, sondern, nach dem obigen Princip, das sich hier recht eigentlich ausdrückt, immer in der bedeutendsten oder Stamm-Sylbe der bedeutendsten Wörter, trifft, und ist zugleich deren innerste Wurzel. Als solche muss man nämlich doch wohl die Consonanten betrachten, zu welcher sich die Vocale, wie die Masse zu der Form zu verhalten scheinen. Und weil man eben deshalb die Consonanten als die eigentlichen Buchstaben ansieht, wie noch die orientalische Schrift und unsere Abkürzungen zeigen (so dass die Vocale gleichsam die Töne von diesen Noten sind), so hat man, in solchem Sinne, diese Consonanz schicklich auch *Buchstabenreime*, *Alliteration*, genannt. Sie ist so der eigenthümlich nordische Reim, für welchen die Isländer annoch ein empfindliches und leises Ohr haben sollen. Sie war auch die Grundlage der alten Gallischen Poesie, mit welcher die Nordische in mannichfaltiger Berührung war. In der Deutschen ist zwar ihr Princip nicht nur vorhanden, sondern auch noch deutlich ausgedrückt in den fast sprichwörtlichen Zusammenstellungen: *Liebe* und *Leid*; *gäng* und *gäbe*; *still* und *stumm*; aber künstlich angewendet findet sie sich nur in einem alten *Niederdeutschen* Liede „Unser lewen Frouwen Rosenkranz" (aus dem alten Hartebok abgedruckt in *Staphorsts* Hamburg. Kirchengeschichte Th. I. *Bd.* 4., zwischen Urkunden von 1392 und 1440.):

„*Awe* Maria, ful Gnade!
Sprak de Engel van Godes Rede.—
Du bist gebilliget bowen alle Grade,
Kum uns to Hülpe, Junkfrowe drade.

Bloende Blome, *benedigende* Krut,
Der Gnaden Schein uns upschlut,
Unde gif uns alle Soutbkeit darut u. s. w."

Und so fängt jede folgende Strophe mit dem folgenden Buchstaben des Alphabets an, welcher aber zugleich in jedem ersten Verse an bedeutenden Wörtern mehrmals wiederkehrt, so dass es doch mehr ist, als etwa ein güldenes A B C. In neueren Gedichten finden wir zwar auch schon die Alliteration, z. B. im *Lakrimas*; aber hier ist sie von der Orientalischen, und bestimmt, von der Arabischen, ausgegangen, worin sie ebenfalls herrscht, und so auch durch ihr Alter und ihre Ausbreitung ihre tief liegende Bedeutung bekundet.

(*Der Beschluss folgt.*)

LITERARISCHE NACHRICHTEN.

Ehrenbezeugungen.

Wegen des, an Seine Russisch-Kaiserliche Majestät eingesandten *ersten* Theil des Werkes: *Das Licht vom Orient*, hat der Vf. desselben ein huldvollstes Schreiben erhalten.

Seine Königl. Majestät von Bayern haben durch ein Rescript auf besondern allerhöchsten Befehl erklärt, denselben in seinem Unternehmen durch Eröffnung des Zutritts zu nöthigen Orientalischen Quellen unterstützen zu wollen, und Seine Excellenz der Freyherr von Montgelas, erster dirigirender Königl. Geh. Staats- und Conferenz-Minister hat auf die Ueberschikkung jener Schrift, ihm die erfreuliche Versicherung gegeben, dass es ihm sehr angenehm seyn würde, zur Vollendung jenes Werks auf irgend eine thunliche Art beytragen zu können.

Die von dem nämlichen Vf. in Nr. 114. dieser Zeitung angekündigten *Commentationes Philosophico-Persicae*, die wegen Hindernissen des Drucks noch nicht ganz fertig sind, werden in einem Monat die Presse verlassen.

Steinische Buchhandlung.

ALLGEMEINE LITERATUR-ZEITUNG

Freytags, den 8. September 1809.

WERKE DER SCHÖNEN KÜNSTE.

POESIE.

Berlin, b. Hitzig: *Sigurd, der Schlangentödter.* Ein Heldenspiel in fechs Abentheuren, von *Friedrich Baron de la Motte Fouqué* u. f. w.

(*Befchlufs der in Num. 245. abgebrochenen Recenfion.*)

In der Nordifchen Poefie ift die zwiefache Alliteration oder die in Doppelconfonanten, *fl*, *bl*, *gr* u. f. w. eine Zierde. Gewöhnlich verbindet fie zwey Verfe alfo, dafs von den drey alliterirenden Wörtern zwey in dem erften und die dritte in dem anderen ftehen. Die älteften Dichter begnügten fich auch fchon mit zwey alliterirenden Wörtern. Aus folchen Verspaaren bildet fich dann die Strophe. Ift diefe vier- acht- oder zehnzeilig, fo alliteriren je zwey und zwey Verfe, ift fie aber fechszeilig, fo alliterirt gewöhnlich der dritte und fechste Vers in fich allein mit zwey Wörtern. In der Regel, gemäfs der vorhin berührten Eigenthümlichkeit der nordifchen Sprache, fteht, wie in dem Wort der alliterirende Buchftabe, fo auch das Wort felbft im Verfe voran. — Die Alliteration bezieht fich, ihrer Natur nach, zwar eigentlich nur auf die Confonanten, doch kommen bey der Nordifchen auch die Vocale in Betracht, aber, höchft merkwürdig, nur in fo fern, dafs fie fämmtlich auf und durch einander alliteriren. Es erhellt daraus recht deutlich, wie fie hier alle nur als Eine Maffe angefehen und auch wohl mehr alfo vernommen werden, fo dafs fich darin zugleich die nordifche Tonlöfigkeit ausdrückt, welche die Vocale dunkel in einander auflöft und überall zum ftummen *f* hinftrebt. Dagegen ift freylich der *innere* oder *Sylben-Reim* der nordifchen Poefie, welcher in einer wirklichen Uebereinftimmung von Vocalen, fo wie eines oder mehrer daran haftenden Confonanten (einer eigentlichen Sylbe) befteht; aber diefer ift wahrfcheinlich erft eine fpätere Erfindung und kommt in den älteften Gedichten gar nicht vor. Er wird mit der Alliteration verbunden, zwar alfo, dafs die zwey in jedem Vers zufammen tönenden Sylben, ebenfalls immer bedeutende in bedeutenden Wörtern, doch nicht gerade auch in den alliterirenden, dabey gern in der Mitte der Wörter und des Verfes ftehen und eine Art von innerer Reimaffonanz bilden, da fie fonft leicht, bey ftarken Versabfchnitten, in einen wirklichen Endreim übergehen würden. Von allen diefen Regeln gewährt der mitgetheilte Gefang Beyfpiele:

Nornen, Schickfals *ordnende Mächte*,
Nennen uns drey die *Menfchenkinder*,
Heimlich aus unferm *Hauchen keimt's*. —
Trüb' auch hier *über* die *Träum'rin* hin
Treibt unfer *Wille* Geb*ild*e viel,
Und *lagert* fo *Luft* als *Klagen* rings.

So hat der treue Dichter die alte nordifche Fabel auch durch ihre eigene urfprüngliche Form, wie fie in den Liedern der Edda erfcheint, wieder hergeftellt, und zugleich diefe an einem trefflichen Werke zuerft bey uns eingeführt, fo dafs fie nicht ohne lebendige Einwirkung bleiben wird. Sehr glücklich hat er von ihr Gebrauch gemacht, und auch durch Benutzung der oben berührten deutfchen Anlage dazu, das Ohr dafür geweckt. Der eigentliche Reim ift, nach dem alten Vorbilde, ganz vermieden. — Aus dem obigen Beyfpiele wird man zugleich die Art und den Wechfel der Versfüfse und des Rhythmus erfehen; deren Freyheiten unferer älteren Poefie gleich eigenthümlich und uns in der volksmäfsigen, z. B. in den fogenannten Knittelverfen, noch gewöhnlich find. Der hier gewählte Vers von vier trochäifchen Accenten gehört zu den längften der nordifchen Poefie und wird nur bey feyerlichen oder pathetifchen Gelegenheiten gebraucht: fo wie der von drey trochäifchen Accenten, in einer acht- oder zehnzeiligen Strophe, *Drottning-Quäd*, die Königs Weife genannt, z. B. in dem bekannten Todesgefang. Nagnar Lodbroks und in dem Gunnars, des zweyten Theils, und hier im erften das Lied Fafners (S. 31.):

Dunkel drückt das Gewölk fich,
Grau *droht* die Gegend rings.
S' ift an der Zeit jetzt,
Zu baden behaglich im *Bach*.
Heifs, *fo*! heifs war's am Tage,
Schien hart auf die *Schuppen her*.
Doch *wollt'* ich nicht *weg*,
Wollte nicht weichen vom *werthen* Gold.

Am häufigften faft ift die fechszeilige Strophe von zwey Accenten oder Füfsen; wobey aber gern der dritte und fechste in drey auslaufen, z. B. in Sigurds Liede (S. 35.):

Schon verftändlich
Sagt mit *Stimmen*
Baum und *Berg* und *Bach*
Neues und *nie* erhörtes zu mir;
Ift des Trankes Kraft,
Des zauberifchen *Blutes Bann*.

Ueberhaupt liebt die nordifche Poefie diefe fortfchreitende Verlängerung der Verfe gegen die Mitte und das

das Ende der Strophe; wovon auch etwas Aehnliches im Deutschen bemerkbar ist, z. B. in der Strophe der Nibelungen, in der *Berners Weise* oder *Herzogs Ernst Ton*, und anderen Strophen der Minnesinger. Auf diese Regeln des nordischen Verses und seiner Füsse ist vielleicht noch nicht genug geachtet. Sie sind freylich, je älter die Gedichte, je weniger streng und deutlich, was selbst von der Alliteration gilt, aber, so wenig sie, als solche, in Uebersetzungen derselben erlassen werden könnten, so wohl thut man, in eigenen Versuchen dieser Art, sie in der letzten, festeren Ausbildung aufzunehmen und einzuführen. Dass eine solche erfolgt ist, erhellt nicht nur aus den späteren Gedichten, sondern auch aus dem noch ungedruckten *dritten* Theil der prosaischen Edda, welche, unter dem Namen *Liodsgreinir*, die grosse Menge der verschiedenen Weisen, Strophen und Versarten beschreibt und lehrt, und so die Metrik zu der Mythologie (eigentlichen *Edda*) und der *Clavis poetica* (*Skalda*) der beiden *ersten* Theile ist. Es ist auch bekannt, wie späterhin diese kunstreiche Ausbildung in leere Künsteley und müssige Spielerey ausartete, so dass man nach den eigensinnigsten Gesetzen in der älteren Form wahre Räthsel schmiedete und zugleich in der neu angenommenen oder gar damit verbundenen, Gedichte zusammen schweisste, die z. B. Wort für Wort alliteriren und reimen; welches letzte sich auch schon bey uns in der *Manessischen* Sammlung vorfindet. Auch vor Ausschweifungen dieser neuen Art dürfte unserer Zeit, die einen so starken Formtrieb hat, eine Warnung von nöthen seyn.

Endlich, die Sprache und Diction im Sigurd ist lebendig, stark und kräftig; sie verliert aber zuweilen an ihrer edlen Haltung durch Auslassung der persönlichen und unpersönlichen Fürwörter, so wie der Hülfsverba und des Artikels, oder Zusammenziehung desselben in ein blosses *'s*, *'m*. Dergleichen hat wohl seine schickliche Stelle auch in eigenen neuen Werken: aber dem Stil der Tragödie scheint es nicht gemäss; es giebt ihr einen zu vertraulichen Ton. Härten, wie *blüh'nde*, *roll'n*, *harr'nd* u. s. w. sind überall nicht zu billigen. Mässig und mit guter Wahl sind alterthümliche Wörter und Formen, unter andern auch aus dem so nah verwandten Liede der Nibelungen, aufgenommen.

Und somit wünschet Rec., dass der Dichter nicht nur mit dem bald zu erwartenden *zweyten* Theile des Sigurd, sondern auch noch mit andern Tragödien aus diesem reichen und bisher noch ganz verschlossenen Fabelkreise, z. B. von *Wolfung*, *Sigmund*, *Aslauga*, *Ragnar Lodbrok* und dessen Söhnen, die Freunde der vaterländischen Poesie erfreuen möge.

Heidelberg, b. Mohr u. Zimmer: *D. Katzenbergers Badereise*; nebst einer Auswahl verbesserter Werkchen; von *Jean Paul*. 1809. *Erstes* Bändchen. 262 S. *Zweytes* Bändchen. 287 S. 8. (3 Rthlr.)

Die Voigt'sche Buchhandlung in Jena gab 1804. *kleine Schriften von Jean Paul Friedrich Richter* heraus, d. i. sie liess ohne Rücksprache mit dem Vf. eine Sammlung oder einen Nachdruck zerstreuter kleiner Schriften des genialischen Lieblingsschriftstellers der Deutschen veranstalten. Diess veranlasste diesen zu einer neuen *rechtmässigen* und noch verbesserten Auflage des unrechtmässigen Nachdrucks. Neu indess ist die interessante Geschichte *D. Katzenbergers Badereise*, welche die Hälfte beider Theile füllt, und die Polymeter am Schlusse des zweyten. Die übrigen kleinen Stücke z. E. Huldigungspredigt vor und unter dem Regierungsantritt der Sonne u. s. w. *über Hebels allemannische Gedichte*; Rath zu urdeutschen Taufnamen; D. Fanks Leichenrede auf einen fürstlichen Magen; die Kunst einzuschlafen; über den Tod nach dem Tode; *Wünsche für Luthers Denkmal*; *das Glück auf dem linken Ohr taub zu seyn*; über Charlotte Corday u. s. w. waren in mehrern Zeitschriften und Almanachen, der eleganten Zeitung, dem Cottaischen, Genzischen u. a. Zeitschriften gedruckt. Da der Werth der letztern schon hinlänglich bekannt, und auch grösstentheils in mehrern öffentlichen Anzeigen beurtheilt worden ist, so halten wir uns hier bloss an das neue Gemälde, womit der geistvolle fruchtbare Vf. das Publicum abermals beschenkt hat. Wenn in den meisten romantischen Arbeiten des Vfs. das äusserlich geschichtliche ihm nur Vehikel wird, eine innere Geschichte, ein Gemälde der Seele daran anzulegen, oder auch überhaupt nur eine Reihe mehr oder weniger willkürlich verknüpfter aus der Tiefe der Natur und des Lebens geschöpfter humoristischer Reflexionen daran zu reihen: so hat er in dem gegenwärtigen Stücke recht eigentlich, wie es scheint, darauf hingearbeitet, eine fortschreitende, aus leichter Verwicklung sich entwickelnde, unterhaltende Begebenheit, und in dieser Charaktere in interessanten Abstufungen gegen einander zu zeichnen. Durch den grellen wissenschaftlich pedantischen, über alle Masse cynischen, struppigten, rohen, aber originell derben Doctor Medicinae, Katzenberger, den Hauptbelden des Stücks wird das Gemälde ein eigentlich niederländisches Stück. Leidenschaftlich für seine Disciplin eingenommen, fest in derselben, sieht er die ganze Natur bloss als ein *theatrum anatomicum* an. Er hat über die *monstra*, über die Hundswuth und Hämatologie geschrieben, und bedauert im Ernst, dass die Natur so karg sey mit jenen Abweichungen, die sein Lieblingsstudium sind. Es würde ihn innig freuen, selbst als ein *monstrum* geboren zu seyn, wenn ihm nur die Gabe der Beobachtung, der er sich jetzt rühmen kann, nicht dabey versagt wäre. Wo er hinkommt, unter den Badegästen, an der Gesellschaftstafel, überall späht er nach *Monstris*, in denen der gesetzliche Organismus der Natur in der Abnormität durch Vereinigung des Widerstrebenden noch wunderbarer kunstreicher erscheine als in den gewöhnlichen Bildungen. Er hat nicht das mindeste Arges daraus, selbst die Damen mit seinen abenteuerlichen Wünschen, so wie überhaupt mit seinem scientifischen Kunstgeschwätze in den unumwundensten rauhesten Ausdrücken und Formeln zu unterhalten. Er war eigentlich ins Bad gereist, um seinen Recensenten der Hämatologie, den Maul-

Maulbronner Brunnenarzt Strykius gelegentlich dort auszuprügeln, nebenbey einer ihn bedrohenden Gevatterschaft (denn er ist auch sehr filzig zugleich) auszuweichen, und seine Tochter Theoda, ein junges gutartiges, schönes, nur durch poetische Modelectüre etwas verschrobenes Mädchen, hin zu begleiten. Ihre hohe Bewunderung für einen berühmten Theaterdichter, der sich bald v. Theudobach, bald Stryk nannte, hatte sie vermocht, mit diesem unter dem ersten Namen in eine Correspondenz sich einzulassen. Als der Doctor gerade in Verlegenheit wegen eines Reisegefährten war, meldete sich ein feiner junger Mann, Hr. v. Ryk bey ihm, brachte einen Brief von seinem Freunde Theudobach an die Tochter, und da er sogleich eine Rolle mit Gold als den Antheil seiner Reisekosten auf den Tisch legte, war der Contract im Augenblicke geschlossen. Dieser Umstand leitet eine unterhaltende Verwicklung ein: das elegante süsse Männchen war niemand anders als Theudobach selbst, für dessen Freund er sich gab. Er hatte sich vorgenommen, der Badegesellschaft, eine Declamationsakademie mit einigen der neuesten Stücke des grossen Theaterdichters, seines Freundes zu geben, dabey sich vorbehalten, wenn das Publicum grade auf dem Punkte der ungeduldigsten Bewunderung wäre, die ihren Gegenstand selbst von Angesicht zu Angesicht kennen zu lernen brennt, bescheiden aufzutreten und sich als den Vf. selbst darzustellen. Die Leser erwarten oder wittern voraus, diese Freude werde dem eitlen Manne, der seine doppelrolle natürlich auch während der Reise, wo die gegenseitigen Unterhaltungen zwischen so abstehenden Naturen, wie der Doctor und der vorgebliche adlige Declamator sind, zu behaupten weiss, am Ende verdorben werden. Und so geschieht es auch. Er hatte durch Zeitungsanzeigen dafür gesorgt, dass das Publicum voraus auf die Ankunft des durch seine Schriften berühmten Theudobach sollte aufmerksam gemacht werden. Nun kam wirklich in dem Momente, wo die Declamation gehalten ward, ein Herr v. Theudobach an, ein Officier, ein mathematischer Schriftsteller, den hauptsächlich Neugierde trieb, wer denn sein gelehrter Namensvetter, den er im Bade, nach den Zeitungen, anzutreffen hoffte, wäre? ob vielleicht gar nicht ein anderer sich für ihn dort auszugeben die Absicht hatte. In dem Augenblicke, wo der Declamator seine Zuhörer auf den Punkt gebracht hatte, worauf er sie hinführen wollte, als er sich für Theudobach, dessen Werke er vorliest, erklärt, tritt dieser herein, und — seltsames Missverständniss! — dieser entrüstet darüber, erklärt sich für den Vf., immer noch wähnend, es sey von seinen mathematischen die Rede. Fragen dürfte man hier freylich: Hatte der Mathematiker denn so wenigen Begriff von einem Declamatorium, so wenig Aufmerksamkeit auf alles das, was um ihn her vorgieng, was er mit seinen Ohren doch lesen hören musste, dass er nicht ahndete, der Declamator, indem er sich für Theudobach als den Vf. der vorgelesenen Schrift ausgab, könne unmöglich Theudobach den Vf. der mathematischen gemeint haben: denn dass Theoda, unbesonnen genug, in der Hitze ihrer Begeisterung diesem, dessen ganze Gestalt ihr mit dem Ideal, das sie sich von ihrem Angebeteten entworfen hatte, mehr zusammen zu treffen scheint, entgegen tritt, und ihn feyerlich als den verehrten Dichter bewillkommt, dient zwar zur weiteren Verwirrung genug, aber löst nicht hinlänglich den Skrupel auf, den mancher Leser und manche Leserin bey dieser Scene sich machen werden. Genug! Der arme Declamator muss beschämt die Bühne verlassen, und nur mühsam und spät löset sich am Gesellschaftstische endlich, wo noch eine gute Zeit die Folgen der Verwirrung fortdauernd geschildert werden, durch ein Schreiben auf, das der gekränkte Dichter Theoda zustellen lässt. Das Ende ist: des Dichters Liebesplan auf Theoda scheitert jetzt plötzlich. Dagegen knüpft sich ein innigeres Herzensverständniss zwischen ihr und dem Officier an. Die gefürchtete Gevatterschaft muss Katzenberger endlich doch übernehmen: denn der Vater, der Zoller des Städtchens, wo der Doctor lebt, kommt selbst statt des Gevatterbriefs. Theoda, die durch jene Scene den Badegästen sich allzu sehr zu einem Ziele der Klatscherey hingestellt hatte, als dass ihr ein längerer Aufenthalt an dem Orte erwünscht seyn konnte, benutzt die Gelegenheit und eilt mit dem Zoller zu ihrer Freundin, der Wöchnerin zurück. Der Geliebte ihres Herzens nimmt die Zeit wahr und begleitet sie. Katzenberger selbst führt seinen Plan der Abprügelung seines Recensenten, mit dem wir ihn zuvor in manchen launischen Auftritten gefunden hatten, auf eine originelle Weise, zwar nicht ganz im buchstäblichen Sinne des Wortes, doch so aus, dass der Schreck, den er dem armen St. einjagte, der abgenöthigte schriftliche Widerruf der Rec., die Erbeutung einer sechsfingrigen Hand aus der Naturaliensammlung des Brunnenarztes, wobey es doch nicht ohne einige wirkliche *körperlich fühlbare* Anerinnerungen an den bärbeissigen Autor über die Hundswuth und seinen Hackenstuck ablief, ihm hinlängliche Genugthuung seyn mussten. Nach verrichteter Heldenthat eilt der Doctor auch nach Haus, und trifft am Bette der Wöchnerin — seine Tochter und Theudobach an, im Momente, wo die Freundin den Segen über das verlobte Paar ausspricht. Noch wusste er selbst nichts davon. Bald verständigt darüber, lässt er sich das Verlöbniss hinter seinen Rücken recht gerne gefallen, da er hört, dass der Hauptmann sehr bemittelt sey und auf seinen Gütern unter andern eine Bärenhöle besitze, wo er, der Sammler aller Naturmerkwürdigkeiten, für seine Forschlust Bärenknochen genug finden könne. So endet sich die drollige Geschichte, von der wir hier nur einen dürftigen Umriss geben konnten. Das Hauptheld dieses niederländischen Conversationsgemäldes ist kräftig gezeichnet. Wenn es dem genialischen Vf. nicht selten begegnet, dass er seine Personen oft mit zu viel Gelehrsamkeit ausstopft, und mit seinem eignen bunten, aus allen Gebieten des Wissens hergenommenen, Witze auch oft da umkleidet, wo eine solche Umkleidung sie selbst nach ihrem ganzen sonst ihnen geliehenen Charakter nur wenig kleidet, so ist er diesem Missgriffe diesmal ganz bey der glücklichen Wahl seines Helden entgangen. Auch den übrigen Charakteren wird man nicht vorwerfen können, dass sie zu sehr den Stämpel der Individualität des Autors tragen. Nur an Theodas Reden, und vorzüglich den eingeschalteten Briefen an ihre Freundin, vermissen wir denjenigen Ton, der ihrem ganzen Charakter zustimmt. Es sind Briefe, die ihr nicht ihre eigene Ansicht der Dinge, (diese konnte auch freylich nicht erheblich seyn: denn sie ist zwar ein gutmüthiges aber im Grunde doch ein etwas albernes überspanntes Mädchen), *es sind Briefe, im brillanten Stil, vom geistreichen Jean Paul dictirt.*

LITERARISCHE NACHRICHTEN.

I. Universitäten und andere Lehranstalten.

Duisburg.

Am 18. April wurde Hr. *Joh. Wilhelm Bovermann* aus Rellinghausen als Doctor der Medicin und Chirurgie promovirt. Seine Inauguralschrift handelt *de Pneumonia.*

Paris.

Zur Vervollständigung der Organisation der kaiserl. Universität dient ein kaiserl. Decret vom 4. Jul., durch welches die Universitäten zu *Turin* und *Genua* mit dieser Universität in nähere Verbindung treten und den übrigen Akademieen gleich organisirt werden, so dass die Rechts- und Arzneyschule beider die zwey Facultäten dieses Namens ausmachen u. s. w. Die Veterinarschule zu Turin wird den Veterinarschulen zu Alfort und Lyon ähnlich gemacht, und die dasige Schule der Musik wird mit dem Conservatorium zu Paris und die Zeichenschule zu Genua mit den artistischen Specialschulen zu Paris in Verbindung gesetzt.

II. Preise.

Die Gesellschaft zu *Amsterdam* unter dem Denkspruch: *Tot vermeerdering van Kunde op Godsdienst gegrond* hielt am 13. May 1809. ihre allgemeine Versammlung, und hatte auf die im vorigen Jahr aufgegebene Preisfrage

Die Grösse Jesu, 1) als Mensch, 2) als Mittler und 3) als Gott auf eine deutliche und auch für den Einfältigsten verständliche Weise beschrieben und als solche nothwendig für den Sünder im Leben und im Sterben

sechs Abhandlungen zur Beantwortung erhalten. Der Preis wurde der Abhandlung mit dem Motto: *Jesus boven alles groot en belangrijk* zuerkannt und nach Eröffnung des Zettels fand sich, dass Hr. *Dirk van 't Woud* zu Delft der Vf. davon war.

Die Gesellschaft hat darauf wieder folgende Preisfrage aufgegeben:

Adam und Christus als zwey Bundeshäupter gegen einander übergestellt, worin gezeigt wird, dass allen in Adam Adams Sünde wird zugerechnet, indem ihnen das Ebenbild Gottes mangelt, aber auch, dass allen, die in Christus sind, auch die Gerechtigkeit Christi wird zugerechnet, da durch ihn das Ebenbild Gottes wieder hergestellt ist, woraus fester und sichrer Trost für den Christen im Leben und im Tod abgeleitet wird.

Der Preis, welcher der besten Abhandlung bestimmt ist, ist eine Medaille *acht* Ducaten an Werth. Die Abhandlungen müssen in lesbarer Schrift und zwar Niederdeutsch vor dem 1. October d. J. an den Buchhändler *W. Brave* eingesandt werden.

Ein unlängst verstorbener reformirter Prediger hat einen Preis von 300 Gulden für denjenigen ausgesetzt, welcher nach dem Urtheil einiger gelehrten Männer, die dazu bestimmt sind, auf das überzeugendste

Die Echtheit, Glaubwürdigkeit und das unfehlbare Ansehen der Evangelien von Matthäus, Marcus, Lucas und Johannes mit der Anweisung, in wie fern man ihre göttliche Eingebung kann und muss annehmen,

vor dem ersten April 1810. wird bewiesen haben. Die Abhandlungen dürfen nicht mit der eigenen Hand des Vfs. geschrieben seyn, und können in Lateinischer, Französischer, Holländischer und auch Deutscher Sprache, doch letztere mit Lateinischen Lettern geschrieben, an den Buchhändler *Haak* u. Comp. zu Leyden unter der Adress T. N. S., jedoch Portofrey, eingesandt werden.

III. Beförderungen.

Hr. Professor Dr. *Kopp* zu Hanau ist von der *Société médicale d'émulation* zu Paris zu ihrem correspondirenden Mitgliede ernannt worden.

Hr. *Manso*, Rector an dem Gymnasium zu Maria Magdalena in Breslau, ist (nach Scheibel's Tode) zum zweyten Inspector der dortigen evangel. Schulen ernannt worden.

Num. 247.

ALLGEMEINE LITERATUR-ZEITUNG

Sonnabends, den 9. September 1809.

LITERARISCHE NACHRICHTEN.

Gelehrte Gesellschaften und Preise.

Bekanntmachung der Königl. Societät der Wissenschaften zu Harlem für das Jahr 1809.

Die Königl. Societät erhielt für die Preisfrage: „Ob die bleyernen Wassertraufen oder Wasserrinnen, so wie die bleyernen Wasserbehälter, der Flüssigkeit eine nachtheilige oder giftige Beschaffenheit geben? ob das Anstreichen des Holzes mit Bleyweiss dazu etwas beytrage? endlich ob die Bleyglasuren der Töpfe und Schüsseln die Nahrungmittel wirklich vergiften, und wie man die Gefahren davon zu vermeiden habe?" Preisschriften von drey Verfassern, unter welchen sie den einen einladet, sie durch Benutzung der Bemerkungen zu vervollkommnen, welche man ihm mittheilen wird: und so verbessert, und von neuem eingeschickt, ist man sehr geneigt, ihm den Preis zuzutheilen.

Man erneuert folgende eben abgelaufene neue Preisfragen, welche vor dem 1. Novbr. 1810. zu beantworten sind.

1. „Was hat man aus den neuesten Beobachtungen über die Veränderungen der Farben durch den Sauerstoff der Atmosphäre, er sey mit der Wirkung des Lichts verbunden oder nicht, erlernt? und welche Vortheile kann man daraus ziehn?" Die Societät wünscht kurz und bestimmt dasjenige angegeben, was durch Beobachtung und Versuche wohl erwiesen ist, damit man den gegenwärtigen Zustand der Wissenschaft, in Rücksicht auf diesen Gegenstand, leichter übersehen, und dadurch mehr Vortheil aus demselben, entweder für den Handel, oder für andere Zweige der Oekonomie, ziehen könne.

2. Was ist das wirkliche Wahre in allen den Anzeigen, die bevorstehenden Jahreszeiten, oder die Veränderungen der Witterungen betreffend, welche man im Fluge der Vögel, und in dem Geschrey oder den Tönen zu finden glaubt, welche man zu gewissen Zeiten von den Vögeln, oder von andern Thieren vernimmt: oder überhaupt, was man bey verschiedenen Geschlechtern der Thiere in dieser Rücksicht beobachtet? Hat die Erfahrung in hiesigen Ländern die eine oder andre Anzeige oft genug bemerken lassen, um sich darauf verlassen zu können?

3. Was hat die hinlänglich bewährte Erfahrung über die Reinigung des verdorbenen Wassers und andrer unreiner Substanzen durch Holzkohlen dargethan? wie weit kann man durch chemische Grundsätze die Art und Weise erklären, wie diess erfolgt? und was für weitere Vortheile kann man dadurch erlangen?

4. Welches ist der wirkliche Unterschied der Eigenschaften der Grundstoffe oder Bestandtheile des Zuckers, und des Schleimzuckers einiger Bäume und Pflanzen? Enthält der letzte wahren Zucker, oder kann er in Zucker umgeändert werden?

5. Um die Ungewissheit bey der Wahl der verschiedenen Arten von Weinessig zu verschiedenem Gebrauche zu vermeiden (als z. B. zu den Speisen, zu fäulnisswidrigen Mitteln, zu verschiedener Anwendung in Fabriken), und um nach sichern Gründen den Handel mit Weinessig zu vervollkommnen, frägt es sich: 1) „Welches sind die Eigenschaften und die verschiedenen Stoffe der verschiedenen in Holland gewöhnlichen einheimischen oder eingeführten Weinessige? und auf welche Weise kann man die verhältnissmässige Stärke der verschiedenen Arten von Weinessig leicht erproben, ohne beträchtliche chemische Vorrichtungen dazu zu bedürfen? 2) Welche Arten von Weinessigen müssen nach chemischen Proben als die schicklichsten zu den verschiedenen Anwendungen angesehen werden? und welches sind die Folgen dieser Theorie, die zur Vervollkommnung des Handels mit Weinessig angewandt werden können?"

6. Welches ist wahrscheinlich der Ursprung des Wallraths? Kann man ihn aus dem Thrane abscheiden, oder die Erzeugung von jenem aus diesem bewirken, und könnte diess vortheilhaft seyn?

7. „Kann man aus den bekannten Nahrungsstoffen der Thiere den Grund der Stoffe oder entfernten Bestandtheile des menschlichen Körpers, als z. B. die Kalkerde, das Natron, den Phosphor, das Eisen u. s. w., hinlänglich erklären? Oder, im Gegentheil, kommen sie auf andre Art in den thierischen Körper? oder giebt es Versuche und Beobachtungen, nach welchen man annehmen könne, dass wenigstens einige dieser Stoffe durch eine, den lebenden Organen eigene, Kraft hervorgebracht sind, ob man sie gleich nicht durch chemische Mittel zusammensetzen oder zerlegen kann?" Nimmt man die letzte Meinung an: so ists schon hinlänglich, die Erzeugung von einem der angeführten Stoffe offenbar zu erweisen.

8. Hat die Erfahrung die Beschleunigung des Keimens der Samen, welche *Humbold* zuerst durch ihre Befeuchtung mit oxygenirter Salzsäure versucht hat, hinlänglich erwiesen: so wie man auch andre Mittel, ausser dem

dem Dünger und der Wärme, angegeben hat, um die Vegetation der Pflanzen überhaupt, und ihr Keimen insbesondere, zu beschleunigen? Bis wie weit kann man nach der Physiologie der Pflanzen die Art erklären, wie diese Mittel wirken? — welche Hülfsmittel geben uns solche Kenntnisse für die fernere Nachforschung nach schon angegebenen, oder neuen Methoden; und welchen Nutzen kann man aus den erwiesenen und bestätigten Versuchen zum Anbau nützlicher Pflanzen ziehen?

9. „Bis wie weit kennt man den Flugsand, welcher sich in verschiedenen Gegenden von Holland, besonders in der Nähe der Ufer des Nordmeers, findet? Was weiss man von seinem Umfange und seiner Tiefe — von der verschiedenen Natur, der Mächtigkeit und den Abänderungen seiner Schichten? — von seiner Beweglichkeit; und auf welche Weise kann man die zuweilen sich ereignenden Vorfälle erklären; welche nützliche Anzeigen kann man aus dem, was wir wissen, ableiten, theils um Brunnen zu graben, um besseres Quellwasser zu haben, theils um einen bessern Grund zu Gebäuden, Schleusen u. s. w. zu legen?" Man wird den gewöhnlichen Preis für eine befriedigende Antwort für Nr. 1. 4. 5. 6. 9. noch mit 30 Ducaten vergrössern.

Die K. Societät setzt *für die physischen Wissenschaften* folgende *acht* Fragen aus, wovon *sieben* noch vor dem 1. Nov. 1810. beantwortet werden müssen.

1. Da die Windmühle eine der nützlichsten Maschinen, besonders für Holland, ist, so wünscht die Societät zu wissen: „Welches muss die Lage der Leinwand der Flügel auf den Latten seyn, im Verhältnisse der ganzen Bewegung der Flügel; und bey jedem Abstande von der Achse, damit die Wirkung der Mühle beständig die vortheilhafteste sey." Die Societät verlangt 1) einen Abriss der vorzüglichsten bey den Mühlenbauen gebräuchlichsten Arten, nach welchen sie die Latten mit den Flügeln verbinden; 2) eine Vergleichung dieser verschiedenen Arten unter sich, und besonders mit den Flügeln von *van Dijl*; 3) einen Erweis für die, als beste angenommene, Art, welcher auf eine genaue Theorie gegründet, und durch die Erfahrung bestätigt ist.

2. Da die Erfahrung von einer Seite die grosse Wirkung der ausleerenden Schleusen *(uitwaterende sluizen)*, und von der andern die Nützlichkeit der andern Art *(deversoirs overlaten)* zur Ausleerung des Binnenwassers gezeigt hat: so verlangt man „eine vergleichende und durch Versuche bewährte Theorie von der Wirkung sowohl der einen, als auch der andern, so wie auch den Erweis, in welchem Falle man die eine der andern vorziehen solle?"

3. Welches ist der Grund, dass die Vegetation der Pflanzen weit mehr durch den Regen, als durch das Begiessen mit Regen-, Quell-, Fluss- oder stehendem Wasser beschleunigt wird? Giebt es Mittel, diesen verschiedenen Wassern die Eigenschaften des Regens, welcher die Vegetation beschleunigt, mitzutheilen? und welches sind diese Mittel?

4. Welche Arten von Gräsern liefern in den Wiesen, welche einen sandigen, thonichten und moorichten Boden haben, das nahrhafteste Futter für das Hornvieh und die Pferde; und auf welche Weise kann man sie am besten erzielen, und statt derjenigen Pflanzen, die in diesen Wiesen weniger nützlich sind, vervielfältigen?

5. Bis wie weit kann man über die Fruchtbarkeit der angebauten oder brachliegenden Ländereyen nach denjenigen Pflanzen urtheilen, die auf denselben von freyen Stücken hervorkommen? und welche Anzeigen geben sie auf dasjenige, was man thun kann oder muss, um jene Ländereyen zu verbessern?

6. Was soll man von der Brodgährung denken? ist es eine besondre Art der Gährung? welche Materien sind derselben fähig, und unter welchen Umständen kann sie Statt finden? welches sind die Erscheinungen, welche diese Gährung vom Anfange an bis zum Ende begleiten? welche Veränderungen erleiden die nächsten Bestandtheile derjenigen Körper, welche derselben fähig sind; und was lernt man aus dem einen oder andern Umstande, um die Kunst, Brod zu backen, zu vervollkommnen?

7. Was weiss man von der Erzeugung und der Oekonomie der Fische in den Flüssen und den stehenden Wassern, besonders derer, die wir essen; und was kann man daraus ableiten (um es zu thun oder zu unterlassen), damit die Vermehrung der Fische begünstiget werde?

8. Diese Frage, die aus *Kops* Stiftung ist, muss vor dem 1. Nov. 1811. beantwortet werden. Da die Naturgeschichte, in Verbindung mit der Chemie, im Allgemeinen dargethan hat, dass in den organischen Körpern, welche auszeichnend, in ihrer Gestalt und äusserem Baue verschieden sind, auch gleichfalls ein merklicher Unterschied in den Bestandtheilen und ihrer chemischen Zusammensetzung gefunden wird: so wünscht die Societät (auch in der Hoffnung, der Botanik vielleicht selbst ein neues Licht mittelst der chemischen Untersuchung der Pflanzen zu geben) die Beantwortung folgender Frage: „Welches ist das Verhältniss, das sich zwischen dem äussern Baue und der chemischen Mischung der Pflanzen findet? Kann man durch chemische Merkmale die natürlichen Familien der Pflanzen unterscheiden? welches sind, in diesem Falle, die chemischen Merkmale? und können sie dazu dienen, um mit mehrerer Gewissheit die natürlichen Pflanzen-Familien zu bestimmen und zu unterscheiden?" Man braucht nur den chemischen Unterschied der bekanntesten Pflanzen-Familien darzuthun. — Man wird den gewöhnlichen Preis für eine befriedigende Antwort für Nr. 1. 2. 4. 5. 6. und 8. noch mit 30 Ducaten vergrössern.

Die Societät hatte in den vorhergehenden Jahren die 13 folgenden Fragen ausgesetzt, um sie vor dem 1. Nov. 1809. zu beantworten.

1. „Bis zu welchem Punkte kann das Studium der alten lateinischen und anderer Schriftsteller, die

Unter-

Untersuchung der alten Denkmäler, und in den Gegenden selbst angestellte Beobachtungen behülflich seyn, um mit Gewissheit zu bestimmen, welches vormals, und besonders unter der Röm. Herrschaft, der Zustand dieses Landes, der Lauf der Flüsse, die Ausdehnung der Seen dieses Königreichs war? und welche allmählige Veränderungen sie seitdem erlitten haben" Man hat mit Genauigkeit das gewisse Bekannte, so wie das bis dahin Zweifelhafte in den Werken berühmter Schriftsteller anzugeben.

2. Welche Veränderungen haben die grossen Flüsse, in so weit sie das Königreich durchlaufen, durch sich selbst, und ohne Zuthun der Kunst in den zwey oder drey letzten Jahrhunderten erlitten? und was kann man daraus folgern, um theils die Nachtheile solcher Flüsse zu vermindern, theils widrige Zufälle zu vermeiden?

3. Was wissen wir, aus anerkannt zuverlässigen Geschichtschreibern, von den Veränderungen, welche die Seeküsten von Holland, die Inseln, und die See-Arme, die sie trennen, erlitten haben; und welche nützliche Belehrungen kann man aus dem ziehen, was bekannt ist?

4. „Steigen die Fluthen an unsern Seeküsten gegenwärtig höher, als in den vorherigen Jahrhunderten; und sind die Ebben verhältnissmässig weniger stark, als vormals? auf diesen Fall, bis zu welchem Punkte kann man die Grösse dieser Differenz in den mehr oder weniger entfernten Jahrhunderten bestimmen, und welches waren die Ursachen dieser Veränderung? Finden sie sich in den allmähligen Veränderungen der Mündungen, oder hangen sie von äussern und entferntern Ursachen ab, und welches sind diese Ursachen?" Die Societät vergrössert den Preis für die befriedigendste Abhandlung der drey ersten Fragen um 30 Ducaten, und der vierten um 50.

5. Da das Meerwasser unsrer Seeküsten von einer Seite mehr Salz enthält, als das Wasser solcher Salzquellen, besonders in Deutschland, deren Gehalt durch die Gradirhäuser erhöhet wird: da auf der andern Seite aber das Holz und das Strauchwerk, das dazu nöthig ist, in Holland weit theurer ist, so frägt man: „Könnte man nicht an unsrer Seeküste mit Vortheil dergleichen Gebäude zur Erhöhung des Seewassers errichten? und auf welche Weise könnte man in einem solchen Falle eine solche Vorrichtung, nach den besondern und örtlichen Umständen dieses Landes, unternehmen?"

6. Da die Beobachtungen und Erfahrungen der Naturlehrer in den neuesten Zeiten gezeigt haben, dass die Menge der Lebensluft, welche die Pflanzen aushauchen, keineswegs zureichend ist, um in der Atmosphäre alle Lebensluft herzustellen, welche durch das Athmen der Thiere, durch die Verbrennung, durch das Einsaugen u. s. w. verzehrt ist, so frägt man: durch welche andre Wege das Gleichgewicht zwischen den Bestandtheilen der Atmosphäre wieder hergestellt werde?

7. Welches Licht hat die neue Chemie auf die Physiologie des menschlichen Körpers geworfen?

8. Bis zu welchem Punkt hat das Licht, welches die neue Chemie über die Physiologie des menschlichen Körpers verbreitet hat, dazu gedient, besser, als vorher, die Natur und die Ursachen gewisser Krankheiten kennen zu lernen? und welche nützliche, und mehr oder minder durch die Erfahrung bewährte Folgen kann man für die Heilkunde daraus ziehen?

9. „Bis zu welchem Punkte hat die neuere Chemie dazu geholfen, bestimmtere Begriffe über die Wirkung einiger äussern und innern Mittel, die schon lange gebraucht, oder kürzlich erst eingeführt sind, zu verschaffen; und welche Vortheile kann eine genauere Kenntniss, bey der Behandlung gewisser Krankheiten, daraus ziehen?" Man hat die Absicht dieser 3 Fragen umständlich in den Programmen von 1803 und 1804 aus einander gesetzt; man findet dasselbe auch im Magazin *Encyclopedique* und im *Esprit des Journaux* von diesem Jahre.

10. Bis zu welchem Punkte hat die Chemie die Stoffe, sowohl die entfernteren, als näheren Bestandtheile der Pflanzen, besonders derer, von denen wir uns nähren, kennen lernen? und bis zu welchem Punkte kann man von dem, was man weiss, durch Erfahrungen, welche mit der Physiologie des menschlichen Körpers verbunden sind, ableiten, welche Pflanzen für den menschlichen Körper im Zustande der Gesundheit, oder in einigen Krankheiten die dienlichsten sind?

11. „Was für Insecten sind in Holland den Fruchtbäumen am schädlichsten? was weiss man von ihrer Oekonomie, von ihrer Verwandlung, von ihrer Fortpflanzung, und von den Umständen, welche ihre Vervielfältigung begünstigen oder schwächen? welche Hülfsmittel kann man von einem oder dem andern ableiten, um sie zu vermindern? und welche Mittel kennt man aus der Erfahrung, um dadurch jene Bäume zu sichern?" Man wünscht zugleich ihre Naturgeschichte kurz gefasst und durch genaue Zeichnungen erläutert.

12. Bis zu welchem Punkte kennt man, nach den neuesten Fortschritten in der Pflanzen-Physiologie, die Art, wie die verschiedenen Düngungsmittel für gewisse Ländereyen die Vegetation der Pflanzen befördern? und welche Anzeigen kann man aus den von diesem Gegenstande erlangten Kenntnissen zur Wahl eines Düngers und zur Tragbarkeit unbebauter und unfruchtbarer Gegenden ableiten?

13. „Was ist die Ursach der Phosphorescenz des Meerwassers in den Meeren und Fluthen von Holland und den benachbarten Meeren? Hängt die Erscheinung von lebenden Thieren ab? Welches sind auf diesen Fall die Thiere im Meere, und können sie der Atmosphäre, dem menschlichen Körper schädliche Eigenschaften mittheilen?" Man wünscht durch neue Beobachtungen dargethan, wie es sich damit verhält, und besonders, dass man untersuche, bis zu welchem Punkt

die

die Phosphorescenz des Meerwassers, die an den See-Ufern einiger Gegenden von Holland sehr bedeutend ist, mit den, zu ungesunden Jahreszeiten herrschenden, Krankheiten in Verbindung stehe. Man muss die neuesten und genauesten Beobachtungen hierüber, besonders diejenigen von *Viviani*, Genes. 1805., zu Rathe ziehen. Man wird den gewöhnlichen Preis für eine befriedigende Antwort für Nr. 7—12. noch mit 30 Ducaten vergrössern.

(*Der Beschluss folgt.*)

INTELLIGENZ DES BUCH- UND KUNSTHANDELS.

I. Ankündigungen neuer Bücher.

Plan der Gegend um Wien, nebst Positionen der Schlacht von Aspern am 21 u. 22. May 1809. *Ein* Bogen gross Folio. 12 gr. Sächs. oder 54 Kr. Rhein.

Wir übergeben hier dem Publicum einen nach den besten Hülfsmitteln nach grossem Massstab entworfenen Plan der *Gegend um Wien* bis *Presburg*, oberwärts bis *Volkersdorf*, und unterwärts bis *Oedenburg*, auf dem man das ganze merkwürdige Feld der neuesten Schlachten überschauen kann. — Von der mörderischen zweytägigen *Schlacht von Groß-Aspern* am 21 u. 22. May d. J. sind hier nach den beiderseitigen Official-Berichten, wie sie in mehreren Zeitschriften (z. B. im politischen Journale) mitgetheilt wurden, die Positionen verzeichnet, und der zweyte Schlachttag durch einen Carton oder Klappe unterschieden worden.

Von der entscheidenden grossen Schlacht von *Deutsch-Wagram* am 5 u. 6. Julius werden wir auch unverzüglich einen Plan in noch grösserm Massstabe, als der obige, nebst den Schlacht-Berichten dazu, liefern.

Weimar, im Julius 1809.

Das Geographische Institut.

Die Schriften des Alten Testaments. Neu übersetzt von *J. C. W. Augusti* und *W. M. L. de Wette.* 1r Band. Die fünf Bücher Moses und Josua. Mit 1 Kupfer. Heidelberg, bey Mohr und Zimmer. gr. 8. Ladenpreis weiss Druckpap. 1 Rthlr. 18 gr., ord. Druckpap. 1 Rthlr. 8 gr.

Noch immer bleibt Luthers Bibel-Uebersetzung durch Anneigung an Ton und Form der Urschrift und tiefes poetisches Gefühl die Einzige und unübertroffene im Ganzen, und alle spätere Dollmetschungen sind um so weniger gelungen, je weiter sie sich von Luthers Einfalt und Kraft entfernten. Die Herren *Augusti* und *de Wette* haben daher jene frühere Uebersetzung der übrigen zum Grunde gelegt, und sind nur da von ihr abgegangen, wo Luther selbst aus dem Ton des Ganzen trat, oder den Sinn verfehlte, oder auch verschönern wollte. Darum ist diese neue Uebersetzung auch nicht erklärend, nicht umschreibend, sondern treueste Nachbildung bis auf die Eigenheit des Ausdrucks, welche einen Haupttheil des Colorits ausmachen. Wo verschiedene Lesearten vorhanden sind, werden diese in Noten angeführt, und eben so auch die abweichenden Erklärungen. Nach solchen Grundsätzen, und bey vereintem Bemühen zweyer so kundiger und geübter Gelehrten erhält endlich das Publicum eine deutsche Bibel, welche vom Urbilde auch die ganze Alterthümlichkeit und jede Eigenheit der Darstellung gewissenhaft bewahrt. Das Aeussere entspricht dem Werthe dieses Buches, Druck und Papier sind anständig, und ein schönes Bild nach Raphael von Lips dient diesem Bande zur sinnvollen Zierde.

II. Auctionen.

Am 18ten Septbr. und den folgenden Tagen wird zu Rostock die von weil. Consistorialrath Dr. *Ziegler* hinterlassene, grösstentheils theologische, Bibliothek meistbietend verkauft werden. Catalogen von dieser mit mehrern schätzbaren Werken versehenen Büchersammlung sind nach Berlin, Halle, Leipzig, Jena, Heidelberg und Göttingen versandt worden.

Montags, den 25sten Septbr. u. f. Tage d. J., wird in Bremen die hinterlassene Bücher-Sammlung des verst. Pastors *Herrmann Bredenkamp*, bestehend aus theologischen, philologischen, historischen und vermischten Schriften, nebst einigen andern wichtigen Bücher-Sammlungen, aus allen Fächern der Wissenschaften, bey welchen sich viele kostbare und seltene numismatische und andere Werke befinden, einem vortrefflichen chirurgischen Instrumenten-Kasten, einem Astrolabio und einer Anzahl Mineralien öffentlich den Meistbietenden verkauft werden. Der 24 Bogen starke Catalog ist unentgeldlich zu bekommen: in Frankfurt bey Herrn Buchhändler Simon und Herrn Antiquar Hacker, in Göttingen bey Herrn Proclamator Schepeler, in Gotha in der Expedition des allgemeinen Anzeigers der Deutschen, in Halle in der Expedition der allgem. Literatur-Zeitung, in Hamburg bey Herrn Aug. Friedr. Ruprecht, in Hannover bey Herrn Antiquar Gsellius, in Jena in der Expedition der Jenaischen Literatur-Zeitung, in Leipzig bey Herrn Buchhändler Liebeskind. Portofrey eingehende Aufträge übernehmen die im Catalog genannten Herren und Unterzeichneter.

Joh. Georg Heyse, Auctionator.

ALLGEMEINE LITERATUR-ZEITUNG

Montags, den 11. September 1809.

WISSENSCHAFTLICHE WERKE.

BIBLISCHE LITERATUR.

UTRECHT, b. van Paddenburg u. van Schoonhoven: *Specimen hermeneutico theologicum de appellatione του υἱου του ἀνθρωπου, qua Jesus se Messiam professus est*, quod praeside *Jod. Heringa* publico examini submittit auctor *Wesselius Scholten*, Amstelodamensis, doctr. christ. interpres designatus in vico Vleuten. 1809. 221 S. gr. 8.

Wir haben in unsern Blättern bereits mehrere Abhandlungen angezeigt, womit *Heringa's* Zöglinge am Schluss ihrer akademischen Laufbahn ihren Fleiss und ihre erworbenen Kenntnisse beurkundeten. Auch diese verdient mit Lob erwähnt zu werden. Wenn gleich die hier vorgetragene Erklärung, wie der Vf. selbst gesteht, im Ganzen nicht neu ist: so ist sie doch aufs neue motivirt, mehrere Stellen, worin der Ausdruck ὁ υἱος του ἀνθρωπου vorkommt, werden genauer erwogen und gut erläutert, und zuletzt werden die Erklärungen, die andere Gelehrte gegeben haben, mit Sorgfalt und Bescheidenheit geprüft.

In dem *ersten* Kapitel wird vorläufig von den Ausdrücken υἱος ἀνθρωπου und οἱ υἱοι των ἀνθρωπων, wenn sie im N. T. von Menschen gebraucht werden (S. 7—56.), und darauf von der Benennung ὁ υἱος του ἀνθρωπου, die sich Jesus als Messias beylegte, gehandelt (S. 57—140.). In dem *ersten* Abschnitte geht Hr. *Sch.* von der Bemerkung aus, dass die Benennung υἱος ἀνθρωπου mit ἀνθρωπος synonym sey, und οἱ υἱοι των ἀνθρωπων eben so viel sey, als οἱ ἀνθρωποι. Es wird dieses vorerst durch mehrere Stellen erwiesen, wobey zugleich jene Bedeutung gerechtfertigt wird. Die angeführten Stellen sind Marc. 3, 28. Eph. 3, 5. Offenb. 1, 13. 14, 14. Hebr. 2, 6. Joh. 5, 27. Bey der Stelle Offenb. 1, 13. wird bemerkt, dass mehrere, unter andern auch *Herder*, in υἱος ἀνθρωπου eben dieselbe Benennung gefunden hätten, die Jesus von sich gebrauchte; der Vf. glaubt aber, dass man übersetzen müsse *jemand in Menschengestalt*, und dass Johannes anfangs die Leser habe ungewiss lassen wollen, wer ihm erschienen sey, bis er nachher v. 17. 18. bestimmt sage, Christus sey ihm erschienen. Er beruft sich auf die Auslassung des Artikels; allein darauf ist doch im N. Testamente nicht viel zu bauen. Bey Hebr. 2, 6. wird mit Recht erinnert, dass man hier nicht an den Messias denken könne, weil dieses mit dem Inhalt des 8ten Psalms und mit der ganzen Absicht, wozu der Apostel die Stelle anführe, nicht übereinstimme. Die Schwierigkeit, die man Joh. 5, 27. gefunden hat, wird gut gelöset, und zugleich werden die verschiedenen Versuche, wie man der Schwierigkeit zu entgehn gesucht hat, kurz gewürdigt. Der Vf. übersetzt auch hier υἱος ἀνθρωπου durch *Mensch*, und bemerkt, Jesus habe in seiner Unterredung mit den Juden sich den Sohn Gottes genannt, der eben so, wie der Vater, müsse geehrt werden; wenn er also in dieser Verbindung sage, der Vater habe ihm das Gericht übertragen, deswegen, weil er Mensch sey, so sey nichts Befremdendes darin. Eben dieses sey ein besonderer Beweis der gütigen Vorsorge Gottes, dass er Jesum den Menschen zum Retter und Herrn gab, der bey seiner göttlichen Hoheit zugleich auch Mensch war. Eben daher nenne auch Paulus den Mittler zwischen Gott und den Menschen, den Menschen Jesus Christus. Um dieses nun noch näher zu erläutern, wird die Redensart υἱος του ἀνθρωπου mit dem hebräischen Sprachgebrauch verglichen, und gezeigt, dass sie hebräischartig sey. Als bestätigende Beyspiele werden aus Moses Schriften angeführt 1 Mos. 11, 5. 4 Mos. 23, 19. und 1 Mos. 6, 1. 2.; aus Hiob K. 16, 21. 25, 6. 35, 8.; aus den Psalmen von David Ps. 8, 6. 11, 4. 12, 2. 9. 14, 2. 21. 11. 31, 20. 33, 13. 57, 5. 58, 2. 62, 10. 145, 12.; und von andern Ps. 80, 18. 89, 48. 45, 3. 49, 3. 66, 5. 115, 16. 146, 3.; aus Salomo's Schriften Sprichw. 8, 4. 31. 15, 11. Pred. 1, 13. 2, 3. 8. 3, 10. 18. 19. 21. 8, 11. 9, 3 — 12.; aus den Propheten vor dem Exil Jes. 51, 12. 52, 14. 56, 2. Mich. 5, 6. Joel 1, 12. Jerem 32, 16. 49, 18. 33. 50, 40. 51, 43. Klagl. 3, 33.; aus den spätern Propheten hat insbesondre Ezechiel die Benennung בן אדם sehr häufig, worin aber weiter nichts, als ein Aramäismus zu suchen ist. Aus Daniel gehören hierher Kap. 2, 38. 5, 21. 7, 13. 8, 17. 10, 16. Aus den apokryphischen Büchern gehören auch hierher Judith 8, 12. 13. Weish. 9, 6. Syr. 17, 28. 36, 25. 3 Esdr. 4, 37. Alle diese Stellen werden zugleich mit den nöthigen Bemerkungen begleitet. In dem *zweyten* Abschnitt wird zuerst bemerkt, dass Jesus die Benennung ὁ υἱος του ἀνθρωπου sehr oft in seinen Reden an seine Jünger und Freunde sowohl, als an das Volk und seine Feinde gebraucht habe. In Ansehung der Frage, wie oft die Benennung vorkomme, beweiset der Vf. eine übertriebene Genauigkeit, die in Kleinlichkeit ausartet. Von der Benennung selbst wird folgende Erklärung gegeben: *Appellatio ὁ υἱος του ἀνθρωπου, quoties, a Jesu fuit adhibita, toties indicat certum illum* ko-

hominem, qui, forma humana, Danieli in viso symbolico C. VII, 13. fuit propositus; atque adeo Regem illum, a Deo constitutum, qui humane hominibus esset imperaturus, eundem, qui Messiae nomine indicatus fuit. Et ipse quidem Jesus, hoc enunciato, de se locutus est, non de alio. Der Vf. bemerkt, Jesus habe in dem Gebrauch derselben Bescheidenheit und Klugheit zugleich bewiesen. Die Einsichtsvolleren unter den Zuhörern Jesu, die an ihn glaubten, erkannten in dieser Beschreibung den Messias, wovon Daniel geredet hatte, diejenigen aber, denen diese Einsicht mangelte, wussten auch die eigentliche Bedeutung dieser Benennung nicht, und konnten das, was Jesus bezweckte, daraus nicht errathen, die Feinde Jesu konnten den Ausdruck nicht missbrauchen, und der grosse Haufe wurde durch diese Benennung nicht zum Aufstand gereizt. Hr. *S.* sagt selbst, dass die von ihm gegebene Erklärung nicht neu sey, und giebt ein langes Verzeichniss von Schriftstellern, welche die Benennung ὁ υιος του ἀνθρωπου auf ähnliche Weise erklären; er sucht aber diese Erklärung durch neue Gründe zu unterstützen. Zu dem Ende werden verschiedene Bemerkungen vorausgeschickt. Vorerst wird von dem Gebrauch dieser Benennung in den Reden Jesu bemerkt: 1) dass Christus sich nie in seinen Unterredungen mit den Aposteln und andern Freunden nach seiner Auferstehung ὁ υιος του ἀνθρωπου nenne. Den Grund davon findet der Vf. darin, weil diese Benennung nicht passend für den erhöheten Zustand Jesu war, und weil jetzt auch die Ursachen wegfielen, welche vorhin den Gebrauch der Benennung erforderten. 2) Jesus bediente sich dieses Ausdrucks nicht in seinem Gebet zu Gott, und auch nicht in den Gesprächen mit seiner Mutter, weil hier der Grund nicht Statt hatte, warum er den vielseitigen Ausdruck von sich sonst gebrauchte. 3) Auch bey gewissen Gelegenheiten und Gegenständen gebrauchte Jesus jene Benennung nicht, z. B. wenn er von der Verbindung zwischen ihm und dem Vater redete, woraus man also sieht, dass die Benennung sich besonders auf seine menschliche Natur bezieht, und dass der Name mit ὁ υιος του θεου nicht gleichbedeutend ist. Auch wenn er von seinem Lehramt, das er unter göttlicher Autorität verwaltete, redet, gebraucht er die Benennung nicht, und dieses ist schon hinreichend zu zeigen, dass Jesus sich durch diese Benennung nicht für einen Propheten oder Lehrer habe erklären wollen. Ferner gehört zu den vorausgeschickten Bemerkungen, dass Jesus von niemand anders, als von *Stephanus*, ὁ υιος ἀνθρωπου genannt werde. Die verschiedenen Benennungen, die Jesu von Gott, den Engeln, den Dämonischen und andern Menschen in der evangel. Geschichte beygelegt werden, werden daher sorgfältig aufgezählt. Der Vf. schliesst daraus, dass darin, dass Jesus sich ὁ υιος ἀνθρωπου nenne, etwas besonderes liege, und dass man deswegen auf die Bedeutung, die mit der Absicht Jesu zusammenstimme, Rücksicht nehmen müsse, woraus man zugleich sehe, warum diese Benennung von andern nicht gebraucht werde. Die letzte Bemerkung betrifft die Sorgfalt der Evangelisten in dem Gebrauch des Namens ὁ υιος του ἀνθρωπου. Ob sie gleich nichts von der Bedeutung des Ausdrucks sagen, so beweisen sie doch darin eine besondere Sorgfalt, dass sie auch nicht einmal diesen Namen gebrauchen, wenn sie selbst von Jesu reden, und auch andern, die von Jesu reden, den Namen nicht beylegen; eben daraus lässt sich auch offenbar schliessen, dass dieser Name eine besondere Bedeutung habe. Wenn zwey oder drey Evangelisten dieselbe Rede erzählen, so behalten sie alle den Namen bey, und verwechseln ihn nie mit einem andern. Hierauf werden nun die andern Namen, wodurch Jesus für den Messias erklärt wird, verglichen, nämlich die Benennungen βασιλευς των Ιουδαιων oder του Ισραηλ, Μεσσιας oder Χριστος und υιος Δαβιδ, welche nach dem Sprachgebrauch mit ὁ υιος του ἀνθρωπου zusammenstimmen. Da die letzte Benennung aus Dan. 7, 13. entlehnt ist: so zeigt nun der Vf. näher, dass der hier erwähnte כבר אנש der Messias sey. Schon dieses, dass der Menschenähnliche auf den Wolken des Himmels kam und zu Gott, dem Ewigen, geführt wurde, zeigt etwas Grosses und Erhabenes an: denn auf den Wolken kommen wird nur von Gott gesagt, und über diess wird von dieser erhabenen Person gesagt, dass ihr Macht, Würde und das Reich verliehen sey, und dass alle Völker und Nationen ihn verehren würden. Dieses Reich wird auch zugleich als ein ewig dauerndes und himmlisches Reich beschrieben. Der Vf. bemerkt dabey, dass der hier beschriebene göttliche König oder Messias als menschenähnlich dargestellt werde, um ihn recht nachdrücklich von andern Königen, die unter dem Bild eines Löwen, Bären, Leopards u. s. w. vorgestellt waren, zu unterscheiden: denn eben dadurch werde dieser König als ein menschlicher, gerechter, gütiger und friedfertiger König charakterisirt. Hierauf kommt nun der Vf. auf die Erklärung der Stellen, wo Jesus im N. T. ὁ υιος του ἀνθρωπου genannt wird, und bemerkt, dass in allen Stellen, ausser der allgemeinen Bedeutung Mensch, die damit verbundene Bedeutung Messias Statt finden könne, und dass mehrere von der Art seyen, dass die Bedeutung Messias davon nicht getrennt werden könne. Bey der nähern Beleuchtung der Stellen, wo Jesus sich υιον τ. ἀνθρ. nennt, achtet Hr. *S.* zugleich auf das, was Jesus von sich behauptete, und auf die Zeit; und bemerkt, dass Jesus, so oft er von der Person des Messias redet, auf zwey auf das genaueste mit einander verbundene Stücke Rücksicht nehme, auf die hohe Würde des Reichs und auf den niederen Zustand, worin er zur höchsten Herrschaft durch Leiden und Sterben sollte erhoben werden. Es werden daher zuerst (§. 29.) die Stellen angeführt, worin von dem Reich des Messias, seiner Herrschaft und seiner Zukunft in den Wolken die Rede ist, um seine erhabene Würde als Menschensohn anzuzeigen. Sie sind in Rücksicht auf die Zeitfolge also geordnet: Joh. 1, 52. Matth. 9, 6. vergl. mit Marc. 2, 10. und Luc. 5, 24. Luc. 6, 22. Matth. 10, 23. Marc. 2, 27. vergl. Matth. 12, 8. und Luc. 6, 5. Matth. 13, 37. 41. Joh. 6, 62. Matth. 16, 27. 28. vergl. mit Marc. 8, 38.

und Luc. 9, 26. Luc. 12, 8. Matth. 17, 22. 24. 26. 30. und Kap. 18, 8. Matth. 19, 28. 24, 27. 30. 37. 44. 25, 13. 31. 26, 64. und Marc. 14, 62. Alle diese Stellen werden zugleich mit den nöthigen Erläuterungen begleitet, wobey auch auf die verschiedenen Auslegungen anderer Interpreten, die sorgfältig verglichen werden, Rücksicht genommen ist. In dem 30sten §. werden die Stellen durchgegangen, wo Jesus von seinem niedern Zustand, von seinem Leiden und dem bevorstehenden Tode redet. Auch hiermit verträgt sich der Messiasbegriff: denn Jesus lehrte stets, dass der Messias durch Leiden und Sterben zu der ihm von Gott bestimmten Herrschaft gelangen würde. Hierher gehören die Stellen Joh. 3, 13. 14. Matth. 8, 20. vergl. Luc. 9, 58. Matth. 11, 19. vergl. Luc. 7, 34. Matth. 12, 32. vergl. Luc. 12, 10. Matth. 12, 40. und Luc. 11, 30. Joh. 6, 27. 53. Matth. 16, 13. Marc. 8, 31. und Luc. 9, 22. Marc. 9, 9. vergl. Matth. 17, 9. Matth. 17, 22. vergl. Marc. 9, 31. und Luc. 9, 44. Joh. 8, 28. Matth. 18, 11. Luc. 9, 56. Matth. 20, 18. vergl. Luc. 18, 31. Matth. 20, 28. u. Marc. 10, 45. Luc. 19, 10. Joh. 12, 23. Matth. 26, 2. Matth. 26, 24. vergl. Marc. 14, 21. u. Luc. 22, 22. Joh. 13, 31. Matth. 26, 45. vergl. Marc. 14, 21. Luc. 22, 48. Auch hier werden die Stellen aus dem Zusammenhang erläutert, und auch auf die Kritik des Textes ist die nöthige Rücksicht genommen. Bey mehreren Stellen wird auch darauf aufmerksam gemacht, wie sorgfältig die Evangelisten ανθρωπος und ὁ υιος του ανθρωπου zu unterscheiden pflegen. Diesen Stellen, wo Jesus den Ausdruck von sich gebraucht, werden noch drey andere Stellen beygefügt, wo er von andern so genannt wird. Joh. 12, 34. Luc. 24, 7. und Apostg. 7, 56. In dem 32sten §. wird nun noch ausführlicher gezeigt, dass die gebrauchte Benennung υιος τ. ανθρ. sehr viel dazu beytragen konnte, um die irrigen Vorstellungen der Juden zu berichtigen, und dass Jesus sie mit vieler Vorsicht und Klugheit gewählt habe.

In dem *zweyten* Kapitel werden die verschiedenen Erklärungen anderer Ausleger näher untersucht und widerlegt (S. 141 — 209.). Zuerst wird die Meinung derjenigen angeführt, welche den beiden Wörtern υιος und ανθρωπος hier zwey Bedeutungen beylegen, und ὁ υιος του ανθρωπου entweder durch *homine natus*, oder *filius mulieris*, oder *homo mirifice factus*, oder *filius Josephi*, oder *filius Abrahami*, oder *filius Adami*, oder *filius Hevae*, oder *filius hominis contemti* übersetzen. Bey allen diesen Erklärungen werden die Schriften, wo diese Erklärungen vorkommen, sorgfältig angeführt, und die Erklärungen selbst kurz widerlegt. Was S. 164. von *Bode* und *Köcher* gesagt wird, verdient eine kleine Berichtigung. *Bode* hat allerdings in s. *Evang. secundum Matthaeum ex vers. Aethiop. interpretis observationibus illustr.* (Halle 1749.) bey Matth. 8, 20. die Bemerkung: *Tenendum est phrasin filius sobolis matris viventium aeque ac alteram illam paullo concisiorem; soboles matris viventium apud Aethiopes periphrasin hominis efficere. Scilicet, quemadmodum Hebraei cum respectu ad primum totius humani generis parentem Adamum, hominem filium Adami; sic Aethiopes cum respectu ad primam humani generis matrem Evam, quae mater omnium viventium sc. hominum dicitur, eundem hominem filium sobolis matris viventium vel sobolem matris viventium q. d. filium Evae appellitant.* Dieses widerspricht aber dem nicht, was der Vf. aus der *Pseudo-critica* anführt. So viel sieht man aber aus dieser Bemerkung, dass die Redensart von jedem Menschen gebraucht werde. In dem Verfolg werden die Erklärungen geprüft, die der Redensart ὁ υιος του ανθρωπου eine einzige Bedeutung beylegen, oder zugleich mehrere damit verbinden. Zu den ersteren gehören die, welche ὁ υιος τ. ανθρ. bloss durch *Mensch* übersetzen, welches freylich im Sprachgebrauch gegründet, aber damit nicht zu vereinigen ist, dass die Evangelisten so sorgfältig ανθρωπος und ὁ υιος του ανθρωπου unterscheiden, und dass diese Bedeutung in mehreren Stellen gar nicht passt. Ferner die Erklärung von *Bolten*, der die Benennung durch *man*, *jemand*, *ein anderer*, *ein gewisser* ausdrückt, welche mit Recht hart und gezwungen genannt wird, und endlich diejenigen, welche den Ausdruck durch *ich*, *der*, *den du vor dir siehest*, erklären, welches ebenfalls an manchen Orten sehr gezwungen ist. Zu den letzteren, welche mit der Bedeutung Mensch noch etwas verbinden, gehören diejenigen, welche den Ausdruck entweder auf die Vortrefflichkeit seiner Menschennatur ziehen und ihn *homo praestantissimus* übersetzen, oder von seiner höheren übermenschlichen Würde, von seiner göttlichen Natur, deuten, oder den Begriff des Gütigsten und Menschenfreundlichsten damit verbinden, oder den Begriff der Niedrigkeit und des verachteten Zustandes, worin sich Jesus als Mensch befand, darin angezeigt finden, oder glauben, dass dadurch sein Amt als Lehrer und Prophet angedeutet werde. Zuletzt erwähnt der Vf. noch einige andere Erklärungen, welche verschiedene Ursachen der Benennung anführen und zwey oder mehrere Bedeutungen in der Redensart ausgedrückt finden. Bey diesen allen findet man zweckmässige Erinnerungen. Der Vf. zeigt überall eine gute Belesenheit, die man selten bey einem jungen Schriftsteller so ausgebreitet findet. An manchen Stellen ist der Vf. wirklich verschwenderisch mit der Anführung der Schriften. Nach dieser Probe dürfen wir im Verfolg noch mehr von dem Vf. erwarten. Auch die gute Ordnung, worin alles abgehandelt ist, verdient Lob. Zuletzt findet sich noch ein Register über alle erläuterten Schriftstellen, und ein Verzeichniss der Autoren, deren Meinung in der Abhandlung gebilligt oder verworfen wird.

PREDIGERWISSENSCHAFTEN.

Liegnitz, bey Siegert: *Neues Archiv für Prediger; oder Bemerkungen und Materialien für den christlichen Religionslehrer in allen seinen Amts-Verhältnissen.* 1806. *Ersten* Bandes *erstes* Stück. VIII u. 248 S. *Zweytes* Stück. IV u. 228 S. gr. 8. (1 Rthlr. 12 gr.)

Von diesem schlesischen Magazin für Prediger sind seit der Erscheinung der vorliegenden *zwey* Stücke, die

die den *ersten* Band ausmachen, wieder *zwey* Stücke erschienen, die dem Rec. noch nicht zu Gesichte gekommen sind. So weit er es inzwischen nach diesem *ersten* Bande beurtheilen kann, findet er es gut angelegt. Folgende Hauptrubriken sollen darin vorkommen: 1) Theologische Abhandlungen. 2) Gedanken und Bemerkungen über verschiedene Gegenstände der theologischen Literatur. 3) Predigten und Predigtentwürfe, auch andre Amtsreden. 4) Liturgische Beyträge, Katechisationen und Unterhaltungen am Krankenbette. 5) Sühns-Versuche und Eides-Admonitionen. 6) In das Schulwesen einschlagende Beyträge. 7) Nachrichten von Amtserfahrungen. 8) Consistorialverfügungen und andre Miscellen. Der Herausg. sey nur auf seiner Hut, dass er nicht zu viel *Mittelgut* in sein Journal aufnehme. Lauter Meisterstücke von ihm zu verlangen, würde freylich unbillig seyn; aber etwas Vorzügliches in seiner Art soll doch jeder Aufsatz enthalten: denn warum verdiente er sonst eine Stelle in diesem Archive? Schon nach diesem *ersten* Bande darf man dem Archivar eine etwas grössere Strenge empfehlen. Gewiss sind zwar sehr brave Aufsätze darin enthalten; unter diese sind zu zählen eine vor Katholiken und Protestanten gehaltene schätzbare Vorlesung des Hn. Seniors *Schwarts* zu Kroitsch, in welcher gezeigt wird, dass der wahre Katholicismus, als Ideal der Vernunft, ohne Protestantismus nicht bestehen könne; eine Warnung vor Meineid an vier Personen, die in derselben Sache schwuren; einige Predigten am Schlusse und beym Anfang eines Jahres, und zwey sehr populäre Visitationspredigten vor Landgemeinden. Mit Grund werden *Reinhards* Predigten zum Studium für Religionslehrer empfohlen, und zwar aus folgenden Gründen: sie können daraus lernen 1) Licht und Ordnung in ihre Gedanken bringen, diese von allen Seiten und nach allen Beziehungen ins Auge fassen, und das Abschweifen auf fremde Dinge, so wie das unverhältnissmässige Ausspinnen der Nebensätze vermeiden; 2) ist an ihnen die genaueste Beziehung auch der kleinsten Theile auf einander und die innige Verbindung derselben zu einem vollendeten Ganzen zu bemerken; 3) die stete Rücksicht auf die Hauptwahrheiten, worauf alle Sittlichkeit beruht, und wodurch alle Religion begründet wird; 4) ist von ihm zu lernen, dass keine Materie auf die Kanzel zu bringen ist, welcher man nicht eine praktische Seite abgewinnen kann; 5) ist der unverwandte Blick auf den sittlichen und religiösen Zustand der Gemeinde an diesen Predigten musterhaft. Aber gerade an den homiletischen Arbeiten, die man in diesem Archive findet, dürfte noch das meiste auszusetzen seyn, obgleich einige derselben Beyfall verdienen. Wie sehr stösst z. B. das Gebet einer Predigt in dem *ersten* Stücke gegen den Geist des Gebets an! Da wird Gott in dem Gebete erzählt: „Thiere sind auch deine Geschöpfe; und es ist vieles an ihnen, was deine Grösse predigt; aber dennoch bleiben sie hinter dem Menschen weit zurück. Sie können nur den Trieben folgen, die in sie gelegt sind, und sind keiner andern Gründe ihrer Handlungen fähig. Aber der Mensch ist von dir mit einem bessern Lichte versehen; er kann sich selbst, kann den Zusammenhang der meisten Dinge, kann die Ursachen dessen, was geschieht, einsehen und erkennen u. s. w." Gegen eine solche geistlose Art zu beten sollte das *neue Archiv für Prediger* ernstlich eifern, damit nirgends in Schlesien hinfort auf der Kanzel so gebetet würde. Eben so wenig ist es zu loben, dass in einer Altarsrede an Communicanten gegen die Abwesenden, die nicht zum heiligen Abendmahl gehen, das Rüge-Amt ausgeübt wird. „Was geben mich, sagt Paulus, die draussen an (die nicht communiciren), dass ich sie sollte richten? Richtet ihr, die da drinnen sind!" Schon darum, weil solche Rügen die Andacht derer, die zur Communion kommen, stören, sie zerstreuen, sie von der Aufmerksamkeit auf sich selbst abziehn, sollte sich der Lehrer in Altarsreden derselben gänzlich enthalten. Und was müssen die Zuhörer denken, wenn ein andrer Prediger von Jesu sagt: „Die *Billigsten* unter seinen *Feinden* hätten von jeher ihm das Zeugniss gegeben, er habe nie seines Gleichen gehabt?" Diess heisst: auf eine andre Weise die Sache zu weit treiben; der Zuhörer darf nicht auf den Gedanken geführt werden, dass es unter den Feinden Jesu, als solchen, auch Billiggesinnte gebe: denn Feindschaft gegen Jesum ist allemal, wenn man auch auf das gelindeste urtheilen will, die grösste Unbilligkeit. Ein andrer Prediger sollte seinen Text auch in der Grundsprache lesen. „Wer verachtet nicht, sagt er, den Mann, der sprechen konnte: Graben mag ich nicht!" Allein der ungerechte Haushalter im Evangelium sagte: „er habe nicht Kräfte genug, um mit der Schaufel zu arbeiten." Unter den *exegetischen* Bemerkungen kömmt auch eine über die sprichwörtliche Redensart vor: „Lass die Todten ihre Todten begraben." Rec. erinnert sich nicht mehr, wo er die ihm einleuchtende Bemerkung gelesen hat: dass das erste νεκροι die *manes* der Abgeschiedenen, das andre νεκροι aber die todten Leichname bezeichne, und dass also der natürliche Sinn sey: „Die Abgeschiedenen mögen zusehn, wie ihre Leichname begraben werden; darum hast du nicht nöthig dich zu bekümmern; für dich giebt es jetzt eine wichtigere Angelegenheit." Diess scheint die beste Erklärung dieser Antwort Jesu zu seyn.

Num. 249.

ALLGEMEINE LITERATUR-ZEITUNG

Dienstags, den 12. September 1809.

WISSENSCHAFTLICHE WERKE.

ARZNEYGELAHRTHEIT.

Hildesheim, b. Gerstenberg: *Ueber die syphilitischen Krankheiten der Schwangern, neugebornen Kinder und Ammen*, von *P. A. O. Mahon*, A. des Spitals für syphilitische Kr. zu Paris. Aus dem Franz. mit (sehr sparsamen) Anmerkungen. 1807. 208 S. 8. (18 gr.)

Diese Schrift zerfällt in *zwey* Theile, von welchen nur der *erste* dem verstorbenen *Mahon*, der *zweyte* — therapeutische —, dagegen dem französischen Herausgeber *Lamauve* zugehört. *M's.* Zweck war, alles zu sammeln, was über diesen Gegenstand geschrieben worden war, und seine eigenen Erfahrungen hinzu zu thun. Hieraus ergiebt sich schon, dass diese Schrift unvollkommen seyn müsse, da in einem so beschränkten Raume unmöglich diess alles enthalten seyn kann. So ist es auch in der That; doch hieran ist weniger der Vf., als vielmehr der Herausg. schuld, indem jener durch den Tod an der Vollendung seiner Arbeit verhindert wurde. Eine der vorzüglichsten Untersuchungen des Vfs. geht dahin, die erbliche Mittheilung der venerischen Krankheit aus einander zu setzen. Wir wollen dem Vf. dahin folgen; zuförderst aber diejenigen Symptomen ausziehen, welche er als wesentlich und charakteristisch von der venerischen Ansteckung bey Kindern angiebt. Die ersten Wirkungen sind gewöhnlich auf die Drüsen der Augenlieder gerichtet. Es kommt daselbst eine eiterartige Materie zum Vorschein, welche besonders des Morgens ausfliesst, sie zuklebt und aufschwellen macht. Das Kind magert schnell ab. Es entstehen Schrunden am Hintern und in den Weichen und Excoriationen an den Geburtstheilen. Diess ist der gewöhnliche Gang. (Die Psorophthalmie, wenn sie nicht in Verbindung mit den andern Symptomen erscheint, beweist allein nichts; sie ist auch scrophulösen Kindern eigen.) Sehr oft kommen noch Risse in den Mundwinkeln hinzu mit einer Eiterung, wie die an den Augen. An den Armen und längst dem Rückgrate, an den Geburtsgliedern, dem After und der innern Seite der Schenkel entstehn Knötchen. Nicht selten bemerkt man auch lymphatische Geschwülste, welche teigicht anzufühlen sind. Die Aerzte haben drey Arten angenommen, wie das venerische Gift dem Kinde mitgetheilt werde, ehe es aus dem Leibe der Mutter kommt: 1) bey der Empfängniss durch die Beschaffenheit der Aeltern, 2) während des Verlaufs der Schwangerschaft durch die Nahrungssäfte, welche ihm mittelst der Gefässe des Mutterkuchens zugeführt werden, und 3) beym Durchgange durch unreine Geburtswege. Der Vf. findet das erste nicht unbegreiflich, da mehrere specifische Miasmen so von den Aeltern auf das Kind übergehen. In Rücksicht auf das zweyte führt der Vf. die Pocken und andere angeborne Krankheiten *(morbi congeniti)* an, welche auch durch diese Wege auf das Kind übergehen. (Rec. bittet über beide Punkte die schöne Abhandlung des verst. *Dömling: Giebt es ursprüngliche Krankheiten der Säfte?* nachzulesen.) Die letzte Art der Ansteckung will der Vf. dadurch beweisen, dass er sagt: Wenn es Hebammen und Geburtshelfern begegne, dass sie angesteckt würden, während sie venerische Weiber entbinden, wie viel leichter müsse es bey neugebornen Kindern seyn. Aber es ist doch wohl ein Unterschied zwischen der Hand der Hebamme und der mit der dicken *vernix caseosa* bedeckten Haut des Kindes. Auch beschäftigt sich die Hebamme immer mehr mit den untern Gegenden der Geburtswege, wo der eigentliche Sitz des venerischen Uebels ist, da im Gegentheile das Kind sich hier grade nicht am längsten verweilet. Doch wir wollen nicht läugnen, dass dieses auch ein Weg zur Ansteckung seyn könne. Weitläuftiger geht nun der Vf. die Einwürfe derer durch, welche die Existenz der Syphilis bey neugebornen Kindern nicht zugestehn wollen. Einen eigenen Abschnitt hat er den *Hunterschen* Grundsätzen über die wechselseitige Mittheilung des venerischen Giftes zwischen Kind und Amme gewidmet. *Hunter* nahm bekanntlich an, nur der Eiter enthalte und verbreite das syphilitische Gift. Er begleitet und widerlegt diese *Huntersche* Paradoxie Schritt für Schritt, und schliesst seine Untersuchung damit, dass er behauptet, niemand habe besser, als *J. Hunter* die zwiefache Mittheilung des venerischen Giftes von Kind auf Amme und umgekehrt dargethan. So weit geht die Arbeit des verst. *Mahon*. Den Rest des Buches hat Hr. *Lamauve* bearbeitet. Er beginnt mit einem Gemälde der Zeichen und Zufälle, welche im Allgemeinen die Gegenwart der Syphilis bey neugebornen Kindern andeuten. Der Vf. giebt zu, dass es schwer sey, darüber mit Gewissheit zu urtheilen. Ein venerisches Kind theilt die Krankheit der Brust mit, wenn es von seiner Mutter, oder einer fremden Amme gestillt wird. Ein Kind, im Mutterleibe angesteckt, erreicht meistens nicht die gehörige Zeit, und ist schwach, mager, nicht gehörig entwickelt. Man findet an demselben Bläschen, Pusteln und eiternde, kupferfarbige Stellen, die oft den scorbutischen ähneln, nur erhabener sind. Sie befallen vorzugsweise den Kopf und die Zeugungstheile oder deren Nähe. Ein ziemlich gewisses und häufig vorkommendes Zeichen ist Eiterung der Meibomschen Drüsen und hartnäckige Röthe der Augen. Am Kopfe und am Gesichte (an der Stirne) findet man hartnäckig eiternde Krusten, an den Mundwinkeln Pusteln, die Augen zugeschwollen, die Ohren eiternd und schurfig, am *Processus mastoideus* Geschwulst, im Munde, besonders an den Seitenrändern der Oberlippe Schwämmchen oder speckichte Geschwüre. Die Kinder sind gerne heiser. Auch an den Zeugungstheilen und dem After findet man Geschwüre. Diess sind die hauptsächlichsten unter mehrern Zeichen des vorhandenen Venusgiftes bey Neugebornen, von welchen jedoch viele unzuverlässig sind. Noch ungewisser sind die andern, vom Vf. angegebenen, vom Rec. übergangenen Symptomen. Nach des Rec. Beobachtung sind besonders die Stirne des Kindes, der Haarkopf, die Mundwinkel und der After diejenigen Theile, an denen sich die oben bezeichneten verdächtigen Geschwüre am ersten zeigen. Der Vf. sucht nun diese allgemeinen Zeichen der venerischen Ansteckung noch näher dahin zu bestimmen, um zu unterscheiden, ob sie im Mutterleibe, oder beym Durchgange durch die Scheide, oder durch die Amme angesteckt worden. Er scheint uns aber hier zu weit gegangen und durch blosse Gründe *a priori* verführt zu seyn. Wenn es schon ungewiss an sich ist, ob ein neugebornes, an obigen Zufällen leidendes, Kind venerisch sey, oder vielleicht Schärfen anderer Art in sich habe: so muss es noch weit schwieriger seyn, diese Zufälle nach den verschiedenen Ansteckungsweisen und Wegen charakterisiren zu wollen. In Ansehung der Kur ist des Vfs. ganz richtige Meinung, dass die specifischen Mittel allerdings sicherer und gewisser wirken, wenn man sie den Kindern gebe, als wenn sie die Mütter oder Ammen nehmen. Einreibungen seyen diejenige Form, unter welchen sie ihnen am besten bekommen. Er empfiehlt hierzu das *Unguent. neapolitanum* an Schenkeln und Lenden eingerieben. Ausserdem räth er noch zum *Calomel*, zum Sublimat, zu dem alkalisirten Quecksilber, zu dem gummichten Quecksilber und zu Räucherungen. Die beiden letzten Mittel, so wie auch den Sublimat, würde Rec. bey Kindern am wenigsten anwenden; das *Calomel* am liebsten. (Diess ist auch die Meinung des Uebers.) Den Beschluss dieses Abschnitts macht eine Notiz von nicht-merkurialischen antisyphilitischen Mitteln, dem Amoniak und den oxygenirten Arzneyen. Wenn Schwangere venerisch sind, so hält der Vf. es für das beste, sie gleich der Kur zu unterwerfen (ohne alles Bedenken!). Nicht-venerischen Ammen soll man, um venerische Säuglinge zu heilen, kein Quecksilber geben, sondern den Kindern selbst und allein. Bey allen Merkurialkuren räth der Vf. die nöthige Vorsicht und giebt gute Regeln dazu an. Den Schluss machen Nachrichten über gewisse Krankheitszufälle, bey welchen man auf eine venerische Ursache oder Mitwirkung schliessen könne, Skrofeln, Wassersucht (?), Skorbut (?), Epilepsie, Manie, Rheumatismus, Schwindsucht. Wichtiger wäre es aber gewesen, der mannichfaltigen Hautkrankheiten zu gedenken, bey welchen sich so oft venerische Complication vorfindet, Krätze, Flechten, Kopfgrind u. s. w. Ob wir nun schon dieser Schrift nicht ein uneingeschränktes Lob beylegen können: so füllt sie doch fürs erste eine Lücke in unsrer praktischen Literatur aus, und ist deshalb angehenden Praktikern zu empfehlen.

WÜRZBURG, b. Stahel: *Ueber die Bildung des Arztes als Klinikers und als Staatsdieners.* Ein Programm, womit seine Vorlesungen ankündigt *Philipp Jos. Horsch*, Prof. u. Physic. zu Würzburg. 1807. 63 S. 8. (6 gr.)

Die wissenschaftliche Bildung des Arztes hat zwey Forderungen Genüge zu leisten, einmal, ihn in das medicinische Wissen einzuweihen, zweytens, ihn zur Anwendung dieses Wissens auf vorkommende Fälle anzuleiten. Um diese Zwecke zu erreichen, ist es nöthig, allgemeine Grundsätze für die ärztliche Bildung auszumitteln, deren Beobachtung gegen jede Verirrung auf falsche Wege sichere. Man stellte seit einigen Jahren unbedingt den Grundsatz auf, dass es für den Arzt unerlassliche Pflicht sey, mit den neuesten Fortschritten seiner Wissenschaft (die aber oft wahre Rückschritte in die Zeiten *Helmonts*, *Paracelsus*, *Fludds* u. d. gl. waren) gleichen Schritt zu halten, man sorgte daher, die Akademieen zu verjüngen (oft nur mit jugendlichen Schwärmern zu besetzen), und Lehrer, bey denen sich noch etwas Altes vermuthen liess, zu entfernen. Allein es giebt kein schädlicheres Regulativ, als dieses. Nicht um Neuheit der Kenntnisse ist es der Menschheit zu thun, sondern um Wahrheit (goldne Worte aus dem Munde eines öffentlichen Lehrers!), und so wie weder der Zweck des Arztes bloss an das Neue gefesselt ist, so ist auch seine Wissenschaft nicht dem Despotismus der Neuheit unterworfen. (So sollte es seyn!) Die Wahrheit veraltet nie, sie bleibt ewig neu und nur sie gewährt der Wissenschaft wahre Vollendung. — (So spricht ein Mann, welcher beides, die Wissenschaft und Kunst des Arztes kennt. Möchte seine Stimme doch durchdringen! Heil der Akademie, deren Lehrer von diesem Geiste beseelt sind! Sie wird sich dadurch mehr Ruhm erwerben, als durch die Sucht, Paradoxien aufzustellen! Wenn der Taranteltanz der von Schwärmerey der jetzigen Zeit wahnsinnig gewordenen Jugend nachlässt und sie in ihrer Ohnmacht da liegt zu Spott und Verachtung, dann wird die Welt noch solche Namen wie *Horsch*, *Formey*, *Hecker* und *Hufeland* mit Preis und Achtung nennen!) Der Arzt, fährt der Vf. fort, soll nicht mit jeder Tagsneuigkeit oben an schwimmen, gleich geschwätzigen Personen, welche stets nach Stadtneuigkeiten haschen, sonst ist er in Gefahr, in Einer Nacht sich selbst felbft zu überleben. (*Exempla funt in promtu, fed odiofa!*) Die Gefchichte des letzten Jahrzehends beweift, wie egoiftifch man den Grundfatz, dafs mit den neueften Fortfchritten der Wiffenfchaften Schritt gehalten werden müffe, gedeutet habe. Nichts war leichter, als fich unter diefer Maske zu verbergen, wenn man fie nur durch einige (unverftändliche Worte, Grobheiten und) Anmafsungen zu decken wufste. Es ift aber auch aus der Gefchichte der Wiffenfchaften bekannt, dafs fie nicht immer vorwärts fchritten, *fondern* nicht nur (fowohl) oft für eine geraume Zeit ganz ins Stocken geriethen, *fondern* (als auch) fogar in Finfternifs und Barbarey zurückfanken. Was die Gefchichte der Vorzeit factifch aufweift, ift für uns, oder auch für die Folgezeit nicht unmöglich. Die ärztliche Bildung hat nicht die Abficht, dafs der Zögling eine nach beftimmten Anfichten geordnete Reihe von Kenntniffen mechanifch fich einpräge, fondern ihr Zweck ift vielmehr, das aufkeimende Talent zu wecken und zu veranlaffen, fein Wiffen (durch ferneres Prüfen) fich felbft zu verfchaffen. Aber der Lehrer foll auch den angehenden Arzt mit dem ganzen Umfange der Wiffenfchaft bekannt machen, nicht blofs mit den Refultaten der neueften Fortfchritte. Sämmtliche Fächer der Naturbetrachtung, fowohl der empirifchen als fpeculativen müffen in einander greifen, jene mufs diefer voraus gehen und ohne ihr ift keine Speculation möglich; aber ohne Speculation bleibt die Empirie geiftlos und todt. Freylich giebt es eine einfeitige Speculation, welche die niedere Sphäre der Wahrnehmung verachtet und alles aus dem Abfoluten herconftruiren will. Allein eine unparteyifche Unterfuchung zeigt auch die vielen Defecte in dem grofsen künftlichen Stammbaume, der vom All oder erften Worte ausgeht. (Die künftige Zeit wird es kaum glauben, dafs man fich fo viele Mühe mit diefen Conftructionen in der fpeculativen Phyfik und Phyfiologie gegeben habe; fie wird die Mühe belächeln und die Zeit bedauern, welche von guten Köpfen auf folche Excentricitäten verwandt worden ift.) Unter die wichtigften Erforderniffe zur Bildung junger Aerzte gehört eine gewiffe Harmonie in den Anftalten, ein allgemeiner Lehrplan, nach welchem der Zögling zum Lernen angewiefen werden foll. Die eigentliche Bildungsfchule des Heilkünftlers ift die Klinik. (Rec. bemerkt hier einen Sprung, welchen der Vf. macht. Wahrfcheinlich fcheute derfelbe den Raum; fonft würde er uns feine Bemerkungen über Phyfiologie und Pathologie mitgetheilt haben.) Beherzigungswerth ift, was der Vf. (S. 17.) von dem Vorfchlage eines berühmten, aber in feinen Ueberzeugungen leider fehr wandelbaren, akademifchen Gelehrten, ärztliche Routiniers anzuftellen, urtheilt. *Es foll*, heifst es dafelbft, der unglückliche Gedanke hier nicht näher erörtert werden, dafs der wahrhaft gebildete Arzt nur für die Reichen beftimmt fey und die ärmere Klaffe fich mit Routiniers begnügen foll: denn er ift mit fo vielen Widerfprüchen verknüpft, dafs man billig zweifeln mufs, ob er im Ernfte (wie mehrere neuere Meinungen jenes Gelehrten) ausgefprochen worden fey. Es ift fehr leicht zu beweifen, dafs jeder Unterfchied, welchen man zwifchen dem Routinier und dem verrufenen Afterarzt oder Quackfalber macht, nur fcheinbar fey. Ganz mit Recht werden (S. 19.) auch verwickelte Fälle für die Klinik empfohlen. Der Anfänger wird dadurch mit den Schwierigkeiten bekannt, die er einft zu bekämpfen hat, und überzeugt fich, dafs fein Studium nie beendigt werde, dafs er folglich auch im praktifchen Leben gleich unermüdet fich immer zu vervollkommnen ftreben müffe. Er lernt den wahren Werth der Theorie und Speculation kennen und gelangt zur Einficht, dafs er fich nie auf diefelbe blind verlaffen dürfe; er wird die Nothwendigkeit anerkennen, immer einige Skepfis ftatt finden zu laffen und fich gegen die Ausartung in einen hartnäckigen Dogmatiker verwahren. Vortrefflich ift auch das, was über die Erforfchung der Krankheit (S. 20 ff.) gefagt wird: fo wie es ganz billig ift, dafs Hr. *Troxler* zurecht gewiefen werde, welcher den gewöhnlichften Worten des Sprachgebrauchs eine andere, umgekehrte und irrige Deutung zu geben fuchte. Der letzte Abfchnitt diefer kleinen Schrift, von S. 36. an, befchäftigt fich mit der Unterfuchung, ob ein Hofpital, oder eine ambulante Klinik Vorzüge für den angehenden Heilkünftler habe. Hr. *Ackermann* zu Heidelberg fuchte der letztern den Preis zuzuwenden, wahrfcheinlich um die Blöfse derjenigen medicinifchen Lehranftalten zu decken, welche kein Hofpital befitzen. Der Vf. zeigt, dafs jede der beiden Anftalten ihre befonderen Vorzüge habe, zum Erlernen das Hofpital, zur Ausübung die Stadtklinik. In jenem lernt der Zögling die Krankheit und die Gränzen der Kunft weit genauer kennen, er lernt fich praktifchen Tact verfchaffen; in der Stadtklinik dagegen kann er beffer auf die Verwickelungen aufmerkfam gemacht werden, welche fich der wirklichen Ausübung der Kunft unter Menfchen entgegen fetzen und fie erfchweren. Wir empfehlen die ganze kleine Schrift allen denjenigen, welchen die Bildung junger Aerzte übertragen ift und am Herzen liegt, Aeltern, Profefforen, Curatoren und Miniftern. Sie können daraus erfehen, dafs nicht das Neue allein das Wahre, nicht die modernfte Lehranftalt die befte, nicht der jüngfte medicinifche Docent der vorzüglichfte fey. Wir empfehlen diefe Schrift aber auch allen jungen Aerzten, damit fie fehen, was zum wahren Arzte gehöre, wie man es anzufangen habe, um ein folcher zu werden, und dafs das edelfte Gut des Denkenden fey Freyheit des Geiftes, Freyheit von allen Syftemen, Prüfung aller und Aneignung des beften aus allen, *ratio et experientia!* Rec. für feinen Theil freuet fich, dafs es noch akademifche Lehrer giebt, die den Muth haben, fich dem reifsenden Strome der Zeit und feinen Verwüftungen entgegen zu fetzen, um die Exiftenz der wahren Medicin zu retten.

Ben-

Berlin, b. Maurer: *Kurzer Abriss der Chirurgia medica.* Zur Grundlage seiner Vorlesungen bey dem Königl. Colleg. medico-chirurgico zu Berlin, entworfen von Dr. *Aug. Friedr. Hecker*, K. Preuss. Hofrathe, Prof. d. Pathologie und Semiotik bey dem Coll. med. chir. u. Beysitzer der K. med. Ober-Examinations-Commission. 1808. XXIV u. 272 S. 8. (1 Rthlr. 4 gr.)

Die medicinische Chirurgie ist im eigentlichen Sinne keine Chirurgie, sondern nur ein von den Aerzten vormals vernachlässigter und ausgestossener, den Wundärzten überlassener, und so von beiden vernachlässigter Theil der Heilkunde, und es war lächerlich, dass man örtliche Krankheiten dem Wundarzte, und die allgemeinen dem Arzte übergab, weil es, genau genommen, keine örtliche Krankheit giebt, sondern eine jede Krankheit allgemein ist. Daher wäre es freylich zu wünschen, dass die sogenannte medicinische Chirurgie mit der allgemeinen Therapie vorgetragen würde, nur ist der abgesonderte Vortrag eines Theils einmal zur Mode geworden, andern Theils erfordert ihn die noch immer fortdauernde abgesonderte Erziehungsmethode der Wundärzte, so dass ein Handbuch dazu wohl unter die nöthigen Erfordernisse gehört, zumal bey einem Institute, bey welchem der Vf. als Lehrer angestellt ist.

In der Schrift selbst huldiget der Vf. keiner Partey, sondern verfolgt den schlichten und geraden Gang der Natur, der Vortrag ist plan und deutlich, und man lieset keine unverständlichen Worte, die den Verstand mehr verwirren, als aufhellen, kurz der Vf. hat sich ganz nach seinen Zuhörern gerichtet, was allerdings zu loben ist. In anderer Rücksicht lässt sich mehreres gegen diese Schrift erinnern, die hier und da Eile verräth. Der Behauptung des Vfs. (§. 5.), dass die gerühmte grössere Sicherheit der chirurgischen Lehren und Methoden vor der Therapie bloss scheinbar sey, könnte man die Worte eines anderen Arztes entgegen stellen: man sage was man wolle, *ars salutaris interna est incerta;* oder auch mit von *Veltheim* behaupten: dass Aerzte, Bergleute und Maulwürfe im Dunkeln arbeiten, und ihre Arbeiten Erdhaufen sind. Auch sagt der Vf. selbst (§. 11.), dass der Chirurgie solche entscheidende Verfahrungsarten zu Gebote stehen, die in Fällen gänzlich fehlender oder unmöglicher Naturhülfe, grosse Zwecke erreichen, und selbst das Leben retten können; ingleichen (§. 15.) dass die Chirurgie die Entfernung der Krankheitsursachen weit bestimmter und sichtbarer bewirken können, als gewöhnlich die Therapie. Dass aber der Wundarzt, eben so gut als der Arzt, die Mitwirkung der Natur zur Heilung äusserlicher Krankheiten braucht, ist und bleibt ewige Wahrheit.

Weit entfernt aber sey es, mit dem Vf. darüber zu streiten, oder auch über die Eintheilung ein Wort zu verlieren, weil in der Chirurgie noch kein bestehendes System hat aufgestellt werden können. — Wir gehen zu einigen Einzelnheiten über. — Statt der allein angeführten Entzündung der Zähne (S. 88.) hätte Rec. lieber eine Abtheilung gewünscht über die Entzündung der Knochen überhaupt, deren Haut und der *tela medullaris.* Es kann Eiter, sagt der Vf. (§. 167.), auf verschiedenen Wegen, durch das Zellgewebe und durch Kanäle, an solche Stellen gelangen, die ursprünglich nicht entzündet waren, was auch in der Folge (§. 184.) wiederholt wird, und sonach nimmt der Vf. Metastasen an (die nach *Röschlaub* Undinge sind); aber gleichwohl hält er die Lehre von den Milchversetzungen (§. 187.) für irrig, wogegen doch auffallende Thatsachen angeführt werden können. Ausser der trocknen Charpie zur Aufnahme des Eiters, dienen vorzüglich die Scheiben von Waschschwamm nach *Zeller*, besonders bey starkem Ausfluss desselben. Unter *Abscessus sanguineus* (§. 185.) wird eine Austretung von wahrem Blut, ohne Vermischung mit Eiter, z. B. nach einer Quetschung u. s. w. verstanden, und kann daher nicht *Blutschwär* genannt werden, was eigentlich *Furunculus s. Abscessus nucleatus* ist. Die grosse Wirksamkeit des Freysamkrautes (§. 249.) beym Milchschorf ist eben so *relativ*, als die Entfernung der kranken Haarwurzeln bey der *Tinea.* Keinesweges beschränkt sich die Hülfe der Chirurgie bey einer Kothfistel und einem künstlichen After (§. 273.) *einzig* auf eine angemessene Bandage: denn in öfteren Fällen ist durch eine sorgfältige Behandlung die Heilung möglich. *Gangraena* und *Necrosis* (§. 282.) können unmöglich als gleich bedeutende Wörter gelten. Zugegeben, dass die geschwinde Vereinigung der Wunden (*Reunio*) ein Werk der heilenden Natur ist (§. 331.): so ist sie es doch nicht *einzig*, weil die genaue, sorgfältige und kunstmässige Vereinigung der Wundlefzen von Seiten des Wundarztes voraus gehen muss, ehe die Natur ihr Heilungsgeschäft beginnen kann. — Uebrigens werden mehrere Krankheiten der Knochen vermisst, als *Spina ventosa*, *Necrosis*, *Exostosis*, *Osteosteatoma*, Wunden der Knochen, Gliedschwamm, Gelenkwassersucht, *Anchylosis*, *Diastasis;* so auch andere Krankheiten: Ueberbein, Geschwulst der Schleimbeutel, *Intertrigo*, *Comedones*, *Ephelides*, *Lentigines*, *Vari*, *Gutta rosacea*, *Anasarca*, *Emphysema*, Vorfall des Augapfels, der Wasserkopf, Nasenbluten, der Kropf, Leberabscess, Nierenabscess, Lendenabscess, Krankheiten der Hoden, Tripper (diesen wohl desshalb nicht, weil er unter die venerischen Krankheiten gerechnet wird, über welche besondere Vorlesungen gehalten werden), Mutterkrebs, Buckel, Krümmungen der Extremitäten, Klumpfüsse, Hüftabscess u. s. w.

ALLGEMEINE LITERATUR - ZEITUNG

Mittwochs, den 13. September 1809.

WERKE DER SCHÖNEN KÜNSTE.

POESIE.

1) Paris, b. Massou: *Bruis et Palaprat*, comédie en un acte et en vers, par *M. Etienne*. 1807. 29 S. 8.

2) Leipzig, b. Göschen: *Bruis und Palaprat*, oder die zwey Verfasser eines Stücks. Ein Spiel in Versen aus und nach dem Französischen des Hn. *Etienne*. 1809. 60 S. 8.

Seitdem die französische Revolution unter so Vielem, was durch sie eine ganz andere Gestalt erhielt, auch auf dem Theater und in der dramatischen Literatur Frankreichs die wesentliche Veränderung hervorbrachte, dass der Geschmack im Lustspiel von den alten, auf die Individualität der *heutigen* Franzosen nicht mehr passenden, *Charakter*stücken eines *Molière*, *Destouches*, *Regnard* u. a. zum *Intriguen*stück überging, haben bekanntlich mehrere dieser neuesten französischen Lustspieldichter, um dem schaulustigen, und mehr als irgend ein anderes am *Neuen* hängenden Pariser Publicum Genüge zu leisten, auch zur Dramatisirung einzelner komischer Anekdoten und Scenen aus dem Leben berühmter Franzosen, meistens selbst wieder dramatischer Dichter, ihre Zuflucht genommen. Dahin gehören z. B. die kleinen Komödieen in einem Akt: *Molière avec ses amis* von *Andrieux*, *Molière chez Ninon* von *Lhazet*, *Fontenelle* von *Petit* und *Dorat et Colardeau* von *Dubois*; und ein solches Stück ist denn auch das vorliegende, das am 28. Nov. 1807. zum ersten Male auf dem *théâtre français* gegeben ward, und sich seitdem mit einem eben so dauernden als ausgezeichneten Beyfalle auch darauf erhalten hat. Der Vf., Hr. *Etienne*, ist unter den dermaligen französischen Lustspieldichtern einer der glücklichsten und fruchtbarsten. Gewöhnlich arbeitet er selbst, wie der hier von ihm dramatisirte *Bruis* (eigentlich *Brueys*) zu thun pflegte, seine Stücke gemeinschaftlich mit einem poetischen Freunde, *Gaugeron Nanteuil*, dem Vf. des beliebten und durch *Kotzebue* auch für unsere Bühne bearbeiteten Lustspiels: *le pacha de Suresne*, aus; wie denn die Schauspiele: *les maris en bonne fortune*, *Isabelle de Portugall*, *la petite école des pères*, *une heure de mariage*, *la jeune femme colère* u. a. m. aus dieser Vereinigung ihrer dramatischen Autorschaft entstanden sind. Das gegenwärtige kleine Stück jedoch scheint Hr. *Etienne* allein verfasst zu haben; wenigstens ist nur er als Vf. auf dem Titel genannt. Die Intrigue desselben ist kürzlich folgende.

Brueys und *Palaprat*, diese rühmlichst bekannten Schauspieldichter aus dem Jahrhundert Ludwigs XIV., eröffnen die Handlung mit bittern Klagen, dass ihr von ihnen gemeinschaftlich verfasstes Meisterstück: *der Mürrische (le grondeur)* bey der ersten Aufführung in Paris schmählich ausgepfiffen worden sey. Der arme *Brueys* steckt überdiess tief in Schulden, und sein um nichts besser in seinen Finanzen bestellter Freund *Palaprat* ist eigends von Toulouse (seiner Vaterstadt, wo er, ehe er Privatsecretär bey dem Herzog von Vendome wurde, eine Magistratsstelle bekleidete) zu der Darstellung dieses Stücks nach Paris gereist, um, wie er gehofft, hier den Lorbeerkranz mit ihm zu theilen. Beide aber haben sich während der Aufführung in die junge Schauspielerin, Mlle *Beauval*, verliebt, und erwarten eben, ohne dass einer um diess Herzensgeheimniss des andern weiss, einen Besuch von ihr. In dieser Lage kommt der beiden Dichtern persönlich unbekannte Herzog von Vendome, der unsern *Palaprat* auf der Reise nach Paris, die er incognito zum Theil mit ihm gemacht, als ein Beschützer der schönen Künste, lieb gewonnen hat, unter der Verkleidung eines Officiers zu ihnen, und tröstet sie so schmeichelhaft über den Fall ihres Stücks, dass *Palaprat*, obgleich weder er noch *Brueys* in der Verfassung sind, jemanden bewirthen zu können, ihn aus Dankbarkeit zum Mittagessen bittet. Der Herzog, dem sein Incognito noch den bösen Streich spielt, dass er sich von beiden Dichtern sagen lassen muss, er mache schlechte Verse, nimmt die Einladung an, und verlässt sie unter lebhaften Aeusserungen seines Wohlwollens. Es folgt nun wieder eine sehr belustigende Scene zwischen *Brueys* und *Palaprat* allein, in welcher einer den andern, Mlle *Beauval* erwartend, unter allerley Vorwand aus dem Hause zu bringen sucht. Sie gesteln sich endlich, dass jeder auf ein Rendezvous mit einer Geliebten hoffe, und geben einander das Wort, dass der, dessen Schöne zuerst komme, bleiben, der andere aber ihm Platz machen solle. Da erscheint Mlle *Beauval*, und überrascht finden sich beide in einen und denselben Gegenstand verliebt. Auch die Dame klagt über einige Finanzverlegenheit, die sie nöthigen werde, ihren Schmuck bis auf einen Ring, den sie vom Herzog von Vendome zur Belohnung ihres Spiels erhalten habe, und der ihr deshalb unveräusserlich sey, zu verkaufen. Sie bringt den unglücklichen Dichtern übrigens den Trost, dass ihr Stück bloss durch Kabale gefallen sey, das Publicum aber dennoch den Werth des *Grondeur* sehr wohl er-

erkenne, und der Beyfall, bey der zweyten Vorstellung sie vollkommen für die erlittene Schmach bey der ersten entschädigen würde. Der gastfreye *Palaprat* bittet entzückt auch sie zu Tische, und *Brueys* geht mit ihr vorher noch in die Theaterprobe, indess *Palaprat* zurückbleibt, um die Tafel zu besorgen. In der Verlegenheit, in der er sich hierüber befindet, und worin ihn der Dichter recht launig sich selbst mit seinem armen *Advocaten Patelin* (der Hauptperson des von *Palaprat* bekanntlich bearbeiteten altfranzösischen Lustspiels dieses Namens) vergleichen lässt, wird er von einem Actuarius *Grapin* unterbrochen, der den von seinem Gläubiger verklagten *Brueys* in Verhaft zu nehmen kommt. *Pal.* lässt sich, ohne sich einen Augenblick zu bedenken, an seines Freundes Statt verhaften. *Brueys* kommt zurück, erfährt von *Grapin*, was geschehen, und eilt fort, um seinen Pylades zu befreyen, und sich selbst in das Gefängniss zu liefern. Beym Hinausgehn begegnet ihm der Herzog von Vendome, der eben kommt, sich zum Mittagsmahl einzufinden. Er hält den Actuarius *Grapin*, der gerade mit einem Inventarium über die Effecten seines Arrestanten beschäftigt ist, anfänglich für einen dritten Schauspieldichter, welches Missverständniss zu einem äusserst komischen Gespräch zwischen beiden Anlass giebt. Endlich erfährt der Herzog die ganze traurige Lage seiner beiden Günstlinge, giebt sich dem *Grapin* zu erkennen, und fordert ihn zur schleunigsten Befreyung des Dichters auf, indem er die Bürgschaft für ihn übernimmt. *Grapin* eilt fort. *Palaprat* kommt klagend über das Missgeschick seines Freundes wieder zurück. Der Herzog verlässt ihn, ohne ihm auch jetzt noch zu sagen, wer er ist. Bald darauf tritt Mlle *Beauval* ein, und erzählt ihm, dass sie, von *Brueys* Verhaftung unterrichtet, seinem Gläubiger geschrieben habe, die Zahlung für ihn leisten zu wollen, und deshalb ihren Ring zu verpfänden entschlossen sey. Jetzt erscheint *Grapin* wieder, und kündigt die Befreyung des *Brueys* an. *Palaprat* ist erstaunt, dass ein blosses Billet von Mlle *Beauval* so viel vermocht habe, als *Brueys* selbst mit dem wohlthätigen Herzog zurückkommt, und sich es nun allen entdeckt, wer eigentlich sein Erretter war.

Diese sehr launig ersonnene Handlung, ein lebhafter, witziger Dialog, geschickte Zeichnung der Charaktere (besonders der recht humoristisch durchgeführten beiden Hauptpersonen) und eine correcte und doch ungemein leichte Versification, machen dieses Stück zu einem der artigsten, welche die französische Literatur in dieser kleinen Gattung von Dramen aufzuweisen hat, und der ungenannte Vf. der Uebersetzung Nr. 2. (er hat sich unter der Vorrede bescheiden nur mit den Anfangsbuchstaben seines Namens *J. H. K.* bezeichnet) verdient darum den Dank aller deutschen Theaterfreunde, dass er es durch eine geistreiche metrische Uebertragung auch für unsere, an kleinen wie an grössern Lustspielen noch immer so armen Bühne darstellbar gemacht hat. Wie glücklich es ihm gelungen ist, den Geist und die Gefälligkeit der Diction des Originals in dieser auch sehr elegant gedruckten Uebersetzung wiederzugeben, mögen unsere Leser an ein Paar Stellen der letztern, die wir der Urschrift gegenüber setzen, selbst wahrnehmen. In dem 2ten Auftritt, wo der Herzog die beiden Dichter zum ersten Male besucht, äussert er ihnen seine Verwunderung darüber, dass ein dramatisches Werk von zwey Verfassern zugleich geschrieben werden könne. *Brueys* antwortet ihm:

En cela nous trouvons l'agreable et l'utile
Le travail est plus doux et semble plus facile.
On discute, on s'excite, et cette noble ardeur
Donne seule aux tableaux la vie et la couleur.
Que nous sommes heureux! quel plaisir est le nôtre!
Souvent une saillie en fait éclore une autre;
Un trait, un joli-mot sont des trésors pour nous;
Qui nous verroit alors nous prendroit pour deux fous.
Vous n'imaginez pas où va notre délire;
Nous nous applaudissons, nous éclatons de rire;
Ainsi nous arrivons jusques au dénoûment;
L'ouvrage est toujours gai, quand il est fait gaiment,
Avons-nous un succès, tous deux il nous transporte:
Avons-nous une chute, elle semble moins forte.
Telle est de l'amitié le pouvoir enchanteur.
Elle adoucit la peine et double le bonheur.

Diese Stelle lautet in der Uebersetzung folgendermassen:

O das gewähret uns viel Nutzen, viel Genüsse,
Das Schwere wird uns leicht, das Saure wird uns süsse.
Meinungen reiben sich und Geistesfunken sprühn,
Mit Wärme schreiben wir und die Gemälde glühn.
Wenn die Ideen sich im raschen Wechsel treiben,
Wie glücklich wir da sind, das lässt sich nicht beschreiben.
Es dächte, wer uns säh, wir wären nicht gescheidt.
Ein guter Einfall wird mit Ausgelassenheit
Beklatscht und wiederholt, wir toben und wir lachen,
Komödie spielen wir, wenn wir Komödien machen.
So fert'gen wir das Stück, das wir Thalien weihn,
Mit so viel Lust verfasst, sollt' es nicht lustig seyn?
Wir fühlen halben Schmerz, kehrt uns das Glück den Rücken,
Und schwelgen im Erfolg mit doppeltem Entzücken;
Das ist die Zauberkraft der Herzenssympathie,
Das Frohgefühl erhöht, den Kummer lindert sie.

Folgendes Gespräch ist der Anfang des komischen 10ten Auftritts, wo der Herzog zur Einladung erscheint, und statt seiner Wirthe den Actuarius *Grapin* bey der Aufnahme des Inventar's findet. Das Original:

Le duc. (für sich, indem ihm *Brueys* in der Thür begegnet)
Il s'enfuit quand j'arrive.
(voyant *Grapin* qui ecrit)
Mais qu'el est ce Monsieur? C'est sans doute un convive.
Grands dieux! il a bien l'air d'un misérable auteur.
Monsieur!
Grapin. *Plait il?*
Le duc. *Je suis votre trèshumble serviteur.*
Grapin. *Ne me dérangez pas; un moment je vous prie.*
Le duc. *Je gage qu'il travaille à quelque comédie.*
Grapin. *Je suis à Vous; mon acte est bientôt terminé.*
Le duc. *C'est cela justement: j'avois bien deviné.*
De Vous troubler, Monsieur, que le ciel me préserve!
Vous êtes, je le vois, dans un moment de verve.

Gra-

Grapin. *Monsieur, certainement . . . . .*
Le Duc. *Je crains en vérité*
d'avoir fait un larcin à la postérité.
Grapin. *Voilà, sur ma foi, un fou d'une autre espèce.*
Le duc. *Puis je vous demander le titre de la pièce.*
De quel genre est l'ouvrage? il doit être amusant.
Grapin. *Ce que j'écris, Monsieur, n'est pas du tout plaisant,*
Et n'a jamais fait rire.
Le Duc. *Alors, je vous devine.*
Emule audacieux de Corneille et Racine,
Vous répandez la crainte et l'effroi dans les coeurs:
Vous avez, j'en suis sûr, fait couler bien des pleurs.
Grapin. *Des pleurs! Oui, j'en conviens: mais mon état l'exige.*
Le Duc. *Vous chantez les exploits?*
Grapin. *Eh non! Je les rédige. etc.*

Die Ueberſetzung:

Der Herzog (im Eintreten). Der Empfang gehört nicht zu den Beſten.
(Er ſieht *Grapin*, welcher ſchreibt.)
Doch wer iſt dieſer Herr? Wohl einer von den Gäſten?
Er ſieht ganz dürftig aus; treibt auch wohl Poeſie. —
Mein Herr!
Grapin. Und was beliebt?
Der Herzog. Mein Herr, ich grüſse Sie.
Grapin. O laſſen Sie mich noch auf ein paar Augenblicke.
Der Herzog. Er ſchreibt, ich wette drauf, an irgend einem Stücke.
Grapin. Gedulden Sie ſich nur, der Actus iſt gleich aus.
Der Herzog. Ich irrte nicht, es ſind die Dichter hier zu Haus. —
Begeiſtert ſeh' ich Sie, ich möchte Sie nicht ſtören,
Da Sie in dem Moment der Nachwelt angehören,
Unzeitiger Geburt will ich nicht Urſach ſeyn,
Es wär ein Mord, mein Herr, und mir nicht zu verzeihn.
Grapin. Fürwahr, es ſcheinen ſich die Narren hier zu jagen.
Der Herzog. Des Stückes Namen doch, den könnten Sie mir ſagen.
Von welcher Gattung iſt's? Für's Zwergfell ſchreiben Sie?
Grapin. Mein Herr, das, was ich ſchrieb, beluſtigte noch nie.
Es iſt ſehr ernſter Art.
Der Herzog. Ich kann es ſchon begreifen.
Die Herzen rühren Sie, mit Furcht und Schreck ergreifen
Sie das Gemüth, und mit Euripides, Aeſchyl
Wetteifernd widmen Sie ſich nur dem Trauerſpiel?
Grapin. Ja, Viele ſehe ich ſehr traurig vor mir ſtehn,
Nicht anders pfleget das bey meinem Amt zu gehn.
Der Herzog. *Den Geiſtern ſchicken Sie ſogar Citationen?*
Grapin. *Nein, ich citire bloſs lebendige Perſonen.* u. ſ. w.

Dieſe Proben können, in den curſiv gedruckten Verſen, zugleich zeigen, daſs das Stück unter der Hand dieſes geſchmackvollen Bearbeiters noch manchen guten Einfall mehr gewonnen hat. Zwar iſt er eben nicht oft von dem wörtlichen Ausdruck ſeines Vorbildes abgewichen; aber wo er änderte, da hat er meiſtens auch verbeſſert. So ſagt *Palaprat* dort bloſs: „*le grondeur eſt tombé. Qui l'auroit pu prévoir.*" hier aber: „ach unſer liebes Stück, es *fiel ſtatt zu gefallen.*" und der Herzog im Original: „*Quoi! vous vous affectez pour de légers murmures*" in der Ueberſetzung hingegen; „Sehr wenig *Murrer* hat der *Mürriſche* gefunden." Auch die Worte *Palaprat's*: „Am Pulte wie am Heerd ſtehn wir für Einen zwey, und minder als das Werk verderben wir den Brey." ſind ein witziger Zuſatz des Ueberſetzers; und eben ſo die Antwort *Palaprat's*, wenn er dem Herzog, der ihn wegen *Brueys* Verhaftung frägt: „Und bürget denn kein Freund für dieſe Forderung?" erwiedert: „die Vögel ſingen nur bey ſchöner Witterung." wo es im Franzöſiſchen auf die Frage des Herzogs: „*Eh quoi, vous n'avez pas un ami généreux,*" bloſs heiſst: „*Nous en aurions demain ſi nous étions heureux.*" Ein paar Feinheiten des Originals ſind indeſſen doch auch verloren gegangen. S. 13. heiſst es nämlich: „Der Herr verbirgt nicht lang den Autor, er geſteht" u. ſ. w. für: „*a ſon air un peu fou je vois qu'il eſt auteur.*" S. 31.: „Denn gute Laune würzt ein Junggeſellenmahl." für „*je verrai ce que c'eſt qu'un diner de garçon.*" und S. 37.: „Man liebt Sie, wenn auch nicht Ihr Amt, Herr Actuar" für: „*Tres enchanté, Monſieur, d'être de Vos amis.*" Eine Stelle aber, in der der Sinn ganz verfehlt wäre, haben wir gar nicht gefunden. Dagegen lieſsen ſich noch viele Beyſpiele von des Vfs. muſterhafter Kunſt, treu und doch ungezwungen zu überſetzen (als S. 9. v. 14—15. S. 10. v. 1—4. S. 13. v. 13—16. S. 18. v. 4 u. 5. S. 27. v. 7 u. 8. S. 28. v. 11 u. 12. S. 29. v. 1 u. 2. S. 35. v. 1—3. u. a. m.) hier auszeichnen, wenn es der Raum geſtattete. Auch die gereimten Alexandriner, in denen die Ueberſetzung gleich der Urſchrift geſchrieben iſt, zeugen rühmlich von ſeinem Fleiſse, wie von ſeiner Kenntniſs und Gewandtheit der Sprache, und nur ſelten ſind wir auf falſche Reime, wie: Verfall und Saal, Parterre und Charaktere, Tribunal und überall, laſſen und ſpaſsen, Patelin und ein u. dgl. m. geſtoſsen; ſo daſs wir auch in dieſer Hinſicht ſeine Arbeit den beſten dramatiſchen Producten, die wir in dieſer kleinern Gattung erhalten haben (als *Stoll's* Scherz und Ernſt, *Conteſſa's* Räthſel u. a.) beyzählen dürfen.

In einem kleinen Vorbericht giebt er einige Notizen über das Leben von *Brueys* und *Palaprat*, mit deren Charakter er die Züge, die ihnen hier auf der Bühne geliehen werden, ganz übereinſtimmend findet, obſchon er ſelbſt geſteht, daſs der Stoff des Stücks gröſstentheils von der Erfindung des Vfs. iſt. Hierzu iſt aber auch der von ihm angebrachte Umſtand zu rechnen, daſs ihr *le grondeur* bey der erſten Vorſtellung gänzlich durchgefallen ſeyn ſoll, was der Ueberſetzer irrig als ein wirkliches Factum annimmt. Als Beweis vom Gegentheil kann allein ſchon das gelten, was ein hierin competenter Richter, der franzöſiſche Ueberſetzer von *Iffland's* dieſsjährigem Almanach,

nach, bey Gelegenheit der Erwähnung dieses Schauspiels darüber S. 209. sagt: „*On pourroit cependant reprocher à l'auteur, d'avoir supposé que* Brueys *et* Palaprat, *s'occupent de relever la pièce du* Grondeur *de la chûte qu'elle vient d'éprouver; le* Grondeur *que l'on revoit toujours avec plaisir, loin d'avoir été sifflé, eut un grand succès dès la première représentation. Quelques coups de sifflet, partis du théâtre seulement, tandis que la parterre applaudissait, n'etaient que l'effet de la prévention que l'acteur* Champmêlé *avaient inspirée à ses camerades contre le personnage du* Grondeur; *et d'un pari fait par un des amis de* Brueys, *qui avoit gagé avec lui que cette pièce ne réussiroit pas.*" Wir schliessen mit dem Wunsche, dass Hr. *K.* sein Talent für die dramatische Uebersetzungskunst ferner unsrer vaterländischen Bühne widmen möge, die bey der fortdauernden Armuth an guten Originallustspielen, der Bereicherung durch die französische doppelt bedarf.

LITERARISCHE NACHRICHTEN.

I. Todesfälle.

Am 15. Jun. d. J. starb zu Rostock der dortige Senator *Johann Christian Schröder*, beider Rechte Doctor und Kanzley-Advocat, im neun und vierzigsten Jahre seines Alters. Er hat das *Repertorium juris rostochiensis* und mehrere literarische Werke herausgegeben.

Am 27. Jul. starb zu Genf der als Naturforscher und Literator rühmlich bekannte *J. Senebier*, Bibliothekar der dasigen Stadtbibliothek, im 67. Jahre s. A. — Ebendaselbst starb zu Anfange desselben Monats der Maler *Ste Ourse*, Mitglied der vierten Klasse des französ. Instituts der Wissensch. und Künste, 57 Jahre alt.

In der Nacht vom 7. auf den 8. August starb zu Bremen im zwey und sechzigsten Jahre seines Alters *Johann Nikolaus Tiling*, Pastor primarius zu St. Martini, ein in den morgenländischen Sprachen, der biblischen Kritik, der Geschichte und Geographie sehr bewanderter Gelehrter aus *Joh. David Michaelis* Schule.

II. Beförderungen und Ehrenbezeugungen.

Der Grossherzog von Hessen hat unterm 16. May den geheimen Staats-Referendar, *Friedrich August Lichtenberg*, den Leibarzt und geheimen Rath, D. *Georg Wedekind*, und den geheimen Rath, *Johann Friedrich Petersen*, für sich und ihre Nachkommen zu Freyherrn des Grossherzogthums Hessen tax- und stämpelfrey erhoben, und unterm 15ten desselben Monats den bisherigen herzogl. Nassauischen Professor *Gladbach* bey dem geheimen Secretariat des Ministeriums der auswärtigen Angelegenheiten mit dem Charakter als Rath angestellt.

Der König von Preussen hat den Hn. geh. Rath *Wolf* statt seines bisherigen Verhältnisses als Oberaufseher des Joachimsthalschen Gymnasiums zum ordentlichen Mitgliede des Schul-Directoriums ernannt.

Hr. *Ferdinand Delbrück*, bisher Professor am Berlinisch-Cöllnischen Gymnasium, ist zum Professor der schönen Literatur auf der Universität zu Königsberg, und zugleich zum Regierungsrathe für Schulangelegenheiten ernannt worden.

Dem Hn. *Jean Paul Friedrich Richter* und Hn. *Werner*, Verfasser der Weihe der Kraft u. s. w., hat der edle Fürst Primas eine Pension von 1000 Gulden ertheilt.

Die durch *Steinbart's* Tod erledigte ordentliche Professur der Philosophie zu Frankfurt an der Oder hat Hr. *Thilo*, bisheriger ausserordentlicher Professor, erhalten.

Berichtigungen.

A. L. Z. 1809. Nr. 37. Seite 298. Zeile 4. v. o. lese man *Catiunculs* für Cadiuncula. S. 299. Z. 5. v. o. *Stollen* für Rollen. Z. 17. v. o. *Lohengrin* für Lohengoien. S. 300. Z. 21. v. u. *Barlaam* für Beelaam. S. 301. Z. 8. v. o. *Iwein* für Iwaim.

ALLGEMEINE LITERATUR-ZEITUNG

Mittwochs, den 13. September 1809.

LITERARISCHE NACHRICHTEN.

Gelehrte Gesellschaften und Preise.

Bekanntmachung der Königl. Societät der Wissenschaften zu Harlem für das Jahr 1809.

(*Beschluss von Num.* 247.)

Folgende von der Königl. Societät ausgesetzte Frage ist vor dem 1. Nov. 1810. zu beantworten:

Da die chemische Zerlegung der Pflanzen, ungeachtet der beträchtlichen Fortschritte, welche man in den letztern Jahren darin gemacht hat, noch nicht bis zu dem Grade der Vollkommenheit gebracht ist, dass man sich in allen Fällen auf ihre Resultate verlassen könne, indem die auf dieselbe Art sorgfältigst angestellten Versuche oft bedeutend abweichen; und da die Pflanzen-Kenntniss, besonders der Nahrungs- und Heilkräfte derselben, hievon grossentheils abhängen: so verbindet die Societät noch einen Preis von 50 Ducaten mit der gewöhnlichen Medaille für denjenigen, „welcher durch wiederholte oder neue Versuche (welche man bey der Wiederholung genau gefunden hat) die chemische Zerlegung der Pflanzen auf den höchsten Grad der Vollkommenheit gebracht hat, und welcher den genauesten Abriss der schicklichsten Verfahrungsarten zu dieser Zerlegung, für alle Fälle, auf die einfachste, aber zugleich doch zuverlässigste, Weise entworfen hat, so dass man allemal, durch sorgfältige Wiederholung der Processe, dieselben Resultate erhalte."

Zwey Preisfragen, vor dem 1. Nov. 1811. zu beantworten:

1. Da das Linnéische System im Thierreiche mehrere Veränderungen erlitten hat, deshalb grössere Schwierigkeiten in der Naturgeschichte, bey ihrer mehrern Ausbreitung, und vielleicht Verwirrung, statt der sonst im Thiersystem herrschenden Ordnung, zu befürchten ist, so fragt man: „Hat man schon hinlängliche Fortschritte in dieser Wissenschaft gemacht, um ein andres System einzuführen, welches, da es auf keine willkürlich angenommene Sätze gegründet ist, allen andern vorzuziehn sey, weil die Kennzeichen unveränderlich und einfach sind, so dass es deshalb allgemein eingeführt zu werden verdiente? Welches wären, in einem solchen Falle, die Grundlagen, worauf das System gebauet ist? Im verneinenden Falle, welches von den vorhandenen Systemen ist, nach dem gegenwärtigen Zustande der Wissenschaft das vorzüglichste: und auf welchem Wege könnte man den oben angezeigten Schwierigkeiten ausweichen?" Nur die sehr *zusammengedrängten* und *körnigten* Abhandlungen sind allein bey der Preisbewerbung zuzulassen.

2. Da es eine auf die Erfahrung sehr wohl gegründete Regel des Ackerbaues ist, dass die Früchte, welche man auf demselben Lande bauet, abgeändert werden müssen; und da es sehr wichtig sowohl für die Erhaltung der Fruchtbarkeit des Landes, als auch für das erwünschte Fortkommen der angebauten Früchte ist, dass sie sich in einer gewissen Ordnung folgen, so verlangt man: „dass man nach physischen und chemischen Grundsätzen, und nach der Erfahrung der Landwirthschaft, zeige, in welcher Ordnung der Anbau der Früchte in Holland, auf thonichtem, morastigem, sandichtem und gemischtem Erdreiche, in demselben Felde auf einander folgen müssen, damit ihre Erziehung am vortheilhaftesten ausfalle; besonders in welcher Ordnung man die Futterkräuter auf sandichten und hochliegenden, vorzüglich erst kürzlich urbar gemachten, Feldern anbauen solle, um den Dünger möglichst zu sparen, und die Erschöpfung der Fruchtbarkeit der Ländereyen abzuwenden?"

Eine Preisfrage, vor dem 1. Nov. 1812. zu beantworten:

„Ein genaues Verzeichniss der Säugthiere, der Vögel und der Amphibien (welche keine von aussen herein gebrachte Arten sind, sondern natürlich sich in Holland aufhalten) mit ihren verschiedenen, in den verschiedenen Gegenden des Reichs gangbaren, Namen;" die Merkmale ihres Geschlechts und ihrer Art, in wenigen Worten, nach *Linné* beschrieben, mit der Anzeige von einer oder mehrern recht guten Abbildungen dieses Thiers." Die Societät verspricht indessen denjenigen, welche wenig bekannte, aber merkwürdige Beobachtungen mittheilen, Ehrenpreise, welche dem Interesse von dem, was sie geliefert haben, angemessen seyn sollen.

Die Classe der *philosophischen* und *moralischen Wissenschaften* wünscht vor dem 1. Nov. 1810. folgende Frage beantwortet:

„Sind die Grundsätze der Moral, welche für Einzelne verbindlich sind, es auch für Gesellschaften unter sich? Welches sind in diesem Falle die überzeugendsten Gründe von diesem wichtigen Satze, und wie

wie soll diese particuläre Verbindlichkeit in ihrer mehr allgemeinen Ausdehnung modificirt werden?

Zwey zur Beantwortung vor dem 1. Nov. 1809. aufgegebene Fragen:

1. Welches sind die Gründe, weshalb die Philosophen in den ersten Grundsätzen der Moral so sehr abweichen, da sie doch, überhaupt, in den Folgerungen und den Pflichten, die aus ihren Grundsätzen hergeleitet werden, übereinkommen?

2. Worin besteht der Unterschied zwischen dem Erhabenen und dem Schönen? Ist dieser Unterschied bloss in einer Verschiedenheit der Grade derselben Art, oder in einer gänzlichen Verschiedenheit von zwey besondern Arten gegründet?

Die Classe der *litterarischen* und *Alterthums-Wissenschaft* verlangt vor dem 1. Nov. 1810. folgende Frage beantwortet:

Was für Kenntnisse hatten die alten Griechen und Römer, nach ihren Schriften, in den Natur-Wissenschaften, welche zur Experimental-Physik gehören? Und scheint es wohl nach diesen Schriften unbestreitbar, dass sie in dem einen oder andern Zweige der Experimental-Physik Kenntnisse besessen haben, die seitdem verloren gegangen sind?

Folgende zwey Fragen sind vor dem 1. Nov. 1809. zu beantworten:

1. „Giebt es einen hinlänglichen Grund, es der Stadt Harlem streitig zu machen, dass die Buchdruckerkunst mit einzelnen und beweglichen Buchstaben nicht wirklich vor dem J. 1440. durch *Lor. Jansz Coster* erfunden sey? und ist diese Kunst nicht von dort nach Mainz gebracht, und daselbst verbessert, indem man zinnerne gegossene Buchstaben statt der hölzernen anwandte." Die Gesellschaft giebt, außer der gewöhnlichen Medaille, noch einen Preis von 30 Duc. an denjenigen, der die Geschichte der Erfindung der Buchdruckerkunst mit der größten Zuverlässigkeit und Kürze, und in der eben angezeigten Ordnung abfassen wird.

2. Weil die Sprachen so wenig von einem so genannten Zufalle abhangen, als sie durchaus willkürlich sind, so ist aus der Vergleichung mehrerer unter sich, und besonders der alten Sprachen, zu zeigen: 1) Welches sind die allgemeinen Züge und die vorzüglichsten Eigenschaften, welche man in den mehresten Sprachen antrifft? 2) Welches sind die Hauptverschiedenheiten, 3) die Quellen und die allgemeinen Aehnlichkeiten, so wie die Ursachen der Verschiedenheiten, welche dazu dienen könnten, ihre Mannichfaltigkeit daraus zu erklären?

Preisfrage, vor dem 1. Nov. 1811. zu beantworten:

Da man keine antiquarische zweckmässige Beschreibung der alten Begräbniss-Denkmäler hat, welche man im Departement von Drenthe und im Herzogthum Bremen antrifft, und die man unter dem Namen *Huhnenbetten* kennt, so frägt die Societät: „Was sind das für Völker, welche die Huhnenbetten gemacht haben? Zu welcher Zeit haben sie wahrscheinlicher Weise jene Gegenden bewohnt?". Da die Geschichte keine befriedigende Aufklärung über diese Denkmäler giebt: so hat man 1) diese Denkmäler mit ähnlichen, in Grossbritannien, Dänemark, Norwegen, Deutschland, Frankreich, Russland befindlichen, Denkmälern zu vergleichen. 2) Eben so vergleiche man auch die Begräbnisssteine, die Urnen, die Waffen, die Zierathen, das Geräthe zu den Opfern, das man in den Huhnenbetten gefunden hat, mit den Urnen, Waffen und ähnlichen Geräthschaften, welche man aus den Begräbnissplätzen der alten Deutschen, Gothen, Slavoniern, Hunnen und andern nordischen Völkern antraf, über welche uns *Pallas* mehrere Sonderbarkeiten mitgetheilt hat. — Die beste Schrift hierüber erhält, außer der gewöhnlichen Medaille, 30 Ducaten.

Folgende Fragen bleiben fernerhin für eine *unbestimmte Zeit* aufgegeben:

1. Was lehrt die Erfahrung über den Nutzen einiger Thiere, die, dem Anscheine nach, besonders in Holland, schädlich sind? Welche Vorbauungs-Massregeln hat man zu ihrer Vertilgung zu beobachten?

2. Welche einheimische Pflanzen, die bisher wegen ihrer Kräfte wenig bekannt sind, könnte man vortheilhaft in unsern Apotheken anwenden, um ausländische Mittel zu ersetzen?

3. Welcher einheimischer, bisher noch unbenutzter, Pflanzen könnte man sich zu einem guten Nahrungsmittel zu geringen Preisen bedienen, und welche nährende auswärtige Pflanzen könnte man hier zu demselben Zwecke anbauen?

4. Welche einheimische, bisher noch unbenutzte, Pflanzen können, nach wohlbestätigten Versuchen, gute Farben liefern, deren Zubereitung und Anwendung mit Vortheil eingeführt werden könnte? und welche ausländische Pflanzen könnte man auf weniger fruchtbarem oder wenig bearbeitetem Boden mit Nutzen anbauen, um Farben daraus zu ziehen?

5. Was weiss man wirklich über den Lauf oder die Bewegung des Saftes in den Bäumen und den Pflanzen? — Auf welche Weise könnte man eine vollständigere Kenntniss von demjenigen erhalten, was in dieser Rücksicht noch dunkel und zweifelhaft ist?

Die Gesellschaft fährt fort, bey jeder jährl. Sitzung darüber sich zu berathen, ob unter den Schriften, welche man ihr seit der letzten Sitzung mitgetheilt hat, die eine oder andre, die Physik oder Naturgeschichte betreffende, sich befinde, welche eine besondere Belohnung (*gratification*) verdiene: und dass sie alsdann dieser Schrift, oder bey mehreren, derjenigen, welche sie für die merkwürdigste hält, eine silberne Medaille mit dem Stämpel der Societät, und ausserdem eine Belohnung von 10 Duc. zuerkennen wird.

Möglichste Kürze der Abhandlungen bey gehöriger Klarheit wünscht die Societät, so wie die Unterscheidung des wirklich Erwiesenen von dem noch Hypothetischen. Sie muss nicht von Hand des Preisbewerbers selbst geschrieben seyn: ein schon zuerkannter Preis würde, in einem solchen Falle, wieder zurückgenommen werden. Die Schriften können in holländischer, französischer, lateinischer oder deutscher Sprache (aber mit lateinischen Lettern) abgefasst seyn u. s. w., und sie werden an Hn. *van Marum* gesandt. Der Preis ist eine goldene Medaille mit dem Stämpel der Societät, auf welcher sich der Name des Verfassers befindet. Diejenigen, welche den Preis, oder das *Accessit* erhalten, dürfen ihre Abhandlungen weder ganz oder theilweise, allein oder in einem andern Werke, ohne Erlaubniss der Societät drucken lassen.

Zu Mitgliedern wurden ernannt: *J. Ten Brinck*, Prof. zu Harderwyk; *H. C. Escher*, Prof. zu Zürich; *Fr. W. Freyer*, Hof-Advocat zu Hildburghausen; *Maur. Corn. van Hall*, Mitglied des National-Instituts zu Amsterdam; *Jac. Logger*, Wundarzt zu Leiden; *J. O. Sluiter*, Prof. zu Deventer; *Theod. van Swinderen*, Dr. der W. W. zu Gröningen; *J. Valkenaer*, Mitgl. des K. Inst. der Wissensch. zu Amsterdam; *S. J. van de Wynpersse*, Prof. zu Leiden.

INTELLIGENZ DES BUCH- UND KUNSTHANDELS.

I. Neue periodische Schriften.

Inhaltsanzeige von *Vogt's (N.) Europäischen Staatsrelationen*, *dreyzehnten* Bandes *drittes* Stück. Frankfurt am Main, in der Andreä'schen Buchhandlung.

1) Grossbritannien.
2) Der österreichische Krieg.
3) Schlacht bey Esslingen.

II. Ankündigungen neuer Bücher.

Medicus, L. W., Entwurf eines Systems der Landwirthschaft. gr. 8. Heidelberg, b. Mohr u. Zimmer. 1 Rthlr. 10 gr.

Was dieses Handbuch vor so vielen ähnlichen auszeichnet, ist — die höchste Vollständigkeit bey der Beschränkung des Umfangs, die möglichste Klarheit bey dem nothwendigen Streben nach Kürze. Nicht leicht wird der Leser hier etwas von den zahlreichen Resultaten älterer und neuerer Erfahrungen in der Agricultur vermissen, und nirgends ist die Literatur so vollständig nachgewiesen. Die planvolle Anordnung des Werks erleichtert ungemein den Blick auf das Ganze und die einzelnen Theile der Landwirthschaft und ihrer Productionen.

Neue Verlagsbücher zur Ostermesse 1809 von C. J. G. Hartmann in Riga.

Die mit einem * bezeichneten Bücher waren im vorigen Jahre neu.

Abhandlung der liefländischen gemeinnützigen ökonomischen Societät. 5r Bd. gr. 8. 18 gr.
Bemerkungen, unparteyische, über den Feldzug der preussischen Armee von 1806. 8. geb. 9 gr. netto.
Doro Caro's Mährchen und Erzählungen für Kinder und junge Leute. 1 Rthlr. 18 gr.
* *Ewers*, Dr. *J. Ch. H.*, vom Ursprung des russischen Staats. Ein Versuch, die Geschichte desselben aus den Quellen zu erforschen. gr. 8. 1 Rthlr. 18 gr.
Friebe, W. Ch., Grundsätze zu einer theoretisch und praktischen Verbesserung der Landwirthschaft in Liefland. 4tes Bdchen. 16 gr.
Giese, F., Lehrbuch der Pharmacie zum Gebrauch öffentlicher Vorlesungen und zur Selbstbelehrung. *Ersten* Bds 4te Abth. gr. 8. 2 Rthlr.
Grindels, D. D. H., Taschenbuch für prüfende Aerzte und Apotheker. kl. 8. 16 gr.
— — russisches Jahrbuch der Pharmacie. 6ter Bd. 8. 1 Rthlr. 12 gr.
— — und *F. Giese* russisches Jahrbuch für die Chemie und Pharmacie. 1r Bd. 8. 1 Rthlr. 4 gr.
* Janus oder russische Papiere, herausgegeben vom Probst *Heideke*. 1s Stück. 1 Rthlr.
Ideen über die Vegetation und einige Worte über den Dünger. 12 gr.
* *Kotzebue's, A. v.*, Leontine, ein Roman mit Kupfern. 4 Rthlr. 8 gr.
— — Preussens ältere Geschichte. 4 Bände. gr. 8. 10 Rthlr.
Schreibpap. 12 Rthlr.
Velinpap. 15 Rthlr.
— — Almanach dramatischer Spiele. 7r Jahrgang für 1809. netto 1 Rthlr. 6 gr.
— — Derselbe 8te Jahrgang für 1810. 1 Rthlr. 6 gr. netto.
* *Lang, J.*, über den obersten Grundsatz der politischen Oekonomie. gr. 8. 12 gr.
Löfflers, Dr. *A. F.*, Handbuch der wissenswürdigsten, und zur Beförderung einer glücklichen medicinischen und chirurgischen Praxis vorzüglich geeigneten, neuesten Bemerkungen und Entdeckungen. 3r Bd. 8. 2 Rthlr. 8 gr.
Ovids Schicksale während seiner Verbannung. Vom Verfasser der Novellen des Doro Caro. Mit 1 Titelkupfer. 16 gr.

* *Schlip-*

† *Schlippenbach*, *U. v.*, Ikonologie des jetzigen Zeitalters, oder Darstellung einiger allegorischen Personen nach heutiger Sitte. Mit Holzschnitten. 8.
Auf Druckpap. 1 Rthlr. 8 gr.
— Schreibpap. 1 Rthlr. 16 gr.

— — malerische Wanderungen durch Curland. Mit Kupfern. 2 Rthlr.

— — Kuronia, eine Sammlung vaterländischer Gedichte. 2te u. 3te Samml. à 16 gr.

Unterhaltungen, wöchentliche, für Liebhaber deutscher Lectüre. Herausgegeben von *J. H. Reke*. 2ter u. 3ter Jahrg. à 2 Rthlr. 8 gr.

An Freunde und Kenner der Chemie.

Grundriß der Chemie, nach den neuesten Entdeckungen entworfen und zum Gebrauch akadem. Vorlesungen und zum Selbstunterricht eingerichtet von Dr. *Fr. Albr. Carl Gren* und von Dr. *Christ. Fr. Bucholz*, als Besorger der *dritten* umgeänderten Ausgabe. *Zwey* Theile. gr. 8. (4 Rthlr.)

Seit dem J. 1796., wo der treffliche *Gren* zuerst seinen Grundriss der Chemie herausgab, ist die Wissenschaft über alle Vorstellung fortgeschritten. Bey einer neuen Ausgabe musste daher auf die reiche Ausbeute der folgenden Fächer, namentlich auf die *Berthollet'sche Verwandtschaftslehre*, auf die neuen so wichtigen Erfahrungen über *galvanische Elektricität*, und so vieles andere Rücksicht genommen, und mancher dadurch einleuchtende frühere Irrthum verbessert werden. Selbst die Anordnung der Materien bedurfte in dieser Hinsicht mancher Abänderung. Diess alles hat der dem chemischen Publicum so rühmlich bekannte Herausgeber und Bearbeiter der neuen Auflage geleistet, und diesem Werke, welches nun mit der *Klaproth'schen* Bearbeitung der grössern *Gren'schen* Chemie ein vollendetes Ganze ausmacht, einen neuen Werth gegeben.

Buchhandlung des Waisenhauses in Halle.

Mureti, *M. A.*, Scripta selecta. Curavit *C. Ph. Kayser*. Accedit *Fr. Creuzeri* epistola ad editorem. Heidelberg, Mohr und Zimmer. 8 maj. 1 Rthlr. 12 gr.

In einer vorangehenden Epistel an den Herausgeber dieser Anthologie hat Herr Hofrath *Creuzer* den Gesichtspunkt derselben sehr treffend angegeben. *Muretus* ist der Einzige, welcher die alte Römersprache rein in eine moderne Zeit überzutragen wusste, darum dient er billig als Führer dem Jünglinge, der sich dem Kreise der Alten nähern, und, zumal mit Cicero, vertrautere Bekanntschaft pflegen will. Die Sammlung ist mit der höchsten Zweckmässigkeit veranstaltet; voran steht, als Einleitung, die treffliche Lobrede des *Bencius* auf *Muretus*: dann folgen, mit sinnvoller Auswahl, seine schönsten Briefe, Vorreden, Reden, die anmuthige Blumenlese unter der Aufschrift: *Lectiones variae*, die vorzüglichsten Commentarien und einige Gedichte. So findet der Jüngling hier eigentlich den ganzen *Muretus* in der Zusammenstellung des Trefflichsten, und er wird ihm sogar unentbehrlicher seyn, als irgend einer der altrömischen Prosaisten, wenn er eine längst abgeschlossene Sprache auf neue Ansichten, Begriffe, Sitten und Gewohnheiten anwenden lernen will."

In der unterzeichneten Buchhandlung wird von der

Histoire de France, pendant le 18 Siècle, par M. *Lacretelle* le jeune. III Tomes. gr. 8. à Paris, Buisson. 1808.

eine deutsche *Uebersetzung*, mit *berichtigenden Anmerkungen und Erläuterungen*, zur nächsten Michaelis-Messe erscheinen, und der *Erste* Band schon zu Anfange des Septembers zu haben seyn.

Berlin, am 18ten Julius 1809.

Sanders Buchhandlung.

III. Auctionen.

Am 20sten Novbr. d. J. soll zu Frankfurt a. d. Oder eine schätzbare Sammlung von Büchern, aus mehreren tausend Bänden bestehend, gegen baare Bezahlung in Preuss. Cour. verauctionirt werden. Die Buchhandlungen, welche sich an einem Universitäts-Orte befinden, wie auch folgende Buchhandlungen sind mit Catalogen versehen, und zu deren Auslieferung bereit: Hr. Arnold in Dresden, Hr. Eslinger in Frankfurt a. M., Hr. Ettinger in Gotha, Hr. Felsecker in Nürnberg, Hr. Fleischmann in München, Hr. Hahn in Hannover, Hr. Hartmann in Riga, Hr. Roehs in Schleswig, Hr. Korn d. ä. in Breslau, Hr. Metzler in Stuttgard, Hr. Niemann in Lübeck, Hr. Perthes in Hamburg, die Himburg'sche Buchhandlung in Berlin, und Hr. Heinsius in Leipzig.

Die auf den 15ten August bestimmt gewesene Versteigerung der Bibliothek des sel. Geh. Justizraths *Häberlin* bleibt bis zum 15ten December ausgesetzt. Statt des verstorbenen Herrn Vicepräsident *Henke* erbietet sich der Herr Abt *Pott*, frey an ihn eingehende Aufträge gefälligst zu besorgen.

Helmstädt, den 11ten August 1809.

ALLGEMEINE LITERATUR-ZEITUNG

Donnerstags, den 14. September 1809.

WISSENSCHAFTLICHE WERKE.

RECHTSGELAHRTHEIT.

PARIS, b. Letellier etc.: *Oeuvres* de *Robert-Joseph Pothier* Conseiller au Présidial d'Orléans, Professeur en droit français à l'Université de la même ville. 1805 — 1807. *XII Volumes.* 8. (19 Rthlr. 12 gr.)

Unter allen Schriften französischer Juristen haben unstreitig die von *Pothier* (geb. 1699. gest. 1772.), sowohl in Frankreich selbst, als in auswärtigen Ländern, das grösste Publicum gefunden, und sie verdienen diesen Vorzug mit Recht. Weit entfernt durch die Einführung des neuen Gesetzbuches ihren Werth verloren zu haben, ist dieser vielmehr, besonders in der vor uns liegenden neuen Ausgabe noch erhöhet worden. In welcher genauen Beziehung steht nicht z. B. der *Traité des Obligations* zu *Napoleons* Gesetzbuch! Dieselbe Individualität, fast derselbe Gang der Untersuchung, wird gleich beym ersten Blick sichtbar, so dass wir sofort bemerken: es sind Producte auf demselben Grund und Boden, durch dieselbe Cultur des Geistes erzeugt und zur Reife gebracht. Die Aeusserung des einen Herausgebers *Bernardi* in der Vorrede zu den Obligationen ist nicht übertrieben, wenn er sagt: „*La publication du Code civil en a rendu l'étude plus indispensable encore, puisque presque toutes ses dispositions sur les Obligations et les Contrats y sont copiées mot à mot.*" Gewiss ist *Pothier* bey sehr vielen Lehren des Napoleonischen Codex nicht bloss beym Obligationenrecht, sondern auch beym Eigenthum, bey der ehelichen Gütergemeinschaft u. s. w. als der beste und gründlichste Commentator zu betrachten, als ein Commentator, der, was nicht so auffallend ist, als es scheint, früher da war, als der Text erschien über welchen er commentirte. Wir müssen um so mehr einen ausführlicheren Bericht über die Werke dieses berühmten Gelehrten erstatten, da man in der Hauptstadt des französischen Reiches, selbst nach der Promulgation des neuen Gesetzbuches es noch für nothwendig hielt, sie, mit den Grundsätzen des erstern verglichen, in einer Reihe von Bänden herauszugeben.

1) *Traité des obligations*, selon les régles, tant du for de la conscience, que du for extérieur. Nouv. éd. par M. *Bernardi* ex-Legislateur, Chef de la Div. civile au Ministere du Grandjuge. *T. I.* An XIII. (1805.) XX u. 388 S. *T. II.* XI u. 372 S. gr. 8.

Das ganze Obligationenrecht, welches so sehr in das tägliche Leben eingreift und auf den unveränderlichsten Principien beruht, wird von *Pothier* mit vielem Fleisse, wiewohl nicht gerade immer in einer zweckmässigen Ordnung dargestellt. Gerade so wie er seinen *Traité* mit einem *Titre préliminaire* beginnt, eröffnet der Code Napoléon das Recht der Forderungen Livre III. Titel 3. chap. 1. mit *Dispositions préliminaires*. Statt aber sogleich zu den conventionellen Verbindlichkeiten überzugehen, sucht unser Vf. zuvor zweckmässig den Begriff der Verbindlichkeit überhaupt zu bestimmen. Da dieser ohne Zweifel die Grundlage des Obligationenrechts ausmacht, so hätten die Vff. des neuen Gesetzbuches auch hierin ihrem Vorgänger folgen sollen. Auf der andern Seite scheint jedoch *Pothier's* Ansicht selbst in vielen Stükken mangelhaft zu seyn, besonders in Beziehung auf das römische Recht, dessen Darstellung doch sein Hauptzweck war. „*Le terme d'Obligation*, sagt der Vf, *a deux significations. Dans une signification étendue, lato sensu, il est synonyme au terme de devoir, et comprend les obligations imparfaites, aussi bien que les oblig. parfaites; — — dans un sens peus propre et moins étendu, (il) ne comprend que les obligations parfaites, qu'on appelle aussi engagemens personnels, qui donnent à celui envers qui nous les avons contractés, le droit d'en exiger de nous l'accomplissement; et c'est de ces sortes d'obligations qu'il s'agit dans ce Traité.*" — Der angegebene Begriff in weiterm Sinne schliesst selbst das Gebiet der *Moral* nicht von sich aus, und ist daher in *juristischer* Hinsicht von gar keiner Bedeutung: Alles was eine Pflicht, eine Schuldigkeit (*devoir*) nach sich zieht, soll Verbindlichkeit seyn? Aber auch in dem Sinne, wenn *Pothier* sagt: das Wort Verbindlichkeit begreift bloss die *perfecten* Verbindlichkeiten, welche das Recht geben von uns ihre Erfüllung zu verlangen, ist der Begriff so gut wie gar nicht bestimmt. Verbindlichkeit ist vielmehr das aus gewissen erlaubten oder unerlaubten Handlungen zwischen bestimmten Personen (einem Debitor und Creditor) entstandene wechselseitige Verhältniss über eine Leistung, die rechtlich erzwungen werden kann. Dieser Begriff scheint alle Arten der Verbindlichkeiten zu begreifen und überhaupt der Ansicht des römischen Rechts am angemessensten zu seyn. *Pothier* definirt bloss die *obligatio civilis*, die klagbare Ver-

Verbindlichkeit, er musste aber, wenn der Gegensatz erschöpfend seyn sollte, eine jede mit rechtlichem Zwang begleitete Verbindlichkeit darstellen, also auch die *obligatio naturalis*: denn auch hier findet ohne Zweifel rechtliche Nothwendigkeit, wenn auch nicht gerade der auf einer besondern Form des Civilrechts beruhende *directe* Zwang, d. i. eine *Klage* statt. Man geräth überdiess bey unserm Begriffe nicht in Gefahr die Verbindlichkeit, wie diess bey unsern Civilisten sehr gewöhnlich ist, sich als ein lediglich passives Verhältniss zu denken. So sagt z. B. *Höpfner* — und wer ist nicht seinem Beyspiele gefolgt? — Verbindlichkeit sey eine von den Gesetzen einer Person auferlegte Nothwendigkeit *etwas zu leisten*. Der Begriff ist blofs auf den *Debitor* gestellt, während er das ganze *wechselseitige* Verhältniss zwischen Creditor und Debitor, sowohl die Forderung als Verbindlichkeit hätte umfassen sollen. Die Römer wenigstens dachten sich, wie *direct* bewiesen werden kann, unter *ihrem Obligatio* nicht nur das *passive* Verhältniss von Seiten des *Debitors*, sondern auch das *active* von Seiten des *Creditors* ausgedruckt. — Ueberhaupt können wir *Pothier* daraus einen gegründeten Vorwurf machen, dass er die für die Erklärung des römischen Rechts so überaus wichtige Theorie von *obligatio naturalis* und das Verhältniss zur *civilis* sowohl *efficax* als *inefficax* zu wenig berücksichtigt hat. In dem Code Napoléon kömmt in dem Art. 1235. blofs die, wie sie dasteht, sehr nüchterne Bemerkung vor: „In Ansehung natürlicher Verbindlichkeiten, die man freywillig erfüllt hat, hat die Zurückforderung nicht statt." — Die Abhandlung *Pothier's* selbst zerfällt in *vier* Hauptabschnitte: 1) von dem was zum Wesen der Obligationen gehört und von ihren Wirkungen; 2) von den verschiedenen Arten der Obligationen; 3) von den Arten wie die Verbindlichkeiten erlöschen und von den Einreden (*fins de non-recevoir*) und Präscriptionen; 4) von dem Beweis sowohl der Obligationen selbst als ihrer Erfüllung. Beynah denselben Gang befolgt das Napoleonische Gesetzbuch, es handelt gleichfalls zunächst von den Erfordernissen, welche zur Gültigkeit der Verträge wesentlich gehören, hierauf von den Wirkungen der Verpflichtungen, sodann von den verschiedenen Gattungen der Verbindlichkeiten; ferner von Erlöschung der Verbindlichkeiten; endlich vom Beweise der Verpflichtungen und der Zahlung. Wir wollen über diese Ansicht zuvor im Allgemeinen unsere Bemerkungen mittheilen, ehe wir uns zur Beschreibung des Details wenden. Sowohl Hr. Hofrath *Zachariä* zu Heidelberg, in seinem Handbuche des französischen Civilrechts, als auch der neueste Bearbeiter des C. N. Hr. Professor *Bucher* zu Halle in seiner system. Darstellung des im Königreich Westphalen geltenden Nap. Privatr. haben gefühlt, dass diese Darstellung, wobey die Vff. des neuen Gesetzbuches offenbar *Pothier* gefolgt sind, nicht wissenschaftlich genug durchgeführt und begründet ist, um Beyfall zu verdienen. *Zachariä* handelt sehr zweckmäfsig zuerst von den Verbindlichkeiten im Allgemeinen und geht dabey folgende Punkte durch: 1) Begriff und Eintheilungen; (hierhin alles was Art. 1168 – 1233. und 1235. in dem Gesetzbuch vorkommt, eine Reihe von *acht* Eintheilungen!) 2) Rechtsgründ der Verbindlichkeiten; 3) rechtliche Wirkungen; 4) Arten wie die Verbindlichkeiten erlöschen. (Die Lehre von dem Beweis trägt der Vf. nach einer richtigen Methodologie gar nicht im *theoretischen*, sondern im *praktischen* Civilrecht vor.) In einem besondern Abschnitt werden sodann die einzelnen Arten der Verbindlichkeiten, namentlich die Verträge, Quasicontracte, Delicte und Quasidelicte durchgegangen. *Bucher* gleichfalls von der Ansicht ausgehend dass die Lehre vom Beweis gar nicht in die Theorie des eigentlichen Civilrechts gehöre, lässt zwar keine Theorie von der Verbindlichkeit im Allgemeinen voraus gehen, befolgt aber nachstehende, wie uns scheint nicht unzweckmäfsige Darstellung, wobey wir fast behaupten möchten, dass er die scharfsinnige Theorie eines *alten* französischen Civilisten benutzt und zum Grunde gelegt hätte. Er redet zuerst von der Entstehung und den Wirkungen der Verbindlichkeiten, und hierauf von der Auflösung derselben. Bey der Entstehung und den Wirkungen werden die Verträge in einer weitläuftigen Theorie entwickelt, die Verbindlichkeiten welche ohne Uebereinkunft entstehen, sehr kurz dargestellt. Alles was *Zachariä* als Eintheilungen neben einander stellt und als rechtliche Wirkungen der Verbindlichkeiten im Allgemeinen betrachtet, kommt bey *Bucher* gerade nicht unpassend in der Vertragslehre vor. Diese zerfällt nämlich in die Lehre von der Constitution und den Wirkungen; die Aufhebung ist von der Allgemeinen, die bey allen Verbindlichkeiten eintritt, nicht verschieden, und es ist gut gleich durch die Darstellung hierauf hinzudeuten. Diess ist der Grund weshalb überhaupt die Entstehung und die Wirkungen, als Gegensatz von der Auflösung zusammen gefasst werden. Constitutive Erfordernisse des Vertrages sind vor allen Dingen gesetzlich fähige Subjecte, sodann ein gehörig beschaffener Zweck und Gegenstand des Vertrages, endlich aber, wodurch das Ganze eigentlich erst zum Vertrage erhoben wird, die Einwilligung. Die Einwilligung lässt sich aber betrachten *sowohl* überhaupt und zwar theils in Hinsicht auf die Contrahenten selbst, theils in Hinsicht auf einen dritten, *als* in Beziehung auf nähere Bestimmungen derselben, die entweder in Hinsicht auf die Zeit eintreten, dahin die Lehre von den Bedingungen und vom Zahlungstermin, oder in Hinsicht auf den Gegenstand; wobey *entweder* der bey der Convention gebrauchte Ausdruck dunkel ist, dahin die Lehre von der Auslegung der Verträge, und von den alternativen Verbindlichkeiten; *oder* der versprochene Gegenstand selbst ungewiss, dahin die Lehre von der Leistung des Interesses oder einer conventionellen Strafe, oder endlich in Hinsicht auf das Quantum der Leistung, dahin die Lehre von den theilbaren und solidarischen Verbindlichkeiten. — Wir wenden uns nach diesen Bemerkungen zu *Pothiers* Theorie selbst, und wollen sie in steter Hinsicht auf den *Code Napoléon* etwas näher befchreiben. Der *erfte* Hauptabfchnitt zerfällt in *zwey* Kapitel, das *erfte* handelt von dem was zum Wefen der Obligationen gehört; das *zweyte* von den Wirkungen derfelben. Zum Wefen einer Obligation gehört nach *Pothier's* Anficht vor allen Dingen, ein gehöriger Grund woraus die Verbindlichkeit entfteht, Subjecte unter welchen fie zu Stande kömmt und ein Gegenftand, worauf fie gerichtet ift. Der hauptfächlichfte Entftehungsgrund find die Verträge, von diefen wird daher zunächft gehandelt. Der Begriff wird gerade fo beftimmt wie im C. N. Art. 1101., und nachdem diefes gefchehen ift der Unterfchied des Vertrages von der Pollicitation angegeben. Der neue Herausg. bemerkt dabey: „*le Code civil ayant déclaré qu'il n'y auroit plus que deux manières de difpofer de fes biens à titre gratuit, la donation entre vifs, et le teftament, il s'enfuit qu'il rejette la pollicitation.*" Die wefentlichen natürlichen und zufälligen Vorausfetzungen eines jeden Vertrages werden durchgegangen und mit Beyfpielen aus dem neuen Gefetzbuch erläutert; fodann aber die Eintheilungen der Verträge dargeftellt. *Bernardi* hätte hierbey wohl etwas näher die Abweichungen vom C. N. zeigen können; bey der Eintheilung in Confenfual- und Realverträge ift z. B. gar keine Bemerkung hinzugefügt, und doch fehlt diefe Eintheilung im neuen Gefetzbuche. Die verfchiedenen Fehler welche bey Verträgen vorkommen können, werden ohne fyftematifche Beziehung aufgezählt. Bey dem Irrthum bemerkt *Bernardi* in einer Note als etwas Neues oder Abweichendes, dafs der Irrthum nur dann ein Grund der Ungültigkeit eines Vertrages fey, wenn er nicht einen zufälligen Umftand, fondern das Wefen der Sache felbft betreffe, welche das Object des Vertrages ausmacht; es wird dabey aufser dem Art. 1110. nach der *Procès-verbal du confeil d'état* T. IV. S. 163. citirt. Bekanntlich ift diefer Grundfatz *durchaus nicht neu*, wie man nach dem Herausg. glauben follte; und die Note hätte daher entweder ganz wegbleiben, oder wenigftens nicht als eine *Singularität* des neuen Rechts angeführt werden follen. Nicht blofs hier, fondern überall zeigt fich dafs Hr. *Bernardi* bey der Herausgabe nicht mit der Kritik, wie fein Nachfolger, Hr. *Hütteau* verfahren ift. Offenbar bezieht fich der Irrthum, Zwang und Betrug auf die *Einwilligung*, deren Freyheit dadurch gehindert ift; viel fyftematifcher würde fie *Pothier* daher bey diefer abgehandelt haben, als da, wo er von den Verträgen überhaupt ohne nähere Beziehung redet. Die *léfion entre majeurs* fteht hier als Hindernifs der Gültigkeit eines Vertrages ganz am unrechten Orte. Nicht genug dafs *Bernardi* bemerkt, dafs die Refciffion nach dem C. N. nicht *en faveur de l'acheteur* ftatt finde, hätte er bemerken follen, dafs fie *blofs* zum Vortheil des *Verkäufers* anwendbar fey, und dafs diefs nicht etwa eine Neuerung des Napoleon. R. fey, fondern vielmehr eine *reine* Anwendung des römifchen Rechts. Alle Ausdehnung auf den Käufer fowohl als auf andere onerofe Gefchäfte ift, wie wir unten zeigen werden, durchaus unftatthaft. Die *léfion entre mineurs*, welche *Pothier* ferner anführt, kann man noch vielweniger als ein *vice des contrats* betrachten! Der *défaut de caufe dans le contrat* als weitere Quelle der Ungültigkeit gehört wieder nicht hierher, eben fo wenig der *défaut de lien dans la perfonne qui promet*. Alles was darüber gefagt ift und was überhaupt S. 15—35. vorkommt, könnte viel fchicklicher bey andern Gelegenheiten erwähnt werden. Wie natürlich hätte endlich nicht der *défaut de lien dans la perfonne qui promet*, welcher den Befchlufs des trocknen Fehlerregifters ausmacht, mit den gleich darauf folgenden *Perfonnes qui font capables ou non de contracter* verbunden werden können? Was die letztern betrifft fo zählt der Vf. die natürlich und rechtlich unfähigen Perfonen auf, und führt namentlich unter den letztern 1) die Weiber an; (die Unfähigkeit derfelben ein rechtliches Gefchäft einzugehen, war wie man aus *Pothier* fieht, fchon längft hergebrachte Sitte in Frankreich) 2) die *interdits pour caufe de prodigalité*; (der Herausgeber bemerkt hierbey in Beziehung auf den Art. 513. des C. N. dafs von einer folchen Interdiction keine Rede mehr feyn könne, fondern nur von einem gerichtlich angeordneten Beyftande) 3) die *mineurs qui contractent fans l'autorité de leur tuteur*. (Auch hier fügt *Bernardi* zweckmäfsige Bemerkungen hinzu.) Bey dem *Objet des contrats* wird hauptfächlich der Grundfatz aufgeftellt und näher beftimmt: *qu'on ne peut valablement ftipuler ni promettre que pour foi*, und S. 63. wird näher gezeigt, dafs ein Vertrag nur über den Gegenftand der darin begriffen ift und unter den Contrahenten felbft feine Wirkung äufsern kann, vergl. C. N. Art. 1165. Die hierauf folgenden *Règles pour l'interprétation des conventions* find beynah wörtlich in das neue Gefetzbuch übergegangen, vergl. Art. 1156 — 1164. Den Befchlufs macht die Lehre vom *ferment que les parties contractantes ajoutent quelquefois à leurs conventions*. Der Herausg. bemerkt dabey: „*Tout ce que dit l'auteur eft entièrement hors d'ufage. Nul notaire n'inf̈ère aujourd'hui le ferment dans une convention.*" S. 80. kommt der Vf. auf die *autres caufes des obligations*, namentlich 1) auf die *quafi-contrats*; 2) auf die *délits et quafidélits*; 3) auf die *obligations qui ont pour feule et unique caufe immédiate la loi*. Die gröfstentheils fehr inftructiven Begriffe und Grundfätze des Vfs. find beynah durchgängig in den Napoleonifchen Codex transferirt worden. Wir wollen die Brauchbarkeit des *Pothierfchen* Werkes in diefer Hinficht nur an einem Beyfpiel zeigen was uns gerade zunächft vorkömmt: in dem Art. 1370. des C. N. wird von einer unmittelbar gefetzlichen Verbindlichkeit unter Gränznachbaren geredet, wir würden uns diefelbe ohne fonftige Hülfsmittel gar nicht erklären können, durch *Pothier* erfahren wir dafs diefs urfprünglich eine durch die *loi municipale de la ville d'Orléans* eingeführte Verbindlichkeit war: „*de vendre à fon voifin la communauté de fon mur, qui fépare les deux maifons, lorsque ce voifin veut bâtir contre.*" — Nachdem die *caufes des obligations* weitläuftig erörtert find, folgen als zweytes conftitutives Erfordernifs, nach einer ziemlich inconfequenten Ordnung die Perfonen unter welchen überhaupt eine Verbindlichkeit beftehen kann.

Man

Man weiſs in der That nicht was man dazu ſagen ſoll, wenn man jetzt erſt nach weitläuftiger Abhandlung der Verträge und ſonſtigen Entſtehungsgründen der Verbindlichkeiten, die Bemerkung lieſt: „*Il ne peut y avoir d'obligation ſans deux perſonnes, l'une qui ait contracté l'obligation, et l'autre envers qui elle ſoit contractée. Celui au profit duquel elle a été contractée, ſ'appelle créancier, celui qui l'a contractée ſ'appelle débiteur.*" Den Beſchluſs der ganzen Lehre von der Conſtitution der Verbindlichkeiten macht der Gegenſtand und Stoff (*l'obiet et la matière*) derſelben. Hier werden die bekannten Grundſätze entwickelt, daſs nur eine Sache oder Handlung der Inhalt einer Verbindlichkeit ſeyn könne. (Die Art. 1126 — 1130. des C. N. ſind wörtlich aus *Pothier* entlehnt.) Die Wirkungen der gehörig zu Stande gebrachten Obligationen betrachtet *Pothier* theils in Hinſicht auf den Debitor, theils in Hinſicht auf den Creditor, während der C. N. beide Geſichtspunkte zuſammenfaſst. Die Bemerkungen und Parallelſtellen des neuen Herausg. ſind gröſstentheils zweckmäſsig. S. 102. ſteht die Bemerkung welche wir oben bey der Eintheilung in Conſenſual- und Realverträge vermiſst haben, daſs nämlich die Verbindlichkeit eine Sache zu übergeben nach dem C. N. *jederzeit* durch die bloſse Einwilligung perfect wird. Die Einwilligung allein macht den Gläubiger zum Eigenthümer, und er muſs in der Regel von dem Augenblick an, wo die Tradition geſchehen ſollte, auch wenn ſie wirklich nicht erfolgt iſt, die Gefahr der Sache tragen, wenn ſie zu Grunde gehen ſollten. S. 106. wird von dem wegen nicht erfolgter oder verzögerter Erfüllung zu leiſtenden Entſchädigung gehandelt. Auch der C. N. läſst dieſe Lehre auf die vorige folgen. Der Herausg. bemerkt hierbey ſehr richtig daſs alle dieſe Regeln bloſs das *geſetzliche* Intereſſe betreffen, nicht das vertragsmäſsige und verweiſt zugleich auf den Art. 1907. des C. N. — In dem *zweyten* Hauptabſchnitt handelt der Vf. *des différentes eſpèces d'Obligations*. Gerade ſo folgen auch im C. N. nach den zur Gültigkeit der Verträge weſentlichen Erforderniſſen und nach den Wirkungen derſelben, die verſchiedenen Gattungen der Verbindlichkeiten. *Pothier* zählt ſogar *zwölf* Eintheilungen auf, und geht ſie in beſondern Kapiteln bis zum Ende des *Tome premier* einzeln durch. Die Verbindlichkeiten ſind nach ihm 1) entweder natürliche und bürgerliche zuſammen, oder bloſs natürliche oder bloſs bürgerliche; 2) entweder unbedingte, oder bedingte; 3) entweder Verbindlichkeiten die auf ein Geben, oder ſolche die auf ein Handeln gerichtet ſind; 4) entweder liquide, oder nicht liquide; 5) entweder individuell, oder der Art nach beſtimmte Verbindlichkeiten; 6) entweder Haupt- oder Nebenverbindlichkeiten; 7) entweder urſprüngliche, oder ſubſidiaire Verbindlichkeiten (*Obligations primitives et ſecondaires*, die letztern ſind ſolche, welche *en cas d'inéxécution d'une première obligation* contrahirt ſind); 8) entweder Haupt- oder Nebenverbindlichkeiten in einer andern Rückſicht als Nr. 6. Dort verſteht *P.* unter Hauptverbindlichkeit „*l'obligation de ce qui fait le principal obiet de l'engagement*" hier „*celle de celui qui ſ'oblige comme principal obligé, et non pour aucun autre.*" Nebenverbindlichkeit auf der andern Seite iſt dort diejenige die als *ſuite* und *dépendance de l'obligation principale* zu betrachten iſt, hier aber die, welche ſolche Perſonen eingehen: „*qui ſ'obligent pour un autre, telles que ſont celles des cautions, et de tous ceux qui accèdent à l'obligation d'un autre.*" Dort wird alſo mit einem Wort die Eintheilung *objectiv*, hier *ſubjectiv* genommen; 9) entweder privilegirte, oder nicht privilegirte; 10) entweder hypothekariſche, oder chirographariſche; 11) entweder executoriſche, oder nicht executoriſche; 12) entweder mit körperlichem Zwang, oder nicht verbundene Verbindlichkeiten. Die bloſse Aufzählung aller dieſer Verbindlichkeiten iſt in der That eben ſo ermüdend, als ihre weitere Auseinanderſetzung. Wir bemerken bloſs daſs auch hier der C. N. als ein unvollſtändiger Auszug aus *P.* zu betrachten iſt. Rec. wollte ſich anheiſchig machen von den Art. 1168 — 1233. faſt einen jeden aus *Pothier* zu conſtruiren.

(*Die Fortſetzung folgt.*)

VERMISCHTE SCHRIFTEN.

Leipzig, b. Dürr: *Welt- und Wunder-Magazin*, worin Denkwürdigkeiten aus älterer und neueſten Geſchichte, erhabene Scenen auf und unter der Erde, geographiſche Miniaturdarſtellungen und Kabinetsſtücke aus den Schatzkammern der Natur in ſorgfältig ausgeführten *Kupferblättern* aufgeſtellt und für Leſer aus allen Ständen faſslich und unterhaltend beſchrieben werden, von Dr. *Karl Lang*, (Vf. des Tempels der Natur und Kunſt, der Haushaltung des Menſchen unter allen Himmelsſtrichen u. ſ. w.). *Erſter* Band. 1809. 374 S. gr. 8.

Dieſe Sammlung, die durch den ſonderbaren Titel abſchrecken könnte; (denn wie kann man die *Welt* in ein *Magazin* ſtecken; und die *Wunder* ſind doch auch in der *Welt*) iſt ſehr wohl darauf berechnet, Leſer aus ſehr verſchiedenen Klaſſen anzulocken und ſie zu unterhalten. Faſt alle nur darſtellbare Gegenſtände ſind durch Kupfer vom Vf. ſelbſt verſinnlicht, ſo daſs von 61 Aufſätzen 45 mit Kupfern, verſehen ſind, die, wenn gleich nicht illuminirt und nur klein (eine Ausnahme abgerechnet, ſind deren 4 auf einem Quartblatte), doch hinreichend ſind, den im Ganzen zweckmäſsigen Commentar, zu deſſen Lectüre ſie einladen, anſchaulich zu machen. Auch hat der Vf. gröſstentheils intereſſante Gegenſtände, zum Theil aus ſehr neuen Reiſebeſchreibungen, wie aus *Millin* und *Peron*, oder aus ältern und gröſsern Werken, die nicht in jedermann's Hände kommen, gewählt, oder auch eigene originale Aufſätze geliefert. Dieſs letztere iſt der Fall mit 4 Darſtellungen aus der Gegend von Tharand, wozu 4 Kupfer gehören; vier andere Kupfer erläutern Boiſſel's Fahrt auf der Rhone: mehrere andere betreffen Marſeille und die Provence, die Inſel Volcano, die meiſten übrigen einzelne geographiſche und naturhiſtoriſche Gegenſtände, deren Aufzählung hier zu weit führen würde. — Zur Erleichterung des Gebrauchs iſt ein alphabetiſches Regiſter beygefügt.

ALLGEMEINE LITERATUR-ZEITUNG

Freytags, den 15. September 1809.

WISSENSCHAFTLICHE WERKE.

RECHTSGELAHRTHEIT.

PARIS, b. Letellier etc.: *Oeuvres* de *Robert-Joseph Pothier* etc.

(*Fortsetzung von Num.* 252.)

Der *dritte* Hauptabschnitt von Nr. 1.: *Traité des obligations* etc., womit der *zweyte* Theil beginnt, ist den Arten gewidmet, wie die Verbindlichkeiten wieder aufgehoben werden. Auf dieselbe Art läfst der Code Napoléon diese Lehre auf die verschiedenen Gattungen der Verbindlichkeiten folgen, und wir können ohne Uebertreibung behaupten, dafs auch hier das neue Gesetzbuch als ein über *Pothier* geschriebenes Compendium angesehen werden kann. *Mouricauld* in dem *Discours prononcé sur le projet de loi concernant les dispositions relatives aux Contrats en général* etc. giebt diefs selbst zu verstehn. Nachdem er nämlich die *traités* von *Pothier* als *classisch* angeführt, fügt er hinzu: „*Le projet qui vous est soumis en est la substance; et par cette seule considération, il est déjà fortement recommandé à votre adoption.*" Um die Sache aber anschaulich zu machen und evident zu beweisen, soll hier eine kurze vergleichende Uebersicht mitgetheilt werden.

Pothier.	*Code Napoléon.*
Chap. 1. *du paiement.*	Sect. 1. *du paiement.*
— 2. *de la novation.*	— 2. *de la novation.*
— 3. *de la remise d'une dette*	— 3. *de la remise de la dette.*
— 4. *de la compensation.*	— 4. *de la compensation.*
— 5. *de l'extinction de la dette par la confusion*	— 5. *de la confusion.*
— 6. *de l'extinction de l'obligation par l'extinction de la chose due, ou lorsquelle cesse d'être susceptible d'obligation, ou qu'elle est perdue de manière qu'on ignore ou elle est.*	— 6. *de la Perte de la chose due.*

(Der Herausgeber *Bernardi* bemerkt: *Le Code civil ajoute à ces manières d'éteindre les obligations, la nullité ou la rescission, la prescription.* Das Letztere ist unrichtig; die Präscription handelt zwar *Pothier* Chap. 8. ab, im Code Napoléon kömmt sie aber bekanntlich erst ganz am Ende vor. Die Sect. 7. des C.N. aber: *de l'Action en nullité ou en rescission des Conventions*, ist ein Auszug aus *Pothier* Partie 1. Ch. 1. S. 1. Art. 3. *des différens vices qui peuvent se rencontrer dans les contrats.*)....

Nicht genug, dafs der Code Nap. beynah dieselbe Ordnung befolgt, läfst sich auch bestimmt zeigen, dafs der Inhalt eines jeden Artikels mit kleinen Abweichungen aus *Pothier* oft wörtlich ausgezogen sey. Der *vierte* Hauptabschnitt des *Pothier'schen* Werkes: *de la preuve tant des Obligations que de leurs paiemens*, entspricht endlich dem 6ten Capitel des C. N., welches überschrieben ist: *de la preuve des Obligations, et celle du paiement.* Eine kurze Tabelle mag auch hier die nahe Verwandschaft beider etwas näher zeigen:

Pothier.	*Code Napoléon.*
Chap. I. *de la preuve littérale.*	Sect. I. *de la preuve littérale.*
Art. 1. *des titres authentiques originaux.*	§. 1. *du titre authentique.*
Art. 2. *des écritures privées.*	§. 2. *de l'acte sous seing privé.*
§. 1. *des actes sous signatures privées ordinaires.*	cf. Art. 1322—28.
(§. 2. u. 3.: *des écritures privées, tirées des archives publiques* und *des papiers terriers et censiers*, sind im C. N. übergangen)	
§. 4. *des livres des marchands.*	cf. Art. 1329. 30.
§. 5. *des papiers domestiques des particuliers.*	cf. Art. 1331.
§. 6. *des écritures non signées des particuliers.*	cf. Art. 1332.
§. 7. *des tailles.*	§. 3. *des tailles.*
Art. 3. *des copies.*	§. 4 *des copies des titres.*
Art. 4. *de la distinction des titres en primordiaux et récognitifs.*	§. 5. *des actes récognitifs et confirmatifs.*
Chap II. *de la preuve vocale ou testimoniale.*	Sect. II. *de la preuve testimoniale.*
Chap III *de la confession, des présomptions, et du serment.*	Sect. III. *des Présomptions.* Sect. IV. *de l'Aveu de la Partie.* Sect. V. *du Serment.*

2) *Traité de la communauté*, auquel on a joint un *Tr. de la puissance du mari sur la personne et les biens de la femme.* Nouv. éd. par M. *Bernardi*. T. I. An XIV. (1806.) XVI u. 415 S. T. II. VIII u. 348 S. gr. 8.

Die Abhandlung *Pothiers* über die Gütergemeinschaft unter Eheleuten ist, wenn auch nicht so bekannt, wie das Obligationenrecht, doch für uns, nach Einführung des Code Napoléon, eben so wichtig. Die Grundsätze der Gemeinschaft, die, ehemals durch Gewohnheit ausgebildet, ein blosses Particularrecht der sogenannten *pays coutumiers* in Frankreich ausmachten, sind jetzt durch den Code Napoléon zu einem allgemeinen Rechtsinſtitut nicht nur für ganz Frankreich, ſondern auch für viele deutſche Länder erhoben worden. Die vielen ſo ſehr abweichenden Beſtimmungen dieſes Inſtituts, die ſich allmälig zu einem Ganzen gebildet, ſind bey *Pothier* mit vieler Beſtimmtheit entwickelt. Sein Werk macht in dieſer Lehre wieder das Haupthülfsmittel zur Erklärung des neuen Rechts aus, ja man kann auch hier behaupten, daſs viele Artikel des Napoleoniſchen Codex nur allein durch *Pothier's* Werk für uns verſtändlich werden. Auf der andern Seite enthält jedoch dieſer *Traité* auch viel Antiquariſches. Die ganze *Sixième partie de la continuation de communauté* z. B. iſt durch den Code Nap. unpraktiſch geworden. Viele neuere Beſtimmungen ſind jedoch ohne Vergleichung der ältern durchaus nicht verſtändlich, abgeſehen davon, daſs es immer intereſſant bleibt, ein Inſtitut ſeinem Urſprunge und ſeiner allmäligen Ausbildung nach kennen zu lernen. Der Herausg. hat, was hier noch viel nöthiger war, als bey der vorigen Abhandlung, die Abweichungen, wo ſie gerade zu bemerken waren, in Parentheſen hinzugefügt. Der ganzen Abhandlung von der Gütergemeinſchaft ſchickt der Vf. gleichſam als Vorbereitung die Lehre *de la puiſſance du mari ſur la perſonne et les biens de la femme* voraus. Es wird darin mehr von der Gewalt über die Perſon, als über das Vermögen gehandelt, deſſen ungeachtet aber iſt in der erſtern Hinſicht dieſer *Traité* von groſser Wichtigkeit. Denn auch die Grundſätze über die Gewalt des Mannes in Anſehung der Perſon ſeiner Frau waren durch allmälige Gewohnheiten entſtanden, und ſind gröſstentheils im C. N. als poſitives Geſetz ſanctionirt worden. Der Herausg. hat für gut gefunden, überhaupt von der Anordnung *Pothier's* abzuweichen und ſogar *ganz neue Lehren zu ſubſtituiren.* Wir können dieſes aber durchaus nicht billigen, indem nach unſerer Ueberzeugung der Herausg. eines Werkes nie den Text willkürlich ändern darf. Die Abweichungen und Zuſätze konnten ja bequem ohne Verunſtaltung des Textes in einem beſondern Anhange dargeſtellt werden. Der gewiſſenhafte Sinn, der in unſerer deutſchen Literatur herrſcht, würde ſich ein ſo gewaltſames Verfahren niemals erlaubt haben. Die ganze Abhandlung zerfällt in der vorliegenden Ausgabe in *zwey* Theile; in der *première Partie* wird von der Gewalt des Mannes über die Perſon, in der *ſeconde Partie* von der Gewalt des Mannes über das Vermögen der Frau gehandelt. Was die erſtere Gewalt betrifft, ſo handelt davon bekanntlich der Code Napoléon in dem ſo berühmten 6ten Cap. des 5ten Titels im erſten Buche, welches *Pothier* in folgenden 5 Sectionen commentirt: 1) *Ce que c'eſt que l'autoriſation du mari, dont la femme a beſoin; ſur quoi elle eſt fondée; quand la femme commence à en avoir beſoin; et comment elle peut être ſupplée.* 2) *Quelles ſont les femmes qui ont beſoin de l'autoriſation de leurs maris, et quels ſont les maris qui peuvent autoriſer leurs femmes.* 3) *Pour quels actes, et pour quelles obligations l'autoriſation du mari eſt-elle néceſſaire, et en quels cas la femme peut-elle eſter en jugement ſans ſon mari.* 4) *Comment et quand doit ſ'interpoſer l'autorité du mari.* 5) *Quel eſt l'effet, tant de l'autoriſation, que du défaut de l'autoriſation.* Unter der Rubrik: *de la puiſſance du mari ſur les biens de la femme*, trägt der Herausg. ſehr unvollſtändig die Lehre von den Ehepacten vor, von der man nicht recht einſieht, wie ſie unter den Begriff von *puiſſance du mari* komme. *Bernardi* ſcheint ſelbſt das Willkürliche ſeines Verfahrens gefühlt zu haben, und ſieht ſich daher genöthigt, in einer hinzugefügten Note Folgendes zu bemerken: „*Nous avons été obligés de déranger un peu (?) l'ordre ſuivi par Pothier. Il traitoit d'abord ici de la puiſſance du mari ſur les biens de la femme ſous le Régime dotal. Mais ce qu'il diſoit à cet égard eſt ſi incomplet, et reſſemble ſi peu aux diſpoſitions du Code civil ſur le même ſujet, qu'il a fallu le refaire en entier.* (Ein ſchöner Grund, unter *Pothier's* Namen etwas darzuſtellen, woran dieſer gar nicht gedacht hat und denken konnte!) *Nous le faiſons précéder, conformément à l'ordre ſuivi par le Code civil, des diſpoſitions générales concernant les conventions matrimoniales. Cette partie forme la préface de l'auteur, ſur le Traité de la Communauté.*" — Wir müſſen geſtehn, daſs dieſs eine Verſtümmelung des Werkes genannt werden müſſe! — Was die Lehre ſelbſt betrifft, ſo wird zuvor im Allgemeinen unterſucht, welche Eheverträge die ſich verheirathenden Perſonen eingehen können, ſodann inſonderheit, wie und auf welche Art ſie errichtet werden müſſen, und welches ihre eigenthümlichen Beſtandtheile ſind. Die *troiſième Partie* gehört ganz und gar *Pothier* nicht an; ſie iſt überſchrieben: *des divers régimes ſous lesquels on peut contracter le mariage d'après le Code civil.* Es wird darin hauptſächlich vom *Dotalrecht* und den damit in Verbindung ſtehenden Lehren gehandelt. S. 87. folgt die ſo wichtige Materie von der Gütergemeinſchaft ſelbſt, welche den Reſt des *erſten* Bandes und den ganzen *zweyten* Band einnimmt. Der Raum geſtattet uns nicht, hier in ein genaues Detail einzugehn, die ganze Abhandlung iſt aber unſtreitig die wichtigſte, welche über die franzöſiſche Gütergemeinſchaft geſchrieben iſt. Sie zerfällt in *ſechs* Abſchnitte: 1) von den Perſonen, unter welchen Gütergemeinſchaft contrahirt werden kann, von der Zeit, zu welcher ſie ihren Anfang nimmt, und von dem activen und paſſiven Beſtand derſelben; 2) von dem Recht der Ehegatten auf die Güter der Gemeinſchaft; 3) von der Aufhebung der Gemeinſchaft, von der von der Frau oder ihren Erben geſchehenen Annahme derſelben und von der Verzichtleiſtung auf dieſelbe; 4) von der Liquidation und Theilung, welche nach geſchehener Auflöſung eintritt; 5) von der Verbindlichkeit des Mannes und der Frau, ſo wie ihrer Erben, die Schulden der aufgelöſten Gemeinſchaft zu bezahlen; 6) von der Fortſetzung der Gemeinſchaft.

3) *Traité du contrat de vente.* Nouv. éd. par M. *Bernardi.* 1806. XX u. 395 S. gr. 8.

Die Grundſätze des Kaufcontracts ſind im Ganzen nicht ſo ſehr von der poſitiven Beſtimmung abhängig, wie die, welche bey andern Rechtsinſtituten, nament-

lich

ich bey der Gütergemeinschaft, eintreten. Die Veränderungen der neuen Gesetzgebung sind daher bey diesem Geschäft im Ganzen auch nicht so beträchtlich. Der Herausg., der hier wie überhaupt, nicht den Plan hatte, einen förmlichen Commentar über *Pothier's* Schriften, d. i. einen Commentar über einen Commentar zu schreiben, hat daher die Veränderungen bloss angedeutet, um so den Leser einen Wink zu geben, die neue Gesetzgebung zweckmässig mit den Schriften *Pothier's* zu verbinden. Die wichtigste Veränderung für Frankreich betrifft ohne Zweifel die Aufhebung des Vertrags *wegen Verletzung*. Im Allgemeinen lässt sich dieselbe schon aus der allgemeinen Natur des Kaufcontracts ableiten, welcher nicht ohne ein gewisses Verhältniss der Gleichheit zwischen dem verkauften Object und dem Kaufpretium denkbar ist. Die Kaiser *Diocletian* und *Maximian* bestimmten in der bekannten L. 2. C. IV, 44. *(de resc. vendit.)*, dass der *Verkäufer* Rescission des *Kaufes* solle verlangen können: *„si nec dimidia pars veri pretii soluta sit."* Eine Verordnung, die durch ihre Billigkeit allgemeinen Beyfall erhielt. In der Revolutionszeit wurde dieses heilsame Gesetz abgeschafft. *Bernardi* bemerkt sehr richtig: *„Cette abolition étoit une conséquence du bouleversement de la propriété qu'on sembloit vouloir détruire jusques dans les fondemens."* Die Discussionen des Staatsraths beurkunden es, wie viele Mühe es der neuen Gesetzgebung gekostet hat, den Grundsatz der Aufhebung wegen Verletzung wieder einzuführen. Man musste der allgemeinen Idee etwas nachgeben, und die Verletzung auf $\frac{7}{12}$ des wahren Werthes festsetzen, so wie überhaupt sehr genaue Gränzen vorschreiben. Man lese nur die Motifs von *Portalis*, und man wird erstaunen, mit welcher Mühe und Sorgfalt der Redner sich genöthigt sah, die an sich so sehr einfache Frage: *„doit-on admettre la rescission du contrat de vente pour cause de lésion?"* zu beantworten. Noch in einer andern Beziehung ist aber die ganze Vorschrift des Code Napoléon interessant für uns, weil wir darin, abgesehen von der Bestimmung: „dass künftig bloss die Verletzung von $\frac{7}{12}$ berücksichtigt werden solle," und abgesehen von einigen sonstigen Vorschriften, z. B. „dass die Klage auf Restitution nur zwey Jahre, vom Tage des abgeschlossenen Verkaufes an gerechnet, dauert," eine genaue Bestätigung des *römischen Rechts*, wie diess bey vielen andern Lehren eben so der Fall ist, wiederfinden. Die Rescission soll sich nämlich nach dem Art. 1674. bloss auf *Grundstücke*, nicht auf bewegliche Sachen beziehen; eben so wird in der L. 2. C. ein *fundus venundatus* vorausgesetzt. Die Rescission soll ferner bloss zum Vortheil des *Verkäufers*, nicht des Käufers, Statt finden; eben so bezieht sich die L. 2. C. bloss auf den *qui distraxit*, auf den Verkäufer. Bekanntlich hat man sich bey uns nicht entblödet, die in ihren Folgen so überaus wichtige L. 2. C. *de resc. vend.* nicht bloss auf alle Sachen, sondern auch auf den Käufer, ja selbst auf andere lästige Geschäfte, auszudehnen! Aber diese Ausdehnung ist offenbar unrichtig, und der vorgeblichen Billigkeit steht die Heiligkeit der Verträge entgegen, sie ist mithin eine wahre *aequitas cerebrina*. Der Code Nap. legt demnach in dieser Hinsicht eine viel richtigere Interpretation des römischen Rechts zum Grunde, als viele unserer römischen Civilisten, z. B. *Thibaut* u. s. w. Die Bemerkungen des Herausg. sind durchaus zweckmässig, und es bleibt uns überhaupt nichts weiter übrig, als noch einige Worte über die Anordnung des Ganzen zu sagen. Die ganze Abhandlung zerfällt nämlich in *sieben* Abschnitte: 1) von der Natur und den wesentlichen Erfordernissen des Kauf-Contractes; 2) von den Verbindlichkeiten des Käufers; 3) von den Verbindlichkeiten des Verkäufers; 4) von der Gefahr der verkauften Sache während dem Contract und der Uebergabe; 5) von der Erfüllung und Auflösung des Vertrags; 6) von dem Versprechen, kaufen und verkaufen zu wollen, von den Daraufgaben und verschiedenen besondern Arten des Kaufes; 7) von den dem Kauf-Contract ähnlichen Geschäften. — Die Nüancen der Lehre vom Kaufvertrage sind in dieser ausführlichen Darstellung genau von *Pothier* erschöpft worden, wenn gleich bey der wissenschaftlichen Darstellung wie überhaupt, so auch hier, Vieles zu wünschen übrig bleibt.

4) *Traité du contrat de louage et traité des cheptels.* Nouv. édition par M. *Bulteau* fils, ancien avocat au Parlement de Paris etc. 1806. XVI u. 427 S. gr. 8.

Von diesem Bande an hat sich die Person des Herausg. der *Pothier'schen* Werke geändert, und, wie wir mit Vergnügen bemerken, nicht zum Nachtheil des Instituts selbst. Mit vieler Sorgfalt sind die Parallelstellen bey jedem einzelnen Satze in Parenthesen hinzugefügt, die abweichenden Satze aber sehr zweckmässig in den Noten erörtert. Das Verhältniss des Herausg. zum Schriftsteller ist, wie der vorige Herausg. *Bernardi* besonders bey der Lehre von der Gütergemeinschaft zu thun kein Bedenken trug, nirgends hintangesetzt, sondern stets respectirt worden. Die Abhandlung *Pothier's* zerfällt wieder in *sieben* Abschnitte: 1) von dem Begriff der Natur und den wesentlichen Erfordernissen des Miethvertrags; 2) von den Verbindlichkeiten des Vermiethers; 3) von den Verbindlichkeiten des Miethers; 4) von der Erfüllung des Contractes und den sonst daraus entspringenden Gerechtsamen, insonderheit von dem Pfandrecht auf die Früchte und Mobilien der vermietheten Sache; 5) von der Aufhebung des Mieth- und Pachtvertrages; 6) von der stillschweigenden Reconduction, von einigen andern besondern Arten der Miethe von Sachen, von dem Versprechen zu miethen und der Miethe wegen gegebenen Angeldern; 7) von der Miethe eines Werkes. In einem Anhange endlich fügt *Pothier* einige der Miethe ähnliche Verabredungen hinzu. Der *Traité des Cheptels* ist unter einem besondern Titel, jedoch mit fortlaufenden Seitenzahlen, hinzugefügt. Die einzelnen Arten der Viehpacht werden genau ihren constitutiven und rechtlichen Wir-

Wirkungen nach beſchrieben, ſo daſs man auch dieſe Abhandlung wieder als einen Commentar über den Art. 1800—31. des Code Nap. betrachten kann. Der einfachen und ordentlichen Viehpacht iſt die *erſte* Section gewidmet, in der *andern* Section aber werden die andern Arten derſelben durchgegangen, namentlich 1) die Viehpacht zur Hälfte; 2) von der eiſernen Viehpacht *(Cheptel de fer.)* In dem C. N. überſchrieben: *Chèptel donné par le propriétaire à ſon fermier au colon partiaire.* 3) von einer andern Art der Viehpacht. (Im C. N. *du contrat improprement appelé cheptel.*) Dahin der ſo ſinguläre *Kuhvertrag*, den *Pothier* auf folgende Art beſchreibt: „*Il y a une eſpèce de cheptel fort uſitée dans notre vignoble d'Orleans. Un particulier donne une vache à un vigneron pour la loger et la nourrir. Le bailleur conſerve la propriété de ſa vache, et elle eſt à ſes risques: il a le profit des veaux qui en naiſſent, et il cède au preneur, pour la recompenſe de la nourriture que ce preneur fournit, et de ſes ſoins, le profit du laitage, ſauf de celui qui eſt neceſſaire pour la nourriture du veau depuis que la vâche a vêlé jusqu'à ce que le veau ſoit en âge d'être ſevré. Il lui cède auſſi le profit du ſumier, à la charge, par le preneur de ſe fournir à ſes dépens de chaume pour faire la litière.*" In dem Code Napoléon iſt dieſer aus allgemeinen Grundſätzen gar nicht zu erklärende Vertrag ſehr oberflächlich in einem kurzen unvollſtändigen Artikel dargeſtellt: „*Lorsqu'une ou pluſieurs vaches ſont données pour les loger et les nourrir, le bailleur en conſerve la propriété; il a ſeulement le profit des veaux qui en naiſſent.*" Sehr intereſſant iſt endlich noch die Abhandlung *du contrat de louage des voituriers par terre et par eau*, welche der Herausg. M. *Hutteau* fils (S. 365.) hinzufügt. *Bernardi* würde dieſe Lehre mit der Pothier'ſchen Darſtellung amalgamirt haben, aber viel gewiſſenhafter geht der eben genannte zweyte Herausgeber zu Werke. Da nämlich der 8te Titel des *dritten* Buches des C. N. bey der Miethe von Dienſten und Arbeiten, inſonderheit von der Miethe der Landfuhrleute und Schiffer handelt, *Pothier* aber dieſe Lehre mit Stillſchweigen übergeht: ſo hat Hr. *Hütteau*, um den Commentar über den erwähnten 8ten Titel vollſtändig zu machen, dieſe Lehre in einem beſondern Anhange aus einander geſetzt. *Pothier* hat zwar einen beſondern *Traité ſur le Louage maritime* publicirt, dieſer ſteht indeſſen mit unſerer Materie in wenig oder gar keiner Berührung; daher denn auch die neue Ausgabe deſſelben bis zum Erſcheinen des neuen *Code maritime* ausgeſetzt worden iſt. Mit einer bey Franzoſen ſeltenen Beſcheidenheit bemerkt *Hütteau* in dem Avertiſſement: „*Notre zèle nous a abuſés ſans doute ſur nos propres moyens; mais nous avons été entraînés par un intérêt bien puiſſant; celui de donner à cette édition le degré de perfection dont elle eſt ſuſceptible, en la mettant ſans ceſſe en parallèle avec notre nouveau droit français; c'eſt ici un ſacrifice que nous avons fait tout-à-la-fois à notre amour-propre, et à l'utilité de la tâche que nous avons entrepriſe.*" — In dem *erſten* Capitel wird von der Natur und Form des zwiſchen dem Principal und Fuhrmann vorkommenden Contracts geredet, und zwar *a*) vom Transport, *b*) von dem dafür zu erſtattenden Lohn; *c*) von der Einwilligung der Contrahenten. (Sie hätte billig die erſte Stelle einnehmen ſollen.) Das *zweyte* Capitel handelt von dem Beweis der Uebergabe der Waaren in die Hände des Fuhrmannes; *a*) von den Frachtbriefen *(des lettres de voiture)*, *b*) von den Regiſtern der Unternehmer öffentlicher Frachtwagen, *c*) von den Avisbriefen, *d*) von dem Zeugenbeweis. Das *dritte* Capitel entwickelt die verſchiedenen Verbindlichkeiten des Locators und die Grundſätze der gegen ihn vom Fuhrmann anzuſtellenden Klage: *a*) Verbindlichkeiten, welche in der Natur des Frachtvertrags ihren Grund haben; dahin α) die Verbindlichkeit, die zu transportirenden Sachen dem Fuhrmann in der geſetzten Zeit abzuliefern und auf ſeine Koſten zu emballiren, β) die Verbindlichkeit, das verabredete Frachtgeld zu bezahlen, eben ſo γ) die unvorhergeſehenen Ausgaben dem Fuhrmann wieder zu erſtatten, welche er zur Erhaltung der ihm anvertrauten Waaren nothwendig machen muſste. *b*) Verbindlichkeiten aus beſondern Verabredungen. (Sie müſſen, wenn ſie den Geſetzen und guten Sitten nicht zuwider ſind, genau befolgt werden; derjenige aber, der ein Intereſſe dabey hat, iſt ſchuldig, wenn ſie ungewöhnlich ſeyn ſollten, dieſelben ſchriftlich zu beweiſen.) Die Bemerkung, daſs dem Fuhrmann ein dem Gewicht und der Länge der Reiſe angemeſſenes Frachtlohn bezahlt werden müſſe, gehört eigentlich nicht hierher. Das *vierte* Capitel handelt von den Verbindlichkeiten des Fuhrmanns und der gegen ihn Statt findenden *Actio ex locato.* Der Fuhrmann iſt nicht nur ſchuldig den Transport zu übernehmen, ſondern auch in der gehörigen Zeit und mit aller Sorgfalt. Das *fünfte* Capitel endlich ſtellt die Grundſätze über die Beendigung und Aufhebung des Vertrags dar.

(Der Beſchluſs folgt.)

ALLGEMEINE LITERATUR-ZEITUNG

Sonnabends, den 16. *September* 1809.

WISSENSCHAFTLICHE WERKE.

RECHTSGELAHRTHEIT.

Paris, b. Letellier etc.: *Oeuvres de Robert-Joseph Pothier* etc.

(*Beschluss von Num.* 253.)

5) *Traité du contrat de constitution de Rente; Traité du bail à rente.* Nouv. ed. par *Hutteau fils.* 1806. XXXVI. 172 u. 254 S. gr. 8.

Die grofsen Veränderungen welche in dem Erbrentensystem statt gefunden haben, bestimmten den Herausgeber in einem vollständigen Werke alles zu vereinigen was mit dieser wichtigen Lehre in Verbindung steht. In dem vorliegenden Bande befinden sich daher ausser den *Traités* von *Pothier* sowohl über die *Rentes constituées* als *foncières*, so wie dem Commentar desselben Vfs. über den Tit. 19. *de la coutume d'Orléans*, die seit 1789. über die Renten erschienenen Gesetze, weniger nicht die seit Publication des neuen Gesetzbuches in dieser Lehre bereits statt gefundenen merkwürdigen Entscheidungen. Die beiden ersten Abhandlungen sind als unentbehrliche Hülfsmittel zu betrachten, denn man sieht daraus nicht nur wie das ganze Erbrentenwesen ehemals beschaffen war, sondern lernt auch den heutigen Zustand desselben aus den hinzugefügten Parallelstellen und Anmerkungen kennen. Bekanntlich sind durch den Code Napoléon alle Erbrenten für wiederkäuflich (*rachetables*) erklärt, und werden, ohne Rücksicht auf ihren Ursprung zu nehmen, als *mobiliaires* betrachtet, sowohl die *rentes foncières*, als die *rentes constituées* sind denselben Grundsätzen unterworfen. Unter *Rentes foncières* (vorbehaltene Renten, *census reservativi*) werden die Interessen verstanden, die sich der Eigenthümer eines Grundstückes bey der Veräusserung desselben statt des Kaufgeldes oder für einen Theil des Kaufgeldes vorbehalten hat, und sie kommen durch den *Contrat de bail à rente foncière* zu Stande. Die *Rentes constituées* hingegen (bestellte Renten, *census constitutivi*) sind Interessen von einem Capital, das der Gläubiger mit dem Versprechen dargeliehen hat, das Capital nicht aufzukündigen, und der Vertrag, wodurch sie bedungen werden, heisst Renten- oder Gültenkauf. (*Constitution de rente.*) Vergl. *Zachariä* §. 220. *Bucher* §. 276. Nach dem ältern französischen Recht waren eben so wie nach den Grundsätzen des deutschen Rechts, die *vorbehaltenen* Renten *unablöslich*. Der Veräusserer des Grundstückes blieb Obereigenthümer, und die vorbehaltene Rente gieng als Folge des Obereigenthumes, und als ein Surrogat die Sache zu benutzen, auf einen jeden Besitzer der Sache in der Eigenschaft eines dinglichen Rechtes über, sie waren *immobiliaires*. Bey Abfassung des C. N. waren die Stimmen, ob man dieses Institut als ein unbewegliches und unablösbares bestehen lassen sollte, getheilt. *Portalis* und *Maleville* stimmten für die Erhaltung, *Tronchet* und *Bigot-Préameneu* für die Aufhebung, nach einer langen Discussion wurde die Meinung der letztern aus vielen Gründen, bestätigt. Die Eigenschaft eines *dinglichen* Rechts kann also eine Rente nun nicht mehr von selbst erhalten, sondern nur dadurch dafs man die Form einer Hypothek bey ihr beobachtet. Ueberhaupt findet nach dem C. N, wenn man die Artikel 530. und 1911 fg. mit einander vergleicht, weiter kein Unterschied statt, als dafs die Nichtauslösung einer reservativen Rente auf 30 Jahre, die Nichtauslösung einer constitutiven Rente auf 10 Jahre, aber in beiden Fällen nicht auf längere Zeit verabredet werden kann. Ungeachtet dieser so wichtigen Verschiedenheit des alten Erbrentensystems welches *Pothier* darstellt, von dem neuen, bleiben seine Abhandlungen, wie gesagt, noch immer höchst lehrreich und interessant. Viele Rechtsfragen lassen sich durchaus nicht ohne Zuziehung des alten Rechtes beantworten, die Darstellung desselben wird demnach stets ein unentbehrliches Hülfsmittel bleiben. Die *erste* Abhandlung *du contrat de constitution de Rente* (vom Renten oder Gültenkauf) zerfällt in *acht* Kapitel: 1) von der Natur des Vertrages; 2) von den Grundsätzen welchen der Vertrag einer immerwährenden constitutiven Rente unterworfen ist; 3) von den Personen welche einen solchen Erbrentenvertrag schliessen können und auf wessen Kosten er geschlossen werden müsse; 4) von den hinzugefügten Nebenverträgen und der Interpretation des ganzen Geschäftes; 5) von der Natur, Leistung und Verjährung der zu leistenden Renten; 6) von dem Beweis des geschehenen Rentenkaufes, und von der Vermuthung dafs eine Rente constitutiv und ablöslich sey; 7) von der Auflösung des constitutiven Erbrentenvertrages; 8) als Anhang die Lehre vom Leibrentenvertrag. Die *zweyte* Abhandlung: *du contrat de bail à rente;* enthält *sechs* Kapitel: in dem *ersten* wird von dem Begriff der immerwährenden vorbehaltenen und unablöslichen Renten gehandelt; zugleich werden die Verschiedenheiten dieses Geschäftes vom Kauf und der Miethe und die damit übereinstimmenden Grundsätze angegeben.

ben. In dem *zweyten* Kapitel werden die drey constitutiven Erfordernisse durchgegangen, nämlich das unter der Bedingung einer Rente gegebene Object (*la chose qui est baillée à rente*), die vorbehaltene Rente selbst und die Einwilligung der Contrahenten. Das *dritte* Kapitel handelt von den aus dem Geschäft entspringenden Verbindlichkeiten, das *vierte* von gewissen besondern Verabredungen, das *fünfte* von den Rechten sowohl der Gläubiger solcher vorbehaltenen Renten selbst, als der Besitzer der mit solchen Renten belasteten Grundstücke, das *sechste* endlich von der Aufhebung des Geschäftes und Erlöschung der Renten. Insonderheit ist bey der Aufhebung des Geschäftes selbst in einer besondern Section das *déguerpissement* erwähnt, worunter der Act zu verstehen ist: „*par lequel le possesseur d'un heritage chargé d'une rente foncière, pour se decharger de cette rente, abandonne en justice l'heritage au creancier de la rente.*" Der *Code Napoléon* hat an die Stelle desselben allgemein das *délaissement* substituirt, dessen unterscheidende Merkmale der Herausgeber sehr gut in einer hinzugefügten Note bestimmt hat.

6) *Traité du droit du domaine, de propriété* Nouv. éd. par M. *Hutteau* fils. 1807. XLIX u. 367 S. gr. 8.

Der dieser Abhandlung vorausgeschickte *discours préliminaire* zeigt dass der Herausg. M. *Hutteau* ein Mann von vieler Belesenheit und grosser Bildung sey. Wir haben denselben mit dem grössten Interesse gelesen und können ihn mit Recht als eine überaus lehrreiche Einleitung zu der ganzen Lehre empfehlen. Den Text der Abhandlung *Pothier's* hat der Herausg., was wir sehr billigen, gleichfalls unverändert gelassen, dagegen die wichtigsten Abweichungen des neuern Rechts in gedrängter Kürze in den Noten aus einander gesetzt. Den Beschluss des Ganzen aber macht ein sehr zweckmässiger *Extrait des lois sur la propriété, rendues depuis* 1790. Um den Inhalt des *Pothier'schen* Werkes, so kurz als möglich, auch hier anzugeben, bemerken wir nur folgendes. Der Vf. theilt seinen *Traité* in *zwey* Theile, er betrachtet in dem *ersten* das Recht des Eigenthumes an und für sich, in dem andern aber die sich darauf beziehenden Rechtsmittel. Das Recht an und für sich wird in *zwey* Kapitel aufgelöst; das *erste* untersucht wie der Begriff des Eigenthumsrechts zu bestimmen sey und was dazu wesentlich gehöre; das *andere* aber wie das Eigenthum erworben werde und verloren gehe. Auf den Verlust bezieht sich die Sect. VII., auf die Erwerbarten aber die ersten 6 Sectionen. Die Ordnung welche *P.* bey den letztern befolgt, ist im Ganzen folgende: 1) Occupation herrnloser Sachen, insonderheit *a*) von der Jagd; *b*) von der Fischerey und dem Vögelfang; *c*) von dem Finden der Schätze, der verlorenen Sachen (*des épaves*), insonderheit der Bienenschwärme (*des essaims d'abeilles*) und Entdeckung unbewohnter Länder. (Beyläufig wird auch von dem Gewohnheitsrecht der Normandie geredet, sich der zufällig vom Meer an das Land gespühlten Sachen zu bemächtigen; *droit de varech et choses gaives*, welches mit dem deutschen *Strandrecht* viel Aehnlichkeit hat.) *d*) von der eigentlich sogenannten Occupation; 2) von der Erbeutung feindlicher Sachen, 3) von der Accession, 4) von der Specification und Confusion, 5) von der Tradition, 6) von den Arten das Eigenthum nach dem Civilrecht zu erwerben. Ausser diesen Erwerbarten wird noch besonders von der Bestimmung des Willens in der Person des Erwerbers geredet, und die Frage beantwortet: ob wir auch durch andere das Eigenthum erwerben können? — Die Fälle des Verlustes werden nach dem bekannten Unterschied durchgegangen, ob sich derselbe mit oder ohne unsern Willen ereignet. Der *zweyte* Theil beschäftigt sich, wie gesagt, mit den Rechtsmitteln. Diese werden aber nicht nur sehr unvollständig sondern auch nach einer unrichtigen Ansicht vorgetragen. Der Vf. geht nämlich (S. 178.) von der einseitigen Bemerkung aus: „*Du domaine de propriété que nous avons des choses particulières, naît une action qu'on appelle action de revendication. Du domaine que nous avons d'une hérédité que la loi nous a déférée,* (?) *naît une action contre ceux qui nous la disputent, qu'on appelle pétition d'hérédité.*" Er stellt hierauf *bloss* die *rei vindicatio* und die durchaus nicht hierher gehörende *hereditatis petitio* in einem sehr ausführlichen Detail dar.

7) *Traité de la possession; Traité de la prescription qui résulte de la possession.* Nouv. éd. par M. *Hutteau* fils. 1807. XXIV u. 404 S. gr. 8.

Die Abhandlung über den Besitz geht von S. 1—88. die Hauptursachen derselben sind, wie wir mit einem bewährten Schriftsteller Hn. *von Savigny* urtheilen, richtig, und die Darstellung selbst ist recht gut und zu einer allgemeinen Uebersicht sehr brauchbar. Der Vf. hat wie bey allen seinen Abhandlungen stets die Abweichungen des französischen Rechts hinzugefügt, und der Herausg., M. *Hutteau*, hat auch diesen *Traité* mit fast durchaus zweckmässigen Bemerkungen begleitet. *Pothier* untersucht zuerst die Natur des Besitzes, die verschiedenen Arten und Fehler desselben, hierauf wendet er sich in einem besondern Kapitel zur Beantwortung der Frage, ob man den Titel und die Qualität seines Besitzes ändern könne? ferner werden die des Besitzes fähigen Objecte dargestellt, und nach diesen vorläufigen Bemerkungen, von dem Erwerb der Erhaltung und dem Verlust geredet. Den Beschluss machen die aus dem Besitz entspringenden Rechte und possessorischen Klagen. — Der *Traité de la prescription* beginnt S. 91. Auch hier werden vorläufige Bemerkungen mitgetheilt und sodann die einzelnen Verjährungsarten sowohl nach den Grundsätzen des römischen Rechts als nach den besondern französischen Gewohnheiten näher beschrieben. Der Herausg. M. *Hutteau*, lässt hierauf, um das Ganze zu vervollständigen, (S. 275.) aus dem *Pothier'schen* Commentar über die *Coutume d'Orléans* den XIV. und XXIIten Titel folgen. Jener handelt *de la Prescription*, die-

dieser *des Cas Possessoires.* (Der Commentar über das Gewohnheitsrecht von *Orléans*, woraus diese Titel entlehnt sind, war bekanntlich das erste Werk welches *Pothier* im J. 1740. drucken liess. Acht Jahre später folgten die *Pandectae Justinianeae in novum ordinem digestae.*) Der Herausgeber beschliesst auch diesen Band mit einem *Extrait des Lois rendues depuis* 1790. und mit den merkwürdigsten Entscheidungen, welche über diese Rechtslehre in neuerer Zeit ergangen sind.

8) *Traité du contrat de société.* Nouv. édit. par M. *Hutteau* fils. 1807. XII u. 385 S. gr. 8.

In diesem Bande ist alles zusammengefasst was auf den Societätscontract sich bezieht und damit in Berührung steht. Die Societät selbst nimmt billiger Weise den ersten Platz ein (S. 2—121.). Die Natur des Contractes wird bestimmt und von ähnlichen Geschäften, namentlich von der *communauté* unterschieden, die verschiedenen Arten und Clauseln desselben werden durchgegangen und sodann von den Personen, welche eine Gesellschaft eingehen können, und von den dabey eintretenden gesetzlichen Vorschriften gehandelt. Alles dieses macht den Inhalt der vier ersten Kapitel aus. Die folgenden drey Kapitel sind den Rechten und Verbindlichkeiten aus der entstandenen Societät gewidmet, und die beiden letzten Kapitel reden von der Aufhebung und den Wirkungen der aufgehobenen Societät. S. 125. folgt als *premier Appendice au contrat de société* die Lehre *du Quasi-contrat de Communauté.* Der Herausg. bemerkt dabey sehr richtig: dass der C. N. die Arten von Societät, welche unabhängig von dem Willen entstehen, mit Stillschweigen übergehe, ja dass nach dem aufgestellten Begriff der Quasicontracte es das Ansehen gewinne, als ob der Gesetzgeber zu der Klasse der Quasicontracte, die aus der Gemeinschaft unter Miterben und Mitlegatarien entspringenden Verbindlichkeiten gar nicht zähle. „*Néanmoins*, bemerkt *Hütteau*, *revenons à la doctrine de M. Pothier; et disons que si ce ne sont pas là expressément des quasi-contrats, on doit les regarder comme des espèces de quasi-contrats, et leur appliquer les principes qui regissent les quasicontrats.*" Als ein zweyter der Societät ähnlicher Quasicontract wird S. 170 fg. von der *voisinage* geredet oder von den zwischen Nachbaren statt findenden wechselseitigen Verbindlichkeiten. — Als Zugabe des Herausg. wird S. 189. aus dem *Pothier'schen commentaire sur la coutume d'Orléans* die *Introduction* zu dem Titre XI. *de la société* und S. 220. die *Introduction* zu dem Titre XIII. *des servitudes réelles*, welche mit dem *Tr. du voisinage* allerdings in Berührung steht, hinzugefügt. Hierauf ist (S. 257.) die *Pothier'sche* Abhandlung über die in den meisten *coutumes* begründete Lehre von der *garde noble* und *bourgeoise* abgedruckt, und als etwas der *garde noble* und *bourgeoise* Entsprechendes fügt *Hütteau* die wenigen Artikel des neuen Codex (Art. 384—387.) über die *garde paternelle* mit den Bemerkungen von *Malevill*e und der Discussion des Staatsrathes hinzu. Den Beschluss macht, wie gewöhnlich, ein *Extrait des lois rendues sur les sociétés depuis* 1790. und zuletzt einige *arrêts notables.* — Die Anzeige der übrigen, zum Theil noch nicht in der neuen Ausgabe gedruckten, Abhandlungen des ohne Zweifel sehr gelehrten *Pothier* versparen wir bis zu einer andern Gelegenheit.

Mainz, b. Kupferberg: *Vermischte Aufsätze und Abhandlungen aus dem Gebiete der Justiz und Polizey mit Hinsicht auf die Umstände und Begriffe der Zeit.* Von *A. J. Steiger*, vormals fürstl. Waldburg-Wolfegg'schen Oberamtsrathe zu Wolfegg. 1809. VIII u. 176 S. 8. (16 gr.)

Unsere Literatur ist schon so sehr mit Sammlungen der Art überschwemmt, wie die hier angezeigte ist, dass die Kritik bey der Würdigung neuer Sammlungen möglichst strenge seyn muss. Die Behandlung manches einzelnen Falls kann zwar hie und da für die Wissenschaft verdienstlich seyn; aber diese Fälle müssen dann mit besonderer Vorsicht ausgewählt, und mit mehr als gewöhnlichem Geiste behandelt werden. Alle Dinge in der Welt haben mehrere Seiten, aber nicht bloss eine und die andere darf herausgehoben und ins Licht gestellt werden, wenn ihre Beleuchtung verdienstlich seyn soll. Die Beleuchtung muss das Ganze umfassen, und möglichst vollständig seyn. Wenn wir nach diesen Prämissen die vor uns liegende Sammlung würdigen, so können wir ihr unmöglich grossen Werth beylegen; sie scheint uns um so mehr unnöthig zu seyn, da die hier gegebenen Aufsätze bereits in verschiedenen Zeitschriften abgedruckt sind, das Publicum sie also schon kennt. Der hier zusammengedruckten Aufsätze sind *zwey und zwanzig.* *Vierzehn* davon gehören in das Gebiete des Privat- und des peinlichen Rechts; *sieben* in das Gebiete der Polizey, und die *letzte* liefert einen Beytrag zum Staatsrechte des rheinischen Bundes. Leider erhebt sich keine über den grossen Haufen. Der Vf. zeigt sich zwar überall, als ein Geschäftsmann von der bessern Gattung; aber um als Schriftsteller aufzutreten, und der Wissenschaft wirkliche Dienste zu leisten, dazu ist der gute Wille und die Kenntniss einiger Lücken unserer Gesetzgebung oder Anwendung, noch keinesweges ausreichend. Die Gegenstände, mit welchen der Vf. sich beschäftigt, sind zwar grösstentheils nicht uninteressant; aber was er darüber sagt, ist meist zu kurz und zu oberflächlich, auch nirgends allumfassend und erschöpfend genug, als dass wir seine Arbeit der Aufmerksamkeit der Freunde der Jurisprudenz und Polizeywissenschaft empfehlen könnten. Wer nur einigermassen in der Literatur dieser Wissenschaften bekannt ist, wird wohl nichts finden, was er nicht schon längst wüsste; und findet er etwas neues, so wird ihn die Arbeit des Vfs. nicht befriedigen, weil er durchaus mehr darauf ausgeht die vorhandenen Lücken zu zeigen, als zweckmässige Mittel nach zu weisen, wie sie sich ausfüllen lassen;

was doch gerade die Hauptſache iſt. Zum Beweiſe unſeres Urtheils müſſen wir den Leſer auf die Schrift ſelbſt verweiſen. Nur ſo viel wollen wir bemerken, daſs uns unter den verſchiedenen Aufſätzen folgende noch am meiſten befriediget haben: Nr. III. *Auf welche Art wäre den Rechtsſtreitigkeiten, welche aus Viehhändeln der Landleute entſtehen, am kräftigſten vorzubeugen, oder doch ihre Verminderung und Abkürzung am ſicherſten zu bewirken* (S. 14—21.)? Der Vf. verlangt, daſs alle Contrahenten *ohne Ausnahme* angewieſen werden ſollen, den geſchloſſenen Kauf- oder Tauſchhandel, bey Strafe der Nichtigkeit (richtiger: bey Strafe des Verluſtes ihres Klagerechts wegen etwa vorhandener Gewährsmängel) in das Gerichtsprotokoll regiſtriren zu laſſen; — was ſchon in mehreren Staaten verordnet iſt, wie wohl es bey dem Leichtſinne und bey dem Mangel an Sachkenntniſs, mit welchem der gröſsere Theil des Juſtizperſonals dieſe Sache zu betreiben pflegt, nicht viel hilft, und oft nur dazu dient den Betrug des Einen oder des Andern Theils zu genehmigen. VI. *Ueber die Verjährung in peinlichen und Strafſachen* (S. 30—40.). Der Vf. erklärt ſich gegen die Verjährung, „weil der Verbrecher wegen ſeines ehemaligen Unrechts der Geſellſchaft noch immer verantwortlich bleibe, und einmal durch ſeine Thathandlung gezeigt habe, daſs er die Aeuſserung ſeiner Willkür nicht auf die Bedingung einzuſchränken ſich angelegen ſeyn laſſe, daſs ſie mit der Freyheit der Willkür aller nach einem allgemeinen Geſetze zuſammen beſtehen könnte." Der letzte Grund möchte wohl weniger ausreichend ſeyn; gerade dadurch, daſs der Verbrecher, *ohne beſtraft worden zu ſeyn*, kein weiteres Verbrechen verübt hat, zeigt er, daſs es bey ihm der Strafe nicht bedürfe, um ihn zur Rechtlichkeit zu beſtimmen. VIII. *Sollte wohl der in der höchſten Noth begangene Diebſtahl als keiner rechtlichen Zurechnung fähig unbedingt anzuſehen ſeyn* (S. 50—56.)? Wird bejaht, in Bezug auf den *Geſetzgeber*, weil es für dieſen Pflicht ſey, da keine Strafſanction zu erlaſſen, wo ſich ihm die Ueberzeugung aufdrängt, daſs der übermächtige Drang ſinnlicher Forderung die Vorſtellung des Strafübels gänzlich verſchlinge, und der unwiderſtehliche Trieb der Selbſterhaltung alle Strafdrohung verſpotte. Verneint wird übrigens dieſe Frage in Bezug auf den *Richter*; doch verdient das, was der Vf. über die Willkürlichkeit und rechtliche Imputabilität eines ſolchen Diebſtahls ſagt, noch manche Berichtigungen. XIV. *Ueber die Schwierigkeit des Beweiſes in ſtreitigen Paternitätsfällen ledig ſchwangerer Frauensperſonen* (S. 95—103.). Der Vf. will, und zwar mit Recht, bey der Frage: ob dem einen oder dem andern Theile der Reinigungs- oder der Erfüllungseid zuzuerkennen ſey? auf den perſönlichen Charakter und den bisherigen Lebenswandel der Parteyen geſehen wiſſen. Aeuſserſt ſonderbar ſind die (S. 101.) angeführten Verordnungen des ſogenannten *Matrimonialgeſetzbuchs des Kantons Zürich* von J. 1804 hierüber. XIX. *Mißbräuche der Tauf- und Geburtsbücher in Hinſicht unehelicher Kinder* (S. 140—146.). Das leichtfertige Einſchreiben des Vaters eines ſolchen Kindes ohne ausreichende Beweiſe in die Kirchenbücher wird hier mit Recht gerügt. Die (S. 145.) angeführte Verordnung der *öſtreichiſchen* Geſetzgebung: „daſs die als Vater angemerkte Perſon bey ſolchen Einſchreibungen zugegen, und dem Pfarrer auch den Taufpathen wohl bekannt geweſen, ſich auch zum Vater des Kindes bekannt, und entweder ſelbſt verlangt habe, daſs ihr Bekenntniſs in dem Taufprotokolle angemerkt werde, oder doch wenigſtens zu dieſer Anmerkung auf Erinnerung eines Dritten ihre Einwilligung ertheilt habe." — Dieſe Verordnung wird als nachahmenswerth mit Recht empfohlen. XXI. *Ueber den Nachtheil des ſogenannten Schulgeldes, als der gewöhnlichen Beſoldung unſerer Landſchullehrer, nebſt Winken und Vorſchlägen zu einem angemeſſenen Surrogate* (S. 156—168.). Der Vf. bringt zur Beſoldung der Schullehrer eine Schulfonds-Caſſe in Vorſchlag, welche durch Zuſammenwerfung der Fonds der frommen und milden Stiftungen und der in katholiſchen Staaten vorhandenen Brüderſchaften conſtituirt werden ſoll. Ein ſehr guter Vorſchlag; wiewohl nur ausführbar in katholiſchen Staaten, wo es noch ſolche Fonds giebt. Auſserdem wird ſich wohl der Staat ſelbſt ins Mittel legen müſſen: denn der Schulunterricht iſt einer der wichtigſten Gegenſtände der Staatsverwaltung, ungeachtet man ihn beynahe überall mehr als eine bloſse Privatangelegenheit der Aeltern der Schulkinder zu betrachten, und daher auch Unterricht und Schullehrer, und ihre Beſoldung bloſs ihrem Schickſale zu überlaſſen pflegt, wo dann mancher Schullehrer nicht beſſer bezahlt wird, als ein ſchlechter Holzſpälter. XXII. *Bemerkungen über den Art. XXXII. des Rhein. Conföderations-Vertrags vom 12. Jul.* 1806. (S. 168—176.) Dieſe Bemerkungen betreffen die Frage: nach welchen Normen der Ruhegehalt der durch die Errichtung des Bundes auſser Activität gekommenen Staatsdiener der mediatiſirten Stände, in denjenigen Bundesſtaaten zu beſtimmen ſey, wo es an beſtimmten Landesgeſetzen über das Penſionsquantum in Ruhe verſetzter Staatsdiener fehlt? Der Vf. will hier die Sanctionen des §. 59. d. R. D. A. v. J. 1803. zur Richtſchnur genommen wiſſen; was dieſer Klaſſe von Staatsdienern ſehr zu wünſchen ſeyn möchte; wie wohl wir uns nicht überzeugen können, daſs die Gründe ausreichend ſeyn, welche er für die *rechtliche* Richtigkeit ſeiner Behauptung anführt.

ALLGEMEINE LITERATUR-ZEITUNG

Montags, den 18. September 1809.

WISSENSCHAFTLICHE WERKE.

PHILOSOPHIE.

1) Leipzig, b. Barth u. Kummer: *Friederich August Carus*, Prof. der Philosophie zu Leipzig; *Psychologie. Erster* Band. 1808. XXVI u. 518 S. *Zweyter* Band. 472 S. 8. (4 Rthlr.)

2) *Ebend.:* *Friederich August Carus* u. s. w. *Geschichte der Psychologie.* 1808. IV u. 771 S. 8. (2 Rthlr. 16 gr.)

3) *Ebend.:* *Friederich August Carus* u. s. w. *Psychologie der Hebräer.* 1808. VIII u. 452 S. 8. (2 Rthlr. 16 gr.)

Auch unter dem Titel:

F. A. Carus u. s. w. *Nachgelassene Werke. Erster* bis *dritter* und *fünfter* Theil.

Vielen unsrer Leser wird bereits bekannt seyn, dafs von dem zu früh verstorbenen Vf. dieser Werke auch die Revision der Psychologie in den *Erg. Bl.* zur A. L. Z. (1802. Nr. 82—93. u. 1803. Nr. 4—24.) herrührt. Seine ausgebreitete und genaue Kenntnifs der neuern psychologischen Literatur, seine Bekanntschaft mit der Wissenschaft in allen ihren Theilen, und überdiefs seine in jeder Hinsicht unbefangene Wahrheitsliebe, hat der Vf. in derselben unstreitig auf eine zu ruhmwürdige Art bewährt, als dafs diese Werke nicht die Aufmerksamkeit der Psychologen erregen sollten. Allein je dankbarer sie für den Nachlafs des Vfs., den der Titel ankündigt, seyn müssen, um so mehr werden sie es bedauern, dafs der selige *Carus* jene Werke unvollendet hinterlassen hat, ja dafs die Manuscripte desselben vielleicht von ihm gar nicht unmittelbar für den Druck bestimmt waren. Wenigstens ist dieses wohl bey der Psychologie der Fall, wie aus der Vorrede des Herausgebers beider Werke, des Hn. Dr. *Hand*, zu derselben hervor zu gehen scheint, wenn es gleich nirgend ausdrücklich gesagt wird. Rec. hält es um so mehr für seine Pflicht, hierüber das nöthige aus der Vorrede mitzutheilen, da in einem Falle wie der gegenwärtige, nur die Geschichte der Herausgabe eines Buchs den Vf. vor unbilligem und ungerechtem Tadel schützen kann, und aufserdem auch nöthig ist, das Verdienst des Herausgebers richtig zu würdigen. Der Vf. hatte seit zehn Jahren Vorlesungen über die Seelenlehre gehalten und ihr einen grofsen Theil seiner Zeit gewidmet. Sein zu früher Tod erregte bey der grofsen Zahl seiner Schüler und Verehrer den Wunsch seine Schriften herausgegeben zu sehen, und unstreitig hat sich ihnen der Herausgeber durch die Uebernahme eines mühevollen Geschäfts verpflichtet. Obgleich der Vf. schon vor mehrern Jahren den Plan zu einem Lehrbuche der Psychologie entworfen hatte, so blieb dieser doch unausgeführt, wenn er gleich mehrere psychologische Handschriften hinterlassen hat. Die vornehmsten unter denselben waren Hefte für seine psychologischen Vorlesungen, denen er mit jedem Jahre mehr Vollkommenheit zu geben gesucht hatte. Diese wurden Hn. *Hand* mit allen übrigen dahin gehörigen Papieren des Vfs. zur Herausgabe übergeben. Eine nähere und innigere Bekanntschaft mit den psychologischen Ansichten des Vfs. gab ihm das Vertrauen, für den Namen des Vfs., wie er sich ausdrückt, zu arbeiten. Er bemühte sich daher, aus jenen Papieren ein Ganzes zu gewinnen, wie es in dem Geiste des Vfs. lag. Die Arbeit des Vfs. sollte ganz so, wie er sie hinterlassen, wiedergegeben und nur für den Zweck der Herausgabe gesichtet werden. Das Bestreben des Herausg. gieng dahin, in der Form und der Materie nichts zu entfernen und nichts beyzumischen, was der Individualität des Vfs. hätte Eintrag thun können. — Rec. hat sich in der bisherigen Anführung ganz an die Ausdrücke des Herausg. gehalten, und nur das, was er sagt, kürzer mitgetheilt. Kürzer und besser hätte uns der Herausg. unumwunden sagen sollen, dafs er aus den vorhin erwähnten Papieren des sel. *Carus* Psychologie so darzustellen gesucht habe, wie derselbe sie uns selbst gegeben haben würde, wenn er uns nicht durch den Tod entrissen wäre. Allein bey einer so planen und jedermann sogleich verständlichen Erklärung hätte der Herausg. schwerlich hinzu setzen können: „Und so liefere ich in diesen Bänden ganz *Carus* Arbeit, einzig seine Bearbeitung der Psychologie ohne Zusatz und Verminderung: so verblieb mir nur die Organisirung und die äufsere Gestaltung der vorhandenen Schriften." Denn es möchte nicht leicht zu begreifen seyn, wie dieses Buch ganz und einzig als des seligen *Carus* Arbeit zu betrachten seyn kann, wenn dem Herausg. die Organisirung des Ganzen zuzuschreiben ist, oder, wenn von jenem zwar die Materie, von diesem aber die Form ganz oder auch nur zum Theil herrührt. Rec. wünscht, und in seinen Wunsch werden gewifs viele einstimmen, dafs es dem Herausg. gefallen hätte, uns des Vfs. psychologische Arbeiten, so wie sie derselbe hinterlassen, zu geben, und nur da, wo Aenderungen durchaus nöthig waren, sie angebracht und sie zugleich als Veränderungen bezeichnet hätte. Unſtreitig hätte er ſo mehr für den Namen des Vfs. gearbeitet und ſich gegründetere Anſprüche auf unſere Dankbarkeit erworben, als durch eine ungleich ſchwerere Arbeit, der er ſich unterzogen. Jenes wäre auch um ſo leichter geweſen. Denn des verſtorbenen Hefte, oder wie Rec. es lieber nennen möchte Concepte, zu ſeinen Vorleſungen waren einmal da, und öfter durcharbeitet; zu dem fanden ſich in ſeinem Nachlaſſe Erörterungen über einzelne Gegenſtände der Pſychologie, die vielleicht in Vorleſungen nicht an ihrem rechten Orte geweſen wären. Dieſe in Anmerkungen oder in Nachträgen hinzu zu fügen, wäre unſtreitig zweckmäſsiger geweſen, als ſie in eins mit dem, was in den Heften enthalten war, zu verſchmelzen. Denn ſo wäre das Buch dem Pſychologen nicht allein willkommen geweſen, ſondern wäre unſtreitig auch für denjenigen ſehr nützlich geworden, der ſich in einer wiſſenſchaftlichen Pſychologie durch daſſelbe hätte initiiren wollen. Denn für einen ſolchen möchte gerade ſo viel gehören als in zweckmäſsigen Vorleſungen ſeine Stelle haben kann.

In der Einleitung verzeichnet der Vf. den Gang, den die Entwickelung der pſychologiſchen Begriffe erſt bey dem Einzelnen nimmt, und zeigt den Uebergang der hieraus entſpringenden Kenntniſs zur Pſychologie; betrachtet denn das Verhältniſs der Pſychologie zur Philoſophie und den übrigen Wiſſenſchaften, beſtimmt den Einfluſs der Philoſophie auf dieſelbe, und redet zuletzt von der Erfahrung, den Beobachtungen und den Erklärungen die die Pſychologie zu geben hat. — So ſehr Rec. dem Vf. in den meiſten ſeiner Behauptungen beyſtimmt, ſo ſehr hätte er gewünſcht, den gröſsten Theil derſelben an einem andern Orte aufgeſtellt zu ſehen. Denn nicht alles was ſich über eine Wiſſenſchaft ſagen läſst, gehört in eine Einleitung, welche der Darſtellung derſelben vorher gehen ſoll; ſondern nur dasjenige, was ohne mit den Lehren derſelben bekannt zu ſeyn, verſtanden werden kann. Behauptungen wie (S. 53.), daſs das Talent des abſtracten Denkers und des Beobachters, wie es hier heiſst, ſich entgegen ſtehen, und ſehr viele andere die Rec. hier anführen könnte, ſtehen unſtreitig an einem unrechten Orte. Rec. würde dieſen Fehler, der nur zu häufig in Einleitungen zu Lehr- und dieſen ähnlichen Büchern gegen die Methode begangen wird, nicht auszeichnen, wenn die Einleitung bloſs ſolche unzeitige Sprünge in die Materie, wenn ſie nicht auch ſogar Anwendungen von ihr machen wollte, die ſchon über die Materie hinaus ſind. Denn alles, was S. 5—14. über die Anleitung zur Kenntniſs der Menſchen von der früheſten Jugend an bis zu dem Jünglingsalter geſagt wird, iſt doch nichts anders als Pädagogik und Didaktik, die freylich auf Pſychologie beruhet, aber deshalb doch keine reine Pſychologie iſt. — Rec. ſtimmt übrigens dem Vf. bey, wenn dieſer S. 23—24 die Eintheilung der Pſychologie in die empiriſche und rationale verwirft, wenn nämlich die Behauptung des Vfs., daſs dieſer Unterſchied nicht ſtatt finde, nichts anders ſagen ſoll, als daſs die empiriſche Pſychologie nicht bloſs empiriſche Erkenntniſſe enthalte. Denn empiriſch ſind zwar die erſten eigenthümlichen Erkenntniſsgründe derſelben; allein ſie bleibt hiebey nicht ſtehen und ſchlieſst aus denſelben, und ſelbſt auf etwas, was wir vor keinen Sinn bringen können, deſſen Begriff alſo nicht rein empiriſch ſeyn kann, wie die Begriffe von Vermögen und Kräften. Dennoch bleibt der Unterſchied zwiſchen der empiriſchen und rationalen Seelenlehre wenigſtens in der Idee, wenn es auch der rationalen Seelenlehre nie gelingen ſollte aus dem Begriffe der Seele das abzuleiten, was die empiriſche mit der Erfahrung beglaubigt. Der von dem Vf. für ſeine Behauptung beygebrachte Grund, daſs jene Unterſcheidung nicht die Erkenntniſsquelle der einen oder andern Wiſſenſchaft, da dieſer das *Eine Bewuſstſeyn* ſey, iſt entweder falſch oder er beweiſet nicht was er beweiſen ſoll. Er iſt falſch wenn dieſs *Eine Bewuſstſeyn* das reine oder das Bewuſstſeyn überhaupt ſeyn ſoll: denn von dieſem und zwar einzig und allein von dieſem geht die getrennte Seelenlehre aus, dahingegen die empiriſche ſich an das empiriſche Selbſtbewuſstſeyn hält. Nichts beweiſen würde jener Grund, wenn er ſo viel ſagen ſollte, daſs ſowohl in der empiriſchen als rationalen Seelenlehre alle Erkenntniſs ſich zuletzt auf ein Bewuſstſeyn ſtützen müſſe: denn dieſes iſt nicht allein hier, ſondern bey jeder Erkenntniſs der Fall. Demnach würde der obige Grund zu viel und alſo auch gar nichts beweiſen. Denn eben ſo gut kann man demſelben zu Folge den Unterſchied zwiſchen Vernunft und Erfahrungskenntniſſen läugnen. Die nachfolgenden Aeuſserungen des Vfs. und ſeine ganze Behandlung der Pſychologie zeigt indeſſen, daſs ſeine Pſychologie eine ganz empiriſche iſt. Wenn er gleich vieles mitnimmt was nicht ſowohl Pſychologie als vielmehr eine Anwendung derſelben iſt: ſo gereicht es ihm doch zum Lobe, daſs er in dieſelbe nicht logiſche oder andere verwandte Materien gezogen hat. — Der Vf. theilt die Pſychologie in die Univerſal-, Special- und Individual-Pſychologie ein. Der Sinn dieſer Eintheilung wird aber S. 24., wo es heiſst: „Die Eintheilung müſſe von den lebendigen Kreiſen oder Cyklen, welche weiter oder enger den Menſchen als Individuum, als Geſchlecht oder Gattung betrachten laſſen, hergenommen werden," keinesweges mit der zu wünſchenden Klarheit angegeben. Seine Bemerkungen über dieſelbe glaubt Rec. daher am ſchicklichſten erſt nachdem er von dieſen Theilen das nöthige beygebracht hat, mittheilen zu können.

In der allgemeinen Pſychologie, wie die vorhin ſo genannte Univerſalpſychologie genannt wird, wird zuerſt von dem Standpunkte des Menſchen unter Erdorganiſationen, oder weiterhin ſprachrichtiger und wohl ſchicklicher, organiſirten Weſen der Erde und der dynamiſchen Stufenfolge der Daſeynsformen gehandelt. Dabey werden die Begriffe von der Seele und dem Körper angegeben, auch von dem Verhältniſſe der Seele zum Körper gehandelt. So ſehr alle dieſe Philoſopheme mit

der

der Pſychologie zuſammen hängen, ſo ſehr wäre es zu wünſchen, daſs dem gröſsten Theile derſelben ein andrer Ort angewieſen wäre, da ſie nur auf die Kenntniſs der Naturgeſetze der Seele ſich gründen können, und alſo an der Spitze der Pſychologie zu früh kommen müſſen. Den Unterſchied zwiſchen den Erſcheinungen des äuſsern und innern Sinnes im Allgemeinen zu faſſen, um den Begriff von der Seele und dem Körper ſo weit man ihn braucht, um in der Pſychologie jenen, und ſo weit es nöthig iſt auch dieſen weiter ausbilden zu können, iſt leicht. Die Pſychologie die auf rein empiriſchen Wege die Naturgeſetze der Seele aufſucht und dem Zuſammenhange derſelben nachforſcht, hat ſich noch nicht um den Materialismus, Spiritualismus oder Dualismus zu bekümmern, wenn ſie gleich in ihrem Fortgange uns ein Licht über dieſe Gegenſtände geben kann. Eben ſo wenig gehört in ſie, wie der Vf. wenigſtens zu ſagen ſcheint, Teleologie. Denn S. 78. heiſst es: in der allgemeinen Seelenlehre als Naturlehre des Menſchen (iſt wohl nicht genau) finden wir eine eigentliche Teleologie. — Soll dieſes ſo viel heiſsen, die allgemeine Pſychologie führe auf eine Teleologie, ſo ſtimmt wohl jeder dem Vf. bey, und jeder ſieht auch, daſs ohne dieſe Teleologie vorauszuſetzen, die intereſſanteſten Anwendungen der Pſychologie nicht möglich ſeyn würden. Allein die Pſychologie ſelbſt enthält noch nichts von jener Teleologie, und noch viel weniger darf zu ihrem Behufe aus derſelben gefolgert werden. Nach einer vorangeſchickten Kraftableitung, wie der Vf. es nennt, geht er zur Theorie des Geiſtes, Theorie des Triebes, Theorie des Gefühls über, und beſchlieſst den allgemeinen Theil mit einem Abſchnitte von der Seelenverwandtſchaft. Die Theorie des Geiſtes, Triebes und Gefühls iſt, wie man wiſſen muſs, nichts als die Lehre von dem Vorſtellungs-, Begehrungs- und Gefühlvermögen, von welchen Rec. wenigſtens nicht abſieht, warum ihnen hier unnöthiger Weiſe neue Namen gegeben werden. Denn eben daſſelbe Subject das etwas vorſtellt, begehrt auch und hat auch Gefühle, ſoll jenes Geiſt heiſsen, warum nicht auch dieſes? Nicht allein in dem Begehrungsvermögen äuſsert ſich ein Trieb, ſondern jedes unſerer Vermögen iſt ein Trieb, in ſo fern in ihm ein Beſtreben ſich zu äuſsern liegt, ohne welches es nichts als ein bloſses Vermögen, oder eine Möglichkeit ſeyn würde, die nie in Wirklichkeit übergehen kann. Doch hierüber vielleicht noch unten mehr. — In der Lehre von den *Sinnen* (S. 124—170.), die hier auch Theorie des *erkundenden Geiſtes* (wozu doch auch wohl der Verſtand gehörte) genannt wird, fehlt es auch nicht an Materien die man hier nicht erwartet, z. B. S. 125, „daſs die Grundlage für die Aeuſserung der Sinne (oder wie es hier heiſst: des *Sinnens*) die Vegetation aus macht." Denn was geht es den Pſychologen an, „daſs die Organe durch Vegetation immer von neuem entſtehen oder unterhalten werden müſſen? In der Lehre von den äuſsern, oder wie der Vf. ſie lieber genannt wiſſen will, den objectiven Sinnen (S. 131 u. f.) ſind allerdings die Vergleichungen der Sinne bey den Menſchen und den Thieren intereſſant, und unſere pſychologiſche Beobachtungen über die Thiere werden uns gewiſs auch weiter in der Kenntniſs unſerer ſelbſt führen; allein dieſe Vergleichungen wären wohl zweckmäſsiger nach einer nähern Betrachtung des menſchlichen äuſsern Sinnes, für ſich betrachtet, angeſellt. Denn aus unmittelbarer Beobachtung wiſſen wir von den Sinnen der Thiere ſehr wenig; das meiſte, was uns davon bekannt iſt, wiſſen wir erſt aus Schlüſſen, und zwar ſolchen, zu welchen uns die nähere Kenntniſs unſerer Sinne erſt die Prämiſſen geben oder aus ihnen zu ſchlieſsen lehren muſs. Der Menſch, ſagt der Vf. (S. 137.), müſſe, wie er es ausdrückt, *ſinnen* lernen, und ſey daher mehrern Täuſchungen als das Thier ausgeſetzt. Allein es iſt falſch, daſs nicht auch das Thier ſehen und hören lernen müſste. Ein junger Hund ſieht und hört und horcht auch wohl ſchon auf gewohnte Laute, ohne ſehen und hören gelernt zu haben, wie es weiterhin bey ihnen der Fall iſt. — Daſs die Thiere den Menſchen an Schärfe der Sinne, wie S. 155. behauptet wird, übertreffen, iſt ſo allgemein wohl nicht wahr, ſo unſtreitig es auch iſt, daſs gewiſſe Sinne bey mehrern Thierarten ungleich ſchärfer ſind als bey den Menſchen; daſs dieſes aber daher rühre, daſs die Thiere durch keine Schlüſſe getäuſcht werden, iſt falſch, da es wohl keinem Zweifel unterworfen iſt, daſs an dieſem Unterſchiede die Organiſation der Thiere und der Menſchen den gröſsten Antheil habe. — Daſs der Tod wie der Schlaf alle andere Sinne früher ſchlieſse als das Gehör, wird S. 148. und mit einiger Abänderung auch 2 Th. S. 179. behauptet (denn an dieſem letzten Orte iſt nur vom Schlafe die Rede. Auch wird daſelbſt geſagt daſs in demſelben zuletzt der Betaſtungs- und am frühſten der Geſichtsſinn ſchwinde). Dieſe, oder ihnen nahe kommenden Behauptungen erinnert ſich Rec. zu oft geleſen zu haben, als daſs er nicht zwey Worte darüber bemerken ſollte. Daſs wir im Schlafe noch hören, wenn wir nicht mehr ſehen, iſt allerdings wahr; allein der Schluſs, daſs der Sinn des Geſichts ſchon ſchlafe, oder vielmehr tiefer ſchlafe als der Gehörſinn, möchte doch nicht gelten, da die Einwirkung des Lichts auf das Auge ſchon dadurch gehindert wird, daſs das Auge bey dem Einſchlafen durch das Augenlied bedeckt wird. Wenn der Vf. (2 Th. S. 179.) zu ſeiner obigen Behauptung hinzuſetzt, daſs ſelbſt auf offene Augen das Licht noch wenig wirke, wenn wir ſchon dem Erwachen nahe ſind, ſo gilt etwas ähnliches von dem Gehör. Denn wir hören alsdenn ohne zu wiſſen, was wir hören, der ſinnliche Eindruck geht unbeachtet vorbey, und das iſt auch bey dem Geſichte alsdann der Fall. Bey der Behauptung des Vfs., daſs im Schlafe der Sinn der Betaſtung zu letzt ſchwinde, läuft wohl eine Verwechſelung dieſes Sinnes mit dem Gefühlsſinne unter. Denn der Getaſtſinn verläſst beym Einſchlafen uns gerade am frühſten und kehrt im Erwachen am ſpätſten zurück, wenn nicht andere Urſachen, die hier zu erörtern zu weitläuftig wäre, zufälliger Weiſe mit im Spiele ſind. Dieſe Verwechſe-

lung

lung war auch um so natürlicher, da der Vf. bey der Bestimmung der Gegenstände der einzelnen Sinne (S. 158 — 162.) zwar neben dem Geruchs-, Geschmacks-, Gehörs- und Gesichtssinne auch von dem Betastungssinne redet, aber des Gemeingefühls, wie man bekanntlich auch den eigentlichen Gefühlssinn genannt hat, mit keinem Worte erwähnt, sondern die Wärme, Kälte u. s. w. durch die Betastung empfinden lässt, da doch hier, wenn von einer Empfindung ausser unserm Körper vorhandener Gegenstände die Rede ist, Gefühl und Betastung zusammen wirken. Nachdem *Reil* in seiner bekannten Schriften (*de Coenaesthesi*) mit eben so vielem Rechte als glücklichem Erfolge auf die Unterscheidung des Gemeingefühls von den übrigen Sinnen gedrungen hat, und *Engel* in seiner Abhandlung (Ueber einige Eigenheiten des Gefühlssinnes in seinen vermischten Schriften Berl. 1795.) auch die Aufmerksamkeit der Philosophen auf diesen Gegenstand gezogen hat, muss man sich beynahe wundern hier noch die alte Fünfzahl der Sinne zu finden. Uebrigens giebt der Vf. bey dieser Veranlassung gute Regeln für die Bestimmung der eigenthümlichen Gegenstände eines Sinnes. Bey der Lehre von dem innern Sinne (S. 163 u. f.), den der Vf. einen höhern genannt wissen will, findet Rec. nichts zu bemerken, als dass der Vf. den Ausdruck: *äußerer* und *innerer* Sinn nicht passend findet. So sehr Rec. hierin mit dem Vf. einig ist, so wenig kann er für eine Neuerung stimmen. Denn auch: *objectiver* und *subjectiver* Sinn sind eben so fehlerhafte Ausdrücke, da jeder Sinn objectiv und subjectiv nur in verschiedenen Beziehungen ist, und glücklichere als diese oder jene Benennungen zu finden, zweifelt er. Man bleibe also immer bey Benennungen die durch die Länge ihres Besitzes schon unzweydeutig geworden sind. Dass es, wie S. 169. behauptet wird, vor dem innern Sinne gar keine Gleichzeitigkeit gebe, muss Rec. aus dem Grunde bezweifeln, weil ohne alle Gleichzeitigkeit vor dem innern Sinne auch alle Succession vor demselben verschwinden würde.

In der S. 170 u. f. vorgetragenen Theorie der *Einbildungskraft* wird dieser Ausdruck in seiner weitesten Bedeutung genommen, und nicht allein von der reproductiven sondern auch von der productiven Einbildungskraft gehandelt. Da in der productiven Einbildungskraft der Verstand mit wirkt, so ist es unstreitig ein Fehler gegen die Methode, von ihr zu handeln ehe von dem Verstande auch nur das Allgemeinste beygebracht ist. War dieses geschehen, so würde schwerlich (S. 175.) die reproductive Einbildungskraft eine zu hellern Farben gesteigerte Erinnerung genannt seyn. Denn man erinnert sich einer Sache, wenn man sie als eine schon vorher vorgestellte anerkennt, und diese Anerkennung kann nur durch den Verstand geschehen. Es kann auf der andern Seite eine Einbildung, um mit dem Vf. zu reden, zu den hellsten Farben gesteigert seyn, ohne dass mit ihr irgend Erinnerung verbunden wäre. Auch hätte vieles, was hier schon vorgetragen wird, schicklicher den weiter unten folgenden Theorieen des Gedächtnisses und des Bezeichungsvermögens vorbehalten bleiben sollen. Denn hier wird nicht allein von der willkürlichen und unwillkürlichen Vergesellschaftung und Wiederhervorrufung der Vorstellungen, sondern auch von der Wiederhervorrufung der Vorstellungen durch Zeichen oder dieser durch jene, oder wie es S. 198. unpassend genannt wird, der charakterisirenden Einbildungskraft gehandelt. — Dass die Phantasie, wie der Vf. die productive Einbildungskraft nennt, nicht so wohl die Grundlage der Entdeckung als der der Erfindung sey, ist wenigstens nicht so uneingeschränkt wahr als S. 207. behauptet wird, da zu Entdeckungen oft durch Erfindungen der Weg gebahnt wird. An die Lehre von der Einbildungskraft schliesst sich auch hier unmittelbar die Theorie des Gedächtnisses. Die weitschweifige und übrigens nicht richtige Definition des Gedächtnisses (S. 220.), dass es ein „Vermögen der Vergegenwärtigung und Verlebendigung des Empfundenen und Gedachten, des Gefühlten und Gewollten mit mehr oder minder Wiedererwartung (?) des Raumes oder der Zeit" sey, möchte wohl eine der unglücklichsten seyn, die man bis jetzt gegeben. Bey der Gedächtnisskunst, von welcher, so wie von der Bildung des Gedächtnisses S. 232 — 241., gehandelt wird, wird allerdings richtig bemerkt, dass sie dem natürlichen Gedächtniss so viel als möglich überlassen und dasselbe nur da unterstützen solle, wo es der Unterstützung jener Kunst bedarf; allein wie wir uns vermittelst derselben, wie (S. 236.) angeführt wird, einen Traum in der Nacht bis zum Morgen merken können, ist nicht abzusehen. Im Traume wissen wir, oder vermuthen wir vielmehr nur selten, dass wir träumen, und gleich nach dem Traume haben wir selten Besinnung genug, dass wir geträumt haben, die Fälle ausgenommen, in welchen wir aus einem Traume urplötzlich erwachen, für welchen wir aber keine Gedächtnisskunst nöthig haben. — Von dem Verstande, der Urtheilskraft, oder wie Rec. hier lieber sagen möchte, dem Urtheilsvermögen und der Vernunft handelt der Vf. mit zweckmässiger Kürze (S. 241 u. f.). Rec. bemerkt dieses um so lieber, da auch neuere und übrigens schätzbare Lehrbücher der Psychologie hier nicht von Abschweifungen in die Logik frey sind.

(*Die Fortsetzung folgt.*)

Num. 256.

ALLGEMEINE LITERATUR-ZEITUNG

Dienstags, den 19. September 1809.

WISSENSCHAFTLICHE WERKE.

PHILOSOPHIE.

1) Leipzig, b. Barth u. Kummer: *Friedrich August Carus* u. f. w. *Pfychologie* u. f. w.

2) *Ebendaf.:* *Fr. Aug. Carus* u. f. w. *Gefchichte der Pfychologie* u. f. w.

3) *Ebendaf.:* *Fr. Aug. Carus* u. f. w. *Pfychologie der Hebräer* u. f. w.

Auch unter dem Titel:

F. A. Carus u. f. w. *nachgelaffene Werke* u. f. w.

(*Fortfetzung von Num. 255.*)

Mit Recht läfst der Vf. jetzt erft die Lehre von dem Witze, Scharffinn, Tieffinn, Bezeichnungsvermögen, Sprachvermögen u. f. w. folgen, und handelt dabey von dem Genie. Denn alle jene Vermögen find entweder nur Anwendungen des Verftandes, oder faffen folche Anwendungen des Verftandes in fich. — Rec. kann fich hier indeffen nur auf einzelne Anmerkungen einfchränken. Die Schwierigkeiten, die der Vf. bey der Definition des Witzes findet (S. 248—249.), liegen hauptfächlich wohl in dem Umftande, dafs wir im gemeinen Leben das Wort nur da brauchen, wo wir die Sache in einem ausnehmenden Grade finden; und nicht darin, dafs es uns fchwer fällt, ihn aus feinen Natururfachen abzuleiten. Denn die Definition eines wenigftens klar gegebenen Begriffs foll ihn nur beftimmt deutlich machen; von den Gründen der Sache ift in ihr noch nicht die Rede. Die Definition des Vfs. von dem Witze, der übrigens auch mehr Deutlichkeit im Ausdrucke zu wünfchen wäre, beftätigt des Rec. eben gemachte Bemerkung. Denn in diefer ift (S. 252.) der Witz „die blitzfchnell (gleichfam elektrifch) affimilirende Kraft, welche nicht mühfam fucht, fondern findet" u. f. w. — Wenn von Vermögen in der *Seelenlehre* die Rede ift: fo mufs der Begriff derfelben *in* der Allgemeinheit gefafst werden, dafs derfelbe *fowohl* auf den niedrigften als den höchften Grad, in dem es anzütreffen feyn mag, feine Anwendung findet. Den eben bemerkten Mangel an Deutlichkeit im Ausdruck findet Rec. unter andern auch S. 258., wo das Talent „ein individualifirter *beftimmt* gerichteter Kopf, oder die chemifche Kraft, welche willkürlich den Stoff mifcht, und ftatt Blüthen, wie der Witz Früchte trägt" genannt wird. Abgerechnet, dafs das Talent leider nicht immer, um mit dem Vf. zu reden, Frucht bringt, ift die Bemerkung wahr, aber gewifs nicht mit der zu wünfchenden Klarheit ausgedrückt. — In der Lehre von dem Bezeichnungsvermögen und der Sprache (S. 274 — 283.) hätte der pfychologifch - wichtige Punkt, dafs wir der Sprache, oder andrer ihre Stelle vertretenden Zeichen, nicht blofs zur Mittheilung unferer Gedanken, fondern auch zur Aufhellung und Fefthaltung unferer Gedanken benöthigt find, nicht blofs angedeutet, fondern eigentlich erörtert werden follen. Der (S. 278.) angegebene Grund, warum der Knabe laut lernt und liefet, weil der Verftand nach einem früher entftandenen Gekreifch des Gefchreys, Lachens und Weinens Töne wählt, ift gewifs nicht der wahre. Denn warum lefen Leute, von vielleicht fonft gutem, aber nicht gebildetem, Verftande mehr oder minder laut? — Warum findet man, dafs Blödfinnige ihre Gedanken für fich fo gern mehr oder minder laut ausfprechen? Es ift nichts, als ein Bedürfnifs, fich die Zeichen, durch welche fie denken, finnlich zu vergegenwärtigen, um dadurch ihre Gedanken um fo mehr zufammenhalten zu können. Diefes Bedürfnifs findet für den im Denken geübtern nicht Statt. — Ahndungen find nichts anders, als Vorherfehungen, die mit Gefühlen über das Vorhergefehene verwebt find. Deshalb hätte von dem Ahndungsvermögen erft nach dem Gefühlvermögen gehandelt werden follen. Des Vfs. Begriff: „Ahnden überhaupt fey das Bewufstwerden künftiger Veränderungen, deren Erfüllung (?) nicht ganz von uns abhängt," ift auf alle Fälle zu weit. Denn auch die gewiffefte Vorausficht würde nach ihr eine Ahndung feyn. — Von der Theorie der Vorftellungsvermögen geht der Vf. zu der Theorie des Triebes, wie er fie nennt, die aber nichts anders ift, als die Theorie des Begehrungsvermögens, fort. Denn wenn man alles, was hier (S. 293—300.) unnöthiger Weife beygebracht ift, wegnimmt: fo bleibt nichts übrig, als was zur Theorie des Begehrungsvermögens gehört. Begierde definirt der Vf. (S. 294.) durch einen objectiv gewordenen Trieb. Von dem Triebe, von welchem zwar fchon S. 119 u. 120. die Rede war, finden wir nirgends einen beftimmten Begriff, der ihm diefe Definition in das gehörige Licht fetzte, wenn gleich leicht abzufehen ift, wohin der Vf. will, und dafs er vielleicht deshalb den Begriff fo gefafst, um unter fie die Inftincte zu bringen, die er aber (S. 293.) nur kurz abfertigt. Es fcheint, dafs der Vf. allerdings etwas Wahres im Auge gehabt habe, dafs er aber, um die erwähnte Schwierigkeit

keit zu heben, keineswegs nöthig gehabt hätte, den gewöhnlichen Begriff von der Begierde zu verlassen; wenn anders der objectiv gewordene Trieb, wie die Begierde genannt wird, nichts anders seyn soll, als ein Trieb, der durch die Vorstellung des Objects, auf das er einmal gerichtet ist, in Thätigkeit gesetzt wird. Die Gesetze des Begehrens werden übrigens richtig angegeben, ausser, dass (S. 304.) das Erforderniss, „dass die Begierde (wohl richtiger: der begehrte Gegenstand) Vergnügen versprechen muss," nur von dem Begehren, so fern es sinnlich ist, gilt. Ueberhaupt wäre zu wünschen, dass der Vf. den Unterschied zwischen dem sinnlichen und verständigen Begehrungsvermögen mehr beleuchtet hätte. — Wenn (S. 306.) die Leidenschaft „durch menschliche Begierde mit thierischem Triebe," und im engern Sinne durch eine „ununterbrochene still fortdauernde, d. i. bey jedem Anlass erregbare Begierde" genannt wird: so scheint in beiden Begriffen ein Merkmal übergangen zu seyn, wenn dieses nicht durch das Wort „menschlich," und wohl nur dunkel, angedeutet wäre. Denn eine menschliche Begierde würde alsdann eine solche seyn, der nur der Mensch, nicht aber das Thier, fähig ist. In der Betrachtung der einzelnen Leidenschaften macht der Vf. (S. 312—364.) viele treffende und interessante Bemerkungen. Wohl nur gelegentlich wird hier (S. 355—360.) von der Freundschaft gehandelt. Weitere Bemerkungen über diesen Abschnitt gestattet die Beschränktheit des Raums nicht; nur das glauben wir nicht mit Stillschweigen übergehen zu können, dass dasjenige, was S. 312. gegen die Eintheilung der Leidenschaften nach einem objectiven Princip gesagt wird, am Ende bloss auf einen Wortstreit hinaus läuft. Denn das Object der Leidenschaft ist doch nichts anders, als das, was leidenschaftlich begehrt wird, gleichviel, ob es etwas in uns, oder, mit dem Vf. zu reden, etwas Subjectives, oder ausser uns, etwas Objectives (im Gegensatze des eben erwähnten Subjectiven) ist. — In der Bemerkung, mit welcher die Theorie des Gefühls (S. 364.) anfängt, dass nämlich die Theorie des Gefühls zwischen der Theorie des Vorstellungsvermögens und Begehrungsvermögens, oder, wie es hier ausgedrückt wird, der Noologie und der Thelematologie in der Mitte liegt, oder vielmehr, dass das Gefühl zwischen Vorstellungen und Begehrungen in der Mitte liegt, hätte, wenigstens nach des Rec. Wunsch, der Vf. eine Veranlassung finden sollen, sie der Theorie des Begehrungsvermögens vorausgehn zu lassen. Auch sieht man nicht, was mit allem, was von dem Fühlen und Gefühl (S. 364 u. f.) mit einem zu grossen Aufwande von Worten gesagt wird, gewonnen wird. Dem Grundsatze des Vfs., dass wir, um den Begriff des Gefühls zu bestimmen, es zuerst reell wahrnehmen müssen, kann niemand weniger widersprechen, als der Rec.; allein er glaubt auch, dass man auf diesem Wege kürzer zum Ziele kommen könne. Man braucht zu diesem Behufe nicht mit dem Vf. von dem gefühllosen Stumpfsinn und der überfliessenden Sentimentalität auszugehn; man kann sich an bekanntere, und eben deshalb anschaulichere Fälle halten, um aus der Betrachtung derselben den Begriff des Gefühls zu holen. Es bedarf keiner Bemerkung, dass die Behauptung des Vfs. (S. 365.), wir fühlen dann wirklich, wenn wir zwischen dem gefühllosen Stumpfsinn und jener Sentimentalität die Mitte halten, falsch sey; wenn sie anders sagen will, dass wir *nur* dann wirklich fühlen. Denn was sie sonst hier sollte, ist nicht abzusehn. Mehrere über das Gefühl gemachte Bemerkungen, denen wir nur einen andern Ort gewünscht hätten, führen den Vf. (S. 369.) auf den Begriff des Gefühls, den wir mit des Vfs. eigenen Worten anführen müssen: „Das Gefühl in seiner reinen Gestalt, d. i. *seiner* noch durch keine Reflexion, durch kein Bewusstseyn unsers Zustandes aufgehellten *Dunkelheit*, ist also: die durch *Wechsel* des Sinnes und Triebes in Vereinigung *aus uns* (mithin ohne äussern Eindruck) und *zu uns* in der Zeit *stetig* (d. i. unmittelbar und immer gegenwärtig) *fortgehende* (wogende) *innige* (rein subjective und durchaus individuelle) *Erregung des Seyns.*" — Es ist wohl vorauszusetzen, dass uns der Vf. habe sagen wollen, was das Gefühl an sich, und nicht bloss unter dieser oder jener zufälligen Gestalt, unter welcher wir uns seiner bewusst werden mögen, sey, da es hier auf den allgemeinen, auf alle Arten von Gefühlen passenden Begriff ankommt. Unter dieser Voraussetzung findet Rec. diesen Begriff allerdings richtiger, als die gewöhnlichen, nach welchen man Gefühl als ein unmittelbares Bewusstseyn von etwas bloss Subjectiven, oder auch als etwas, was nicht zur Erkenntniss eines Gegenstandes dient, betrachtet. Auch sieht er mit Vergnügen des Vfs. Bestreben, seinen richtiger gefassten Begriff deutlich darzulegen; allein er zweifelt, dass ihm dieses gelungen sey, und glaubt, dass der Begriff kürzer und allgemein verständlicher, Worten seiner Präcision unbeschadet, hätte gegeben werden können. Was (S. 370 u. f.) von den Bedingungen, unter welchen Gefühle zu unserm Bewusstseyn gelangen, gesagt wird, unterschreiben wir gern, so wie viele Bemerkungen, die sonst leicht übersehen werden, besonders in der Abhandlung über die Entwickelung der Gefühle (S. 388—395.). Allein auch in diesem Abschnitte vermisst man oft die Bestimmtheit der Begriffe. Wenn zu Anfange dieser Abhandlung gesagt wird, dass durch die ganze Natur ein allgemeines Grundgefühl mit verschiedener Form im Magnetismus, Galvanismus und der Elektricität herrsche: so ist das mehr poetisch, als es vor der Logik bestehen kann. Denn Gefühl kann nur ein Wesen haben, das Zustände seiner selbst wahrnehmen kann; wenn hieraus gleich keineswegs folgt, dass jedes seiner Gefühle von ihm selbst wahrgenommen und also auch vorgestellt werde. Der Vf. kommt zwar bald darauf zurück, indem er (S. 388.) sagt: wenn gleich das Thier fühle, während die Pflanze nicht Sinn und Sensibilität, sondern nur Irritabilität habe, und obige Behauptung dadurch erst ihren Sinn erhält: so ist doch nicht abzusehen, warum ein Wort, das ohnehin schon mehrere, nicht auf Einen Begriff,

zurück-

zurückzuführende, Bedeutungen hat, durch eine neue vieldeutiger gemacht werden soll. Denn eine neue Bedeutung muss das Wort erhalten, wenn jene und diese Behauptung nicht in einem offenbaren Widerspruche mit einander seyn soll. — Wenn (S. 434.) gesagt wird, dass Affecte sich von Gefühlen durch den höhern Grad der Stärke unterscheiden: so ist dieses nicht ganz wahr, und schielend ausgedrückt. Denn Affecten sind selbst Gefühle; aber nicht alle und jede Gefühle, und wenn sie auch noch so stark sind, sind Affecten, da niemand den heftigsten körperlichen Schmerz einen Affect nennen wird, ob derselbe gleich leicht einen Affect veranlassen kann. — Warum in ihrem höchsten Grade die Affecten stumm sind, wird (S. 435.) gut erklärt, obgleich der angegebene Grund von dieser Erscheinung wohl nicht der einzige ist. Ueber die einzelnen Affecten, zu welchen wohl die Laune nicht zu rechnen ist, findet man mehrere treffende Bemerkungen, die aber Rec., so wie manche Gegenbemerkungen, nicht mittheilen kann. — Den Schluss des allgemeinen Theils macht die Lehre von der *Seelenverwandtschaft*. Unter dieser Aufschrift handelt der Vf. einmal davon, wie einzelne Seelenzustände bey einem und eben demselben Menschen einer in den andern übergehen, sich auf der Seite auch einer den andern hindern, und dann auch, wie der Seelenzustand des Einen sich dem Andern, mit oder ohne dessen Willen, mittheilt. Daher wird hier von der Fertigkeit, Gewohnheit, Nachahmung und Ansteckung, über welche wir weiter unten noch einiges sagen werden, gehandelt. Wie die erste und die letzte Frage unter jene allgemeine Ueberschrift gebracht werden können, sieht man nicht gleich; und doch würde der Vf. dieses haben einleuchtend machen können, wenn er ein wenig tiefer gegangen wäre. Alsdann würde auch der Begriff der Seelenverwandtschaft und die mit ihm verwandten Begriffe, um die sich der Vf. (S. 497 u. f.) allerdings viele Mühe giebt, mehr in das Helle gesetzt seyn. Allein auch hier vermisst man, wie in den vorigen Abschnitten die Klarheit in der Darstellung der allgemeinern Begriffe und Sätze. An interessanten Bemerkungen, die mehr in das Besondere gehen, ist auch dieser Abschnitt reich. Dass die wenigsten neu sind, tadelt Rec. um so weniger, da er nichts mehr wünschte, als dass der Vf. aus Begierde, etwas Neues zu sagen, nicht oft das Alte vernachlässigt hätte. Bey einem Manne, der eben so viele psychologische Gelehrsamkeit als Fleiss zu seinem Werke gebracht, ist dieses um so mehr zu bedauern, da die Wissenschaft nie zu der Vollkommenheit gelangt, die doch alle Bearbeiter derselben ihr zu geben trachten, wenn das vorher für sie gethane unbenutzt bleibt und nicht weiter ausgearbeitet wird. „Ansteckend, sagt der Vf. (S. 511.), sey das, was man unwillkürlich nachzuthun gedrungen sey. Sie setze, wie die Ansteckung im Physischen, eine zufällige Verbindung mit einem äussern Miasma voraus." — Das Wort Ansteckung in dieser Bedeutung ist wenigstens in den Schriften der Psychologen neu, ob man gleich im gemeinen Leben gut sagt: das Lachen, Gähnen, die Schwärmerey u. s. w. stecke an. Die Psychologen hatten diese längst bekannten Erscheinungen, bey welchen der Zustand des Einen sich dem Andern gleichsam mittheilt, in ihrer Allgemeinheit aufgefasst. Eben deshalb konnten sie es nicht Ansteckung nennen: denn nur das Böse steckt an, und auch Freude, Mitleiden u. s. w. gehen, aber auf eine für die Menschen wohlthätige Art, von einem auf den andern über. Eine Neuerung im Ausdrucke verleitet hier den Vf., eine Metapher zu verfolgen und eine Behauptung aufzustellen, die nicht ganz wahr ist. Denn nicht so ganz von unserer Willkür unabhängig gehen die Zustände Anderer in uns über. Der erste Schritt dazu ist oft mehr als willkürlich, ja selbst eigentlich vorsätzlich, wie *Arnold* dieses schon bey den Schwärmern bemerkt hat. Hätte der Vf. dagegen die Sympathie, in so fern darunter das Princip jener Mittheilung, oder wohl richtiger das Princip, das den Menschen für die Zustände anderer empfänglich macht, genauer entwickelt: so würde er davon vielleicht einen völlig befriedigenden Grund in bereits bekannten Naturgesetzen der Seele gefunden haben. Denn die Erklärung, oder Nachweisung der Sympathie in allgemeinern Naturgesetzen der Seele, wie sie sich z. B. in *Jakob's* Erfahrungs-Seelenlehre §. 614 u. f. findet, bedarf wohl nur einer kleinen Vervollständigung, um ganz befriedigend zu seyn. Vorbereitungen dazu scheinen auch im Vorhergehenden bey der Unterscheidung von Verwandtschaft, Geselligkeit u. s. w. gemacht zu seyn; allein sie scheinen auch deshalb unbenutzt geblieben zu seyn, weil jene Begriffe in einer viel zu grossen Allgemeinheit aufgestellt sind.

Der *zweyte* Band enthält die von dem Vf. sogenannte Special- und Individual-Psychologie. Im Ganzen hat hier die Darstellung mehr Klarheit, als in dem *ersten* Theile; nur die Ordnung könnte auch in demselben, wie sich gleich ergeben wird, hier und da zweckmässiger seyn. Der Begriff der Specialpsychologie wird gleich (Bd. 2. S. 1.) bestimmter angegeben und von der allgemeinen genauer unterschieden. Denn die Specialpsychologie soll die Naturgesetze der Seele, welche die allgemeine Seelenlehre zum Gegenstande hat, nur auf besondere Voraussetzungen anwenden. Alles wird hier in *zwey* Abschnitte gebracht. Der *erste* handelt, wie Rec. es ausdrücken würde, von dem Unterschiede der Geschlechter, Alter, der Temperamente, dem Unterschiede unter den Charakteren, Nationen und Ständen, oder, um mit dem Vf. zu reden, er enthält eine Charakteristik der Seelenart der Geschlechter, der Alter, der Temperamente u. s. w. In dem *zweyten* Abschnitte wird von den Seelenzuständen gehandelt, sowohl den widernatürlichen, als den natürlichen. Vielleicht wäre es zweckmässiger gewesen, die Lehre von den Zuständen näher an die allgemeine Seelenlehre zu knüpfen. Denn einige dieser Zustände sind zu verschiedenen Zeiten in jedem menschlichen Individuum wirklich; eines jeden derselben ist der Mensch im Allgemeinen fähig, und was

die

die Hauptsache ist, diese Zustände nehmen nach Verschiedenheit der Menschen eine sehr verschiedene Farbe und Gestalt an. Hievon kann man den Grund nicht einsehn, wenn man mit jenen Zuständen nicht im Allgemeinen bekannt ist. S. 15. kommt bey der Charakteristik des Geschlechts die gute Bemerkung vor, dass der Mann im Wahnsinn sich oft ein Gott dünke, allein an einem Orte, wo wir noch nichts von dem Wahnsinne wissen. In diesem *ersten* Abschnitte wäre auch wohl am zweckmässigsten zu allererst von dem Temperamente, Charakter und dem Genie (in dem weitesten Sinne, wo jeder Mensch das seinige hat, wovon aber schon, und wohl nicht am rechten Orte, in dem *ersten* Theile die Rede war) gehandelt worden. Denn das Alter, Geschlecht u. s. w. kommen psychologisch wohl nur so weit in Betrachtung, als von ihnen, wahre oder scheinbare, Verschiedenheiten in Ansehung des Genies u. s. w. abhängen. Rec. übergeht das Allgemeine von den Zuständen, das mit unnöthigen Unterscheidungen, wie z. B. S. 166. die Unterscheidung zwischen Lage, Stand und Zustand, die keineswegs präcis und auch übrigens nicht richtig ist, überladen ist, und hält sich an die besondern Zustände, da dieses der beste Theil des Buchs ist. Bey der Betrachtung des Wachens und des Schlafens hätte Rec. gewünscht, dass diese Zustände nicht, wie es gewöhnlich geschieht, als absolute, sondern als entgegengesetzte Zustände betrachtet wären, welche unendlich viele Grade zulassen und in der Wirklichkeit nie vollkommen existiren. In Ansehung der Begriffe von Gesundheit und Krankheit hatte der Vf. dieses vorhin und richtig bemerkt, bey dem Wachen und Schlafen wäre die nämliche Bemerkung nicht allein anzubringen, sondern auch zu verfolgen gewesen, da sie über das Träumen und Nachtwandeln Licht bringt, wenigstens Widersprüche löset, die wir zwischen den Erscheinungen, die wir an Nachtwandlern wahrnehmen, und unsern Begriffen von dem Schlafe zu finden glauben. Aus dem (S. 181.) aufgestellten Begriffe von dem Traume folgt allerdings, dass wir auch in dem allertiefsten Schlafe träumen; allein die Richtigkeit jenes Begriffs, nach welchem das Träumen die unwillkürlich und ununterbrochen fortgesetzte Thätigkeit der Seelenkräfte im Schlafe seyn soll, steht noch dahin, und wird durch des Vfs. nachfolgende Bemerkungen nicht so unumstösslich dargethan, als er zu glauben scheint. Dass wir im Traume öfter, als im Wachen, in unsere Kindheit wieder zurück versetzt werden, wird hingegen (S. 186.) schön daraus erklärt, dass die Seele in demselben die in ihren tiefsten Gründen schlummernden Bilder leichter hervorruft. — Rec. würde hinzusetzen, dass in dem Träumen Bilder am leichtesten wieder erwachen, je mehr Klarheit sie ursprünglich hatten. Dass diess Erinnerungsvermögen im Traume erhöhet sey, wie S. 194. behauptet wird, ist falsch, wenn das Erinnerungsvermögen hier nicht die Einbildungskraft seyn soll. Denn vielleicht ist kein anderes Seelenvermögen im Traume so unterdrückt, als das Vermögen der Erinnerung. Unter die (S. 208.) angeführten Beyspiele, in welchen der Verstand sich im Traume in einem höhern Grade thätig gezeigt, hätte nicht der von *Richerz* (*Muratori* über die Einbildungskr. Th. I. S. 244—45.) erzählte Fall gebracht werden sollen. Denn der Arzt *Osann*, von welchem *Richerz* redet, träumte nicht, als er das Recept schrieb, ob er gleich kurz vorher in tiefem Schlafe gelegen hatte, und gleich darauf wieder eingeschlafen war. In dem folgenden Abschnitte: von den widernatürlichen Zuständen oder Krankheiten der Seele, hat der Vf. insbesondere *Erhard's*, *Hoffbauer's*, *Reil's* und *Schmidt's* bekannte Werke benutzt, und, wie es sich versteht, so, wie ein denkender Mann die Schriften seiner Vorgänger benutzt. Allein auch hier ist der Vf. nicht so glücklich in dem allgemeinen, als dem besondern Theil dieser Lehre. Der Begriff der Krankheit wird (S. 232.) richtig an den schon vorhin (S. 173.) erörterten Begriff der Gesundheit geknüpft. War dieser richtig bestimmt, so war jener von selbst mitgegeben, und es kam nur darauf an, ihn richtig zu entwickeln. Rec. kann sich nicht entschliessen, den beynahe acht Zeilen langen Begriff von einer Seelenkrankheit hier mitzutheilen, nur zweyerley muss er bey demselben bemerken. Erstens ist es falsch, dass in einer Seelenkrankheit alle, oder auch nur einige, Seelenkräfte eine „widernatürliche und verkehrte" (das letzte Wort sagt wohl eben dasselbe, als das erste) *Richtung* haben. Denn von der Richtung reden wir bey einer Kraft doch nur in so fern, als eine Kraft vielmehr diesen, als jenen Gegenstand hat. Zweytens soll in jeder Seelenkrankheit auch das Bewusstseyn dieser Verkehrtheit fehlen. Dieses ist eben so, wie jenes, zu allgemein. Denn es giebt selbst Beyspiele der wildesten Manie, bey welchen der Kranke seiner Verkehrtheit sich bewusst ist. Nachdem der Vf. sich über eine Classification der Seelenkrankheiten erklärt, und einige der neuesten Versuche einer solchen Classification beurtheilt hat, macht er einen neuen Versuch (S. 250—251.), der uns wenigstens nicht glücklicher, als die vorhergehenden, zu seyn scheint. Wäre dieser Versuch auch ganz gelungen: so würden wir es doch loben, dass der Vf. seine Abhandlung über die einzelnen Seelenkrankheiten doch nicht nach der Ordnung jener Classification zusammengestellt hat. Denn so sehr eine glückliche Classification uns die Uebersicht desjenigen, in dessen Besitze wir einmal sind, erleichtert, so wenig lässt sich durch solche der Zusammenhang zwischen Gründen und Folgen ins Licht setzen. Bemerkungen über einzelne Behauptungen des Vfs. glaubt Rec. um so weniger noch machen zu dürfen, da durch die bisherigen auch dieser Abschnitt des Buchs charakterisirt ist.

(*Die Fortsetzung folgt.*)

ALLGEMEINE LITERATUR-ZEITUNG

Mittwochs, den 20. *September* 1809.

WISSENSCHAFTLICHE WERKE.

PHILOSOPHIE.

1) Leipzig, b. Barth u. Kummer: *Friederich August Carus* u. ſ. w. *Pſychologie* u. ſ. w.

2) *Ebend.: Fr. Aug. Carus* u. ſ. w. *Geſchichte der Pſychologie* u. ſ. w.

3) *Ebend.: Fr. Aug. Carus* u. ſ. w. *Pſychologie der Hebräer* u. ſ. w.

Auch mit dem Titel:

F. A. Carus u. ſ. w. *Nachgelaſſene Werke* u. ſ. w.

(*Fortſetzung von Nr.* 256.)

Auſser den allgemeinen Beſtimmungen, die jeder Menſch mit jedem andern gemein hat, hat jeder ſeinen eigenthümlichen Charakter, wenn wir dieſes Wort in ſeiner weiteſten Bedeutung nehmen, durch welchen er ſich von jedem andern Menſchen unterſcheidet. In wie fern wird dieſer theils durch das Selbſt des Menſchen theils durch äuſsere Urſachen beſtimmt? Dieſe Frage iſt Gegenſtand der Individualpſychologie. So glaubt Rec. den Begriff derſelben am deutlichſten geben zu können, und bemerkt daſs der Vf. bey dieſer Veranlaſſung mehrere verwandte Begriffe, als der *Eigenheit*, *Sonderbarkeit* und *Originalität* entwickelt, auch unter der Ueberſchrift: *Biographie* und *Biographik* (S. 352.) mehrere treffliche Regeln für den Biographen, der in ſeinem Werke doch die Individualität des Menſchen hervor heben ſoll, und für die pſychologiſche Benuzzung der Biographieen giebt. Dieſe Individualpſychologie hätte aber eigentlich nicht von der allgemeinen getrennt werden ſollen. Denn wenn jedem Menſchen ſeine Individualität gleich ausſchlieſsend eigen iſt, ſo ſind die Geſetze, nach welchen jeder ſich in ſeiner Individualität entwickelt, doch allen gemein, und die Individualpſychologie hat nicht dieſes oder jenes Individuum, als ſolches zum Gegenſtande.

Ein Anhang zu der Pſychologie enthält eine *Vorleſung über Gall's Lehre*, gehalten im September 1805. und mehrere *pſychologiſche* Skizzen. Jene Vorleſung iſt meiſtens polemiſch und ſtreitet mit eben ſo vieler Gründlichkeit als Beſcheidenheit insbeſondre gegen *Galls* Organoſkopie. Rec. hätte nur gewünſcht, daſs in derſelben die Erfahrungen, auf welche ſich *Gall* beruft, näher geprüft wären. Denn dieſe möchten wohl mit vielen Schlüſſen vermiſcht ſeyn, die fälſchlich für Erfahrungen genommen ſind, wie dieſes, ſo viel Rec. weiſs, faſt einzig von *Maaß* (Verſuch über die Leidenſchaften §. 93.), der hierin auf mehrere Erſchleichungsfehler aufmerkſam gemacht hat, geſchehen iſt, und von allen Prüfern jener Lehre mehr hätte geſchehen ſollen.

Aus dem bisherigen ergiebt ſich eine Eigenthümlichkeit des Werks, die wir abſichtlich erſt am Schluſſe ſeiner Anzeige von demſelben hervor heben. In der Seelenlehre betrachtete man bisher meiſtens die Seele bloſs als das Subject der Erſcheinungen des innern Sinn's, den Körper zog man nicht weiter in Betrachtung als in ſo fern von ihm Vorſtellungen und Gefühle abhängen und die Seele auf ihn durch die Willkür wirkt; höchſtens ſtellte man den Menſchen mit den Thieren als unvollkommnern beſeelten Weſen zuſammen. Hier wird der Menſch, und beſonders die Seele, als ein Weſen in der geſammten Natur betrachtet; der Vf. weiſet ihm ſeine Stelle unter den Erdorganiſationen an, leitet die Kräfte deſſelben aus allgemeinen Naturkräften ab, wie das Begehren aus dem Triebe u. ſ. w. Das iſt übrigens gut und vortrefflich; nur wäre es unſtreitig beſſer geweſen, den Weg in umgekehrter Richtung zu gehen, und anſtatt das Eigenthümliche des Menſchen aus dem Allgemeinen ableiten zu wollen, es auf daſſelbe zurückzuführen. Denn jene Ableitung kann immer nur ſcheinbar ſeyn, die Zurückführung des Beſondern auf das Allgemeine hingegen kann nicht miſslingen, wenn ſie methodiſch angeſtellt wird, und auf einer hinlänglichen Kenntniſs des Beſondern ruht. Bey dieſer Zurückführung des Beſondern auf das Allgemeine hätte auch die Darſtellung im Ganzen an Klarheit, und mehrere Begriffe hätten an Beſtimmtheit gewonnen, weil alle Anticipationen hätten vermieden werden können, ohne daſs uns irgend etwas vorenthalten wäre. So ſyſtematiſch hätte freylich das Ganze nicht ausgeſehen; allein ob es nicht echt ſyſtematiſcher geweſen ſo zu verfahren, iſt eine andre Frage.

Die *Geſchichte der Pſychologie* Nr. 2. iſt eine um ſo angenehmere Erſcheinung, da für die Geſchichte *einzelner* philoſophiſchen Wiſſenſchaften bis jetzt nur wenig gethan iſt, und dem Freunde derſelben das nicht genügen kann, was in die allgemeine Geſchichte der geſammten Philoſophie gehört. Denn dieſe verhält ſich zu der Geſchichte einer beſondern philoſophiſchen Wiſſenſchaft doch nicht anders als die Geſchichte eines Staats zu der Geſchichte einer einzelnen Provinz, in welcher vieles nicht fehlen darf, was in jener an ſeinem unrechten Orte ſeyn würde. Für die Specialgeſchichte der Pſychologie iſt aber unſtreitig weniger geſchehen als für die Geſchichte irgend einer andern philoſophiſchen Wiſſenſchaft.

ſchaft. Auf einem unmittelbar nach der Vorrede folgenden Schmutztitel heiſst das Buch eine „Geſchichte der Menſchenkunde überhaupt und der Seelenkunde insbeſondre." Dieſer Titel würde auch in der That mehr paſſen, als der an der Spitze des Buchs befindliche, wenn die Naturgeſchichte und Naturlehre des Menſchen, ſo weit ſie ein Gegenſtand der Anatomie und Phyſiologie iſt, in dieſem Werke weiter berückſichtigt wäre, als es der Geſchichte der Pſychologie wegen nöthig war. Daſs der Vf., der allerdings ſo weit auf jene Wiſſenſchaften Rückſicht genommen hat, hierin nicht weiter gegangen iſt, weiſs ihm wenigſtens Rec. groſsen Dank, da bis jetzt die Pſychologie von der Anatomie und Phyſiologie nicht mehr gewonnen hat, als jene Wiſſenſchaften von ihr gewinnen können, und dieſes möchte doch wenig ſeyn.

Die Geſchichte der Pſychologie ſoll die allmälige Ausbildung der Pſychologie darſtellen. Deshalb iſt ſie aber nicht, wie der Vf. (S. 2.) behauptet, einerley mit der Geſchichte der allmäligen Klarheit des Selbſtbewuſstſeyns. Denn auch das klärſte Selbſtbewuſstſeyn befaſst noch nicht die Kenntniſs der Naturgeſetze der Seele, und noch weniger die Kenntniſs des Zuſammenhanges derſelben, und in jenem und dieſem beſteht die Seelenlehre. Bey der Darſtellung einer Geſchichte kommt es auf den Punkt an, von welchem ſie ausgeht, und in welchem ſie ſchlieſst. „Die Reihe der Erſcheinungen, heiſst es am Schluſſe, hat Haltung durch die Einheit der Natur; dieſe finden heiſst das Princip der Pſychologie erreichen," und unmittelbar vorher, „für die Pſychologie ſey ein höherer Standpunkt eingetreten." Wie der Pſycholog auf dieſen Standpunkt gekommen, müſste alſo aus der ganzen Geſchichte hervorgehen, oder vielmehr müſste dieſes der Punkt ſeyn zu dem alles, was ſie erzählt, mehr oder minder hinwirkt. Allein jene Natureinheit iſt nicht das Princip der Pſychologie ſelbſt; ſondern der Erſcheinungen, für welche ſie die Geſetze beſtimmen ſoll, und nicht allein jener Erſcheinungen, ſondern aller Erſcheinungen überhaupt, ſie mögen nun unter den innern, oder ſie mögen unter den äuſsern Sinn fallen, d. h. alle Naturgeſetze ſind ein Syſtem, nach welchem alles in Zeit und Raum unter den Bedingungen, unter welchen es wirklich wird, unausbleiblich erfolgt. Dieſe Natureinheit in den Erſcheinungen des innern Sinnes aufzufinden, iſt alſo vielmehr das Problem, das die Seelenlehre löſen ſoll, als daſs jene Natureinheit ſelbſt ihr Princip ſeyn ſollte, obgleich die Vorausſetzung dieſer Natureinheit ein regulatives Princip für die Seelenlehre, wie für jede Naturwiſſenſchaft iſt, da ſie für die Erſcheinungen des innern Sinnes Geſetze, und den Zuſammenhang dieſer Geſetze unter ſich und mit den höchſten Naturgeſetzen auffinden ſoll. Den Zuſammenhang der Seelenerſcheinungen mit den allerhöchſten Naturgeſetzen hat man vielleicht viel zu früh unmittelbar geſucht, ehe man mit beſonnener Ueberlegung den Zuſammenhang der eigenthümlichen Geſetze jener Erſcheinungen unter ſich erforſcht hatte, und eben daher blieb in der Pſychologie immer mehr oder minder Dunkelheit, welche durch den mehr warmen als ruhig beſonnenen Eifer ihrer Bearbeiter, alles auf die höchſten Naturgeſetze zurück zu führen, oft noch vermehrt wurde. Denn in jenem Eifer vergaſs man es nur gar zu leicht, daſs man um die Naturgeſetze der Seele auf die höchſten Geſetze der Natur zurück zu führen, erſt den Zuſammenhang jener Geſetze unter ſich aufgefunden haben müſſe. Ueber dem allgemeinen Problem aller Philoſophie vergaſs man daher das eigenthümliche Problem der Pſychologie, welches kein anders iſt, als die Naturgeſetze der Seele und ihren Zuſammenhang darzuſtellen. Wie die Bearbeitung der Pſychologie zu dieſem Behufe fortgeſchritten, wie ſie aus dem angegebenen Grunde zu Zeiten wieder rückwärts gegangen ſey, dieſes wünſcht unſtreitig jeder Freund der Pſychologie in einer Geſchichte derſelben dargeſtellt zu ſehen. Iſt dieſes in dem vorliegenden Werke gleich weniger geſchehen, ſo iſt die Bahn dazu doch gebrochen. Denn wir haben an demſelben nicht allein eine reiche, vielleicht ſelbſt überreiche Materialienſammlung für die Geſchichte der Seelenlehre und Literaturgeſchichte der Wiſſenſchaft, ſondern auch die Einrichtung des Werks, wenigſtens in ſeinen erſten Abſchnitten, erleichtert dem eigentlichen Geſchichtſchreiber, der uns die allmählige Ausbildung der Pſychologie darſtellen wollte, ſein Geſchäft. Denn nachdem der Vf., was für die Pſychologie in einem Zeitraume geſchehen, chronologiſch beygebracht, ſchlieſst er die Erzählung mit Reſultaten, welche ihm die Geſchichte giebt. Wenigſtens geſchieht dieſes bey den beiden erſten Perioden. Der Vf. theilt die Geſchichte der Pſychologie in die Univerſal- und Specialgeſchichte; die *erſte* verzeichnet den Gang der pſychologiſchen Cultur im Allgemeinen genommen, die *zweyte* erzählt, was, wo und von wem etwas für die Pſychologie gethan iſt, oder ſie iſt, um mit dem Vf. (S. 12.) zu reden, die Geſchichte „der mehr zufälligen Erzeugniſſe des Beobachtungs- und Forſchungsgeiſtes *beſonderer* Menſchen, gewiſſer *Nationen* Zeitalter, nach Zeit und Raum." Nach des Rec. Urtheil kann die hier ſogenannte Univerſalgeſchichte nicht auf den Namen der Geſchichte Anſpruch machen, ſondern iſt ein Reſultat der Pſychologie; das den Geſchichtſchreiber wie den Geſchichtsforſcher derſelben in ſeinem Geſchäfte leiten ſoll. Alles hätte hier kürzer, und eben dadurch zweckmäſsiger, für die Ueberſicht geſagt werden können. Die Special- oder eigentliche Geſchichte geht von den Orientalen zu den Griechen fort, und bleibt bey den erſten nur im allgemeinen ſtehen. Von den Griechen an theilt der Vf. die Geſchichte in *fünf* Perioden.

Die *erſte* geht von dem Homer bis zu den Gnomikern: „*Von der urſprünglichen Herrſchaft der Phantaſie bis zum Abſchluſs ihres Cyklus — bis zur Periode des vorwaltenden nüchternen praktiſchen Verſtandes*" kürzer: ſie befaſst die Zeit der herrſchenden Phantaſie. Ueber den Homer verbreitet ſich der Vf. ſehr allgemein. Die ganze allgemeine Homeriſche Theologie und Anthropologie, oder des Dichters Vorſtellungen von den Göttern und Menſchen; ingleichen auch ſeine

Vor-

Vorftellungen von dem was den Göttern mit den Menfchen gemein, und den einen oder andern eigenthümlich ift, werden hier mit grofser Ausführlichkeit dargeftellt. Eben daffelbe gilt von Homers Kenntnifs der Menfchen in ihren verfchiedenen Altern und nach Verfchiedenheit ihres Gefchlechts u. f. w. Allein indem man den unermüdeten Fleifs des Vfs. diefes zu fammeln und zu ordnen bewundert, ift man verfucht zu wünfchen, dafs er uns nicht alles aus diefem Vorrathe, fondern nur dasjenige gegeben hätte, in dem wir den Dichter als den feinen Menfchenbeobachter fehen. Denn wenn wir z. B. S. 149. unter Homers pathognomifchen Beobachtungen lefen: „Der Furchtfame verändert die Farbe, ihm zittert das Herz, es wanken ihm die Kniee;" wenn ferner ebendaf. gefagt wird, das Aeufsere in den Bewegungen (und Stellungen) fey von Homer forgfam beobachtet, z. B. der Schlafende ftütze fich auf den Ellenbogen: fo kann man was den gewöhnlichften Menfchen lange vor Homer nicht entgehen konnte, nicht als Beobachtung des Dichters anfehn. — Eben fo möchte, was (S. 155.) von dem Gefetzgeber Lykurg gefagt wird, für eine Gefchichte der Pfychologie zu weit hergeholt feyn. Auf der andern Seite wird der Pfychologe dem Vf. für die gleich zu Anfange der Gefchichte gegebene Erklärung der pfychologifchen Ausdrücke φυσις, ψυχή, πνεῦμα u. f. w. verbunden feyn, wenn gleich hier etwas mehr Kürze zu wünfchen wäre.

Die *zweyte* Periode, die Gefchichte des fich hervorthuenden praktifchen Verftandes, geht bis zum Sokrates, oder vielmehr noch über ihn hinaus. Denn hier wird auch noch Xenophons Cyropädie mitgenommen. Der praktifche Verftand geht wohl im Allgemeinen nicht fowohl auf Menfchenkunde als vielmehr auf das, was wir in unferer deutfchen Sprache *Menfchenkenntniß* nennen. Wie führte diefer zur Menfchenkunde? Diefes hätte hier in einer eigentlichen Gefchichte mehr der Gefichtspunkt feyn müffen. Diefer Gefichtspunkt ift indeffen wenig genommen. Von den Dichtern, die in diefer Periode lebten, den Philofophen, die das Wefen der Seele zu beftimmen fuchten, und den Sophiften, welche die vorhin erwähnte Menfchenkenntnifs als ein Hauptvehikel ihres Eigennutzes ftudirten und lehrten, wird hier zwar viel gefagt; allein wie hierin ein Anlafs lag, die Hauptbegriffe der Pfychologie zu beftimmen, wird wenig bemerklich gemacht.

Die *dritte* Periode geht von Plato bis zum Neuplatonismus. Jeder ftimmt dem Vf. gewifs bey, wenn er diefen Zeitraum als das Zeitalter der (erften) wiffenfchaftlichen Bearbeitung der Seelenbegriffe charakterifirt; weniger möchte man mit ihm einig feyn, wenn er ihn durch die erfte *Aufnahme* der pfychologifchen Verfuche in die Philofophie bezeichnet. Denn das würde voraus fetzen, dafs man alle frühern pfychologifchen Verfuche bis dahin von der Philofophie ausgefchloffen hätte. Ueber den Plato und Ariftoteles ift der Vf. und mit Recht am ausführlichften; nur wäre zu wünfchen gewefen, dafs das eigenthümliche Verdienft eines jeden mehr kenntlich gemacht wäre. Denn Plato war doch der erfte, welcher die pfychologifchen Begriffe beftimmt deutlich zu machen fuchte, und bey dem Ariftoteles finden wir doch den erften Verfuch einer wiffenfchaftlichen Zufammenordnung der einzelnen pfychologifchen Begriffe und Sätze, die Gränzen der empirifchen Pfychologie, wie wenigftens fchon Hr. *Tiedemann* (Gefchichte der Phil. III. S. 207.) bemerkt, beftimmt gezeichnet; und den Plan den er befolgt, fetzt Rec. hinzu, finden wir in den fpätern Verfuchen, bey welchen es auf eine Erfahrungs-Seelenlehre abgefehen war, im Ganzen, nur mit wenigen Abänderungen, wieder. Dafs der Vf. den Epikur und die Stoifche Schule karger abfertigt, ift um fo zweckmäfsiger, da die Pfychologie bey denfelben nur der Ethik wegen, und alfo einfeitig behandelt wurde. Dafs in einem Zeitalter, wo die Pfychologie fchon eine wiffenfchaftlichere Bearbeitung gefunden hatte, noch die Dichter mit der Gefchichte derfelben aufgeführt werden, ift wohl eine Ueberladung derfelben; felbft wenn auch ein fo feiner Welt- und Menfchenkenner als Horaz genannt werden kann.

Die *vierte* Periode begreift die Zeit von dem Neuplatonismus, oder beftimmter von dem Entftehen der Alexandrinifchen Philofophie bis zum Baco. Ein langes Zeitalter, in welchem zuerft die gnoftifche, kabbaliftifche und eklektifche, fpäterhin die Arabifche und fcholaftifche; und zuletzt eine erneuerte griechifche Philofophie auftritt, in welchem aber wenig für die Pfychologie gewonnen wurde. Die Tendenz, die faft alles Philofophiren in dem bey weitem gröfsten Theile diefes Zeitraums hatte, theils die Philofopheme verfchiedener Schulen mit einander, theils die Philofopheme des Plato mit der Philofophie des Morgenlandes zu vereinigen, konnte für die Ausbildung einer Wiffenfchaft wenig verfprechen. Deshalb hätte der Vf. hiebey viel kürzer feyn können. Die für die Pfychologie wichtigern Männer und Thatfachen, befonders wenn fie fonft weniger bekannt find, würden dadurch auch bemerklicher geworden feyn. So z. B. kennt jeder den Nemefius Emifenus im Allgemeinen; aber feine, nicht allein für die pfychifche fondern für die gefammte Naturkunde wichtige, Behauptung einer allmäligen Stufenfolge der Naturwefen, die S. 384. angeführt wird, ift weniger bekannt, und unter fo vielen unfinnigen Verirrungen diefes Zeitalters verliert fie der Lefer leicht aus dem Auge, wenn er nicht die Entfchloffenheit hat, die Gefchichte diefes ganzen Zeitraums vom Anfange bis zum Ende durchzulefen. Daffelbe gilt von des heil. Auguftinus fo wichtigen Behauptung von dem Gedächtniffe, die S. 394. angeführt wird. Denn wenn diefe öfter gehörig benutzt wäre; fo würde eine genauere Unterfcheidung zwifchen dem Gedächtnifs, der Einbildungskraft und dem Erinnerungsvermögen in den Schriften der Pfychologen allgemeiner feyn. — Rec. übergeht, aus einem fchon vorhin angegebenen Grunde, die Araber und Scholaftiker, und bemerkt, dafs gegen das Ende diefes Zeitraums eine vollftändigere Literatur der Pfychologie, die früher auch wohl nicht zu erwarten war, der Gefchichte derfelben zur Seite geht. Nur vermiffet man hier oft die hiftorifche Beftimmtheit und Genauigkeit. So lefen wir S. 453 — 454. Otto Casmann, ein

Schüler des Prof. *Goclenius* zu Marburg, sey der *erste* gewesen, der seinem 1594. erschienenen Werke dem Namen *Psychologia* vorgesetzt habe. Allein S. 455—456. lesen wir auch, Rudolph Goclenius habe 1594. zu Marburg eine ψυχολογία *h. e.* u. s. w. herausgegeben. Ob dieses Goclenius der Vater oder der Sohn war (denn beide hiessen Rudolph und lehrten zu Marburg), erfahren wir nicht; und noch weniger sehen wir, wie Casmann der erste genannt werden kann, der sein Werk von der Seele *Psychologia* genannt habe. Der Vf. redet von Baco noch in diesem Zeitraume (S. 478—483). Am wichtigsten ist Baco für die Psychologie wohl durch die Richtung, die er der Naturforschung überhaupt vorzeichnete; weniger wichtig durch seine Eintheilung der Wissenschaften nach den Seelenvermögen, und einige eigentlich psychologische Beobachtungen. Da der Vf. selbst Dichter, die ihre Menschen- und Weltkenntniss in ihren Werken niedergelegt haben, in seiner Geschichte auszeichnet, so wundert man sich billig, dass Baco's *sermones fideles* auch nicht mit einem Worte erwähnt sind. Denn dieses kleine Büchlein enthält einen Schatz von Welt- und Menschenkenntniss, der meistens in den anspruchlosesten Bemerkungen versteckt ist.

Die *fünfte* Periode, nach der Ueberschrift: „Die Zeit der Systematisirung geprüfter Seelenerfahrungen" geht bis zu *Kant*, mit welchem der Vf. die letzte Periode angehen lässt. In jener Periode redet der Vf. zuerst von dem *Des-Cartes* und den Landsleuten desselben, dann von den Holländern, Britten und Deutschen, ohne sich, wie es ganz recht ist, an jene Ordnung nach den Nationen strenge zu binden. Rec. kann dem Vf. nicht beystimmen, wenn er S. 493. dem *Des Cartes* den Vorwurf macht, dass er die anthropologische Ansicht der Psychologie durch eine völlige Isolirung der mechanischen Physiologie und ideellen Psychologie vernichtet habe. Denn einmal kann die Psychologie wohl nicht anthropologischer behandelt werden als *Des Cartes* die Lehre von den Leidenschaften behandelt hat; wenn man den Punkt abrechnet, dass seine Lebensgeister mehr nichts als eine Hypothese sind, die aber doch mehr erklärt, als so viele andre der nämlichen Art. Dann zweytens ist eine solche Isolirung des Somatischen und Asomatischen, wie Rec. es ausdrükken würde, durchaus nothwendig, wenn wir in dem einen und in dem andern weiter kommen wollen. Es versteht sich, dass diese einstweilige Isolirung nichts anders als eine logische Vereinfachung des Objects der ganzen Untersuchung ist, um, wenn wir an den gehörigen Punkt gekommen sind, in der Verbindung des Somatischen mit dem Asomatischen den Menschen ganz zu erkennen. — Bey *Leibnitz* hätte Rec. gewünscht, dasjenige mehr ausgehoben zu sehen, was derselbe insbesondere für die empirische Psychologie, besonders in seinen *Nouveaux Essais* gethan hat, da dieses *opus posthumum* von *Leibnitzens* nächsten Nachfolgern nicht benutzt werden konnte und von den spätern bis jetzt zu sehr unbenutzt geblieben ist. Selbst *Wolf*, der zuerst die Erfahrungs-Seelenlehre als eine besondre Wissenschaft aufstellt und dessen Verdienste um die empirische Psychologie (S. 544 u. f.) mit Gerechtigkeit und treffend gewürdigt werden, würde, wenn er Leibnitzens *Nouveaux Essais* hätte benutzen können, in der empirischen Psychologie tiefer gegangen seyn. Dass *Wolf* die Gränzen zwischen der rationalen und empirischen Psychologie nicht immer genau beobachtet habe, wie (S. 551.) bemerkt wird, ist um so wahrer, da *Wolf* unstreitig von seiner Erfahrungs-Seelenlehre zu bescheiden urtheilt, wenn er sie, wie auch (S. 547.) angeführt wird, „eine *Historie von der Seele*" nennt. Diese enthält sie allerdings; allein sie wird dadurch nicht erschöpft, sondern enthält überdiess auch die Wissenschaft von der Seele in so fern sie auf jener Geschichte beruhet. *Baumgarten* unterschied zwar, wie S. 581. richtig bemerkt wird, genauer zwischen der rationalen und der empirischen Psychologie als es von *Wolf* geschehen war; auch könnte man hinzu setzen, dass er mehrere Begriffe schärfer als sein Vorgänger bestimmt habe: allein durch eine übel angebrachte Verbesserung, die freylich consequent war, aber von einer falschen Voraussetzung ausgieng, verdarb er in ihr. Denn er brachte in sie die kosmologische Ansicht, weil er sie als einen Theil der Metaphysik, der nach der Cosmologie abzuhandeln wäre, betrachtete. Eben deshalb macht *Kant* in der Geschichte der Wissenschaft Epoche, dass er die empirische Psychologie ganz von der Metaphysik ausschloss. Dieses Verdienst war ihm wie vorbehalten, da er den Begriff der Metaphysik zuerst bestimmt aufstellte. Einen ausführlichern Auszug gestattet die Geschichte dieser und der vorhergehenden Periode schon ihrer Reichhaltigkeit wegen nicht. Nur so viel bemerkt Rec. dass man schwerlich nach einem für die Psychologie wichtigen Schriftsteller unter den Deutschen, Engländern, Franzosen und Italiänern in diesem Zeitraume vergebens fragen wird, und dass der Vf. die Bemühungen seiner Zeitgenossen mit einer ihm rühmlichen Unparteylichkeit zu würdigen gesucht habe. — Es wäre um so mehr zu wünschen gewesen, dass den Vf. nicht sein zu früher Tod an der Herausgabe dieses Werks gehindert hätte, da vieles was in demselben enthalten ist, nur eine Vorarbeit zu dem Werke war, das wir zu hoffen gehabt hätten, und daher nicht von historischen Unrichtigkeiten frey ist, die eine abermalige Umarbeitung des Werks entfernt haben würde. So wird (S. 545—546.) dem berühmten *Wolf* eine Logik oder Vernunftkunst, die von seiner bekannten deutschen Logik, oder: *Vernünftigen Gedanken* u. s. w. verschieden seyn soll, fälschlich beygelegt. Es wäre eine unbillige Forderung an den Herausg., wenn man die Verbesserung solcher Unrichtigkeiten von ihm fordern wollte. Nur Druckfehler, wie S. 321.: „Epikuros (geb. 241. v. Ch. gest. 271. v. Chr.)" und S. 425, wo *Raymund de Sabunde* 1732. stirbt, hätten vermieden, oder doch angezeigt werden können. — Uebrigens ist der Stil in dieser Geschichte fliessender und nicht so geschraubt, als er es oft in der Psychologie ist. Dieses Werk hat auch ein vollständiges Register, das man bey der Psychologie vermisst; so wie man hier eine die Uebersicht des Ganzen erleichternde Inhaltsanzeige, mit welcher die Psychologie versehen ist, neben jenem Register sich wünschen möchte.

(*Der Beschluss folgt.*)

ALLGEMEINE LITERATUR-ZEITUNG

Mittwochs, den 20. September 1809.

WISSENSCHAFTLICHE WERKE.

PHILOSOPHIE.

1) Leipzig, b. Barth u. Kummer: *Friederich August Carus* u. s. w. *Psychologie* u. s. w.
2) *Ebend.: Fr. Aug. Carus* u. s. w. *Geschichte der Psychologie* u. s. w.
3) *Ebend.: Fr. Aug. Carus* u. s. w. *Psychologie der Hebräer* u. s. w.

Auch mit dem Titel:

F. A. Carus u. s. w. *Nachgelassene Werke* u. s. w.

(*Beschluss von Num.* 257.)

Nr. 3. ist als eine Ergänzung zu dem vorhergehenden Werke zu betrachten und geht bis zu der Zerstörung Jerusalems. In der Einleitung wird diese Geschichte eine *biblische Psychologie* genannt und diesen Namen kann sie füglich führen, da sie nicht allein die Menschenkunde der Schriftsteller des A. T. sondern auch Jesu und der Apostel enthält, und der Zweck dieses Werks historisch hermeneutisch ist. Rec. glaubt bey der Anzeige derselben sich um so kürzer fassen zu können, da der Zuschnitt dieses Werks eben derselbe als bey der Geschichte der Psychologie ist. Denn das Buch hat *zwey* Theile, deren *erster* ausser *vorbereitenden Rückblicken auf die allgemeine Culturgeschichte der Menschheit* noch eine Darstellung der psychologischen (wohl richtiger psychischen) Cultur der Zeit vor Abraham und eine Menschenkunde der Genesis enthält, und der *zweyte* die Geschichte der psychologischen Cultur der Hebräer von Abraham an in neun Perioden darstellt. Die *erste* dieser Perioden geht von Abraham bis auf Mose; die *zweyte* bis Samuel; die *dritte* bis Salomo einschliesslich; die *vierte* geht von der Trennung des jüdischen Staats bis zum Exil; die *fünfte* begreift die Zeit des Exil's; die *sechste* geht bis zum Ende der persischen Herrschaft; die *siebente* von da bis zu den Makkabäern; die *achte* enthält die Zeit von der Wiederherstellung der Freyheit durch die Makkabäer bis zur Erhebung der Herodischen Familie auf den jüdischen Thron, und die *neunte* schliesst mit der Zerstörung Jerusalems. Abgerechnet, dass die Perioden vielleicht zu sehr gehäuft sind, sind sie zweckmässig von einander geschieden, besonders von dem Exil an. Denn von dieser Zeit an wurde die Cultur der Juden mit der Cultur anderer orientalischer Völker und der Griechen vermischt. Bey jeder der drey ersten Perioden giebt der Vf. eine, und bey der dritten drey, wie er sie nennt, psychologische Lexica. Eins z. B. S. 244—246. über den Hiob. Der dem Werke auch zum Grunde liegenden hermeneutischen Absicht sind diese unstreitig sehr beförderlich, wenn anders des Vfs. Sprachkenntnisse seinem Fleisse und seiner Kenntniss der Psychologie gleich sind. Das letzte bezweifelt indessen einer der berühmtesten Orientalisten unserer Zeit, dessen Urtheil Rec. für diese Anzeige benutzen zu dürfen glaubte. Denn nach der Meinung desselben war der Vf. zu wenig orientalischer Philolog, als dass er in der Entwickelung der Begriffe auf etymologischem Wege sich nicht zu sehr auf Lexica oder einseitige Erklärungen einzelner Exegeten hätte verlassen müssen. Eben derselbe Orientalist behauptet auch, dass der Vf. dem Buch Hiob, dem er, wie gesagt, S. 244—246. ein besonders Glossarium widmet, ein zu spätes Zeitalter anweiset, und will es vielmehr als das älteste im ganzen hebräischen Canon betrachtet wissen. Auch ist derselbe der von dem Vf. (S. 50 u. f.) angenommenen und verfolgten Hypothese von drey Vf. der Genesis abhold. Freylich würde der Exeget des Vfs. Arbeit alsdann nur mit um so grösserer Behutsamkeit benutzen können; allein dessenungeachtet wird er dem Vf. als Psychologen für sein Werk dankbar bleiben, wenn er auch mit der zu grossen Weitläuftigkeit desselben nicht zu frieden seyn sollte. Schliesslich bemerkt Rec., dass obgleich dieses Werk unvollständig bleibt, da der Vf. die *vierte*, *fünfte*, *sechste*, *siebente* und *achte* Periode nur in einem Entwurfe (S. 247—262.) hinterlassen hat, dessen weitere Ausführung der bescheidene Herausg. Hr. M. *Goldhorn*, Mittagsprediger an der Thomaskirche zu Leipzig, nicht wagte; es doch im übrigen vollendeter scheint als die beiden unter Nr. 1. und 2. angezeigten Werke. Wir verbinden hiermit die Anzeige des *vierten* Theils von des sel. *Carus* Schriften:

Leipzig, b. Barth und Kummer: *Friederich August Carus*, Prof. der Philos. zu Leipzig, *Ideen zur Geschichte der Philosophie*. 1809. VIII u. 776 S. 8. (2 Rthlr. 16 gr.)

Des Vfs. schon 1797. erschienene *Commentatio de Anaxagorae Cosmotheologiae fontibus*, die den Ideen u. s. w. angehängt ist, verdiente unstreitig einen neuen Abdruck, und eben so verdienen hier des Vfs. schon (in *Fülleborn's* Beyträgen zur Geschichte der Philos. St. 9. 10.) abgedruckte Abhandlungen über den Hermotimus und Anaxagoras, eine Stelle. In der Mittheilung

lung des übrigen hätte aber eine viel genauere Auswahl getroffen werden sollen. Vielleicht hätten wir nichts verloren, wenn, jene Abhandlungen ausgenommen, alles was von S. 137 — 668. unter dem Titel: „Ideen zur Specialgeschichte der Philosophieen" gegeben wird, ungedruckt geblieben wäre, voraus gesetzt, dass der Herausg. sich nicht zu dem unverkennbar schweren Geschäfte, aus diesem grossen Vorrathe das Vollendetere auszuheben, entschliessen konnte. Denn von der Vollendung, in der es dem Freunde der Geschichte der Philosophie ein willkommnes Geschenk seyn würde, ist das meiste noch zu entfernt, als dass es zu dem Studium des Ganzen, ohne welches das einzelne Gute, vielleicht Vortreffliche, nicht gewonnen werden kann, einladen könnte. Zum Beweise dieser Behauptung darf Rec. nur anführen, dass der Vf. auf die Quellen seiner Angaben nur sehr sparsam und oft in einer Unbestimmtheit verweiset, bey welcher sie so gut als keine Verweisungen sind. Dass, wie der Herausg., Hr. *Hand* (S. III — IV. Vorr.) sagt, diese Sammlung des Vfs.: „Bemühungen, so weit sie ihm eigenthümlich waren, und so viel als möglich ausgeschieden von dem, was er von andern billigend annahm," enthalte, beweiset nichts gegen das Gesagte, so sehr es denselben auch gegen jeden Vorwurf schützt, zu dem man allerdings berechtigt wäre, wenn er selbst diese Sammlung herausgegeben hätte. S. 21 — 90. findet man eine schätzbare Geschichte (mehr Literatur) der Geschichte der Philosophie, in welcher nur die allgemeinere von der speciellern Geschichte der Philosophie genauer hätte geschieden werden sollen. Da auch dieser Versuch noch manches zu wünschen übrig lässt, so glaubt Rec. den Herausg. Hn. *Hand*, der diesem Gegenstand eine eigne Schrift zu widmen verspricht, hierzu aufmuntern zu müssen.

OEKONOMIE.

ANSPACH, in Gasserts Buchh.: *Abhandlung über die Natur und Heilung der Augenentzündung bey Pferden und ihren Folgen*, nach neuern medicinischen Grundsätzen und Erfahrungen für denkende Thierärzte und aufgeklärte Oekonomen, verfasst von *Karl Wilhelm Ammon*, Königl. Rossarzt in Anspach. 1807. 127 S. 8. (9 gr.)

Aufgefordert von mehreren thierärztlichen Freunden, versprach der schon durch andere thierärztliche Schriften rühmlich bekannte Vf. vor mehreren Jahren in der Zeitung für die Pferdezucht, eine Abhandlung über die Augenentzündung der Pferde und deren Behandlung, und liefert nun hier eine Schrift, welche die Natur und Behandlung der Augenkrankheiten, auf Grundsätze und zehnjährige Erfahrung gestützt, behandelt, und die um so schätzbarer ist, da alles bisher von andern Schriftstellern über diesen Gegenstand gesagte, nur unvollkommen ist. Das Ganze zerfällt in eine Einleitung und mehrere Abschnitte. Der Inhalt der Einleitung ist kürzlich folgender: Das Pferd ist unter allen Hausthieren der Augenentzündung am häufigsten unterworfen, weil es so mancherley nachtheiligen Einwirkungen auf seine Gesundheit ausgesetzt ist. Die Augenentzündung ist gewöhnlich die Mutter aller übrigen Augenkrankheiten, und erfordert daher die sorgsamste Pflege. *Erster* Abschnitt. *Erkenntniß* der Augenentzündung. Die wichtigsten Erscheinungen der Augenentzündung sind folgende: Das Auge ist sehr empfindlich, schmerzhaft und lichtscheu, heisser als natürlich, geschwollen und thränend. Die Hornhaut hat ihre Durchsichtigkeit verloren, ist aschgrau, weiss oder bläulich, bey heftigerer Entzündung tritt Fieber ein. Man unterscheide genau die Entzündung der Augenlieder, die der äussern Fläche des Augapfels, und die der innern Theile des Auges. *Zweyter* Abschnitt. *Verlauf* und *Ausgang* der A. E. Die Dauer derselben ist sehr verschieden, bald acut, bald chronisch. Es lässt sich aus diesen Verschiedenheiten des Verlaufs nichts sicheres auf die Kurart schliessen. Sie endigen sich entweder mit Zertheilung oder Uebergang in andere Augenkrankheiten. *Dritter* Abschnitt: *Eintheilung* der A. E. Die bisherigen Eintheilungen haben auf die praktische Behandlung keinen grossen Einfluss, die einzig nützliche ist die in sthenische und asthenische Entzündung, und in die örtliche und allgemeine. Die örtliche Entzündung entsteht von örtlich wirkenden Schädlichkeiten welche das Auge treffen; die allgemeine ist eine Entzündung des Sehorgans, und als einzelne Erscheinung des Gesammtleidens anzusehen. *Vierter* Abschnitt: Die Erkenntniss der *Arten* der A. E. richtet sich hauptsächlich nach der Anlage und den voraus gegangenen Schädlichkeiten, weniger nach ihren Erscheinungen. Die sthenische wird seltener als die asthenische angetroffen. *Fünfter* Abschn.: *Ursachen der A. E.* Die örtlichen Schädlichkeiten, welche die Entzündung selbst erzeugen, zerfallen nach ihrer Wirkungsart in örtliche und allgemeine: Oertliche Gelegenheitsursachen sind: Stösse, Bisse, Verwundungen, einwärts stehende Haare der Augenlieder, Staub, Sand u. s. w. Allgemeine Gelegenheitsursachen: Erkältung nach Erhitzung, das Weiden der Pferde bey anhaltend nasser Witterung, dumpfige, feuchte, finstere Ställe, das Zahnen der jungen Pferde, unbefriedigter Geschlechtstrieb bey Stuten und andere allgemeine Krankheiten, z. B. Druse, Rheumatismen, Räude und asthenische Fieber. *Sechster* Abschnitt: *Vorherbestimmung der Gefahr.* Der Grad der Entzündung, der Sitz, die Dauer und die Natur derselben bestimmen ihre Folge. Nie ist eine Augenentzündung als unbedeutend anzusehen, und je öfter sie erfolgt, desto grösser ist die Gefahr. *Siebenter* Abschnitt: *Kur der A. E.* in drey Kapiteln. 1) Bis jetzt nehmen noch die wenigsten Thierärzte auf die Art der A. E., welche sie zu behandeln haben, die gehörige Rücksicht. Sie wenden durchgängig bey jeder Entzündung der Augen schwächende Mittel an, durch welches Verfahren, bey so wenig vorkommenden sthenischen Entzündungen, oft grosser Schaden angerichtet werden muss. 2) Die Behandlung der sthenischen A. E. erfordert schwächende Mittel, als: Entziehung des Lichts, Ruhe,

Ruhe, Anwendung der Kälte, Entziehung der gewohnten Menge von Nahrungsmitteln, Blutlassen und kühlende salzige Abführungsmittel. 3) Die Kur der asthenischen A. E. erfordert entgegen gesetzte Mittel. Hier muss der Grad der Reizung dem Grade der verminderten Lebensthätigkeit angemessen seyn. Es taugt nicht, im Anfange schwächende und späterhin reizende Mittel anzuwenden. Wir bedürfen zur Heilung bald *bloss* örtlich wirkender, bald allgemein wirkender Mittel. Die wichtigsten derselben sind — Verminderung des Lichts, örtlich reizende (äussere) Mittel, z. B. Bleymittel, mit warmem Wasser vermischter Wein oder Branntwein. Starker reizende sind warme Bähungen von aromatischen Kräutern. — Allgemeine Reizmittel — Kalmus, Wolferley, Kampfer, Baldrian, Opium, Teufelsdreck u. s. w. Haarseile, Blasenpflaster, wenn wegen Unleidlichkeit der Pferde u. s. w. die Haarseile nicht anwendbar sind. Man schreitet nur von den gelinden Reizmitteln nach und nach zu den stärkern. Die Auswahl derselben ohne Rücksicht auf die Erfahrung und den Grad des Uebels, bloss nach Gutdünken, wird nicht nur sehr unsicher, sondern auch gefährlich seyn. Nur dann ist es erlaubt, gleich Anfangs stark reizende Mittel anzuwenden, wenn der entzündliche Zustand schnelle und starke Hülfe verlangt. Je heftiger der Grad der Entzündung ist, desto mehr Vorsicht ist nöthig. — Bey rein örtlich asthenischer A. E. passen gelinde äussere Reizmittel: als das *Goulardische* Bleywasser, auch wohl mit Zusatz von Kampfer. Sehr wird die Wirksamkeit dieser Mittel erhöht, wenn man sie vor ihrer Anwendung etwas erwärmt. Bey der allgemeinen innern Behandlung ist die Rücksicht auf den Grad der Schwäche wichtiger, als die auf die Formen des Allgemeinleidens. Alle chronische und periodische Krankheiten sind asthenischer Art, und erfordern dieselbe Behandlung. *Achter* Abschnitt: Von den *Augenkrankheiten*, welche gewöhnlich *Folgen von vorhergegangenen Augenentzündungen* sind, in *sechs* Kapiteln. 1) Die sogenannten *Augenflecken* beruhen auf einer Störung in der Organisation der Hornhaut. Die nächste Ursache derselben scheint eine Stockung und Verdickung von ausgetretenen Feuchtigkeiten, vielleicht auch eine Zusammenwachsung in den Lamellen der Hornhaut zu seyn. Die Heilung der Flecken macht meistens dem Rossarzte viel zu schaffen, und oft sind sie gar nicht weg zu bringen. Je kleiner und flacher der Fleck ist, desto leichter ist er noch weg zu schaffen. Sehr grosse lassen sich niemals im Mittelpunkte der Hornhaut ganz wegbringen; auch wenn sie seicht und neu sind. Alte Flecken sind meistens unheilbar. Zur Behandlung dieser Flecken braucht man bloss örtliche Reizmittel; die besten sind, Weinstein, weisser Bolus, Zucker, weisser Vitriol, gebrannter Alaun u. s. w. 2) Das *Augenfell* besteht in einer widernatürlichen Verdickung und Ausartung der *tunica conjunctiva*. Ihre Erkenntniss ist leicht. Die Farbe des Augenfells ist bald milchweiss, bald blaulicht grau, bald ganz grau. Bey ihrer Behandlung hat man vorzüglich darauf Rücksicht zu nehmen, ob der Schaden bloss örtlich oder mit einer allgemeinen Krankheit verbunden ist. Ist das Augenfell bloss örtlich, so kann es oft durch äussere Reizmittel vertrieben werden; ist eine allgemeine asthenische Krankheit dabey, so muss diese erst gehoben werden, weil ohne deren Beseitigung die Heilung jener nur unvollkommen und von keiner Dauer ist. 3) Oft entsteht während der Entzündung der Augen eine *Eiterblatter* auf der Hornhaut, welche nacher aufplatzt, und sich in ein Geschwür verwandelt. Oft bemerkt man zu gleicher Zeit mehrere dieser Eiterblattern, welche bald grösser bald kleiner sind. Ihre Heilung ist oft schwierig. Je kleiner und oberflächlicher die Geschwüre sind, desto weniger Gefahr ist vorhanden. Sobald man Eiterblattern auf der Hornhaut bemerkt, muss man solche sogleich mit einem schicklichen Instrumente öffnen. Zur völligen Heilung wird das öftere Bähen mit einem Augenwasser aus Kalmuswurzel und Kastanienrindenabsud zureichend seyn. Bleibt nach einem beträchtlichen Hornhautgeschwüre eine Narbe zurück, welche durch Ungleichheit und Undurchsichtigkeit die Hornhaut verdunkelt: so ist die Vertheilung derselben meistens schwer, oft gar nicht möglich. 4) Das *Eiterauge*, eine Ansammlung von Eiter, entweder zwischen der Bindehaut des Auges und den Häuten des Auges, oder zwischen den Lamellen der Hornhaut, oder im Auge selbst, ist die Folge einer übel behandelten Augenentzündung. Die Heilung ist sehr ungewiss; glücklicher weise ist diese Krankheit bey Pferden selten. 5) Um den *grauen Staar* zu erkennen, bringe man das Pferd an einen mässig erleuchteten Ort. Betrachtet man nun das Auge von allen Seiten: so findet man, dass die Hornhaut ganz rein und durchsichtig, auch die erste Augenkammer ungetrübt ist; dass aber hinter der Pupille aus dem Innern des Auges eine weisse, graue, grüne Verdunkelung hervorleuchtet. Die Heilung ist auf allen Fall unmöglich. 6) Um die Gegenwart des *schwarzen Staars* bestimmen zu können, ist durchaus eine genaue Kenntniss des gesunden Auges nöthig. Der Blick, die Bewegung der Ohren, die Haltung, der Gang des Pferdes zeigen den Verlust dieses Sinnes sehr deutlich an. Sicherer noch ist als Kennzeichen, die Unbeweglichkeit des Augensterns. Die Heilung dieser Krankheit gelang bisher nur in wenigen Fällen; nur da, wenn sie plötzlich entstand, sah man noch Hülfe. — Zum Beschluss dieses sehr nützlichen Buches sind noch 24 Arzneyformeln angehängt.

Wien u. Triest, b. Geistinger: *Darstellung neuer und verbesserter Landwirthschaftsgeräthe.* 1807. X S. Dedic. u. Vorr., u. 46 S. 4. mit 8 Kupfert. (1 Rthlr. 12 gr.)

Diese Schrift, deren Dedication an den damaligen Kurfürsten von Bayern Hr. Professor *C. Schulz*, als Vf., unterschrieben hat, ist ganz eine und dieselbe mit der, wovon unter demselben Titel, jedoch mit dem Namen des Vfs., der *erste* Heft schon im J. 1805.

zu

zu Salzburg bey Mayr heraus kam und 2 Rthlr. 12 gr. kostete. Ob nun die gegenwärtige Schrift ein bloßer Nachdruck der frühern (wahrscheinlich noch nicht fortgesetzten), oder ob sie nur eine wohlfeilere Ausgabe derselben mit einem andern Titel sey, kann Rec. nicht entscheiden. Die Titelvignette ist hier aufgeklebt; und die Kupfer sind viel schlechter, als bey der in Salzburg herausgekommenen, daher auch der Preis um 1 Rthlr. geringer ist. — Es werden hier fünf verschiedene Instrumente von der Erfindung des Vfs. beschrieben und abgebildet. Das erste ist eine *Heuwende* oder *Heu-Egge*. Sie soll das Heu, Kleeheu u. dergl. öfters umwenden, und umrühren, um dasselbe schneller zu trocknen, und geschwinder einärnten zu lassen, und so vor Regen zu bewahren. Es ist diess ein vierrädriges Gestell, dessen Räder eyförmig gestaltet sind, und daher bewirkt, dass das Instrument wechselsweise sich erhebt und niedersenkt; welches dann mit zwey daran gehängten Rechen versehen ist, die das Heu aufgreifen und wieder niederfallen lassen. Rec. befürchtet nur, dass diess Instrument das Heu sehr verwirren, und besonders das Kleeheu um seine Blätter bringen möchte, an denen doch gerade am meisten, zum Behuf der Fütterung, liegt. Das zweyte Instrument ist eine *Stroh-* und *Futterschneidemaschine*, bey welcher mit einer Kurbel eine Welle herumgedreht wird, an deren Ende eine, mit zwey scharfen Messern versehene, Scheibe angebracht ist, welche das Schneiden verrichtet. Sie kann auch auf einen Umtrieb durch Wasser und Vieh eingerichtet werden, und ist dann viel wirksamer, als wenn sie von einem Menschen gedreht wird, wo sie, wie der Vf. selbst sagt, nicht viel mehr Häcksel, und ihn nicht mit viel weniger Arbeit liefert, als die gewöhnliche; dagegen sie aber doch das grüne Futter viel geschwinder, als diese, und in jeder beliebigen Form, so wie auch Kraut und Rüben schneidet. Dergleichen Häcksel- und Futterschneidemaschinen haben wir offenbar schon sonst viel besser, als diese ist. Hierzu gehören Tab. II u. III. — Die dritte Maschine ist eine *Wasserschöpfmaschine*, zur Bewässerung der Wiesen und Felder, über welche selbst hier auch zugleich Belehrung gegeben wird. Die Maschine wird von vier Windflügeln getrieben, und führt durch eine Wasserschraube oder Wasserwinde das Wasser, worin sie steht, in einen Sammelkasten, aus welchem es dann in Röhren auf das Land geleitet wird. Der Vf. zieht diese Wasserschraube den leicht sich verstopfenden Saug- und Pumpwerken vor. Dazu gehören Tab. IV. u. V. — Hierauf folgen einige beyfallswürdige Grundsätze über die Construction des Pfluges überhaupt, welchen zwey Kupfertafeln beygefügt sind, die den Smallischen Pflug, nach der Erfindung des Vfs. mit einem Rade am Ende des (*verlängerten*) Grindels versehen, durch welches das höhere oder tiefere Stellen des Pfluges bewirkt werden kann, darstellen. Rec. kann sich aber nicht überzeugen, dass diese Veränderung des Smallischen Pfluges nöthig, und eine wirkliche Verbesserung desselben sey; und glaubt vielmehr, dass man auch ohne dieselbe mit diesem Pfluge nach Gefallen seichte, oder weniger tief pflügen könne. Diess hält aber der Vf. für sehr schwierig, und eben deshalb erfand er diese Vorrichtung. — Zuletzt folgt noch ein *Pflug zum Grabenziehen*, der aber viel schwerfälliger ist, als die englischen, von Hn. *Thaer* beschriebenen Grabenpflüge. Statt des Grindels nämlich hat er eine sehr starke, schwere Gabel gleichsam, zwischen deren Armen vorn ein Rad geht, durch welches er zum tiefen und seichten Gehen gestellt werden kann.

LITERARISCHE NACHRICHTEN.

I. Akademieen und gelehrte Gesellschaften.

Durch ein Königl. Decret von 11. Jul. ist die Organisationsurkunde der *Königl. Gesellschaft der Wissenschaften* und *Künste* zu *Neapel* vervollständigt und berichtigt worden. Der Präsident der ganzen Gesellschaft, so wie die Präsidenten der drey besondern Akademieen behalten ihre Würde ein Jahr hindurch. Der allgemeine Präsident und die drey Secretäre der drey Akademieen machen ein Administrations-Conseil aus. Ausser den ordentlichen und correspondirenden Mitgliedern werden auch Ehrenmitglieder aufgenommen. Der an die bestehenden Mitglieder auszutheilende Jeton beträgt 6 Ducaten (24 Fr.); der erste Preis nicht über 150, der zweyte nicht über 60 Ducaten.

II. Preise.

Die *Allgemeine Kameralistisch-ökonomische Societät in Erlangen* hat für diess Jahr folgende Preisfrage aufgegeben: „Welches System der *öffentlichen Sicherheits-Polizey* ist — nach Anleitung der Vernunft- und Erfahrungs-Grundsätze — das richtigste und den dermaligen Verhältnissen angemessenste?" Der Preis ist der sonst gewöhnliche von 12 Ducaten, und der Einsendungs-Termin der letzte December d. J. Die Preisschriften können in Deutscher, Französischer oder Lateinischer Sprache verfasst werden.

ALLGEMEINE LITERATUR-ZEITUNG

Donnerstags, den 21. September 1809.

WISSENSCHAFTLICHE WERKE.

STATISTIK.

AMSTERDAM u. HAAG, b. d. Gebr. van Cleef: *Koninglyke Almanak* voor den Jare 1809. XXXIV u. 614 S. gr. 8.

Ungeachtet der erste Staatskalender des *Königreichs Holland* für d. J. 1808. in dem erwähnten Jahre erst spät erschien, wie in der Anzeige desselben (A. L. Z. 1809. Nr. 107.) bemerkt ist: so enthält doch dieser zweyte manches Neue, weil zur Zeit der Herausgabe des ersten noch mancherley zu organisiren und umzuändern war. Mag man daher auch höchst ungern noch immer das wichtige Kapitel von der Organisation des *Justizwesens* und manches andere vermissen: so bemerkt man doch in andern Kapiteln, deren Folge unverändert geblieben ist, Neues genug, um sich für die Vergleichung entschädigt zu finden. Einiges davon wollen wir hier, zum Theil mit den ältern Angaben verglichen, auszeichnen. In dem *ersten* Kapitel (das die Verzeichnisse der Regenten, Minister und Gesandten liefert), findet man noch den Oestreichischen Gesandten in Holland und Holländische in Oestreich und in der Türkey. In dem *zweyten* Kap., von den *Ministern* und *Grofsofficieren*, (womit die deutschen Seitenzahlen beginnen) ist ein neuer Minister des Innern (statt des Barons *v. Leyden v. Westbarendrecht*, Hr. *Twent v. Raaphorst*) aufgeführt, und vor den noch beybehaltenen *Marschällen* in Holland stehen als *Grofsofficiere der Krone* ein Oberjägermeister, ein Oberstallmeister, ein Grofskammerherr, ein Grofsmarschall und ein Ehren-Grofskammerherr. Unter diese Grofsofficiere ist jetzt in dem sehr veränderten *dritten* Kap. vom *Hofstaate* der *Civil-Hofstaat* des Königs in der ersten Abtheilung (mehr nach den Grundsätzen der Etikette als einer leichten statistischen Uebersicht) so geordnet, dafs in dem ersten Abschnitte die *Grofsofficiere* und *Officiere* (höchsten und höhern Hofbeamten) in dem zweyten *die* (übrigen) *zum königl. Hause gehörigen Personen* aufgeführt sind. In dem ersten Abschnitte stehen unter dem *Grofs-Kammerherrn* der Ehren-Grofskammerherr, 1 erster Almosenier, 1 erster Ehren-Almosenier und 2 andere Almoseniere; 1 Chevalier d'honneur, 3 erste und 4 andere Kammerherrn, nebst 10 Ehren-Kammerherrn, 1 Requetenmeister und 1 Ceremonieenmeister zur Einführung der Gesandten; auch gehören hierher der Rath-Secretär des Königs, der Kanzler des königl. Hauses, 2 Cabinetsräthe und 1 Cabinets-Secretär. Dem *Oberstallmeister* sind zunächst ein erster und 5 andere Stallmeister nebst 2 Ehren-Stallmeistern untergeordnet. Der *Grofsmarschall* des Pallastes hat neben sich einen ersten Pallast-Präfecten, 3 andere Pallast-Präfecten, und 4 Pallast-Adjudanten, deren einer Ehren-Pallast-Adjudant ist. Neben dem *Grofsjägermeister* steht blofs der commandirende Jagdcapitän. Zur *allgemeinen Aufsicht* gehören der General-Intendant der königl. Häuser und die beiden Intendanten der Palläste zu Loo und Amsterdam. Den *medicinischen Dienst* besorgen zunächst ein erster Arzt und erster Chirurg, 2 consulirende Aerzte (unter welchen der eine zugleich erster consulirender Ehren-Arzt ist), 4 andere consulirende Aerzte und 3 consulirende Chirurgen. Für den allgemeinen *Kronschatz* ist ein General-Schatzmeister angestellt. In dem *zweyten* Abschnitt, der *die* (übrigen) *zum königl. Hofstaate gehörigen Personen* begreift, folgen unter dem *Grofs-Kammerherrn* die Hofgeistlichen, die beiden Gehülfs-Ceremonieenmeister, die Wappenherolde, der Chef des typographischen Bureau's, der Cabinets-Secretär-Bibliothekar mit seinen Adjuncten und der Musikdirector, wie auch die (3) Notare; unter dem *Oberstallmeister* steht das Haus des Pagen; (unter dem *Grofsmarschall des Pallastes* findet sich *nihil*;) unter dem *Oberjägermeister*, der General-Secretär des Oberdepart. der Jagd und Fischerey mit den Jagdofficieren; unter dem *General-Intendanten des königl. Hauses* folgen die Mitglieder des Raths über streitige Sachen, der Director der Kron-Mobilien, die Pallast-Intendanten zu Utrecht, im Busch, zu Soestdyk, in Ostfriesland und des Lusthauses bey Haarlem, mit dem Generalcontroleur der Gebäude und 4 Baumeistern; ferner der Domänen-Inspector und die Rentmeister gewisser Bezirke; für den medicinischen Dienst noch zwey ordentliche Aerzte, ein ordentlicher Wundarzt u. a. m. Unter dem *General-Schatzmeister* stehen hier seine Adjuncten, die Schatzbewahrer zu Amsterdam u. s. w. Auch ist hier die aus zwey Commis bestehende *königl. Canzley* und das *königl. Secretariat*, und zuletzt der *Rath des königl. Hauses* aufgeführt. Eben so ist die *zweyte* und *dritte* Abtheilung über den etwas vermehrten *Hofstaat* der *Königin* und den *Hofstaat der Prinzen* in zwey solche Abschnitte getheilt, ungeachtet er in der zweyten Abtheilung nur namenlose Damen aufführt, und in der dritten ein *nihil* die Rubrik füllt. In der *vierten* Abtheilung, die den *Militärhofstaat* enthält, findet man zwischen dem Cadettencorps (das jetzt nur aus 2 Compagnien besteht), und den übrigen

gen Haustruppen 2 Comp. königl. Carabiniers aufgeführt. — *Viertes* Kap. Für das Jahr 1809. hat der *Staatsrath* für den gewöhnlichen Dienst, ausser den Präsidenten, in der Section der Gesetzgebung und allgemeinen Angelegenheiten nur 3, in der Section der Finanzen ebenfalls nur 3, in der Marine und Kriegs-Section nur 2, und in der des Handels und der Colonieen ebenfalls nur 2 Mitglieder; dagegen sind für den ausserordentlichen Dienst in der ersten Section 23, in der zweyten 22, in der dritten 14, in der vierten 18. Der königl. Auditeure sind 5, der übrigen Auditeure 9. (Die Secretäre der Sectionen sind weiterhin in der Rubrik des Ministers Vice-Präsidenten des Staatsraths genannt.) — Das *gesetzgebende Corps*, das im vorigen Jahre 41 Mitglieder hatte, hat für das gegenwärtige Jahr 42. — In der Rubrik des *hohen Militär-Gerichtshofes* werden jetzt, statt der bisherigen 13 Bezirk-Commissaren, 14, und ausser dem gewöhnlichen Commissar zu Felde ein besonderer in Deutschland aufgeführt. — In dem *fünften* Kap., von dem *königl. Union-Orden* und von *fremden Orden*, ist der Abschnitt von den Fremden, die den königl. Orden erhalten haben, sehr vermehrt. Von *Franzosen* wurde im vorigen Jahrgange nur ein Grosskreuz aufgeführt; in dem gegenwärtigen findet man von Franzosen 6 Grosskreuze, 3 Commandeurs und 21 Ritter; von *Neapolitanern* war im vorigen Jahrgange noch gar keiner, in diesem sind jetzt 6 Grosskreuze (unter diesen der König und der Kronprinz) und 1 Ritter genannt. Die Anzahl der französischen Ehrenlegionärs hat sich nicht vermehrt; zu den fremden Orden ist aber der neue Neapolitanische hinzugekommen, den der König und der Kronprinz, der obgedachte neue Minister der innern Angelegenheiten und der Landdrost von Amsterdam tragen. — *Sechstes* Kap., *Ministerial-Departements*, davon jetzt das Departement der *öffentlichen Schuld* wegfällt, nur noch acht (früher angegebene) übrig sind. Im Departement der geistlichen Angelegenheiten oder des *Cultus* sind nun die im ersten Almanach noch fehlenden Divisions- und Bureauchefs grösstentheils ernannt. Im Depart. der *Marine* und *Colonieen* findet man die beiden Adjuncten des Ministers nicht mehr; auch ist die Organisation des Ganzen so vereinfacht, dass statt der frühern 7 Divisionen jetzt deren nur 4 sind; dagegen ist ein Central-Comité für die Marine mit einen Präsidenten (Ritter *v. Kinsbergen*) und einen Vice-Präsidenten und 5 andern Mitgliedern niedergesetzt. Die im ersten Jahrgange bey dem *Kriegsministerium* unter den Nebenbehörden aufgeführte *Magazin*-Verwaltung ist in den Abschnitt von der Militär-Organisation verwiesen; zu der *Medicinal-Verwaltung* aber ist hier ein Hospital der Garden zu Utrecht hinzugekommen. Im Depart. der *innern Angelegenheiten* ist eine jedoch noch nicht besetzte besondere Division für den *Wasserbau* angeführt; dagegen fällt nun in dem unmittelbar folgenden *siebenten* Kap., das den *Wasserbau* besonders darstellt, die allgemeine Administration weg, so dass nur die zwölf Wasserbaudistricte u. s. w. dargestellt werden. In dem *achten* Kap., über den *öffentlichen Gottesdienst*, ist jetzt bey den verschiedenen *kirchlichen Gesellschaften*, manches andere abgerechnet, das Nöthige über *Ostfriesland* eingeschaltet. Alle Angelegenheiten der christlichen Kirchen stehen dort unter einem Consistorium, das aus sämmtlichen Räthen des Regierungscollegiums und 4 Consistorialräthen, oder lutherischen und reformirten General-Superintendenten, und noch 2 lutherischen Predigern besteht. Unter dieser Autorität werden die *reformirten* Kirchen-Angelegenheiten von einem General-Superintendenten und 6 Superintendenten oder Inspectoren, ungerechnet 2 Superintendenten im Reiderland (dem zu Groningen geschlagenen Theile von Ostfriesland), geleitet, doch so, dass die Stadt Emden, wo ein sogenannter *Cötus* besteht, und die Herrschaften (Jever und Knipphausen) einige Freyheiten geniessen; die reformirte Gemeinde zu Accum in der Herrschaft Knipphausen steht unter dem Consistorium dieser Landschaft. Mit den ostfriesischen 59 Gemeinden zählt man jetzt 1312 reformirte Gemeinden mit 1595 Predigern. Die Kirchen-Angelegenheiten der *Lutheraner*, deren Anzahl in Holland durch die Vereinigung Ostfriesland's um zwey Drittheile sich vermehrt hat, so dass sie jetzt 154 Gemeinden mit 197 Lehrern haben, stehen in Ostfr. unter der Autorität des obgedachten Consistoriums, und dann unter einem General-Superintendenten und 8 Superintendenten; die Lutheraner in *Jever* und *Kniphausen* haben besondere Consistorien. Auch die *Mennoniten* Gemeinden wurden durch die Einverleibung von Ostfriesland (mit 4) vermehrt: die ganze im vorhergehenden Jahrgange mit 140 zu hoch angegebene Anzahl derselben in Holland beträgt 137 mit 189 Lehrern. Zu der *Herrnhuter* Gemeinde von *Zeist*, die einige kleinere zu Amsterdam und Haarlem besorgt, kam die ostfriesische zu Norden. Gleich den christlichen bekamen auch die durch das königl. Decret vom 17. Aug. 1808. organisirten Gemeinden der *deutschen Juden*, die einem Oberconsistorium untergeordnet wurden, einen Zuwachs von 9 Gemeinden in Ostfriesland. — Das *neunte* Kap., von der *Militär-Organisation*, hat mehrere Veränderungen erlitten. Zum Generalstabe gehören jetzt 2 Marschälle, 5 General-Lieutenants (3 nicht *active* ungerechnet), 6 General-Majors, 2 Brigadiers, 4 Obersten, 9 Oberstlieutenants, 7 Capitäns, 7 Premiers- und 6 andere Lieutenants, ausser den vom Grenadier-Garde-Regimente detachirten Officieren u. s. w. Statt der bisherigen 11 Militärbezirke (für jedes Departement), sind deren jetzt nur 4; das erste, mit dem Hauptquartier Amsterdam, begreift die Depart. Maasland, Amstelland und Utrecht; das zweyte, mit dem Hauptquartier den Bosch (Herzogenbusch), die Depart. Brabant und Seeland, das dritte, dessen Hauptq. Arnheim ist, die Depart. Overyssel, Geldern und Drenthe; das vierte mit dem Hauptq. Aurich, die Depart. Friesland, Groningen und Ostfriesland. Auch die Truppencorps sind in dem gegenwärtigen Jahrgange anders geordnet. Zu dem königl. *Artillerie*- und *Genie-Corps*, dessen Stab aus 2 Geneneral-Infpectoren, 3 Directoren für die drey Directionen, 5 Unterdirectoren, einem Studien-Director, einem Adminiftrator für die Gefchäfte der Grundftücke, und aus einer Anzahl von Capitäns und Lieutenants befteht, gehört ein Regiment Artillerie zu Fufs, von 3 Bataillons, eine Brigade reitender Artillerie, ein Bat. Arbeiter und eine Comp. Train-Soldaten. Aufser den 9 *Infanterie*-Regimentern wird jetzt neben dem zweyten noch nicht organifirten das dritte *Jäger*-Regiment aufgeführt; das (zweyte) *Cuiraffier*-Regiment (das erfte wird diefsmal beftimmt bey der Garde aufgeführt), und das zweyte und dritte *Hufaren*-Regiment, fo wie die *Veteranen*-Compagnieen haben keine Veränderung erlitten; die Anzahl der *Gensd'armen*-Compagnieen aber ift von 5 auf 4 reducirt. Zuletzt folgen auf das allgemeine Werbdepot und die Standplätze der Depots der Regimenter, die drey Directionen des Artillerie- und Genie-Corps mit der Gefchütz-Giefserey im Haag und der Gewehrfabrik zu Culemburg, und die Militär-Magazine. — In dem *zehnten* Kap., von der Organifation der *Marine*, hat jetzt die *dritte* Abtheilung eine ganz andere Geftalt gewonnen. Vorher enthielt fie blofs die Ingenieurs-Baumeifter und Equipagenmeifter nebft den Mufterungs-Commiffaren: jetzt enthält fie aufser diefen noch Directoren und Commandanten für das nördliche und füdliche Depart. der Marine zu Amfterdam und Rotterdam, letzteres zugleich für die Colonieen einen Commiffar-Director der Colonieen zu Middelburg und einen General-Infpector der Marine-Artillerie. Unter den Commandeurs der Escadern findet man nicht mehr die Flottille bey Boulogne, und unter den Marine-Inftituten nicht mehr die Fonds für arme und kranke Seeleute und für Witwen. — Im *eilften* Kap., von den *Colonieen*, find keine wefentlichen Veränderungen bemerkbar. — In dem *zwölften* Kap., über die *Departements- und ftädtifche Verwaltung*, fuchten wir vergebens die Beftimmung der Quartiere (Diftricte) von Oftfriesland, fo wie im folgenden, wie fchon im Eingange bemerkt ift, die Organifation der *Juftiz*. — Das *vierzehnte* Kap. ift in der zweyten Abth. von der *Convoyen-* und *Licenten-Verwaltung* ein fünftes von Oftfriesland benanntes Departement hinzugekommen; auch ift Oftfriesland in andern Abtheilungen an Ort und Stelle untergebracht. — Im *funfzehnten* Kap., von der *Handelsorganifation*, kommt zu den Börfen die Embdenfche, und zu den Städten, die Bankiers, Wechsler und Mäckler haben, kommen aufser Embden, Leer und Norden. — Das *fechzehnte* Kap., vom *Ober-Jagd-Departement*, ift gröfstentheils unverändert geblieben. — Im *fiebzehnten* Kap., vom *Unterrichte*, den *Wiffenfchaften* und *Künften*, das in den *lit. Nachr.* ausführlicher mitgetheilt ift, bemerkt man hier zuerft einen General-Infpector für die niedern Schulen, und ein Inftitut für königl. Zöglinge im Haag, in dem Verzeichniffe der literarifchen und artiftifchen Gefellfchaften, find bey Arnheim die beiden mufikalifchen weggefallen; dagegen wird eine phyfikalifche Gefellfchaft in Zütphen angeführt; eben fo eine naturforfchende Gefellfchaft zu Middelburg und ein Zeichen- und Architectur-Inftitut zu Bergen op Zoom. — Für die im *achtzehnten* Kap. behandelte *medicinifche Polizey*, ift jetzt ein General-Commiffar angeftellt, und eine Commiffion zur Prüfung der Thierärzte niedergefetzt. — Im *neunzehnten* Kap., vom *Landbau*, ift nun auch eine Commiffion für Oftfriesland aufgeführt. — Im *zwanzigften* Kap. ift die Lücke von der *Juftiz* in Amfterdam eben fo wenig ausgefüllt, wie im dreyzehnten die von der Organifation der Juftiz im ganzen Reiche. In den Bevölkerungsliften der holländifchen Städte werden von den oftfriefifchen Aurich mit 2152, Embden mit 11,145 und Norden mit 3751 Einw. angegeben. — Unter andern Druckfehlern ift befonders S. 179. der *Brandenburg*'fche ftatt *Brabant*'fche Ring (Bezirk) auffallend.

GESCHICHTE.

Bamberg u. Würzburg, b. Göbhardt: *Principatus Wirceburgenfis incunabula* auctore *Leon. Neefer*, Wirceburgi in electorali gymnafio grammatices profeffore. 1803. 44 S. 8. (4 gr.)

Die kleine Schrift hat der Vf. feinen Schülern gewidmet, denen er, während feiner dreyjährigen Amtsführung, vieles von den Thaten der Griechen und Römer erzählt hat, und die er hierdurch mit dem Anfang der vaterländifchen Gefchichte bekannt machen will. Da fie Jünglingen in die Hände gegeben werden foll, fo hätte eine vorzügliche Sorgfalt auf die Beftimmtheit der Ausdrücke und die Reinigkeit der Sprache gewandt werden follen. Weder das eine noch das andere ift gefchehen. S. 9. wird *Germania cis-rhenana* nicht in der Bedeutung gebraucht, welche ihr die guten römifchen Schriftfteller geben, die dadurch *Germanien* am linken Rheinufer verftehen. S. 13. foll Caroloman nach feines Vaters Tode erft Auftrafien, nachher *Francia orientalis* erhalten haben. Allein *Auftrafia* und *Franc. orient.* find Synonyma. S. 12. §. 8. wird von dem heil. Bonifacius gefagt: er fey *Saxonia Anglorum occidentali* (*Weftfex*) *oriundus*, als werde noch jetzt ein Theil von England Weftfex genannt. Weftfex begriff übrigens in alten Zeiten auch Devonshire, aus welcher Graffchaft er gebürtig war. Von den Verftöfsen gegen die Sprache nur einige Proben. S. 9. *vix non interierat.* Der Vf. wollte fagen: *war beynahe umgekommen, zu Grunde gerichtet.* S. 13. *omni ferebatur cogitatione* (*war auf das emfigfte darauf bedacht*), — ebend. *impedimento vifum* (*es fchien ein Hinderniß zu feyn*). Die Form der Schrift ift nicht fonderlich gerathen. Von dem Stoffe geben wir folgenden kurzen Abrifs. Nach Anwendung des Berichts von Tacitus über den älteften Zuftand Deutfchlands auf Frankenland (§. 1—5.), handelt der Vf. von den aus England angekommenen Heidenbekehrern, ferner (§. 6.) insbefondere von dem heil. Chilian, (§. 7) dem heil. Bonifacius, (§. 8.) der zu Würzburg ein Bisthum ftiftete, teie, (§. 9.) dem die Zehnten zur Einnahme angewiesen waren (§. 10.). Der von Carlmann eingesetzte Bischof Burchard stiftete die erste Pfarrkirche zu Würzburg 752., ein Kloster in und mehrere ausser der Stadt, bekam von Carlomann 25 Kirchen mit ihren Einkünften geschenkt, und starb 791. zu Hohenburg am Mayn, nachdem er seine bischöfliche Würde vorher niedergelegt hatte (§. 11. 12.). Die folgenden Paragraphen (§. 13—28.) erzählen die merkwürdigsten Thaten oder Unthaten derer, welche nach ihm bis ins 11. Jahrhundert das bischöfliche Amt verwaltet haben, und der letzte (§. 29.) rühmt den Zuwachs, den die Gelehrsamkeit der christlichen Religion in Franken zu verdanken hat.

LITERARISCHE NACHRICHTEN.

I. Gelehrte Gesellschaften und Preise.

Nach einer vom Könige von Bayern unterm 9. Jul. genehmigten Wahlordnung für die *Akademie der Wissenschaften zu München*, geschehen die Wahlen der Mitglieder durch Ballotage; die höchste Zahl der ordentl. residirenden Mitglieder (welche das Wesen der Akademie im engern Sinne ausmachen), wird auf 36, die Zahl der ausserordentl. residirenden Mitglieder auf 18, die der Ehrenmitgl. auf 36, die der auswärtigen ordentl. Mitglieder auf dreymal und die der Correspondenten auf viermal so viel, als ordentliche Mitglieder sind, festgesetzt, doch so, dass diese Normalzahlen nur das Maximum sind, und keineswegs immer voll seyn müssen.

Programm der Utrechtschen Gesellschaft der Künste und Wissenschaften für d. J. 1809.

Am 31. May hielt die Gesellschaft ihre gewöhnliche jährliche Versammlung, die ihr Präsident, Hr. Prof. *Arntzenius*, mit einem Bericht über den gegenwärtigen Zustand derselben eröffnete. — Auf die im J. 1806. aufgegebene Preisfrage über die *beiden Hemisphären unserer Erde*, und die zuerst 1803. und dann 1806. mit doppeltem Preise aufgegebene Frage über die *Electricität* und den *Galvanismus* waren keine Antworten eingegangen. — Aus der *vaterländischen Kirchengeschichte* war zwar eine Abhandlung eingesendet worden; es konnte ihr aber nicht die goldene Medaille, sondern nur ein geringerer Preis zuerkannt werden. — Für das gegenwärtige Jahr wird bis zum 1. October 1810. die obgedachte Aufgabe, über die beiden *Hemisphären*, mit dem doppelten Preise wiederholt, und folgende neue Frage für den Preis einer goldnen Medaille von 30 Ducaten oder eine gleichmässige Geldsumme aufgegeben, zu zeigen: auf welche Weise man das nun abgeschaffte römische Recht, als eine Anleitung zur Rechtsgelahrtheit und zu dem gegenwärtigen Civilgesetzbuche der studierenden Jugend auslegen könne, und zwar so, dass alles, was jetzt ganz aus dem Gebrauch gekommen ist, bloss aus einem exegetischen Gesichtspunkte, das übrige aber als unerschütterliche Grundsätze des Rechts, aus welchen alle Quellen der Rechtsgelahrtheit fliessen, angedeutet, und durch Vergleichung mit den positiven Gesetzen praktisch behandelt werden. — Endlich verspricht die Gesellschaft wiederum eine Medaille von 20 Ducaten, oder eine gleichmässige Geldsumme nebst einer silbernen Medaille dem Verfasser der besten und nächstbesten Abhandlung über einen oder den andern Gegenstand der *Landwirthschaft*, die vor dem 1. Oct. 1810. eingesendet worden, — und bringt zugleich die für das vorige Jahr und früher aufgegebenen, noch nicht beantworteten Preisfragen, nebst den bekannten Bedingungen in Erinnerung.

Zu neuen ordentlichen Mitgliedern hat die Gesellschaft aufgenommen: den General - Lieutenant und Kriegsminister Hn. *J. W. Janssens*, Hn. Dr. *A. v. den Ende*, Inspector des niedern Schul- und Unterrichtswesens zu Harlem; Hn. *G. Dorn Seiffen* zu Utrecht, Hn. Dr. *v. Wynoxbergen* zu Rotterdam, den Hn. Staatsrath *C. H. Hultmann*, gegenwärtigen Landdrost von Maasland im Haag; Hn. *J. Couperus*, Secretär des gesetzgebenden Corps in Amsterdam; Hn. *E. C. d'Engelbronner*, Rector zu Bommel, Hn. *J. C. l'Engelbronner*, Advocat-Fiscal zu Bommel u. s. w.; Hn. Dr. *G. J. Schacht*, Prediger zu Dordrecht.

II. Beförderungen.

Hr. Dr. J. Th. u. Superint. *Wagnitz* zu Halle, ist an die Stelle des verst. C. R. *Westphal*, zum Oberprediger der Marienkirche ernannt worden, an welcher er bisher als Diaconus stand.

Hr. Dr. *Fincke* zu Göttingen, der Uebersetzer von Theophilus Paraphrase der Justinianeischen Institutionen, geht als Prof. des Natur-Staats- und Völkerrechts, nach Kasan.

ALLGEMEINE LITERATUR-ZEITUNG

Freytags, den 22. September 1809.

WERKE DER SCHÖNEN KÜNSTE.

POESIE.

HERBORN, gedr. mit Krieger. Schr.: *Sinngedichte* von *Johann Franz Beyer*, ord. Professor der Geschichte und Beredtsamkeit zu Herborn. 1809. 130 S. kl. 8.

Diese Sammlung hat nur wenig von dem, was eine Epigrammensammlung empfehlen kann, zumal in gegenwärtiger Zeit, wo wir an guten Sinngedichten eher Ueberfluss als Mangel haben. Wäre guter Wille witzig zu seyn schon Witz, so würde es dem Vf. nicht daran fehlen. Jenen hat er vollauf, dieser, der echte treffende Witz, versagt ihm fast überall, oder Gemeinheiten, Plattheiten und Zoten müssten dafür gelten können, wie z. B. folgende:

Offenherziges Bekenntniss einer Tochter. S. 28.

Ach, liebe Mutter, höre!
Den Alten nehm' ich nicht;
Er thut, nach Maro's Lehre (*frigidus in Venerem senior*)
Kalt seine Hausmannspflicht.

Seufzer eines Eunuchen. S. 32.

Wie arm bin ich! man machte mich ganz eitel:
Sonst hatt' ich was, jetzt leider! nichts im Beutel.

In der Note werden wir hier noch belehrt, das Wort *eitel* sey in der Bedeutung *leer* genommen. Recht gut, dass wir diess erfahren; schwerlich würde sonst ein Leser auf diese Erklärung gekommen seyn. Nur Schade! dass ausser Herborn vielleicht nirgends, am allerwenigsten in der Büchersprache das Wort *eitel* in diesem Sinne gebraucht wird.

Dass der Vf. sich mit vielen fremden Einfällen behilft, lässt sich bey dem Abgange eigenes Witzes erwarten. Oft hat er auch, wenn schon nicht überall, seine *Quellen* genannt, viel aus Martial, nach Martial, oder auch andern übersetzt, oft fremde prosaische Gedanken sich zu eigen gemacht, und nachgewiesen, wo er sie geschöpft; aber theils war er in der Wahl nicht immer glücklich, theils verstand er die Kunst durch eigene Einkleidung dem Geborgten einen neuen Reitz zu geben — eine Kunst, worin *Lessing* Meister war — nicht im geringsten; theils nahm er doch zu viel der trivialen, aus *Vademecums* u. a. Sammlungen genug bekannter Einfälle auf. Ja an den gewöhnlichen Erfordernissen eines guten poetischen Vortrags fehlt es ihm gänzlich. Ohne von den harten Elisionen des *e* z. B. zu reden, die alle Augenblicke stören, wie z. B. *verlor'n* (S. 42), *begehr'n* (S. 56), oder: S. 6 und 7 u. 112.

Nein vor dem *Druck'* lass dir nicht bangen;
Erst nach dem *Drücken* wirst du's Honorar empfangen.

Der neue Apicius.

Er kann fürwahr von grossem Glücke sagen;
Denn die Natur gab ihm, wie dem Kameel' den Magen.

An Sintenis.

Die *Erd'* sey kugelrund und *hab'* zwei spitze Enden"!
Genug! Ich bitte dich, lass es dabey bewenden.

Epigramme obenein, in denen der Witz sehr wohlfeil und in dem ersten noch Asmus abgeborgt ist! — Häufig vermisst man die dem Epigramme besonders unerlässliche Leichtigkeit des Ausdruckes. Alle Blätter beynahe hindurch trifft man auf Wendungen, die der Zwang des Reims, oder Unbeholfenheit in der Darstellung herbeygeführt zu haben scheint, wie z. B. S. 8.

Beym Grabmale eines verdienstvollen, aber im Leben verkürzten Mannes.

Dem Bidermann', dem man *im thatenvollen Leben*
Kein Brod — *was man doch Hunden giebt*, gegeben;
Gab man, weil sein Verdienst doch endlich *leuchtet' ein*,
Im Tode einen harten Stein.

Nicht nur hat hier der Gedanke gar nichts Besonderes, und wenn der Vf. sich in der Note verwahrt, es sey keine Reminiscenz eines Kästnerschen Epigramms, sondern es liege ein wahres Factum hier zum Grunde, so erinnere man sich, wie weit mehr das bekannte Kästnersche durch Ausdruck und Wendung gewinnt; da gerade hier der Ausdruck alles verdirbt. Wie kläglich wieder ist sogleich auf der folgenden Seite (S. 9.) das Martialische Sinngedicht (XII. 7.) auf *Lignia* wiedergegeben!

Zählt Lignia so viel Jahre,
Als auf ihrem Kopfe Haare,
Dann folgt, dass *du dieser Frist*
Sie nur erst drey Jahr alt ist.

Wie soll man S. 10 das Ding auf Stummbax skandiren oder lesen?

Stummbax klaget, die Pfarre könn' ihn gar nicht ernähren.
Warum, [illegible] er denn schon die Frucht [illegible] den [illegible]?!

Es scheint in der That ein schlimmes Omen, dass unmittelbar vor diesem Sinngedichte einem schlechten Dichter zugerufen werden musste (S. 10):

> Gieb deine Mühe auf; sie ist verloren:
> Zum Dichter bist du nicht geboren.
> *Denk' an den Satz des Demokrit!*
> *„Poëta nascitur, non fit."*

Ist es natürlich gesprochen, wenn der Vf. S. 115. von Lisetten sagt:

> Lisette will sich hier nicht sehen lassen:
> Und sie thut wahrlich klug daran:
> Denn kaum zeigt *sich*, so was von Affen auf den Gassen,
> So fallen gleich die Buben an.

Zuweilen reimt der Vf. auch gar nicht, wenn schon die gewählte Versart den Reim zu erfordern scheint. Diese Bequemlichkeit können wir nicht billigen. Sehr oft hat er auch das Distichon gewählt, ob er schon sich überall nur im satyrischen Epigramm, nirgends im sentimentalen versucht. Dagegen wäre nun freylich nichts einzuwenden, wenn nur die Hexameter und Pentameter besser wären. Aber es fehlt ihnen an Beobachtung richtiger Cäsur und Prosodie durchaus. Man vergl. z. B. S. 12:

Der Fruchtbringende Prediger.

> Seine Predigten bringen | treffliche Früchte in Menge:
> Seine Scheune beweists, nicht der | *Zuhörer* | Thron.

Diesen Ausgang des Pentameters, dass statt des einen gewöhnlichen Daktylus ein Trochäus oder Spondeus gesetzt wird, hat der Vf. überall. Z. B.

> S. 11. Deine Heilkraft ist hin; denn dich | erbt ein Filz.
> S. 27. Lässest du mir die Wahl? Wohl ich | wähle die Hand.
> S. 6. Nur ist das Neue nicht *wahr*, und das | Wahre nicht neu.
> S. 96. — Also beyden nachstrebend, verlierst du beyde: *drum* musst du
> Eins von beyden verschmäh'n, eins von | *beyden begehr'n.*
> S. 63. Glücklich seyd ihr, ihr Aerzte; denn eure gelungene Kuren
> Sieht die Sonne — *die Erd'* deckt eure Misgriffe zu.

Wir können diese Wahl schlechterdings nicht loben, wenn gleich *Klopstock* für die Elegie, wo sie allerdings zulässiger sind, solche Ausgänge je und je versucht hat. Für das scherzende Epigramm, das einen raschen Gang will, sie, wie der Vf. zu thun scheint, fast zur stehenden Regel machen zu wollen, ist ein ungeschickter Einfall. Von den schlechten Distichen des Vfs. mehrere Proben auszuheben thut nicht Noth, da wir alle abschreiben müssten. Von den schlechten gereimten haben wir Proben genug gegeben; doch können wir nicht umhin, noch ein recht albernes auszuheben. S. 111.

Frau von Haferstroh.

> Wie, mein Gemahl sey *Tod's verfahren?*
> Ob ihr auch recht *Kund'* mir gebt?
> Es kann nicht seyn! was hab' in den Schlachtjahren
> Ich so was kein einzigmal an ihm erlebt.

Man weiss nicht, ist die Frau von *Haberstroh* oder der Vf. (auch seine Namen, sieht man, wählt er sehr witzig) über diesen Einfall mehr zu bedauern. Uebrigens besteht die Sammlung aus fünf Büchern, und wenn schon nicht zu läugnen ist, dass man zuweilen auf einen guten oder doch artigen Einfall trifft, so wird der Eindruck davon durch so viel Mittelmässiges oder Schlechtes wieder erstickt. Unter die bessern gehören etwa S. 77, 79, 81 u. s. w. Von dem Anhange der paar andern komischen, oder besser komisch seyn sollenden, Gedichte, mögen unsre Leser nach folgender Probe sich einen Begriff machen.

Polyphags Anrede an seine Kinder nach Tische.

> Das war wieder einmal ein *stattliches* Essen, ihr Kinder!
> Eine gebratene Gans, die wohlgenährte und fette,
> Mit Kastanien im Steiss', so süss und lieblich wie Zucker!
> Doch, was red' ich davon? Der Hecht war wahrlich das Beste;
> Und der Ziemer vom Reh', ganz mürb' und feiste gespickt.
> Schaut, ich musste dabei die Knöpf' an Hosen und Weste
> Lösen, sonst wär' ich fürwahr! im vielen Guten erstickt.
> Nun, es lebe der Mond, der Wälder und Teiche Beschützer,
> In der Nähe und Fern', und Fisch' und Wildpret uns bringet
> Um civileren Preis, als Kuh- und Bockfleisch uns kostet.

1) Wien, b. Pichler: *Oesterreichischer Taschenkalender für das Jahr* 1801. Mit Gedichten und Aufsätzen von *Gabr. von Baumberg*, *Carolina Pichler*, *J. F. Ratschky*, *J. Fhr. von Retzer*, u. a. 189 S. 12. mit Kpf.

2) *Derselbe für das Jahr* 1802., mit Ged. und Auff. von *M. Denis*, *Carol. Pichler*, *Ratschky*, *Fhrn. v. Retzer*, u. a. 243 S. 12. m. Kpf. u. Musik.

3) *Derselbe f. d. J.* 1803., mit Ged. u. Auff. von *Gabriela von Baumberg*, *Hinsberg*, *Leon*, *C. Pichler*, *Ratschky*, u. a. 142 S. 12. mit Kpf. u. Musik.

4) *Derselbe f. d. J.* 1804., mit Ged. u. Auff. von *Hinsberg*, *Leon*, *Meissner*, *C. Pichler*, *Ratschky*, *Frh. v. Retzer*, u. a. 215 S. 12. m. Kpf.

5) *Derselbe f. d. J.* 1805., mit Ged. u. Auff. von *Collin*, *Hinsberg*, *Leon*, *C. Pichler*, *Ratschky*, u. a. 209 S. 12. m. Kpf. u. Musik.

6) *Derselbe f. d. J.* 1806., mit Ged. u. Auff. von *Haschka*, *Hinsberg*, *C. Pichler*, *Frh. v. Retzer*, *Ratschky*, u. a. 247 S. 12. m. Kpf. (6 Rthlr. 4 Gr.)

Wegen der zufälligen Verspätung dieser Anzeige darf Rec. sich nur auf die Angabe einiger Beyträge beschränken, die sich in dieser Reihe von Jahrgängen am vortheilhaftesten auszeichnen, und im Allgemeinen bemerken, dass sich darin des Trefflichen zwar wenig, aber doch des Guten mehr als des Mittelmässigen findet. Man sieht übrigens aus den angeführten Namen, dass die Mitarbeiter in ihren Beiträgen nicht ermüdet sind; und diess ist auch in Hinsicht auf das Aeussere und der ganz gefälligen Verzierung dieser Taschenbücher mit Kupferstichen der Fall.

In Nr. 1. steht eine ganz glückliche Idylle, „*der Flussgott*," von *Caroline Pichler*, einer fleissigen Mitarbeiterin, deren Gedichte sich im Ganzen durch Leichtigkeit des Ausdrucks und Feinheit des Gefühls vor man-

manches andern auszeichnen. Auch bemerken wir ein artiges anakreontisches Lied, *der Schmetterling*, von *J. L. Stoll*. Den grössten Raum (S. 54 bis 67) füllt ein prosaischer Aufsatz: *Lydia an Elmiren*, über die jetzige Art sich zu kleiden; und eine noch längere Erzählung, *Olivier* (S. 67—180), die in Nr. 2, S. 60—233, geschlossen wird, und mit *Auguste* ***. unterzeichnet ist. Sie ist zwar von dem bekannten Ritterroman dieses Namens von *Cazotte* verschieden, scheint aber doch einem französischen Originale nachgebildet zu seyn. Die Kupfer zu diesem Jahrgange sind von *Blaschke* gestochen, und Darstellungen contrastirender Familienscenen.

Nr. 2. beginnt mit *Sined's* oder *Denis's* letztem Gedichte, *die Aeonenhalle*, auf den Schluss des achtzehnten Jahrhunderts, welches auch der Frh. *v. Retzer* in der zweyten Abtheilung von *Denis's* Literarischen Nachlasse abdrucken liess. Zwey Idyllen von *C. Pichler*, und der *Putz der Mädchen*, nach *Ovid* von *Hinsberg*, möchten wohl unter den Gedichten diessmal das Beste seyn. Statt eines eigenen Beytrages lieferte Hr. *v. Retzer* zwey noch ungedruckte Briefe des Kardinals *Bernis* an eine Dame in Wien, im Sommer 1794 geschrieben. Drey allegorische und historische Kupferblätter sind von *Weinrauch*, und zwey, zu der Erzählung, *Olivier*, von *Blaschke*.

In Nr. 3. zeichnen sich aus: der Besuch der Geister, von *Hinsberg*; die Probe einer Uebersetzung des Claudianischen Gedichts wider den Eutrop, von *Ratschky*, nur metrisch zu unvollkommen; ein Maylied, nach einem alten Volksliede, von *Leon*; drey von *Jussuf* aus dem Arabischen übersetzte Gedichte, und einige lyrische Stücke der Frau *Pichler*. Ausser dem Bildnisse des verstorb. *Denis* und einigen Modekupfern enthält dieser Kalender drey saubere Blätter von Scenen aus *Schiller's* Jungfrau von Orleans, von *Weinrauch* gezeichnet und gestochen.

Nr. 4. Gleich Anfangs eine beyfallswerthe biblische Idylle, *Rebekka*, von *Caroline Pichler*, die sich meistens im Ausdrucke an *Luther's* Bibelübersetzung hält, weil sich die Verfasserin keine Ausdrücke oder Wendungen zu finden getraute, die nach ihrem Gefühle einfältiger, kräftiger, und wahrhaft homerischer gewesen wären, als *Luther's* Sprache. Nicht ohne poetische Kraft sind *Drexler's* Lied an die Liebe, mit wechselndem Chorgesange, und die Ballade, Friedewin von Eschenthal, von *Hinsberg*, nur zu sehr ausgesponnen. Von *Meissner*, eine für die Kirche bestimmte Hymne, die auch schon von *Maschek* und *Himmel* in Musik gesetzt ist. *Häfeli*, ein Protestant, liefert zwey aus dem Lateinischen übersetzte katholische Hymnen, als Proben einer herauszugebenden Sammlung auserlesener Gesänge dieser Art. Die bekannte: *Dies Irae, dies illa*, ist dem Uebersetzer wohl am besten gelungen. *Weinrauch* verfertigte auch diessmahl die Kupfer: *Alxinger's* Bildniss, zwey Scenen aus dem Regulus von *Collin*, und zwey andere, nach Pichler'schen Idyllen.

Nr. 5. Eine zweyte biblische Idylle der oben genannten Verfasserin: Hagar in der Wüste. *Ratschky's* launicht genug eingekleidete Herzenserleichterung an die Herausgeber der neuesten Musenalmanache möchte doch wohl ein wenig an das Sprichwort vom Strick im Hause des Gehangenen erinnern. *Nousseul's* Schatten, von *Collin*, ein ziemlich langes elegisches Gedicht, verliert freylich für die Leser, welche diesen Schauspieler in seinen, hier charakterisirten, Rollen nicht kannten, an Interesse, wenn ihnen gleich einzelne Schönheiten darin nicht entgehen werden. Einige von *Fellner's* allemannischen Gedichten hat Hr. *Leon* in die gewöhnliche Schriftsprache übertragen, ihrer ursprünglichen Naivetät ziemlich unbeschadet. Das Titelkupfer, Homer, der seine Gesänge den entzückten Griechen vorträgt, hat *Weinrauch*, von dem auch die übrigen Blätter dieses Jahrg. sind, einem grössern Blatte, von *Füger* gezeichnet, und von *Pichler* gestochen, sehr glücklich im Kleinen nachgebildet. Die vier andern sind Darstellungen zu den gedachten beiden biblischen Idyllen, und zwey interessanter Scenen aus *Collin's* Polyxena.

Nr. 6. Unter mehreren sich auszeichnenden Beyträgen von *Streckfuss*, bemerken wir die Erzählung, *Orpheus*, und die Probe einer künftigen Uebersetzung des Orlando von *Ariost*, weil sie kein gemeines Talent verrathen. Von einer metrischen Uebersetzung *Lucans* giebt Hr. *Ratschky* eine Probe, deren Versbau wohl der Feile noch bedürfen möchte. Sie soll mit dem von *Angelo d'Elci* berichtigten Grundtexten in einer Prachtausgabe erscheinen. Auch diessmal sind die Kupfer von *Weinrauch*, nämlich: Antiochus, Erasistratus und Stratonice, nach dem, einem Gemälde von *Füger* nachgebildeten, Blatte von *Pichler*; eine Scene aus *Collin's* Trauerspiel, *Balbos*, einem Idyll und Roman der Frau *Pichler*, und einer Erzählung von *Streckfuss*. — — Uebrigens giebt es der eingestreuten kleinern epigrammatischen Gedichte in diesen sechs Taschenbüchern keine geringe Anzahl. Diese würde aber sehr vermindert werden, wenn man bloss die gelungenen und wirklich sinnreichen ausheben wollte.

LITERARISCHE NACHRICHTEN.

I. Botanische Nachrichten aus England.

Aus einem Briefe von 17. Juli. Was ich Ihnen über den Zustand der Botanik auf dieser, von den, das feste Land durchtobenden Stürmen unerreichten, Insel melden kann, ist zwar wenig, aber doch interessant. Dr. *Smith's Exotic Botany*, und *Paradisus Londinensis* haben aus Mangel an Unterstützung aufgehört. Diess darf Sie nicht wundern: ausländische Botanik ward in England nie mit dem Eifer cultivirt, als die ein-

einheimische; und daher geht auch *English Botany* rasch fort, und begreift schon über 2000 Tafeln. Innerhalb 3 Jahren soll das ganze Werk vollständig, und jede in England einheimische Pflanze, mit Ausnahme der Fungi, abgebildet seyn. Ein Werk welches in seiner Art einzig bleiben dürfte. Dr *Smith's* Uebersetzung von *Linné's Reise durch Lappland (A Tour to Lapland, translated from the original unpublished Manuscript Itinerary of the celebrated* Linnäus by Dr. Smith. — *With above 60 wooden cuts from extemporaneous sketches of the illustrious author.)* ist jetzt unter der Presse. Mit der *Flora Graeca* gehts nur langsam. Der Plan des Werks, der unabänderlich durch *Sibthorp's* letzten Willen vorgeschrieben war, macht es in mehreren Hinsichten minder brauchbar. Von dem *Prodromus* ist der erste Band erschienen. Nichts geht reissender ab, als *Smith's Introduction to Botany* ein Octav-Band von 530 Seiten, und 15, zur Versinnlichung der Terminologie, dienlichen Kupfern. Von Mr. *Rudge's Plantae guianenses*, einem *Labillardiere's Plantae Novae Hollandiae* ähnlichem Werke, ist der erste Band fertig; es soll noch ein zweiter folgen. Von *Turner's*, allen Hydralgologen so willkommnen *Historia Fucorum* sind jetzt schon 23 Hefte erschienen. 12 Hefte machen jedesmal einen Band aus, deren das Werk vier enthalten wird. Er findet von allen Seiten her die kräftigste Unterstützung. *Banks*, *Smith*, *Forster* (der gegenwärtige Besitzer des Ellis'ischen Herbariums), *Mertens*, *Mohr* und andere haben ihm bereitwillig ihre reichen Schätze geöffnet; die inländischen Sammler und Kenner, unter denen sich auch mehrere Damen befinden (denn Botanik, und unter andern Hydralgologie ist auch in England Mode-Unterhaltung des schönen Geschlechts), beeifern sich, ihm jeden interessanten Fund mitzutheilen, und die neuesten Reisenden *Brown*, und Mylord *Valentia* haben die von Neuholland und dem rothen Meere mitgebrachten neuen Arten, so wie Prof. *Mertens* die, ihm von Dr. *Horner*, der die russische letzte Reise um die Welt als Astronom mitmachte, gesandten neuen Kamtschadalischen und Japanischen Arten zur Bekanntmachung übergeben. (Von diesem höchst wichtigen Werke wird nächstens in diesen Blättern eine kritische Anzeige geliefert werden). Es ist ihm daher gelungen, etwas ganz Ausgezeichnetes zu liefern. — Von *Dillwyn's* bekannter *Synopsis of the British Confervae* sind bereits 15 Hefte heraus, mit dem 16., welches man jeden Tag erwartete, wird das ganze Werk geschlossen seyn. — *Hooker's Jungermanniae Britannicae*, von denen ich Ihnen vor einiger Zeit die nahe Erscheinung meldete, ruhen jetzt wieder. Der Vf. ist nämlich gegenwärtig in Island, um die Naturgeschichte dieses wunderbaren Landes zu studiren. Unser brave, der Wissenschaft und unsern Herzen, ach, so grausam entrissene *Mohr*, konnte keinen heissern Durst nach gründlicher Belehrung haben, als dieser rastlos thätige Mann, der in seinem Eifer durch eine feste Gesundheit und ein bedeutendes Vermögen unterstützt wird. Er verfertigt die Zeichnungen zu dem oben erwähnten Turnerschen Werke, und denkt, nach Beendigung des Seinigen über die einheimischen Jungermannien, und nach Bekanntmachung dessen, was seine gegenwärtige Reise für die Wissenschaften wichtiges liefern wird, eine Reise nach Brasilien zu machen. Eine *Lichenographia Britanica* wird ebenfalls unter *Borrer's* Aufsicht und Leitung nächstens erwartet. Von den gründlichen Kenntnissen dieses Mannes in diesem Fache, und bey Benutzung der Turnerschen, sehr reichen Lichenen-Sammlung, kann man sich allerdings etwas Gutes versprechen. *Brown's Flora von Neuholland* wird mit der Labillardierischen wetteifern. *Stockhouse*, Vf. der *Nereis britannica*, hat das Algenstudium aufgegeben und arbeitet an einer Ausgabe Theophrasts. —

Bey *Turnern* sah ich 15 Hefte der vortrefflichen *Deutschen Ornithologie*, diesem Meisterwerke der vereinigten darmstädtischen Gelehrten. Er versicherte mich, es sey diess das einzige Exemplar in ganz England. Sir *Joseph Banks* kenne es nur durch ihn, und Dr. *Latham*, der sein allgemeines Werk über die Vögel neu herausgebe, sey auch nicht damit versehen. Wann wird doch endlich der Friede den Austausch der Geistes-Producte der europäischen Länder wieder möglich machen?

II. Todesfälle.

Am 5. Aug. starb zu Magdeburg *Adam Siegmund Philipp Semler*, vordem königl. Preuss. Regierungs- und Kammerfiscal-Rath, seit veränderter Regierung aber königl. Westphäl. Criminalrichter; der sich durch mehrere, mit Beyfall aufgenommene, juristische Aufsätze bekannt gemacht hat. Er war der einzige Sohn des berühmten hallischen Theologen, geb. zu Halle den 1. May 1754.

Am 20. Aug. starb zu Göttingen auf der Durchreise nach dem Karlsbade Dr. *Jo. Aug. Unzer*, vorher Prof. der Physik und Naturgesch. zu Altona, nachher Prof. honorar. auch Stadtphysikus daselbst; geb. zu Wernigerode am 17. May 1747. Er war ein höchst verdienstvoller Arzt, ein allgemein geliebter Gesellschafter, ein Mann von grossen Kenntnissen und Talenten, die er auch im Fache der schönen Redekünste durch seine Gedichte und Aufsätze rühmlich bewährt hat.

Am 21. Aug. starb zu Berlin *Fried. Wilh. Siegfried*, Rendant der königl. Preuss. Kurmärk. Kammer-Bau- und einiger andern Kassen, einer der ältesten Mitglieder der Gesellschaft naturforschender Freunde daselbst; er ward den 26. May 1734. zu Bernau geboren.

ALLGEMEINE LITERATUR-ZEITUNG

Sonnabends, den 23. September 1809.

WISSENSCHAFTLICHE WERKE.

ARZNEYGELAHRTHEIT.

Breslau, b. Korn d. ä.: *Die Anatomie und chirurgische Behandlung der Leistenbrüche und der angebornen Brüche.* A. d. Engl. des Hn. *Astley Cooper*, Mitgliedes der Königl. med. und physikal. Gesellschaften in Edinburgh, Lehrers der Zergliederungs- u. Wundarzneykunst u. Wundarztes am Guys-Hospital, mit (XI) erläuternden Kupfertafeln. Herausgeg. von Dr. *J. F. M. Kruttge*, K. Pr. Medicinal-Rathe u. erstem Stadt-Physicus zu Breslau. 1809. 48 S. Fol. (10 Rthlr.)

Die Erscheinung des gegenwärtigen Prachtwerks, in einer für die Literatur so ungünstigen Zeitperiode, ist sehr erfreulich; sie liefert einen neuen Beweis, dass es noch muthvolle Verleger giebt, welche keine Kosten scheuen, dem drohenden Verfall der Künste und Wissenschaften gleichsam Trotz zu bieten. Auch verdiente das Werk diesen Aufwand: denn wenn es gleich unser deutsches classisches über denselben Gegenstand von *Richter* nicht verdrängen wird: so findet man doch darin manches Eigene, und, was für den praktischen Wundarzt besonders lehrreich ist, vieles wird mit sehr richtigen Kupfern erläutert, auf welchen die Theile sowohl im krankhaften als im gesunden Zustande in natürlicher Grösse dargestellt sind. Der Text, in dessen Uebersetzung nur hier und da eine kleine Härte des Ausdrucks vorkommt, zerfällt in 17 Kapitel. I. Der Vf. giebt viererley *Ursachen zur Entstehung der Brüche* an, die allgemeine disponirende von Schwäche wird erst im vierten Kap. angeführt, wo von den Ursachen der Brüche wieder besonders gehandelt wird. Er nimmt einen Bruch an dem Ausschnitt des Sitzbeins an, der an der Seite des *Nerv. ischiadic.* unter den Gefässmuskeln hervortritt, und von ihm *Hernia incisurae ischiaticae s. Ischiatocele* genannt wird. Nach seiner Beobachtung trat ein Bruch in die Schamlefzen, ging unter dem Ast des Sitzbeins neben der innern Schamschlagader durch, und senkte sich an der Seite der Mutterscheide bis ins Becken herab. Bey zwey Präparaten waren die Brüche durch das Eindringen des Darmkanals zwischen die Flächen (*Lavina*) des Bauchfells entstanden, in dem einen Fall in das Mesenterium, und im andern in einen Sack, der durch die Trennung der Lamellen des Mesocolons gebildet wurde, in welchem alle kleine Gedärme enthalten waren. Zuweilen finden bey einer unvollkommenen Structur des Mesenterium Löcher Statt, durch welche die Eingeweide hervortreten und eingeklemmt werden; man kann diese jedoch nicht wahre Brüche nennen, da die Gedärme in der Höhle des Unterleibes zurückbleiben. (Auch interessiren sie den praktischen Wundarzt nicht, da hier keine Hülfe anwendbar ist.) Alte Brüche sind zwar meistentheils mit den sie umgebenden Theilen verwachsen, aber nur nicht immer, da man manchen alten grossen Bruch noch zurückbringen kann. Zuweilen werden bey einem Menschen verschiedene Bruchsäcke an verschiedenen Theilen gefunden; zuweilen zeigt sich auch mehr als ein Bruch an einer und derselben Stelle. Zu Zeiten berstet auch ein Bruchsack durch einen Schlag; die darin enthaltenen Eingeweide treten heraus, und verbreiten sich unter der ihn zunächst bedeckenden Haut, so dass man die Eingeweide vorher erst in den Sack zurückbringen muss, ehe sie aus dem Sack wieder in den Bauch gebracht werden können. II. *Von der Anatomie derjenigen Theile, die mit den Leistenbrüchen in Verbindung stehn.* III. *Von dem Leistenbruche insbesondere*, dessen Entstehung, Symptomen und Umständen, wodurch man ihn von andern Geschwülsten, mit welchen er verwechselt werden kann, zu unterscheiden im Stande ist. IV. *Von den Ursachen der Brüche.* V. *Von den Leistenbrüchen, die wieder zurück gebracht werden können, und vom Gebrauch der Bruchbänder.* In dem Umstande, dass der Druck der Bruchbänder auf den Bauchring angewendet werden müsse, irren nach dem Vf. fast alle Wundärzte, wie auch Instrumentenmacher, weil man ein Bruchband darum anlege, den Mund des Bruchsacks zu verschliessen, und seine Verbindung mit dem Unterleibe zu verhindern. Die schicklichste Methode, den Mund oder die Oeffnung des Bruchsacks vollkommen zu verschliessen, ist nach seiner Meinung diese, dass man das Bruchband nicht auf den Bauchring, sondern auf denjenigen Theil anlegt, wo der Samenstrang und mit ihm der Bruch zuerst aus dem Bauche tritt: denn nur auf diese Art könne das Herabsinken des Bruchs gänzlich verhindert, und die Heilung desselben, wenn sie irgend anwendbar ist, durch den Druck erreicht werden. (Diese angegebene Lage der Pelote ist eine Subtilität, und gar nicht zu empfehlen, weil gewiss die meisten Brüche unter der Pelote heraustreten werden.) Wenn daher ein Bruch durch den Wundarzt in den Bauch zurück gebracht ist: so muss derselbe seine Finger schief über und ausser dem Bauchringe anlegen, und seinen Kranken husten lassen. Der ent-

entfernteste Theil von dem Ringe gegen die Spina des Ileum, wo man fühlt, dass der Bruch hervor tritt, ist der Punkt, den man zur Anlegung der Pelote wählen, und wonach man das Bruchband selbst einrichten muss. Das Mass zu einem Bruchband will der Vf. mit einem Bindfaden nehmen, was aber immer unsicher ist; er hätte den eisernen Draht, den er nur bey ungewöhnlich stark hervorragenden Hüften empfiehlt, für alle Fälle anrathen können. VI. *Von den Brüchen, die sich nicht zurückbringen lassen.* VII. *Von den eingeklemmten Brüchen*, wobey die Zufälle beschrieben werden. VIII. *Von der Behandlung eingeklemmter Brüche.* Bey der Taxis legt man den Kranken auf den Rücken, schiebt ihm ein Kissen unter das Becken, und ein anderes unter die Schultern, wodurch die Lendengegend tiefer zu liegen kommt; die beiden Schenkel müssen so erhoben werden, dass sie einen rechten Winkel mit des Kranken Leibe bilden, und die Kniee so fest an einander geschlossen werden, dass nur der Arm des Wundarztes hindurch kann. Diess letztere hält er durchaus für nothwendig, weil dadurch die Binde des Oberschenkels, und folglich auch die Oeffnung, schlaffer wird, durch welche der Bruch zuerst den Unterleib verlässt. Der Wundarzt stellt sich an des Kranken rechte Seite, umfasst die Geschwulst mit seiner rechten Hand, und drückt sie gegen den Bauchring, so dass sie nicht wieder zurück weichen kann, dann legt er den Finger (welchen? vermuthlich den Zeigefinger) und Daumen der linken Hand auf den Hals der Geschwulst an der Stelle, wo sie in den Unterleib eintritt, drückt sie sanft von einer Seite zur andern, und bemüht sich so, einen kleinen Theil derselben wieder in den Leib zu bringen. Gelingt es ihm, nur einen Theil hinauf zu schieben, so folgt dann der Rest gemeiniglich ohne viele Schwierigkeit nach. Bey der Einklemmung will der Vf. zwar noch nicht viel Hülfe von warmen Bädern und Aderlässen gesehen haben; gleichwohl bestimmt er letztere zu 14 bis 20 Unzen Blut, eigentlich bis zur leichten Ohnmacht. Hülfreicher waren ihm Tobacksklystiere im Decoct, und Eis in kleine Stücke zerstossen in eine Blase gefüllt und auf den Bruch gelegt. IX. *Umstände, die vor der Operation zu erwägen sind.* So bald die genannten Mittel ohne Erfolg versucht worden sind, und der Unterleib empfindlich geworden ist, darf die Operation nicht länger aufgeschoben werden. X. *Von der Operation der Leistenbrüche.* Der Kranke wird horizontal auf einen Tisch von 3 Fuss und 6 Zoll Höhe gelegt, so dass die Schultern ein klein wenig erhöht werden. Die Unterschenkel müssen bis an die Kniee über die Tischecke herabhängen, und die Dickbeine ein wenig gebeugt werden, um die Bauchmuskeln schlaffer zu machen. Der Wundarzt umspannt die Geschwulst mit seiner linken Hand, und mit einem Scalpell in der andern fängt er einen Einschnitt, dem obern Theile des Bauchrings gegenüber, an der Mitte des Sacks an, und führt ihn bis zum untersten Ende der Geschwulst in derselben Richtung fort. Dieser Einschnitt durch die Haut und das Zellgewebe entblösst die Binde, welche von dem äussern schiefen Muskel ausgeht; diese schneidet man in der Mitte durch, bringt einen Leiter (Hohlsonde) unter derselben ein, und zwar so weit, dass er aufwärts bis zu einem Zoll vom Bauchring dringt, auf welchem nun die Binde durchschnitten wird; ein Gleiches geschieht nach unten. Auf eben dieselbe Art wird der Cremaster durchschnitten. Bey der Trennung des Bauchringes zieht er den Schnitt in gerader Richtung nach obenzu vor. (Der angegebenen Gründe ungeachtet, kann man den Schnitt in dieser Richtung nicht, wenigstens nicht im Allgemeinen, zur Nachahmung empfehlen.) Eine Art Einklemmung ist der Bruchsack selbst, wenn er sehr verdickt und zusammen gezogen ist. Wenn das Colon bey einer stark beleibten Person hervorgetreten ist: so findet man die fettigen Umgebungen dieses Darmes von der Krankheit mehr angegriffen, als den Darm selbst, so dass man die ersteren hinwegschneiden muss. Im Fall eines brandigen Netzes verlangt er die Wegschaffung durch Ausschneidung in dem gesunden Theile, statt nach anderen der Schnitt im Todten nahe am Lebendigen fortgehen soll. XI. *Brand der Gedärme.* XII. *Von der Behandlung der Kranken, nach dem Zurückbringen der ausgetretenen Theile.* Ein purgirendes Klystier wird empfohlen, wenn mehrere Stunden nach dem Verbande ohne eine Ausleerung vergehen (besser ist es wohl, wenn man das Klystier applicirt, ehe der Kranke von dem Operations-Lager weggebracht wird, oder doch sogleich nachher). Der Kranke darf während der Cur unter keinerley Umständen, besonders nicht beym Stuhlgang, die horizontale Lage verändern, und solche nach der Heilung nicht eher verlassen, als bis ein Bruchband angelegt ist. Die Mittel zur Radikalcur werden als ungewiss und nachtheilig verworfen. XIII. *Von sehr grossen Brüchen.* Bey diesen Brüchen räth der Vf. nur den Bauchring, oder, wenn die Einschnürung höher oben ist, den untern Rand des Transversalmuskels zu trennen, aber nie die Oeffnung des Bruchsacks, es sey denn, dass die Einschnürung sich im Sacke selbst befände. XIV. *Von kleinen Leistenbrüchen* (sogenannten Seitenbrüchen). Bey der Operation soll der Einschnitt über der Geschwulst anfangen, sodann in der Mitte zwischen der Schambeinverbindung und dem *processus spinosus ossis ilei*, dann hinabwärts in paralleler Richtung mit dem Poupartschen Bande bis zum Bauchring hinunter fortgeführt werden. Den Bruchsack muss man öffnen und den Darm untersuchen. Die Flechse des Querbauchmuskels, welche die Einklemmung verursacht, muss mit einem Knopf-Bistouri in einer aufwärts gehenden Richtung, oder nach aussen und oben, nur nicht nach inwärts und gegen das Schambein hin, getheilt werden. Den Bruchsack zurückzubringen, ohne ihn zu öffnen, hält der Vf. nur bey sehr kleinen Brüchen für möglich, und zwar am leichtesten bey Weibern. Auch da sich dabey viele Schwierigkeiten einstellen: so thut man besser, bloss den Darm zurückzubringen, zumal der Kranke doch, wenn auch der Sack zurückgebracht wird, einer künftigen Hervortretung unter-

unterworfen bleibt. Durchaus aber, und unter allen Umständen, muſs das Zurückbringen ohne Oeffnung des Bruchſacks in dem Falle unterbleiben, wenn der Mund des Bruchſacks zuſammengezogen iſt, weil man ſonſt noch immer zu beſorgen hat, daſs die Symptome der Einklemmung fortdauern. XV. *Von dem Leiſtenbruche an der innern Seite der Oberbauchſchlagader.* Dergleichen Brüche entſtehen, wenn die Flechſen des innern ſchiefen und Querbauchmuskels ganz ungewöhnlich ſchwach ſind, oder bey einer Deformität gar nicht exiſtiren, oder auch durch irgend eine Gewalt zerriſſen ſind. Unterhalb dem Bauchring weicht die Anſicht dieſer Geſchwulſt ganz von der eines gewöhnlichen Hodenbruchs ab, indem ſie dem Penis näher liegt; und der Samenſtrang läuft an ihrer äuſsern Seite, anſtatt am hintern Theile derſelben hin, beſonders an und über dem Bauchring. Ueber dem Bauchring geht der Sack geradezu in die Höhe, mit keinem Theil ſchief gegen den obern Fortſatz des Ileum, ſondern vielmehr nach einwärts, unter dem Nabel hin. Nach einer Zergliederung haben dieſe Brüche bey ihrer Entſtehung folgenden Gang: zuerſt tritt der Bruchſack zwiſchen den Fibern des Querbauchmuskels gerade einen Zoll über dem Bauchringe hervor; dann zieht er ſich unter dem abwärts gekehrten Rande der Flechſe des innern ſchiefen Muskels hin, die Oberbauchpulsader läuft an der äuſsern Seite des Bruchſacks, und der Samenſtrang hat über dem Ring keine Verbindung mit ihm. Der Bruch kömmt alsdann mit der von der Flechſe des äuſsern ſchiefen Bauchmuskels entſpringenden Binde, nicht mit dem Cremaſter bedeckt, über dem Bauchring hervor. Dieſe Brüche hat der Vf. nie von der Gröſse eines Leiſtenbruchs gefunden. Ein gröſserer Umfang macht ſie auch nicht gefährlicher; meiſtentheils war dieſer Bruch auch mit Krankheiten der Harnröhre begleitet. Ein Präparat, welches der Vf. beſitzt, enthält ſechs Brüche dieſer Art, drey an jeder Seite. Für dieſe Brüche müſſen die Bruchbänder 1½ Zoll länger gemacht werden, die Pelote muſs rundum eben ſo weit reichen, als der Bauchring ſelbſt, doch nicht auf dem Schambein ſelbſt ruhen; übrigens hat das Bruchband die gewöhnliche Form. Bey Verſuchen der Taxis umfaſst man zwar die Geſchwulſt, wie gewöhnlich, mit der einen Hand; allein die Finger der andern legt man auf den Bauchring, um den Bruch auch an dieſem Theile ſanft zu kneten, indem man den Druck aufwärts und nach innen, nicht nach aufwärts und auſsenhin, richtet. Im Fall einer Einklemmung dieſes Bruches hat man vorgeſchlagen, den erweiterten Einſchnitt nach auf- und inwärts hin zu richten, um ſo die Verletzung der *Art. epigaſtr.* am ſicherſten zu vermeiden. Nur für die, welche nicht hinlängliche Fertigkeit in der Zergliederung beſitzen, iſt am beſten zu rathen, die Trennung geradezu aufwärts (von unten nach oben), und der Mitte des Bruchſacks gegenüber vorzunehmen. Das übrige der Operation wird auf obige Art verrichtet. Iſt die Einſchnürung aber innerhalb des Sacks befindlich: ſo muſs das Meſſer dann in den Sack ſelbſt gebracht werden. XVI. *Von den Brüchen beym weiblichen Geſchlecht.* Bey Weibern werden Leiſten- und Schenkelbrüche zuweilen verwechſelt, ſind aber dadurch von einander zu unterſcheiden, daſs man den Lauf des Poupartſchen Ligaments mit den Fingern befühlt. Iſt der Hals der Geſchwulſt über dem Rande deſſelben: ſo iſt der Bruch ein Leiſtenbruch; iſt die Geſchwulſt unter dem Ligament: ſo iſt es ein Schenkelbruch. Die Bruchbänder werden ſo, wie bey Männern, verfertigt. Bey einem ſehr groſsen Bruch hatte eine Frau eine eigene elaſtiſche Bandage, eine Art von Suſpenſorium, mit einer Schlinge, erfunden, die ihr über die Schultern hinweg und zwiſchen den Beinen durchging, auf dieſe Weiſe die Geſchwulſt umfaſste, und ſie verhinderte, ſo zuzunehmen, daſs die Bewegung des Schenkels verhindert werden konnte. Iſt der Bruch nicht zurückzubringen: ſo kann er bloſs durch die T-Binde zurückgehalten werden. Iſt er bloſs ein Netzbruch: ſo dient ein elaſtiſches Bruchband. Die Einklemmung wird behandelt wie bey Männern. XVII. *Von dem angebornen Bruch oder dem Bruch der Scheidenhaut des Hodens.* Das Gewöhnliche über das Herabſteigen der Hoden aus dem Unterleibe, und die Art, wie dieſe Brüche, wenn die Höhlung der Scheidenhaut bey der Geburt offen bleibt, durch die heftigen Anſtrengungen des Kindes beym Anfang des Athmens entſtehen, indem die noch leeren Gedärme in dieſe Höhlung herabfallen. Dieſe Austretung iſt der angeborne Bruch, und wird ſogleich durch die Anſchwellung des Hodenſacks, während der Anſtrengungen des Schreyens, bemerkt, aber von den Kinderwärterinnen *Windbruch* genannt. Zuweilen ſchlieſst ſich die Scheidenhaut an dem Ringe, bleibt aber oberhalb deſſelben offen, in welchem Falle beym Herabſenken der Gedärme eine ſonderbare Bruch-Varietät hervorgebracht wird, die zwar zu den angebornen Brüchen gehört, aber doch zu gleicher Zeit in einem eigenen Sack in der *Tunica vaginalis* eingeſchloſſen iſt. Bisweilen ſenkt ſich Waſſer aus dem Unterleibe zugleich mit dem Bruche herab; und da der untere Theil der Geſchwulſt durchſichtig iſt: ſo kann man ſich einen Waſſerbruch vorſtellen. Dieſe Complication kann man aber daraus erkennen, wenn man den ganzen Inhalt, in der Rückenlage des Kranken, in die Bauchhöhle zurückbringt. Legt man alsdann die Finger gegen den Bauchring: ſo wird das Waſſer durch denſelben ſchlüpfen, in das Scrotum hinabfallen, und einen wahren Waſſerbruch hervorbringen; vermindert man ſodann den Druck des Fingers am Ringe noch ein wenig, und läſst den Kranken huſten: ſo wird man fühlen, wie die Gedärme und das Netz in ihre vorige Lage hinabfallen. Nach der Repoſition dient ein gewöhnliches Bruchband, deſſen Pelote bey kleinen Brüchen mitten zwiſchen der *Symphyſis oſſium pubis* und der *Spina oſſis ilei* gelegt wird, bey groſsen aber bis zu dem obern Theil des Bruchringes reichen muſs. Bey neugebornen Kindern kann eine Compreſſe oder ein mit Wolle gefülltes Kiſſen mit einer Binde hinreichen. Befindet ſich der Hode noch neben dem Bruche im Bauchringe, ſo kann kein Bruchband

band angelegt werden, zumal der Bruch dazu nützlich ist, die weitere Herabsenkung des Testikels zu erzwingen. Bey der Operation dieser Brüche muss die Scheidenhaut sehr vorsichtig geöffnet und nach unten nur bis an den obern Theil des Hoden eingeschnitten werden; das Uebrige geschieht auf die gewöhnliche Art. Grosse, schon seit längerer Zeit nicht Repositions-fähige, Brüche räth der Vf. ohne weitere Besichtigung zurückzubringen, vorausgesetzt, dass man die Einklemmung heben kann, ohne die *Tunica vaginalis* zu öffnen.

GÖTTINGEN, gedr. b. Baier: *Dissertatio inaug. — de origine, progressu, et hodierno statu pharmaciae ejusque emendanda ratione*, quam — in academia Georgia Augusta pro summis in philosophia honoribus obtinendis publico examini submittit auctor *Aug. Frid. Dempwolff*, Luneburgensis. 1807. 6 Bogen. gr. 8.

Diese Abhandlung zeichnet sich vor vielen akademischen Probeschriften durch ihren Gegenstand, die gründliche Bearbeitung desselben, und den darauf verwandten Fleiss sowohl, als auch selbst durch die Schreibart, sehr zu ihrem Vortheile aus. Was von der Geschichte der Apothekerkunst und des Apothekerwesens (S. 4—35.) vorkömmt, ist freylich fast zu kurz und unvollständig: denn so findet man, der älteren Zeiten nicht zu erwähnen, z. B. Nichts von den Apotheken der Araber, der Schule zu Salerno und ihrem weiten Einflusse, Kaisers Friedrich II. Verfügungen, der Entstehung der heutigen Apotheken u. s. w., und nebst andern vielen Schriftstellern *Möhsen*, *Beckmann*, *Achermann*, *Oetter*, *Roth* u. a. ganz unbenutzt. Allein die Erörterung dieser Materie, die schon an und für sich ein Buch füllen würde, erfordert ein eigenes und ganz besonderes Studium. In dem Verzeichnisse der älteren Apothekertaxen und Dispensatorien finden wir einige, die unserer Kenntniss bisher entgangen waren: dagegen aber vermissen wir die älteste Taxe Kaisers Friedrich II. für Neapel und Sicilien, die Einführung geschriebener Taxen, wenigstens schon 1457., wovon unter andern *Möhsen* und *Beckmann* Data aufbewahrt haben, den Reichstags-Abschied von 1530 u. s. w., und unter den gedruckten Taxen mehrere, z. B. die Brandenburgische 1574., Nürnbergische 1592., Halberstädtische 1607., Schweinfurtische 1608., Frankfurter 1609. 1612., Wittenberger 1611., Speyersche 1614. u. s. w., wie auch unter den Dispensatorien eine Erwähnung der Arabischen, des *Ricettario* des Collegium der Aerzte zu Florenz von 1498., der *Pharmacopoea Augustana* etc. Dabey bemerken wir, dass *Nicolai antidotarium* schon 1505., *Valerii Cordi dispensatorium* schon 1535., *Dornkrellii dispensatorium* schon 1600. zu Uelzen, die *Pharmac. Londin.* schon 1619. u. s. w. herausgekommen sind. Von den uns bekannten Apothekerordnungen (S. 14.) ist die älteste von Frankfurt a. M. vom J. 1500.; ihrer sind auch nach dem 16ten Jahrhunderte (S. 58.) genug gedruckt, und viele sind ausserdem in allgemeinen Medicinal-Ordnungen enthalten. Desto genauer und umständlicher ist hingegen der Vf. im Detail der Obliegenheiten des Personals in den Apotheken gegen einander selbst, gegen den Staat und gegen die Kranken, und in der Vergleichung ihrer ehemaligen und jetzigen Verhältnisse und Behandlung. Möchte das, was er von den Lehrlingen, ihrer Prüfung, Behandlung, Unterweisung sagt, und was allerdings an sehr vielen Orten beobachtet wird, schon *überall* eingeführt seyn! Aber wie manche Gehülfen kommen leider noch im Examen vor, deren Wissen bloss mechanisches Stückwerk ist, und die keine lateinische Zeile aus dem *Dispensatorium*, so bald sie über das einfache Recept hinausgeht, nur einigermassen richtig zu übersetzen im Stande sind! Mit gutem Grunde wird S. 65. der Gebrauch im Mecklenburgischen getadelt, keine *privilegia exclusiva* zu ertheilen; aber dass daselbst keine Apothekertaxe existire, möchten wir doch bezweifeln. S. 73. beschwert sich der Vf. mit Recht, dass in seinem Vaterlande die Würtembergische Pharmakopöe eingeführt sey, von deren — wenigstens altväterischer — Beschaffenheit einige Beyspiele angeführt werden, die mit leichter Mühe zu Dutzenden vermehrt werden könnten. Die Hannöverische Taxe (S. 75.) hat allerdings viele Gebrechen, und hatte ihrer im Anfange noch mehrere: zu den davon aufgeführten Belegen müssen wir jedoch anmerken, dass die *ess.* und *tinct. guai. vol.* in der Quartausgabe ganz gleich, die erstere aber in der Ausgabe in Folio gar nicht, stehn, so wenig, als in dieser letzteren *aqu. bened. Rul.*, *spongia cerata*, *lycopodium*, *bacilli liquiritiae*, genannt werden; die in Quart ist unsers Wissens bloss als schriftstellerisches Product zu betrachten, und nie gesetzlich autorisirt worden. Aber auch in ihr sucht man den angeführten Unterschied zwischen *lycopod.* und *sem. lycop.* vergebens. Bey *rad. ipecac.* und *pulv. ipecac.* hat der Vf., beym Nachschlagen der letzteren Ausgabe, Ggr. und Mgr. verwechselt. Gegen den Vorschlag (S. 76.), das zur Nachtzeit Geforderte um die Hälfte oder noch einmal so viel zu erhöhen, lässt sich doch sehr Vieles aus Gründen einwenden; weniger gegen den (S. 79.), dass der Apotheker auch nicht unter der Taxe sollte verkaufen dürfen, so bald man ihn bloss auf einen Ort anwendet, wo mehrere zugleich sind. Was der Vf. (S. 82—87.) über den Credit bis zum Jahresschlusse, die Classification bey Concursen, die Freyheit von Einquartirungen u. s. w. sagt, müssen wir zum eignen Nachlesen empfehlen. Uebrigens bedauern wir, dass er noch manche in seinen Gegenstand einschlagende andere wichtige Punkte hier ganz unberührt gelassen hat. Von den vielen Druckfehlern sind S. 15. *Dornfrellii*, S. 43. *aptiosissimos*, S. 45. etsi *quamquam*, S. 46. *nostrata* die bedeutendsten.

ALLGEMEINE LITERATUR-ZEITUNG

Montags, den 25. September 1809.

WISSENSCHAFTLICHE WERKE.

PHILOSOPHIE.

LEIPZIG, b. Vogel: *Adiaphora.* Wissenschaftlich und historisch untersucht von *Carl Christ. Erhard Schmid*, Dr. u. Prof. der Theologie u. Philosophie zu Jena. 1809. XII u. 700 S. 8. (1 Rthlr. 20 gr.)

Seit *Kant's* unsterblichen Bemühungen um die feste Begründung der praktischen Philosophie, sind wenige Werke erschienen, welche dem vor uns liegenden in Rücksicht auf das Interesse und die Wichtigkeit des Gegenstandes sowohl, als die gründliche Behandlung an die Seite gestellt werden könnten. Ja man kann wohl mit Recht behaupten, dass *Kant's* Verdienst, eine praktische Philosophie aus einem praktischen Princip zu entwickeln, erst wirklich durch dieses vollendet worden sey. Denn es ist zwar das Sittengesetz als ein unbedingtes Gesetz der freyen Handlungen in der Vernunft durch das Bewusstseyn nachgewiesen, die unbedingte Gültigkeit und Anwendung auf alles, was in der Sphäre der Freyheit liegt, bewiesen worden; allein so lange dieses nur im Allgemeinen geschehen ist, und noch einiger Schein übrig bleibt, als gebe es freye Handlungen und Objecte derselben, welche nicht unter dem Gesetze stehen, und keine sittliche Beurtheilung zulassen, oder gewisse Adiaphora; so lange ist der Umfang des Gesetzes, das Gebiet der Sittlichkeit noch nicht rein wissenschaftlich bestimmt und begrenzt, und es wird dann entweder zu weit ausgedehnt, oder zu sehr verengt, welches für die Theorie sowohl, als die Praxis gleich schädlich ist. Dass es aber gewisse Adiaphora gebe, das schien ohne einen, die menschliche Natur empörenden, Rigorismus nicht geläugnet werden zu können; ob gleich auf der andern Seite das Behaupten derselben für die Moral noch weit schlimmer ist, als die Behauptung des Zufalls in der physischen Welt. Es offenbart sich in der Denkungsart auch sonst edler Menschen von achtbarem Charakter hierüber ein Widerstreit, der tief in der menschlichen Natur liegt, der aber weggeschafft werden muss, wenn die Theorie vollkommen und die volle Wirksamkeit des Sittengesetzes auf das wirkliche Leben gesichert werden soll. Der würdige Vf., der sich schon so grosse Verdienste um die wissenschaftliche Bearbeitung der Moral nach dem formalen Princip erworben hat, setzt diesen Bemühungen durch die gründliche Untersuchung des Problems, ob es im Sittlichen etwas Gleichgültiges gebe, die Krone auf. Die Untersuchung ist streng wissenschaftlich, und doch dabey höchst einfach; den Gegenstand fasst sie von allen Seiten, von der historischen, theoretischen und praktischen auf; sie sucht die Entscheidung in den Principien der sittlichen Gesetzgebung; die directen und indirecten Gegengründe werden in ihrer ganzen Stärke vorgetragen, und nach jenen Principien widerlegt. Der Inhalt dieser wichtigen Schrift verdient eine ausführlichere Darstellung.

Der *erste* Abschnitt enthält die *philosophische Untersuchung über die Adiaphora*, und zerfällt in zwey Theile. In dem ersten *analytischen*, wird die Untersuchung eingeleitet und vorbereitet; durch nähere Bestimmung des Problems, durch die Entwickelung aller dazu gehörigen Begriffe, durch die Unterscheidung der verschiedenen untergeordneten Fragen und Aufgaben, endlich durch die Erörterung der Principien und Methode der Auflösung. Der zweyte *synthetische* oder doctrinale Theil schreitet von diesen Principien nach der vorgeschriebenen Methode zu der Lösung des Problems nach allen seinen Theilen fort.

Erster analytischer Theil. Der Begriff eines *Adiaphoron* und der entgegengesetzte des *Diaphoron* wird vollständig erörtert. Das Indifferente, Gleichgültige ist es entweder in *theoretischer* oder *praktischer* Beziehung. Das theoretische wird in das *ästhetische* und *intellectuelle*, dieses in das *logische* (in Beziehung auf blosse Begriffe), und in das *metaphysische* (in Beziehung auf die Gegenstände der Erkenntniss) eingetheilt. Eine logische Indifferenz behauptete Epikur, wenn er sagte, es gebe zwischen zwey contradictorischen Sätzen einen dritten, der weder wahr noch falsch sey. Die metaphysische Indifferenz ist Identität, wohin *Aehnlichkeit*, *Gleichheit*, *Congruenz*, *Analogie* (Identität des objectiven) und *Consequenz* (Identität des subjectiven Verhältnisses zweyer Vorstellungen zum Erkenntnissvermögen) gehört. Die Identität sowohl als Verschiedenheit bezieht sich entweder auf innere Bestimmungen oder auf Verhältnisse; im ersten Falle sind die innern Bestimmungen entweder das Wesen, *nothwendige* Identität und Verschiedenheit, entweder das Grundwesen (*Essentialia*) oder in dem Grundwesen gegründete Eigenschaften (*Attributa*) *wesentliche* und *accidentelle Identität und Verschiedenheit* — oder innere ausserwesentliche Bestimmungen, *zufällige* Identität und Verschiedenheit. (Die Benennung einer nothwendigen accidentellen Identität scheint uns nicht adä-

adäquat, in sofern auch die zufällige Identität accidentell ist.) Die Identität und Verschiedenheit findet entweder in Ansehung aller Bestimmungen statt *gänzliche*, *totale* — oder nur in Absicht einiger, *nicht gänzliche*, *partiale*. Einzelne Dinge, welche gänzlich einerley sind, sind *der Zahl nach einerley* (*numerice eadem*), d. h. sie sind nicht mehrere Dinge, sondern Ein Ding. (Sollte wohl richtiger heissen: sind dem Begriff nach ein Ding, der Zahl nach verschiedene Dinge. Denn sonst müsste der Vf. sich für die constitutive Gültigkeit des *Leibnitz'schen* Princips des Nichtzuunterscheidenden erklären, welches er nicht thun kann.) Hierauf folgt eine lehrreiche gedrängte Darstellung des Streits über das metaphysische Adiaphoron, welcher schon bey den Akademikern und Stoikern anfing, und den *Leibnitz* durch sein bekanntes Princip entscheiden wollte, *Kant* aber wirklich durch den Unterschied der Naturgesetze und der regulativen Maximen entschied. — Nach Erörterung dieser verwandten Begriffe, kommt der Vf. auf seinen Hauptgegenstand, *praktische Adiaphorie*, und geht dabey, um die möglichen Beziehungen derselben zu bestimmen, von dem Begriff eines *praktischen Gegenstandes* aus. Ein praktischer Gegenstand schlechthin, seinem Wesen und seiner Form nach, ist ein Act der freyen Willkür überhaupt; relativ praktisch heisst ein Gegenstand, in sofern derselbe auf einen Act der freyen Willkür bezogen und in dieser Beziehung erwogen wird, z. B. Objecte, Materie der freyen Willkür. Der Vf. bestimmt den Begriff der praktischen Gleichgültigkeit erst in Ansehung der Acte, dann auch in Ansehung der Objecte der freyen Willkür. I. Ein Act der freyen Willkür ist ein Adiaphoron, wenn er praktisch gleichgültig, d. h., wenn er zufolge einer praktischen Regel weder nothwendig noch unmöglich, also erlaubt ist. Das Erlaubte oder praktisch Gleichgültige wird durch die Verschiedenheit der Regel der Quantität nach näher bestimmt. Es entspringt daraus der Begriff einer problematischen individuellen oder technischen — einer hypothetischen generellen oder pragmatischen — absolut praktischen Adiaphorie. Absolut praktisch gleichgültig ist, was durch das praktische Gesetz weder geboten noch verboten wird. Da das praktische Gesetz sich aber entweder auf die Handlung an und für sich, oder auch auf die Maxime derselben bezieht, so entspringt daraus der Begriff einer *legalen* und einer *ethischen* Gleichgültigkeit. Legal gleichgültig ist eine äussere Handlung, welche das praktische Gesetz weder gebietet und fodert, noch verbietet und untersagt; und in Beziehung auf das Rechtsgesetz in eigentlicher Bedeutung, ist eine solche Handlung das *Juridisch-Gleichgültige*, z. B. eine Handlung, deren Wirkung sich bloss auf das handelnde Subject selbst beschränkt. Die juridische Gleichgültigkeit ist gleich der *Befugniss*. Jedes gesetzliche Adiaphoron ist zwar überhaupt auch juridisch gleichgültig; aber ein juridisches Adiaphoron kann in anderer Rücksicht kein gesetzliches Adiaphoron, es kann legal oder illegal seyn, z. B. Selbstmord, Trunkenheit, Verweigerung einer Wohlthat, deren der andere höchst bedürftig ist. Da die Rechtmässigkeit einer Handlung entweder nach dem Naturrecht oder nach dem positiven Recht beurtheilt wird, so entspringt daraus der Unterschied des Erlaubten nach äussern natürlichen, und des Erlaubten nach dem positiven Rechte. Zu dem positiv rechtlichen Adiaphoron gehören zwey besondere Begriffe, die von jeher den Rechtslehrern und Moralisten viel zu schaffen gemacht haben, weil sie in der Anwendung der objectiven Rechtsgesetze unauflöslichen Schwierigkeiten unterworfen sind, nämlich die *Billigkeit* und das *Nothrecht*. *Billigkeit* ist das Recht, bey dem die für den Richter erforderlichen Bedingungen mangeln, nach welchen dieser bestimmen kann, wie viel oder auf welche Art dem Rechtsanspruch genug gethan werden kann. Ob ich das, was die Billigkeit fodert, dem andern leiste oder nicht, das ist vor dem bürgerlichen Richter als solchem, gleichgültig, ob es gleich nach dem Rechtsgesetz überhaupt beurtheilt, im ersten Fall *gerecht*, im zweyten Fall aber ungerecht, und durch das ethische Gesetz eben so gut, wie eine Handlung der Wohlthätigkeit als schlechthin pflichtmässig oder pflichtwidrig bestimmt ist. — Unsträflichkeit und Strafbarkeit sind abgeleitete Merkmale des Rechts und Unrechts; das Rechtmässige ist unsträflich, das Rechtswidrige strafbar. Nun giebt es aber etwas was objectiv nicht rechtmässig, und gleichwohl subjectiv nicht strafbar ist, weil ein dagegen gerichtetes Strafgesetz die beabsichtete Wirkung nicht erreichen könnte. Eine gewaltthätige Selbsterhaltung ist dem Scheine nach *juridisch gleichgültig*, in sofern sie nach Rechtsprincipien weder als unsträflich (*inculpabile*), noch als strafbar (*punibile*) erscheint; jenes nach objectiven Gründen der Vernunft und ihres Gesetzes, dieses nach subjectiven Gründen oder Maximen der Rechtsausübung vor einem Gerichtshof. Sie ist eine That, die allerdings Strafe *verdient*, aber doch nicht zweckmässig bestraft werden *kann*, folglich nach *äusseren positiven Gesetzen* indifferent. — *Ethische Gleichgültigkeit*. Nach dem ethischen Gesetze kann sowohl eine einzelne Handlung, als die Gesinnung und der Charakter eines Menschen, praktisch beurtheilt werden. Eine Handlung, welche weder sittlich gut, noch sittlich böse ist, deren Triebfeder weder das Sittengesetz selbst ist, noch dieser gesetzlichen Triebfeder widerstreitet, ist ethisch indifferent. Das ethische Adiaphoron ist entweder zugleich ein legales oder nicht. In dem ersten Falle ist die Handlung *objectiv ethisch indifferent*, d. h., es kann diese Handlung weder durch eine sittlich gute Triebfeder hervorgebracht werden, weil sie nach der Voraussetzung nicht sittlich geboten ist — noch findet eine dem Sittengesetz widerstreitende Triebfeder dazu Statt, weil das Sittengesetz dieselbe nicht verbietet. Das legale Adiaphoron ist aber nicht jedesmal auch ein ethisch gleichgültiges. Denn zu dem letzten wird erfodert, dass der Handelnde sich der gesetzlichen Adiaphorie seiner Handlung bewusst sey, und die Handlung als bloss erlaubt betrachte. Ist das ethische Adiaphoron

nicht

nicht zugleich ein legales, so ist dasselbe entweder gesetzlich geboten oder verboten, aber der Handelnde ist sich des Verhältnisses seiner Handlung zu dem praktischen Gesetze nicht bewusst, und sie geschieht daher ohne sittlich gute und unsittliche Triebfeder. Diess ist das subjectiv ethische Adiaphoron. Endlich kann auch eine moralisch-gleichgültige Handlung eine bloss aus Naturgesetzen erfolgende Handlung seyn, da eine solche in keiner Beziehung zu dem Sittengesetz, als dem Gesetz der Freyheit steht, und in Ansehung ihrer weder Gebot noch Verbot, noch auch *Erlaubniss* oder gesetzliche Befugniss Statt findet. *Ethische Gleichgültigkeit*, in Ansehung der *Gesinnung* und des *Charakters*, besteht darin, dass die Gesinnung und der so gesinnte Mensch selbst weder gut noch böse, sondern *ethisch-indifferent* ist. Man müsste sich ein contradictorisch Entgegengesetztes des Ethisch-Guten denken, welches nicht die Folge eines positiven Grundes des Widerspiels desselben, sondern eines blossen Mangels von einem Grunde des Guten wäre; oder ein contradictorisch Entgegengesetztes des Sittlich-Bösen, welches die Folge von einem blossen Mangel des positiven Grundes des Bösen; d. i., einer unsittlichen Triebfeder wäre. Das Urtheil über die Realität dieses Begriffs wird davon abhängen, ob diese Vorstellungsart mit dem richtigen Begriffe einer Gesinnung, eines Charakters und einer Person besteht oder nicht. Diejenigen Moralisten, welche keine Indifferenz, weder in Ansehung der Handlungen noch in Ansehung der Charaktere, einräumen, heissen *Rigoristen*, ihre Antipoden sind die *Latitudinarier*; die letzten sind entweder Latitudinarier der Neutralität, *Indifferentisten*, oder der Coalition, *Synkretisten*. Der Rigorist behauptet 1) in Absicht auf einzelne Handlungen, dass es keine gebe, die nicht in Beziehung auf das Sittengesetz stehe, so dass sie entweder geboten, oder verboten, oder wenigstens durch dasselbe erlaubt sey; 2) in Absicht auf die Gesinnung keine ethisch gleichgültige und gemischte; 3) in Ansehung des Charakters, keinen ethisch gleichgültigen und gemischten. Der Latitudinarier behauptet dagegen die reale Möglichkeit ethisch gleichgültiger und ethisch gemischter Handlungen, Gesinnungen und Charaktere.

II. *Adiaphoria der Objecte der freyen Willkür.* Diese Objecte können aus einem dreyfachen Gesichtspunkte als Stoff, als Grund der freyen Thätigkeit, als in Wechselwirkung mit dem Subject stehend, betrachtet werden. *a*) Da Sittlichkeit das einzige unbedingte *Gut*, Unsittlichkeit das einzige unbedingt Böse ist, *so ist alles* sittlich gleichgültig, was weder gut noch böse ist. Dahin gehört alles, was nicht die Persönlichkeit eines vernünftigen Wesens, sondern nur den Zustand eines lebendigen Wesens bestimmt, also überhaupt das Wohl und Uebel oder das physische Gute und Böse; insbesondere das unmittelbar Angenehme und Unangenehme, das Nützliche und Schädliche, Glückseligkeit und Unglückseligkeit, sowohl einzelner Menschen als des ganzen Menschengeschlechts, ist in diesem Verstande ein Adiaphoron. Adiaphoron ist alles ausser dem praktischen Gesetz und der Maxime, diesem Gesetz, selbst mit Abbruch aller Neigungen, Folge zu leisten. So ist es, wenn die moralische Handlung in abstracto, und einzig und allein nach ihrem wesentlichen, directen und unmittelbaren Zwecke betrachtet wird. Allein anders erscheint die Sache, wenn wir die moralische Handlung des Menschen in concreto ins Auge fassen, und auf die ausserwesentlichen, indirecten und mittelbaren Zwecke derselben Rücksicht nehmen. In dem formalen praktischen Gesetze, welches eine Gesetzmässigkeit der Form aller freyen Thätigkeit um ihrer selbst willen als eines formalen Zwecks, gebietet, liegt unmittelbar die Vorstellung von der Existenz der vernünftigen Natur (der Person, des Subjects aller Zwecke) als Zwecks an sich. Ist die Person selbstständiger Zweck, so folgt daraus die Nothwendigkeit, gewisse *materielle* Zwecke zu denken. Wenn die Person als Person existiren soll: so muss sie freye Thätigkeit äussern können. Hierin liegt in Bezug auf Menschen der pflichtmässige Zweck der *Vollkommenheit der menschlichen Natur*, oder des vollständig entwickelten Vermögens, sich Zwecke vorsetzen und dieselben ausführen zu können. Zu diesem Vermögen gehört die gesammte menschliche Natur, Leib und Seele. Diese persönliche Vollkommenheit ist der materiale Universalzweck aller sittlichen Thätigkeit, sowohl in Absicht auf mich, das handelnde Wesen selbst, als in Beziehung auf andere Menschen, mit welchen ich durch physische Wechselwirkung verbunden bin. Glückseligkeit ist und kann dieser Zweck nicht seyn. Diese Behauptung, welche der Vf. schon in seiner Moralphilosophie aufgestellt hatte, wird hier ganz einleuchtend gemacht, und die Täuschung, dass auch Glückseligkeit zu den sittlichen Zwecken gehöre, durch die Unterscheidung des Zwecks und des *finis in consequentiam veniens* gehoben. Glückseligkeit, in sofern sie als Befriedigung der Selbstliebe und Realisirung subjectiver Zwecke betrachtet wird, ist also ein sittliches Adiaphoron, nicht so aber die Mittel und Bedingungen derselben. Nur in sofern sie auf die Glückseligkeit als ihren letzten Zweck bezogen werden, sind sie sittlich gleichgültig. Was aber auf der einen Seite Mittel der Glückseligkeit ist, das ist in einer andern Beziehung auch Mittel und Bedingung der Vollkommenheit, und in sofern nicht gleichgültig. So ist es mit der äussern Freyheit, mit den äussern Glücksgütern, ja überhaupt mit der ganzen nichtfreyen Natur, welche, obgleich in abstracto, doch nicht in concreto, ein reales sittliches Adiaphoron ist, da sie als taugliches Mittel für pflichtmässige Zwecke freyer Wesen betrachtet werden muss. *b*) *Object als Grund der freyen Thätigkeit.* Man spricht häufig von Dingen, Lagen, Verhältnissen, welche der Moralität zuträglich, nachtheilig, oder für sie gleichgültig sind, und setzt dabey offenbar voraus, dass die Dinge auf Moralität und den moralischen Zustand einen wirksamen Einfluss haben. Denkt man sich aber das Moralische und Unmoralische als freye Thätigkeit, so lässt sich der moralisch zuträgliche oder nachtheilige Einfluss der Dinge nicht ohne Widerspruch denken. Beide Vor-

stel-

stellungsarten sind indessen uns gleich natürlich und nothwendig, je nachdem man den Menschen aus dem empirischen Standpunkte, oder bloss nach praktischen Gesetzen *a priori* betrachtet, und werden durch erschöpfende mit sich einstimmige Theorie der Freyheit und Nothwendigkeit der menschlichen Handlungen vereinigt. Wenn man die Tugend an sich (*Noumenon*) betrachtet, so ist, da das Moralische lediglich aus Freyheit entspringt, ausser der Freyheit des Menschen und ihrer Thätigkeit alles andere *ascetisch indifferent*. Die *Tugend* als *Erscheinung* betrachtet, ist dagegen allerdings grossentheils von äusseren Objecten abhängig. Sie muss zwar, in sofern sie wirklich den Namen Tugend verdient, und nicht *Scheintugend* ist, den Effect, der die reine und absolute Achtung für das Gesetz in der Erscheinung des handelnden Menschen hervorbringt, darstellen; aber dieser Effect erscheint grösser oder geringer nach Verschiedenheit der moralischen Hindernisse, welche moralisch besiegt werden müssen, nach Verschiedenheit des Naturells, der angewöhnten Sinnesart, der Uebung, der äussern Umstände und Verhältnisse. Für die Tugend und das Laster in der Erscheinung giebt es kein ascetisches Adiaphoron; alles ist entweder ascetisch gut oder böse, in sofern es zwar nicht die innere Moralität, aber doch die Legalität befördert. Denn könnte irgend etwas Aeusseres den Menschen tugendhaft oder lasterhaft machen, seinen sittlichen Werth erhöhen oder vermindern; so würde die Zurechnungsfähigkeit, das Wesen aller sittlichen Begriffe zerstört, Tugend in blosses verdienstloses Glück, Laster in schuldloses Unglück verwandelt. In jedem Fall bestimmt das äussere Object nicht den sittlichen oder unsittlichen Willen selbst, sondern nur den Erfolg oder die Erscheinung desselben. Je mehr die moralische Freyheit des Menschen ausgebildet ist, auf einer je höhern Stufe sittlicher Cultur der Mensch steht, um so mehr steht selbst die Erscheinung seines sittlichen Charakters unter seiner Gewalt, um so kräftiger beherrscht er selbst den Erfolg seines moralischen Strebens, um so gleichgültiger selbst für die äussere Erscheinung wird für ihn alles, was ausser ihm ist, jedes Object, die ganze ihn umgebende und auf ihn sinnlich einwirkende Natur. So muss in dem weitern Fortschritt zur Vollkommenheit die Sphäre des Ascetisch-Heilsamen und Schädlichen immer beschränkter, *es muss allmählig alles und jedes ein ascetisches Adiaphoron werden*. Es *muss*; denn es *soll*. Soll es aber dahin kommen, so muss der Mensch zuvor diese Stärke der moralischen Kraft erworben, die Unabhängigkeit seines Wirkens von der Natur und seine Herrschaft über dieselbe mühsam errungen haben. Dieser Kampf in der moralischen Selbstbildung setzt aber die sorgfältigste moralische Askese voraus, *welche kein ascetisches Adiaphoron voraussetzt*. c) *Object in Wechselwirkung mit dem Subject*. Es folgt aus den beiden vorhergehenden Abschnitten, dass für die Moralität überhaupt und an sich selbst die ganze Natur und jeder Theil derselben als — ethisches und ascetisches Adiaphoron zu betrachten ist, diese Adiaphorie aber in dem Gebiete der subjectiven Tugendübung des Menschen wieder aufgehoben wird.

Nach dieser Erörterung der Begriffe bestimmt der Vf. die zu lösende Aufgabe, löset sie in die über- und untergeordneten Fragen auf, und stellt die Maximen bey der Lösung derselben auf. Man kann bey jeder wissenschaftlichen Aufgabe, bey deren Object etwas rein *a priori* Vorhandenes mit etwas Empirisch-Gegebenem concurrirt, eine dreyfache Methode befolgen, indem man entweder lediglich ein objectives, oder lediglich ein subjectives Princip befolgt, oder beide Principien in gesetzmässiger Verbindung zum Richtmass der Entscheidung macht. *Thesis*, *Antithesis*, *Synthesis*. Die Moral steht auf dem Scheidewege der reinen Vernunft und des empirischen Vermögens. Als Moral schlechthin, d. i. als Wissenschaft praktischer Gesetze geht sie rein aus der Vernunft *a priori* hervor, und abstrahirt in einer Metaphysik der Sitten von allen empirischen Bedingungen oder Beschränkungen freyer menschlicher Thätigkeit. Aber als Moral für den Menschen kann sie der Erfahrungserkenntnisse der empirischen Psychologie nicht entbehren, sondern geht in praktische Anthropologie über, welche das reine Vernunftgebot mit dem empirischen Naturgesetz dadurch vereiniget, dass sie zeigt, wie die Natur der reinen Vernunft gemäss bestimmt werden möge, dass sie das könne, was schlechthin seyn und geschehen soll. Dieses ist auch die Methode für diesen Gegenstand. Gesetzt, dass die Erwägung des reinen Moralgesetzes alle sittliche Adiaphora als praktische Undinge, welche objectiv unwahr seyn sollen, schlechthin verwerfe; dass ferner die Betrachtung des Menschen und seiner sinnlich beschränkten Natur die Nothwendigkeit der sittlichen Mitteldinge als etwas, das subjectiv unvermeidlich und empirisch (bedingt) nothwendig sey, unwidersprechlich zeige: so fodert die Vernunft selbst, als höchste Gesetzgeberin, und als Princip absoluter Einheit alles Mannichfaltigen, dass dieser anscheinende Widerstreit der reinen und der empirischen Grundsätze in ihren praktischen Folgerungen gehoben, und dass ein vermittelndes synthetisches Princip für Thesis und Antithesis ein regulatives Vernunftprincip gefunden und aufgestellt werde. Die einseitige Befolgung des rein rationalen Princips in der Lehre von dem Sittlich-Gleichgültigen führt zu einem Rigorismus, der in moralische Phantasterey unausführbarer, und die menschliche Kraft übersteigender praktischer Foderungen übergeht. Gegen diesen Abweg sichert die unbedingte Anwendung des empirischen Grundsatzes; sie leitet aber bey einer consequenten Denkart durch das Medium der Schlaffheit (*laxitas*) zu einer gänzlichen Principlosigkeit und Adiaphorie im praktischen Leben. Das dritte synthetische Verfahren berücksichtigt den Menschen sowohl *wie er ist*, als *wie er seyn soll*. Was der Mensch *seyn soll* (als Vernunftwesen), und was er gleichwohl wirklich *nicht ist* (als Sinnenwesen), das *kann* er doch, vermöge seiner *grenzenlosen Vervollkommnungsfähigkeit*, *werden*.

(*Der Beschluss folgt.*)

ALLGEMEINE LITERATUR - ZEITUNG

Dienstags, den 26. September. 1809.

WISSENSCHAFTLICHE WERKE.

PHILOSOPHIE.

LEIPZIG, b. Vogel: *Adiaphora.* Wiſſenſchaftlich und hiſtoriſch unterſucht von *Carl Chr. Erhard Schmid* u. ſ. w.

(Fortſetzung der in Num. 262. abgebrochenen Recenſion.)

Zweyter Theil. *Synthetiſche Löſung des Problems über die ſittliche Gleichgültigkeit menſchlicher Handlungen und Charaktere.* Das Hauptproblem, welches gelöſt werden ſoll, iſt die Frage: *giebt es abſolut-moraliſch-indifferente Handlungen in concreto?* Die Entſcheidung dieſer Frage ſetzt aber eine Unterſuchung mehrerer Nebenfragen, welche von jener Hauptfrage wohl unterſchieden und abgeſondert werden müſſen, voraus, und ehe dieſe vorgenommen werden kann, muſs *der Grund, die Realität und die Sphäre alles moraliſchen Unterſchiedes (aller Diaphorie) zwiſchen Sittlichgutem und Sittlichböſem* überhaupt erforſcht werden. Dieſer Unterſchied hat nur dann Realität, wenn es ein *Sollen* giebt, welches vom *Müſſen* weſentlich unterſchieden iſt, und ein *unbedingtes* Sollen, als letzte urſprüngliche Bedingung, vorausſetzt. Was ein lebendes Weſen thun oder laſſen muſs, betrachten wir als unvermeidliche Folge ſeines Naturtriebes. Wenn es ein Sollen (eine Nothwendigkeit) geben ſoll, welches kein Müſſen (phyſiſche Nothwendigkeit) iſt: ſo muſs es eine Nothwendigkeit zu handeln geben, welche ſich in dem lebenden und handelnden Weſen ſelbſt, iſolirt von aller Naturverbindung und unabhängig von jedem äuſsern Verhältniſs einwirkender Dinge zu demſelben, gründet: ſo müſſen wir uns den Geiſt, als das lebende Princip des Handelns unabhängig gedacht, von aller einwirkenden Natur als frey, und das Geſetz der (nicht phyſiſch) nothwendigen Handlungsweiſe als ein Geſetz der Freyheit, im Gegenſatze der Geſetze der Natur, denken. Dieſes Moralprincip kann nicht bewieſen und hergeleitet werden weder aus einem Höhern noch aus einem Niedern; es iſt alſo entweder unerweislich oder unmittelbar gewiſs, und ſeine unmittelbare Gewiſsheit muſs ſich darthun, anſchaulich machen laſſen. Es giebt ein unmittelbares ſittliches Bewuſstſeyn, welches zwar nicht die theoretiſche Realität, aber doch die praktiſche Nothwendigkeit der ſittlichen Begriffe darthut. Das Bewuſstſeyn der Pflicht iſt unmittelbar durch ſich ſelbſt gewiſs; man kann es einem Läugner nicht andemonſtriren, aber das Gewiſſen ſtraft einen Antimoraliſten ſelbſt Lügen. Läſst ſich dieſes Bewuſstſeyn aber nicht pſychologiſch erklären, die Nothwendigkeit der Pflichtvorſtellung als eine ſubjective Nöthigung darſtellen? Der Vf. zeigt, daſs dann die praktiſche Realität des Pflichtbegriffs unwiederbringlich verloren wäre, daſs eine pſychologiſche Auflöſung der ſittlichen Phänomene nicht logiſch unmöglich ſey, daſs aber ein vernünftiges Weſen, als ein ſolches, welches den Willen hat, ſeine Pflicht zu thun, jene nicht *wollen kann*, weil daran die Selbſtachtung, die Achtung für andere Menſchen unabtrennlich gebunden iſt. „Was alle Empirie und alle Speculation unentſchieden läſst und unentſchieden laſſen muſs, das entſcheidet ein allvermögender Machtſpruch eines Unbekannten und Unerkennbaren in meiner unergründlichen Natur — praktiſche Vernunft, Freyheit und Moralität offenbart ſich in mir durch ſich ſelbſt, und ſpricht ihre eigne Weſenheit und Realität ſelbſt unwiderſprechlich aus." — Es giebt alſo einen realen Unterſchied des Sittlichguten und des Sittlichböſen, und es findet keine allgemeine praktiſche Gleichgültigkeit menſchlicher Handlungen Statt. Der Grund der Realität aller ſittlichen Diaphorie beſtimmt zugleich den Gegenſtand und die Sphäre derſelben, wovon die Frage: ob es auch für den entgegengeſetzten Begriff der Adiaphorie einen Kreis von wirklichen Gegenſtänden ſeiner Anwendung gebe oder nicht, abhängt. Das Moralgeſetz, als Grund der ſittlichen Unterſcheidung, hat nur Bedeutung für ein Weſen, welches Freyheit der Willkür beſitzt. So weit die Idee von Freyheit gültig iſt, ſo weit erſtreckt ſich auch das Gebiet des praktiſchen Geſetzes. Wir können bey jeder Handlung, wenn wir wollen, von ihrer Beziehung auf einen Zweck und ein praktiſches Geſetz, und auf Freyheit der Willkür abſtrahiren; wir betrachten ſie dieſemnach als eine bloſs phyſiſche oder natürliche Begebenheit; in welcher Hinſicht ſie *durchaus ſittlich indifferent* iſt. Hiermit ſtreitet die Behauptung einer ſo genannten innern objectiven Moralität keinesweges: denn es ſollte dadurch nur die Unabhängigkeit des moraliſchen Urtheils von willkürlichen Verfügungen und poſitiven Verordnungen dargethan, und daſſelbe allgemein gültigen Gründen und Bedingungen unterworfen werden, ſo wie auf der andern Seite die Beſtreiter derſelben nicht allen moraliſchen Unterſchied für willkürlich und zufällig erklären wollen. — Alle menſchlichen Handlungen geſchehen nach Naturgeſetzen, und ſind in ſo fern praktiſch indifferent. Folglich iſt auch in jeder menſchlichen Handlung etwas, welches praktiſch indifferent iſt. Daher geht der Pſycholog und der praktiſche Philoſoph von zweyen entgegengeſetzten Standpunkten aus. Indeſſen iſt das Intereſſe des erſten dem des zweyten, weil dieſes praktiſch iſt, ſubordinirt; die Theorie wird durch dasjenige, was das Gewiſſen für das praktiſche Leben fordert, unwiderſtehlich gedrungen, ſich über die bloſse Empirie in der Vorſtellung menſchlicher Handlungen und ihres Urſprungs zu erheben, und über den empiriſchen Charakter noch einen intelligibeln anzunehmen. Doch wenn auch alles Thun und Laſſen des Menſchen überhaupt als frey betrachtet und daher einer ſittlichen Schätzung mit Recht unterworfen wird, ſo kann doch daraus keinesweges geradezu gefolgert werden, daſs alle und jede Handlungen des Menſchen frey, und mithin entweder gut oder böſe in ſittlicher Bedeutung ſeyn müſſen, noch daſs jede Handlung in allen Rückſichten und in allen Beſtandtheilen den Charakter der Freyheit und Sittlichkeit poſitiv oder negativ an ſich trage. Es kann in dieſem Falle *einige indifferente* Handlungen des Menſchen, und in den übrigens nicht indifferenten Handlungen *etwas Indifferentes* geben. Zu den indifferenten Handlungen könnten alle diejenigen gerechnet werden, welche bloſs aus Naturgeſetzen erfolgen, alle unwillkürlichen, bloſs mechaniſchen, organiſchen, nach pſychologiſchen Geſetzen unwillkürlich erfolgenden, ſo wie die Acte des bloſs thieriſchen Begehrungsvermögens. Alles dieſes ſind, nach einer richtigen Unterſcheidung der Scholaſtiker, *Handlungen des Menſchen*, aber keine *menſchlichen Handlungen*, d. i. ſolche, von denen der Menſch durch ſeine freye Willkür Urheber iſt, und ſie wären in ſo fern ſittlich indifferent. Es läſst ſich endlich eine Stufe der Entwicklung denken, wo der Menſch zwar fähig iſt, ſinnliche Begriffe zu denken, aber ſich nicht zu Ideen erheben kann; hier würde zwar der Unterſchied zwiſchen klugen und thörichten Handlungen, aber Indifferenz in ſittlicher Beziehung Statt finden, weil die phyſiſche Möglichkeit zum ſittlichguten und böſen Handeln nicht vorhanden war. Wo kein mögliches Bewuſstſeyn eines reinen praktiſchen Begriffs, keine Fähigkeit für ein ſittliches Gefühl und Intereſſe iſt: da iſt ſittliche Indifferenz, das liegt auſser der Sphäre der Beurtheilung nach einem Sittengeſetz. Aber dieſer Satz darf nicht miſsverſtanden, und die ſittliche Adiaphorie etwa gar auf alle Handlungen ausgedehnt werden, die ohne *wirkliches* ſittliches Bewuſstſeyn geſchehen. Denn dadurch würde mit einem Male aller moraliſche Unterſchied aufgehoben. „Freyheit, als Vermögen abſoluter Selbſtthätigkeit, lebt und webt durch das ganze menſchliche Daſeyn und Wirken, in allen ſeinen Entwicklungsſtufen und Zuſtänden. So wie überall Natur wirkt, ſo wirkt auch in allem — Freyheit; ſie greift ſelbſt in allen phyſiſchen Mechanismus des Menſchen ein, und es läſst ſich von und für uns keine feſte Grenze beſtimmen, wo ihr Wirkungskreis beginne und ende. Unbeſtimmbar iſt ſelbſt die Grenze, welche die willkürlichen Functionen des thieriſchen Organismus von den unwillkürlichen ſcheidet, und je höher wir von dem Organiſchen zu dem Pſychologiſchen hinaufſteigen, deſto mehr verliert ſich das Willkürliche und Unwillkürliche in einander." — Dieſs wird von dem Vf. vortrefflich ausgeführt, und gezeigt, daſs in allen Aeuſserungen und Handlungen des Menſchen, an allen ſeinen Zuſtänden und Verhältniſſen die Freyheit ſowohl als die Natur ihren Antheil habe, daſs aber keinem Endlichen, ſondern nur dem Allwiſſenden offenbar ſey, wie groſs der Antheil der Natur und der Freyheit in dem jedesmal erſcheinenden Zuſtande des Menſchen ſey; daſs man daher auch nicht leichtſinnig etwas darum für indifferent halten müſſe, weil es auſser der Sphäre der möglichen freyen Thätigkeit zu liegen ſcheine. Es kann zwar illegale Handlungen geben, die ſchuldlos ſind, in ſo fern die Illegalität aus einem unüberwindlichen Widerſtande und unwiderſtehlichem Einfluſſe ſolcher Dinge, welche das endliche freye Weſen durch das eifrigſte ſittliche Beſtreben nicht beſeitigen konnte, aber nicht aus einem ſelbſtverſchuldeten Mangel an Achtung für die Pflicht herrührt; aber dieſes läſst ſich nur im Allgemeinen, nicht *in concreto* behaupten, noch der ſittliche Werth einer beſtimmten That nach dieſem Merkmale beſtimmen, weil kein Menſch in einem einzelnen Falle wiſſen kann, ob nicht, unter der Vorausſetzung, daſs er jederzeit alles nur Mögliche für ſeine Bildung gethan hätte, in einem gegebenen Falle eine der Legalität angemeſſenere, von der Mitwirkung ſinnlicher Antriebe unabhängigere Handlung möglich geweſen wäre. Eben ſo gründlich wird auch die zweyte Folge, daſs in jeder freyen Handlung etwas Unfreyes, und daher Indifferentes (der Stoff, die Materie, die Folgen), iſt, bewieſen, aber ebenfalls nur auf das Allgemeine eingeſchränkt. Nur der Allwiſſende kann das beſtimmte Verhältniſs der Freyheit zur Natur richtig erkennen. Dieſem richterlichen Urtheile des Allwiſſenden vorzugreifen, würde Vermeſſenheit oder Gewiſſenloſigkeit ſeyn. Es bleibt *Maxime einer gewiſſenhaften Denkart, die Sphäre der Naturnothwendigkeit und Adiaphorie ſo eng als möglich zu beſchränken, und den Wirkungskreis der Freyheit in möglichſter Erweiterung, mithin als unendlich zu denken.*

Die zweyte Frage iſt: *giebt es indifferente menſchliche Handlungen in abſtracto und in Rückſicht auf einige beſondere Geſetze?* Dieſe Frage iſt wenigſtens für einige Handlungen längſt allgemein bejaht worden, wie durch das Beyſpiel von Plato, Thomas Aquinas, dem alle Scholaſtiker, den Duns Scotus ausgenommen, folgten, und den meiſten neuern Moraliſten gezeigt wird. Eigentlich müſste man ganz allgemein ſagen: jede menſchliche Handlung, *in abſtracto* betrachtet, iſt ſittlich indifferent: denn eine ſolche iſt die nach einem allgemeinen Begriffe durch einige beſtimmte Merkmale gedachte Handlung, bey deren Vorſtellung von allen individuellen Beſtimmungen abſtrahirt wird, und entweder ein Gedankending von Bewegungen des Gemüths oder Veränderungen in der Sinnenwelt, ſonach etwas bloſs Phyſiſches. Ob ſolche Handlungen gut oder böſe ſind, hängt von Beſtimmungen ab, von denen hier gänzlich abſtrahirt worden. Ein

ſolfolches Indifferentes aber könnte nur *negative erlaubt* genannt werden. — Wenn von innerer und natürlicher Pflicht die Rede ift: fo find generelle und fpecielle Gefetze und Verbindlichkeiten nur logifch unterfchieden, real aber und in fich felbft vollkommen identifch. Sie verhalten fich wie die Einheit des logifchen Grundes zur Mannichfaltigkeit logifcher Folgen. Wozu eine generelle Verbindlichkeit vorhanden ift, dazu *mufs* es auch ein fpecielles Gefetz in dem Syfteme der fpeciellen Pflichtgefetze geben. Es kann alfo *der Schein*, als wäre etwas nach fpeciellen Gefetzen *indifferent*, was gleichwohl durch das allgemeine *Sittengefetz* beftimmt werde, nur daher entftehen, *dafs* entweder die abgeleiteten Gefetze noch nicht in fyftematifcher Vollftändigkeit aus dem urfprünglichen Gefetze entwickelt find, oder die fpeciellen Pflichtvorfchriften noch einer durchgängigen Beftimmtheit ermangeln. In einer pofitiven Sittenlehre kann indeffen der Begriff einer fpeciellen Indifferenz, die gleichwohl durch allgemeine Principien aufgehoben werde, feine gültige Anwendung finden, wenn man vorausfetzt, dafs eine folche Sittenlehre, z. B. die chriftliche, nur nach dem Buchftaben, nicht nach dem Geifte aufzufaffen fey, — eine Vorausfetzung, durch welche die Vernunftmäfsigkeit, Liberalität und praktifche Anwendbarkeit derfelben in einem ganz veränderten Zeitalter durchaus verloren gehen mufs. Mit dem Begriffe der fpeciellen Indifferenz ift der einer *relativen*, welche darin befteht, dafs eine Handlung in einer Hinficht indifferent ift, welche in einer andern fittlich gut oder fittlich böfe ift, verwandt. Allein es kann keine folche Adiaphorie geben, weil eine einfeitige Beurtheilung und Beftimmung einer zu befchliefsenden That, welche felbft nie einfach ift, fondern in mannichfaltigen Beziehungen fteht, nach einer Beziehung auf einen Partialzweck oder auf ein Specialgefetz mit der moralifchen Denkart ftreitet, welche der ganzen Pflicht gewidmet ift.

Durch die Unterfuchung diefer Nebenfragen hat fich der Vf. den Weg zu der Beantwortung des Hauptproblems: *giebt es* (nicht relativ, fondern) *abfolut moralifch-indifferente Handlungen* (nicht *in abftracto*, fondern) *in concreto?* gebahnt. Zuvor wird aber noch die Frage entfchieden: *giebt es metaphyfifch oder kosmifch indifferente freye Handlungen des Menfchen?* weil die moralifche Indifferenz die praktifche, und diefe wieder die phyfifche oder kosmifche Indifferenz der Handlungen vorausfetzt. Der Leibnitzifche Grundfatz hat keine objective Gültigkeit. Eine objective Entfcheidung für oder gegen die Möglichkeit der vollkommnen Identität zweyer Dinge ift nach der Natur unfres eingefchränkten Erkenntnifsvermögens nicht möglich; die Möglichkeit läfst fich factifch nicht erweifen, aber eben fo wenig ihre abfolute Unmöglichkeit. Ift aber jener Grundfatz auch nicht als Dogma gültig: fo kann er doch als Poftulat für das intellectuelle Intereffe, als ein regulativer Grundfatz, Werth, Realität und Bedeutung haben; weil von der Maxime, kein folches Adiaphoron, als unüberfteigliche Grenze unfrer Forfchung nach dem Unterfchiede der Dinge anzunehmen, die möglichfte Erweiterung der Erkenntnifs und die ausgebreitetfte Anwendung des Unterfcheidungsvermögens abhängt. Diefe Maxime ift von grofsem Einflufs auf die folgende Frage: *giebt es abfolut praktifch-gleichgültige freye Handlungen?* Praktifch gleichgültig ift, was für den Willen eines freyen Wefens ganz und gar gleichgültig ift, was gar kein Intereffe erregt, keiner pofitiven oder negativen Regel, woher diefe auch immer entfpringen mag, entfpricht. Da bey diefer abfolut praktifchen Gleichgültigkeit der abfolut innere Grund des menfchl. Handelns als nothwendig und fortdauernd gedacht wird: fo fetzt fie die phyfifche oder kosmifche Indifferenz voraus, dafs in den gefammten Objecten und Materialien der Thätigkeit nichts enthalten fey, was die äufsere Bedingung eines möglich freyen Willensacts in fich enthielte. *Weil* und *in fo fern* es alfo keine kosmifche Indifferenz giebt, darum und in fo fern giebt es auch keine *praktifche*. Was nicht theoretifch indifferent ift für die Erkenntnifs, das mufs auch nicht praktifch-indifferent feyn für den Willen, fo wenig aus *Mangel an Gründen* überhaupt, die den Willen beftimmen, als wegen eines vorhandenen *Gleichgewichts der Gründe* für gleichzeitige Behandlung verfchiedener Gegenftände, oder für verfchiedene Behandlungsart deffelben Objects. Es mufs keine geben, denn wir wiffen von keiner metaphyfifchen Indifferenz der Objecte. Es könnte gleichwohl eine geben, weil wir die Unmöglichkeit davon nicht objectiv erkennen. Aber es *foll* keine geben, fo wenig als es eine theoretifche geben foll: denn wir follen auch unfer praktifches Unterfcheidungsvermögen in der Wahl zwifchen Gutem und Böfem, dem Mehr- und Minderguten ins Unendliche üben und vervollkommnen.

Giebt es eine ftreng praktifche Indifferenz, in Abficht auf Legalität der Handlung? Praktifche Gleichgültigkeit ift überhaupt die Unbeftimmtheit und Unbeftimmbarkeit einer Handlung durch eine praktifche Regel; fie begreift zwey Hauptarten, die *pragmatifche* und die *legale*. Die erfte bezieht fich auf eine blofse Regel, welche kein Gefetz, fondern nur eine comparativ-allgemeine Vorfchrift für das freye Verhalten ift; diefe hingegen auf ein eigentliches Gefetz oder fchlechthin allgemeine, nothwendige, ftreng und abfolut verpflichtende Regel. Bey dem legalen Indifferenten bleibt es wenigftens denkbar, dafs es nach pragmatifchen Regeln eine Entfcheidung und nähere Beftimmung zulaffe. Aber es wird von der Triebfeder und Gefinnung abftrahirt, und es bleibt alfo dabey denkbar, dafs dasjenige, was in Hinficht auf die Legalität indifferent ift, es nicht auch zugleich in Hinficht auf die Moralität ift. Aus der *rechtlichen* Indifferenz folgt keinesweges die *legale* überhaupt. Durch die erftere wird eine Handlung nur ein relatives, nicht aber ein abfolutes praktifches Adiaphoron. Wenn eine Handlung in aller Rückficht praktifch gleichgültig wäre: fo würde fich ihre legale Indifferenz von felbft verftehen. Um aber behaupten zu dürfen, dafs eine Handlung nicht nach legalen, fondern nur nach pragmatifchen Gründen zu beurtheilen und zu beftimmen fey, müfste fich einer der zwey folgenden Sätze erweisen lassen. 1) Das praktische Gesetz bezieht sich nicht auf alle möglichen freyen Handlungen; es ordnet sich nicht alle und jede derselben unter; es giebt vielmehr gewisse freye Handlungen, für welche das Moralgesetz keine unbeschränkte Gültigkeit und unbedingte Verbindlichkeit hat. *Gleichgültigkeit aus Mangel an gesetzlichen Gründen.* 2) Es giebt gewisse freye Handlungen, welche zwar dem Sittengesetze unterworfen, aber durch dasselbe nicht vollkommen bestimmbar sind, so dass das Gesetz allein und für sich die Wahl zwischen mehrern möglichen freyen Handlungen oder zwischen verschiedenen nähern Bestimmungen derselben nicht völlig entscheiden kann, und daher zu Bestimmung der Wahl andere ausserpesetzliche Entscheidungsgründe aufgesucht und befolgt werden müssten. *Gleichgültigkeit aus vollkommenem Gleichgewicht collidirender Verpflichtungsgründe.* Der erste Satz ist erweislich falsch, der zweyte wenigstens durchaus unerweislich. *Das Moralgesetz ist für alle und jede freye Handlung ohne Ausnahme verpflichtend.* Indem wir uns eines Vernunftgesetzes als praktischen Gesetzes, d. i. als nothwendigen Bestimmungsgrundes unserer freyen Thätigkeit bewusst sind, kündigt sich zugleich unserm Bewusstseyn die allgemeine und nothwendige Verpflichtung an *alle* und *jede* freye Handlungen durch dasselbe zu bestimmen. Es ist ein schlechthin innerlich gegründetes Vernunftgesetz; es geht aus der ewigen unveränderlichen Natur des Geistes hervor; seine verpflichtende Kraft ist von allen äussern Gegenständen und Verhältnissen unabhängig, und über alle Veränderung und allen Wechsel derselben erhaben. Seine durchaus *formale* Natur, wornach es nur eine gewisse, sich selbst gleichbleibende Handlungsweise als praktisch-nothwendig bestimmt, und allen Einfluss fremdartiger Gegenstände auf die sittliche Entschliessung und Handlung ausschliesst, vernichtet zugleich alle Schranken seiner Anwendung, welche durch gegebene Gegenstände oder äussere Verhältnisse gesetzt werden könnten. Das Gebiet der Moral ist also allumfassend; die Sphäre der Pflicht ist grenzenlos; sie erstreckt sich auf alle Menschen, Zeiten und Orte, Verhältnisse und Lagen; es giebt überall nichts Freyes, es sey gross oder klein, was dem blossen Belieben der Willkür, der Neigung und Gewohnheit von Rechtswegen anheim fiele. Hierdurch ist die eine Art der Adiaphorie widerlegt; es giebt keine *praktisch - gleichgültigen* Handlungen: denn in jedem Augenblicke ist eine Pflicht zu erfüllen. Dass es aber auch keine sittlich *gleichviel geltenden* Handlungen gebe, erhellt aus dem zweyten von dem Vf. aufgestellten Beweisgrunde: *das Moralgesetz ist für jeden Handlungsfall nur auf eine bestimmte Weise anwendbar.* Es ist hier nicht die Rede von einer disjunctiven Pflichtmässigkeit zweyer oder mehrerer Handlungen in Rücksicht auf ein besonderes Pflichtgesetz oder einen pflichtmässigen Zweck (relative Indifferenz), sondern von einer solchen, die in Absicht auf alle uns obliegende Pflichten und in Beziehung auf den ganzen moralischen Zweck Statt findet (*absolutes Gleichvielgelten*). Denkbar ist allerdings ein solches Verhältniss, dass für einen und denselben Handlungsfall mehrere, gleichpflichtmässige Handlungen möglich wären, so dass jede dieser Handlungen theils als nothwendig und pflichtmässig, theils als zufällig und erlaubt betrachtet würde, weil nicht eine bestimmte Handlung, sondern nur eine von diesen mehrern Handlungen als Pflicht, die Erwählung aber einer aus dieser Sphäre in Absicht auf Pflicht als unbestimmt, und mithin als von dem Gesetz bloss erlaubt schiene. Diese Unbestimmtheit kann aber nicht das Mass der Grösse, in welchem dem Gesetz gehorcht werden soll, sondern nur die Art und Weise betreffen, wie dem Gesetz gehorcht, die Wahl des Mittels, wodurch in einem gegebenen Falle der Totalzweck befördert, oder des Partialzwecks, welcher jetzt gerade zunächst realisirt werden soll. Diese Unbestimmtheit setzt nicht bloss eine legale, sondern auch völlige praktische Indifferenz voraus.

(*Der Beschluss folgt.*)

ERDBESCHREIBUNG.

Jena, in d. Cröker. Buchh.: *Die Reisenden der Vorzeit.* Auszüge aus ält. interessanten Reisebeschreibungen. *Erstes* Bdchen, *Walther Schulzens* Reise nach Ostindien enth. 1808. 334 S. 8. (1 Rthlr.)

Ein anderes Titelblatt bestimmt die Zeit der Reise, nämlich die Jahre 1658 bis 1665., kündigt sie als einen *Beytrag zur Geschichte der Holländer in Ostindien* an, und erwähnt zugleich des Anhangs, *der Schiffbruchsgeschichte des Schelling.* Dass der vielen neuern Reisen ungeachtet die ältern noch immer ihren Werth behalten, wird von einem jeden Kenner zugegeben, und durch die Beckmann'sche Literatur der ältern Reisebeschr. augenscheinlich dargethan. Der uns unbekannte Herausgeber kann sich eine geneigte Aufnahme versprechen, wenn er merkwürdige, vor vielen Jahren unternommene, Reisen der Vergessenheit entreisst, und in einem lesbaren Auszuge dem wissbegierigen Publicum mittheilt. Die gegenwärtige Reisebeschreibung ist weder in die allgem. Historie der Reisen zu Wasser und zu Lande aufgenommen, noch zur Zeit von *Beckmann* angezeigt, und bezieht sich auf die holländischen Besitzungen auf den moluckischen Inseln, Java, Sumatra, Malabar, Ceylon, Coromandel u. Bengalen zu einer Zeit, da der holländische Handel nach Indien im höchsten Flore war, da die Seehelden Tromp und Ruyter die vaterländische Schifffahrt mit grossen Flotten gegen die Engländer schützten, da diese, um ihren Feinden Abbruch zu thun, weder neutrale Schiffe noch Oerter schonten, und schon anfingen, sich eine Herrschaft auf dem Meere anzumassen. In dieser Hinsicht scheint die Reise wohl gewählt zu seyn, und giebt zu Vergleichungen der damal. holländischen Macht und jetzigen Ohnmacht, des damaligen u. jetzigen engl. Uebermuths Gelegenheit. Anmerkungen, sowohl berichtigende als erläuternde, hätten unsrer Meinung nach nicht fehlen sollen. Sie würden auch zur Bestimmung des Locals dienen, wo der im Anhang erzählte Schiffbruch vorfiel, der so viele Menschen in das höchste Elend stürzte, gegen welches der Tod eine Glückseligkeit zu nennen ist.

ALLGEMEINE LITERATUR-ZEITUNG

Mittwochs, den 27. September 1809.

WISSENSCHAFTLICHE WERKE.

PHILOSOPHIE.

Leipzig, b. Vogel: *Adiaphora.* Wissenschaftlich und historisch untersucht von *Carl Chr. Erhard Schmid* u. s. w.

(*Beschluss der in Num. 263. abgebrochenen Recension.*)

Der Satz: *es giebt keine legale Indifferenz*, lässt sich keineswegs als erweisliches Dogma aufstellen und rechtfertigen, wie diess von mehreren Moralisten auch neuerer Zeit (*Heydenreich, Pörschke, J. W. Schmid* u. a.) geschehen ist. Denn wenn auch das ganze freye Verhalten der Menschen unter einem nothwendigen Gesetze, und namentlich unter dem Pflichtgebote, steht: so bleibt doch die Möglichkeit solcher Fälle übrig, worin dem Pflichtgebote auf mehr als Eine Weise Genüge geleistet werden könnte. Die Unmöglichkeit solcher Fälle versteht sich nicht von selbst. Der Gegensatz: *es giebt eine legale Indifferenz der Handlungen*, ist als Dogma nicht weniger unerweislich. *A priori* ist ein solcher Beweis nie im Ernste, noch mit einigem Erfolge versucht worden. Empirisch lassen sich wohl allerdings Fälle im menschlichen Leben vorzeigen, wo es subjectiv schwer, wo nicht unmöglich ist, rein-gesetzliche und moralische Entscheidungsgründe der Wahl zwischen mehreren möglichen freyen Handlungen aufzuweisen. Diese subjective Schwierigkeit beweist aber keineswegs die objective Unmöglichkeit, sondern kann in der zufälligen Unwissenheit, in dem Leichtsinn und Stumpfheit des praktischen Unterscheidungsvermögens, oder darin gegründet seyn, dass man die moralische Gesetzgebung nicht weit genug in die feinsten Folgerungen und Verhältnisse fortführt, die sie doch ihrer Natur nach umfasst. Da die Frage keiner dogmatischen Beantwortung nach objectiven Principien fähig ist: so ist ihre Entscheidung nach subjectiv-gültigen Maximen der Vernunft zu versuchen. Der theoretische Grundsatz der Identität des Nichtzuunterscheidenden ist eine gültige subjective Maxime. Auch die freyen Handlungen lassen sich, in so fern sie erscheinen, ebenfalls als Veränderungen in der Natur betrachten, und unsre Urtheilskraft findet hier einen unendlichen Spielraum, sich im Unterscheiden des Verschiedenen und in der Anwendung allgemeiner Regeln auf das gegebene Besondere zu üben und zu vervollkommnen, wenn sie kein objectives legales Adiaphoron im menschlichen Leben voraussetzt. *Es giebt kein objectives legales Adiaphoron*, ist ein *theoretisch gegründetes Postulat.* Hierzu kommt aber noch ein höheres, nämlich praktisches, Interesse. Eine gewissenhafte, der Pflichterfüllung ganz und ungetheilt gewidmete, Denkungsart geht nothwendig darauf aus, überall und immer nach Pflicht, und nach Pflicht allein, zu handeln; ihr ist also die praktische Maxime angemessen, in dem Gebiete der Freyheit kein objectives Adiaphoron anzunehmen, weil sie nur unter dieser Voraussetzung bey jedem freyen Entschlusse legalen Entscheidungsgründen nachforschen kann, ohne der sinnlichen Neigung irgend einen bestimmenden Einfluss auf die Handlungen der Willkür zu überlassen. Wir sind also durch eine vernunftmässige Maxime nicht nur der theoretischen, sondern auch der praktischen Urtheilskraft genöthigt, zu glauben, dass es kein legales Adiaphoron gebe. Betrachten wir indessen den Menschen, wie er ist, nach seiner sinnlich beschränkten Natur: so finden wir dasjenige, was wir in Erwägung des reinen Moralgesetzes als ein Unding, das objectiv nicht seyn soll, betrachten müssen, nicht selten *subjectiv unvermeidlich.* Für den Menschen in dieser Hinsicht bleibt manches durch das Pflichtgesetz unbestimmt. Oft vermögen wir in dem Augenblicke, da wir wählen und handeln sollen, den sittlichen Vorzug der einen Handlung vor der andern nicht zu entdecken, und mehrere Handlungen erscheinen unsrer moralischen Urtheilskraft und Erkenntniss, wo nicht als *gleichgültig*, doch als *gleichvielgeltend* für unsre Pflicht. In jeder, besonders etwas längern, pflichtmässigen Handlung, die zur Erreichung irgend eines gebotenen Zwecks unternommen wird, giebt es so viele *kleine Nebenhandlungen*, wie Sitzen und Stehen, Bewegung, Stellung und Lage der Hände, Füsse und anderer Glieder, Hebung und Wendung des Kopfes und der Augen, verschiedene Geberden, Stimme u. dgl., die sich unmöglich alle sogleich unter lauter Pflichtgebote und Verbote bringen, und dem Einflusse der sinnlichen Neigung, oder dem blinden Mechanismus der Natur und Gewöhnung, gänzlich entziehen lassen. Die Vorschrift, in keinem Falle nach blossem Belieben zu handeln, erscheint daher als ein Ideal, dem zu gleichen alle Kräfte des Menschen übersteigt. Soll nun der Moralist um dieser menschlichen Schwäche und Gebrechlichkeit willen von der Strenge des Gesetzes etwas nachlassen? Dieses scheint bedenklich, weil diese Nachsicht keine Grenzen anerkennen wird. In moralischen Dingen muss es vielmehr Maxime seyn, das Gesetz nicht nach dem Vermögen zu handeln, sondern umgekehrt, das Vermögen

gen nach dem Gesetz und nach der Forderung desselben zu bestimmen. Das Ideal behält, trotz seiner Unerreichbarkeit in irgend einem Moment, seinen vollen praktischen Werth unverletzt, und die Verbindlichkeit, sich ins Unendliche demselben zu nähern, bleibt ewig unverändert. Die Schranken können allmählig aufgehoben, die Hindernisse nach und nach entfernt, die Schwierigkeiten besiegt werden. Diess *kann* und *soll* unablässig geschehen. Die Pflicht, überall genau zu erforschen, was Pflicht sey, und mit dieser Nachforschung bis zu durchgängiger Bestimmtheit der Erkenntniss und zu gänzlicher Wegräumung der Vorstellung des Indifferenten fortzufahren — diese Pflicht hat keine Gränze, ausser derjenigen, welche durch die Beziehung ihres Princips (des Willens, seine ganze Pflicht, und nichts als seine Pflicht zu thun) auf die jedesmal unvermeidliche Beschränktheit der menschlichen Erkenntnisskraft, ihr selbst setzt. Die Aufmerksamkeit auf das Grössere, Wichtigere, Vielbedeutende schliesst psychologisch unvermeidlich die gleiche Aufmerksamkeit auf das gleichzeitige Kleinere, Unwichtigere und Minderbedeutende aus. Der Versuch, die an sich pflichtmässige Aufmerksamkeit und Thätigkeit bis auf Alles, auch das Kleinste, zu erstrecken, und alle kleine Nebenbestimmungen einer Haupthandlung mit grösster Schärfe zu beachten und moralisch zu beurtheilen, würde die Kraft für das Grössere erschöpfen und lähmen, und die Zeit zum nöthigen Handeln in kleinlicher Abwägung der Gründe für und wider müssig und zwecklos verzehren. Hier ist es allerdings nicht bloss *erlaubt*, der praktischen Untersuchung des Legalen und Legalsten bis zu den feinsten Elementen jeder Handlung Grenzen zu setzen, sondern auch durch das Sittengesetz selbst geboten, und unter diesen Umständen selbst eine Pflichtleistung. Wenn also dieses Gebot nicht eintritt, wenn man diese Kleinigkeiten ohne Versäumung des Grossen moralisch beurtheilen und bestimmen kann: so hört mit der Pflicht auch die Erlaubniss auf, sich in Absicht auf diese kleinen Nebenbestimmungen ohne vorausgehende strenge sittliche Würdigung dem Spiel der Naturneigung Preis zu geben.

Dieses ist der Beweis für die Unzulässigkeit der legalen Indifferenz, welcher in Hinsicht des Princips und der Ableitung so bündig ist, dass er wohl scheinbar angefochten, aber nicht widerlegt werden kann. Da aber die entgegengesetzte Zulässigkeit der legalen Adiaphorie freyer Handlungen bey manchem bedeutenden Denker Schutz gefunden hat, und noch findet: so hat der Vf. die Beweise für die Antithesis, die in Rücksicht auf Gestalt, Wendung und Formeln mannichfaltig sind, auf einige wenige Hauptbeweisgründe zurückgeführt, gewürdigt und widerlegt, wodurch der Beweis für die Thesis noch mehr Befestigung erhalten hat. Wir können aber von diesem lehrreichen Theile der Schrift, ohne zu grosse Weitläufigkeit, nicht, wie bisher, den Hauptinhalt darstellen, sondern müssen uns begnügen, nur die Gegengründe, die hier eine Würdigung finden, wie sie der verdienstvollen Vertheidiger und des philosophischen, und doch dabey so humanen, Geistes des Vfs. würdig ist, zu nennen. Er theilt sie ein in die *biblischen* und die *philosophischen* Beweise, und prüft demnach erst die von *Crusius* zur Vertheidigung der legalen Gleichgültigkeit gebrauchten Bibelstellen. Zu der philosophischen gehören *vier* Hauptbeweisarten: 1) *Crusius* Beweis *a posteriori* aus dem *Gefühl des Gewissens*; 2) *Crusius* theologischer Beweis aus der *Weisheit und Güte Gottes*; 3) ein Beweis aus dem *Inhalte des Moralprincips und des sittlichen Endzwecks*, dass es nämlich ausser dem sittlich nothwendigen Zwecke, noch andere bloss erlaubte Zwecke, also auch Handlungen zu einem bloss erlaubten Zweck, eigentlich *Mitteldinge*, gebe, und zweytens, dass es sowohl zu dem bloss erlaubten, als auch zu dem moralischen Zwecke mehrere sittlich gleichgültige, also bloss erlaubte Mittel, oder *undeterminirte Pflichten* gebe. In Ansehung des Ersten behauptet man entweder nur im Allgemeinen erlaubte Zwecke und Handlungen zu denselben, wie *Hoffbauer*; oder einen bestimmten erlaubten Zweck, wie *Crusius*, *Kant*, *Jakob*, welche die Glückseligkeit dafür ansehn. Die Kritik dieser Behauptungen ist eben so gründlich und überzeugend, als die Prüfung und Berichtigung der beliebigen Determinationen unbestimmter und weiter Pflichten nach *Crusius* und *Kant*. 4) Empirischer Beweis aus den praktisch schädlichen Folgen der entgegengesetzten rigoristischen Sittenlehre, als Kleinigkeitsgeist und Pedantismus, Aengstlichkeit und sklavische Peinlichkeit, schwärmerische Selbstverläugnung und mönchische Unnatur, phantastische Heucheley und lieblose Sittenrichtung, moralische Knechtschaft, Zerstörung aller sittlichen Schönheit.

Die letzte Frage ist: *Giebt es ein absolut ethisches Gleichgültiges?* Eine relative sittliche Indifferenz kann Statt finden, ob es gleich kein absolutes legales Adiaphoron giebt, wenn nämlich ein Mensch das sittlich Zweckwidrige oder Minderzweckmässige thut, ohne dass Mangel an Achtung für das Gesetz und an Wirksamkeit der sittlichen Triebfeder weder unmittelbar noch mittelbar diese fehlerhafte Wahl veranlasst hat. Diese relativ unschuldigen und verdienstlosen Handlungen können gleichwohl absolut moralisch oder unmoralisch seyn, in so fern im Ganzen entweder nach einer moralischen Triebfeder und Maxime, oder gegen dieselbe der Entschluss der Handlung gefasst worden. Die Handlung ist nur in so fern nicht moralisch oder unmoralisch, als der freye Wille nicht an der ganzen Legalität oder Illegalität derselben Antheil nahm oder nehmen konnte. Möglich ist diese relative moralische Indifferenz im Allgemeinen wohl, aber *in concreto* unerforschlich. Dagegen folgt aus dem Wesen der Sittlichkeit selbst die *Unmöglichkeit der absoluten ethischen Gleichgültigkeit*. *Kant* hat dieses streng erwiesen. Denn jede freye Handlung ist entweder die Folge der Triebfeder des Gesetzes selbst, oder eines demselben widerstreitenden Antriebes. Es giebt kein Drittes. Zwar behauptet *Hoffbauer* die Möglichkeit eines Dritten, nämlich eines *Antriebes*, *der*

der von der Triebfeder des Gesetzes zwar verschieden ist, ihr aber doch nicht widerstreitet. Allein dieser letztere Begriff ist gänzlich leer. Denn da die gesetzliche Triebfeder fortdauernd wirksam ist: so muss da, wo sie keinen Erfolg hat, ihre Wirksamkeit durch eine andere Triebfeder besiegt seyn, welches hinlänglich anzeigt, dass diese letztere der sittlichen Triebfeder widerstreitet. Aus dieser absoluten ethischen Diaphorie folgt aber wiederum die Unmöglichkeit einer absoluten legalen Gleichgültigkeit. Denn bey einer blofs erlaubten Handlung kann ich nicht nach der Triebfeder des Gesetzes handeln; die gesetzliche Erlaubnifs ist zwar eine *conditio sine qua non*, aber nicht *Trieb*feder der erlaubten Handlung. Da es nun keine absolute sittliche Gleichgültigkeit giebt: so muss auch eine erlaubte Handlung unter dem Gesetz stehn, d. h. nicht legal indifferent seyn, sonst wäre sie keine That, sondern nur eine mechanische Handlung. Wenn also *Kant* mit denen, die ihm buchstäblich nachfolgen, zwar blofs erlaubte Handlungen annimmt, aber ethisch-gleichgültige Handlungen läugnet: so ist diefs eine wahre Inconsequenz, welche nicht in dem Geiste seiner Moralphilosophie liegt. Die Aufdeckung derselben ist ein grosses Verdienst, womit der Vf. seinen übrigen verdienstlichen Bemühungen um diesen Theil der Philosophie die Krone aufsetzt. Daraus wird auch die Unstatthaftigkeit einer absoluten Gleichgültigkeit in Ansehung der Gesinnung und des Charakters mit Consequenz abgeleitet. Es giebt kein Mittleres der praktischen Gesinnung zwischen Tugend und Laster, weder ein Gleichgültiges, noch ein aus beiden Gemischtes. Moralische Schwäche, Untugend, Unlauterkeit der Gesinnung ist nicht ein Mittleres zwischen Tugend und Laster, sondern wirklich Laster. Der Mensch ist entweder sittlichgut, oder sittlichböse. Kein Mensch ist keines von beiden, oder beides zugleich. — Wird aber dadurch nicht der Unterschied zwischen der Tugend als Noumenon, und in der Erscheinung aufgehoben? Ist diese letzte nicht ein sittliches Streben, welches nur in dem Kampfe mit Neigungen besteht, und unzählige Grade in Ansehung des Umfangs und der Intension zulässt? Ist der Mensch nicht auch im Sittlichen ein perfectibles Wesen, das nur in dem unablässigen Streben, immer besser und vollkommner zu werden, alle Hindernisse immer mehr zu besiegen, alle Zwecke und Maximen immer mehr mit der absoluten Forderung des Sittengesetzes übereinstimmend zu machen, seine Bestimmung erfüllen kann? Ist, so lange der Mensch in dem Zustande der *sittlichen* Bildung und Vervollkommnung begriffen ist, *nicht* Sittliches und Unsittliches gemischt? Kann also auf den Menschen als endliches Wesen der Begriff reiner Tugend und eines vollkommnen Charakters eine andere Anwendung finden, als das Sittengesetz selbst, als ein Ideal, wodurch bestimmt wird, was er seyn und werden soll, was er also noch nicht ist? Diese Schwierigkeit hätte der Vf., wie uns dünkt, noch am Schlusse des synthetischen Theils auflösen sollen.

Der *zweyte* Abschnitt: kurze Geschichte der Lehre von sittlich gleichgültigen Handlungen, ist sehr gehaltreich und interessant durch den Gegenstand und durch die Behandlung. Der Vf. umfasst den ganzen Zeitraum der wissenschaftlichen Bearbeitung der praktischen Gesetzgebung; er stellt die Ansichten und Behauptungen der griechischen und römischen Moralisten, der Hebräer, der Kirchenväter, der Scholastiker und der neuern Moralisten über die sittliche Gleichgültigkeit auf, und, indem er zu gleicher Zeit auf den entgegengesetzten Begriff der moralischen Diaphorie Rücksicht nimmt, die Verschiedenheit der Denkarten in Ansehung der Enge oder Weite der sittlichen Sphäre darstellt, und die Gründe dieser Verschiedenheit aus innern und äussern Ursachen entwickelt, ist diese pragmatische Geschichte der Lehre von sittlich gleichgültigen Handlungen zugleich ein interessanter Beytrag zur Geschichte der Moral überhaupt, der um so dankenswerther ist, je weiter die Geschichte der praktischen Philosophie noch zurück ist. Die Hauptstellen aus den dahin gehörigen Schriften sind fleissig citirt, und die wichtigsten selbst wörtlich angeführt; zwey längere Stellen des *Thomas von Aquino* und *Duns Scotus* aber als Belege am Ende beygefügt.

PÄDAGOGIK.

Blankenburg, b. Wesche: *Schulschriften über Gegenstände aus dem Gebiete der weiblichen Erziehung und Bildung*, von *Joh. Wilh. Heinr. Ziegenbein*, Conf. R. u. Superint. zu Blankenburg. 1809. XII u. 281 S. 8.

Quedlinburg, b. Ernst: *Blumenlese aus Frankreichs vorzüglichsten Schriftstellern für Deutschlands Töchter*, die bey der Erlernung der französischen Sprache den Geist bilden und das Herz veredeln wollen, von *J. W. H. Ziegenbein* u. s. w., *Erster*, prosaischer Theil. 1809. XXXVIII u. 312 S. 8.

Schon früher ist bey der Anzeige einiger kleinen Schriften des Vfs. in unsern Blättern (1807. Nr. 127.) von den bereits mit Erfolg gekrönten Bemühungen desselben für die Erziehung der weiblichen Jugend, und insonderheit von seinen Verdiensten um die unter seiner Aufsicht stehende Töchterschule zu Blankenburg, rühmliche Erwähnung geschehen. Diese beiden Schriften zeugen von seinem fortdauernden Eifer. Die erste ist eine Sammlung theils früher gedruckter, theils bisher noch ungedruckter historisch-pädagogischer Aufsätze und Reden, die durchaus des Vfs. hohe Liebe zu seinem Geschäfte, und vorzüglich auch das Talent einer glücklichen Benutzung der neuesten Schriften für die weibliche Erziehung, wie z. B. Jean Pauls Levana u. dgl., beurkunden. Sie beginnt mit einem zuerst in *Gutsmuths* Zeitschrift abgedruckten, hier erweiterten und verbesserten Aufsatze (S. 1 — 48.): *Allgemeine historische Blicke auf die Entstehung und Fortbildung der Töchterschulen*, der nachher als Einleitung zu der *Nachricht von der Töchterschule in Blankenburg* erschien, wovon wir hier (S. 49 — 114.)

114.) ebenfalls eine verbesserte Ausgabe erhalten. Sehr erfreulich folgt auf die Geschichte der Verdienste des Braunschweigischen Hauses um diese Anstalt die Nachricht, dass der König von Westphalen derselben seinen Schutz mit der edelsten Güte zugesagt habe, als die Zöglinge Sr. Maj. bey Ihrem kurzen Aufenthalte in Blankenburg feyerlich bewillkommten. Von den bey Gelegenheit der Prüfungen im September in d. J. 1805 — 8. gehaltenen Reden handeln die ersten drey, die bereits früher gedruckt waren, hier aber verbessert erscheinen, von dem *Einflusse der Mütter in die religiöse Bildung ihrer Kinder*; von einigen *wichtigen Gegenständen aus dem Gebiete der weiblichen Erziehung und Bildung* (s. A. L. Z. 1807. Nr. 129.), und von den *ursprünglichen Eigenthümlichkeiten des weiblichen Geschlechts*; die vierte enthält Worte der Ermunterung. Auffallend ist hier eine durch viele Striche angedeutete Lücke, an deren Stelle eine Schilderung der eigenthümlichen Leiden des Schuljahrs stehen sollte, die der Vf. als vielen missfällig, wegliess. — Ein Anhang enthält die Abschiedsrede des Vfs. in der obersten Classe des Katharineums zu Braunschweig 1804.

Die *Blumenlese aus Frankreichs vorzüglichsten Schriftstellern* ist ganz eigentlich für *Töchter* berechnet, und keinesweges aus andern Chrestomathieen, sondern (mit nicht geringem Zeit- und Kostenaufwande) ganz neu aus den Schriftstellern selbst, und zwar aus den Schriften *Fenelon's*, der Mad. *Necker*, der Marq. *de Lambert*, den Briefen der Marq. *de Sevigné* und der Mme. *Maintenon*, aus den Schriften *Bonnet's* und *Buffon's*, ferner *Barthelemy's*, *Chateaubrian's*, *la Cepède's*, *Florian's*, *Fontenelle's*, *Mercier's*, *Necker's*, *de St. Pierre's*, *Rousseau's*, *Viller's* und *Voltaire's* gezogen, von welchen kurze Nachrichten vorausgeschickt sind. (Dass er aus *Rousseau*, den *Jean Paul* in seiner *Levana* mit *Fenelon* und Mme. *Necker* unter die französischen Schriftsteller rechnet, die das Studium der Töchter am meisten verdienen, weniger als den übrigen beiden wählte, darüber erklärt sich der Vf. befriedigend.) Das Ganze dieses *ersten prosaischen* Theils ist in *sechs* Hauptabschnitte getheilt, so dass Fabeln und kleine Erzählungen (von *Fenelon*) den Anfang machen, diesen Schilderungen und Beschreibungen, Briefe und Dialogen folgen, und religiöse und moralische Aufsätze den Beschluss machen.

LITERARISCHE NACHRICHTEN.

Gelehrte Gesellschaften.

In der *Hallischen naturforschenden Gesellschaft* sind seit dem Januar d. J. folgende Vorträge gehalten: Hr. Rathsmeister Dr. *Keferstein* über den Begriff der Ruhe in naturwissenschaftlichem Sinne. — Hr. Inspector *Bussmann* über die Salubrität von Halle. — Hr. Dr. *Ulrich* über die Wasserköpfe. — Hr. Referendar *Keferstein* über die Sippschaft des Zeoliths. — Hr. Mag. *Strack* über den allgemeinen Kreislauf der Dinge. — Hr. Assessor *Thiele* über die künstl. Färbung des Chrysopras. — Hr. Dr. *Meinecke* über den Prasopal. — Hr. Dr. *Mollweide* über Wollaston's Methode, die brechenden und zerstreuenden Kräfte der Körper durch prismatische Reflexion zu erfahren. — Hr. Dr. *Schwedler* über die Weltseele. — Hr. Dr. *Zepernick* über das Lamarksche Conchylien-System. — Hr. Prof. *Gilbert* über die Natur der Metalloide, und deren Wirkung auf mehrere bis jetzt noch problematische Körper. — Hr. Dr. *Schmieder*, über die Puzzolane. — Hr. Inspector *Buhle* über die Schädlichkeit der Thiere. — Aufgenommen sind Hr. Amtmann *Albert* aus Beuchlitz, Hr. Garten-Inspector *Schwarzkopf* zu Cassel, Hr. Dr. *Schwedler* zu Halle, Hr. Landes-Deputirter Hofr. *Gräfe* zu Bernburg, Hr. Bürgermeister *Ferber* zu Zwickau. — Hr. Schauspieler *Ahrens* hat eine Abhandlung über das Geschlecht der Donacien eingesendet, worin er 26 Species, und unter diesen 5 von ihm neu entdeckte beschreibt.

Von Seiten der Regierung ist der Gesellschaft ein öffentliches Local in dem Residenz-Gebäude angewiesen.

Die *Wetterauische Gesellschaft für die gesammte Naturkunde* hielt am 18ten Junius d. J. im Schlosse zu Hanau ihre vierte öffentliche Sitzung. Bey dieser Gelegenheit wurden folgende Vorlesungen gehalten: Hr. Dr. *Schneider* aus Fuld über den Zusammenhang des Erdmagnetismus mit den Mondsständen; Hr. Dr. u. Prof. *Kopp* über die Wirkung des pneumatischen Feuerzeugs und über die Benutzung der Flussspathsäure zu Glasabdrücken; Hr. Hofgerichts-Advocat *Hundeshagen* über die Gestalt, den Wachsthum und das Urbild der Bäume; Hr. Kammerrath *Leonhard* über die Charakteristik des weissen Spies- und des Glanz-Kobaltes.

ALLGEMEINE LITERATUR-ZEITUNG

Mittwochs, den 27. September 1809.

LITERARISCHE NACHRICHTEN.

Universitäten und andere Lehranstalten.

Halle.

Verzeichniss der auf der Königl. Universität im bevorstehenden Winter-Semester vom 16ten October an zu haltenden Vorlesungen.

I. *Theologie.*

Auserlesene Stellen des *Esaias* erläutert Hr. Dr. *Knapp*, den ganzen *Esaias* Hr. Prof. *Wahl*, die *Psalmen* Hr. Dr. *Stange*.

Pauli Briefe an die *Korinther*, *Galather*, *Epheser*, *Philipper*, *Colosser* und *Thessalonicher* erklärt Hr. Dr. *Knapp*, *Johannis Evangelium* und die *Apostelgeschichte* Hr. Prof. *Schulz*, der zugleich darüber examinirt; auch commentirt er über die *Apokalypse*.

Die *Hermeneutik* des N. T. trägt *Ebenders.* vor.

Den letztern Theil der *Dogmatik* mit der *Dogmengeschichte* lieset Hr. Kanzler Dr. *Niemeyer*, denselben Theil nach dem reformirten Glaubensbekenntnisse Hr. Dr. *Stange*.

Von der *Moral* trägt Hr. Kanzler Dr. *Niemeyer* den speciellen Theil vor.

Den zweyten Theil der *Kirchengeschichte* von Karl d. Gr. bis auf unsere Zeiten erzählt Hr. Dr. *Knapp* nach Schröckh.

Die *Homiletik* lehrt Hr. Dr. *Wagnitz* nach Hyperius.

Die *Kenntniß der besten theol. Bücher* trägt *Ebenders.* vor.

Im *theolog. Seminarium* leitet Hr. Dr. *Knapp* die Uebungen der Mitglieder; *theol. Disputationen* halten Hr. Kanzler Dr. *Niemeyer* und Hr. Prof. *Schulz*.

Den *akad. Gottesdienst* besorgt Hr. Kanzler Dr. *Niemeyer*.

II. *Jurisprudenz.*

Allgemeine Encyklopädie und Methodologie, nebst *Rechtsgeschichte*, lehrt Hr. Prof. *König* nach seinem Lehrbuche; die *Encyklopädie* besonders Hr. Prof. *Bucher*.

Die *Institutionen* erklärt Hr. Prof. *Woltär* nach seinem Lehrbuche, Hr. Prof. *Wehrn* nach der Waldeck'schen Ausg. des Heineccius.

Die *Pandekten* erläutert nach Böhmer Hr. Prof. *Woltär*, nach Hellfeld und Thibaut Hr. Prof. *Wehrn*, nach seinem Lehrb. in systemat. Ordnung Hr. Prof. *Bucher*.

Ueber den Titel der Digesten *de rebus dubiis* commentirt Hr. Prof. *Bucher*; über *Ulpians* Fragmente und dessen Schriften und Leben nach Hugo Hr. Prof. *Schulz*.

Die *Hermeneutik der Pandekten* lehrt Hr. Prof. *Woltär*.

Das *römische Staatsrecht* unter *Justinian* erläutert *Ebenderselbe*.

Das im *Königr. Westphalen geltende Napoleonische Privatrecht* lehrt Hr. Prof. *Bucher* nach seinem Lehrbuche.

Das *allgemeine Staatsrecht* nach Schmalz lehrt Hr. Prof. *Wehrn*.

Das *Europäische Staats- und Völkerrecht* trägt Hr. Prof. *Voß* vor.

Das *Staatsrecht des Rheinischen Bundes und des Königreichs Westphalen* lehrt Hr. Prof. *König* nach seinem Lehrb.

Das *Deutsche* Recht nach Runde trägt Hr. Prof. *Wehrn* vor.

Das *Lehnrecht* nach Böhmer lehrt *Ebenders.*

Das *Wechselrecht* erläutert Hr. Prof. *Voß* nach Martens.

Das *Kameral- und Policeyrecht* lehrt *Ebenders.*

Das *Criminalrecht* nach Meister erläutert Hr. Prof. *Wehrn*.

Das *Kirchenrecht* trägt Hr. Prof. *König* nach seinem Handb. vor.

Den *gemeinen* oder auch den *westphäl. Civilproceß* erläutert Hr. Prof. *Bucher*.

Die *Notariatskunst* trägt Hr. Dr. *Scheuffelhuth* vor.

Examinatorische und *Disputations-Uebungen* stellt Hr. Prof. *König* an.

III. *Medicin.*

Eine *allgemeine Einleitung* in die *Medicin* giebt Hr. Prof. *Kemme*.

Die *Anatomie* lehrt Hr. Prof. *Meckel*.

Die *allgemeine* und *besondere Physiologie* trägt Hr. Prof. *Horkel* vor.

Die *allgemeine Pathologie* lehrt Hr. Prof. *Reil*, die *specielle* Hr. Prof. *Sprengel* nach der dritten Ausg. seines Lehrbuchs.

Die *allgemeine Therapie* trägt Hr. Prof. *Reil* vor.

Die *psychische Medicin* lehrt Hr. Prof. *Hoffbauer*.

Ueber *Kinderkrankheiten* lieset Hr. Prof. *Bergener* nach Jahn.

Ueber *venerische Krankheiten* Hr. Prof. *Senff*.

Die *Chirurgie* setzt Hr. Prof. *Meckel* fort; über die vorzüglichsten Gegenstände derselben hält Hr. Dr. *Bernstein* Examina.

Die *Verbandlehre* trägt *Ebenders.* vor.

Die *Entbindungskunst* lehrt Hr. Prof. *Senff*.

Die *Arzneymittellehre* trägt Hr. Prof. *Bergener* nach Arnemann und Hr. Dr. *Düffer* vor.

Die *Kunst die Arzneyen zu prüfen* lehrt Hr. Dr. *Düffer*.

Ebenders. die Kunst, *die Arzneyen zu bereiten und zu verschreiben.*

Die *Geschichte der Medicin* erzählt Hr. Prof. *Sprengel* nach dem Auszuge aus seinem grössern Werke.

Die *klinischen Uebungen* leitet Hr. Prof. *Reil*, die *chirurgischen* Hr. Prof. *Meckel* mit Hn. Dr. *Bernstein*, die Uebungen in der *Entbindungskunst* Hr. Prof. *Senff.*

IV. *Philosophie* und *Pädagogik.*

Die *Logik* trägt Hr. Prof. *Maass* nach seinem Lehrbuche vor.

Die *Systeme der speculativen Philosophie bey den Griechen* untersucht Hr. Prof. *Schütz.*

Die *pragmat. Anthropologie* trägt Hr. Prof. *Tiefstrunk* vor; die *empirische Psychologie* Hr. Prof. *Hoffbauer*; die *Aesthetik* Hr. Prof. *Maass.*

Das *Naturrecht* und die *Gesetzgebungskunst* lehrt Hr. Prof. *Rüdiger.*

Das *Naturrecht* für sich lehren Hr. Prof. *Tiefstrunk* und Hr. Prof. *Hoffbauer*, letzterer nach seinem Lehrbuche. Das *natürliche Staatsrecht* insbesondere trägt Hr. Prof. *Tiefstrunk* vor.

Die *Sittenlehre* erläutert Hr. Prof. *Schütz* mit beständiger Rücksicht auf *Aristoteles* Ethik.

Die *Didaktik* lehrt Hr. Kanzler Dr. *Niemeyer*, der auch die prakt. Uebungen im pädagogischen Seminarium leitet.

Die *Katechetik* lehrt in demſ. Seminarium Hr. Dr. *Wagnitz*, und verbindet damit praktische Uebungen.

V. *Mathematik.*

Die *Elemente der Arithmetik und Geometrie* lehrt Hr. Prof. *Klügel* nach der 5ten Ausg. seiner Encykl.; Hr. Prof. *Maass* nach seinem Grundr. der reinen Mathematik.

Die *ebene und sphärische Trigonometrie* trägt Hr. Dr. *Mollweide* vor.

Die *Analysis* erläutert Hr. Prof. *Klügel.*

Die *Algebra* Hr. Dr. *Mollweide.*

Die *prakt. Geometrie* lehrt Hr. Lect. *Zerener* in Verbindung mit Uebungen im Messen und Zeichnen.

Die *Astronomie* lehrt Hr. Prof. *Klügel* nach s. Encykl.

Die *sphärische u. theorische* trägt Hr. Dr. *Mollweide* vor.

Die *bürgerl.* und *Land-Baukunst* lehren Hr. Prof. *Prange* und Hr. Lect. *Zerener.*

VI. *Naturkunde.*

Den allgem. Theil der *Experimental-Physik* trägt Hr. Prof. *Gilbert* vor.

Ebenders. lehrt die *Experimental-Chemie.*

Die *Naturgeschichte* erzählt Hr. Insp. *Hübner* nach Blumenbach, mit Rücksicht auf *Cuvier's* vergleichende Anatomie und mit Vorzeigung der seltenern Körper im Naturalienkabinet.

Auch lieset Hr. Lect. *Buhle* über die *Naturgeschichte.*

Die *innere Naturgeschichte der Erde* erläutert Hr. Prof. *Steffens* nach seinem Buche darüber.

Die *Mineralogie* lehren Hr. Prof. *Steffens* und Hr. Dr. *Düffer*, letzterer nach *Karsten's* Tabellen.

Die *kryptogamischen Gewächse* erläutert Hr. Prof. *Sprengel.*

Die *Thiergeschichte* erzählt Hr. Lect. *Buhle* nach seinem Lehrbuche.

Die *Entomologie* lehrt Hr. Insp. *Hübner*, mit Rücksicht auf die Oekonomie und Technologie.

VII. *Politik, Oekonomie* und *Technologie.*

Eine *allgemeine Einleitung* in die *ökonomischen, politischen* und *Kameralwissenschaften* giebt Hr. Prof. *Rüdiger* nach seinem Lehrbuche; Hr. Prof. *Ebers* nach Lamprecht.

Die *Polizey-* und *Finanzwissenschaft* trägt nach seinem Lehrbuche Hr. Prof. *Rüdiger* vor.

Die *Staatswirthschaftslehre* Hr. Prof. *Voss.*

Ebenders. lehrt die *Kameral-* und *Polizey-Verwaltung des Königr. Westphalen.*

Die *Technologie* lehren Hr. Prof. *Rüdiger* nach Lamprecht, Hr. Prof. *Ebers* nach Beckmann.

VIII. *Historische Wissenschaften.*

Die *alte Universalgeschichte* bis auf die Völkerwanderung erzählt Hr. Prof. *Voigtel.*

Die *Geschichte der Athenienser* Hr. Prof. *Schütz.*

Die *römische Geschichte* setzt Hr. Prof. *Voigtel* fort.

Die *Geschichte der neuern Europäischen Staaten* erzählt *Ebenders.* nach Meusel.

Die *Statistik der Europäischen Staaten* trägt Hr. Prof. *Ersch* vor.

Ebenders. setzt seine Vorlesungen über die *neuesten Ereignisse der Staaten- und Literatur-Geschichte* fort.

Die *alte Literatur-Geschichte* erzählt Hr. Prof. *Schütz.*

IX. *Sprachenkunde.*

Die *Grammatik der hebräischen Sprache* lehrt Hr. Prof. *Wahl* in Verbindung mit der Analyse des Buchs Nehemia.

Die *arabische Sprache* lehrt *Ebenders.*, eben so die *persische.*

Theokrit's Idyllen erläutert Hr. Prof. *Schütz.*

Herodot's Geschichte Hr. Prof. *Schulz* nach seiner Ausgabe.

Ausgewählte Gedichte *Tibull's* erklärt Hr. Prof. *Schütz.*

Sallust's Catilina Hr. Dr. *Lange.*

Horaz'ens Satiren überhaupt und auserlesene Satiren *Juvenals*, wie auch *Cicero's* quaest. tuscul. erläutert Hr. Dr. *Bispink.*

Im *philolog. Seminarium* übt Hr. Prof. *Schütz* die Mitglieder im Interpretiren von Plutarchs Leben des Cicero, und im Latein-Schreiben und Disputiren.

Die *griechische* Grammatik lehrt Hr. Prof. *Schulz*, und übt zugleich seine Zuhörer im Interpretiren einiger Stellen des Herodot. Auch giebt er Privatissima im Griechischen und Lateinischen, in welchen er zugleich Uebungen im Schreiben und Sprechen anstellt.

Die *französ.* Sprache lehrt Hr. Lect. *Marnier.*

Die *englische, italiänische* und *spanische* lehrt Hr. Prof. *Wahl*; auch unterrichtet in der *englischen* Hr. Prof. *Ebers*,

der

der damit prakt. Uebungen im Interpretiren, Sprechen und Schreiben verbindet.

X. *Schöne und gymnastische Künste.*

Die *Encyklopädie der schönen Künste* lehrt Hr. Prof. *Prange*.

Ebenders. erzählt die *Geschichte der Maler- und Bildhauerkunst* nach Büsching.

Den *harmonischen* Theil der *Tonkunst* setzt Hr. Prof. *Türk* fort nach der 3ten Ausg. seiner Anweisung zum Generalbass. Auch erläutert er die *Kunst zu Componiren*, und erzählt die *Geschichte der Tonkunst*.

Die *Reitkunst* lehrt Hr. Stallmeister *André*.
Die *Tanzkunst* Hr. *Langerhans*.

Die **Bibliothek** ist Mittwochs und Sonnabends von 1 — 3 Uhr, das *Museum* an denselben Tagen um 1 Uhr geöffnet.

INTELLIGENZ DES BUCH- UND KUNSTHANDELS.

I. Ankündigungen neuer Bücher.

Beobachtungen und *historische Sammlung wichtiger Ereignisse aus dem Kriege zwischen Frankreich, dessen Verbündeten und Oesterreich* im Jahr 1809. *Erster* Heft. — (Mit der Karte der Gegend von München und Freisingen.) (12 gr.)

Von dieser vor Kurzem von uns angekündigten, und in die so äusserst wichtige Geschichte des Tages eingreifenden periodischen Schrift ist bey uns der *Erste* Heft — *die Oesterreicher in Baiern* im J. 1809. überschrieben, und mit einer topogr. *Karte* der Gegend von München und Freisingen begleitet, erschienen.

„Eine treue, auf Wahrheit gegründete, chronologische Erzählung der wichtigsten Ereignisse dieses „Kriegs, grösstentheils als Augenzeuge zu liefern" — sagt der Verfasser in der kurzen Einleitung — „ist, „als Resultat meiner Beobachtungen, der Zweck dieser Schrift; und die hier erzählten Thatsachen werden ohne Zweifel dem künftigen Geschichtschreiber „des Jahrs 1809. nützlich, und für die Zeitgenossen „und die Nachwelt von hohem Interesse seyn." Diess bestimmt genau den Gesichtspunkt, aus welchem diese höchst interessante Lectüre genommen werden muss.

Dieser *Erste* Heft enthält folgende Artikel: I. An den Leser. II. Die Oesterreicher in München. III. Das Glück bietet dem General Jellachich die Hand, aber Baierns guter Genius zog ihm eine Binde über die Augen. IV. Ueber das Gefecht und die Position bey Landshut am 16. April. V. Ueber das Gefecht bey Schierling an der grossen Laber. Von einem Augenzeugen. VI. Züge von Charakterfestigkeit, Seelengrösse, Gutmüthigkeit, so wie von Grausamkeit. VII. Proclamationen Nr. 1—5.

Der *zweyte* Heft, welcher unverzüglich, so wie die übrigen, nachfolgt, liefert die Schlachten von Abensberg und Eckmühl, und Blicke über die andern Ereignisse, bis zu dem Punkte, wo die Oesterreicher Baiern verliessen, und eine genaue Karte von Baiern und Tyrol, nebst den Schlacht-Planen von Abensberg und Eckmühl.

Der *dritte* und *vierte* Heft führt dann den Leser zur Einnahme von Wien und durch die grossen Scenen der beiden Schlachten von Gr. Aspern und Deutsch-Wagram bis zum Waffenstillstande von Znaym.

Dieser kurze Ueberblick wird hinreichen, um diese interessante literarische Erscheinung in ihr gehöriges Licht zu setzen.

Weimar, im August 1809.

H. S. priv. Landes-Industrie-Comptoir.

Anzeige für Lehrer und Liebhaber der Botanik.

Von des *Herrn Professors*, Dr. **Carl Ludwig Willdenow's** *Anleitung zum Selbststudium der Botanik*, ein *Handbuch zu Vorlesungen*,

erscheint in der bevorstehenden Leipziger Michaelis-Messe 1809., in meinem Verlage, eine *neue*, *ganz umgearbeitete*, *sehr verbesserte*, *vermehrte* und *mit neuen Kupfern* versehene Ausgabe, auf sehr schönem Post-Druckpapier, in gross 8., welches ich hierdurch vorläufig bekannt zu machen die Ehre habe. Berlin, am 5ten August 1809.

Ferdinand Oehmigke der Aeltere,
Verlags-Buchhändler.

In der Macklot'schen Hof-Buchhandlung in Carlsruh ist ganz neu erschienen und durch alle Buchhandlungen zu bekommen:

Astralis, ein Erholungsbuch für Künstler und Freunde des Schönen und Guten. 8. 1 Rthlr. 8 gr.
Code Napoleon, mit Zusätzen und Handelsgesetzen als Landrecht für das Grossherzogthum Baden. gr. 12. 2 Rthlr.
Constitutions-Edict, 7tes, die dienerschaftliche Verfassung des Grossherzogthums Baden betr. 8. 4 gr.
Gesindeordnung, allgemeine, für das Grossherzogthum Baden. 8. 3 gr.
Grundriss der Aesthetik. Ein Leitfaden für Lehrende und Lernende, vorzüglich auf Gymnasien, Liceen und Kunstschulen. 8. 16 gr.
Reinhard, W., über die Union der Schulden ehemals verschiedener Länder. 8. 4 gr.

Schauf's

Schaul's, J. B., Briefe über den Geschmack in der Musik. 8. 1 Rthlr. 4 gr.

Scherer, J. L. W., die schönsten Geistes-Blüthen des ältesten Orients, für Freunde des Schönen und Grossen. gr. 8. 1 Rthlr. 4 gr.

— die schönsten Geistes-Blüthen des christl. Bundes, für Freunde des Schönen und Grossen. 8. 20 gr.

Unterricht in der Geburtshülfe für die Hebammen des Großherzogthums Baden, sowohl zu ihrem eigenen Nachlesen, als zu einem Leitfaden bey der Unterweisung und den Prüfungen, für ihre Lehrer. Aus Auftrag der Großherzoglich-Badischen General-Sanitäts-Commission verfasst, und auf derselben Gutheissen gedruckt. 8. gebunden 16 gr.

Wucherer, G. F., die Grössenlehre für Realschulen populär bearbeitet. Des *ersten* Theils 2ter Cursus. gr. 8. 1 Rthlr.

Zur nächsten Michaelis-Messe erscheint in meinem Verlage: *Allgemeine Weltgeschichte für die Jugend*, von *Karl Stein* (in *einem* Bande); die Ereignisse werden bis auf die gegenwärtige Zeit darin erzählt. Der Verfasser wählte jene Manier des verstorbenen Dr. *Becker*, welcher in den ersten Bänden seiner „Weltgeschichte für die Jugend" so allgemein interessirte. Das Nähere künftig. Berlin, im August 1809.

G. Hayn.

Neue Verlags-Bücher von G. A. Keyser in Erfurt von der Oster-Messe 1809.

Ernesti's, Dr. Joh. Heinr. Martin, Alterthumskunde der Griechen, Römer und Deutschen; in ihrem ganzen Umfange. Ein Lehr- und Handbuch. *Ersten* Bandes *erster* Theil. 8. 18 gr.

Auch unter dem Titel:

Alterthümer der Griechen. Zum Lehr- und Selbstunterricht statistisch bearbeitet u. s. w.

Fallenstein, F., Taschenbuch der ökonomischen Pflanzenkunde und der Forst-Botanik, oder vollständige Charakteristik und kurzgefasste Naturgeschichte aller den Kameralisten, Oekonomen, Forstmann, Künstler, Fabrikanten, Gärtner und andere Liebhaber der Pflanzenkunde interessirenden Gewächse, Bäume, Sträucher, Stauden u. s. w. Ein bequemes, erleichterndes Hülfsmittel, sie kennen zu lernen. *Erste* Abtheil. Querfol. 14 gr.

Grosse, J. Ch., Fest- und Casual-Predigten, meist mit Rücksicht auf die Bedürfnisse der Zeit gehalten. 8. 1 Rthlr. 4 gr.

Hehn, J. G., gemeinnütziges Forst-Taschenbuch, als ein beständiger Begleiter des Forstmannes bey seinen Geschäften im Walde und am Arbeitstische. *Erster* Band. 8. 16 gr.

Hellbach, J. Ch., Handbuch über den Küchengartenbau, für die grössere Volksklasse, nach den bewährtesten Erfahrungen und neuesten Beobachtungen, mit zweckmässiger Literatur versehen. *Erster* Theil. 8. 18 gr.

Hölterhof's, G. W., vollständiges praktisches Handbuch der Kunstfärberey, oder Anweisung, echt türkisches Roth, Grün, Gelb, Braun, Violet, Incarnat, Granat, Carmoisin, Blau, wie auch alle andere Modefarben u. s. w. zu färben. Nebst Unterricht zu verschiedenen Bleichen, Seifen- und Essigbereitung. Für Fabrikanten, Färber und Künstler. *Zweyter* Band, enthaltend die Färbung der Seide und seidenen Zeuge. 8. 1 Rthlr. 16 gr.

II. Auctionen.

Den 1. Nov. d. J. wird in Leipzig die Bibliothek des verstorb. M. *J. F. A. Kinderlings*, Pred. zu Calbe, versteigert, wovon der Catalog durch alle Buchhandlungen zu erhalten ist. Vorzüglich reich im Fache der Philologie, Geschichte und Literarhistorie, findet man darin eine Menge äusserst seltener grösserer und kleinerer älterer Drucke zur Gesch. unserer Sprache und Dichtk. Der dem Catal. beygefügte Anhang verbreitet sich über alle Fächer der Wissenschaften.

Bücher- und Landkarten-Verkauf.

Den 6. Nov. d. J. und folgende Tage soll zu Halle an d. Saale, aus dem Nachlasse des verstorbenen franz. reformirten Predigers v. *O'Bern*, eine Büchersammlung von circa 3000 Bänden, besonders theologischen, kirchenhistorischen und geographischen Inhalts, nebst einer sehr ansehnlichen *Sammlung von Landkarten*, verauctionirt werden. Die Catalogen sind an die bedeutendsten Buchhandlungen in und ausserhalb Deutschlands versendet worden. — Aufträge in portofreyen Briefen nehmen an: die Schimmelpfennig'sche Buchhandlung, der Domprediger Blanc, der Auctionator Friebel, und die Antiquare Mette, Lippert und Schwie zu Halle. — Es wäre zu wünschen, dass die schöne Kartensammlung nicht vereinzelt, sondern für eine Universität oder anderes öffentliches Institut in Masse gekauft würde. Für diesen letzten Fall bittet der Domprediger *Blanc* die Vorschläge an ihn zu richten. Auch sind noch einige zwanzig Bände 4to und 8vo Manuscript von der ziemlich leserlichen Hand des Verstorbenen, welche Auszüge aus sehr vielen Reisebeschreibungen und Geographieen enthalten und einen beynahe vollständigen Cursus der Erdbeschreibung bilden, theils in französ., theils in deutscher Sprache, vorhanden; so wie auch noch einige Bände Manuscript von demselben Verfasser, welche ein hebräisches Wörterbuch und einige grammatikalische und exegetische Entwürfe, die hebräische Sprache und das Alte Testament betreffend, enthalten.

ALLGEMEINE LITERATUR-ZEITUNG

Donnerstags, den 28. September 1809.

WISSENSCHAFTLICHE WERKE.

STAATSWISSENSCHAFTEN.

Berlin u. Stettin, b. Nicolai: *Anleitung zur richtigen Kenntniß der Preußischen Staatswirthschaft.* Veranlaſst durch die Schrift des Herrn Hofrath *Rehberg* zu Hannover: Ueber die Staatsverwaltung deutſcher Länder und die Dienerſchaft des Regenten. Von *H. W. Heerwagen*, königl. preuſs. Kriegsrath u. ſ. w. 1808. 288 S. 8.

Die auf dem Titel erwähnte Schrift des Hn. *Rehberg* hat ſchon an dem Hn. *v. Bülow* einen Gegner gefunden, welcher ſich der von jenem verunglimpften preuſsiſchen Staatsverfaſſung und Verwaltung in Beziehung auf die Juſtizeinrichtungen angenommen hat, und er hat durch ſeine Schrift gewiſs das uneingenommene Publicum von der Unhaltbarkeit der von dieſem ſcharfſinnigen Gegner aufgeſtellten Behauptungen, ja vielleicht Hn. *R.* ſelbſt, überzeugt. Der Vf. des vorliegenden Buches wird aber für ſeinen Gegenſtand dieſen Zweck ſchwerlich, weder bey dem Publicum, noch bey Hn. *R.* erreichen, wenn man auch die Schwierigkeiten in der Sache ſelbſt nicht in Anſchlag bringt, welche unſtreitig die Vertheidigung gegen dieſe Seite des *Rehbergiſchen* Tadels miſslicher machen. Hätte dieſe Schrift ſich als eine Lobrede auf die Bemühungen der preuſsiſchen Regenten, ihr Land blühend zu machen, angekündiget: ſo würde die Kritik wenig darüber zu ſagen haben; indem wohl ſchwerlich jemand daran zweifelt, daſs es immer der ernſtliche Wille der preuſsiſchen Regenten geweſen ſey, ihr Land recht blühend werden zu ſehen. Da aber der Vf. dieſe Darſtellung ausdrücklich den *Rehbergſchen* Angriffen entgegenſtellt: ſo iſt es Pflicht der Kritik, die vorgetragenen Gegenſtände näher zu beleuchten, und dann findet ſich freylich, daſs Hr. *R.* aus dieſem Buche, das gegen ſeine Angriffe geſchrieben iſt, manchen Stoff *ziehen* kann, um ſeine Behauptungen zu beweiſen und ſeine Urtheile hier und da zu verſtärken; der unbefangene Leſer ſieht in den erſten *vier* Kapiteln dieſer *Heerwagenſchen* Schrift ein Gefecht mit gar zu ungleichen Waffen, indem dem ſcharfen Schwerte des Hn. *R.* überall nur papierne Waffen oder bloſse Dämpfe entgegen geſetzt werden. Eben zu der jetzigen Zeit ſollten die Schriftſteller in dergleichen Gegenſtänden vorſichtiger ſeyn, als jemals: um die Verwirrung der Begriffe, die jetzt ohnedieſs ſo oft abſichtlich begünſtiget wird, und die ſchon ſo viel Unheil angerichtet hat, nicht noch zu vermehren und weiter fortzupflanzen, und nicht die Wahrheit unter einem Flor zu verſtecken, welchen der Gegner doch zerreiſst — und wie leicht iſt denn bey dieſer Gelegenheit auch ein Theil der Wahrheit mit zerriſſen oder entſtellt!

Schon in der *Einleitung* erzählt der Vf. manches, was als Zeitungsartikel geleſen, ſich recht gut ausnimmt, und was auch ſchon als Zeitungsartikel geleſen worden iſt; z. B. daſs Fr. Wilh. II. zum Wiederaufbau der Stadt Ruppin einige 100,000 Rthl. verwendet, daſs er beträchtliche Summen zum Bau von Häuſern aller Art in andern Städten hergegeben habe, u. ſ. w. Sollte man dieſe ſchon hundertmal gedruckte und ausposaunte Notizen hier wieder finden? Sollte man nicht vielmehr jetzt dergleichen unnütze Verſchwendungen, in einem Buche zum Lobe einer Regierung geſchrieben, mit dem Mantel der Vergeſſenheit zudecken, als einem Gegner wie *R.*, Gelegenheit zum Spott geben? Was iſt denn aus den ſchönen, mit ungeheuern Koſten der Staatskaſſe gebaueten, Städten geworden? Wohnten nicht in den neugebauten Häuſern Ruppins armſelige oder oft gar keine Menſchen? Hätte man dieſe vergeudeten Summen nicht vortheilhafter zum Wohl des Landes anwenden können? — oder wäre es nicht beſſer geweſen, dieſe Summen nicht erſt von den Unterthanen durch Abgaben, die oft genug drückend waren, einzuziehen, als ſie auf dieſe Art weg zu werfen? Würden die Unterthanen, wenn man ihnen das Geld gelaſſen hätte, es nicht weit zweckmäſsiger zum Beſten des Landes, oder auch zur Vermehrung ihres Lebensgenuſſes verwendet haben? Eben ſo die Hundert - Tauſende, welche zur Unterſtützung und Verpflegung der ſogenannten Armen verwendet wurden; haben ſie wohl etwas anders bewirkt, als die Armuth vermehrt und gleichſam etatsmäſsig gemacht? Man erblickte, nach unſerm Vf., zu der Zeit keine verödeten Felder, keinen Menſchenmangel, keine Stockung der Gewerbe! Dieſs iſt leere Declamation; welch' eine Menge einzelner Notizen läſst ſich dagegen anführen, von denen doch ſchon *eine* den ganzen Ausruf des Vfs. umwirft!

Im *erſten* Kapitel ſpricht der Vf. von der „*Beförderung des Oekonomieweſens;*" worunter er die Landwirthſchaft verſteht, und ſagt anfangs mit klaren Worten: *ſie gienge von ſich ſelbſt*, d. h. ſie bedarf keiner poſitiven Hülfe von Seiten des Staats, ſondern ſie verlangt nur Schutz gegen Bedrückungen, gegen ungerechte Befehle und Einrichtungen, und Wegräumung der Hinderniſſe, die ihr im Wege liegen; dieſe billigen Anſprüche ſind bis nach Beendigung des letzten Krieges im preuſs. Staate nicht häufig erfüllt worden; und wenn ſich der Vf. zu zeigen bemüht, was die Regierung alles für die Aufnahme der Landwirthſchaft gethan habe: ſo wird der Leſer ohne groſsen Scharfſinn finden, daſs — auſser den groſsen Urbarmachungen ganzer Brücher und Diſtrikte, welche unſtreitig die beſten Eroberungen für den Landesherrn, aber doch nicht eigentlich Mittel waren, die Landwirthſchaft zu ermuntern und zu heben — das mehreſte auf Spielereyen einzelner Projectmacher hinausläuft. Hätte der Vf. die Geſchichte einzelner Meliorationen, die er hier nur anführt, auch vollſtändig ausgeführt, ſo würde dieſe den deutlichſten Beweis geben: daſs die Regierungen bey dergleichen Unternehmungen entweder ſehr betrogen werden, oder daſs die Reſultate derſelben durchaus nicht des Aufwandes und der Anſtrengung werth ſind, mit denen ein Privatmann ein weit gröſseres und nützlicheres Reſultat hervorgebracht haben würde! — Die Geſchichte des Engländers Brown, der das Amt Mühlenbeck in Pacht erhielt, mit der Verpflichtung, die engliſche Landwirthſchaft hier einzuführen, würde recht intereſſant ſeyn, wenn ſie vollſtändig vorgetragen wäre. Der Anfang war glänzend, der Erfolg ſchlecht, und der ſo ſehr unterſtützte Engländer wurde nachher noch, wegen nicht erfüllten Contracts, in gerichtlichen Anſpruch genommen. Wenn der Vf. die Bemühungen Friedr. II., das Mergeln, den Anbau der Futterkräuter und andre dergleichen Dinge durch Verordnungen und Prämien einzuführen, ſo ſehr erhebt, ſo iſt die Frage erlaubt: ob nicht durch die Aufhebung einer einzigen, den Ackerbau drükkenden Einrichtung, z. B. Freyheit im Verkauf der Güter, in Zerſtückelung derſelben u. ſ. w. für dieſes Gewerbe unendlich mehr Vortheil geſchaffen worden wäre, als durch alle aufgeführte poſitive Begünſtigungen und Geld koſtende Anlagen, von denen, wie wir wiſſen, nach 10 Jahren keine Spur mehr im Lande war, ja von denen die erſte ſogar die üble Folge hatte, daſs die engliſche Wirthſchaft in der Mark ein Spott der Alten und Jungen wurde. Auch bey den Bemühungen der Regierung, die Gemeinheitstheilung zu befördern (S. 52.), zeigt es ſich, wie wenig die vollkommenſten Geſetze und Reglements bewirken können, wenn man nur alles durch *ſie* bewirken und dabey die Hinderniſſe ſtehen laſſen will, welche ältere Geſetze und Einrichtungen der Sache in den Weg gelegt haben; auch hier hätte die Erlaubniſs der Güterzertheilung weit gröſsern und nützlichern Erfolg gehabt, als alle neue Reglements und Anordnungen gehabt haben und hinfort haben werden, ſo lange dieſe Einſchränkung des Eigenthums noch beſteht! — Hätte ſich der Vf. bemüht, zu den Notizen, von den neu angelegten königlichen Stuttereyen, auch einen Etat der Ausgaben mit gehörigen Belegen zu erhalten: ſo würde er dieſen Gegenſtand wohl ſchwerlich zur Empfehlung und zum Lobe der Staatsadminiſtration aufgeſtellt haben. — Bey dem groſsen Aufwande für die Verbeſſerung und Vermehrung der Schäfereyen blieb das Ausfuhrverbot der Wolle immer beſtehen, und es bedarf wohl keiner Unterſuchung: ob die Aufhebung dieſes ungerechten Verbots mehr für die Aufnahme dieſes Wirthſchaftszweigs gethan haben würde, als die ſo ſehr gerühmten Bemühungen der Regierung.

Ueber das *zweyte* Kapitel, welches „*von der Staatswirthſchaft in Anſehung des Bergwerks- und Hüttenweſens*" handelt, und in welchem der Vf. alle Unternehmungen der adminiſtrirenden Behörden gar ſehr lobenswerth findet, hat der achtungswerthe *Kraus* in ſeinen, von dem Geh. Staatsrath *v. Auerswald* herausgegebenen, Schriften (II. S. 241.) ein kurzes, aber kräftiges Wort geſagt: er führt die „das Mark des Landes ausſaugende Bergwerks-Cleriſey" unter den Uebeln des Staats auf, welche das Land bedrückt haben. Unſer Vf. iſt in dieſem Kapitel ſehr ausführlich und zählt eine groſse Menge Fabrikanlagen, Gebäude, Schmelzhütten u. ſ. w. her, welche die Staatsofficianten nach und nach gebauet haben; er giebt jedoch nicht an, was ſie gekoſtet und was ſie eingebracht haben, und berechnet nicht: ob dieſer Aufwand nicht mit weit gröſserm Nutzen anders wo hätte angelegt werden, oder ganz unterbleiben können.

Im *dritten* Kapitel, vom *Manufaktur- und Fabrikweſen*, wird (S. 129.) Friedr. II. (oder vielmehr *Juſti's*) ſtaatswirthſchaftliches Syſtem in 6 kurzen Sätzen aufgeſtellt; dieſe ſind: 1) „Befördere ſo ſehr wie möglich die inländiſche Production, um ſo wenig, wie möglich vom Auslande zu gebrauchen. 2) Verbiete die Ausfuhr der rohen Producte, die im Lande verbraucht werden und zu Stoffen von Kunſtwaaren dienen. 3) Befördere die Einfuhr der rohen Materialien des Auslandes, woraus Kunſtproducte verfertigt werden. 4) Verbiete oder erſchwere die Einfuhr der fertigen Kunſtproducte des Auslandes. 5) Befördere die Ausfuhr der fertigen Kunſtproducte in das Ausland. 6) Suche die Einfuhr der noch erforderlichen ausländiſchen Natur- und Kunſtwaaren mit ausgearbeiteten und veredelten Waaren des Inlandes zu ſaldiren, und wo möglich einen Ueberſchuſs in der Handlungsbilanz zu gewinnen." Dieſe Grundſätze, die auf falſchen Vorderſätzen beruhen, befolgte leider! Friedr. II. oft mit groſser Härte, aber doch — glücklicher- oder unglücklicherweiſe? — niemals conſequent; hätte er die ſtrenge Conſequenz nur einmal verſucht: ſo wäre er vielleicht von dieſem armſeligen Syſtem des blinden, und darum ſich ſelbſt betrügenden Eigennutzes abgegangen, das nun jetzt erſt von der neuen erleuchteten Regierung aufgegeben wird. Dieſes *dritte* Kapitel, nach den Anſichten des Vfs. das wichtigſte, liefert unendlichen Stoff zu Lobeserhebungen; hier hat die Regierung groſse Kräfte und verhältniſsmäſsig ungeheure Kapitale aufgewendet, hat zum Beſten dieſes Erwerbszweiges alle übrige eingeſchränkt und beſteuert; aber — wo iſt das Product dieſer Kapitale, wo die Frucht dieſer aufgewendeten Kräfte? Wie viele Treibhäuſer dieſer Art ſind

ſchon

schon eingegangen — wie viele werden noch eingehen, wenn die Regierung ihre Hand von ihnen abziebt? und sie wird und muss diess thun, aus Gerechtigkeit, die sie gegen *jeden* Stand und gegen *jedes* Gewerbe zu üben hat. Hätte doch der Vf. lieber ein Verzeichniss der Summen zu liefern gesucht, um welche Friedr. II. und das Land von Fabrikanten und Projectmachern im wahren Sinne des Worts betrogen und bestohlen worden sind; zur abschreckenden Belehrung für die, welche dergleichen Vorschläge auf Kosten der Landeskassen thun! wie mancher rechtliche Mann, der kein Geschenk verlangte, wurde auf diese Art von Betrügern in seinem Gewerbe gestört! Wenn uns der Vf., wie er verspricht, eine ausführliche Geschichte dieses Fabrikwesens giebt, so kann diess nur unter der Bedingung ein nützliches Werk seyn: dass er unparteyisch verfährt; dass er berichtet: wie es die Personen, welche Unterstützung und Vorschuss verlangten, anfiengen, um ihren Zweck zu erreichen? Wie viel es an Gebühren aller Art kostete, um zu einer solchen Begünstigung zu gelangen? Welche mit königl. Gelde angelegte Fabriken entstanden und wieder eingegangen sind? Welche Monopolrechte auf Kosten der andern Unterthanen diese und jene Fabrikanten erhielten, und wie hoch man diese wohl anschlagen kann? u. s. w. Der Vf. legt viel Werth auf den Umstand: dass aus einzelnen verunglückten grossen Anlagen viele sehr gut bestehende kleinere Gewerbe entstanden sind; aber es fehlt an Beweisen, dass diese kleinern Gewerbe ohne die grossen Missgriffe nicht entstanden seyn würden. S. 144. wird gesagt: *dass die* Regierung späterhin die Bewilligung zu ausschliesslichen Privilegien oder Monopolen gänzlich beseitiget habe; es ist aber hier das Hauptprivilegium und Hauptmonopol vergessen, das die Fabrikanten hatten und zum Theil noch haben: Die Einfuhrverbote ausländischer Fabrikwaaren zu Gunsten der im Lande fabricirten. Diess war eine Abgabe, welche von Millionen Consumenten zum Vortheil eines oder einiger Fabrikanten erhoben wurde; ein Druck, der die Nation belastete, ohne den Staatskassen zu nutzen; der Menschen und Kapitale von wirklich einträglichern Gewerben zu minder einträglichen zog, und der nicht bloss die Vermehrung des Wohlstandes verhinderte, sondern gewiss oft im Einzelnen Verarmung bewirkte.

Im *vierten* Kapitel, das vom *Commerzwesen* handelt, fühlt der Vf. selbst (S. 160.), dass das Princip, welches dem Producenten die Ausfuhr seiner Waaren ins Ausland verbietet, und dem Fabrikanten diess *nicht bloss* erlaubt, sondern ihn sogar noch dafür belohnt, eine Ungerechtigkeit enthalte; allein „bey näherer Erwägung" rechtfertiget er dieses Princip mit dem schon längst gründlich widerlegten Räsonnement des Merkantilsystems; wie will er denn das eine Gewerbe durch Handelsfreyheit, und das andre — in der Regel das erste und wichtigste, vorzüglich für den preussischen Staat — durch Handelseinschränkungen heben? er will doch selbst (S. 161.): dass die ökonomischen Gewerbe zum höchst möglichen Flor gebracht werden sollen, und er muss doch fühlen, dass, wer *alle* Gewerbe begünstigen will, in der That keins begünstiget. Wenn (S. 163. u. 164.) einige Schriftsteller deswegen getadelt werden: „dass sie der preussischen Staatswirthschaft zum Hauptgrundsatz anrathen wollen, hauptsächlich dahin zu streben, den Ausfuhrhandel mit rohen Producten zu erweitern" — so verfahren diese Schriftsteller eben so falsch, als er, und sie übersehen mit ihm das oberste Princip aller Staatswirthschaft: Die Gerechtigkeit, welche niemanden auf Kosten anderer begünstigen will; welche nicht für alle Glieder eines Staats *ein* ökonomisches System aufstellt, das sie durchsetzt, wenn auch einige Stände darüber zu Grunde gehen sollten; sondern welche die Thätigkeit des Menschen in allen Zweigen, die er selbst wählt, achtet und schützt. Dass die Zerstörung des Zwischenhandels auf den Frankfurter Messen, um des Fabriksystems willen, hier gelobt wird, versteht sich von selbst; auch findet man hier das Abrakadabra der Handelsbilanzen gehörig gepriesen, und es wird berichtet, dass Friedr. II. selbst im Jahre 1782. den Profit seines Landes von dieser Handelsbilanz zu 4,400,000 Rthlr. heraus gebracht habe! O, wie oft wurde dieser grosse Mann betrogen und wie oft betrog er sich selbst! Wenn man, wie es S. 177. heisst, aus dem Fallen der Zinsen geschlossen hat, dass sich das *baare Geld* im Lande vermehrt haben müsse: so hat man sich übereilt: denn, wenn diess richtig wäre, so müssten an den Orten, wo das baare Geld am häufigsten ist, die Zinsen am niedrigsten, und umgekehrt, da am höchsten seyn, wo dieses am seltensten ist: man vergleiche nun den Zinsfuss von Peru, dem geldreichsten Lande in der Welt mit dem von England, das vielleicht das geldärmste in Europa ist, dort ist er 10 und hier 4 Procent. Vom Gelde hat der Vf. überhaupt ganz falsche Begriffe; wäre er hier im Klaren gewesen: so würde wahrscheinlich sein ganzes Buch nicht entstanden seyn.

Das *fünfte* Kapitel handelt von der *Geschäftsführung bey den einzelnen Zweigen der Staatswirthschaft.* (S. 203.) geht eigentlich die Controverse mit Hn. *Rehberg* an, der wahrscheinlich alles vorhergegangene nur zur Einleitung dienen sollte. Hier nimmt der Vf. das Tabellenwesen gegen Hn. *R.* sehr in Schutz, aber nicht mit siegreichen Gründen; er geht nämlich der Sache ebenfalls nicht auf den Grund und bleibt dabey stehen: was durch dergleichen Tabellen geliefert und geleistet werden *sollte*, nicht aber, was durch sie wirklich geleistet *wurde*. Was *R's*. Urtheil über die Geschäftsvertheilung betrifft, so ist unstreitig die Darstellung unsers Vfs. die richtige, und *R.* hat hierbey grosse Unkunde des Geschäftsganges im Preussischen gezeigt. Auch widerlegt unser Vf. die Behauptung des Hn. *R*, dass die Regierung alle Ueberschüsse der Kämmereyen zu ihrer Kasse gezogen habe, mit hinlänglichen Gründen *im Allgemeinen*; obgleich wohl im Einzelnen sich manches dagegen einwenden liesse, indem eben jetzt eine Schrift über das Kämmereywesen von Breslau manche Data liefert, die Hn. *R.* dienen werden. Das Urtheil des Vfs. über die Häufung der Rechnungscontrollen gegen Hn. *R.* wird letz-

letztern, so wie viele Leser nicht ganz von der zweckmäſsigen Einrichtung dieses Theils der Staatsverwaltung überzeugen, da man mit dieſem ins Kleinliche getriebenen Controlleweſen wirklich zu weit gieng. Was die Urtheile über die Einrichtung mit den Rechnungsetats betrifft; ſo wird die Stimme des aufmerkſamen Beobachters unſerm Vf. mehr als Hn. *R.* beypflichten. Zuletzt kommt er zu der *Rehbergſchen* Anklage der Officianten, die er im Allgemeinen vertheidiget und wobey er einige Namen von Miniſtern und andern höhern Staatsbeamten nennt, die in der preuſsiſchen Staatsverwaltungsgeſchichte bekannt ſind.

Zum Beſchluſs folgt von S. 261. an eine kurze Recapitulation des Ganzen und muthmaſsliche Darſtellung der Gründe, welche Hn. *R.* zu ſo harten und mehrentheils unbewieſenen Aeuſserungen über den preuſs. Staat und deſſen Verwaltung gebracht haben mögen, wobey er den Bemühungen der Hannöverſchen Regierung zum beſten des Landes Gerechtigkeit wiederfahren läſst. Wenn er auf der letzten Seite ſeiner Schrift ſagt: er habe zu beweiſen ſich bemühet, daſs die preuſs. Regierung das Wohl der Unterthanen zum Zweck gehabt habe und zu jeder möglichen Verbeſſerung unabläſſig thätig geweſen ſey: ſo unterſchreibt dieſs Rec. auch aus voller Ueberzeugung, und kein unparteyiſcher Geſchichtſchreiber, kein preuſsiſcher Unterthan, der um ſich ſah und beobachtete, wird der preuſsiſchen Regierung dieſen edeln Zweck mit Grund abſprechen können.

VERMISCHTE SCHRIFTEN.

Leipzig, in d. Zehlſchen Kunſth., und in Comm. im Induſtrie-Comptoir: *Die Wartburg in Thüringen.* Von *J. A. Darnſtedt.* — *Zweyte*, proſaiſch-ſkizzirte, verſchönerte Ausgabe. 14 S. Queerquart, mit fünf Kupfern.

Der ſchriftſtelleriſche Werth dieſes Werkchens, deſſen *erſte* Ausgabe Rec. nicht kennt, iſt nicht groſs; es ſcheint bloſs aus der gründlichen Schrift des Hn. Kammerraths *Thon: Schloſs Wartburg*, ein Beytrag zur Kunde der Vorzeit (Gotha, b. Ettinger 1792. 8.) geſchöpft zu ſeyn; auch ſcheint der Text mehr wegen der Kupfer, als die Kupfer wegen des Textes da zu ſeyn. Die Gegenſtände welche hier, ohne Einleitung und Vorrede, nach der Zahl der Kupfer, aus der Geſchichte der Wartburg dargeſtellt werden, ſind folgende: 1) *Ludwig und Adelheid.* Die Wartburg hat ihre Entſtehung einem Ungefähr zu danken. Ludwig erſtieg nämlich einſt auf der Jagd einen Felſen; und weil er von da eine entzückende Ausſicht vor ſich hatte, beſchloſs er, hier eine Burg zu bauen. Im J. 1067. wurde dieſer Bau angefangen, und, ungeachtet aller Widerſprüche der Herren von Frankenſtein, welche das nahgelegene Schloſs Metilſtein oder Mittelſtein beſaſsen, gegen das Jahr 1070. vollendet, und ſo ausgeführt, daſs dieſes Schloſs, dem er den Namen Wartburg gab, eins der prächtigſten Schlöſſer in Thüringen wurde (Adelheid wird nur im Vorbeygehn erwähnt). 2) *Der Ritterſaal, oder der Krieg zu Wartburg.* Dieſer Krieg beſtand in einem dichteriſchen Wettſtreite, in Gegenwart fürſtlicher Perſonen; der Inhalt jedes Gedichts nebſt dem Namen des Dichters, wird hier angegeben. 3) *Eliſabeth die Heilige.* Klingsor, ein berühmter Dichter aus Ungern, der von den in dem Ritterſaale der Wartburg verſammelten Dichtern bey ihrem Wettſtreite zum Schiedsrichter erwählt, und dadurch dem Landgrafen Hermann, Ludwigs VI., oder des Heiligen, Vater bekannt worden war, ſoll einmal Abends mit dem Landgrafen den Himmel betrachtet, und die Geburt der Eliſabeth (einer Tochter des Königs von Ungern Andreas II.), und ihre Vermählung mit Ludwig, aus den Sternen geweiſsagt haben. Als Eliſabeth vier Jahr alt war, ſandte der Landgraf Hermann eine Geſandtſchaft nach Ungern, für ſeinen Sohn bey dem Könige, um Eliſabeth zu werben, und im J. 1221. wurde ſie mit ihm vermählt. — Am Fuſse der Wartburg erbaute ſie ein Hoſpital, wobey ſie einen Garten anlegte und einen Brunnen graben lieſs, der noch brauchbar iſt und der *Eliſabethsbrunnen* heiſst. Dieſer iſt hier auf der dritten Platte vorgeſtellt. 4) *Margarethens Flucht.* Margarethe war die Tochter des Kaiſers Friedrichs II. und im J. 1256. mit Albrecht dem Unartigen vermählt, genoſs die Liebe ihres Gemahls, bis Kunigunde von Eiſenberg als Margarethens Hofdame, auf der Wartburg erſchien. Um ſich von Margarethen zu befreyen, wurde von Seiten des Landgrafen mancher Verſuch gemacht ſie zu vergiſten. Da dieſes fehl ſchlug, überredete man einen Wächter, der Landgräfin um Mitternacht als Geſpenſt zu erſcheinen und ſie zu ermorden. Aber als er die That ausführen wollte, reute es ihn, er weckte alſo die Gräfin, und machte ihr die Urſache ſeiner Erſcheinung bekannt. Sie dachte ſogleich auf die Flucht und in der heftigſten Bewegung bey dem Abſchiede von ihren Kindern, biſs ſie ihren Liebling Friedrich in die Wange, der daher auch bekanntlich den Namen des Gebiſſenen bekam. 5) *Luther.* Deſſen Aufenthalt und Beſchäftigungen daſelbſt ſind bekannt genug. Als Kupfer hierzu iſt das *Hellthal* geliefert, ein Lieblingsſpaziergang Luthers, welches in der zu dieſem Kupfer gehörigen Beſchreibung wohl hätte bemerkt werden ſollen. — Allerdings ſind dieſs lauter intereſſante Scenen aus der Geſchichte der Wartburg, deren kurze Beſchreibung durch die ſchönen Blätter des berühmten Künſtlers *Darnſtedt* anziehend wird.

ALLGEMEINE LITERATUR-ZEITUNG

Freytags, den 29. September 1809.

WISSENSCHAFTLICHE WERKE.

NATURGESCHICHTE.

Gotha, b. Ettinger: *Der Thüringer Wald beſonders für Reiſende geſchildert* von *K. E. A. von Hoff*, Herzogl. S. Gothaiſch. Legationsrathe, und *C. W. Jacobs*, Herzogl. S. Gothaiſch. Oberconſiſtorialrathe. *Erſte* oder Nordweſtliche Hälfte. I. Heft, mit Kupfern und einer Karte. 1807. XXX u. 288 S. II. Heft, mit Kupfern. 1807. VI u. 219 S. 8. (5 Rthlr.)

Mit nicht geringen Erwartungen nahm Rec. dieſs Werk zur Hand, für deſſen Gehalt ſchon die Namen der Vff. Bürgſchaft leiſten, und mit ungetheiltem lebhaften Intereſſe begleitete er die Reiſenden „auf die Gipfel des Gebirges und in die Hütten ſeiner friedlichen Thäler." Er glaubte ſich dabey in jene Zeiten verſetzt, wo auch er Thüringens Waldgebirge durchſtreiſte, und wie manchen Leſer mögen nicht ähnliche Gefühle angenehmer Reminiſcenzen beleben. Für dieſe wird das, was wir aus dem Werke in den folgenden Zeilen ausheben, in zweyfacher Hinſicht intereſſant ſeyn.

Der Thüringer Wald, iſt in NO. das äuſserſte Gebirge der gröſseren deutſchen Hauptgebirgsketten. (Natürliche Grenzen dieſes Gebirges.) Man findet ſelbſt die gröſsten Höhen noch mit Wald bedeckt, nur der Boden der Thäler und einige wenige Kuppen beſtehen aus Wieſen oder Heiden. Getreidebau trifft man nur ganz in der Nähe der Ortſchaften, und auch da iſt er nicht von bedeutendem Umfange. Die höchſten Punkte ſind der Schneekopf und der Inſelsberg, jener miſst 2760, dieſer 2604 pariſer Fuſs über dem Meere. Die Flüſſe und Bäche, welche den Thüringer Wald durchſtrömen, theilen die Vff. in das Weſergebiet, in das Mayn- und in das Elbegebiet. Mineralbrunnen und Salzquellen hat unſer Gebirge mehrere aufzuweiſen. Das Klima iſt rauh und dabey ſehr unbeſtändig. Am herrſchendſten ſind die Weſtwinde, und nächſt ihnen die Oſtwinde. Sehr intereſſant iſt der Thüringer Wald in Hinſicht ſeiner Mineral-Producte. Granit, Porphyre und Thonſchiefer ſetzen den höchſten Rücken des ganzen Gebirgszuges, ſo wie die bedeutendſten Berggipfel um und neben demſelben zuſammen. Der Granit bietet eine groſse Mannichfaltigkeit in Hinſicht der Verſchiedenheit ſeines Kornes ſowohl, als der Proportion der Gemengtheile dar. Am Leiſenberge ſetzt ein Quarzgang auf, der theilweiſe ganz aus Hornſtein beſteht, und um deswillen merkwürdig iſt, weil durch die hornſteinartige Maſſe eine Menge von Granitſtücken zuſammengekittet ſind. Granit- und gneiſsartige Gebirgsarten umgeben den gewöhnlichen Granit, und ſind ſelbſt wieder mit mächtigen Glimmerſchieferlagen bedeckt. In beiden finden ſich Lager von Urgrünſtein und Porphyr, letzterer durch ſeine Structur-Verhältniſſe deutlich unterſchieden von den in den öſtlichen Gegenden des Thüringer Waldgebirges ſich findenden Porphyren. Alle dieſe Gebirgsarten ſind von Quarz- und Schwerſpath-Gängen durchſetzt. Jenſeits des Werragrundes verbirgt ſich der Granit ganz unter dem Thonſchiefer, welcher in der öſtlichen Hälfte des Gebirges die Stelle einnimmt, an welcher in der weſtlichen der Glimmerſchiefer ſteht. Die am weiteſten verbreitete Urgebirgsart iſt der Porphyr, von feldſpathartiger, thoniger oder grünſteinartiger Grundmaſſe. Bergbau wird im eigentlichen Porphyre nicht getrieben, ſondern nur auf den Punkten ſeiner Scheidung mit neueren Gebirgsarten. Der poröſe Porphyr wird zu vortrefflichen Mühlſteinen verarbeitet. Aus ihm ſind auch die Mauern zu dem groſsen Quadranten auf der Sternwarte Seeberg erbaut. Ein faſt ſteter Begleiter des Porphyrs iſt der Mandelſtein von trappartiger Grundmaſſe. Der Uebergangskalk ſcheint auf der weſtlichen Hälfte des Gebirges zu fehlen, dagegen zeigt er ſich auf der öſtlichen mit dem neueren Thonſchiefer und mit der Grauwacke. Der Uebergangsthonſchiefer ſelbſt iſt ziemlich weit verbreitet. Die Grauwacke erſcheint, auf ihn folgend, und hin und wieder mit ihm abwechſelnd, ausſchlieſslich auf dem öſtlichen Flügel des Thüringer Waldgebirges. Das Conglomerat (rothes und graues Liegendes) iſt ſehr weit verbreitet, und ihm gehört die in dieſer Gegend ſich findende Steinkohlenformation an. Von ſehr verſchiedener Art und Mächtigkeit trifft man den Alpenkalkſtein, und den zu ihm gehörigen Zechſtein, bituminöſen Mergelſchiefer u. ſ. w. Dieſe Formation iſt, um des bedeutenden Kupfer- und Bleybergbaues willen, der in ihr getrieben wird, vorzüglich wichtig. Alle Erzlagerſtätten fangen in keiner neuern Flötzgebirgsart als im Zechſteine an, und alle verlieren ſich ſchon ehe ſie das Urgebirge erreichen, oder ſetzen doch wenigſtens nicht tief in daſſelbe hinein. Was die Metalle betrifft, welche auf dieſen Erzlagerſtätten ſich finden, ſo gehören hierher Eiſen, Kupfer, Bley, Gold (im Sande der Schwarza), Titan (im Syenit) und Braunſtein. Das neuere Flötzgebirge, welches den Thüringer Wald in kleinen Vorbergen umgiebt, beſteht aus Gyps, Stinkſtein, Sand-

Sandſtein und Flötzkalk. Der Baſalt erſcheint nur an einigen Punkten, theils auf Sandſtein, theils auf Flötzkalk gelagert. Aus dieſem gedrängten Auszuge geht hervor, wie intereſſant der Thüringer Wald in *mineralogiſcher* Hinſicht, und zumal für Gebirgslehre und Geologie iſt.

Was die *Flora* betrifft, ſo liefert das Gebirge, mit welchem uns das vorliegende Werk bekannt macht, 1200 Arten Phänogamen, und ungefähr 300 Kryptogamen, die aber dieſer Gegend nicht ausſchlieſslich angehören, ſondern im gröſsten Theile Deutſchlands vorkommen. Indeſſen iſt auch das Studium der Botanik noch nicht ſehr vorgerückt, und der Folgezeit bleiben ohne Zweifel noch Entdeckungen von Belang vorbehalten. Die Vff. glauben nicht mit Unrecht, daſs der Thüringer Wald in botaniſcher Hinſicht ſeine Geſtalt im Verhältniſſe zu den frühern Jahrhunderten ſehr merklich geändert habe. So verbreitet ſich z. B. ſeit einer geraumen Reihe von Jahren das Nadelholz von O. nach W. immer mehr und verdrängt das Laubholz.

Auch das *Thierreich* hat bedeutende Veränderungen erlitten. Manche Thiere, Auerochſen, Bären, Elennthiere, Wölfe, Luchſe u. ſ. w. haben ſich theils ganz aus dem Thüringer Waldgebirge verloren, theils gehören ſie jetzt zu den ſehr ſeltenen Erſcheinungen. Indeſſen gewährt doch das Verzeichniſs der immer noch zahlreichen Bewohner aus dem Thierreiche eine intereſſante Ueberſicht. Wir übergehen hier den Inhalt deſſelben, denn faſt alles, was man im Thüringer Walde von Thieren antrifft, findet ſich auch in den übrigen Gegenden Deutſchlands, nur manche Individuen erſcheinen hier in gröſserer Verbreitung.

Von den allgemeinen Anſichten, auf welche der Zweck einer vollſtändigen Kenntniſs dieſes Gebirges hinleitet, beachten die Vff. zuletzt die *Menſchen*, welche daſſelbe bewohnen. Es würde uns zu weit führen, wollten wir hier das phyſiologiſche und pſychologiſche Gemälde der Waldbewohner nach allen ſeinen kleinen Zügen durchgehen. An die Notizen über Körperbau, Conſtitution und Geiſtes-Eigenſchaften der Bewohner, über ihre Krankheiten, Lebensart, Trachten u. dgl., findet man Bemerkungen über Volksfeſte, Sitten, Gewohnheiten u. ſ. w. angereihet. Im Ganzen hat dieſes Gemälde unſern Beyfall, nur ſcheinen uns manche Beſchreibungen zu gedehnt, ſo z. B. das, was über die Kleidertrachten, die nur wenig Eigenthümlichkeit haben, geſagt wird. Auch hätten wir für dieſen Abſchnitt des Werkes die Schreibart etwas blühender gewünſcht. Die Menſchenzahl iſt auffallend groſs. Man rechnet auf den Flächeninhalt von 60—61 Quadratmeilen wenigſtens 188,000 Seelen, ſo daſs im Durchſchnitte 3100 Menſchen auf die Quadratmeile kommen. Am meiſten bevölkert iſt die Herrſchaft Schmalkalden. Hier leben ſogar über 4300 Menſchen auf einer Quadratmeile. Die Viehzucht iſt auf dem Thüringer Walde nicht ſo beträchtlich, als ſie ſeyn könnte, doch reicht der Viehſtand hin, um im Verhältniſs zum urbaren Ackerlande eine hinreichende Menge Dünger zu liefern. Von Getreideſorten werden hier diejenigen vorzüglich gebaut, welche nur einer kürzeren Zeit zur Reife bedürfen, oder nicht um der Samengewinnung willen gezogen werden, Sommerkorn, Sommerweizen u. dgl. Auch der Kartoffelbau iſt ſehr bedeutend. Von Manufactur-Gewächſen zieht man Flachs, Hopfen und Taback. Der erſte und ſicherſte Oekonomie-Zweig und die Hauptnahrungsquelle der Waldbewohner ſind die Holzungen. Die Forſtwirthſchaft iſt im Ganzen genommen vortrefflich. Sehr ausgebreitet und von hoher Wichtigkeit ſind diejenigen Gewerbe, welche ſich, auſser den unmittelbaren Beſchäftigungen in und mit den Forſten auf dem Thüringer Walde finden, und die Darſtellung dieſes intereſſanten Theiles des daſigen Induſtrie-Zuſtandes iſt aller Aufmerkſamkeit werth. Der beträchtlichſte Bergbau wird in der Herrſchaft Schmalkalden auf Eiſen getrieben. Die ſehr mächtigen Erzlager im Stahlberge und in der Mommel liefern jährlich über 22,000 Tonnen Eiſenſtein. Auf Kupfer und Kobalt wird in neuern Zeiten nicht ſehr ſtark gebaut, und auf Steinkohlen jetzt einzig bey Manebach, unweit Ilmenau. Die Eiſenfabriken ſind ſehr wichtig. Salinen zählt man drey. Auch die Verarbeitung der Erden und Steine beſchäftigen viele Hände. Unter den Bereitungen der Producte des Pflanzenreichs ſind die Schneidemühlen, die Pfeifenkopfſchnitzlereyen, die Flachs- und Baumwollenſpinnereyen, die Barchentwebereyen u. ſ. w. von Bedeutung. Die Producte des Thierreichs werden in den Ledergärbereyen u. dgl. verarbeitet.

So weit die allgemeinen Bemerkungen. Wir gehen mit den Vff. zu den einzelnen Theilen des Gebirges über, bey deren Beſchreibung ſie ſehr zweckmäſsig die Natur ſelbſt zur Führerin annehmen, und das Gebirge nach den verſchiedenen *Thälern* betrachten.

Thäler des nördlichen Abhanges. Thal der Suhl. Eins der kleinſten und unbedeutendſten. Das Städtchen Berka iſt ſeiner Plüſchwebereyen wegen merkwürdig. Thal der Elna. Das Luſtſchloſs Wilhelmsthal hat ſchöne Anlagen. Die Stadt Eiſenach mit ihren intereſſanten Umgebungen liegt im Thale der Hörſel. Dieſe Gegenden bieten dem Mineralogen, dem Botaniker und dem Freunde der ſchönen Natur überhaupt den reichhaltigſten Genuſs dar. Das Ruhlaer Thal, eins der engſten und fürchterlichſten Thäler des Thüringer Waldgebirges, hat den Wachſtein, einen der ſehenswürdigſten Standpunkte der Gegend, aufzuweiſen. Dieſer Felſen beſteht ganz aus Todtliegendem, in deſſen Maſſe man Stücke Granit, Glimmerſchiefer und Quarz von mehrern Centnern Schwere antrifft. Die Gegend von Thal iſt für den Geognoſten ſehr ſehenswerth, da am Ringberge, Schloſsberge u. ſ. w. die Auflagerung des Flötzgebirges auf dem Urgebirge (Glimmerſchiefer und Porphyr) deutlich beobachtet werden kann. Ueberall Spuren ehemaligen Bergbaues. Ruhla, der beträchtlichſte Ort in den nördlichen Thälern des Thüringer Waldes, iſt durch die Induſtrie und Jovialität ſeiner Bewohner bekannt. Unter den daſigen Fabriken, deren Beſchreibung die Vff. mittheilen, intereſſirten Rec. vor-

zozüglich diejenigen, welche ſich mit Verfertigung der meerſchaumenen Pfeifenköpfe beſchäftigen. Bereits im Jahre 1798. zählte Ruhla 16 Fabriken der Art, in welchen 66 Arbeiter ihr Brod fanden. Ehedem hat man in dieſer Gegend auf Eiſen und auf Steinkohlen gebaut, jetzt liegt dieſer Bergbau ganz, und erſt neuerdings hat man am Leiſenberge Kupfer zu fördern angefangen. An der Oeffnung des Thales der Emſe zeigt ſich der Thüringer Wald in einem ſehr maleriſchen Geſichtspunkte. Bey Schwarzhauſen zu beiden Seiten des Weges Flötzſandſtein, und ehemals Bergbau auf Kupfer, wahrſcheinlich in dem Schieferflötz, das ſich unweit von hier an das Conglomerat anlegt. Im Thale der Laucha die Stadt Waltershauſen. Der Burgberg und die andern ſich mit ihm in gleicher Linie von dem Hauptgebirge hinziehenden niedrigen Berge, beſtehen aus Flötzkalkſtein, voll von Seethier-Verſteinerungen, Ammoniten, Gryphiten u. ſ. w. Der Burgberg iſt auch um deswillen merkwürdig, weil er bey weitem den gröſsten Theil der deutſchen Holzarten aufzuweiſen hat. Der Inſelsberg bildet eine abgerundete Kuppe von groſser Baſis, und beſteht aus Thon-Porphyr, unter welchem am ſüdweſtlichen Abhange Granit liegt. Im Reinhardsbrunnen-Thale ſind die Erziehungs-Anſtalt Schnepfenthal und das ehemalige Benedictinerkloſter Reinhardsbrunn bemerkenswerth. Im Thale von Friederichrode wird Bergbau auf Kobalt und Eiſen getrieben. Im Wolfsſtieg, einem Berge, der aus Conglomerat beſteht, und auf Porphyr und Mandelſtein aufgeſetzt iſt, ſtreichen Gänge, zum Theil von 1 Lachter Mächtigkeit, von Quarz, Schwerſpath, faſerigem und dichtem Braun-Eiſenſtein. Ein anderer Porphyrberg, der Gottlob, liefert gleichfalls Eiſenerze und Braunſtein, und im Keſſelgraben baut man auf Kobalt. Im Thale der Leina ſieht man die Ueberreſte der Johanniskirche, welche für die erſte chriſtliche Kirche in Thüringen gehalten wird. Um und bey Georgenthal, im Thale der Apfelſtedt, fangen die mächtigen Lager des Todtliegenden an, welche ſich über das ganze Urgebirge verbreiten und bis auf die Höhe deſſelben hinauf ziehen. Der Falkenſtein und der Hubenſtein ſind mächtige Porphyrfelſen. Für den Botaniker liefert die Gegend mehreren ſeltnere Pflanzen. Im Thale der Ohre die Stadt Ohrdruf, das induſtriöſe Crawinkel u. ſ. w. In der Nähe des letztern Ortes bricht ein poröſer Porphyr, welcher zu Mühlſteinen verarbeitet wird. Vom höchſten *Punkte* des Thüringer Waldes, vom Schneekopfe *herab*, zieht das Thal der Gera. Beſchreibung der *Stadt* Arnſtadt und ihrer Umgebungen. Der Schneekopf beſteht hauptſächlich aus Hornſtein-Porphyr. Um ihn und ſein Berggehänge her ziehen ſich auf der Weſt-, Nord- und Oſtſeite tiefe Schluchten nach den ins flache Land ausſtreichenden Thälern hinunter. Wichtige Glashütten zu Gehlberg.

Thäler des ſüdlichen Abhanges des Thüringer Waldgebirges. Die ſechs Nebenthäler der Werra zwiſchen Philippsthal und Barchfeld ſind in ihrer Ausdehnung nur ſehr unbedeutend. Saline bey Salzungen. Man kann den jährlichen Salzgewinn auf 32,000 Malter und die dadurch in Umlauf kommende Geldſumme auf 90 — 100,000 Thaler anſchlagen. Im Thale der Schweina erhebt ſich das höhere Thüringer Waldgebirge, und beginnt mit ſteilen grotesken Felſen und Bergen. Das Glücksbrunner Blaufarbenwerk bezieht ſeinen Kobalt von den benachbarten Bergwerken. Die Gänge ſtreichen von O. nach W. und ſetzen bis in das Todtliegende nieder, über welchem bituminöſer Mergelſchiefer, Zechſtein und Stinkſtein anſtehen. Die Gangart iſt Schwerſpath, auch ſpäthiger Kalkſtein und Braunſpath. Daſs hier Glanzkobalt einbrechen ſolle, bezweifelt Rec., es dürfte wohl weiſser Speiskobalt ſeyn. Romantiſche Gegend von Altenſtein. Thal der Grimbach. Die Bewohner von Steinbach ſind meiſt Meſſerſchmiede, Schloſſer und andere Eiſenarbeiter und Bergleute. Für den Mineralogen hat die Gegend viel Intereſſe. Das Liebenſteiner Bad mit ſeinen reizenden Anlagen iſt hinreichend bekannt. Thal der Farrenbach. Thal der Druſe. Das Eiſenbergwerk, die Mommel, behauptet nach dem Stahlberge, in Hinſicht ſeines Alters ſowohl, als ſeiner Reichhaltigkeit den nächſten Rang. Die Quantität der jährlich gefördert werdenden Erze (Braun- und Spath-Eiſenſtein) wird zu 7200 Tonnen angegeben. In der Gegend von Herges intereſſante Abänderungen des Granits in gröſster Mannichfaltigkeit, mit Lagern von gneiſs-, glimmerſchiefer- und grünſteinartigen Gebirgsarten, durchſetzt von Quarz-, Eiſenſtein- und Amethyſt-Gängen. Thal der Schmalkalde mit der Stadt Schmalkalden und ihren wichtigen Bergwerken und Eiſenfabriken. Die ganze groſse Eiſenſteinablagerung, im Stahlberge ſowohl als in der Mommel, liegt zwiſchen dem älteren Flötz- oder Alpenkalkſtein- und dem Urgebirge. Die Erze, ſo wie die Erd- und Steinarten, welche der Stahlberg liefert, ſind jedem Mineralogen bekannt. Jährlich werden 12,400 Tonnen Eiſenſtein gefördert. Am Kuhberge brachen Kobalterze. Nicht ſehr bedeutend ſind die vier kleinen Nebenthäler der Werra von Schwallungen bis Meinungen. Beſchreibung der Stadt Meinungen und ihrer Umgebungen. Vom Dolmar, dem höchſten Punkte dieſer Gegend, beſteht der obere Gipfel aus Baſalt, das Uebrige aus Flötzkalk. Das Thal der Schwarza iſt groſs, hat viele mahleriſche Partieen und mehrere intereſſante Orte. Von Gebirgsarten enthält es jüngeren Flötzkalk, reich an Verſteinerungen, bunten Sandſtein, Conglomerat, Porphyr u. ſ. w. Die Orte Zella, Mehlis, Suhl u. a., ſind wegen ihrer bedeutenden Gewehrfabriken bemerkenswerth. Die Stadt Suhl liegt eigentlich im Thale der Haſel, auf der Grenze des Ur- und des Flötzgebirges, und dieſer Umſtand macht die Gegend für den Mineralogen ſehr intereſſant.

So weit reicht die Beſchreibung des Thüringer Waldgebirges in den vorliegenden beiden Bändchen, denen wir recht bald die Fortſetzung wünſchen, welche die Vff. und mit ihr die Schilderung der öſtlichen Hälfte des Gebirges verſprechen. Eine von Hrn. *von Hoff*, nach den beſten Hülfsmitteln, entworfene Karte der nordweſtlichen Hälfte des Thüringer

Wald-

Waldgebirges und einige Anſichten vorzüglich merkwürdiger Punkte, erhöhen den Werth dieſes wahrhaft nützlichen Buches.

MATHEMATIK.

1) Leyden, b. van Thoir: *Gronden der Werktuigkunde, op eene Wiskunstige wyze* behandeld in tien Boeken, door *P. van Campen*, geadmitt. Landmeeter, Leermeesten in de Wiskunde etc. te Leyden. 1808. 304 S. gr. 8. (3 Fl.)

2) Zütphen, b. Thieme: *Wiskunstig Leerboek*; door *J. Nieuwenhuis*, Leer. der Luther. Gemeente te Zutphen. 1808. 1. St. 244 S. 2. St. 262 S. gr. 8. (5 Fl.)

Von jeher haben die Holländer ſich vorzüglich auf das Studium der Mathematik gelegt; das Studium derſelben war dem kleinen Volke mehr wie jedem andern nothwendig. Sein ausgebreiteter Handel, ſeine Schifffahrt nach allen Weltgegenden; ſein kleiner, dem Meere entriſſener, Boden; ſeine Schutzwehren gegen das Eindringen des fürchterlichſten der Elemente; ſein Gewerbsfleiſs, ſeine Induſtrie, — kurz alles was ſeinen innern und äuſsern Wohlſtand begründen muſste, machte die Niederländer ſchon früh auf das Studium und die Anwendung der mathematiſchen Wiſſenſchaften aufmerkſam. Daher trifft man auch in allen an die Seeküſten grenzenden Provinzen, auſser den gelehrten Schulen, viele andere Privatlehranſtalten, in welchen vorzüglich reine und angewandte Mathematik, beſonders mit Rückſicht auf Schiffbau, Steuermannskunſt und Maſchinenlehre vorgetragen werden. Faſt keine einzige Dorfſchule wird beſetzt, wo nicht zuvor die Candidaten in der Geometrie, Algebra und Steuermannskunſt geprüft werden. Auch giebt es bekanntlich mehrere Geſellſchaften zur Verbreitung der mathematiſchen Wiſſenſchaften, deren Arbeiten von Zeit zu Zeit durch den Druck mitgetheilt werden, und häufig erſcheinen, beſonders in der Provinz Holland, auch andere mathematiſche Schriften, von denen wir hier einige neuere anzeigen.

Der Vf. von Nr. 1., der ſich ſchon durch verſchiedene mathematiſche Schriften in holländiſcher Sprache rühmlich bekannt gemacht hat, ſucht in der vorliegenden die Grundſätze der Mechanik zu entwickeln, und auf die einfachen Maſchinen mit vielem Scharfſinne anzuwenden. Indem er dadurch denjenigen ſeiner Landsleute, die mit den Anfangsgründen der Mathematik des verſtorbenen berühmten *Steenſtra* hinlänglich bekannt ſind, ein Lehrbuch in die Hand giebt, durch deſſen Studium ſie immer weiter gefördert werden können, vermeidet er zugleich allen Unterricht, der dem analytiſchen Calcul, oder den Grundſätzen der höhern Mechanik, wie ſie unter uns *Käſtner* u. a. behandelten, unterworfen werden konnte. Im *erſten* Buche werden die allgemeinen Grundſätze der Mechanik in 41 Aufgaben, nur nicht immer mit der möglichſten Deutlichkeit, beſonders in Rückſicht der verſchiedenen Arten der Bewegungen abgehandelt. Um dieſes zu beweiſen, wollen wir nur die 30ſte Propoſition, in Abſicht des Geſetzes der wachſenden Bewegung fallender Körper anführen, deren Vortrag minder deutlich, als bey einigen unſerer neuern Mathematiker im In- und Auslande iſt. Im *zweyten* Buche wird die Theorie der Hebel; im *dritten* die der Rolle; im *vierten* der Räderwerke; im *fünften* der Schraube; im *ſechſten* des Keils und der Rammen; im *ſiebenten* der Wurfmaſchine; im *achten* der Waſſerwägung; im *neunten* der Waſſerleitung und im *zehnten* die der verſchiedenen Arten Pumpen oder hydrauliſchen Hebezeuge, mit vieler Sachkenntniſs vorgetragen; aber auch oft werden bey dem Leſer Kenntniſſe vorausgeſetzt, die nicht jeder in dem Maſse beſitzt, wie der gelehrte Vf. ſich in dem Augenblicke gedacht hat, als er beſonders die drey letzten Bücher niederſchrieb. Wer ſchon eine gründliche Vorbereitungswiſſenſchaft mitbringt, kann in dieſem Handbuche manchen Kreis ſeines Wiſſens erweitern. Mit Vergnügen ſehen wir, daſs der Vf. mit den neueſten Fortſchritten der theoretiſch-praktiſchen Mechanik vollſtändig bekannt iſt, und die wichtigſten Reſultate derſelben auf ſeinen Vortrag angewandt hat. Druck, Papier und die ſchön geſtochenen Kupfertafeln, Eigenſchaften, die man an holländiſchen Schriften ohnehin gewohnt iſt, erheben den Werth dieſes Buches noch mehr.

Nr. 2. iſt eigentlich für die Militärſchule zu Zütphen beſtimmt. Der Plan des Ganzen iſt auf ein vollſtändiges Lehrbuch der Mathematik eingerichtet, wobey die beſten und vollgültigſten mathematiſchen Schriften zum Grunde gelegt werden. Im *erſten* Stücke, das in *eilf* Bücher zerfällt, iſt *Karſten's* Rechenkunſt überſetzt, dieſelbe mit zweckmäſsigen Anmerkungen bereichert, und dadurch in den bisherigen arithmetiſchen Unterricht der holländiſchen Anweiſungen zur Rechenkunſt, eine mathematiſche Form gebracht, die in hundert und mehrern Rechenbüchern der Art, vermiſst wird. Da die deutſche Ausgabe des Originals bekannt iſt, ſo werden wir aller ſpeciellern Anzeige der Ueberſetzung dadurch enthoben. Das *zweyte* Stück enthält die Geometrie, nach *Euklid's Elementen* ſtrenge behandelt. Nur hin und wieder hat er ſich Verſetzungen *Euklidiſcher* Propoſitionen, die in ſeinen Gegenſtand paſsten, aber keine Abweichungen in der ſtrengen Form und Anwendung der lineariſchen Meſskunſt erlaubt. In der Einleitung zum *fünften* Buche, das ſich über die *Lehre der Verhältniſſe* erſtreckt, nimmt Hr. *N.* auf unſers Prof. *Pfleiderer* Deduction der *Euklidiſchen* Definitionen u. ſ. w. (ſ. *Hindenburg's Arch. der rein. und angew. Mathemat.* 2. Bd. S. 257—287. und S. 440—447.) Bezug. Nach des Rec. Einſicht gehört dieſer Gegenſtand mehr in die höhere Rechenkunſt, als in die Elementar-Geometrie, und ſcheint der trefflichen, hier geführten, Beweiſe ungeachtet, für den Zweck des vorliegenden Lehrbuches zu umſtändlich abgehandelt zu ſeyn. Zur Fortſetzung dieſes Werks verdient der Vf. auf alle Weiſe ermuntert zu werden.

ALLGEMEINE LITERATUR-ZEITUNG

Sonnabends, den 30. September 1809.

WISSENSCHAFTLICHE WERKE.

LITERATURGESCHICHTE.

PARIS, b. Patris: *Le Génie de Voltaire, apprécié dans tous ses Ouvrages.* Volume destiné à servir de Supplément à toutes les Editions de cet illustre Ecrivain; par *M. Palissot.* 1806. XII und 415 S. 8. (1 Rthlr. 6 gr.)

Vor einigen Jahren besorgte *Palissot* eine neue Ausgabe von *Voltaire's* Werken in *fünf und funfzig* Bänden, worin er den in seinem hier wieder abgedruckten Prospectus gerügten Mängeln der Ausgabe von *Beaumarchais* dadurch abzuhelfen suchte, dass er die unechten und zweifelhaften Arbeiten dieses berühmten Schriftstellers entfernte, und besonders aus dem bändereichen Briefwechsel alles Ueberflüssige und Unbedeutende weg liess. Ausserdem aber fügte er über jede Klasse dieser Werke und die einzelnen grössern Stücke derselben vorausgeschickte Urtheile hinzu; und diese sind es, welche man in dem vorliegenden Bande gesammelt findet. *Palissot* war ein vieljähriger Freund *Voltaire's*, und führte mit ihm einen Briefwechsel, der mehrmals gedruckt ist. Als Kunstrichter zeigte er sich, nicht ohne verdienten Beyfall, besonders in seinen *Mémoires pour servir à l'histoire de la littérature françoise*, die sowohl einzeln, als mit den neuern Ausgaben seiner Dunciade, und in der Sammlung seiner Werke, gedruckt sind. Auch war er der erste, der ein *Eloge de Voltaire* schrieb, welches auch hier, mit einigen Abänderungen und Zusätzen, wiederholt ist. Von der *Henriade* lieferte er schon im J. 1784 eine berichtigte Ausgabe mit Anmerkungen; und dieses Gedicht wird hier zuerst beurtheilt. Es ist bekannt, dass diess, mehr historische als epische, Gedicht auch von französischen Kunstrichtern, besonders von *Linguet*, *Clement* und *la Harpe*, schon manche scharfe Kritik erfahren hat. Unser Vf. erkennt darin gleichfalls manche Mängel, Spuren der Jugend des Dichters, Ueberfluss an Antithesen, viel Schilderung statt Erzählung und Handlung, wenig dramatisches Interesse u. s. f.; nur glaubt er, dass noch keiner vor ihm die wahren Schönheiten der Henriade gehörig bemerkt habe, und giebt daher eine umständlichere Beurtheilung jedes Gesanges. Seiner Meinung nach hat diess Gedicht in Ansehung der Wichtigkeit seines moralischen Zwecks den Vorzug vor den besten Mustern des Alterthums, ob es gleich mit diesen in Hinsicht auf Grösse und Erhabenheit des Ganzen keine Vergleichung aushält. Den Mangel hieran giebt er jedoch nicht dem Talente des Dichters, sondern den Veränderungen Schuld, welche Religion und Sitten in neuern Zeiten erfahren haben. Der philosophische Geist unsers Zeitalters scheint ihm der Poesie nicht günstig zu seyn; und er schliesst: *Tant qu'il n'existera pas dans notre langue un ouvrage très superieur du même genre (et nous osons prédire qu'on ne le verra de longtemps) la Henriade sera toujours regardée comme le poëme épique de la France; et c'en est assez pour la gloire de son auteur.* — Es folgt die Beurtheilung der *Schauspiele Voltaire's;* und unser Vf. glaubt mit Recht, dass sich das Genie dieses Dichters im Trauerspiele weit mehr geäussert habe, als in der Epopee. In jener Gattung hatte er mit grossen Nebenbuhlern zu wetteifern, welches in dieser nicht der Fall war. In der komischen Gattung gesteht er ihm weniger Verdienst zu und tritt der Meinung *Condorcet's* bey, dass *V.* im hohen Grade das Talent besessen habe, das Lächerliche der Meinungen aufzufassen, aber nicht, wie *Moliere*, das Lächerliche der Charaktere, das doch das einzige sey, welches, in Handlung dargestellt, das Eigenthümliche dieser Gattung ausmache. Noch weniger Talent hatte er für die *Oper*. Unter seinen übrigen Gedichten hält er die *Pucelle d'Orleans* für das trefflichste und originalste, und findet darin alle Arten des dichtrischen Tons vereint. Mit Recht tadelt er die Vergleichungen, die man zwischen diesem Gedichte ganz andrer Art mit der Henriade, zum Nachtheil dieser letztern, angestellt hat. Die in ihrer Art sonderbare Verfahrungsart des Dichters, das Publicum über den echten Text der Pucelle durch mehrerley abweichende Handschriften irre zu führen, wird S. 188 ff. erzählt, und die Verstösse wider die Sittlichkeit werden aus Gründen vertheidigt, die wohl nicht ganz haltbar seyn möchten. In den sogenannten *Poësies Fugitives* ist *V.* allerdings unübertroffen; und diess Talent blieb ihm auch am längsten getreu. Seine spätern Verse dieser Art haben mehr noch einen Anstrich von Empfindung und Zartgefühl, als die frühern. Unter den *Lehrgedichten* gebührt der *Loi Naturelle* der Vorzug; und der Vf. hält *V.* für den ersten Dichter, der moralische Gegenstände durch poetisches Colorit wirksam zu beleben verstanden habe. In *Erzählungen* hatte *la Fontaine* mehr Naivetät und gefällige Nachlässigkeit; die von *V.* haben einen raschern Gang, mehr Feinheit und Vollendung. Besonders ist die: *Les trois Manières*, seiner Meinung nach, den besten

Er-

Erzählungen jenes ältern Dichters überlegen. *Epigramme* schrieb er nur wenige, so viel satirisches Salz er auch in andern Werken verstreuete. Bey *Boileau* war das der nämliche Fall. Die Präcision, welche diese Dichtart fodert, war nicht so ganz seine Sache. Der gelegentlichen kleinern Plaisanterieen hat *P.* nicht so viele in seine Ausgabe aufgenommen, als sein Vorgänger; sie galten oft nur für den Augenblick, und sind nicht alle echt genug aufbehalten. Eben so verfuhr er bey den mit Versen untermischten Briefen, und schützt sich (S. 227 f.) mit *V's.* eigner Erklärung des Wunsches, viele seiner minder bedeutenden Sachen vertilgt zu wissen. Seine *Romane* sind glückliche und sinnreiche Verkleidungen philosophischer Zwecke, und haben einen ganz eigenthümlichen Werth, vornehmlich der *Ingénu*. Ueber seine *historische Werke* werden hier meistens richtige Bemerkungen gemacht, wodurch sie im Ganzen sehr vortheilhaft, und gerechter, als gewöhnlich geschieht, gewürdigt werden. Mit den *Mélanges de Litterature* begann *V.* seine *philosophische* Laufbahn; und wenn ihm gleich *P.* auch in dieser Hinsicht viel Verdienst zugesteht, so verschweigt er es doch auch nicht, dass Scharfsinn und tiefes Eindringen in die Gegenstände seiner Untersuchung ihm nur im mässigen Grade eigen waren, und dass diess vornehmlich von seinen Ideen über Staatswirthschaft und Regierungsangelegenheiten gelte. Was in der grössern Ausgabe unter der Aufschrift *Facéties* gesammelt ist, hat unser Vf. in der seinigen um die Hälfte vermindert, weil wirklich viel Unechtes und Unbedeutendes darunter ist. Noch mehr ist der *Briefwechsel*, wie oben schon gesagt ist, gesichtet und vermindert. Wie viel durchaus Unerhebliches davon in der Kehler Ausgabe Platz fand, wird an einigen Proben gezeigt. Die Briefe zwischen *V.* und *D'Alembert* sind bey weitem nicht so interessant, als man hätte erwarten sollen; weit mehr ist es der Briefwechsel mit K. *Friedrich II.* von Preussen, über dessen Verhältniss mit *V.* sehr richtig geurtheilt wird. In dem Briefwechsel mit der Kaiserin von Russland verräth er zu viel Eigenliebe und Schmeicheley. Vorzüglicher ist der mit dem Cardinal *Bernis*. Die beissenden *Mémoires sur la vie privée du Roi de Prusse* hätten nicht gedruckt werden sollen, und waren auch von ihrem Vf. schwerlich dazu bestimmt. Aber auch die auf Befehl des Herzogs von *Choiseul* von *Palissot* verfertigte Parodie einer satirischen Ode des Königs auf *Ludwig XV.* hätte hier (S. 327.) füglich wegbleiben können. Umständlich werden dann der *Commentar über Corneille* und die Mängel der zu Genf 1764 von *V.* besorgten Ausgabe dieses Dichters, mit jenem Commentar, beurtheilt. Unser Vf. verspricht eine bessere, mit seinen Bemerkungen über *Voltaire's* oft paradoxe und öfter noch unbillige Ausstellungen begleitet, die doch wohl nichts anders, als Eifersucht zur Quelle, und vornehmlich die Absicht hatten, für den bessern und grössten tragischen Dichter seiner Nation zu gelten, welche bisher diesen Rang dem *Corneille* zuerkannt hatte.

VERMISCHTE SCHRIFTEN.

Göttingen, b. Dieterich: *Lehrbuch der physischen Selbstkenntniß* für Jünglinge gebildeter Stände, von Dr. *C. F. L. Wildberg*, Herzogl. Mecklenb. Strel. Hofrathe, Stadt- und Districts-Physicus und praktischem Arzte zu Neu-Strelitz, der Naturforschenden Gesellschaft zu Rostock Ehrenmitgliede und Correspondenten. 1807. XII und 468 S. 8. (1 Rthlr. 12 gr.)

Unter der physischen Selbstkenntniss versteht der Vf. die Kenntniss des menschlichen Körpers nach seinen Theilen und der Verrichtungen derselben, und giebt hier eine sich durch Fasslichkeit und Bestimmtheit empfehlende Darstellung derselben. Dessen ungeachtet glaubt Rec., dass dieses Buch zu dem Zwecke, wozu der Vf. es bestimmt hat, nämlich zum Unterrichte auf Gymnasien und Akademieen zu dienen, wenig geeignet sey. Denn die *erste* Abtheilung, in welcher der physische Mensch, wie der Vf. ihn nennt, nach seinen Theilen betrachtet wird, geht in ein Detail, in welches, wenn auf Gymnasien auch Zeit dafür wird, nur wenig Lehrer an denselben dem Vf. würden folgen können. Noch weniger darf sich der Vf. (Vorr. S. IV.) schmeicheln, dass diese Schrift der Wissbegierde eines jeden denkenden Jünglings, der nicht mit sich selbst unbekannt bleiben will, als ein Handbuch Befriedigung gewähren werde. Denn hier kann doch wohl nur von dem Jünglinge die Rede seyn, der nicht über die Gegenstände, die in dem Buche abgehandelt sind, mündlichen Unterricht genossen hat; dieser wird sich aber, bey dem Mangel an Kupfern, aus allen Beschreibungen des Vfs. keinen hinreichenden Begriff von den beschriebenen Gegenständen machen können. Aus dem angegebenen Grunde wird auch die *zweyte*, ganz physiologische, Abtheilung des Buchs dem Leser, der sich aus demselben bloss durch eignen Fleiss unterrichten wollte, weniger Befriedigung gewähren als demjenigen, der sich desselben, nachdem er sich anderwärts die nöthigen anatomischen Vorkenntnisse erworben hätte, als eines Handbuchs bedienen wollte. Die *dritte* Abtheilung: Von dem physischen Menschen nach *seiner Vereinigung mit der Seele* betrachtet, enthält auch das nöthigste aus der Psychologie. Dass der Vf. hier mehr bey der Naturgeschichte der Seele stehen geblieben ist, und sich auf die Naturlehre derselben weniger einlässt, ist unstreitig dem Zwecke des Buchs gemäss; nur hätte Rec. um so mehr gewünscht, dass der Vf. sich über die erste etwas mehr verbreitet hätte, da das wenige, was das Buch giebt, sehr deutlich dargestellt ist, und das nach des Rec. Urtheile fehlende, mit eben der Fasslichkeit hätte dargestellt werden können, da man hier nicht den Mangel der Kupfer empfindet. Denn unstreitig ist die Kenntniss der Seele jedem Menschen eben so wichtig als die Kenntniss des Körpers, ob gleich der Vf., nach dem Anfange der Vorrede, der entgegen gesetzten Meinung zu seyn scheint. Auch bey der Kürze, die der Vf. sich hier zum Gesetze gemacht zu haben scheint, hätte das

das Gefühlvermögen nicht übergangen werden sollen. Bey der Betrachtung des Schlafs und des Wachens (§. 480—484.) hätten diese auch nicht als absolute, sondern als Zustände betrachtet werden sollen, die in unendlich vielen Abstufungen in einander übergehen. Der Begriff des Gedächtnisses wird §. 492 richtiger gegeben, oder vielmehr angedeutet, als in den meisten eigentlich psychologischen Lehrbüchern, indem der Vf. sagt, das eigentlich Charakteristische des Gedächtnisses sey die Erinnerung oder Anerkennung reproducirter Vorstellungen als ehemals schon gehabter. Der Zusatz, dass die Wiedererweckung der Vorstellungen das Werk der Imagination sey, ist wenigstens zu allgemein, da das Gedächtniss auch Verstandesvorstellungen wieder erweckt. Die *vierte* Abtheilung betrachtet den Menschen nach seinen Verhältnissen zur äussern Natur, oder nach den Einflüssen, welche die Aussendinge auf ihn äussern, so wie die *fünfte* in den verschiedenen Lebensaltern. In beiden, und besonders der ersten, giebt der Vf. seinem Zwecke gemäss mehrere diätätische Regeln, oder vielmehr, was unstreitig zweckmässiger ist, Winke, die jeden zu jenen Regeln führen. Denn nach des Vfs. gleich im Anfange der Vorrede geäusserten Absicht, soll sein Unterricht den Jüngling lehren die Pflicht der Selbsterhaltung gehörig zu erfüllen. Dass zu diesem Behufe der Vf. viel kürzer hätte seyn können, bedarf kaum einer Bemerkung. Eben so glaubt Rec. auch, dass der Vf., dieser seiner allerdings löblichen Absicht unbeschadet, besser sich des paränetischen Tons, in den er zu Zeiten, wie §. 668. verfällt, enthalten hätte. Auch glaubt er, dass wo die Sache so sehr von selbst spricht, wie die Physiologie und überhaupt die Kenntniss des menschlichen Körpers für die göttliche Weisheit redet, man ihr durch solche physikotheologische Declamationen, dergleichen sich eine am Ende des §. 338. befindet, zur Unzeit ins Wort fällt, und hätte daher diese und einige andere weggewünscht. Noch weniger kann Rec. es billigen, dass der Vf. sich seines vorgesetzten Zwecks wegen nur auf die Kenntniss des männliches Körpers eingeschränkt hat; denn hier tritt gerade der seltene Fall ein, wo zu viel Vorsicht die Gefahr leicht vergrössert. — Rec. glaubt um so mehr bemerken zu müssen, dass das Buch im Ganzen seinem Gegenstande angemessen und correct geschrieben sey, da die etwas zu weitschweifige Vorrede, in welcher der Vf. unter andern (S. VI.) von dem ihm „gesetzten schönen und erhabenen Zwecke" redet, und die Erfahrungs-Seelenlehre noch als einen Theil der Metaphysik zu betrachten scheint, leicht ein falsches Vorurtheil gegen das Buch erregen könnte. Fehler, wie S. 306. empyrische Psychologie und §. 592 *myasmata* für: empirische und *miasmata*, sind wohl für Druckfehler zu halten.

MATHEMATIK.

Pirna, b. Friese: *Himmelskunde*, oder gemeinnütziger Unterricht über die bis jetzt entdeckten Weltkörper, für diejenigen, welche darüber belehrt werden wollen und keine mathematische Kenntnisse besitzen; von *Joh. Wilh. Schwarz*. 1809. XII u. 140 S. 8. m. Kupfn. (16 gr.)

Nach gerade ist die Zahl derer, die an der populären Astronomie zu Rittern geworden sind, Legion. Unser Vf. gehört zu denen die der Meinung sind, dass nicht viel dazu erforderlich sey, um über eine Wissenschaft für Anfänger und Layen zu schreiben, und dass allenfalls etwas Wissen, und ein wenig Popularität im Stil dazu schon hinreiche. An der letztern fehlt es unserm Vf. nicht; aber leider sind über die Wissenschaft selbst, über welche er schreibt, seine Begriffe noch so verworren, und seine Kenntnisse so dürftig und fehlerhaft, dass er kaum zu den allerersten Anfängern zu rechnen ist. Sein Büchlein enthält: I. Einleitung — über die Weltkörper im allgemeinen, das Sonnensystem und die Anordnung desselben durch Ptolemäus, Tycho und Copernikus; — II. Von den Weltkörpern insbesondere: 1) von der Sonne; 2) von den untern Planeten, Merkur, Venus, Erde, Mond (es hätte richtiger heissen sollen: Erde mit dem Monde); 3) von den Sonnen- und Mondfinsternissen; 4) Verzeichniss der von 1809 bis 1817 zu erwartenden Sonnen- und Mondfinsternissen; 5) von den obern Planeten, Mars, u. s. w.; 6) von den Kometen; 7) von den Fixsternen überhaupt; 8) von deren Zahl und den Sternbildern (welche sonderbare Zusammenstellungen!); 9) unerklärbare Bemerkung an einigen Fixsternen (nämlich: die Veränderung ihrer Lichtstärke. — Aber wie undeutsch! Die Bemerkung ist ja doch nicht unerklärbar); 10) von der sogenannten Milchstrasse; 11) von den Nebelflecken; 12) von der Kraft, durch welche die Weltkörper geleitet, und mit einander verbunden werden. III. *Einige Muthmaßungen* über das Daseyn der Weltkörper (wozu die Kenntniss, die wir von den Weltkörpern haben, veranlasst; nämlich: dass sie der Erde ähnliche Zwecke haben, bewohnbar sind u. s. w. — IV. *Zwey Wahrheiten*, auf welche uns die Sternkunde aufmerksam macht (Unsterblichkeit und höhere Bestimmung des Menschen). V. Von Erfindung und Verbesserung der optisch-astronomischen Instrumente, vorzüglich von dem grossen Spiegeltelescop des Dr. *Herschel*. (Die beiden letzten Abschnitte sind äusserst dürftig und verrathen wenig Beurtheilungsgabe.) — Wie wenig der Vf. Beruf habe, über diese herrliche Wissenschaft zu schreiben, mögen folgende Pröbchen, gleich aus den ersten paar Bogen darthun. — S. 7. setzt er *Pallas* über die *Ceres*, und giebt die Entfernung der Ceres zu 58 Mill. Meilen, Pallas und Juno eben so; *Vesta* etwas näher — an; da doch *Ceres* im Mittel etwa 58 Mill. Meilen, *Pallas* 56, *Juno* 52 und *Vesta* 49, nach den neuesten Berechnungen, von der Sonne entfernt sind. — Welche seltsame Begriffe der Vf. von den *Sonnenflecken* haben muss, zeigt folgende Stelle: (S. 15.) „*Christoph Scheiner* und *Joh. Fabricius* entdeckten im J. 1611. 50 derselben; *späterhin bemerkte der Astronom König* nur 38.

La

La Lande behauptet, dass sich im J. 1798. 40 Frühlingstage hindurch nicht *ein* Flecken an (auf) der Sonne gezeigt habe." — *Scheiner* fand jene Flecken nach und nach in jenem Jahre, der Astronom *König* aber fand diese 38 auf einmal auf der Sonne; Rec. hat selbst schon mehreremal 24 — 30 grössre und kleinere Flecken auf der Sonne gefunden. Und was will der Vf. damit sagen: „*La Lande behauptet?*" Meint er, dass *La Lande* nicht ganz zuverlässig ist? Es ist vielmehr zu verwundern, dass *La Lande* damals davon soviel Aufhebens machte, indem es dem beobachtenden Astronomen nichts Seltnes ist, die Sonne mehrere Wochen lang fleckenleer zu finden. Rec. hat im ganzen April und May d. J. bey seinen öftern Sonnenbeobachtungen keinen einzigen Sonnenflecken entdecken können. — Ueber die *Sonne* spricht der Vf. äusserst dürftig und mangelhaft; und dass er geneigt ist (S. 21.) die *Sonne*, aus längst widerlegten und elenden Gründen für einen feurigen Körper zu halten, zeigt, dass er mit den neuesten Schriften über diesen Weltkörper gar nicht bekannt ist. — Nach S. 23. ist *Merkur* 8mal kleiner als die Erde, da er doch bekanntlich noch einmal so klein, nämlich 16mal kleiner ist. — Bekanntlich ist *Venus* beynahe so gross, als die Erde, und nur um $\frac{1}{15}$ kleiner. Der Vf. weiss dagegen S. 27., *daß die Venuskugel an Größe den 10ten Theil von unsrer Erde beträgt!!* — Dass er eben daselbst die Rotation der Venus zu 25 St. 21 M. statt 23 St. 21 M. angiebt, wollen wir nur für einen Druckfehler rechnen. — S. 28. *Einige* haben die Bemerkung gemacht, dass die Venus auf der Erde *stets* im vollen Lichte erscheint, u. s. w. — Ganz natürlich kann die *Erde* die abwechselnde Lichtgestalt für die Venus nicht haben, die *Venus* für die Erde hat. Allein sie kann doch aus denselben Gründen nicht immer in vollem Lichte daselbst erscheinen, aus welchen wir auch den Mars bisweilen *oval* erblicken; die *Einigen* haben sich daher geirrt! — Die Kupfer stellen dar Taf. 1. das Sonnensystem, Taf. 2. u. 3. Sternfiguren, die indessen bisweilen nicht ganz richtig sind; Taf. 4. enthält eine ganz erbärmliche Zeichnung des Vollmonds, und nicht minder krüppelhafte Darstellungen des Saturns und seines Rings.

LITERARISCHE NACHRICHTEN.

I. Todesfälle.

Am 8. Junius starb zu Leipzig *Joh. Jac. Zschach*, Baccal. d. Med., Vf. des entomol. Theils des Leskischen Museums, im 71sten J. s. Alters.

Am 20. August starb zu Göttingen auf einer Reise ins Carlsbad *Joh. Christoph Unzer*, Prof. und praktischer Arzt zu Altona, ein auch durch belletristische Arbeiten vortheilhaft bekannter Gelehrter, und ein in seinem Wirkungskreise sehr geschätzter Mann, 52 Jahre alt.

Am 1. September starb zu Jena Dr. *J. Aug. Fried. Göttling*, ordentl. Prof. d. Philosophie und Lehrer der Chemie, Pharmacie und Technologie, ein um die gedachten Fächer durch schriftlichen und mündlichen Vortrag sehr verdienter Gelehrter, 54 Jahre alt. Unsere Literatur Zeitung verdankt ihm sehr viele Beyträge bis zu seinem Tode.

II. Beförderungen.

Der als Schriftsteller bekannte Badensche Oberste *v. Porbeck* ist General und Chef eines Infanterie-Regiments geworden.

Hr. Dr. *Fessler*, der bisher auf einem Dorfe bey Berlin lebte, geht als Professor bey der Alexander Newsky Akademie nach St. Petersburg.

An die Stelle des Hn. Prof. *Ferdinand Delbrück*, am Berlinisch - Köllnischen Gymnasium rückt Hr. Dr. *Theodor Heinsius*, dessen Stelle der Subrector bey der Köllnischen Stadtschule Hr. *Landschulz* erhält. Das Subrectorat ist dem jetzigen Collaborator der Köllnischen Stadtschule Dr. *Ruschl* ertheilt, dessen Stelle durch Hn. Dr. *Friedr. Wilhelm Valentin Schmidt* besetzt ist.

Hr. Prof. *Ludwig Friedr. Heindorf*, am Berlinisch-Köllnischen Gymnasium hat den an ihn ergangenen Ruf nach Königsberg in Preussen abgelehnt, und bleibt nunmehr in Berlin bey der gedachten Anstalt.

Von der Gesellschaft der Freunde der Humanität in Berlin sind zu Mitgliedern aufgenommen die Prediger Hr. *Gass* und Hr. *Ribbeck* in Berlin, und der Referendarius Hr. *Klein*.

Die *Gesellschaft für Wissenschaften und Künste zu Lille*, hat den Hn. Kammerrath *Leonhard* zu Hanau zu ihrem correspondirenden Mitgliede ernannt.

Hr. Dr. *Kopp* zu Hanau, Professor der Physik und Naturgeschichte, ist zum correspondirenden Mitgliede der *Société médicale d'Emulation de Paris* ernannt worden.

MONATSREGISTER
vom
SEPTEMBER 1809.

I.

Verzeichniss der in der Allgem. Lit. Zeit. und den Ergänzungsblättern recensirten Schriften.

Anm. Die erste Ziffer zeigt die Numer, die zweyte die Seite an. Der Beysatz EB. bezeichnet die Ergänzungsblätter.

A.

B.

C.

D.

E.

Etienne

Pothier

R.

S.

T.

V.

W.

Z.

(Die Summe aller angezeigten Schriften ist 89.)

II.

Verzeichniss der literarischen u. artistischen Nachrichten.

Beförderungen und Ehrenbezeugungen.

ster

Todesfälle.

Univerſitäten, Akad. u. andre gel. Anſtalten.

Vermiſchte Nachrichten.

III.

Intelligenz des Buch- u. Kunſthandels.

Ankündigungen von Buch- u. Kunſthändlern.

Vermiſchte Anzeigen.

ALLGEMEINE LITERATUR - ZEITUNG

Montags, den 2. October 1809.

WISSENSCHAFTLICHE WERKE.

PHYSIK.

GÖTTINGEN, in Comm. b. Vandenhök u. Ruprecht: *Kronographische Fragmente* zur genauern Kenntniss des Planeten Saturn und seiner Trabanten. *Erster* Theil, Beobachtungen, Folgerungen und Bemerkungen über den Naturbau der festen Kreisgewölbe des Saturnsrings und seiner Atmosphäre, von Dr. *Joh. Hieron. Schröter*, königl. Grossbrit. u. kurf. braunschw. lüneb. Justizrathe u. s. w. 1808. 272 S. gr. 8. mit 2 Kpfrt.

Die auffallendste Erscheinung am Himmel nach Entdeckung der Fernröhre war unstreitig der Ring des Saturns. Schon im April 1610. nahm *Galiläi* etwas davon wahr; hierauf beobachteten ihn auch *Gassendi* und *Hevel* bald als Nebenkörper des Saturns, bald als zwey daran befestigte Handhaben. Erst *Huyghens* erklärte diess Phänomen nach seinen zeither beobachteten Veränderungen für einen frey um den Saturn her schwebenden Ring, der bey weitem mehr breit als dick sey, und bald mehr bald weniger sich öffne, je nachdem seine Ebene mehr oder weniger gegen das Auge des Beobachters geneigt sey. Auch bemerkte schon *Cassini* auf der Ebene des Ringes einen dunkeln Strich, der ihm die Idee eines doppelten Ringes gab; nachher beobachtete ihn *Hadley* eben so, und hielt nicht minder die dunkle Streife für eine Oeffnung des Ringes; *Herschel* hat es aber seit 1791. in die höchste Wahrscheinlichkeit gesetzt, dass Saturn zwey concentrische Ringe von ungleicher Breite habe, die vollkommnern Werkzeuge anderer Astronomen haben es bestätigt, und es würde zweifellose Gewissheit seyn, wenn es einmal gelingen sollte, durch diese Oeffnung irgend einen Fixstern wahrzunehmen. Hierdurch verschwand nun die Vorstellung vom Ringe als einem optischen Betruge, und selbst die von einem dichtgedrängten Trabantenschwarme ganz, und man wurde allgemein der Meinung, dass der Ring ein fester, um den Saturn her frey schwebender Körper sey. — *Herschel* versuchte es zuerst, nach verschiedenen Fleckenbeobachtungen die Rotation des Ringes festzusetzen, und bestimmte sie auf 10 Stunden 32 Min., 15 Sec.; aufmerksame Beobachtungen machten aber Hn. *Schröter* sowohl diese, als auch die von *Herschel* angegebene Rotationsperiode der Saturnskugel selbst, verdächtig. — Auch früh schon schloss man aus Beobachtungen des Verschwindens und Wiedererscheinens des Saturnringes und der wahrgenommenen verschiedenen Dicke des Ringes, da die eine Seite früher, die andere später verschwand, und die eine mehr höckrigt und punktweise unterbrochen sich zeigte, auf eine sehr ungleiche, unebene Figur dieses Ringes. *Herschel* beobachtete das nämliche im J. 1789., erklärte aber die scheinbar höckrigten und unterbrochenen Theile desselben für die Trabantenkörper des Saturn, die um diese Zeit in der Ebene des Ringes erscheinen müssten.

Ueber diese beiden Gegenstände, wozu sich noch Untersuchungen über die Atmosphäre des Ringes gesellen, erklärt sich Hr. *Schröter* in dem vorliegenden *ersten* Theile seiner kronographischen Fragmente mit seiner gewohnten Umsicht, Genauigkeit, Deutlichkeit und Gründlichkeit. Er legt zuerst seine Beobachtungen, besonders bey Gelegenheit des Verschwindens und Wiedererscheinens, umständlich dar, und leitet dann daraus Folgerungen für die Rotationsperiode, für den Naturbau, und für die Atmosphäre des Ringes her.

Was die Beobachtungen betrifft, so sind die von den Jahren 1789. u. 1790., beym damaligen Verschwinden und Wiedererscheinen des Saturns, zwar die geringsten, doch begründeten sie schon die nachmaligen Folgerungen des Vfs. Schon 1789. zeigte sich die feine Lichtlinie des Ringes ungleich und punktweise unterbrochen, und da der Ring gänzlich verschwunden war, sah man den Schattenstreif dieses Körpers deutlich auf der Kugel des Planeten. Im J. 1790. fand er die westliche Ringlinie mit stärkerm Lichte glänzend, als die östliche; diese erschien auch stets matter und unterbrochener. Am 19. Febr. beobachtete *Schr.* einen hervorstechenden Lichtpunkt in der Ringlinie, der am 20. u. 22. an derselben Stelle und zu derselben Zeit wieder wahrgenommen wurde; hieraus schliesst er nun schon vorläufig, „dass der Ring weder in 10 St., noch in 10 St. 32 Min., sondern nur in 24 Stunden, oder in einer kleinern mit 24 aufgehenden Periode, oder auch überall nicht rotiren werde;" und folgert eben so richtig die vorhandenen gebirgigen Ungleichheiten des Ringes. — Ungleich ergiebiger waren die Beobachtungen vom J. 1803. Zur Zeit des zweyten Durchgangs der Erde durch die Ebene des Saturnrings im Anfang des Januars 1803. fand sich das alles eben so. Die östliche Ringlinie erschien um vieles matter und schmaler als die westliche, darin sich wiederum ein Knötchen auszeichnete, das forthin stets in derselben unverrückten Lage beobachtet wurde. In der Mitte des Januars entdeckte man auch in der öſtlichen Linie ein paar feine Knötchen, die immerfort dieſelbe Stellung behielten. Gegen Ende des Januars zog ſich der Hardingſche gröſsere Knoten mehr in die Länge; am 4. und 5. Februar lieſsen ſich die Krümmungen der Knoten gegen die Ebene des Ringes hin deutlich wahrnehmen, ſo daſs dieſs zu ſehr intereſſanten Folgerungen für die unebne Geſtalt des Saturnsringes Anlaſs gab. Die fixen Ringtheile wurden nun zu verſchiedenen Zeiten, und namentlich am 19. Febr. Morgens früh in derſelben Lage beobachtet, an welchem auch die helle Ringlinie (Schärfe des Rings) vor der Saturnskugel ſichtbar ward. So wurden die Beobachtungen bis in den Junius und bis zur neuen Verſchwindung des Ringes fortgeſetzt, die Knoten, und beſonders die gröſsern, in ihrer beſtändigen Lage geſehn, und dabey noch manche zu trefflichen Folgerungen führende Bemerkungen gemacht; wie z. B., daſs am 5. März der Schatten des Ringes auf der Kugel nicht, wie gewöhnlich, *ſchwarz*, ſondern nur *dunkelgrau* in's Auge fiel. Hr. *S.* vermuthete ganz natürlich, daſs die feinere öſtliche Ringlinie auch zuerſt verſchwinden würde, und wirklich war am 25. May die Endſpitze derſelben ſchon verſchwunden, und am 10. Junius mit dem 13füſsigen Reflector nichts als die beiden Lichtknötchen darin zu erkennen. Die weſtliche Ringlinie zeigte ſich viel deutlicher, und der gröſsere Knoten ſtach immer noch in ſeiner alten Lage hervor. Am 16. Jun. war in dieſem Reflector die öſtliche Lichtlinie ganz verſchwunden; nur der 27füſsige zeigte noch matt ihre beiden Knoten. Am 18. ſah *Harding* eine noch ſchwache Spur der weſtlichen Ringlinie; am 22. zeigte auch der 27füſsige Reflector nichts mehr davon, und überall vom Ringe nichts. Von dieſer Zeit an bis zum 8. Julius, da der Ring völlig unſichtbar war, wurde der Schatten deſſelben der Breite nach mehrmals gemeſſen, und 0'' 39 — 0'' 167, 0'' 162, 0'' 422 gefunden. Am 11. und 13. Julius ſah man Spuren von der *öſtlichen* Ringlinie, am 16., 18. und 19. aber überall wieder nichts; am 23. Jul. zeigte ſie ſich matt zu beiden Seiten, am 28. und 29. aber nur an der weſtlichen. Nachher ging der Saturn zur Sonne. — Bey der Wiedererſcheinung deſſelben im November wurden die Lichtknoten auf der ſchon ſtarken Ringlinie deutlich wahrgenommen; dieſsmal fiel aber gerade die öſtliche Seite ſtärker in's Geſicht. Da dieſs gerade das Gegentheil von den über die ſüdliche Ringfläche angeſtellten Beobachtungen war, ſo ſchloſs *S.* hieraus auf eine kleine Neigung beider Ringflächen. Nur ſpäterhin, am 5. Nov., fiel die weſtliche Seite wieder mehr auf; die Lichtpunkte wurden übrigens fortdauernd in derſelben Lage beobachtet. Dieſs letztere fand ſich auch noch am 6. Febr. 1804. ganz genau ſo, womit denn die Reihe dieſer Beobachtungen geſchloſſen ward.

Auf dieſe Beobachtungen folgen nun die daraus hergeleiteten intereſſanten Folgerungen, welche der Vf. in ſechs beſondern Abſchnitten angiebt, die indeſſen beſſer unter obige drey Rubriken gebracht werden könnten, unter welche wir ſie auch hier ſubſumiren wollen. Es ſind nämlich

1) *Folgerungen, die Rotation des Saturnringes betreffend.* Da nämlich alle Beobachtungen darin übereinſtimmten, daſs die in den beiden Ringlinien um die Zeit ſeines Verſchwindens bemerkten knotigen Ungleichheiten unverrückt in allen Abend- und Morgenſtunden dieſelben und in der nämlichen Lage blieben, da ſie ſich bey irgend einer Rotationsperiode nothwendig hätten verrücken müſſen: ſo folgt, daſs der Ring des Saturns überall nicht rotire, ſondern ein unverrückbar feſtes Kreisgewölbe in der Ebene des Aequators der Saturnskugel ſey. Da ferner auch 1790. ſchon die öſtliche Ringlinie gegen die weſtliche lichtmatter erſchien, welches wiederum die Beobachtungen vom J. 1803. ergaben, ſo kehrte der Saturnsring in beiden Knoten der Sonne und der Erde einen und denſelben Punkt ſeiner Schneide zu, und es folgt daraus, daſs, wie es bey den Jupiters- und Saturnstrabanten und bey unſerm Monde in Beziehung auf die Hauptplaneten der Fall iſt, der Ring während eines ganzen Saturnumlaufs um die Sonne in einem uneigentlichen Verſtande einmal rotire, indem er immerfort ebendenſelben bey ſeiner Entſtehung gegen den Saturn und die Sonne erhaltnen Schwerpunkt beiden Weltkörpern zuwendet. Es iſt ſonach, was auch ſchon der Anblick in einem guten Teleſcope ergiebt, der zwiſchen der Kugel und dem Ringe befindliche dunkle Raum kein ſolider, mit dieſen beiden Himmelskörpern verbundener Körper, weil ſonſt der Ring, wenn er durch dieſen mit der Saturnskugel verbunden wäre, eben ſo geſchwind, als dieſe Kugel, um deren Axe rotiren müſste; vielmehr iſt dieſer Zwiſchenraum nichts anders, als reine freye Himmelsluft; wobey es endlich freylich unentſchieden bleibt, ob der über die Ringfläche concentriſch hinlaufende dunkle Streifen eine wirkliche Oeffnung und ein Zwiſchenraum ſey, der den Ring in zwey Theile theile, oder ob dieſs vielleicht eine ſolide, *dunkle* Schicht ſey; doch, da die Farbe dieſes Streifens mit der des Zwiſchenraums zwiſchen der Kugel und dem Ringe die gröſste Aehnlichkeit hat, ſo iſt es höchſt wahrſcheinlich, daſs dieſer Streifen wirklich ein atmoſphäriſcher Raum ſey, und der Ring des Saturns aus zwey concentriſchen Ringen beſtehe.

2) Was den *Naturbau des Ringes* betrifft: ſo haben ſchon die ältern Aſtronomen gemuthmaſst, daſs die Flächen der öſtlichen und weſtl. Handhabe etwas gegen einander geneigt ſeyen, und die Fläche des Ringes kein wahres Planum ausmache. Aus den eignen Beobachtungen des Vfs. und aus mehrern Wahrnehmungen anderer ſorgfältiger Beobachter, eines d'Angos, Targuier, Meſſier, Maraldi u. a., beſtätigt ſich der Satz: „daſs die *weſtliche* Ringlinie dann breiter und lichtſtärker erſcheine, wenn die Erde von der Nordſeite durch die Ebene des Ringes in die ſüdliche übergeht, und das Auge in die von der Sonne erleuchtete ſüdliche Fläche des Ringes zu blicken anfängt

und

und dafs umgekehrt, wenn die Erde von der Rückseite durch die Ringebene in die nordliche übergeht, und das Auge in die von der Sonne erleuchtete nordliche Ringfläche zu blicken anfängt, dann gewöhnlich die östliche Ringlinie ebenfalls breiter und lichtstärker, als die östliche wahrgenommen wird;" und wenn dieses richtig ist, so folgt weiter: „dafs die Fläche der östl. Handhabe gegen die Fläche der westlichen um etwas Geringes von Norden nach Süden geneigt sey." Nach der Berechnung beträgt diese Neigung etwa 2 Minuten, oder genauer 1′ 49″. — Eben so folgte auch aus diesen Beobachtungen die genauere Bestimmung der Knotenlinie des Ringes auf der Ekliptik; nach *Flaugergues* betrug sie 167° 15′ 5″; Hr. *Bessel* berechnete aus zwey Beobachtungen, die zu Lilienthal gemacht wurden, im Mittel = 167° 19′ 8″, welches von *Flaugergues* 4′ 3″ (nicht wie S. 210. Z. 9. steht: 4′ 1″) abweicht. — Die Dicke des Ringes, welche oben verschiedentlich gemessen worden, berechnet Hr. *S.* hier zu 113 geographischen Meilen; die Breite des äufsern Rings giebt er zu 1397, des innern aber zu 3935 an; (Rec. hat für jenen nicht mehr als 1329, für diesen aber mehr, nämlich 3974 geogr. M. herausgebracht;) und der ätherische Zwischenraum zwischen beiden Ringen wird auf 568, zwischen dem innern Ringe und der Kugel aber auf 5720 geogr. M. berechnet. — Höchst merkwürdig machen aber den Naturbau dieses Ringes noch die ungewöhnlich grofsen Gebirge, die sich auf demselben zeigen, wonach das Ganze eine Zusammensetzung der rohesten Gebirgsmassen zu seyn scheint. Schon der Umstand, dafs man bey den Durchgängen der Sonne durch die Ebene des Ringes die Ringlinie selbst in ihrer geringen Dicke gewöhnlich nicht sieht, da doch diese Dicke von der Sonne ganz oder doch gröfstentheils senkrecht erleuchtet wird, und in hellem Lichte erscheinen sollte; dafs man vielmehr nur einzelne von einander getrennte Punkte erblickt, überzeugt, dafs diese Punkte gröfsere, über die unsichtbare feine Schneide vortretende Theile oder Massen, mithin ähnliche Randgebirge seyn müssen, wie die von *Leibniz*, *Dörfel* u. a. auf dem Monde beobachteten, und dafs sie, im Verhältnifs der mittlern, gewöhnlich unsichtbaren Dicke des Ringes von 113 geograph. M. eine ungleich gröfsere, in einer so weiten Entfernung noch sinnlich werdende Ausdehnung und Höhe haben müssen. Hr. *Schr.* berechnet unter andern einen dieser Gebirgspunkte nach seiner Höhe über der Fläche des Ringes auf 169, 94, oder gerade bis auf 170 Meilen; und diese Schätzung ward durch die Vergleichung dieses Gebirgsknotens mit dem dritten Saturnstrabanten durchaus bestätigt. Dieser Trabant hält 256 Meilen im Durchmesser; der Hardingsche Gebirgsknoten erschien aber beträchtlich gröfser; und wenn wir nur annehmen, dafs er um ⅕ gröfser erschien, so betrug der wahre Durchmesser des Gebirges 307, 20 geogr. M. In dieser Gröfse war aber die Dicke des Ringes mit begriffen, die jetzt, da sich das Auge schon um etwas über die Ebene des Ringes erhoben hatte, auf 138, 65 geogr. M. angeschlagen werden mufs; zieht man diefs nun von 307, 20 ab, so bleiben 168, 55 geogr. M. für die senkrechte Höhe des Gebirges, welches denn mit der vorhergehenden Schätzung hinlänglich genau übereinstimmt. Bey diesem Abschnitte macht der Vf. noch einige sehr interessante Bemerkungen. Er bemerkt nämlich S. 230: „Bey den, auch in Ansehung der gebirgigen Beschaffenheit der Oberflächen, uns bekannt gewordenen Planeten, dem Monde, der Venus und dem Mercur, findet sich zwischen ihren Halbmessern und den höchsten Gebirgen ihrer Oberflächen ein gewisses Verhältnifs. So wie sich nämlich die höchsten Gebirge des Mondes zu dessen Halbmesser verhalten, so verhalten sich auch beyläufig die höchsten Gebirge der Venus und des Mercur zu deren Halbmessern, jedoch reichlich. Unter diesen findet das reichlichste Verhältnifs der gröfsten Gebirgshöhen zum Halbmesser bey dem Mercur Statt, welches aber dennoch nur $\frac{1}{117}$ des Halbmessers beträgt; bey dem Ringe des Saturns hingegen ist *gerade umgekehrt* die Grundfläche, welches hier die halbe Dicke des Ringes von 56, 61 Meilen für die füdlichen, und die andere Hälfte der Dicke für die nördlichen Gebirgshöhen ist, auf welcher so ungeheure Gebirgsmassen ruhn, *in ihrem Halbmesser viel kleiner*, als die beyläufig bestimmte mittlere Höhe von 169, 94 geogr. M., zu welcher sie sich *umgekehrt*, wie nur 1 zu 3 verhält; woraus sich ergiebt, dafs die Natur bey der Bildung des Saturnringes ganz anders, als bey den übrigen Planeten zu Werke gegangen seyn müsse." — Eine andere treffende Bemerkung findet sich S. 238.: „Der Ring besteht aus einer sehr grofsen Menge solcher Massenklumpen, welche in Vergleichung mit der mittlern Dicke des Ringes, *beträchtlich gröfsere* und *kleinere*, die allermeisten aber solche Durchmesser haben, welche im Mittel der mittlern Dicke des Ringes ungefähr gleich kommen; und eben deswegen erscheint die Ringlinie, wenn die Sonne an und in die Ebene des Ringes kommt, immer in isolirt unterbrochenen Punkten, welche die gröfsern Klumpen oder Ringtheile sind, indem wir die kleinern zum Theil nicht unterscheiden können, und weil auch diese kleinern Ringtheile zum Theil von den gröfsern Massen der dann am Horizonte stehenden Sonne entzogen, und mit Schatten bedeckt werden." — Man sieht hieraus schon, wie trefflich und sicher der Vf. die verschiedenen Erscheinungen des Saturnrings zu erörtern versteht, wobey ihn nur Beobachtungen leiteten; aber nicht minder werth sind auch seine *Ideen über die Bildung des Saturnrings*, wovon wir noch das Hauptsächlichste hierher setzen wollen. „Als sich — so äufsert er sich darüber S. 241. — die Saturnskugel, so wie die übrigen Planetenkugeln aus der zunächst um sie gewesenen chaotischen Materie zusammengeballt hatte, und in ihre jetzige Lage kam, wo sie sich nach dem Verhältnifs der Centripetal- und Centrifugalkräfte rotirend um die Sonne zu bewegen anfing, ballte sich in einer entferntern Region der Saturnskugel, und zwar in

allen

allen Punkten ihres Umkreises, aus der dort vorhandenen chaotischen Materie eine unzählbare Menge chaotischer Klumpen, natürlich von verschiedenen grössern und kleinern Durchmessern zusammen, welche sämmtlich von der Saturnskugel, und natürlich von deren Mittelpunkte aus, in der Richtung ihres grössten Durchmessers und rotirenden Umkreises, mithin in der Ebene ihres Aequators angezogen wurden, und von allen Punkten des Umkreises gegen den Aequator der Saturnskugel hinströmten. Wären ihrer wenige gewesen, so wären sie vielleicht, wenn sie dafür hinlängliche Centrifugalkraft gehabt hätten, Trabanten der Saturnskugel geworden. Dafür war aber die Menge der hier vorhandenen Klumpen zu gross; sie kamen daher immer näher aneinander, schoben sich endlich zusammen, und bildeten so ein paar feste Kreise, welche itzt den Ring des Saturn ausmachen, und aus ihrem anfangs weichen Zustande in einen immer festern übergingen." Gewiss ist auf diese Weise die Erklärung der Entstehung und Bildung des Saturnrings viel gefälliger, wenn man voraussetzt, was Hn. *Schröter's* Beobachtungen erweisen, dass der Ring keine ebene Fläche, sondern durchaus ungleich und höckericht sey. Das Einzige, was Rec. hiergegen zu erinnern hätte, wäre indessen, dass doch in der That, allem Augenschein in guten Telescopen nach, der Ring des Saturn eine eigentlich mehr ebene, und wenigstens nicht so ganz höckrichte Rundung ist, als diese Erklärung, wenn sie in hohem Grade wahrscheinlich seyn soll, es voraussetzen muss.

Zuletzt theilt der Vf. 3) noch seine Resultate *über die Atmosphäre des Saturnrings* mit. Aeusserst sinnreich erklärt er theils die sonderbare Erscheinung, dass, wenn man auch durch die besten Teleskope von der Schneide des Ringes überall nichts, als etwa nur den grossen Harding'schen Knoten erblickte, man doch den Schatten des Ringes auf der Kugel völlig schwarz und ungemein deutlich wahrnahm, theils auch den Umstand, dass man bald an der einen, bald an der andern Seite mehr oder weniger vom Ringe, bisweilen gar nichts, oder doch den finstern Streifen nur in einem mattgrauen Lichte sah, aus der Atmosphäre des Saturnrings, und zeigt, dass dieser allerdings eine Atmosphäre haben müsse, die der Erdatmosphäre an Dichtigkeit gleichkommen mag, auch, wie diese, verschiedener Veränderungen, Verdickungen oder Aufheiterungen fähig ist. Von diesen verschiedenen Modificationen der Ringatmosphäre hängt auch das ab, dass man den schmalen Ringstreif nicht immer dicht an die Kugel anschliessend, sondern öfters scheinbar getrennt findet, worüber der Vf. schätzbare Beobachtungen, auch einige Zeichnungen beygebracht hat. Eben so wird diese Atmosphäre auch eine im Verhältniss ihrer Dichtigkeit stehende Strahlenbrechung haben müssen, woraus es sich auch erklären lässt, wie theils der Ringstreif bald heller, bald matter, theils der Ringschatten bald dunkelschwarz, bald nur dunkelgrau ins Gesicht fiel. —

Diese interessanten Beobachtungen schliesst der Vf. mit einer trefflichen Erörterung der Beobachtung, dass die zwischen dem Ringe und der Kugel des Saturns befindliche reine Himmelsluft gewöhnlich viel dunkler, als die den ganzen Körper zunächst umgebende übrige Himmelsluft erschien. Er findet nämlich keinen Grund, hier eine optische Täuschung anzunehmen, da man theils bey hellem Mondenscheine oder auch in der Abenddämmerung dasselbe gefunden hat, übrigens auch der dunkle Zwischenraum beider Ringe dieselbe Farbe hat, theils auch diese Zwischenräume nicht immer gleich dunkel erscheinen. Indessen glaubt Rec. doch, dass das erstere nicht hindere, die Ursache dieser Erscheinung eben, weil auch der Zwischenraum zwischen beiden Ringen dieselbe Farbe hat, in dem Contraste gegen die diesen Raum umschliessenden hellen Körper des Ringes und der Saturnskugel zu suchen; das letztere aber könnte gar in unmerklichen Modificationen unsrer Atmosphäre seinen Grund haben, die bekanntlich oft von grossem Einflusse auf himmlische Wahrnehmungen sind. Auch kann Rec. eben so wenig ganz einsehn, wie die treffenden Bemerkungen des Vfs. über die Einflüsse beider Atmosphären des Ringes und der Kugel auf einander ihre Anwendung auf die eben bemerkte Erscheinung durch die ihnen entgegengesetzte Erinnerung verlieren sollten, „dass wir selbst die *soliden*, nicht erleuchteten Theile der Planeten Merkur und Venus gewöhnlich überall nicht, viel weniger in dunklerer Farbe, als den übrigen Himmelsraum sehn;" und er gesteht gern, dass er die Verbindung, die der Vf. hier annimmt, aber nicht weiter aus einander setzt, nicht hat begreifen können. Ohne alles diess möchte freylich die physische Ursache dieser Wahrnehmung sehr schwer zu entdecken seyn. Recht sehr ist es zu wünschen, dass weder Mangel an Zeit oder Gesundheit, noch auch die trüben Zeitumstände den Vf. hindern mögen, sowohl seinen *zweyten* Theil dieser kronograph. Fragmente, welche die Beobachtungen über die Saturnskugel selbst, nebst den Resultaten derselben enthalten werden, als auch seine mehrmals versprochenen *areographischen Fragmente* recht bald ans Licht treten zu lassen.

ALLGEMEINE LITERATUR-ZEITUNG

Dienstags, den 3. October 1809.

WISSENSCHAFTLICHE WERKE.

MATHEMATIK.

Berlin, b. Weiss: *Untersuchungen über den Ursprung und die Bedeutung der Sternnamen.* Ein Beytrag zur Geschichte des gestirnten Himmels, von *Ludewig Ideler*, Astronom der Kön. Preuss. Akademie der Wiss. u. s. w. 1809. LXXII und 452 S. 8. (2 Rthlr. 12 gr.)

Diese vortreffliche Arbeit des längst geschätzten Vfs., bey welcher er die Unterstützung der Hn. *Tychsen* zu Rostock, *Beigel* in Dresden, *Buttmann* in Berlin rühmt, eröffnet eine *Einleitung*, welche sich vorzüglich mit der Geschichte älterer Gestirnbeschreibungen beschäftigt. Auf diese folgt *Zakaria Ben Mahmud El-Kazwini* Gestirnbeschreibung, deutsch, mit Erläuterung, die Sternnamen betreffend. Diese Erläuterungen enthalten die auf dem Titel versprochnen Untersuchungen über den Ursprung und die Bedeutung der Sternnamen. Diesen sind noch „Nachträge" beygefügt. Ein „Anhang" bringt die Nomenclatur und kurze Anzeige der neuern Sternbilder bey. — S. 375—406. liefern den Text des *Kazwini* arabisch. — Zuletzt folgt noch eine Abhandlung über die Gestirne der Araber; das Ganze beschliesst ein sehr brauchbares Register. Hier nun das Nähere.

Die Einleitung führt nach einer kurzen Bemerkung über die beym *Homer* und *Hesiod* genannten Sternbilder auf den *Eudoxus* und *Aratus*. Von dem Lehrgedicht des letztern, worin er fast nichts weiter, als die Gestirnbeschreibung des Eudoxus liefert, wird nicht allein eine gute Notiz, sondern auch dessen Inhalt in einem trefflichen Auszuge gegeben. Wenn hier der Vf. beym *Schlangenträger* den *Aratus* tadelt, dass er sagt: „die Hände (des *Ophiuchus*) sind weniger hell, jedoch nicht *ganz* ohne Glanz," so glaubt Rec. vielmehr, dass *Aratus* ganz recht urtheilt. Die Sterne β und γ an der Schulter erscheinen im weisslichen, hellern, δ und ε an der Hand aber, wie wohl sie ebenfalls Sterne dritter Grösse sind, im mattern röthlichern Lichte, und nur Fernröhre zeigen, dass sie jenen an Lichtstärke gleichen. Die rechte Hand des *Ophiuchus* hat nur kleinere Sterne, vierter Grösse; und dieserhalb schon konnte *Aratus*, ohne jenen Sternen an der linken zu nahe zu treten, mit Recht sagen: „die Hände sind weniger hell, jedoch nicht ganz *ohne Glanz*, da an der linken ebenfalls zwey hellere Sterne stehn, und nur die Rechte kleinere bezeichnen." — Eben so dünkt ihm, dass *Aratus* die Figur der *Cassiopea* ganz wohl mit der Gestalt einer aufgeschlagenen Doppelthür vergleichen konnte: denn bildet nicht das verzogne *W*, das ihre Hauptsterne zeichnen, ungefähr eine solche Figur? — Uebrigens ist es freylich auffallend, dass *Aratus*, der den Stern dritter Grösse am Bande der Fische als einen schönen und grossen Stern auszeichnet, den *Widder* sternlos und unscheinlich nennt, um so mehr, da auch diese Sterne 2ter, 3ter und 4ter Grösse eine Figur (einen Haken) bilden, worauf *Aratus*, wie wir eben bemerkten, gern sieht — dass er die *Plejaden* als ein dunkles Sternbild anzeigt, und im Schwan des glänzenden Sterns zweyter Grösse nicht gedenkt, von dem *Hipparch*, wie wohl wiederum etwas übertrieben sagt, dass er der Leyer wenig nachstehe — dass er im grossen *Hunde* der übrigen Sterne, ausser dem *Sirius*, nur als matter Sterne gedenkt, da sie doch 2ter und 3ter Grösse sind, und der an der Vorderpfote sich sehr auszeichnet. Dass aber *Aratus* sagt: „der Altar stehe dem Arctur gegenüber" ist nicht so genau zu nehmen; am wenigsten heisst es wohl, dass sie gleiche, aber entgegengesetzte, Abweichungen hätten. Aus dem Folgenden wird vielmehr deutlich, was *Aratus* meynt; nämlich nichts anders, als: „der Altar stehe dem Arctur in so fern gegen über, dass gerade um die Zeit, wenn jener anfange sich recht hoch über den Horizont zu erheben, dieser schon bald wieder hinab sinke. — Dieser also in den paar Stunden, wenn jener sich seinem höchsten Stande nähere, seinen Tagbogen am Himmel beschreibe, und über dem südlichen Horizont sichtbar werde." Diess hat auch ganz seine Richtigkeit: denn, die gerade Aufsteigung beider konnte damals etwa um 10—12 Grade unterschieden seyn.

In dem übrigen Theile der Einleitung kommt der Vf. nun auf Eratosthenes, Hipparchus, Ptolemäus, Geminus; geht dann zur Astronomie der Römer, wo allerdings Plinius eine vorzügliche Erinnerung verdient, und weiter zur Astronomie der *Araber* über. Die Verdienste der letztern um diese Wissenschaft sind bekannt. Die Namen El-Batani (*Albategnius*), Ebn Junis; — El-Kazwini; — Nasir-Eddin; (hiebey wird der Borgianischen, und der Dresdenischen arabischen Himmelskugel erwähnt) — und *Ulug Beigh* gehören zu den denkwürdigsten. Zuletzt wird gezeigt, wie die arabischen Sternnamen in unsere Astronomie übergegangen sind, wobey denn einiger ver-dienst-

dienſtvollen Arbeiten, z. B. *Baieri Uranometria*, und der wackeren *Lachſchen* Anleitung zur Kenntniſs der Sternnamen u. ſ. w. (in *Eichhorns* allg. Biblioth. der Bibl. Lit. VII. Bd. —) mit Recht gedacht wird. Des Hn. CR. *Ancillon* Aufſatz im aſtronom. Jahrb. 1788. S. 130 — 138. wird nicht erwähnt. — (Der vor kurzem verſtorbene, verdienſtvolle Rector zu Breslau, welcher heftweiſe eine aſtronomiſche Bibliographie geliefert hat, heiſst nicht *Scheibler* ſondern *Scheibel*.)

Nach dieſer Einleitung folgt nun das Hauptwerk, nämlich die Ueberſetzung von *Kazwini* Geſtirnbeſchreibung, mit ausführlichen Erläuterungen. Den Text der Ueberſetzung durchlaufen Zahlen, welche auf die dazu gehörigen Anmerkungen hinweiſen. — Es iſt freylich ſchwer zu ſagen, welchen Stern ſeiner Bezeichnung nach *Eudoxus* zum Polarſtern macht; indeſs kann Rec. nicht glauben, daſs er auf einen ſo kleinen Stern, als *b* iſt, gekommen ſeyn ſollte, vielmehr iſt er der Meinung, daſs er doch unſern gewöhnlichen Polarſtern, wenn dieſer auch damals weiter vom Pol entfernt war, gemeint habe. *Kazwini* ſagt: daſs der Zapfen des Taggleichers (Pol des Aequators) den Polarſtern, welcher *El - dſchedi* heiſst, ziemlich nahe ſtehe. — *Ptolemäus* zählt im groſsen *Bär* nur 27; *Kazwini* 29 Sterne; auſserdem noch 8 unförmliche. Wir erhalten hier treffliche Bemerkungen über die eigentlichen Namen der Hauptſterne des groſsen *Bärs*, und über die jetzt gebräuchlichen, z. B. *Dubhe*, welches der Name des ganzen Sternbildes iſt; *Benetnaſch*, bezieht ſich eigentlich auf das ganze *Viereck* mit den drey Schwanzſternen; jene heiſsen *Näſch*, Bahre, dieſe *Benât*, Töchter; u. ſ. w. — Im *Drachen* rechnet *K.* 31 Sterne; die Araber verewigten in den einzelnen Sternen dieſes Bildes eine ganze Kameelfamilie, den Schakal, und die männliche Hyäne. Es iſt übrigens merkwürdig, daſs *K.* hier ſchon einen Stern 6ter Gröſse anzeigt, der in keinem neuern Verzeichniſs, auch nicht in *Piazzi's* groſsen Katalog, ſondern nur in *Schillers coelum ſtellatum chriſtianum* vorkommt. — Im *Cepheus* nennt er 11 Sterne; die Araber nennen ſie den Hirten mit den Schafen und dem Hunde. — Im *Bootes* giebt er 22 und 1 unförmlichen an; in der *nördlichen Krone* 8; in dem *Knieenden* (Herkules) 28, und 1 unförmlichen; in der *Leyer* 10; in der *Henne* oder dem *Schwan* 17 und 2 unförmliche. Der Erklärung des Namens *Albireo* kann Rec. nicht beyſtimmen; näher ſcheint *Lach* der Sache, aus *el - buraho*, zu kommen; *Deneb* bezeichnet den Schwanz. — In der *Caſſiopea* giebt er 13, im *Perſeus* (dem Träger des Meduſenkopfs) 26, und 3 unförmliche; (aus *Ras - el - gul* iſt *Algol* zuſammengezogen) im *Fuhrmann* 14 (der arabiſche Name von *Capella*; Albajoth, iſt aus *el - aijur* corrumpirt); im *Schlangenträger* 24 und 5 unförmliche, in der *Schlange* 18; im *Pfeil* 5, die deſſen eigentliche Geſtalt bezeichnen; im *Adler* 9 Sterne, und drey unförmliche; im *Delphin* 10; im *Füllen* 4; im *Pegaſus* 20, wovon die benannten gewiſſe Theile des Pferdes andeuten; in der *Andromeda* 23, auſser dem hellen am Kopf, der zugleich am Nabel des Pferdes ſteht. Auf die Andromeda folgt das *vollſtändige Pferd*, welches 31 Sterne enthält, und auch bey *Salamaſch* vorkommt, ſonſt aber in den Sternverzeichniſſen nicht vorkommt; auffallend iſt es übrigens, daſs die äuſsere Geſtalt ſcheinbar umſtändlich und genau, und doch wieder ſo unvollkommen gezeichnet iſt, daſs ſeine Lage gar nicht ordentlich auszumitteln iſt; von Namen der Sterne iſt hier gar nicht die Rede. — Der Triangel beſtehe aus 4 Sternen, wovon einer die Spitze bilde.

Die *zwölf Sternbilder* des *Thierkreiſes* werden von S. 132 — 206. erörtert. *Kazwini* giebt 13 Sternbilder und 5 unförmliche in dieſem Bilde an. Die beiden Sterne β und γ am Kopf heiſsen *el - ſcheratain* (in beiden Zeichen), weil ſie die erſte Mondſtation bilden, und den Jahrsanfang bezeichnen. Der Stern α am Kopf heiſst *el - nath*, der *Stoſs*. — Die *Fliege*, welche hier nicht vorkommt, machte wahrſcheinlich die zweyte Station aus, und hieſs mit mehrern Sternen am Bauch *el - botein (ventriculus)*. — Im *Stier* werden 32 Sterne und 11 unförmliche gerechnet, den hellen Stern am Fuſs des Fuhrmanns ungerechnet. Die *Plejaden* heiſsen *el - thoreja*, welches ein Sternhäuflein bedeutet. — Die *Zwillinge* faſſen 18 Sterne und 7 unförmliche; der *Krebs* 9 Sterne und 4 unförmliche. Die *Krippe* wird hier *el - nethra* genannt, welches etwa eine Sternausſtreuung bedeuten möchte, die übrigens im Text für einen hellen Stern gegolten zu haben ſcheint. Der *Löwe* enthält 27 Sterne und 8 unförmliche. Die vier Sterne am Halſe und am Herzen, *Regulus*, γ, η und ζ heiſsen zuſammen *el - dſchebha*, die *Stirn*. Den Stern am Schwanz des Löwen *(Denebola)* hielt man für einen Witterungsboten, daher man ihn *el - ſerfa*, den Umſchlagenden nannte, der die Witterung verändert. — Die *Jungfrau* mit 26 St. und 6 unförmlichen, in welcher *Spica* verſchiedene Namen, z. E. der unbewaffnete Simakh, die Aehre, auch: das Schienbein des Löwen, hat. — Die *Wage*, ein uraltes, aus dem Orient gekommenes Sinnbild der Tag- und Nacht - Gleichung, 8 Sterne und 9 unförmliche enthaltend; die Namen Jubenelgenubi und Jubeneſchenali bedeuten die *ſüdliche* und *nördliche* Wagſchale. — Der *Scorpion* enthält 21 Sterne und 3 unförmliche; *Antares*, der Stern erſter Gröſse, (ἀντάρης, ein Gegenſtück zum Mars, weil er dieſem an glänzend röthlicher Farbe ſehr ähnelt), heiſst hier *kalb - el - akrab*, Herz des Scorpions. — Der *Schütze*, *el - rami*, oder auch *el kaus*, der *Bogen* enthält 31 Sterne; die Araber, welche die Milchſtraſse mit einem Fluſſe vergleichen, nennen die 3 Sterne γ, δ, ε, welche der Milchſtraſse nahe ſtehn, *den zum Trinken gehenden Strauſs*, und σ, φ, τ und ζ, welche öſtlich von derſelben, abwärts ſtehn, *den vom Trinken kommenden Strauſs*, und μ und λ die *beiden Strauſse*. — *El - dſchedi*, der *Bock*, (Steinbock), hat 28 Sterne; die beiden hellen Sterne am Schwanz des Steinbocks heiſsen die *beiden Freunde*. — Der *Waſſermann* (*Sakhib el mâ*, der Waſſerausgieſsende) mit 42 Sternen und 3 unförmlichen. Der helle Stern am Maul des ſüdlichen

chen Fisches, *Fom el hhût* (unrichtig *fomahand*) heisst hier: der *erste Frosch*, in Beziehung auf einen zweyten, der im Wallfisch vorkommt. *Ptolemäus* heisst ihn „den letzten im Wasser und am Maul des südlichen Fisches. — In den *beiden Fischen* (oder: *dem Fische*) rechnet *Kazwini* 34 Sterne und 4 unförmliche.

Hierauf folgen (S. 207 — 286.) die *südlichen Sternbilder*. Der *Wallfisch* hat 22 Sterne; *Menkar* am Kopf ist aus *Minchir*, die Nase, entstanden; *Deneb kaitos schemali*, der nordliche Schwanz des Wallfisches, ein schöner Stern, fast vollkommen zweyter Grösse, heisst hier der zweyte Frosch. — *Orion*. *el*. *dschebbar*, der *Riese*, mit 38 Sternen; *Beteigeuze* ist aus *Jed*. *el*. *dschauzâ*, Hand des *Orion*, entstanden. — *Bellatrix* ist die Uebersetzung der alphonsinischen Tafeln von *El*-*nadschid*. — *Rigel* nach den alphonsinischen Tafeln ist hier *Ridschl el*. *dschebbâr*, der Fuss des Riesen. — *Eridanus*, *el*-*nahr*, der Fluss, mit 34 Sternen, aus welchem man wieder eine ganze Straussfamilie zusammensetzte. Den Stern α, *achir nahr*, das Ende des Flusses, heisst man den Strauss; einige andere Sterne das *Straussennest*, wieder andere die *Straussenyer*; mehrere einzelne Sterne heissen die jungen *Strausse*. — *El*-*arneb*, der *Haase*, mit 12 Sternen; — der *grosse Hund*, mit 18 Sternen und 11 unförmlichen. *Sirius* heisst bey den Arabern *el*-*schira el abur*, ein hellstrahlender Stern. *Der kleine Hund*, von den Arabern „der vorangehende Hund" genannt, besteht nur aus 2 Sternen; *Procyon* wird bey den Arabern der syrische (auch, der triefäugige) *Sirius* genannt. — Das *Schiff* enthält 45 Sterne. Den schönen Stern *Canopus* nennen die Araber *Suhel* von der Ebene (*sahl*), über die er niedrig hingeht, und seinem flachen Stande über dem Horizont. — *El*-*schudschâ*, die Schlange (Wasserschlange) mit 45 Sternen und 2 unförmlichen. *Alphard*, der Name des ersten Sterns in diesem Bilde ist aus *el*-*ferd*, der isolirte (da er von allen ihm ähnlichen abgesondert ist), gemacht. — *El bâtija*, der *Becher*, hat 7 Sterne, die von den Arabern *el*-*malef*, die Krippe, genannt werden. — Der *Rabe*, *El*. *gorab*; welchen Namen insbesondere der Stern δ dieses Bildes (*Algorab*) führt, besteht ebenfalls aus 7 Sternen. — Der *Centaur* hat 37 Sterne; der helle Stern am Fuss heisst *Hhadâr*, ebenfalls von seinem tiefen Stande am Himmel. — *El*-*sebu*, das Thier (der Wolf), fasst 19 Sterne. — Der *Altar* (das Rauchfass) hat 7 Sterne; die *südliche Krone*, die auch bey den Arabern bisweilen den Namen *Straussennest* führt, 13 Sterne; und der *südliche Fisch*, mit *Fomelhaut*, Maul des Fisches, 11 Sterne. — Diess sind die bis *Kazwini* bekannten ältern Sternbilder. — Der Uebersetzer hat gelehrte und treffliche Erläuterungen über die verschiedenen Sternnamen gegeben; möchte er nur nicht so häufig den Liebhabern der Sternkunde, die nicht Kenner der arabischen Sprache sind, dunkel geblieben seyn; möchte er sich ihnen, die doch auch etwas Gründliches darüber wissen wollen, ohne die arabischen Namen selbst übersetzen und erklären zu können, noch etwas verständlicher gemacht haben!

Die *Nachträge* zu den Anmerkungen sind sehr zahlreich und zum Theil auch ausführlich (S. 290 — 340.). — Nun folgt noch die kurze Angabe der übrigen neuern Sternbilder, sowohl der nördlichen, als auch der südlichen, deren Anzahl sich noch auf 60 beläuft. — Bey Gelegenheit der grossen und kleinen Wolke wird noch der sogenannten *Magellansflecken* oder *Kohlensäcke* gedacht, die als zwey einzelne Flecken von tiefer Schwärze am südlichen Himmel sich zeigen. Der erste und grösste dieser Flecken, östlich beym Kreuz, ist in Hn. Prof. *Bode's* vortrefflichem grossem Himmelsatlas bemerkt. — Die Abhandlung „über die Gestirne der Araber" liefert Bemerkungen über die den Gestirnen ertheilten besondern Bezeichnungen und Namen, welche den Arabern eigenthümlich waren, und über deren Ursprung im Allgemeinen.

Freunde des gestirnten Himmels, und vorzüglich tiefere Forscher über diesen erhabenen Gegenstand werden dieses treffliche Buch nicht ohne mannichfache Belehrungen aus den Händen legen, dessen Aeussres übrigens auch seinem innern Werthe entspricht.

Leipzig, b. Fleischer d. j.: *Ausführliche Erklärung des Julianschen und Gregorianschen Kalenders* — für die der Mathematik unkundigen Leser. Ein populärer Beytrag zur Kenntniss des Weltgebäudes und der Zeitrechnung u. s. w., von *Joh. Heinrich Helmuth*, königl. westph. Superint., Pred. zu Calvörde u. s. w. 1809. XXIV u. 246 S. 8. (20 gr.)

Dieses nützliche kleine Buch entspricht ganz seinem Titel, wenn es auch mit der verheissnen Kenntniss des Weltgebäudes nicht so ganz streng zu nehmen ist. Es giebt *zuerst* in 24 §§. eine Einleitung in die ausführliche Erklärung des Julianischen und Gregorianischen Kalenders. Hier wird von der Eintheilung der Zeit, der Bewegung der Himmelskörper und besonders der Bewegung des Mondes und der scheinbaren Bewegung der Sonne, von der Berechnung des Jahrs, des Sonnen- und des Monden-Jahrs, und der verschiedenen ältern Jahresberechnung, kurz und fasslich gehandelt. *Hierauf* folgt die ausführliche Erklärung des Julianischen und Gregorianischen Kalenders selbst. Sie erklärt — das Julianische und Gregorianische Jahr überhaupt, die Eintheilung in Monate und Wochen, die astronomische und verschiedene bürgerliche Bestimmung der Tage und Stunden; — *ferner* die in unserm christlichen Kalender vorkommenden Feste — *zuerst* die beweglichen, und die davon abhangenden Sonntage, *dann* auch die unbeweglichen, beide werden gut und hinlänglich umständlich erläutert. Hierauf folgt die Erörterung der Berechnung des Osterfestes, des Mondzirkels, der goldnen Zahl, des Sonnenzirkels und der Sonntagsbuchstaben; Erfindung der Wochentage aus den Monatstagen; Römer Zinszahl, von den Epakten und deren Gebrauch; sodann eine umständliche Anweisung zur Berechnung des Osterfestes. Zuletzt wird von den übrigen im Kalender vorkommenden Sachen, den verschiedenen Zei-

chen

chen und übrigen Angaben gehandelt. Hierin besteht nun der auf dem Titel angezeigte Beytrag zur Kenntniss des Weltgebäudes. S. 217. werden Ceres, Pallas und Vesta als die neu entdeckten Planeten genannt, die zwischen letztern beiden wandelnde, von *Harding* entdeckte *Juno* wird aber vergessen; so nach haben wir nicht 7 sondern 11 Hauptplaneten. — Eine genaue Erklärung der verschiedenen himmlischen Erscheinungen, namentlich der Sonnen- und Mondfinsternisse, des Mondwechsels u. dgl. findet man hier übrigens nicht.

ARZNEYGELAHRTHEIT.

Berlin, b. Braunes: *Ueber den Werth der medicinischen Erfahrung und die Mittel, sie zu erlangen.* An seine Zuhörer, von Dr. *Ernst Horn*, Arzt der Charité zu Berlin. 1807. 54 S. 8. (8 gr.)

Nur wen ein günstiges Geschick, wie den Vf., an eine Stelle setzte, wo er nicht nur die gehörige Menge, sondern auch vielerley Kranke sehen, beobachten, prüfen und behandeln kann; nur der kann von dem grossen Werthe richtig urtheilen, den die Erfahrung dem praktischen Arzte gewähret. Freylich gehört auch noch eine gewisse subjective Fähigkeit dazu, die Kenntniss zu wissen, was man beobachten soll (denn leider giebt es uralte, sehr beschäftigte Praktiker, die dessen ungeachtet arm an wahrer Erfahrung sind), zu wissen, worin die wahre Erfahrung bestehe, zu erkennen, wodurch verwandte Krankheiten sich unterscheiden, durch Glück und Unglück weiser und sicherer in der Kunst zu werden u. s. f. Eine solche Erfahrung kann nicht der Theorie roh und uneingeschränkt entgegen gesetzt werden; sie ist vielmehr mit einer begränzten, eingeschränkten, und (wie sie sich für die Arzneykunst ziemt) bescheidenen Theorie auf das innigste verwandt. Ganz wahr ist es (S. 4.), dass es bis jetzt keiner einzigen Theorie gelungen sey, sich einer anhaltenden Dauer und Huldigung bey den Aerzten bemächtigt zu haben; sie griffen gewöhnlich weiter, als der Natur der Sache nach erlaubt war. Am allerwenigsten wird es der naturphilosophischen gelingen, in welcher wir die Zeiten des *Paracelsus*, *Helmont* und *Sylvius* wiederfinden. Der Vf. ist nur schüchtern gegen diese Feindin aller wahren Medicin; es müsste denn seyn, der Rec. wäre zu heftig gegen eine Sekte, die auf der einen Seite einer Hyperphysik, der Magie und Mystik huldigt, und auf der andern sich der allerrohesten Empirie in die Arme wirft. Offen und gern lässt Hr. *H.* der *Brownschen* und Erregungstheorie Gerechtigkeit wiederfahren, die nur durch das Einmischen unbesonnener Jünglinge und literarischer Renommisten um ihren Werth gebracht worden ist. Am meisten, sagt der Vf., hat die irrige Deutung (einiger) einzelner Sätze der *Brownschen* Lehre und deren zu dreiste und willkürliche Anwendung auf die Praxis geschadet, die gefährliche, bestimmte Activität im Heilverfahren bey ungewissen, unbestimmten Zuständen, die doch so häufig vorkommen, der bedenkliche Missbrauch der stärksten excitirenden Mittel, namentlich des Opium, die Annahme bloss graduell verschiedener Krankheitszustände und Heilmittel u. s. w. Dadurch kam die grosse Wahrheit zu Tage, dass die Theorie allein kein Heil bringe, dass nirgends die Erfahrung und eine vernünftige Skepsis hintan zu setzen sey. Die Basis alles medicinischen Wissens beruht auf etwas Nothwendigem, Factischem, was von unsrer Freyheit im Urtheile und und Deutung (von dem Urtheile nach einem gewissen, bestimmten philosophischen Systeme) ganz unabhängig ist. Hieraus ergiebt sich der Werth eines sorgfältigen Studiums der kranken Natur und derjenigen Anstalten, wo man sie findet, klinische Institute, Hospitäler u. s. w. Das Medium ist ein gut angestelltes Krankenexamen. Auch Leichenöffnungen sind (nur nicht immer) wichtige Mittel zur Bereicherung wahrer medicinischen Erfahrung. Sehr zu beklagen ist es, dass das Studium der Alten (insonderheit der Observatoren) so sehr vernachlässigt wird. Ohne die Beyhülfe der Gelehrsamkeit, des Umganges mit Aerzten und des strengen Studiums älterer und neuerer Werke ist selbst das Genie schädlich, sagt ein trefflicher Schriftsteller über die Erfahrung, der unsterbliche *Zimmermann*. Nur müssen wir *nicht* bloss nachbeten, wir müssen selbst prüfen, *nicht* unsern Geist von einem andern, obschon einem grössern Geiste gefangen nehmen lassen: denn auch der grösste Geist hat nur wenige, kurze Perioden, wo er unfehlbar ist, und nach diesen sinkt er zu den Schwächen der Menschlichkeit und oft tiefer herab, als ein geringeres Genie. Alles diess sagt der Vf., wenn nicht mit diesen Worten, doch in diesem Sinne; aber wird man ihn bey dem jetzt epidemisch herrschenden literarischen Veitstanze hören?

ALLGEMEINE LITERATUR-ZEITUNG

Dienstags, den 3. October 1809.

INTELLIGENZ DES BUCH- UND KUNSTHANDELS.

I. Neue periodische Schriften.

Inhalt
der
Intelligenzblatter zu den Friedenspräliminarien.
Zweyter Band.

(Der Pränumerationspreis jedes Bandes dieses Journals, welcher aus 46 Numern besteht und mit einem in Kupfer gestochenen Umschlage versehen ist, ist 1 Rthlr. Sächs., der Ladenpreis 2 Rthlr. 12 gr.; wer auf einen noch nicht geschlossenen Band pränumerirt, erhält die vorhergegangenen schon geschlossenen für 1 Rthlr. 12 gr. Sächs.)

Der Inhalt der Numern 1—27. ist schon bey Bekanntmachung des Inhalts des *ersten* Bandes angezeigt worden.

Ideen zur Bestimmung allgemeiner Grundsätze für Besteuerungen, sowohl in Kriegs- als Friedenszeiten. (Nr. 28—30.) Ueber die auswärtige Politik der vormaligen französischen Republik. (Beschluss.) (Nr. 28.) — Abriss der Geschichte der balearischen und pithyusischen Inseln, vor und nach Christi Geburt. (Nr. 30—32.) Auszug aus einem Tagebuche einer Reise in die Grafschaft Glätz, im Frühjahr 1809. (Nr. 32. 33.) Die Engländer in Minorca, 1798—1802. (Nr. 33.) Grundsätze der Politik. (Nr. 33. 34. 39. 41. 42. 44.) — Nutzen der Fabel. Eine Anekdote aus der Geschichte *Gustavs III.* (Nr. 34.) Vertheidigung von Menorca. (Nr. 34. 35.) (Mit einer Beylage Nr. 2.) Gedanken über Pressfreyheit, von *Grävell.* (Nr. 35—38.) Immoralität eines Predigers gegen einen seiner Pflege anvertraueten Blödsinnigen. Ein warnendes Beyspiel. (Nr. 38—40.) Die Hangematte. Ein Bruchstück aus einer von dem Hn. Forstrath *Cramer*, nach den Briefen eines französ. Officiers, bearbeiteten Sammlung interessanter Scenen aus der Geschichte der spanischen Insurrection u. s. w. (Nr. 40—42.) — Bemerkungen über die Verfassung von Neuostpreussen. (Nr. 43—45.) (Mit einer Beylage Nr. 3.) — Uebersicht der merkwürdigsten politischen Ereignisse, welche folgende Unterrubriken enthält:

Finanzen des französischen Staats. General-Rechnung des öffentlichen Schatzes in Paris, über Einnahme und Ausgabe während des Jahrs 1807. Abgelegt den 1. Sept. 1808. von *Mollien*, Minister des öffentlichen Schatzes. (Beschluss.) (Nr. 28—30.) — Schreiben aus Sicilien. (Nr. 30.) Bildung spanischer Nationalgarden. (Nr. 30. 31.) — Notizen über die vereinigten Staaten von Nordamerica, betreffend die Aufrechthaltung des allgemeinen Embargo's. (Nr. 31—34.) — Staatsschuld des Königreichs Westphalen. (Nr. 34—44.) — Statistische Uebersicht des Vice-Königreichs Neu-Spanien oder Mexico. (Nr. 35.) — Statistik von Oestreich. (Nr. 44. 45.)

Dritter Band. Nr. 1—46.
(Nebst Kupfer.)

Auszug aus einem Tagebuche einer Reise in die Grafschaft Glatz, im Frühjahr 1809. (Nr. 1. 2.) (Fortsetzung folgt.) Grundsätze der Politik. (Nr. 1. 2. 3. 5. 7. 10. 13. 14. 17. 22. 24. 26. 27. 28. 30. 40. 41.) — Ueber die häufigen Unruhen in Constantinopel. An einen Freund. Erster Brief. (Nr. 2.) Zweyter Brief. (Nr. 3.) Die Polen machten bisweilen auch sehr unrechtliche Zumuthungen an die Deutschen. (Nr. 3. 4.) Anekdote, nachahmungswürdiger Trotz eines Blinden. (Nr. 4.) — Hätten doch die Deutschen des achtzehnten Jahrhunderts auch so, wie die Deutschen des eilften Jahrhunderts, gehandelt! — Grosse Immoralität nach jedem Kriege. — Nun bin ich glücklich! Eine Civil-Anekdote der neuesten Zeit. (Nr. 5.) — *Gustav Adolphs* Antrag an die Polen im Jahre 1632. — Hätte doch nur diessmal ein Weib ihre Reize geltend gemacht! (Nr. 6.) — Ueber die Klugheit. (Nr. 7. 8.) — Anomalien und Merkwürdigkeiten aus der deutschen Verfassung, besonders die staatsrechtlichen und geographischen Verhältnisse kleinerer Staaten angehend. (Nr. 8. 11.) — Willkür und Gesetz. (Nr. 11—13.) — *Albrecht von Wallenstein.* (Nr. 13.) — Aktenstück, eine an die Stadt Guben ergangene Contributions-Forderung betreffend. (Nr. 14.) — Was doch in eilf Jahren sich ändern kann! (Nr. 14—16.) — Ueber die Dauer der Könige von Rom. (Nr. 16—18.) — *Carl Herrmann.* (Nr. 18—20.) — *Joseph der Zweyte.* Eine Skizze. (Nr. 20—31.) — Anekdote, Aehnlichkeit und Sympathie. (Nr. 31.) — Beschreibung einer in Charkow angestellten Hochzeitfeyer. — Anekdote. (Nr. 32.) — Die Bewohner von St. Kilda; ein glückliches Völkchen. — Anekdoten. (Nr. 33.) — Einzug des preussischen Majors *v. Schill* mit seinem Jäger- und Husaren-Corps in die Städte Dessau und Cöthen, und Besitznahme der Stadt Halle durch einen Husaren-Rittmeister seines Corps, *v. Bruennow.* (Nr. 34. 35.) — Correspondenz-Nachrichten. (Nr. 34.) — Etwas über die Stinkkugeln des Brandraketenmachers. (Nr. 35. 36.) — Ist das gerecht? u. s. w. (Nr. 36.) — Sittengemälde. (Nr. 36. 37.) — An den achtungswerthen Herrn Verfasser des: Etwas über meine neuesten Reisebemerkungen u. s. w. (Nr. 37. 38.) — Anekdote. (Nr. 37.) — Ehrenrettung der vormaligen preussischen Officianten in dem Herzogthume Warschau, gegen die Beschuldigungen des Herrn *v. Cölln* und Consorten, vom Kriegs- u. Domänenrath *Broecker*. (Nr. 38 — 45.) — Sitten. (Nr. 39.) — Anekdoten. (Nr. 42 — 45.) — Uebersicht der merkwürdigsten politischen Ereignisse, welche folgende Unterrubriken enthält:

Neueste Statistik des russischen Reichs. (Nr. 1 — 3.) — Bericht des Kriegsministers *Reynier* an den König beider Sicilien, betreffend die Errichtung einer National-Armee, nebst dem darüber ausgefertigten Decrete des Königs. (Nr. 3 — 5.) — Correspondenz mit den Regierungen von Frankreich und Russland, in Bezug auf die von Erfurt aus geschehenen Friedenseröffnungen. (Nr. 6 — 12.) — Entthronung *Gustav Adolphs*, Königs von Schweden. (Nr. 13. 14.) — Friedens-Tractat zwischen der ottomannischen Pforte und England. (Nr. 14 — 16.) — Volksliste von Neapel. (Nr. 15.) — Proclamation des Herzogs von Südermannland, Reichsvorsteher des schwedischen Reichs. (Nr. 16. 17.) — Proclamation, welche bey der westlichen schwedischen Armee, als sie sich auf den Marsch nach Stockholm begab, erlassen wurde. (Nr. 18.) — Vollständige Aktenstücke über den Bruch des Friedens zwischen Frankreich und Oestreich. (Nr. 19 — 31.) (Fortsetzung folgt.) — Kaiserlich-französische Armeeberichte. (Nr. 31 — 45.)

Vierter Band. (die ersten 24 Numern.)

Reichswerbung, Enrollement und Conscription. Drey ganz verschiedene Arten, Armeen zu formiren. Welcher von diesen dreyen wird der Vorzug gebühren? (Nr. 1 — 12.) — Grundsätze der Politik. (Nr. 1. 7. 9. 14. 17. 18. 23. 24.) — Anekdote. (Nr. 11.) — Beyträge zur Charakteristik gemeiner Russen. (Nr. 12.) — Nachtrag zur Geschichte des Krieges zwischen Frankreich und Preussen. (Nr. 13. 18. 24.) — Charakteristik der Bewohner von Catalonien, Valencia, Murcia, Andalusien, Estremadura und la Mancha. (Nr. 14 — 17.) — Ueber Freycorps und Partisans. (Nr. 18 — 24.) — Uebersicht der merkwürdigsten politischen Ereignisse, welche folgende Unterrubriken enthält:

Kaiserlich-französische Armeeberichte. (Fortsetzung.) (Nr. 1 — 9. 16 — 23.) — Polnisch-sächsische Armeeberichte. (Nr. 10 — 16.) — Einverleibung des bisherigen Kirchenstaats mit Frankreich. (Nr. 24.)

Berlin, in der Realschulbuchhandlung: *Hufeland und Himly Journal der praktischen Heilkunde. August* 1809.

Inhalt.

I. Ueber den Magnetismus, nebst der Geschichte einer merkwürdigen vollkommenen Tageblindheit (*Nyctalopie, Photophobie*), welche nach dreyjähriger Dauer durch den Magnetismus völlig geheilt wurde. Von *Hufeland.* II. Beschreibung einiger merkwürdigen Krankheitsgeschichten, vom Prof. *Wilh. Remer* in Königsberg (Fortsetzung). III. Kurze Nachrichten und medicinische Neuigkeiten. 1) Die Wirksamkeit des *Semin Phellandrii aquat.* gegen die Lungensucht. — Von *Hufeland.* 2) Ueber die beste Anwendung des Phosphors. Vom Hn. Assessor *Hisner* in Berlin. 3) Getrocknetes Sauerkraut, eine neue Acquisition für die Soldatenverpflegung im Felde. Vom Hn. Dr. *Huhn* in Moskau. 4) Ein sehr zuverlässiges fiebervertreibendes Mittel. Von *Hufeland.* 5) Heilung eines *Staphyloma spurium* mit *Baryta muriata.* Vom Hn. Wundarzt *Arnold* zu Gross-Hennersdorf. — Preisfrage der *Société médicale d'émulation de Paris*, fürs Jahr 1809. *Bibliothek der praktischen Heilkunde.* **Inhalt:** *Jos. Frank Acta Instituti Clinici Caesareae Universitatis Vilnensis. Annus primus.* (Beschluss). *Georg. Ern. Kletten de Constitutione morborum atrabilaria, Commentatio medico-practica.*

II. Ankündigungen neuer Bücher.

Riga, bey C. J. G. Hartmann ist erschienen:

Preussens ältere Geschichte, von *August von Kotzebue.* In 4 starken Octav-Bänden. 10 Rthlr.

Die Wichtigkeit des Gegenstandes, der in diesem Werke behandelt wird, der Name des Verfassers und die Periode, in welcher eine altpreussische Geschichte an das Licht tritt, — Alles dieses wird die Aufmerksamkeit des lesenden und denkenden Publicums in einem hohen Grad erregen. Es bedarf nur eines flüchtigen Blicks, um sich zu überzeugen, dass der Verfasser mit Fleiss und Anstrengung gearbeitet habe.

Hr. *v. Kotzebue* hat in dem genannten Werke die gewiss schwere Forderung, die man an den Geschichtsforscher macht, erfüllt, und aus Quellen, die er nicht unbedingt und aufs Gerathewohl benutzte, seine Geschichte des ältern Preussens geschöpft. Wenn er hierbey seinen eigenen Ansichten, seinem kritischen Urtheile folgte: so wird jeder Verständige ihm diess als Verdienst anrechnen. Es war zu erwarten, dass der Verfasser, der die Sprache so in seiner *Gewalt hat*, auf die Darstellung oder die Form vorzüglichen Fleiss verwenden, und in dieser Hinsicht classisch zu werden, streben würde. Jeder, der die grossen Forderungen aber kennt, welche man, was Stil und Vortrag betrifft, an den Historiker macht, wird mit Neugier ein Buch aufschlagen, das ein Mann schrieb, der im dramatischen und romantischen Fache von Recensenten gelobt und getadelt wurde, und doch das Publicum beständig auf seiner Seite hatte. Aber ein Geschichtswerk im edlern Sinne des Worts ist bloss für den gebildetern Theil des Publicums geschrieben; und was in einem Drama oder in einem Roman gefällt, dürfte leicht in einer historischen Darstellung missfallen. Der Verfasser hat dieses gefühlt, und mit Verwunderung und Vergnügen wird der Leser bemerken, dass der Dichter den sogenannten mittlern Stil, der gleich entfernt ist vom Niedrigen des alltäglichen Lebens, als

von

von dem Erhabenen der Götter- und Heroen-Welt, glücklich sich rischgebildet hat; aber es wird auch nicht übersehen, dass der Verfasser von Preussens älterer Geschichte in den Belegen und Erläuterungen eine andere Sprache redet, als in der Erzählung der Begebenheiten; dass in den erstern der ernste, ruhige Ton des Geschichtsforschers herrscht, und über den letztern der Geist des Historikers schwebt, der die ungestalte Masse von Ereignissen belebt, bildet und ordnet. *Als* ein weiser Künstler hat der Verfasser seine Materialien zusammengestellt; er verschmäht keine Sage, wenn er sie anwendbar machen kann. Die trockensten Begebenheiten werden so vorgetragen, dass der Leser nicht dabey ermüdet. Der Stil ist gedrängt, kräftig, correct, oft wird man an Tacitus oder Johannes von Müller erinnert.

Doch verräth sich der gefühlvolle Dichter bisweilen durch eingestreute Bemerkungen, vielleicht wünscht mancher diesen oder jenen Pinselstrich verwischt, aber gewiss wird das Gemälde im Ganzen sehr gefallen.

Ist in Hamburg in der Schneid-, Bohn-, Perthes- und Hoffmann'schen Buchhandlung, und in Deutschland in jeder soliden Buchhandlung zu haben.

Creuzeri, *F.*, Dionysus, sive commentationes academicae de rerum bacchicarum orphicarumque originibus et caussis. Vol. I. Fasc. 2. cum figuris aeneis. Heidelberg, Mohr und Zimmer. 4 maj. 1 Rthlr. 20 gr.

Auch diese Fortsetzung ist mit reicher Gelehrsamkeit ausgestattet, und enthält nicht nur die mit Sorgfalt und Urtheil gesammelten Data zur Aufklärung des ältesten Götterdienstes, sondern auch, was mit Untersuchungen dieser Art so genau zusammenhängt, einen Schatz trefflicher Bemerkungen über andere archäologische Gegenstände, philologische und historische Erörterungen, und überhaupt die ganze vorläufige Untersuchung über den Ursprung der alten religiösen Gebräuche und symbolischen Deutung.

Verzeichniss der Bücher, welche in der Ostermesse 1809 in der Weidmannischen Buchhandlung in Leipzig fertig geworden und in allen Buchhandlungen um die beygesetzten Preise zu bekommen sind.

Aristophanis Comoediae auctoritate libri praeclarissimi saeculi Xmi emendatae a *Phil. Invernizio.* Vol. IIIium. Commentarii in *Aristophanem* Pars Ima. Curavit *Christ. Dan. Beck.* 8 maj. Charta belg. opt. 7 Rthlr. oder in *Reichs-Valuta* 12 Fl. 36 Kr.

— — Idem liber, charta script. 4 Rthlr. oder 7 Fl. 12 Kr.

Etiam sub titulo:

Commentarii critici et exegetici in *Aristophanis* Comoedias. Curavit C. D. *Beck.* Tomus I. 8 maj.

Bastii, *Frid. Jac.*, Epistola critica ad virum clariss. *J. F. Boissonade*, super *Antonino Liberali*, *Parthenio* et *Aristaeneto*. Cum *Auctoris* emendatt. et additamentis manuscriptis e lingua Gallica in Latinam versa a *Car. Alb. Wiedeburg.* Cum tab. aeri incisa. Accedit *Appendix*, quam ex schedis *Bastianis* partim latine vertit suisque annotationibus auxit *Godofr. Henr. Schaefer.* 8 maj. Charta impress. 1 Rthlr. 16 gr. od. 3 Fl.

— — Idem liber, charta script. 1 Rthlr. 20 gr. oder 3 Fl. 18 Kr.

— — Idem liber, charta melior 2 Rthlr. 4 gr. oder 3 Fl. 54 Kr.

— — Idem liber, charta membran. (velin) 2 Rthlr. 20 gr. od. 5 Fl. 6 Kr.

Bell's, *Benjamin*, Lehrbegriff der Wundarzneykunst. Aus dem Englischen nach der *siebenten* Auflage übersetzt; mit Zusätzen und Anmerkungen. 5ter Theil, mit 3 Kupfertaf. *Dritte* vermehrte Auflage. gr. 8. 1 Rthlr. 12 gr. od. 2 Fl. 42 Kr.

— — Desselben Buchs 6ter Theil, mit 6 Kupfertaf. *Dritte* vermehrte Auflage. gr. 8. 2 Rthlr. 8 gr. oder 4 Fl. 12 Kr.

Bertrand's, *Elias*, christliche Unterweisung. Aus dem Französischen übersetzt und umgearbeitet von *G. J. Zollikofer.* *Vierte* vermehrte und verbesserte Auflage. gr. 8. 12 gr. od. 54 Kr.

Ciceronis, *M. Tullii*, Philosophica omnia. Vol. I. ex scriptis recens collatis editisque libris castigatius et explicatius edidit *J. A. Goerenz.* 8 maj. Charta impress. 1 Rthlr. 8 gr. od. 2 Fl. 24 Kr.

— — Idem liber, charta script. gallica 1 Rthlr. 16 gr. od. 3 Fl.

— — Idem liber, charta membran. (velin) 2 Rthlr. 16 gr. od. 4 Fl. 48 Kr.

Etiam sub titulo:

Ciceronis, *M. T.*, de Legibus libri III. 8 maj. Charta impress., script. gall. nec non membranacea.

Dionysii, Halicarn., de Compositione verborum Liber. Graece et Latine. Recensuit ac priorum editorum suasque notas adjecit *Godofr. Henr. Schaefer.* Accedunt *ejusdem* Meletemata critica in *Dionysii* Hal. artem rhetoricam. 8 maj. 3 Rthlr. od. 5 Fl. 24 Kr.

— — Idem liber, charta script. gallica 4 Rthlr. oder 7 Fl. 12 Kr.

— — Idem liber, charta membranacea (velin) 6 Rthlr. 16 gr. od. 12 Fl.

Ernesti, *Jos. Aug.*, Institutio interpretis Novi Testamenti. Editionem quintam suis observationibus auctam curavit *Christoph. Frid. Ammon.* 8. Charta impress. 1 Rthlr. od. 1 Fl. 48 Kr.

— — Idem liber, charta script. 1 Rthlr. 8 gr. oder 2 Fl. 24 Kr.

Jördens, *Karl Heinrich*, Lexicon deutscher Dichter und Prosaisten, 4ter Band. N—S. gr. 8. Auf weiss Druckpapier 2 Rthlr. 16 gr. od. 4 Fl. 48 Kr.

— — Dasselbe Buch, auf Französ. Schreibpap. 3 Rthlr. 8 gr. od. 6 Fl.

Kalender, Königlich-Sächsischer Hof- und Staats-, auf das Jahr 1809. gr. 8. 1 Rthlr. od. 1 Fl. 48 Kr.

Mac-

Macquer's, Dr. *Peter Joseph*, chymisches Wörterbuch, oder allgemeine Begriffe der Chymie nach alphabetischer Ordnung; aus dem Französischen nach der *zweyten* Ausgabe übersetzt, und mit Anmerkungen und Zusätzen vermehrt von Dr. *J. G. Leonhardi*. — *Dritte* Ausgabe, mit Hinweglassung der blossen Vermuthungen und mit Ergänzungen durch die neuern Erfahrungen veranstaltet von Dr. *J. B. Richter*; nach dessen Tode aber ausgearbeitet und fortgesetzt von dem Geh. Rath Dr. *Siegm. Friedr. Hermbstädt*. 3ter Bd. gr. 8. Auf weiss Druckpap. 2 Rthlr. 12 gr. od. 4 Fl. 30 Kr.

— — Dasselbe Buch, auf Schreibpap. 3 Rthlr. od. 5 Fl. 24 Kr.

Müller's, *Johann von*, der Geschichten Schweizerischer Eidgenossenschaft. 5ten Theils 1ste Abtheilung. gr. 8. Auf Druckpap. 1 Rthlr. 8 gr. od. 2 Fl. 24 Kr.

— — Dasselbe Buch, auf Schreibpap. 1 Rthlr. 16 gr. od. 3 Fl.

— — Dasselbe Buch, auf Velinpapier 2 Rthlr. 12 gr. od. 4 Fl. 30 Kr.

Sophoclis Aiax Lorarius. Graece. Cum scholiis et commentario continuo edidit *Christ. Aug. Lobeck*. 8 maj. Charta impress. 1 Rthlr. 16 gr. od. 3 Fl.

— — Idem liber, charta script. 2 Rthlr. od. 3 Fl. 36 Kr.

— — Idem liber, charta membran. (velin) 3 Rthlr. od. 5 Fl. 24 Kr.

Weltgeschichte, allgemeine, nach dem Entwurfe *W. Guthrie's*, *Joh. Gray's* und anderer ausgearbeitet. 17ten Theils 5ter Band, 1ste Abtheilung. Enthaltend die Fortsetzung von *Johann von Müllers* Geschichte der Schweizerischen Eidgenossenschaft. gr. 8. 1 Rthlr. 8 gr. od. 2 Fl. 24 Kr.

Riga, bey C. J. G. Hartmann ist erschienen:

Schlippenbach's Ikonologie des jetzigen Zeitalters, oder Darstellung einiger allegorischen Personen nach heutiger Sitte. Mit Holzschnitten. Auf Druckpap. 1 Rthlr. 8 gr., auf Schreibpap. 1 Rthlr. 16 gr.

Die A. L. Z. 1808. Nr. 382. und die Zeitung für die elegante Welt sprechen so vieles zum Lobe dieses Werks, dass noch etwas zuzusetzen ganz überflüssig seyn würde.

Wallenberg, *A. M.*, de Rhythmi in morbis epiphania. Heidelberg, bey Mohr und Zimmer. 8 maj. 1 Rthlr. 8 gr.

Dieses Buch ist abgetheilt in *drey* Kapitel. Das *erste* versucht die Lehre von derjenigen Offenbarung des Lebens, welche in der Krankheit Statt hat, zu stützen auf eine, hier nur den ersten Umrissen nach entworfene physiologische Basis, welche selbst fusset auf die Geschichte der Stufenfolge in den Geburten des Universums. Das *zweyte* Kap. redet von der Musik des Lebens, und entwickelt in der Geschichte des Geistes und Leibes einige von jenen musikalischen Gesetzen, durch welche das gesammte Daseyn temperirt wird. Das *dritte* Kap. handelt von der Störung der organischen Musik durch die Abweichung des Urtypus der Gesundheit, stellt die nothwendige Verkettung der rhythmischen Erscheinungen in den verschiedenen Metamorphosen der Krankheiten dar, und zeigt, wie auch die bitterste Entzweyung nicht ganz vermöge zu vernichten des Daseyns ewige Concinnität.

III. Neue Landkarten.

Geographische Anzeige.

Das geographische Publicum kennt bereits aus dem Prospectus unserer grossen *topograph. militär. Karte von Deutschland* in 204 Blättern, welche bekanntlich keine politischen Gränzen hat, unsern Plan, von allen Reichen und Ländern Deutschlands, so bald die sie betreffenden Sectionen der grossen Karte fertig sind, einzelne *Special-Atlanten* mit *illuminirten Gränzen* davon zu liefern. Mit *Pommern*, *Mecklenburg* und der *Mark Brandenburg* haben wir es bereits gethan, und die drey topogr. militär. Special-Atlanten davon zur heurigen Leipziger Ostermesse geliefert. Der T. M. Atlas

1) von *Pommern* enthält 20 Blätter, und kostet auf ord. Pap. 6 Rthlr. 16 gr. Sächs. od. 12 Fl. Rhein., Velinpap. 8 Rthlr. 8 gr. od. 15 Fl.
2) von *Mecklenburg* enthält 10 Blätter, und kostet auf ord. Pap. 3 Rthlr. 8 gr. Sächs. od. 6 Fl. Rhein., Velinpap. 4 Rthlr. 4 gr. od. 7 Fl. 30 Kr.
3) von der *Mark Brandenburg*, nebst dem Antheile von Magdeburg, enthält 23 Blätter, und kostet auf ord. Pap. 7 Rthlr. 16 gr. Sächs. od. 13 Fl. 48 Kr. Rhein., Velinpap. 9 Rthlr. 14 gr. od. 17 Fl. 16 Kr.

Zu diesen drey bereits gelieferten Atlanten ist nun der 4te, nämlich:

Der topogr. militär. Atlas der *Markgrafschaft Mähren* in 13 Blättern,

gekommen, und kostet auf ord. Pap. 4 Rthlr. 8 gr. Sächs. od. 7 Fl. 48 Kr. Rhein., Velinpap. 5 Rthlr. 10 gr. od. 9 Fl. 45 Kr.

Wir schmeicheln uns, dass dieser Special-Atlas von *Mähren*, der einen grossen Theil des jetzigen Kriegs-Theaters enthält, bey der dermaligen politischen Lage Deutschlands das Publicum doppelt interessiren werde. — Liebhaber, welche wenigstens 5 Exemplare davon, gegen baare Zahlung, direct von uns nehmen, erhalten das 5te Exempl. frey, oder 20 Procent vom Geld-Betrage.

Weimar, den 16. August 1809.

Das Geographische Institut.

ALLGEMEINE LITERATUR-ZEITUNG

Mittwochs, den 4. October 1809.

WISSENSCHAFTLICHE WERKE.

RECHTSGELAHRTHEIT.

Leipzig, gedr. b. Fischer: *Theodori Maximiliani Zachariae de rebus mancipi et nec mancipi conjecturae.* 1807. *Pars I.* 51 S. *Pars II.* 32 S. 4.

Bey der Dunkelheit der Lehre von *rebus mancipi* und *nec mancipi*, bey der Verschiedenheit der Ansichten, welche darüber in den Schriften der Rechtsgelehrten herrscht, bey der Dürftigkeit der gesetzlichen Vorschriften und Quellen über diesen Gegenstand und bey dem Mangel einer neuern eigenen Bearbeitung desselben, verdienen die vorliegenden Conjecturen eine nähere Anzeige. Der *erste* Theil liefert die Meinungen anderer Rechtsgelehrten, im *zweyten* trägt Hr. *Z.* seine eigene vor. *Ulpian* ist bekanntlich im XIXten Titel §. 1. seiner *Fragmente* auch für diesen Gegenstand der klassischen Schriftsteller: „*Omnes res*, sagt er daselbst, *aut mancipi sunt, aut nec mancipi. Mancipi res sunt praedia in Italico solo, tam rustica, qualis est fundus, quam urbana, qualis domus. Item jura praediorum rusticorum, velut via, iter, actus* (letztrer ist wahrscheinlich durch ein Versehen hier S. 3. ausgelassen) *et aquaeductus. Item servi et quadrupedes, quae dorso collove domantur, velut boves, muli, equi, asini: caeterae res nec mancipi sunt: Elephanti et cameli, quamvis collo dorsove domentur nec mancipi sunt, quoniam bestiarum numero sunt.*" Diese Stelle paraphrasirt Hr. *Z.* in Kap. VI. (S. 15.) im Allgemeinen sehr richtig folgendergestalt: „Alle *res* sind entweder *mancipi* oder *nec mancipi*. Es sind aber *res mancipi* folgende Dinge: 1) alle auf Italienischem Grund und Boden liegenden Güter, sowohl die eigentlichen Grundstücke; das heisst Felder, Gärten, Wiesen u. s. w., als alle Arten von Gebäuden, 2) dergleichen ferner alle von Alters her eigentlich so heissenden *servitutes praediorum rusticorum*, nämlich: *via, iter, actus* und *aquaeductus*; 3) weiter alle Sclaven beiderley Geschlechts und 4) endlich unser (der Römer) eigentliches Zug- und Lastvieh, also alle Zugochsen, Zugpferde, Lastesel, Maulthiere. Durch diesen letzten Satz werden übrigens zugleich noch zweyerley Gattungen von Dingen von der Zahl der *rerum mancipi* ausdrücklich ausgenommen; a) wir sagen, dass zu den *rebus mancipi* unser *eigentliches* Zucht- und Lastvieh gehöre, um dadurch diejenigen Individuen von den genannten Thierarten auszuschliessen, die nicht wirklich im Zuge gehen oder zum Lasttragen gebraucht werden, und b) wir sagen ferner, es gehöre zu den *rebus mancipi unser* eigentliches Zugvieh, um davon auszunehmen Elephanten und Kamele, indem diese, wenn sie gleich auch zum Lasttragen oder Zuge abgerichtet werden, denn doch nicht zu den bey uns Römern zu jenem Behufe aufzuziehen gewöhnlichen Gattungen zu rechnen sind." Nachdem der Vf. in der *ersten* Section des *ersten* Theils die einzelnen, im angeführten Fragmente Ulpians gedachten, Gegenstände zergliedert hat, beschäftigt er sich sowohl in der *zweyten* Section des *ersten* Theils, als im *zweyten* Theil mit dem Begriff der *res mancipi* und *nec mancipi* und mit dem Fundament dieser Eintheilung, und trägt darüber in jener die bisherigen Systeme mit denen er nicht einverstanden ist, in diesem aber seine eigene Meinung vor. Sein Ideengang ist folgender: Da *res mancipi*, nach *Boeth* (*in Comment. in Topic. Ciceronis* Lib. 3. vergl. auch *Schulting jurispr. Antejust. Not. ad Caji Just.* Lib. I. Tit. VI. n. 20.) diejenigen Sachen waren, „*quae ita abalienabantur, ut ea abalienatio per quandam nexus solennitatem fieret:* so habe die *ratio divisionis* natürlich in der verschiedenen Veräusserungsart beruhet, und komme es daher auf die Verschiedenheit der *Mancipation* von den übrigen *modis alienandi* an. Der älteste Veräusserungsvertrag der Römer sey der Tausch gewesen, nach ihm sey der Verkauf *per aes et libram* entstanden; die Verträge der Römer wären im Allgemeinen in zwey Hauptklassen zerfallen, die erste habe eine *dationem* oder *alienationem rerum*, die andere aber Leistungen besonders von Handlungen zum Gegenstande gehabt; letztre sey ursprünglich mittelst der Stipulation, erstre aber *interveniente aere et libra* geschehen; *omne, id quod per aes et libram agitur*, habe man *nexum* geheissen und dieser *nexus* sey doppelt, nämlich der einfache und der feyerliche, gewesen, bey letzterm seyn zu dem *aes* und der *libra* noch Zeugen hinzu gekommen und dahin habe auch die *Mancipatio* d. h. *imaginaria venditio*, als ein *proprium civium Romanorum jus*, gehört; Sachen, welche ehedem mancipirt wurden, seyn daher von andern Sachen auf keine andere Art verschieden gewesen, als darin, dass besondere Gründe, theils nämlich die Wichtigkeit des zu veräussernden Objects, theils der Nutzen des Staats, bey ihrer Veräusserung die Zuziehung von Zeugen erforderten und nothwendig gemacht hätten. Diese Gründe entwickelt Hr. *Z.* (S. 9 — 15.) umständlich, besonders in Rücksicht auf die oben angeführten einzelnen Theile der *rerum mancipi*, indem es z. B.

zur Sicherung der Staatslasten Gewohnheit geworden war, *fundos* nicht anders als in Gegenwart von Zeugen zu veräufsern, welche auch bey Veräufserung der Sclaven und Quadrupeden manchen Processen vorbeugte. Der Urfprung diefer Eintheilung in *res mancipi* und *nec mancipi* fey daher in der zwiefachen Form der Eingehung diefer Gattung von Verträgen bey den Römern, nämlich der feyerlichen und minderfeyerlichen Form, von welcher erftre *mancipatio* genannt ward, zu fuchen; diefe *Mancipatio* habe aufser *aes et libra* noch Zeugen erfordert und nur bey dem Handel mit einigen Sachen ftatt gehabt: fo wie die minder feyerliche keiner Darzwifchenkunft von Zeugen erfordert und bey der Veräufserung der übrigen Sachen ftatt gehabt habe. Allein diefe Eintheilung habe bald eine andere Bedeutung erhalten; fchon unter dem Könige *Servius Tullius* hörte diefe Veräufserungsform bey zunehmendem baarem Gelde und Handel und Wandel auf, nur das *pignus* behielt fie bey und die *mancipatio* kam mehr und mehr aus der Ueblichkeit, obgleich ihr Gebrauch und ihre Anwendung der Willkür der Bürger noch überlaffen blieb; das *dominium bonitarium* machte fie aber weniger nothwendig; indeffen blieben die Wirkungen der *Mancipation* noch übrig, fie gab z. B. ein *dominium civile et Quiritarium*, ein *pleniffimum jus vindicandi*; jedem Privatmann blieb die Freyheit auf die eine oder die andere Art zu alieniren und die *Mancipation* auch bey andern, als den oben als *res mancipi* angeführten Gegenftänden anzuwenden. So fey es zu *Ulpians* Zeiten gewefen. Die *Mancipation* hörte indeffen nach Ulpians Zeitalter immer mehr und mehr auf; bey der Veräufserung der Quadrupeden und bey Servituten wandte man fie nicht mehr an; die Traditio ward ihr immer mehr fubftituirt und zu Juftinians Zeiten fand man die *veteris juris forma* nur noch bey der Veräufserung der Sclaven; bey andern Gegenftänden war fie aufser Uebung gekommen, da die zunehmende Kunft zu fchreiben, die Zeugen weniger nothwendig und die vormals gefürchteten Nachtheile weniger beforglich machte, die Abneigung gegen Rechtsfeyerlichkeiten und Befchränkungen zunahm, der, auf den liegenden Gründen haftende, Cenfus fich verändert hatte und die Einführung der Zinsbücher keine Zeugen mehr nothwendig machte. Juftinian fchaffte endlich das letzte Ueberbleibfel der Nothwendigkeit und des Gebrauchs der Mancipation, nämlich die bey der Veräufserung der Sclaven, ab.

Diefs ift in kurzem der Inhalt diefer Abhandlung, bey welcher Rec. nur bedauert, dafs der Vf. feinen Gegenftand nicht weiter verfolgt, und nicht die ganze Lehre der Mancipation, ihre Wirkungen u. d. gl. erläutert hat. Nach feinem Urtheile kommt Hr. Z. der Wahrheit am nächften. Da die Verfchiedenheit des *modi alienandi* diefe Eintheilung begründet hat: fo ift es unftreitig richtiger, in Rückficht auf fie und nach ihr zu definiren und weder nach Beyfpielen einzelner Objecte, die fo veräufsert wurden, noch nach der Wirkung diefer Veräufserungsart den Begriff feft zu ftellen, wie von den Vorgängern des Vfs. gefchehen ift, Hr. Z. hat eine Definition, diefe aber nur eine Befchreibung; jener hat einen obern Grundfatz angegeben, diefe aber nur einzelne Merkmale, welche keinesweges die wefentliche und eigenthümliche Gränzlinie zwifchen *res mancipi* und *nec mancipi* bilden, indem fie auch bey *rebus nec mancipi* ftatt haben können, wo hingegen des Hn. Z. Begriff nur auf erftre anwendbar, nur erftren eigenthümlich ift. Rec. glaubt indeffen, dafs die Verfchiedenheit zwifchen beiden nicht grofs fey, fondern jeder die Sache nur aus einem andern Gefichtspunkte angefehen habe, alle fich aber mit einander vereinigen laffen, indem Hr. *Zachariä* den, vom eigentlichen Gefichtspunkte aus, entworfenen *Begriff*, die erfte der von ihm angenommenen *zwey* Hauptklaffen feiner Vorgänger aber *Beyfpiele* und *Gegenftände* der Mancipation, die *erfte* Schule der *zweyten* Hauptklaffe eine *Veranlaffung des Urfprungs, ein Beyfpiel, eine, bey der Mancipation übliche, Feyerlichkeit*, und die *zweyte* und *dritte* Schule aber die *Wirkungen der Mancipation* anzeigt und jeder, ohne die Sätze der andern zu läugnen, in feiner Angabe den diftinctiv Charakter findet. Wenn z. B. ein Rechtsgelehrter die gerichtlich infinuirte Donation eine dem Richter angezeigte Schenkung, ein andrer die eine Schenkung, deren Gegenftand den Werth von 500 Dukaten überfteigt, und noch ein andrer die eine Schenkung die durch die gerichtliche Infinuation ihre Kraft erhält, definirt: fo ftimmen alle drey überein und ftehen in keinem Widerfpruche gegen einander, es kommt nur darauf an, wer von ihnen den richtigften Definitions-Grund angenommen hat: Diefes Beyfpiel fcheint auf den vorliegenden Fall ganz anwendbar zu feyn. — Ungern findet man in diefer beyfallswerthen Schrift manchen Druckfehler, z. B. *Pars I.* S. 3. fehlt in der dort ausgehobenen Stelle aus *Ulpians* Fragmenten das Wort: *actus*: S. 5. fteht *neceffum* anftatt *receffum*, *P. II.* S. 7. mufs es *imaginaria* ftatt *maginaria* heifsen.

ARZNEYGELAHRTHEIT.

DUISBURG, b. Bädecker: *Abhandlung über das fchleichende Nervenfieber*, für angehende Aerzte, von Dr. *Pantal. Ludwig Müller*, Arzt in der Graffchaft Limburg. 1808. 84 S. 8. (8 gr.)

Auf eine zwölfjährige Erfahrung geftützt übergiebt der Vf. dem Publicum diefe Schrift, um feine Behandlungsart der Nervenfieber, worin derfelbe faft immer glücklich war, bekannt zu machen. Selten, behauptet er, fey ihm ein Kranker der Art geftorben, hingegen viele, welche nach andern Grundfätzen behandelt wurden. Diefes mufs die Neugierde eines jeden Lefers rege machen. Welches ift die Behandlungsart des Vfs.? Wodurch zeichnet fie fich aus? Ift es eine eigenthümliche, neu entdeckte, oder hat der Vf. der bisherigen eine neue Wendung zu geben gewufst? Der Vf. fetzt als bekannt (und erwiefen?) voraus, dafs es nur ein einziges Fieber in der Natur (im menfchlichen Organismus) gebe, deffen fcheinbare Verfchiedendenheiten nur als verſchiedene Formen angeſehen werden müſſen, welche bloſs von der verſchiedenen Beſchaffenheit und Modification der Reize, der Lebenskraft und ihrer mannichfaltigen Reactionen beſtimmt werden. (Und welches iſt denn dieſes einzige Ur- und Grundfieber? Was hat es für Charaktere? Worin liegt es? Soll es bloſs das Gefäſsfieber ſeyn, welches ſich durch beſchleunigten Puls zu erkennen giebt? Iſt es das ideale ephemere Fieber verſchiedener Autoren? Giebt es nicht ſehr gefahrvolle Fieber, bey welchen der Puls 20 — 30 Schläge hat?) Dem Nervenfieber, wovon die Schrift handelt, liegt (S. 3.), wahre Schwäche mit zu wenig Reizfähigkeit zum *Grunde*; es paſst alſo die allgemeine (?) Definition der Fieber, daſs ſie ein wohlthätiges Beſtreben der Natur gegen einen im Körper befindlichen Krankheitsſtoff ſeyn ſollen, keineswegs auf daſſelbe. (Schon dieſe wenigen *Sätze* werden hinreichend zeigen, daſs des Vfs. Theorie nicht die beſte iſt.) Die Schilderung des Verlaufs der Krankheit (S. 6 ff.) iſt gut. Als Abarten ſtellt der Vf. auf: Verbindung mit Frieſel, mit gallichten Zufällen, d. i. bösartiges ſchleichendes Gallenfieber, mit Schleim d. i. Schleimfieber, bösartiges Katarrhalfieber, mit faulichten Zufällen, Faulfieber. *Die* nächſte Urſache hat in einer allgemeinen Schwäche *der* Lebenskraft ihren Grund, beſonders ſcheint das Gehirn an *dieſer* Schwächſe zu leiden. Alles, was daher *Schwäche* erzeugt oder vermehrt, iſt nachtheilig, erweckende, ſtärkende Mittel, welche der geſunkenen Lebenskraft aufhelfen, in gehörigem Maſse angewandt, leiſten die beſten Dienſte und bewirken eine ſchnelle und ſichere Heilung. Die Anlage zu dem Nervenfieber beſteht in einem reizbaren Bau des Körpers, einer weichen ſchlaffen Faſer und einem dünnen wäſsrichten Blute. Nähere Veranlaſſung geben alle die Dinge, welche den Körper ſchwächen, beſonders wäſsrichte fade Nahrung, Genuſs bloſser Pflanzenſpeiſen, beſonders ſolche, die wenig nähren, z. E. Obſt, Melonen (!) und Gurken. Ferner laue erſchlaffende Getränke, oder auch groſser Mangel an Nahrung, Hunger, ſo auch feuchte nebelichte Luft, und deshalb iſt dieſs Fieber in niedrig liegenden ſumpfichten Gegenden, wo ſich eine ſolche Luft befindet, endemiſch. (Dieſer Satz iſt Wort für Wort und mit der Interpunction des Vfs. abgeſchrieben.) Die bekannten Gelegenheitsurſachen ſind ziemlich vollſtändig angegeben. Die Diagnoſis iſt nach dem Vf. ſehr leicht und für ein nur irgends geübtes Auge faſt gar nicht zu verfehlen. Es giebt nur eine einzige Diagnoſis, welche bedeutenden Einfluſs auf die Heilung habe, die richtige Unterſcheidung dieſes Fiebers von dem entzündlichen. Das hitzige Nervenfieber iſt von dem ſchleichenden nur dem Grade nach verſchieden. In Hinſicht auf die Heilung iſt dieſer Unterſchied von keiner auſserordentlichen Bedeutung (?). Die Prognoſis übergeht Rec., um noch des Vfs. glückliche Heilmethode kenntlich zu machen. Die Heilung einer jeden Krankheit, ſagt Hr. *M.*, beruht darauf, daſs man das Weſen derſelben oder die nächſte Urſache ſelbſt angreiſe und zu heben ſuche. (Das iſt ganz recht, wenn es möglich iſt. Wie viele Krankheiten giebt es aber, deren nächſte und weſentliche Urſache wir gar nicht kennen! Sogar die nächſte Urſache des Nervenfiebers, wenn wir es genau nehmen wollen, iſt nicht bloſs Schwäche, ſondern es gehört noch etwas anderes dazu. Schwäche der Nerven giebt die Diſpoſition, auch allenfalls Krampf, Hyſterie u. ſ. w. aber keinen Fieberzuſtand. Doch wir wollen nicht weiter mit dem Vf. rechten.) Die vorzüglichſte Heilanzeige, fährt der Vf. fort, müſſe alſo dahin gehen, die Schwäche der Nerven zu heben. Zuweilen können aber Nebenumſtände dieſe Heilanzeige erſchweren; dieſs ſey die zweyte. Die Kur zerfalle alſo in die radikale und ſymptomatiſche Kur. Wenn die Krankheit von einem Contagium entſtanden iſt (was der Vf. oben S. 24. zu den *Gelegenheitsurſachen* zählte), ſo räth er alsbald ein Brechmittel, beſonders *Ipecacuana*. Einige Stunden nach dem Brechmittel thut eine Herzſtärkung, Wein, Naphtha, Opium, *Eſſentia cinamoni* etc. gute Dienſte. Wenn aber die Krankheit ſchon eine Zeit lang gedauert hat: ſo iſt Erhaltung der Lebenskraft das nothwendigſte. Der Vf. widerräth hier die Chinarinde, man müſste ſie denn mit reizenden Mitteln verſetzen und empfiehlt zuvörderſt den Mohnſaft. (Dieſs iſt faſt das Ausgezeichneteſte in der ganzen Methode und die Anzeige dazu S. 38. gut aus einander geſetzt.) Ferner gehört hieher der Biſam, welcher faſt die nämlichen Wirkungen hervorbringe und die nämlichen An- und Gegenanzeigen habe wie Opium (?). Ein groſses Mittel iſt Queckſilber; *Caſtoreum* ebenfalls ein ſchönes Mittel, S. 41. Kampher, *Serpent. virg.* Baldrian, Angelica, Arnica, Contrajerva (?), Zedoarja, Vanille, bittere Extracte, Wein, Branntwein, ſtarker Kaffee, flüchtige Laugenſalze, Phosphor; der Vf. will ihn mehrmals zu 2 — 3 Gran in Oel aufgelöſt in dieſer Krankheit mit dem beſten Erfolg gegeben haben (?), Zugpflaſter, als rothmachende Mittel, Naphthen und verſüſste Säuren. Dieſe Mittel, von denen nur die erſten vier oder fünf gehörig aus einander geſetzt, die übrigen bloſs zur Parade hergeſtellt ſind, ſoll der Arzt im Verlaufe dieſes Fiebers anwenden, ſich aber nie auf eins allein verlaſſen, oder eins allein brauchen. Zuweilen giebt es Nebenumſtände, welche eine beſondere Behandlung erfordern, dieſs iſt denn die zweyte Indication, die ſymptomatiſche Kur. Es wird nun gelehrt, was bey gaſtriſchen Unreinigkeiten, Schleim, Erbrechen, Durchfall, Verſtopfung, heftigen Schweiſsen, Frieſel und Speichelfluſs zu thun ſey. Endlich wird die Diät angegeben, eine reizend ſtärkende, animaliſche. Alles dieſs iſt nun, wie man ſieht, recht gut, aber es iſt nichts Neues, nichts Eigenthümliches. Der Vf. hat alſo ſehr unrecht, wenn er glaubt, ſeine Heilmethode weiche von der anderer guten Aerzte ab. *Selle*, *Vogel*, *Stoll*, *Frank*, *Reil*, *Hecker*, *Hufeland* u. ſ. w. haben dieſelbe Methode ſchon längſt, und wohl noch beſtimmter und beſſer als der Vf., gelehret. Das Schriftchen iſt alſo ganz überflüſſig. Druck und Papier iſt ſchön, die Menge von Druckfehlern, beſonders bey *nominibus propriis*, häſslich.

ERD-

ERDBESCHREIBUNG.

Jena, in d. Cröker. Buchh.: *Der Marsch der Franzosen nach Indien.* Notizen zur Beurtheilung der neuprojectirten Landexpedition. 1808. 134 S. 8. (10 gr.)

Der Vf. holt weit aus und giebt zuerst *geographisch statistische Notizen, besonders zur Kenntniß des Englischen Ostindiens,* die weder erschöpfend noch zuverläſsig sind. (S. 11. Z. 4. werden Cakaobäume unter den Indischen angeführt. Der Vf. wollte Kokosbäume sagen. — Z. 6. werden zu den *Genieſsbarkeiten* gerechnet *Brodfrüchte, Wein.* Letzterer verdiente keine Erwähnung und der Brodfruchtbaum ist kein ostindisches Product. — S. 14. wird Salpeter eines der vornehmsten Producte unter den Mineralien ausgelassen. — Statt der aus *Sprengels* Neuen Beytr. z. Länd. u. Völkerkunde genommenen specificirten Einnahme der 4 Präsidentschaften (S. 51 — 54.), die oft abgedruckt worden, würde dem Leser das bekannt gewordene Detail der Einkünfte vom J. 1802. die S. 87. nur im Ganzen angegeben werden, angenehm gewesen seyn.) Zur Ausführung des Plans, die Britten aus Ostindien zu vertreiben, würden nach des Vfs. Meinung von den inländischen Mächten vornehmlich die Maratten und der Subah von Dekan mitwirken, nach diesen die Dschaten und die Ueberbleibsel der Rohillas. Alle diese und noch viele andere seyen schrecklich gegen die Engländer erbittert. Wenn man dieses auch zugeben wollte: so scheint doch der Umstand, den der Vf. für das Wesentliche des entworfenen Plans hält, sie alle zu gleicher Zeit zum Aufstand gegen die Engländer aufzumuntern, die meisten Schwierigkeiten zu haben. Auch im *zweyten* Abschnitt, *kurze Geschichte der Unterwerfung Indiens unter die Englische Oberherrschaft* kommt der Vf. noch nicht zur Hauptsache. Daſs auf den wenigen Seiten 75 — 100. die Materie nur oberflächlich berührt, nicht gründlich erörtert werden konnte, versteht sich von selbst. Am besten hat uns darin die Uebersicht der Begebenheiten von 1801 bis 1806. gefallen. Im *dritten* Abschnitt: über die Wege auf denen der Landhandel mit Ostindien getrieben wurde und noch getrieben wird, kommt der Vf. seinem Zwecke näher. Er hat verschiedene Reiserouten aus *Tavernier* mitgetheilt, ohne jedoch zu unterscheiden welche dieser berühmte Franzose selbst gemacht, und von welchen er nur durch andere unterrichtet worden ist. Viel weniger hat er sich darauf eingelassen, seine Routen und die von ihm gegebenen Distanzen mit neueren, vornehmlich des berühmten *G. Forster*, der über Nord-Indien, Ost- und Nord-Persien, und Ruſsland aus den Englischen Besitzungen nach seinem Vaterlande zurück kehrte, zu vergleichen. Die Distanz von Moskau nach Astrachan beträgt (nach S. 107.) 975 Meilen. Unmöglich so viele deutsche; aber auch nicht einmal so viele italiänische. Denn *Tavernier* (*Les six voyages, suivant la Copie de Paris* 1679. *P. I.* S. 343.) hat sie zu 590 italiänische Meilen bestimmt. Wozu der Vf. die lange Reise von Ispahan über Schiras nach Bender-Abassi (nicht Abossi, wie man hier lieset) gegeben hat (S. 107 — 109.), läſst sich nicht wohl absehen. Er sagt selbst, daſs von letzterem Orte aus keine Reiseroute zu Lande nach Surate statt finde, sondern der Weg zu Wasser genommen werde. Er wollte aber die Landwege nach Ostindien zeigen. Die Reiseroute von Surate bis Agra, obgleich es auf diese gar nicht ankommt, wird nach dem Detail, bey *Tavernier* angegeben (S. 110.). Die Entfernungen von Ispahan bis Candahar und von da über Cabul nach Agra werden nur im Allgemeinen angezeigt (S. 109. 111.), obgleich *Tavernier* von diesen Wegen, die der zu Lande nach Ostindien Reisende nothwendig nehmen muſs; besonders und ausführlich gehandelt hat. Der *vierte* Abschnitt beschreibt die *drey Hauptexpeditionen* die Alexander der Groſse, Tamerlan, und Nadir Schah nach Ostindien unternommen haben. Endlich wird im *fünften* die Frage beantwortet: *kann und wie kann eine verbündete französische-russische Armee am besten nach Ostindien zu Lande kommen?* Astrachan wird zum Versammlungsplatz der Truppen angenommen, wozu jede der beiden Mächte 30000 Mann hergeben soll. Von hier segelt man über das Caspische Meer nach Asterabad an der Südküste des Meers in Persien. Die Schiffe, meynt der Vf., wären leicht in Astrachan selbst und aus andern, am kaspischen Meere liegenden, Städten herbeyzubringen. Rec. glaubt, die meisten müſsten erst gebaut werden. Von Astrabad bis an den Fluſs Indus zählt der Vf. selbst 195 deutsche Meilen. Die Armeen führt er mit groſser Leichtigkeit durch angebaute und unangebaute Gegenden, über Berge und durch Defileen, über Flüsse und durch Moräste, durch freund- und feindselig gesinnte Nationen. Sollte ihn wohl Napoleon zum Marsch-Commissarius machen? Im *sechsten* und *letzten* Abschnitt kommen Fragen über die *Expedition* und ihre *Folgen* vor. Es wird eingestanden, daſs unmittelbar nach der Eroberung Ostindiens noch nicht Friede werden würde, daſs Frankreich Anfangs nichts als Land gewinnen würde, das mehr kostet als einbrächte, daſs der Friede nicht von der Eroberung Ostindiens, sondern von tausend Begebenheiten, die kein sterbliches Auge voraus sehen könnte, abhängig wäre. Nichts in der ganzen Schrift ist eine mehr ausgemachte Wahrheit, als der Schluſs: *Und Europa? — Es schmachtet nach Ruhe.*

ALLGEMEINE LITERATUR-ZEITUNG

Donnerstags, den 5. October 1809.

WISSENSCHAFTLICHE WERKE.

PHILOSOPHIE.

Leipzig, b. Vogel: *Adiaphora.* Wissenschaftlich und historisch untersucht von *Carl Christ. Erh. Schmid*, Dr. und Prof. der Theologie und Philosophie zu Jena. 1809. XII u. 700 S. 8. (1 Rthlr. 20 gr.) *)

Mit Recht erinnert der würdige Vf., dass die Erwägung der abgehandelten Frage, welcher man freylich einen deutschen Titel hätte wünschen mögen, nicht nur wissenschaftlich in alle Untersuchungen der Philosophie, sondern auch in das freythätige Leben der Menschen praktisch eingreife. Jeder Freund der Moral wird sie daher mit der Achtung aufnehmen, die er dem anerkannten Scharfsinne ihres verdienstvollen Urhebers schuldig ist, und zuletzt auch mit der Ueberzeugung, dass in dieser Schrift alles Licht über diese dunkle Frage verbreitet worden ist, dessen sie aus dem einmal gewählten Standpunkte fähig war. Namentlich nimmt man da (S. 488 ff.), wo der Vf. aus dem Kreise seiner formalen Begriffe und der schon so oft besprochenen Kant'schen Gemeinplätze heraus und dafür in das Feld der materiellen, zuletzt doch allein praktischen und nützlichen, Moral eintritt, mit Vergnügen wahr, wie lehrreich und lebendig er seinen Gegenstand auffassen, durchdringen und darstellen kann, so bald er sich der Wahrheit in ihrer ganzen Kraft und Fülle bemächtigen will.

Nach einer kurzen Einleitung von dem Interesse der Untersuchung über sittliche Gleichgültigkeit handelt Hr. Dr. *Schmid* zuerst analytisch die Vorbegriffe zur wissenschaftlichen Lösung der Aufgabe ab (S. 15—126.), und lässt dann die synthetische Lösung des Problems selbst folgen (S. 132—545.), worauf eine kurze Geschichte der Lehre die Abhandlung beschliesst (S. 546—700.). Er läugnet aber die sittliche Gleichgültigkeit freyer Handlungen aus folgenden Gründen. Es giebt keinen Act der Freyheit, für welchen das Moralgesetz nicht unbedingte Gültigkeit und unbeschränkte Verbindlichkeit hätte; seine durchaus *formale* Natur vernichtet alle Schranken seiner Anwendung, welche durch gegebene Gegenstände oder äussere Verhältnisse gesetzt werden könnten (S. 323.). Das Moralgesetz ist aber für jeden Handlungsfall nur auf *eine* bestimmte Weise anwendbar; denn ob sich gleich der Satz: *es giebt keine legale Indifferenz*, eben so wenig, als das Gegentheil, dogmatisch erweisen lässt (S. 332 ff.): so ist es doch eine vernunftmässige Maxime der praktischen Urtheilskraft, oder ein praktisch-gegründetes *Postulat*, dass es kein objectiv-legales Adiaphoron gebe, und wir sind daher nicht nur theoretisch interessirt, sondern nach praktischen Maximen auch genöthigt, an das Nichtseyn einer absoluten legalen Adiaphorie zu *glauben* (S. 338.). Der Mensch ist ein Ganzes, dessen Seyn und Wirken im Kleinen und im Grossen dieselbe Einheit stetig und unverändert darstellt. Das freye Leben des Menschen ist Eines, stetig und unzertrennt bis in das feinste Gewebe seiner geistigen und äusserlich erscheinenden Wirksamkeit. Alles ist *klein*, selbst die ganze Erde gegen das Weltall; und Alles ist *gross*, als integrirender Theil des unendlichen Ganzen. Wer daher den Geist des Guten unablässig in sich belebt, wer immer und überall nicht nur nicht das kleinste Böse, sondern etwas Gutes, und unter allem Guten das Beste will; wer sich gewöhnt, Freyheit, Gewissen und Weisheit auf alle Gegenstände und Verhältnisse seines Lebens überzutragen, dem wird der Unterschied des Grossen und Kleinen immer mehr praktisch verschwinden, weil er im Theile das Ganze und im Kleinen das Grosse erblickt; er wird immer fertiger werden, in jedem Augenblick die vollkommene Handlung und die Pflicht jedes Augenblicks zu finden, zu wählen und zu vollbringen (S. 494—99.).

So vollkommen und unbedingt auch Rec. mit dem Resultate dieser gründlichen und scharfsinnigen Untersuchung übereinstimmt: so gross und bedeutend scheinen ihm doch die Bedenklichkeiten und Zweifel zu seyn, die ihm in Rücksicht auf die Prämissen und auf die ganze Beweisführung des Vfs. übrig geblieben sind. Die Fragen, ob das dieser Schrift zu Grunde liegende Moralprincip das richtige und entscheidende sey; ob sich die sittliche Indifferenz mancher Handlungen nach Kant'schen Grundsätzen verneinen lasse; und ob sie überhaupt nach irgend einem *formalen* Moralprincip verwerflich sey? diese Fragen drangen sich dem Rec. nach einer aufmerksamen Lesung dieser Schrift

*) Die Wichtigkeit dieses Werks hat uns bewogen, auf die gründliche Darstellung desselben in der Recension Nr. 262 u. f. der A. L. Z. noch diese an interessanten Bemerkungen reiche eines andern Mitarbeiters folgen zu lassen.

Die Herausg. der A. L. Z.

Schrift so lebhaft auf, dass ihm Hr. Dr. *Schmid* schon erlauben muss, so weit es die Gränzen einer kritischen Anzeige gestatten, sie mit derselben Freymüthigkeit zu beantworten, die er selbst in seinem Buche so häufig bewiesen hat. *Zunächst* also stellt der Vf. die aus seinen übrigen Schriften bekannten Sätze von dem Gesetze der Freyheit als höchstem Moralprincip, und von der Achtung für das Gesetz, als der einzig moralischen Triebfeder, mit einer Sicherheit auf, als ob überall noch nichts gegen diese Lehren erinnert worden wäre. „Das Moralische der menschlichen Handlungen entspringt *lediglich aus* der Freyheit; nur was *durch* Freyheit in des Menschen Thun und Lassen bestimmbar ist, hat für ihn Moralität; das unbedingte höchste Soll ist zugleich das allgemeine höchste Pflichtgebot; dieses praktische Gesetz als solches lässt sich aus keinem theoretischen ableiten; es steht durch einen *Machtspruch* des Gewissens als ursprüngliche Wahrheit fest, die sich nicht weiter erweisen lässt: denn durch den *Willen* wird zuletzt die ganze Erkenntniss bestimmt; Tugend ist daher innere Achtung des Menschen für das Gesetz und die Maxime, es um seiner selbst willen zu befolgen (S. 108—229.)." Nach diesen Ansichten konnte es folgerecht gar nicht in Erwägung kommen, dass die Behauptung von der Freyheit des Willens, als der wesentlichen *Bedingung* aller Sittlichkeit (S. 162.), ganz verschieden sey von der Behauptung einer Freyheit, als dem *Realgrunde* der Moralität; es konnte nicht darauf geachtet werden, dass das Gesetz *der* Freyheit (S. 138.) ganz verschieden ist von dem Gesetze des Geistes *für* die Freyheit, welches sich allein zu einem Pflichtgebote eignet; der Gedanke konnte nicht verfolgt und entwickelt werden, dass das höchste *Soll* (S. 150.) weder unmittelbar aus der Freyheit, noch aus dem reinen Willen, sondern einzig aus der höchsten *Idee* der Vernunft hervorgeht, durch deren deutliches Bewusstseyn das moralische Soll und die moralische Freyheit, wie der Vf. selbst einräumt (S. 217.), erst möglich wird. Ist aber diese Bemerkung gegründet: so darf die Heiligkeit des Soll und der darauf gebauten Pflicht nicht als etwas Unmittelbares betrachtet, oder aus einem Machtspruche des Gewissens abgeleitet werden, weil dieses selbst wieder Bewusstseyn des Idealen und seiner Anwendung auf den Willen ist; vielmehr fliesst sie objectiv aus der Herrschaft des Idealen und Absoluten über das Bedingte, subjectiv hingegen aus der Abhängigkeit des Willens, als einem vollziehenden Vermögen, von der Vernunft, als Gesetzgeberin und Richterin. Die Verbindlichkeit des Moralgesetzes lässt sich folglich in so fern vollkommen beweisen, als es selbst aus der höchsten Vernunft-Idee, der Idee des Urseyns und des Urwahren, deducirt wird; die Sittenlehre ruht nun wieder als eine praktische Disciplin auf festen *theoretischen* Principien; der letzte Grund dessen, was da ist, verwandelt sich auf ihrem Gebiete in das Vorbild dessen, was da seyn soll; der Wille begiebt sich der sonderbaren Anmassung, durch sich selbst vernünftig, gesetzgebend, ja sogar Erkenntnissquelle des Weisen und Guten zu seyn; und der natürliche Zusammenhang zwischen Theorie und Praxis ist wieder hergestellt, den die praktische Vernunft so untheoretisch zerrissen hatte. Eben so unerörtert blieb es aber auch nach den Voraussetzungen des Vfs., ob es „nicht ein Irrthum sey, wenn man glaube, der Mensch könne vor einem formellen Moralgesetze Achtung empfinden" (*Clodius* Grundriss der allgem. Religionslehre, Leipzig 1808. S. 142.), da sich dieses Gefühl immer nur auf Personen und die ihnen eigenen, sowohl *intellectuellen* und *technischen*, als sittlichen Eigenschaften bezieht. Unerörtert blieb es endlich, ob man nicht die ganze Kant'sche Lehre von der Reinheit der sittlichen Triebfeder, die schon zu vielen Missgriffen Veranlassung gegeben hat, mit der davon ganz verschiedenen Lehre *von der Lauterkeit der Gesinnung* verwechselt habe? Genau genommen enthält nämlich schon der Begriff einer aus dem Gesetze genommenen *Triebfeder* einen Widerspruch; die Vernunft *treibt* nicht, sondern sie *bestimmt* und gebietet; ihr Einfluss auf den Willen ist daher immer nur ordnend, bestimmend und leitend, aber niemals treibend (ἐλατική); *nur* die Sinnlichkeit, und das aus ihr durch die Affection der Spontaneität erregte Gefühl, treibt und regt den Willen zur vollen Thätigkeit an. Die Moral unterscheidet daher zwischen *Bestimmungsgründen* und *Motiven*, *oder* Triebfedern, aber nicht zwischen *reinvernünftigen* und sinnlichen Triebfedern. Nur die Reinheit oder Unreinheit des *Gefühls* macht den wahren Unterschied zwischen der sittlichen und unsittlichen Triebfeder aus. Dass man die (vorausgesetzte) Umkehrung der Triebfedern Legalität nennt, im Gegensatze der reinen Sittlichkeit, macht die Sache um nichts deutlicher. Wer sich in eine Familie einschleicht, und den Hausvater mit Beweisen der Freundschaft und Liebe überhäuft, in der geheimen Absicht, seine Gattin zu verführen, handelt nur *scheinbar* und heuchlerisch, nicht wahrhaft *legal*; seine That beleidigt das Gesetz des Rechts und der Pflicht, nicht *allein* wegen der unreinen Triebfeder, sondern wegen des unsittlichen *Zweckes* der Handlung. So zeichnet Ovid meisterhaft die Treulosigkeit des Tereus bey der Entführung seiner Schwägerin Philomele, die er unter dem Vorwande brüderlicher Zärtlichkeit mit einer verbrecherischen Absicht liebte:

Pro superi, quantum mortalia pectora caecae
Noctis habent: ipso sceleris molimine Tereus
Creditur esse pius laudemque a crimine sumit.

(*Metam.* VI, 472 sqq.)

So erstach ein Soldat zu Stockholm, der den Königsmörder Ankerström am 27. April 1792. hatte hinrichten sehen, seinen Freund, um hingerichtet zu werden, und *gleich selig*, wie jener, zu sterben (*d'Aquila histoire de Gustav III.* Paris 1807. T. II. p. 471 f.). Seine Richter verurtheilten ihn aber nur zu lebenslänglichem Gefängnisse in Ketten, nicht wegen der Unreinheit der Triebfeder, sondern wegen des schwärmerischen Zweckes seiner Unthat, und der unbefangene Moralist wird die Richtigkeit dieser juridiridischen Ansicht kaum in Zweifel ziehn. Alles nur Andeutungen und Winke, dass wir die moralischen Grundbegriffe des Vfs., ihrer *formalen* Bedeutung unbeschadet, doch für unzureichend in einer wissenschaftlichen Moral fürs wirkliche Leben halten.

Wollen wir indessen auch hievon absehn, ob die Moral, als Wissenschaft, die uns durchs Leben zum Ziele der Weisheit und Seligkeit führen soll, den Namen dieser Wegweiserin verdiene, wenn sie uns immer nur eifrig anweiset, *wie?* aber niemals sagt, *wohin* wir gehen sollen? so hat doch noch die *zweyte* Frage ihre Bedenklichkeiten, ob sich nämlich die *sittliche* Adiaphorie der Handlungen nach *Kant'schen* Grundsätzen verneinen lasse? Unser Vf. kann nicht läugnen, dass *Kant* in vielen Stellen seiner Schriften sittlich-indifferente Handlungen zugelassen habe; er erklärt dieses aber für eine Folge seiner Schwachheit und Zerstreuung in den letzten Jahren seines Lebens, und ist der Meinung, „man könne unbedenklich behaupten, *Kant* habe nach seiner *übrigen* philosophischen Denkart sich vielmehr *gegen* alle und jede Adiaphorie der freyen Handlungen erklären *sollen*" (I, 459 ff.). Rec. gesteht, dass er diese Entscheidung gewagt findet, so sehr er übrigens von der Einseitigkeit und Unvollständigkeit der Kant'schen Moral überzeugt ist. Sucht man nämlich das Wesen des Sittengebotes *ausschliessend* in der Tauglichkeit der Maxime zu einem allgemeinen Gesetze: so wird man nicht allein *in abstracto*, sondern auch *in concreto* gar mancherley Fälle finden, in welchen zu einer Zeit mehrere Handlungen eintreten können, von deren Maximen ich denken und wollen kann, dass sie allgemeines Gesetz werden sollen. „Ob ich mich mit Fleisch oder Fisch, mit Bier oder Wein nähre, wenn mir beides bekömmt, ist in Ansehung der Moralität *gleichgültig*; wer keine Adiaphora einräumt, sondern sich alle seine Schritte und Tritte mit Pflichten als mit Fussangeln bestreut, der kann *phantastisch-tugendhaft* genannt werden; eine Mikrologie, welche, wenn man sie in die Lehre der Tugend aufnähme, die Herrschaft derselben zur Tyranney machen würde" (*Kant's* Tugendlehre S. 52.). Diese Behauptung steht zwar mit dem Resultate unsers Vfs. (so wie mit der Ueberzeugung des Rec.) im geraden Widerspruche; aber sie ist doch dem Kant'schen Sittengebote vollkommen gemäss; man kann sich auch nicht wohl auf die Schwachheit oder Uebereilung des Vfs. bey Niederschreibung dieser Stelle berufen, da seine Rechts- und Tugendlehre aus langjährigen Vorträgen dieser Wissenschaften hervorgegangen, folglich aus vielbearbeiteten Heften entstanden ist. Billiger Weise zweifelt man also an dem Ausspruche, dass die sittliche Adiaphorie der Handlungen nach Grundsätzen der praktischen Vernunft verwerflich sey.

Rec. geht noch einen Schritt weiter, indem er *drittens* behauptet, dass man diese Adiaphorie weder nach dem Kant'schen, noch überhaupt nach irgend einem bloss *formalen* Sittengesetze consequenter Weise ablehnen könne. Gemeinplätze von dem unbedingten Soll, von der Heiligkeit der Pflicht, von der absoluten Herrschaft des Sittengesetzes über alle freye Handlungen sind hier leere Phrasen, die den Denker nicht zufrieden stellen. Der formale Sittenlehrer zeige lieber, wie aus seinem Princip der Allgemeingültigkeit, der Consequenz u. s. w. folgerecht eine leitende Maxime hervorgehe, die einer concreten Handlung gerade diese und keine andere Richtung gebe; dieses wird und kann er aber nie befriedigend leisten, weil er von dem Radical-Irrthum seines Systems befangen ist, das höchste Gut des Willens gehe aus einem inhaltsleeren Gesetze hervor, und weil er nun kühn genug ist, anzunehmen, jede Handlung sey unsittlich, die auf ein anderes Object, als Zweck des Willens, gerichtet ist. Das wahre Gut, durch dessen freye Realisirung die Handlung erst moralischen Werth erhält, verschwindet vor seinen Augen, und weil er überall einen materiellen Bestimmungsgrund des sittlichguten Willens nicht zulässt: so müssen nothwendig viele Fälle im Leben des Menschen übrig bleiben, in welchen die moralische Urtheilskraft durch nichts geleitet und gebunden, und wo sie folglich der sittlichen Adiaphorie preisgegeben wird. Den Folgen dieser unangenehmen Entdeckung kann der Formaliste nur dadurch vorbeugen, dass er mit einer Inconsequenz, auf die unser Vf. bey Anderen sehr nachdrücklich hinweiset, zu den materiellen Bestimmungsgründen zurückkehrt, die er vorher so unbedingt verworfen hatte, um eine Lücke seines Systems wieder auszufüllen, die er selbst durch das Unzureichende seiner Grundsätze systematisch offen liess. So fragt *Kant* (Tugendl. S. 78.), ob der Beyschlaf zur Zeit der Schwangerschaft, oder bey der Sterilität des Weibes erlaubt sey? Nun entscheidet er zwar die Frage nicht; aber er spricht doch unmittelbar darauf von einem *Erlaubniss*-Gesetze der moralisch-praktischen Vernunft, welches etwas *an sich Unerlaubtes zur Verhütung einer noch grösseren Uebertretung erlaubt mache.* Unser Vf. selbst bemerkt hierüber (S. 485.): „die Ausnahme von der genannten weiten Pflichtmaxime dürfe, zwar nie zu Gunsten der Neigung, wohl aber zur Erfüllung einer andern Pflicht gestattet werden, z. B. wenn die Gesundheit eines oder beider Ehegatten eine solche Handlung erforderte, oder wenn es zu Verhütung anderer wirklich schädlicher Verirrungen dieses Triebes, oder doch zur Belebung der wechselseitigen ehelichen Gemeinschaft und *Zuneigung* rathsam schiene." Alle diese Bestimmungsgründe, welche hier als zulässig und entscheidend aufgeführt werden, sind materieller Art; die sonst so unerbittliche praktische Vernunft bequemt sich unerwartet zu einem Erlaubniss-*gesetze* des an sich Unerlaubten, um die Ausschweifungen der Ehegatten zu verhüten; sie gestattet überall sonst keine Ausnahme zu Gunsten der Neigung, aber diessmal macht sie sich die Belebung der ehelichen Zuneigung zum Zwecke; sie bekümmert sich sonst um die Folgen der Handlungen nicht, aber diessmal lässt sie die eheliche Geschlechtsverbindung zu, damit die Enthaltsamkeit der Gatten ihrer Gesundheit nicht schädlich werde. Nun zweifelt zwar Rec. an der moralischen Zulässigkeit dieser Bestimmungsgründe

kei-

keineswegs; er hält auch die Entscheidung der angeregten Frage für nichts weniger, als für schwer und unauflöslich, so bald die Natur und der Endzweck der ehelichen Verbindung in ein helles Licht gestellt sind; aber das glaubt er behaupten zu dürfen, daſs bey der Erörterung derselben *Kant* und *Schmid* aus der Sphäre ihres formalen Systems in das Gebiet materieller Bestimmungsgründe übergegangen sind, und folglich das Unzulängliche ihrer Grundsätze zur Lösung des Problems von der sittlichen Gleichgültigkeit der Handlungen durch die That bewiesen haben.

Es würde den Rec. zu weit führen, wenn er noch den Ideengang bezeichnen wollte, welchen er bey der Entwickelung dieser Streitfrage gewählt haben würde. Daſs es hiebey nach der Festsetzung der Grundbegriffe besonders darauf ankomme, den Umfang des Erlaubten gehörig zu bestimmen, und diesen nur in der allgemeinen Moral zuläſsigen Rechtsbegriff in der speciellen Ethik so zu beengen, daſs er sich in die entgegengesetzten Ideen des Pflichtmäſsigen und Pflichtwidrigen auflöse, leuchtet von selbst ein. Aber die Ausführung dieses Satzes würde den Raum einer eigenen Schrift ausfüllen. Wir schränken uns daher nur noch auf einige Bemerkungen über die von dem Vf. beygefügte kurze Geschichte der Lehre von den gleichgültigen Handlungen ein. Was hier (S. 552.) dem Sokrates Schuld gegeben wird, „daſs er Tugend und Glückseligkeit unphilosophisch vereinigt und im Grunde eine absolute innere Adiaphorie aller menschlichen Handlungen gelehrt habe," das ist offenbar zu hart und schneidend gesprochen. Wer das System dieses zwar populären, aber edlen Philosophen nur aus *Meiners* Geschichte der Ethik (I, 85 ff.) kennt, der muſs sich auch schon vom Gegentheile überzeugen. So weit wir die Vorträge dieses Weisen kennen, müssen wir sie als einen trefflichen Beytrag zu der Lehre von der Stufenfolge der Güter kennen, ohne deren genaue und gründliche Kenntniſs alle Gesetze der Moral nur ein leerer Wortschall sind. Wer aber die wahren von den Scheingütern so genau, wie Sokrates, scheidet, der kann unmöglich ein sittlicher Indifferentist seyn. Hat doch Antisthenes, den der Vf. so sehr rühmt (S. 553.), dasselbe, was Sokrates, gelehrt (τ' ἀγαθὰ καλά, τὰ κακὰ αἰσχρά. *Diogen.* L. VI, 1, 5.). Eben so wenig können wir beystimmen, wenn (S. 564.) behauptet wird, die Moral der Stoiker sey *reinformal* gewesen. Allerdings hatte Zeno zuerst die Consequenz des Handelns (τὸ ὁμολογουμένως ζῆν) zum höchsten Sittenprincip erhoben (*Stobaeus* ed. Heeren P. II, 132.); aber er betrachtete sie bald selbst nur als Führerin zum inneren Wohl des Geistes (τελεία εὐδαιμονία, *Diog.* L. VIII, 1, 8.); und seine Schüler fügten daher, weil sie seinen formalen Lehrsatz für unzureichend hielten (ὑπολαβόντες ἔλαττον εἶναι κατηγόρημα τὸ ὑπὸ τοῦ Ζήνωνος ῥηθὲν, *Stobaeus* l. c. p. 134.), die Worte τῇ φύσει, oder κατ' ἐμπειρίαν τῶν φύσει συμβαινόντων hinzu, woraus die der stoischen Schule eigenthümliche Lehre von dem ἀγαθὸν λογικόν, als dem einzigen Ziele der Pflicht, entstand. Es bedarf aber kaum einer Bemerkung, daſs das höchste Gut der Stoiker mit ihrem Sittengesetze in einer ganz anderen Verbindung steht, als die Vollkommenheit und Glückseligkeit mit der praktischen Vernunft. Was ferner die Behauptung des Vfs. betrifft, „die Adiaphorie der Dinge und Zustände ziehe nach den Grundsätzen der Stoiker durchaus keine Adiaphorie der Handlung nach sich" (S. 572 ff.): so lassen sich freylich dafür Stellen anführen (*Diog.* L. VII, 1, 65. wie ein Holz gerade, oder krumm ist, so muſs auch der Mensch entweder gut, oder böse seyn). Allein an anderen Stellen werden doch wirklich indifferente Handlungen genannt (z. B. κάρφος ἀνελέσθαι, γραφεῖον κρατεῖν ebend. §. 62.); sie seyen zwar ein Gegenstand der freyen Wahl (ἀξία ἐκλεκτική), aber von keinem Momente auf das Glück des Lebens (οὐδαμῶς συμβλητική πρὸς τὸν εὐδαίμονα βίον; *Stob.* II, 142.); in jedem Falle werden sie wirklich gleichgültige Handlungen (ἐνεργήματα μέσα ἢ οὐδέτερα) genannt, mit dem Zusatze, daſs einige derselben (z. B. χρηματίζεσθαι) von diesen für gut (ἀστεῖον) und anständig, von andern aber für unentschieden (μέσον) gehalten würden (ebend. S. 190 f.). Es müssen daher einzelne Lehrer dieser Schule genau unterschieden werden, wenn man genau bestimmen will, was die Stoiker von den indifferenten Handlungen gelehrt haben.

Rec. schlieſst diese Anzeige mit dem Wunsche, daſs der würdige Vf., der ihn auch durch diese Schrift zur neuen Achtung verpflichtet hat, in ihr nur den Ausdruck seiner Liebe zur Wahrheit und mit ihr der innigen Ueberzeugung finden möge, daſs *die* wissenschaftliche Begründung der Moral durch die *Kantsche* Kritik der praktischen Vernunft nichts weniger, als schon vollendet sey.

LITERÄRISCHE NACHRICHTEN.

Beförderungen.

Hr. Dr. u. Prof. *Vater* zu Halle hat den Ruf als Prof. d. Theologie auf der Univers. Königsberg mit 1000 Rthlr. Gehalt und der gewöhnl. Natural-Entschädigung angenommen, und verläſst die Univers. Halle, um die er sich nicht nur als vieljähriger öffentl. Lehrer, sondern auch als Bibliothekar durch thätige Mitwirkung bey einer zweckmäſsigern Einrichtung der Bibliothek ein bleibendes Verdienst erworben hat. Auch hat er einen vortheilhaften Ruf nach Rostock an *Zieglers* Stelle erhalten.

Der bisherige Prof. der Medicin, Hr. Dr. *Augustin* zu Berlin, ist zum Regierungs- und Medicinalrath bey der Kurmärk. Regierung ernannt worden.

ALLGEMEINE LITERATUR-ZEITUNG

Freytags, den 6. October 1809.

WISSENSCHAFTLICHE WERKE.

STAATSWISSENSCHAFTEN.

MÜNCHEN, b. Strobl: *Beyträge zur Kultur der medicinischen und bürgerlichen Bevölkerungspolicey.* Von dem Einfluſs des Erzeugungsgeſchäfts, und den(r) Geburtsverhältniſſen (iſſe) der Menſchen auf die echten Grundſätze der Bevölkerung. Von Dr. *Ignaz Niederhuber*, kurpfalzbayeriſchem Landphyſikus. 1805. 240 S. 8. (20 gr.)

Die Volksmenge eines Staats hat auf ſeinen Wohlſtand einen unverkennbaren Einfluſs; doch liegt ihm nicht ſowohl an der *Menge* des Volks überhaupt, ſondern an ſeinem äuſsern und innern Wohlſtande. Nicht von einer möglichſt groſsen Zahl armer und ungebildeter Unterthanen hängt die Macht und das Wohl eines Staats ab, ſondern von dem äuſsern Wohlſtande und der Cultur ſeiner Glieder. In einem reichen und cultivirten Lande hebt ſich die Bevölkerung immer von ſelbſt, ohne daſs die Regierung zu dem Ende viel zu thun braucht. In einem armen uncultivirten Lande hingegen bleibt die Bevölkerung immer ſchwach, die Regierung thue auch für ihre Vermehrung, was ſie wolle. Doch nicht überall ſcheinen unſere Regierungen dieſs beherziget zu haben, wenn ſie Anſtalten trafen abzweckend auf die Vermehrung der Volksmenge; und ſelbſt manchem Schriftſteller ſcheint dieſer Geſichtspunkt entgangen zu ſeyn, wenn er zum Publicum über die Mittel ſprach, wie die Bevölkerung eines Staats vermehrt werden könne. Auch dem Vf. der vor uns liegenden Schrift ſcheint dieſs begegnet zu ſeyn. Seine Schrift umfaſst zwar den ganzen Umfang der Bevölkerungspolizey, indeſſen iſt ſie nicht überall mit gleicher Gründlichkeit und Vollſtändigkeit gearbeitet. Die Gegenſtände, mit welchen er ſich beſchäftigt, ſind vorzüglich die in dem Geſundheitszuſtande eines Volks liegenden Bedingungen der Zunahme oder Abnahme ſeiner Menge. Die aus den übrigen Verhältniſſen entſpringenden Bedingungen werden zwar auch berührt; aber der Vf. behandelt ſie mehr negativ als poſitiv, und bey weitem zu oberflächlich; er giebt die Hinderniſſe an, ohne zureichend nachzuweiſen, wie ſie ſich beſeitigen laſſen, und was, wenn ſie beſeitiget ſind, dann weiter geſchehen müſſe, um der Natur hier ihre volle Wirkſamkeit zu ſichern.

Seine Arbeit ſelbſt können wir übrigens zwar keines weges ganz *ſchlecht* nennen, aber eben ſo wenig können wir uns überzeugen, daſs er der Wiſſenſchaft damit einen wahren Dienſt geleiſtet habe. Was er über die hier behandelten Gegenſtände ſagt, empfiehlt ſich weder durch Neuheit der Ideen, noch durch neue und feſtere Begründung ſchon bekannter Wahrheiten, noch durch eine vorzüglich anziehende Form der Behandlung. Im Gange der Entwickelung der einzelnen Materien herrſcht zwar ſo ziemlich Ordnung, aber die Behandlungsweiſe ſelbſt hätte noch mancher Verbeſſerungen bedurft. Der Vortrag iſt gröſstentheils ſchleppend und langweilig, der Ausdruck oft geſucht, oft aber auch platt und alltäglich, die Sprache — was ſchon der Titel zeigt — oft ziemlich uncorrect, und durch die hie und da vorkommenden übermäſsig langen Perioden an manchen Stellen ſelbſt ſchwer verſtändlich. Und was die geſagten Sachen ſelbſt betrifft, ſo findet wohl jeder, der mit der Literatur der hier behandelten Gegenſtände nur einiger maſsen bekannt iſt, hier meiſtens längſt bekannte Dinge; und noch dazu Dinge, die zum Theil von den Vorgängern des Vfs. bey weitem beſſer, gründlicher und vollſtändiger behandelt wurden, als von ihm.

Der Vf. geht von der Idee aus: *nur der geſetzliche Eheſtand kann als die einzige phyſiſch- und moraliſch-gute Generations- und Fortpflanzungsweiſe, und als das erſte phyſiſche Mittel zur Bevölkerung angenommen werden;* und dieſe Idee iſt allerdings richtig. Doch beruht ihre Richtigkeit keinesweges, wie der Vf. glaubt, nur darauf, daſs ſie die öffentlich allgemein übereinſtimmende Meinung aller cultivirten Nationen anerkennt, ſondern bey einer genauern Analyſe der Natur der Dinge erſcheint ſie weſentlich im Organismus des bürgerlichen Vereins gegründet. Es läſst ſich zwar eine bürgerliche Geſellſchaft denken, die aus lauter unter ſich abgeſchloſſenen Individuen beſteht, welche der bürgerliche Verein unmittelbar zuſammen hält. Aber dieſs Zuſammenhalten wird in jedem Falle äuſserſt ſchwierig ſeyn, wenn nicht noch ein zweytes Band die Wirkſamkeit jenes Bandes unterſtützt; und dieſs zweyte Band iſt *das Familienband*, das aus dem Eheſtande hervorgeht. Dieſs Band unterſtützt den Staat bey ſeiner Thätigkeit für die Erhaltung ſeiner Zwecke ſo innig und ſo natürlich, daſs nur ein Thor glauben kann, es ſey unnöthig. Im Familienbande leiſtet die Natur von ſelbſt, und ohne alle fremde Mitwirkung, das, was der Staat durch Kunſt nie zu leiſten vermag. Vorzüglich hierauf beruht die Nothwendigkeit des Eheſtandes, und die Unzuläſſigkeit auſserehelicher Befriedigungen des Geſchlechtstrietriebes im Staate. Der ausserehelich geborne gehört bloss dem Staate an, er ist, wie ihn unsere deutschen Vorältern im Mittelalter sehr sinnig nannten ein *Königskind*, und seine bürgerliche Bildung ist, weil er bloss dem Staate angehört, bey weitem schwieriger, als die des ehelich gebornen, den schon die Familie zum Bürger bildet. Was der Vf. über die Schwächlichkeit und die grössere Sterblichkeit der unehelichen Kinder aus physischen Gründen sagt, ist nichts weiter als eine blosse Nebensache. Das aussereheliche geborne Kind soll so gesund und stark seyn, wie das eheliche; es soll als ein Kind der Liebe noch gesunder und stärker seyn; dennoch kann der Staat die uneheliche Zeugung nie billigen, weil durch sie ein Geschöpf zur Welt gefördert wird, dessen Bildung für das bürgerliche Leben und für bürgerliche Zwecke, wegen seines isolirten Standes ausserhalb dem Kreise der Familien, so schwierig ist. — Eheliche Verbindungen zwischen heyrathsfähigen Personen des Einen und des andern Geschlechts muss daher jede Regierung begünstigen, der es im Ernste darum zu thun ist, für die Beförderung der Zwecke des bürgerlichen Vereins möglichst thätig zu seyn. Aber die schwere Frage ist es nur: *wie geschieht das?* Der Vf. hat darüber (S. 50.) mancherley gesagt; aber seine Erörterungen beschränken sich bloss auf die äussersten Punkte, welche hier etwa zu berücksichtigen seyn mögen. Jede Regierung, der es im Ernste um Vermehrung der Volksmenge zu thun ist, fehlt freylich sehr wenn sie Anstalten und Verbindungen fortdauern lässt, die ihre Glieder zum ausserehelichen Leben zwingen, wie das gesetzliche Cölibat der katholischen Geistlichkeit. Aber der Verlust, den die Bevölkerung von dieser Seite her leiden mag, ist doch immer im Ganzen genommen sehr unbedeutend gegen die Nachtheile welche daraus entspringen, wenn eine allgemeine Dürftigkeit die Staatsgenossen zwingt, auf die Freuden des Ehestandes zu verzichten. Die *Geistlichkeit*, welche nach den Gesetzen ihres Standes, das *Militär*, das wegen seiner Bestimmung und Lebensweise, und die *Staatsdiener*, die wegen der Unzulänglichkeit ihrer Besoldungen nicht heyrathen können, bilden in den meisten Staaten einen nur sehr geringen Theil gegen die Masse der übrigen Staatsbürger. Sollten sie auch allesammt heyrathen und noch so viele Kinder zeugen, immer wird doch dadurch der schwachen Population nicht aufgeholfen werden können, wenn der grosse Haufe aus Mangel an einträglichen Erwerbszweigen und ausreichendem Verdienst dem Rufe der Natur nicht folgen darf, die ihn zu ehelichen Verbindungen treibt. *Sonnenfels* betrachtet die Volksmenge eines Staates als die Grundlage seines Wohlstandes, und als den Endzweck aller Thätigkeit der Regierung in Beziehung auf Politik. Aber das Verhältniss zwischen Nationalwohlstand und Volksmenge, und der Einfluss des Einen auf die Andere ist gerade umgekehrt. Ist die Nation wohlhabend, und sorgt die Regierung dafür dass sie es werden mag, so braucht sie zum Wachsthum der Bevölkerung gar nichts zu thun, oder doch gewiss nur äusserst wenig; die Volksmenge wächst von selbst. Ist aber der Wohlstand einer Nation in Abnahme, so nimmt auch die Bevölkerung ab, die Regierung thue, was sie wolle. „Man thue doch nicht so gross mit Bevölkerungsanstalten" — sagt der berühmte *Frank* sehr treffend — „die im Grunde doch nichts sind, so lange man nicht den grossen Vortheil versteht, Menschen, die man hat, zu erhalten und glücklich zu machen. Es wäre in meinen Augen lächerlich einen Teich anfüllen zu wollen, bevor die Dämme verwahrt sind; und ein Land bevölkern, ohne die Einwohner durch kluge Anstalten zu beschützen und zu erhalten, heisst im Grunde denn doch nichts mehr, als Wasser in einem Siebe aufbehalten wollen." — Möchten doch *alle* Regierungen diese Wahrheit sorgfältig beherzigen, wenn sie Anstalten treffen zur Bevölkerung ihres Landes. Und sehr zu wünschen wäre es gewesen, dass der Vf. sich über diese Gegenstände weitläuftiger und gründlicher verbreitet haben möchte, als er es (S. 97 fg.) gethan hat. Die *Sanitätsanstalten*, mit welchen er sich so weitläuftig beschäftiget, mögen noch so gut und noch so nothwendig seyn, immer werden sie für das Wachsthum der Bevölkerung nur dann etwas leisten können, wenn vorher für diese Hauptbedingung der Vermehrung der Volksmenge eines Landes sattsam gesorgt ist. Der vom Staate angestellte Arzt mag die Ehestands-Candidaten noch so sorgfältig untersuchen; er mag ihren Gesundheitszustand noch so aufmerksam prüfen; man mag noch so genau darauf sehen, dass sich niemand in den Ehestand begebe, der nicht zum Geschäfte der Kinderzeugung ganz vollkommen tauglich ist; — nie wird dadurch für die Bevölkerung viel gewonnen werden, wenn man nicht vorher dafür gesorgt hat, dass die Aeltern ihre gesund zur Welt gebornen Kinder ordentlich und ausreichend ernähren, auf ihre physische und moralische Bildung das Nöthige verwenden, und sie so an Leib und Seele gesund erhalten und gross ziehen mögen. Bey weitem mehrere Kinder sterben aus Mangel an gehöriger Pflege, als an den Folgen einer übeln Behandlung während der Schwangerschaft ihrer Mütter, oder einer Vernachlässigung bey der Geburt.

Der beste Theil der vor uns liegenden Arbeit des Vfs. sind seine Bemerkungen und Vorschläge zur zweckmässigern Organisation des beynahe überall so sehr vernachlässigten *Hebammenwesens auf dem platten Lande* (S. 193—226.). Sie sind — nach seiner eigenen Erklärung (S. 226.) — „das Resultat der Erfahrungen einer Landpraktik von mehreren Jahren," zeugen von aufmerksamer Beobachtung und vieler Sachkenntniss, und verdienen um deswillen überall beherziget zu werden, wenn es auch nicht überall mit dem Hebammenwesen auf dem platten Lande so schlimm stehen sollte, wie in der Gegend des Vfs., wo mancher weitläuftige Distrikt nur Eine Einzige Hebamme hat, und sich halbe, oft ganze Tage verziehen, bis die Hebamme auf einem Wege von sechs bis acht, oder auch noch mehreren Stunden abgeholt werden und zur Gebärenden gelangen kann (S. 206.); wo sich die entfernte Hebamme nach der Ent-

Entbindung gewöhnlich nicht weiter um die Wöchnerin bekümmert, und die hier noch so sehr nöthige weitere Behandlung und Pflege sogenannte *Besegnerinnen* und *Schopperinnen* übernehmen, von welchen die *Erstere* dadurch für die Wöchnerin zu sorgen sucht, dass sie (S. 228.) dieser unter allerley pompösen und kindischen Grimassen mit sonderbaren Segensformeln und Sprüchen Abends zum Schlafe niedersegnen, und sie so sammt dem Kinde vor *Unholden, Alpdrücken, Hexen* und *Wechselbälgen* sicher zu stellen sucht; *die zweyte*, die Schopperin, hingegen durch immerwährendes Kochen und Beybringen sogenannter *Kraftsuppen* und Herzstärkungen, welche die Wöchnerin auch wider ihren Willen zu sich nehmen muss, oft beide, Wöchnerin und Kind zu tode füttert. — Wie weit doch noch Unsinn und Aberglauben unter dem gemeinen Volke gehen! Es bedarf wirklich eines Herkules um diesen Stall des Augias zu säubern.

Schliesslich bemerken wir noch, dass die zur Ostermesse 1808. erschienene, angeblich *zweyte* Auflage dieses Buchs, laut der vom Verleger selbst gegebenen Nachricht, bloss eine zweyte Auflage des Titel ist.

Berlin, b. Unger: *Ueber den Werth der Taxen, für mein Vaterland.* Herausgegeben von dem Kriegs-Rath *Fischbach.* 1809. 3 Bog. 8.

Der Vf. verlangt, dass alle „bewegliche und unbewegliche nach Geldeswerth abzuschätzende Dinge" einer obrigkeitlichen Zwangstaxe unterworfen werden sollen; an eine zusammenhängende Darstellung der Gründe aber, warum überhaupt Taxen gemacht werden sollen, ob die vorgeschlagenen Massregeln gerecht sind, oder wie das unendliche Werk ausgeführt werden solle und könne, ist nicht zu denken. Diese drey Bogen enthalten ein Geschwätz, wie man es täglich an öffentlichen Orten hören kann; aber ein wissenschaftlich gebildeter und ein nachdenkender Mann sollte solch ein Geschwätz nicht drucken lassen, wodurch er der Sache, der er das Wort redet, selbst Schaden thut! denn wenn es keine andern Gründe giebt, die Taxen einzuführen oder zu erhalten, als die von ihm aufgestellten: so müsste sich ja eine jede Obrigkeit schämen, die das System noch erhält. Es wäre übrigens zu wünschen, dass einmal irgend eine oberste Polizeybehörde das Taxsystem ganz consequent durchführen möchte; dann würde dessen Werth erst allgemein erkannt werden. Die Vertheidiger des Systems können nicht läugnen, dass alle ihre Taxen schwankend sind, so lange das erste, die Preise inländischer Waaren bestimmende, Princip — das Getreide — ohne Taxe bleibt und ohne Concurrenz der Polizeybehörden im Preise steigt und fällt. — Im preussischen Staate scheint man jetzt mit diesem Gegenstande Proben machen zu wollen: denn Rec. hat in den Berliner Zeitungen ein Edikt gefunden, welches in Königsberg in Preussen alle Taxen abschafft, und deren Schädlichkeit, nicht etwa bloss für diese Stadt, sondern im Allgemeinen, recht deutlich darstellt, und er hat späterhin in derselben Zeitung eine mit allen gewöhnlichen Klauseln erneuerte Brod-, Fleisch- und Biertaxe für die Stadt Berlin gefunden. Das Publicum ist gewiss eben so begierig als Rec., die Folgen beider einander entgegen stehenden Operationen zu seiner Zeit zu erfahren. Merkwürdig ist übrigens die dem Rec. von einem seiner berliner Freunde (einem wahrhaften Manne, der auch auf Erfordern sich zu nennen erbötig ist) mitgetheilte Notiz: dass schon, ehe die neue Fleischtaxe in Berlin erschienen sey, die Fleischer seit langer Zeit die mehresten Fleischsorten unter dem Preise verkauft haben, den ihnen die letzte Taxe erlaubte, und dass selbst die neueste Taxe den Preis für einige Fleischarten höher angesetzt habe, als der gewöhnliche Marktpreis damals gewesen und seitdem bis auf den heutigen Tag geblieben sey. Zu wessen Vortheil waren nun wohl diese Taxen gemacht? — Beyläufig erfahren wir hier: dass der Vf. wegen einer andern Schrift, wider die Freyheit des Getreidehandels, sich mit dem „Staatsminister und General der Cavallerie, Hn. Grafen von der Schulenburg Kehnert" in Correspondenz eingelassen, und dass dieser seine Grundsätze gar nicht widerlegt, sondern nur geäussert habe: dass diese Sache in der Ausführung sehr schwer sey, „weil an diesem Stein die grössten Staatsmänner gescheitert wären." — An diesem kleinern Stein, den der Vf. durch diese drey Bogen wegräumen will, möchten wohl eben so die grössten und die kleinsten Staatsmänner scheitern!

VERMISCHTE SCHRIFTEN.

Leipzig und Elberfeld, b. Büschler: *Darstellungen aus der Schweiz.* Vom Verfasser der neuen Briefe über Italien, *J. H. Eichholz.* 1808. IV u. 222 S. kl. 8. m. 2. Kpfr. (1 Rthlr.)

Man findet in diesem Buche nicht so wohl eine Beschreibung der durchreisten Gegenden als eine Reisegeschichte. „Anspruchlos, sagt der Vf., gebe ich diese Skizzen dem Publicum dahin. Man hat der Werke schon viele über die Schweiz, und man hätte sie entbehren können. Wer sich gründlich in geographischer, statistischer, geognostischer Hinsicht über diess kleine merkwürdige Land, das von jeher von Reisenden viel besucht ward, zu unterrichten wünscht, wird in diesen Darstellungen seine Rechnung nicht finden; ein fühlender Freund, der mit dem Reisenden gern überall Blümchen pflücken mag, wie sie sich gerade am Wege darbieten, wird sie vielleicht bey manchen Stellen nicht unbefriedigt aus der Hand lassen." Die im Sommer 1806. gemachte Reise geht von *Schafhausen über Zürich, Zug,* den *Rigi, Lucern,* durch das *Entlibuch* und *Emmenthal* nach *Bern, Thun, Lauterbrunn,* von da wieder nach *Bern,* an den *Bielersee* zur *Petersinsel,* dann nach *Solothurn,* und hernach wieder nach *Lucern,* von da über *Arth* und über *Constanz* zurück nach Deutschland. Zu *Lucern* traf der Vf.

Vf. nach seiner Angabe eine Frau Beate von R**. an, die er ehmals zu München oft besucht zu haben versichert; damals lebte sie, freywillig von ihrem Manne getrennt, mit einer jüngern Schwester, Fräulein Lucilie, die kaum 16 Jahre alt war, zu Lucern. Hr. *E.* machte ihr mehrere Besuche, und die zwey Frauenzimmer entschlossen sich, mit ihm und zwey ihnen vorher ganz unbekannten jungen Männern, die er zufällig auf der Reise kennen gelernt hatte, und wovon der eine ein Kunstfreund und Zeichner, der andre ein eben von der Universität gekommener Idealphilosoph war, zu einer Reise nach Bern. Zu ihnen gesellte sich noch ein Hr. *v. Riena*, der alte Anbeter der Frau Beate von R**, der sich ihr zu Liebe, auch zu Lucern aufhielt. Ein sonderbarer Zufall läfst die Reisegesellschaft zu Bern auf der Promenade den ehemaligen Gemahl der Fr. von R. und dessen Mätresse antreffen. Dieser Zufall erschütterte Fr. v. R. so sehr, dass sie schneller als sie es sich vorgenommen hatte, nach Lucern zurück reiste. Dort fand sie unser inzwischen nach der Petersinsel und nach Solothurn abgegangener Vf. nachher wieder, und beide Schwestern reisten nun mit ihm und dem einen jener jungen Männer, dem Zeichner, gegen Ende Augusts nach *Arth.* Am 2. September wollten sie nach *Goldau*, und begaben sich unmittelbar nach jener durch ihr Unglück bekannt gewordenen Gegend in Gesellschaft Bernerscher Reisenden auf den Weg, sahen unmittelbar das schreckliche Ereignifs des Bergfalls; ein Stein traf die Fr. v. R. auf die Brust; sie ward nach *Arth* zurück gebracht, und starb wenige Tage nachher an den Folgen der Quetschung. Sterbend ernannte die Dame Hn. *E.* noch zum Vormunde ihrer jüngern Schwester, und in der Folge wurden der Zeichner und das Fräulein ein glückliches Paar. Diese ganze Geschichte kam dem Rec. wegen verschiedener seltsamen Umstände, zumal wegen des romanhaften Endes, wie eine Dichtung vor; er schlug deswegen mehrere Schriften über den Bergfall bey Goldau, vornehmlich das Buch des Hn. Dr. *Zay* nach, in welchem alle von und um *Arth* her durch den Bergfall beschädigten oder umgekommenen Personen namentlich aufgeführt sind, und genaue Nachricht von dem Schicksale eines jeden gegeben wird; aber nirgends fand er eine Spur von einer Frau *Beate von R.*, die in diefs Unglück mit verwickelt worden seyn sollte; und doch müfste, wenn diese Dame, durch einen Stein verletzt, nach *Arth* gebracht und daselbst gestorben und begraben wäre, auch dieser Vorfall von dort aus bekannt geworden seyn. Wahrscheinlich wollte also Hr. *E.* durch diese Erfindung, die aber nicht in einer wirklichen Reisebeschreibung als wahre Geschichte hätte dargestellt werden sollen, das Interesse eines Romans heben. Ein Gespräch des Vfs. mit dem ihn begleitenden Idealphilosophen über den *Begriff des Schönen*, den diese Herren ungleich bestimmen, nimmt in dem kleinen Buche einen ziemlich grossen Raum ein; da aber nach des Vfs. eigenem Geständnisse der Begriff nicht vollständig entwickelt ist, so werde diefs nicht weiter berührt; dagegen macht Rec. den Vf. und die Leser auf einige Unrichtigkeiten in den geographischen Angaben aufmerksam. S. 30. wird die Insel in dem Lowerzer-See die *Schwaneninsel* genannt; vergebens würden aber künftige Reisende bey den dortigen Landbewohnern, welche nur die wirklichen Namen kennen, nach der *Schwaneninsel* fragen; die Insel heifst *Schwanau*, von einem vormaligen Schlosse dieses Namens, wovon noch Ruinen auf der Insel zu sehen sind; in ältern Zeiten ward es von einem Zwingherrn bewohnt, und ward eben deswegen in dem Anfange des vierzehnten Jahrhunderts von den Schwyzern zerstört; Schwäne giebt es nicht auf dieser Insel, wie man aus dem Namen schliessen möchte, welchen Hr. E. der Insel beygelegt hat. S. 43. wird gesagt, der *Pilatusberg* erreiche an Höhe beynahe den *Rigi* (!); allein es verhält sich ganz umgekehrt; der *Rigi* ist 1404 Fuss niedriger als der *Pilatus* (S. *Ebel.* B. IV. S. 31. Ausg. 2.). S. 65. heifst es: „Das ferner schimmernde *Stanz* oder *Stanzstadt*" und einige Zeilen weiter unten wird *Stanzstad* so gar eine *Stadt* genannt. Die Wahrheit aber ist, dass *Stanz* und *Stanzstad* (nicht *Stanzstadt*) zwey verschiedene Orte sind, und dass weder das eine noch das andre eine Stadt ist; *Stanzstad* ist nur ein ganz kleiner Ort am Seegestade, wovon er vermuthlich den Namen hat; *Stanz* liegt eine kleine Stunde tiefer landeinwärts und ist ein grosser Flecken oder ein Dorf, der Hauptort von Unterwalden nid dem Wald. An beiden Orten ward seit dem Kriegsereignisse von 1798, das für sie unglücklich war, vieles wieder neu aufgebaut. Uebrigens enthält das Büchelchen manche richtige Bemerkung über die Bewohner der Schweiz. Auch unser Vf. fand daselbst *nicht mehr* die oft gepriesene alte Sitteneinfalt und Biederkeit, und unangenehm fiel ihm an diesem, sonst wegen seiner warmen Vaterlandsliebe so berühmten, Volke die *Gleichgültigkeit* auf, mit welcher von der gegenwärtigen politischen Lage seines Landes und von der Aussicht dieser Nation in die Zukunft gesprochen ward. Die Schreibart ist fliessend und angenehm. Das *Titelkupfer* stellt ein *Grabmal* vor dem Eingange einer kleinen Kirche vor, und soll vermuthlich ein Denkmal der Fr. v. R** seyn, die Hr. *E.* an den Folgen einer Quetschung der Brust durch einen, bey dem Erdfalle von Goldau sie treffenden, Stein zu *Arth* den Geist aufgeben liefs!

ALLGEMEINE LITERATUR-ZEITUNG

Sonnabends, den 7. October 1809.

INTELLIGENZ DES BUCH- UND KUNSTHANDELS.

I. Neue periodische Schriften.

So eben ist erschienen und an alle solide Buchhandlungen versendet worden:

Annalen der klinisch-technischen Schule zur Bildung der Aerzte als Kliniker und als Staatsdiener, von *Phil. Jos. Horsch*, der Philos., Medicin und Chir. Doctor, grossfürstl. würzb. Medicinal-Rath, ordentl. öffentl. Lehrer der Heilkunde u. s. w. *Erstes* Heft. 1 Rthlr. Rudolstadt, in der Klüger'schen Buchhandlung.

Diese Annalen sind nicht bestimmt, bloss eine Reihe von Krankheitsformen abzubilden, sondern sie werden sowohl die wissenschaftliche Seite der Medicin, als die klinisch-technische umfassen, daher sich über alles das verbreiten, was den klinischen Arzt und den ärztlichen Staatsdiener interessiren kann, und der fortlaufenden Geschichte der Anstalt selbst die interessantesten und gerichtlichen Beobachtungen einverleiben.

Bertuch's, C., Bilderbuch für Kinder, mit deutschen, französischen, englischen, italienischen Erklärungen, und mit ausgemalten und schwarzen Kupfern. 4. Nr. CXI und CXII. — Nebst dem *ausführlichen Text* dazu. 8.

Vorstehende Hefte sind so eben erschienen und versandt, und enthalten folgende interessante Gegenstände:

CXI. Heft.

Taf. 51. Das Schulerloch in Bayern. Taf. 52. Der Triumphbogen des Kaisers Septimius Severus. Taf. 53. *Deutsche Nachtfalter*. Fig. 1. Der Specht. Fig. 2. Der Purpurbär. Fig. 3. Der Linden-Spinner. Fig. 4. Der Erlen-Spinner. Taf. 54. *Merkwürdige Berge*. Fig. 1. Der Gross-Glockner. Fig. 2. Der Schneeberg. Taf. 55. Süd-Amerikanische Fackel-Disteln.

CXII. Heft.

Taf. 56. Die Beetschuaner. Taf. 57. Das Kolosseum oder das Amphitheater des Kaisers Flavius Vespasianus. Taf. 58. Die prächtige grossblumige Fackel-Distel. Taf. 59. Hindusche Merkwürdigkeiten. Taf. 60. *Russische Volkslustbarkeiten*. Fig. 1. Die Eisberge. Fig. 2. Russische Schaukeln.

Auch sind immer sowohl ganze Exemplare vom Anfange an, als auch einzelne Hefte um den gewöhnlichen Preis zu haben.

Weimar, im August 1809.

H. S. priv. Landes-Industrie-Comptoir.

II. Ankündigungen neuer Bücher.

Gräter, F. D., Gedichte, mit dem Bildnisse des Verf. von Lips. Heidelberg, bey Mohr u. Zimmer. 8. Schreibpap. 1 Rthlr. 8 gr., Druckp. 1 Rthlr.

Wenigen Dichtern ist es gelungen, den Geist alter Zeit so rein in sich aufzunehmen, und ohne einen Anstrich des Modernen darzustellen in neuen Formen. Das Süsse und Zarte in den schwäbischen Minneliedern, die hohe Glut in den Vaterlandsgesängen, die gewaltige Kraft und der episch lyrische Ton in den Götterliedern und Schlachtgesängen, und in Freya's Niederfahrt, zaubern den Leser in die Vergangenheit zurück, welcher sie angehören, wo die Kunst noch im Leben vorhanden war, und der Dichter nicht dem Fremden sich anschliessen musste, um in der wohlosen Umgebung nicht unterzugehn. Auch in den eigenen Gedichten des Verfassers spiegelt sich ein reiner, kräftiger Sinn, frey von den Einwirkungen der Zeit, und fest ruhend auf sich selbst. Dass Herr *Gräter* seinen Poesieen auch die prosaischen Aufsätze anreihen will, welche so bedeutend sind für nordische Archäologie, wird den Vielen, die sich jetzt mit den Erscheinungen der Vorzeit beschäftigen, eine sehr willkommene Nachricht seyn.

Riga, bey C. J. G. Hartmann ist erschienen:

Ovids Schicksale während seiner Verbannung, mit einer Titelvignette. 16 gr.

und

Mährchen und Erzählungen für Kinder.

Beide Schriften sind von demselben Verfasser, der auch unter dem Namen *Doro Caro* rühmlichst bekannt ist. Die *erste* Schrift ist ein Werk des mühsamsten Fleisses. Aus mehr als 2000 Stellen der Ovidianischen Schriften hat der Verfasser die Schicksale des unglücklichen Dichters der Liebe zusammengesetzt. Die Philolologen werden es prüfen und über den Werth entscheiden, Liebhaber der Lectüre sich aber befriedigt finden, wenn ihnen die innersten Geheimnisse Ovids nach seinem eignen Geständniss aufgedeckt werden.

Die *Mährchen für Kinder* enthalten folgendes: I. Das Mährchen von der Nähnadel. Zu diesem gehören folgende Abschnitte: 1) die arme Näherin, 2) Nachrichten, 3) die bezauberten Jungfrauen, 4) der Kattunfabricant, 5) der grosse und gute Geist. II. Der Amtmann. III. Der arme Kühner. IV. Das bezauberte Licht. V. Die Federschlitzerinnen. VI. Apfel, Gehrchen. VII. Der Greis. VIII. Pieter Claasen. IX. Die drey Müllergesellen.

Dieselbe liebliche Dichtung, dieselbe reine Sprache, die in den *Novellen Doro Caro's* so sehr gefiel, herrscht auch hier. Aeltern, Lehrer und Erzieher werden in diesen Mährchen eine nützliche und angenehme Unterhaltung für ihre Kinder finden; vielfältig werden sie darin Gelegenheit haben, noch unbekannte Dinge aus der Natur, und vorzüglich aus dem menschlichen Leben, Wesen, Treiben und Thun, zu lernen.

Diese beiden neuen Schriften *Doro Caro's* werden sicher auch den Beyfall erhalten, den seinen frühern Schriften, nicht nur die kritischen Blätter, sondern, was noch mehr sagen will, die Lesewelt — ihm bezeigt hat.

So eben ist erschienen und in allen Buchhandlungen zu haben:

Aristotelis Politicorum libri octo superstites. Graeca recensuit, emendavit, illustravit, interpretationemque latinam adjecit *Jo. Gottl. Schneider*, Saxo. II Voll. 8 maj. 5 Rthlr. 12 gr.

Meister's, *J. C. F.*, Lehrbuch des Naturrechts. gr. 8. 2 Rthlr. 8 gr.

Wünsch, C. E., Beleuchtung einiger in die Naturlehre überflüssig eingeführten Stoffe und Kräfte. 8. 8 gr.

Frankfurt a. d. Oder, im August 1809.

Akademische Buchhandlung.

Bey Joseph Thomann in Landshut sind erschienen und in allen guten Buchhandlungen zu haben:

Ast, Dr. *Fr.*, Zeitschrift für Wissenschaft und Kunst. 1ter Bd. 2 Rthlr.

— — Grundlinien der Philosophie, 2te vermehrte Auflage. gr. 8. 1 Rthlr.

Buchner, Dr. *Aug.*, Versuch einer Theorie des Vollmachts-Vertrages nach dem römischen Recht. gr. 8. 16 gr.

Farthner's, *P. A.*, das Ganze der christlichen Sitten- und Glaubenslehre in Predigten. 2ter Jahrg. gr. 8. 1 Rthlr. 12 gr.

Gesang- und Gebetbuch zur Beförderung der gemeinschaftlichen Gottesverehrung in der katholischen Kirche. Neue unveränderte Aufl. 8. 4 gr.

Loew, Dr. *J.*, über die sympathetische Wirkung der Dinge. 4. 12 gr.

— — über den Urin, als diagnostisches und prognostisches Zeichen in physiologischer und pathologischer Hinsicht. gr. 8. 1 Rthlr.

Melodieen zu den Liedern zur Erbauung und Ermunterung für Schulkinder und Erwachsene. Gefertigt und gesammelt von dem Singlehrer der Indersdorfer Mädchenschule. 1s Heft. 4. 10 gr.

Platonis Symposium et Alcibiades I. Rec. Dr. *Fr. Ast.* gr. 8. Postpapier 1 Rthlr. 22 gr.
Druckpap. 1 Rthlr. 12 gr.

Schlosser, F. C., Leben des Theodor de Beza und des Peter Martyr Vermili. Ein Beytrag zur Geschichte der Zeit der Kirchenreformation. Heidelberg, bey Mohr u. Zimmer. gr. 8. 2 Rthlr. 12 gr.

Der Verfasser hat schon in seinem *Abälard und Dulcin* bewiesen, wie innig vertraut er mit der Literarhistorie sey, und wie trefflich er es verstehe, das wissenschaftliche und das bürgerliche Leben eines Mannes in seiner Totalität aufzufassen, und dabey zugleich die Wechselwirkung der Zeitalter auf den Menschen, und des Menschen auf das Zeitalter zu berücksichtigen. Theodor Beza und Peter Virmili, deren Verdienste um die Wissenschaft und deren Einfluss auf den Gang der Reformation weniger allgemein erkannt sind, werden hier mit echter historischer Kunst dargestellt, und der Verf. hat den Geist ihrer Schriften so lebendig ergriffen, und kennt so genau die Quellen ihrer Geschichten, dass der Leser, zu ihrer nähern Bekanntschaft zu gelangen, keiner weitern Hülfsmittel bedarf. Besonders wichtig sind dem Literar- und Kirchenhistoriker die bis jetzt ungedruckten oder selten gewordenen Beylagen, bestehend aus Briefen und andern Aufsätzen dieser beiden Reformatoren.

Riga, bey C. J. G. Hartmann ist erschienen:

Ideen über die Vegetation und *einige Winke über den Dünger*, von Dr. *D. H. Grindel*. 12 gr.

Der Verfasser stellt hier alle die Ideen und Beobachtungen unserer Naturforscher, *Sennebier*, *Humboldt*, *Ingenhouss* u. a., über diesen Gegenstand zusammen, und vereinigt sie mit den seinigen. Die Resultate, die sich hieraus ergeben, werden den Naturfreund erfreuen, so wie dem Landwirthe sehr willkommen seyn.

In den Buchhandlungen von J. A. Göbhardt in Bamberg und Wirzburg ist neu erschienen und in allen guten Buchhandlungen zu haben:

Wagner's, *Joh. Jac.* (Professors in Wirzburg), Theodicee. gr. 8. 1 Fl. 45 Kr. od. 1 Rthlr. 4 gr.

In diesem Werke löst der Verfasser auf seine Weise das alte Problem von dem Ursprunge des Uebels, das seit *Leibniz* so viel als aufgegeben daleg. Zugleich wird hier

hier die neue Gestalt der gesammten Wissenschaft, welcher unsere Zeit mit grossen Schritten entgegen eilt, in bestimmten Zügen vollständig bezeichnet. Dem Kundigen wird es nichts Unerwartetes seyn, wenn gesagt wird, dass diese Schrift eine Theorie des Schicksals enthalte.

Harmonie der neuesten Baierischen Ehescheidungs-Gesetze mit Schrift und Tradition. Eine freymüthige Abhandlung von einem Katholiken. gr. 8. 48 Kr. od. 12 gr.

Hm, Joh. Jos., theologische Zeitschrift. *Ersten* Bds 1 u. 2tes Heft.

Von dieser Zeitschrift erscheint monatlich ein Heft von 5 bis 6 Bogen; 6 Hefte machen einen Band aus, der mit einem vollständigen Register versehen wird, und im Subscriptionspreis 3 Fl. oder 2 Rthlr. kostet. Man kann zu jeder Zeit darauf subscribiren, und erhält die vorigen Hefte nachgeliefert.

Weyhnachts-Geschenke für die Jugend anzufertigen, war seit 20 Jahren her mein Lieblings-Geschäft. Dahin gehören die naturhistorischen Zinnfiguren, *funfzehn* Lieferungen, nebst Text vom Professor *Forster* und *Klügel*; jede Lieferung zu 1 Rthlr. 12 gr., und die Beschreibung aller Länder und Völker der Erde, vom Hn. Pastor *Löhr*, 4 Halbfranzbände, 6 Rthlr.

Nur gegen baare Zahlung, mit dem gewöhnlichen Rabatt, werden die Bestellungen besorgt; Aufträge ohne Geld werden bey Seite gelegt. Ich bin zu arm, um zu creditiren, und möchte auch gern als ehrlicher Mann sterben.

Kunsthändler Dreyssig in Halle.

Versuch in Fragen bey der Confirmations-Handlung. Heidelberg, bey Mohr u. Zimmer. 8. 2 gr.

Das Eine Wesentliche, worauf es bey der Confirmations-Handlung ankömmt, ist hier in einer kurzen Reihe von Fragen und Antworten ausgesprochen, und diese Blätter umschreiben die Grenze, welche so oft, zum Nachtheil dieser religiösen Wirkung, überschritten zu werden pflegt.

Neue Auflage. Die im vorigen Jahre von dem Herrn Prediger *Wilmsen* herausgegebenen

Uebungsblätter oder 150 Aufgaben u. s. w.

sind völlig vergriffen, und erscheint davon diese Michaelis eine neue Auflage.

Der Beyfall, mit welchem dieses in zahlreichen Schulen unentbehrliche Hülfsmittel des Unterrichts aufgenommen worden ist, war dem Hn. Vf. Ermunterung und Verpflichtung, die ihm darüber mitgetheilten Bemerkungen kritischer Blätter und seine eigenen Erfahrungen zur Vervollkommnung derselben aufs treuste zu benutzen, und so ist denn ein fast ganz neues Werk daraus geworden, indem beynahe keine einzige Ausgabe unverändert geblieben ist, und noch 50 neue hinzu gekommen sind. Um so mehr wird nun diess Erleichterungs- und Beförderungsmittel des Unterrichts der schätzbaren Empfehlung zur Einführung in alle Schulen würdig erkannt werden, durch welche es der zur Mitarbeit bey der neuen Organisation des Schulwesens in den Preuss. Staaten berufene verdienstvolle Herr Prediger *Natorp* zu Essen in seiner „*Kleinen Schulbibliothek*" 3te Aufl. Duisburg 1809. ausgezeichnet hat.

Unterzeichneter wird für correcten Druck und gutes festes Papier sorgen; der Preis ist 10 gr. Cour.; auf 16 Exemplare werden gegen baare Zahlung *zwey* unentgeldlich bewilligt; und wer etwa bis Ausgang Septembers darauf pränumeriren möchte, zahlt für das Exempl. nur 14 gr., und erhält auf 20 *zwey* frey. — Briefe nebst dem Betrage werden postfrey erbeten.

Berlin, im Julius 1809. Dieterici.

Bürger-Militär-Almanach für das Königreich Baiern auf das Jahr 1810., von *Lipowsky*. Mit Kpfrn. 8. München, bey Fleischmann. Gebunden mit Futteral auf Velinpap. 2 Rthlr. 12 gr., mittl. Ausgabe 1 Rthlr. 17 gr., ordinäre Ausgabe 1 Rthlr. 8 gr.

Dieser vortrefflich eingerichtete Almanach hat nicht nur für Baiern, sondern auch für das Ausland grosses Interesse, da sich, ausser den das Bürgermilitär unmittelbar angehenden Artikeln, viele vortreffliche historische und statistische Abhandlungen darin befinden. Das Titelkupfer liefert das Bildniss des K. Baier. Kriegsministers *von Triva*, von Hn. Prof. *Hess* Meisterhand gestochen; die gut gerathenen Ansichten der Städte *Passau*, *Ingolstadt*, *Ansbach* und *Amberg* sind vom Grabstichel des Hn. *Laminit*. Noch befindet sich bey der Ausgabe auf Velinpap. ein alter Plan der Festung Ingolstadt vom Jahre 1571.

Nachricht von der Schlacht bey Enzersdorf und Deutsch-Wagram am 5 u. 6ten Julius 1809. und den darauf folgenden Gefechten bis zum Abschlusse des Waffenstillstandes von Znaym den 12ten Julius. Mit dem *ausführlichen Plane der Schlacht*.

Apperçu de la Bataille d'Enzersdorf et de Deutsch-Wagram le 5 et 6. Juill. 1809. et des combats suivans jusqu'à l'armistice de Znaym le 12. Juill. Avec *le Plan detaillé de la Bataille*.

Als Fortsetzung unserer bisher gelieferten Schlachten-Plane folgt nun dieser so wichtige, von der ewig merkwürdigen Hauptschlacht bey Deutsch-Wagram, wo *Napoleons des Grossen* erstaunenswürdiges Feldherrn-Talent sich in seiner ganzen Grösse zeigte. Diess durch einen richtigen detaillirten und zum französischen Schlachtberichte passenden Plan genau darzustellen — was mehrere uns zu Gesicht gekommene Karikaturen davon ganz verfehlt und elend verwirrt haben — war unser Zweck, und wir schmeicheln uns, dass diess uns geglückt sey, da wir vortreffliche Quellen dabey benutzen, und unsern Plan nach dem Entwurfe würfe eines verdienstvollen Augenzeugen und Theilnehmers an der Schlacht liefern konnten; welches ihm für den Militär sowohl als für den künftigen Geschichtschreiber einen entschiedenen Werth geben muss.

Der Schlacht-Plan ist in Royalfolio, sauber gestochen mit colorirten Positionen, der deutsche und französische Text in 4. broschirt, in allen guten Buch- und Kunsthandlungen zu haben. Preis 15 gr. Sächs. oder 1 Fl. 6 Kr. R. Geld.

Weimar, im August 1809.

Das Geographische Institut.

Riga, bey C. J. G. **Hartmann** ist erschienen:

Russisches Jahrbuch für die Chemie und Pharmacie, von *Ferd. Giese* und Dr. *D. H. Grindel*. 1r Bd. 1 Rthlr. 4 gr.

Der darin gelieferten Abhandlungen und Beobachtungen sind viele, die sich durch ihre Gründlichkeit auszeichnen, und welche die Aufmerksamkeit eines jeden denkenden Chemikers und Pharmaceuten verdienen.

In der **Weygand'schen** Buchhandlung in **Leipzig** sind erschienen und in allen soliden Buchhandlungen zu haben:

Die Aufhellungen der neuern Gottesgelehrten in der christlichen Glaubenslehre, von 1760 bis 1805. *Erster* Band. gr. 8. 2 Rthlr. 18 gr.

Dillenius, Mag. *F. W. J.*, griechisch-deutsches Wörterbuch für die Jugend, mit einem griechischen und deutschen Register. *Dritte umgearbeitete und vermehrte Auflage.* gr. 8. 4 Rthlr.

Miller's, Dr. *Joh. Pet.*, erbauliche Erzählungen der vornehmsten biblischen Geschichten zur Erweckung eines lebendigen Glaubens und der wahren Gottseligkeit in der Tugend. *Zwölfte verbesserte Auflage.* 8. 5 gr.

Heitere Träume, in kleinen Erzählungen. Von der Verfasserin des *Walther von Montbarry*, *Fontanges* u. s. w. *Neue Auflage.* 8. geh. 1 Rthlr. 10 gr.

Wanderungen der Phantasie in die Gebiete der Wahrheit. Von ebenderselben Verfasserin. 8. 1 Rthlr. 8 gr.

Westphal's, Dr. *E. Chr.*, Lehre des gemeinen Rechts vom Kauf-, Pacht-, Mieth- und Erbzins-Contract, der Cession, auch der Gewähr des Eigenthums und der Mängel. *Zweyte Auflage.* gr. 8. 2 Rthlr. 8 gr.

III. Auctionen.

In **Kiel** wird in öffentlicher Auction die reichhaltige Bibliothek des weil. Herrn Etatsrath und Archiator *Ackermann*, bestehend aus 4500 Bänden, verkauft, womit den 13. November d. J. der Anfang gemacht wird. Cataloge sind in jeder guten Buchhandlung zu haben. Bestellungen nimmt die akademische Buchhandlung in Kiel an.

Am 20sten Novbr. d. J. soll zu **Frankfurt a. d. Oder** eine schätzbare Sammlung von Büchern, aus mehreren tausend Bänden bestehend, gegen baare Bezahlung in Preuss. Cour. verauctionirt werden. Die Buchhandlungen, welche sich an einem Universitäts-Orte befinden, wie auch folgende Buchhandlungen sind mit Catalogen versehen, und zu deren Auslieferung bereit: Hr. **Arnold** in **Dresden**, Hr. **Eslinger** in **Frankfurt a. M.**, Hr. **Ettinger** in **Gotha**, Hr. **Felsecker** in **Nürnberg**, Hr. **Fleischmann** in **München**, Hr. **Hahn** in **Hannover**, Hr. **Hartmann** in **Riga**, Hr. **Roehs** in **Schleswig**, Hr. **Korn** d. ä. in **Breslau**, Hr. **Metzler** in **Stuttgard**, Hr. **Niemann** in **Lübeck**, Hr. **Perthes** in **Hamburg**, die **Himburg'sche** Buchhandlung in **Berlin**, und Hr. **Heinsius** in **Leipzig**.

IV. Vermischte Anzeigen.

Etwas in Bezug auf einen Auffatz des Herrn Ober-Medicinalassessors *Flittner* im *Journal der praktischen Heilkunde* von *Hufeland* und *Himly*, Auguststück 1809.: *Ueber die Anwendungsform des Phosphors.*

Der Herr Ober-Medicinalassessor *Flittner* sagt und empfiehlt darin als etwas Neues, dass es, um den Phosphor als Medicament anzuwenden, nothwendig sey, ihn in einem fettigen Oele durch Unterstützung einer gelinden Wärme aufzulösen; diess ist eine ziemlich alte, chemisch richtige Procedur, die wir schon in den frühern Jahren unsers pharmaceutischen Cours nie anders behandelt, und auch noch nie einen nur etwas wissenschaftlichen Apotheker auf eine andre Methode verfahren zu sehn Gelegenheit gehabt haben.

Wir müssen uns in der That wundern, dass der Herr Ober-Medicinalassessor *Flittner* diesen neuen Vorschlag nicht schon längst gethan hat; bitten aber zugleich, über den geringen Bildungsgrad der Apothekergehülfen in der reinen Chemie nicht so ins Allgemeine zu lästern, da man doch in dem jetzigen Zeitalter dieser Kunst eine ziemliche Anzahl nach Regel und Gewissen arbeitender junger Apotheker aufzustellen hat.

Eine Gesellschaft junger Apotheker,
D. D. R. S.

Nachricht, eine kleine Schrift: *An Freunde der Seelenkunde über den Magnetismus*, betreffend.

In dem Leipziger Messcatalog ist der längst verstorbene *Wienholt*, und in dem Verzeichniss der Herren Gebrüder **Hahn** *Dreves* als Verfasser dieser Schrift genannt worden. Es dient zur Nachricht, dass auf dem Titel derselben gar kein Name des Verfassers angegeben worden.

ALLGEMEINE LITERATUR-ZEITUNG

Montags, den 9. October 1809.

WISSENSCHAFTLICHE WERKE.

GESCHICHTE.

1) Hamburg, b. Schmidt: *Danzig während der Belagerung im Jahr 1807.* In Briefen von einem Augenzeugen. 1807. 110 S. 8.

2) Danzig, gedr. m. Wedel, Schr.: *Tagebuch der Belagerung von Danzig.* In den Monaten März, April und May 1807. 48 S. 8.

3) Leipzig, b. Gräff: *Belagerung und Einnahme von Danzig* 1807. Mit dem Porträt des Grafen von Kalkreuth und einem Plan von Danzig. 1808. 192 S. 8.

4) Amsterdam u. Hamburg: *Danzig*, eine *Skizze* in Briefen. Geschrieben *vor, während und nach der Belagerung* im Jahr 1807. 1808. 198 S. 8.

5) Danzig: *Irrthum und Bosheit des Verfassers von Danzigs Skizze* in Briefen. Zum Besten der Armen. 1808. X u. 105 S. 8.

6) Frankfurt u. Leipzig: *Antwortschreiben an den Herrn Verfasser von: Danzig, eine Skizze* in Briefen. 1808. 48 S. 8.

7) Berlin, b. Dieterici, und Leipzig, b. Mittler: *Die Preußen in Danzig, immer noch die alten und braven*, geprüft auch im neuen Feuer und unbeschädigt durch dessen Brand. 1808. 40 S. 8.

8) *Ebendas.*, b. Ebendens.: *Das belagerte Danzig.* Ein Nachtrag zu der Schrift: Die Preußen in Danzig, geschrieben von einem Augenzeugen und herausgegeben von einem Freunde vaterländischen Verdienstes. 1808. 46 S. 8.

9) Danzig, b. Troschel: *Geschichte der Belagerungen und Blockaden Danzigs* von der frühesten bis auf gegenwärtige Zeit. Ein historischer Versuch von *Fried. Carl Gottl. v. Duisburg.* 1808. IV und 316 S. 8.

10) Posen u. Leipzig, b. Kühn: *Die Belagerung von Danzig im Jahr* 1807. Aus den Original-Papieren Sr. Excell. des Königl. Pr. General-Feld-Marschalls Grafen *von Kalkreuth.* 1809. 248 S. 8. mit dem Porträt desselben.

Die grosse Begebenheit, dass in dem Feldzuge Frankreichs gegen Preussen, Napoleon mit seinen Armeen bis nach Danzig vordrang, diese Stadt belagerte, und, ungeachtet aller Befestigungen der Natur und Kunst, einnahm, enthält so reichhaltigen Stoff, dass mehrere Personen, die als Augenzeugen den Operationen der Vertheidigung beywohnten, bewogen wurden ihre Beobachtungen öffentlich durch den Druck dem Publicum vorzulegen; und hoffentlich wird es jedem, der an Danzigs Schicksal Theil nimmt, angenehm seyn, den Gehalt obiger Schriften kennen zu lernen.

In Nr. 1. werden die Wirkungen der unglücklichen Ereignisse des Preussischen Feldzuges gegen Frankreich, auf Danzig, die hierdurch veranlassten Anstalten zur Vertheidigung dieses Orts, auch die Fehler geschildert, die sich die militärischen Directoren dieser Anstalten zu Schulden kommen liessen. Die merkwürdigsten Ereignisse bey der Belagerung und dem Bombardement der Stadt, die Schäden, die hierdurch und durch das zur Defension veranstaltete Abbrennen der Vorstädte, so wie durch die Ueberschwemmung der Niederung, Danzigs Bewohnern zugefügt worden, sind richtig dargestellt, und es werden daher diese Briefe jedem Leser, der nicht schon aus andern Quellen über diese Vorgänge genauer unterrichtet ist, eine lehrreiche Unterhaltung gewähren.

Der Vf. von Nr. 2. erzählt die mehresten Begebenheiten während der Blockade und Belagerung Danzigs, aber ohne Plan und Ordnung, zum Theil in einem sehr vernachlässigten Stil. Allenfalls könnte dieses Tagebuch den Bewohnern Danzigs, welche während der Belagerung sich in der Stadt befanden, zur Erinnerung an diese Schreckenszeit dienen; aber für den auswärtigen Leser hat es um so weniger Werth, da andre Schriften ihm eine vollständigere Belehrung über die Geschichte dieser Tage gewähren.

Nr. 3. gehört, obschon die Einleitung betreffend Danzig bis zur Preussischen Besitznahme, sehr unvollständig und fehlerhaft ist, deshalb zu den vorzüglichern Schriften, weil die Details der Vorgänge während der Einschliessung und Belagerung der Stadt in einem nichts weniger als trocknen Vortrage dargelegt sind, auch das, was geschehen ist, und hätte geschehen sollen, richtig angegeben ist. Der beygefügte Plan macht, zumal dem Leser der das Locale nicht kennt, die Beschreibung anschaulicher. Das Porträt des Feldmarschalls Grafen v. Kalkreuth aber ist so schlecht, dass das Werk dadurch verunstaltet wird.

Der Vf. von Nr. 4. muss ein Mann seyn, der Danzig sehr genau kennt, der mit den Lokal-Verhältnissen und mit mehreren Personen sehr vertraut ist. Der Stil des Vfs. ist gebildet und die Briefe sind daher unterhaltend. Nur konnte er immer mit Freymüthigkeit schreiben, ohne sich persönliche Aus-

Ausfälle und Beleidigungen zu Schulden kommen zu lassen.

In der Schrift Nr. 5. zu der sich der Königl. Preuss. Kreis-Justiz-Rath *Kundenreich* als Vf. bekennt, verantwortet sich der Geh. Commercien-Rath *Pott* gegen die Vorwürfe und Ausfälle, die sich der Vf. der kurz vorher bemerkten Broschüre gegen ihn erlaubt. Den grössten Theil des Gehalts nimmt eine geschichtliche Darstellung der Verbesserungen ein, die im Spendhause, und im Kinder- und Waisenhause gemacht worden: so wie eine treue Erzählung der Art und Weise, wie Pott sich benommen hat, um die Creditoren seines Vaters zu befriedigen, indem er hiedurch zu beweisen sucht, dass nicht Stolz und Ruhmsucht, sondern reiner Trieb zum Wohlthun und Gerechtigkeitsliebe seine Handlungen leitete.

Nr. 6. soll ebenfalls eine Replik gegen die unter Nr. 4. bemerkte Skizze in Briefen seyn, in einem satirisch und scherzhaft seyn sollenden Ton. Aber alles, was der Vf. sagt, ist so langweiliges Gewäsch, voll abgeschmackter Wendungen und Ausdrücke, dass jedem, der nicht aus Pflicht sich mit diesen Blättern beschäftigen muss, zu rathen ist, solche ungelesen zu lassen.

In der Flugschrift Nr. 7. wird ein Aufsatz in den Feuerbränden betreffend, die Belagerung der Stadt Danzig widerlegt. Der Vf., wahrscheinlich eine Preussische Militärperson, schränkt sich auf Ausbebung der merkwürdigsten Momente in den Operationen der Belagerer und Vertheidiger der Festung ein. Wenn gleich die Begebenheiten in einem bescheidenen Ton erzählt werden, so ist der Vf. doch von Parteylichkeit nicht frey. Woher sonst die übertriebenen Lobsprüche, die dem Ingenieur-Lieutenant von Pullet ertheilt werden, und das geflissentliche Stillschweigen über offenbare Fehler, die man sich bey der Defension zu Schulden kommen liess? Die kurze Notiz über Danzig (S. 38 — 40.) ist voll von unrichtigen statistischen Angaben, worunter eine der auffallendsten die Berechnung des Flächen-Inhalts des Territorii ist, der hier auf 40 Q. Meilen angegeben wird, da doch alles eingerechnet, höchstens 13 Q. Meilen heraus zu bringen sind.

In der Vorrede von Nr. 8. zieht der Vf. auf die Schriftsteller, besonders auf zwey derselben, los, die, leichtsinnig und boshaft genug, die Schuld des traurigen Ausganges des letzten Feldzuges, den Preussen gegen Frankreich unternahm, auf den König, auf die ersten Stellvertreter der Nation und auf die fehlerhafte Einrichtung der ganzen Regierungs Verfassung zurück wälzen, und bey dieser Gelegenheit sich den bittersten Tadel gegen alles, was in Preussen geschah, erlauben. Uebrigens enthält diese Schrift nur Zusätze und Erläuterungen zu Nr. 7., und die parteyischen Lobeserhebungen aller der Anstalten, die vom Preuss. Militär, besonders vom Ingenieur *de la Place* zur Vertheidigung der Festungswerke getroffen wurden, werden auch in diesen Blättern keinem Leser entgehen.

Der Vf. der unter Nr. 9. bemerkten Schrift schränkt sich, wie auch schon der Titel angiebt, auf eine Erzählung der feindlichen Unternehmungen gegen Danzig in ältern und neuern Zeiten ein. Das Ganze ist eigentlich eine Compilation aus ältern und neuern Geschichtschreibern. Je weiter die Ereignisse in die Geschichte zurück gehen, um so unvollständiger sind die Nachrichten. Was daher von den kriegerischen Auftritten bis zum Anfang des 18ten Jahrhunderts erzählt wird, befriedigt am wenigsten. Ausführlicher wird die Geschichte der Belagerung im Jahr 1734. dargestellt — am ausführlichsten aber die neueste Blockade und Belagerung im J. 1807., von welcher letztern freylich die kleinsten Umstände aufbewahrt und überliefert werden konnten, da der Vf. selbst Zeitgenosse und Zeuge der Begebenheiten war. Wenn gleich von dem Vf. die Thatsachen mit vieler Sorgfalt gesammelt worden, so hat er sich dennoch hin und wieder einen Mangel an gehöriger Prüfung der Thatsachen, ehe er sie zur öffentlichen Bekanntmachung niederschrieb, zu Schulden kommen lassen. So sind S. 2. die Privilegien der Stadt sehr unvollständig dargestellt. S. 126 ff. wird behauptet, dass im J. 1793. während der Unterhandlung mit dem *en Chef* commandirenden Königl. Preuss. General Raumer, betreffend die Uebergabe der Stadt an den König von Preussen, Depeschen von Seiten der Stadt, nach Warschau und Petersburg abgegangen wären. Rec. weiss indessen aus einer sehr sichern Quelle, dass wenigstens die Depesche nach Petersburg zwar hat abgehen sollen, aber Preussischer Seits nicht durchgelassen, sondern zurück gewiesen worden. Die Schilderung der Unruhen unter dem Pöbel (S. 128. und 129.) ist äusserst übertrieben. Diese Unrichtigkeiten, und einige Auswüchse im Stil, wie z. B. die unpassenden poetischen Bilder (S. 146.), hätten, bey einiger Aufmerksamkeit, leicht vermieden werden können.

Die Beschreibung der Belagerung von Danzig aus den Original-Papieren des General-Feld-Marschalls Grafen v. Kalkreuth Nr. 10. enthält unstreitig die genauesten und sichersten Nachrichten über den Gang der Belagerung, und über alle Operationen, die vom Zeitpunkt der ersten Einschliessung der Stadt an bis zur Uebergabe, vom angreifenden Feinde, so wie gegenseitig von den Vertheidigern der Stadt unternommen wurden. An der Authenticität der in dieser Schrift befindlichen Darstellungen ist um so weniger zu zweifeln, da die Bülletins, so wie die Berichte die der Graf v. Kalkreuth dem Könige einschickte, ingleichen alle die von dem Grafen in Hinsicht auf die Vertheidigung während der ganzen Belagerungs-Periode an die Militär- und Civil-Behörden erlassenen Schreiben hier wörtlich abgedruckt sind, und man im eigentlichsten Verstande Original-Acten vor sich hat. Verehren muss man die unermüdete Thätigkeit, mit welcher der würdige Greis sich die Vertheidigung der Stadt angelegen seyn liess, den ausdauernden Muth, mit dem er sich selbst persönlich nicht selten Gefahren aussetzte, die fortwährende Aufmerksamkeit auf alles, was irgend zur Sichrung der

der Festungswerke und zur Verminderung der Gefahr dienen konnte, und das edle Bestreben Officiere und Soldaten durch Lob und Tadel, Belohnungen und Strafen, je nachdem es nöthig war, zur Erfüllung ihrer Pflichten zu ermuntern. Die Bürgerschaft gab die unverdächtigsten Beweise ihrer treuen Anhänglichkeit an Preussen dadurch zu erkennen, dass sie eine bedeutende Geldsumme an die Militär-Lazarethe, zur Erquickung der darin befindlichen Kranken schenkte, und den Soldaten auf den Wällen mehrmals Wein zur Stärkung austheilen liess. Aller Anstrengungen ungeachtet siegte die Uebermacht, nicht sowohl des Feindes, als andrer zusammentreffender unglücklichen Umstände, wohin vornehmlich die starke Desertion des Preuss. Militärs, der Verlust der Nehring und des Holms durch die Nachlässigkeit der dort commandirenden Officiere, der Mangel an Succurs, und zuletzt noch die fehlschlagende Expedition eines Schiffs, welches den Besatzungstruppen Fourage und Munition zubringen sollte, allein mitten auf der Weichsel dem Feinde in die Hände fiel, zu rechnen sind. Durch diese Umstände sah sich der Graf Kalkreuth genöthigt, nach einem mehr als 10 Wochen geleisteten ruhmvollen Widerstande, am 24. May 1807. die Stadt und Festung Danzig den Französisch Kaiserlichen Truppen durch Capitulation zu übergeben.

Zum Beschluss dieser Anzeige will Rec. noch ein paar Bemerkungen hinzu fügen. Aeusserst auffallend war die Desertion des Preussischen Militärs während der Belagerung. Schon unterm 15. März beklagte sich der Graf Kalkreuth, dass im Durchschnitt gewiss täglich 6 Mann desertirten. Späterhin nahm dieses Uebel zu. Es liefen in einer Nacht 20 und mehr Soldaten fort. Als der Graf Kalkreuth das Commando übernahm, belief sich die Besatzung auf 21,706 Mann. Als er, nach abgeschlossener Capitulation Danzig verliess, war dieses Corps, freylich zum Theil durch Verlust an Todten und in den Hospitälern befindlichen Verwundeten und Kranken, ferner durch Abgang derer, die als Gefangene dem Feinde in die Hände fielen, grösstentheils aber auch durch jene treulose Entweichung bis auf 7000 Mann geschmolzen. Dass die Bewohner Danzigs und der umliegenden Gegenden durch die Belagerung und das damit verknüpfte Bombardement äusserst gelitten haben, bedarf keiner weitläuftigen Erörterung. Das platte Land wurde durch Feinde und Freunde geplündert. Der Werth der zur Defension in den schön bebauten Vorstädten Alt-Schottland, Stolzenberg, Petershagen, Schidlitz, Neugarten abgebrannten Gebäude belief sich auf 1,538,794 Rthlr. Man berechnet, dass durch das Bombardement 2000 Häuser beschädigt, und 700 gänzlich zu Grunde gerichtet worden. Allein bey dem unglücklichen Schicksal, das nun einmal über die Stadt kam, befanden sich die Bewohner in mehr als einer Hinsicht vor vielen andern Oertern, die ein ähnliches Schicksal erduldet haben, in einer günstigen Lage. Denn sie fanden in einem Theil der Stadt, nämlich auf Langgarten, wo, auf der einen Seite, wegen der zu weiten Entfernung die Bomben und Kugeln nicht hinkommen konnten, auf der andern Seite aber der Andrang des Feindes durch die Ueberschwemmung abgehalten wurde, für ihr Leben und für ihren Aufenthalt völlige Sicherheit; daher auch die Anzahl der durch Zufall in der Stadt getödteten Personen vom Civilstande nur 20; und die der verwundeten nur 44 betragen haben soll. Ausserdem war die Stadt vom Anfange der Belagerung an, bis zur Aufhebung derselben hinreichend mit Lebensmitteln versehen. Zum Theil wurden diese ihr während des Bombardements, mit und ohne Vorwissen des Feindes zugeführt. Aus dieser Ursache stiegen auch die Preise derselben nicht bis zu einer übermässigen Höhe hinan, indem z. B. 1 Pf. Butter von 18 gr. — 1 Rthlr., und 1 Pf. Rindfleisch von 7 bis 18 gr. bezahlt wurde. War die Theurung dieser und mehrerer Bedürfnisse, gegen gewöhnliche Zeiten, auch mancher Familie drückend; war es mit bittern Gefühlen verknüpft, sich nothgedrungen Einschränkungen unterwerfen zu müssen, erregte es bey vielen einzelnen Familien peinigende Empfindungen, ihr Eigenthum durch die Wuth des Krieges vernichtet zu sehen: so wären diese Uebel gerne ertragen worden, wenn hiemit die Leiden geendigt gewesen wären. Allein der Aufhebung der Belagerung folgte eine mit ungeheuren Kosten verbundene lang dauernde Einquartirung. Der Stadt ward eine Contribution aufgelegt, die sie, bey Anstrengung aller ihrer Kräfte nicht aufzubringen vermag, und obschon die Bürger und Bewohner Danzigs sich mit der Hoffnung schmeichelten, mit der Wiedererlangung ihrer Freyheit auch Handel und Gewerbe wieder bey sich aufblühen zu sehen: so ist diese Hoffnung dennoch bis jetzt nicht in Erfüllung gegangen, und diese gänzliche Stockung in allen kaufmännischen Unternehmungen kann nicht anders als immer mehr zunehmende Verarmung unter allen Klassen der Bürger und Einwohner zur Folge haben.

Dresden, b. Arnold: *Die Franzosen in Spanien.* Ein historischer Versuch nach den besten gleichzeitigen Quellen (bearbeitet). Von *J. G. Hoyer*, K. S. Pontonnier-Hauptmann. II u. 88 S. gr. 8.

Der unermüdete, durch mehrere militärische Schriften rühmlichst bekannte Vf. liefert uns hier eine kleine Schrift, die für den gegenwärtigen Zeitpunkt berechnet ist, und dem Publicum um so willkommener seyn muss, als sie ihn mit den Kriegsthaten eines Volkes bekannt macht, das durch die neuesten Ereignisse mit Recht die Aufmerksamkeit und die Theilnahme aller Nationen auf sich zieht. Den Gesichtspunkt von welchem aus das Werkchen selbst zu betrachten ist, giebt uns der Vf. selbst in der Vorrede an. Er sagt nämlich: Mehrere Schriftsteller wetteiferten nun, geographische und statistische Nachrichten von Spanien zu liefern, doch keiner beschäftigte sich mit der Kriegsgeschichte dieses Landes; sie berührten selbst die allgemeine Geschichte desselben nur im Vorbeygehen. Es schien mir daher keine ganz

ganz undankbare Arbeit, eine Ueberficht der frühern Feldzüge der Franzofen in Spanien zu geben." Und zuletzt fagt er noch: „Die Vorfälle der gegenwärtigen Infurrection find noch nicht hiftorifch berichtigt und aus den öffentlichen Blättern allgemein bekannt; fie lagen daher aufser meinem Plan." Die vorzüglichften Schriftfteller, die der Vf. bey feiner Arbeit benutzte, find: *Colmenar*, *Moreto*, *Lebardão*, *Quincy*, *Aubery* u. f. w. Das Werkchen zerfällt in *zwey* Abfchnitte, der *erfte* liefert (S. 1—70.) eine gedrängte Gefchichte Spaniens von *Roderick* an bis zum Frieden mit Frankreich im Jahre 1795. Der *zweyte* (S. 70—88.) eine kurze topographifche Ueberficht diefes Landes, und befonders der am Fufse der Pyrenäen liegenden Gränzprovinzen: *Katalonien*, *Arragonien*, *Navarra* und *Biscaya*. Hier findet man auch die Höhen der verfchiedenen Berggipfel über die Meeresfläche nach den neueften Meffungen angegeben, und die Aufzählung von einigen funfzig gröfsern und kleinern Flüffe Spaniens, nebft den Orten ihres Urfprungs u. f. w. Ferner befchreibt der Vf. in diefem Abfchnitte die vorzüglichften Feftungen diefes Landes und führt die übrigen zahlreichen befeftigten Punkte namentlich an. — Mit Vergnügen wird der Lefer bey der muthvollen Vertheidigung *Fuenterabia* verweilen, die den Vertheidigern, wie auch den Angreifern zur gröfsten Ehre gereicht. Die Belagerung diefes Platzes, der nur fchlechte Feftungswerke und keinen bedekten Weg hatte, dauerte 69 Tage; ohne dafs jedoch die Belagerer unter Anführung des Prinzen *Condé* (der nur mit Mühe der Gefangenfchaft entkam), ihn zu erobern das Glück hatten. Den Oberbefehl der Feftung führte *Dominik Eguja*; die Artillerie befehligte *Johann Urbina*, und das Fortificationswefen leitete der Jefuit *Ifasio*, ein guter Mathematiker. — Rec. hätte gewünfcht dafs fich der Vf. etwas umftändlicher über die Topographie Spaniens ausgelaffen, und feinem Werkchen eine kleine Karte mit den vorzüglichften Waffer- und Gebirgszügen, wie auch den merkwürdigften Landungs- und befeftigten Punkten beygefügt hätte, wozu es ihm gewifs nicht an Materialien gebrach. Hoffentlich wird diefs bey einer etwa zu veranftaltenden neuen Auflage nachgeholt, und diefer die Gefchichte des gegenwärtigen fpanifchen Krieges beygefügt werden.

LITERARISCHE NACHRICHTEN.

Lehranftalten.

Wetzlar.

Vorlefungen auf der *Rechtsfchule* für das Winter-Semefter 1809.

I. *Oeffentliche Vorlefungen.*

1) *Inftitutionen der Römifchen Rechts*,
Profeffor *Vahlkampf*, nach Konopack.

2) *Encyklopädie und Methodologie*,
Profeffor v. *Löhr*, nach Hugo.

3) *Syftem der Pandekten*,
Derfelbe, nach eigenem Plane.

4) *Erbrecht*,
Derfelbe.

5) *Das Gefetzbuch Napoléons, mit Hinficht auf die, in verfchiedenen Staaten Deutfchlands verkündeten Veränderungen und Zufätze*,
Profeffor *Stickel*, nach dem Original-Texte.

6) *Lehnrecht*,
Derfelbe, nach Pätz.

7) *Grundfätze der allgemeinen und pofitiven Criminalrechtswiffenfchaft, mit propädeutifcher Rückficht auf gerichtliche Arzneykunde*,
Profeffor *Werner*, nach Feuerbach.

8) *Grundfätze der philofophifchen Rechtslehre*,
Derfelbe, nach Gros.

9) *Theorie des gerichtlichen Verfahrens in bürgerlichen Rechtsftreitigkeiten nach den gemeinen deutfchen Rechtsnormen, mit Hinficht auf die Abweichungen des franzöfifchen Code de procédure*,
Profeffor *Abel*, nach Grolman.

10) *Die damit verbundene Anleitung zur juridifchen Praxis*,
Derfelbe.

II. *Privat-Vorlefungen.*

1) *Europäifche Staatengefchichte*,
Profeffor *Follenius*, nach Meufel.

2) *Statiftik der Europäifchen Staaten*,
Derfelbe, nach eigenem Syftem.

3) *Kirchenrecht*,
Profeffor *Vahlkampf*, nach Böhmer.

4) *Einleit. in das Gefetzbuch Napoléons und Examinatorium darüber*,
Profeffor *Stickel*.

5) *Medicinifche Polizey- und gerichtliche Arzneykunde für Rechtsgelehrte*,
Medicinalrath *Gergens*.

Die Herren Profefforen *Blum* und *Braun* werden nach dem Verlangen und Bedürfniffe der Candidaten mehrere philofophifche und philologifche Vorlefungen halten.

Das Winter-Semefter nimmt den 1. November feinen Anfang, und die öffentlichen Vorlefungen werden unentgeldlich gehalten.

In Anfehung der Wohnungen und übrigen ökonomifchen Einrichtungen der Studierenden werden der unterzeichnete Curator fowohl als die Herren Profefforen mit Vergnügen Auskunft ertheilen, und mit gutem Rathe an Hand gehen.

Wetzlar den 1. Sept. 1809.

Der Curator der Rechtsfchule.
von *Mulzer*.

ALLGEMEINE LITERATUR-ZEITUNG

Dienstags, den 10. October 1809.

WERKE DER SCHÖNEN KÜNSTE.

POESIE.

GLOGAU, in d. neuen Günther. Buchh.: *Auswahl aus Petrarca's Gesängen*, als Probe einer vollständigen Uebersetzung dieses Dichters. Von *F. Laube.* 1808. 127 S. 8. (12 gr.)

Seit dem *A. W. Schlegel* durch mehrere treffliche Uebersetzungen gezeigt hat, dass der geist- und gemüthreiche Dichter *Petrarca* auch nach dem Eigenthümlichen seiner Form nicht ohne Glück in unsrer Sprache wieder gegeben werden könne, haben wir verschiedene einzelne Versuche erhalten, die nach demselben Ziele strebten. Bey den vielen Schwierigkeiten, womit eine solche Arbeit verbunden ist, hat derjenige allerdings einen beträchtlichen Vortheil voraus, der nur da oder dort ein Sonnet heraushebt, so wie eines oder das andere seiner Laune, seiner Individualität, ja auch dem Grade seiner Uebersetzersgewandtheit und vielleicht der reimkargeren deutschen Sprache selbst am glücklichsten zustimmt, und seine Kräfte daran versucht. Weit grösser sind die Hindernisse für den, der uns den ganzen Petrarca, den Regeln echter Uebersetzungskunst huldigend, zu geben übernommen hat; weit grösser aber auch sein Verdienst, wenn er diese Schwierigkeiten — alle wird er nicht besiegen — nur zur Hälfte glücklich besiegt. Hr. *L.* ist laut der Vorrede entschlossen, die sämmtlichen poetischen Werke des *Petrarca* in *drey* Bändchen zu liefern. Für das *erste* sind die Sonnette *in vita di Madonna Laura*, für das *zweyte* die *in morte* und für das *dritte* die *triumphe* bestimmt. Eine Lebensbeschreibung des Dichters soll einen Theil, eine Abhandlung über die Petrarchischen Poesien einen andern begleiten. Man sieht aus diesen Proben, dass der Vf. mit Liebe gearbeitet, dass er mit dem Geiste seines Dichters sich befreundet, und mit ihm gerungen hat, dieses Ringen schimmert aber oft noch zu mühsam hervor, und der warme Hauch der Zärtlichkeit, die reizende naive Anmuth des Ausdrucks seines Originals, die den zarten Bildern und Gedanken des Sängers der Liebe meist so glücklich entspricht, ist nicht selten unter dem Bestreben, den italiänischen Dichter auch im Deutschen ganz wieder zu geben, verloren gegangen. Wenn schon die enge Form des Sonnets in der weit geschmeidigeren, wohllautenderen und zum Reime wie von der Natur gebildeten Sprache Petrarcas ihm selbst doch oft Fesseln anlegen musste: so dass wir es uns nicht verbergen können, der Flug seines Geistes ermatte zuweilen unter denselben, wie viel mehr muss dieses nicht der Fall seyn bey einem Uebersetzer, der in einer sprödern Sprache einem Volke und einem Zeitalter einen Dichter näher bringen will, das für einen grossen Theil der süssen Schwärmereyen und Schönheiten Petrarcas, die oft wohl auch nur gerade in der Form seines Sprachstoffes am besten können empfunden werden, unmöglich ganz den Sinn haben kann wie des Italiäners Nation und Zeitalter. Er wird sich Freyheiten erlauben müssen, die uns rauh dünken; häufige Elisionen z. B. wie sie der Vf. in den Worten *Liebe*, *Ehre*, *Sonne* oft genug hat, wo er *Lieb' zu sagen*, *Sonn' mit Schauren*, *Ehr' gestritten* schreibt (s. Sonn. 1. 2. 12.); Elisionen, die gerade mit dem weichen Flusse der Sprache des Petrarca im Widerspruche zu stehen scheinen. Er wird des Reims wegen manche Worte in ungewöhnlicher Bedeutung, wird manche seltsame Wendungen nehmen müssen; hier einen feinen Zug verwischen, dort einen hinzu thun, der nicht in der Urschrift steht. So gebraucht z. B. Hr. *L.* das Wort *niederfällen* in der Bedeutung: *nieder fallen lassen*, da man es nicht anders sonst als für *fallen machen* gebraucht:

> Wenn der Planete, der die Stunden scheidet,
> Sich wieder in des Stiers Gehäuse stellet,
> Kraft aus den Flammenhörnern *niederfället.*

Die folgende Construction, wie die ganze poetische Periode, ist ziemlich schleppend und verworren:

> Die ganz die neue Welt in Farbe kleidet,
> Die nicht nur, was den Blick von aussen weidet,
> Dem Bach und Hügel Blümlein zugesellet,
> Auch drinnen, wo es niemals sich erhellet,
> Schwängert, was in dem Erdenschoos vergeudet,
> Daher sich mannichfache Frucht erzeuget:
> So schafft sie unter Frauen eine Sonne,
> Strahlend auf mich der schönen Augen Schimmer.
>
> S. 12. Sonn. 5.

So zweifeln wir z. E. sehr, ob im dritten Sonnett S. 3. der schöne Eingang der vier ersten Petrarchischen Zeilen nur zur Hälfte erreicht ist.

> *Era l' giorno, ch' al Sol si scoloraro*
> *Per la pietà del suo Fattore il rai*
> *Quand' i fui preso, e non me ne guardai*
> *Che i be' vostri occhi, Donna, mi legaro.*

Man höre Hn. *Laube:*

> Es war der Tag, da *sich* die Sonn' mit Schauern
> Entfärbend um den Schöpfer Leid getragen,
> Da eure Augen mich *ins Band geschlagen*,
> Als ich nicht wachsam war *vor solchem Lauern.*

Es

Es wäre unbillig, den Vf. über den Zusatz *mit Schauern*, was nicht im Original liegt, in Anspruch nehmen zu wollen; er ist dem Sinne desselben wenigstens nicht fremd, und kann als einiger Ersatz betrachtet werden für eine solche Empfindung andeutende im mahlerischen Klangvollen *discoloraro;* aber die ganze Stellung der Worte, — und man weiss, mit welcher feinen Wahl Petrarca überall diese behandelte, ohne den Genius seiner Sprache zu beleidigen, — ist unrichtig, sinnstörend und rauh. Nicht einmal ein Zeichen nach *da* finden wir. Besser klänge es noch:

Der Tag wars, als die Sonne sich mit Schauern —

die schönen Augen konnten hier kaum vermisst werden. Aber mögen sie fehlen! wenn nur nicht das verunglückte: *ins Band geschlagen* (*quand' i fui preso – legaro*) und das gleichfalls verfehlte: *als ich nicht wachsam war vor solchem Lauren* (*e non me ne guardai*) hinter her käme. — Das erste ist ganz undeutsch. Man sagt wohl: *in Bande schlagen;* aber wo in aller Welt? *ins Band*? Das zweyte scheint gegen den Sinn des Originals zu seyn. Wenigstens sagt es etwas anders als dieses, das in gemeiner Prose es wieder zu geben, nur so viel sagt: als ich gefangen wurde, ohne auf meiner Huth zu seyn, dass eure schöne Augen mich nicht fesselten. Selbst auch der Ausdruck — *wachsam seyn vor dem Lauern — stört.* Das übrige ist nicht sehr viel besser. Es möge ohne weitere Kritik mit unterlegtem Originaltext hier stehen:

Mir schiens nicht Zeit, mit Ernste auszudauern
Wider den Pfeil des Amor, mein Betragen
War ohne Furcht; so mussten meine Klagen
Beginnen mit dem allgemeinen Trauern.

Amor *betraf* mich damals ohne Waffen,
Durchs Aug' ins Herz den Eingang völlig offen,
Wo sich seitdem der Thränen *Bahn gezogen.*

Mich dünkt, es kann ihm wenig Ehre schaffen,
Dass er den Nackten mit dem Pfeil getroffen
Euch, der Bewährten, nicht gezeigt den Bogen.

Tempo non ci parea da far riparo
contra colpi d'amor; però n' andai
Secur senza sospetto; onde i miei guai
nel commune dolor s' incominciaro.
Trovommi Amor del tutto disarmato,
et aperta la via per gli occhi al core;
che di lagrime son fatto uscio, e varco.
Però al mio parer non li fu honore
Ferir me di saetto in quello stato,
et a voi armato non mostrar pur l'arco.

Nur Eine Bemerkung gestatten wir uns noch. Dass Trochäen unter die Jamben gemischt werden, dafür sprechen Beyspiele unsrer an Sonnetten so reichen modernen Literatur. Diess mag wohl wenig beweisen; — aber ihr weicherer Fall befördert oft die Wirkung der Empfindung, die ausgedruckt werden soll, sehr gut. Auch haben die Italiäner sie in ihren Sonnetten. Allein sie sollten nie willkürlich ohne Noth, oder besser, sie sollten nie so gebraucht werden, dass sie nur die Noth des Reims und des Verskünstlers verrathen. Wirklich macht in diesem Sonnett die Stelle: *Wider den Pfeil des Amor* — keinen guten Eindruck, Hr. *Laube* bedient sich der Trochäen nur gar zu häufig, oft nicht ohne Glück, wir gestehen es; aber viel öfter ohne Glück und zum Nachtheil der Wirkung. Rec. beneidet die zarten Ohren nicht, die folgendes schön finden: S. 11. Sonn. 4.

Schlaf, träge Federn, Schwelgerey verscheuchen
Die Tugend aus der Welt in diesen Tagen,
Daher beynah aus ihrer Bahn verschlagen
Unsre Natur, besieget von Gebräuchen.

Dazu gerechnet, dass noch die Auslassung des Hülfswortes *ist*, und die Dehnung in *besieget*, nur Mattigkeit statt schmachtender Klage der Sehnsucht hören lässt. Wie ganz anders das Original! — Oder, wenn gar zweymal hinter einander solche Trochäen sich schleppen, wie S. 18. Sonn. 13.

Schreibe, hat Amor oft mir eingebunden,
Schreibe das, was du sahst mit güldnen Zeichen,
Wie meine Jünger ich versteh zu *bleichen*
Und Leben ihnen geb' und Todeswunden.

Der Vf. wird uns diese Bemerkungen nicht als kleinlichte Kritteleyen verübeln wollen; er selbst muss überzeugt seyn, dass die Aufmerksamkeit auf solche scheinbare Kleinigkeiten für einen Uebersetzer des Petrarca von sehr grosser Bedeutung ist. Wir lassen seinem Bestreben und seinem Talent Gerechtigkeit widerfahren lassen. Manches, denn Rec. kennt die Schwierigkeiten einer solchen Arbeit wohl, kommt vielleicht nur auf Rechnung eben dieser, aber manches hätte bey noch grösserem Fleisse können vermieden werden. Dürften wir dem Vf. rathen, so wäre unsre Meinung, das Vorhaben, den ganzen Petrarca zu übersetzen, wenigstens vor der Hand aufzugeben, nur an die besten Stücke sich zu halten, und nach wiederholter Feile uns eine Blumenlese aus diesen zu geben. Diese Arbeit wäre gewiss die dankbarste. Wir theilen hier noch einige der gelungenen Uebersetzungen mit. Die Vergleichung mit dem Original wollen wir dem Leser selbst überlassen. S. 15. Sonn. 15.:

Ich sah auf Erden Engelsart sich einen
Mit Himmelsschönheit, ohne Gleichen beide;
Und im Erinnern fühl' ich Schmerz und Freude,
Denn, was ich seh', ist Rauch und eitel Scheinen.

Ich sah die beiden schönen Lichter weinen,
Die tausendmal die Sonn' erfüllt mit Neide,
Und hörte Worte ausgepresst vom Leide,
Die *Berge regen, Flüsse wohl versteinen.*

Lieb', Einsicht, Tugend, Schmerz und frommes Regen
In jenem Weinen so zusammenklangen,
Dass wohl nichts Süsseres die Welt mag hegen.

So hielt die Harmonie das All umfangen,
Dass man kein Blatt am Zweige sah sich regen,
Solche Entzücken Luft und Wind durchdrangen.

S. 21. Sonn. 17.:

Aus welchen Himmeln, welchen Idealen
Nahm die Natur das Muster, zu gestalten
Diess schöne *Bild*, womit sie uns ihr Walten
Dort oben, hier auf Erden wollte malen.

Sah Nymphen wer im Bach, in dunkeln Thalen
Gůldnen Haar so lautern Golds entfalten?
Ein Herz so viele Tugend in sich halten?
Obgleich das Ganze schaffet meine Qualen.

Umsonst das Göttlichschöne der betrachtet,
Der ihre Augen, die sie mehr als jede
Holdselig kreiset, niemals noch betrachtet.

Der Liebe Frieden und der Liebe Fehde
Kennt nicht, wer nie ihr Seufzen noch beachtet,
Ihr süsses Lächeln, ihre süsse Rede.

Noch bemerken wir, dass man in diesen Proben ausser den Sonnetten eine Abtheilung Madrigale und Sestinen, unter denen uns S. 51. Nr. 1. „*im Sonnenscheine seh' ich, wie im Schatten*" am besten gefallen hat, und eine andere von *Canzonen* findet. Unter diesen scheint dem Vf. der begeisterte Aufruf des Dichters an sein Vaterland S. 72. Nr. 3.: *Italia mia, benche'l parlar sia indarno — Sind, mein Italien, Worte gleich verloren* — am besten gelungen. Verschiedene Stellen wünschten wir freylich auch hier anders ausgedruckt. Dass Bilder oft gegen Bilder bey einer solchen Art der Uebersetzung müssen umgetauscht werden, versteht sich und darf nimmer getadelt werden; nur müssen sie nicht andere Nebenbegriffe, als der Dichter angedeutet wissen will, enthalten. Wir zweifeln, ob *la tedesca rabbia* gut durch: *deutsche Bären* gegeben ist:

Ben provoide natura al nostro stato,
Quando dell' alpi schermo.
Pose fra noi e la Tedesca rabbia.

Wohl war für uns Natur besorgt in Güte,
Da durch die Alpen schirmend,
Sie uns geschieden von den deutschen Bären.

Der Vorwurf von Plumpheit und Ungeschliffenheit pflegt mit diesem Bilde verbunden zu werden; und daran dachte der Italiäner diessmal nicht. Die ganze Zusatz ist zu stark, und Hn. *L.* mag diess Compliment, das er dem *P.* unterschiebt, bey seinen Landsleuten verantworten. Im folgenden — *or dentro ad una gabbia fere selvagge e mansueto gregge* — ist *gabbia*, das ja auch andere Behältnisse bedeutet, nicht schicklich durch *Käfig* gegeben: *In einen Käfig kehren zur zahmen Heerde räuberische Wesen:* Warum nicht — *in eine Hürde* — oder: *zu gleichem Obdach?* — Ist es verständlich und deutsch, wenn der Vf. S. 74. übersetzt?

Gewahrt ihr noch nicht aus so vielen Proben
Des Bayern arges Trügen,
Das Finger hebend mit dem Tode spielet?

Nè v' accorgete ancor per tante prove
Del Bavarico ingenno,
ch' alzando'l dito con la morte scherza.

Wenigstens dürfte der Artikel nicht fehlen, und besser wäre: das mit dem Tod, *den Finger hebend* — oder: *gehobnes Fingers* spielet. — *Entwirf von dir diese heillose Bürde* S. 73. — *Sgombra da te queste dannose some* — ist ebenfalls undeutsch: Warum nicht? *Wirf weg von dir solch' unheilvolle Bürde!* das folgende:

non fuor idole un nome
Vano senza soggetto

das der Vf. giebt:

Lass Namen ohne Würde
Dich kriechend nicht begeistern.

würde Rec. eher geben: — dich eitel nicht begeistern; oder: *grundlos*; — *kriechend* ist ungrammatisch und steht nicht im Texte, wo gerade das im Texte stehende *senza soggetto* fehlt. Das schöne Bild — *non è questo il mio nido ove nutrito fui si dolcemente?* — hat der Vf. mit Recht beybehalten, und es für unsre eklere Ohren noch durch einen ausmahlenden Zug glücklich gehoben.

Betrat ich ehedem nicht diess Gefilde?
Steh' ich nicht in dem Neste,
Wo zärtlich süss das *Küchlein* ward gepfleget?

Von den *Triumphen* des Dichters ist der erste Gesang des *Triumphs des Liebesgottes* am Schlusse mitgetheilt. Wenige Anmerkungen, theils kurze Erklärungen, theils oft nur einzelne italiänische Stellen zur Vergleichung enthaltend, über die sämmtlichen übersetzten Stücke folgen am Ende des Buchs. Druck und Papier desselben sind schlecht, und für einen so zarten Dichter, wie *Petrarca*, wenig empfehlend. In einer neuen Ausgabe des ganzen Petrarca, oder einer noch grösseren Blumenlese aus demselben wird der Vf., hoffen wir, dieser Inconvenienz abhelfen.

LITERARISCHE NACHRICHTEN.

I. Ungrische Literatur.

Der Krieg hat allerhand Ungrische Broschüren aufmunternden Inhalts zur Welt gefördert. So erschien zu Pesth ein *Hazafiui Szózat* a' Magyar Nemességhez; ein patriotisches Wort an den Ungr. Adel. In Wien die *Anrede eines Ungers* an seine *Mitbürger*, Ungrisch und Deutsch vom Grafen *Ferdinand Pálfy*, wo den Ungern sehr ernsthaft zu Gemüthe geführt wird, dass der Code Napoleon, und die darnach gemodelten Gesetzbücher der Deutschen Bundesstaaten doch himmelweit verschieden seyen von dem trefflichen *Tripartito*, dessen Verfügungen freylich mehr auf das Beste des Clerus und des Adels, als auf das Wohl des grössten Theils der Nation abzielen.

Das Reglement für die Insurrection, das nun auch in Ungrischer Sprache gedruckt ist (Pesth b. Hartleben), um-

umfasst in drey Abtheilungen die Dienst-, Abrichtungs- und Uebungs- Vorschriften für die Cavallerie, und in andern drey Abtheilungen dergleichen Vorschriften für die Infanterie: endlich einen Katechismus für die Gemeinen und Unterofficiere der Cavallerie, und einen ähnlichen für dieselben Individuen der Infanterie.

Hr. *Joh. Kis*, Evangel. Prediger in Oedenburg, bearbeitet theils selbst, theils in Verbindung mit andern magyarischen Schriftstellern ein Magazin für Länder- und Völkerkunde. Der *erste* Band davon beschreibt den bürgerlichen, kirchlichen und literarischen Zustand von Grossbritannien. Der *zweyte* enthält eine Reise nach Spanien und Portugal. (Pest bey Steph. Kis.)

Unter der Presse ist: Theorie der schönen Künste von *J. A. Eberhard*, übersetzt ins Ungrische von *Anton Pers*, Pesth, b. Steph. Kis. — Ebendaselbst ist zu haben die Ungr. Uebersetzung der Bücher *Seneka* vom Troste, von der Kürze des Lebens, von der Vorsehung, verfasst von *Joseph Boda*, Stuhlrichter im Baranyer Comitate.

Eben gedachter *Joh. Kis* hat herausgegeben: Verständige Unterhaltungen (*elmés nyájasságok*) oder Blätter für angenehmen und nützlichen Zeitvertreib. Es sind hier Sagen der Vorzeit, Anekdoten von *Math. Corn.* Fragen und Antworten u. s. w. zusammen gestellt.

II. Universitäten und andere Lehranstalten.

Ulm.

Die lange erwartete Organisation des Gymnasiums ist nun damit angefangen worden, dass ein grosser Theil der *alten* Lehrer, die zum Theil 30—40 Jahre gedient haben, nun mit dem letzten August ausser Function gesetzt sind, mit dem Versprechen eine Alimentation zu erhalten. Im Monat September sind Ferien und diessmal eine Art von Interregnum. Mit dem 1. October sollen die neuen Lehrer ihre Stellen antreten, ihre Ernennung ist aber noch nicht bekannt.

Würzburg.

So eben sind durch einen Cabinetsbefehl folgende *zehn* Professoren, jedoch mit Beybehaltung ihres Titels, Ranges, und völligen Gehaltes, von allen Vorlesungen und Functionen bey der Universität dispensirt worden. Es sind, um den Alphabete zu folgen die Hnn. *Berg*, Prof. ord.; *Eyrich*, P. O.; *Fischer*, P. O.; *Goldmeyer*, P. E.; *Gregel*, P. O.; *Oberthür*, P. O.; *Onymus*, P. O.; *Rückert*, P. E.; *Vogelmann*, P. O.; *Wagner*, P. E. Man versichert, dass dieses in Folge einer sehr dringenden Vorstellung geschehen sey, mit welcher der päpstliche Generalvicarius, ein Herr *von Stauffenberg*, in Verbindung mit dem Weihbischofe, einem Hn. *Dr. Zirkel*, u. s. w. den eben so gerechten als religiösen Grossherzog, zu wiederholten malen bestürmt habe, als ob durch die Lehren und Vorträge dieser Männer, worunter Hr. Prof. *Fischer* der einzige Protestant ist, die katholische Religion gefährdet, ja selbst mit dem augenscheinlichen Untergange bedroht sey.!! Man will zu gleicher Zeit wissen, dass die beiden genannten höhern Geistlichen, in Verbindung mit einem gewissen Regens *Limmheimer*, die Stifter und Vorsteher einer hiesigen geheimen jesuitischen Propaganda-Gesellschaft seyn, die mit ähnlichen Societäten in Bayern, u. s. w. in Verbindung stehen, und ihre Ordres aus Wien und Rom erhalten haben soll.

III. Todesfälle.

Am 10. August Abends um 7 Uhr starb zu Danzig *Daniel Gralath*, Doctor beider Rechte, Rector und Inspector wie auch Professor der Rechtsgelehrsamkeit und Geschichte am hiesigen akademischen Gymnasium im 71sten Jahr seines Alters. Er stammte von einer sehr würdigen Familie ab, indem sein Vater der Bürgermeister Gralath zu den gebildetesten Männern seines Zeitalters gehörte, und seine Mutter, eine Tochter des berühmten Naturforschers *Jacob Theodor Klein* war. Schon im Jahr 1764. wurde der Verstorbene an die Stelle des Dr. *Paulli*, der nach Wittenberg gieng, zum Professor der Jurisprudenz und Geschichte und zum Inspector des Gymnasii erwählt, und hat diesem Amt 45 Jahre hindurch mit aller Treue vorgestanden. Im J. 1793. wurde ihm auch das Rectorat übertragen. Die mit seinem Alter zunehmende Schwäche veranlasste ihn, im Anfange des jetzt laufenden Jahres seine Aemter niederzulegen. Als Schriftsteller hat er sich vorzüglich durch seinen Versuch einer Geschichte Danzigs in *drey* Bänden, und durch verschiedene gründlich ausgearbeitete Gelegenheitsschriften bekannt gemacht.

Am 22. August starb zu Zürich im 53sten Jahre seines Alters *Caspar von Orell*, Prof. der Philosophie und Chorherr zum grossen Münster. An seine Stelle ward Hr. Prof. *Heinrich Hirzel* gewählt.

Im August starb in dem mährischen Badeorte Smrzdiaka der auch als Schriftsteller bekannte Graf v. *Berchtold*, der, gleich *Howard*, viele Jahre hindurch Europa und andere Erdtheile bereisete, um Menschenelend und die Mittel zu dessen Linderung kennen zu lernen und dann Stifter der Humanitätsgesellschaft in Mähren, so wie der Rettungsanstalten in Prag und Brünn wurde, als Opfer seiner Menschenliebe an einem Nervenfieber, das er sich in den von ihm für die östreichischen Truppen auf seinem Schlosse Buchlau errichteten Lazarethe zugezogen hatte.

ALLGEMEINE LITERATUR-ZEITUNG

Dienstags, den 10. October 1809.

INTELLIGENZ DES BUCH- UND KUNSTHANDELS.

I. Neue periodische Schriften.

Nachstehende Journale sind erschienen und versandt:

1) Journal des Luxus und der Moden. 1809. 8tes St.
2) Allgem. geogr. Ephemeriden. 7tes St.
3) Allgem. deutsches Garten-Magazin. 6tes St.
4) Neueste Länder- u. Völkerkunde. 8ten Bds 1s St. oder des Jahrgangs 7tes St.
5) *Wieland's* Neuer deutscher Merkur. 6tes St.

Weimar, im August 1809.

Herzogl. S. privil. Landes-Industrie-Comptoir.

Heute, den 31sten August 1809., ist fertig geworden:

Hein's Archiv u. f. w. 1809. *Julius, August*, oder VII. Bds 2s Heft. (N. Arch. X. 2.)

Des VIIIten Bandes 1s, oder das September- und October-Heft, erscheint am 31sten October.

Berlin. Julius Eduard Hitzig.

In der Andreä'schen Buchhandlung zu Frankfurt a. M. ist erschienen:

Archiv für das katholische Kirchen- und Schulwesen, vorzüglich in den *rheinischen Bundesstaaten. Ersten* Bandes *erstes* Stück. Mit einem Kupfer. gr. 8. 16 gr. oder 1 Fl. 12 Kr.

Inhalt.

1. Ueber das Princip zur richtigen Bestimmung des Verhältnisses zwischen dem Staat und der darin befindlichen katholischen Kirche mit Hinsicht auf die rheinischen Bundesstaaten.
2. Die Messstipendien, kritisch beleuchtet.
3. Ein merkwürdiger kanonischer Rechtsfall.
4. Die Einfachheit und Erhabenheit der gemeinschaftlichen Gottesverehrungen der ersten Christen, mit 1 Kupfer.
5. In wie weit führen die jetzigen Anstalten für gelehrte Schulen zum Ziele.
6. Ist die Einführung der Pestalozzischen Lehrmethode in die deutschen Volksschulen ein Zeitbedürfniss, und wie wäre dieselbe zu bewerkstelligen?
7. Die Aufhebung des privilegirten Gerichtsstandes der Geistlichen im Königreich Baiern.
8. Herzoglich-Nassauisches Organisations-Edict in geistlichen Sachen.
9. Die Errichtung und der Geschäftskreis des Grossherzogl. Darmstädtischen Schul- u. Kirchenraths.
10. Aufhebung der Privilegien der Geistlichen bey Testaments-Errichtungen im Königreiche Baiern.
11. Die Eigenthums- und Erbfähigkeit der Religiosen daselbst.
12. Königlich-Westphälische Verordnung über die Präsentation und Begebung der erledigten Pfarreyen.
13. Grossherzoglich-Hessische Verordnung, dass nur Inländer zu Pfarr- und Schulstellen präsentirt oder befördert werden sollen.
14. Auszug aus dem allgemeinen Normative der Errichtung der öffentlichen Unterrichts-Anstalten in dem Königreiche Baiern.
15. Bischöflich-Konstanzische Verordnung, in Betreff der ersten Communion der Kinder, und Entlassung aus der Schule.
16. Recensionen und Miscellen.

II. Ankündigungen neuer Bücher.

Sehr empfehlenswerthe Bücher, welche bey E. A. Fleischmann in München, so wie in allen soliden Buchhandlungen, zu haben sind:

Aretin, *J. Chr. Freyh. v.*, älteste Sage über die Geburt und Jugend Karls des Grossen. gr. 8. 12 gr.

Aristodorus. Sammlung griechischer Gedichte, zum erstenmale metrisch übersetzt von *F. X. Berger*. Mit einer Vignette. *Zweyte* Aufl. 8. 1809. 16 gr.

Aster's, *Fr.*, Novellen. Mit e. Vignette. 8. 1808. 22 gr.

Böcklin's, Freyh., Paragraphen, theils philosophischen, theils historischen Inhalts. 8. 1809. 1 Rthlr. 4 gr.

Briefe, die neuesten, aus der Schweiz in das väterliche Haus nach Ludwigsburg. Mit Kpfrn. 2 Theile. 8. 2 Rthlr. 4 gr.

Docen, *B. J.*, Miscellaneen zur Geschichte der deutschen Literatur, neuaufgefundene Denkmäler der Sprache, Poesie und Philosophie unserer Vorfahren enthaltend. 2 Bände. *Zweyte* mit Zusätzen vermehrte Aufl. gr. 8. 1809. 3 Rthlr.

Euripidis Phoenissae in usum scholarum editae. 8 maj. 1808. 6 gr.

Görres, *J.*, Glauben und Wissen. gr. 8. 16 gr.

Gruithuisen's, Dr. F. v. P., naturhistorische Untersuchungen über den Unterschied zwischen Eiter u. Schleim durch das Mikroskop. Mit 1 Kpfr. 4. 1809. 7 gr.

Hagen's, C. v., philos. u. polit. Untersuchung über die Rechtmässigkeit der Zünfte u. Polizeytaxen und ihre Wirkungen auf die bürgerl. Gesellschaft. 8. 16 gr.

Jacobs, *Fr.*, über einen Vorzug der griechischen Sprache in dem Gebrauche ihrer Mundarten. 4. 1808. 6 gr.

Kunst, die, unter Menschen glücklich zu leben, vom Grafen v. *Chesterfield.* Aus dem Franz. übersetzt von *Schrettinger.* 8. 9 gr.

Leitung, die, des Geschlechtstriebes zum Zweck des Beyschlafs. Eine prakt. Abhandlung für sich, oder als Zugabe zu *Hufelands* Kunst, das Leben zu verlängern. 8. 1809. 9 gr.

Niederhubers, Dr. *J.*, Beyträge zur Cultur der medicin. u. bürgerl. Bevölkerungspolizey. Von dem Einflusse des Erzeugungsgeschäfts und der Geburtsverhältnisse der Menschen auf die echten Grundsätze der Bevölkerung. *Zweyte* Aufl. gr. 8. 1808. 20 gr.

Ribaupierre, C. R. v., Handbuch für Officiere von dem Generalquartiermeisterstabe, nach dem Franz. umgearbeitet. 8. 12 gr.

Sailer, *M.*, die Vernunftlehre für Menschen, wie sie sind, nach den Bedürfnissen unserer Zeiten. 3 Bde. *Zweyte* verbess. Aufl. 8. 2 Rthlr.

Schmidt's, *L. F.*, Predigten, bey besondern Veranlassungen gehalten. *Erste* Abtheil. *Zweyte* Aufl. gr. 8. 1809. 1 Rthlr.

Schrank's, *Fr. v. P.*, Baierische Flora, worin alle in Baiern wildwachsende Bäume, Pflanzen und Kräuter nach dem Linneischen Systeme beschrieben werden. 2 Bände. gr. 8. 3 Rthlr. 16 gr.

Steigentesch, *A.* Freyh. v., Keratophoros. Ein Mährchen in *vier* Gesängen. Mit Vign. 8. 1809. 9 gr.

— — die Gelehrsamkeit der Liebe. Mit 1 Vign. 8. 1809. 8 gr.

Unterhaltungen, botanische, mit jungen Freunden der Kräuterkunde auf Spaziergängen. 2 Bände. 8. 1 Rthlr. 8 gr.

Wagner, Dr. *J. J.*, über die Trennung der legislativen und executiven Staatsgewalt. 8. 9 gr.

Walther, Dr., neue Darstellungen aus der Gall'schen Gehirn- u. Schädellehre. Mit einer Abhandl. üb. den Wahnsinn, die Pädagogik und Physiologie des Gehirns. 8. 18 gr.

Weiller's, *K.*, Ideen zur Geschichte der Entwickelung des religiösen Glaubens. 1r Th. gr. 8. 1808. 1 Rthlr.

Westenrieder's, *L.*, Geschichte von Baiern vom Ursprunge der Nation. 2 Bände. gr. 8. 3 Rthlr.

Bey **Duncker u. Humblot**, Buchhändler in **Berlin**, sind folgende neue Bücher erschienen:

Dramatische Scenen den Darstellungen des Berliner Theaters nachgebildet und herausgegeben von den Gebrüdern *Henschel.* 1s Heft. Mit 6 Kupfertafeln. gr. Folio. Auf Velinpapier 3 Rthlr.

Levezow, *K.*, Leben und Kunst der Frau *Margarethe Luise Schick*, Königl. Preuss. Kammersängerin und Mitgliedes des Nationaltheaters zu Berlin. Mit dem Bildnisse der Künstlerin, gestochen von D. Brogro, nach der Büste von Fr. Wichmann. gr. 8. 16 gr.

— — Das Portrait allein 8 gr.

Weber's, *Fr. B.*, Handbuch der ökonomischen Literatur; oder systematische Anleitung zur Kenntniss der deutschen ökonomischen Schriften u. s. w., mit Angabe ihrer Ladenpreises und Bemerkung ihres Werths. 3r Th. oder *Erster* Supplement-Band. gr. 8. 1 Rthlr. 18 gr.

Voyage religieux et sentimental aux quatre Cimetières de Paris, par *A. Caillot.* gr. 8. 1 Rthlr. 18 gr.

Voyage autour de ma bibliothèque, Roman bibliographique, par *A. Caillot.* 3 Vol. in 12. 2 Rthlr. 8 gr.

Neue Auflagen von *A. C. Gaspari's Lehrbuchs der Erdbeschreibung.* **Erster** Cursus. *Zehnte*, nach den neuesten Veränderungen bis zum 1. April 1809. berichtigte, zum Theil ganz umgearbeitete Ausgabe. gr. 8. 18 gr. od. 1 Fl. 21 Kr. *Methodischer Schul-Atlas* dazu; *zehnte* Auflage. gr. 4. 1 Rthlr. 4 gr. od. 2 Fl. 6 Kr. **Zweyter** Cursus. *Siebente*, bis zum 1. April 1809. berichtigte Ausgabe. gr. 8. 1 Rthlr. 6 gr. od. 2 Fl. 15 Kr. *Methodischer Schul-Atlas* dazu; *siebente* vermehrte Auflage. gr. 4. 2 Rthlr. 12 gr. od. 4 Fl. 30 Kr. *Verkleinerter Hand-Atlas für Bürgerschulen und Zeitungsleser.* Neue, aus dem *zweyten Cursus des Gasparischen Lehrbuchs* durchaus *adaptirte* Ausgabe. gr. Fol. 10 Rthlr. od. 18 Fl.

Wir liefern hiermit von diesen beiden Lehrbüchern der Erdbeschreibung, deren Werth längst allgemein anerkannt ist, neue, mit grösster Sorgfalt bis *Ostern d. J. berichtigte* Auflagen, welche der Wechsel der Dinge jetzt nöthig machte. Vom *ersten* Cursus, welcher in dem grössten Theile von Deutschland, sowohl in öffentlichen als Privatschulen, als Lehrbuch eingeführt ist, und wovon wir jetzt die *zehnte* Ausgabe liefern, haben wir nichts weiter zu sagen, als dass er mit seinem *methodischen Schul-Atlasse* vollständig berichtigt sey. — Desto mehr müssen wir vom *zweyten* Cursus und seiner neuen Auflage bemerken. Aufmerksame Leser und Prüfer dieser bis zum 1. April d. J. sorgfältigst berichtigten *siebenten* Ausgabe werden besonders in der *ersten* Abtheilung, von *Europa*, fast auf jedem Blatte sehr wesentliche Berichtigungen, und manche Artikel nach den neu eingetretenen politischen Veränderungen ganz umgearbeitet finden; eine Sorgfalt, die ein solches Lehrbuch, das schon seit mehreren Jahren die allgemeine Handgeographie aller gebildeten Stände geworden ist, nothwendig erfordert. Eben so musste auch der dazu gehörige *zweyte* Cursus des *neuen methodischen Schul-Atlasses* durchaus berichtigt, und mehrere Kärtchen dazu noch neu entworfen und gestochen werden. Diess ist geschehen, und so hat nun dieser Atlas, der zuvor aus 34 Karten bestand, deren jetzt 36 erhalten. Da uns aber zeither viele Liebhaber, und selbst Lehrer der Geographie, den Wunsch äusserten, auch unsern *verkleinerten Hand-Atlas für Bürgerschulen und Zeitungsleser* diesem Gasparischen *Lehrbuche* adaptirt und mit demselben

in

in Verbindung gesetzt zu sehen: so haben wir auch diesen Wunsch erfüllt, diesen Atlas durch mehrere neue Karten und Ergänzungen bis auf den 1. April d. J. berichtigen, und im Texte des Lehrbuchs *jede Karte desselben* sowohl, als die des *Schul-Atlasses*, bey ihrem Lande *citiren* lassen.

Der *verkleinerte Hand-Atlas*, welcher Blatt für Blatt nochmals genau revidirt und dem Texte angepaßt worden, besteht nun aus folgenden 60 Karten: I. Oestliche und westliche Hemisphäre. II. Nördliche Hemisphäre. III. Südliche Hemisphäre. IV. *Europa*. V. Deutschland. VI. Oesterreichisches Kaiserthum. VII. Südwestl. Theil des österr. Kaiserth., oder Erzherzogthum Oesterreich. VIII. Nordwestl. Theil des österr. Kaiserth., oder Böhmen. IX. Mähren u. Schlesien. X. Nordöstl. Theil des österr. Kaiserth., oder Gallizien. XI. Südöstl. Theil des österr. Kaiserth., oder Ungarn, Siebenbürgen, Kroatien und Slavonien. XII. Königreich Westphalen. XIII. Grosherzogthum Würzburg. XIV. Grosherzogthum Berg und Hessen, Fürstl. Primatische Länder, Nassau u. s. w. XV. Königreich Baiern. XVI. Königreich Wirtemberg und Grosherzogthum Baden. XVII. Der ehemalige westphälische Kreis. XVIII. Hannover und die drey Hansestädte. XIX. Die Mark Brandenburg und Pommern. XX. Königreich Preussen und Herzogthum Warschau. XXI. Königreich Sachsen. XXII. Helvetien und Wallis. XXIII. Italien. XXIV. Nördliches Italien. XXV. Neapel. XXVI. Sicilien. XXVII. Frankreich. XXVIII. Nordwestl. Theil von Frankreich. XXIX. Nordöstl. Theil von Frankreich. XXX. Südwestl. Theil von Frankreich. XXXI. Südöstl. Theil von Frankreich. XXXII. Spanien und Portugal. XXXIII. England. XXXIV. Schottland. XXXV. Ireland. XXXVI. Königreich Holland. XXXVII. Dänemark. XXXVIII. Schweden und Norwegen. XXXIX. Europäisches Russland. XL. Europäische Türkey. XLI. *Asien*. XLII. Asiatisches Russland. XLIII. Asiatische Türkey. XLIV. Persien. XLV. Vorder-Indien. XLVI. Hinter-Indien. XLVII. China. XLVIII. *Afrika*. XLIX. Aegypten. L. Die Barbarey. LI. Senegambien und Ober-Guinea. LII. Nieder-Guinea. LIII. Süd-Afrika. LIV. Madagascar und afrikanische Ostküste. LV. *Amerika*. LVI. Nordamerika. LVII. Vereinigte nordamerikanische Staaten. LVIII. Westindien. LIX. Südamerika. LX. *Australien*.

Auf diese Art werden nun sowohl Lehrer der Geographie auf Gymnasien und Akademieen bey ihren Vorlesungen, als auch Privat-Liebhaber und Zeitungsleser für ihren Handgebrauch völlig befriedigt seyn. Liebhaber, die sich unmittelbar an uns wenden, und von ein oder dem andern wenigstens 5 Exemplare nehmen, erhalten das 5te frey, oder 20 Procent Rabatt.

Weimar, den 1. Julius 1809.

Das Geographische Institut.

Der Rechtsstreit des Kaiserlichen General-Feldmarschall-Lieutenant Freyherrn v. *Wimpffen* wider den Freyherrn v. *Böselager*, der so grosses Aufsehn gemacht, ist jetzt auch vom Cassations-Gericht zu Cassel zu Gunsten des *letztern* entschieden. Die Uebersicht dieses in mehrfacher Hinsicht so interessanten Rechtsfalls findet sich in einer Broschüre unter dem Titel:

Darstellung eines merkwürdigen Rechtsstreits zwischen dem Freyherrn v. Böselager zur Eggermühlen und dem Oesterreichisch-Kaiserlichen General-Feldmarschall-Lieutenant Franz Georg Freyherrn v. Wimpffen zu Molberg. Mit Anlagen und dem Motto: *La verité, toute la verité, rien que la verité*,

die in allen Buchhandlungen für 18 gr. zu haben ist. — Wenn jemals eine Sache geeignet war, die Aufmerksamkeit des grössern Publicums auf sich zu ziehn, so ist es gewiss diese. Nicht nur ihrer Wichtigkeit und der vielen interessanten Rechtsfragen wegen, sondern vorzüglich auch wegen des ganz beyspiellosen Benehmens der einen Partey, welche sich aller möglichen Mittel bedient, sogar die elegante Zeitung in Anspruch genommen hat, für sie sich zu verwenden. Wir müssen deshalb auf die Broschüre selbst verweisen.

Bey E. A. Fleischmann in München ist so eben erschienen:

Der aufrichtige Franzose, oder die Kunst, in acht Tagen Französisch sprechen zu lernen. 8. 5 gr.
Der aufrichtige Italiener, oder die Kunst, in acht Tagen Italienisch sprechen zu lernen. 8. 5 gr.

Diese sehr zweckmässig eingerichteten zwey Bücher werden bey gegenwärtiger Zeit, besonders Landbewohnern, die beider Sprachen unkundig sind, sehr willkommen seyn.

Gedanken über eine Grundreform der protestantischen Kirchen- und Schulverfassung im Allgemeinen, besonders aber in der Preussischen Monarchie, von *Joh. Gründler*. Züllichau und Freystadt, Darnmann. 8. 14 gr.

Bey Johann Christian Eurich in Leipzig und in allen Buchhandlungen ist zu haben:

Eck, J. G., dichterische Versuche. 8. 16 gr.
Etwas für Frauenzimmer, moral. ökon. gemeinnützlichen Inhalts. Von dem Verf. des bekannten Magdeb. Kochbuchs. 4 Hefte in 1 Bd. 8. 1 Rthlr.
Hausmutter, die, als Köchin, oder Unterricht in den ersten Grundregeln und Handgriffen beym Kochen, welche jungen Mädchen zu wissen nöthig sind, ehe sie zur ausübenden Kocherey selbst schreiten können. 8. 1 Rthlr.
Zwölf gestochene Vorschriften zur Erlernung der Englischen Handschrift; von *H. Brose* in Berlin. 4. 16 gr.
Räthselhafte, der, oder die beiden Alten; von *G. Bertrand*. 2 Theile. 8. 3 Rthlr.

Reise-

Reisescenen und Abenteuer zu Wasser und zu Lande, von *Fr. Laun.* 3 Thle. 2te wohlfeile Ausgabe. 8. 3 Rthlr.

Lauter Irrthum, und — das Vogelschiessen. Zwey Erzählungen von *Fr. Laun.* 8. 20 gr.

Oderahi, Atalas ältere Schwester. Eine amerikanische Geschichte. 8. 1 Rthlr.

Hiller, J. A., Anw. zum musik. richtigen Gesang, mit Exempeln. 3te verb. Aufl. 8. 1 Rthlr. 6 gr.

Reinhold, K., Wörterbuch zur Erklärung der in Jean Pauls Levana vorkommenden fremden Wörter und ungewöhnlichen Redensarten. 8. 1 Rthlr.

In der akademischen Buchhandlung in Kiel ist kürzlich erschienen:

Antonie, oder verkannte und belohnte Treue, ein Roman in *zwey* Theilen. 8. 2 Rthlr.

Eggers, Oberprocureur Freyherr *von*, über den vortheilhaftesten Verkauf der Domänen als Finanzresource. gr. 8. 6 gr.

Falk, N., Commentatio de historiae inter Graecos origine et natura. 8. 6 gr.

Pfaff, Dr. u. Prof., über die strengen Winter, vorzüglich des achtzehnten Jahrhunderts, und über den letztverflossenen strengen Winter von 1808 — 1809. Ein Beytrag zur meteorologischen Geschichte der Erde. *Erste* Abtheilung. gr. 8. 20 gr.

Schmiedtgen, Rath *J. G. D.*, Andeutungen, oder kleine Erzählungen. 8. 1 Rthlr.

Thieß, Dr. u. Prof. *J. O.*, das sittliche Leben nach der Schrift, mit Rücksicht auf die Zeichen unsrer Zeit. 8. 20 gr.

Derselbe über die Unvereinbarkeit der geistlichen und weltlichen Macht, und die Vereinbarkeit des Katholicismus und Protestantismus. 8. 12 gr.

Zeitung für Literatur und Kunst in den Dänischen Staaten. *Dritter* Jahrgang (1809. Julius — 1810. Junius incl.) 4. 4 Rthlr. 12 gr.

Vorschläge zur Ausführung der in der Schrift: *Keine Erbunterthänigkeit*, enthaltnen Meinungen vom Major *v. Poser*. Glogau, neue Günter'sche Buchhandlung. 8. 6 gr.

Bibliothek der neuesten und wichtigsten Reisebeschreibungen zur Erweiterung der Erdkunde, nach einem systemat. Plane bearbeitet, und in Verbindung mit einigen andern Gelehrten gesammelt und herausgegeben von *M. C. Sprengel*, fortgesetzt von *T. F. Ehrmann*, 39r Bd. gr. 8. 2 Rthlr. 12 gr. oder 4 Fl. 30 Kr., ist so eben bey uns erschienen und versandt worden. Dieser Band enthält folgende Reisen, welche auch einzeln zu den beygesetzten Preisen zu haben sind: 1) *Haafner's Landreise längs der Küste Orixa und Koromandel.* A. d. Holländ. 2 Theile. gr. 8. 1 Rthlr. 18 gr. oder 3 Fl. 9 Kr. 2) *Ars. Thieb. von Berneaud, Schilderung der Insel Elba.* Nebst Notizen von den übrigen kleinen Inseln des Thirrhenischen Meeres. A. d. Französ. mit Einleitung und Anmerk. von *T. F. Ehrmann.* Mit 1 Karte. gr. 8. 18 gr. oder 1 Fl. 21 Kr.

Weimar, im August 1809.

Herzogl. S. privil. Landes-Industrie-Comptoir.

Von der in der Salzburg. medicinisch-chirurgischen, in der Hallischen und Leipziger Literatur-Zeitung u. s. w. allen Aerzten und Wundärzten anempfohlnen, Schrift:

Die Kunst, veraltete Hautgeschwüre, besonders die sogenannten Salzflüsse, nach einer neuen Methode sicher und schnell zu heilen, von Dr. *Weinhold*,

ist eine neue vermehrte und verbesserte Auflage (die *erste* Auflage wurde, der ungünstigen Zeitläufte ungeachtet, binnen zwey Jahren abgesetzt) bey uns erschienen, welche für 14 gr. in allen Buchhandlungen zu haben ist.

Dresden, den 12. Septbr. 1809.

Arnold'sche Buchhandlung.

Zur Beherzigung für Schulmänner!

(Auszug aus *Guts-Muths* Bibliothek für Pädagogik, Monat Julius 1809. S. 246 — 247.)

Lateinische Vorschule, oder *neuer angehender Lateiner.* Ein grammatisches Lesebuch der lateinischen Sprache, nebst Wörterbuch und Grammatik, für untere Schulklassen bearbeitet von *M. Th. Heinsius*, Professor am Gymnasium zu Berlin. *Zweyte, ganz umgearbeitete und sehr vermehrte Ausgabe.* 8. Berlin, bey F. Oehmigke dem Aeltern. 1808. 202 Seiten. (10 g. Groschen.)

Ein durchaus seinem Zwecke zusagendes Schulbuch. Die Grammatik hätte noch kürzer gefasst werden können, wenn der Verf. alles weggelassen hätte, was der Schüler schon aus der Grammatik der deutschen Sprache wissen muss. Vielleicht hatte aber der Verf. die verkehrten Schulen, in welchen der Lateinunterricht das A und O ist, im Auge. Schulen, welche das Buch einführen, erhalten dasselbe vom Verleger für folgende Preise, in Preuss. klingendem Cour.

100 Exemplare für 30 Rthlr.
75 — — 22 Rthlr. 18 gr.
50 — — 15 Rthlr. 12 gr.
25 — — 8 Rthlr.
12 — — 4 Rthlr.

Papier und der schöne, correcte Druck gereichen dem Verleger zur Ehre, und dem Buche zur Empfehlung.

Lippstadt. *Seidenstücker.*

ALLGEMEINE LITERATUR-ZEITUNG

Mittwochs, den 11. October 1809.

LITERARISCHE NACHRICHTEN.

Universitäten.

Vorlesungen auf der Universität zu Marburg im Winter 1809—1810.

I. *Philologie.*

Die Anfangsgründe der hebräischen Sprache lehrt nach seiner Grammatik Prof. *Hartmann* von 11—12. — *Derselbe* das Arabische um 10 Uhr. — *Derselbe* erläutert öffentlich um 1 Uhr Abulfeda's Beschreibung von Aegypten. — Dr. *Koch* einmal wöchentlich öffentl. über den Umfang, die Methode und den Einfluss der klassischen Alterthumskunde auf Leben, Wissenschaft und Kunst. — *Derselbe* erklärt fünfmal in der Woche die 9 bis 12te Rhapsodie der Homerischen Odyssee. — Prof. *Rommel* um 9 Uhr Theophrast's Charaktere. — Prof. *Tennemann* öffentlich Mittwochs um 1 Uhr Platon's Enthyphron. — Horaz'ens Satiren um 10 Uhr Prof. *Rommel*. — Prof. *Wachler* 4 Uhr die Annalen des Tacitus. — Prof. *Crede* um 11 Uhr Cicero von den Pflichten, und wird Unterricht im Lateinschreiben ertheilen. — Prof. *de Beauclair* öffentlich eine französische Gesellschaft zum Besten derjenigen, welche sich unter seiner Leitung im Sprechen üben wollen. — *Derselbe* 8 Uhr Grundsätze der Französischen Sprache. — *Ders.* 9 Uhr Boileau's Satiren. — *Ders.* 10 Uhr die Gallicismen nach seinem Handbuche, nebst französischen Stil-Uebungen. — *Ders.* 1 Uhr Toussaint's Sittenlehre. — *Ders.* 2 Uhr die Grundsätze der italiänischen Sprache nach Veneroni. — *Ders.* Privatissima im Französischen, Italiänischen und Englischen.

II. *Historische Kenntnisse.*

Prof. *Wachler* 3 Uhr Universalgeschichte nach seinem Grundrisse. — *Ders.* Geschichte Europa's im achtzehnten Jahrhunderte öffentlich Dienstags und Freytags 1 Uhr. — *Ders.* Deutschlands Geschichte nach Mannert 10 Uhr. — Prof. *Münscher* 3 Uhr ältere Kirchengeschichte nach seinem Lehrbuche. — Prof. *Wachler* öffentlich Montags und Donnerstags 1 Uhr Einleitung in die allgemeine Geschichte der Literatur. — *Ders.* 11 Uhr allgemeine Geschichte der literarischen Cultur in der ältern und mittleren Zeit, nach seinem Handbuche. — Prof. *Tennemann* Geschichte der alten Philosophie nach Socher 11 Uhr. — Prof. *Rommel* öffentlich Sonnabends 1 Uhr Uebersicht der römischen Antiquitäten.

III. *Mathematik.*

Prof. *Gundlach* reine Mathematik nach Segner 9 Uhr. — Dr. *Zimmermann* reine Mathematik nach Lorenz 10 Uhr. — Dr. *Müller* reine Mathematik 10 Uhr. — Prof. *Gundlach* Arithmetik mit praktischen Uebungen nach Heften 2 Uhr. — *Ders.* Algebra nach Euler, Montags, Dienstags, Donnerstags und Freytags 11 Uhr. — Dr. *Müller* Algebra 11 Uhr. — Dr. *Zimmermann* angewandte Mathematik nach Lorenz 2 Uhr. — Prof. *Gundlach* öffentlich die Anfangsgründe der Astronomie und Geographie nach Erxleben, Montags, Mittwochs und Sonnabends 3 Uhr. — Dr. *Zimmermann* 11 Uhr Civilbaukunst.

IV. *Philosophie.*

Prof. *Creuzer* 4 Uhr empirische Psychologie nach Dictaten. — Prof. *Bering* 9 Uhr Logik nach Kiesewetter, Sonnabends 9—10 Examinatorium darüber. — Prof. *Creuzer* 9 Uhr Logik nach Kant, verbunden mit einer Einleitung in das Studium der Philosophie überhaupt. Sonnabends 9—10 Examinatorium darüber. — Prof. *Tennemann* 9 Uhr Logik nach Maass. — Prof. *Bering* Metaphysik nach Dictaten 8 Uhr. — Prof. *Tennemann* 8 Uhr Metaphysik nach Schmitts Grundriss. — Naturrecht Prof. *Bauer* nach seinem Lehrbuche 10 Uhr. — Prof. *Rommel* Theorie der öffentlichen Beredsamkeit, verbunden mit Uebungen des Stils und der Declamation, 11 Uhr. — Prof. *Bering* setzt die Disputirübungen um 8 Uhr fort.

V. *Staatswirthschaft.*

Prof. *Merrem* Forstwissenschaft 3 Uhr. — Prof. *Ullmann* der alt. Fabrikwissenschaft 8 Uhr. — *Ders.* 10 Uhr Bergbau, und 3 Uhr Hüttenkunde. — Polizeywissenschaft Prof. *Merrem* nach Lambrecht 1 Uhr. — *Ders.* erbietet sich auch, seine Zuhörer privatissime in Ausarbeitungen über Gegenstände der Gewerbe-Politik, Polizey und des Finanzwesens zu üben.

VI. *Naturkunde.*

Dr. *Zimmermann* 3 Uhr Experimental-Physik nach Schmitt. — Prorector *Wurzer* 2 Uhr theoretische und Experimental-Chemie. — *Ders.* öffentlich gerichtliche Chemie. — Prof. *Merrem* Geschichte der Thiere wöchentlich fünfmal 11 Uhr, und öffentlich Mittwochs und Sonnabends 8 Uhr Naturgeschichte der Vögel. — Prof. *Busch* öffentlich Mittwochs und Sonnabends 8 Uhr Natur-

Naturgeschichte des Menschen. — Prof. Ullmann der ält. Mineralogie 11 Uhr, und erklärt öffentlich Mittwochs und Sonnabends 8 Uhr die Kennzeichen der Fossilien.

VII. Medicin.

Prof. Conradi öffentlich Mittwochs und Sonnabends 9 Uhr Encyklopädie und Methodologie der Medicin, nebst einer Einleitung in die medicinische Literatur nach seinem Grundriss. — Ders. erbietet sich zu Vorlesungen über die Geschichte der Medicin. — Prof. Ullmann der jüng. demonstrirt um 11 Uhr auf dem anatomischen Theater, und giebt von 8—11 Uhr daselbst Anleitung zum Präpariren. — Ders. öffentlich Montags und Donnerstags 3 Uhr Examinatorium über Anatomie oder Chirurgie. — Prof. Conradi 10 Uhr Physiologie. — Ders. 2 Uhr Pathologie und 4 Uhr specielle Therapie. — Prof. Michaelis setzt 10 Uhr specielle Therapie fort. — Prorector Wurzer 3 Uhr Pharmacie. — Prof. Busch medicinisch-praktisches Casuisticum. — Prof. Conradi täglich 1 Uhr die medicinisch-clinischen Uebungen. — Prof. Michaelis beendiget fünfmal wöchentlich 8—9 Uhr die Chirurgie, öffentlich Mittwochs und Sonnabends 10 Uhr chirurgisches Clinicum. — Prof. Ullmann d. jüng. Verband- u. Maschinenlehre. — Prof. Stein trägt 10—11 Uhr beide Theile der Geburtshülfe vor, und benutzt privatissime die in der Entbindungsanstalt vorkommenden Geburtsfälle zur praktischen Ausbildung der Studirenden. — Ders. öffentlich Mittwochs und Sonnabends 11 Uhr seltene Fälle aus der geburtshülflichen Praxis. — Ders. Montags und Donnerstags 3 Uhr Weiberkrankheiten. — Prof. Busch 4 Uhr medicinische Polizey nach Hebestreit. — Ders. 8 und 11 Uhr die gesammte Thierheilkunde mit zootomischen Uebungen verbunden.

VIII. Jurisprudenz.

Prof. Bauer 8 Uhr Einleitung in die Rechtswissenschaft, insbesondere Encyklopädie, Methodologie und Quellenlehre. — Ders. 11 Uhr die Institutionen des Justinianischen Civilrechts nach Waldeck, mit Bemerkung der Abweichungen des Napoleonischen Civilrechts, Mittwochs und Sonnabends 10 Uhr Examinatorium darüber. — Prof. Bucher Examinatorium in lateinischer Sprache über die Institutionen des Civilrechts nach Waldeck, mit Rücksicht auf den Napoleonischen Codex, Montags und Donnerstags 2 Uhr unentgeldlich. — Vice-Kanzler Erxleben lehrt 9 u. 2 Uhr Pandektenrecht nach J. H. Böhmer, mit Bemerkung der vorzüglichsten Abweichungen des Napoleonischen Codex. — Prof. Bauer französisches Civilrecht nach seinem Lehrbuche. — Prof. Bucher das katholische und protestantische Kirchenrecht nach G. L. Böhmer 11 Uhr. — Vice-Kanzler Erxleben öffentlich Montags und Donnerstags 11 Uhr das Eherecht nach römischen und protestantischen Grundsätzen und nach der neuesten französischen Gesetzgebung. — Prof. Müller nach M. Schenkel Theorie von dem Primate in der katholischen Kirche und dessen rechtmäsiger Gewalt. — Prof. Robert 3 Uhr das Staatsrecht des Königreichs Westphalen, nebst den allgemeinen Grundsätzen des öffentlichen Rechts des rheinischen Bundes nach eigenen Sätzen; Dienstags 4 Uhr öffentlich Examinir-Uebungen darüber. — Ders. das Europäische Völkerrecht. — Prof. Bucher deutsches Privatrecht nach Runde 10 Uhr. — Ders. Lehnrecht nach G. L. Böhmer 3 Uhr. — Ders. Criminalrecht. — Prof. Robert 5 Uhr die Lehre von gerichtlichen Klagen nach Böhmer, mit Hinsicht auf das Gesetzbuch Napoleons, Donnerstags 4 Uhr öffentlich Examinatorium darüber. — Prof. Bauer Criminal-Process, mit besonderer Rücksicht auf die französische und westphälische Criminal-Processordnung 3 Uhr, und verbindet damit schriftliche und mündliche Uebungen. — Prof. Robert Practicum, Montags, Mittwochs und Freytags 4 Uhr.

IX. Theologie.

Prof. Zimmermann Einleitung in sämmtliche theologische Wissenschaften. — Exegetische Vorlesungen über das Alte Testament 2—3. — Superint. Justi öffentlich 1 Uhr auserlesene Gesänge des A. T. — Prof. Hartmann das erste Buch Mosis. — Sup. Justi Jesaias oder die kleinen Propheten. — Prof. Arnoldi die aus vorigem Semester übriggebliebenen Psalmen, nebst den Sentenzen Salomonis. — Prof. Münscher 1 Uhr Einleitung in das Neue Testament. Exegetische Vorlesungen über das Neue Testament von 10—11. — Sup. Justi Brief an die Römer und die Briefe an die Thessalonicher. — Prof. Arnoldi die kleinen Briefe Pauli. — Prof. Zimmermann die Beweisstellen der christlichen Tugendlehre. — Ders. 9 u. 11 Uhr christliche Glaubenslehre, öffentlich ein Examinatorium darüber. — Prof. Münscher christliche Sittenlehre 8 Uhr. — Prof. Zimmermann theologische Privatissima.

INTELLIGENZ DES BUCH- UND KUNSTHANDELS.

Ankündigungen neuer Bücher.

Durch eine Menge von natur- und wahrheitsliebenden Männern aufgemuntert, meinen

ersten Entwurf der Kentognosie

herauszugeben, eröffne ich nun eine Subscription für denselben. — Ich selbst habe sonst keinen Beweggrund dazu, als: Dasjenige, was ein Resultat vieljähriger Menschen- und Natur-Beobachtung ist, ohne mystische Hülle, rein, kurz, deutlich und in ganz anderm Lichte zu geben, als es bisher in den geistlosen Seelenlehren, Anthropologieen, Schädellehren u. s. w. (worin nie der Grund, sondern nur das Begründete aufgezeigt wurde) der Fall war. Alle diejenigen also, welche bisher in einer angedichteten Feenwelt zu leben

ben glaubten, werden wieder frey athmen: ich will mich bemühen, einen Vorschmack *tiefern Denkens über den Organismus; das Leben, und über das innere und äußere Handeln des Menschen* zu erregen, der gegenwärtig beynahe ganz erloschen ist. Getreu will ich dasjenige *abscheiden*, worüber ohne *Hypothese* und ohne Theorem, welches nur Postulat ist, Nichts gesprochen werden kann: dieses muss Gegenstand der Metaphysik seyn, wovon das Nöthige im Anfang der Einleitung gesagt werden wird, und zum Theil schon von mir, bey Gelegenheit polemischer Aeußerungen, anonym in Zeit- und andern Schriften exponirt wurde. Das Ende der Einleitung mag kurz die durch logische Abstraction erworbenen, aus der Erfahrung und aus den zuverläßigsten naturhistorischen Beobachtungen genommenen, Sätze, von den frühesten Schicksalen der Erde angefangen, bis zur Entstehung des Menschen, enthalten; auf welche die Natur-Erziehungsgeschichte, während welcher wir zu uns selbst gekommen sind, folgen wird, und wonach ich mich dann im System bemühen werde, die Frage zu beantworten:

Wie und warum ist und handelt der Mensch so in der Natur?

Die *neuen Erfahrungen und Beobachtungen*, durch welche das Ganze sich von allen andern Arbeiten der Art unterscheiden möchte, sind zum Theil schon 1808. St. 130 und 131. der alten, und dann in der neuen Oberdeutschen allgem. Literatur-Zeitung l. J. vom 6ten Stück an bis zum 50sten unter dem Titel: *Kleine Beyträge zur Zoognosie*, in Fragmenten geliefert worden; zum Theil werden sie jetzt erst zum Vorschein kommen, je nachdem es das Bedürfniss der Darstellung erfordern wird. Das Begründende des Ganzen habe ich meinen merkwürdigen und sich immer mehr bestätigenden Entdeckungen der wahren Ursachen des Traums und der absolut-eignen Thätigkeit aller Sinne zu verdanken.

Diese Schrift, welche höchstens 1½ Alphabete in 8. stark werden dürfte, hoffe ich bis zur künftigen Ostermesse zu liefern. Der Subscriptionspreis wird um ¼tel geringer als der Ladenpreis ausfallen. Subscribiren kann man, ohne jedoch voraus zu bezahlen, bey jeder soliden Buchhandlung Deutschlands. Die Herren Sammler erhalten das zehnte Exemplar gratis; der Subscriptionstermin dauert nur bis Ende dieses Jahrs. Herr Krüll in Landshut aber verlegt das Werk.

München, den 24. Septbr. 1809.

Dr. *Gruithuisen.*

Die neuesten Briefe aus der Schweiz in das väterliche Haus nach Ludwigsburg; nebst einem Gemälde des *Bergsturzes am Rigi und Lauwerzer See.* Mit Kpfrn. 2 Bdchen. 8. München bey Fleischmann. 2 Rthlr. 4 gr.

Kein Reisender sollte die Schweiz ohne diese lieblichen Briefe in der Hand betreten, die mit Scharfblick, Laune und höchster Mannichfaltigkeit, üppige Bilder einer richtigen und lebhaften Phantasie verbinden. Mit Recht verdienten sie daher die *trefflichen* Recensionen in der *Hallischen*, *Jenaer*, *Leipziger* und *Oberdeutschen* Literatur-Zeitung, die mit einander darin übereinstimmen, dass der Verfasser Neuheit mit angenehmen Vortrag verbunden habe. Herr *Huber* wurde von einem der Recensenten aufgefordert, das Publicum bald wieder mit einem ähnlichen Werke zu beschenken. Wo vier Männer in ihrem Urtheil über ein Buch so harmonisch zusammen treffen, da braucht es weiter keiner Anpreisung, sondern der Werth desselben ist entschieden. Wir erinnern nur noch, dass es denjenigen, welche die Schweiz schon früher bereist haben, einen der angenehmsten Genüsse verschaffen wird.

Durch alle solide Buchhandlungen ist ein neuer Roman von Gustav Schilling zu bekommen, unter dem Titel:

Die Brautschau, vom Verf. des *Weibes, wie es ist.* 2 Theile. 2 Rthlr. 12 gr.

Dresden, den 12. Septbr. 1809.

Arnold'sche Buchhandlung.

So eben ist bey uns erschienen und in allen Buchhandlungen zu haben:

Lafontaine, Aug., Raphael, oder das stille Leben. 1 Rthlr. 16 gr.

Carl von Horst und Amalie von Buchwald; ein Familiengemälde (von einem wohlbekannten Verfasser). 1 Rthlr. 6 gr.

Halle, im September 1809.

Ruff'sche Verlagshandlung.

Ankündigung *eines erläuternden* *Commentars über den Code Napoleon*

vom Ober-Appellationsgerichtsrath und Professor Dr. *Carl Grolman* in Giessen.

Unter den grossen Ereignissen, deren Zeugen wir sind, ist unstreitig die Einführung des Napoleonischen Civilgesetzbuchs, in einem grossen Theile von Europa, eine der wichtigsten. Schon haben mehrere von Deutschlands geachtetsten Juristen durch schätzbare, meist aber *theoretische*, Werke das Publicum mit dem Geiste des Napoleonischen Civilrechts bekannt zu machen gesucht.

Herr Ober-Appellationsgerichtsrath *Grolman* hat seinen Commentar zunächst für Deutschlands *praktische Juristen* bestimmt; er soll für sie das seyn, was der

für

für Deutsche nicht ganz brauchbare *Malville* für die Franzosen ist. Dem gründlichen, mit allen den zahlreichen nothwendigen Hülfsmitteln versehenen, Gelehrten ist dieser Commentar zunächst *nicht* bestimmt. Es ist nicht der eigentliche Zweck des Herrn Verfassers, in neuen Entwickelungen theoretischer Ansichten oder durch Eröffnung neuer Bahnen in diesem Theile der Rechtsgelehrsamkeit Ruhm zu suchen. Sein Werk soll aber den angehenden und praktischen Juristen, durch eine gemeinfassliche Darstellung des Geistes der einzelnen Lehren und der einzelnen Artikel dieses für Deutschland jetzt so wichtigen Gesetzbuchs, in den Stand setzen, es ohne Gefahr für die Rechtspraxis anzuwenden.

Diess Werk wird anständig gedruckt 6 bis 8 Bände stark in meinem Verlage erscheinen, und, wenn nicht unvorherzusehende Hindernisse eintreten, der *erste* Band noch im Laufe dieses Jahrs.

Ich will mit dieser vorläufigen Anzeige weder Pränumeration noch Subscription bezwecken, sondern nur Deutschlands Juristen auf die Erscheinung dieses wichtigen Werks aufmerksam machen. Wer jedoch in seinem Wirkungskreise auf 10 Exemplare Bestellung macht, und bey Ablieferung eines Bandes den noch zu bestimmenden Preis einsendet, bekömmt für diese Bemühung das 11te Exemplar gratis.

Bey dieser Gelegenheit mache ich noch bekannt, dass die mit Grossherzogl. Hess. Privilegio veranstaltete Ausgabe des *Gesetzbuchs Napoleon Französisch* und *Deutsch*, mit Varianten in 2 Bänden, wirklich erschienen ist. Der Ladenpreis ist für die Ausgabe auf

Postpapier - - - - - - 10 Fl. 30 Kr.
die auf weiss Druckpap. mit breitem
Rand in gr. 8. - - - - - 7 Fl. 12 Kr.
die auf ord. Druckpap. ord. 8. - - 5 Fl. 24 Kr.

Darmstadt und Giessen, den 20. Aug. 1809.

Georg Friedrich Heyer.

Schlegel, Aug. Wilh., Vorlesungen über dramatische Literatur und Kunst. *Erster* Theil. 8. Heidelberg, bey Mohr und Zimmer. geh. 1 Rthlr. 16 gr. oder 3 Fl.

Tief eindringend in das Wesen der Kunst, und mit einer Klarheit, wie sie nur dem klassischen Schriftsteller eigen ist, untersucht der Vf. in diesen Vorlesungen das Wesen des Schauspiels und seiner Literatur, die Natur des Tragischen und Komischen; mit Meisterhand zeichnet er den Charakter des griechischen Drama's und der hellenischen Dramatiker, und bestimmt den Unterschied der alten und neuen Tragödie.

Keine Nation hat ein Werk aufzuweisen, in welchem von einer der schwierigsten Dichtarten mit so viel Geist und Kenntniss gehandelt wäre, wie in dem vorliegenden, und wenige deutsche Schriften erfreuen sich einer so hohen Vollendung der Form und einer so durchaus edlen, besonnenen Diction. Im Verfolge seiner Vorlesungen wird Herr *A. M. Schlegel* das Theater und die Theaterdichter der Neuen zum Gegenstand seiner Untersuchungen machen.

In den Joseph Anton Göbhardt'schen Buchhandlungen zu Bamberg und Wirzburg ist erschienen und an alle gute Buchhandlungen versandt:

Die *Verstandslehre* vom Professor *G. M. Klein.* gr. 8. 20 gr. oder 1 Fl. 15 Kr.

Die Logik, welche seit langer Zeit in ein leeres Formenwesen ausgeartet ist, wieder in ihre alte Rechte einzusetzen, die über sie herrschenden Vorurtheile und Irrthümer zu berichtigen, und in Beziehung auf sie Wahrheiten geltend zu machen, deren Begründung und Darstellung *Spinoza* mit vielem Glück angefangen, aber unvollendet gelassen hatte, und was auch nur durch die Bemühungen Mehrerer geleistet werden kann, dazu soll gegenwärtige Schrift Beyträge liefern. — Ihr Zweck bürgt für das Interesse, das Freunde der Wissenschaften an ihr nehmen werden.

In dem nämlichen Verlage wird bis October 1809. fertig:

Ueber die Natur und die Behandlungsart der häutigen Bräune.

Versuch einer Beantwortung der auf Befehl des französischen Kaisers über diesen Gegenstand aufgegebenen Preisfrage, von Dr. *Ad. Friedr. Marcus.*

In dieser Schrift sucht der Verfasser die Ursachen und das Wesen dieser wichtigen Krankheitsform zu entwickeln. Das richtigste Heilverfahren gegen dieselbe festzusetzen, eine genaue und vollständige Beantwortung aller von der im Jahr 1807. von der K. K. Commission in Paris aufgestellten Fragen, und überhaupt die vollständigste Monographie zu liefern, welche wir bis jetzt über diese Krankheitsform besitzen.

ALLGEMEINE LITERATUR-ZEITUNG

Donnerstags, den 12. October 1809.

WISSENSCHAFTLICHE WERKE.

BIBLISCHE LITERATUR.

KARLSRUHE, in Macklot's Hofbuchh.: *Die schönsten Geistes-Blüthen des ältesten Orients*, für Freunde des Grossen und Schönen; gepflückt von *Joh. Ludw. Wilh. Scherer*. XII u. 299 S. gr. 8. (1 Gulden 40 Kr.)

Abgesehen von dem etwas gezierten und nicht ganz passenden Titel, — da diese Sammlung auch mehrere Stücke aus den späteren Zeiten des babylonischen Exils enthält, — so war die Idee, eine Anthologie der alten hebräischen Dichter für die gebildete deutsche Lesewelt zu veranstalten, recht gut; auch ist die gegenwärtige Sammlung nicht ohne alles Verdienst, obgleich Plan und Ausführung noch manches zu wünschen übrig lassen. Wir wollen beides näher beleuchten, und den Leser zum Selbsturtheile vorbereiten.

Hr. S., dem es weder an Sinn für poetische Schönheiten, noch an mancherley Kenntnissen und Gewandtheit; wohl aber öfter an jenem feineren Takte für das Schickliche, für jenen höhern metrischen Wohllaut, der sich aus Büchern nicht erlernen läfst, so wie an Kritik und umfassender Kunde beider Sprachen fehlt, — Erfordernisse, die wir mit Recht bey einem Uebersetzer alter Kunstwerke voraussetzen, — hat die verschiedenartigen, von ihm gesammelten Blumen unter das gewöhnliche Fachwerk der neueren Aesthetik gebracht, eine neue Rubrik (Nr. 4.) hinzugefügt, und Alles unter folgende Aufschriften geordnet: 1) *Romantische Dichtungen*, 2) *Fabeln*, 3) *Idyllen*, 4) *Orakelpoesie*, 5) *Hymnen*, 6) *Siegsgesänge*, 7) *Oden*, 8) *Elegieen*, 9) *Satiren*, 10) *Räthsel*, und 11) *Denk- und Weisheitssprüche*. Richtige Begriffe von Romantik würden den Vf. die Erzählungen von der Schöpfung des Menschen, dem ersten Wohnsitze und unschuldsvollen Zustande der ersten Menschen, dem *Falle derselben* (aus 1 B. Mos. 1—3.), und die Schilderung des goldenen Zeitalters (aus Jes. 2.), womit auf eine etwas unerwartete Art Joel 3, 1 f. in Verbindung gesetzt wird, — schwerlich unter diese Rubrik haben bringen lassen. Unter den *Idyllen* stehn die verschiedenartigsten Poesieen, und Einiges, wovon man nicht einsieht, wie es dahin kommt, z. B. ein sehr prosaischer Dialog Jehovens mit Abraham; — und neben diesem und ähnlichen Aufsätzen findet man einen grossen Theil des Salomonischen hohen Liedes. Die übrigen Aufschriften lassen sich gröfstentheils rechtfertigen. An der Spitze des Buchs steht ein Gedicht von *Göthe*: „meine Göttin," und den Beschluss macht das schöne Gedicht von *Herder*: „die künftige goldene Zeit, eine Aussicht der Propheten," bekannt aus der Schrift: *vom Geiste der hebräischen Poesie*. Den meisten mitgetheilten Stücken hat Hr. S. kurze Einleitungen vorausgeschickt, und nähere Entwickelungen der poetischen Schönheiten derselben folgen lassen, die jedoch bisweilen zu viel Declamation und Wiederholungen des Bekannten enthalten. Hie und da sind auch passende Vergleichungen mit andern Dichtern eingemischt, meist nach guten neueren Uebersetzungen von *Voß* u. a.

Im Ganzen ist die Auswahl des Hn. S. nicht zu tadeln, wiewohl wir manches vorzüglich schöne Stück des A. T. doch vermisst, und dagegen Stücke gefunden haben, die nur sehr uneigentlich Poesieen genannt werden können. Wer wird z. B. in folgender Aufzählung der vier Flüsse des Paradieses Poesie ahnden?

> *Phison* ist des erstern Name,
> Der das ganze Land von Chevila
> Durchströmt; dort findt man Gold —
> Des Landes Gold ist köstlich —
> Bedellion und Onyxstein.
> Des zweyten Flusses Name
> Ist *Gichon*; er durchströmt
> Das ganze Land Cuschäa u. s. w.

Oder ist es Poesie, wenn es S. 13. heisst?

> Von Adam wurde jetzt genannt
> Das Weib Eva, weil sie nun werden sollte
> Die Mutter aller Lebenden.
> Drauf machte Gott Jehovah
> Dem Mann und seiner Frau
> Von Thieresfellen Kleider,
> Und zog sie ihnen an u. s. w.

Die Erzählung von der *Himmelsleiter*, welche Jakob im Traume sah, wird als *Idylle* betrachtet, und ist so in Zeilen abgesetzt, dafs es wie Poesie aussieht. Mit mehr Geschmack — meist nach *Herder's* Vorgange — sind die Fragmente aus dem Salomonischen hohen Liede bearbeitet, wiewohl wir in der Hauptansicht, dafs *Salomo* der Geliebte seyn solle, dem Vf. durchaus nicht beystimmen können. Diese ehemals sehr beliebte Meinung hat zu viele Schwierigkeiten in der Ausführung durch das ganze hohe Lied. Einige Stellen, worin sich Hr. S. genau an die Worte des Urtextes hielt, hätten wohl auch einer kurzen Erläuterung bedurft, z. B. „er hat mich geführt in ein Haus des Weins." Andere Stellen hätten wohllautender über-

überſetzt werden können, wie z. B. K. 2, 11.: „der Regen iſt *über, vorüber!*" K. 5, 3.: „ſoll ich ſie (meine Füſse) neu *beſudeln?*" In der Expoſition der einzelnen Bilder iſt der Vf. gröſstentheils *Herder's* eben ſo gefolgt, wie in vielen Stellen der Ueberſetzung. *Jakobs Abſchiedsgeſang* iſt gröſstentheils recht gut überſetzt. Eben dieſs iſt der Fall mit einigen Geſängen des *Jeſaias*, einigen Pſalmen u. a. m. Bisweilen hat ſich Hr. *S.* wörtlich an *Herder* und an die von *Juſti* in den Nationalgeſängen der Hebräer und anderwärts gegebene metriſche Ueberſetzungen gehalten, wobey wir nur gewünſcht hätten, daſs er in einzelnen von dieſen Vffrn. abweichenden Stellen das einmal gebrauchte Metrum mehr beachtet haben möchte. Verſchiedene Stücke aus dem *Jeremias* und *Ezechiel*, die *Herder* nicht überſetzt hat, ſind von Hn. *S.* recht gut überſetzt worden, nur ſinkt er in einzelnen Stellen allzu ſehr zur Proſa herab. Gewöhnlich ſucht der Vf. auch die Wortſtellung des Originals und die Hebraismen beyzubehalten, z. B. im *Lobgeſange der Channah* (1 Sam. 2, 1.): „erhöhet iſt mein *Horn* in Jehovah," ſtatt: „mit Gottes Hülfe ward ich Siegerin." „Gegen Feinde öffnet wieder ſich mein Mund," ſtatt: „mit Freymuth ſag' ich es vor meinen Feinden." Den Gedanken im 10ten Vers: „Jehovah wird dem Geſalbten Siege verleihen," druckt er auf gleiche Art, mit genauer Anſchmiegung an das hebr. Original, aus: „er wird ſeines Geſalbten *Horn erhöhen.*" Pſ. 29, 10. überſetzt Hr. *S.*: „Jehovah *ſetzt ſich zum Regenguß*," da doch das hebräiſche יְהוָה לַמַּבּוּל יָשָׁב nichts mehr ſagt, als: „er thront auf Waſſerfluthen," oder „regenſchwangern Wolken." Pſ. 8, 2. iſt der Sinn im letzten Gliede nicht richtig ſo ausgedrückt: „(die ganze Erde) die deinen Ruhm beſinget hoch über jene Himmel." Und wie dunkel und geſchraubt iſt die Ueberſetzung des 2ten Glieds des 3ten Verſes: „Trotz deinen Widerſachern, Feinde zu beſchämen — Empörer!" Eben ſo ſprachwidrig iſt v. 7. überſetzt: „du machteſt ihn zum *Herrn deiner Hände Werk*," ſtatt: „du ſetzteſt ihn zum Herrn deiner Werke," oder: „du läſſeſt über deiner Hände Werk ihn herrſchen," wenn anders die *Hände* nicht vergeſſen werden ſollen! Eben ſo wenig hat uns die Ueberſetzung des 2ten Gliedes des 7ten Verſes gefallen: „und *ſetzteſt* alles *unter ſeinen Fuß.*" Am Ende der Ueberſetzung lieſet man noch folgende Anmerkung: „So ſang er, und das Nachſpiel ſeiner Harfe verlor ſich lieblich in den Lüften!" (?) — Pſ. 18, 14. heiſst es: „ſeine Stimme *ließ der Höchſte aus.*" — *Moſe's* Siegsgeſang am rothen Meere, *Deborah's* Siegsgeſang, *Habekuk's* Hymne u. a. m. ſind ſtellenweiſe recht glücklich überſetzt worden. Der wiederholte Abdruck der meiſten Stellen des Geſangs der Deborah in der weiteren Expoſition dieſes Geſanges hätte jedoch unterbleiben können. Statt dieſer Wiederholungen hätte noch manches vom Vf. übergangene Lied, z. B. der herrliche *Weiſſagungsgeſang Moſe's*, 5 B. Moſ. 32., aufgenommen werden ſollen. Der prächtige *Triumphgeſang über den König von Babylon*, Jeſ. 14., iſt gröſstentheils nach *Juſti's* Ueberſetzung in den Nationalgeſängen der Hebräer, ſo wie der *Triumphgeſang*, Jeſ. 47., nach deſſen einzeln erſchienener Ueberſetzung bearbeitet, in verſchiedenen Stellen weicht jedoch Hr. *S.* von jenen Ueberſetzungen ab; ſo hat z. B. *Juſti* (Jeſ. 14, 9.) „*die Schatten* aller Erdenhelden," Hr. *S.* „*die Böcke* all' der Welt." Der ſchöne 45ſte Pſ. iſt von Hn. *S.* aus dem richtigen Geſichtspunkte aufgefaſst worden; eben ſo natürlich iſt der Gang des ſchönen Davidiſchen *Klagegeſangs auf Saul und Jonathan* von ihm entwickelt worden. Nur wiſſen wir uns in einen Ausdruck (S. 240.) nicht zu finden, der in dem zahlreichen Druckfehler-Verzeichniſs nicht vorkommt. Hier heiſst es von David: „Mit der tiefſten Wehmuth empfand er den erlittenen Verluſt — und *kriechend* ſeufzt' er: leid iſt mir's um dich" u. ſ. w. Was ſoll hier das *Kriechen?* — Den 42ſten Pſ. hält Hr. *S.* für einen „Klaggeſang *Davids* auf der Flucht vor ſeinem Sohne Abſalom." Uns ſcheint es noch gar nicht erwieſen zu ſeyn, daſs dieſe liebliche lyriſch-elegiſche Ergieſsung von *David* herrühre; der ungenannte Vf. dieſes Geſanges zur Belehrung der Korachiten hat einen von dem Davidiſchen verſchiedenen dichteriſchen Charakter. Uebrigens iſt die Ueberſetzung dieſes Pſalms recht wohl gelungen. Dagegen iſt die Ueberſetzung der *erſten* Elegie des *Jeremias* (S. 252 f.) nicht frey von mancherley Härten. Hiob 7. iſt gröſstentheils nach *Herder's* Vorgang bearbeitet, mehrere Verſe ſind wörtlich aus der *Herderſchen* Ueberſetzung entlehnt. Unter der Aufſchrift: *Satiren*, findet man eine Ueberſetzung von Jeſ. 44, 9—20. Die (S. 280 f.) geſammelten Denk- und Weisheits-Sprüche ſind zwar von ungleichem Werthe, aber doch iſt keiner ſeiner Stelle ganz unwerth.

Statt der ausführlichen Expoſitionen hinter manchen mitgetheilten Poeſieen würden vielleicht dem der orientaliſchen Denkart und Sitten Unkundigen kurze, den Geiſt, die Sitten oder die Verfaſſung des Volks umfaſſende Anmerkungen bey einzelnen ſchwierigen Stellen erwünſchter geweſen ſeyn. Manches konnte auch dem eigenen Zartgefühle des Leſers überlaſſen bleiben. Doch, wir wollen mit dem Vf. nicht über das Mehr oder Weniger rechten, und wünſchen nur, wenn er wieder eine ähnliche Sammlung veranſtalten ſollte, daſs ſeine Begriffe von Poeſie alsdann ſtrenger und geläuterter ſeyn, und die mitzutheilenden Ueberſetzungen ſich mehr im Ganzen durch metriſchen Wohllaut und Achtung des Geiſtes des Urſchrift und der deutſchen Sprache auszeichnen mögen. An einzelnen gelungenen Stellen fehlt es nicht, und man ſieht, daſs Hr. *S.* dieſe Schrift nicht ohne Liebe ausarbeitete. Um aber etwas Vollendetes in dieſem Fache zu liefern, dazu wird nicht nur die genaueſte Kenntniſs beider Sprachen und ihres Genius, ſondern auch reiner Geſchmack, ſorgfältige Feile, und feiner Sinn für das Echt-Poetiſche und den metriſchen Wohllaut erfordert; Eigenſchaften, die nur ſelten zuſammen angetroffen, und die von manchen, der ſie nicht zu würdigen weiſs, wohl gar ſchnöde herabgeſetzt werden. Aus der Vorrede ſehen wir, daſs Hr. *S.* in der Kürze *die ſchönſten Geiſtes-*

ſtes-

ſes Blüthen des chriſtlichen Bundes herausgeben will. Möge er dabey nur ja nicht als Poeſie betrachten, was keine Poeſie iſt! Auſser einigen Parabeln und geflügelten Sentenzen Jeſu, der Hymne der *Maria*, des *Zacharias*, und auſser der Apokalypſe, findet ſich im neuen Teſtamente keine eigentliche Poeſie, und die Parabeln und Sprüche Jeſu ſind es in der Urſchrift mehr der Materie, als der Form nach; insbeſondere würden die Parabeln Jeſu durch Abſetzung in Zeilen, die wie Poeſie ausſehen, mehr verlieren als gewinnen. Am wenigſten aber wünſchen wir, daſs Hr. *S.* die Familien - Sagen in einigen Evangelien als Poeſie anſehen möge. Will er uns dergleichen Sagen, einzelne rührende hiſtoriſche Stücke, geiſtvolle Betrachtungen Jeſu, desgleichen ausgewählte erhebende Stellen aus den Pauliniſchen Schriften geben: ſo geſchehe dieſs in der, dem Originale eigenen, einfachen, anſpruchloſen Proſe, in einer treuen, aber nicht ſklaviſchen, ſondern den Geiſt der deutſchen Sprache ehrenden Ueberſetzung; und wird der Vf. hie und da noch eine gehaltvolle Anmerkung beyfügen: ſo werden wir ſein Geſchenk mit Freude annehmen, und muntern ihn dazu auf.

ARZNEYGELAHRTHEIT.

Göttingen, b. Dieterich: *Bibliothek für die Chirurgie*, herausgeg. von *C. J. M. Langenbeck.* — *Erſter* Band. Mit 5 Kpfrt. 1806 u. 1807. 2008 S. 8.

Ebendaſ., b. Vandenhoeck u. Ruprecht: Derſelben *zweyten* Bandes *erſtes* bis *drittes* Stück. Mit 2 Kpfrt. 1808 u. 1809. 596 S. (zuſ. 4 Rthlr. 16 gr.)

Richter's chirurgiſche Bibliothek war für alle Aerzte und Chirurgen von vorzüglichem Werthe, theils weil der Herausg. die Kunſt ſehr gut verſtand, aus den angezeigten Schriften das Wichtigere kurz und lichtvoll darzuſtellen, und ihren Werth oder Unwerth mit einer ausgezeichnet richtigen Beurtheilungsgabe vor Augen zu legen, theils weil er dabey aus dem reichen Schatze ſeiner Erfahrungen an allen ſchicklichen Stellen lehrreiche Winke, Beobachtungen, Bemerkungen und Anweiſungen anzubringen wuſste. Leider hörte aber dieſe Bibliothek ſchon im Jahre 1797. mit dem 15ten Bande auf. Seit jener Zeit fing zwar im Jahre 1799. *Arnemann's* Bibliothek nach einem etwas erweiterten Plane an; hörte aber nach der Erſcheinung weniger Stücke ſchon wieder auf. Mit dem Jahre 1806. eröffnet nun Hr. *L.*, durch den trefflichen Bücherſchatz zu Göttingen unterſtützt, dieſe neue Bibliothek, um Wundärzte, welche die neuen Werke ſich theils nicht anſchaffen, theils nicht einmal aus Mangel an Zeit oder Sprachkenntniſs leſen können, mit der Bearbeitung der Chirurgie in ihrem ganzen Umfange bekannt zu machen. Zu dieſem Behufe liefert er von jedem wichtigen Werke, ohne weitläuftige Kritik, die vollſtändigſten Auszüge, läſst neu erfundene Inſtrumente, Bandagen und Maſchinen abbilden, und benutzt zugleich jede Gelegenheit, die Manual - Chirurgie in Verbindung mit der Anatomie zu bearbeiten, und eigne Abhandlungen beyzufügen. Nach den vorliegenden Stücken muſs Rec. Hn. *L.* die Gerechtigkeit wiederfahren laſſen, daſs er mit Fleiſs bemüht geweſen iſt, ſeinem Plane treu zu bleiben. Nur möchte Rec. Hn. *L.* zu bedenken geben, ob nicht das Ganze viel mehr gewinnen würde, wenn er mehr Kritik anwendete. Bey der nähern Anzeige müſſen wir uns, dem Plane dieſer Blätter gemäſs, nur auf die eignen Abhandlungen des Herausg. beſchränken.

Erſter Band. Im *erſten* Stücke findet man einen Aufſatz von Hn. *L.*: *über die Stillung der Blutungen aus verletzten Arterien.* Er legt bey der Amputation des Oberſchenkels nie ein Tourniquet an, ſondern bedient ſich zur Compreſſion der *arteriae cruralis* eines Compreſſoriums, zu deſſen Erfindung ihm die Form der Compreſſorien für den Thränenſack die erſte Idee gab. Rec. muſs es den Leſern, die mit dem Mechanismus dieſes ihm ſehr zweckmäſsig erſcheinenden Compreſſorii bekannt zu werden wünſchen, überlaſſen, die Beſchreibung, und auf der zweyten Kupfertafel auch die Abbildung in der Bibliothek ſelbſt nachzuſehen. Der Herausg. iſt beſonders bemüht, dem Ungeübten bey Amputationen der Extremitäten das Aufſuchen der Hauptarterien derſelben zu erleichtern. Die Compreſſion der *arteriae cruralis* geſchieht auf dem *oſſe pubis*, die der *arteriae axillaris* auf der erſten Rippe. —. Das *zweyte* Stück enthält, auſser *Zuſätzen des Herausg. über die Staar - Operation*, nach welchen Hr. *L.* die von *Beer* erlernte Operationsmethode durch Extraction aufgegeben hat, und jetzt die Depreſſion anwendet, einen Aufſatz *über die Amputation.* Hier iſt die Operation des Ober - und Unterſchenkels, der Mittelhand - und Mittelfuſs - Knochen, wie ſie Hr. *L.* verrichtet, genau beſchrieben. — Im *vierten* Stücke liefert der Herausg., auf Veranlaſſung von *Jörg's* Schrift über die Klumpfüſse (S. 1094 — 96.), eine Anmerkung, worin er die Brückner'ſche Binde verwirft, und dafür eine andere Art, den Fuſs mit einer einköpfigen Binde zu umwinden, angiebt, welche nach des Rec. Urtheil, der ſelbſt mehrmals die Unzulänglichkeit der Brückner'ſchen Binde erfahren hat, allerdings einen Vorzug zu verdienen ſcheint. S. 1175. folgt eine Abhandl. des Herausg.: *über den Catheterismus.* Hr. *L.* zeigt aus der Anatomie der Harnröhre und der benachbarten Theile die zweckmäſsigſte Krümmung des Catheters, wie auch die ſicherſte Art der Application, und hat beides durch eine Kupfertafel erläutert.

Zweyter Band. Im *erſten* Stücke ertheilt Hr. *L.* eine *Nachricht von dem chirurgiſchen Hoſpitale zu Göttingen.* — Im *zweyten* Stücke giebt der Herausg., auf Veranlaſſung von *Gräfe's* Schrift über die Angiektaſie, eine genügende Beſchreibung der von dem Vf. der Schrift verbeſſerten Stückelberg'ſchen Vereinigungsbinde der Lippen, und erläutert ihre Zuſammenſetzung und Anlegungsart auf einer Kupfertafel. — Im *dritten* Stücke theilt der Vf. aus eigener Erfahrung einige Beobachtungen eines lymphatiſchen Abſceſſes mit. S. 581.

S. 581. folgt die Geschichte einer *Steinkrankheit*, wo sich aus der Urinblase ein Stein vermittelst einer Eiterung und Durchbohrung gleich hinter den Testikeln den Weg bahnte, von Dr. *R. A. Langenbeck*. Den Beschluss macht eine *Uebersicht der in der chirurgischen Krankenanstalt zu Göttingen im Jahre 1808. vorgekommenen Krankheiten*.

Berlin, b. Schmidt: *Medicinisch-chirurgisches Taschenbuch für Feldwundärzte*, oder Anweisung, die im Kriege vorkommenden Verletzungen und plötzlichen Zufälle zweckmässig zu behandeln, von *F. L. Augustin*, der Med. u. Chir. Doctor, Professor der Kriegsarzneykunde am Königl. Colleg. med. chir. in Berlin. 1807. X u. 338 S. 8. (1 Rthlr. 8 gr.)

Der Wundarzt sollte freylich die erforderlichen Kenntnisse mit ins Feld bringen, und sich solche nicht erst während des Feldzuges zu erwerben suchen wollen: indess ist es allerdings von unbezweifeltem Nutzen, wenn der Wundarzt bey müssigen Stunden das bereits Gehörte wiederholt, was besonders für den noch Unerfahrnen gesagt seyn mag, und aus dem letztern Grunde ist es auch nicht zu missbilligen, dass der Vf. ganz gewöhnliche Dinge, die jeder Anfänger wissen muss, z. B. täglich frische Binden zu nehmen, die Charpie nach der erforderlichen Qualität zu wählen u. s. w., mit angeführt hat. — Ueberhaupt ist die Schrift sehr zweckmässig abgefasst, und verdient den älteren dieser Art in mancher Hinsicht vorgezogen zu werden. Zuerst handelt der Vf. von dem Marodewerden im engern und weiteren Sinne. (Vormals wurde in der Behandlung der Maroden sehr gefehlt.) 2) Vom Schlagfluss. 3) Vom Scheintod der Blessirten. 4 u. 5) Vom Scheintode von Streifschüssen und heftiger Affection des Gehirns. 6) Von den Erfrornen. 7) Von den Erstickten. 8) Von den Ertrunkenen. 9) Von Convulsionen. 10) Von Blutungen der Nase, der Zähne, dem Blutspeyen und Blutbrechen. 11) Von Blutungen aus den Wunden. 12) Von widernatürlichen Blutungen nach dem Aderlassen, durch Verletzung einer Pulsader, und anderen gefährlichen Zufällen nach demselben. 13) Von der Einklemmung eines Bruches. 14) Von den Wunden. Allgemeine Bemerkungen über die Verpflegung der Verwundeten. (Hier sagt der Vf. sehr viel Nützliches und Gutes, und es wäre zu wünschen, dass es von allen Seiten beherzigt und ausgeübt würde, weil hier das Meiste geschehen kann, um Vielen das Leben zu retten. Wenn aber so gehandelt werden soll, dürfen die Militär-Chirurgen sich nicht Stunden weit entfernen, sondern müssen in der Schussweite hinter der Fronte anzutreffen seyn.) Innere Behandlung der Verwundeten. (Auch diesen Abschnitt wird man nicht unbefriedigt lesen.) Aeussere Behandlung der Wunden. Von den Schnitt-, Hieb- und Stichwunden. Gerissene Wunden. Quetschungen. Schusswunden. 15) Von den Wunden einzelner Theile. 16) Verletzungen der äussern Gliedmassen. 17) Amputation der Glieder. 18) Verbrennungen. 19) Knochenbrüche. (Die Fussschweben von *Löffler*, *Braun* und *Faust* sind hier angegeben, aber die von *Praël*, welche nicht genannt sind, möchten wohl die besten seyn. — Bey dem Verbande des Schlüsselbeinbruchs nach *Desault* wird keine Compresse, sondern ein keilförmiges, mit Wolle ausgestopftes, Kissen erfordert; diess drückt die Gefässe in der Achselhöhle fast gar nicht, wohl aber eine Compresse, zumal wenn die Leinwandlagen mit Pflastermasse bestrichen werden.) 20—21) Einfache und complicirte Verrenkungen. 22) Verstauchung.

Karlsruhe, b. Müller, u. Heidelberg, b. Mohr u. Zimmer: *Beyträge zur Literatur über die Kuhpocken* und ihre Impfung vom Jahre 1795—1807, von Dr. *Christian Ludwig Schweikhard*, Grossherzogl. Bad. Oberhofr., Vicedirect. der Gen. San. Commission, Stadtphys. und erstem Hospitalarzte. 1809. 326 S. 8. (1 Rthlr.)

Ob wir gleich ausser dem, was in **Ploucquet's** *bibliotheca med. pract. et chirurg. recent.* und in dem Journale der Erfindungen u. s. w. zur Literatur der Kuhpocken enthalten ist, von *Hecker* und *Hunold* eine chronologische Uebersicht einer vollständigen Literatur über die K. P. von 1795—1800. erhalten haben: so ist doch theils diese noch bey weitem nicht vollständig, theils ist seitdem keine Uebersicht weiter erschienen. Ein jeder Literator wird daher die Arbeit des Vfs. der vorliegenden Schrift mit Dank erkennen, welche die Uebersicht der gesammten Literatur über die K. P. und ihre Impfung vom Anfange der Entdeckung an bis zu Ende des Jahrs 1807. fortführt. Der Vf. scheint seine Quellen erschöpft zu haben. Er hat hier 1) 257 besondere Abhandlungen über die K. P. und ihre Impfung in chronologischer Ordnung angezeigt, und bey einer jeden angegeben, wo sie recensirt worden, und dann zwey Namenregister ihrer Vf. in chronologischer und alphabetischer Ordnung hinzugefügt; 2) hat er aus 38 Abhandlungen verschiedenen Inhalts 59 Aufsätze ausgezogen; 3) aus den bekannten, eigends für die K. P. eingerichteten, Zeitschriften 141 Aufsätze angezeigt; und endlich 4) aus 68 Zeitschriften verschiedenen Inhalts 709 die K. P. betreffende Aufsätze mitgetheilt. Diesen folgt endlich ein Register aller angezeigten Beyträge, und zum Beschlusse noch ein Nachtrag, welcher aus verschiedenen Schriften noch 25 Aufsätze und Nachrichten über die Kuhpocken-Angelegenheit angiebt.

ALLGEMEINE LITERATUR-ZEITUNG

Freytags, den 13. *October* 1809.

WISSENSCHAFTLICHE WERKE.

PHILOSOPHIE.

Nürnberg u. Sulzbach, in d. Seidelſchen Kunſt- und Buchh.: *Die Lehre von den Temperamenten*, neu dargeſtellt von *Harro Wilhelm Dirkſen*. 1804. XVI u. 304 S. 8. (1 Rthlr.)

Die Dunkelheiten in der Temperamentenlehre aufzuhellen, den Begriff des Temperaments genauer zu beſtimmen, und von allem, was nicht dazu gehört, ſchärfer abzuſchneiden, das Temperament auf möglichſt einfache, zum empiriſchen Gebrauche zureichende, Principien zurück zu führen, und darauf eine Eintheilung zu gründen, welche alle ſpecifiſchen verſchiedenen Arten deſſelben befaſst, iſt der Zweck dieſes Werks, für welches ſchon der Vorbericht ein günſtiges Vorurtheil erregt, in welchem der Leſer ſich nicht getäuſcht ſieht. Das Buch hat *drey* Abſchnitte. Der *erſte* beſtimmt den Begriff des Temperaments und der Arten deſſelben; der *zweyte* enthält eine Charakteriſtik der Temperamente; und der *dritte* vergleicht die Temperamente, beurtheilt ſie, und eröffnet mehrere ſpeciellere ſie betreffende Fragen. Mit Recht unterſcheidet der Vf. (S. 2 u. f.) drey Bedeutungen in welchen das Wort genommen wird, oder wenigſtens in verſchiedenen Zeiten genommen iſt. Denn man betrachtete das Temperament zuerſt als etwas bloſs oder doch hauptſächlich körperliches, oder als ein phyſiologiſches Object: dann mehr als ein pſychologiſches Object, oder bezog es hauptſächlich auf das Gemüth; dann endlich ſetzt Rec. hinzu, ſahe man in dem Temperamente bloſs eine Gemüthsart, ohne dabey in Betrachtung zu ziehen, in wie fern dieſe von körperlichen Beſchaffenheiten abhänge. Unſtreitig faſst der Vf. bey ſeinem Gegenſtande den richtigen Geſichtspunkt, wenn er das Temperament als etwas dem Gemüthe zukommendes, das aber in etwas Körperlichem ſeine Grundlage hat, betrachtet. Bey dieſer Betrachtung nämlich wird die Unterſuchung ſich zuerſt an einen pſychologiſchen Begriff zu halten haben, von demſelben aber von ſelbſt auf den Körper geführt werden. Ueber die Gemeinſchaft zwiſchen Seele und Körper, auf welche die Temperamentenlehre von ſelbſt zurückführt, erklärt ſich der Vf. (S. 10.) ſo deutlich als befriedigend, vorausgeſetzt, daſs von dem Allgemeinen oder vielmehr von dem Allgemeinſten hiebey die Rede iſt. Nachdem der Vf. nämlich die Pſychologie bloſs für eine Naturlehre oder Phänomenologie des innern Sinnes erklärt hat, gilt ihm jene Gemeinſchaft zwiſchen Körper und Seele von beiden nur in ſo fern ſie Gegenſtände der Erfahrung ſind. Er läſst es dabey unbeſtimmt, wie es mit der Einwirkung des Körpers auf die Seele, auf welche es hier nur ankommt, zugehe, weil ſie keiner weitern Erklärung fähig iſt. Dieſes gilt aber nur, wenn von jener Einwirkung des Körpers auf die Seele und dieſer auf jenen in der gröſsten Allgemeinheit die Rede iſt. Denn wenn uns gleich die ausgebildetſte Anatomie, Phyſiologie und Pſychologie den Begriffen jener Geſetze keinen Schritt näher bringen kann: ſo können wir doch aus jenen Geſetzen mit Hülfe anatomiſcher, phyſiologiſcher und pſychologiſcher Kenntniſſe ſpeciellere ableiten, oder was in Anſehung des Erfolgs daſſelbe iſt, dieſe auf jene zurück führen, und ſo den Zuſammenhang einzelner Geſetze über den gegenſeitigen Einfluſs zwiſchen Körper und Seele, die wir der Erfahrung zu Folge annehmen müſſen, einſehen, ob uns gleich alle Einſicht in die erſten Gründe derſelben verſagt iſt. — Nachdem der Vf. die Vorſtellungsarten der Alten und unter den neuern die berühmteſten Vorſtellungsarten von den Temperamenten angeführt und beurtheilt hat, trägt er die ſeinige vor, die aus der ſchon vorhin angedeuteten Unterſcheidung zwiſchen dem Temperamente im phyſiologiſchen und pſychologiſchen Sinne ausgeht. Das animaliſche Leben beruhet auf einem beſtändigen Antagonismus von Einwirkungen und Gegenwirkungen. Jeder Organ hat das Vermögen von andern Organen oder Stoffen afficirt zu werden (Afficibilität oder Reizbarkeit) und wird auch von einer Kraft belebt jenen Eindrücken zu widerſtehen, oder der Lebenskraft, wie ſie der Vf. nennt, weil ſie ein thätiges Princip vorausſetzt. (Dieſes folgt indeſs wohl nicht, weil überall wo eine Einwirkung iſt, auch eine Rückwirkung iſt, welche der Einwirkung gleich iſt.) Dieſes gilt auch von der Senſibilität. Die Organe des innern Sinnes werden afficirt, und haben in ſo fern eine Reizbarkeit; ſie wirken aber auch auf die Eindrücke zurück, (wohl genauer: ſie werden dadurch in Thätigkeit geſetzt) und hierin äuſsert ſich die Energie oder Schwäche der Lebenskraft. Die Seele hat aber nicht allein ein allgemeines Gefühl von den Functionen und Modificationen der animaliſchen Reizbarkeit und Lebenskraft, ſondern wird auch dadurch in ihren leidenden und thätigen Zuſtänden modificirt. Dieſes iſt die Grundlage der Temperamete. In phyſiologiſcher Hinſicht iſt die animaliſche Reizbarkeit und Lebenskraft, und in pſychologiſcher die Senſibilität und Reflectibilität das Fundament des Temperaments. Dieſes wird ſich alſo nach dem Vf. in der Empfänglichkeit für Gefühle und in der Anreizbarkeit durch dieſelben zu Handlungen oder den Mangel davon zeigen. — Die Reizbarkeit und Lebenskraft beziehen ſich insbeſondere auf die Organe welche unmittelbar zur Thätigkeit der Seelenkraft beſtimmt ſind, oder auf die Organe der Senſibilität und des innern Sinnes, wie der Vf. ſich ausdrückt. — Unter dem innern Sinne verſteht alſo der Vf. alle Seelenvermögen, die von dem äuſsern Sinne verſchieden ſind, wie auch aus S. 77. hervorgeht. Rec., der den Ausdruck nur in ſeiner, bey den Pſychologen angenommenen, Bedeutung brauchen würde, glaubt dieſes bemerken zu müſſen, um einem leicht möglichen Miſsverſtändniſs zuvor zu kommen. — Der Reizbarkeit der Organe entſpricht die Afficibilität, ſo wie der Lebenskraft die Reflectibilität des Gemüths oder innern Sinnes. Aus der Combination dieſer Afficibilität und Reflectibilität laſſen ſich alle zum Temperamente gehörigen und alle aus demſelben entſpringenden Modificationen des Gemüths erklären, oder wie Rec. es lieber ausdrücken würde, das Temperament iſt verſchieden je nachdem jene Afficibilität und Reflectibilität gröſser und kleiner und das Verhältniſs der einen zu der andern verſchieden iſt. Hier unterſcheidet der Vf. nun vier Hauptfälle: 1) groſse Afficibilität und groſse Reflectibilität des innern Sinnes, das *choleriſche* Temperament; 2) ſchwache Afficibilität und ſchwache Reflectibilität des innern Sinnes das *phlegmatiſche*; 3) gröſsere Afficibilität und geringere Reflectibilität, das *melancholiſche*; und 4) eine verhältniſsmäſsig gröſsere Reflectibilität als Afficibilität das ſanguiniſche Temperament. — Ehe Rec. den Vf. weiter begleitet bemerkt er, daſs bey der Unterſcheidung des melancholiſchen und des ſanguiniſchen Temperaments nur das Verhältniſs der Afficibilität zur Reflectibilität, bey der Unterſcheidung des choleriſchen und phlegmatiſchen aber, nicht allein dieſes Verhältniſs ſondern auch das Verhältniſs, worin ein Menſch in Anſehung der Afficibilität und Reflectibilität des innern Sinnes zu den meiſten übrigen ſteht, zum Grunde gelegt ſey. — Da das pſychologiſche in dem phyſiologiſchen Temperamente gegründet iſt: ſo entſprechen jenen eben ſo viele Temperamente im phyſiologiſchen Sinne, deren Begriffe ſich aus dem vorhin geſagten leicht ergeben. Jedes der obigen Temperamente theilt der Vf. wieder in zwey Arten, nach dem Unterſchiede, den die körperliche Stärke oder Schwäche darin macht, und unterſcheidet das choleriſch-männliche oder feurige und das choleriſch-reizbare; das ſanguiniſch ſtarke oder feſte und das ſanguiniſch-flüchtige oder reizbare; das melancholiſch-männliche und das melancholiſch-hektiſche, welchen letztern Ausdruck der Vf. von *Platner* entlehnt; und zuletzt das böotiſche und phrygiſche als Arten des phlegmatiſchen Temperaments, wovon das erſte, das ſchon von *Haller*, *Feder* und *Platner* eben ſo benannt iſt, mit körperlicher Stärke, und das zweyte, welches *Platner* mit dem nämlichen Namen belegt, mit körperlicher Schwäche verbunden iſt. Dieſe Untereintheilung von den Temperamenten macht der Vf. in dem *zweyten* Abſchnitte des Werks (S. 148. 182. 218. 227.). Rec. glaubt zu jener Eintheilung und dieſen Untereintheilungen folgende Bemerkungen machen zu müſſen. *Erſtens*, da jeder Menſch ſein ihm eigenthümliches Temperament hat: ſo kann von einer Eintheilung der Temperamente wohl nicht in dem Sinne die Rede ſeyn, daſs ſich eine beſtimmte Anzahl von Arten angeben lieſse, unter deren eine das Temperament eines jeden Menſchen genau zu bringen wäre. Dennoch werden ſich die Punkte angeben laſſen, in welchen die Temperamente das eine von dem andern in unendlich vielen Abſtufungen von einander verſchieden ſind. Eben daher werden ſich auch mehrere Arten von Temperamenten ſo angeben laſſen, daſs das Temperament eines jeden Menſchen ſich der einen mehr als der andern nähert. Dieſes Temperament werden wir ihm beylegen; und in einem um ſo höhern Grade, je mehr es ihm in Vergleichung mit den übrigen Menſchen zukommt. Bey dieſer Eintheilung möchte man immer auf die von dem Vf. unterſchiedenen Haupttemperamente zurück kommen, wenn gleich bey dieſer Eintheilung nur die Afficibilität, der nach des Rec. Meinung die Reflectibilität immer gleich iſt, ſo ſehr auch das Gegentheil ſtatt zu finden ſcheint, zum Grunde gelegt würde. Dieſen Gedanken weiter zu verfolgen geſtatten die Gränzen einer Recenſion nicht. Nur ſo viel bemerkt Rec. mit Vergnügen, daſs man bey dieſem Werke um ſo eher darauf geführt wird, da der Vf. es ſich ſehr angelegen ſeyn läſst, das Temperament von allem, was mit ihm in Urſach oder Wirkung in Verbindung ſteht, ſcharf abzuſondern. *Zweytens* bemerkt Rec. daſs die von den Haupttemperamenten gemachten Untereintheilungen, wohl nur ſo weit ſtatt finden, als dieſe Temperamente ſelbſt in verſchiedenen Graden vorhanden ſeyn können. Denn ſonſt möchte z. B. ein choleriſches Temperament mit körperlicher Schwäche verbunden ein Widerſpruch ſeyn. — Die im *zweyten* Abſchnitte enthaltene Charakteriſtik der Temperamente, giebt ein lebendiges Gemälde, nicht ſo wohl der Temperamente ſelbſt, als der Menſchen, bey denen wir ſie antreffen. Denn in demſelben iſt der Einfluſs des Temperaments auf den Charakter, das Genie, oder vielmehr die Ausbildung deſſelben, ſehr richtig und treffend dargeſtellt. Mehrere Beyſpiele, die der Vf. glücklich gewählt, wie z. B. S. 127. der Dichter *Schubart* und 144. Carl XII., geben ſeiner Darſtellung noch mehr Leben. In dem *dritten* Abſchnitte wünſcht man um ſo mehr eine genauere Unterſcheidung zwiſchen der Cultur und Zucht des Temperaments, welche (S. 258.) für einerley genommen werden, da dieſer Abſchnitt auch für den Pädagogen ſehr reichhaltig iſt. Noch wäre zu wünſchen, daſs der Vf. in ſeinen Citationen nicht ſo unbeſtimmt wäre. S. 4. z. B. heiſst es: „Wenn *Walch* von einem Temperamente des Verſtandes redet u. ſ. w." und wer wird hier an *Walchs* philoſophiſches Lexicon denken?

So

So unbestimmt sind aber fast alle Citationen des Vfs. Eben so wünscht Rec., dass hie und da der Stil nicht zu sehr vernachlässigt wäre. S. 220. z. B. wird ein allerdings nichtswürdiger phlegmatischer Faullenzer ein *pecus campi* genannt.

STAATSWISSENSCHAFTEN.

Berlin, b. Hayn: *Die Nachtheile der Accise für den Nationalwohlstand.* Zum Beweis, dass die jetzige Accise-Verfassung im preussischen Staate mit dem Interesse der Nation fernerhin nicht vereinbar ist. 1808. 161 S. gr. 8.

Um das Accise- und Consumtionssteuersystem richtig zu beurtheilen, stellt der Vf. dieser gut geschriebenen Abhandlung zuerst die Forderungen auf, welche *A. Smith* an die Steuern überhaupt macht, nämlich: Gleichheit in der Beschatzung der Mitglieder; möglichste Bestimmtheit der Abgabe; möglichste Erleichterung bey deren Abtragung und möglichste Verminderung der Einhebungskosten. Hiernach wird nun die Accise im preussischen beurtheilt. Der Vf. beweiset mit einleuchtenden Gründen: dass diese Abgabe, so wie sie bis jetzt in diesem Lande eingerichtet war, den Reichen und Wohlhabenden in einem geringern Verhältnisse besteuerte, als den ärmern: so dass, wenn letztrer 20 Procent seines jährlichen Einkommens an Accise und Consumtionssteuer zahlen musste, der erste vielleicht nur mit zehn und noch weniger Procent seines Einkommens angezogen wurde. Den Vortheil, dass diese Abgabe unmerklich eingezogen werden kann, dass ihre Erhebung, selbst ihre Erhöhung wenig Aufsehen macht und selten Unzufriedenheit erregt, gesteht der Vf. ein, und bey den mehresten Staatswirthen wiegt auch wohl dieser Vortheil der Consumtionssteuern alle mit ihnen unzertrennlich verknüpfte Nachtheile auf. Die Nachtheile, welche die grosse Menge Beamten dem Staate verursachen, die das Consumtionssteuersystem erfordert, sind recht deutlich gezeigt, und es kann nicht geläugnet werden: dass die Nebenkosten dieses Abgabezweiges, welche nicht in die Staatskasse kommen, aber den Privatkassen der Unterthanen entzogen werden, wohl in manchen Fällen eben so viel, oder gar mehr betragen, als in die Staatskasse kommt; vorzüglich gilt diess, wenn man alle die Arbeit und Mühe, die Transportkosten nach und aus den Packhöfen u. s. w. in Anschlag bringt, welche der Kasse nichts eintragen, und dem Belasteten so viele Kosten verursachen. Die Folgen der städtischen Consumtionssteuern: dass sie städtische und ländliche Gewerbe so streng trennen, dass die innere Communication und freye Uebung der Kräfte und des Fleisses dadurch sehr gehemmt wird, u. s. w. werden klar dargethan: dem Rec. scheint hierin der wichtigste Vorwurf gegen die Consumtionssteuern zu liegen: dass sie in die übrigen Theile der staatswirthschaftlichen Verwaltung und Gesetzgebung so grossen und übeln Einfluss haben; dass sie unnatürliche Einrichtungen und Einschränkungen gesetzlich machen und verewigen, — um des Acciseinteresse willen; dass sie die Production von Millionen zurückhalten und unterdrücken, um der Accisekasse einige Tausende zu erhalten oder zu gewinnen u. s. w.! Auf den Einfluss, den diese Steuer auf die Vertheurung der Fabrik- und Handelswaaren haben soll, scheint der Vf. zu viel Werth gelegt zu haben, und die vorher von ihm geschilderten Folgen dieser Steuer auf den erwerbenden Stand sind weit wichtiger und bedenklicher als diese letztern; überhaupt aber wird die Ansicht des Vfs. dadurch oft idealisch, dass er diese Steuer zuweilen als „*alleinige Hauptsteuer*" in einem Lande annimmt; wo ist aber wohl das Land, in dem sie die alleinige Steuer wäre? Bey der Betrachtung der moralischen Folgen dieses Abgabensystems und der Contrebande heisst es: „ich fordre jeden erfahrnen Acciseofficianten auf, ob er es läugnen könne, dass in den mehresten angesehenen Kaufläden Berlins immerwährend so viel fremde Waaren zum öffentlichen Kauf ausgestellt sind, als das Publicum nur verbrauchen konnte? und diess geschah an einem Orte, wo die oberste Accisebehörde ihren Sitz hat, wo es nicht an Officianten zu strengen Aufsicht fehlte!" Wenn diess richtig ist, so wird es freylich ein schwerer Punkt für die Vertheidiger der Accise bleiben. S. 100 f. werden die Ursachen angegeben, welche bewirkt haben sollen, dass die Accise im preussischen Staate zum Hauptmittel der Erhebung der öffentlichen Einkünfte angenommen worden sey; Friedr. II. habe nämlich seine Einkünfte bedeutend vermehren wollen, ohne jedoch die einem jeden in die Augen fallenden Abgaben zu erhöhen; er habe daher zu diesem Mittel seine Zuflucht nehmen müssen, weil es ihm auf unmerkliche Art beträchtliche Summen geschafft habe; um die Folge sey er deswegen nicht bekümmert gewesen, weil er geglaubt habe, dass man um eines höhern Zwecks willen (Vermehrung der Kraft und Macht der Regierung) manche andre Zwecke zurück setzen müsse. — Der Vf. kommt nun auf die Gründe, weshalb nach seiner Meinung das bisherige Accisesystem ohne wesentliche Modification im preussischen nicht mehr beybehalten werden könne. Wenn er sagt, dass der Verlust von Magdeburg und Südpreussen „die Handelsbilanz des preussischen Staats ganz umwirft," so sind die Worte ohne Sinn; denn angenommen, dass der Vf. damit meine: der preussische Staat wird in Zukunft in seinem Handel fortdauernd an Werth mehr aus- als einführen, so meynt er etwas Unmögliches: indem diess kein Staat freywillig thut, die Regierung müsste denn verkehrt und despotisch verfahren. Wenn er behauptet: dass für den preussischen Staat durch Abtretung der sogenannten getreidereichen Provinzen der jährlich überschiessende Ertrag an Getreide und rohen Producten über den Landesbedarf aufhören, und dass daher die übrigen Gewerbe treibenden Bürger diesen Ausfall ersetzen müssten, indem sie mehr Arbeit und Erzeugnisse ihres Fleisses lieferten, als das jetzige preussische Gebiet verbraucht; — so verdient diese Sache eine gründlichere Untersuchung. Die jetzt dem preussischen Staate übrig gebliebenen Provinzen erzeugen schon bey dem jetzigen Stande ihrer Cultur in Mitteljahren unbedenklich so viel Getreide, als die jetzt vorhandenen Menschen jährlich bedürfen, und wenn sich, wie zu hoffen ist, die Regierung nicht mehr mit Regulirung der Gewerbe abgiebt: so ist zu erwarten, dass die vorhandenen Kräfte und Kapitale der Nation sich mehr auf die Verbesserung der Cultur des Bodens, als auf Fabrikgewerbe wenden werden, da diese durch den Krieg einen so grossen Stoss, und jene durch die neuerliche Befreyung von alten Fesseln, welche die Landwirthschaft drückten und durch den Verkauf vieler Domänen so grossen Anlass und Aufmunterung zur Beförderung und weitern Ausbreitung erhalten haben. Dass der preussische Staat jetzt „mehr als jemals zu einem Fabrikenstaat bestimmt" sey, wie der Vf. S. 117. sagt, ist eine gewagte, grundlose und wirklich unglückliche Idee! — Wenn weiterhin angerathen wird, die Eingangszölle von den fremden Waaren nicht an die Stadtthore, sondern an die Landesgränze zu verlegen: so ist vergessen, dass früher mit triftigen Gründen bewiesen wurde, wie ein solches System, das schon bey der frühern Gestalt des preussischen Staats, fast ganz unausführbar war, jetzt, bey der verhältnissmässig ungeheuern Ausdehnung der Gränzen ganz unmöglich auszuführen seyn würde. Zuletzt wird von den Grundsteuern gehandelt, deren Vortheile vor den indirecten Steuern gut aus einander gesetzt sind; bey der Beurtheilung der Gewerbe- und Personalsteuern ist der Vf. nicht ganz unparteyisch; er fühlt die Schwierigkeiten, und seine Darstellung reicht nicht hin, sie zu heben; die Luxussteuern empfiehlt er mit den bekannten Gründen.

Uebrigens ist noch über zwey von dem Vf. aufgestellte staatswirthschaftliche Principien etwas zu sagen: Das erste findet sich in der Einleitung S. 10.: „der oberste Grundsatz eines vernünftigen Finanzsystems" wird so angegeben: „Die Staatsbedürfnisse müssen der Massstab zu Schätzung der Abgaben, und das reine Einkommen der Bürger muss der Massstab zur Festsetzung der Staatsbedürfnisse seyn." Dieser oberste Grundsatz ist sehr dunkel ausgesprochen und einer mehrseitigen Deutung fähig, auch in der Praxis nur mit unendlichen Einschränkungen ausführbar. Der zweyte allgemeine Satz, S. 81. „alle Arbeit, welche in einem Staate verrichtet wird, muss (zuletzt) von dem jährlichen (reinen) Einkommen der Grundbesitzer, der Inhaber von Kapitalien und der Gewerbetreibenden bezahlt werden" — würde richtig seyn, wenn die vom Rec. eingeklammerten Worte nicht darin stünden, und wenn auch der besoldete Stand erwähnt wäre; dann ist aber dieser Satz nicht so fruchtbar, als ihn der Vf. gern haben möchte.

Beyläufig beschwert sich der Vf. auch über die Titelsucht der Staatsbeamten in Berlin: dass die Sekretarien, die durchaus kein Votum hatten, Geheimeräthe, und Abschreiber Kriegsräthe genannt wurden! und wohl ist es wahr, dass aus dieser Verwirrung der Titel und Begriffe, aus dieser Nichtachtung einer wichtigen Form üble Folgen fürs Ganze hervorgehen können und gewiss auch hervorgegangen sind.

LITERARISCHE NACHRICHTEN.

I. Todesfälle.

Im Junius starb zu Paris *Pierre Laurent*, und im Julius (am 24.) *Robillard-Peronville*, die gemeinschaftlich das *Musée francais* herausgaben.

Im August starb zu Paris der Ritter N. *Th. Brémontier*, General-Inspector bey dem Brücken- und Wegebau, im 71sten J. d. A.

II. Beförderungen.

Durch ein k. k. franz. Decret vom 30. Jan. d. J. ist zu Stollberg bey Aachen eine Consistorialkirche Augsburgischer Confession errichtet, und der dortige, auch als Schriftsteller bekannte, Prediger, Hr. *Johann Reisig*, zum Consistorialpräsidenten ernannt worden. Zum Bezirke dieser Consistorialkirche oder dieses Kirchsprengels gehören: Stollberg, Aachen, Mastricht, Jülich, Düren, Gemünd, Schleiden, Kirschseifen, Montjoye, Menzerath, Zweyfall u. s. w.

Die kais. Universität zu Moskau hat Hn. Prof. *Bode* zu Berlin zu ihrem auswärtigen Ehrenmitgliede aufgenommen.

Hr. Mag. *August Seidler*, dritter Lehrer an der Nicolaischule in Leipzig, welchem wir eine, besonders in metrischer Hinsicht wichtige, Ausgabe des Euripides verdanken werden, erhielt neulich von München aus unter sehr vortheilhaften Bedingungen den Antrag, als Rector, erster Professor und Bibliothekar nach Ulm zu gehen. Durch Ablehnung desselben hat er die sichere Aussicht gewonnen, in Leipzig bey erster Gelegenheit zu einer seinen Talenten und Kenntnissen angemessenern Stelle befördert zu werden.

ALLGEMEINE LITERATUR-ZEITUNG

Sonnabends, den 14. October 1809.

WISSENSCHAFTLICHE WERKE.

OEKONOMIE.

Posen u. Leipzig, b. Kühn: *Annalen der Königl. Südpreuss. ökonomischen Societät.* — *Erstes* Heft. 1805. 180 S. 8. (1 Rthlr.)

Wenn auch die Südpreussische ökonomische Societät, in Ansehung ihres Einflusses, und des Guten, das sie bewirkt, mit ähnlichen Societäten in andern Ländern nicht in Vergleichung gestellt werden kann, auch selbst, nach dem, was man in diesen Annalen liest, es an einem gehörig bestimmten Wirkungsplan zu fehlen scheint: so ist es dennoch sehr erfreulich, patriotisch gesinnte und aufgeklärte Landwirthe zur Verbesserung des Ackerbaues und aller hiemit verwandten Gewerbe in einer Provinz zusammen treten zu sehen, die viele theils nicht genug gekannte, theils nicht hinreichend benutzte Quellen des Reichthums in sich vereinigt. In dem vorliegenden *ersten* Heft der Annalen erstattet die Gesellschaft Rechnung von ihren Bemühungen, und die gewählten Gegenstände, so wie die Behandlung derselben zeigen deutlich, wie sehr es ihr um Verbesserungen in der Landwirthschaft Südpreussens zu thun ist. Nach einer Einleitung über die Organisation der Gesellschaft, liefert zuförderst der Landrath *v. Haza* eine Abhandlung, *wie der Wohlstand der Landbewohner Südpreussens befördert werden könnte.* Es wird hier auf die Abstellung mancher Missbräuche gedrungen, welche die Bewohner Südpreussens mit den Landbewohnern Deutschlands gemein haben; aber auch solche Unvollkommenheiten werden gerügt, die jene Gegenden besonders charakterisiren, wohin vorzüglich gehört, dass die Südpreussischen Land-Einsassen nicht Eigenthümer sind, dass sie den Winter im Müssiggang verschleudern, ein drückendes Gesindelohn haben, und dass die Markttage an Sonntagen gehalten werden. Unter den hierauf folgenden Aufsätzen, haben mehrere die *Einführung einer verbesserten Schäfer-Ordnung für Südpreussen* zum Gegenstande. Man hat hiebey zur Absicht, die Ablohnung der Schäfer und Schäfer-Knechte mit gezeichneten Lohnschafen abzuschaffen, ihnen hingegen die Nutzung einer Anzahl Schafe, nach Verhältniss der Grösse der Herden, ohne Zutheilung bestimmter oder gezeichneter Stücke zu bewilligen, einen schicklichern An- und Abzugstermin, als bisher üblich war, zu bestimmen. Es wird hiebey die Verordnung für die Kur- und Neumark von 3. Februar 1800. zum Muster genommen. Das, was der Landrath *v. Haza* S. 74—89. zur Empfehlung *der Stallfütterung der Schafe* sagt, würden wir nicht unterschreiben. So sehr wir von den Vortheilen der Stallfütterung beym Rindvieh und den Pferden überzeugt sind, so ist diese Fütterungs-Methode der Natur des Schafs entgegen, und man läuft Gefahr, die ganze Herde zu verlieren. Unter den Südpreussischen Landwirthen, die sich um die *Veredlung* der *Schafzucht* verdient machen, zeichnet sich der Canonikus und Gutsbesitzer *v. Treskow zu Owinsk* aus. Nach einem Schreiben desselben an den Herzog zu Schleswig Hollstein Beck (S. 96 u. folg.) verschaffte er sich, innerhalb 6 Jahren, eine Herde von 7000 Schafen spanischer Abkunft, deren Wolle er den Stein à 22 Berl. Pfund zu 19 Rthlr. 12 gr. ausbrachte, statt dass er die Wolle seiner ehemaligen Herde, den Stein à 35 Pfund nur mit 8 bis 9 Rthlr. bezahlt erhalten hatte. Was die Quantität gewonnener Wolle betrifft, so hatten die gewöhnlichen Landschafe jedes Stück 1 bis 1½ Pfund Wolle höchstens durch die Schur geliefert; von den veredelten erhielt er einen Ertrag von 3 bis 3½ Pfund auf das Stück. Von den reinen Merinos aus Spanien, deren Anzahl er innerhalb einiger Jahre bis auf 1000 zu bringen hofft, erhielt er sogar 5 Pfund Wolle. Nach dem Muster der englischen Viehzüchter, verleiht er schon, gegen verhältnissmässige Bezahlung, spanische Böcke zum Bespringen, und gedenkt nach zwey Jahren einen öffentlichen Verkauf von spanischen Böcken und andern veredelten Vieh anzustellen. Ausser einigen kleinen, weniger bedeutenden, Aufsätzen über die *lang anhaltende Keimungskraft des Hederichs, das zu hindernde Herumlaufen der Schweine*, die *Bestandtheile* des *Mutterkorns*, findet man noch in diesem Heft lesenswerthe *Bemerkungen über die Anlage der Miststätten, und die rechte Behandlung des Mistes auf denselben*, vom Prof. *Weber* in Frankfurt an der Oder; und einen *Entwurf zu correspondirenden Wetter-Beobachtungen* von *Müller*. So viel scharfsinnige Ideen auch in dem letztern Aufsatze enthalten sind, so stösst man doch auch auf paradoxe Sätze, wohin wir rechnen, wenn der Vf. die Witterungskunde dadurch auf sichere Grundsätze bringen will, dass alle Bauern-Regeln über Witterung gesammelt, und der menschliche Körper als das unfehlbarste Witterungs-Instrument gebraucht werden soll. Bey Erwähnung der Literatur der Wetterkunde (S. 155.) wäre manches zu ergänzen, wenn es hier zweckmässig wäre. Doch können wir uns nicht enthalten an den verstorbenen

Reyger in Danzig zu erinnern, der vom J. 1722. bis zum J. 1786. täglich den Stand des Barometers, die Richtung der Winde, die Beschaffenheit der Luft, die Trockenheit und Näffe und die Veränderungen des Horizonts beobachtete und aufzeichnete, und in diesen gedruckt herausgegebenen Bemerkungen ein so schätzbares als lehrreiches Denkmal seines Fleisses hinterlassen hat. Zum Beschluss dieses Hefts werden noch *kurze Nachrichten* über *Stockrodemaschinen* mitgetheilt, die auch durch ein beygefügtes Kupfer erläutert werden. Ausser den drey hier angeführten und beschriebenen Maschinen, erinnert sich Rec. vor mehrern Jahren noch eine vierte Gattung, jedoch ein von diesen ganz verschiedenes Werkzeug kennen gelernt zu haben. Es war dieses ein Baumheber in Gestalt einer Mistgabel, von Eisen. Die Zacken waren 20 Zoll lang eingekerbt, etwas einwärts gebogen, und so dick und stark dass, sie die grösste Gewalt aushalten konnten. Diese eiserne Gabel, die mit der Tille 196 Pfund wog, wurde an einer 15 Fuss langen und verhältnissmässig dicken Stange befestigt, und mit diesem Instrument suchte man die Baumstümmel mit den Wurzeln aus der Erde zu heben.

Es ist übrigens zu bedauern, dass diese Annalen nicht fortgesetzt sind, wovon der Grund wahrscheinlich in den zu Ende des Jahres 1806. ausgebrochenen Kriegsunruhen, und in der hienächst eingetretenen Staatsveränderung liegt.

Posen u. Leipzig, b. Kühn: *Der Feld- Wiesen und Gartenbau*, so wie auch die *Frucht- und Forstbaumzucht Südpreussens.* Oder: über die Cultur und Nutzung aller in dieser Provinz fortkommenden Gewächse. Ein Handbuch für Stadt- und Land-Oekonomen, so wie auch für Forstmänner, Gärtner und alle diejenigen, welche Südpreussen in ökonomischer Hinsicht näher kennen lernen wollen. Von *G. S. Manski.* 1805. 279 S. 8. (20 gr.)

Nach dem Titel sollte man glauben, das Eigenthümliche, wodurch der Feld-, Wiesen- und Gartenbau in Südpreussen nach Clima, Boden, Art und Weise der Bearbeitung sich von dem Land- und Gartenbau in andern Ländern unterscheidet, in diesem Buche dargestellt zu finden. In dieser Erwartung sieht man sich aber getäuscht. Der Vf. liefert nichts mehr, als ein kurzes Lehrbuch über einige Theile der Landwirthschaft. Wie die Producte des Feldbaus, der Wiesen, der Küchen- und Obst-Gärten und der Waldungen gezogen werden sollen, zeigt er durch Aufstellung der bekanntesten Regeln, die so gut in ganz Deutschland, als in Südpreussen Anwendung finden. Die Viehzucht wird ganz übergangen, und über Südpreussen findet man nur so selten, und so beyläufig Bemerkungen von äusserst geringem Gehalt eingestreut, dass man sehr bald überzeugt wird, der Vf. habe durch den gewählten Titel nur seinem Werk den Reiz des Neuen, zur Vermehrung der Abnehmer, geben wollen. Betrachtet man indessen ohne Rücksicht auf diesen Umstand, die Bearbeitung der abgehandelten Gegenstände: so muss man dem Vf. das Lob ertheilen, dass die Hauptgrundsätze bestimmt deutlich und mit zweckmässiger Kürze vorgetragen sind. Doch zeigen sich auch auffallende Spuren von irrigen, oder nicht gehörig entwickelten Begriffen. Dahin rechnen wir unter andern den Satz, dass Gyps, Steinkohlen, Kalk, Mergel, hohe Furchen zur künstlichen Düngung gehören, die unbedingte Empfehlung des Gebrauchs der Sichel bey der Aernte, ferner die Behauptungen, dass die gemeine Erbse mit jedem, nur nicht mit zu zähem Boden vorlieb nimmt, dass das Weiden des Rindviehs und der Schafe auf den Wiesen unbedingt schädlich, und daher unter keinen Umständen zulässig ist, dass der Klee den Acker nicht aussaugt. Noch weniger lässt es sich mit einer richtigen Theorie vereinigen, dass in einer dem Land- und Gartenbau gewidmeten Schrift, die Bereitung der Stärke, das Branntweinbrennen, das Bierbrauen und die Verfertigung der Oele gelehrt — und unter den Fruchtbäumen auch der Rosenstrauch aufgeführt wird. Ueberhaupt würde der Vf. eine verdienstlichere Arbeit unternommen haben, wenn er, statt das zu wiederholen, was schon in unzähligen Lehrbüchern über Landwirthschaft gesagt ist, die in Südpreussen herrschenden Mängel in der Viehzucht, in der Anlage und Unterhaltung der landwirthschaftlichen Gebäude, in den Ackerwerkzeugen, in den Gesinde-Verhältnissen, und in der übrigen Wirthschaftsführung genau geschildert, und zur Abhelfung derselben ausführbare Vorschläge gethan hätte.

ERDBESCHREIBUNG.

Freyberg, in Comm. b. Craz u. Gerlach: *Interessante Wanderungen durch das Sächsische Ober-Erzgebirge.* Zur Belehrung und Unterhaltung herausgegeben. 1809. 168 S. 8.

Der Zweck dieses Werkchens eines aus dem Erzgebirge gebürtigen Schriftstellers ist, die weniger bekannten Naturschönheiten, und verschiedene Einrichtungen, Sitten, Gebräuche u. s. w. des Erzgebirges näher darzustellen. Dieser *erste* Theil zerfällt in folgende Abschnitte.

I. *Johanngeorgenstadt und die umliegenden Gegenden.* Die ehemals Schwarzenbergischen Städte *Platten* und *Gottesgabe* waren an Böhmen abgetreten worden. Ungeachtet nun vom Kaiser Ferdinand in dem mit Kurfürst Johann Georg I. errichteten Vertrage den Einwohnern völlige Religionsfreyheit versprochen worden war, so kam doch im J. 1653. der kaiserliche Befehl, *daß die Lutheraner entweder römisch-katholisch werden, oder mit Zurücklassung ihrer Habe und Güter das Land meiden sollten.* Die meisten verliessen nun alles das Ihrige, zogen über die Gränze, und liessen sich mitten in einem grausen Walde, in der wildesten Gegend Sachsens, auf dem Fastenberge nieder. Da nun diese Ausgewanderten geschickte Bergleute waren, so untersuchten sie diesen Berg und fanden bald

das

das gediegenste Silber. Voll Freude meldeten sie es dem Kurfürsten, der ihnen sogleich die Fortsetzung des Bergbaues gestattete, und ihnen endlich auch die Erlaubniss ertheilte, eine Stadt anzubauen. — Die Beschreibung der nahen und fernen Gegenden dieser Stadt hat noch folgende Unterabtheilungen: 1) die *Teufelskanzel* oder der Schneiderfels. 2) Die *Gegend am Schwarzwasser* nach Breitenbrunn. 3) Der *Teufelsstein* bey Steinbach. 4) Der *Auersberg*. 5) Die Gegend von *Wildenthal über Eibenstock* nach Ober- und Unterblauenthal. 6) Der Weg *von Sosa* nach dem Blaufarbenwerke. 7) Die Gegend um *Bockau*.

II. *Schneeberg und die umliegenden nähern und entferntern Gegenden.* Schneeberg verdient unstreitig unter die grössern und schönern Städte des Erzgebirges gezählt zu werden. Sie liegt in einer malerisch-schönen Gegend, hat mehrere sich auszeichnende Gebäude und manche nützliche Einrichtung. So erwähnt z. B. der Vf. ein Bürgermuseum, in welchem, für einen geringen Beytrag, alle Bürger, die ihren Geist bilden und ihren Verstand aufklären wollen, Antheil an Vorlesungen über Naturgeschichte, Veredlung der Künste und Professionen u. s. w., kurz über alles Nützliche, nehmen können. Das Museum besitzt eine schöne Bibliothek und Naturaliensammlung, Modelle und dergl. und ist weit und breit beschenkt worden. Sehr zu bedauern wäre es, wenn es gegründet seyn sollte, dass sich diese Gesellschaft, wie man sagt, ihrer Auflösung nahe. Die interessanten Umgebungen dieser Stadt sind 1) der *Kleesberg*. Als ein Beyspiel von dem zuweilen etwas zu gezierten oder schwülstigen Vortrage des Vfs. wollen wir hier folgende Stelle ausheben, die zugleich einen Begriff von der Höhe des Kleesberges geben kann: — „Schneeberg, wo wir uns erst so hoch dünkten und manche Aussichten hatten, liegt da unten vor unsern Füssen, in einem Thale jetzt, rund und kesselförmig von Gebirgen eingeschlossen; silbern blitzen im Glanze der Abendsonne die Schieferdächer, kleiner ragen Thurm und Kirche über die Stadt, und aus den Schornsteinen steigen hier und da weisse Rauchsäulen empor. Gärten schlingen sich um den Berg, Wege und Bäche durchschneiden sich, und aus dem Grün der Bäume schimmern die rothen Dächer u. s. w. — — Kein Vogel singt, kein Käfer summt hier, nur bläuliche Nattern rascheln durch das dürre Laub zwischen den tiefen Ritzen; nur der Fuchs und der Habicht verzehren hier in Ruhe ihren Raub, und eine schauerliche Kälte herrscht ewig um dieses Felsengethürme. Banger Schauer bebt durch die Glieder, starrende Angst hemmt auf Secunden des Blutes Lauf, wenn man sich so plötzlich auf der Spitze dieses Felsen, und den schrecklichen Abgrund vor sich sieht; unwillkürlich beugt sich der Fuss zurück, und die Hand greift gewaltsam nach den überhangenden Aesten der nahen Tanne. So starrt man hinab in das Thal des Todes und fühlt sich schon bey dem Gedanken: *Wenn ich jetzt ausglitte!* — halb todt," u. s. w. 2) *Das Gerichtswäldchen und das Hammerholz.* Das Gerichtswäldchen hat von dem Gerichtsplatze, der ehedem an demselben war, seinen Namen. 3) *Die Eisenburg bey Willbach.* Hier sehen wir das Fruchtbare, Gefällige und Freundliche des Erzgebirges seinen Anfang nehmen; jenseits der Mulde ist ein ganz neuer Stil der Gegend, und um Willbach finden wir viel Interessantes. Die Eisenburg war vor alten Zeiten ein Raubschloss, und soll durch einen unterirdischen tiefen Gang, sogar unter der Mulde weg, mit dem Schlosse *Stein* in Verbindung gestanden haben. Kaiser Maximilian liess sie, nebst vielen andern solchen Raubschlössern, schleifen. 4) *Ueber Stein zur Prinzenhöhle.* Die Gegend um das Schloss *Stein* ist oft gezeichnet und in Kupfer gestochen worden, man hat aber nicht immer die schönste Ansicht gewählt. Nicht weit davon, auf dem Schlosse Hartenstein, fand der Vf. in einem Saale ein Oelgemälde, auf welchem die ganze Gegend um Stein, nach der schönsten Ansicht, meisterhaft, und ganz natürlich dargestellt war. Das Aeussere des Schlosses zeigt, dass es sehr alt sey: denn der Stil des Baues gränzt an das Gothische, und aus den vielen und mannichfaltigen Fenstern erkennt man den kindischen Geschmack jener Zeiten, so wie man auch wahrnehmen kann, dass späterhin manches dazu gebaut und verbessert worden sey. Aber der innere Hof des Schlosses erweckt Furcht und Grauen, wenn man um und über sich blickt und sieht, wie man auf hoch hervorragenden Felsenspitzen mit Sträuchern bewachsene Seitengebäude aufgeführt hat, die den Einsturz drohen. Vorzüglich erfüllt der alte Thurm, der einst zur Warte gedient haben mag, und jetzt zusammenstürzen zu wollen scheint, den Wanderer mit Schauer. Hinter diesem Schlosse links auf der höhern Gebirgsseite zieht sich ein dünnes Gehölz fort, welches sich bald in einen grossen Buchenwald verwandelt, in dessen Dunkel die *Prinzenhöhle* liegt. Der Eingang in diese Höhle ist ziemlich eine Mannslänge hoch und ungefähr zwey Ellen breit; aber je weiter man hinein kommt, desto enger wird sie. Sie geht eine ziemliche Strecke in den Felsen, und am Eingange ist eine Tafel befestigt, auf welcher die Geschichte des Prinzenraubes geschrieben steht, die aber jetzt schwer zu lesen ist. Aussen vor der Höhle ist es sehr angenehm und unterhaltend; angenehm durch die schöne und abwechselnde Gegend, unterhaltend durch die unzähligen Namen die an den Felsen um die Höhle gemahlt und in die Rinden der Bäume geschnitten sind. 5) *Ueber Schnorrensguth und Auerhammerwerk nach Celle.* Schnorrensguth ist ein Vergnügungsort der Schneeberger, wohin man besonders Sonntags zu wallfahrten pflegt. Der Weg dahin, und die Umgebungen, werden hier als sehr reizend beschrieben, so wie die Gegend um das Auerhammerwerk. Aue und Celle müssen dem Fremden beynahe wie ein Ganzes vorkommen: denn nur die Mulde ist dazwischen. *Aue* ist ein kleines Städtchen, das durch die nicht weit davon liegende Porcellanerdenzeche bekannt ist, aber wegen seiner Lage sich nicht besonders auszeichnet. *Celle* aber hat eine weit vorzüglichere Lage. 6) *Uebrige Gegend um Schneeberg.* Hinter dem Gebirge bey Neustädtel liegt der wegen der dabey angelegten Torfstecherey wohl bekannte *Filzteich*, eine grosse Fläche Wasser, zu deren Umgebung man eine volle Stunde braucht. Im 15ten Jahrhunderte schon bediente man sich dessen beym Schneeberger Bergbau zum Treiben der Räder, welche die unterirdischen Wasserkünste in Bewegung setzen, und auch jetzt noch braucht man ihn dazu. Bey dem Kanale, durch welchen das Wasser in ein nahes Haus, worin es sich auf die Zechen vertheilt, geleitet wird, steht ein Stein, auf welchem man eingehauen liesst: *Dammbruch*, zur Erinnerung an den 4. Februar 1783., da das Wasser den fehlerhaft gewordenen Damm durchbrach, das Dorf Zschorlau überschwemmte, mehrere Häuser fortführte, viele sehr beschädigte und einriss, so, dass achtzehn Menschen dabey umkamen.

III. *Vorzügliche Feste der obern Erzgebirger*. *Fastnachten* wird in Johanngeorgenstadt mit einem grossen Aufzuge der Bergleute vom Rathhause in die Kirche, und aus der Kirche ins Rathhaus gefeyert, wobey Schmaus und Tanz den Beschluss macht. — Während der ganzen Adventzeit arbeitet und schnitzt der fleissige Bergmann an Spielereyen, die allerley Modelle des Bergbaues darstellen. Diese verkauft er nun, um zu *Weihnachten* Feyertagsgeld zu haben, oder er illuminirt sie zur Freude seiner Kinder am heiligen Abend. Ueberhaupt sieht man alle Häuser am Abend vor Weihnachten erleuchtet und Frohsinn überall verbreitet. Sonst war auch das sogenannte heilige Christspiel gebräuchlich, wo Bergleute und andere in schön gereimten burlesken Versen die Geburt Christi als ein Lustspiel aufführten, und so von Haus zu Haus zogen u. s. w.

IV. *Besondere Gebräuche*: 1) *Das Hutzengehn*. Darunter versteht man die gegenseitigen Besuche in den langen Winterabenden. Man kommt zusammen, klöppelt mit einander Spitzen, schwatzt, lacht, singt, scherzt, und bewirthet, wenn es hoch hergeht, mit gebratenen Erdäpfeln. 2) *Die Aschermittwoche*. Die erwachsene Jugend beiderley Geschlechts macht es sich an diesem Tage zum Vergnügen einander Häckerling oder Heusamen in die Haare und Kleider zu werfen; Gebildetere, oder Liebende, werfen sich statt dessen mit Rosinen und Mandeln. — Dieses nennt man *Einäschern*. 3) Der *Walpurgisabend*. Am Abend vor dem ersten May hört man in den Gegenden umher ein immerwährendes Schiessen gegen die in der Luft reitenden Hexen. Auf den Bergen verbrennen Jungen alte Besen, schwingen sie herum, und schleudern sie endlich hoch in die Luft, welches im Finstern ein hübsches Schauspiel giebt. 4) Das *Osterficken*. Am ersten Osterfeyertage früh, oder am dritten Nachmittags, pflegen Bekannte sich aufzusuchen, und mit Gerten von Birkenreisern oder Wachholder einander zu peitschen, welches man ficken nennt. Oft geschieht dieses auch schon im Bette und früh Morgens verfolgt man einander auf den Gassen im grössten Negligée. Ein lustiger Krieg! 5) *Der Pfingstlümmel*. Wer in jeder Familie am ersten Pfingstfeyertage zuletzt im Bette angetroffen wird, wird ausgelacht und mit diesem Ehrennamen belegt. Auch sogar die Hirten beobachten diesen Gebrauch; wer der erste ist, klatscht ein Concert mit der Peitsche. 6) *Der Johannisabend*. Am Abend vor dem Johannisfeste macht man ein grosses Feuer, sorgt aber besonders dafür, dass ein grosser und dicker Dampf entstehe. Was für ein Aberglaube hiebey zum Grunde liege, hat der Vf. nicht erfahren können.

V. *Die vorzüglichsten Vergnügen im obern Erzgebirge* sind: *Das* sehr mannichfaltige *Vogelstellen im Herbste*, das hier ausführlich beschrieben wird; *im Winter das Ruscheln*, welches darin besteht dass die Jugend auf kleinen Schlitten von hohen Bergen pfeilschnell herunter fährt; *Schneehäuser*, *Schneemänner und Lavinen*. Dieses erklärt sich selbst. Ein kurzes Gespräch zweyer Bergleute in obergebirgischer Mundart, und ein Gedicht an das Erzgebirge machen den Beschluss.

Obgleich der Ton des Vfs. sich nicht durchgängig gleich ist, so bleibt er doch mehrentheils unterhaltend, und wenn der versprochne *zweyte* Theil dem *ersten* gleicht, so wird man auch diesen mit Vergnügen lesen.

LITERARISCHE NACHRICHTEN.

Beförderungen und Ehrenbezeugungen.

Hr. Prediger und Professor *Spieker* zu Frankfurt a. d. O. ist von der dasigen philosophischen Facultät zum Doctor ernannt worden.

Der durch verschiedene juristische Abhandlungen, insbesondere die Lehre vom Pflichttheil bekannte bisherige Cammer-Consulent, Hr. *Möller* zu Wisbaden, ist mit Beybehaltung seines bisherigen Charakters zuerst provisorisch zum Referendär bey der Administrations-Commission der Herzogl. Nassauischen Souveränitäts-Lande und dann zum wirklichen Regierungs-Rath und Mitglied der Herzogl. Regierung zu Thal-Ehrenbreitstein befördert worden.

Der Bischof *Rosenstein*, der zu Stockholm sowohl die Reichstags- als auch die Krönungs-Predigt (die beide im Druck erschienen sind) mit grossem Beyfalle gehalten hat, ist zum Doctor der Theologie und Mitglied des Nordsternordens ernannt worden.

Hr. Professor *Eck* zu Leipzig hat von der regierenden Herzogin zu Sachsen-Meiningen den Charakter eines Hofraths erhalten.

ALLGEMEINE LITERATUR-ZEITUNG

Montags, den 16. October 1809.

WISSENSCHAFTLICHE WERKE.

GESCHICHTE.

Pesth, gedr. b. Landerer: *Diarium Comitiorum Regni Hungariae* a Francisco I. in Civitatem Budensem ad diem 5. April 1807. indictorum originaris Hungarica lingua conceptum et auctoritate Comitiorum latinitate donatum. 1807. Fol. Text 848 S. in gespalt. Columnen Ungr. und Lat. Beylagen 550 S. und aufserdem viele unpaginirte Beyschlüsse.

Die A. L. Z. hat von den Acten der ungrischen Reichstage, die seit dem Anfange des 19ten Jahrh. im J. 1802 und 1805. gehalten worden, in den Erg. Bl. 1806. Nr. 126 f. und in der A. L. Z. 1807. Nr. 117. kurze Auskunft gegeben. Nun kommt die Reihe an die merkwürdigen Reichstage der J. 1807 u. 1808. Hier zuvörderst von dem ersten, bey dem man nicht vergessen muss, dass er im April 1807. nach der Schlacht bey Eilau anfing, über den unerwarteten Frieden zu Tilsit hinaus sich verlängerte, und endlich nach der im Oct. 1807. wegen Braunau und der Gränzen am Isonzo geschlossenen Convention im Dec. 1807. aufhörte. Die lange Dauer desselben brachte dennoch die Resultate nicht hervor, die der Hof oder das Volk erwartet hätte. Der Hof beklagte sich, dass zu wenig von den Ständen in Rücksicht auf den Zustand Europa's bewilligt sey; die Stände beschuldigten den Hof, dass er nur immer Bewilligungen suche, ohne selbst billige Bitten zu gewähren und angezeigte Verwaltungsfehler zu verbessern; das Volk aber bedauerte die geringe Rücksicht auf sein Bestes. Die Hofpartey sprach am Ende des Reichstags von der Schädlichkeit der repräsentativen Verfassungen, und von der Unnützlichkeit kostspieliger Reichstäge; die ständische Partey sprach von dem immer mehr getrennten Interesse des Hofes und des Landes, und von der Misshandlung der Stände und Nichtanhörung ihrer Beschwerden; das Volk endlich wünschte eine planmässige feste Leitung des Reichstags einer-, und eine bessere Organisirung der Repräsentation andrerseits.

Zur bessern Uebersicht des Ganzen werden wir zuvörderst anzeigen, was der Hof hauptsächlich auf diesem Reichstage bezweckte, und dann die Minister nennen, welche an der Leitung desselben Theil hatten. Die Hauptabsichten des Hofes gingen 1) auf die Erlangung einer beträchtlichen Zahl Recruten, auf die Einführung des Capitulations-Systems, auch bey den ungrischen Regimentern, und auf Einleitung einer damit zusammenhängenden jährlichen Recrutenstellung von Seiten der Stände. Zu dem Ende war der Erzherzog Generalissimus selbst in Ofen gegenwärtig, und hatte den Hofrath *Lehmann*, vormals Prof. in Freyburg und Wien, an der Seite. 2) Auf die Ausmittelung eines namhaften Subsidiums für die immer mehr sinkenden Finanzen. Es befand sich demnach der damalige Finanzminister Graf Zichy fast immer in Ofen. *Nebenzwecke* des Hofes waren Regulirung der Insurrection und bessere Verwaltung der Justiz: letzteres schien aber nur hingeworfen, um doch etwas für das innere Wohl des Reichs zu thun. An der Seite des Kaisers waren der Staatsrath Baldacci — und die Herren Somogyi und Bedekovich als Referenten in ungrischen Sachen beym Staatsrathe. Von Seiten der ungrischen Hofkanzley unterzeichnete die Resolutionen Georg Majlath. Den Reichstag unmittelbar leiteten der Palatin, Hr. Jos. v. Urmenyi als Reichs-Oberrichter, und Hr. Andr. v. Semsey als Personal und Präsident der ständischen Tafel. — Das Abfassen des Reichstags-Diariums in zwey Sprachen ward dem Assessor der K. Tafel, Joseph Revitzki, anvertraut, unter der Censur von vier Comitats-Abgeordneten.

Die Berathschlagungen gesetzgebender Versammlungen werden, wie bekannt, wesentlich erleichtert, wenn die vollziehende Gewalt fertige Gesetzes-Vorschläge einbringt, und bestimmt anzeigt, wohin ihre Wünsche gerichtet und wie deren Erreichung zu bewerkstelligen sey? Diess lassen sich die freyesten Völker, die Amerikaner und Engländer, gefallen; auch hat der König von Ungern das offenbare Recht, sogenannte Propositiones zu machen. Hätte man doch diese aufs bestimmteste und im Detail eingerichtet! So z. B. hätte sogleich in den K. Propositionen das Capitulations-System (zu dessen Empfehlung der Erzherzog später eine eigene Broschüre ertheilen liess) gleich Anfangs nach jenen guten Seiten und Folgen, die dessen Annahme riethen, geschildert, und bestimmt angetragen werden sollen, wie dasselbe in Ungern einzuführen sey: statt dessen aber übertrug man die Initiative an die Stände, indem man sie in den unbestimmtesten Ausdrücken in den K. Propositionen vom 10. April 1807. aufforderte, „*ut ante omnia de stabili regionum Hungaricarum complectationis modalitate Domini SS. et OO. agant et consilia in medium conferant.*" Die Stände ermangelten nicht, von dem ihnen angebotenen Vortheil der Initiative Gebrauch zu machen, und der Sache gleich Anfangs die Wendung zu geben, „daſs ſie von keiner Capitulation und von keiner jährlichen Recrutenſtellung irgend etwas wiſſen, ſondern nur, wie vorher, freywillige Werbungen für die ungriſchen Regimenter geſtatten, für dieſsmal 12000 Recruten, für die Zukunft aber zum Behufe der Werbung und zur Vermehrung des Handgeldes jährliche 200,000 fl. bewilligen wollten." — Mehr als dieſes konnte von den Ständen im Laufe des ganzen Reichstags in Rückſicht dieſes Punktes nicht erhalten werden; hofkriegsräthlicher Seits war man hiemit unzufrieden, und wollte ſchon eine Schrift: *de jure Armorum* (über das Recht des Hofes, Ungern als ein erobertes Land zu behandeln), vertheilen und ausgeben, welches der Palatin jedoch hinderte.

Auf eine eben ſo nachtheilige Art für den Hof war die Finanz-Angelegenheit in die Reichstags-Verhandlungen eingeführt. Alle verſtändige und rechtliche Patrioten erwarteten, daſs vor dem Reichstage im Cabinette ein den Umſtänden angemeſſenes Syſtem zur radicalen Verbeſſerung der Finanzen beſchloſſen, und nun in allen Theilen der Monarchie den Ständen zur Ausführung vorgelegt werden würde. Auf eine geringe Devalvation der Bancozettel, etwa um ein Drittheil ihres Werths, war alles gefaſst; gern hätte jeder $\frac{1}{3}$ ſeines Vermögens geopfert, um die andern $\frac{2}{3}$ geſichert zu wiſſen. Man hoffte, daſs die Bancozettel vorher um $\frac{1}{3}$ in der ganzen Maſſe reducirt, auch noch dadurch möglichſt nahe *al pari* mit der Conventionsmünze geſetzt werden würden, daſs man *a*) von Seiten des Hofes die Kupfermünze auf rechtes Schrot und Korn zurückführen, und damit die kleinern Bancozettel einwechſeln; *b*) das vorräthige Silbergeld zur Auswechslung der gröſsern Bancozettel nach dem Curs verwenden; *c*) geiſtliche Güter einziehen und nach und nach in Parzellen und kleinern Stücken gegen Bancozettel nach dem Curs verkaufen; endlich *d*) eine Anzahl Millionen Bancozettel den Ständen jeder Provinz zur Haftung und Verhypothecirung anweiſen, oder, ſtatt Wiener Stadt-Bancozetteln, Ungriſche, Mähriſche, Oeſtreichiſche Provinzial-Bancozettel erſchaffen, oder doch von jeder Provinz einige Millionen Bancozettel fordern würde, um dieſe öffentlich zu vertilgen. Durch ſolche und ähnliche Mittel, und auſserdem noch durch die Reduction der Armee im Frieden und durch Erſparungen bey den Civilbehörden, hoffte man, werde der Staat das Finanzübel von Grund aus heilen, wohl wiſſend, daſs das Anſehn im Auslande von der Solidität des Gebäudes im Innern abhänge, und daſs das Intereſſe des Kammerbeutels und des öffentlichen Schatzes unzertrennbar ſey. Allein eben um die Zeit der Eröffnung des Reichstages ward die Kupfermünze noch verſchlechtert, und dadurch dem Credit der Bancozettel ein neuer Stoſs verſetzt: die ſogenannten 15 und 30 Kr. Stücke, innerlich kaum $2\frac{1}{2}$ und 5 Kr. werth, wurden eingeführt, und vom miſsvergnügten Publicum dem Einführer (Graf Zichy, ſpr. Sitſchi) zu Ehren *Silſcherl* genannt. Einige Herren, angeblich von der Hofpartey, behaupteten ſogar, es ſey tiefe Weisheit, jetzt die Circulation des Silbergeldes in der Monarchie noch nicht herzuſtellen, weil dieſelbe den Feind wieder ins Land locken möchte, da hingegen kein Eroberer ein Land anfalle, wo nur Papier zu haben ſey. Der Punkt der K. Propoſitionen, die Finanzen betreffend, war ſo gefaſst: „*confidere Suam Majeſtatem SS. et OO. modum et temperamentum quodpiam Reperturos quo ſalvis legibus et conſtitutione illaeſa permanente in extraordinario hoc rerum ſitu aerario ſubvenire publicumve Status creditum firmare valeant.*" Die Initiative war demnach auch hier den Ständen überlaſſen, und dieſe benutzten dieſen Vortheil, um dem Hofe manches Bitterwahre zu ſagen. Anderthalb Monat verſtrichen (bis zum 23. May), ehe die untere Tafel, auf Erſuchen der obern, von den ſtarken Ausdrücken abſtand, mit denen ſie beſonders die Finanzverwaltung und mittelbar den Grafen Zichy angriff. „*Cum* — hieſs es im erſten Entwurfe einer Vorſtellung an den König — *pecuniae conventionalis valoris rerum ſigna ſint, clarum eſt, omnem monetae infra hunc conventionalem valorem cuſionem notabilem ſemper cariſtiam generare debere, et maximae et pauperrimae civium claſſi exitialem, imo ipſi quoque aerario per reactionem damnoſam. Hinc eſſe, quod ſub Ferd. II. moneta infra conventionalem valorem cudi coeptâ, jam tenores Articulorum 39. 40. et 41. 1625. modernorum temporum calamitatem depinxerint. — Si Maſſa aeris, quae ante egr. juxta valorem ſuum internum et realem quinque Cruciferos valebat, nunc ad ſemel 30 Xferos ſignetur, et ſic ad ſextuplum valorem nominalem elevetur, non id, quod intendebatur, valor quippe realis hujus monetae ſextuplo augebitur, ſed priſcus cruciferorum conventione defixus valor minuetur, neque jam poſthac pluris triginta ac antea 5 Xſri in commercio aeſtimabuntur. — Sed et illud mali hujusmodi Operationibus ſubeſt, quod cum facilis magnique lucri ſit imitatio, domi foriſque cuſarum ejusmodi falſarum Monetarum quantitas per modum inundationis quotidie increſcat.*" Später ſagten die Stände in ihrem Entwurfe ſogar: „*Niſi haec ſit eorum, qui aerario praeſunt intentio, ut tandem Schedas ad maxime vilem curſum poſitas uno ictu ſufferre et vili illo pretio redimere poſſint, tota haec Operatio inexplicabilis eſt.*" Dieſe Grundſätze einer echten Finanz- und Münzpolitik wurden nun freylich in der wirklich überreichten ſtändiſchen Vorſtellung vom 23. May 1807. etwas milder vorgetragen, das Weſentliche aber ward beybehalten. Ferner gaben die Stände in dieſer ihrer Vorſtellung dem Hofe zu verſtehen: bey dem bemerkten Mangel eines umfaſſenderen Planes werde alles, was die Stände beytragen würden, unausgiebig und vorübergehend ſeyn: „*omne quod praeſtando ſumus, tranſitorium duntaxat et breve adferre poſſe levamen.*" — In dieſem Mangel an einem feſten Finanzplane des Hofes fanden alſo die Stände, und beſonders die meiſten Ariſtokratiſchen Glieder derſelben, den Deckmantel ihres Eigennutzes, wonach ſie ohnehin ſo wenig als möglich zu geben geneigt waren. Sie bewilligten am Ende ein Subſidium, wo jeder 6 vom Hundert ſeiner Einkünfte des unbeweglichen Vermögens und des Viehes, und 1 vom Hundert des Werths des beweglichen, nutz- oder nichtnutzbaren

bey-

beyſteuern ſollte. Den Beytrag eines jeden ſollten aber nur ſeine eigene Faſſionen, und etwa das Gutachten einer adligen Comitats-Deputation beſtimmen. Durch dieſs Geſetz ward die conventionelle Lüge durchs ganze Reich autoriſirt, jeder fatirte ſo wenig als möglich, und der Hof erhielt durch dieſes Subſidium, wovon er 20 Millionen gehofft hätte, kaum 8 Millionen in Bancozetteln. Einen ſolchen Ausgang gewannen die zwey Hauptzwecke des Hofes nach ¾teljährigen Reichstags-Verhandlungen. In Rückſicht der Nebenzwecke aber geſchah beynahe gar nichts.

Nach dieſer allgemeinen Ueberſicht der Reichstags-Verhandlungen zeichnen wir noch einiges aus der Geſchichte derſelben aus.

Sehr bedeutend erinnerte in ſeiner erſten Anrede der *Perſonal* v. Semſey die Stände: ſie möchten durch ihre Berathſchlagungen erweiſen, daſs die Reichstage in Ungern wirklich das beſte Mittel zur Beförderung des öffentlichen Wohls ſeyen. In des *Palatins* Rede zeichnete ſich ſein Wunſch aus, daſs die alte ungriſche Conſtitution, die durch 800 Jahre daure, und die Freyheiten des Adels wider alle Bemühungen der Räder und *Nachſteller* aufrecht erhalten werden mögen. Der alte Erzbiſchof *Kolonits* endlich hielt dem Palatin eine Lobrede darüber, worüber Andre ihn angefeindet hatten, daſs er 1805., als Ungern mit ſeiner Inſurrection bey weitem noch nicht fertig und dem Feinde offen geweſen, den Feind im gütlichen Wege vom Reiche abgehalten habe: und bat den Palatin, er ſolle nunmehr auch „*tranquillo, ut adhuc eſſe videtur, pelago*" der Führer der Nation ſeyn.

Am 10. April wurden die K. Propoſitionen übergeben. Während darüber in den Circular-Seſſionen berathſchlagt wurde, kam der Tod der Kaiſerin Maria Thereſia am 13. April dazwiſchen. Am 18. April ward die K. Eröffnung darüber, und das Condolenz-Schreiben der Stände abgeleſen.

In den Circular-Sitzungen wurden nun die K. Propoſitionen aufgenommen, und es ward beſchloſſen, die den Ständen gelaſſene Initiative dergeſtalt zu benutzen, daſs durch eine eigne Vorſtellung vorher der Hof gebeten werden ſolle, die Hinderniſſe, welche deren Erfüllung entgegenſtehen, wegzuräumen, d. h. den Hauptbeſchwerden der Nation abzuhelfen. Am 25. April ward der Entwurf hiezu eingereicht, und bis zum 23. May dauerten die Debatten gröſstentheils über Ausdrücke zwiſchen den beiden Tafeln, bis endlich am 23. May die Vorſtellung ſelbſt zu Stande kam.

Die Hauptanträge waren folgende: 1) Daſs, da der Hof ſelbſt geſtehe, daſs das Elend der Monarchie von vielen Kriegen herſtamme, ſo ſolle der Hof ſich nicht mehr vom Frieden abwendig machen laſſen, und laut der Geſetze keinen Krieg ohne Vorwiſſen und Zuſtimmung des Reichs anfangen. — Von der geſchehenen Veränderung des Ausdrucks hier eine Probe. Im erſten Entwurfe baten die Stände: „*ne Sua Majeſtas pro ſuo in 6. etiam Propoſitionibus manifeſtato, conſtitutionique conformi pacis ſtudio ab alma hac pace tam regibus quam populis ſemper exoptata ſe dimoveri patiatur.*" Auch wurden die Geſetze der *non movendo contra conſenſum ſtatuum bello* dem König ausdrücklich zu Gemüthe geführt. In der definitiven Vorſtellung vom 23. May aber blieb dieſs erſtere aus, und die Geſetze wegen der ohne Vorwiſſen der Stände nicht zu führenden Kriege wurden nur im Vorbeygehn erwähnt. — 2) Daſs die Zwiſchenmauthen in der Monarchie, die zum gegenſeitigen Nachtheil aller Provinzen, vorzüglich aber zum Drucke Ungerns noch beſtünden, aufgehoben würden. (Hier hätten aber die Stände eine Entſchädigung für den reinen Ertrag dieſer Mauthen anbieten ſollen.) — 3) Daſs den Inhabern der Kuxen in den Erzgruben der Werth der gelieferten Erze in Conventionsgeld, und nicht in Bancozetteln, bezahlt werde, weil ſonſt dieſe Inhaber zu viel dabey verlöhren, und die Gruben, wenn ſie nicht ſehr reichliche Ausbeute liefern, auflöſen müſsten. — 4) Daſs das ungriſche Münz- und Bergweſen der K. Hung. Hofkammer untergeordnet werde. (Dieſer Punkt, ſo wie er von den Ständen vorgeſchlagen war, nutzte zu nichts weiter, als einige Creaturen zu verſorgen, neue Ausgaben und Aemter zu erſchaffen, und die Geſchäfte durch eine unnöthige Zwiſchenbehörde zu verzögern: denn das Montaniſtiſche Departement der Hofkammer in Ofen hing doch am Ende von der Wiener Hofkammer im Münz- und Bergweſen ab, wie zeither das Kammergrafenamt in Schemnitz u. ſ. w. Dennoch ward gerade dieſer Punkt von allen Forderungen der Stände allein bewilligt. — 5) Daſs die 15 und 30 Kr. zurückgenommen und nur eine geſetzliche Conventionsmünze geſchlagen, auch zu dem Ende die Aufſicht des Tavernicus und des Graner Erzbiſchofs über das Münzweſen hergeſtellt werden ſolle. — 6) Daſs ſchlechterdings keine neuen Bancozettel mehr verfertigt und ausgegeben werden ſollten.

Bey dieſer Vorſtellung vom 23. May verſahen es die Stände darin, daſs ſie nicht auch die Entwürfe der über jeden Punkt abzufaſſenden Geſetze beyfügten. — Der Hof half ſich demnach in ſeiner Reſolution vom 28. May ganz leicht durch allgemeine Verſprechungen von Verminderung der Bancozettel, „*de ſufferenda dum licuerit 15 et 30 Xfrorum moneta, quam praecipue erga iteratas Regni jurisdictionum de defectu cupreae monetae querelas cudi fecimus*" von Beförderung des Handels. Für die Ablieferung der Erze ſey bereits ein höherer Einlöſungspreis feſtgeſetzt, die Ausfuhr des Getreides ſey freygegeben, das Bergweſen der Leitung der ungriſchen Hofkammer übergeben. So könnten ſich die Stände auch im übrigen auf Se. Maj. verlaſſen, deren Friedensliebe abermals betheuert wurde, und nun werde von ihnen die baldige Erledigung der K. Propoſitionen erwartet.

Das Miſsvergnügen der Stände über dieſe Entſchlieſsung äuſserte ſich durch die Langſamkeit, womit ſie zur weitern Verhandlung ſchritten, und vorzüglich konnten die Stände jene Stelle nicht verdauen, nach welcher ihren Vorſtellungen die Einführung der 15 und 30 Kr. Stücke beygemeſſen wurde. Erſt am 17. Jun., nach der Schlacht bey Friedland, kam ein Entwurf zu einer Vorſtellung wegen des Subſidiums und der Ergänzung der ungriſchen Regimenter unter erneuerter Anbringung aller nicht gehobenen Beschwerden zu Stande — aber erst am 1. Aug. war die Vorstellung selbst definitiv beschlossen und ausgefertigt. Es kamen hiebey einige interessante Fragen zur Debatte, z. B. am 19. Jun.: ob der Bürger, der ohnehin Contribution zahle, auch zum Subsidium zahlen solle, oder nur der Adel, der von allen öffentlichen Lasten befreyt sey? Der Bürgerstand führte dem Adel zu Gemüthe, dass er die meisten Vortheile von der Constitution geniesse, und von seiner Landwirthschaft weit grössern Nutzen, als sonst, ziehe, dabey aber keine Lasten trage. Der Adel erwiederte: der Bürgerstand habe die Vortheile des Handels für sich, und alle Städte seyen im Emporblühen. Der schwächer repräsentirte Bürgerstand musste natürlich unterliegen. In der XXI. Sitzung S. 127. gestanden die Adligen ganz naiv, ihr Bestreben sey von je her dahin gegangen, den Umfang und den eigentlichen Gehalt ihres Besitzthums und Vermögens sorgfältig zu verbergen, doch (S. 196.) wollten sie es nicht zugestehen: „*Regnum eruendorum proventuum (Nobilium) adminiculis destitui, ne hinc deduci post Regnum dimensioni subjiciendum esse.*" Da man vom Vermögensstand keine Schulden abschlagen sollte: so ward das sonderbare Gesetz gegeben, und blieb auch nach vielen Debatten stehen, dass die Schuldner den Gläubigern — auch den auswärtigen — um 1 Procent weniger an Interessen auf das nächste Jahr zahlen sollten — doch machte kein ehrliebender Schuldner Gebrauch davon. — Es war eine vieldisputirte Frage, ob zu den Einkünften der unbeweglichen Güter auch die Einkünfte des sogenannten *Fundus instructus* (des Viehstandes) zugerechnet werden sollten, und es brauchte viel, bis sich die untere Tafel durch die obere zur Bejahung bestimmen liess. — An Recruten wollte die untere Tafel zuerst nur 8000, dann 10000 gestellt wissen (die meisten Glieder wollten nach dem Tilsiter Frieden keine Nothwendigkeit einer zahlreichen Recrutenstellung einsehn, zumal da der Zustand des öffentlichen Schatzes vielmehr die Reduction als die Vermehrung der Armee anrathe). Man stellte der untern Tafel mehrmals vor, der Hof und der Palatin müssten am besten wissen, was nöthig sey, aber es dauerte lange, bis sie sich am 29. Jul. zu 12000 Recruten bereit finden liess. — In der XXIX u. XXXIV. Sitzung ging es stürmisch zu, ehe die Stände von dem Ausfall auf die „*qui aerario Regio praesunt*" auf Ansinnen der obern Tafel abstehen wollten; es konnte vor der Hand nur so viel gewonnen werden, dass die Worte so verändert wurden: *Qui aerarium procurant*, und erst in der XXXV. Sitzung am 17. Jul. gelang es der obern Tafel, diese Worte zu beseitigen. Der Gegenstand einer Hauptdebatte war die Frage: ob ein Mitglied der Stände über die eingestandne Gebühr zum Subsidio aus freyem Willen mehr beytragen dürfe, und ob diess im Gesetz freyzustellen sey? Alles, was einerseits von der Schädlichkeit ausserreichstäglicher Bewilligungen und von Erschleichung der Aemter durch Leistungen und Schenkungen, andrerseits von der freyen Disposition eines jeden über sein Vermögen gesagt werden kann, wurde vorgebracht. Ueber eben diese Fragen hatte der Freyherr Niklas v. Vaj in der obern Tafel am 17. Jun. eine starke Rede gehalten, und mit Anspielungen auf den vormaligen Zustand der Dinge in Frankreich gezeigt, wie leicht die ausserreichstäglichen Anerbietungen und Leistungen zu einer Art Verkäuflichkeit, besonders der obersten Aemter, führen könnten. Diese Rede zog ihm die Entsetzung vom General-Majors-Amte und Titel beym K. K. Hofkriegsrathe zu, die in der ganzen Armee publicirt wurde, und am Ende blieb dennoch im Gesetzes-Entwurf stehen: *Cunctis tamen, quibus placuerit, liberum erit, suam in sublevandam communem rem promtitudinem ampliori etiam, ac clavis communis exigit, subsidio motu proprio testari.* Allein die Hofresolution vom 4. Sept. wollte diess weggelassen haben, *cum ea sit gentis Hungarae indoles, ut dum de salute publica agetur, liberalitatem suam nullis siverit constringi limitibus.*

Am 1. Aug. kam also jene Vorstellung zu Stande, womit die Stände auf die beiden Hauptforderungen des Hofes auf die schon angezeigte Art antworteten, aber zugleich ihre Gegenforderungen anbrachten. Sie konnten sich, hiess es darin, mit einzelnen Particularversicherungen nicht zufrieden stellen, *fluxa in hujus generis Objectis Principia mutuam inter Principem et Populum fiduciam, hanc communem felicitatis basin labefactare solent: Principia duntaxat extra omnem dubitationis aleam posita throni splendorem et dignitatem ab una, parte vero ab altera facilitatem Regnicolas ac inter Provincias eidem Sceptro subjectas harmoniam ita firmare possunt ut nulli unquam temporum vicissitudini cedant.* Die Stände unterschieden zweyerley Anträge: 1) Solche, die schon in den Gesetzen gegründet seyen, als die Abschaffung oder genaue Reciprocität der Zölle zwischen Ungern und den deutschen Erblanden — die Unterordnung des Bergwesens in Ungern unter die K. Hung. Hofkammer — die Ausprägung einer ordentlichen Silber- und Kupfermünze und die Einziehung der 30 und 15 Kr. Stücke. *Erant quidem*, sagten die Stände in Bezug auf den letzten Punkt, *aliquae jurisdictiones, quae cupream Monetam fine permutationis facilitandae sibi subministrari desiderabant, sed nunquam illis in animum incidit, ut praeexistente deteriorem petant; talem, qualis in Cursu erat, et quam tolerandam censebant, subministrari in majori quantitate cupiebant.* — 2) Solche, die des öffentlichen Heils wegen nothwendig wären, als Einwechselung der Bancozettel und Einstellung ihrer weitern Fabrication — Einlösung der Erze mit Conventionsgeld — Abschaffung aller Zölle zwischen Ungern einer-, und Galicien und Lodomerien andrerseits, da letztere ungrische Kronländer seyen.

(Der Beschluss folgt.)

ALLGEMEINE LITERATUR-ZEITUNG

Dienstags, den 17. October 1809.

WISSENSCHAFTLICHE WERKE.

GESCHICHTE.

Pesth, gedr. b. Landerer: *Diarium Comitiorum Regni Hungariae* a Francisco I. in Civitatem Budensem ad diem 5. April 1807. etc.

(*Beschluss der in Num. 283. abgebrochenen Recension.*)

Hatten die Stände bisher mit ihren Verhandlungen gezögert, so zögerte jetzt dagegen der Hof mit seinen Resolutionen. Erst den 4—8. September erfolgten diese, und erst den 21. Sept. wurden sie bekannt gemacht. Von der 42sten Sitzung an am 1. Aug. bis zur 43sten am 21. Sept. liefen demnach sieben Wochen unbenutzt ab; nur das war gewonnen, dass die ständische Deputation zur Regulirung der Insurrection einen Vorschlag eingereicht hatte, in Rücksicht der Banderien aber noch mit sich selbst nicht eins war, wie denn auch über die Banderien nichts beschlossen ward. Zugleich hatte aber eine andre Deputation alle Beschwerden des Reichs und der einzelnen Behörden in ein (schlecht geordnetes) Volumen zusammengefasst.

Der Hof hatte in seinen Entschliessungen die Anerbietungen der Stände sorgfältig von deren Anträgen getrennt. Eine *Resolution* vom 4. Sept. nahm die Anerbietungen an; da aber die Jahrszeit schon vorgerückt sey, und sowohl die Stellung der Rekruten, als auch die Einsammlung des Subsidiums die Anwesenheit der Stände, besonders der Ober- und Vicegespanne in den Bezirken erfordere: so sollten die übrigen königl. Propositionen nicht mehr vorgenommen, sondern nur die Artikel verfasst und die vorzüglichsten Beschwerden vorgelegt werden.

Eine zweyte Resolution vom 5. Sept. fertigte die Anträge der Stände eben so ab, wie jene vom 28. May. Nur wurde diessmal deutlicher gesagt, dass die Zölle zwischen Ungern und den deutschen oder galizischen Erblanden nicht abgeschafft werden könnten. „*Vectigalia enim sunt reditus, quos aerario Consumentes illarum provinciarum praestant, et qui sine gravissimo Status publici detrimento diminui non possunt: Reciprocitatis vero inductio Monarchiae Nostrae Systemati, cujus partes tanquam communis eorum pater aequali fovemus amore, minus convenit.*" Auch wurde nun gerade zu gesagt, dass die 30 Kr. und 15 Kr. Stücke „*nunc adhuc, ubi internae circulationis adjuncta id non admittunt,*" nicht würden zurück genommen werden.

Eine dritte Resolution vom 8. Sept. sollte eine Antwort seyn auf die Vorstellung der Stände vom 15. Julius 1802. in Sachen des Ungr. Commerzes, blieb aber ebenfalls bey allgemeinen Versicherungen und bey unbedeutenden Aenderungen stehen. Z. B. dass die Ungern Ungr. Wein ins Ausland führen dürften über Oestreich, ohne eben so viel Eimer Oestreicher mitführen zu dürfen, dass für Transito-Waaren nur Bürgschaft geleistet, und keine Baarschaft erlegt werden solle u. s. w.

Ueber diese Resolutionen eben nicht vergnügt, erklärten die Stände sich ungeneigt, den Reichstag zu schliessen, ehe nicht das Wichtigste von den Ausarbeitungen der ständischen Deputationen vom J. 1792. aufgenommen, besonders aber das Militär-Reglement revidirt, die Vergütungen des Militärs für die Naturalien höher bestimmt, und die sogenannte Deperditenlast des Bauerstandes (der Verlust bey Natural-Lieferungen wegen deren geringer Vergütung) vermindert würde. Auch machten die Stände den Antrag, dass der Salzpreis, der im August 1806. ausserreichstäglich um 2 Fl. 30 Kr. für den Centner erhöht worden, herabgesetzt, und ein Gesetz gegeben werden möchte, dass künftig in keinem Falle der Salzpreis ausser dem Reichstag und ohne Beschluss desselben erhöht werden solle. (Denn der Art. 20. 1790. erlaubte diese Erhöhung in dringenden Nothfällen.) Endlich drohten die Stände mit einer nachdrücklichen Vorstellung wegen des Vorfalls mit *B. Nic. Vay*: denn obgleich dieser durch Vermittelung des Palatins seinen militärischen Charakter zurück erhalten hatte: so weigerte sich doch der Erzherzog Carl diess in der Armee eben so publiciren zu lassen, als dessen Entsetzung publicirt war. Die Stände eröffneten demnach der *Tabula Procerum* am 29. Sept. es sey um die Freyheit der Meinungen und um die Sicherheit der Reichstagsglieder gethan, wenn solche Vorgänge statt hätten: „*Et sicut refricata cicatrix priorum vulnerum dolorem reducere solet, ita communis haec laesio tam restrictam per exclusionem ad Comitia eligendi libertatem, quam per Ablegati jam electi e loco Comitiorum amandationem violatum jam pluries salvum conductum in omnium memoriam revocavit.*" Der Monarch müsse gebeten werden, das gefährliche Geschlecht der Angeber von sich zu entfernen. Der Palatin solle diess im Namen der Stände thun, so wie ihm für seine Vermittelung in der Sache von den Ständen gedankt werde. — Der Palatin liess hierauf die Stände versichern: „*Suam Majestatem nunquam aliquid determinare voluisse seu velle, quod libertati Votorum in regni Comitiis ratione aliqua derogare videretur,*" und diese Versicherung ward auch

auch im Namen des Kaisers am 13. November wiederholt. — Das Missvergnügen der Stände äusserte sich in heftigen Reden, die besonders der Deputirte des Comorner Comitats Balogh und jener des Oedenburger Comitats Nagy, hielt. Der letztere erinnerte daran dass der Französische Kaiser 1805. öffentlich gesagt habe, der Hof sey gewohnt, die Beschwerden der Nation von einem Reichstage auf den andern zu verweisen, während er immer nur darauf dringe, seine Propositionen bewilligen zu machen. Hierüber ward er aber vom Präses der untern Tafel zur Ordnung gewiesen. — Als man von der einen Seite erinnerte, dass der Reichstag (die Diurnen der adligen Abgeordneten, das Taggeld nämlich für einen adligen Comitats Bothen für dessen Schreiber und Heiducken ward vom Palatin auf 12 Fl. bestimmt) den Contribuenten viele Kosten verursachten, äusserten einige von der andern Partey: „*his mederi potest patriae amor, si Nobilitas partem oneris istius in se assumat* (S. 337.). Diese Stimme ist merkwürdig, denn sie erkennt die Billigkeit dessen an, dass der Ungr. Adel doch auch die Kosten der innern Verwaltung (der *Cassa domestica*) mittragen sollte. Diese Stimme ward denn auch vom *Praeses Statuum* unterstützt (S. 412.).

Die Vorstellung wegen des Salzes kam erst den 15. October, jene wegen Fortsetzung des Reichstages am 22. October zu Stande (in letzterer wünschten auch die Stände dass der Reichstag für den Winter nach Pesth versetzt würde), die Zeit ward jedoch von den Ständen fleissig zur Ausarbeitung der Reichsbeschwerden benutzt: so dass die erste Vorstellung darüber ebenfalls am 30. Oct. ablief. Es waren derselben 21 Beschwerden angehängt, wovon aber mehrere von wenigem Belange waren, andere gar nur an den Aristokratismus der Beschwerdeführer erinnerten. Z. E. 19. wider die Urbarial-Contracte, die der König zum Schutze der Contribuenten hie und da errichten liess. Die wichtigern werden wir unten ausheben. Durch eine eigne Vorstellung vom 30. October wurden für die Stadt *Zeng* die Rechte einer königl. Freystadt und die Befreyung von der Militärgerichtsbarkeit reclamirt. Endlich gieng auch eine eigne Vorstellung vom 30. Oct. nach Hofe wegen Herstellung des gesetzlichen Ansehens eines Bans von Croatien, nach welchem er alle Officiere bis zum Oberstlieutenant in den Banal-Regimentern ernennen, und seine Gerichtsbarkeit auch in jenen Civilprocessen auszuüben habe, welche an das Warasdiner *judicium delegatum* gezogen worden. Eine zweyte Vorstellung wegen der Beschwerden und Forderungen des Reiches ward am 13. Nov. ausgefertigt, und an eben dem Tage ward auch ein Ungr. Rescript vom 10. Nov. 1807. publicirt, vermöge dessen hauptsächlich aus den am 4. Sept. angeführten Gründen der Reichstag am 15. Dec. beendigt seyn sollte. Dieses Rescript war den Ständen abermals missfällig; man sprach am 26. November sehr lebhaft davon, dass man die Subsidien und Rekruten nur bedingungsweise zugestanden, und also das Recht habe, die Zugestehung bey nicht erfüllter Bedingung zurück zu nehmen; ja man sagte im voraus, bey einem solchen Benehmen des Hofes, *quantitatem subsidiorum non parum diminuendam fore.* Nach manchen Debatten über die Ausdrücke zwischen beiden Tafeln vereinigten sich beide in einer Vorstellung vom 2. Dec., worin sie sagten, die executive Gewalt könne nur dann den Reichstag aufheben, wenn dessen Zweck erfüllt, d. h. nicht nur die Forderungen des Hofes zugestanden, sondern auch die Beschwerden des Reiches gehoben seyn. Nun wurden diese abermals hergezählt, ja manche noch stärker als zuvor hervorgehoben, es ward geradezu gesagt, dass durch die Resolutionen vom 4ten und 8. Sept. in nichts Wesentlichem geholfen sey. Vorzügliches Gewicht legten die Stände darauf, dass der Hof sich weigere, wegen Nichtvermehrung der Bankozettel und wegen der 30 und 15 Kr. Stücke bestimmte Verpflichtungen einzugehen, und dass der Hof die dermalige Einrichtung der Zölle und Mauthen zwischen den Deutschen und Ungr. Erblanden noch entschuldigen wolle, da doch die Ungr. Erblande von den Deutschen unabhängig seyen, und hier kein andres Verhältniss, als das des *Reciprocums* statt finden könne. In dem Entwurfe der Vorstellung stand: dass solche Zollordnungen „*regnum ad statum quasi colonicalem deprimunt*," es kostete viel Debatten bis milder gesagt wurde: „*regnum ad statum alicuius dependentiae in linea commerciali ponitur.*" Zwey Artikel über die freye Frucht- und Wein-Ausfuhr wurden dem Hofe abermals vorgelegt. Da aber zugleich die Artikel über das Subsidium und die Rekruten übergegeben wurden: so war voraus zu sehen, dass alle Hauptbeschwerden wieder ohne Erfolg bleiben würden. Die Hofresolution vom 11. Dec. 1807. sprach vom unbeschränkten königl. Recht, den Reichstag nach Belieben anzusagen und zu schliessen (ein Recht, welches die Stände in einem eigenen Aufsatze abermals bestritten): sie bestand auf den Resolutionen vom 4ten und 8. Sept., und liess bloss die Artikel vom Subsidium und der Rekrutenstellung gelten. Wegen des Salzes ward endlich unterm 14. Dec. erklärt: „*Suam Majestatem de elevatione pretii salis semper cum SS. et OO. diaetaliter tractaturam, nec alias nisi extremi urgentes circumstantiae aliud exigerent, pretia salis extra Comitia adaucturam;*" wornach es im Grunde beym vorigen blieb. Wegen Zeng ward eine verschiebende, wegen des Banal-Ansehens eine zum Theil willfährige Resolution ertheilt. Wegen des Ankaufs des Ungr. Tabaks für die Oestreichische Tabak-Regie und wegen des Transitohandels mit Ungr. Tabak durch Oestreich wurden unterm 6. Dec. einige unbedeutende Vortheile zugestanden. Angenehmer für die Stände war das Rescript vom 12. Dec., womit bewilligt ward, dass die Stadt Fiume mit ihrem Gebiete gesetzlich für einen Bestandtheil Ungerns erklärt werde, und das vom 15. Dec. womit die Gräfl. Széchényische Stiftung einer Reichsbibliothek gesetzlich bestätigt ward. Noch kamen gegen das Ende des Reichstags folgende wichtigere Vorstellungen zu Stande.

1) Am 2. Dec. Das ungesetzmässige Begehren des Zipser Comitats, dass die (freyen) XVI. Städte der adligen Comitatsbehörde zu unterziehen seyen,

ward

ward leider! von den Ständen unterſtützt. (Die Freyheiten der XXIV Zipſer Städte, wornach dieſe nur durch ihre eigene Bundes-Verſammlungen und ihren Landgrafen regiert, vom jedesmaligen Zipſer Schloſs-Obergeſpann aber nur beſchützt werden ſollten, wurden nicht in Erwägung gezogen.) Hierauf erfolgte aber eine ſo gut als abſchlägige Antwort des Hofes dd. 12. December.

2) Am 11. Dec. ſchlugen die Stände zur ſchleunigen Beendigung der Proceſſe vier Artikel vor, beſonders zielten dieſe auf Erleichterung der mit Proceſſen überhäuften königl. Tafel. Dieſe genehmigten Artikel ſind als der Hauptgewinn der innern Verwaltung von dieſem langen und koſtſpieligen Reichstag zu betrachten: nächſt denſelben aber die Artikel 12. über die muthwilligen Bankerutte und 13. über gewaltſame Beſitzergreifungen, dann 20. über den Flugſand und deſſen Beſchränkung, 21. über die beſſere Waldwirthſchaft, 22. über die Gleichförmigkeit in Maſsen und Guldenrechnungen, wiewohl bey allen dieſen Artikeln noch manches zu erinnern wäre.

3) Unterm 5. und 10. Dec. wurden dem Hofe nochmals verſchiedene Beſchwerden vorgelegt. Die wichtigern darunter und die darüber entſtandenen intereſſanten Debatten ſammt den Antworten des Hofes wollen wir nun verſprochener maſsen bemerklich machen. — *a*) Ueber das Verhältniſs Galiziens und Lodomeriens als Kronländer zu Ungern ward (S. 423.) abermals eine Anregung gemacht, jedoch ohne bedeutende Folgen. — *b*) S. 441. wurde gerügt, daſs der Hof Beſitzungen im deutſchen Reiche gegen Ungr. Güter eintauſche, und alſo die Ungr. Fiſcalgüter zu einer dem Reiche fremden Abſicht verwende, ſtatt daſs damit verdiente Männer aus der Nation belohnt werden ſollten. So hatte z. E. der Fürſt Bretzenheim, für Lindau die ſchönen Herrſchaften Patak und Regéz erhalten. — *c*) Kam die Beſchwerde vor (S. 502.), daſs der Hof die Brief- und fahrende Poſt-Taxen willkürlich erhöhe, und dadurch das Reich auſserreichstäglich ins Mitleiden ziehe. Der Hof aber erklärte in ſeiner Antwort die Poſt für ein unbeſchränktes Regale. — *d*) Kamen viele Debatten vor (S. 529.) über die Verbreitung und den allgemeine Gebrauch der Ungr. Sprache. Die Hofpartey ſchien der Sache der Ungr. Sprache nicht gewogen. Auf alles, was die Stände vorſchlugen, um die Ungr. Sprache in Schulen, Dicaſterien und Gerichten allgemein einzuführen, bekamen ſie die Antwort: *Perſuaſum eſſe Suae Majeſtati, Legibus circa culturam et propagationem linguae Hungaricae hactenus conditis talia jam ad aſſequendum huncce ſcopum tributa eſſe adminicula, ut ulterior condendae legis neceſſitas haud ſubverſetur.* Als die Stände hierauf in Bezug auf dieſen Punkt den Palatin um ſeine Vermittelung baten, brachte er den 14. Dec. die Antwort: Der Hof widerrathe allen Zwang in der Sache, werde aber ſeinerſeits die Beförderung der Ungr. Sprache ſich angelegen ſeyn laſſen, bis hierüber auf dem künftigen Reichstag etwas weiteres beſchloſſen werde. — *e*) Ward gerügt (S. 561.), daſs die Einkünfte der Abtey Baraſzék laut Stiftbrief vom 13. Sept. 1751. nicht nur für fünf Ungr. ſondern auch für deutſche Stiftlinge im Thereſiano gewidmet ſeyen, und es ward verlangt, daſs alles, was über die Koſten der fünf Ungr. Stiftlinge von jenen Einkünften eingehe, zu anderm Behufe, und namentlich zu einer Militärakademie verwendet werde. Der Hof fertigte aber alles mit der Antwort ab, er werde auch ferner den Willen der Stifterin genau erfüllen. — *f*) Ward gerügt (S. 586.), daſs ehe die Stände das Werk der literariſchen Deputation 1792. über die Nationalerziehung in Berathung genommen hätten, die *Nova Ratio Educationis*, die ihrem Zwecke nicht entſpreche, erſchienen ſey. — *g*) Wollte die Mehrheit den Hof gebeten wiſſen (S. 591.), daſs die Zahl der königl. Freyſtädte nicht mehr zu vermehren ſey. (Dieſs iſt nämlich dem ariſtokratiſchen Intereſſe mehrerer Biſchöfe, Magnaten und Edelleute angemeſſen, welche vormals freye Ortſchaften unterthänig gemacht haben, und ſie nun zu ihrer Freyheit nicht zurück gelangen laſſen wollen, z. E. Groſswardein.) Die geſcheutern erinnerten hiebey: was wohl das Ausland dazu ſagen werde, wenn der Ungr. Reichstag ſich wider die Vermehrung der Städte, als der Werkſtädten der Induſtrie und des Commerzes erklären würde, und ſo blieb endlich dieſer Punkt aus der Reihe der Beſchwerden weg. — *h*) Ueber den Umſtand, ob und in wie fern Adlige, die in freyen Städten Häuſer beſitzen, öffentliche Laſten z. E. Quartierslaſten tragen ſollten? ward viel debattirt. Der Adel verlangte die Einquartierungsfreyheit deswegen, weil der Adlige ſelbſt zu inſurgiren verpflichtet, und alſo gewiſſermaſsen geborner Soldat ſey, ein Soldat dem andern aber kein Quartier zu geben pflege. Der Präſident der ſtändiſchen Tafel nahm es endlich über ſich, Städte und Adel über dieſen Punkt zu vergleichen (S. 615.). — *i*) Bezeugten die Stände dem Hofe unterm 9. Dec. (S. 694.) ihre Aufmerkſamkeit darauf, daſs in den neuen Bankozetteln das Wappen des Königreichs Ungern angebracht ſey, und verwahrten ſich nochmals dagegen als ob je das Ungr. Reich für die Bankozettel gut geſtanden hätte, oder gut ſtehen wolle. Der Hof antwortete hierauf unterm 12. Dec.: *Inſignia Regni Hung. aliorumque haereditariorum Regnorum tam prioribus, quam modernis ſchedis bancalibus Ornamenti loco impreſſa haberi, conceptum proinde eatenus SS. et OO. metum ſuapte ceſſare.* — *k*) Beſchwerten ſich die Städte darüber (S. 740.), daſs ſie auſser der Contribution noch ſeit 1780. den *Cenſum Regium* (Königszins) entrichten müſsten. — Dieſe Beſchwerde iſt ganz gegründet, und die Sache iſt ſo zu faſſen: Als in Ungern noch kein Contributions-Syſtem eingeführt war, bedung ſich der König faſt von jeder Stadt, der er einige Freyheiten ertheilte, eine jährliche Abgabe an den königl. Schatz, die der Königszins hieſs. Als die Contribution eingeführt ward, muſste dieſe Zahlung von Rechtswegen aufhören: aber ſeit 1780. verlangte ſie die Kammer laut der ſtädtiſchen Privilegien. Mehrere vom Adel ſchrien, dieſs geſchehe mit Recht. „*Regem eſſe Civitatum Dominum terreſtrem* (Grundherr) *Terra quam Civitates poſſident, eſt proprie-*

tas

tas Regis: neminem licet usu suo exturbare. (Diese ununterrichteten Schreyer haben keinen Begriff vom *tiers Etas* und vom staatsrechtlichen Verhältniss des Bürgerstandes.) Die Stände selbst begiengen den Fehler, diesen *Census regius* als verschieden von der Contribution und für eine „*praestatio ex pacto elibertationis profluens*" zu erklären, und ihre Bitte nur dahin zu beschränken, dass die Freystädte, die vor 1514. als solche bestanden hätten, und laut des Artikels 23. 1514. vom Königszins frey bis 1780. gewesen waren, auch fernerhin davon frey bleiben sollten. Die obere Tafel fasste die Sache besser, und votirte dahin, dass durch die Einführung des Contributionssystems aller Königszins aufhören müsste laut Art. 98. 1715. Diese Angelegenheit ward endlich wegen Verschiedenheit der Meinungen auf den folgenden Reichstag verschoben (S. 758.). — *l*) Merkwürdig war die Erklärung des adligen Abgeordneten des Neograder Comitats (S. 768.): es thue ihnen leid, dass die Erleichterung des Landmanns auf diesem Landtag nicht zur Sprache komme. Er sey dahin angewiesen gewesen, anzutragen, dass der Adel, zufolge seines Rechts mit seinem Vermögen zu schalten, einige freywillige Opfer bringe. Besonders sollte statt des Neunten nirgends mehr das Siebente genommen, und der Adel von der Pachtung des Zehnten ausgeschlossen werden. Es wäre Zeit, den Contribuenten durch engere Bande mit den Ständen zu vereinigen; auch sollten ihnen nicht so viel Gründe durch immer neue und neue Messungen abgenommen, und allodialisch gemacht werden. — Allein er predigte tauben Ohren, ja man warf ihm vor, dass er die Freyheiten des Adels untergraben wolle. Der himmelschreyende Missbrauch aber, dass manche Grundherrschaften statt des gesetzlichen Neunten den Siebenten fordern, kam doch öffentlich an den Tag. — *m*) Noch am letzten Tage des Reichstags am 15. Dec. drangen die Stände beharrlich darauf, dass die Ungr. Regimenter Ungrisch commandirt werden sollten (S. 818.), standen aber endlich doch davon ab, nur versprach der Palatin zu bewirken, dass die Staabsofficiere der Ungr. Regimenter geborne Ungern seyn sollten, welches auch (S. 839.) im Namen des Königs versprochen ward. — *n*) Ebenfalls am letzten Tage kam auch die Angelegenheit der gräfl. Széchényischen Regnicolar Bibliothek und Münzsammlung vor, worüber ein Artikel verfasst wurde. Zugleich ward, weil der Palatin etwas für die Ungr. Literatur zu thun gedachte, die Idee hingeworfen, ein Nationalmuseum und eine gelehrte Gesellschaft zu gründen. Diese Idee fand Beyfall, und die Abgeordneten der Comitate Szothmar, Gömör, Neograd, Honth, Arva, Oedenburg, Sohl, Zips, Vesprim, Pesth, Borsod, Bars, Beregh, Csanad, Tolna, Szala, Eisenburg, Arad, Toronsbel, Krasso, Sümegh, Baranya, Zabolch und Weeselburg erklärten sich im Namen ihrer Comitate, zu jedem Subsidien-Gulden einen Groschen zuzulegen, und damit beide Institute begründen zu wollen. Pesth, Honth und Oedenburg erklärten, wenn 3 Kr. nicht hinlänglich wären, auch 6 Kr. und mehr vom Gulden beyzutragen. — Willfährig zeigten sich hiebey auch das Stuhlweissenburger, Ungher, Batser und Temesser Comitat. Mehrere Comitats-Abgeordnete hingegen zeigten sich lau, die Presburger, Beharer, Raaber, Hevesser, Trentschiner Deputirte wollten keine bestimmte Verbindlichkeit eingehen, und der Comorner wollte sogar die ganze Sache an den Studienfond verwiesen haben: die übrigen gaben gar keine Erklärung ab. Indessen ist es aus andern Nachrichten doch bekannt, dass das Nationalmuseum bey den meisten Comitaten wirklich Unterstützung gefunden habe, und dass dazu ein beträchtlicher Fond gesammelt worden. — *o*) Am letzten Tage wurden auch Deputirte ernannt, welche zu der bevorstehenden Vermählung des Königs mit der Prinzessin Louise Beatrix von Oestreich-Este die Glückwünsche der Nation überbringen sollten.

Die Schlussrede des Königs empfahl für künftige Reichstäge mehrere Beschleunigung der Berathschlagungen, der Palatin aber entschuldigte in seiner Antwort die Langsamkeit der Verhandlungen dieses Reichstags mit der Neuheit und Wichtigkeit der vorgekommenen Gegenstände. Der Personal bat den Palatin, es bey Sr. Maj. dahin zu vermitteln: „*ut si quae nimia forte de paribus sollicitudo expressit, in diminutionem filialis subjectionis interpretari non dignetur.*

Auf einen Gegenstand dieses Landtages muss Referent noch zurückkommen, weil derselbe von der reichstäglichen Deputation fehlerhaft bearbeitet und so verwirrt worden, dass auch auf dem Reichstag 1808. darüber gestritten werden musste. Diess ist das Kapitel von den Banderien. Nach der ersten Ungr. Verfassung waren alle freye Magyaren, und nach Steph. I. alle Adlige verbunden, in Person im Kriege zu dienen. In der Folge erschlichen sich viele Adlige, damals *jobagyones* genannt, die Befreyung vom Militärdienst (*exemtio ab exercituatione, libertas exercitualis*) und als Ludwig I. bey seinen italiänischen Händeln Kriegsvölker brauchte, musste er solche Exemtionen als Belohnungen häufig ertheilen, und überdiess dem Adel den Neunten, den er bis dahin nicht hatte, zugestehen — Die schon häufigen Exemtionen vom Kriegsdienst und die Unbereitschaft des Adels zu Kriegszügen zwangen den Kaiser Sigmund auf eine wirksamere Vertheidigung des Reichs zu denken, um den ersten Anfällen und Streifereyen der Böhmen und Türken wirksam und schlagfertig zu begegnen. Er nahm hiezu das Muster von der deutschen Reichsmatrikel, und so entstanden zuerst die Banderien. Die weltlichen *Barones Regni* mussten sämmtlich Banderien stellen, *ratione salinarum suorum* d. h. sie bekamen dafür jeder von der Krone eine Anzahl Centner Salz, die sie auf eigne Rechnung verkaufen durften, und davon mussten sie ihr Contingent unterhalten. Die *Praelati Regni* hingegen sollten ihre Banderien unterhalten *ratione decimarum suorum*, weil sie durch ihre Zehnden ohnehin grosse Einkünfte hatten. Die Banderien sollten zuerst ausrücken, und erst, wenn diese nicht hinreichten, sollte der Adel aufgeboten werden. Hieraus folgt, dass die Verbindlichkeit der Prälaten, Banderien zu stellen, auch heut zu Tage nicht aufgehört hat, wohingegen jene der Reichsbaronen wegen Einstellung des Salzcontingents, erloschen ist. —

ALLGEMEINE LITERATUR-ZEITUNG

Mittwochs, den 18. October 1809.

WISSENSCHAFTLICHE WERKE.

BIBLISCHE LITERATUR.

KÖNIGSBERG, b. Göbbels u. Unzer: *Hoseas* (übersetzt und erläutert) von *Ernst Gottfried Adolph Böckel.* 1807. 108 S. gr. 8. (1 Gulden 20 Kr.)

Die kleinen Propheten sind so glücklich gewesen, in den letzten Decennien einige vorzügliche Uebersetzer und Bearbeiter zu finden, und auch die hier anzuzeigende Arbeit eines angehenden Schriftstellers ist einer rühmlichen Erwähnung werth. Der Vf. vereinigt schöne Sprachkenntnisse mit Geschmack, guter Beurtheilung des Vorgearbeiteten und eigenem Nachdenken. Nach der Vorrede nahm er bey der Ausarbeitung der Uebersetzung, außer dem hebräischen Texte und den in der Londoner Polyglotte abgedruckten Versionen, keinen Ausleger zu Hülfe, um ganz frey und unbefangen zu Werke zu gehn. Als er fertig war, zog er ältere und neuere Exegeten, so viel er auftreiben konnte, zu Rathe, und fand durch diese Vergleichung seine Ansichten bald bestätigt, bald widerlegt, oft auch keins von beiden. Der Stellen, in welchen Hr. *B.* von allen Bibel-Erklärern abgehen zu müssen glaubte, waren am Ende so viel, dass er den Wunsch nicht unterdrücken konnte, seine Deutungen und Conjecturen dem sachverständigen Publicum zur Prüfung vorzulegen.

Eine kurze *Einleitung*, welche sich mit dem Inhalt und dichterischen Charakter des *Hoseas* beschäftigt, steht der Uebersetzung desselben voran. Als Hauptidee, welche allen Reden *Hoseas* zum Grunde liegt, nimmt Hr. *B.* an: „Die Israeliten (oder wie er, mit genauer, etwas affectirter, Anschmiegung an das Hebräische, beständig schreibt: *Jissraeliten*) haben durch Abgötterey sich gegen ihren Jehowa (so schreibt Hr. B.) versündigt und dafür Strafe verdient, die nur *dann*, wenn sie sich bessern, von ihnen abgewandt werden kann." Der poetische Charakter des Propheten wird treffend geschildert. Der Vf. vergleicht ihn mit *Rembrand*, oder noch richtiger mit *Jakob Jordaens.* Die Erzählungen im 1 und 3ten Kapitel hält er für *Allegorien*, ähnlich den Parabeln Jesu; an eine eigentlich symbolische Handlung zu denken, verbiete der Inhalt. Die einzelnen Abschnitte hat Hr. *B.* nicht Kapitel, sondern *Rhapsodieen* überschrieben, und das Ganze (jedoch meist mit Beybehaltung der gewöhnlichen Kapitel-Eintheilung) in 14 Rhapsodieen vertheilt. Die Uebersetzung selbst ist mit Kenntniss des Originals und Treue, auch im Ganzen mit Achtung des Geistes unsrer Muttersprache verfertigt. Der Uebersetzer hat sich dabey des zu dieser Art von Poesieen sehr gut passenden jambischen Sylbenmasses bedient, welches die bestimmte Rhythmik der Hebräer und den Parallelismus der Glieder noch am besten durchschimmern lässt, was auch hier und da zur Vertheidigung einer bloss wie Poesie aussehenden, aber den feinern Kenner nicht befriedigenden, Prosa gesagt und geschwatzt werden mag. Will man sich noch immer nicht von der Prosa entfernen: so bleibe man doch lieber bey der kräftigen *Lutherischen* Uebersetzung, und ändere bloss die unrichtig übersetzten Stellen! Nur selten kommen so lange und gedehnte Zeilen vor, wie K. 2, 7. 12. 14. Die letztern Zeilen, welche Hr. *B.* übersetzt:

> Indess will ich sie locken, und auf eine Flur sie führen
> Und freundlich mit ihr reden —

liessen sich vielleicht kürzer so fassen:

> Indess will ich sie an mir locken,
> Sie führen auf die Flur, an's Herz ihr reden —

Bisweilen stösst man auch auf Härten in der Scansion, auf Hiatus und allzu prosaische Stellen. Um K. 4, 1. die harte Scansion:

> Jehowa rechtet mit den *Einwohnern* des Landes —

zu vermeiden, könnte man diese Zeile so übersetzen:

> Jehovah hadert mit des Landes Bürgern.

v. 3. heisst es:

> Verschmachten werden alle, welches (welche) es (das Land) bewohnen.

Warum nicht kürzer so:

> Verschmachten werden alle seine Bürger,

oder:

> Es welken alle seine Bürger hin.

K. 4, 8. übersetzt Hr. *B.*: „Sie (die Priester) nähren sich von meines Volkes Sünden;" und bezieht diess darauf, dass die Priester einen Theil der *Sündopfer* verzehren durften; vergl. 3 Mos. 6, 26. Was jedoch hier schlechtweg *Sünde* genannt wird, scheint eher den *Bilder- und Götzendienst des Volks* bezeichnen zu sollen, der den Priestern Einkommen und Unterhalt verschaffte. (S. *Arnoldi's* Bearbeitung dieses Kapitels, in den von *Justi* herausgegebenen *Blumen althebräischer Dichtkunst*, S. 558.) Ebendaselbst findet man durch

durch eine veränderte Abtheilung von v. 10. 11. und eine richtigere Wortverbindung den wahren Verstand dieser schwierigen Stelle wieder hergestellt. — Dass Hr. *B.* das in der Uebersetzung so oft vorkommende Wort *Ephraim* bald *Ēphrăjīm*, bald *Ephrăjīm* skandirt hat, thut keine gute Wirkung; vergl. K. 5, 12. 13. und K. 6, 4. 10. Zu prosaisch ist die letzte Zeile von K. 7, 10. übersetzt: „Des allen ungeachtet suchen sie ihn nicht." Vielleicht besser so: „Und dennoch suchen sie ihn nicht;" oder, nach einer kleinen Umschreibung des בְּכָל זֹאת: „Bey aller ihrer Schwäche suchen sie ihn nicht." Gewöhnlich nahm man mehrere Abschnitte im 9ten Kapitel an, die in keinem innern Zusammenhange mit einander ständen. Auch Hr. *B.* theilt diess Kap. in zwey verschiedene Rhapsodieen ein: 1) v. 1—9. 2) v. 10—17. Aber auch hier tritt Rec. aus voller Ueberzeugung der scharfsinnigen *Arnoldi'schen* Exposition des Inhalts und Zusammenhangs dieses Kapitels bey, wodurch sich die verschiedenen Abschnitte leicht und ungezwungen zu einem schönen Ganzen vereinigen. S. die oben angeführte Anthologie, S. 563 f. Der 3te Vers ist von Hn. *B.* etwas hart so übersetzt worden:

Efrajim wird nach Mizraim kehren,
Und Unreines in Aschur essen.

Vielleicht besser so:

Es kehre nach Aegypten Ephraim zurück,
Und ess' unreine Speisen in Assyrien.

Die unveränderte Beybehaltung der hebräischen Namen fällt besonders bey allbekannten Namen ins Gezwungene, z. B. bey dem Worte *Jeruschalajim* für *Jerusalem*, *Jehowa* oder *Jowa* für *Jehovah*, *Dawid* für *David* u. s. w.; und in den Citaten findet man denn — etwas inconsequent — die in Deutschland gewöhnlich angenommene Orthographie wieder. Bisweilen fällt der Uebersetzer auch aus dem von ihm angenommenen Sylbenmasse, z. B. Kap. 9, 10.:

Sie aber wandten zu *Beal Feor* sich hin;

v. 11.:

Efraims Geschlecht entfliehe wie ein Vogel;

oder, man muss *Beal* zweysylbig, und *fraim* einsylbig gebrauchen. Hart ist auch v. 16. übersetzt:

Gefüllet wird Efrajim,
Verdorren ihre Wurzel,

wo das *wird* in der zweyten Zeile in Gedanken wiederholt werden soll. Ungleich schöner hat *Arnoldi* übersetzt:

Getroffen wie vom Blitz ist Ephraim,
Verdorrt die Wurzel, Früchte soll's nicht tragen u. s. w.

Um (K. 10, 1.) den unangenehmen Hiatus:

Gleich einem geilen Weinstocke ist Jisrael,

zu vermeiden, würden wir diese Zeile so übersetzen:

Dem Weinstock voller Ranken gleichet Israel.

Das nichtdeutsche Wort *Statüen* (K. 10, 1. 2.) würden wir auch lieber mit dem deutschen Worte *Götzenbilder* vertauscht haben. Wie wir bereits bemerkten, gebraucht der Vf. das Wort *Ephraim* bald als dreysylbig, und bald als zweysylbig; wenn aber auch K. 14, 9. *Ephraim* zweysylbig gebraucht wird: so ist die erste Zeile doch sehr hart scandirt: „Was sollen ferner *für Ēfraim* die Götzen?" Zu den am glücklichsten übersetzten Stellen rechnen wir unter andern K. 11, 1 f. K. 14, 6 f. Die letzte setzen wir, statt aller andern Proben, hierher:

Ich will für Israel seyn, wie ein Thau,
Aufblühen wird er gleich der Lilie,
Und Wurzel schlagen, wie der Libanon.
Ausbreiten werden seine Zweige sich;
Er wird an Pracht dem Oelbaum gleichen,
Und duften, wie der Libanon.
Von neuem werden sie in seinem Schatten wohnen;
Sie werden wachsen, wie das Korn,
Und blühen gleich den Reben,
Und so berühmt seyn, wie der Wein auf Libanon.

Die *kritischen* und *philologischen Anmerkungen* zeugen von guten Sprachkenntnissen und richtiger Beurtheilung des Vfs.; auch sind die meisten seiner versuchten neuen Erklärungen aller Aufmerksamkeit werth, wiewohl einige von dem Vorwurfe des Gekünstelten nicht ganz frey zu sprechen sind, und der Vf. bisweilen selbst noch zwischen mehrern Vorschlägen wankt, wie bey K. 1, 2. Er schlägt vor: וְלָדַי זְנוּנִים oder וִילָדַי זְנוּנִים zu lesen, und übersetzt: „auch meine Söhne sind mir untreu." Die Worte כי ריב־הארץ (K. 4, 1.) hält Hr. *B.* für eine Parenthese, zur nähern Bestimmung der Anfangsworte dieses Verses hingesetzt; mit כי beginne die Strafrede Jehovens. Bey K. 4, 5. bemerkt der Vf., er kenne keine Stelle, wo היום, wie hier alle Ausleger wollten, *am Tage* heisse, es pflege im Gegentheil immer *heute* zu bedeuten. 1 Mos. 24, 48. Ps. 2, 7. 92, 7. Das לילה mache keine Schwierigkeit, wenn man es: *noch diese Nacht*, übersetze. Hiernach übersetzt er den Vers so: „Noch heute sollst du stürzen, mit dir zugleich der Seher, diese Nacht." Die etwas schwierige Stelle K. 5, 2. übersetzt Hr. *B.*: „Sie breiteten es aus (das Netz) — die Frevler, sie trieben es zu weit u. s. w.," und lieset mit einer kleinen Versetzung: וְשַׁחֲטָה הַשֵּׂטִים. Bekanntlich haben die Worte (K. 7, 4.): מלוש עד־חמצתו, den Auslegern Schwierigkeiten gemacht, weil es doch undenkbar ist, dass die Hebräer zu Hoseas Zeit erst dann den Teig sollten gesäuert haben, wenn er bereits geknetet war. Hr. *B.* bemerkt ganz richtig, dass das עד keineswegs immer die Bedeutung unsers bis habe, sondern vielmehr oft das Gleichzeitige zweyer Handlungen, oft auch nur die genaue Verbindung ausdrücke, in welcher beide mit einander ständen, Ps. 110, 1. Hos. 10, 12. Aber auch, wenn diese Bedeutungen nicht so ausgemacht wären, dürfe uns ein ὕστερον πρότερον hier eben so wenig, als bey andern Dichtern, befremden. So sage *Virgil*, Aen. II. v. 353.: *moriamur et in media arma ruamus*, ohne dass sich jemand daran stosse. Kap. 7, 6. punctirt Hr. *B.* קֵרְבוּ, statt

statt [illegible], und bezieht es, im Gegensatze von [illegible] auf den König. Die gewöhnliche Erklärung von [illegible] (K. 9. 12.) scheint dem Vf. frostig zu seyn (wiewohl man das Wort doch von gänzlichem Menschenmangel verstehen könnte); er übersetzt daher, nach dem Vorgange von Jonathans Paraphrase: „ich raube sie, *noch ehe sie Männer werden.*" „Das [illegible] (K. 14. 3.) erklärt Hr. *B.* durch *gottgefällige Opfer*, vergl. 1 Mos. 4, 7., wo [illegible], nach der Erklärung mehrerer Exegeten, *reichlich opfern* heisst. [illegible] könnte wohl auch das Gute anzeigen, das die reumüthigen Sünder jetzt vollbrachten, ihre bessere Handlungsweise, im Gegensatze ihrer vorigen Missethaten. — Doch, das bisher Gesagte wird hinreichend seyn, um das Publicum auf einen angehenden hoffnungsvollen Exegeten aufmerksam zu machen, der, bey fortgesetztem Bibelstudium und fernerer Ausbildung durch klassische Muster, noch manchen schätzbaren Beytrag zur Erklärung des A. T. liefern wird, wozu wir ihn hiermit aufrichtig aufmuntern.

Köthen, b. Aue: *Erklärung der gewöhnlichen Sonn- und Festtags-Episteln, und Evangelien-Abschnitte für die Jugend*, zum Gebrauche der Lehrer und Lehrlinge, Aeltern und Prediger, von *Johann Ludw. Wilh. Scherer*, Grossherzogl. Hessischer erster Prediger zu Berstadt (erstem Pred. zu B. im Grossherzogth. Hessen). 1807. IV u. 390 S. med. 8. (16 gr.)

Das Buch ist brauchbar für Land-Schullehrer und Ungelehrte, welche die Sonn- und Festtags-Perikopen besser verstehen lernen wollen; nur ist es nicht rathsam, dass Prediger sich „in der Geschwindigkeit" die nöthige Uebersicht ihrer vorgeschriebenen Texte aus keiner andern Schrift, als aus der des Hn. *Sch.*, verschaffen. Prediger müssen sich überhaupt mit Ernst und Fleiss auf ihre Vorträge vorbereiten, und nicht bloss in der Geschwindigkeit aus einem Hülfsbuche, wie das vorliegende, Ideen für ihre Sonn- und Festtags-Predigten sammeln. Hr. Dr. *Reinhard* hat auch viel Geschäfte, und unvergleichlich mehr, als mancher Landprediger; aber er nimmt sich doch Zeit zu seinen Amtsarbeiten, und studirt jedesmal seinen Text wieder von neuem durch. Rec. nimmt deswegen ein grosses Aergerniss daran, wenn man Religionslehrern ihr Geschäft, über die Perikopen zu predigen, allzu bequem machen will, und es würde seinen Unwillen erregen, wenn lutherische Pastoren nur zu einem solchen Buche ihre Zuflucht nähmen, um die biblischen Abschnitte, worüber sie zu predigen haben, ihren Zuhörern erträglich zu erklären. Denn, was in dieser Schrift steht, sollte jeder Geistliche schon wissen; seine Kenntnisse müssen tiefer geschöpft seyn; eine oberflächliche Bekanntschaft mit seinen Texten darf ihn nicht befriedigen. Zum Gebrauche für Prediger würde also Rec. diese Arbeit des Vfs. *nicht* empfehlen, ob er gleich ihre Nützlichkeit für *Ungelehrte* gern anerkennt, und sie, wenn man von dem Gebrauche für Studirte absieht, sogar besser als verschiedene andre Schriften des Vfs. gefunden hat. Inzwischen müsste er, wenn auch Hr. *Sch.* geneigt wäre, die Bestimmung dieses Buchs auf Ungelehrte einzuschränken, doch gegen Mehreres, was in demselben steht, einkommen, und ihn bitten, es bey einer Revision seiner Arbeit, wozu ihn eine neue Ausgabe dieser wohlfeilen Schrift veranlassen könnte, zu verbessern. Nur einiges sey als Beyspiel ausgehoben. In verschiedenen Stellen wird Jesus der *Stifter einer neuen Religion* genannt; dadurch wird doch der Zweck Jesu, der weit umfassender war, nur einseitig angegeben. — Die gerühmte *Duldsamkeit* der römischen Regierung gegen die ersten Christen ist nur mit Einschränkung anzunehmen. — Von Matth. 23, 39. kann der Sinn nicht seyn: „dass das Unglück der Zerstörung des jüdischen Staats noch abgewendet werden könne, wenn die Nation ihn noch als den Messias erkenne;" denn der Vers soll eine Bekräftigung des vorhergehenden: ἀφιεται ὁ οἰκος ὑμων ἐρημος, enthalten, was die Worte: λεγω γαρ ὑμιν, anzeigen. — Dass Herodes gehofft habe, unter den Bethlehemitischen Kindern, die er umbringen liess, würde *Jesus* sich befinden, ist nicht die richtige Vorstellung; besser heisst es: er hoffte, das Kind würde sich darunter befinden, das seiner Familie in der Folge gefährlich werden könnte. — Woher mag der Vf. die Angabe haben, dass *Nazarenus* so viel sagen wolle, als: *Beschützer der Nation?* — In der Geschichte von den Magiern lässt man den Stern oder das Gestirn nach optischer Ansicht besser über *Bethlehem*, als über dem *einzelnen Hause* stehen, in welchem Joseph und Maria mit Jesu waren. — In der Erklärung von Luc. 2, 41 — 52. ist es unrichtig gesagt, dass Joseph und Maria ohne den Knaben Jesus wieder *nach Nazareth* zurückgekehrt seyen; sie begaben sich nur erst auf die Rückreise; auch ist es fehlerhaft ausgedrückt, wenn es heisst: *drey Tage*, als sie abgereist waren, fanden sie ihn zu Jerusalem. — Die στολη λευκη, die Marc. 16, 5. vorkömmt, wird zu einem *Staatskleide* gemacht, ohne dass Grunds genug dazu in dem schlichten Ausdrucke des Originals liegt. — Bey Luc. 24, 25. wäre zu bemerken gewesen, dass βραδυς τῃ καρδιᾳ auf die *Langsamkeit* der *Fassungskraft* geht. — Dass der arme Lazarus gerade ein Mann von *edler* Denkart und Handlungsweise gewesen sey, geht nicht aus der Erzählung Jesu hervor. — Bey schwierigen Stellen hätte endlich der Vf. nicht bloss *Eine* Auslegung anführen, sondern die vorzüglichsten Erklärungen kurz angeben sollen. — Gelehrte können beym Lesen solcher Bücher das Mangelhafte schon ergänzen, und das Fehlerhafte berichtigen; Ungelehrte können diess aber nicht; eben deswegen ist es doppelte Pflicht, auf ihnen gewidmete Schriften den grösstmöglichen Fleiss zu wenden.

PASTO-

PASTORALWISSENSCHAFTEN.

MÜNCHEN, b. Lentner: *Neue Beyträge zur Bildung des Geistlichen.* Von *J. M. Sailer*, Lehrer der Pastoraltheologie (zu Landshut). *Erster* Band. 1809. 208 S. 8. (1 Fl. 15 Kr.)

Diese *neuen Beyträge*, die sich nicht an eine frühere Schrift unter diesem Titel, sondern an die *Vorlesungen aus der Pastoraltheologie* anschliessen, werden ihre Bestimmung, „durch Betrachtungen, die dem nüchternen Veteran, wie dem muthigen Kandidaten willkommen seyn sollen, die tiefere und weitere Bildung des Geistlichen nach dem einstimmigen Erfordernisse der *Religion*, der *Seelensorge* und der *Zeit*, die nicht weniger kühn in ihren Forderungen, als reich an Gährungen aller Art ist, fortzuleiten," bey den Freunden der Schriften des Vfs. nicht verfehlen. Auch hier spricht Hr. *S.* mit seiner bekannten Wärme für seinen Gegenstand, wodurch er den Leser hinreisst und zu seinem Zwecke führt, wozu diesem auch Glück zu wünschen ist, wenn er schon bey kälterer Ueberlegung hintennach manche leere Bilder und Sprünge entdeckt, welche bey der Lebhaftigkeit eines solchen desultorischen Ganges stets unvermeidlich sind. Hr. *S.* verläfst sich darauf, dass „die *Wahrheit*, so wie sie ein eignes *Licht*, das sie offenbaret, und eine eigne *Herrlichkeit* hat, die sie verklärt, auch einen eignen *Stachel* habe, der sich in das Herz eingräbt und durch seine erste Wirkung die zweyte, durch die gemachte Verwundung die nachkommende Heilung prophezeihet." Da es nun hier nicht auf systematische Entwicklung und Darstellung ankömmt, und der Vf. doch verspricht, nichts unberührt zu lassen von allem dem, was entweder sich im Laufe der Erfahrung für die weitere und tiefere Bildung des Geistlichen wohlthätig schon erwiesen hat, oder nach allen Verheissungen der Vernunft noch erweisen wird: so ist diesen Beyträgen eine Stelle in der Bibliothek eines jeden wenigstens angehenden kathol. Geistlichen zu wünschen. Zuerst giebt der Vf. als Einleitung „eine *runde Erklärung, was ihm Bildung des Geistlichen sey.*" Darin unterscheidet er den Geistlichen, der nur den Namen des Standes trägt, von dem, der das Mafs des Namens erfüllt, und nennt jenen den *Zeit-Geistlichen*, diesen den *Geistlich-Geistlichen*, welcher den Diamant des Geistes, als das erste Kleinod, besitze, und sich auch durch die vierfache *Cultur* des *Buchstabens*, des *Wissens*, der *Kunst* und des *Umgangs* auszeichne, um auf die Welt wider den Geist der Welt zu wirken; allein nicht mit List und Blendwerk, sondern mit dem sanften Stabe der *Wahrheit*, der *Liebe*, des *Beyspiels*. Solche Geistlichen konnten aber auch nicht mehr gedemüthigt werden, als dass sie, da man die Sittlichkeit von der Religion getrennt und die Religion nur zum Anhängsel der Moral, zum Postscripte der Sittlichkeit, oder gar zum *Punctum exclamationis* hinter den guten Sitten (!) gemacht hatte, zu blossen Sittenlehrern degradirt wurden. Dagegen wird aber auch ihre Würde als wahrer Diener Christi und seiner Kirche erhoben, für die sie *ein lebendiges Bild der ewigen Ordnung der Dinge* werden sollen, so wie sie für den Staat die *Augen* am grofsen Leibe der Gesellschaft und Stützen zur Aufrechthaltung der öffentlichen Ordnung seyen. Allein eben weil dieses die *delicatesten und bedeutendsten Stellen* für und an demselben seyen: so habe er sie auch mit zarter Hand zu schonen und mit starkem Arme zu schützen, und wenn dieses der Staat in seinen *ersten Organen* thue, so werden es ihm auch die *untern Organe* willig nachthun. So treffend besonders die letztere Bemerkung im Allgemeinen ist, um so mehr verdient Hr. *S.* Dank, dass er sie auch in seinem Vaterlande mit Nachdruck aussprach, *wo* jetzt so manche Beschwerden der Geistlichen über Beschränkung und Verringerung ihres Gehaltes durch neue drückende Besteurung und anderweitige Verwendung des Stiftungsvermögens, so wie über Nachsetzung gegen die *weltlichen* Staatsdiener überhaupt, gehört werden, mit denen sie zwar, wie hier richtig hinzugefügt wird, nicht dieses Prädicat theilen wollen, ob sie gleich dem Staate, indem sie, an dem ewigen Heile ihrer Gemeinden bauend, auch die mächtigsten Hemmketten des zeitlichen Wohlseyns zerbrechen, auch ohne seine Uniform zu tragen, aufs nützlichste dienen. Der *zweyte* Auffatz handelt von der *dreyfachen Popularität* im Predigen, nämlich von der des *Inhalts*, *Ausdrucks* und *Vortrags*, womit Hr. *Al. Buchner* die von der theologischen Facultät zu Landshut aufgegebene Preisfrage beantwortete und sich den Grad des theologischen Doctorats erwarb. Da er Hn. *S.* aber von dem Vf. zu willkürlichen Abänderungen überlassen wurde, so erklärt er selbst, dass der Geist dem Vf., die Gestalt aber ihm angehöre, dessen Gepräge auch im Ganzen nicht zu verkennen ist; der nähern Beurtheilung desselben wir uns bey den beschränkten Gränzen dieser Anzeige aber um so eher überheben, je weniger sich ihr Inhalt in einen kurzen Abriss zusammendrängen läfst und dem eignen Nachlesen vorzugreifen gestattet. Endlich ist III. ein Auszug aus *Fenelons* Briefe an die französische Akademie *über Beredsamkeit* beygefügt, wovon durch Hn. Kirchenrath *von Werkmeister* erst eine vollständige Uebersetzung besorgt wurde, und IV. eine akademische Rede *von dem Bunde der Religion mit der Kunst* von Hn. *S.*, worin gezeigt wird, dass dieser nicht zufällig oder verabredet, sondern nothwendig, wesentlich und ewig ist. Dass die Schreibart des Vfs. häufig verkünstelt und verschroben ist, weiss man schon aus andern seiner Schriften, und wird es auch hier wieder so finden.

ALLGEMEINE LITERATUR - ZEITUNG

Donnerstags, den 19. October 1809.

WISSENSCHAFTLICHE WERKE.

ERDBESCHREIBUNG.

Paris, b. Nicolle u. Lenormant: *Itinéraire descriptif de l'Espagne, et tableau élémentaire des différentes branches de l'administration, et de l'industrie de ce royaume.* Par *Alexandre de Laborde.* 1808. *Vol. I.* 386 S. *Vol. II.* 274 S. *Vol. III.* 504 S. *Vol. IV.* 515 S. *Vol. V.* 498 S. gr. 8. Nebst einem Atlas in dem nämlichen Format. (42 Fr.)

Der Vf. dieses Werkes ist bereits durch seine malerische Reise durch Spanien, und durch die Beschreibung eines bey Sevilla gefundenen musivischen Fussbodens sehr vortheilhaft bekannt. Er hat Spanien mehrmals, in verschiedenen Richtungen, und unter sehr günstigen Verhältnissen durchreist; er hat sich überall die besten Nachrichten zu verschaffen gewusst; sein Name flösst also auch für obiges Werk kein ungegründetes Zutrauen ein. Das Ganze zerfällt in *zwey* Hauptabtheilungen: in den eigentlichen Wegweiser, der die *drey ersten* Bände füllt, und in das statistische Gemälde, das in den *zwey letzten* enthalten ist. Was den Wegweiser anlangt, so ist er im Ganzen gewiss sehr gut gerathen, zumal wenn man die Schwierigkeiten einer solchen Arbeit überhaupt, und insbesondere bey diesem Lande bedenkt. Die Haupt- und Neben-Routen sind, mit wenigen Ausnahmen, sehr richtig angegeben, die sämmtlichen Merkwürdigkeiten ziemlich genau verzeichnet, auch die für Reisende immer so brauchbaren Notizen über die Beschaffenheit der Wege, der Wirthshäuser u. s. w. fast durchaus sorgfältig beygefügt. Die Städtebeschreibungen scheinen, was nämlich den Inhalt anlangt, im Durchschnitte mit vielem Fleisse gemacht zu seyn; ja einige derselben, wie die von *Barcelona*, *Valencia*, *Murcia* u. s. w. enthalten mehrere ganz neue Angaben. Endlich bieten die kurzen statistischen Gemälde der einzelnen Provinzen immer sehr brauchbare Uebersichten zur ersten Belehrung dar. In formeller Hinsicht indessen ist dieser Wegweiser ein äusserst vernachlässigtes Werk, dem es fast durchaus an Ordnung, Methode und Klarheit fehlt. Der Vf. gesteht auch selbst (*Introduct.* S. 108.), dass er, aus Mangel an Zeit, bloss seine Materialien, ohne alle Sichtung und Verarbeitung, gab. Daher denn auch die unlogische Classificirung, die unsystematische Darstellung, die bunte Verwirrung, wo man nur aufschlagen mag; daher die unzähligen Wiederholungen, und unnützen Abschweifungen aller Art; daher endlich der ungleiche, fehlerhafte und holperichte Stil, durch den man sich im eigentlichen Sinne hindurch arbeiten muss.

Was nun zweytens das statistische Gemälde von Spanien betrifft, das in den *zwey letzten* Bänden enthalten ist: so bietet es ebenfalls sehr schätzbare Materialien dar, ist aber auch ebenfalls nichts als eine *rudis indigestaque moles*, der eine schöpferische Hand erst Form und Bildung geben muss. Der Stil, ist wo möglich, noch vernachlässigter als in dem Wegweiser selbst, ja mancher Abschnitt ist durchaus wörtlich wieder aus diesem abgeschrieben. Als Hauptresultat unsrer Beurtheilung ergiebt sich demnach, dass dieses Werk im Ganzen eine Menge sehr brauchbarer, zum Theil selbst vortrefflicher, Materialien enthält, dass es aber einer gänzlichen Umarbeitung bedarf, wenn es für Leser geniessbar, und für Reisende durchaus brauchbar werden soll. Es ist zu hoffen, dass der Bearbeiter der deutschen Ausgabe dieses berücksichtigen, und uns nur die Quintessenz daraus mittheilen wird. Diess im Allgemeinen: wir wollen nun die einzelnen Theile nach der Reihe durchgehn, und überall den Inhalt angeben, damit man das Ganze gehörig übersehen könne.

Der *erste* Theil liefert zuvörderst eine lange Einleitung *historisch-politischen* Inhalts, deren Werth dahin gestellt seyn mag; dann eine umständliche Abhandlung über das Reisen in Spanien, grösstentheils nach *Fischer*, doch nicht ohne Zusätze und Verbesserungen; ferner eine physische Geographie von Spanien, die sehr unvollständige Notizen enthält, und eine Abhandlung über die Bildung des Bodens, und über das Clima von Spanien, woran unser *Humboldt* einen vortrefflichen Beytrag geliefert hat; endlich die Eintheilung, die Chronologie von Spanien u. s. w., ziemlich kurz, und zuweilen selbst fehlerhaft. Das übrige des Bandes füllen die Provinzen *Catalonien*, *Valencia* und *Estremadura* aus.

Der *zweyte* Theil enthält: *Andalusien* (nach den vier sogenannten Königreichen), *Murcia*, *Aragonien*, *Navarra*, *Biscaya* (im Allgemeinen), *Asturien*, *Galicien* und *Leon*.

Der *dritte* Theil liefert die Beschreibung von *Alt-* und *Neu-Castilien*, und von *der Mancha*. Angehängt sind: Einige Notizen über die Route von *Malaga* nach *Gibraltar*, über *Gibraltar* selbst, über die *afrikanischen Presidios*, besonders über *Ceuta*, und über die *Balearischen* und *Pityusischen* Inseln (ein blosser Auszug aus *Grasset St. Sauveur*.).

Im

Im *vierten* Theil findet man folgende Rubriken: (S. 1.) *Bevölkerung.* (S. 28.) *Ackerbau.* (S. 40.) *Schafvieh.* (S. 54.) *Rindvieh.* (S. 56.) *Pferde.* (S. 61.) *Baumpflanzungen.* (S. 73.) *Bewäſſerung.* (S. 76.) *Producte.* (S. 98.) *Aufmunterungen des Ackerbaus.* (S. 108—294.) *Ueber die Verbeſſerung des ſpaniſchen Ackerbaus.* Eine vortreffliche Abhandlung von dem bekannten *Don Gaſpar Melchor de Jovellanos*, die er als Mitglied der Madrider ökonomiſchen Geſellſchaft, in deren Namen, für das Conſejo de Caſtilla niederſchrieb. Aber hieher gehörte ſie freylich nicht in ihrem ganzen Umfange; (ſie nimmt faſt ein Drittheil des ganzen Bandes ein) warum gab uns Hr. *Laborde* nicht einen gedrängten Auszug, alſo bloſs die Reſultate davon? (S. 295—345.) *Manufacturen.* Gut zuſammengeſtellt, wenn auch meiſtens nur aus dem Wegweiſer copirt. (S. 346—385.) *Handel.* Neben viel bekannten, und ſchon im *Itineraire* enthaltenen, ſehr ſchätzbare Notizen, nur nicht immer von der neueſten Zeit. (S. 397—408.) *Wege, Canäle und Brücken.* Sehr brauchbar, wenn auch der Kunſtverſtändige unbefriedigt bleiben ſollte. (S. 415.) *Regierung und Miniſter*, ſehr unbedeutend gegen Bourgoing. (S. 426—473.) *Land- und Seemacht.* Vollſtändig genug, aber neben vielem Guten auch manche veraltete Notiz. (S. 478.) *Finanzen.* Ein ſehr vorzüglicher Artikel, der allen Gelehrten dieſes Faches willkommen ſeyn wird.

Im *fünften* Theile finden ſich folgende Abſchnitte: (S. 1.) *Geiſtlichkeit.* Das Bekannte mit mehrern neuen, oder umſtändlichern Nachrichten vermiſcht. (S. 41.) *Juſtizpflege.* Die *Partie honteuſe* von Spanien, nun gröſstentheils Antiquität. (S. 102.) *Spaniſche Orden*, Manches Sonderbare. (S. 123.) *Wiſſenſchaften:* Für deutſche Literatoren höchſt oberflächlich: ſo wie auch faſt alles, was der Vf. über das ſpaniſche *Theater*, die ſpaniſche *Sprache*, u. ſ. w. ſagt. Die Nachrichten von dem Zuſtande des mediciniſchen Studiums (S. 187 ff.) rühren jedoch von einem gründlichen Kenner her. (S. 303.) *Spaniſche Kunſt*, viel ſcharfſinnige Bemerkungen, aber ohne Zuſammenhang. (S. 328—428.) *Vermiſchte ſittliche Bemerkungen.* Eine angenehme Olla Potrida, ſollte auch vieles davon ſchon durch *Bourgoing*, *Fiſcher*, u. ſ. w. früher bekannt geworden ſeyn; endlich noch (S. 429. bis zu Ende): *Naturhiſtoriſche Bemerkungen.* Zwar ſchwerlich erſchöpfend, aber dennoch zur erſten Ueberſicht immer brauchbar genug.

Dieſs wäre alſo der Inhalt dieſes weitläuftigen Werkes. Wir enthalten uns eines umſtändlichen Auszuges; dieſes mag dem künftigen Recenſenten der deutſchen Ausgabe überlaſſen ſeyn; wo, wie wir hoffen, alles in beſſerer Ordnung, und in einem gedrängteren Stile zu finden ſeyn wird. Um indeſſen unſern Leſern wenigſtens etwas mitzutheilen, wählen wir die Schilderung der *Spanier* und *Spanierinnen* im Allgemeinen (Th. V. S. 334 ff.) die wir überarbeitet liefern.

Die Spanier und Spanierinnen überhaupt. — „Die Spanier ſind in der Regel von mittlerer, doch auch häufig eher von kleiner als groſser Statur. Dieſs iſt beſonders in den beiden Caſtilien und der Provinz Leon, ſo wie in den an die Pyrenäen und den Ocean gränzenden Provinzen der Fall. Die Spanier haben kein überflüſſiges Fett; allein ſo hager, wie ſie meiſtens beſchrieben werden, ſind ſie doch wirklich auch nicht. Ihre Magerkeit iſt ganz und gar nicht unangenehm, und paſst vollkommen zu ihrer Statur. Dabey ſind ſie im Allgemeinen ſehr gut gebaut, und zeichnen ſich durch Feinheit des Wuchſes, wie durch Schönheit des Kopfes aus. Ihre Züge ſind regelmäſsig, ihre Augen voll Feuer, ihre Zähne vortrefflich, ihre Phyſiognomien voll Geiſt und Ausdruck. Ihr Teint iſt bräunlich gelb, doch nach den verſchiedenen Provinzen, bald ſtärker, bald ſchwächer nuancirt. In Eſtremadura z. B. iſt er am dunkelſten, in Biſcaya am hellſten, in Murcia wird er olivenfarbig, und in Neucaſtilien wieder ungleich weiſser als in Altcaſtilien. — Die Spanierinnen ſind ſchön, und zeichnen ſich durch eine höchſt bezaubernde natürliche Anmuth aus. Sie ſind klein, aber vortrefflich gebaut, und mit wenig Ausnahmen in Biſcaya, meiſtens brunett. Ihr Wuchs, ihre Arme u. ſ. w. alles iſt vollkommen, und aufs ſchönſte geformt. Ihr Geſicht iſt faſt ganz oval, ihr Mund reizend, ihre Phyſiognomie offen, geiſtreich und ausdrucksvoll. Ihre Züge ſind eben ſo fein als regelmäſsig, ihre Augen groſs, ſchön geſpaltet, und voll Feuer und Lebhaftigkeit, ihre Lippen vom ſchönſten Roſenroth, ihre Zähne, ſo lange ſie nicht vernachläſſigt werden, glänzend weiſs. Ihr Teint iſt meiſtens blaſs, doch wird ihr ganzes Geſicht von ihren glänzenden Augen belebt. — Gehen wir zu den moraliſchen Eigenſchaften der Spanier über, ſo finden wir zuerſt ein hohes nationales Selbſtgefühl, eine Würde der Empfindungen, eine Erhabenheit der Ideen, die unter allen Ständen und Verhältniſſen des Lebens dieſelbe iſt. Keine Nation hat ein ſo reges und tiefes Gefühl ihrer Vorzüge, keine vereinigt ſo viel ruhige und unerſchöpfliche Kraft damit. Von jeher war die ſpaniſche Tapferkeit berühmt, und noch jetzt zeichnet ſich der ſpaniſche Soldat durch Gleichgültigkeit gegen die Gefahr, durch ſtrengen Gehorſam gegen ſeine Obern, durch männliches Ertragen der gröſsten Entbehrungen und Beſchwerden, endlich durch kalten ausdauernden Muth höchſt vortheilhaft aus. Hierbey finden indeſſen im Einzelnen, nach den Provinzen, einige Verſchiedenheiten ſtatt. Der Catalonier z. B. iſt kühner, der Aragonier bedächtiger, der Caſtilianer kälter, der Andaluſier hitziger, der Biſcayer und Galizier beſſer zum Gebirgskriege geſchickt, und dergleichen mehr. — Der Spanier iſt in der Regel ernſt, verſchloſſen, ſchweigend, und in ſich ſelbſt gekehrt. Alle die nichts ſagenden Formeln und Manieren der gewöhnlichen Höflichkeit ſind ihm widerlich. Er kommt niemandem entgegen, er erwartet den erſten Schritt. Er beobachtet lange, ehe er vertrauter wird, und giebt ſich immer nur mit Vorſicht hin. Gleichwohl hat er ein edles menſchenfreundliches Herz, und iſt der treuſte Freund, den man finden kann. Er verſpricht wenig, aber er iſt immer zur Groſsmuth geneigt, er scheint untheilnehmend, während er schon im Stillen geholfen hat. — Bey allem seinen Ernst und seiner Gravität indessen, hat der Spanier dennoch eine gewisse innere Heiterkeit, eine verschlossene Jovialität, die bey der geringsten Veranlassung sichtbar wird. In gewöhnlichen Fällen offenbart sie sich durch witzige Einfälle, treffende Antworten, humoristische Erzählungen u. s. w., bey besondern Gelegenheiten bricht sie in rauschende, lang anhaltende Fröhlichkeit aus. Bey allem dem aber verliert der Spanier doch niemals sein Gleichgewicht. Er geht durchaus mit einer Ruhe, Bedächtlichkeit, Vorsicht und Langsamkeit zu Werke, die in Erstaunen setzt. Nur wenn sein Stolz gekränkt, oder sein Zorn gereizt worden ist, dann erwacht er wie ein schlummernder Löwe, und zerschmettert alles in einem Augenblick. Eben so ist er schnell der grösten Aufopferung fähig, sobald seine Grossmuth in Anspruch genommen wird. — Aber die Trägheit, die Indolenz der Spanier — wird man sagen? Auch dieser Vorwurf ist im Allgemeinen höchst ungerecht. Jene Arbeitsscheue findet sich nämlich nur in einigen Provinzen, während in andern die gröste Thätigkeit herrscht. Das erste ist in den beiden Castilien, in Estremadura, Leon und Murcia der Fall; das zweyte wird in Catalonien, Valencia, Biscaya, Galizien, Andalusien, Granada, ja selbst in der Mancha und im Aragon bemerkt. Woher dieser Unterschied? Weil dort der Absatz der Producte gesichert, folglich beständige Aufmunterung vorhanden ist. Diess gilt am meisten von den Küsten-Provinzen, wovon man jedoch Murcia ausnehmen muss. — Die alte Eifersucht der Spanier ist verschwunden, und die Freyheit der weiblichen Geschlechter grösser als irgend wo. Die Spanierinnen sind äusserst lebhaft, sie haben die heftigsten Leidenschaften und eine glühende Phantasie. Bey ihnen ist die Liebe eine herrschende Idee, ein tiefes Gefühl, ein hoher romantischer Lebenszweck. Sie geben sich mit voller Wahrheit, mit voller Zärtlichkeit hin; allein sie fordern auch dieselbe Treue, dieselbe Aufopferung. Nie zeigt sich ihr energischer Charakter deutlicher, als wenn es die Liebe betrifft; besonders wird die Treue und Anhänglichkeit der Castilianerinnen gerühmt. Die Spanierinnen sind nichts weniger als manierirt, sie überlassen sich allen ihren Empfindungen mit der grösten Unbefangenheit. Indessen wird diese Keckheit und stürmische Lebhaftigkeit durch eine gewisse weibliche Schüchternheit gemildert, die sie zu höchst verführerischen Geschöpfen macht. In ihren Gesprächen, in ihrem Betragen erscheinen die Spanierinnen auffallend frey, dennoch sind sie vielleicht strenger und fester als die Weiber irgend einer andern Nation. Sie wollen sich frey und mit Besonnenheit hingeben, sie wollen sich ihres Geliebten erst ganz versichern, sie wollen nichts oder alles für ihn thun. Würden die natürlichen Anlagen der Spanierinnen sorgfältiger ausgebildet; es könnten leicht die liebenswürdigsten Weiber von Europa seyn. — Fassen wir nun den Charakter der Spanier in wenig Worten zusammen, so finden wir eine grosse kräftige Nation voll hohen Selbstgefühls, aber auch voll Ehre, Edelmuth, Rechtlichkeit und unerschütterlichen Muth. Wir bemerken, dass der Nationalcharakter zwar in den einzelnen Provinzen in verschiedenen Schattirungen erscheint, dass er aber in seinen Hauptelementen immer und überall derselbe ist." — Hiermit mag die Anzeige dieses in vielen Hinsichten interessanten Werkes beschlossen seyn *).

NEUERE SPRACHKUNDE.

Königsberg, in Comm. b. Nicolovius: *Aristarchos*, oder *Bemerkungen zur Berichtigung der Sprachkunde, insbesondere der französischen Sprache*; in *drey* Abhandlungen von *Carl August Limmer*. 1808. 74 S. (12 gr.)

Die in dieser Schrift enthaltenen *drey* Abhandlungen betreffen, 1) die deutschen und französischen *Gérondifs* und *Participes*, 2) die französische *Conjugaison*, und 3) die franz. *Déclinaison*. Hr. *L.* wundert sich über die Unwissenheit aller französischen und deutschen Grammatiker, und sucht sie durch die Geissel der Satire über die erwähnten Punkte zurecht zu weisen. *Bouchot*, *Restaut* und *Wailly* sind ihm elende Sprachmeister, die sich des Unterrichts in der franz. Sprache hätten enthalten sollen, weil sie nach Hn. *L's*. Urtheil dieses Geschäft durchaus nicht verstehen. Wer wird, so heisst es S. 21, von den Franzosen, und von den echt französischen Sprachmeistern das Denken verlangen? Die Deutschen, die über franz. Sprache geschrieben haben, erfahren kein glimpflicheres Urtheil, und ohne sie weiter nahmhaft zu machen, werden sie alle insgesammt für Schwätzer erklärt, die keine Logik verstehen. Von einem Manne der eine solche Sprache führt, und gleich durch den Titel des Buchs, *Aristarchos*, ankündigt, was er zu leisten gedenkt, sollte man nun allerdings viel erwarten. Aber was soll man sagen, wenn das Buch statt tief gedachter und feiner Bemerkungen über Sprachen, grobe Verstösse gegen die Logik, und gegen die Grammatik derjenigen Sprachen enthält, von denen es handelt? Wir überlassen es dem Leser, für solche Dreistigkeit und Verblendung einen Namen zu suchen, und begnügen uns damit, unser Urtheil mit einigen Belegen zu rechtfertigen. S. 11. öffnet der Vf. seinen Schatz von Sprachbemerkungen mit folgendem Schlusse: „So wie die Sprache nur Aeusserung der Vernunft, und die *Grammaire* wiederum weiter nichts anders, als die wissenschaftliche Kenntniss der Sprache ist, und *das zwar* die Metaphysik derselben seyn muss; (?) so kann es demnach nur eine einzige *Grammaire*, nämlich die logische geben." Aus diesem in Form und Materie unrichtigen Schlusse wird nun ge-

*) Die dem Anfange nach bereits erschienene deutsche Bearbeitung dieses Werks von Hn. *Fischer* wird nächstens angezeigt werden.

gefolgert: dass es keine besondere französische, deutsche und lettische Grammaire geben könne, und dass alle Sprachlehren einzelner Sprachen nur Töchter von der allgemeinen Mutter der logischen seyen, dass endlich, wenn diese erlernt ist, jede einzelne Grammaire höchstens in zwey Monaten erlernt werden könne, wenn anders der Lehrling nicht ein ausgemachter Dumkopf sey. — Welche Logik kann eine solche Sprache gut heissen? Hr. *L.* wird sich nicht damit entschuldigen, dass er sich schlecht ausgedrückt habe. Diess ist es gerade was wir rügen: denn was er habe sagen *wollen*, lässt sich leicht errathen. Wenn S. 20. behauptet wird: *de* und *à aimer* seyen echte *Gerundia*, so ist diess durchaus unrichtig. Weder die deutsche noch die französische Sprache hat *echte Gerundia*, wohl aber werden in der erstern die Partikeln *zu*, und *durch*, in der zweyten *de*, *à*, *pour*, und andere gebraucht, um die *Gerundia* der Lateiner zu übersetzen. Und letzteres haben die franz. Grammatiker sagen wollen, wenn einige *à aimer*, andere *aimant* als *Gérondifs* aufführten. Sie thaten es blos, um den Franzosen das Uebersetzen aus dem Lateinischen zu erleichtern, und verdienen also wahrlich nicht Hn. *L.* Unwillen. — Wenn der Vf. S. 18. sagt: *legendo tibi librum misi* heisse: ich habe dir das Buch *zum Lesen* geschickt: und *praetereundo te vidi*, ich habe dich *im* Vorbeygehen gesehen: so ist diess wiederum unrichtig, so bald es den gewöhnlichen und eigentlichen Gebrauch des lateinischen *Gerundii* erläutern soll; und von diesem, nicht von dem, was sich Dichter und sorglose Prosaiker erlauben, sollte doch hier die Rede seyn. S. 6. ist die Construction: sich für Grammatiker gehalten wissen *wollende*, undeutsch, so wie wenn es heisst die Unterweisung *zweer* Knaben, oder S. 13. *es* daher als ein Substantif gebraucht, statt, dasselbe u. s. w. Den Gebrauch der *temps* im Französischen hat Hr. *L.* noch nicht aufgefasst, und der grössere Theil von dem was er darüber lehrt ist *irrig.* Es ist falsch wenn es S. 36. heisst: das *parfait défini* habe denselben Gebrauch wie der *aoriste* der Griechen. Hr. *L.* kennt den Gebrauch des franz. *parfait défini* nicht, wie seine Phrase: *j'ai vu un homme, qui dormit* (statt *dormoit*) hinlänglich beweist; *dormit* kann hier gar nicht stehen. Wenn der Vf. S. 38. das *Dictionnaire* der *Académie* zur Rechtfertigung seiner Behauptung anführt, so hat er diess nur missverstanden. Die *Académie* sagt nur, dass man das *parfait défini: je lus, je fus* etc. *aoriste* nenne, nicht aber dass es so gebraucht werde wie der griechische *aoriste.* Die neuern Grammatiker ziehen die Benennung *parfait défini* vor; und kennte Hr. *L.* den Gebrauch dieses *temps:* so würde er diese Benennung sehr passend finden. In der Lehre vom Gebrauch des griechischen *Aoriste* ist noch viel aufzuräumen, und wenn Hr. *L.* mehr Griechisch verstünde, so würde er seiner Sache nicht so gewiss seyn. So verhält es sich mit diesem *Aristarchen*. Hört man ihn nun S. 74. sagen: dass der Echtfranzose immer in der wahren Bestimmung der Declinationen seiner Sprache fehlen werde, wenn er nicht vollkommen deutsch verstünde, und sieht dass er seine *zweyte* Abhandlung mit den Worten schliesst: ja! ja! Wahrheit sehen trifft selten einen Akademiker: so sollte man beynahe glauben, Hr. *L.* wolle das Publicum zum Besten haben.

LITERARISCHE NACHRICHTEN.

Todesfälle.

Am 5. Februar 1809. starb zu Mezö Túr in Gross-Cumanien der dortige reformirte Prediger *Dan. Ertsei*, einer der geschicktern und thätigern Seelsorger unter den Reformirten. Ausser gedruckten Gebeten und Passions-Betrachtungen hat er auch die Geschichte von Prideaux in einer Ungr. Uebersetzung handschriftlich hinterlassen.

Am 19. Febr. starb zu Wien Dr. *Joh. Adam Schmith*, Staabsfeldarzt, Prof. der Pathologie u. s. w. an der Joseph-Akad., ein geschickter Augenarzt, im 50 Jahr seines Alters.

Am 21. August starb zu Wien *Paskal Joseph Ferro*, Dr. der Medicin, kaiserl. königl. wirklicher Regierungsrath und Referent im Medicinalwesen von Niederöstreich, im 56sten Jahre seines Lebens.

Am 9. Sept. starb zu Göttingen der geh. Justizrath *Aug. Ludw. v. Schlözer*, seit 1770. Professor der Philosophie und seit 1787. Prof. der Politik insonderheit auf der dasigen Universität, nachdem er vorher einige Zeit in Schweden und längere Zeit in St. Petersburg als Akademiker gelebt hatte, 74 Jahre alt. Seine Verdienste als Geschichtforscher, sein treffliches Ideal der Universalgeschichte, die wohlthätigen Wirkungen seiner Freymüthigkeit in seinen Staatsanzeigen, sichern ihm einen grossen und bleibenden Nachruhm.

Am 12. September starb *Johann Burkhard G[illegible]* Doctor der Rechte und derselben erster ordentlicher Professor der Universität zu Erlangen, wie auch königl. preuss. Hofrath, in seinem 67sten Lebensjahre. Er war auch, in Ansehung der Dienstjahre, Senior der Universität. Er verschied plötzlich an einem Schlagfluss, nachdem er noch an demselben Tage drey Stunden Collegia gelesen hatte.

ALLGEMEINE LITERATUR-ZEITUNG

Freytags, den 20. October 1809.

WISSENSCHAFTLICHE WERKE.

GESCHICHTE.

PRESBURG, b. Belnay u. Landerer: *Diarium Comitiorum Regni Hung.* a Franc. I. in L. R. Civitatem Posoniensem in diem 28. Aug. 1808. indictorum originarie hung. lingua conceptum, et auctoritate Comitiorum latinitate donatum. 1808. Fol. Text gespalt. Columnen Ungr. und Lat. 392 S., Beylagen 272 S.

Das Tagebuch des im Jahre 1807. gehaltenen ungrischen Reichstags haben wir erst vor Kurzem in unserer A. L. Z. 1809. Nr. 283 f. angezeigt; der neueste Reichstag im vorigen Jahre dauerte nur vom 28. Aug. bis 5. Nov. 1808., und sein Resultat waren nur XI. Artikel, aber diess Resultat war inhaltsvoll und wichtig.

Die Umstände, die demselben vorangingen, müssen zuerst bemerkt werden. Die Vermählung des Kaisers mit der nahe verwandten Prinzessin von Lothringen-Este, Ludovica Beatrix, und die Ernennung ihres Bruders Karl Ambrosius zum Primas und Erzbischof v. Gran, deuteten darauf, dass Oestreich das Geschäft der vollen Entschädigung des Hauses Lothringen-Este eifriger, als jemals, betreiben werde. Aus Rom kämen durch häufige Stafetten Nachrichten über Nachrichten von Beengung der weltlichen Macht des Papstes. Im May brach die Insurrection in Spanien aus. Im Junius erschien schon das Patent über die Landwehre. Zu Anfang Julius wusste man im Publicum, dass dieses Patent starke Drohungen und Aeusserungen Frankreichs veranlasst habe; am 30. Junius erging der Befehl zur Abhaltung des ungrischen Reichstags, wie das Ausschreiben sagte, zum Behufe der Krönung der neuen Königin Maria Ludovica. Der Anfang des ungrischen Reichstags (zu Anf. Sept.) war fast mit der berühmten Zusammenkunft in Erfurt gleichzeitig, und Baron S. Vincent hatte ein eigenhändiges Schreiben Franz des I. an Napoleon mitgenommen.

Diessmal begleitete Graf Stadion den Kaiser zum Reichstag nach Presburg, die Krönung hatte fast alle Damen des Hauses anfangs hingezogen, diese verließen sich jedoch bald nach der Krönung. Der aus den vorigen Reichstägen bekannte Personal *Andreas v. Semsey* war jetzt Staatsrath in ungrischen Angelegenheiten; zum Personal war ernannt *Steph. v. Aczél*, vormals Protonotar. Die Hofresolutionen unterfertigte, wie auf dem Reichstage des J. 1807., der Hofrath *Georg v. Majlath*. Nächst dem *Palatin* setzte sich auch der neue *Primas* mehrmals, besonders wenn Reden zu halten waren, in Thätigkeit.

Gleich bey Eröffnung des Landtags am 31. Aug. sagte der Personal: In dem Schreiben über die Zusammenberufung desselben stehe zwar nur von der Krönung der Königin, aber der König hoffe: „*Status et OO. sponte sua de illis, quae securitas, dignitas et felicitas Regni deposcit, cogitaturos.*" Zugleich bat er die Stände, die Vorwürfe, die man den ständischen Verfassungen über die Langsamkeit, Verwirrung und Selbstsucht ihrer Berathschlagungen macht, durch die That zu widerlegen, und (S. 57.) einen Blick auf andre Länder und Staaten zu werfen, deren Verfassung, Gesetze und Freyheiten in unsern Zeiten begraben würden. Der *Palatin* sprach noch deutlicher, *nunc illud temporis momentum advenisse, ubi mutua de firmanda Regni securitate ac felicitate iniri debent consilia.* Der *König* endlich erklärte am 3. Sept.: zum Beweise seines Zutrauens habe er die Sorge für die Sicherheit des Reichs den Ständen überlassen, und davon in seinen Propositionen nichts erwähnen wollen. (Auch beschränkte sich die K. Proposition wirklich bloss auf die Krönung der Königin, und das vorige System, den Ständen die Initiative der Berathschlagungen zu überlassen, ward fortgesetzt.) In der Antwort des Primas an den König liest man den Dank dafür: „*quod nulla necessitas Mtem Vestram seu adducere, seu cogere potuerit, ut a Constitutione recedens, suo arbitrio ageret.*" — In seiner Rede an die Stände bemerkte der Primas (S. 47.), dass alle Nationen sich nur durch Vorsicht und Tapferkeit aufrecht erhalten. „*Testis est infelix et nunquam sine acerbo dolore memoranda Ludovici II. aetas, qua Hungari parum ad progressus Solymani attenti, et dum jam immineret, potius quam ut alacriter, fortiter et viriliter agerent, disceptationibus intenti, armis ejus oppressi sunt.*"

Die Krönung der Königin ging am 7. Sept. mit den gewöhnlichen Ceremonien vor sich. (Die Hauptsache besteht darin, dass die Königin vom Primas am rechten Arm zweymal, zwischen den Achselblättern einmal gesalbt, dann ihr vom Bischofe v. Vesprim die Hauskrone aufgesetzt, sodann die ungrische Königskrone, die vorher vom Kopfe des Königs genommen worden, durch den Primas, mit Hülfe des Palatins, auf die rechte Schulter der Königin gesetzt, und dann, nach erfolgter Berührung, wieder auf den Kopf des Königs zurückgebracht wird.) — Am 10. Sept. ward der Königin das Krönungsgeschenk von

von 500,000 fl. angeboten, welches nicht von den Contribuenten, sondern vom Adel und K. Freystädten auf ähnliche Art und nach demselben Schlüssel, wie das Honorar vom J. 1792., zusammenzubringen sey. Der Palatin hatte für Ducaten gesorgt, in denen diess Geschenk auch ohne Verzug überbracht wurde.

Am 12. Sept. ward schon über das Geschäft der Reichsvertheidigung debattirt, und der Anfang damit gemacht, das auf dem Reichstage vom J. 1807. bey Seite gesetzte Elaborat der Deputation in Betreff der Einrichtung der adligen Insurrection aufzunehmen. Den Entschluss, dieses vorerst zu thun, sodann aber auch andere Hülfsmittel des öffentlichen Wohls in Berathschlagung zu nehmen, zeigten die Stände dem Hofe am 13. Sept. an: und gaben hiebey stark genug zu verstehen, wie sehr sie wünschten, dass der Hof keine offensive Kriegs-Absichten hegen möge. Im *ersten* Entwurfe der Vorstellung hiess es: „*convicti sumus, avitam Regni Constitutionem systemati defensivo, hoc vero pacis studio velut basi inniti.*" Ferner: „*SS. et OO. omnem exterorum infestationem ac bellum quodvis offensivum tanquam publicae calamitatis acerbissimum fontem detestantur sollicitaque cura constanter praecaveri cupiunt.*" Auf die Vorstellung des Personals, dass Ungern öfters auch Offensivkriege mit Ruhm und Nutzen geführt habe, erhob sich die Mehrheit dafür, dass es in jetzigen Umständen nöthig sey, laut zu erklären, dass die Nation allen (immer ungerechten) Offensivkriegen abgeneigt sey. Auf die Vorstellung der obern Tafel blieb dann in der zweyten Stelle bloss das Wort *detestantur* aus, und die erstern Worte wurden so geändert: „*convicti sumus, a tempore constabiliti Regni ex avita constitutione systema defensivum, atque adeo pacis studium et tantum suorum tuendorum curam pro basi positam esse.*" Als Defensions-Anstalt auf den gesetzlichen Nothfall wollten also die Stände die Insurrection und die Banderien organisiren, aber unter dreyerley Bedingungen: 1) dass hieraus keine stehende Armee werde; 2) dass daraus keine neue beständige Last zuwachse; 3) *ne praesuscipienda Regni defensionis coordinatio ad molimen quodpiam aut apparatum belli offensivi quaqua demum ratione sinistre pertrahatur.* Die *Hofresolution* vom 16. Sept. sagte bloss im Vorbeygehn: *salutare pacis Studium, quod Suae Majestati tantopere cordi est Status venerabundi agnoscunt.* — Der Entschluss der Stände, die Insurrection zu organisiren, und dann auch andre zum Wohl des Reichs gereichende Gegenstände aufzunehmen, ward gebilligt.

Man beschäftigte sich in den Circular-Sessionen vom 17—27. Sept. mit dem ersten Entwurfe der Grundsätze über die Einrichtung der Insurrection. Zwar hätte das Kapitel von den Banderien am ersten ins Reine gebracht werden sollen: denn selbst nach den ältesten Sigismundischen, dann aber nach den spätern Reichsgesetzen soll die Banderial-Armee immer eher ins Feld rücken, als die Insurrection, die nur für zunehmendes Bedürfniss bestimmt ist. Da aber dieser Gegenstand von der Reichsdeputation des J. 1807. auf die schon bey dem Diario 1807. bemerkte Art verdunkelt worden: so getraueten sich weder die Circular-Sessionen, noch die versammelten Stände hierüber etwas geradezu zu entscheiden. Merkwürdig ist jedoch dabey, dass die Stände im ersten Entwurfe vornherein den Grundsatz annahmen: „*Banderiali obligationi manifeste obstrictos esse* 1) *Venerabilem Clerum ratione bonorum et* p r o v e n t u u m d e c i m a l i u m, *dignitatibus in lege expressis et ad praesens vigentibus adnexorum.* 2) *Possessores Castrorum Regiorum quales sunt in exemplo Comes Posoniensis, de S. Georgio et Buzin, Comes Scepusiensis, Trenchiniensis et alii pro re nata denominandi.* — Eine Deputation ward in Antrag gebracht, welche noch während des Reichstags ein Gutachten erstatten sollte, wie diese offenbar Banderialpflichtige ihre Obliegenheit zu erfüllen hätten. Eben diese Deputation solle aber einverständlich mit dem Kronfiscal (*cum de jurium fisci redintegratione intuitu defensionis Regni agatur*) noch weiter nachforschen, welchen Würden, Gütern und Besitzungen die Banderial-Schuldigkeit auch nach heutigen Verhältnissen aufliegen könne, „und diess Resultat sey dem kommenden Reichstag vorzulegen." Dieser erste Entwurf erregte bey den Prälaten und Magnaten, und bey ihren Anhängern in der ständischen Tafel, keinen geringen Lärm. Wie viele Magnaten besitzen jetzt nicht erbeigenthümlich Königl. Gränzschlösser, deren Capitaneat oder Banat ehemals nur als Amt, und zwar als Reichsbaronen-Amt, verliehen wurde: nun konnte die Gültigkeit solcher Erbschenkungen in Anspruch genommen werden. Wankten diese Schenkungen: so kam die Reihe an andere, durch welche freye Leute (deren Urprivilegien besagten, dass sie an Niemanden zu verschenken seyen, und nie von der Krone abkommen sollten) zu Unterthanen geworden. Ueber den Einfluss, den hiebey der K. Fiscus haben sollte, wurde laut geschrieen, ja es wurde überhaupt wider die Banderien gesprochen, sie seyen als Privat-Militzen dem Staate und dem König gefährlich, und sie seyen eingeführt worden, als schon der Flor des ungrischen Reichs sank. Zuletzt kam es zu dem Beschluss der ständischen Tafel: es sollte das gesammte Kapitel von den Banderien von einer Deputation bearbeitet, und auf dem nächstkünftigen Reichstage referirt werden; und so kamen Magnaten und Clerus für diessmal aus dem Gedränge. Doch ward in Rücksicht des Clerus verlangt: „*ut quia certum est, eum peculiariter a decimis milites statuere debuisse, his Comitiis adhuc definiatur, a quali summa decimalis proventus singulum Equitem suis sumtibus statuere obligentur.*" Hierauf erklärte sich der Clerus durch den Primas bereit, von seinen Zehenden, so wie von andern Einkünften, das Insurrectionsgeschäft zu unterstützen, jedoch so, dass bey den Zehenden die nämliche Vertheilungsbasis, wie bey den andern Einkünften, beybehalten würde. So wurde die ganze wichtige Sache durch Verschub beseitigt. Es war zu erwarten, dass zu der Deputation in Sachen der Banderien einige vaterländische Historiker, z. B. ein Kovachich, ein Schwartner u. s. w., wenigstens mit einer berathenden, wenn auch nicht entscheidenden,

Stim-

Stimme beygezogen, oder eine zur unparteyischen Aufklärung der Sache abzielende Preisfrage aufgegeben werden würde, aber es geschah nichts von Allem dem: und es ist mehr zu wünschen als zu hoffen, dass die Deputation — wenn gleich Lad. Teleki, Jos. Vay, Prilesski, Revitzki und Péchy dabey sitzen — den Auftrag erfüllen möge: „*ut Objectum hoc ex Legum Codice, Actis publicis et credibilibus Historiarum Monumentis evolvatur; obligationi banderiali subjecti denominentur, proportioque et modus Banderiorum proponatur.*"

Es war demnach in diesem Reichstage nur von der Insurrection die Rede; und da die Stände die Initiative hatten: so suchten sie dieselbe ganz zu ihrem Vortheile einzurichten. Der Vortheil des Hofes hätte erfordert: I. die Personal-Insurrection zu verhüten, und dafür die Substitutions- und Portal-Insurrection einzuführen. Bey der Personal-Insurrection, wo der Adel in Person aufsitzen muss, und wo die Befugniss, einen andern Unadligen statt seiner zu stellen, sehr eingeschränkt wird, kommt 1) ein schwächliches Heer zusammen: denn die adlige Jugend ist grossentheils, leider! durch Ausschweifungen entnervt. 2) Ein langsames Heer: denn der Adel eilt eben nicht, sich den feindlichen Kartätschen auszusetzen. Rec. übergeht andre Bedenklichkeiten bey der Sache. Eine Insurrection, wie sie 1740. war, hätte dem Hofe am besten getaugt. II. Eine feste Organisation der Portal-Insurrection nach Art der Landwehr, als beständige Einrichtung, nicht aber eine vorübergehende Anstalt. III. Eine Ueberzahl an Cavallerie, oder lieber, lauter Cavallerie bey der ungrischen Insurrection: denn die deutschen Provinzen lieferten in ihrer Landwehre Infanterie genug, aber diese hatte Unterstützung an Cavallerie nöthig. IV. Eine zahlreiche reitende Artillerie bey dieser Cavallerie. V. Ein ergiebiger Fond, nach einer zuverlässigen Eintheilungsbasis und von schneller Ergiebigkeit. Die Stände hingegen benutzten ihre Initiative, und blieben bloss bey einer Personal-Insurrection (einer aus jeder adligen Familie) und bey einer temporären Anstalt auf drey Jahre stehen. Der König sollte nämlich das Recht haben, diese Personal-Insurrection nach vorgängiger Eröffnung an Palatini, Primas und Banus über den dem Reiche drohenden feindlichen Einbruch ohne Reichstag zusammen zu berufen und in Bewegung zu setzen: sollte aber diese Personal-Insurrection nicht genügen, „*aut si vero etiam et amplioribus sacrificiis opus foret,*" so sollte der König dennoch (mitten in der Verwirrung) einen Reichstag halten. Derjenige Adlige, der 3000 fl. und drüber Einkünfte hat, sollte als Reiter durchaus auf eigne Kosten ausziehen; derjenige Adlige aber, der nur bis 1000 fl. Einkünfte hat, als Infanterist, beide auf eigne Kosten. Wer zwischen 1000—2000 fl. Einkünfte hat, und als Reiter mit eignem Pferd mitziehn will, erhält aus der Casse Pferdportionen; wer zwischen 2—3000 fl. Einkünfte hat, kann als Reiter durchaus auf eigne Kosten aufsitzen. Ganz Arme, die weniger als 500 fl. Einkünfte haben, sollen von der Casse equipirt und unterhalten werden. Die Insurrections-Casse sollte nach dem unverlöslichen Schlüssel der freywilligen Fassionen zu dem letzten Subsidio zu Stande kommen (von derselben mehreres unten). Diese Insurrectional-Casse ward nur auf ein halbes Kriegsjahr dergestalt zugestanden, dass, wenn der Krieg länger dauern solle, der König einen Reichstag rufen müsse, *ut tam relate ad Insurrectionis adminicula, quam alia defensionis media consilia iniri possint.* (Die Hofpartey wünschte, *ut citra comitia pro altero quoque semestri Cassa Insurrectionalis ejectari possit.*) Sollte die Insurrections-Casse nicht zeitig genug ergiebig oder die Beyträge noch nicht eincassirt seyn: so sollte der K. Schatz Vorschüsse leisten. Ein eigner Artikel setzte ferner jährliche Kriegsübungen und Musterungen des kriegsdienstfähigen Adels fest. — Der Hof begnügte sich, wie es scheint, die Insurrection auf drey Jahre zu seiner Verfügung zu haben: denn das war ihm damals Hauptsache, und er bekümmerte sich um das übrige, zu seinem Schaden, zu wenig. Die Zusicherung der Insurrection auf drey Jahre erfolgte am 4. October, am Namenstage des Kaisers.

Die Personal-Insurrection zog indessen das Gute nach sich, dass die Nothwendigkeit einer mehr militärischen Erziehung der Jugend und einer bessern Bildung der Officiere zur Sprache, und durch das rühmliche Beyspiel des Grafen *Sam. Beleznay* ein Fond zu einer militärischen Akademie zu Waitzen zu Stande kam. Von dieser *Ludovicaea*, von dem dazu gesammelten Fond, der schon am Schlusse des Reichstags 800,000 fl. betrug, und von deren beschlossener Einrichtung haben schon die Intelligenz-Nachrichten der A. L. Z. Jahrg. 1809. Nr. 99. das Nöthige enthalten. Das Geschenk des Gebäudes zu Waitzen vom Könige betrug mehr als 200,000 fl., die Königin schenkte 50,000 fl., Stephan Martzipani 50,000 fl., der Herzog Albert 30,000 fl. Graf Karl Batthyáni kam diesen Anerbietungen mit 24,000 fl. am nächsten, nach ihm folgt der Primas mit 20,000 fl. u. s. w. Es ward den Ständen abgeschlagen, eine höhere 7te Classe für Genie-Officiere zu errichten, mit dem Bedeuten, diess sey dem bestehenden System zuwider (gleichwie es kein ungrisches Artillerie-Regiment giebt).

Aus den Debatten über die Insurrection ist nur noch auszuzeichnen, dass (nach S. 166.) die Zahl der adligen Familien auf 90,000, (nach S. 177.) die Zahl der Haiduken und Diener des Adels über 100,000 angenommen wärd. Auch erhoben sich viele Stimmen gegen die Personal-Insurrection, und die so beschränkte Freyheit, einen andern zu substituiren. Es ward gefragt, warum man den ungrischen Adel einer neuen Mohatser Schlacht aussetzen, warum man in Sachen der Vertheidigung des Vaterlandes Adlige von Unadligen trennen wolle? warum nicht, wie sonst, mehrere arme Adlige einen Insurgenten mit vereinten Kräften stellen dürften? Aber man schien durchaus für die Personal-Insurrection gestimmt zu seyn, unter dem Titel: den alten militärischen Sinn der ungrischen Nation herzustellen.

Die Personal-Insurrection auch der armen Adligen zog natürlich die Nothwendigkeit einer Insurrections-Casse nach sich, deren Aufbringung viele Debatten kostete. Der grössere Theil des Adels, besonders des reichern, bemühte sich eifrig, es zu vermitteln, dass die Vertheilung nicht nach *Portis* und *Sessionibus*, sondern nach den Subsidional-Fassionen geschehe. Andre sprachen sehr naiv wider die Subsidional-Fassionen, indem sie sagten, der ärmere Adel werde dadurch beschwert: *quia hic substantiam suam occultare non potest, potentior autem illud duntaxat fatebitur, quod suae placuerit voluntati* (S. 186.). So ward es öffentlich eingestanden, dass die Fassionen bey dem Subsidio meistens lügenhaft gewesen. Unter den Comitaten selbst sey ein grosses Missverständniss gewesen: die einen hätten den Ertrag einer ganzen Bauersession für den Grundherrn auf 60, die andern nur auf 24 fl. angeschlagen. — Dessen ungeachtet blieb es, wie es voraus zu sehen war, bey den Subsidional-Fassionen. Der Palatin sollte nämlich aus den an ihn eingehenden Berichten der Comitate ersehen, wie viele als Reiter und wie viele als Infanteristen auf eigne Kosten, oder mit Beyhülfe der Casse, ausziehen würden. Darnach sollte er den ganzen, auf sechs Monate nöthigen, Fond der General-Insurrections-Casse bestimmen, und sofort den ganzen Betrag auf die einzelnen Comitate nach Massgabe und Verhältniss des von jedem Comitat in Concreto zugestandnen Subsidiums-Betrags vertheilen. Die Comitate selbst sollten dann den Comitats-Betrag nach den Subsidional-Fassionen, mit Rücksicht auf etwa indessen vorgegangene Veränderungen, weiter vertheilen. Zur Schonung der Casse soll jeder, der als Reiter ausziehn will, sein eignes Pferd mitbringen.

Der Präses der untern Tafel legte es zwar den Ständen ans Herz, ob es nicht besser wäre, voraus zu bestimmen, dass die Insurrection 40,000 Mann betragen müsse, etwa 27,000 Infanterie, und 13,000 Cavallerie: wonach es viel leichter seyn werde, die gehörigen Massregeln in Rücksicht der Casse zu bestimmen. Es würden dann auch noch Individuen genug zur Reserve übrig bleiben. Allein die Mehrheit beharrte darauf, dass bey der Insurrection alle Adligen, die hiezu geeignet seyen, zugleich ausrücken, und kein Unterschied zwischen activer Insurrections-Armee und Reserve Statt finden möge.

Die Reiterey und Infanterie der Insurrection sollte durchaus blau gekleidet seyn. Die Reiterey sollte diesseits der Donau schwarze, jenseits rothe; diesseits der Theyss blaue, und jenseits grüne Kalpaks haben. Die Infanterie sollte eben so durch Klappen und Aufschläge unterschieden seyn. Man bedachte aber nicht im Voraus den Mangel und die Theurung des blauen Tuches, und das hieraus für die Bekleidung der Insurrection, wie es der Erfolg zeigte, erwachsende Hinderniss. Der Sold eines Reiters ward auf 16 Kr., eines Infanteristen auf 12 Kr. bestimmt, und damit kein Unterschied zwischen besoldeten und unbesoldeten, reichern und ärmern adligen Insurgenten sey, musste der Reiche seinen Sold selbst vorher in die Casse entrichten, und ihn dann einzeln und zeitweise herausnehmen.

Den K. Freystädten ward auferlegt, dass jede einen Reiter stellen, von jenen Nobilitar-Einkünften, die über 3000 fl. gehen, zur Insurrections-Casse nach der Repartition beytragen, endlich aber zur innern Sicherheit eine Bürgermilitz errichten sollten. Die Erz- und Bischöfe sollten ebenfalls nach der *Personal*-Insurrection einen Mann stellen, sie boten aber, ausser diesem Contingent und dem Concurs zur Insurrections-Casse, noch einige Reiter mehr an, z. B. der Primas 50, die andern zusammen 14 (S. 222.).

Dass die Insurrection ihre Befehle nur vom Monarchen mittelst des Palatinus erhalten, und dass das Commando Ungrisch lauten solle, ward ausgemacht. Zu Districts-Generalen wurden ernannt: Feldzeugmeister *Davidovich* diesseits der Donau, Feld-M. Lieutenant *Ott* jenseits der Donau, Generalmajor *Hadik* diesseits, und Feld-M. Lieut. *Duka* jenseits der Theyss (darunter also zwey Serbler, Davidovich und Duka). Der General- und Districtual-Stab sollte aus gebornen Ungern bestehn; für Waffen, Artillerie- und Fuhrwesen übernahm es der Hof zu sorgen (an Waffen war dennoch 1809. im May der grösste Mangel).

Noch am Schlusse des Reichstags erhob sich darüber, in welchem Fall die Insurrection über die Gränze gehen solle, ein heftiger Wortkampf. Die Stände sagten in ihrem ersten Entwurfe: „*non prius, quam hostis in aliquam haereditariarum ditionum irruperit, et ibidem represso exercitu regulato castra defixerit.*" Diese Ausdrücke waren dem Hofe, laut Rescript vom 30. Oct. 1808., nicht anständig, „*cum caeteroquin unde periculum imminere possit, nec constare valeat.*" — Nach vielen Debatten, wobey der Palatin endlich die Vermittlung übernahm, blieb es bey den Worten: *irruperit et exercitu regulato vim hostis amplius sustinere nequeunte ac recedente invasio Regni immineret.* (Die Stände hätten den Ausdruck *manifesta Invasio regni* gewünscht.)

(*Der Beschluss folgt.*)

LITERARISCHE NACHRICHTEN.

Ehrenbezeugungen.

Den Hn. Hofrath und Professor *Harleß* zu Erlangen hat die Universität zu Moskau zu ihrem Ehrenmitglied ernannt. Seinen Sohn, den Hn. geheimen Hofrath *Harleß*, nahm die *Academia Italiana delle Scienze* zu Livorno, die Wetterauische Gesellschaft für die gesammte Naturkunde und die naturforschende Gesellschaft in Halle zum Ehrenmitglied auf.

393. Num. 288. 394

ALLGEMEINE LITERATUR-ZEITUNG

Sonnabends, den 21. October 1809.

WISSENSCHAFTLICHE WERKE.

GESCHICHTE.

Pressburg, b. Belnay u. Landerer: *Diarium Comitiorum Regni Hung.* a Franc. I. in L. R. Civitatem Posoniensem in diem 28. Aug. 1808. etc.

(*Beschluss der in Num. 287. abgebrochenen Recension.*)

Nachdem nun das Capitel von der Insurrection gegen den 18. October so ziemlich in Ordnung gebracht war, rückte der Hof, jedoch nicht durch ein Rescript, sondern nur durch das Organ des Personals mit seiner Forderung von 20,000 Rekruten hervor. Der Forderung wurde die Wendung gegeben, dass je mehr die regulirte Armee verstärkt würde, desto weniger werde es nöthig seyn, die adlige Insurrection zusammen zu berufen und der Gefahr auszusetzen. Mehrere von den Ständen fragten, wozu Rekruten, zur Zeit des Friedens? Breche Krieg aus, so sollte der Hof einen Reichstag rufen, jetzt aber sollte es bey den Werbungen bleiben. Man antwortete hierauf, die Umstände von Europa deuteten auf offenbare Gefahr. (*Manifesta necessitas et periculum.*) Die Stände, die anfänglich bey 12,000 Rekruten stehen bleiben wollten, liessen sich endlich (die Königin war selbst in der Sitzung gegenwärtig) zu 20,000 Rekruten bewegen, die sie jedoch nach ihrem ersten Entwurf nur „*ad casum erupturi belli, aggressionis quippe contra suam Majestatem ejusque ditiones attentandae pro tegendis belli necessitatibus titulo subsidii*" anboten — *cum Status et OO. unice conservationem pacis intendant.* Ueber diese Ausdrücke, denen die Magnaten-Tafel Anfangs nicht widersprach, ward am Ende des Reichstags viel disputirt, bis endlich folgende Worte beliebt wurden: *ad casum et in sensu legis pro tegendis belli per quemcunque hostili inferendi necessitatibus titulo Subsidii* 20,000 *Tyronum statuendorum offerunt* etc. Man hatte nämlich, wie es der Erfolg zeigte, die Absicht, diese 20,000 Mann Rekruten lange vor Ausbruch des Krieges im Winter ausheben zu lassen, und damit die Ungr. Regimenter zu verstärken. Die Hofpartey musste es demnach nicht wenig den Ständen ans Herz legen: „*quod cum bellici apparatus hostem persaepe impediant, ne nos praevenire possit, statutio nunc oblatorum Tyronum non possit plane ad illud tempus differri, quo bellum jam eruperit*" (S. 286.).

Die Absicht einer baldigen Rekrutenaushebung sprach sich noch bestimmter aus durch die Eile, womit man alle Reichstagssachen nach dem 25. October behandelte. Die Stände sprachen von Aufnahme der noch nicht gehobenen Beschwerden, die obere Tafel hingegen von der Nothwendigkeit, dass Obergespäne und alle Comitats- und Stadtbeamten sich in ihre Heimath und in ihren Amtsort zurück begeben möchten. Da inzwischen der Hof den Ständen durch ein Rescript vom 20. October erklärt hatte, sie hätten den Eifer ihrer Väter und Vorfahren in Beschützung der Krone und des Reichs übertroffen: so benutzten sie dennoch dieses Lob, um dem König noch einmal wegen des Salzpreises, der Zölle, der in einem bald abzuhaltenden Landtag vorzunehmenden innern Verbesserungen eine kurze Vorstellung zu machen. Diese Vorstellung vom 29. October hatte indessen diessmal weniger Nachdruck als 1807., und die Erwähnung des zerrütteten Finanzwesens blieb (da inzwischen Graf Zichy von der Präsidentschaft der Hofkammer abgetreten war) ganz weg. Der Anfang der Vorstellung ist merkwürdig genug, um hieher gesetzt zu werden: *In hac communi omnium populorum calamitate, quae fato aliquo Nationes urget, ut quae seculorum usus vetustate consecravit, novis institutis permutare contendant, maximae nostrae felicitati adnumeramus, quod regimen patriae providentia divini Numinis in Majestate Vestra tali Principi sit concreditum, qui cum pervidet, non recte mutari imperio, quae moribus invaluerunt, nec quae invito et dolenti populo eripiuntur, emolumentis, largissima sint licet, compensari posse, dum gubernandi modum tenet, ut necessitati quidem cedat, quoties haec declinari nequit, una tamen legibus quoque et moribus consulat.* Der Hof begnügte sich daher unterm 1. November zu versichern: nur das Bedürfniss des Staats und des Aerariums halte ihn ab, die Stände auch wegen des Salzpreises und Commerzes zufrieden zu stellen, aber „*mutatis externis adjunctis*" werde das Möglichste geschehen, auch ward ein baldiger neuer Reichstag versprochen.

Eine der Forderungen vom J. 1805. erneuerten die Stände angelegentlich, so sehr auch die Magnatentafel, voraussehend, dass es keinen Erfolg haben würde, davon abrieth, und diess war die Forderung wegen der Abtey Batafzék. In dem Eingang der hierüber unterm 30. October gemachten Vorstellung sagten die Stände: „*ad felices bellorum eventus scientia et peritia militaris eorum, qui militi praesunt, plus confert quam militum numerus.*" Im Verfolg dieser Vorstellung hiess es, es sey ungesetzlich, dass aus den Einkünften einer Ungr. Abtey Plätze für Stiftlinge der deutschen Provinzen gestiftet wären, und hierin müsse die Stiftung der M. Theresia abgeändert werden. Der Ueberschufs, der von den Stiftlingen Ungr. Nation blieb, follte demnach zum Fond der Waitzer Militärakademie hinzugeschlagen werden: die Absicht der Stifterin, die auf bessere Erziehung der adligen Jugend gerichtet gewesen, werde gesetzmäfsig in Bezug auf die Ungr. Jugend erreicht werden. Zu der Ludovicäa sey zwar ein ansehnlicher Fond subscribirt, aber um das Institut mehr zu vollkommen, sey es nöthig, die Einkünfte der Abtey Batafzek, und der Universitätsgüter zu Hülfe zu nehmen. Sollte der König durchaus darauf beharren, die Stiftung der K. Mar. Ther. aufrecht zu erhalten: so sollten wenigstens die über den wirklichen Stiftungsbedarf zurück bleibenden Einkünfte der Ludovicäa zu Theil werden. — Der Hof, dem es nun einmal am Herzen lag, den zu Civilämtern bestimmten Adel durch Geistliche und im Theresiano erziehen zu lassen, antwortete am 1. November: er bleibe bey der Theresianischen Stiftung stehen, und werde auch künftig sorgen, dass im Theresiano recht viele Ungr. Adlige zu Civil- und Militärämtern gebildet würden.

Was noch am Ende dieses Reichstags über das Ungr. National-Museum beschlossen worden, haben die lit. Nachr. der A. L. Z. bereits erwähnt. Die von dem Palatinus mit Eifer betriebene Idee eines Nationalmuseums, wodurch Sprache, Literatur und Industrie des Landes gewinnen sollten, diente zugleich für die Hofparțey zu einem Ableiter gegen alle die Ungr. Sprache betreffenden Forderungen der Stände. Blofs für das Ungr. Theater liefsen fich starke Stimmen hören, und einige wollten, dass von den Zuschüssen auf jeden Subsidionalgulden ein Theil auf ein Nationaltheater zu verwenden, und auf dieses Theater vom Palatin specielle Sorge zu tragen sey. Der Palatin aber, dem am Museo gelegen war, gab zu verstehen, dass fich zwey Zwecke nicht wohl auf einmal verfolgen liessen, dafs die bisherigen Anerbietungen und Leistungen das Museum und nicht das Theater beträfen; es schicke fich nicht dafs des Theaters wegen ein Gesetz gemacht werde, und das Ungr. Theater stehe unter dem Schutze der Statthalterey und brauche keine besondere Protection: übrigens werde das Ungr. Theater in Pesth gegen alle Unterdrückung der Arendatoren des deutschen Theaters geschützt werden. Es blieb am Ende bey den Worten: *ut Palatinus alia quoque adminicula promovendae linguae Hungaricae culturae foveat.*

Am Schlusse des Reichstags bezeugte der König mit dem Beschlossenen seine Zufriedenheit auf das nachdrücklichste. *Cordi meo charissimi Hungari!* (lautete die kurze Rede vom Throne:) *Fecistis ea, quae charactere Vestro avito, fidelitate erga regem, et honore Vestro digna sunt. Videbit tota Europa Regem Vestrum Vobiscum ita unum sentire, ut nec mihi nec Vobis carius quidpiam esse possit, quam antiquam constitutionem nostram omnibus viribus usque ultimam guttam sanguinis defendere velle. Juncti fuimus, juncti sumus, juncti semper manebimus donec mors nos separabit. Iste est sensus regis ac patris Vestri, qui Vos qua filios suos tenere amat, semperque amabit.* Nach dieser Rede küfsten die Stände die Hand des Königs. Der K. Personal verglich in seiner Schlufs-Rede die beiden Prinzen, den Palatin und den Primas, mit den den Schiffern vorleuchtenden Gestirnen des Castor und Pollux.

Was diesem Reichstags-Diario mit Recht vorgeworfen werden kann, das ist die Uebergehung mancher Reichstagsvorfälle und ihrer Ursachen. So z. E. findet man dafs eine Deputation die Gesuche derer, die um das Ungr. Indigenat eingekommen waren, aufnahm; man liest selbst den Bericht dieser Deputation: aber nirgends findet man eine Sylbe darüber, warum dieser Bericht nicht aufgenommen, und warum diesmal eben so wenig, als 1807, Indigenen inarticulirt worden. Auch ist ein merkwürdiger Vorfall zwischen dem Personal Atzél und dem Deputirten des Trenchiner Comitats Nic. Lukácfy mit Stillschweigen übergangen: der erste zweifelte, dafs Lukácfy zu einer gewissen Erklärung von seinem Comitate beauftragt sey — dieser wiefs fich mit dem Original-Auftrag aus, und bat um Genugthuung.

Aber auch beym Drucke dieses Reichstagsdiarium ist man oberflächlich zu Werke gegangen. Der vielen Druckfehler zu geschweigen, so ist z. E. in den Reichstagsacten (S. 81) die ganze Nr. XXVII. falsch gedruckt: denn fie enthält den nämlichen *Nuncium quoad Cassam concurrentialem*, wie Nr. XXV., allein fie sollte enthalten den *Nuncium ratione stipendii armorum et vestitus Insurgentium.* So fehlt S. 169 ein ganzer §. (der 6te) in einem wichtigen Actenstück.

Unter den Beylagen verdient noch ausgezeichnet zu werden (S. 142—166.) ein deutscher Vorschlag zur Einrichtung einer militärischen Akademie von sechs Klassen, wahrscheinlich vom k. k. Feldmarschall-Lieutenant Moritz von Gomez. Schade dafs darin Sprachfehler, wie z. E. die Lehrers, Erziehers, einen guten Fufs im Institute legen u. s. w. vorkommen. Warum die evangelischen Zöglinge allemal dem katholischen Gottesdienst beywohnen sollen, sieht Rec. nicht ein. Ueberhaupt wäre über diesen Entwurf manches zu erinnern.

VERMISCHTE SCHRIFTEN.

München, b. Fleischmann: *Bürger-Militär-Almanach* für das Königreich Baiern, von *Lipowsky.* 1809. 256 S. (ohne den Kalender) 8.

Bekanntlich erlitt das Bürgermilitär in den gesammten bayerschen Städten und Flecken seit dem Anfange des Jahres 1808. eine grofse, demselben höchst nöthige, Reform. Man theilte es in ordentliche Escadrons, Bataillons und Compagnien ein, versah es überall mit gleichförmigen Uniformen, Feuergewehren und Säbeln, übte es nach den neuesten französischen Taktik in den Waffen, gab ihm neue Dienstreglements und Gesetze für alle auf das bürgerliche Militärwesen fich beziehende Fälle, und suchte ihm dadurch jene Gewandtheit, und jenen militärischen Geist

Geist einzuflöfsen, wodurch allein Bürgerfoldaten im Stande find, in der Abwefenheit regulärer Truppen die öffentliche Ruhe und Sicherheit mit hinlänglichem Nachdruck und durchgreifender Feftigkeit zu handhaben. Diefen militärifchen Geift nicht fo wohl zu wecken, als vielmehr lebhaft zu erhalten, und nebenher den Bürgerfoldaten nützliche Belehrungen theils über militärifche, theils auch über andere Gegenftände mitzutheilen, ift der Zweck des vorliegenden Almanachs, deffen Vf. als königl. Commiffar felbft einen wefentlichen Antheil an der Organifation des Bürgermilitärs hatte, und in eben diefer Eigenfchaft für ihre Erhaltung noch immer zu wachen hat.

Den Inhalt diefes Almanachs bezeichnen folgende Auffchriften: *das dermalige königliche Haus Bayern* (die Genealogie deffelben). *Ueber Bevölkerung der Staaten, als Maßftab ihrer verhältnißmäßigen Cultur* (es wird hier fehr einleuchtend gezeigt, und zum Theil hiftorifch nachgewiefen, dafs das Steigen der Bevölkerung die Ausbildung ganzer Nationen befördere). *Volksmenge von 307 Städten nach den neueften Angaben* (aber freylich nicht auch überall nach den zuverläffigften Angaben! Der Stadt London giebt der Vf. 1,035,000, der Stadt Miaco wohl gar 1,500,000 Einwohner. München hat nicht 60,000, wie der Vf. angiebt, fondern mit feinen Umgebungen nicht volle 50,000 Seelen). *Benennungen verfchiedener militärifcher Chargen* (Herleitung und Bedeutung der Benennungen: Adjutant, Auditor, Dragoner, Eskadron, Fourier, Infanterie, Capitän, General, Compagnie, Corporal, Lieutenant, Major, Marfchall, Officier, Regiment, Sergent, Tambour und Waibel, jetzt und in ältern Zeiten). *Militärifche Erfindungen* (des Schiefspulvers, der Kanonen, Bomben, der Hand-Feuergewehre, der Bayonette, der papiernen Patronen, der Minen, der Windbüchfe, der Monturen, der eifernen Ladftöcke u. f. w. Es wird hier als erwiefen angenommen, dafs das Schiefspulver von dem Franzifkaner-Mönche Berthold Schwarz erfunden worden fey). *Säbel und Degenklingen* (wie und wo fie verfertigt werden, und wie fie befchaffen feyn müffen). *Damascener-Klingen* (Kennzeichen und Nachahmung derfelben; Muthmafsungen über die Art, fie zu verfertigen). *Erzählungen und Anekdoten* (theils militärifchen, theils andern Inhalts, z. B. des Kaifers Karl V. Einzug in Naumburg; ftädtifche Privilegien; fürftliche Pracht; Heroismus eines Grenadiers in der Bataille von Raucour (Rocoux) u. f. w. Sie find aus den Beyträgen zur fächfifchen Gefchichte, Altenburg 1791., aus *Müllers* Reichstagstheatrum, aus *Häberlins* neuer deutfcher Reichshiftorie, aus der Meifsner Chronik, Wittenberg 1553., und aus andern Werken entlehnt). *Verleihung der königlichen Fahnen an das Bürger-Militär verfchiedener Städte* (ein Paar kurze Reden, welche der königl. Commiffar hielt, als er dem Bürgermilitär zu Landshut und Ingolftadt die neuen königl. Fahnen übergab, nebft der Nachricht, dafs auch die Bürger der Städte München, Trient und Donauwörth neue Fahnen erhalten haben). *Kurze Notizen über* (die) *Erfindung der Buchdrucker-, Formfchneider- und Kupferftecherkunft.* (Es ift hier die Meinung aufgeftellt, dafs Lorenz Küfter zu Harlem die beweglichen Buchftaben zuerft erfunden habe, welche aber hölzern gewefen feyen, und dafs hierauf Johann Gänfefleifch, der bey Küfter zu Harlem gedient, und deffen Bruder Johann Guttenberg zu Mainz diefelben im J. 1436. aus Metall gefchnitzt haben. Wir hätten gewünfcht, dafs der Vf., der es fonft an Citaten in diefem Almanach nicht ermangeln liefs, auch in Anfehung diefer Behauptungen feine Quellen angegeben hätte. Weiter glaubt er, dafs die Holzfchneidekunft von der Buchdruckerkunft herzuleiten fey; unfers Wiffens ift fie der Buchdruckerkunft vorangegangen). *Die Einführung des Pferderennens in Bayern* (Sie erfolgte auf Betrieb der Gemahlin des Herzogs Albert III. von Bayern, einer Tochter des Herzogs Erich von Braunfchweig, im J. 1448.). *Hiftorifche und ftatiftifche Notizen von München*, vom königl. bayerifchen Landes-Directions-Rath und Stadt-Commiffar *Feßmaier* (Die ftatiftifchen Notizen befchränken fich nur auf zwey Gegenftände: auf die Zahl der Häufer, und auf die Bevölkerung von München. Der letzte Gegenftand ift jedoch fehr ausführlich behandelt, und man findet hier nicht nur die Volkszahl überhaupt vom J. 1805., fondern auch die Zahl der Perfonen männlichen und weiblichen Gefchlechts, der Ehen, der aus getrennten Ehen, und der im Wittwenftande lebenden Männer und Weiber, der Kinder, Dienftboten, Priefter, der Familien, derjenigen Perfonen, welche diefen oder jenen Gerichtsftand hatten, die Zahl der Schüler und Schülerinnen in jeder Bildungsanftalt, die der Waifen, der Kranken in den Spitälern u. f. w.). *Gefetze des königl. bayerifchen Bürger-Militärs* nach alphabetifcher Ordnung der Gegenftände. — *Alphabetifches Verzeichniß derjenigen Bürger-Militär-Individuen, welche von Sr. Maj. dem Könige wegen ihrer ausgezeichneten Verdienfte mit goldenen oder filbernen Medaillen allergnädigft belohnt, oder fonft öffentlich belobt wurden.* — *Die Fahnenweihe zu Straubing* (zwey bey diefer Gelegenheit gehaltene Reden: die eine von dem königl. Commiffar, und die andere von dem Bürgermeifter und Major des Bürger-Bataillon in Straubing). *Fahnenweihe zu Neuburg an der Donau* (Rede des königl. Commiffärs bey der feyerlichen Weihe der Bürgermilitärfahne zu Neuburg, eines Gefchenks der dort refidirenden Durchlauchtigften Frau Herzogin von Zweybrücken, „welche auch dem königl. Bürger-Militär die ausgezeichnete Gnade erwies, und einen Nagel in die Fahne fchlug"). *Ueberficht des königlich bayerifchen Bürgermilitärs* nach alphabetifcher Ordnung feiner Standquartiere (Diefes Verzeichnifs fchränkt fich nur auf denjenigen Theil des Bürgermilitärs ein, der bereits organifirt war).

Dafs diefer Almanach feinem Zweck entfpreche, und Intereffe für viele Lefer haben könne, beweifet die gute Wahl und die Mannichfaltigkeit der darin behandelten Gegenftände. Auch die Schreibart ift, wie fie in einer Volksfchrift feyn foll, allgemein verftändlich; nur hie und da durch die in Süddeutfchland und gewöhnlichen Sprachfehler entstellt, z. B. selber, selben, anstatt: derselbe, denselben. Uebrigens ist dieser Almanach mit dem in Kupfer gestochenen Bildnisse des königl. bayerschen Ministers, Freyherrn von Montgelas, und mit noch acht andern Kupfern versehen, wovon die vier ersten die vier Gattungen des bayerschen Bürgermilitärs in ihren Uniformen vorstellen, und die letztern die Ansichten von München, Augsburg, Nürnberg und Innsbruck geben. Einigen Exemplaren, die auf Postpapier abgedruckt wurden, ist noch eine Ansicht der Stadt München aus einer Kupferplatte vom sechzehnten Jahrhundert, und ein Plan eben dieser Stadt, den der Goldschmid *Tobias Volkmer*, der jüngere, von Salzburg entworfen, und im J. 1613. in Holz geschnitten hatte, beygefügt.

DEUTSCHLAND: *Klosterzwang und Klosterflucht*, oder: *Leben und Begebenheiten* des gewesenen Kapuziner-Mönchs *Johann Friedrich Hasse.* Ein merkwürdiger Beytrag zur Geschichte des Mönchswesens in der letzten Hälfte des achtzehnten Jahrhunderts. Ohne Jahr. (Mich. Messe 1805.) 132 S. 8.

Nur die Dedication dieses Buchs, an alle hochgeneigte Gönner und Wohlthäter des unglücklichen Hasse, rührt von diesem selbst her; in einer kurzen Vorerinnerung giebt sich als Vf. der drey ersten Bogen Dr. *Carl Venturini* an, und meldet zugleich, dass er, wegen einer nothwendigen Reise einem andern jungen Freunde das Geschäft habe überlassen müssen, aus Hasses Aussagen diese Biographie zusammen zu setzen, wozu dieser selbst unfähig gewesen zu seyn scheint. So nach hat das kleine Buch nicht weniger als drey Verfasser. Wer die ähnlichen Biographien eines *F. X. Bronner*, Dr. *Schad*, Dr. *Spenn* und mehrerer gewesenen Mönche gelesen und interessant gefunden hat, wird vielleicht auch das gegenwärtige Buch mit einiger Erwartung in die Hände nehmen, sich aber darin grösstentheils getäuscht finden. Die Schicksale des gewesenen Kapuzinermönchs Hasse sind zwar tragisch genug (er schmachtete viele Jahre seines Lebens in den Kerkern verschiedener westphälischer Klöster), doch möchte man oft wünschen, dass seine Erzählungen, die im Ganzen Glauben verdienen, mehr mit Beweisen unterstützt wären; denn manches ist doch in der That zu wenig beglaubigt. Der Vortrag hat wenig Reiz, wovon wir gern die Ursache nicht sowohl in dem Talent der beiden Bearbeiter dieser Geschichte, als in dem Referenten selbst finden wollen, dem es, wie Hr. *Venturini* in der Vorerinnerung bemerkt, ganz an Beobachtungsgeist fehlte, und dessen Kenntnisse überall, wie er zum Theil (wie von der Geographie, neuern Sprachen, Kenntniss der neuern Literatur u. s. f.) im Buch selbst gesteht, sehr eingeschränkt und ganz mönchisch angelegt waren. Eine Reise nach Rom, die Hasse im Herbst 1787. unternahm, füllt einen beträchtlichen Theil des Buches aus, enthält aber nur wenige, meistens triviale Bemerkungen. Müssen wir nun von dieser Seite den Werth des Büchleins für gering und andern ähnlichen sehr nachstehend erklären: so ist der Eindruck der Erzählung auf das Gemüth des Lesers nicht minder schmerzlich. Nicht in der Blüthe seiner Jahre, oder doch wenigstens im lebenskräftigerem Mannesalter riss sich der Erzähler aus seinen schimpflichen und unglücklichen Fesseln los, um, wie ein *Schad*, *Spenn* u. a. in eine freyere und zufriednere Lage überzugehn; nein, die Stunde seiner Befreyung schlug erst — leider, wie man offenbar sieht, aus eigner Schuld — in einem mehr als 50jährigen Alter; arm an Muth und Lebenskraft trat er in eine fremde Sphäre und sah nun überall eine finstere Zukunft vor sich. In so fern erregt er das höchste Mitleid, und wir wünschten sein Buch in den Händen mancher jungen Leichtsinnigen und Lüstlinge zu sehen, damit es den Schleyer lüfte, der vor ihren Augen über dem Elend der Menschheit ruht. Hier fühlt man, wie schrecklich es sey, ein langes ganz verlornes Leben betrauern zu müssen. Wir wünschen daher sehr, dass dieses Buch zur Erleichterung der Lage seines zur lutherischen Kirche übergetretnen Urhebers dienen möge, der bisher in Braunschweig lebte, und sich mit vielem Eifer zu Diensten (er sagt nicht, von welcher Art) erbietet.

LITERARISCHE NACHRICHTEN.

Beförderungen und Ehrenbezeugungen.

Hr. Appellationsrath *Schmidt Phiseldeck* zu Cassel ist zum Staatsrathe ernannt worden.

Der berühmte Dichter Hr. *F. Matthisson* ist vom Könige von Wirtemberg in den Adelstand erhoben worden, und hat zum Wappen eine geflügelte goldene Harfe im blauen Felde und ein geflügeltes Ross auf dem Helm erhalten.

Der dänische Hr. Conferenzrath *Malling* ist zum Historiographen ernannt worden, mit dem Auftrage, zunächst Materialien zur Geschichte des dänischen Staats unter Friedrich II. zu sammeln und diese Geschichte mit besonderer Hinsicht auf die Verfassung auszuarbeiten.

Hr. *Benj. Karl Hoyer*, Adjunct in Upsala, ist am 21. März 1809. zum Professor der Logik und Metaphysik daselbst ernannt.

ALLGEMEINE LITERATUR-ZEITUNG

Montags, den 23. October 1809.

WISSENSCHAFTLICHE WERKE.

ERDBESCHREIBUNG.

Paris, b. Dentu: *Voyages dans l'Amérique méridionale*, par *Don Félix de Azara*, depuis 1781. jusqu'en 1801., publiés d'après les manuscrits de l'auteur, par *C. A. Walckenaer*. 1809. Vol. I. LX u. 388 S. Vol. II. 562 S. Vol. III. 479 S. Vol. IV. 380 S. 8. Nebst einem Atlas in Folio.

Der Vf. dieses schätzbaren Werkes ist ein Bruder des durch seine archäologischen Kenntnisse und seine lange diplomatische Laufbahn berühmten, nun verstorbenen Don *Nicolas de Azara*; er trägt also einen Namen, der allen Freunden der Wissenschaften theuer ist. Aber auch er hat sich ihrer Achtung in hohem Grade würdig gemacht. Don *Félix de Azara* aus Aragonien ward nämlich im J. 1781. als Mitglied einer Commission, welche die spanisch-portugiesischen Gränzen bestimmen sollte, nach Buenos-Ayres geschickt. Da aber der Zweck seiner Sendung aus mancherley Gründen nicht erreicht werden konnte, so benutzte er seine Muse zu dankbarern Geschäften, und bereiste theils auf eigne Kosten, theils unter Autorität des Vicekönigs, das ganze Gouvernement von Buenos-Ayres und Paraguay. Nach einer Abwesenheit von 20 Jahren kam er endlich im J. 1801. wieder nach Spanien zurück, und gab seitdem folgende Werke heraus: 1) eine Geschichte der vierfüssigen Thiere jener Länder, spanisch in vier Bänden. Madrid 1802. (Aus der Handschrift hatte bereits im J. 1800. *Moreau de St. Mery* einen unvollkommnen Auszug bekannt gemacht.) 2) Eine Geschichte der Vögel jener Länder, spanisch in drey Bänden, Madrid 1805. Sie ist in einer Uebersetzung den obigen *Voyages* beygefügt, wo sie den ganzen dritten und vierten Band anfüllt. 3) Eine Reise durch Buenos-Ayres und Paraguay selbst, die zwar im spanischen Original noch nicht gedruckt, aber aus der Handschrift übersetzt, im ersten und zweyten Bande des vorliegenden Werkes enthalten ist. Diese Reisen und diese zwey Bände sind es daher allein, von denen unter dieser Rubrik (Erdbeschreibung) und in dieser Recension die Rede seyn kann, während die Anzeige des *dritten* und *vierten* Bandes einem andern Mitarbeiter überlassen bleibt.

Wir übergehen, was der Herausgeber von den Schwierigkeiten dieser Reisen, von der Thätigkeit und dem Eifer des Vfs. erzählt; eben so, was dieser selbst von der Art seiner Studien, dem Zwecke seiner

Beobachtungen und der Methode seiner geodätischen Arbeiten sagt. Es ist genug, zu wissen, dass der Vf. mit grosser Liebe zu den Wissenschaften und mit mannichfaltigen Kenntnissen, besonders in der Geodäsie, an jene Unternehmungen ging. Was man übrigens in diesem Reisewerke findet, ist mit wenigen Ausnahmen bloss als das Resultat der eignen Anschauung, der eignen Beobachtung anzusehn; alles gehört dem Vf. selbst, alles kömmt aus der ersten Hand. Fragt man nach der Form des Werkes, so zeigt sich, dass der Vf. nicht die Reise selbst, sondern nur die Quintessenz seiner Beobachtungen in systematischer Ordnung mittheilt; dass er ohne Kunst, ohne Eleganz, und selbst hier und da etwas verworren schreibt; dass er aber dafür auch alle seine Ideen in ihrer ursprünglichen Reinheit, ohne den mindesten rhetorischen Zusatz, darstellt. Vergleicht man ferner den Vf. mit andern Reisenden, so findet man, dass er zwar in allen Stücken (die geodätische Partie ausgenommen) hinter unsern *Humboldt* zurückbleiben muss (wie er denn z. B. in der Botanik und Mineralogie durchaus Laye ist); dass er aber unter den Reisenden *seiner* Nation gewiss neben *Ulloa* und einigen andern einen ehrenvollen Platz einnimmt. Soll man endlich das Hauptverdienst seiner Reise bestimmen, so scheint es in den vielen eben so neuen als interessanten Nachrichten über die Wilden, über die farbigten und weissen Einwohner zu bestehen, wozu man noch mehrere höchst schätzbare statistische Notizen und die vortrefflichen Karten rechnen kann. Nach diesem allgemeinen Urtheile wollen wir nun jeden Theil besonders durchgehen, das Interessanteste für unsere Leser ausheben, und zuletzt noch einige Bemerkungen über die Karten und über den Herausgeber hinzufügen, der das Werk mit mehrern Noten versehen hat.

Bd. I. *Erstes* Kapitel: *Von dem Klima.* (S. 35.) Die Atmosphäre der Stadt Buenos-Ayres ist äusserst feucht, ohne doch der Gesundheit nachtheilig zu seyn. In allen Zimmern, die gegen Süden liegen, werden die Fussböden das ganze Jahr nicht trocken, und alle Meublen sind mit Schimmel bedeckt. Eben so wächst auf den Dächern, die gegen dieselbe Himmelsgegend gerichtet sind, das Gras so dicht und so hoch, dass es bald die ganze Oberfläche überzieht. Seit Menschengedenken hat es nur einmal zu Buenos Ayres geschneyt. Im J. 1789. am 7. Oct. fiel zu Assuncion (der Hauptstadt von Paraguay) ein ausserordentlich starker Hagel. Die Körner hatten an drey Zoll im Durchschnitt. Im Sommer steht daselbst das Thermometer (Fahrenheit) im Zimmer gewöhnlich auf 85°, an besonders heissen Tagen aber auf 100°; im Winter hingegen in der Regel auf 45, und an sehr kalten Tagen auf 30°, wobey das Wasser gefriert. Die gewöhnlichsten Winde sind der Ost- und Nordwind. Der Südwind weht kaum ein Zwölftheil des

höhen bestehen aus Sandstein, mit Ausnahme der an den Ufern des Parana befindlichen, wo sich der Kalk-

er von Wichtigkeit.

indessen sind, wie sie ein blo-

kann; doch hier und da manches artige Detail. So redet der Vf. S. 90 f. von den noch ein Stück davon übrig ist. S. 131. redet der Vf. von einem ungarischen Jesuiten, Sigismund Asperger, der in den Missionen von Paraguay vierzig Jahre lang als Arzt gelebt, und nach der Vertreibung des Ordens in einem Alter von 112 Jahren verstorben seyn soll. Er besass sehr grosse botanische Kenntnisse, bereitete seine Arzneyen bloss aus Vegetabilien, und hat eine Sammlung von Recepten hinterlassen, von der bey einigen spanischen Quacksalbern Abschriften vorhanden sind, und die gewiss einer nähern Untersuchung nicht unwerth sind. Es könnten allerdings mehrere neue Specifica darin zu finden seyn. — *Sechstes* Kap.: *Vom Ackerbau.* (S. 139.) In Paraguay erhält man höchstens das vierte Korn, während man im Gouvernement Buenos-Ayres auf das zwölfte bis sechzehnte rechnen kann. Eben so ist der Weizen in Paraguay dergestalt ausgeartet, dass oft ein grosser Theil der Aernte unbrauchbar ist. Buenos-Ayres schickt daher sehr viel Weizen nach Paraguay, so wie nach der Havana, Brasilien u. s. w. *Wein* ward noch zu Anfange des 17. Jahrh. sehr viel, und namentlich in der Gegend von Assuncion (der Hauptstadt von Paraguay) gebaut; jetzt trifft man noch einige wenige Pflanzungen an. Der nöthige Bedarf wird daher theils aus Spanien, theils aus Mendoza (Stadt am Abhange der Andes gegen Chile hin) bezogen; zu gleicher Zeit erhält man Branntwein aus San Juan (eben daselbst). Es ist zu bemerken, dass das Land von letzterm Artikel ungleich stärkere Quantitäten verbraucht, weil er von den Negern, wie von den farbigten Leuten, von den Indianern, wie von den Spaniern vorzugsweise getrunken wird. *Tabak* wurde ehedem in grosser Menge gebaut; man führte jährlich an 15,000 Ctnr. aus; allein die Einführung des königlichen Monopols hat diesem Zweige so beträchtlich geschadet, dass man den jährlichen Ertrag jetzt kaum auf 5000 Cntr. anschlagen kann. *Zuckerrohr* und *Baumwolle* findet sich in verschiedenen Theilen von Paraguay, jedoch nur in geringer Menge. Andere Producte des hiesigen Ackerbaues sind der Manioc, der Mais, die Bataten, die Erdmandeln, Bohnen, Linsen und dergleichen Gemüse mehr. In Paraguay blühen zwar die Mandel-, Pflaumen- und Pfirsichbäume vortrefflich, tragen aber niemals Frucht; in dem Gouvern. Buenos-Ayres hingegen, und besonders in der Nähe dieser Stadt, erhält man ganz vortreffliche Früchte, und namentlich die herrlichsten Pfirsichen. Kirschen, Aepfel und Birnen hat man gar nicht in Paraguay, und in Buenos-Ayres ziemlich schlecht. Orangen und ähnliche Früchte aber giebt es im Ueberflusse, jedoch nur vom 30. Grade nordwärts an. Olivenbäume fehlen gänzlich in Paraguay, in Buenos-Ayres hingegen kommen sie vortrefflich fort. Noch bemerken wir, dass in dem Gouv. Buenos-Ayres sehr guter Flachs und Hanf, jedoch nur um des Samens willen gebaut wird, dass man daselbst gute Gemüse zieht, und dass auch in den trocknern Distrikten von Paraguay ziemlich viel Reiss gedeiht. Was aber die Cultur des Indigo, der Seide, der Cacao's und des Kaffee's anlangt, so ist sie hier, trotz aller natürlichen Vortheile, noch völlig unbekannt. Ueberhaupt sind die Einwohner in der Methode des Ackerbaues u. s. w. ausserordentlich zurück. In Paraguay z. B. bestehen ihre Grabscheide aus spitzigen Rinds- oder Pferdeknochen, die an eine Stange befestigt sind. Die Stelle der Pflugschar vertritt ein spitziges Stück Holz u. dgl. Zum Schlusse dieses Kapitels führt der Vf. noch an, dass man in Buenos-Ayres vielleicht die grössten Nelken von der Welt antrifft. — *Siebentes* Kap.: *Von den Insekten.* (S. 156.) Viel artige Beobachtungen aller Art; nur Schade, dass der Vf. die Species so sehr unvollkommen bestimmt. Dasselbe ist der Fall im *achten* Kap. (S. 221.), wo von *Kröten*, *Schlangen*, *Vipern* und *Eidechsen* gehandelt wird. — Das *neunte* Kap. (S. 244.) handelt von den *vierfüssigen Thieren und Vögeln* dieser Gegenden. Ein Auszug aus den beiden grössern Werken des Vfs., von denen oben die Rede gewesen ist. Hiermit beschliesst der erste Band; die Kapitel zählen indessen im zweyten fort.

Bd. II. *Zehntes* Kap.: *Von den Wilden.* Alles aus eigener Anschauung. Der Vf. bemerkt vor allen Dingen, dass man die Anzahl dieser Wilden viel zu hoch anzugeben pflegt, weil man jeden einzelnen Stamm, jede einzelne Horde der verschiedenen Nationen für eine besondere Nation ansieht. Eben so hätten geistliche und weltliche Eroberer, Missionare und Officiere nie ein wahres Wort von diesen Wilden gesagt. Ihre Absicht sey bloss gewesen, sich geltend zu machen; daher hätten sie denn Mährchen aller Art erzählt. Nach dieser Einleitung giebt nun der Vf. eine Reihe höchst interessanter Menschengemälde, bey denen jedoch nur hier und da auf einige Hauptzüge aufmerksam gemacht werden kann. Nur vergesse man nicht, dass alle hier beschriebenen wilden Völkerschaften durchaus noch unbezwungen, also in ihren ursprünglichen Formen vorhanden sind. Die *Charruas.* (S. 7.) Sie leben bloss von gebratenem Rindfleische, das sie sich von den wilden Herden verschaffen, und zeichnen sich durch ihre Ernsthaftigkeit aus. Bey ihren Angriffen u. s. w. gehen sie mit bewunderswürdiger Taktik zu Werke. Begnügten sie sich nicht immer nur mit einem Schlage, so würden die Spanier zuverlässig schon ausgerottet seyn. Ihre Mädchen heirathen im 11—12 Jahre, und zwar den ersten besten, der um sie anhält, mag er alt oder jung, schön oder hässlich seyn. Der Ehebruch wird sehr gleichgültig betrachtet, und allenfalls höchstens mit einigen Faustschlägen bestraft. Ihre Trauerceremonieen sind sehr weitläufig; die Weiber müssen sich überdiess bey dem Tode jedes männlichen Verwandten ein Fingerglied abschneiden; daher ihre Hände fast immer verstümmelt sind. Die *Pampas* (S. 32.) leben mit den Spaniern im Frieden, sind aber immer zum Kriege bereit. Sie treiben einigen Handel, und kommen daher häufig nach Buenos-Ayres selbst. Daher vielleicht auch ihre grössere Lebhaftigkeit und überhaupt die höhere Cultur, die in ihrer Lebensart sichtbar ist. Die *Guaranys.* (S. 52.)

Diese

Dieſe Nation ſcheint die verbreitetſte unter allen zu ſeyn, wie denn auch ihre Sprache faſt überall verſtanden wird, und für die reichſte unter allen übrigen indiſchen Idiomen gilt. Indeſſen fehlen dennoch eine Menge Bezeichnungen vor die gewöhnlichſten Ideen darin. Die Zahlwörter z. B. geben nur bis vier; für fünf, ſechs u. ſ. w. iſt kein Ausdruck vorhanden u. dgl. m. Die Guaranys treiben Ackerbau, und ſtehen allen übrigen Nationen an Tapferkeit nach. Sie fürchten ſich daher vor ihren Nachbaren auſserordentlich, und vermeiden jede Berührung mit ihnen, ſo lange es nur möglich iſt. Die *Guanas* (S. 85.) nehmen die Reiſenden mit vieler Gaſtfreundſchaft auf, und treiben etwas Ackerbau und Viehzucht. Ihre Weiber beobachten eine abſcheuliche Politik. Sie bringen nämlich ihre meiſten neugebornen Mädchen um, damit es immer weniger Weiber als Männer geben ſoll. Dieſs thun ſie, ihrem eignen Geſtändniſſe zu Folge, bloſs in der Abſicht, um die übrigen deſto glücklicher zu machen. Wirklich befinden ſich auch die Weiber der Guanas ganz im Beſitze der Herrſchaft, und werden von ihren Männern mit einer Schonung behandelt, die bey andern Nationen ganz unbekannt iſt. So giebt z. B. kein Mädchen ihre Einwilligung zu einer Heirath, bis ihr der Freyer eine Menge Vortheile wegen der künftigen Arbeiten u. a. zugeſichert hat. Die Guanas kommen übrigens häufig nach Aſſuncion und ſelbſt bis nach Buenos-Ayres, wo ſie ſich als Tagelöhner, zuweilen auch als Matroſen nähren, und nach einigen Jahren mit ihren erworbenen Kleidern und eiſernen Geräthſchaften wieder in ihre Heimath ziehen. Die *Inbayar.* (S. 100.) In ihrer Sprache fehlt der Buchſtabe F. Unverheirathete Perſonen beiderley Geſchlechts geben den Wörtern ganz andere Endungen, als die verheiratheten; ja ſie machen zuweilen von ganz andern Ausdrücken Gebrauch. Uebrigens halten ſich die Inbayar für die erſte Nation der Welt, und haben eine Tradition, kraft deren ihnen Gott das ganze übrige Menſchengeſchlecht als gute Beute angewieſen hat. Sonderbar iſt es, daſs ſich die Guanas freywillig zu Sklaven der Inbayar machen, wobey man jedoch bemerken muſs, daſs dieſe Sklaverey für gar nichts zu achten iſt, indem der Herr den Sklaven nach ſeinem Belieben arbeiten läſst, und dennoch alles, die tägliche Nahrung ſowohl, wie ſeine Weiber, mit ihm theilt. Dieſe Sklaven bauen indeſſen das Feld, und verrichten die übrige häusliche Arbeit, während die Herren bloſs mit Jagen und Fiſchen beſchäftigt ſind. In ihren Kriegen ſind die Inbayar ſehr furchtbar, und wenden eine gut berechnete Taktik an. Ihre Weiber haben es ſich zum Geſetz gemacht, immer nur ein einziges Kind zu haben, alle übrigen treiben ſie ſich ab. Sie geben als Grund an, daſs ſie durch die häufigen Niederkunften ihre Reize verlieren, und daſs ihnen mehrere Kinder auf ihren häufigen Wanderungen beſchwerlich ſind. Jenes Abtreiben bewerkſtelligen ſie auf eine ſehr barbariſche Art. Sie laſſen ſich nämlich ſo lange auf den Unterleib ſchlagen, bis eine Hämorrhagie erfolgt, womit der Abortus gewöhnlich verbunden iſt. Die *Payaguas* (S. 114.) haben mit den Spaniern Friede gemacht, und leben jetzt, wiewohl ganz nach ihren urſprünglichen Sitten, in einer Vorſtadt von Aſſuncion. Unter allen Nationen beſitzen ſie die meiſte Induſtrie, und ſetzen eine Menge Fiſche, Rohr, Heu, Boote, Ruder, Decem u. ſ. w. an die Spanier ab. Ihre Weiber eſſen niemals Fleiſch. Die *Lenguas* (S. 153.) haben eine unglaubliche Furcht vor dem Tode, und ſchleppen ihre unheilbaren oder ſterbenden Kranken immer aus ihrem Lager fort. Sobald aber ein Lengua wirklich verſtorben iſt, nehmen alle übrigen einen andern Namen an, damit ſie der Tod, der ihrer Meinung nach eine Liſte von ihnen hat, nicht finden kann, ſondern irre werden und weiter gehen muſs. — Doch wir brechen hier ab, weil uns mehrere Tageblätter, unter andern das vielgeleſene *Morgenblatt*, mit Auszügen aus dieſem Theile des Werkes zuvorgekommen ſind.

(*Der Beſchluſs folgt.*)

LITERARISCHE NACHRICHTEN.

Amtsveränderungen und Beförderungen.

Kurz vor dem Ausbruche des Krieges im April 1809 ging in der Erziehung des Kronprinzen Ferdinand von Oeſtreich folgende Veränderung vor. Er erhielt einen Kammerherrn in der Perſon des Baron *Ehrberg*, der auch die weitere Erziehung des Kronprinzen leiten ſollte; doch blieb ihm in letzterer Rückſicht Hr. *Demeter v. Görög* beygegeben; hingegen wurden die beiden andern bisherigen Erzieher des Kronprinzen, Hr. Hofſecr. *Simon* und Hr. *Riedler*, mit einer Penſion von 2000 Fl. und mit dem Charakter eines k. k. Regierungsraths (zur Bezeugung der höchſten Zufriedenheit mit ihren Dienſten) entlaſſen. Der Hofſecr. *Simon* tritt als Cenſor zur Hofcenſur zurück; Hr. *Riedler* aber, vormals Prof. d. Weltgeſch. an der Wiener Univ., ward bey der Studien-Hofcommiſſion angeſtellt. Zu Folge der unglückl. Kriegsereigniſſe ging der Kronprinz mit Bar. *Ehrberg* und Hn. v. *Görög* nach Waitzen zu Anf. May 1809. ab.

Der bekannte Schriftſteller *Friedr. Schlegel* hat den Titel und Charakter eines k. k. Hofſecretärs erhalten, und befindet ſich mit dem General-Intendanten der Armee, Gr. Friedr. Lothar Stadion, bey den Truppen.

ALLGEMEINE LITERATUR-ZEITUNG

Dienstags, den 24. October 1809.

WISSENSCHAFTLICHE WERKE.

ERDBESCHREIBUNG.

PARIS, b. Dentu: *Voyages dans l'Amérique méridionale, par Don Felix de Azara*, depuis 1781. jusqu'en 1801.; publiés d'après les manuscrits de l'auteur, par *C. A. Walckenaer* etc.

(Beschluss der in Num. 289. abgebrochenen Recension.)

Eilftes Kapitel: *Allgemeine Betrachtungen über die Wilden* (S. 169.). Sehr lesenswerth, wenn es auch einzelne vortreffliche Bemerkungen ausgenommen, für deutsche Gelehrte eben nichts neues enthält. *Zwölftes* Kapitel: *Ueber die Art und Weise, wie man einen Theil der Wilden unterjocht und regiert hat* (S. 198.). Das Bekannte berichtigt, und mit vielen neuen Zusätzen vermehrt. Ein wichtiger Beytrag zur geheimen Geschichte des spanischen Colonialsystems. Hinzugefügt ist ein Verzeichniss sämmtlicher indianischer Ortschaften, die seit 1576 bis 1795. angelegt worden sind. *Dreyzehntes* Kapitel: *Wie die Jesuiten die Wilden bezwungen, im Gehorsam gehalten, und regiert haben* (S. 223.). Sehr interessant, wenn auch nicht durchgängig neu. Läugnen lässt sich auf keinen Fall, dass das ganze System mit grosser Einsicht angelegt war; doch sicher mehr zum Vortheil der Jesuiten selbst, als der Indianer überhaupt. — „*Cette manière de gouverner* — sagt der Vf. (S. 235.) *a paru digne de si grands éloges, que l'on en vint presque à envier le sort heureux de ces Indiens. Mais on ne fit peut être pas une reflexion; c'est que ces Indiens, dans l'état sauvage, savaient nourrir leurs familles, et que ceux de ces mêmes Indiens, que l'on avait assujettis dans le Paraguay, vivaient un siècle auparavant, dans l'état de liberté, sans connaître cette communauté des biens, sans avoir besoin d'être dirigés par personne, ni qu'on les excitât, ou qu'on les forçât au travail, et sans garde magasin, ni distributeur de leurs recoltes. Il parait donc évident, qu'ils n'étaient pas aussi enfans, et qu'ils n'avaient pas autant d'incapacité qu'on veut le supposer. Mais quand bien même cela eût-été vrai, puisque l'espace de plus d'un siècle et demi, n'avoit pas suffi pour corriger ces défauts dans les Indiens; il semble, qu'on doive conclure de deux choses l'une: ou que l'administration des Jesuites était contraire à la civilisation des Indiens, ou que ces peuples sont essentiellement incapables de sortir de cet état d'enfance.*" S. 260. findet sich eine vollständige Liste der indianischen Ortschaften die von den Jesuiten seit 1609 bis 1760. angelegt worden sind. *Vierzehntes* Kapitel: *Von den farbigten Leuten* (S. 261.). Die bekannten Notizen; wie sie aber durch Localität und Gesetze etwas verschieden sind. *Funfzehntes* Kapitel: *Von den Spaniern* (S. 276.). Grosse Gleichheit aller Weissen, aber grosser Stolz der Creolen, die sich hoch über die europäischen Spanier setzen, auch abgesagte Feinde der spanischen Regierung sind. Schlechte Erziehung, grosser Luxus in den Städten, und allgemeine Arbeitsscheu. Auf dem Lande einzelne Colonisten, in ungeheuern Ebenen zerstreut, oder Eigenthümer zahlreicher Herden, ebenfalls in grossen Entfernungen von einander wohnend. Letztere sind ein sehr originales Centaurenvolk. Sie bringen von Jugend auf den grössten Theil ihres Lebens zu Pferde zu, und können nur mit vieler Mühe zu Fusse gehn. Sie transportiren sogar ihre Todten als lebendige Reiter, indem sie dieselben mit Stäben, u. s. w. befestigen, und hören die Messe nie anders, als zu Pferde vor der geöffneten Kirchthür. Uebrigens rohe grausame Menschennaturen, die ganze Barbarey, die sich in diesen einsamen Ebenen, bey dieser häufigen Völlerey u. s. w. der Gemüther bemächtigen muss. Wir verweisen hier abermals auf die interessanten Auszüge im *Morgenblatt.* — S. 312. folgen sehr wichtige Bemerkungen über den Handel sämmtlicher Häfen des Gouv. vom Rio de la Plata. Es ist eine vollständige Liste beygefügt, die auf merkwürdige Resultate führt. Unsere Geographen und Statistiker werden hier manche neue Angabe finden. Dasselbe ist der Fall mit der kurzen topographischen Beschreibung sämmtlicher Städte, Flecken, u. s. w. von *Paraguay*, (S. 316 ff.) im *sechszehnten* Kapitel, so wie von *Buenos Ayres*, die (S. 329 ff.) im *siebzehnten* befindlich ist. Das *achtzehnte* Kapitel (S. 340.) schliesst mit einer kurzen Entdeckungsgeschichte dieser Länder, die aus inländischen Chroniken gezogen ist, und für den Historiker nicht ohne Interesse zu seyn scheint. Der ganze übrige Theil des Werkes ist mit einer Naturgeschichte der Provinz *Cochabamba* angefüllt. Diese Arbeit rührt von unserm bekannten Landsmanne *Thadd. Hänke* her, der bis zum J. 1802. noch bestimmt am Leben war. (Umständliche Nachrichten über diesen gelehrten Reisenden lieferten die *Neuen Annalen des östreichischen Kaiserthums* November 1808., wieder abgedruckt in *den Allg. geogr. Ephem.* März 1809. S. 376 ff.) In jener Schrift behandelt *Hänke* jedoch nur Mineralien und Vegetabilien, und deren natürliche und künstliche Substanzen. Da wir hier aber bloss auf geographisch-historische Notizen Rücksicht nehmen, so muss die nähere Beurtheilung des obigen Anhanges einem

einem Naturforfcher überlaffen bleiben. Wir fchliefsen diefe Anzeige mit einigen Bemerkungen über den *Atlas*, und über die Noten des Herausgebers, Hn. *Walckenaer's*.

Der *Atlas* enthält erftens das Bruftbild des Vfs., dann von II — VI. die Karten von Südamerika überhaupt, und von Paraguay und Buenos-Ayres infonderheit, ferner von jeder diefer Provinzen noch einmal einzeln für fich, fo wie von der Provinz Chiquitos, und dem Gouv. von Matagrofo und Cuyaba. Dann folgen von VII — XIII. naturhiftorifche Abbildungen, und von XIV — XXI. die Plane und Portulane von Affuncion, Atirà, Candelaria, Buenos-Ayres (nebft einer Anficht), Montevideo, Maldonedo und Conception. Den Befchlufs von XXII — XXV. machen wieder vier naturhiftorifche Abbildungen. Sämmtliche Platten find mit vielem Fleifs geftochen, in jeder Hinficht aber zeichnen fich die Karten und Plane aus. Erftere gehören unftreitig zu den klaffifchen Arbeiten diefer Art, und werden unfern Geographen höchft willkommen feyn.

Was nun endlich die *Noten* des Herausg. betrifft, fo find fie theils philofophifchen, theils naturhiftorifchen Inhalts, und allerdings nicht ohne Werth. Wenn indeffen Hr. *W.* über die deutfche Philofophie urtheilt, fo fcheint er gelind gefprochen, nichts weniger als genau unterrichtet zu feyn. So fagt er z. B. T. I. S. 178. — wir führen diefe Stelle zur Ergetzlichkeit unferer Lefer an — nachdem *Azara* etwas vom Inftincte der Wefpen erzählt hat: — *L'obfervation d'un infecte peut nous conduire jusque dans les regions les plus élevées de la métaphyfique. Condillac et fes fectateurs femblaient avoir borné cette fcience à la connaiffance des effets, produits fur nôtre intelligence par l'impreffion des objets externes, ou à l'analyfe de nos fenfations. Les idées innées de Descartes femblaient reléguées dans le pays des chimères avec fes tourbillons. Cependant on peut affirmer, que tout ce que Kant et fes fectateurs ont dit de plus raifonnable, et de plus intelligible, fe trouve dans Descartes; c'eft lui, qui a pofé la bafe de leur édifice. Il avait très-bien obfervé avant eux, que la manière dont l'homme conçoit les chofes, devait participer de la nature particulière de fon intelligence, de même que la manière, dont il les voit phyfiquement, et avec les yeux du corps, participe de la ftructure particulière de l'organe de l'oeil. Ce font ces formes, ou ces modes, dont l'intelligence qui reçoit, revêt neceffairement toutes les conceptions, ou impreffions, qui lui font transmifes par les fens, que Descartes appellait juftement idées innées. Telle eft auffi la bafe du fyftème de Kant, qui a entrepris de déterminer avec précifion les formes de l'intelligence humaine, ou fes idées innées d'avec celles, qui lui font transmifes du dehors. D'un autre côté, les phyfiologiftes ont tout récemment difcerné avec beaucoup de fagacité, plufieurs fenfations produites dans l'homme par les parties internes lesquelles font naitre des idées fans le fecours des objets extérieurs, et même déterminent impérieufement fa volonté, fes defirs, dirigent fes actions, avec beaucoup d'habileté, et forment chez lui une fcience fans inftruction préalable, pareille à celle, que nous avons nommée inftinct dans les animaux, laquelle provient de la même caufe. Voilà donc les idées innées prouvées fpirituellement et phyfiquement et le fyftème exclufif des fenfations produites par les objets externes anéanti pour jamais.* — Wir enthalten uns aller Bemerkungen; fie ergeben fich von felbft.

NEUERE SPRACHKUNDE.

LÜBECK u. LEIPZIG, b. Niemann u. Comp.: *Deutfche Sprachlehre zum Gebrauche für deutfche Schulen*, verfafst von *G. Reinbeck*, Profeffor. *Zweyte* verbefferte und vermehrte Auflage. 1809. XVIII u. 172 S. gr. 8. (18 gr.)

Unter den vielen kürzern Sprachlehren von gleicher Beftimmung, die während der beiden letzten Jahrzehende fich merklich anhäuften, verdient die gegenwärtige eine vorzügliche Auszeichnung und Empfehlung. Die *erfte* in unfern Blättern nicht erwähnte Auflage erfchien zu Lübeck im J. 1802., und wurde durch die Auffoderung des Etatsraths und Ritters *von Weiffe*, Directors der deutfchen Hauptfchule in Petersburg, veranlafst, bey welcher der Vf. eine lange Reihe von Jahren hindurch als öffentlicher Lehrer der deutfchen Sprache und Aefthetik angeftellt war. Unter feinen Vorgängern hat er am meiften *Adelung's* Arbeiten benutzt, wie fich aus einer Vergleichung ergiebt; ihm gehört aber das eigne und nicht geringe Verdienft einer gefchickten Abkürzung und zweckmäfsigen Zufammenftellung des in jenes weiter ausgeführten und meiftens anders vertheilten Stoffs. Zu dem ihm Eignen gehört auch die deutfche Bezeichnung der grammatifchen Kunftwörter, über die fich der Vf. in einer aus der Vorrede der *erften* Auflage wiederholten Stelle rechtfertigt. Die Beybehaltung der lateinifchen Benennungen hat allerdings den nicht unerheblichen Grund wider fich, dafs dadurch meiftens kein beftimmter Begriff von dem Bezeichneten gegeben wird, und dafs man vornehmlich in Bürgerfchulen, wo kein Latein gelehrt wird, nicht auf ihre Verftändlichkeit, kaum auf ihre richtige Ausfprache, rechnen darf. Nur wäre zu wünfchen, dafs man fich über diefe deutfche Kunftfprache mehr einverftehen, und nicht mit jeder neuen Sprachlehre eine neue fchaffen möchte. Denn die einmal feftgefetzte und auch für andere Sprachen beybehaltene Gleichförmigkeit hat doch immer der Gebrauch der lateinifchen Terminologie für fich. Auch unfer Vf., der fich aber, wie er felbft gefteht, nicht ohne Bedenklichkeiten dazu entfchlofs, hat fich eigner und gröfstentheils bisher ungewöhnlicher Kunftausdrücke bedient, und davon ein mit lateinifchen und franzöfifchen Benennungen begleitetes Verzeichnifs befonders beygefügt. Er ift jedoch befcheiden genug, zu vermuthen, dafs vielleicht eine oder die andere Benennung von ihm zweckmäfsiger hätte gewählt feyn können; auch erklärt er, dafs er, mit weniger Veränderung die Terminologie der *erften* Auflage in diefe *zweyte* herüber genommen habe, um jene

jene, in mehrere Schulanſtalten eingeführte, durch die gegenwärtige nicht ganz unbrauchbar zu machen. Wider die meiſten möchte auch wohl von Seiten der Bedeutſamkeit und leichten Verſtändlichkeit nichts zu erinnern ſeyn. Wenn aber das Decliniren *Beugen*, das Conjugiren *Abwandeln*, und daher das Verbum *Wandelwort* genannt wird: ſo ſcheint der Charakter dieſer Formen dadurch nicht beſtimmt genug angedeutet, und der Unterſchied nicht erſchöpft zu ſeyn. *Flexion* oder *Biegung* wurde ſonſt, und wohl mit Recht, für jede Abänderung der Wurzelwörter zum Ausdruck verſchiedner Verhältniſſe, und im engern Sinne vom Decliniren und Conjugiren gemeinſchaftlich gebraucht; und *Wandeln* oder *Abwandeln* iſt gleichfalls ein zu allgemeiner, und jede Umänderung der Wörter andeutender Ausdruck. Iſt es alſo um genaue Beſtimmung des Begriffs der Wörtergattungen durch die Kunſtwörter zu thun: ſo können dieſe nicht ausſchlieſsend und charakteriſtiſch genug ſeyn. Die Caſus heiſsen bey dem Vf. *Verhältnißfälle*, und einzeln, in der bekannten Folge: Der *Hauptfall*, *Beſitzfall*, *Zweckfall*, *Wirkfall* und *Anredefall*. Der Artikel heiſst *Selbſtſtandswort*, welches man leicht für das von dem Vf. *Hauptwort* benannte *Subſtantiv* nehmen könnte. So ſcheint auch *Perſonwort* für Pronomen nicht recht glücklich gewählt zu ſeyn. Das Demonſtrativum wird in dem Verzeichniſſe und S. 54., doch beſſer *Zeigewort*, als S. 50., *ortanzeigend* genannt. *Sprechart* für Modus der Verben iſt auch nicht recht angemeſſen; und *Vorvergangenheit* für *plusquamperfectum* würde in einer Recenſion der *erſten* Auflage in der Allg. D. Bibl. nicht ohne Grund getadelt, ob man gleich bald ſieht, daſs hier *vor* ſo viel als *vorlängſt* heiſsen ſoll. Ueberhaupt ſollte man das lateiniſche Wort *perfectum* lieber durch *vollbracht*, *vollendet*, als, nach gewöhnlicher Weiſe, durch *vergangen*, überſetzen.

Noch erlaubt ſich Rec. einige Erinnerungen, von denen jedoch manche mehr die Vorgänger des Vfs. und folglich nur ſeine Beyſtimmung, treffen möchten. Die Bilderſprache (S. 2.) gehört nicht zur Gebehrden- ſondern zur Schriftſprache, die von jener ausgieng. — S. 4. wird zu unbedingt geſagt, daſs eine Sprache, in der ſich vorzüglich viel einſylbige Wörter befinden, das Gepräge ihrer Erfindung aus ſich ſelbſt an ſich trage, und eine Urſprache ſey. Man denke nur an den Reichthum der engliſchen Sprache an einſylbigen Wörtern, von denen doch die gröſsere Anzahl fremden Urſprungs ſind. — Ebendaſelbſt heiſst es, das *Unſelbſtſtändige* ſey an ſich nichts; hingegen S. 5., es könne *auch* an und für ſich, als auſser dem Selbſtſtändigen befindlich, gedacht und bezeichnet werden. — Ein Wandelwort *(verbum)* erklärt der Vf. durch ein ſolches, welches den Begriff der Veränderung erweckt und abgewandelt wird, zu unbefriedigend. — Was *Adelung* Umlaute nennt (*ä, ö, ü*) heiſsen hier S. 9. minder verſtändlich *Zwiſchenlaute*; und die Doppellaute werden ſo erklärt, daſs der Mund von einer Oeffnung *faſt zugleich* zu einer andern übergehe; da doch wohl mehr Verſchmelzung als Uebergang ihre Ausſprache bildet. Von den S. 10 f. aufgezählten eilf Redetheilen laſſen ſich Nr. 4. 5. 6. 9 und 10. nach dieſer Erklärung, dem Umſtandsworte, Nr. 3. und Nr. 7. dem Beſchaffenheitsworte, Nr. 2. unterordnen. Beſtimmter iſt ſchon S. 11. ihre Zurückführung auf ſechs Klaſſen. — S. 16. wird *die* Erkenntniſs durch beſtimmte Vorſtellung, *das* Erkenntniſs durch Urtheil des Richters, erklärt. *Kant* braucht das letztre im objectiven Sinne von dem, was erkannt wird. — Sehr wahr bemerkt der Vf. (S. 21.), daſs die Bezeichnung des Plurals der deutſchen Wörter aus Uebung erlernt werden müſſe, und daſs es darüber nur *einige* allgemeine Regeln gebe, zu denen er auch meiſtens *faſt* hinzuſetzen muſste. — S. 42. *Bald* würden wir nicht unter die Umſtandswörter rechnen, die eine Steigerung vertragen; für *bälder* ſagt man lieber *eher* oder *früher*. — Das *veraltet* (S. 62.) ſoll doch wohl nicht von allen den dort angeführten Nachſylben und den damit gebildeten Stammwörtern gelten? — Die Lehre von der Wortfolge (S. 114.) iſt ſehr gut abgehandelt, und hier, wie überall, das von *Adelung* Entlehnte in gedrängter Kürze zuſammen geordnet. — Die Erklärung der Periode (S. 124.) ſtimmt mit der Adelungſchen überein, nur mit dem, nicht viel mehr beſtimmenden Zuſatze, daſs das Ganze in Einem Athem müſſe ausgeſprochen werden können. — Die Grundregel der Rechtſchreibung lautet S. 126. ſo: „Bemühe dich, die beſte Ausſprache zu erlangen, und ſchreibe dann, wie du ſprichſt, keinen Laut mehr, keinen Laut weniger." Wider die Sicherheit dieſer Regel möchte denn wohl nicht viel weniger zu erinnern ſeyn, als wider die noch unbedingtere: Schreib wie du ſprichſt. — Den Abſchnitt von der Proſodie hat der Vf. gänzlich und vortheilhaft umgearbeitet. In der ältern Auflage hielt er ſich an *Moritz*; hier aber an *Voß*, und bemühte ſich nicht ohne guten Erfolg, des Letztern Grundſätze faſslich und deutlich darzuſtellen. — Noch darf Rec. nicht unbemerkt laſſen, daſs die Brauchbarkeit dieſer Sprachlehre durch die beſtändige Hinzufügung ſchicklich gewählter Beyſpiele nicht wenig befördert wird.

VERMISCHTE SCHRIFTEN.

JENA, in d. akad. Buchh.: *Wie kann ich errathen, was ein anderer denkt?* Etwas über den Umgang mit Menſchen. Von *M. K. Martiny*. 1809. 192 S. 8.

Die in einem affectirten, witzelnden Tone geſchriebene Vorrede erweckt kein günſtiges Vorurtheil für dieſe Schrift. „Es weiſs jedermann, heiſst es unter andern S. VI., wie unſchicklich das wäre, wenn der dicke Papa im Schlafrock mit der Hetzpeitſche dem lieben Söhnlein, das in die Fremde zieht, bis auf halbem Wege nachlaufen möchte, um Straſsenräuber und Füchſe, gleichſam von ſauern Beeren, abzutreiben und den Leuten an der Straſse zuzurufen, daſs der geliebte Sohn unmöglich ein Spitzbube ſeyn könne. Wir laſſen das Söhnlein alſo fein ohne Begleitung und Empfehlung in die Fremde ziehen; da werden nun freylich die Leute an der Strafse mit der Knute auf das gute Kind warten, und so wie sie es bey Tages Anbruch in der Ferne durch Morgenblätter gewahr werden, den Arm strecken; weil aber bemeldtes Söhnlein, vermög Instruction, die Nase fein in den Wamms verhüllen muss, und das Antlitz nur berufenen Wegecommissären, die wir innig verehren, schauen lassen darf, so wollen wir einstweilen hoffen, dass der Geliebte seinen Weg ungepeitscht wird fortsetzen können." In diesem widerlichen Tone geht es fort. Die Schrift selbst ist besonnener und besser geschrieben, jedoch auch nicht ganz frey von geschmacklosen Witzeleyen. Auch würde man sich täuschen, wenn man in ihr eine auf Menschenkenntniss beruhende und alles durch gewählte Beyspiele erläuternde Anweisung, die Gedanken andrer zu errathen suchte. Der Vf. läfst sich vielmehr blofs in ein allgemeines psychologisirendes Räsonnement über die Gedankenfolge, die Aeusserungen derselben und den Zusammenhang des Gedachten mit dem Geäusserten ein, und mischt bisweilen ein Anekdötchen bey. Im Ganzen genommen behandelt er seinen Gegenstand zu trocken und zu abstract, als dass man glauben könnte, er habe dabey auf *junge* Leser Rücksicht genommen; mit unter läfst er sich dagegen in Definitionen und Erklärungen allgemein bekannter und leicht verständlicher Sachen ein, als schriebe er für Kinder. Angehängt ist der Schrift ein Lustspiel: *Die Bienenstöcke* betitelt, dem gleichfalls eine witzelnde Vorrede mitgegeben ist. Ein Hr. *v. Witzkopf*, ein *Helfersnoth*, ein *Hausschild* u. s. w. plaudern darin mancherley, was wir keiner weitern Kritik unterwerfen mögen.

LITERARISCHE NACHRICHTEN.

I. Universitäten.

Freyburg.

Während des verflossenen Sommerhalbenjahres wurden unter den hiesigen Studirenden 218 Inländer und nur 60 Ausländer (in *Heidelberg* dagegen 285 Ausländer und nur 106 Inländer), und unter diesen 83 Philosophen und Humanisten, 79 Juristen, 70 Theologen und 56 Mediciner (in *Heidelberg* 107 Juristen, 65 Cameralisten, 63 Theologen, 36 Mediciner und 10 Humanisten) gezählt. Im vorhergehenden Winterhalbenjahre zählte man hier 314 (in *Heidelberg* 419) Studirende.

Göttingen.

Einer Nachricht in dasigen gelehrten Anzeigen zufolge ist der Universität durch ein Schreiben des jetzigen Studiendirectors Hn. Staatsraths *Leist*, bekannt gemacht worden, dass der Prof. der Beredsamkeit Hr. geh. Justizrath *Heyne*, auf sein Ansuchen von den mit seiner Professur verbundenen Arbeiten, die er 46 Jahre hindurch geleistet hat, befreyt worden ist, und dass forthin die Programmen und Vorreden zu den Lections-Verzeichnissen dem Hn. Hofr. *Mitscherlich* unter Censur übertragen sind. Nach einer andern an alle Universitäten des Königreichs Westphalen geschehenen Bekanntmachung soll, da in diesem Staate zufolge einer frühern Verordnung keine andre Titel, als die das Amt bezeichnen, gelten, auch fernerhin keine der bisherigen Ehrenbenennungen und Titulaturen der Professoren mehr, sondern blofs der Professor-Titel in öffentlichen Verhandlungen und Schriften gebraucht werden.

II. Stiftungen.

Für diejenigen, welche von weiland Professor *Joh. Heinrich Hagelgans* und von weiland Archidiacon Magister *Joh. Fischer*, beiden zu Coburg, in gerader Linie abstammen, sind einige Familien-Legate, als zu einem Freytisch im Coburgischen Convictorio, zu einem dreyjährigen akademischen Stipendio, und zu Ausstattung der Frauenspersonen, angeordnet worden. Wer nun eines oder das andere zu erhalten wünscht, hat sich desfalls bey Uns, dem Magistrat der Herzogl. S. Residenz-Stadt Coburg, zu melden, seine Verwandtschaft mit einem oder dem andern von beiden Eingangs berührten Männern zu dociren, und kann alsdann gehörigen Bescheids darauf gewärtig seyn. Uebrigens thun solche Verwandte, zu ihrem eignen Besten, wohl, wenn sie die Nachricht von ihren Familien beglaubigen und von ihren Nachkommen immer so fortsetzen lassen, damit sie bey eintretenden Fällen ihres Wunsches desto zuverlässiger theilhaftig werden können *)

Coburg, am 18ten Septbr. 1809.

Magistrat der Herzogl. S. Residenz-Stadt Coburg.

*) Die Hagelgans'sche Stiftungs-Urkunde befindet sich in der *Geschichte der Stipendien-Stiftungen* in Coburg, von Dr. *Joh. Andreas Ortloff*, Hofrath und Polizeydirector zu Coburg, (Coburg 1809. 4.) S. 117—134. abgedruckt.

ALLGEMEINE LITERATUR-ZEITUNG

Mittwochs, den 25. October 1809.

WISSENSCHAFTLICHE WERKE.

STAATSWISSENSCHAFTEN.

1) STOCKHOLM, b. Nordström: *Bref från en Stockholmsbo til en Wän på Landet*, angaende *den vigtiga regeringsförändringen, som timade i Hufwudstader* d. 13. Mars 1809. (Brief von einem Bewohner Stockholms an einen Freund auf dem Lande, betreffend die wichtige Regierungsveränderung, die sich in der Hauptstadt ereignete d. 13. März 1809.) 8 S. 8.

2) *Ebendas.*, b. Sohm: *Utdrag ur Englands historia om den i detta Land timade regementes förändring, år* 1688. (Auszug aus der engländ. Geschichte von der in diesem Lande vorgefallnen Regierungsveränderung im J. 1688.) 1809. 24 S. 8.

3) *Ebend.*, b. Marquard: *Den Svenska Statsförfattningens historia* af (Geschichte der schwed. Staatsverfassung von) *G. A. Silverstolpe.* 1809. 94 S. 8.

4) *Ebend.*, b. Delén: *Hvad synes allmänna opinionen önska til en nu möjlig förbättring af Svenska Statsförfattningen?* (Was scheint die öffentliche Meinung zu einer jetzt möglichen Verbesserung der schwed. Staatsverfassung zu wünschen?) 28 S. 8.

5) *Ebend.*, b. Marquard: *Hvad har Svenska folket at hoppas af den nu skedda styrelseändring? och hvad har det at fordra deraf?* (Was hat das schwed. Volk von der jetzt geschehnen Regierungsveränderung zu hoffen, und was hat es davon zu fordern?) 29 S. 8.

6) *Ebend.*: *Filosofiska och ekonomiska reflexioner föranledda af den inträffade regementsförändringen* af (Philosophische und ökonomische Reflexionen, veranlasst von der eingetroffnen Regierungsveränderung von) *Göran Johansson.* 27 S. 8.

7) *Ebend.*, b. Nordström: *Några anmärkningar om Nationalkarakteren med tillämpning til den Svenska.* (Einige Anmerkungen über den Nationalcharakter mit Anwendung auf den schwedischen.) 16 S. 8.

8) *Ebend.*, b. Ebendems.: *När äro Statsförandringar nödvändiga och hvarigenom blifva de gagnande?* (Wann sind Staatsrevolutionen nothwendig, und wodurch werden sie nützlich?) 24 S. 8.

9) *Ebend.*, b. Marquard: *Blandade ämnen.* (Vermischte Gegenstände.) Nr. 1—3. 79 S. nebst einer Tabelle.

10) *Ebend.*, b. Lind: *Prospectus til en afhandling om nationalrepresentationen och Statsdepartementer i Sverige.* (Prospectus zu einer Abhandlung über die Nationalrepräsentation und Staatsdepartements in Schweden.) ½ Bogen. 4.

Die schwedische Revolution ist eins der merkwürdigsten Ereignisse unsrer so verhängnissvollen Zeit: nur dem stürmischen Drange andrer Begebenheiten, die uns näher berühren, muss man die geringe Aufmerksamkeit zuschreiben, die sie erregt zu haben scheint. Nicht das allgemeine Missvergnügen über das System und die Massregeln des Königs überhaupt, noch weniger der Ehrgeiz oder die Factionssucht brachten sie hervor, sondern sie war die Folge der Noth, der Verzweiflung über die heillose Art, womit die Kräfte des Staats nutzlos verschwendet wurden, ohnehin zu Zwecken, die dem eigentlichen Interesse des Reichs fremd waren. Sie giebt ein Beyspiel, wie tief der Abscheu vor allen Revolutionen selbst bey Völkern gegründet ist, die ihre Gräuel nur in der Entfernung sahn; das Volk nahm fast gar keinen Antheil an einer Veränderung, die es doch lebhaft wünschte. Freylich erhielten jetzt die Leidenschaften einen neuen und grössern Spielraum: der Ehrgeiz, der Neid und der Eigennutz erschufen Parteyen, und erst die Zukunft kann bestimmen, ob diese Staatsumwälzung die Hoffnungen, die man sich von ihr machte, befriedigen wird: für den Augenblick war sie, leider! unvermeidlich. In einer Zeit, wo den meisten reorganisirten Ländern eine Constitution gegeben ward, ist es erfreulich, ein Volk zu sehn, das sich selbst eine Verfassung giebt, die seinem Culturzustande, Gewohnheiten, Sitten und Vorurtheilen angemessen ist. Diese Angelegenheit hat in Schweden viele Federn beschäftigt; es ist darüber eine Menge von Schriften erschienen, von verschiednem Gehalt; einige haben eine bloss momentane Tendenz, andre hingegen stammen offenbar von den vorzüglichsten Köpfen und geübten Schriftstellern her. Zur Vervielfältigung dieser Druckschriften wirkte auch wohl das Vergnügen, sich der erweiterten Pressfreyheit zu bedienen: dadurch ward mancher gutgemeinte, aber unreife, Aufsatz in die Welt gefördert. Nr. 1. ist ein erbärmliches Machwerk, vermuthlich nur für den niedrigsten Pöbel bestimmt. Von der Revolution und ihren Ursachen erfährt man nichts: bloss eine kurze Schilderung des ganzen letzten Kriegs, mit platten Reflexionen untermischt. Der Vf. dieser Sudeley kann es dem unglücklichen König gar nicht vergeben, dass er die schöne Gelegenheit vorüber liess, sich auf

auf Kosten seiner Bundesgenossen durch ihren Verrath zu vergrössern. Die Schrift Nr. 2. erregte einige Aufmerksamkeit, ist aber nichts, als eine magre Erzählung der engl. Revolution von 1688. aus Hume und dem erbärmlichen Belsham; allerdings war hier Stoff zu einer interessanten Parallele, insonderheit wenn auch die Unähnlichkeiten hervorgehoben worden wären; der Vf. scheint es aber nur auf eine Apologie der schwedischen Revolution durch ein Beyspiel aus der Geschichte abgesehn zu haben; wenigstens deutet die Tirade aus Belsham, womit er seinen Aufsatz beschliesst, darauf hin. Der durch andre Arbeiten als ein ausgezeichneter Kopf bekannte Vf. von Nr. 3. hat die Absicht, einen gedrängten Abriss des Ursprungs, der Veranlassungen und der Beschaffenheit der Verfassungen zu liefern, die es in Schweden gegeben hat oder noch giebt, die als Grundgesetze gegolten haben oder noch gelten. Es war nur um eine klare und deutliche Uebersicht zu thun; neue Ansichten oder tiefe Reflexionen darf man daher nicht suchen. Wir bedauern jedoch, dass er zu sehr den gewöhnlichen Vorstellungen folgt, wozu der Mangel echter Kritik die schwedischen Geschichtschreiber verleitet hat; sie haben die Historie ihres Vaterlandes immer zu wenig mit der andrer Staaten verglichen, und dasjenige, was der Scharfsinn der gelehrtesten Forscher hier aufgeräumt hat, nicht auf die ihrige angewandt. Dem Gemälde von der schwedischen Verfassung in den ältesten Zeiten, das die ersten Blätter aufstellen, fehlt es an allem historischen Fundament. Die Schriftsteller bauen alles auf Präsumtionen, und führen ein, für jene Zeiten viel zu künstliches und ausgebildetes, System auf; die Behauptung (S. 15.), dass die Einführung des Christenthums der Ursprung der Verwirrung in den Staatsverhältnissen gewesen sey, widerspricht aller Geschichte: im Gegentheil, erst durch das Christenthum und die Cultur, die es zur Folge hatte, ward eine ordentliche Staatsverfassung möglich und begründet. Der Einfluss der Hierarchie wird aus einem ganz falschen und unrichtigen Gesichtspunkt dargestellt, und das Gute, das sie auch in politischer Hinsicht hatte, ganz übersehn. Eben so wenig können wir der Ansicht über den Adel und die Entstehung seiner Macht beystimmen; er soll bloss aus den Beamten des Königs hervorgegangen seyn. Ganz unrichtig ist die Angabe (S. 41.), dass die meisten Reichstagsbeschlüsse unter Erich XIV. bloss von der Priesterschaft ausgefertigt sind; es ist in der Stjernmannschen Sammlung nur bey zwey Beschlüssen der Fall. Rec. vermuthet, dass von jedem Bande ein besondres Exemplar ausgefertigt wurde, und Stjernmann gerade die von der Geistlichkeit unterzeichneten Beschlüsse abdrucken liess; drey andre sind bloss vom Adel erlassen. Auffallend ist es auch, unter Karl IX. von Ständen und ständischen Rechten zu sprechen: die Geschichte zeigt deutlich, dass sie nichts bedeuteten; bloss seinen Willen wiederholten und die in seiner Kanzley vorher abgefassten Beschlüsse unterschrieben. Die Regierungsform von 1634. scheint der Vf. für ein Werk Gustaf Adolphs auszugeben, da sie doch offenbar ein Werk Oxenstjernas ist; man weiss ja, dass die Reichsräthe ihren Collegen dringend vermochten, vor Allem für das Beste des Adels darin zu sorgen. Zum Ruhme des Büchleins müssen wir bemerken, dass es mit Würde, und in der letztern Zeit mit grosser Unparteylichkeit abgefasst ist. — Unter den durch die schwedische Revolution veranlassten Schriften ist Nr. 4. eine der besten und gründlichsten: sie scheint von einem Mann von Einfluss herzurühren, da viele der hier vorgetragnen Ideen nachher angewandt sind. Zuerst wird gezeigt, dass man nicht nöthig habe, eine Verfassung neu zu schaffen, sondern es sey genug, sie zu reformiren. Eine Constitution, heisst es S. 8., hat Dauer, wenn die allgemeine Meinung sie vorbereitet und in der Anwendung glücklich findet. Unter „allgemeiner Meinung" versteht der Vf. die grosse Mehrheit der Denkungsarten, die einen Ton ausmacht, der der Ueberrest der Denkungsarten nicht ungestraft trotzt: sie gründet sich auf Begriff oder Glauben, auf Ueberzeugung oder Gewohnheit. (Wie aber, wenn eine „allgemeine Meinung" erzwungen wird?) Er verzweifelt, dass die allgemeine Ansicht eine gänzliche, einzig das öffentliche Wohl berücksichtigende, Verfassung begünstigen werde, und hält daher eine gänzliche Umbildung für unthunlich, um es nicht mit der Mehrheit zu verderben. Die Ursachen, warum Schweden die Constitutionen von England, Nordamerika oder Frankreich nicht annehmen werde und könne, werden kurz und unzureichend berührt. Die öffentliche Meinung verlangt die Beybehaltung gewisser „monumentalischer Grundpfeiler" aus der alten Verfassung mit einer angemessnen Modification nach neuern Erfahrungen. Dahin gehört die Aufhebung der Vereinigungs- und Sicherheitsacte. Sie wünscht weder eine unbedingte Erneuerung der Regierungsform von 1772., noch der von 1720., sondern eine aus beiden zusammengesetzte Constitution. Der allgemeine Wunsch in Schweden will 1) eine erbliche Königsmacht, die alle Staatsgeschäfte nach vorher eingeholten Aufklärungen von einem Staatsrath, welcher der Nationalrepräsentation und den Beamten, die dem Regenten verantwortlich sind, verwaltet und entscheidet; 2) eine richterliche, von dem Regenten unabhängige, Macht; 3) eine gesetzgebende Macht, die zwischen dem König und den Ständen getheilt ist; und 4) die Beybehaltung der vier Stände, mit Hinzufügung der zahlreichen Classe der (unadligen) Land- und Fabrikbesitzer. Die Befugnisse des Königs und der Stände müssen genau bestimmt werden. Unter manchen andern Forderungen erwähnen wir nur noch einer neuen Reichstagsordnung, der Pressfreyheit, der Aufhebung aller persönlichen Freyheiten u. s. w. Der Vf. gesteht, dass selbst bey dieser Constitution noch viele Mängel übrig bleiben: insonderheit bedürfe das Repräsentationssystem einer gänzlichen Umänderung; aber dazu sey die Aufklärung noch nicht weit genug vorgeschritten. — Der Vf. von Nr. 5. stellt ein höchst trauriges Bild von dem Zustande Schwedens, zunächst vor der Revolution, aus; wir können nicht umhin, die Haupt-

züge

züge auszuheben: (S. 6.) „Russland griff uns an, mächtig durch seinen Bundsgenossen, mächtig durch eine sichre Erfahrung, dass die schwedische Regierung die wahren Kräfte des Landes nicht zur Vertheidigung desselben anzuwenden wisse. Jedermann sah die Gefahr voraus; die Regierung erhielt von der Gesandtschaft in Petersburg beständig Nachrichten darüber; aber keine Vertheidigungsanstalten wurden getroffen. Finnland ward angefallen, und es ward bekannt gemacht, ein treuloser Feind habe es überrumpelt. Umsonst war die Tapferkeit unsrer Krieger, da alle Anstalten zu spät kamen und ihre Siege zuletzt nicht unterstützt wurden. Schweden strengte sich auf eine vorher unerhörte Art an; die rüstigsten Jünglinge bildeten eine Landwehr; der Befehl zu ihrer Errichtung wich von Schwedens früherer Verfassung ab; aber man gehorchte willig, weil man mit vereinigten Kräften der Gefahr zu widerstehn hoffte; die Blüthe der schwedischen Jugend war zum Kampfe bereit, aber sie ward nicht gebraucht, die Sieger zu verstärken, sondern zu kleinen, unüberlegten Angriffen, wobey sie von dem stärkern und geübten Feinde leicht übermannt wurde und Muth und Hoffnung verlor. Sie ward ohne Beurtheilung angeführt und wenig zum Streit geübt; in jeder Hinsicht schlecht verpflegt; sie musste bisweilen ihre gesetzmässigen Rechte und Besoldungen entbehren, und ward endlich aus Mangel an Nahrung von Krankheiten angesteckt, die mehr Menschen fortrafften, als ein Krieg, der nur in Scharmützeln bestand. Bey einem Heer von mehr als 100,000 Mann haben in keiner Schlacht mehr als 5 — 6000 Mann gefochten. Umsonst waren die Bitten und Vorstellungen der Befehlshaber: aus Mangel an Unterstützung konnte unsre siegreiche finnländische Armee ihre Vortheile nicht behaupten, sondern musste ihr Vaterland dem Feinde zum Raub überlassen." Der Vf. zeigt, dass die Noth und Gefahr so gross waren, dass dem Volk kein andres Mittel übrig blieb, als die Selbsthülfe; es war ein Zustand eingetreten, wo die Empörung nothwendige Pflicht ward. Den Grund zu allen diesen Uebeln sucht er in der frühern Regierungsform: „wir hatten nicht einmal die Ruhe, die ein consequenter Despotismus schenkt." Es folgen einige sehr allgemeine Bemerkungen über die Fragen: Worin bestand das Fehlerhafte der Verfassung? Wer kann es recht einsehn? Wie können die Gesinnungen Aller über das Fehlerhafte in der Staatsverfassung vereinigt werden? Wie müssen alte Einrichtungen geändert werden, ohne die besondren Gerechtsame zu beeinträchtigen? Wie soll man dabey den individuellen Absichten und innern Unordnungen, womit sie bedrohen, zuvorkommen? — Der Vf. von Nr. 6. beginnt mit einigen frommen, wie uns dünkt, unschicklichen Ermahnungen an die Urheber der neuesten schwedischen Revolution. Alle Patrioten, fährt er fort, wünschen, dass auf dem bevorstehenden Reichstage keine Fragen über die Privilegien der Stände möchten auf die Bahn gebracht werden: er hofft die freywillige Verzichtleistung auf gewisse Vorrechte, die den untern Classen zu schwer seyn dürften. Er wendet sich zu Betrachtungen über das schwedische Steuersystem; gegen die Aufhebung aller Immunitäten und die gleiche Besteurung des Adels werden verschiedne, allerdings gegründete, Einwendungen gemacht; doch glaubt er, dass er unter gewissen Modificationen an den allgemeinen Lasten Theil nehmen muss. Ueber die Bewilligungsordnung und die Tilgung der Reichsschuld vermittelst der Vermögensteuer. Bemerkungen über gewisse Privilegien: z. B. die Freyheit der Landleute, die über vier Kinder haben, von gewissen kleinen Auflagen, deren Nutzen zur Beförderung der Bevölkerung allerdings sehr zweifelhaft ist; über die Gerechtsame der Geistlichkeit, die Ungleichheit der Besoldung bey der höhern und niedern Geistlichkeit, die schlechten Besoldungen der Beamten u. s. w. — Nr. 7. ist in einer guten Schreibart abgefasst: die Bemerkungen über den Charakter eines Volks und die Ursachen, die ihn modificiren, sind jedoch nur allgemein und alltäglich. Energisch ist die Schilderung einer charakterlosen Nation: „ein Volk ohne Charakter gleicht einem leichtsinnigen Menschen, er hält alles für gleichgültig, sogar seine Ehre: er kennt sein eignes Wohl nicht, folgt maschinenmässig jedem Trieb der Begierde, trägt das Glück ohne Mass und das Unglück ohne Muth, und sieht den Abgrund vor seinen Augen nicht, oder stürzt sich sorglos in seine Tiefe." Die Schrift schliesst mit dem Wunsch, dass sich der schwedische Nationalcharakter so wie in andern Zeiten zeigen möge: im Glück ohne Uebermuth und Gewaltthätigkeit; bey Widerwärtigkeiten seiner Würde eingedenk, nicht unterdrückt von ihrer Last; unbefleckt vom Geist des Leichtsinns und nicht verlockt von den Reizungen der Weichlichkeit wird er die Quelle aller bürgerlichen Tugenden, eine Schutzwehr der Freyheit und ein Bürge für ihre ewige Dauer seyn. — Der Vf. von Nr. 8. erklärt die Meinung, nach welcher Staatsrevolutionen für das grösste Uebel gehalten werden, dem die menschliche Gesellschaft ausgesetzt ist, für ungegründet; Revolutionen sind von doppelter Art; sie verbessern oder verschlimmern; mit wenigen Ausnahmen entstanden sie nie anders, als wenn das Bedürfniss einer Reform allgemein anerkannt war. Diese falschen Ansichten, denen die Geschichte geradezu widerspricht, werden weiter ausgeführt; doch begnügt sich der Vf. mit allgemeinen Declamationen. Staatsumwälzungen werden nothwendig, wenn sie für ein Volk das einzige Mittel zur Vertheidigung und Beendigung seiner Leiden sind. In einer solchen Lage befand sich Schweden: der Zustand des Reichs wird mit den düstersten Farben geschildert, und der Vf. erlaubt sich die härtesten Ausdrücke gegen die vorige Regierung; die neueste Staatsveränderung wird sehr emphatisch gepriesen. Merkwürdig ist das Lob, das Gustafs III. erster Revolution beygelegt wird. Der Zweck aller politischen Revolutionen muss Verbesserung des Fehlerhaften seyn; aber auch hiebey ist ein kluges Mass zu beobachten. Zuletzt wird von der Nothwendigkeit einer eingeschränkten Pressfreyheit gehandelt. — Von Nr. 9. ist dem Rec. das erste

Stück

Stück nicht zu Geſichte gekommen. In den beiden folgenden werden verſchiedne wichtige Materien mit Einſicht und Scharfſinn abgehandelt. Die Aufſätze ſind überſchrieben: Aemter im Staat. Verſuch, die Gründe zur Repräſentation des ſchwediſchen Volks zu beſtimmen. Der Vf. legt ſtatiſtiſche Data zum Grunde: in Schweden ſoll 1) von 10,000 Perſonen, und 2) von jedem 10,000 Rbl., das durch die ſogenannte Bewilligung in die Staatscaſſe einfließt, ein Repräſentant geſtellt werden; ſämmtliche Repräſentanten würden (NB. mit Abzug von Finnland) 358 Perſonen ausmachen. Der Vf. wünſcht, daſs Anſtalten getroffen werden möchten, um dem ſchwediſchen Reich eine beſſere Statiſtik zu ſchaffen. Hierüber verbreitet ſich die *dritte* Abhandlung, mit der Ueberſchrift: *Statiſtik*, weitläuftiger. Es wird die Schädlichkeit der ſechsfachen Eintheilung Schwedens gezeigt, und es werden Vorſchläge zu einer einzigen einfachen Vertheilung des ganzen Landes gemacht; jede Provinz *(Län)* ſoll in Gerichtsſprengel *(Härader)*, und jeder Gerichtsſprengel in Kirchſpiele *(Socknar)* vertheilt werden. Die ganze Abhandlung, die hier keinen nähern Auszug verſtattet, verräth einen Vf. von Geiſt und Einſicht. Auf dem gegenwärtigen Reichstage hat Hr. *G. A. Silverſtolpe* dem ſogenannten Conſtitutionsausſchuſs die Errichtung eines ſtatiſtiſchen Bureaus empfohlen, ein Vorſchlag, deſſen Realiſirung ſehnlichſt zu wünſchen iſt. — Nr. 10. ſcheint zunächſt gegen einen Aufſatz in den eben angezeigten Blättern gerichtet zu ſeyn. Das Unzweckmäſsige der ſchwediſchen Nationalrepräſentation hat man längſt eingeſehn, und es war zu erwarten, daſs bey der eingetretnen Regierungsveränderung, wodurch alle die Männer, die ſich als Gegner der alten Verfaſſung gezeigt hatten, an die Spitze kamen, dieſer Gegenſtand beſonders zur Sprache kommen würde. Merkwürdig iſt daher dieſe Vertheidigung des alten Syſtems: ſie ſucht den wahren Grund zur Nationalrepräſentation in der „Zuſammenfaſſung *(ſammanfattningen)* der Gegenſtände, welche die gemeinſchaftlichen groſsen und wichtigen Angelegenheiten der Nation ausmachen;" ſie ſind von zwiefacher Art: Sicherheit und Cultur. Zur Beförderung der erſten wirkt der Adel. Die Cultur theilt ſich in zwey groſse Zweige: I. Die intellectuelle und moraliſche; dafür iſt der geiſtliche Stand thätig, er bildet daher den zweyten Stand, doch verlangt der Vf., daſs unter die Repräſentanten deſſelben auch die akademiſchen und Schullehrer aufgenommen werden. II. Die reelle oder mechaniſche Cultur; ſie zerfällt in *zwey* Hauptclaſſen, die producirende (den Bauerſtand) und die veredelnde (den Bürgerſtand). Es kann genug ſeyn, dieſe, unſres Wiſſens, neue, aber durchaus unhaltbare Anſicht, deren Schwäche ſich auch einem ungeübten Blick verräth, angedeutet zu haben. Nach dieſen Grundſätzen ſollen auch die Staatsbehörden eingerichtet werden: 1) ein Kriegs-, 2) ein geiſtliches, 3) ein Oekonomie- und Kameral-, 4) ein Juſtiz-, und 5) ein diplomatiſches Departement. Um conſequent zu ſeyn, hätte der Vf. dieſe beiden Zweige unter das erſte Departement bringen, und dieſem den Namen des Sicherheitsdepartements geben können: der Adel hätte alsdann zugleich ein ſyſtematiſch deducirtes Recht auf den ausſchlieſsenden Beſitz aller hohen Militär- und Civilſtellen.

LITERARISCHE NACHRICHTEN.

Todesfälle.

Am 21. Sept. d. J. ſtarb zu Lüneburg *Joh. Jac. Karl Timäus*, Profeſſor der engliſchen Sprache an der daſigen Ritterakademie, 46 Jahr alt.

Die ſchwediſche Literatur hat ſeit kurzem manchen bedeutenden Verluſt erlitten. Früher ſind geſtorben der als Redner bekannte Biſchof in Linköping *M. Lehnberg*, und der berühmte Profeſſor der Rechte zu Lund *Tengwall*.

Am 23. Auguſt 1807. ſtarb zu Lund der Dompropſt und erſte Profeſſor der Theologie Dr. *Sam. Lemchen* in ſeinem 88ſten Jahr.

Am 29. Februar 1808. ſtarb zu Stockholm der ehmalige Geſandte an verſchiednen Höfen, *Pehr Ol. v. Asp*, bekannt durch viele ſtaatswiſſenſchaftliche Schriften ſo wie durch ſeine Reiſe in der Levante. Er hat der Univerſität Upſala in ſeinem Teſtament 20000 Rthlr. zu Stipendien und 8000 Rthlr. zur Vermehrung der akad. Bibliothek vermacht.

Am 15. März ſtarb auf dem Präbendehofe Tjerp unweit Upſala, der Prof. der Theologie Dr. *Er. Jac. Almquiſt* in ſeinem 80ſten Jahre.

Am 30. März ſtarb der groſse ſchwediſche Dichter Graf *Guſtaf Friedrich Gyllenborg* in ſeinem 77ſten Lebensjahre.

Am 16. May 1809. ſtarb der Hofcanzler Baron *Chriſt. Bogisl. Zibet*, durch mehrere poetiſche Gelegenheitsſchriften und ſeine Cenſurſtreitigkeiten mit Hn. *Adlerſparre* bekannt.

ALLGEMEINE LITERATUR-ZEITUNG

Mittwochs, den 25. October 1809.

LITERARISCHE NACHRICHTEN.

I. Universitäten.

Anzeige der Vorlesungen, welche auf der Grossherzoglich Hessischen Universität zu Giessen im bevorstehenden Winterhalbenjahre, vom 16ten October 1809. an, gehalten werden sollen.

Theologie.

Bibelerklärung *a)* des *Alt. Testam.* Das *erste Buch Mosis* erklärt Prof. Dr. *Pfannkuche* von 9 — 10 Uhr. *b)* des *Neuen Testam.* Die *Briefe an die Korinthier* erklärt geistl. Geh. Rath und Prof. Dr. *Schmidt* von 11 — 12 Uhr. Den *Brief an die Hebräer* Prof. Dr. *Kühnöl* von 3 — 4 Uhr. Die *kleinern Paulinischen Briefe* Prof. Dr. *Pfannkuche* von 10 — 11 Uhr. Die *beiden Briefe an die Korinthier* Prof. Dr. *Rumpf* von 2 — 3 Uhr.

Die *ältere Kirchengeschichte* trägt geistl. Geh. Rath und Prof. Dr. *Schmidt* nach seinem Lehrbuch von 10 — 11 Uhr vor.

Die *christliche Glaubenslehre* Prof. Dr. *Kühnöl* von 2 — 3 Uhr.

Die *theologische Moral* trägt Superintend. und Prof. Dr. *Palmer* von 8 — 9 Uhr, und Prof. Dr. *Dieffenbach* nach *Stäudlins* Lehrbuche der philosophischen und biblischen Moral von 9 — 10 Uhr vor.

Homiletik lehrt Superintend. und Prof. Dr. *Palmer* von 9 — 10 Uhr, und Prof. Dr. *Dieffenbach* in einer noch zu bestimmenden Stunde.

Katechetik Superintend. und Prof. Dr. *Palmer* nach *Rosenmüllers* Anweisung zum Katechesiren von 9 — 10 Uhr.

Rechtsgelehrsamkeit.

Die *Rechtsgeschichte* trägt nach dem *von Selchow'schen* Lehrbuche Geh. Rath und Prof. Dr. *Büchner* von 10 — 11 Uhr vor.

Die *Institutionen des Römischen Rechts* lehrt *Derselbe* nach dem *Waldeck'schen Heineccius* von 8 — 9 Uhr.

Die *Pandekten* liest nach *Thibaut* Prof. Dr. *Arens* von 9 — 10 Uhr und von 11 — 12 Uhr täglich, und ausserdem Montags, Dienstags, Mittwochs und Freytags von 6 — 7 Uhr.

Das *Staatsrecht* des *Rheinischen Bundes* trägt Prof. Dr. *Jaup* von 10 — 11 Uhr nach eigenen Dictaten vor.

Das *Criminalrecht* erklärt Oberappellationsrath und Prof. Dr. *Grolman* von 8 — 9 Uhr nach seinem Lehrbuche.

Das *deutsche Privatrecht* lehrt Prof. Dr. *Jaup* von 3 — 4 Uhr, ebenfalls nach eigenen Dictaten.

Das *Lehnrecht* erklärt nach *Böhmer* Geh. Rath und Prof. Dr. *Musäus* von 2 — 3 Uhr.

Das *Handlungs-* und *Wechselrecht* trägt *Derselbe* nach seinem Lehrbuche Dienstags und Donnerstags von 3 — 4 Uhr vor.

Das *Französische Civilrecht* lehrt Oberappellationsrath und Prof. Dr. *Grolman*, vermittelst einer ausführlichen Erläuterung des *Code Napoléon*, in Grundlage der bey Heyer erschienenen Uebersetzung desselben, von 9 — 10 und von 11 — 12 Uhr.

Das *positive Europäische Völkerrecht* lehrt Prof. Dr. *Jaup* nach *v. Martens.*

Praktische Vorlesungen hält Geh. Rath und Prof. Dr. *Musäus* von 3 — 4 Uhr Montags, Mittwochs und Freytags; und Prof. Dr. *Arens* in noch zu bestimmenden Stunden.

Heilkunde.

Die *gesammte Anatomie des menschlichen Körpers* trägt Prof. Dr. *Wilbrand*, täglich von 11 — 12 Uhr, vor.

Osteologie des Menschen, mit steter Rücksicht auf den Knochenbau der Thiere, *Derselbe*, Mittwochs und Samstags von 2 — 3 Uhr.

Physiologie des Menschen lehrt Prof. Dr. *Nebel.*

Allgemeine Pathologie entwickelt, täglich von 9 — 10 Uhr, nach *eignen Heften*, Medicinalrath Dr. *Balser.*

Arzneymittellehre, nach *Lieut*, Geh. Rath und Prof. Dr. *Müller.*

Dieselbe trägt Prof. Dr. *Nebel*, nach *Münch*, vor.

Die *Lehre von der Erkenntniß und Heilung der besonderen Krankheitsformen des Menschen* lehrt, nach *eignem Plane*, Med. Rath und Prof. Dr. *Balser*, in noch zu bestimmenden Stunden.

Chirurgie trägt Geh. Rath und Prof. Dr. *Müller* vor.

Dieselbe, nach *Heckers* Abriss der *Chirurg. med.*, Prof. Dr. *Nebel.*

Gerichtliche Arzneykunde lehrt, nach *Metzger*, Prof. Dr. *Nebel*; — als Anhang zu dieser Vorlesung wird *Derselbe* noch die *gerichtliche Thierarzneykunde*, besonders die *Lehre von den Hauptmängeln*, vortragen.

Anleitung zum Seciren giebt Prof. Dr. *Wilbrand*, und zwar unentgeldlich allen denjenigen, welche die von ihnen verfertigten Präparate für das anatomische Theater zu liefern Willens sind.

Die *propädeutischen Studien* der *Heilkunde*, *Naturphilosophie*, *Naturgeschichte*, *Mineralogie*, *Physik* u. s. w. siehe unter den *philosophischen Wissenschaften.*

Philosophische Wissenschaften.

Philosophie im engern Sinn.

Logik und *Psychologie* lehrt von 3—4 Uhr Pädagogiarch und Prof. Dr. *Schaumann* nach Dictaten.

Philosophie der Religion, nach seinem Lehrbuche, *Derselbe*, von 11—12 Uhr.

Ueber das Studium der Natur, und insbesondere *über die Vorbereitung dazu durch das Studium der Philosophie*, liest Prof. Dr. *Wilbrand* öffentlich.

Die *Geschichte der Philosophie von Spinoza und Leibnitz bis auf unsre Zeit* trägt Mittwochs und Sonnabends von 2—3 Uhr Pädagogiarch und Prof. Dr. *Schaumann* vor.

Derselbe in lateinischer Sprache das *System des Epicurus* nach *Lucretius de rerum natura* zweymal wöchentlich von 4—5 Uhr.

Mathematik und militärische Wissenschaften.

Reine Mathematik von 10—11 Uhr, nach *G. G. Schmidts* Anfangsgründen der Mathematik, lehrt Major und Prof. Dr. *Cämmerer*.

Angewandte Mathematik von 5—6 Uhr, nach eignem Lehrbuch, Prof. Dr. *Schmidt*.

Analysis von 11—12 Uhr *Derselbe*.

Militärische Encyklopädie, nach eignen Heften, von 8—9 Uhr, Major und Prof. Dr. *Cämmerer*.

Derselbe wird von 9—10 Uhr, oder in einer andern, noch zu bestimmenden, Stunde, seinen Unterricht im Planzeichnen nach seinen „Vorlegeblättern beym Planzeichnen" fortsetzen.

Naturlehre und Naturgeschichte.

Naturlehre von 2—3 Uhr, nach seinem Lehrbuch, Prof. Dr. *Schmidt*.

Naturgeschichte im höhern Sinn, oder die graduelle Entwicklung der gesammten organischen Natur von ihrer ersten Regung an bis zur Erscheinung des Menschen, Prof. Dr. *Wilbrand* von 4—5 Uhr, nach seiner „Darstellung der gesammten Organisation," mit Vorzeigung der zur Versinnlichung dienenden Naturalien und Präparate.

Die *land-* und *forstwissenschaftliche Zoologie*, nach seinem Compendium, von 9—10 Uhr, Prof. Dr. *Walther*.

Die *Mineralogie* lehrt auf Verlangen Geh. Rath und Prof. Dr. *Müller*.

Dieselbe Hofkammerrath *Emmerling* in noch zu bestimmenden Stunden.

Staats- und ökonomische Wissenschaften.

National-Oekonomie von 3—4 Uhr Geh. Regierungsrath und Prof. Dr. *Crome*.

Polizey-Wissenschaft, nach eignem Leitfaden, von 5—6 Uhr, *Derselbe*.

Kameral-Rechnungs-Wissenschaft von 8—9 Uhr *Ders.*

Landwirthschaft von 11—12 Uhr, nach seinem Lehrbuche, Prof. Dr. *Walther*.

Geschichte.

Die *ältere Universalhistorie*, von 3—4 Uhr, Prof. Dr. *Snell*.

Die *europäische Staatengeschichte*, von 4—5 Uhr, *Derselbe*.

Die *deutsche Geschichte* trägt Geh. Rath und Prof. Dr. *Masäus*, nach *Pütter*, von 2—3 Uhr vor, mit Fortsetzung bis auf die neueste Zeit.

Die *Diplomatik* lehrt, theoretisch und praktisch, von 10—11 Uhr Syndicus Dr. *Oeser*.

Orientalische Philologie.

Die *Elemente der hebräischen Sprache* trägt von 11—12 Uhr vor Prof. Dr. *Pfannkuche*.

Die *Anfangsgründe der syrischen Sprache*, von 8—9 Uhr, *Derselbe*.

Die *Vorlesungen über das alte Testament* s. oben bey den theologischen Collegien.

Classische Philologie.

Den *Panegyricus des jüngern Plinius* erklärt Prof. und erster Pädagoglehrer Dr. *Rumpf*.

Des *Horatius Briefe an die Pisonen*, zweymal wöchentlich, von 11—12 Uhr, Pädagoglehrer Dr. *Zimmermann*.

Die *Trachinierinnen des Sophokles*, Prof. und erster Pädagoglehrer Dr. *Rumpf*.

Die *Wolken des Aristophanes*, Pädagoglehrer Dr. *Welker*.

Theokrits Idyllen nach der Strothischen Ausgabe von 1808. Pädagoglehrer Dr. *Zimmermann* von 1—2 Uhr.

Neuere Sprachen.

Theoretisch-praktische Vorlesungen über die französische Sprache hält nach seiner kleinen französischen Sprachlehre und nach *Estelle* von *Florian* von 1—2 Uhr Professor extraordinarius der französischen Sprache *Chastel*.

Derselbe setzt seine französischen Privatissima fort.

Die *italiänische Sprache* lehrt Pädagoglehrer Dr. *Welker*.

Unterricht in freyen Künsten und körperlichen Uebungen ertheilen:

Im *Reiten*, Universitäts-Stallmeister *Frankenfeld*.

In der *Musik*, Universitäts-Musik-Lehrer, Cantor *Ahlefeld*.

Im *Zeichnen*, Universitäts-Zeichenmeister *Dickore*.

Im *Tanzen*, Universitäts-Tanzmeister und Interims-Fechtmeister *Brutinelle*.

Im *Fechten*, *Derselbe*.

II. Vermischte Nachrichten.

Bekanntlich wurde vor Kurzem zu Regensburg *Keplern* ein Denkmal errichtet. Am 10ten September wurde zu Thorn der Grundstein zu einem Monumente des *Copernicus* gelegt; das Haus, in welchem er 1473 geboren wurde, steht noch.

INTEL-

INTELLIGENZ DES BUCH- UND KUNSTHANDELS.

I. Neue periodische Schriften.

An die Besitzer des Journals der Erfindungen, Theorieen und Widersprüche in der Natur- und Arzneywissenschaft.

Von diesem Journal ist seit Kurzem das 43 und 44ste Stück (Neues Journal der Erf. 19 und 20stes Stück) erschienen, und an alle Buchhandlungen versendet worden. *Preis* von beiden Stücken 18 gr. Sächs. oder 1 Fl. 30 Kr. Rhein.

Inhalt des 43sten Stücks (Neues Journal der Erf. 19tes St.) *Ausführlichere Aufsätze:* I. Ueber Schwangerschaft, Geburt und Wochenbette in physiologischer Hinsicht, mit besonderer Beziehung auf den Aufsatz: „über das polarische Auseinanderweichen der ursprünglichen Naturkräfte in der Gebärmutter zur Zeit der Geburt, in dem Archiv für Physiologie von den Professoren *Reil* und *Authenrieth*, 7ten Bds 3tes Stück, S. 40 u. f. II. Ueber den Entstehungs- und Theilungsprocess der Hornhautflecken. III. Ueber Begriff, Umfang und Gränze der Medicin. — *Kürzere Aufsätze* und *Anmerkungen:* 1) Ueber *Bozzini's* Lichtleiter. 2) Bemerkungen über zwey Verschiedenheiten an den Körpern südlicher und nördlicher Europäer. 3) Elektricitätslehre in Bezug auf Physiologie. *Intelligenzblatt* mit Anzeigen von neuen medic. Schriften.

Inhalt des 44sten Stücks (Neues J. d. Erf. 20s St.) *Ausführlichere Aufsätze:* I. Die neuesten Theorieen der Entzündung. II. Ueber medicinisches Raisonnement. *Ein Register über die letzten fünf Bände.*

Mit diesem 44sten Stück (Neues Journal der Erf. 20s St.) ist dieses Journal, das länger als 10 Jahre unter allen ähnlichen gleichzeitigen Schriften sein Ansehn behauptete, *geschlossen;* wird aber nach dem allgemeinen Wunsche unter einem etwas veränderten Titel und unter neuer Redaction von neuem wieder angefangen und fortgesetzt werden. Eine ausführlichere Anzeige davon wird nächstens erscheinen. Gotha, im September 1809.

Justus Perthes.

II. Ankündigungen neuer Bücher.

In den
Joseph Anton Göbhardt'schen Buchhandlungen
in Bamberg und Wirzburg
sind neu erschienen und an alle gute Buchhandlungen versandt:

Beschreibung, kurze, der Künste und Handwerke. Ein Anhang zu dem allgemeinen Lesebuche für den Bürger und Landmann, von *Paulus* und *Mannert*. 8. 12 Kr. oder 3 gr. Das Hundert 12 Fl. oder 8 Rthlr. baar.

Beyspiele von Volkstugenden auf alle Tage des Jahrs, zum Unterricht der Jugend und des gemeinen Mannes. 2 Theile. 8. 72 Bogen. 1 Fl. 15 Kr. od. 20 gr. Das Dutzend 12 Fl. od. 8 Rthlr. baar.

Felbiger, von, Kern der biblischen Geschichte des alten und neuen Testaments. Neueste und verbesserte Auflage. 8. 15 Kr. oder 4 gr. Das Hundert 20 Fl. od. 13 Rthlr. 8 gr. baar.

Gehrigs, J. M., neue Sonn- und Festtags-Predigten. 6 Theile. Neue Auflage. 8. 6 Fl. oder 4 Rthlr.

— — neuere Festpredigten zur Belehrung, Besserung und Beruhigung des Landvolks. 8. 1 Fl. 15 Kr. od. 20 gr.

Gelegenheits-Reden, gemeinfassliche, als ein Beytrag zur Verbreitung des Reiches Gottes auf Erden. 2te verbesserte Auflage. 8. 30 Kr. od. 8 gr.

Geschichte und Statuten der Grossherzoglichen Gesellschaft zur Vervollkommnung der mechanischen Künste und Handwerker zu Würzburg. gr. 8. 45 Kr. od. 12 gr.

Goffine, christkatholisches Unterricht- und Erbauungsbuch für alle Sonn- und Feyertage des katholischen Kirchenjahres; ganz neu bearbeitet durch einen katholischen Pfarrer in Franken. gr. 8. 1 Fl. 15 Kr. od. 20 gr. Das Dutzend 12 Fl. od. 8 Rthlr.

Holler, G. B., Geschichte und Würdigung der deutschen Patrimonial-Gerichtsbarkeit mit besonderer Rücksicht auf Bayern. gr. 8. 1 Fl. od. 16 gr.

Kretschmann, Theod. von, Hof und Staat. Eine Zeitschrift in zwanglosen Heften. 1ter Band, 4 Hefte. 3 Fl. od. 2 Rthlr.

Mangoldt, Erhard, Lesebuch für Lehrjungen und Gesellen. 8. 1 Fl. oder 16 gr. Das Dutzend 8 Fl. oder 5 Rthlr. 8 gr. baar. Enthält: Geschichte der Handwerker in Deutschland, der entstandenen Handwerksgebräuche und Ordnungen, des blauen Montags. Ehemalige Missbräuche in Behandlung der Lehrjungen. Pflichten gegen Lehrherrn und Meister. Verhaltungs-, Klugheits- und Vorsichtsregeln im Umgange mit Nebenlehrjungen und Gesellen, auf Wanderschaften und Reisen zu Wasser und zu Lande. Gesundheitslehre für Reisende. Verhalten in Krankheiten auf Reisen, einige Heilmittel beym ersten Anfall derselben. Witterungskunde, Sittenlehren. Lieder. Verzeichniss merkwürdiger Orte in und ausser Deutschland, dessen, was ein reisender Handwerker und Künstler dort zu bemerken hat. Wander-Tabellen. Reiserouten. Entfernung einiger Städte von einander. Gangbare Münzen, Masse, Gewichte in und ausser Deutschland. Rechnungs-Tabelle. Anweisung zu Briefen, Conto, Quittungen. Erfindungen verschiedener Gegenstände. Erklärung bey Künstlern und Handwerkern vorkommender Wörter. Verhalten eines Gesellen bey der Rückkehr in sein Vaterland, vor und nach der Standesveränderung. Warnung vor zu frühen Heyrathen und Meisterwerden. Vermächtniss eines Vaters an seinen in die Fremde gehenden Sohn. Wandergeschichten.

Man-

Mengolds, Erhard, Katechismus, oder leichtfasl. Unterricht für Kinderwärterinnen. Auch allen guten Aeltern gewidmet, denen daran gelegen ist, nicht nur gesunde, sondern auch gutgeartete Kinder um sich zu haben. 8. 30 Kr. oder 8 gr. Das Dutzend 4 Fl. oder 2 Rthlr. 16 gr. baar.

Predigten, katholische Fest- und Gelegenheits-, von einem Würzburgischen Seelsorger. 8. 24 Kr. od. 6 gr.

Royaumont, von Sacy, Geschichte des alten und neuen Testaments, nebst erbaulichen Erklärungen aus den Schriften der h. Kirchenväter zur Bildung der Sitten in allen Ständen. Neu bearbeitet. 8. 53½ Bogen. 42 Kr. oder 10 gr. Das Dutzend 7 Fl. 12 Kr. oder 4 Rthlr. 18 gr. baar.

Das Aeltern, Lehrern und Kindern so sehr bekannte und von ihnen geschätzte Buch:

Gumal und Lina. Eine Geschichte für Kinder zum Unterricht und Vergnügen, besonders um ihnen die ersten Religionsbegriffe beyzubringen, *drey* Theile mit Kupfern; von *K. F. Löffler*.

hat abermals *neu* aufgelegt werden müssen, und ich glaube, das Publicum wird mir es Dank wissen, dass ich neben der bekannten Ausgabe mit 3 Kupfern, noch eine andere auf vorzüglich schönem Papier mit 8 *historischen*, von den besten Künstlern gestochenen, Kupfern nach *neuen Schubert'schen* Zeichnungen und des *Verfassers Portrait* geliefert habe. Die Preise sind so billig als möglich gestellt. Die eben beschriebene *gute* Ausgabe mit 9 Kupfern kostet 3 Rthlr. 6 gr. Sächs. oder 5 Fl. 50 Kr. Rhein., und die *ordinäre* Ausgabe, deren 3 Kupfer noch durch des Verfassers Portrait vermehrt worden sind, 1 Rthlr. 18 gr. oder 3 Fl. 6 Kr. Sind Aeltern um ein zweckmässiges literarisches *Weihnachtsgeschenk* für ihre Kinder verlegen, so wüsste ich ihnen in Wahrheit nichts Interessanteres und Nützlicheres zu empfehlen, als dieses Buch, das auch von dem Verfasser bey dieser neuen Auflage noch manche Verbesserungen erhalten hat. Gotha, im September 1809.

Justus Perthes.

So eben ist in unterzeichneter Buchhandlung die *zweyte verb. Ausgabe* von

Dr. *A. H. Niemeyers Feyerstunden während des Krieges. Versuche über die religiöse Ansicht der Zeitbegebenheiten*, den Freunden und Lehrern der Religion gewidmet,

fertig geworden und in allen soliden Buchhandlungen für 1 Rthlr. geheftet zu bekommen.

Die neuen Aufsätze, welche anfänglich dieser Ausgabe bestimmt waren, und wozu die fortdauernden Zeitumstände reichen Stoff liefern, wird der Hr. Verf., in Rücksicht auf die Besitzer der *ersten*, einer *zweyten Sammlung* vorbehalten, welche nach einiger Zeit erscheinen soll.

Buchhandlung des Waisenhauses in Halle.

Von

Lossius moralischer Bilderbibel

ist vor einiger Zeit der *dritte* Band, der einige 30 Bogen schön gedruckten Text in gross Octav und 15 beyfallswerthe Kupfer von den besten Meistern gestochen enthält, complett abgeliefert worden. Ich habe die Ueberzeugung erhalten, dass auch dieser Band allgemein gefallen und dem Erwarten der verehrten Theilnehmer ganz entsprochen hat; und viele neu hinzugetretene Interessenten, die diesem neuen Bande wieder vorgedruckt worden sind, bestärken mich in dem Glauben, dass, ungeachtet der jetzigen Zeitumstände, *das Gute* doch nicht ganz übersehen wird, und immer noch Liebhaber findet. Die Fortsetzung der noch übrigen zwey Bände dieses Werkes wird ununterbrochen erfolgen, und die *erste* Lieferung des *vierten* Bandes allernächstens versendet werden. Mit diesem *vierten* Bande wird die *Geschichte der Römer* beendigt, und mit dem *fünften* das *Leben Jesu und seiner ersten Bekenner*, oder die *Geschichte des neuen Testaments*, geliefert werden, womit alsdann das Werk, seinem ersten Plane gemäss, geschlossen wird.

Ich bin erbötig, Liebhabern dieses Werk, das auf einen lange dauernden Werth allerdings Anspruch machen kann, noch von Anfang an um den äusserst niedrigen Pränumerationspreis abzulassen, und sichere ihnen vollkommen gute und untadelhafte Kupfer-Abdrücke zu. Der Pränumerationspreis für jeden Band der *guten* Ausgabe ist 3 Rthlr. 12 gr. Sächs. oder 6 Fl. 18 Kr. Rhein., und für die *ordinäre* Ausgabe mit ebenfalls schönen kräftigen Kupfer-Abdrücken 2 Rthlr. 12 gr. Sächs. oder 4 Fl. 30 Kr. Rhein.

Bemittelte Aeltern würden ihren Kindern, wenn sie auch schon erwachsen wären, gewiss kein nützlicheres und ihnen angenehmeres Weihnachtsgeschenk machen können, als mit diesem Familienbuche, das ihnen über so Vieles aus der alten Geschichte eine so lehrreiche und nützliche Belehrung gewährt; und selbst Aeltern werden es nicht ohne Belehrung und Vergnügen lesen. Gotha, im Sept. 1809.

Justus Perthes.

III. Vermischte Anzeigen.

Bitte.

Da ich für den zu Ostern erscheinenden Universitäten-Almanach für das Jahr 1810. noch sehr gern wissen möchte, wie hoch auf jeder deutschen Akademie ein jedes Collegium bezahlt wird; so bitte ich alle diejenigen Universitäts-Gelehrten, welche mir ihre gütige Unterstützung zugesichert, aber ihre Nachrichten und Beyträge noch nicht abgesandt haben, dass sie gefälligst auch dieses noch genau bemerken wollen.

Neu-Strelitz, den 6ten October 1809.

Hofr. Dr. C. F. L. Wildberg.

ALLGEMEINE LITERATUR-ZEITUNG

Donnerstags, den 26. October 1809.

WISSENSCHAFTLICHE WERKE.

PÄDAGOGIK.

Halle, b. Gebauer: *Ueber die Einrichtung höherer Bürgerſchulen*, ein Verſuch von *C. C. Schmieder*, Doctor der Philoſophie, Magiſter der freyen Künſte, Oberlehrer an der vereinigten Realſchule zu Halle u. ſ. w. 1809. XII u. 252 S. 8. mit vier Tabellen. (18 gr.)

Seit der Zeit, daſs man angefangen hat, den Unterſchied zwiſchen den gelehrten und nicht gelehrten oder lateiniſchen und nicht lateiniſchen Schulen zu machen; blieb man, einige Ausnahmen ungerechnet, darüber unentſchloſſen, was man eigentlich zu den Bürgerſchulen zu rechnen, und was man darin vorzutragen und zu lehren habe. Selbſt Männer von der Kunſt urtheilten über das Weſen und über den Zweck derſelben ſo ſeltſam, daſs man wohl einſah, wie wenig ſie noch über die Hauptſachen im Reinen wären. Ja die Idee, für die Gewerbe die Jugend in dieſen Schulen bilden zu wollen, wurde ſogar noch neulich von einem pädagogiſchen Schriftſteller für einen echt chineſiſchen Einfall erklärt, und überhaupt keine Bürgerſchulen, ſondern Chriſtenſchulen allein gebilliget. Gleichwohl läſst ſich, wenn man mit Einſicht und unbefangen urtheilt, durchaus nicht läugnen, daſs ſolche Schulen von höchſter Nützlichkeit ſind, daſs man eben ſo gut diejenigen Stände, für welche Bürgerſchulen beſtimmt ſind, über die Anordnung derſelben zu rathe ziehen müſſe, als man Gelehrte über die Organiſation der gelehrten zu befragen pflegt, und daſs endlich die Forderungen des geſammten Gewerbſtandes ſehr wohl zu einem Ganzen vereinigt werden können. Aus dieſem Geſichtspunkte betrachtet der würdige Vf. die Bürgerſchulen, und liefert hier einen ungemein wohl gerathenen Verſuch, ein Ideal der Bürgerſchule bis in die feinſten Falten auszuzeichnen; das im Ganzen unſern ungetheilten *Beyfall hat*. Zwar läugnet der Vf. ſehr beſcheiden ſelbſt nicht, daſs er ein Ideal liefre, das nicht überall vollſtändig ausgeführt werden könne, weil Orts und Zeitverhältniſſe ſo ſehr verſchieden ſind; aber er iſt ſchon zufrieden, wenn nur einzelne Theile deſſelben hier mehr, dort weniger zur Ausführung gedeihen.

Mit Recht ſchickt der Vf. die Entwicklung des Begriffs höherer Bürgerſchulen voran (S. 1—32.). Er geht von dem Zwecke der Schulen aus, daſs die Jugend darin zur Brauchbarkeit vorgeübt, und ihrer künftigen Beſtimmung vollkommen angemeſſen unterwieſen werde. Dieſer Zweck hebt ſchon die Idee einer Univerſalſchule für alle Menſchenklaſſen auf. Der Pädagoge kann nicht allen alles ſeyn. Man thut, alles wohl überlegt, am beſten, in der Trennung der Schulen, dem täglichen Sprachgebrauche zu folgen, welcher drey Hauptſtände unterſcheidet, die höhern Stände, den Mittelſtand; und den niedern Stand, und nach den Hauptzügen und Erforderniſſen derſelben die Schulen einzurichten. Sehr gelungen ſcheint uns die Schilderung dieſer Stände, wenn ſie gleich nur die Hauptzüge im Umriſſe enthält: ſie iſt wohldurchdacht, kurz und kräftig. Die höhern Stände theilen die Regierung des Ganzen, und da ſie nicht eigentlich mit Arbeit, ſondern mit Aufſicht und Anordnung der Arbeit zu ſchaffen haben: ſo iſt es nicht das tiefe Wiſſen noch die groſse praktiſche Fertigkeit, die man von ihnen verlangt, ſondern eine vielſeitige Bildung und Philoſophie des praktiſchen Lebens. Die Ehre iſt hier vorherrſchende Leidenſchaft, Erhabenheit das Ziel: Geiz und Kleinlichkeit Zeichen der Ausartung. Ungezwungene Leichtigkeit und Edelſinn bezeichnen die Sitten dieſes Standes, welcher ſeiner Natur nach erblich iſt. Zahlreicher aber nicht minder ſcharf begränzt iſt die zweyte Klaſſe, der Mittelſtand, der zum eigentlichen Dienſte des Staats beſtimmt iſt, aber zur Kopfarbeit, nicht zur mechaniſchen. Er wuchert mit ſeinem geiſtigen Vermögen, macht Wiſſenſchaften zum Broderwerb, oder treibt Künſte und Handwerke mit Geiſt und in einem erweiterten Wirkungskreiſe. Gründliche Wiſſenſchaft, ausgezeichnete Geſchicklichkeit ſind ſeine Bedürfniſſe, begründen ſeine Anſprüche. Aber eben darum kann man die allgemeine Cultur nicht von ihm fordern, die der höhere beſitzen muſs. Auch dieſer Stand iſt erblich. Der niedere Stand endlich, oder der gemeine Mann dient nicht dem Staate, ſondern Einzelnen, nicht mit dem Kopfe, ſondern mit Körperkraft oder angelernten Fertigkeiten. Immer Mittel zu den Zwecken andrer, die ihn leiten und bevormunden ſtrebt er nur nach dem täglichen Brode. Er grübelt nicht, man müſste ihn denn gefliſſentlich dazu verleiten. Religion mit ein wenig Aberglauben vermiſcht, Polizeyordnung und Innungsvertrag ſind die Stützen ſeiner Wohlfahrt, mit denen er ſich vergleicht, wenn ſie ſich nur in etwas nach ſeinen Leidenſchaften bequemen. Veredlung dieſes Standes iſt gut, aber nur bis zu einem gewiſſen Grade. Auch dieſer Stand iſt erblich. In der Regel hat man auch immer auf dieſe Scheidung der Stände bey der Stiftung von Schulen

Rückficht nehmen müffen, wenn gleich bisweilen davon fehr nachtheilig abgewichen wurde. Doch find die Elementarfchulen hievon ausgenommen: fie können allen Ständen gemein feyn, und gehen als Anfang voran. — Die dem dritten Stande gewidmeten Volksfchulen follen Uebung der Körperkraft, Richtung des Willens und Einflöfsung derjenigen Erfahrungen, welche den Menfchen als Vernunftwefen auszeichnen, zum Gegenftande haben, weil körperliche Fertigkeit feine Hauptbeftimmung ift; alfo zunächft Gymnaftik. Sein Wille werde vorfichtig gerichtet, nicht wirklich veredelt. Die Grundlage mache ein tiefes religiöfes Gefühl: alles fey pofitiv, das göttliche fowohl als menfchliche Gefetz, und der Unterricht ganz empirifch (durch Phyficotheologie und Teleologie begründet). Ein wenig, doch nicht offenbar unglücklich machender Aberglaube, Glaube an Hexerey und an den Teufel, ift diefem Stande nicht ganz zu nehmen, weil oft gute Motive fürs Leben und zum Gutfeyn damit verbunden find, welche weder Religion noch Menfchengewalt ihm darreichen. (Da gleichwohl Irrthümer fo viel möglich, auch diefem Stande zu benehmen find, fo ift nicht wohl abzufehen, warum die Volksfchulen nicht auch hierauf Rückficht nehmen follen. Diefe können fie auch, wenn fie nur zweckmäfsig eingerichtet werden, und das Volk mufs dabey gewinnen, wie die in dem *Rochowfchen* Schulen gebildeten Menfchen zeigen.) Die Lebensklugheit lerne der dritte Stand, nicht aus Gefchichte und Geographie, fondern aus Sprichwörtern, die er wohlbegriffen auswendig lernen foll. (Gefchichte und Geographie entzieht der Vf. diefem Stande ganz, aus Gründen jedoch, die nicht Stich halten: er fagt: in der erforderlichen Dofis find diefe fonft äufserft wirkfame Arzneyen zu koftfpielig für ihn, denn 1) hat er wenig Zeit zur Schule, 2) find die Schulmeifter zu felten, die praktifch Gefchichte lehren können, 3) ift es eine noch fchwerere Kunft fie *pädomorphoor* (wozu diefes griechifch klingende und doch nicht einmal analogifch richtig gebildete Wort? ftatt: *der Faffung der Kinder gemäß*) einzukleiden, und find die Lehren nicht ganz populär, was helfen fie dem Volke? Wenn endlich der Bube ftark wird, und um Tagelohn arbeitet, fo fchwitzt er die ganze Herrlichkeit bald aus. Dagegen läfst fich anführen, dafs alle Mitglieder des dritten Standes nicht auf derfelben Linie ftehen, dafs nach erlerntem Schreiben und Rechnen in der Elementarfchule fehr viel Zeit zur Schule übrig bleibe, und dafs man für gute Lehrer Sorge tragen müffe. Denn nicht von den fchlechten Volksfchulen kann hier dem Vf. der nur von Muftern fpricht, die Rede feyn. Es mag fchwer feyn, diefs Ideal zu erreichen, zumal in den jetzigen Zeiten, aber erreichen läfst es fich doch. Eben fo geht der Vf. die übrigen Stände durch, und zeigt fehr befriedigend, was für Mittel zur Ausbildung bey denfelben angewandt werden müffen. Indem er auf die Ausbildung des Mittelftandes kommt, zeigt er, dafs derjenige Theil deffelben, der die Wiffenfchaften zu feinem Broderwerbe gemacht habe, vorgefchritten fey, während der andre Theil, der Künfte treibt, bis diefe Stunde noch zurückbleibe; denn weil er nur bis zu den Mittelklaffen in den Gymnafien aufrücken könne, fo büfse er in denfelben die Mathematik, Phyfik, Rhetorik u. f. w. ein, und er geniefse nur den Elementarunterricht. Daraus entftand der grofse Nachtheil, dafs zwifchen Theorie und Praxis eine weite Kluft fich zeigte, indem die Künftler in der Regel von den Entdeckungen eben fo wenig Gebrauch machen konnten, als die Gelehrten die Bedürfniffe der Kunft einfahen. Die Ausländer verftanden diefs beffer und rückten vor. Man bemerkte endlich auch bey uns, dafs nur der praktifche Vortrag der Wiffenfchaften in Schulen diefem Uebel abhelfen könne, und ftiftete Specialfchulen, als Jagd-, Kaufmanns- u. a. Schulen. Es war aber zu koftbar, um allgemein zu werden. Diefs leitete auf die Stiftung von Bürgerfchulen, Realfchulen u. f. w.

Eine Bürgerfchule foll dem gefammten Bürgerftande, der Künfte zum Broderwerbe macht, alles das feyn und leiften, was dem gelehrten Stande Gymnafien und Univerfitäten find. Hier foll alfo der künftige Gefchäftsmann nicht allein die allgemeine Cultur erhalten, welche überhaupt zur Reife fürs Leben erforderlich ift, fondern auch die für fein Fach gehörigen Hülfswiffenfchaften erlernen, um fich leicht in die Praxis zu finden, Mängel bald zu bemerken, das Beffere zu würdigen und nachzuahmen, vielleicht endlich die Kunft durch eigne Erfindungen zu bereichern. Bürgerfchulen find alfo nicht als Mittelding zwifchen Elementarfchulen und Gymnafien zu betrachten, fondern mehr als mittlere Proportionalen zwifchen Volksfchulen und Pädagogien. Sie machen auf die neuern Sprachen, und auf die praktifche Wiffenfchaft Anfpruch. Wer alfo nicht ftudirt oder doch keinen Gymnafialcurfus feiner Beftimmung wegen zu machen hat, gehört in die Bürgerfchule. Es ift hinreichend, wenn jedes Dreyfsigtaufend Stadtbewohner eine Gelehrtenfchule hat, aber jedes Zehntaufend derfelben verlangt eine tüchtige Bürgerfchule. Jede kleinere Mittelftadt erfordert eine folche, nicht ein Gymnafium: denn es giebt mehr Bürger als Gelehrte feyn können, und ihre Gelehrten kann fie leicht anders woher bekommen, nicht ihre Bürger.

Die Bürgerfchulen fordern, mit Ausfchliefsung des Elementarunterrichts und der fogenannten Humanioren, als Gegenftände des Unterrichts folche die den Zweck haben, den Willen und die Sitten zu veredeln, die Erfahrung zu bereichern, und den Kunftverftand zu üben (S. 33—73.). Was hier gelehrt und gelernt wird mufs allen Schülern nützlich und wenigftens mehrern nöthig feyn, braucht aber die Vollftändigkeit nicht zu haben als in fpeciellen Handelsfchulen, Forftfchulen u. f. w.: alfo, Religion, Moral, Rechtslehre, deutfche Sprache, Rhetorik, deutfcher Stil, fremde neuere Sprachen, Geographie nach ihrem ganzen Umfange, Gefchichte, Naturgefchichte und Anthropologie, die mathematifchen Wiffenfchaften: Geometrie, Mechanik, Baukunft, Chronologie, Himmelskunde, Rechenkunft, Phyfik und

Chemie, Technologie, Oekonomie und Handelswissenschaft, Schreibekunst und Zeichenkunst. Alle diese Doctrinen, welche die bestehenden guten Bürgerschulen bereits in ihren Plan aufgenommen haben, und die natürlich verschiedner Modificationen fähig sind, aber in keiner Bürgerschule fehlen dürfen, betrachtet nun der Vf. einzeln, um zu erörtern, auf welches Seelenvermögen sie wirken, für welche Gewerbe sie besonders nützlich sind, und in welcher Form und Masse sie der Absicht am besten entsprechen. Diess geschieht mit ungemein vieler Umsicht und mit so tiefen Scharfblicke, dass darin der einsichtsvolle Gelehrte, der praktische selbstdenkende Schulmann und der edelgesinnte Patriot nicht zu verkennen ist. Rec. der seit einer Reihe von Jahren einem nicht schwach besuchten Gymnasium vorsteht, verdankt diesem Abschnitte manche schöne Ansicht oder doch Veranlassung zum Nachdenken. Wir können hier nur einiges ausheben, so gern wir auch das meiste geben möchten. Nur der epanorthotische Theil der Religionslehre, also die Hauptsache derselben, gehört für den Bürgerstand. Man bilde praktische Christen, im bessern Sinne des Worts, ohne Ascetik, Frömmeley, Kopfhängerey! Ja nicht alle Tage zweymal, Morgens und Nachmittags, gesungen! Soll der Gottesdienst feyerlich seyn — und ausserdem ist es Gotteslästerung — so gehört er für den Tag der Feyer. In der Regel sind diese Gesänge nichts weiter als ein geistloses Geplärre. Die Moral erfordert eine eigne, ausserreligiöse, fleissige Behandlung auf Schulen, weil der Bürger nie wieder Gelegenheit bekommt, sie unverfälscht kennen zu lernen. Man betrachte nur die Moral des Kaufmanns, die bey aller Religiösität sehr vieler Glieder desselben doch einen gewissen übeln Ruf hat; gleichwohl gehört sie nicht zum Charakter des Standes, wie so viele herrliche Ausnahmen lehren. Eine von Paradoxien gereinigte, epikureische Moral (im echten Sinne genommen) wirkt überall: denn alle wollen glücklich leben. Bloss die Tugend macht glücklich, wenn gleich das Gute nicht immer ausgezeichnet belohnt wird, und der Böse, wenn auch nicht stets exemplarisch bestraft, kann doch seines Unrechts nie froh werden — diess lehre die Moral in Beyspielen und populären Beweisführungen. Nur ist die Lection für den Lehrer sehr schwer, weil sie viele Menschenkenntniss voraussetzt. Die Regeln der Lebensklugheit, des äussern Betragens (Etiquette) und die meisten Subtilitäten der Casuistik lassen sich gut einschalten, weil im Geschäftsleben die Collisionen der Pflichten so häufig sind. Die Rechtslehre enthalte die positiven Gesetze des Landes. Die Rhetorik gewähre die Fertigkeit sich aus dem Stegreife passend zu erklären, und sich nicht aus der Fassung bringen zu lassen, auch seine Rede mit angemessenen Mienen- und Gliederspiel zu begleiten u. s. w. Zur deutschen Sprache ist eben keine Grammatik für die Schüler nöthig, wohl aber für den Lehrer. Den Abgang der alten Sprachen ersetze eine Lection, worin die aus denselben in unsre Sprache übergegangenen Wörter, die Barbarismen, etymologisch erklärt werden, um lächerliche Verwechslungen, präsentiren und präsidiren, constituiren und prostituiren, zu vermeiden. Der deutsche Stil fordert eine eigne Lection. Dass hier die neuern Sprachen, besonders das Französische nicht, wie auf den Gelehrtenschulen, nach der langsamen und gründlichern grammatikalischen, sondern nach der mechanischen Methode zu lernen sey, ist sehr richtig. Liesst und schreibt der Knabe, so lerne er kurze Sätze verstehen und sprechen, und je weiter er rückt, übe man ihm vorzüglich im Schreiben und Sprechen. Etwas Exponiren komme denn noch hinzu. Die Geographie sey hier durchaus statistisch, und werde synthetisch gelernt, d. h. vom Allgemeinern zum Besondern und Ausführlichern übergehend. Der Vf. ist nicht für die vom sel. *Gedike* empfohlene analytische Methode, und, wie es scheint, mit Recht. Die physikalische Geographie kann nicht mehr in den gewöhnlichen geographischen Unterricht eingeschaltet werden: das Historische der Geologie und Gebirgslehre der Hydrologie, der Lehren von der Luft, dem Dunstkreise u. s. w. hat wegen des grossen Einflusses auf die Gesundheitslehre, Wetterdeutung, den Bergbau u. s. w. ein grosses Interesse für alle Geschäftsleute, und darf nicht Eigenthum der gelehrten Caste bleiben. Was fürs gemeine Leben ist, muss man gleichwohl hier nur ausheben. Bey der Geschichte gehe Universalgeschichte voran, und dann folge die Geschichte ausgezeichneter Menschen, woran alles andre angekettet werden kann, u. s. w. Dass der Fleiss und die eigne Thätigkeit des Schülers hierbey stark in Anspruch genommen werde, ist treffend ausgeführt. Der *zweyte* Abschnitt enthält die Vertheilung der Lectionen nach dem Alter und Zwecke der Schüler (S. 73—106.). Eine und dieselbe Lection muss, weil die jungen Leute von 10—16 Jahren die Bürgerschule besuchen, in verschiedene Cursus abgetheilt werden, um sie den Knaben nach Massgabe der wachsenden Fassungskraft stufenweise vollständiger und gründlicher vortragen zu können. Der eigentliche Handwerker braucht auch nicht so viel als die Kunstitände. Manche Ankömmlinge haben endlich nicht die nöthigen Elementarkenntnisse. Drey Klassen sind hinreichend, wenn die Schülerzahl nicht über Hundert steigt: sonst helfe man der Inconvenienz mit Abtheilung jeder Klasse in zwey Ordnungen ab. Die unterste Klasse, Tertia, fasst die Knaben vom 10—12 Jahre und alle ältre neu ankommende Schüler, diese wenigstens auf kurze Zeit: Secunda für das 12—14 Jahr: die Knaben müssen hier beym Eintritte erklären, welchem besondern Stande sie sich widmen wollen. Es ist die Vorbereitungsklasse für die in Prima vorkommenden Lectionen, und giebt den zum Metier bestimmten die gehörige Ausbildung. Sie macht also die gemeine Bürgerschule aus und schliesst mit einem eignen Cursus. Prima enthält die Schüler vom 14—16 Jahre, und giebt die völlige Reife fürs Leben. Die Gegenstände des Realunterrichts erfordern eine verschiedne Behandlung. Einige müssen in allen drey Klassen getrieben

ben werden, als Religion, Moral, Geschichte, Geographie, deutsche Sprache, Französisch, Rechnen und Schönschreiben: andre haben ein besondres Interesse für einzelne Klassen. Nun folgen die Lectionen der Tertianer zur sittlichen Bildung, zur Bereicherung der anschaulichen Erfahrung und zur Befestigung in den Elementarkenntnissen: dann die Lectionen der Secundaner zur Veredlung der Sitten, zur Bereicherung der Erfahrung und zur Weckung der Industrie. Das Italiänische und Englische kommt hinzu, und einiges andre, als Technographie, Mechanik: endlich die Lectionen der Primaner, zur Veredlung des Willens, zur Aufklärung und Weltkenntniss und zur Uebung des Kunstverstandes. Alles diess geht der Vf. mit Einsicht und feinen Blicken durch.

(*Die Beschluss folgt.*)

ARZNEYGELAHRTHEIT.

BRESLAU, in Comm. b. Korn d. ä.: *Geschichte, Verfassung und Gesetze des Breslauschen Hausarmen-Medicinal-Instituts*; entworfen, und nach erlangter allerhöchster Approbation, zum Besten der Anstalt herausgegeben von Dr. *Wolf Friedrich Wilhelm Klose*, dem Stifter und Director des Instituts. 1808. 134 S. 8. (1 Rthlr.)

Es giebt eine grosse Klasse von Menschen in jedem Staate, welche ohne Vermögen, in gesunden Tagen im Stande sind, sich und den Ihrigen durch Arbeit einen ihrem Stande gemäsen Unterhalt zu sichern, und so lange als wohlhabend erscheinen, durch Krankheit aber sogleich ausser Stand gesetzt werden, sich und die Ihrigen gehörig zu versorgen, und sich die nöthige Hülfe und Pflege zu verschaffen, und dann ohne den Schein der Armuth, wirklich zur Klasse der Armen gehören, durch Ehrliebe aber abgehalten werden, bey den gewöhnlichen Armenanstalten, bey welchen der Regel nach mit wenig Zartgefühl zu Werke gegangen wird, Zuflucht zu suchen. Unverkennbar ist das Loos dieser verschämten Armen unter allen Ständen in Krankheitsfällen höchst traurig. Zum Besten dieser Menschen hat Hr Dr. *Klose* zu Breslau ein Hausarmen-Medicinal-Institut errichtet, durch welches er sich mit denen, die es unterstützten, ein bleibendes Verdienst erworben hat. Diese Schrift ist zunächst nur dazu bestimmt, die Freunde des Instituts mit der Verfassung und den Schicksalen desselben bekannt zu machen; sie verdient aber vor vielen andern in das grössere Publicum zu kommen. Da es jedoch zu weit führen würde, aus der wohlgerathenen Schrift das Wesentliche der Einrichtung dieses Instituts mitzutheilen: so begnügen wir uns damit, den Lesern die Schrift zum eigenen Lesen zu empfehlen, mit dem Wunsche, dass diese Bekanntmachung des Breslauischen Instituts mehrere andere Städte bewegen möge, sich mit gleicher Schonung der verschämten Armen aller Stände anzunehmen.

LEIPZIG, b. Solbrig: *Ueber die Zähne und die sichersten Mittel, sie bis zum höchsten Alter rein, weiss, gesund und von Schmerzen frey zu erhalten.* Nebst einem Unterrichte über *das schwere Zahnen der Kinder.* Ein Schriftchen für Jedermann, von Dr. *G. W. Becker*, ausübendem Arzte in Leipzig. 1808. VI u. 124 S. 8. (12 gr.)

Wie in andern Schriften des Vfs. ist der Stil auch hier, ungleich, bald gezwungen, bald unrichtig, oft vernachlässigt, oft mit Provinzialismen verunreiniget. Unzählige Perioden werden ohne allen Grund mit: Nun und — angefangen. In der Schilderung der Ursachen, warum die mehresten Menschen ihre Zähne so wenig achten, herrscht Unbestimmtheit und Unordnung in der Sprache, wie in der Eintheilung. S. 5. heisst es: der nur schmerzende Stummeln(!) statt vollen Backzähnen hat. S. 89. liest man die Boule, der Theepot. Was die Materie der Schrift anbetrifft, so enthält sie allerdings für Layen viel Beherzigungswerthes, und verdient nicht zu den schlechten Schriften der Art gerechnet zu werden; sie ist aber auch keinesweges frey von Mängeln und Unvollkommenheiten, und Rec. kann ihr deshalb eben keinen besonderen Vorzug vor mehreren frühern Belehrungen über die Wartung und Pflege der Zähne zugestehen. — Dass der Vf. die Lehre von dem schweren Zahnen der Kinder so rund weg für eine Fabel erklärt, kann Rec. nicht billigen, obgleich er nicht in Abrede seyn will, dass nicht selten Kinderkrankheiten vom schweren Zahnen abgeleitet werden, die einen ganz anderen Grund haben. Eben so wenig kann es wohl gebilliget werden, dass der Vf. die Federkiele zu den besten Zahnstöchern rechnet; weit mehr möchten die von Fischbein zu empfehlen seyn. — Am Schlusse der Schrift preiset der Vf. eine Essenz gegen scorbutisches blutendes Zahnfleisch, eine Tinctur gegen Brand und Beinfrass, ein Zahnpulver und einen Zahnwehspiritus an, welche, mit mehrern Bruch- und andern Bandagen, bey ihm zu haben sind, und erbietet sich zum Herausnehmen, Einsetzen und Reinigen der Zähne.

ALLGEMEINE LITERATUR - ZEITUNG

Freytags, den 27. *October* 1809.

WISSENSCHAFTLICHE WERKE.

PÄDAGOGIK.

Halle, b. Gebauer: *Ueber die Einrichtung höherer Bürgerschulen*, ein Versuch von *C. C. Schmieder* u. s. w.

(*Beschluss der in Num.* 293. *abgebrochenen Recension.*)

Der *dritte* Abschnitt enthält die Vertheilung der Lehrstunden im Lectionsplane (S. 106—130.). Der Vf. hat diesen Abschnitt mit grosser Umsicht und Geschicklichkeit bearbeitet. Bekanntlich ist die Ver[illegible] eines verbundnen Lections- und Stundenplans eins der schwierigsten Geschäfte der Schuldirection. Die überzähligen Lectionen in Extrastunden ausser der Schulzeit zu geben, oder eine halbe Combination oberer und unterer Klassen, so dass z. B. zwey Klassen eine Lection zwey Stunden zusammen halten, eine von beiden aber ausserdem dieselbe Lection noch zwey andre Stunden allein, kann in zahlreichen Gymnasien wohl statt finden, wenn daselbst viele Klassen sind, aber nicht hier. Die zweckmässigste Methode ist also offenbar das Alterniren der weniger nothwendigen oder weniger weitschichtigen Lectionen, so dass einige nur im Sommer, andre nur im Winter vorgetragen werden. Eine zweyte bey Abfassung des Stundenplans zu nehmende Rücksicht betrifft die Tageszeit: denn es ist viel daran gelegen, jede Lection auf diejenige Stunde des Vor- oder Nachmittags zu legen, in welcher sie am besten betrieben werden kann. Sechs Lehrstunden täglich, wöchentlich also 36 sind hinreichend, um jeder Lection wöchentlich zwey Stunden zu geben: besser Vormittags viere und Nachmittags zwey, von 2—4 Uhr: die zwey freyen Nachmittage wöchentlich im Sommer können durch die [illegible]gung der Stunde des Nachmittags von 4—5 an den übrigen Tagen nachgeholt werden. Nicht zu viel Schulferien! Daher schlägt der Vf. sehr richtig vor, dass jede dreyzehnte Woche, also die Osterwoche, Johanniswoche, Michaeliswoche und Weihnachtswoche ein für allemal zu Schulferien bestimmt werden. Die Ferien können zu eignen Arbeiten der Schüler gut gebraucht werden, wozu der Vf. gute Vorschläge thut. *Vierter* Abschnitt: Ueber die Anstellung der Lehrer für Bürgerschulen (S. 131—168.). Die Lehrerzahl muss hinreichen, und jeder täglich nur drey Stunden unterrichten. Gute Besoldung ist ein nothwendiges Erfordernis. (Wie lange soll man diess noch tauben Ohren predigen!) Sechs Lehrer, deren jeder wöchentlich 18 Stunden hat, werden diesen Plan ausführen können. Mehrere Stunden dürfen ihm nicht zugetheilt werden, weil er sich, wegen Mangels an Lehr und Handbüchern für Bürgerschulen, anhaltender vorbereiten muss. In kleinern Städten, wo die erste Klasse wegfallen kann, ist die Lehrerzahl freylich auf drey bis vier herabzusetzen. Jedes Hauptfach, deren der Vf. 6 annimmt, habe seinen Lehrer; 1) die Künste, 2) deutsche Sprache mit Religion, 3) alle fremde neuere Sprachen, 4) Geschichte und Geographie, wozu der Vf. auch die Rechts- und Sittenlehre rechnet. (In Prima setze man an die Stelle der reinen Moral die religiöse, um zu dem Principe des Eigennutzes die Autorität des göttlichen Willens zuzufügen.) 5) Natur- und Gewerbkunde. 6) Praktische Mathematik: die Lehrer heissen dann nach ihren Fächern, Artist, Stilist, Linguist, Historicus, Physicus und Mathematicus: wodurch besonders die thörichte Rangsucht aufhören wird.

In Absicht des Gehalts schlägt er sehr gut vor, dass der jüngste Lehrer allemal das geringste Gehalt haben, und dass bey einer Vacanz einer besser dotirten Lehrstelle jedem der übrigen Ansprüche auf Verbesserung zustehen müssen. Dadurch wird theils die schädliche Anciennetät vermieden und der Schlaffheit und Fahrlässigkeit vorgebeugt, theils ein Mittel dargeboten der Wittwe des verstorbenen ein Gehalt zu verschaffen. Dabey muss es aber stark bestraft werden, wenn einer der Collegen selbst anhält oder unrechte Wege bey der Oberbehörde einschlägt: der Rector berichte gewissenhaft über die Verdienste der Lehrer, und der brauchbarste und beste Lehrer habe die meiste Einnahme: wenn er auch der jüngere seyn sollte. Sehr reif durchdacht ist das Räsonnement über die Prüfung und Wahl der neuen Lehrer. — Uebrigens fällt der Parallelismus der Sectionen bey diesem Plane ganz hinweg, folglich hört auch das unselige Combiniren zweyer Klassen, das in den Gymnasien so sehr üblich ist, auf, und dafür tritt einer von den übrigen Lehrern, deren jedesmal drey frey sind, am besten mit seiner eignen Lection ein. *Fünfter* Abschnitt, über die Befestigung und Erhaltung der Schulordnung, über die Aufsicht, von Strafen und Belohnungen, von Schulprüfungen (S. 168—203.). Da die Jugend ihrer Natur nach leichtsinnig, unbesonnen, veränderlich, charakterlos, nie boshaft ist, so kann man sie nicht wie den Erwachsenen, den Bürger, den Mann behandeln. Man beuge vor, bewache die Jugend durch feste und wohlüberdachte Vertheilung der Inspection unter

unter die Lehrer. Diess alles ist sehr genau abgehandelt, und hier und da mit neuen Ansichten; auch sind die Prämien, Censuren u. s. w. nicht vergessen. Ganz hat des Vfs. Widerlegung der *Gedikischen* Lehre unsern Beyfall, nach welcher die Zurücksetzung eines straffälligen Schülers in eine untere Klasse als ein vorzüglich wirksames Besserungsmittel empfohlen wurde. Diese Relocation ist eine Ungerechtigkeit gegen die untre Klasse, die als fleissig und gut besser ist als ein fauler und schlechter Schüler einer obern Klasse. Ist ein Primaner schlecht, warum sollte es nicht auch der Secundaner seyn, wird dieser zu denken veranlasst? Aufmunterung zum Fleisse liegt nicht darin für den Secundaner, wohl aber Nahrung zum Dünkel für den Primaner, der die Secundaner einem schlechten Primaner gleich achten muss u. s. w. *Sechster* Abschnitt: Ueber den Apparat einer Bürgerschule (S. 203 — 233.). Schöne sorgfältig durchdachte Vorschläge und Wünsche, hoffentlich keine frommen! — Anhang: Ueber die Vereinigung der Bürgerschulen mit andern Schulen (S. 234 — 252.). Sehr klar und überzeugend wird dargethan, dass man, wie in neuern Zeiten aus übertriebner Sparsamkeit fast überall geschehen ist, Bürgerschulen mit Gymnasien durchaus nicht vereinigen müsse, sondern dass beide Anstalten am zweckmässigsten abgesondert von einander bestehen, hauptsächlich deswegen, weil beider Zwecke ganz verschieden sind. Folglich sind auch Lehrer und Mittel durchaus verschieden; andrer Gründe, die der Vf. gründlich aus einander setzt, der Kürze wegen hier nicht zu gedenken. Eher liessen sich diese Bürgerschulen noch mit den Pädagogien verbinden, da in beiden Anstalten der Realunterricht vorwaltet und manche Berührungspunkte giebt: so dass die Bürgerschule die untern Klassen des Pädagogiums ausmachten. Der junge Adel würde dadurch von unten auf dienen lernen, und in dieser Vermischung leichter zu überzeugen seyn, dass nicht der angeborne Stand, sondern eignes Verdienst ihm einen Werth gebe (*Gedikens* Schulschr. I. S. 92.); der junge Bürger könnte dagegen im Umgange mit der vornehmen Jugend eher eine feine Bildung erlangen. Allein dagegen führt der Vf. mit Recht an, dass der beiden Stände eigenthümliche Geist darunter sehr leiden würde. Der junge Bürger aus dem Mittelstande, der seinem Stande nach zur Sparsamkeit erzogen werden muss, weil er im Einzelnen zur Bereicherung des Staats beytragen soll, wird durch diese Vermischung an zu viele Bedürfnisse und an einen Aufwand gewöhnt, den er nicht aushalten kann. Der höhere Stand muss ganz frey erzogen werden, denn Furcht vor Strafe verdirbt ihn. Man muss ihm das Böse in seiner ganzen Hässlichkeit, die Leidenschaft in ihrer verzehrenden Glut, üble Gewohnheit in ihrer lächerlichen Blösse zeigen, um ihn davon abzuhalten: das ist alles was man thun darf. Den Mittelstand muss man dagegen früh zur Subordination anhalten, wobey man die Furcht nicht entbehren kann. Jenem soll Ehre alles seyn, dieser hat ein ganz andres Princip u. s. w. Die Vereinigung höherer Bürgerschulen mit den Elementarschulen, welche gewöhnlich zugleich die Stelle städtischer Volksschulen vertreten und niedre Bürgerschulen genannt werden, hat dagegen schon mehr für sich, falls man sich nicht anders zu helfen weiss.

Doch wir brechen ab, und fügen nur noch den Wunsch hinzu, dass diess Werkchen fleissig gelesen und zu dem angezeigten Zwecke sorgfältig benutzt werden möge. Unwidersprechlich klar geht daraus die Lehre hervor, dass unsre Schulen noch einer sehr grossen Verbesserung bedürfen, dass diese hauptsächlich in der gänzlichen Absonderung der Gelehrten- und Bürgerschulen bestehe, dass die sogenannten lateinischen Schulen stark reducirt werden müssen, und dass ein gutes Gymnasium für eine nicht zu volkreiche Provinz schon hinreiche, zumal wenn man dasselbe, nach dem durch Zeit und Erfahrung so vortheilhaft bewährten Muster der Sächsischen und Wirtembergischen Fürsten- und Klosterschulen, mit den erforderlichen Freystellen für fähige aber dürftige Schüler versorgte, und dergl.

STAATSWISSENSCHAFTEN.

KOPENHAGEN, b. Proft: *Die öffentliche Gesundheitspolizey unter einer aufgeklärten Regierung, besonders mit Hinsicht auf die dänischen Staaten und ihre Hauptstadt.* Ein Handbuch für Beamte und Bürger, von *R. Frankenau*, M. D. Aus dem Dänischen übersetzt von *Boetius Fangel*, der Medicin Licentiaten. 1804. XXIV u. 288 S. gr. 8. (1 Rthlr. 6 gr.)

Mit vorzüglichem Vergnügen theilt Rec. hier die Anzeige eines Werkes mit, welches noch nicht so ganz, wie es verdient, unter öffentlichen Aerzten und Beamten bekannt zu seyn scheint, und, ob es gleich kein vollständiges System der öffentlichen Gesundheitspflege, geschweige denn der gesammten Medicinalpolizey, und natürlich auch viel Bekanntes, enthält, dennoch durch die Art, wie die Gegenstände abgehandelt worden, viele Vorzüge besitzt *und* manche Gegenstände umständlich berührt, *deren in* vielen Systemen gar keine, oder nur eine sehr oberflächliche, Erwähnung geschieht. Rec. wird daraus das vorzüglich Merkwürdige und zu Beherzigende ausheben.

In einem Zeitraume von 400 Jahren herrschte die Pest achtzehnmal in Kopenhagen, und zuletzt 1711, wo sie im August gegen 10,000 Menschen wegraffte: man musste zu wiederholten malen aus Lübeck und Rostock Barbirergesellen verschreiben, und erhielt gewiss nicht die tüchtigsten Subjecte. In Ansehung des gelben Fiebers stimmt der Vf., so weit er nach den Umständen urtheilen könne, der Meinung des Collegium der Aerzte zu Philadelphia bey, dass es 1793 von Westindien dahin gekommen sey. [Die Ruhr an sich, vollends die S. 79. beschriebene Art derselben, sieht Rec. mit Bedauern unter die ansteckenden Krankheiten versetzt, wohin sie doch, nach seinen vielen Erfahrungen, durchaus nicht gehört: die Paar ange-

führ-

führten Sätze von *Dögner* berechtigen dazu noch bey weitem nicht. Am allerwenigsten aber kann er dem Vf. (S. 78.) einräumen, dass die Kraft der Ruhr, anzustecken, „eben so fürchterlich, als die der Pest" sey. Muthlosigkeit und äusserste Schwäche sind keinesweges diagnostische und beständige Symptome, und der Anfang der Beschreibung: sehr häufiger Stuhlgang mit schleimigten, blutigen Excrementen, enthält sehr viel Unbestimmtes.] Das sogenannte Matten der Müller sollte verboten werden, weil es zu einer schädlichen Vermischung von gutem und schlechtem Mehle Anlass giebt, welches dann nachher dem armen (?) Volke in theuren (?) Zeiten verkauft wird. Die Zeit zur Einimpfung der Menschenblattern sollte nicht von den Launen jedes Arztes, der Aeltern und der Grossmütter abhängen, und inoculirte und natürliche Blatternkinder sollten nie unter andern gesunden auf den Strassen herumlaufen dürfen. Die Einrichtung in Kopenhagen, dass Arme und Reiche verbunden waren, ihre Kinder, die sie geimpft zu haben wünschten, in die Solitude vor dem Thore zu schikken, hätte nie aufgehoben werden müssen. (Der ganze Zusammenhang ergiebt, dass der Vf. es missbilligt, die Blattern nach Gutdünken an einem Orte einzuimpfen, wo sie nicht nicht herrschen, ob er gleich diese Missbilligung nicht mit ausdrücklichen Worten ausspricht.) In Ansehung der Kuhpocken hielt er es damals noch zu früh, ein bestimmtes Urtheil zu fällen. Eine Beobachtung aus dem Holsteinischen (S. 91.) beweise, dass nach der Impfung mit vollkommen echter Lymphe die natürlichen Blattern sich eingefunden. (Es scheint, als ob solcher Beyspiele nach gerade mehrere sich einzeln finden, und Rec. hält es für Pflicht der Aerzte, jede derselben öffentlich und mit allen Umständen sogleich zur öffentlichen Untersuchung bekannt zu machen, wodurch der Sache der Kuhpocken gewiss unendlich weniger geschadet werden würde, als wenn man dergleichen etwanige Fälle dem blossen Gerücht überlässt. — Von dem Scharlachfieber hätte sich doch wahrlich leider weit mehr sagen lassen, als dass es S. 93. „äusserst selten so allgemein um sich greife oder einen so bösartigen Charakter annehme, dass es ein Gegenstand der Aufmerksamkeit der Gesundheitspolizey werden könnte, und dass gewöhnlich die Aerzte selbst es innerhalb seiner Gränzen halten können." Freylich Gesetzgebung ist dabey nicht anwendbar.) In Rücksicht auf die Lustseuche habe das Vaterland des Vf's. die möglichst schlechten Anstalten. Etwas über 50 Plätze in dem St. Johanshospital, und seit neueren Zeiten 20 in dem Friedrichshospitale seyn für solche Kranke in Kopenhagen bestimmt, wo man bey einer Volksmenge von 90,000 wenigstens 1000 an verschiedenen Graden dieses Uebels Leidende rechnen könne: über diess sey da der blosse Unglückliche oder Schwache unabgesondert von den im Laster verhärteten. In Berlin seyn die für die Bordelle angesetzten Aerzte (S. 101.) mit den eingeschriebenen öffentlichen Dirnen im Einverständnisse und erhalten ihren Theil von den Prisengeldern. (?) Die Norwegische *Radesyge* könne bey der jetzigen Generation des, besonders an den Küsten äusserst faulen und in Unreinlichkeit tief herabgesunkenen, Volkes kaum ganz gehoben werden: erst dann könne sie nach und nach ausgerottet werden, wenn, bey Austrocknung und Bepflanzung der Moräste mit Kartoffeln, die Regierung der Erziehung mächtig unter die Arme greife, und in allen Gegenden aufgeklärte, redliche, hinlänglich besoldete Lehrer anstelle, die der Jugend eben so wohl Regeln für den Körper, als geistige Moral, und nicht blosse Mystik, einpredigen. Das öffentliche Betteln der an Krebsgeschwüren Leidenden habe ausser den übrigen Nachtheilen, auch diesen, dass das stete Umherwandern, das öftere und lange Entblössen, und die dadurch bewirkte stete Irritation das Uebel vollends unheilbar machen. Bey der vorigen Anstalt in Kopenhagen, nach welcher neugeborne Kinder gegen wöchentliche Bezahlung auf Zeugnisse der Prediger an Bauerfrauen ausgethan wurden, habe es in gewissen Gegenden Frauen gegeben, die jährlich zwey bis dreymal die ihnen anvertrauten Kinder haben begraben lassen und mit neuen Zeugnissen andere Pfleglinge aus der Stiftung geholt haben, bloss um das zur Beerdigung und bey der Annahme eines Kindes bewilligte ausserordentliche Geschenk zu erhaschen. Der Vorschlag, den Physikern und Districtschirurgen ein Verzeichniss solcher in Verpflegung gegebener Kinder mit zu theilen, damit sie bey ihren Reisen sich oft unvermuthet von der Behandlung derselben überzeugen können, ist sehr zweckmässig, aber allein noch nicht immer hinreichend. Zu der Errichtung von Provinzial-Gebärhäusern und Pflegestiftungen schlägt der Vf. folgende Quellen vor: 1) eine (verhältnissmässig) ansehnliche Geldsumme von jeder Mannsperson, die erweislich eine Unverheirathete geschwängert oder auch nur beschlafen (?) habe; 2) ein jährliches Contingent von jedem Hagestolzen mit mehr als 400 Rthlr. gewisser Einkünfte; 3) eine erhöhete Abgabe von Spielkarten. (Davon wäre der erste Vorschlag noch wohl der ausführbarste, so, wie er sehr billig und gerecht ist; die Aufkünfte von den übrigen beiden Steuern möchten in den meisten Ländern, in jetzigen Zeitläuften, wohl ganz andere Cassen sich vindiciren.) In Rücksicht des Verkaufes havarirter und vom Seewasser beschädigter Waaren, besonders des Getreides und der Kaffeebohnen, verfahre die Gesundheitspolizey fast allenthalben zu nachlässig. Mehr, als einmal, sagt der Vf., habe ich beide Artikel und besonders den letztern auf öffentlicher Auction sehr beschädigt verkaufen sehen, ja die Krämer haben sich fast um den Besitz derselben, ihres niedrigen Preises wegen, gerissen: nachher vermischen sie solche dann mit guten u. s. w. Der Uebersetzer fügt hinzu, diess gelte vorzüglich von solchen Waaren, die von gestrandeten Schiffen geborgen werden, deren Anzahl besonders an der westlichen Küste von Dänemark oft ziemlich beträchtlich sey: Diese werden für königliche Rechnung verkauft, und Kaufleute und Krämer erstehen sie um einen Spottpreis, um sie in kleinen Quantitäten wieder an den gemeinen Mann zu verhandeln;

er habe vom Genusse eines solchen havarirten Thees hartnäckige Diarrhoeen und andere Zufälle entstehen sehen. (Schade, dafs die Kennzeichen solcher verdorbener Waaren hier nicht zugleich angegeben sind.) Vom Branntwein handelt der Vf. absichtlich nicht, weil er ein Gift sey. (So lange er aber doch gebrannt und genossen wird, gehören seine Verfälschungen u. s. w. für die Medicinalpolizey.) Bey der Aufsicht über den Wein verfahren die Obrigkeiten so äusserst gleichgültig, da doch diess Getränk unter allen am meisten und mit den schädlichsten Mitteln verfälscht werde. Die Weinlager sollten, wie die Apotheken, unter besondere Aufsicht gestellt werden. Der überhandnehmenden Seuche, unnütze Hunde zu halten, müsse (vielleicht am besten durch eine Steuer) Einhalt geschehen. Fast überall in den dänischen Staaten sey die Einrichtung der Gefängnisse sehr unvollkommen, ja die Gesundheit ganz zerstörend; namentlich die des Stockhauses. Die Strafe, auf Wasser und Brod zu sitzen, sollte ganz abgeschafft werden: so auch das Raspeln der verschiedenen Farbehölzer durch Menschenhände; zu dieser Arbeit sollte man Maschinen anwenden, dagegen aber die Verurtheilten zu andern unschädlichern Arbeiten gebrauchen. Fehler des Friedrichs-Hospitals zu Kopenhagen. Das zum St. Johans-Hospitale gehörige Narrenhaus sey wegen seiner Beschaffenheit eine wahre Schande für die Nation. Eine Doctorpromotion sollte (S. 232.) eine Ehrenbezeugung seyn, welche die Universität dem Manne von Verdiensten und Kenntnissen erzeigt: sie müsste ihm also nichts kosten, und die Professoren müssten so besoldet werden, dafs sie dieser Sporteln gern entbehren könnten; über diess sey eine medicinische Doctorpromotion bis jetzt immer (?) noch nur eine wahre Harlekinade u. s. w. (Der verstorbene *H—l* zu L—g beschloss einst, in Gegenwart des Landesherrn, eine solche Handlung im juristischen Auditorium mit den Worten: *jam fabula acta est!*) In gewissen Gegenden von Norwegen hört man fast in jedem Bezirke von einer Doctorfrau, deren manche eine oder mehrere Handlangerinnen halten, die von den Bauern ihre Secretäre genannt werden. Jeder Apotheker müsste in seiner Apotheke eine Liste hängen haben, auf welcher jeder autorisirte Arzt des Orts seinen Namen eigenhändig aufgezeichnet habe, und kein Recept müsste ohne die Namensunterschrift des Arztes auf der Apotheke angenommen werden. (Diess würde doch in der That nur wenigen Nutzen gewähren, so lange der Handverkauf fortdauert.) Es sollte nicht erlaubt seyn, einen Leichnam eher, als nach Verlauf von wenigstens 36 Stunden, zu seciren.

LITERARISCHE NACHRICHTEN.

Universitäten.

Erlangen.

Am 3. May ertheilte die philosophische Facultät den Hn. Kandidaten der Theologie, *Heinrich Friedrich Gregor Kuhlow*, aus Schwedisch-Pommern, die Magisterwürde.

Am 9. Junius erwarb sich Hr. *Johann Georg Karl Weis*, aus Hof im Bayreuthischen die medicinische Doctorwürde durch eine Dissertation *de febre lactea* (16 S. 8.)

Am 10. Junius that eben diess Hr. *Johann Christian Hoffmann*, aus Rheyd im Roerdepartement, durch eine Disputation: *de bonitate et vitiis nostrorum potulentorum* (54 S. 8.).

Am 1. August that ebendasselbe Hr. *Pankratz Friedrich Hofmann*, aus Wonsees im Bayreuthischen, durch eine Disputation: *de Rheumatismo* (35 S. 8.).

Am 18. August geschah ebendasselbe von Hn. *Georg Christoph Michael Mesch*, aus Maynbernheim, durch eine Disputation: *de peripneumonia* (2 B. 8.)

Am 21. September erschien der neue Lectionscatalog auf das bevorstehende Winterhalbejahr. Die Lehrer welche ihre Vorlesungen am 19. October angefangen haben, sind gegenwärtig folgende: Ordentliche Professoren der Theologie: *Ammon*, *Vogel*, *Bertholdt*; ausserordentlicher: *Lippert*. Ordentliche Professoren der Jurisprudenz: *Glück*, *Gros*, *Posse*, *Gründler*. Ordentliche Professoren der Medicin: *Schreber*, *Wendt*, *Loschge* (jetzt Prorector), *Hildebrandt*, *Schreger*; ausserordentlicher: *Henke*. Ordentliche Professoren der Philosophie: *Harleß*, *Schreber*, *Breyer*, *Pfeiffer*, *Meusel*, *Hildebrandt*, *Esper*, *Mehmel*, *Rothe*, *Fabri*; ausserordentlicher: *Harl*. Privatdocenten: *Besenbeck*, *Lips*, *Stutzmann*, *Fick*. Sprachenlehrer: *Meynier* und *Fick*.

Rinteln.

Am 17. Julius als dem Stiftungsfeste der Universität übertrug Hr. Prof. *Jäger* das bis dahin verwaltete Prorectorat dem Hn. Consistorialrath Dr. *Wolfrath*, nachdem ersterer über den *Einfluss der Kometen auf unsere Erde* geredet hatte. Die Rede des letztern hatte zum Zweck auf *einige Mängel in der allgemeinen Volksbildung aller Stände* aufmerksam zu machen. Das bey dieser Gelegenheit von dem abgehenden Prorector verfasste Programm enthält *eine Erläuterung allgemeiner Eigenschaften der quadratischen und höhern Gleichungen* (2 Bog. 4.).

Am 14. September ertheilte die juristische Facultät dem Hn. *Heinrich Conrad Wilhelm Wippermann*, aus dem Lippischen gebürtig, nach rühmlich bestandenem Examen, die Doctorwürde.

Die Wintervorlesungen nehmen am 30. October, wie gewöhnlich, ihren Anfang.

ALLGEMEINE LITERATUR-ZEITUNG

Sonnabends, den 28. October 1809.

LITERARISCHE NACHRICHTEN.

Universitäten und andere Lehranstalten.

Altdorf.

Auflösung der dasigen Universität.

Was diese allmählig in sich selbst aufgelöste Universität schon seit einiger Zeit besorgen muſste, ist durch ein Königliches Rescript vom 24. Sept. d. J. völlig entschieden. Gerüchte lieſsen uns noch einige Zeit in der Ungewiſsheit, ob die Universität ganz aufgehoben, oder ob die hiesigen Gebäude und Apparate zu Errichtung einer *Specialschule für Studierende der protestantischen Theologie* benutzt werden würden. Die Erhaltung der *Lyceen* zu München, Bamberg u. s. w., welche eigentlich als Specialschulen für die Studierenden der katholischen Theologie anzusehen, und bey denen deswegen theils die nöthigen Professoren der allgemeinen Wissenschaften, theils Lehrer der theologischen Fächer angestellt sind, gab, wegen des Parallelismus, der letzteren Meinung Wahrscheinlichkeit. Das Königliche Rescript vom 24. Sept. erklärt die ganze Lehranstalt in Altdorf für *aufgelöst*, weil sie wegen ihres unzulänglichen Fundirungs-Vermögens mit den zur vollständigen akademischen Ausbildung erforderlichen Einrichtungen und dem dazu nöthigen Lehrerpersonal nicht versehen werden könne. Jedoch ist die Zusicherung beygefügt, daſs dereinst, so bald die Zeitumstände es gestatten, sie mit einer andern im Königreich Baiern befindlichen Universität, bey welcher ein vollständiges protestantisches theologisches Studium entweder bereits bestehe, oder schicklich errichtet werden können, vereinigt werden solle. Wir wagen es nicht, hierüber Conjecturen in die Zukunft hinaus zu machen, deren Bedingungen ohne Zweifel von höheren Ereignissen abhangen. Für jetzt werden *alle Apparate der Universität* nach den vorhandenen neueren Inventarien revidirt und unter besonderer Aufsicht *zusammen gehalten*. Den Lehrern ist, auſser ihren ständigen Emolumenten, ein Ersatz von 100 fl. für die Honorarien gewährt; auch das übrige der Universität angehörige Personal behält seine bisherigen beständigen Einnahmen. Dem Corps der Lehrer ist ausdrücklich die allerhöchste Zufriedenheit *über den ausharrenden Eifer* bezeugt worden, *mit welchem dasselbe in den ungünstigsten Zeitereignissen seine Amtspflichten zu erfüllen rühmlichst sich bestrebt habe.* Die, nach Abrufung des Professors *Martini* zum Lehrer, Akademiker und Kirchenrath in München, noch übrig gebliebenen beiden Professoren der Theologie, die Herren *Sixt* und *Meyer*, setzen ihre pfarramtlichen Dienstgeschäfte fort. Den inländischen protestantischen Studierenden, welche sich den theologischen Wissenschaften widmen, ist es in der Zwischenzeit bis zur Anordnung eines vollständigen protestantischen theologischen Studiums erlaubt, auswärtige protestantische Universitäten zu besuchen, wo sie sich aber bey Einrichtung ihrer Studien nach der Instruction über die Prüfung der protestantischen Pfarramts-Kandidaten, die im X. Stück des Baierischen Regierungs-Blatts dieses Jahrs abgedruckt ist, richten sollen. Die meistentheils ihnen zu gut gekommenen *Natural-Freytische* zu Altdorf werden zu ihrem Besten in Geld-Stipendien umgeändert.

Berlin.

Die Errichtung einer *Universität* in dieser Residenz, mit dem Rechte zur Ertheilung akademischer Würden, ist den beiden Akademieen der Wissenschaften und Künste, welche, so wie sämmtliche hiesige wissenschaftliche Institute und Sammlungen unter der unmittelbaren Leitung der Section für den öffentlichen Unterricht, zu einem organischen Ganzen mit jener höhern Lehranstalt verbunden werden sollen, aus bewegenden Gründen vorläufig durch eine Königliche Cabinetsordre bekannt gemacht worden.

Frankfurt an der Oder.

Der hiesigen Universität ist von dem Könige ihre fernere Erhaltung, auch eine ansehnliche Vermehrung ihrer Fonds zugesichert worden.

Halle.

Die im Namen der Universität von dem Prof. der Beredsamkeit ausgefertigte Denkschrift auf den Staatsrath und Generaldirector des öffentl. Unterrichts, Hn. *Joh. v. Müller*, ist unter folgendem Titel allhier vertheilt worden:

Memoriam Joannis Mülleri, V. C. Pot. Guestphaliae Regis in 12. Publ. gerenda consiliarii et institutionis publicae supremi Directoris civibus commendant Academiae Fridericianae Halensis Cancellarius Rector et Professores.

Für den Buchhandel ist sie im Verlage des Waisenhauses unter folgendem Titel abgedruckt:

Memoria Joannis Mülleri, V. C. — — Academiae Fridericianae Halensis auctoritate scripsit *Chr. Godofr. Schütz*, Hist. literar. et Eloqu. Prof. ord., Seminarii Reg. Philol. Director, Reg. Acad. Scientiar. Bavar. Sodalis ordinar. 4 B. gr. 4. (4 gr.)

Wirzburg.

Durch ein allerhöchstes an die Grofsherzogliche Studien-Curatel unter dem 7. Sept. ergangenes Rescript sind für die Universität folgende Bestimmungen festgesetzt worden. Der akademische Senat hört auf. Die sämmtlichen Professoren versammeln sich im Jahre nur einmal, es wäre dann, dass die Curatel es für nöthig fände, eine ausserordentliche Versammlung anzusagen. Der Prorector wird jährlich von den Professoren gewählt. Die Vorsteher der Attribute sind unmittelbar und allein der Curatel untergeordnet und verantwortlich. Die sämmtlichen Professoren der Theologie, die Hnn. *Oberthür* d. ält., *Onymus*, *Berg*, *Eyrich*, sind, mit Beybehaltung ihres vollen Gehalts, in Ruhestand gesetzt. In die Rechte der theologischen Facultät tritt das *Bischöfliche Seminar* ein, deren Decan der jedesmalige Vorsteher, dermalen Hr. Dr. *Löwenheim*, ist. Ingleichen ist Hr. *Gregel*, Prof. des Kirchenrechts, pensionirt. Von der philosophischen Facultät sind pensionirt die Hnn. *Wagner*, *Ch. A. Fischer*, *Vogelmann*, *Rückert*, *Goldmajer:* letzterer mit Beybehaltung der Unterbibliothekars-Stelle. Hr. *Majer*, bisheriger Professor am Gymnasium, ist, mit Beybehaltung seines Titels und Gehaltes, als Supernumerar zur Universitäts-Bibliothek versetzt. Von den beybehaltenen Professoren haben theils Zulagen, theils Gratificationen erhalten die Hnn. *Döllinger*, *Ruland*, *Heller*, *Spindler*, *Markard*, *Geyer*, *Metzger*, wie auch der pensionirte Prof. *Wagner* (200 fl.). Das Ordinariat erhielten die bisher ausserordentlichen Professoren *Sorg*, *Ruland*, *Heller* und *Geyer*. Die bisherigen Gymnasiums-Professoren *Blüm* und *Schön* wurden zu ordentlichen Professoren an der Grofsherzoglichen Universität ernannt. Hr. Privatdocent *Rau* ist als ausserordentliches Mitglied der philosophischen Facultät und als Lehrer der Forstwissenschaft, mit einem Gehalte von 300 fl., wie auch als Adjunct am Professor Blank'schen Kunst- und Naturalien-Kabinet ernannt worden. Die vom Gymnasium zum Studium der Philosophie übergehenden Studenten gehören zwar zur Classe der Akademiker, stehen aber noch unter der Disciplin. Als Lehrer der Physik für dieselben ist mit einer Gehaltszulage angestellt Hr. Prof. *Sorg*. Die Ordinarii jeder Facultät sind in drey Classen getheilt, wovon die erste mit 1200 fl., die zweyte mit 1000, die dritte mit 800 besoldet wird. Das Salar der ausserordentlichen Professoren ist nicht fixirt.

Die bisher zum Bücherdepot gebrauchte Universitäts-Kirche soll schleunigst geräumt, und als brauchbar zum öffentlichen Gottesdienste für die Akademiker und Gymnasiasten wieder hergestellt werden. Diesen Gottesdienst sollen abwechselnd die geistlichen Professoren halten. Von den weltlichen Professoren wird erwartet, dass sie demselben an Sonn- und Feyertagen beywohnen werden. — Mit der theol. Facultät ist auch der Lehrstuhl des Kirchenrechts vereinigt. Die theologische Facultät ist abhängig von dem Vicariate. Sie creirt *Doctores Theologiae et SS. Canonum*. Die juristische Facultät kann keinen Candidaten als *Doctor utriusque juris* ernennen, wenn er nicht rücksichtlich des Kirchenrechts von der theol. Facultät geprüft ist. Hr. *Löwenheim*, Decanus und Professor primarius der theol. Facultät, lehrt Dogmatik nach Klüpfel; Hr. Prof. *Kindinger* nach dem lat. Compendium des Wiener Prof. Reyberger; Hr. Prof. *Förtsch* Sprachen, und Exegese des A. und N. Testaments, letztere nach Mayers *institutio interpretis N. T.* Der Professor, der Kirchenrecht und Kirchengeschichte zugleich lehren soll, ist noch nicht bestimmt. Die sämmtlichen geistl. Professoren sollen, so bald die hierzu nöthige Einrichtung getroffen ist, gegen einen verhältnissmässigen Abzug von ihrem Gehalte, Kost und Wohnung im Seminar nehmen. — Sämmtlichen Professoren ist aufgetragen, nur über das zu ihrer Nominalprofessur gehörige Fach, und zwar dreymal des Tages, Vorlesungen zu geben; jedoch sich bereit zu halten, dass sie, auf allenfallsigen Befehl der Regierung, über andre zu ihrer Hauptwissenschaft gehörige Fächer lesen können.

Hr. Prof. *Andres* hat wegen seines hohen Alters, auf sein Begehren, die Erlaubniss erhalten, keine Vorlesungen mehr zu halten, sondern einzig als Rath für die Schul-Angelegenheiten wirksam zu seyn.

Hr. *Förtsch*, Licentiat der Theologie und Kaplan im Julius-Hospital, ist als Privatdocent im theologischen Fache, mit Beybehaltung seiner Kaplans-Stelle und mit Hoffnung einer jährlichen Gratification von 300 fl., angestellt worden. Am 31. August ward derselbe im theologischen Hörsale vom Hn. Prof. und Landes-Directions-Rathe *Onymus* als Doctor der Theologie promovirt. Bey dieser Feyerlichkeit wurden folgende Fragen aufgeworfen und gelöset — von dem Promotor: *An legibus Mosaicis aliquid insit, quod obstet, quo minus Judaei in quavis bene ordinata republica omnibus boni civis officiis rite defungantur? An non potius scripta quaedam Veteris Testamenti id praecipiant?* Von dem Promoventen: *Ex quibus causis, quae quidem rationibus theologicis subsunt, gens Judaica hactenus ab officiis nonnullis nec non a moribus et cultu vitae civilis alienam quodammodo se exhibuerit?*

Am 19. Aug. disputirte der Candidat der Medicin, Hr. *Mich. Jos. Egenwald*, von Essleben im Wirzburgischen, und erhielt die Doctorwürde. Seine Inaugural-Dissertation handelte *de catarrho*.

Am 29. Aug. vertheidigte Hr. *Andr. Dorsch* von Wirzburg die von ihm geschriebene Abhandlung: *de contumacia in causis civilibus, ejusque effectibus*, nebst auserlesenen Disputirsätzen aus der gesammten Rechtslehre, und ward dann zum Doctor der Rechte ernannt.

Am 20. Sept. vertheidigte Hr. *Phil. Val. Leinicker* von Wirzburg die von ihm verfertigte Abhandlung: *de sinu maxillari, ejusdem morbis iisque medendi ratione* (9½ Bog. 4.), nebst den angehängten Disputirsätzen, und erhielt hierauf die Würde eines Doctors der Medicin und Chirurgie.

INTEL-

INTELLIGENZ DES BUCH- UND KUNSTHANDELS.

I. Ankündigungen neuer Bücher.

Für jeden Gelehrten sowohl, als auch für Aeltern und Vormünder, und nicht minder auch für junge Leute, die sich den Studien widmen, ist eine nähere Bekanntschaft mit den verschiedenen Universitäten und ihrer Einrichtung gewiss von sehr grossem Nutzen. Und doch erhalten wir bisher über die Universitäten keine Nachrichten weiter, als nur aus öffentlichen Blättern; und in diesen sind es nur Bruchstücke, die natürlich keine vollständige Bekanntschaft mit den Universitäten geben können, und über diess theils zu zerstreut sind, theils auch nicht einmal zur Kenntniss aller derer gelangen, denen sie von Interesse seyn können. Es ist also noch bis jetzt ein Werk, durch welches wir eine nähere Bekanntschaft mit den verschiedenen Universitäten und ihrer Einrichtung erlangen, ein allgemeines Bedürfniss.

Lange schon fühlte ich diess Bedürfniss, und lange schon hatte ich den Vorsatz, zur Abhelfung desselben mitzuwirken. Da ich mich nun jetzt durch die gütige und freundschaftliche Unterstützung mehrerer bekannter achtungswürdiger Universitäts-Gelehrten Deutschlands in den Stand gesetzt sehe, diesen Vorsatz auszuführen: so mache ich hiedurch bekannt, dass ich jährlich eine möglichst vollständige Uebersicht der deutschen Universitäten nach ihrer bestehenden Einrichtung und den auf ihnen von Jahr zu Jahr vorfallenden Veränderungen und literarischen Denkwürdigkeiten, unter dem Titel:

Jahrbuch der Universitäten Deutschlands,

herauszugeben, mich entschlossen habe. Spätestens in der Ostermesse 1810. wird der *erste* Jahrgang erscheinen, welcher Nachrichten über die Universitäten Deutschlands, wie sie im Jahre 1809. waren, enthalten soll. Für diejenigen, welche diesen Jahrgang allein, ohne die folgenden, kaufen wollen, soll derselbe auch mit einem *zweyten* Titel:

Universitäten-Almanach für das Jahr 1810,

versehen werden.

Nach einer vorausgeschickten Betrachtung über die Universitäten überhaupt soll in demselben von den verschiedenen Universitäten Deutschlands angezeigt werden:

Welches in dem Jahre 1809. die sämmtlichen Lehrer jeder Akademie, und was in dem Jahre unter denselben für Veränderungen vorgegangen sind; was für gemeinnützige, die Cultur der Wissenschaften überhaupt, und die wissenschaftliche Bildung der Studierenden insbesondere befördernde, Anstalten und Einrichtungen bestehen; was für die gesellschaftliche Unterhaltung und sittliche Bildung der Studierenden geschieht; ob, und welche, Veränderungen der akademischen Gesetze vorgenommen, ob, und welche, öffentliche Strafen an den Studierenden vollzogen sind; was für Collegia in dem Jahre wirklich gelesen worden; was für Prüfungen der Studierenden Statt finden; ob ihnen ein besonderer Studienplan vorgeschrieben wird, und wenn dieses ist, wie auf dessen Befolgung gehalten wird; zu welcher Zeit die Collegia in jedem halben Jahre ihren Anfang nehmen, was für Ferien Statt finden, und wie dieselben benutzt werden; welche Promotionen in jeder Facultät geschehen sind, ob, und wie viele, Studierende bey dem Examine untüchtig befunden und abgewiesen worden sind; was nach den Gesetzen jeder Akademie in jeder Facultät ein Promovendus leisten muss, und welche Kosten in jeder Facultät mit der Promotion verbunden sind; was in dem Jahre von den Studierenden für Dissertationen, und von den Lehrern für Gelegenheitsschriften herausgegeben sind, und was sonst von den Lehrern geschrieben ist, auch wo man die Dissertationen und Gelegenheitsschriften bekommen kann; wie gross in dem Jahre die Anzahl der Studierenden auf jeder Akademie gewesen ist, u. dgl. mehr.

Es leuchtet in die Augen, dass eine solche Bekanntschaft mit den Universitäten, wenn wir die bestehende Einrichtung dieser Lehranstalten mit dem eigentlichen Zwecke derselben vergleichen, zu schönen Resultaten führen kann und muss. Ich werde daher auch nicht unterlassen, die Leser dieses Jahrbuchs von Zeit zu Zeit auf diejenigen Resultate aufmerksam zu machen, auf welche mich die erlangte Bekanntschaft mit den Universitäten geführt hat. Immer werde ich aber den Grundsatz beobachten, dieses Jahrbuch von unmässigem Lobe, wie von ungebührlichem Tadel frey zu erhalten, und die Leser nur mehr historisch mit allem Wissenswerthen von den Universitäten bekannt zu machen.

Da es mein Bestreben seyn soll, dieses Jahrbuch von Zeit zu Zeit immer mehr zu vervollkommnen, es zu einem möglichst vollständigen akademischen Repertorium zu erheben, und auf solche Weise demselben nicht bloss einen zeitigen, sondern auch einen bleibenden Werth zu verschaffen: so schmeichle ich mir, dass dieses mein Unternehmen eine günstige Aufnahme finden, und dass meine Bitte um thätige Unterstützung und Beförderung desselben nicht unerfüllt bleiben wird.

Neu-Strelitz, den 6ten October 1809.

Hofr. Dr. C. *F. L. Wildberg.*

Von

Heusingers Familie Werthheim, eine theoretisch-praktische Anleitung zu einer regelmässigen Erziehung der Kinder, vorzüglich von dem sechsten bis in das vierzehnte Jahr,

ist der 5te Theil erschienen und zu 1 Rthlr. Sächs. oder 1 Fl. 48 Kr. Rhein. in allen Buchhandlungen zu haben.

In-

Inhalt: Grundzüge zu einer *Sprachlehre*, wie Kinder und alle gebildete Menschen eine brauchen; *Logik*, oder die Kunst, Gedanken zu beobachten und zu beurtheilen; Sätze aus der *Rhetorik*, oder Anweisung zu einem richtigen und gefälligen Vortrage; einige Beyspiele zu richtiger Behandlung der Kinder, denen über ihre Pflichten schon etwas Zusammenhängendes ist gesagt worden.

Das Werk ist von der vortheilhaftesten Seite schon zu bekannt, als dass ich zu dessen Empfehlung noch etwas hinzu zu fügen hätte. Von den *ersten vier Theilen* ist schon vor mehrern Jahren eine *neue Auflage* erschienen, welches wohl der untrüglichste Beweis ist, dass Aeltern und Lehrer dieses Werk brauchbar fanden und schätzten. Gotha, im September 1809.

Justus Perthes.

So eben ist erschienen und in allen Buchhandlungen zu haben:

Langbein, A. F. E., *Der Sonderling und seine Söhne*, ein Roman mit Kupfern von *W. Jury*. 8. 1 Rthlr. 12 gr.

Schüppel'sche Buchhandlung in Berlin.

Neue Bücher, welche bey Johann Jakob Palm in Erlangen erschienen, und um beygesetzte Preise in allen Buchhandlungen zu haben sind:

Ammon, Dr. *Chr. Friedr.*, Commentatio de conjugiis bona gratia non solvendis. 4. 2 gr. od. 8 Kr.

Bertholdt, Prof. *Leonh.*, dass wir keine gerechte Ursache haben, den ferneren Bestand unserer evangelischen Kirche und unserer heil. Religion für gefährdet zu halten; eine Predigt. gr. 8. 3 gr. od. 12 Kr.

Baumann, *Aug.*, kurzer Unterricht in der Obstbaumzucht, verfasst für Schullehrer auf dem Lande. 8. (in Commission.) 6 gr. od. 24 Kr.

Gaab, *Joh. Andr.*, praktische Pferdarzneykunst, oder der durch lange Erfahrung sicher currirende Pferdarzt, mit der Anweisung zum Wallachen, Englisiren, und Verhaltungsregeln bey der Pferdezucht versehen. *Dritte* verbess. und vermehrte Auflage, von *J. A. F. R—t.* Mit 2 Kupfert. gr. 8. 1 Rthlr. od. 1 Fl. 30 Kr.

Glück, Dr. *Christ. Friedr.*, ausführliche Erläuterung der Pandekten nach Hellfeld; ein Commentar. XI Theils *erste* und *2te* Abtheilung, und XII Theils *erste* Abtheilung. gr. 8. Jede Abth. 18 gr. od. 1 Fl. 12 Kr.

Hänlein, *H. K. Alex.*, Handbuch der Einleitung in die Schriften des neuen Testaments. 3ter Theil. *Zweyte* verbess. Ausgabe. gr. 8. 2 Rthlr. od. 3 Fl.

Hildebrandt, *Friedrich*, Lehrbuch der Physiologie. *Vierte* ganz umgearbeitete Ausg. gr. 8. 2 Rthlr. od. 3 Fl.

Jäck, *Heinr. Joach.*, Geschichte der Provinz Bamberg vom Jahr 1006 — 1803. 1r Theil. Auch unter dem Titel: Materialien zur Geschichte und Statistik Bambergs. 2 Theile. gr. 8. Bamberg (in Commission.) netto 1 Rthlr. 1 gr. od. 1 Fl. 33 Kr.

Klüber, *J. F.*, Entwurf einer Instruction für verpflichtete Landschieder, Siebener, Marker, Steiner und Steinsetzer oder Feldgeschworne. 8. broschirt 6 gr. od. 24 Kr.

Lips, *Alex.*, und *Franz Körte*, über die Idee von Ackerbauschulen. gr. 8. (in Commission.) 3 gr. od. 12 Kr.

Pfeiffer, *Aug. Fr.*, Manuale Bibliorum, Ebraicorum et Chaldaicorum. 8 maj. 16 gr. od. 1 Fl.

Rau, Dr. *Joh. Wilh.*, Materialien zu Kanzelvorträgen über die Sonn-, Fest- und Feyertags-Evangelien. 1n Bandes 3tes Stück. *Zweyte* verb. und vermehrte Auflage, von Dr. *P. J. F. Vogel*. gr. 8. Erlangen. 10 gr. od. 40 Kr.

Schmerler, *Joh. Adam*, lateinisch-deutsches und deutsch-lateinisches Wörterbuch für Schulen. *Zweyte* verb. und vermehrte Auflage, herausgegeben von *Caspar Jacob Besenbeck*. gr. 8. 1 Rthlr. 8 gr. od. 2 Fl.

Stephani, Dr. *Heinr.*, Leitfaden zum Religions-Unterricht der Confirmanden. *Zweyte* verb. Auflage. 8. 6 gr. od. 24 Kr.

Wendt, Dr. *Friedr.*, Annalen des klinischen Instituts auf der Akademie zu Erlangen. 3s Heft. gr. 8. 12 gr. od. 45 Kr.

II. Vermischte Anzeigen.

In Nr. 173. des Junius-Heftes der diessjährigen allgemeinen Literatur-Zeitung warnt Hr. Professor Schott und Hr. M. *Märcker* in Leipzig das Publicum vor einem, von mir in der Brünner Zeitung Nr. 35. angekündigten, Nachdruck von *Schott's novum Testamentum graece*, und zwar auf eine Art, dass das Publicum, und besonders meine Herren Handlungsfreunde, leicht glauben müssen, dass ich der Nachdrucker dieses Buchs bin. Um mich nun darüber zu rechtfertigen, erkläre ich hiemit, dass ich zwar dieses Buch in der genannten Zeitung auf Pränumeration angekündigt habe, dass dieses aber nur auf Verlangen des Hn. Haslinger in Linz, bey welchem der Nachdruck erscheint, geschah, und dass ich weder dieses, noch je ein anderes Buch nachgedruckt habe, obschon ich dessen schon einmal in den bekannten Straussfedern beschuldigt wurde.

Johann Georg Gastl,
Buchhändler in Brünn und Ollmütz.

Da die Zeitumstände die Herausgabe des Theater-Almanachs auf das Jahr 1810. zur Michaelis-Messe verhindern, so wird dieser Almanach zu Ostern k. J. erscheinen.

A. W. Iffland.

ALLGEMEINE LITERATUR-ZEITUNG

Montags, den 30. October 1809.

WISSENSCHAFTLICHE WERKE.

ERDBESCHREIBUNG.

Wien, b. Doll: *Reisebemerkungen über Ungern und Galicien.* Von *Samuel Bredetzky*, Evang. Superintendenten in beiden Galicien und erstem Prediger A. C. in Lemberg. *Erstes* Bändchen. 336 S. *Zweytes* Bändchen. 285 S. 1809. 8. (3 Rthlr. 8 gr.)

Ungern und Galizien sind immer noch zu wenig gekannt; und verdienen doch ganz vorzüglich es zu werden. Hr. *Bredetzky*, ein geborner Unger, gegenwärtig aber in Galicien wohnhaft, und durch den Posten, den er bekleidet, in der Lage, das letztere Land nach allen Richtungen hin genauer kennen zu lernen, hat bereits durch *fünf* Bändchen belehrender Beyträge zur Topographie von Ungern seinen guten Willen beurkundet, zur Verbreitung aufklärender Nachrichten über sein Vaterland mit zu wirken. Hier tritt er mit einem neuen Werke auf, das Ungern und Galicien umfasst. Was man bereits hie und da bey seinen topographischen Beyträgen öffentlich erinnert hat, dass manches in denselben zu fragmentarisch und flüchtig behandelt sey, findet man auch bey der gegenwärtigen Schrift zu erinnern; jedoch müssen wir ihm das Zeugniss geben, dass seine Diction in diesem Werke schon weit reiner, fliessender und correcter, seine Darstellung weit besonnener und gehaltener, und seine Urtheile merklich durchdachter und abgewogner sind als in seinen topographischen Beyträgen. Sie zeichnen sich, ausser dem lehrreichen Inhalte der meisten Abschnitte, noch durch eine dem Vf. eigenthümliche liebenswürdige Unbefangenheit und Freymüthigkeit im Urtheile aus, und machen der Liberalität der östreichischen Censur oder vielmehr des votirenden Censors Ehre. Nicht alles in diesem Buche ist gleich interessant; aber das meiste wird man mit Vergnügen und Nutzen lesen.

Erstes Bändchen: I. *Fragmente über Wien.* Diese Bruchstücke über eine der merkwürdigsten, grössten Städte Europens sind von geringer Erheblichkeit. Die ziemlich lange Einleitung, die bloss unwesentliche Dinge berührt, lässt weit mehr erwarten als man in dem Aufsatze findet. Es ist übrigens ganz richtig, was der Vf. über die in Wien herrschende Pferdeliebhaberey, die Gierde nach Gold, die Geringschätzung der Gelehrsamkeit, und den Druck, welcher hier auf der Geistesbetriebsamkeit lastet, kurz bemerkt: so wie er mit Recht die, gewöhnlich auf Vorurtheilen beruhenden, unanständigen Urtheile mancher Ausländer über Wien tadelt, und die Behauptung aufstellt, diese Stadt habe so viele gelehrte und gebildete Geschäftsmänner, dass sie auch in dieser Hinsicht es mit jeder grossen Stadt des nördlichen Deutschlands aufnehmen könne. (Nur müssten Wiens Gelehrte mehr hervorgezogen und aufgemuntert werden.) Die Bemerkung des Vfs., als wenn viele der hiesigen Universitätslehrer deshalb nicht schrieben, weil sie als Docenten mehr beschäftigt würden als die Lehrer auf andern hohen Schulen, ist nicht richtig. An Musse fehlt es den meisten nicht. S. 19. erinnert der Vf. an etwas, was allerdings alle Beherzigung verdient. „Die meisten Wiener Gelehrten, sagt er, verwenden keinen Fleiss auf die Bildung ihrer Sprache; viele reden die hässliche Mundart der Provinz, in der sie geboren sind; diess geht oft so weit, dass sie sich darin ordentlich gefallen, und geflissentlich kein besseres Deutsch annehmen wollen." Es giebt allerdings Leute in Wien, die sich zu den höhern und höchsten Ständen zählen, und doch in ihrer Muttersprache äusserst vernachlässigt sind; wohl auch mitunter ihre Sonderbarkeit so weit treiben, dass sie eine Verachtung der reinen deutschen Sprache affectiren, die sie bisweilen die *Luthrische* Sprache nennen, und dadurch stark an *Gellerts* Land der Hinkenden erinnern. Es würde auch in dieser Hinsicht anders stehen, wenn Oestreichs Gelehrte häufiger das Ausland besuchten. Eine höhere Bildung und ein höheres geistiges Leben spricht der Vf. der Stadt Wien, trotz aller sich vorfindenden Cultur, ab. Er hat vielleicht nicht Unrecht; wenn er aber bey einer Parallele (S. 23.) zwischen dem Hamburger und Wiener Geschäftsmanne, dem letzteren mehr Gewandtheit zuschreibt, ihn unbefangner und gerader nennt, und ihm überhaupt den Vorzug einräumt, von dem ersteren aber bemerkt, er verläugne nie eine gewisse Zurückhaltung und etwas unausstehlich Geziertes, überall gucke der Reichsstädter hervor: so müssen wir, ohne dem Wiener gebildeten Geschäftsmanne nahe treten zu wollen, das Urtheil des Vfs. für einseitig und im Ganzen für falsch erklären. Der Aufsatz: *Die beiden Papageyen* (S. 24.), der die Bemerkung: dass es bey allem in der grossen Stadt Wien herrschenden Sittenverderbnisse doch nicht an guten, edlen Menschen fehle, historisch begründen soll, steht hier nicht ganz am rechten Orte. II. *Einiges von den Lebensumständen des Vfs., nebst historischen Nachrichten über die Errichtung der ersten Bürgerschule bey den Protestanten in Ungern.* Dem ersten Anscheine und der

Ueber-

Ueberſchrift nach, gehört auch dieſer Aufſatz nicht in ein Werk, das Reiſebemerkungen zu liefern verſpricht. Da er aber anziehende Nachrichten über mancherley nicht unwichtige Angelegenheiten in Ungern giebt, und mit überraſchender Freymüthigkeit geſchrieben iſt: ſo wird man ihn nicht ohne Intereſſe leſen. Man lernt daraus mancherley Schikanen kennen, denen die Ungriſchen Proteſtanten ſelbſt unter Maria Thereſia noch ausgeſetzt waren. Auch findet man darin gelegentliche Bemerkungen über mehrere Ungriſche Gymnaſien, an denen der Vf. ſtudierte; mit vieler Offenheit deckt er ihre Mängel auf. Dankbar erinnert er ſich an den wohlthätigen Einfluſs, den die Univerſität Jena auf ſeine Bildung geäuſsert hat, und an ſeine Lehrer. Mit welchen Hinderniſſen und Drangſalen er als Lehrer an der im J. 1798. zu Oedenburg errichteten Bürgerſchule zu kämpfen gehabt, wie er die Hinderniſſe glücklich beſiegt, in Anſehung der Lehrmethode manche glückliche Entdeckung gemacht, das Geſchrey unwiſſender, roher und undankbarer Aeltern zum Schweigen gebracht, endlich aber doch den Verfall einer Anſtalt erlebt habe, die mit ſo groſsen Anſtrengungen gegründet und bereits in einen blühenden Zuſtand gebracht worden war — dieſs kann man nicht ohne Theilnahme und ohne Hochachtung für den Charakter des Vfs. leſen. Für den Ungriſchen Pädagogen beſonders hat dieſer Aufſatz groſses Intereſſe. Den Ausländer wird es freuen, daraus zu erſehen, wie man auch in Ungern hie und da keine Mühe und Aufopferung ſcheut, das Schul- und Erziehungsweſen zu vervollkommnen, und wie hier bisweilen darin noch mehr geſchieht als im Auslande, beſonders da, wo einzelne hochherzige Männer, wie unſer Vf., in ihrer Thätigkeit nicht durch ſtrenge Normen und illiberale Schulinſpectionen zu ſehr beſchränkt und gelähmt werden. III. *Welchen Einfluß haben in den letzten Jahrzehenden die auffallenden Fortſchritte, welche das Ausland, beſonders aber Deutſchland, in der Erziehungskunſt machte, auf die Verbeſſerung der Schul- und Erziehungsanſtalten in Ungern geäußert?* Das lit. Ungern ſteht mit Deutſchland, beſonders ſeit der Reformation, in mannichfacher Verbindung, und die Bemühungen eines *Frank* und *Baſedow* im Schul- und Erziehungsſache blieben nicht ohne wohlthätige Einwirkung auf Ungern, beſonders auf den proteſtantiſchen Theil ſeiner Einwohner. Die Schulreformen in der öſtreichiſchen Monarchie unter Maria Thereſia, und noch mehr unter Joſeph II., werden von dem Vf. gehörig gewürdigt, und die ſogenannte Saganſche Methode gegen ihre theils unberufenen, theils einſeitigen Tadler, wie uns dünkt, mit allem Grund, in Schutz genommen. Es iſt gewiſs, die Lehranſtalten im Oeſtreichiſchen, ob man gleich an ihnen unaufhörlich geändert und gemodelt hat, leiſten gegenwärtig in mehrern Rückſichten nicht ſo viel als vor etwa zwanzig Jahren, wo nach allen Seiten hin aus ihnen Männer von heller Einſicht, Energie des Geiſtes und vorzüglicher Brauchbarkeit hervorgiengen. Der Vf. bemerkt, die Proteſtanten wären in Anſehung ihres Studienweſens von dem Staate immer unbeachtet und ſich ſelbſt überlaſſen geblieben. Aber vielleicht iſt es eben dieſem Umſtande zuzuſchreiben, daſs ſie, weniger durch Normen geregelt und gefeſſelt als ihre katholiſchen Mitbürger, dieſen in pädagogiſcher Hinſicht immer voreilten und überlegen waren. Wir ſtimmen in das meiſte ein, was der Vf. über die Mängel der proteſtantiſchen Schulen in Ungern, beſonders über die leidige Polymathie ſagt, die an ihnen in den neuſten Zeiten herrſchend und von manchem jungen Halbwiſſer ſelbſt in Trivialſchulen verpflanzt worden iſt — eine wahre Schmarotzerpflanze, die den in ältern Zeiten rüſtig emporgewachſenen kraftvollen Stämmen Saft und Leben ausſaugt. Der Vf. läſst ſich in dieſem Aufſatze auch über die pädagogiſchen Bemühungen des wackern *v. Theſchedik* in Szarvas aus, und theilt ſeine, oft ſehr freymüthigen Bemerkungen über mehrere proteſtantiſche Erziehungsanſtalten in Ungern mit. Ihre Menge beweiſet, daſs man faſt allgemein das Bedürfniſs einer beſſern Erziehung fühle; daſs es aber ſchwer ſey, dergleichen Anſtalten feſt zu gründen und aufrecht zu erhalten, dieſs beweiſet offenbar das Factum, daſs alle erwähnten Inſtitute keiner langen Dauer genoſſen haben, und in dieſem Augenblicke ſämmtlich eingegangen ſind. IV. *Nationalismus und Patriotismus.* Dieſer Aufſatz hat uns am wenigſten genügt. Es iſt dem Vf. nicht gelungen, ſeine Ideen über Nationalismus und Patriotismus klar darzulegen, und doch hätte ſich hier viel Intereſſantes über den magyariſchen Nationalſtolz ſagen laſſen. V. *Meine Reiſe von Wien nach Krakau, in Galizien, in dem Jahre* 1805. Dieſer mit mancherley geographiſch-, hiſtoriſch-, ſtatiſtiſch-, geognoſtiſchen Notizen und Bemerkungen durchwebte Abſchnitt gewährt eine intereſſante Lectüre, ob wir gleich über manche Orte, durch welche des Vfs. Reiſe gieng, z. B. über *Preßburg*, *Schemnitz* u. ſ. w. mehrere Nachrichten erwartet hätten. Von *Preßburg*, deſſen Bevölkerung ſich zu Anfang des J. 1802. auf 29,625 Seelen belief, welche in 1372 Häuſern wohnten, ſagt der Vf. ganz wahr: „man dürfe dieſe Stadt nur einmal ſehen, um das Bild derſelben nicht leicht aus dem Gedächtniſſe zu verlieren." Sie liegt ſchön, und ihre Einwohner ſind Deutſche, die ſich dem Oeſtreicher in Sprache und Sitten ſehr nähern. Von Preſsburg aus, das am Fuſse der Karpathen liegt, zieht ſich dieſes Gebirge nordöſtlich. In einer kleinen Entfernung von einander, ein Paar Stunden von Preſsburg, liegen die drey Städte *St. Georgen*, durch ſeinen trefflichen Ausbruch berühmt, *Pöſing* und *Modern*. Die Einwohner derſelben ſind, nach dem Vf., deutſche Kleinſtädter, die ſich gröſstentheils mit dem Weinbau abgeben. Er ſcheint ſich nicht erinnert zu haben, daſs ein groſser Theil derſelben aus *Slaven* beſteht. Wenig bemerkt wird über *Lanſitz*, *Sarfö*, *Tyrnau*, *Freyſtädtl* und andere Orte. Dagegen breitet ſich der Vf. ziemlich weitläuftig über den *Waagfluß* und die Fahrt auf demſelben aus. Seine Bemerkungen darüber ſind nicht unintereſſant. Man befährt den *Waagfluß*, der zu den reiſsendſten und gefährlichſten Strömen in

Un-

Ungern gehört, mit Plätten, und thut dann wohl, wenn man sich auf dieser Wasserreise mit Victualien versieht. Sie geht durch reitzende, oft furchtbar erhabene Gegenden, in denen man noch viele Rudera von ehemals festen Schlössern findet, und ist bey hohem Wasser mit Gefahren verbunden. Besonders giebt es im Thurotzer Comitate, da, wo die Felsenmassen sich am keckſten dem Strome entgegen thürmen (man nennt diesen Ort *Marcza*), eine gefährliche Stelle, die man die Waag-Charybdis nennen könnte. Hier haben die Fluthen des Stroms eine Kalkwand tief ausgehöhlt; mit tobendem Ungestüm wälzt sich der Waagfluss nach dieser Felsenwand hin. Sind die Plitnitzi (die Slavischen, in der Regel sehr geschickten Fährleute) zu schwach, das Fahrzeug seitwärts von der Wand abzulenken, so scheitert dasselbe unausbleiblich, sobald es in den Felsenschlund geschleudert wird. Eine zweyte gefährliche Stelle bey seichtem Wasser ist die Gegend um *Pucho*, wo verborgene Klippen schon manches Fahrzeug und manche Ladung vernichteten. Menschen kommen indess nur selten um, weil der Fluss nur an jenen Orten, wo er nicht reissend, mithin auch nicht gefährlich ist, eine bedeutende Tiefe hat. Nach des Vfs. Meinung wäre dieser Fluss nur mit vielen Kosten so schiffbar zu machen, dass die Fahrzeuge auch Strom aufwärts gebracht werden könnten. Sein Fall ist zu gross, sein Lauf zu schnell, und im Liptauer Comitate ist er den grössten Theil des Sommers hindurch zu seicht. Die Anwohner des Waagflusses sind Slovaken — arbeitsame, grösstentheils starke, hie und da schön gebaute, fröhliche Menschen, die gern singen. Ein fröhlicheres, genügsameres Völkchen kann es schwerlich geben als diese Gebirgsbewohner. — Die bischöfliche Stadt *Neutra* liegt in einer angenehmen, reitzenden Gegend. Von hier an wird der Weg sehr schlecht, und wenn einst hier eine Chaussee angelegt würde, so müsste sie, wegen Mangel an Steinen, grosse Kosten verursachen; der Boden ist fett und fruchtbar, und nährt die Einwohner, welche zum Theil National-Ungern sind, reichlich. Die Reise durch den ganzen Barscher Comitat ist wegen der schlechten Wege unangenehm; aber lieblich der fruchtbaren Gegenden wegen. *Schemnitz* kann, nach der Bemerkung des Vfs., weder in der schönen Jahreszeit, noch in der rauhen auf den Fremden einen guten Eindruck machen. Die Häuser dieser Stadt, wenigstens der grösste Theil derselben, sind an dem Berge wie angeleimt, und hängen wie Schwalbennester an demselben. Man klettert nicht selten von einem Nachbar zum andern. Schwer geladene Fuhrwagen sind in der Stadt den grössten Gefahren ausgesetzt. Wenn Glatteis ist, kann man nur mit Steigeisen aus einem Haus ins andere. Der Vf. besuchte in dieser Stadt den bereits gestorbenen protestantischen Prediger *Ambrosi* und seine Erziehungsanstalt, und theilt über beide seine Bemerkungen mit. Auch einige mineralogische Notizen findet man hier. Von *Schemnitz* bis *Neusohl* ist eine schöne Ebene, in der man ausser Kalk wenig Steingattungen erblickt. Dafür ist der Boden um so fruchtbarer. *Neusohl* liegt am Granflusse in einer pittoresken Gegend. Die hiesigen immer thätigen Schmelz- und Hammerwerke, und der sich zum Himmel erhebende Rauchqualm geben der Stadt ein vulkanisches Ansehen. Die Einwohner sind ein fröhliches, gemüthliches Völkchen. Einen unangenehmen Eindruck machen die vielen Schankzeichen, die man hier sieht. Zwey und dreyssig sogenannte Ringbürger haben das Schankrecht, welches für eine Stadt, die bloss 9926 Seelen (darunter 3120 Protestanten) zählt, wohl zu viel ist. Ueber die zwey protestantischen Erziehungsanstalten, welche damals noch hier bestanden, lesen wir einige gute Bemerkungen. Die Einwohner von Neusohl sind theils Deutsche, theils Slovaken; die letzteren nehmen in demselben Verhältnisse zu, als erstere abnehmen: eine Erscheinung die man überall gewahr wird, wo Deutsche mit Slovaken untermischt wohnen. Die Sprache der letztern übt über die Deutsche überall viel Gewalt aus. In *Cstück*, im Gömörer Comitate, bemerkt der Vf. S. 240., hat man in den Jahren 1569 bis 1580 das Stadtprotokoll in deutscher Sprache geführt, jetzt spricht, ausser dem Adel, dort keine Seele deutsch. *Rebuza*, im Gömörer Comitate, war ehemals ganz deutsch, und hiess, laut Archiv-Nachrichten *Rauschenbach*. In allen solchen Orten ist von den Deutschen kaum noch eine Spur mehr vorhanden. Von *Neusohl* und andern Oertern steht diess eben zu befürchten, wenn nicht durch Errichtung guter deutscher Bürgerschulen dieser Slavonisirung entgegen gearbeitet wird. Das Deutsch der Neusohlerinnen, das *Korabinsky* lobt, findet unser Vf. nicht schön; sondern vielmehr widerlich. In zweymal zwanzig Jahren, setzt er hinzu, wird man, denk ich, von der deutschen Sprache in Neusohl weder Gutes, noch Böses sagen können. Zwey Stunden von Neusohl liegt das grosse und berühmte Kupferbergwerk zu *Herrengrund*. Um alle Gänge dieses grossen Baues nur flüchtig zu besehen, braucht man, wie dem Vf. ein Hüttmann versicherte, mehrere Tage. Das Cementwasser, das sich hier vorfindet, wird in Cisternen aufgefasst, in welche man altes Eisen wirft. Das vermittelst dieses Cementwassers erzeugte Kupfer wird gewöhnlich Einmal des Jahres verschmolzen und verbraucht. Auch werden allerhand Spielereyen, Siphusbecher, Pokale u. s. w. mit oft naiven Inschriften daraus verfertigt. Dem Vf. fielen an den Einwohnern von Herrengrund ihre blasse Farbe und ihre grossen Kröpfe auf. Jung und alt tragen hier diese letztere hässliche Halszierde, und das so allgemein, dass Menschen ohne Kröpfe hier zu den Seltenheiten gehören. Er führt verschiedene Hypothesen an, durch welche die Erklärung dieser Erscheinung versucht worden ist, und ist der Meinung, dass der Grund davon in dem Wasser liege. „Bey den Weibern (S. 257.) die mehr Wasser trinken, sind die Kröpfe immer häufiger und grösser. Ich theilte diese Bemerkung meinen Begleitern in dem Augenblicke mit, als Hr. *N.* in das Zimmer trat. An ihm bemerkten wir keinen Kropf; dafür hatte er eine kupferne Nase." Wir über-

übergehen die Bemerkungen des Vfs. über die Reise von Neusohl nach Zipsen über den hohen Berg *Sturetz*, und stimmen nur beyläufig ganz in das Lob mit ein, das derselbe dem Hn. *Wiesner von Morgenstern* und seinen grossen Verdiensten um die Haupt-Salz-Niederlage *Hradek* ertheilt. Unstreitig gehört die Schulanstalt, welche dieser seltne Mann an dem gedachten Orte gegründet hat, zu den besten die man in dieser Art sehen kann. Es ist ewig Schade, dass dieser verdienstvolle Mann seit einiger Zeit ausser Thätigkeit ist. Viel Interessantes erzählt der Vf. über *Zipsen*, das grossen theils von Deutschen bewohnt wird, die sich durch viele Eigenthümlichkeiten und rühmliche Eigenschaften auszeichnen. Hier verbreitete sich die Kirchen-Reformation sehr schnell. Die Zipser Pfarrherren bildeten eine eigene Fraternität. *Andreas Fischer*, ein Mitglied derselben, hatte schon im J. 1520. in Leutschau, Neundorf und Schwedler die neue Lehre mit Eifer ausgebreitet. Bald gesellten sich zu diesem Manne auch andere, und schon im J. 1545. erklärten sich alle Pfarrherren für diese Lehre. König Ferdinand und der Erzbischof bestätigten ihr überreichtes Glaubensbekenntniss, und sie wurden lange Zeit von den katholischen Pfarrern mit aller Achtung behandelt, und Brüder genannt, bis der Geist der Intoleranz in den spätern Zeiten diesen friedlichen Bund störte, wobey sich der Jesuiten-Orden besonders thätig bewies. Als endlich der Einfluss desselben so mächtig wurde, dass nichts seiner Aufmerksamkeit entgieng, beschloss die zusammengeschmolzene Fraternität, ihre Schriften zu retten. Der Georgenberger Prediger *Christoph Klesch* flüchtete damit im J. 1674. nach Deutschland. Sie wurden in der Weimarschen Bibliothek aufbewahrt und im J. 1775. den Zipser Protestanten wieder ausgeliefert. Ein grosser Theil von ihnen wurde ihnen indess von der Gegenpartey entrissen. Der Vf. theilt ein Verzeichniss dieser wichtigen Schriften und in einem Anhange die politischen Verhandlungen darüber mit. Was er über Zipser sagt, ist interessant und lesenswerth. Wenn er aber (S. 310.) bemerkt: „Ehemals kleideten sich die Zipsen Deutschen meistens mit weissen und grauen Tüchern, so wie sie von der natürlichen Wolle ihrer Schafe verfertigt wurden:" so irrt er sich wohl.

(*Der Beschluss folgt.*)

LITERARISCHE NACHRICHTEN.

I. Lehranstalten.

Cassel.

Nach der Vollendung der neuen Organisation der jüdischen Religionsgesellschaft des Königreichs Westphalen sind nun auch die Ausgaben für den öffentlichen Unterricht der Juden, die 3000 Familien bilden und 80 Schulen halten sollen, vom Staatsrathe für das laufende Jahr auf ungefähr 30,000 Rthlr. bestimmt, die unter der Nation selbst, ihrer Verfassung gemäss, aufgebracht werden. Einen der wichtigsten Gegenstände macht dabey das hier zu errichtende Seminarium für Schullehrer, das zugleich für künftige Rabbinen bestimmt seyn wird. Am Napoleonstage wurde hier eine neue öffentliche Schule für die jüdische Jugend errichtet.

München.

Zu Anfange des Septembers wurden in den hiesigen königl. Schulen und Erziehungsanstalten den durch Fleiss und Wohlverhalten ausgezeichneten Jünglingen die angeordneten Preise öffentlich vertheilt. Bey dieser Gelegenheit erstattete der Director Hr. *Weiler* einen ausführlichen Bericht über den Zustand derselben, worin er unter andern bemerkte, dass die Anzahl der Studierenden aus dem Bauernstande mit frühern Zeiten verglichenen auffallend klein sey. Es waren deren nur 39, von bürgerlichen Aeltern 194, von adligen 70, von den übrigen Ständen 263, überhaupt 566.

II. Akademieen und gelehrte Gesellschaften.

Nach einem Beschlusse der ausserordentlichen Consulta zu Rom im Namen des französischen Kaisers erhält die *Akademie der Arkadier* wiederum ihre ursprüngliche Einrichtung; ihr Versammlungsort wird in Stand gesetzt und mit einem Monumente auf Tasso geziert.

III. Rüge.

Die Sommersche Buchhandlung zu Leipzig hat die 1802. von ihr verlegte und in der Lit. Zeit. 1803. Nr. 141. recensirte *kurze Anweisung zur Kanzelberedsamkeit*, nach Dr. *Reinhards Grundriss*, von Dr. *J. H. Heynig*, unter einem etwas veränderten Titel: *Unterricht für junge Theologen, die sich dem Predigerstande widmen, und gute Kanzelredner werden wollen. Nach Dr. Reinhards und anderer Vorlesungen und Grundsätzen* — in voriger Ostermesse, unter der Jahrzahl 1809., als etwas Neues ins Publicum gebracht, da doch nur der Umschlag oder das Titelblatt neu ist. Man warnt vor diesem jetzt immer mehr zunehmenden Betrug.

Num. 297.

ALLGEMEINE LITERATUR-ZEITUNG

Dienstags, den 31. *October* 1809.

WISSENSCHAFTLICHE WERKE.

ERDBESCHREIBUNG.

Wien, b. Ant. Doll: *Reisebemerkungen über Ungern und Galicien.* Von *Samuel Bredetzky* u. f. w.

(*Beschluss der in Nr. 296. abgebrochenen Recension.*)

Zweytes Bändchen. Der Inhalt dieses Bändchens ist noch viel interessanter und viel mannichfaltiger, als der des ersten. Wir geben auch ihn kurz an. I. *Fortsetzung meiner Reise von Wien nach Krakau im J.* 1805. Der Vf. läfst fich zuerst über die Literatur in der Zips aus, die hier und da als wichtig und von grofsem Umfange vorgestellt worden ist. Der Vf. ist auch der Meinung, dafs fich Zipsen in literarischer Hinsicht verhältnifsmäfsig auszeichne, hält aber wenig von der Journal-Celebrität der Zipser Schriftsteller. Darauf beurtheilt er einige Streitschriften über das Verhältnifs der Prediger zu ihren Zuhörern. Merkwürdig ist folgende Stelle (S. 18.): „Die tolerirten Protestanten der k. k. deutschen Erblande leben unter der Leitung eines k. k. Consistoriums in Wien, und bey der humanen Denkart der höchsten Hofstelle und der Landesgubernien (der meisten wenigstens) ruhig und zufrieden. Ihre Religionslehrer werden von der hohen Hofkanzley in Wien in ihrem Amte bestätigt, werden von den hohen und niedern Dikasterien, wenn fie ihr Amt gewissenhaft verwalten, geschätzt und geehrt, während die gesetzlich aufgenommenen Ungrischen Protestanten mit jedem Jahre Volumina von Beschwerden sammeln, während ihre Prediger von grofsen und kleinen Stellen gedrückt, von der Geistlichkeit der herrschenden Religion geneckt, und auf alle mögliche Art beunruhigt werden. Wie ist das indessen anders möglich, da die Superintendenten keinen Einflufs haben, da man ihre Würde bey den Comitaten nicht respectirt, da fie selbst die höchste geistliche Würde gegen Neckereyen und Mifshandlungen nicht schützt, wenn fie nicht zum Adel gehören, da ihnen die eigenen protestantischen Inspectoren wo nur möglich, in den Weg treten." — Aus dem Zipser Comitate führen zwey Wege nach Krakau; der eine geht über Pudlein, Kniesen, nach Szandecz; der andere über die Magura, Altdorf, Neumark, Myslenice nach Krakau. Der Vf. nahm den letztern, als den kürzern. Der Weg ist zum Theil äusserst schlecht. In der Gegend nach Krakau zu wohnen die Einwohner in armseligen Hütten zerstreut mit ihrem Vieh in einem und demselben Raume. Die Orte, wo Juden wohnen, zeichnen fich durch Schmutz aus. Der Mineraloge und Geognose hat auf dieser Reise wenig Ausbeute zu erwarten; Sandstein und immer Sandstein. Nur am linken Ufer des Dunajez bey Scharstein streift ein Zug Kalkmärgel durch dieses Sandmeer. Seelenerhebend ist die Gegend um Scharstein. II. *Krakau.* Von Mogilany, der letzten Poststation nach Krakau, aus nimmt fich dieser Sitz der ehemaligen polnischen Könige mit seinen vielen Kirchen und Klöstern trefflich aus. Eine mildere Luft, ein trockner Boden und tausend Annehmlichkeiten, auf welche man in den unterkarpathischen Gegenden Verzicht leisten mufs, versetzen den Reisenden in die angenehme Täuschung, als nähere er fich dem Süden, so bedeutend und merklich wird es hier freundlicher. Die Vorstädte Krakau's machen einen unangenehmen Eindruck; fie find zum Theil sehr schmutzig. Gefälliger nimmt fich die innere Stadt aus. Eine an 735 Schritte lange Gasse (Grodzker Gasse) führt in gerader Richtung auf den schönen, in den östreichischen Erblanden vielleicht einzigen Platz, der ein förmliches reguläres Quadrat bildet, und 11,400 Quadrat-Klaftern grofs ist, dabey aber durch elende Krambuden sehr entstellt wird. Im J. 1804. betrug die Anzahl der Einwohner dieser Stadt 25,750 Seelen in 1772 Häusern. Nach dem Umfange der Stadt zu urtheilen, könnte dieselbe drey Mal mehr Einwohner fassen. Die vielen unbewohnten Kirchen und Klöster, die Menge Universitäts-Gebäude und die Bursen, das Collegium Jagellonicum, und andere gröfstentheils leer stehende Gebäude nehmen viel Raum ein. Seitdem Krakau unter östreichscher Herrschaft steht, hat es an Bevölkerung sehr gewonnen. Von der Krakauer Universitäts-Bibliothek bemerkt der Vf. unter andern auch Folgendes: „Die gedruckten Bücher in derselben find alle aus den Zeiten, in welchen die Universität zu Krakau blühte, als dem 16ten und 17ten Jahrhundert. Asceten in Menge. Der Katalog von diesen Büchern ist in einem so kläglichen Zustande, dafs ein langes Studium erforderlich ist, um fich nur einigermafsen aus demselben zu orientiren. Es sollen seltne Incunabeln der Buchdruckerkunst vorhanden seyn, die ich aber nicht zu Gesichte bekam. Die ersten Versuche der Kupferstecherkunst lagen auf dem Tische des Mspten-Saales. Ich bedauerte, dafs man letztere jeder, im geistlichen und leiblichen Verstande, ungewaschnen Hand Preis giebt. Unter den Manuscripten giebt es einige seltne gute Sachen, wie man schon *a priori* von einer bey-

nahe

nahe 5000 Stücke ſtarken Sammlung vermuthen kann. Aber der gröſste Theil iſt ein unnützer theologiſcher Wuſt von Schriften, an denen man in unſern Tagen keinen Geſchmack mehr findet. Aufmerkſamkeit verdienen für einen pragmatiſchen Geſchichtsforſcher die Materialien, welche die Mſpten-Sammlung für die Tridentiner Kirchenverſammlung enthält. Mehr als man glauben ſollte, war die Krakauer Univerſität bey dieſer Verſammlung thätig, und ihrem beſondern Eifer hat man es mit zu verdanken, wenn die Frage: ob der römiſche Papſt über die Kirche ſey? zu Gunſten der Kirche gegen die Anmaſsungen des Papſtes entſchieden wurde." Die einſt ſehr reiche Univerſität ſoll auf die Heiligſprechung eines ihrer Lehrer, des Prof. *Kantius*, ungeheure Summen verſchwendet haben. „Auſser der Hauptbibliothek beſitzt die Univerſität noch vier bis fünf Nebenbibliotheken, die weder geordnet, noch in Kataloge gebracht ſind, in dumpfen Zimmern, halb vermodert, ein Bild der beyſpielloſeſten Verwahrloſung. Ich hatte einſt Gelegenheit, eine dieſer Seitenbibliotheken zu ſehen, und erſchrak über den Gräuel der Verwüſtung, der ſich bey dem Eintritte ins Zimmer meinen Augen darbot. Die ſchönſten Ausgaben von zum Theil koſtbaren Werken lagen aufgeſchlagen auf der Erde, mit Unflat von Mäuſen und Ratten belaſtet; ein Theil dieſer Bücher war von benannten Thieren aufgezehrt, der andere ſo ſchändlich zugerichtet, daſs man kein Buch in die Hand nehmen konnte, ohne ſich zu beſchmutzen und in eine dicke Staubwolke zu hüllen." — Unter den wenigen Unterhaltungsörtern in Krakau iſt der Krzyzarowskiſche, gewöhnlich der Lodi-Garten, der vorzüglichſte und beſuchteſte. Als etwas Charakteriſtiſches bemerkt der Vf., daſs ſich hier nur die ſchöne und gebildete Welt zu verſammeln pflege, und daſs ſich von ihr, ohne daſs deſshalb eine Verordnung Statt fände, die niedern Menſchenklaſſen freywillig abſondern. Er erklärt es durch den Umſtand, daſs in dieſem Garten auſser Kaffee, Gefrornen, Punſch, und Limonade, weder Wein, noch Bier, noch Wodka (gebrannte Getränke) verkauft werden, wodurch allein das niedere Volk von dem Beſuchen dieſes Ortes abgehalten wird. — Die polniſchen Bettler ſcheinen es darauf anzulegen, ſo ekelhaft und verunſtaltet als möglich zu erſcheinen. Ein verdrehter, verkrüppelter Fuſs ſcheint manchem von ihnen noch nicht erbärmlich genug; die Krücke, deren er ſich bedient, muſs dabey noch ſo ungeſtaltet als möglich ſeyn. Die glänzendſte Verſammlung in dem Lodigarten iſt zur Contractszeit um Johannis herum, wo ſich der Adel vom Lande in Krakau zu verſammeln pflegt. Die Urtheile des Vfs. über die polniſche adelige Jugend ſind für dieſe ſehr ungünſtig. Sie blendet durch eine gefällige Auſsenſeite, verbirgt aber ein rohes Innere, und iſt beſonders dem Trunke und andern ſinnlichen Genüſſen ſehr ergeben. III. *Eiſenbach's Schleifmühle.* Sie liefert alles, was zur Ausrüſtung eines Reiters nöthig iſt, verarbeitet bloſs inländiſchen Stahl und Eiſen, beſchäftigt 107 Seelen, und verdient, um zu einer gröſsern Vollkommenheit zu gelangen, alle mögliche Unterſtützung. IV. *Miſcellen.* a) Bevölkerung von Galicien nach der Militär-Conſcription vom J. 1807. Die volle Summe beträgt 5,036,842 Seelen. b) Bevölkerung der Galiciſchen Hauptſtadt Lemberg. Im Jahr 1808. wurde ſie von 44,655 M. bewohnt. c) Nawszie. Die hieſige k. k. privil. Kottontuch-Fabrik iſt ein Eigenthum der Hn. Fries und Comp. in Wien, in Gemeinſchaft des Hn. Achilles von Johannot, der die Direction führt. Im J. 1806. unterhielt ſie ein Perſonal von 429 Menſchen, und erzeugte unter andern 5000 Dutzend Baumwollentücher, 500 Stück Tiſchzeug, 1500 Stück Nankins. Die nöthigen Baumwollengeſpinnſte werden theils aus England, theils aus den Wiener Geſpinnſt-Fabriken bezogen. Der Abſatz geht gröſstentheils nach Wien, etwas auch ins Ausland. Dieſe bemerkenswerthe Fabrik hat eine türkiſche Färberey, worin die Baumwolle echt haltbar türkiſch-roth gefärbt wird; eine groſse chemiſche Bleiche mit dem neuen engliſchen Dampfkeſſel und einer ſchön eingerichteten Walke, und eine Maſchine, die vier Webſtühle, jeden mit zwey Stück Waaren bezogen, durch einen einzigen Menſchen in Bewegung ſetzt und ſchöne Waaren liefert. d) Sandberg bey Lemberg. V. *Krzeszowice.* Dieſer, der fürſtlich Lubomirskiſchen Familie gehörige, drey Meilen von Krakau liegende Ort gleicht mehr einem Städtchen, als einem Dorfe, und hat zwey Quellen, von denen die eine eiſenhaltig, die andere ſchwefelartig iſt. Für die Badegäſte hat hier ſowohl die Natur als die Kunſt hinlänglich geſorgt. In einiger Entfernung liegen die Ruinen des Familienſchloſſes *Tentſin*, und einige Marmorbrüche. Auch werden in dieſer Gegend Steinkohlen gegraben. VI. *Jaworsno.* Dieſer Ort liegt 14 Stunden von Krakau entfernt, und hat die vorzüglichſten und bedeutendſten Steinkohlenbergwerke in ganz Galicien. Die Gegend iſt ſo ſandig, daſs man nicht leicht in derſelben Steinkohlen vermuthen würde; auch ſoll man ihre Entdeckung bloſs dem Zufalle zu verdanken haben. Ein Hr. von Remeszowsky, erzählt man, habe in dieſer Gegend eine Grube graben laſſen, um darin Wölfe zu fangen, und ſey bey dieſer Gelegenheit auf ein Steinkohlenflötz geſtoſsen. Der Vf. zählt die hier befindlichen Flötze auf, und giebt das Quantum der in mehrern Jahren erzeugten und verkauften Steinkohlen an. VII. *Kalwaria*, ein Marktflecken im Myslenicer Kreiſe an der Straſse nach Wien. Dieſer Wallfahrtsort wird von einer groſsen Menge Menſchen beſucht. Man lieſt des Vfs. Bemerkungen hierüber mit Vergnügen. VIII. *Reiſe nach Maykowitz, ſieben Meilen von Krakau, im J.* 1805. Manches Leſenswerthe über *Wieliczka*, die proteſtantiſche deutſche Kolonie *Letnice*, und das Städtchen *Bochnia*. Die Letnicer Koloniſten ſind gutmüthige, fleiſsige, und zum Theil wohlhabende Menſchen. Nordwärts von Bochnia kommt man in eine kleine, beynahe ganz deutſche Provinz, die ſich an den Ufern des Rabafluſſes nach allen Seiten ausbreitet. IX. *Noch Einiges über Letnica.* Ueberraſchend ſind die Kleefelder, die man hier auf dem Ge-

biete

biete der deutschen Kolonisten im schönsten Gedeihen sieht. Der Pole ahmt leider die viel einträglichere Stallfütterung nicht nach. Der gegen seine Armuth abstechende Wohlstand der Deutschen hätte ihn längst klüger machen können, wenn seine Unbeholfenheit und das Vorurtheil gegen letztere ihn nicht daran hinderten. X. *Reise von Lemberg nach Kaluß, im Stryer Kreise.* Interessante und erfreuliche Nachrichten über mehrere deutsche Kolonieen, von denen besonders die protestantischen sich durch Industrie, Bildung und Wohlhabenheit auszeichnen. Bey *Dornfeld* giebt es 20 Familien *Mennonisten*, die von aller Beytragleistung an den evangel. Pastor durch ein Hofdekret freygesprochen worden sind. Nach der Versicherung des Vfs. sind es im Ganzen stille, arbeitsame, gute Menschen, die ihre Dienstboten wie ihre Kinder behandeln, sich vor heftigen Ergiessungen der Leidenschaften hüten, und desshalb schon äusserlich durch ein besseres Ansehen in Gestalt und Kleidung vor den übrigen Kolonisten auszeichnen. XI. *Neueste topographische Literatur, Galicien betreffend.* Der Vf. zählt die vorzüglichsten Schriften über Galicien auf, und unterwirft sie einer nähern Beurtheilung. Bey dieser Gelegenheit widerlegt der Vf. mehrere paradoxe Urtheile, die Dr. *Schultes* in zwey Briefen, welche in dem Intelligenzblatte der neuen östreichschen Annalen abgedruckt sind, über manche Gegenstände, Galicien betreffend, gefällt hat. Unter andern behauptete *Schultes*, die Juden allein verdienten es, das schöne und fruchtbare Galicien zu bewohnen; sie allein wären im Stande, für ihre Bedürfnisse und Wünsche zu sorgen; sie bebauten die gepachteten Felder besser, als ihre christlichen Nachbaren; sie allein brauten trinkbares Bier u. s. w. Der Vf. beweist von alle dem das Gegentheil, und giebt ihm seine Paradoxien, die jedem auffallen müssten, der Galicien kennt, theils mit Spott, theils mit Unwillen zurück. Offenbar hat Hr. *Bredetzky* alle diejenigen auf seiner Seite, die das Land genauer kennen, als Dr. *Schultes*, und dieser wird gegen die Vorwürfe, die ihm gemacht werden, schwerlich etwas Gegründetes erwiedern können. XII. *Reise über Jaworow, Bochnia, Sandez, die Karpathen, durch das Zipser Komitat, nach Eperies und Kaschau.* Wir haben die Nachrichten, die in diesem Abschnitte mitgetheilt werden, mit Vergnügen gelesen, und hätten nur noch gewünscht, Einiges auch über die Städte *Käsmark*, *Leutschau* und *Schmölnitz*, die auf der Reiseroute des Vfs. lagen, zu erfahren. XIII. *Statistische Miscellen.* Populationsstand sämmtlicher Galicischen Kreisstädte nach der im May 1808. beendigten Conscription. XIV. *Ansicht von Oedenburg in Ungern, und von Lemberg in Galicien; zur Erläuterung der bildlichen Darstellungen von beiden Städten.* Diese bildlichen Darstellungen von Oedenburg und Lemberg sind eine angenehme Zierde des interessanten Werks, aus dem wir nur Einiges ausgehoben haben. Wir hoffen, dass es bald in den Händen aller Geographen, Statistiker und überhaupt derer seyn werde, die sich für Ungern und Galicien interessiren. Die Verlagshandlung hat es gut ausgestattet. Der Vf. verspricht in der Vorrede zum zweyten Bändchen, als Fortsetzung zu dieser Schrift ein Gemälde von Lemberg und eine Abhandlung über das Colonienwesen in Galicien zu liefern. Wir können von ihm über beide Gegenstände etwas Vorzügliches erwarten, und sehen daher der Fortsetzung seiner Reisebemerkungen mit Verlangen entgegen.

WIEN, b. Ant. Doll: *Länder- und Völker-Merkwürdigkeiten des östreichischen Kaiserthums.* Von Dr. *Franz Sartori.* — *Erster* Th. 288 S. *Zweyter* Th. 272 S. *Dritter* Th. 296 S. *Vierter* Th. 272 S. 1809. 8. Jeder Theil mit 2 Kpfrtaf. (4 Rthlr. 16 gr.)

Der Herausgeber dieser Schrift hat bereits in seinen *Naturwundern des östreichischen Kaiserthums* aus verschiedenen Schriften eine beträchtliche Anzahl Beschreibungen von Naturmerkwürdigkeiten der gedachten Monarchie geliefert, und durch die Zusammenstellung derselben die Absicht zu erreichen gesucht, seine Leser auf den Reichthum der östreichschen Länder an interessanten, schönen und erhabenen Naturgegenständen aufmerksam zu machen, und seine Landsleute zu einer um so grössern Liebe des Vaterlandes zu ermuntern. Eine gleiche Beschaffenheit und Tendenz hat auch das vor uns liegende Buch, das nach einem mehr umfassenden Plane, als die Naturwunder, wie schon der Titel anzeigt, zusammengetragen ist. Es kann nicht schwer seyn, aus den vorhandenen Schriften eine Menge Natur-, Länder- und Völker-Merkwürdigkeiten des östreichischen Kaiserthums zu sammeln. Die Idee hierzu allein ist glücklich zu nennen. Ein nicht geringes Verdienst konnte sich indessen Hr. *Sartori* bey der Ausführung derselben doch erwerben, wenn er nämlich dabey mit strenger Kritik zu Werke ging; wenn er alles minder Wichtige beseitigte; die Diction, die hie und da veraltet und incorrect ist, reinigte und auffrischte, manches in historischer Rücksicht einer nähern Prüfung unterwarf, Erläuterungen beyfügte, wo sie nöthig waren, und die Aufsätze, die jetzt in buntem Gemische durch einander stehen, unter gewisse Hauptgesichtspunkte und Rubriken brachte. Diess würde ihm freylich Mühe verursacht, aber auch den Dank sachverständiger Leser erworben haben. Abgesehen davon, dass diess nicht geschehen ist; abgesehen davon, dass so manches in dieser Schrift mit etwas Besserm und Interessanterm vertauscht werden konnte, die Darstellung sehr ungleich, und hie und da theils matt und weitschweifig, theils zu empfindsam und schwülstig ist, und manches, z. B., was über die Juden in Galicien gegen alle Wahrheit berichtet wird, gar nicht aufgenommen, oder doch berichtigt werden musste, — von allem diesen abgesehen, ist die Schrift eine sehr interessante Sammlung von Merkwürdigkeiten aller Art, die sich in der östreichschen Monarchie vorfinden. Wer sich für diese und für Länder- und Völkerkunde überhaupt

haupt interessirt, wird sie nicht ohne Vergnügen, und nicht ohne Erweiterung seiner Kenntnisse lesen. Ihren Inhalt genauer durchzugehen, dünkt uns unnöthig, und das um so mehr, da sie lauter bereits gedruckte und zum Theil schon öffentlich beurtheilte Aufsätze enthält. Wie mannichfaltig übrigens der Inhalt sey, kann man schon aus folgender gedrängten Uebersicht desselben ersehen, aus welcher wir die bekanntern Merkwürdigkeiten der Haupt- u. andrer grossen Städte u. deren Umgebungen weglassen. Der *erste* Theil giebt Nachrichten über die Bergfeste Trosky in Böhmen, die Hochzeitfeyerlichkeiten d. Podluzaken in Mähren, die alte Ritterfeste Strechau in Steyermark, die Heiligenbluter-Bauern in Kärnthen, die Karster oder Poyker in Krain, die Spiegelfabrik zu Neuhaus in Oestreich unter der Ens, die Hochzeitfeyerlichkeiten im Riesengebirge in Böhmen, den Palitscher Salzsee in der Batscher Gespannschaft in Ungern, den merkwürdigen Aentenfang in Slavonien, das Benedictiner Kloster Opatowitz in Böhmen, die Zigeuner in Ungern und Siebenbürgen, die sonderbaren Gebräuche des Riesengebirgsbewohners in Böhmen, das Benedictiner-Stift Kremsmünster, das Dorf Bezdiekau in Böhmen, die Juden in Galicien. — Der *zweyte* Theil beschreibt die Merkwürdigkeiten von Eisgrub in Mähren, die Feuerprobe in Ungern, die Likaner in Kroatien, den Wall am Grätzerfelde in Steyermark, das Zollfeld in Kärnthen, die Hochzeitgebräuche der Istrianer in Istrien, das Bergschloss Bürglitz und seine Merkwürdigkeiten in Böhmen, die Herzhaftigkeit der Frauenzimmer in Ungern, die Ruinen von Stahremberg in Oestreich unter der Ens, das Friedensdenkmal zu Leoben in Steyermark, das gräflich Friesische Lustschloss zu Vöslau bey Baaden in Oestreich unter der Ens, das Schloss Friedland in Böhmen, die Babia Gora in Galicien, das Chorherrn-Stift St. Florian in Oestreich ob der Ens, die Lebensart des Riesengebirgsbewohners in Böhmen. — Der *dritte* Theil enthält Folgendes: die alte Bergfeste Habichtstein in Böhmen, die Stranjaken in Mähren, bewundernswürdige Tapferkeit der Ungern, die Heldenburg im Burzenlande, die Geilthaler oder Silauzi in Kärnthen, die Hochzeitgebräuche der Krainer, das Lustschloss und der Garten Hellbrunn im Herzogthum Salzburg, der Riesengebirgsbewohner in Böhmen, die Schafhirten in Ungern, die Uskoken oder Skoko in Bosnien, Servien, Kroatien und Krain, die Trotteln in Steyermark, der Park zu Aigen im Herzogthum Salzburg, das Schloss Raby in Böhmen, der Park zu Baden in Oestreich unter der Ens, der neue Kanal in Oestreich unter der Ens, die Goralen in Galicien. — Der Inhalt des *vierten* Theils ist folgender: die Festung Sternberg in Böhmen, die Klementiner in Syrmien, die Fogarascher Brücke in Siebenbürgen, die Gotbscheer in Krain, die Festung Hohensalzburg im Herzogthum Salzburg, das Bergschloss Karlstein in Böhmen und seine Merkwürdigkeiten, über das Reisen in Galicien, die Bergstadt Topschau in Ungern, die Quasi-Cretins zu Grätz in Steyermark, die Buchberger Bauern in Oestreich unter der Ens, der Garten bey Gratzen in Böhmen, der Park zu Schönhof in Böhmen, die polnischen Bauern in Galicien. — Aus diesem Inhalts-Verzeichnisse wird jeder Leser ersehen, was er in dieser Schrift zu erwarten habe. Oestreich hat übrigens der unbeschriebenen Merkwürdigkeiten noch unzählige. Möchten seine Schriftsteller ihre Aufmerksamkeit auf dieselben richten, und das Publicum fleissig damit näher bekannt machen. Die acht dem Werke beygegebenen, und von *Blaschke* brav gearbeiteten Kupfer stellen dar die Stadt Pesth, den Dianentempel in Dornbach, den orientalischen Thurm zu Eisgrub in Mähren, Klosterneuburg bey Wien, die Ruine in Schönbrunn, den Hafen des neuen Kanals in Oestreich unter der Ens, Karlstein in Böhmen, und das Ritterschloss in Laxenburg.

NATURGESCHICHTE.

FRANKFURT a. M., b. Hermann: *Mineralogische Studien über die Gebirge am Niederrhein.* Nach der Handschrift eines Privatisirenden herausgeg. von *Joh. Jak. Nöggerath*, Mitgl. d. herzogl. Societ. für d. ges. Mineral. in Jena. 1808. 276 S. 8. (1 Rthlr.)

Der privatisir. Vf. dieser Schrift ist wohl niemand anders, als Hr. *Nose*. Derselbe höchst langweilige, nicht selten wirklich ekelhafte Stil, den man so oft in früherer Zeit getadelt hat, findet sich hier ganz unverkennbar wieder; eben so, leider, das Allzumikrologische, was wir an seinen Arbeiten kennen. Warum Hr. *N.* hier das Incognito annehmen will, und einen Unbekannten zum Herausg. seiner Schrift wählt, lässt sich nur aus der Absicht erklären, sich beynahe auf jedem Blatte zu citiren. Dem sey indess, wie ihm wolle: der Mineralog, der sich entschliessen kann, sich durch den fast unerträglichen Stil durchzuarbeiten, wird immer dankenswerthe Ausbeute finden, und auch nicht verkennen, dass diese Studien in einer höchst interessanten Gegend wirklich sehr mühsam, und nur zu oft mit übertriebener Genauigkeit angestellt worden sind. Die Gegenstände dieser Studien sind unter folgende Rubriken gebracht: Ilyn, Sanidin, Erigon, Dolomian, Bimsteine, Glasschmelz, Spinell, Spinellin, Spinellan, Korund, Saphirin, Porricin, Opal, Talcin, Inflammabilien, gediegen Eisen, Weisstein-Porphyril, Basalt als Gang, Sphaleronymisches bey der niederrheinischen Orognosie, Theoreme, Schema über basaltische Gebirgsarten. Voran geht eine Einleitung und eine allgemeine Uebersicht.

Berichtigungen.

A. L. Z. 1809. Nr. 197. S. 607. Z. 9. v. u. ist zu lesen *rendu* statt *vendu*. Nr. 232. S. 334. Z. 4 u. 6. v. o. *Taschentuch* statt *Taschenbuch*, und Z. 14. v. o. *grenzenden* statt *grenzende*. Nr. 264. S. 208. literar. Nachrichten, *Leibarzt Hofr. Gräfe*, statt *Landes-Deputirter*.

ALLGEMEINE LITERATUR-ZEITUNG

Dienstags, den 31. October 1809.

INTELLIGENZ DES BUCH- UND KUNSTHANDELS.

I. Neue periodische Schriften.

Beobachtungen und historische Sammlung wichtiger Ereignisse aus dem Kriege zwischen Frankreich, dessen Verbündeten und Oesterreich im J. 1809. Mit *Karten* und *Planen*. 2r und 3r Heft. gr. 8. broschirt 1 Rthlr. 12 gr. oder 2 Fl. 42 Kr., nämlich 2r Heft 21 gr. oder 1 Fl. 34 Kr., 3r Heft 15 gr. oder 1 Fl. 8 Kr.

Von dieser höchst interessanten Uebersicht der so wichtigen Begebenheiten unserer neuesten Zeit, aus guten Urquellen bearbeitet, ist der *zweyte* und *dritte* Heft so eben bey uns erschienen, und in allen guten Buchhandlungen und bey den löbl. Postämtern zu haben.

Der *zweyte* Heft enthält die Vorfälle in Baiern während des Aufenthalts der Oesterreicher darin; folglich die Beschreibung der *Schlachten bey Abensberg und Eckmühl*, von einem Augenzeugen, nebst mehreren interessanten Aufsätzen. Zur Erläuterung derselben die neueste *Karte* von *Baiern* und *Tyrol*, nebst den *Schlachtplanen* von *Abensberg* und *Eckmühl*.

Der *dritte* Heft umfasst sodann die Kriegsoperationen der Armeen vom 23. April bis zur Einnahme von Wien, den 13. May; nebst der Karte vom Erzherzogthum Oesterreich, zur Erläuterung derselben.

Der *vierte* Heft, welcher ungesäumt nachfolgen wird, liefert sodann die Uebersicht der Begebenheiten von der Einnahme Wiens bis zum Waffenstillstande von Znaym den 12. Julius, folglich auch die beiden grossen Schlachten von Gr. *Aspern* und *Wagram*, nebst ihren detaillirten Planen. Das Publicum erhält also hierdurch einen höchst interessanten Leitfaden durch das Feld dieser verwickelten, äusserst wichtigen und folgenreichen, Begebenheiten unserer verhängnissvollen Zeit.

Weimar, im September 1809.

H. S. priv. Landes-Industrie-Comptoir.

II. Ankündigungen neuer Bücher.

Muhameds Religion aus dem *Koran* dargelegt, erläutert und beurtheilt, von Dr. *H. H. Cludius*, Superintendenten in Hildesheim. 41½ Bogen. gr. 8. Altona, bey J. F. Hammerich. 1809. 2 Rthlr. 12 gr.

Der, über allen Wechsel menschlicher Meinungen erhabene, Werth unserer heiligen Schriften wird freylich aus ihnen selbst am sichersten und deutlichsten erkannt. Indessen kann doch eine nähere Vergleichung derselben mit solchen Büchern, die sich ebenfalls einer göttlichen Abkunft rühmen, ungemein viel zur Erlangung und Befestigung dieser Kenntniss beytragen. Schon aus diesem Grunde verdient das genannte Werk des Herrn Dr. *Cludius* Aufmerksamkeit und Empfehlung. Mehr aber gewinnt noch dasselbe durch die systematische Zusammenstellung aller im Koran befindlichen wichtigen Lehren und Vorschriften für Jeden, der sich mit dem Inhalte der in so vieler Hinsicht merkwürdigen Muhamedanischen Religion bekannt zu machen wünscht, ohne aus der Quelle derselben, dem Koran, in seiner Grundsprache selbst schöpfen zu können oder zu mögen. Sehr schätzbar und lehrreich sind ebenfalls die Erläuterungen und Urtheile, welche der gelehrte Verfasser allenthalben, wo er es nöthig fand, der bekannten Uebersetzung des Koran von *Boysen*, Halle 1775., hinzugefügt hat. Wer sich für die Kenntniss der Muhamedanischen Religion interessirt, sey's als gelehrter Forscher, oder als religiöser Denker, dem kann dieses Werk nicht anders, als höchst willkommen seyn.

Neuer Verlag der Meyer'schen Buchhandl. in Lemgo zur Jubilate-Messe 1809.

Drewes, *J. F. L.*, Wollet ihr auch weggehen? Eine Confirmationsfeyer. Zum Andenken für Confirmanden. 8. 3 gr.

Ebermaier, Dr. *J. C.*, pharmaceutische Bibliothek für Aerzte und Apotheker. 2ten Bandes 3tes Stück. 8. 6 gr.

Funk, *Fr. E. Th.*, Beyträge zur allgemeinen Wasserbaukunst, oder ausführliche Maschinen-Berechnungen und andere hydraulische Untersuchungen, mit besonderer Anwendung auf die Saline *Neusalzwerk* im Weser-Departement, District Bielefeld, des Königreichs Westphalen. 2ter Band. Mit 2 Kupfertafeln. gr. 4. 1 Rthlr. 16 gr.

Auch unter dem Titel:

— — Beschreibung der Saline *Neusalzwerk* im Königreich Westphalen, Departement Weser, District Bielefeld, nebst Vorschlägen zu deren Verbesserung in mechanischer und hydraulischer Hinsicht, mit specieller Anwendung der vorzüglichsten Theorieen und Grundsätze. Mit 2 Kupfertafeln. gr. 4. 1 Rthlr. 16 gr.

Meufel, *J. G.*, Deutsches Künstler-Lexicon, oder Verzeichniss der jetzt lebenden deutschen Künstler. Nebst einem Verzeichniss sehenswürdiger Bibliotheken, Kunst-, Münz- und Naturalienkabinette in Deutschland und in der Schweiz. *Zweyte* umgearbeitete und sehr vermehrte Ausgabe. 2ter Band. gr. 8. 1 Rthlr. 20 gr.
Schreibpapier 2 Rthlr. 20 gr.

Schröder, Dr. *F. A.*, biblische Forschungen, vorläufig über die Mosaischen Schriften, für denkende Bibelfreunde und Jugendlehrer. gr. 8. 2 Rthlr. 12 gr.

Taciti, C. C., de situ, moribus et populis germaniae libellus. Cum indice geograph. in usum scholarum suarum edid. *M. M. Fr. Soergel*. Edit. nov. 12. 2 gr.

Wienholt, Dr. *A.*, An die Freunde der Seelenkunde über einige sehr auffallende Erscheinungen des magnetischen Somnambulismus. 8. 4 gr.

Vollständige Pomologie,

und zugleich systematisches, richtig und ausführlich beschreibendes Verzeichniss der vornehmsten Sorten des Kern- und Steinobstes, Schalen- und Beerenobstes der Christ'schen Baumschulen zu Kronberg, mit ausgemalten Kupfern der Obstsorten, theils in Miniatur- und theils in Naturgrösse, von *Joh. Ludw. Christ*, Oberpfarrern zu Kronberg, mehrerer gelehrten Gesellschaften Ehren-Mitglied. *Erster* Band, das *Kernobst*. Mit 26 ausgemalten Kupfertafeln nach dem auf ¼ verjüngten Masstabe des Pariser Fusses (zum Vergrösserungsglas geeignet), einer ausgemalten Titel-Vignette und einem schwarzen Kupfer. 1809. gr. 8. 46 Bogen. 16 Gulden 24 Kr. Rhein. od. 11 Rthlr. Auf fein Velinpapier und die Kupfer auf gross Englisch Papier 30 Gulden Rhein. oder 20 Rthlr. Mit schwarzen Kupfern 7 Gulden 48 Kr. od. 5 Rthlr. 4 gr.

Der berühmte Herr Verfasser und Veteran unserer neuern Pomologen hat eine sinnreiche und den Gartenfreunden und Liebhabern der Pomologie gewiss sehr angenehme Art ausgedacht, auf eine möglichst wohlfeile Weise zu einer schönen gemalten Pomologie und Vorstellung der vielen edlen Obstsorten aller Arten zu kommen, welche nicht nur die Früchte im verjüngten Masstab nach der Natur an Gestalt, Farbe u. s. w. dem Auge darstellen, sondern auch in ihrer Naturgrösse, wenn man die Figuren durch ein Vergrösserungsglas betrachtet, das dreymal vergrössert: da ausserdem, wenn dieselben sämmtlich in ihrer Naturgrösse hätten vorgestellt werden sollen, das ganze Werk nicht unter 100 Rthlr. das Exemplar hätte geliefert werden können, wodurch aber die Publicität — zumal bey gegenwärtigen Zeiten — schlechterdings verfehlt wäre. — Der *zweyte* Band, der das *Steinobst*, *Schalen-* und *Beerenobst* enthält, und künftiges Jahr, wo möglich, erscheinen wird, stellt die kleineren Obststücke, als Kirschen, Beerenfrüchte u. s. w., in der Naturgrösse vor, die grösseren aber nach dem auf ¼ verjüngten Masstabe, welche sodann ein Vergrösserungsglas, das noch einmal so gross macht, in der wahren Naturgrösse zeigt. — Die Beschreibungen der Sorten sind genau und vollständig, und man wird übrigens viel Schönes und Belehrendes in diesem Werke finden und sich eine ausgebreitete Kenntniss in der Pomologie verschaffen können. Auch ist Druck und Papier schön, und die Malerey sämmtlich auf Velinpapier.

Man kann das Werk durch alle solide Buchhandlungen beziehen, an welche jedoch, ohne ausdrückliche Bestellungen, keine Exemplare versandt werden. Auch kann man sich directe deshalb an den Verfasser oder an die unterzeichnete Verlagshandlung wenden.

Frankfurt, im August 1809.

P. H. Guilhauman.

So eben ist erschienen und durch alle gute Buchhandlungen zu haben:

Heidelberger Taschenbuch für 1810. Herausg. von *A. Schreiber*. Mit Kupfern in schönem Einband 1 Rthlr. 15 gr. od. 2 Fl. 45 Kr., in *Maroquin et forme de Portefeuille* 2 Rthlr. 15 gr. od. 4 Fl. 30 Kr.

Tobias Löffler in Mannheim.

In der Henningsschen Buchhandlung in Erfurt sind nachstehende Schriften seit Ostern 1809 bis jetzt erschienen und in allen guten Buchhandlungen zu haben:

Ehrmann, *Th. Fr.*, Allgemeines historisch-geographisch-statistisches Handlungs-, Post- und Zeitungs-Lexicon u. s. w. Fortgesetzt vom Professor *Schorch*. 3ten Bandes 1te Abtheilung. 4. 1 Rthlr. 12 gr. (1r-3r Band. 20 Rthlr. 12 gr.)

Galletti, *J. G. A.*, Geschichte von Spanien und Portugal. Nebst einer Schilderung des gegenwärtigen Zustandes dieser Reiche und ihrer Bewohner. 1r Band. gr. 8. 1 Rthlr. 8 gr.

Hecker, Dr. *A. F.*, Kunst, die Krankheiten der Menschen zu heilen, nach den neuesten Verbesserungen in der Arzneywissenschaft. 2 Bände. *Dritte* Auflage. gr. 8. 6 Rthlr.

Hecker, Dr. *A. F.*, Therapia generalis, oder Handbuch der allgemeinen Heilkunde. 2ten Bds 1ste Abtheil. N. Aufl. 1 Rthlr. 8 gr. (Alle 2 Bände 4 Rthlr.)

Parmentier, Anleitung zur Ergänzung des Zuckers, sowohl in der Arzneykunst als auch in der häusl. Oekonomie u. s. w., nebst einem Anhang, der die Bereitung der beliebtesten franz. Liqueure enthält. Aus dem Französischen übersetzt von *Trommsdorff*. gr. 8. 8 gr.

Sickler, *J. V.*, die deutsche Landwirthschaft in ihrem ganzen Umfange, nach den neuesten Erfahrungen bearbeitet. 10r Band. 8. 20 gr. (Alle 10 Bände kosten 9 Rthlr. 6 gr.)

Sickler,

Sickler, J. V., Deutschlands Feldbau, nach den neuesten Erfahrungen bearbeitet. 4ter Band. 20 gr. (Alle 7 Bände 6 Rthlr. 6 gr.)

Sickler, J. V., Die Bienenzucht, oder praktischer Unterricht mehrerer Bienenväter, wie man einen Bienenstand mit Vortheil anlegen, und zum höchsten Ertrage bringen könne. 1stes, 2tes u. letztes Bändchen. 8. 1 Rthlr. 20 gr.

Trommsdorff, Dr. *J. B.*, allgemeines pharmacevtisch-chemisches Wörterbuch u. s. w. 2ten Bandes 2te Abtheilung. gr. 8. 1 Rthlr. 12 gr. (Beide Bände kosten 6 Rthlr. 20 gr.)

Desselben Gartenbuch für Aerzte und Apotheker zum Nutzen und Vergnügen. 2te vermehrte und verbesserte Auflage. 8. 1 Rthlr.

Wolstein, J. Fr., die Kunst, ohne alle Anleitung Pferde, Rindvieh, Schafe, Ziegen, Hunde und das sämmtliche Federvieh, so wie die Bienen und Seidenwürmer selbst zu erziehen, warten, füttern und ihre Krankheiten erkennen und heilen zu lernen. 6ter u. letzter Band. 8. 20 gr. (Alle 6 Bände 5 Rthlr. 6 gr.)

Romane.

Memoiren des Herzogs von Buckingham. 2 Bände. 8. 2 Rthlr. 16 gr.

Novellen, neue, aus Spanien, 2 Bde. 8. 2 Rthlr.

Schicksale, meine, in Syrien, Aegypten und Arabien. 2 Bde. 8. 2 Rthlr. 12 gr.

Soldaten, die, oder der Teufel ist los im Nonnenkloster. 1ster u. 2ter Theil. 8. 2 Rthlr.

Für Freunde der ältern Litteratur, der Sprachen, Alterthümer, Geschichte und der Kunst.

Von dem Preiscatalog meines Lagers, unter dem Titel: *Apparatus literarius*, ist der 3te Band, eben so wie die frühern mit einem genauen Index versehen, erschienen, welcher auf ord. Pap. 16 gr., und auf besseres 1 Rthlr. kostet. Vollständig ist der Preis dieses Catalogs auf ord. Pap. 2 Rthlr. 16 gr., auf besseres 3 Rthlr.

Leipzig, den 16. Oct. 1809.

Joh. Aug. Gottl. Weigel.

So eben ist bey mir erschienen und in allen guten Buchhandlungen zu bekommen:

Bibliothek der Abentheurer, vom Verfasser der *grauen Mappe*. *Erster Band*. 8. 2 Rthlr.

Die Freunde einer unterhaltenden Lectüre werden es dem beliebten Herrn Verfasser Dank wissen, dass er in dem hier begonnenen Werke sich des Anbaues eines Feldes unsrer ältern deutschen Romanen-Literatur unterzieht, das unter seinen Händen eine reiche und äusserlesene Aernte verspricht. Gleich diese erste Lese zeugt von der richtigen Beurtheilungskraft in der Auswahl; so wie die verständige, höchst interessante Behandlung des hier gänzlich umgearbeiteten alten, echt-deutschen Products gewiss keinerley Classe von Lesern unbefriedigt lassen wird. Es ist die Geschichte des *abenteuerlichen Simplicissimus*, das lebendigste und treueste Sittengemälde des denkwürdigen dreyssigjährigen Krieges, welches gerade in unsern Tagen so manchen treffenden Vergleichungs-Punkt findet, und zu dessen Lobe vielleicht nichts Entscheidenderes gesagt werden kann, als dass auch *Lessing* und *Bode* einst mit dem Gedanken einer gemeinschaftlichen Bearbeitung desselben umgingen. — Niemand wird das Buch aus der Hand legen, ohne dem Verfasser sein lautes Bravo! zuzurufen; ohne sich den Wunsch abgedrungen zu sehen: recht bald die Fortsetzung einer so ausgezeichneten Lectüre zu erhalten!

W. Heinrichshofen, Buchhändler in Magdeburg.

Nächstens erscheint in meinem Verlage:

Paris, wie es jetzt ist, oder *neuestes Gemälde dieser Hauptstadt der Erde*. Nach dem Französischen.

Dieses *Tableau mouvant* gewährt eine vollständige Uebersicht der Merkwürdigkeiten, der Lebensweise, Vergnügungen u. s. w. von Paris. Da dem Verfasser, der sich als ein sehr glücklicher Beobachter zeigt, der Zutritt zu den ersten gesellschaftlichen Zirkeln offen stand: so lernt man hier auch die Lebensweise der vornehmen Welt nach ihren feinsten Nüancen kennen.

Chemnitz, den 1. October 1809.

Carl Maucke.

III. Neue Landkarten.

Topograph. militärische Karte von Deutschland in 204 Blättern. XXIste und XXIIste Lieferung.

Hiervon ist die *XXIste u. XXIIste Lieferung* erschienen, und an die Herren Subscribenten versandt worden. Die XXIste Lieferung enthält die Sect. 89. *Creutzburg*, Sect. 126. *Zwittau*, Sect. 128. *Fulneck*, Sect. 140. *Ungarisch Brod*; die XXIIste Lief. enthält die Sect. 28. *Dömitz*, Sect. 48. *Helmstädt*, Sect. 101. *Kosel*, Sect. 103. *Beuthen*, Sect. 104. *Zarnowick*. Jeden Monat erscheint eine Lieferung von 4 Blättern. Die *Subscription* bleibt bis zur Vollendung der ganzen Karte offen. Der *Subscriptions-Preis* ist für den Abnehmer der ganzen Karte 6 gr. Sächs. od. 27 Kr. auf *ord. Papier*, und 8 gr. od. 36 Kr. auf *Velin-Papier* für *jedes Blatt*, gegen baare Zahlung; und man kann bey jeder guten Buch- und Kunsthandlung darauf subscribiren. (Die der XXIIsten Lief. beygelegte kleine Section 104. *Zarnowick* kostet für den Subscribenten auf ord. Pap. 3 gr. od. 14 Kr., und auf Vel. Pap. 4 gr. od. 18 Kr.) *Einzelne* Blätter kosten 2 gr. mehr.

Weimar, im Sept. 1809.

Geographisches Institut.

IV. Auctionen.

In Frankfurt a. M. wird den 13. Novbr. und folgende Tage eine, aus beynahe 9000 Bänden bestehende, Samm-

Sammlung von eingebundenen Büchern aus allen wissenschaftlichen Fächern durch die geschwornen Herren Ausrufer öffentlich versteigert. Die Liebhaber der französischen Literatur werden besonders eine Auswahl klassischer Werke finden, die in keiner Bibliothek gerne vermisst werden. Die Kupferwerke sind mit den besten Abdrücken versehen, und durchgängig, so wie alle Bücher, gut conditionirt. Ohne alle weitere Anpreisung dieser gewiss vortrefflichen Sammlung, verweiset man die Liebhaber auf den Catalog, der an folgenden Orten gratis zu bekommen ist:

Aachen bey Hn. Schwarzenberg. Aarau Hr. Buchh. Sauerländer. Amsterdam Hr. Buchh. Bellmann. Aschaffenburg Hr. Buchh. Etlinger. Augsburg Hr. Bachmeyer, Lehrer am Gymnasium. Bayreuth Hr. Postm. Fischer. Berlin Hr. Auctions-Commissär Sonnin. Bonn Hr. Buchh. Tillmans. Braunschweig Hr. Antiq. Feuerstacke. Bremen Hr. Buchh. Heyse. Breslau Hr. Kammer-Secret. Streit. Cassel Hr. Buchh. Griesbach. Celle Hr. Postsecret. Pralle. Cleve Hr. Buhh. Hannesmann. Coblenz Hr. Buchh. Hölscher. Cölln Hr. Antiq. Imhof. Creveld Hr. Buchh. ter Meer. Danzig Hr. Buchh. Goldstamm. Darmstadt Hr. Wittich u. die Heyer'sche Hofbuchh. Dresden Hr. J. A. Ronnthaler und Hr. Pochmann. Duisburg Hr. Buchh. Bädecker und Comp. Düsseldorf die Dänzer'sche Buchh. Ehrenbreitstein die Gehra'sche Buchh. Erfurt Hr. Proclamator Hendrich. Erlangen Hr. Antiq. Kämmerer. Frankfurt a. M. Hr. Buchh. Esslinger. Frankfurt a. d. O. die Akademische Buchh. Giessen Hr. Notarius Lampus. Göttingen Hr. Buchh. Schneider und Hr. Proclamator Schepeler. Gotha die Expedition des allg. Anzeigers. Halle Hr. Auctionator Friebel. Hamburg Hr. J. A. Ruprecht. Hannover Hr. Commissionär Freudenthal und Hr. Antiq. Gesellius. Heidelberg die Hn. Gebr. Pfähler. Helmstädt Hr. Buchh. Fleckeisen. Jena Hr. Hofcommissär Fiedler. Königsberg Hr. Buchh. Unzer. Leipzig Hr. Proclamator Weigel und Hr. Auctionscassirer Grau. Lübeck Hr. Auctionator Frank u. Hr. Auctionator Römhild. Mainz Hr. Buchh. Kupferberg. Marburg Hr. Buchh. Dollwet. Münster Hr. Buchh. Waldeck. Nürnberg Hr. Buchh. Lechner. Oldenburg Hr. Buchh. Schulze. Prag Hr. Buchh. Widtmann. Regensburg Hr. Stadtsecretär Keyser. Salzburg Hr. Professor Vierthaler. Schwerin die Bödner'sche Buchh. Siegen Hr. Buchh. Müller u. Comp. Stuttgard Hr. Antiq. Cotta. Tübingen Hr. Antiq. Hasselmeyer. Wesel Hr. Buchh. Klönne. Wiesbaden Hr. Buchh. Schellenberg. Würzburg Hr. Buchh. Stahel.

Den 20sten November d. J. und folg. Tage wird in Heidelberg eine beträchtliche Büchersammlung, zum Theil aus Dupletten der Grossherzogl. Universitäts-Bibliothek bestehend, öffentlich versteigert. Der Catalog enthält viele theils ausgezeichnete, theils seltene Werke, z. B. die neuesten Sammlungen der *Script. rer. Germ.*, mehrerer Kirchenväter, wie *Cyrillus ed. Touttée*, *Basilius ed. Garner*, *Eusebii Hist. eccles. ed. Vales.*, *Sozomenis Hist. eccles. ed. Vales.*, die Meyer'sche *Acta pac. Westph. execut. et Ratisbon.* nebst Register; *Dumont Corp. universel diplom.* mit Supplem. von *Barbeyr* und *Rousset*, *Pocockii Spec. hist. Arab.*, *Adelungs* Wörterbuch, *Hortus Eystettensis*, *Domat loix civil*, *Baconis Opera ed. Rawley*, *Golii Lex. arab.* und andere zur arab. Literatur gehörige Werke, *Lightfoots Opera omnia*, die meisten Zweybrükker Ausgaben der Classiker, mehrere alte seltene Drucke u. s. w.

Mit Aufträgen wendet man sich in Heidelberg an die Herren: Prof. Schreiber, Wilken, *Bibliotheks*-Secret., Prof. Kayser, P. Carlmann Lang, Act. Maurer oder die akademische Buchh. Mohr und Zimmer. Cataloge sind in allen vorzüglichen Städten Deutschlands durch die Buchhandlungen zu haben.

V. Vermischte Anzeigen.

In der Recension von *Nitz* kleinem griechischen Wörterbuche in Nr. 221. der Jenaer Literatur-Zeitung wird unter andern gesagt, dass *Dillenius* griechisches Wörterbuch ganz vergriffen, und also nicht mehr zu haben sey. Wir sehen uns daher gedrungen, diese Aeusserung hierdurch als eine völlige Unwahrheit zu widerlegen, indem der gelehrte und allgemein geschätzte Verfasser, Herr Mag. *Dillenius*, schon im Anfange des Jahres 1807. eine, nach einem ganz neuen und vorzüglicheren Plane ausgearbeitete und sehr stark vermehrte, Ausgabe dieses Wörterbuchs in unserm Verlage herausgab, unter dem Titel:

Dillenius, M. F. W. J., *Griechisch-Deutsches Wörterbuch für die Jugend*, mit einem *Griechischen und Deutschen Register. Dritte umgearbeitete und sehr vermehrte Auflage.* 1807. 63½ Bogen. *gr. 8.* sonst 4 Rthlr., von jetzt an 3 Rthlr.

Um den vielen an uns ergangenen Aufforderungen Genüge zu leisten, und den Ankauf dieses unentbehrlichen Werks für Schulen zu erleichtern: so haben wir dieses Wörterbuch, über dessen innern Werth alle Schulmänner längst entschieden haben, von heute an um den vierten Theil herabgesetzt. Es ist also verhältnissmässig nicht theurer, als *Nitz* kl. griech. Wörterbuch, welches nur 32 Bogen stark ist, dagegen das unsrige 63½ Bogen hat, und auf schönem weissen Druckpapier sehr correct und rein gedruckt ist.

Leipzig, den 5ten October 1809.

Weygand'sche Buchhandlung.

MONATSREGISTER

vom

OCTOBER 1809.

I.

Verzeichniſs der in der Allgem. Lit. Zeit. und den Ergänzungsblättern recenſirten Schriften.

Anm. Die erſte Ziffer zeigt die Numer, die zweyte die Seite an. Der Beyſatz EB. bezeichnet die Ergänzungsblätter.

fort.

S.

T.

U.

W.

Z.

(Die Summe aller angezeigten Schriften iſt 108.)

II.

Verzeichniſs der literariſchen u. artiſtiſchen Nachrichten.

Beförderungen und Ehrenbezeugungen.

Todesfälle.

Universitäten, Akad. u. andre gel. Anstalten.

Vermischte Nachrichten.

III.

Intelligenz des Buch- u. Kunsthandels.

Ankündigungen von Autoren.

Ankündigungen von Buch- u. Kunsthändlern.

Vermischte Anzeigen.

ALLGEMEINE LITERATUR-ZEITUNG

Mittwochs, den 1. November 1809.

WISSENSCHAFTLICHE WERKE.

GESCHICHTE.

GÖTTINGEN, b. Röwer: *Handbuch der Geschichte des europäischen Staatensystems, und seiner Colonieen, von der Entdeckung beider Indien, bis zur Errichtung des französischen Kaiserthums*, von *A. H. L. Heeren*, Hofrath und Professor der Geschichte zu Göttingen. 1809. XXX u. 643 S. 8.

Dieses Werk ist nicht zu den Compendien der Geschichte zu rechnen, deren immer eines das andre, durch eine verbesserte, oder auch nur veränderte Anordnung und vermehrten Inhalt, verdrängt. Bey der ungeheuern Menge von Materialien, und der Mannichfaltigkeit der Absichten in welchen sie zusammen gestellt werden, kann zwar auch auf diese Art viele nützliche Arbeit für die Bedürfnisse eines kleinern oder grössern Publicums geschehen. Das hier anzuzeigende Buch zeichnet sich aber durch einen eigenthümlichen, vielumfassenden Plan aus. Es ist darauf angelegt, die Forderung welche unser Zeitalter an die Geschichte macht, dass sie philosophisch seyn solle, vollständig zu befriedigen: die Begebenheiten und Verhältnisse der Staaten in ihrem Zusammenhange darzustellen, und aus ihren Quellen, nämlich den eigenthümlichen Gesinnungen und herrschenden Ideen jedes Zeitalters und jeder Nation, zu entwickeln. Dieses heisst dem Vf., Philosophie der Geschichte, und darin stimmen wir ihm vollkommen bey. Um aber den ganzen Gehalt dieses Gedankens, und die Ausführung desselben, gehörig zu würdigen, ist es nothwendig, sich zuvor über den gegenwärtig in Deutschland herrschenden Geschmack in der historischen Literatur, zu erklären.

Vormals warf man den deutschen Historikern vor, dass sie nur beschäftigt seyen, unendlich viele Thatsachen zu häufen, ohne zu beachten, ob das sorgfältig Berichtigte, an sich selbst verdiene, gewusst zu werden; und ob auch bey der gesuchten Vollständigkeit, ein Zweck unterliege. An die Stelle dieser trocknen und unfruchtbaren Manier, ist neuerlich, nicht sowohl ein gesunderer Geschmack in der Auswahl und der Bearbeitung getreten; als vielmehr zuerst, eine Sucht, die Erzählung mit dichterisch-philosophischen Ausdrücken zu schmücken: und späterhin, eine Bemühung, die Geschichte mit dem neuen Geschmacke in Uebereinstimmung zu setzen, der in andern Wissenschaften eingerissen ist; sie über das Niedrige und Gemeine, das allem Individuellen und Sinnlichen ankleben soll, zu der Würde der ersten Abstraction zu erheben. Das erste war schon ein starker Schritt, auf dem Wege des falschen Geschmacks. *Schillers* Geschichte des Abfalls der Niederlande, die diesen Ton angegeben hat, kommt ungeachtet des dichterischen Talents, das darin hin und wieder glänzt, und ungeachtet aller Anstrengung philosophisch zu schreiben, — oder vielmehr eben deswegen, — in Ansehung des Eindruckes, der einfachen Erzählung des Cardinal Bentivoglio gar nicht gleich. Noch weit mehr verfehlen die Nachahmer jenes, sonst wegen seines Geistes und grosser Talente mit Recht bewunderten und geschätzten Schriftstellers, ihren Zweck, wenn sie, in Ermangelung poetischen Talents, ihren Vortrag durch eingestreuete Reflexionen, und die Erzählung selbst, durch tiefsinnige Ausdrücke und gesuchte Wendungen, zu heben suchen. Sie ermüden den Leser, statt ihn zu beleben: sie erschöpfen seine Aufmerksamkeit durch die unaufhörliche Anstrengung die es kostet, gekünstelte Ausdrücke gewöhnlicher Gedanken zu enträthseln. Der Leser sollte ganz mit den Begebenheiten beschäftigt werden: statt dessen zwingt man ihn, am Vortrage hängen zu bleiben. Der Schriftsteller kann nicht so lange warten, bis der Leser bey einem Ruhepunkte in der Erzählung, am Ende eines Abschnittes, der sein ganzes Gemüth unaufhaltsam angezogen, Athem schöpft, sich sammelt, einen Blick über das Ganze zurück thut, und zuletzt, nachdem er mit sich über den Inhalt einig geworden, auch einmal ausruft: wie vortrefflich erzählt! wie schön geschrieben! So geht es dem Leser der anziehenden Erzählungen geistvoller Schriftsteller, die von Philosophie nichts wussten: zum Beyspiele, des *Davila*. Unsre Schriftsteller wollen, dass man im Lesen selbst, den gelehrten, tief denkenden, fein fühlenden Lehrer, nicht einen Augenblick vergesse. Das nennt man eine philosophische Manier zu erzählen: deren Vorbild angeblich in den Werken einiger grossen Schriftsteller gefunden wird, die unter besondern Umständen lebten, schrieben; und in deren Vortrage ein Reichthum eigenthümlicher Gedanken und Beobachtungen, sich unwillkürlich ergiesst. Unter allen möglichen Manieren ist die Manier des originellen Gedankenreichthums am wenigsten zu erkünsteln: und nichts verfehlt seinen Zweck so sehr, als das Bestreben, jene Vorzüge durch die Menge mühsam zusammen gesuchter gemeiner Gedanken zu ersetzen, denen peinlich verdrehte Ausdrücke und Wortfügungen das Anſehn eines neuen Tacitus geben ſollen.

Dieſe Affectation wird beſonders dadurch beſchönigt, daſs man den gröſsten hiſtoriſchen Schriftſteller, den die deutſche Literatur beſitzt, den Geſchichtſchreiber der Schweiz, für ihr Vorbild ausgiebt. Es würde zu weit führen, die eigenthümlichen Vorzüge und die Unvollkommenheiten dieſes Schriftſtellers, der der Nation ewig zur Zierde gereichen wird, vollſtändig aus einander zu ſetzen. Es kann aber unmöglich von der hiſtoriſchen Literatur geredet werden, ohne ſeiner zu gedenken: und ſein Einfluſs auf den Ton vieler der neueſten Schriftſteller iſt zu auffallend, als daſs davon hier ganz geſchwiegen werden dürfte.

Müller hat gar nichts mit dem Tacitus gemein: und es führt das Urtheil ganz irre, wenn man ſich durch die gedrängte Kürze des Ausdruckes, die beiden Schriftſtellern eigen iſt, verleiten läſst, ihn damit zuſammen zu ſtellen, und ſich ein Bild daraus zur Nachahmung zu machen. Dem Schweizer war das gute Deutſch urſprünglich fremd. Er muſste es lernen. Weil nun ſein Kopf von der erſten, der Schulbildung her, aus den groſsen römiſchen Schriftſtellern, die lateiniſche Form des Ausdruckes angenommen hatte, ſo erhielt ſein Stil in ſeinem erſten Werke ein auffallend lateiniſches Anſehen. Aber er hat gar nicht daran gedacht, ſich beſonders nach dem Tacitus bilden zu wollen. Sein ſpäteres Werk, das groſse Geſchichtbuch, könnte man eher mit dem Thucydides vergleichen; deſſen Gegenſtand ſchon einige Aehnlichkeit mit dem Stoffe hat, den *Müller* bearbeitete; und den ebenfalls eine Ungelenkigkeit der Sprache auszeichnet, die urſprünglich in *Müllers* Stile herrſchte. Der Ausdruck des letztern iſt gar nicht mit Anſpielungen und Nebenbeſtimmungen überladen. *Müllers* ernſter, nachdrücklicher, kräftiger Vortrag, ſagt viel in wenigen Worten, aber gerade zu. Seine Sprache hat viel vom Tone alter Chroniken an ſich, welche *Müller* ſo viel ſtudiren muſste. Gerade hiedurch iſt ſein Buch ein lebendiges Bild der vergangenen Zeiten geworden, die er beſchreibt. Das iſt aber keine übergeſtrichne Farbe: ſondern der Mann, der allenthalben, nicht bloſs in Büchern, ſondern unter ſeinen lebenden Landsleuten, die Spuren der vergangnen Zeiten und der alten Denkart aufgeſucht hatte, die ſich dort häufiger finden, als in andern Ländern; und vorzüglich, der alle Geſinnungen und Empfindungen ſelbſt theilte; in deſſen eignem Geiſte alles mit lebte, was er um ſich her aufſuchte und fand; dieſer Mann konnte nicht wohl anders reden, als ſo wie die Denkmäler ſeiner Nation ſprechen, und wie ſie ſelbſt ſich noch jetzt zum Theile ausdrückt. Welche Armſeligkeit hingegen, die kleinen Eigenthümlichkeiten in Sprache, Ausdruck und Wortfügung nachzuahmen; ſich damit das Anſehn eines ernſten, tiefdenkenden, Gedanken- und Kenntniſsreichen Lehrers, aus alter Zeit, geben zu wollen.

Andre Schriftſteller ſehen die Geſchichte nur als ein Mittel an, Philoſopheme anzubringen. Von denen nicht zu reden, welche die Thatſachen verdrehen, und Gebilde ihrer Einbildungskraft an die Stelle ſetzen, um ihren philoſophiſchen Behauptungen Eingang zu verſchaffen: ſo iſt es ſchon an ſich ſelbſt eine ſehr fehlerhafte Manier, Reflexionen einzuſtreuen, bloſs um den Namen eines philoſophiſchen Geſchichtſchreibers zu erſchleichen. Der Leſer wird irre, traut weder der Erzählung, noch den allgemeinen Sätzen, lernt weder Geſchichte noch Philoſophie. Soll räſonnirt werden, ſo müſſen die Beweiſe aus dem ganzen Felde der Geſchichte zuſammen geſucht, und in dieſer Abſicht ausgeführt werden. In einer Erzählung, die auf den Namen eines Geſchichtbuches Anſpruch machen will, muſs ſich das Räſonnement darauf beſchränken, daſs etwa eine ungekünſtelte Erinnerung an die Lehre die in der Begebenheit liegt, eine Bemerkung über einen auffallenden Charakterzug und deſſen Wirkungen, eingemiſcht wird. Das ſtört die Aufmerkſamkeit nicht, und die Erzählung dringt deſto tiefer ein.

Es hat neuerlich ein ausländiſcher Schriftſteller geradezu behauptet, alles Räſonnement ſey durchaus in der Geſchichte verwerflich; man erwarte vom Geſchichtſchreiber nichts, als reine Erzählung; und er verfehle ſeinen Beruf, er verderbe ſein Werk, wenn er irgend etwas einmiſche, das nicht im ſtrengſten Sinne dazu gehört. Dieſer Schriftſteller iſt, was man wohl am wenigſten erwarten ſollte, ein groſser Staatsmann. Es iſt *Fox*, in der Einleitung zu der Geſchichte Jacobs des Zweyten, von der einige Fragmente im vorigen Jahre gedruckt ſind. Dieſem Urtheile kann Rec., ungeachtet aller Vorliebe für reine einfache Erzählung groſser Begebenheiten nicht ganz beypflichten. Für dieſe läſst ſich zwar ſehr viel ſagen. Sie beſchäftigt nicht allein die Einbildungskraft, die ganz ungeſtört bleibt: ſie macht daher einen nicht allein tiefen, ſondern auch bleibenden Eindruck. Sie iſt deswegen für die Jugend, die ihren Kopf mit Thatſachen füllen muſs, ehe ſie philoſophiren kann, weit zweckmäſsiger, als räſonnirende Darſtellungen. Auch für den Leſer von gebildeter Denkungsart, der Kenntniſſe mit herzu bringt, und daher ſchon unwillkürlich zur Vergleichung derſelben mit dem was er jetzt lieſet, veranlaſst wird; auch für dieſen hat die einfache Erzählung, gerade deswegen, weil ſie zum Selbſtdenken auffordert, groſsen Reiz. Es iſt vorzüglich in unſern Zeiten nothwendig, an alles dieſes zu erinnern: da wir auf dem Wege ſind die reine Geſchichtkenntniſs zu verlieren, und Träume an ihrer Stelle zu erhalten. Ein Schriftſteller von Genie wird allemal ſeine Anſicht der Sachen, ſeine Urtheile und ſeine allgemeinen Bemerkungen in die Erzählung legen, ohne daſs ein einziges Wort ausdrücklich die Reflexion anzeige. Deſſen ungeachtet iſt doch die Erinnerung, die ein vorzüglicher engliſcher Kritiker, in ſeiner Beurtheilung des Werks von *Fox*, (im *Edinburgh Review* Nr. XXIII.) vorgebracht hat, ſehr treffend. „Die Geſchichte," ſagt er, „ſoll nicht allein die Begebenheiten erzählen, ſondern vielmehr die Handlungen der Menſchen. Sie muſs alſo die Geſinnunnungen, derselben, und die Verhältnisse darstellen, aus denen diese entsprungen sind. Geschichte der Sitten, der Meinungen, der Gesetze, ist ganz unvermeidlich in die Geschichte der Begebenheiten mit verwikkelt. Wie kann man sonst begreiflich machen, was die Menschen eigentlich gewollt haben? was der wahre Sinn, der Gehalt ihrer Unternehmungen gewesen ist? Der Geschichtschreiber kann also gar nicht ohne einige eingemischte Philosophie bestehen?" In den Vortrag dessen der erzählt, was er selbst gesehen, oder woran er vielleicht selbst Antheil gehabt, wird sich die Darstellung der Gesinnungen und der Denkungsart der Menschen von selbst mit einmischen. Sie wird aus seiner Erzählung hervorgehen, ohne dass er *eigentlich* darüber räsonnirt. Derjenige aber, der die von andern Schriftstellern überkommenen Materialien verarbeitet, muss Betrachtungen über die ihm fremde Denkungsart anstellen, um sich die Begebenheiten klar zu machen: und oft wird er sie ausdrücklich mittheilen müssen, um seine Leser in den rechten Gesichtspunkt zu stellen. Je entfernter das Zeitalter und das Volk ist, von dessen Begebenheiten wir belehrt werden sollen, desto nothwendiger werden solche ausführliche Erörterungen, um die Schicksale der Menschen und ihre Verhältnisse im Zusammenhange begreiflich zu machen; und desto mehr Philosophie findet einen schicklichen Platz.

Diese philosophische Bearbeitung der Geschichte muss vorzüglich auf alles Rücksicht nehmen, was in jedem Zeitalter und in jedem Volke herrschende Triebfeder war. Einige neuere Schriftsteller, die nach *deutschem* National-Geschmacke, alles nicht metaphysisch genug behandeln zu können glauben, um das zu erreichen, was sie höhern Gesichtspunkt nennen, haben diess so weit übertrieben, dass sie die Geschichte des menschlichen Geschlechts in eine Geschichte von Ideen verwandeln möchten; alles Individuelle für etwas Unbedeutendes erklären; in den Abstractionen allein Realität suchen; und aus diesen abgezognen Begriffen wieder Nebelgestalten von Geistern; Weltgeist, Geist der Menschheit und dergleichen, bilden, deren Metamorphosen sie darzustellen bemüht sind. Solche philosophisch-poetische Phantasieen können nicht für wahre Geschichte gelten: aber an dem Gedanken, dessen Uebertreibungen so seltsame und ausschweifende Vorstellungen erzeugen, ist doch etwas wahres. Ideen beherrschen mehr oder weniger, den einzelnen Menschen; und noch weit mehr, die Menschen, wenn ihrer viele, die in natürlichen Anlagen, Erziehung, Bildung des Geistes, Sprache, Empfindungsweise, Geschmack und Neigungen einander ähnlich sind, gemeinschaftlich handeln. In allen diesen Dingen hat jedes Volk und jedes Zeitalter etwas Eigenthümliches. Eine philosophische Geschichte, welche die Begebenheiten, Schicksale und Handlungen der Völker, in ihrem Zusammenhange darstellen will, muss daher auf diese Denkungsart, auf die herrschenden Ideen, Rücksicht nehmen. Eine Geschichte der Kriegsbegebenheiten ist an sich selbst noch keine Geschichte. Aber es giebt Nationen und Perioden, in denen der kriegerische Geist eines Volks einen so überwiegenden Einfluss auf die ganze Geschichte der Zeit hat, dass man diese nicht recht begreifen kann, wenn man nicht Kenntniss der Militär-Verfassung besitzt. Die Finanzen einer Nation sind in vielen Perioden ein isolirter Gegenstand: und manche rechtschaffene Männer mögen sich mit der Verbesserung derselben, zum Wohl ihrer Mitbürger beschäftigt haben, ohne deswegen auf einen Platz in der allgemeinen Geschichte Anspruch machen zu dürfen. Es hat aber auch Katastrophen in den Finanzen gegeben, wodurch der Charakter der Nation, ihre innere Verfassung, und ihre äussern Verhältnisse, eine ganz neue Wendung erhalten haben. Die Geschichte von Frankreich zu Anfange des 18ten Jahrhunderts, erfodert eine deutliche Entwickelung des Lawschen Systems. Das Handels-Interesse, und das Colonial-System hat in gewissen Perioden, der ganzen Thätigkeit derjenigen Völker welche die Hauptrolle spielen, eine eigne Richtung gegeben: so dass man ihr Interesse, und die Absichten ihrer Regenten, ohne Einsicht in jene Angelegenheiten nicht begreift. Die religiösen Gesinnungen machen nicht allein in frühern Jahrhunderten das Grundgewebe aus, das der Geschichte unterliegt: sie sind auch hin und wieder in der neuesten Periode, wesentlich in den Charakter der Zeit und gewisser Völker verwoben.

Mit alle dem bleibt die Geschichte der Nationen noch immer grossen theils individuelle Geschichte von Regenten und mächtigen Männern. Die Darstellung der allgemeinen Begebenheiten und Verhältnisse, wird immer unendlich oft auf individuelle Charaktere, Leidenschaften, auf persönlichen Willen und Handlungen, als auf die erste Quelle alles dessen was geschehen ist, führen. Es giebt Stellen in der Geschichte, wo solche individuelle Laune, kleine Persönlichkeit, oder grosse Entschlossenheit des Charakters, und ausgezeichnete über Zeit und Zeitgenossen erhabne Einsicht und Gesinnung, dem Laufe der Begebenheiten eine neue Richtung gegeben haben, dem Zeitgeiste zum Trotze. Alsdann gehört die geheime Kammergeschichte des Hofes mit in die grosse Historie. Aber auch nur alsdann. Seit der Bekanntmachung einer unendlichen Menge von sogenannten Memoires, welche eine unterhaltende, und daher verführerische Lectüre gewähren, verbreitet sich das verderbliche Vorurtheil, dass die wahre Geschichte der grossen Weltbegebenheiten, eigentlich auf der Bekanntschaft mit dem kleinen Detail der persönlichen Verhältnisse des müssigen Hofgesindes beruhe, das die Regenten umgiebt. Man vergisst darüber, dass die Angelegenheiten eines Volks, sobald einmal mannichfaltige Kenntnisse in ihm verbreitet, und seine Staatseinrichtungen verwickelt geworden sind, ohne viele Einsicht, Geschäftsthätigkeit, und ernstliche Bemühung, gar nicht geführt werden können; dass die angenommenen und erlernten, oder selbst gebildeten Grundsätze der Häupter der Staatsverwaltung, immer sehr grossen Antheil, und oft einen unüberwindlichen Einfluss auf die Beschlüsse der Regenten haben; dass die Regie-

rung

rung der Staaten daher allen kindiſchen Anmaſsungen der müſſigen Weltleute zum Trotze, die Geiſt der Intrigue für Verſtand, und Weibergeklatſche für Politik halten, doch immer im Ganzen von den Pedanten abhängt, die groſse Dinge ernſthaft behandeln, und Anſtrengung daran wagen, ihre Abſichten durchzuſetzen. Man muſs Kenntniſſe von den Verhältniſſen, den Bedürfniſſen, den Kräften, und dem wahren Staatsintereſſe und von Staatsverhandlungen haben, um den Staatsmann mit Erfolg zu ſpielen. Echte Kenntniſs der Geſchichte muſs ebenfalls jene Gegenſtände in ſich faſſen, und wird nicht aus den Erzählungen von kleinen Vorfällen des Privatlebens der Groſsen erworben. Das Vorurtheil, daſs nur in dieſer, wahre Geſchichte zu lernen ſey, iſt äuſserſt nachtheilig: nicht allein für den Verſtand; es verdirbt auch den Charakter. Junge Leute, die ſich nur mit Maitreſſengeſchichten, Hofcabalen, Bonmots, kleinen Pfiffigkeiten und Eleganzen des geſellſchaftlichen Lebens den Kopf füllen, glauben am Ende, aller Verſtand für das politiſche Leben beſtehe in der Kunſt, die kleinen Schwächen, die den Gegenſtand der geſellſchaftlichen Unterhaltung ausmachen, aufzuſpüren; das Talent des Politikers beſtehe in der Verſtellungskunſt; die man im geſellſchaftlichen Müſſiggange lernt, und in der kleinlichen Schlauheit, die Eitelkeit der Menſchen zu ſchonen, und für ſich zu gewinnen. Auch gegen dieſes Uebel iſt kein andres Mittel, als junge Leute auf die beſsre Kenntniſs der Geſchichte zu führen, und ihnen dieſe intereſſant zu machen.

Rec. hat geglaubt, dieſe Betrachtungen über die gegenwärtig herrſchenden Anſichten der Geſchichtskenntniſs, und Manier der Hiſtorienſchreiber, hier ausführlich vortragen zu müſſen, damit der ganze Werth einer ſolchen Behandlung der Geſchichte, als welche oben für wirklich philoſophiſch erklärt worden, recht erkannt werde: und dieſe Ausführung ſchien hier um ſo mehr an ihrer Stelle, da die kurzen Anſpielungen auf die Manieren unſrer Zeit, in des Hn. Hofr. *Heeren* Vorrede, damit vollkommen übereinſtimmen, und das Buch ſelbſt, ganz nach dieſen Ideen angelegt iſt.

In der Ausführung können zwey Wege eingeſchlagen werden. Entweder man führt die handelnden Perſonen auf: und die Darſtellung ihrer Geſinnungen, Grundſätze, Vorurtheile, alles was ſie von der Denkungsart, den Kenntniſſen, und der allgemeinen Richtung der Zeiten an ſich hatten, wird in die Erzählung der Begebenheiten und Handlungen mit verwebt: oder es gilt nicht ſowohl der Geſchichte der Begebenheiten, die an dem Faden der Handlungen ihrer Hauptperſonen fortläuft, als vielmehr der Darſtellung der groſsen Verhältniſſe, aus denen das Ganze eines Zeitalters hervorgeht. Auch in einer ſolchen Darſtellung der Geſchichte ſpielen, wenn ſie wahre Geſchichte ſeyn ſoll, nicht abſtracte Ideen die *Hauptrolle*; ſondern die Menſchen, die ſich von dieſen mehr oder weniger beherrſchen laſſen: es iſt aber doch immer ein andres, ob die Thaten und Schickſale des Mannes das Thema ausmachen; oder ob er nur in der Erzählung mit auftritt, ſo wie er in die Verhältniſſe eingreift, die klar gemacht werden ſollen. Nur muſs eine Entwicklung vielumfaſſender Staatsverhältniſſe, natürlicher Weiſe, ganz anders behandelt werden, als eine Erzählung, die am Faden der Begebenheiten fortläuft.

In einem Geſchichtbuche, welches ſich mit der Darſtellung der innern Staatsverhältniſſe, und der mannichfaltigen Verwicklungen der Nationen unter einander, beſchäftigt, muſs ſeiner Natur nach unendlich mehr räſonnirt werden, als in der einfachen Hiſtorie. Darſtellung von Verhältniſſen, welche die Hauptgeſichtspunkte eines ſolchen Schriftſtellers abgeben, iſt an ſich ſelbſt ſchon Philoſophie. Daher iſt es ihm auch unvermeidlich, ſich einer andern Sprache und eines andern Vortrags zu bedienen, als die bloſse Erzählung erfodert, die alsdann den gröſsten Reiz hat, wenn ſie ganz frey von wiſſenſchaftlichen Ausdrücken iſt; und um ſo viel mehr Eingang findet, je weniger der Verfaſſer überlegt zu haben, und Abſichten zu hegen ſcheint.

(*Die Fortſetzung folgt.*)

LITERARISCHE NACHRICHTEN.

Amtsveränderungen und Beförderungen.

Unter den Profeſſoren der aufgelöſten Univerſität zu Altdorf iſt Hr. Dr. *Siebenkees* als Prof. der allgemeinen Literargeſchichte und als Bibliothekar an die Univerſität Landshut; Hr. Prof. *Späth* als Lehrer der Mathematik an das Lyceum zu München verſetzt. Sie ſollen ihre Stellen unverzüglich antreten.

An dem Gymnaſium zu Ulm iſt Hr. Dr. C. *L. Rösling*, Vf. der neuen Fabrikenſchule, welcher vorher als Privatdocent zu Erlangen Vorleſungen hielt und dann als Lehrer der techniſchen Chemie und Phyſik an dem Lyceum und der Feyertagsſchule nach München kam, als Profeſſor der Mathematik und Phyſiographie, und Hr. *Dietrich Hermann*, Mitglied der lat. und mineralogiſchen Geſellſchaften zu Jena, bisher Pfarrer zu Silbitz im Elſtergrunde, als Profeſſor der philoſophiſchen Vorbereitungs-Klaſſe angeſtellt worden.

ALLGEMEINE LITERATUR-ZEITUNG

Donnerstags, den 2. November 1809.

WISSENSCHAFTLICHE WERKE.

GESCHICHTE.

GÖTTINGEN, b. Röwer: *Handbuch der Geschichte des europäischen Staatensystems und seiner Colonieen,* — — von *A. H. L. Heeren* u. s. w.

(*Fortsetzung der in Num. 299. abgebrochenen Recension.*)

Wir besitzen in *Spittler's* Entwurfe der Geschichte der europäischen Staaten ein Lehrbuch über die Entwicklung der Verfassungen im Innern derselben, das durch die zweckmässige Wahl des Inhalts, und den bedeutungsvollen Vortrag, der oft durch blosse Stellung eines Wortes schon Aufschlüsse giebt, sich zu einem Handbuche eignet, das immerfort offen auf dem Tische dessen liegen muss, der Geschichte, in Rücksicht auf politische Verfassung und Staatsrecht, studirt.

Die europäischen Reiche machen inzwischen, vorzüglich seit einigen Jahrhunderten, ein Ganzes aus, dessen Theile auf mannichfaltige Art mit einander, verwickelt sind: daher die wichtigern Begebenheiten in Einem, allemal auf die mehresten übrigen so vielfältigen Einfluss haben, dass man auch, zur vollständigen Einsicht in die Geschichte des Einen, vieles von der Geschichte der Andern zu Hülfe nehmen muss. Ganz Europa macht eine Art von organischem Staatskörper aus, zu dessen innrem Leben und äussern Handlungen die Functionen jedes einzelnen Theils mehr oder weniger beytragen. Die Geschichte dieses ganzen Körpers ist wohl der grösseste Gegenstand, den der menschliche Geist umfassen kann. Versteigt er sich noch höher, etwa zu einer allgemeinen Geschichte des menschlichen Geschlechts, von dem das cultivirte Europa wieder nur einen Theil ausmacht: so läuft er grosse Gefahr, sich in Irrwegen der Phantasie zu verlieren. Thatsachen fehlen, und werden durch Hypothesen ersetzt; die Ideen, die daraus hervorgehn, gehören daher auch nicht in die Reihe der wissenschaftlichen Erkenntniss, und hören auf, praktisch zu seyn. Jene Geschichte des europäischen Staatensystems hingegen hat urkundliche Gründe in hinreichender Menge, und alle Speculationen, dazu die Veranlassung giebt, können an die wirkliche Erfahrung gehalten, und probirt werden. Sie macht den Inhalt von dem Werke des Hofr. *Heeren* aus. In der Einleitung giebt er kurz die Gründe an, die ihn zu der Bestimmung des Umfangs und zu der Anordnung seiner Materie veranlasst haben.

Die europäischen Völker haben vieles Wesentliche mit einander gemein, wodurch sie in so enge Verbindung gesetzt werden, dass ein solches organisches Ganzes entstehn konnte, als sich in den neuern Zeiten gebildet hatte. Diese Staaten sind aus der Zerstörung des römischen Reichs hervorgegangen. Die christliche Religion hat Sieger und Ueberwundne mit einander vereinigt, und die Hauptzüge der Denkungsart über alle menschliche Verhältnisse in Uebereinstimmung gebracht. Die politische Verfassung aller auf diese Art entstandnen Reiche hat einen gemeinschaftlichen Charakter, der sie von den asiatischen Reichen unterscheidet: und wenn sich gleich in Europa selbst die slavischen Nationen, und in ihnen aufgerichteten Reiche, in vielen wesentlichen Stücken absondern: so sind doch gemeinsame Beschaffenheiten und Verbindungs-Punkte genug übrig, wodurch auch dieser Theil der europäischen Geschichte mit den übrigen verknüpft wird.

Das Staatensystem, welches aus dieser Entwickelung des europäischen Geistes hervorgegangen, ist bis zum Ende des funfzehnten Jahrhunderts nur vorbereitet. Bis dahin lässt es sich als ein vollendetes Ganzes nur in einer einzigen Absicht ansehn. Die Geschichte der Hierarchie erschöpft alles, was in dieser frühern Zeit für allgemeine Geschichte von Europa gelten könnte. In der eben angegebnen Epoche aber entstand plötzlich, durch den Zusammenfluss mehrerer Begebenheiten von unermesslichem Einflusse, eine neue Gestalt. Alle Elemente, die in der frühern Beschaffenheit und den Verhältnissen der europäischen Staaten lagen, wurden gewaltsam hervorgezogen, und bildeten plötzlich ein neues Ganzes. Die Entdeckung von Amerika; die gleichzeitige Entdeckung der Schiffahrt nach Ostindien, durch welche beiden Begebenheiten eine schleunige Entwickelung neuer Thätigkeit in den europäischen Nationen, und eine gänzliche Veränderung ihres ökonomischen Zustandes veranlasst ward; der grosse Seehandel, welcher der Cultur der Wissenschaften und Künste, deren er bedarf, einen neuen Schwung gab, und die innern Verhältnisse des europäischen Staatensystems veränderte, in welchem jedes Glied eine ganz anders bestimmte Wichtigkeit erhielt; die Erfindung der Buchdruckerey, wodurch die Mittheilung aller Kenntnisse und Gedanken so sehr erleichtert ward, und eine bis dahin unerhörte Gemeinschaft unter den Völkern, und Ausbreitung der Cultur entstand; die Erfindung des Schiesspulvers endlich,

lich, wodurch die Kriegskunst einen andern Charakter erhielt: alle diese Ereignisse, die sich in einen ganz kurzen Zeitraum zusammendrängen, vereinigten sich, die neue Gestalt hervorzubringen, in welcher Europa seitdem existirt hat. Alle diese Vorzüge des Zeitalters waren, mehr oder weniger, allen Nationen unsers Welttheils gemein. Keine einzige genoss ihre wohlthätigen Wirkungen ausschliesslich, und daher rührt, was Hr. Hofr. *Heeren* als den charakteristischen Zug dieser Periode der Weltgeschichte angiebt: es ist in derselben nicht, so wie in der alten Geschichte, Eine Nation, welche auf das Principat unter den bekannten Völkern Anspruch machen kann, und der sich alle andern unterordnen: sondern es ist die Geschichte eines Systems von Staaten, die eine Art von Republik unter einander bilden. Diese Geschichte muss daher auch anders behandelt werden. In der alten Literatur findet sich kein Vorbild dazu. *Polybius*, der nicht bloss die gleichzeitigen Begebenheiten der bekannten Welt zusammenreihet, sondern in dessen Werke eine Idee herrscht, wodurch alles zu Einem Ganzen verbunden wird, beschreibt die Entstehung und den Fortgang der römischen Weltherrschaft. In der Geschichte der neuesten Jahrhunderte kommt das Bestreben nach einem solchen Principate hin und wieder vor, als fruchtloser Versuch. Bis an das Ende des achtzehnten Jahrhunderts herab bleibt die Geschichte von Europa Geschichte eines Staatensystems, dessen Glieder, bey aller Verschiedenheit ihres Gewichts, auf Selbstständigkeit und Unabhängigkeit Anspruch machen. Das Bedürfniss dieser Zeiten, das Nachdenken über die verwickelten politischen Verhältnisse, und, was zur Ehre der europäischen Nationen nicht ausser Acht gelassen werden muss, der höhere Grad von Vernunft, Menschlichkeit und moralischem Gefühle, welches die Europäer auszeichnet; dieses alles hat ein System von Staatsrechte der Völker unter einander erzeugt, welches von den Machthabern immerfort mehrentheils anerkannt worden; sehr oft ausdrücklich; noch mehr, stillschweigend. Es ist unzählige Male verletzt, so wie alle moralischen Gesetze und Maximen verletzt werden, wenn die Leidenschaften die Oberhand gewinnen. Aber es ist sehr thöricht, wenn kurzsichtige und seichte Staatsmänner und Philosophen das System von Rechtsgrundsätzen, nach welchem die Verhältnisse der Staaten beurtheilt werden müssen, deswegen verhöhnen, weil keine vollziehende Gewalt existirt, die sie einschärfen kann; und sie daher von Mächtigen verletzt werden mag, ohne dass diese andre Strafe dafür leiden, als die in den natürlichen Folgen ihrer Handlungen liegen.

Der Geschichtschreiber dieser Periode hat im gegenwärtigen Augenblicke einen grossen Vorzug vor seinen Vorgängern. Die Periode ist abgelaufen. Das ganze System, welches während der letzten drey Jahrhunderte durch so viele Anstrengung aufrecht erhalten worden ist, wird gegenwärtig zerstört. Es hat nicht etwa bloss eine vorübergehende Erschütterung erlitten, sondern es ist wirklich vernichtet. Die Verhältnisse der Staaten, innere und äussere, haben nicht allein durch die Folgen der französischen Revolution eine durchgreifende Zerrüttung erlitten: der Grund, auf dem sie beruheten, die Denkungsart der Menschen selbst, ist verwandelt. So sehr, dass, wenn auch sogar das europäische Staatensystem die Crisis, in der es gegenwärtig befindlich ist, überstehen sollte, und etwas dem alten ähnliches bliebe: dieses doch für eine neue Schöpfung gelten müsste. Für den philosophischen Beobachter hat es aber ganz ungemeine Vortheile, wenn er seinen Gegenstand ganz übersieht. Dem Geschichtschreiber, der angefangne Begebenheiten und Unternehmungen darstellt, fehlt es an dem zuverlässigen Gesichtspunkte, aus dem alles richtig geschätzt, und im Verhältnisse dazu geordnet werden kann. Der innere Werth der einzelnen Menschen, ihrer Plane, ihrer Unternehmungen, ist vom Ausgange unabhängig. Aber die Verwicklung der grossen Begebenheiten und der Verwandlungen, die der Geist der Menschen und ihre Verhältnisse in der bürgerlichen Gesellschaft erleiden, kann nur alsdann vollkommen beurtheilt werden, wenn alles, was darin lag, und was der prophetische Geist einzelner scharfsichtiger Köpfe ahndete, — denen denn der grosse Haufe nicht glaubte — durch die wirkliche Erfahrung selbst entwickelt und klar vor Augen gelegt worden.

Das Werk, welches hier angezeigt wird, ist zu Vorlesungen bestimmt. Einem Leser, der den mündlichen Vortrag darüber nicht hört, kann es nur alsdann nützen, wenn er schon Kenntniss der Begebenheiten, Bekanntschaft mit den Thatsachen dazu bringt, und sich den Zusammenhang derselben deutlich zu machen wünscht. In den einzelnen Paragraphen ist daher vieles nur angedeutet, manches Problem aufgeworfen, die Auflösung angezeigt, oder Zweifel darüber bemerkt; die Ausführung aber dem Vortrage über das Buch vorbehalten.

Mit diesen Absichten, sowohl in Ansehung des Inhalts, als auch der Bearbeitung, harmonirt auch die durchgehends beygefügte Anzeige der Quellen. Sie werden manchem literarisch gelehrten Leser sparsam und dürftig scheinen. Der Vf. hat aber gute Gründe gehabt, seine Leser und Zuhörer nicht auf eine Menge von Büchern zu führen, die insgesamt viel Wissenswürdiges enthalten, aber unmöglich von blossen Liebhaber der Geschichte gelesen werden können. Es ist nicht allein in dieser Wissenschaft, dass die ausgebreitete Bekanntschaft mit der Literatur des Faches der wahren Kenntniss hinderlich wird. Wer eine Notiz von so vielen Büchern erhält, begnügt sich leicht mit dieser namentlichen Bekanntschaft, liest entweder gar nicht nach, weil ihm die Wahl dessen, was er lesen soll, zu schwer wird, oder er lieset bloss nach Zufall und Laune. Der Vf des vorliegenden Werks hat darin eine sehr zweckmässige Wahl getroffen. Er bemerkt in jeder Periode diejenijenigen Bücher, aus denen man den Geist, der ihr Zeitalter beherrscht hat, am besten kennen lernt. Daher werden auch hin und wieder wichtige Werke angeführt, die eigentlich andern Wissenschaften angehören, wenn die Gegenstände derselben in der politischen Geschichte eine tief eingreifende Rolle gespielt haben. So durfte des *Sarpi* Gesch. des Tridentinischen Concilii in einer, wenn gleich zunächst bloss politischen, Geschichte nicht ausgelassen werden: und einige Werke über die Staatsökonomie mussten in der Geschichte des 18ten Jahrhunderts angeführt werden. Von der unermesslichen Menge Memoires hingegen, die als Darstellung des gesellschaftlichen Lebens, als Quelle individueller Menschenkenntniss, und in mancher andern Absicht, eine unterhaltende, und wenn man sich dabey nicht dem unthätigen Genusse eines angenehmen Zeitvertreibes zu sehr überlässt, lehrreiche Lectüre abgeben, sind nur diejenigen angeführt, die wichtige Aufschlüsse über die Verhältnisse der Staaten und Handlungen der regierenden Personen enthalten.

In der Einleitung finden sich noch einige allgemeine Bemerkungen über den Charakter der Geschichte, welche folgt, die ausgehoben zu werden verdienen. 1) Der allgemeine Charakter der Regierungsformen in der neuen europäischen Geschichte ist *monarchisch*. Einige hin und wieder zerstreute kleine Republiken sind darin nur geduldet. (Mehrentheils aus dem Kampfe der Monarchen mit den Ständen hervorgegangen.) — 2) *Stände* sind diesen Regenten beygesellt. Die Verfassungen sind grossentheils aus dem Feudalsysteme entstanden. Daher der beynahe allenthalben herrschende Charakter einer beschränkten und gemässigten Verfassung. Zugleich aber muss bemerkt werden, dass der Antheil des Volks an der Leitung der öffentl. Angelegenheiten sich vorzüglich auf die privilegirten Stände beschränkt, neben denen der freye Bürgerstand nur einen auf eigne Weise modificirten, und daher in vielen Ländern, und in grossen Perioden, unkräftigen Antheil gehabt hat. Diese Eigenthümlichkeit der europ. Staatsverfassungen ist hin und wieder im Werke selbst näher bemerkt. Rec. findet aber nöthig, hier noch eine Erörterung dieses Gegenstandes mitzutheilen, da sie zur Beurtheilung der grossen Catastrophe, welche gegenwärtig eingetreten ist, sehr viel beyträgt. Die Revolution, welche in Frankreich damit angefangen hat, die alte Verfassung umzustürzen, seitdem aber auch alle Verhältnisse in Europa nach und nach zertrümmert, ist ursprünglich gegen die privilegirten Stände gerichtet gewesen. Man hat ihren überwiegenden Einfluss nicht mehr ertragen wollen; und darüber die Verfassung, deren Verbesserung angekündigt war, zerstört. Die republikanischgesinnten Parteyen haben eine ganz andre Art von Volksregimente einführen wollen. Seitdem eine kräftige Monarchie aus dem Chaos hervorgegangen, ist zwar eine Art von angeblich repräsentativem Systeme hin und wieder aufgestellt, welches alles aber nichts von Ständen im alten Sinne des Worts wissen will. Diese Bewegungen entspringen aus einem anscheinend geringen, aber höchst wesentlichen Fehler in der vormaligen Verfassung der Staaten. Es ist eine blosse Thorheit, von allgemeinem Antheile aller Menschen, oder auch nur von allgemeinem Einflusse des Volks auf die Regierung, zu reden: wie auch der Begriff des Volks, und die Bestimmung der Classen, denen man solche Rechte einräumen will, modificirt seyn mögen. Die öffentl. Angelegenheiten können niemals anders, als die Sache Weniger seyn. An sich selbst ist diess kein Uebel. Es kommt auf einige Nebenbestimmungen an. Ob ein Stand, eine Corporation, oder eine gewisse Section der Nation, mehr oder weniger Antheil hat, daran ist entweder Alles, oder Nichts gelegen: nachdem die Verhältnisse dieser Stände, Corporationen, Sectionen des Volks, durch die Sitten und Gesetze bestimmt sind. *Alles:* wenn diejenigen, welche Antheil und Einfluss auf die Regierung haben, ein geschlossnes Corps ausmachen, und der Eintritt in dasselbe unmöglich, oder doch sehr schwer gemacht wird. So war es in fast allen europ. Staaten: daher auch allenthalben ein offenbarer oder ein geheimer innerer Krieg gegen die privilegirten Stände ausgebrochen ist, so bald die französ. Nation das Losungszeichen gegeben hatte. Es ist *Nichts* daran gelegen, so bald der Uebergang aus einer Classe in die andere so leicht, und auf so mannichfaltigen Wegen möglich ist, dass jeder Mensch, der sich fühlt, der Kräfte des Geistes, des Vermögens, Anhang, oder andre Mittel besitzt, oder zu besitzen glaubt, seinem Ehrgeize rechtmässige Wege eröffnen kann. Dieses ist ganz allein in England der Fall: und deswegen ist die englische Staatsverfassung die einzige, welche die ungeheure Revolution, die in ganz Europa alles Alte in den Abgrund hinabzieht, bisher vermieden hat, und noch forthin überstehen kann. Es ist möglich, dass auch Grossbritannien von einer Revolution ergriffen werde: aber wenn es geschieht, so wird sie nicht durch die innern Gebrechen entstehen, welche sie über ganz Europa herbeygeführt haben: denn diese existiren in England nicht. Es müssen ganz andre, fremde Ursachen seyn, wodurch ein Umsturz der englischen alten Verfassung veranlasst würde. Rec. wünscht, dass Hr. *H.*, der die Charakteristik des Zeitalters, dessen Geschichte er darstellt, so vorzüglich und so vollständig entworfen hat, auf die hier mitgetheilten Betrachtungen ebenfalls Rücksicht nehmen möge. — Er bemerkt in der Einleitung, 3) dass bey dem allgemeinen Monarchismus das Volk keinen sehr grossen Antheil an den öffentl. Angelegenheiten hätte nehmen können, wenn diess nicht durch religiöse Bewegungen geschehen wäre, welche vorzüglich in der *ersten* Hälfte der Periode, die das Werk umfasst, eine so grosse Rolle spielen. — 4) Die Ausbildung des Völkerrechts, welche einen der grössten Vorzüge der neuen Zeiten ausmacht, hat zwey Haupttheile. Der erste Punkt, auf den es gerichtet ist, besteht in der Heiligkeit des Besitzstandes, die wenigstens als Grundsatz allgemein anerkannt ist. Auch hat man sich, so oft sie verletzt worden, immer bemüht, solche Unternehmungen mit angeblichen Rechtsgründen zu beschönigen.

gen, oder als Ausnahme mit der Nothwendigkeit zu rechtfertigen. Die Erhaltung dieſes Beſitzſtandes hat zweytens die Idee von politiſchem Gleichgewichte erzeugt. Bey der unvermeidlichen Ungleichheit der Kräfte der einzelnen Staaten haben ſich Alle gemeinſchaftlich bemüht, ihre Unabhängigkeit durch unendlich verwickelte Verbindungen zu ſichern: und die allgemein herrſchende Idee vom Gleichgewichte, welche in den Köpfen aller Staatsmänner lag, und den Hauptgegenſtand aller Negotiationen und Kriege ausmachte, hat allen, auch kleinen und ohnmächtigen, Staaten einen hohen Grad von Unabhängigkeit und Sicherheit gewährt. In den neueſten Zeiten haben hin und wieder einige Staatsmänner die Frechheit gehabt, ſich zu einem leoniniſchen Naturrechte zu bekennen, die Ideen von Heiligkeit des Beſitzſtandes, und von Gleichgewicht der Mächte, öffentlich zu verſpotten und zu verläugnen, nachdem man ſich bis dahin doch immer noch geſchämt hatte, zu geſtehen, daſs man es für beſſer halte, wenn der Menſch ſich zum reiſsenden Thiere machte, ſo bald er dazu die Kräfte hat. Die Staatsmänner, welche dieſe neue Entdeckung proclamirten, haben ſehr geſchwind gebüſst. Sie ſind nach ihren eignen Grundſätzen behandelt worden, und ins Verderben geſtürzt. — Ein Anhang dieſes Syſtems von Politik vernünftiger Weſen iſt das Ceremoniell, welchem Hr. *H.*, mit vollkommnem Rechte, eine Stelle in der Reihe der charakteriſtiſchen Vorzüge der neuern Geſchichtsperiode einräumt. Die orientaliſchen Bezeugungen der Unterwürfigkeit, und die Herabwürdigung jedes fremden Herrn, die ſich jene Monarchen erlauben, contraſtirt ſehr mit dem Anſtande, der in allen europäiſchen Staatshandlungen herrſcht. Dieſer letztere iſt ein auffallender ſinnlicher Ausdruck der Achtung, welche die Groſsen und Mächtigen gegen einander, als gegen vernünftige Weſen, hegen. „Selbſt das ſtrenge, *zuweilen übertriebene*, Ceremoniell," ſagt Hr. *H.*, „das die Staaten wechſelſeitig gegen einander beobachteten, war nichts weniger als gleichgültig, wollte man es auch nur als wechſelſeitige Anerkennung der Unabhängigkeit, oft bey den durch Macht und Verfaſſung ungleichartigſten Staaten, betrachten." — Sehr treffend. Ein Geſandter, der da glaubt, es ſey etwas vor allen Dingen weſentlich Wichtiges, daſs er alle Kleinigkeiten mit der gröſsten Pünktlichkeit beobachte und beobachten laſſe, die der Codex des Ceremoniell-Staatsrechts vorſchreibt, iſt ein höchſt lächerliches Geſchöpf. Aber wenn es auch nothwendig wäre, dem äuſsern Staatsrechte ein Opfer zu bringen, und hin und wieder einige vornehme Leute Preis zu geben, welche ſich auf Unkoſten ihres Verſtandes in der Etikette vervollkommneten, um die Repräſentation zu beſorgen: ſo wäre dieſs Opfer nicht zu groſs, wenn nur die Denkungsart dieſer der Eitelkeit und dem äuſsern Scheine ergebnen Repräſentationsfiguren nicht auf diejenigen zurückwirken, welche die Staatsverwaltung führen, und jenen Tand dazu gebrauchen müſſen, wozu er gut iſt. Eine ſehr wohlthätige Wirkung deſſelben iſt es, die Groſsen aus einander zu halten, ihre Communicationen zu erſchweren, und dadurch das Unglück zu verhindern, das faſt allemal entſteht, wenn die Leidenſchaften der Mächtigen in allzunahe Berührung kommen. Es ſind geiſtvolle Männer geweſen, die Monarchen, welche ſich von den Feſſeln des Ceremoniells losmachten, und unwillig über die Flitterbänder, in die man ſie einzwängte, anfingen, leben und handeln zu wollen, wie andre Menſchen. Aber was für Folgen ſind daraus entſtanden? Wer das Schickſal von Millionen mit ſeiner eignen perſönlichen Kraft leiten kann, wie er will, muſs nicht mit ſo groſser Leichtigkeit handeln können. Am wenigſten gegen andre ebenfalls Mächtige. Wenn man die perſönlichen Verhältniſſe der Souveräns beachtet: ſo findet man auffallende Wirkungen. Hr. H. *Heeren* ſtellt deren gelegentlich manche zuſammen. — Endlich 5) bemerkt er, daſs die groſse Menge unabhängiger Staaten, und die Mannichfaltigkeit ihrer Verfaſſungen, aus denen das europäiſche Staatenſyſtem beſteht, zu der Cultur des menſchlichen Geiſtes ſehr viel beygetragen habe. Rec. trägt kein Bedenken, dieſes für die Haupturſache des hohen Grades von Cultur und der allgemeinen Ausbreitung aller Art von Aufklärung in den europäiſchen Nationen zu erklären. Es iſt ſehr begreiflich, daſs, je mehr Mittelpunkte des Intereſſe, der Thätigkeit, der Leidenſchaften exiſtiren, deſto mehr auch alle Anſtrengung der Individuen Spielraum gewinnen, und aufgeregt werden muſs. In einer groſsen Monarchie iſt zwar in der Hauptſtadt manches vollkommner, als in kleinen Ländern. Vorzüglich alles, was zum Luxus des geſelligen Lebens gehört: auch zum Luxus des Geiſtes. Aber unendlich ausgebreiteter iſt Cultur und Kenntniſs, die ſich auf die gemeinſamen Angelegenheiten der Menſchen beziehen, in kleinern Staaten, deren viele mit einander in Verbindung ſtehen. Alle Vorzüge, auf welche die deutſche Nation in dieſer Hinſicht Anſpruch machen kann, rühren unſtreitig von der Menge der unabhängigen Fürſtenthümer, der Mannichfaltigkeit ihrer Verfaſſungen, und dem eingeſchränkten Kreiſe ihrer Regierungen her. In einem ſehr kleinen Staate kann nicht leicht irgend etwas zu hoher Vollkommenheit gebracht werden. Aber da ſo vieles von den einzelnen Gewalthabern abhängt: ſo iſt es ein Glück, wenn ſich ihr Wirkungskreis nicht zu weit erſtreckt. Was unter der Regierung des Einen nicht aufkommen kann, flüchtet ſich in ein andres Land, oder keimt daſelbſt auf. Hiernach kann man der europäiſchen Cultur ein richtiges Prognoſticon ſtellen, auf den Fall, wenn jemals eine einzige Univerſal-Monarchie entſtehn ſollte.

(*Der Beſchluſs folgt.*)

ALLGEMEINE LITERATUR-ZEITUNG

Freytags, den 3. November 1809.

WISSENSCHAFTLICHE WERKE.

GESCHICHTE.

GÖTTINGEN, b. Röwer: *Handbuch der Geschichte des europäischen Staatensystems, und seiner Colonieen,* — — von *A. H. L. Heeren* u. s. w.

(*Beschluss der in Num.* 300. *abgebrochenen Recension.*)

Hr. Hofr. *Heeren* theilt den Zeitraum, der den Gegenstand seines Werks ausmacht, in *drey* Perioden. Die *erste, vom Ende des funfzehnten Jahrhunderts bis an das Zeitalter Ludwig des XIV.* 1492 — 1661. In dieser Periode beschäftigte die Religion ganz vorzüglich die Nationen von Europa. Die *zweyte, von Ludwig XIV. bis auf den Tod Friedrich des Großen, und den Anfang des revolutionären Zeitalters* 1661 — 1786. In diesem macht die allgemeine Ausbreitung der Künste, der Industrie, des Handels (mithin die Verfeinerung aller sinnlichen Genüsse), den Hauptgegenstand des allgemeinen Interesse, der Thätigkeit der Völker, und eine vorzüglich wirksame Ursache der Collisionen unter ihnen aus. Das gröfste Ereignifs in dieser Periode, das wichtigste, vorzüglich in der Rücksicht, dafs es die folgenden vorbereiten half, ist die Regierung des grofsen Königs Friedrich von Preufsen. Dieser spielt die Hauptrolle im achtzehnten Jahrhunderte. Das Aufblühen des preufsischen Staates zerrüttete durch seinen schnellen Anwachs die bestehenden Verhältnisse, und Friedrich erregte persönlich ein Interesse, dagegen alles andre sehr matt wird. Der siebenjährige Krieg kann durch nichts verdunkelt werden. Die Geschichte der beyspiellosen Anstrengung eines grofsen Mannes, sich gegen die Uebermacht des gegen ihn verschwornen Bundes zu wehren, wird immer ein Interesse erregen, dem nichts verglichen werden kann. Aber diefs darf den Geschichtschreiber des europäischen Staatensystems doch nicht hindern, die Politik die Friedrichs Regierung charakterisirt, zu würdigen, und ihren Einflufs auf das Schicksal jenes Staatensystems darzustellen. Eroberungssüchtig waren mehrere Monarchen, und der Ehrgeiz unternehmender Regenten hat oft Veränderungen in dem politischen Zustande von Europa hervorgebracht, die eben so grofs und gröfser waren, als Friedrichs, wenn man nach Quadratmeilen und Menschenzahlen misst. Aber die Regierung Friedrichs wird durch die besondre Art wie sie diese Veränderungen hervorbrachte, weit merkwürdiger. Die Schnelligkeit, womit der preufsische Staat sich eine Stelle unter den grofsen Mächten von Europa erwarb, ist sehr wichtig. Von jeher sind Staaten entstanden, und untergegangen. Bestehende haben immer einen abwechselnden Umfang und Antheil an den grofsen Weltbegebenheiten, Einflufs auf das Schicksal der Nachbarn. Alles ist stetem Wechsel unterworfen. Aber es kommt dabey sehr viel auf die Zeit an, binnen welcher die Veränderungen vollzogen werden. Wenn in ein einziges Menschenleben eingeprefst wird, was sonst nur in einer Reihe von Generationen geschieht: so kann die Bildung der Denkungsart, die Entwicklung der Künste aller Art in den Zeitgenossen, nicht gleichen Schritt halten. Dafs in allen grofsen Operationen auf die Geschwindigkeit mehr ankommt, als auf alles andre, sehen wir gegenwärtig noch klärer ein, als unsre Väter. Durch die Schnelligkeit grofser Unternehmungen wird die ganze Welt geblendet, und gelähmt. Eine Catastrophe vernichtet alles, was bey langsamer Umänderung, mit einigen Modificationen, noch wohl hätte bestehen können.

Ferner giebt die Regierung des grofsen Friedrich noch zu der Bemerkung Anlafs, dafs es keinesweges, wie so viele glauben, oder leichtsinnig hin zu glauben vorgeben, nur auf das ankomme was geschieht, und dafs dagegen unbedeutend sey, was darüber gesagt wird. Ein dreistes öffentliches Geständnifs gewisser Grundsätze, die vorhin von andern immer nur mit Zurückhaltung und gewissermafsen mit Scham befolgt wurden, bewirkt eine Revolution in der allgemeinen Denkart, und reifst alle Dämme ein. Auf diese Art haben Friedrichs Irreligiosität, und manche andre Aeufserungen (nicht eben die Maximen die er in seinen jüngern Jahren in einem *Anti-Macchiavell* als eine Uebung im schriftstellerischen Vortrage ausgearbeitet hatte) sehr viel gewirkt, und dazu beygetragen, die Catastrophe vorzubereiten, die zu unsern Zeiten von andrer Seite her, über Europa gekommen ist. Alles dieses ist vom Vf. hin und wieder angedeutet.

Die *dritte* Periode umfafst die Geschichte *vom Tode Friedrich des Großen, und dem Anfange des revolutionären Zeitalters, bis zur Errichtung des französischen Kaiserthums.* 1786 — 1804. In dieser revolutionären Periode hat die Begierde alles alte zu zerstören, und allenthalben neue, gewissen vermeintlich philosophischen Ideen angemessene, Anstalten an die Stelle der vorigen Einrichtungen und Verhältnisse zu setzen, die Menschen ergriffen, und also durch die Auflösung alles dessen was Widerstand leisten konnte, den Weg geebnet, damit etwas durchaus Neues aufgeführt werden könne. Die Darstellung der erstaunenswürdigen Arbeit, in kurzer Zeit alles zu vernichten, was durch die Bemühungen so vieler Jahrhunderte allmählig entstanden und ausgebildet war, beschliesst das Werk.

Die verschiednen Theile, in welche sich das unendlich verwickelte Gewebe, woraus die ganze Geschichte dieser Zeiten besteht, schicklicher Weise auflösen lässt, um deutliche Einsicht in den Zusammenhang zu gewinnen, werden in besondern Abschnitten abgehandelt, in welche die Staatshändel, welche an sich jedesmal die wichtigsten waren, und an welche sich die weniger bedeutenden Verhandlungen untergeordneter Staaten anschliessen, vertheilt sind. Die ausser-europäischen Colonieen, welche in der letzten Hälfte der Periode, von der hier die Rede ist, eine so grosse Rolle spielen, welche von den Vorgängern des Vfs. noch nicht gehörig gewürdigt ist, und daher von ihm mit besondrer Aufmerksamkeit behandelt wird, machen in jeder Unterabtheilung des Zeitraums, den Gegenstand eines besondern Abschnittes aus. Die reichhaltige Materie ist mit der grössten Klarheit geordnet und vertheilt; die Ideen des Vfs. sind mit Leichtigkeit und ohne alle Affectation vorgetragen: — eine seltne Erscheinung in unsern Tagen. Der Vortrag ist durchgehends natürlich, und lebhaft. So wie die Gedanken offenbar ohne Zwang in dem Kopfe des Vfs. entstanden sind, so ist auch die Sprache ungesucht. Da in dem Werke nicht etwa irgend ein einzelner hervorragender Gedanke herrscht, sondern eine Menge der mannichfaltigsten Gesichtspunkte angegeben sind, aus denen die Verwicklungen aller Staatsverhältnisse betrachtet werden müssen: so würde die Anzeige derselben im Einzelnen, zu einem kleinen Buche werden. Das Werk selbst wird hoffentlich so häufig gebraucht werden, dass mehrere Auflagen davon erscheinen: und da der Vf. sich unstreitig bemühen wird, die Resultate seiner fernern Studien ebenfalls dazu zu benutzen, so trägt Rec. hier das seinige bey, ihm durch einige Bemerkungen, Stoff zur Prüfung zu liefern.

1) Im Abschnitte von den Religions-Unruhen 1515—1561. hätte Rec. gewünscht, eine Darstellung der Verhältnisse mit eingewebt zu sehen, welche auf das Concilium zu Trient eingewirkt haben; wie anfangs einige weltliche Mächte, in der Hoffnung, die Reformation dadurch nieder zu schlagen, auf eine allgemeine Kirchenversammlung gedrungen, der Papst sie zu vermeiden gesucht, aus Furcht, sie möchte sein Ansehn antasten; wie er durch geschickte Behandlung dieser Gefahr entgangen, und die Fürsten, welche ihn mit dem Concilio gedroht hatten, selbst froh seyn mussten, es wieder los zu werden, da sie einsahen, dass nie ein Endzweck erreicht werden könne, der ihnen lieb gewesen wäre; wie das Interesse der National-Kirchenverfassungen gegen den Papst in Schutz genommen wurde, die Souveräns aber zuletzt wieder mit dem heiligen Stuhle gemeinsame Sache machen mussten, um die Bischöfe die sich von ihnen selbst mit unabhängig zu machen trachteten, in einiger Subordination zu erhalten. Dieser Kampf der bischöflichen Ansprüche mit den päpstlichen, ist bis auf unsre Tage herab, fortwährend geführt, und hat oft erheblichen Einfluss auf politische Verhandlungen gehabt.

2) Ueber den ganz verschiednen politischen Charakter der lutherischen und der reformirten Protestanten hätte Rec. von dem Vf., dem dieser Sectengeist gar wohl bekannt seyn wird, gern eine Bemerkung gelesen.

3) Die Idee von einer europäischen Republik, mit der Heinrich der vierte umgieng, scheint dem Rec. (S. 119. 120.) zu günstig beurtheilt. Es ist zwar noch sehr dunkel, was Heinrich selbst dabey gedacht, und wie tief er in diess Project hinein gegangen ist. Wenn man aber lieset, dass die vorläufigen Bedingungen, in dem Zerreissen aller bestehenden, Frankreich benachbarten Staaten, in dem willkürlichen Versetzen von Souveränen, von Tauschen und Abrunden, und hin und wieder in Vorspieglung von Republikanisiren bestanden: so kann man die *Uneigennützigkeit Heinrichs* eben nicht bewundern, und seinem Herzen nicht wohl einen Antheil an der Idee zuschreiben. Dieses war wohl mehr mit der Prinzessin von Condé beschäftigt, über deren Flucht er einen Krieg anfangen wollte, als mit philanthropischen Schwärmereyen, die man seinen Projecten unterschiebt.

4) Im Eingange der *zweyten* Periode wird der Charakter derselben sehr gut geschildert. Die allenthalben aufblühende Industrie, und die damit verbundne grössere Ausdehnung des Handels, hat in den Nationen eine immer anwachsende Begierde zum Luxus; in ihren Regierungen, einen unruhigen Trieb zu Unternehmungen erregt; dazu die Mittel durch das immer fort mit grösserer Leichtigkeit zuströmende Geld herbey zu schaffen standen. So ist in der Politik, die unter dem Namen des Mercantil-Systems bekannte Denkungsart entstanden, welche den nachtheiligsten Einfluss auf das Glück der Völker gehabt hat: da eine beständige Handels-Eifersucht die nächste Folge davon war, und diese wiederum in Verbindung mit den stehenden Heeren, die aus den nämlichen Ursachen als jene (nämlich aus der neuern Geld-Staats-Wirthschaft), hervorgiengen, unaufhörlichen *Druck* der Völker, durch beständige Zurüstungen *zum* Kriege, und häufige Ausbrüche desselben, mit sich brachten. Alles sehr wahr und treffend. Rec. möchte der falschen Staatskunst, welche aus allem diesem hervorgegangen ist, so wenig, als den theoretischen Irrthümern, das Wort reden, welche damit in Verbindung stehen. Wenn aber beides, die praktischen Maximen der Regierungen, und die Begriffe der speculativen Politiker, richtig gewürdigt werden sollen, so muss man nicht vergessen, dass es dem Regenten nicht allein bey seinen willkürlichen, sondern auch bey seinen, durch die Umstände nothwendig gemachten Operationen zunächst auf die *disponiblen* Kräfte der Nation ankommt. Dem menschenfreundlichen Souverän wird jede in einem Winkel seines Reichs aufblühende und im Wohlstande lebende Familie Freude machen, wenn sie auch ganz isolirt wäre. Der Staatsmann aber, der handeln muss, und gemeinig-

niglich mehr zu thun hat, als er bestreiten kann, beachtet natürlicher Weise am meisten den Ueberschuss der Nationalkräfte der ihm zu Diensten steht. Ihm ist ein Thaler der durch die Circulation in seine Hände kommen kann, wichtiger, als eine grosse Summe die gar keinen disponiblen Ueberschuss giebt. Ein solcher disponibler Ueberschuss entsteht mehrentheils nur durch den Handel. Sobald die Industrie Ueberfluss erzeugt, so entstehen auch Gelegenheiten, wo der Regent einen Theil desselben in Anspruch nehmen muss. Er ist also gezwungen, Verfügungen zu treffen, die ihm diess erleichtern: er sieht sich genöthigt, in den natürlichen Lauf der Sachen einzugreifen; um den Anwachs des disponiblen Ueberschusses der Nationalkräfte zu befördern, und sich *seiner* zu bemächtigen. Denn schnell und reichlich entsteht er durch die bloss natürliche Entwicklung der Industrie und des Handels, nur unter seltnen Umständen, in hoch begünstigten Nationen. Andre, die mit dieser natürlichen Ausdehnung der Nationalkräfte einiger privilegirten Völker nicht gleichen Schritt halten können, müssen also wohl zu künstlichen Mitteln ihre Zuflucht nehmen. Es sind daher die Grundsätze des sogenannten Mercantil-Systems nicht schlechterdings zu missbilligen: sondern nur ihre übertriebne und zweckwidrige Anwendung. Die Staaten würden sich nicht gut dabey befinden, wenn die Theorie praktisch würde, die ihnen von den Physiokraten, und von den Anhängern des *Adam Smith* aufgedrungen werden soll, und nach welcher alles der natürlichen Entwicklung der Kräfte, und der freyen Willkür der einzelnen Menschen überlassen bleiben soll, weil die Natur die Heilmittel aller politischen Uebel angeblich mit sich führt: nicht besser, als die Moralität, wenn alle willkürlichen Institutionen kirchlicher und polizeylicher Zucht; — und als die physische Natur der Menschen, wenn alle Medicin, abgeschafft würde. Es müssen also die Bewegungsgründe zu allen Einschränkungen des Gewerbs und Handels in jedem einzelnen Falle geprüft werden, und ein allgemeines Verdammungs-Urtheil, aus dem Grunde, weil nur Freyheit überall rechtmässig und nützlich sey, kann nicht gelten. Bey der Untersuchung über einzelne Gegenstände giebt die Erörterung der besondern Umstände oft unerwartete Resultate. Z. B. erinnert Rec. sich einiger vortrefflichen Vorträge, die 1790. in der ersten National-Versammlung über die Frage gehalten sind, ob der Handel nach der Levante und nach andern ausser-europäischen Ländern, ganz frey zu geben, oder auf gewisse Seehäfen zu beschränken sey.

5) In der Geschichte des Zeitraums, in welchem Ludwig XIV seiner Nation einen herrschenden Einfluss auf ganz Europa verschaffte, bemerkt der Vf., der allenthalben auf die feinern Verhältnisse aufmerksam macht, von denen der Charakter einer Periode abhängt, sehr treffend, dass die Ausbreitung der französischen Sprache, das Uebergewicht der französischen Monarchie in allen Staatsverhandlungen, sehr begünstigt habe. Die Bemerkung des Vfs. über den unüberwindlichen Einfluss des französischen Cabinets auf beynahe alle andern Höfe, der durch die Herrschaft der französischen Cultur, Sitten, Vergnügungen, Moden, so sehr begünstigt ward, verdiente wohl eine weitere Ausführung.

6) Bey der Catastrophe der französischen Finanzen im J. 1720., welche den ganzen Zustand der Nation und ihre Verhältnisse zu andern Mächten auf so lange Zeit schrecklich störte, vermisst Rec. die Anzeige des Werks, aus dem man allein eine deutliche Erkenntniss der wahren Beschaffenheit dieser grossen Begebenheit, der Absichten des Urhebers, und der Ursachen des verunglückten Entwurfs, schöpfen kann. Dieses alles ist in *Steuarts* politischer Oekonomie mit bewunderungswürdiger Klarheit dargestellt. Aus den französischen hier angezeigten Quellen allein, ist es unmöglich, deutliche Begriffe zu erhalten. Man verliert sich in dem Wuste ungeordneter Thatsachen, welche die Schriftsteller selbst nicht begriffen: so wie auch kein späterer französischer Geschichtschreiber eine klare Vorstellung von der Sache gehabt zu haben scheint.

7) Eine Bemerkung über eine charakteristische Eigenheit des achtzehnten Jahrhunderts wünscht Rec. noch mehr gehoben zu sehn. Das Selbstregieren der Monarchen, das nach dem Beyspiele des Königs Friedrich von Preussen aufkam, hat sehr weit greifende Wirkungen hervor gebracht. Der grosse Haufe bewundert den Grossen, der sich einen Beruf daraus macht, die Angelegenheiten seiner Regierung zu besorgen, und recht viel selbst thut. Dazu kommt, dass man sich allen Verfügungen immer williger unterwirft, je vornehmer die Person ist, die entschieden und befohlen hat. Allerdings ist etwas edles darin, dem Reize der erschlaffenden Genüsse zu widerstehen, und seine Befriedigung in höherer Thätigkeit zu suchen; die Sache des gemeinen Wesens für seine persönliche Angelegenheit zu halten. Aber was entsteht aus der unmittelbaren Einmischung eines Regenten in das Detail der Geschäfte? Was für eine Bearbeitung derselben kann man von einem Manne erwarten, dem alles geringe scheinen muss, der auf keinen einzelnen Gegenstand gehörige Zeit zu wenden hat, und dessen flüchtige Ansichten niemand berichtigen darf. Und was für Folgen hat eine solche Art zu regieren, auf die Bildung der Staatsdiener! Wie erdrückt sie das Gefühl der eignen Thätigkeit, die Freyheit des Geistes, alle höhere Bildung!

8) In der Geschichte der Periode von 1763—1786. bemerkt der Vf. sehr wohl, wie viel die damals aufgekommene oder doch recht entwickelte Idee vom Staate und dessen Regierung, als *einer Maschine* gewirkt hat. Es ist diess um so viel merkwürdiger, und in der That nicht sehr ehrenvoll für Deutschland, dass diese Vorstellungsart bey uns zu einer Zeit, für eine schöne Erfindung gegolten, und recht ausgebildet ist, in welcher bey andern Nationen, einige grosse Schriftsteller über Politik und Gesetzgebung, durch ihre philosophischen Untersuchungen, gerade die Eigenheiten der menschlichen Natur, die in der elenden mechanischen Theorie von Staate übersehen werden,

den, in das hellefte Licht fetzen. Unter die Zahl der wirklich philofophifchen Schriftfteller über die Politik, möchte Rec. aber nicht den *Locke* zählen. Sein Buch *on Government*, und die darin vorgetragne Theorie harmonirt nicht, wie der Vf. fagt, mit der Conftitution feines Vaterlandes, fondern ift damit vielmehr unvereinbar. Das abftracte, und doch nicht einmal recht metaphyfifche, vielmehr feichte Werk ift ein unglückl. Vorläufer der Revolutionstheorieen, die unfre Zeiten verheert haben. In England ward das Buch, damals als es erfchien, gut aufgenommen, weil es gegen die unfinnigen Lehren von einem feit Adam *in linea recta* vererbten Oberherrn-Rechte der Könige gerichtet war, die im 17ten Jahrhunderte vorgetragen wurden. Gegenwärtig wird nicht leicht ein verftändiger Engländer fich auf *Locke* in der Politik berufen.

9) Dem Mercantilfyfteme fchreibt der Vf. in der neueften Periode einen grofsen Antheil an der Politik des englifchen Cabinets zu. Dem Rec. erfcheint die Sache nicht ganz fo. Die englifchen Handelsbedrükkungen waren anfangs wohl nicht auf Gewinn angelegt, fondern in der Abficht dem Feinde recht wehe zu thun. Nachher hat die Ausdehnung des englifchen Handels freylich die Quellen öffnen müffen, woher die grofsen Geldbedürfniffe beftritten wurden. Diefes hat den Gegner wieder zu einem mit beyfpiellofer Anftrengung geführten Kriege gegen den englifchen Handel veranlafst: und zu einem fo wirkfamen, dafs eben fo wie Europa lernen mufs, die Waaren welche England ihm fchafft; grofsentheils zu entbehren; eben fo auch England der Vortheile beraubt wird, welche ihm daher zuwachfen. Hiedurch ift Grosbritannien gezwungen worden, andre Hülfsquellen in fich felbft aufzufuchen: und mit welchem Erfolge, hat man fchon vor ein paar Jahren in dem Werke des *Oddy*, *European Commerce* fehen können. Neuere Schriften über diefe Gegenftände beweifen, dafs alles was in jenem Buche nur als entftehend angezeigt ward, fich in der feitdem verfloffenen kurzen Zeit zur gröfsten Vollkommenheit entwickelt hat.

10) Die S. 610. angeführten Reformen des Königs Friedrich Wilhelm III. von Preufsen, befchränken fich doch wohl auf die Verminderung der für die Hofhaltung beftimmten Ausgaben. Durchgreifende Reformen in der Staatsverwaltung find nicht vor dem Kriege 1806 gemacht.

11) Zwey Werke fcheinen dem Rec. eine Stelle in der angeführten Literatur zu verdienen, weil fie erhebliche Auffchlüffe über die Verhältniffe der Staaten geben, fo wie man fie am Schluffe der Periode die Hr. Hofr. *Heeren* befchreibt, in Frankreich anfahe. Das erfte ift: *Politique de tous les Cabinets de l'Europe* (von *Favier*, und wieder herausgegeben von *Segur* 1801.). Das andre: *Etat de la France de l'an VIII.*

Endlich, noch eine Kleinigkeit. Es ift eine europäifche Regententafel angehängt. Rec. wünfchte darin die Familien-Namen der Päpfte bemerkt zu fehen: da bey manchen Päpften dadurch gleich an grofse und wichtige Verhältniffe und Begebenheiten erinnert wird.

LITERARISCHE NACHRICHTEN.

I. Beförderungen und Ehrenbezeugungen.

Hr. Hofrath *Ficker* zu Paderborn ift als Arzt bey dem Gefundbrunnen zu Driburg angeftellt worden.

Die Societät der Pharmacie zu Paris, die Societ. d. Med. zu Montpellier, die Wetterauifche Gefellfchaft für die gefammte Naturkunde und die Landes-Kultur-Gefellfchaft für das Herz. Weftphalen haben den Hn. Prof. *Wurzer* in Marburg, zu ihrem Mitgliede aufgenommen.

Der privatifirende Gelehrte Hr. *Carl Dieterich von Münchow* hat, nach Einreichung einer Abhandlung: *de tractoriarum geometricarum et trajectoriarum orthogonalium congruentia*, von der philofophifchen Facultät zu Roftock die Doctorwürde erhalten.

Der Hr. Generalmajor *Klinger*, Director des erften Cadettencorps zu St. Petersburg und Curator der Univerfität zu Dorpat, hat den Wladimirorden zweyter Klaffe erhalten.

II. Vermifchte Nachrichten.

Notizen aus Schweden.

Bey der feyerlichen Magifterpromotion zu Upfala erhielten 75 den Lorbeerkranz. — Das zu Upfala vor einem Jahre errichtete Priefterfeminarium, das unter Dr. *Oedmanns* Direction fteht, hat feinen guten Fortgang, eben fo wie ein anderes, das erft kürzlich in Lund errichtet worden ift. — In Stockholm hat die neuliche Revolution und die ihr folgende Freyheit der Preffe eine grofse Menge kleiner politifchen Schriften hervor gebracht. — Unter den neueften Producten der fchönen Literatur zeichnen fich ein Gedicht von *Wallerius*: das Weib (*Quinnan*) und ein Gefang für die finnifche Armee von *Granberg* und deffen Ehrengedächtnifs *A. Oxenftjerna's*, fo wie eine Kritik über *Schiller* von *Hammarfköld* vortheilhaft aus. In Stockholm erfcheint jetzt eine Zeitung die den Titel führt: *Journal för Litteraturen och Teatern.*

Druckfehler.

In Nr. 295. S. 450. Zeile 11. von unten ift ftatt *in 12. Publ. gerenda*, zu lefen: *in Re Publ. gerenda.*

ALLGEMEINE LITERATUR-ZEITUNG

Sonnabends, den 4. November 1809.

LITERARISCHE NACHRICHTEN.

I. Preise.

Die Königl. Preuss. Akademie der Wissenschaften hat in ihrer zur Feyer des Geburtstages Sr. Majestät des Königs am 3ten August 1809. gehaltenen öffentlichen Sitzung folgende Preisfragen für das Jahr 1811. aufgegeben:

I. *Preisfrage der mathematischen Classe.*

In allen Theilen der Naturlehre, wo Mathematik anwendbar ist, liefert die Vervielfältigung der Versuche Reihen von Zahlen, denen ein Gesetz zum Grunde liegen muss, weil sie von regelmäsig wirkenden Kräften abhängig sind. Das wahre Gesetz einer solchen Reihe in seiner einfachsten Gestalt zu entdecken, ist das letzte Ziel der Versuche selbst. Indess ist es begreiflicher Weise unmöglich, irgend einen directen Weg zu diesem Zwecke zu finden. Man muss sich daher in den meisten Fällen mit einer analytischen Formel begnügen, die zwar selten das wahre Gesetz der Reihe ausdrückt, aber doch die Beobachtungen innerhalb gewissen Gränzen mit einer starken Annäherung darstellt. Solcher Formeln lassen sich in jedem Falle mehrere finden, indem jede Interpolationsmethode dazu dienen kann. Die bekanntesten sind diejenigen, wo eine dieser Reihen:

$$y = a + bx + cx^2 + \text{etc.}$$

oder $y = a^{a} + \beta x + \gamma x^2 + \text{etc.}$

zum Grunde liegt. Aber einzelne Analysten haben in besonderen Fällen noch andere Methoden angewendet; zum Beyspiel, *Lambert* bey Bestimmung einer Gleichung für die Sterblichkeits-Linie. Da der erleichterte Gebrauch und die Vervielfältigung solcher Methoden die Auffindung der wahren Naturgesetze erleichtern kann, so legt die mathematische Classe den Gelehrten folgende Aufgaben vor:

1) *In einem systematischen Zusammenhange die bis jetzt bekannten Methoden kurz und deutlich zu entwickeln, durch welche eine Folge von Grössen, deren Gesetz nicht bekannt ist, in einem analytischen Ausdrucke, annähernd dargestellt werden kann.*

2) *Diese Methoden, wo möglich, mit neuen, noch vortheilhafteren, zu vermehren.*

Uebrigens bestehet diese Preisfrage unbeschadet jener, die im Jahre 1808. für 1810. aufgegeben wurde, welche also lautete:

„*Eine vollständige Theorie des Stosshebers (Bélier hydraulique) aufzustellen, bey welcher zugleich auf eine mit den Erfahrungen übereinstimmende Theorie der Adhäsion des Wassers Rücksicht zu nehmen ist. Es können hiebey theils eigene, theils schon vorhandene Versuche benutzt werden. Auf jeden Fall sind aber die Resultate des Calculs mit Erfahrungen zu vergleichen.*"

II. *Preisaufgabe der philosophischen Classe.*

„*In welcher Beziehung stehen Einbildungskraft und Gefühl? Wie wirken beide gegenseitig auf einander? Auf welche Gesetze lassen sich diese ihre Wirkungen zurückführen? Wie offenbaren sie sich in der Poesie, der Beredsamkeit, den schönen Künsten, der Religion und der Sittlichkeit?*"

Der Preis, welcher in einer goldnen Medaille, 50 Ducaten an Werth, oder, wenn man diess wünscht, in dem Gelde selbst besteht, wird der von der Akademie gekrönten Abhandlung zuerkannt. Die Abhandlungen müssen, leserlich geschrieben, *dem beständigen Secretär der Akademie* postfrey zugesandt werden.

Nur die bis zum ersten May des J. 1811. eingelaufenen Abhandlungen können auf den Preis Anspruch machen.

II. Todesfälle.

Am 18ten April starb zu Leipzig der privatisirende Gelehrte, *Ernst Valentin Lauthier*, im 86sten Lebensjahre. Er ward durch *Gellerten* nach Livland zu einem Baron *Taube* empfohlen, und war daselbst 11 Jahr lang in verschiedenen adligen Häusern Hofmeister. Einen Freyherrn (nachmals in den Grafenstand erhobenen) *Mengden* und *von Löwenstern* begleitete er hierauf auf die Universität zu Leipzig; und hatte, als diese dieselbe verlassen hatten, über mehrere junge Adlige die Aufsicht, welche er zur grössten Zufriedenheit ihrer Aeltern und Vorgesetzten führte. Er ist der Verfasser folgender Schriften, die wir hier anführen, da ihn das gelehrte Deutschland nicht erwähnt: Winke für die Leser der Schrift: Freymüthige Betrachtungen über die neuen Preussischen Anordnungen in geistlichen Sachen. Germanien, 1792. 8. — Ein Wort zu seiner Zeit von der Wahrheit und Vortrefflichkeit der christlichen Religion. Leipz. 1797. 8. — Vorbereitung zu weiterer Erkenntniss des allgemeinen Staatsrechts. Für Jünglinge, die sich den Studien widmen. Leipz. 1800. 8.

Am 5ten Junius starb, wie schon bekannt, zu Leipzig M. *Chr. Friedr. Rüdiger*, ausserordentl. Prof. d. Philos. und

und Obſervator auf der Sternwarte daſelbſt, wo er 1760. geboren wurde. Er war ein ſchlichter, fleiſsiger Mann, der im Stillen die Pflichten ſeines Berufs zu erfüllen ſtrebte, und beſonders durch einen ſehr deutlichen Vortrag Nutzen ſtiftete. Auch verfertigte er den alljährlich in Leipzig erſcheinenden neuen verbeſſerten Kalender.

Am 10ten Julius ſtarb zu Leipzig der auſserordentl. Prof. der Philoſophie, *M. Karl Gottfried Schreiter*, im 53ſten Lebensjahre.

Am 17ten Julius ſtarb ebendaſ. der ſehr fleiſsige Kupferſtecher *Johann Georg Penzel*, 53 Jahre alt. Eine ihm ganz vorzüglich gelungene groſse Platte nach *Ramberg* (die Ankunft Wilhelminens bey ihrem Bräutigam, aus *Thümmels* allbekanntem komiſchen Heldengedichte, vorſtellend), welche er *con amore* für ſich arbeitete, hat er faſt vollendet hinterlaſſen.

Am 4ten Sept. ſtarb zu Upſala Dr. *Christopher Dahl*, Prof. der griech. Literatur daſelbſt, der auch als ſchwediſcher Styliſt berühmt iſt.

Am 4ten October ſtarb zu Rappenhagen bey Greifswald der Juſtizrath und Prof. der Rechte, Dr. *Karl Theodor Gerjahr*, in der Blüthe ſeines Lebens, ein Mann von den mannichfaltigſten Talenten. Verſchiedne belletriſtiſche Schriften, unter andern ein Trauerſpiel, *Antonio Caduci*, hat er unter dem angenommenen Namen *Aug. Sellow* herausgegeben.

LITERARISCHE ANZEIGEN.

Antikritik.

Recenſentenunfugs-Rüge.

Ein junger Mann, der vielleicht um 6 Jahre zu früh Profeſſor an einem Gymnaſium wurde, aber eben darum einen deſto ſtärkern *pruritum inclareſcendi* hat, iſt in Nr. 147. der Jenaiſchen Lit. Zeitung von dieſem Jahre an mein *Handbuch der claſſiſchen Literatur der Griechen*, I. u. II. Band, gerathen, und hat ſeine juckende Haut wacker daran gerieben. Er unterzeichnet ſich *P.*, und ich könnte ſeinen Namen ſogleich ausſchreiben, da ich ihn ſehr gut kenne, wenn etwas daran gelegen wäre. Mit wahrer Sykophanten-Kunſt, die er ſich ganz eigen gemacht zu haben ſcheint, welche aber bekanntlich ſchon bey den Athenern nicht unter die ehrlichen Handwerke gehörte, und ſeitdem auch noch nicht ehrſam geworden iſt, ſchiebt er mir einen ganz *andern fremden Plan*, als ich bey der Herausgabe meines Handbuchs hatte, unter, und miſst und bekrittelt nun mein Werk mit der hohen Miene des Alleinwiſſers, und mit einem unausſtehlich ſuffiſanten und leeren Wortkram darnach. Ich habe ein brauchbares Handbuch der claſſ. Literatur der Griechen und Römer zum Gebrauch für Schulen liefern, aber nie eine *philoſoph. kritiſche Geſchichte* dieſer Literaturen, nach *Frdr. Schlegels* Plan und Anlage, ſchreiben wollen, wie Hr. *P.* mir *aufdringt*, und mir nun eine nach *dieſem Maſsſtabe* von Stolz und Anmaſsung ſtrotzende, und aus Ungerechtigkeiten und offenbaren Uebertreibungen, aus Widerſprüchen und leeren, mit dem gröſsten Zwange herbeygezogenen, Häckeleyen zuſammengeſchmiedete Recenſion an den Hals wirft, die nichts Geringeres, als die *löbliche* Abſicht hat, mein armes beſcheidenes Handbuch zu Boden zu ſchlagen, und ihn, den gröſsten kritiſchen Griechen — auf das hohe Piedeſtal der Unſterblichkeit zu ſtellen. Denn, daſs nun ganz Deutſchland nach dem Verfaſſer dieſes Meiſterſtücks fragen, und ſein klüglich unterzeichnetes *P.* zu entziffern ſuchen, und ihm Weihrauch ſtreuen würde, raunte ihm ſein eigenliebiger Dämon dabey ſicher ins Ohr. Wie es aber ſolch einem Seiltänzer bey einem *ſalto mortale* oft zu gehen pflegt, daſs er ſich dabey ein Bein verſpringt, oder gar den Hals bricht, iſt es Hn. *P.* auch bey ſeinem *Salto mortale* richtig ergangen. Sein *furor criticus* benahm ihm die einem Recenſenten ſo nöthige Sehkraft in der Hitze ſeiner Operation ganz, und machte, daſs er (S. 571. Z. 11. v. u.) ſogar die *chriſtlichen Schriftſteller (Patres)* in meinem H. B. abgehandelt findet, und vollends den Artikel *(Johannes) Chryſoſtomos*, und noch Andere darin geleſen haben will!!! da doch *dieſes* geiſtl. Redners nicht mit einem Worte gedacht iſt; ſo wie die ſogenannten *Kirchenväter* (wenn man die Dichter *Nonnus* und *Heliodor* und den philoſophirenden *Nemeſius* ausnimmt) ganz auſser meinem Plan lagen. Sein kritiſcher *Schnellblick* wird wohl den *Johannes Chryſoſtomos*, der in den Jahren Chr. 337 — 407. lebte, mit dem *Dio Chryſoſtomos* (H. B. I Bd. S. 678.), dieſen *nicht chriſtlichen* Redner, deſſen Zeitalter in die J. Chr. 94 — 117. fällt, verwechſelt, und damit den ungeheuern chronolog. Fehlſprung von mehr als 230 Jahren gemacht haben. Bey dieſem Wagſtücke wird er alſo wohl auch den *Clemens Alexandrinus* und andere, ſich durch die *Reinheit ihrer Gräcität* empfehlende, *Patres* bey mir vermiſſen.

Einen *ſolchen* Recenſenten kann und darf ich nur vorjetzt und in der Folge — wenn es ihn noch gelüſten ſollte, auch über den *zweyten* Abſchnitt meines Handbuchs, die *Römiſchen Claſſiker*, herzufallen, und ihn zu begeifern — öffentlich vor dem unparteyiſchen Publicum *perhorreſciren*. Dieſs ſey *vor der Hand* zur Notiz für das Publicum, und als Fingerzeig, wie es dieſe gelehrte *Paſquino-Fanfaronade* zu nehmen habe, genug. Eine *ausführliche Antikritik* werde ich, zu meiner Vertheidigung, beym *letzten* Bande meines Handbuchs liefern.

Hamm, am 20. Septbr. 1809.

W. D. Fuhrmann.

INTEL-

INTELLIGENZ DES BUCH- UND KUNSTHANDELS.

I. Neue periodische Schriften.

Von der Bibliothek der redenden und bildenden Künste hat das 2te Stück des 6ten Bandes die Presse verlassen. Unter andern findet man darin den Faust von *Göthe* und den von Dr. *Schöne* beurtheilt; ferner *August Wilhelm Schlegels* Vorlesungen über die dramatische Literatur der Griechen, ein neues Lustspiel von *Kotzebue*: Sorgen ohne Noth, das zu Leipzig vielen Beyfall erhalten hat, u. s. w. Ein Schreiben aus Berlin beleuchtet das Gedicht im Morgenblatt von Herrn *Werner*: Pythia - Hendel überschrieben, in welchem Hr. *Werner* versichert, die Frau Hendel stelle die Geschichte der Maria mimisch von der Empfängniss bis zu ihrer Himmelfahrt dar.

Leipzig. Dyk'sche Buchhandlung.

II. Ankündigungen neuer Bücher.

Neuigkeiten bey F. G. Levrault, Buchhändler in Strasburg, welche im Laufe des Monats September an alle Buchhandlungen Deutschlands verschickt worden:

Repertorium, oder alphabetisches Sachregister zur officiellen Ausgabe des Napoleonischen Gesetzbuchs für das Königreich Westphalen, in drey Sprachen, Französisch, Lateinisch und Deutsch. 4. Auf Velinpapier 14 Fr. 50 Centimes, oder 4 Rthlr. preuss. Courant.

Dasselbe in 3 Sprachen, auf fein Schreibpap. 4. 7 Fr. 50 Cent. oder 2 Rthlr. 2 gr. pr. Cour.

Dasselbe in 2 Sprachen, Französ. und Deutsch. 8. Auf fein Papier 6 Fr. oder 1 Rthlr. 16 gr. pr. Cour.

Dasselbe in 2 Sprachen. Auf Schreibpap. 4 Fr. 50 Cent. oder 1 Rthlr. 6 gr. pr. Cour.

Dasselbe ganz Deutsch. Auf Schreibpap. 2 Fr. 25 Cent. oder 15 gr. pr. Cour.

Dasselbe — auf grau Druckpap. 1 Fr. 70 Cent. oder 11 gr. pr. Cour.

Les trois Régnes de la Nature par *Jacques Delille*, avec des notes par Monf. *Cuvier* et autres savans. 2 Volumes. Belle Edition in 4. Papier superfin Velin. satiné — avec gravures d'après les dessins de Moreau.

Les Jardins, ou l'art d'embellir les paysages, poeme par *Jaques Delille*. Belle Edition in 4. Papier superfin velin satiné, avec grav. d'après le dessin de Cazel.

Verzeichniss neuer Bücher, die bey Herold und Wahlstab in Lüneburg 1809. erschienen sind.

Bienenwärter, der erfahrne, für alle Gegenden Nord-Deutschlands. 8. 4 gr.

Boston-Spiel, das Lüneburgische, mit Tri-Boston und Boston-Whist. *Dritte* verbesserte Auflage. Gebunden 6 gr.

Degens, *P. B.*, Bemerkungen über das Zeitalter und die Institutionen - Paraphrase des griech. Rechtslehrers *Theophilus*. gr. 8. 10 gr.

Dramatisches Scherflein, ein Taschenbuch für die Bühne, von *J. Friedr. Schink*. 1810. Gebunden 1 Rthlr. 8 gr.

Dräseckens Predigten für denkende Verehrer Jesu. 3te Sammlung. gr. 8. 1 Rthlr. 4 gr.

Derselbe, Religion in ihrer Bedeutung für den Menschen und das Zeitalter, in Reden und Lieder, bey der Confirmationsfeyer 1808. gr. 8. 6 gr.

Eggers, *C. U. D.*, Freyherr *von*, Ueber die sichersten und schnellsten Mittel, einem durch Krieg ruinirten Staat wieder aufzuhelfen; eine gekrönte Preisschrift. kl. 8. 6 gr.

Flügge's, *Christ. Wilh.*, Geschichte der kirchlichen Einsegnung und Copulation der Ehen. *Zweyte* vermehrte Ausgabe. kl. 8. 10 gr.

Gartenbuch, neues, zur Anlegung und Behandlung eines Obstgartens. Mit 4 Holzschnitten. 8. 6 gr.

Gespräch zwischen einem flüchtigen Pater aus Rom und einem Clerico. 8. 6 gr.

Reflections sur la nouvelle noblesse héréditaire en France, par Mr. le Bar. d'*Eggers*. 8. Broche 8 gr.

Spanien und Portugal, für Zeitungsleser; mit einer Post-Karte. 8. Gebunden 8 gr.

Versuch einer Beantwortung der Frage: Ist dem Arzt das Studium der Erfahrung Anderer nützlich und nothwendig, und durch welche Mittel können die Hindernisse, die sich ihm dabey oft in den Weg legen, am sichersten gehoben werden? Nebst einer Nachricht von verschiedenen medicinischen Lehrinstituten überhaupt, und den Mecklenburgischen naturhistorisch - medicinisch - literarischen Gesellschaften insbesondere, von Dr. *J. C. L. Reddelien* in Wismar. 18 gr.

Wedekind's, *A. C.*, Abriss der alten Geschichte bis auf Karl den Grossen. gr. 8. Velin-Papier. Gebunden 16 gr.

Zwölf Angst-Minuten in Jena in der Nacht des 13ten Octobers 1806. glücklich bestanden, von Dr. *Karl Fischer*. 1 Rthlr.

In allen Buchhandlungen ist für 16 gr. zu haben:

Die Geschichte der Römer als Lesebuch für die Jugend bearbeitet von *A. Zachariä*. Altona, bey Hammerich. 1809.

Der Inhalt des vorliegenden Lesebuchs ist so glücklich gewählt und so trefflich bearbeitet, dass dasselbe unter unsern vorzüglichsten Schriften für die Jugend einen

einen anſehnlichen Rang behauptet. Es erzählt nicht nur die römiſche Geſchichte auf eine ſehr angenehme Weiſe, ſondern enthält auch nebenher eine Menge wahrer Gedanken über Welt und Menſchen, die der Verſtandes- und Herzens-Bildung der Jugend ungemein förderlich ſeyn können und müſſen. Der Vortrag iſt durchgängig munter und lebhaft, die Sprache correct und natürlich, und der Dialog ungemein wohl gerathen. Referent wünſcht dem würdigen Verfaſſer zur Ausarbeitung ähnlicher Schriften Geſundheit und Heiterkeit, er würde ſich dadurch um Aeltern und Kinder ungemein verdient machen, vorzüglich aber wohl durch eine Geſchichte der Griechen auf ähnliche Art bearbeitet.

Folgende kleine allgemein intereſſante Schrift hat ſo eben die Preſſe verlaſſen:

Sachſens ſieben Kriege gegen Oeſtreich. Nebſt einem Aufſatze: *Das deutſche Reich und der Rheinbund*; zur Erläuterung des Erſtern. Zwey Blätter für den Volksunterricht. Begleitet von zweyen Liedern. 8. Preis 8 gr.

Dem *zweyten* Aufſatze ſind drey kürzere Aufſätze wieder, als Zugabe, beygefügt. 1) Warum ſchlieſst England keinen Frieden? 2) Warum fehlt es ſo vielen Deutſchen an einem politiſchen Tact? 3) Steigen und Fall der Brandenburgiſch-Preuſsiſchen Monarchie. — Die Vorrede iſt gegen die Herren *Gentz* und *Friedrich Schlegel* gerichtet.

Leipzig. Dyk'ſche Buchhandlung.

III. Herabgeſetzte Bücher-Preiſe.

Folgende Bücher werden bis zur Leipziger Oſtermeſſe 1810. incluſive gegen baare Bezahlung in Preuſsiſchem klingendem Courant, für folgende ſehr verminderte Preiſe angeboten. Wer ſechs Exemplare nimmt, bekommt über dieſs noch das ſiebente umſonſt.

Abbt, Thom., vermiſchte Werke. 6 Thle. 8. compl. ſonſt 3 Rthlr. 8 gr., jetzt 2 Rthlr.

Beſchreibung der K. Reſidenzſtädte Berlin und Potsdam. 3te Aufl. Mit Kupfern u. Karten. gr. 8. ſonſt 5 Rthlr. 12 gr., jetzt 3 Rthlr.

Goſsler, Chriſt., Handbuch gemeinnütziger Rechtswahrheiten für Geſchäftsmänner, nach Anl. des allg. Geſetzbuches entworfen. gr. 8. ſonſt 1 Rthlr. 16 gr., jetzt 20 gr.

Hermes, J. A., Predigten über die evangeliſchen Texte an den Sonn- und Feſttagen des ganzen Jahres, zur häusl. Andacht. gr. 8. ſonſt 2 Rthlr. 12 gr., jetzt 1 Rthlr.

Möſer, Juſt, vermiſchte Schriften. 2 Bde. gr. 8. ſonſt 2 Rthlr. 8 gr., jetzt 1 Rthlr. 4 gr.

— patriotiſche Phantaſieen. IV Bde. 3te Aufl. gr. 8. ſonſt 3 Rthlr. 16 gr., jetzt 2 Rthlr.

— osnabrückiſche Geſchichte mit Urkunden. 2 Thle. N. Aufl. gr. 8. ſonſt 2 Rthlr., jetzt 20 gr.

Rochow, von, Correſpondenz mit verſchiedenen verſtorbenen Gelehrten. 1r Band. gr. 8. ſonſt 21 gr., jetzt 10 gr.

Schmucker, J. L., chirurgiſche Wahrnehmungen. 2 Bde. gr. 8. ſonſt 2 Rthlr. 12 gr., jetzt 1 Rthlr. 8 gr.

— Sammlung vermiſchter chirurgiſcher Schriften. 3 Bde. gr. 8. ſonſt 2 Rthlr. 12 gr., jetzt 1 Rthlr. 8 gr.

Unterricht über die Geſetze für die Einwohner der preuſsiſchen Staaten. Von *Goſsler* und *Suarez*. gr. 8. ſonſt 12 gr., jetzt 6 gr.

Daſſelbe in polniſcher Sprache. ſonſt 20 gr., jetzt 8 gr.

Unterweiſung für die Parteyen zu ihrem Verhalten bey Proceſſen. gr. 8. ſonſt 10 gr., jetzt 5 gr.

Wiarda, T. D., Aſega-Buch, ein altfrieſiſches Geſetzbuch der Rüſtringer, überſetzt und erläutert. gr. 4. ſonſt 3 Rthlr. 8 gr., jetzt 1 Rthlr. 12 gr.

Friedrich Nicolai.

IV. Vermiſchte Anzeigen.

Meine in dem 182ſten Stücke der Allgemeinen Literatur-Zeitung vom 30ſten Junius 1809. eingerückte Anzeige der zur bequemen Erlernung der Sprachen führenden Bücher iſt einzeln abgedruckt bey mir auf Verlangen zu haben. In dem beſagten Stücke iſt dieſe Anzeige alſo zu berichtigen. Ich hätte nicht das Wolkiſche, ſondern das Baſedowiſche Elementarwerk ſetzen ſollen, wozu Hr. *Wolke* eine Beſchreibung der dazu gehörigen Kupfer geliefert hat, die unter dem Titel: *Méthode naturelle d'inſtruction* par Mr. *Wolke*, überſetzt iſt. Dieſes Elementarwerk und die Ueberſetzung ſind Verlagsbücher der Cruſius'ſchen, jetzt Vogel'ſchen Buchhandlung in Leipzig. *Comenius* hat ſein Lexicon zu ſeiner *Janua linguarum* nicht *Januale*, ſondern *Atriale Latino Latinum* betitelt. Ferner iſt auch das Bertuch'ſche Bilderbuch mit deutſchem, franzöſiſchem, italieniſchem und engliſchem Texte, als zur Sprachkenntniſs dienlich, anzuführen. Mein Gedicht auf die Rückkunft des Königs von Sachſen, das einzige in l[illegible] Tone über dieſen Gegenſtand geſchriebene, wird bey Hn. Buchdrucker Fiſcher in Leipzig für einen Groſchen verkauft. Die Beſtellungen wünſcht man poſtfrey zu erhalten. Das Gedicht wird durch die Gelegenheit, welche man anzeigen wird, überſendet.

Leipzig. Ludwig Heinrich Teucher.

ALLGEMEINE LITERATUR - ZEITUNG

Montags, den 6. November 1809.

WISSENSCHAFTLICHE WERKE.

NEUERE SPRACHKUNDE.

LEIPZIG, b. Reclam: *Ueber den Wortreichthum der deutschen und französischen Sprache und beider Anlagen zur Poesie;* nebst andern Bemerkungen, Sprache und Literatur betreffend. *Erster* Band. XXIV u. 424 S. *Zweyter* Bd. 453 S. Verbesserungen u. Zusätze 46 S. 1806. gr. 8. (3 Rthlr.)

Mit der scharfsinnigsten Sprachkritik vereinigt der Vf. dieser Schrift die mannichfaltigsten, den Gegenstand ganz umfassenden Kenntnisse, und eine musterhafte Schreibart. Da es indessen einem lebhaften Geiste, dem sich eine Fülle von Ideen zudrängt, leichter ist, zu skizziren, als zu vollenden: so liefert er mehr reichhaltige Bruchstücke, als ein zusammenhängendes Ganzes; und es wäre zu wünschen, dass der Vf. den Mängeln, deren er selbst in der Vorrede gedenkt, abgeholfen, und die letzte Hand an sein Werk gelegt hätte. In seiner jetzigen Gestalt gleicht es mehr einem Möbelmagazine, als einem geordneten und möblirten Zimmer. Rec. wird zuerst dem Vf. in der möglichsten Kürze durch das Werk folgen, welchem selbst eine Inhaltsanzeige fehlt, und dann mit einigen allgemeinen Bemerkungen schliessen.

I. *Wortreichthum beider Sprachen. Biegungsfälle (und Artikel).* (S. 9.) Hier führt der Vf. unsere Biegungsfälle und Artikel an, und unsere drey Geschlechter, das männliche, weibliche und sächliche. „Die französische Sprache, fährt er fort, kennt nur zwey Geschlechter, das männliche und das weibliche. Ihr fehlt das geschlechtlose." (Warum das geschlechtlose (Geschlecht) und nicht das sächliche?) „Auch kennt sie, ausser in dem Artikel, der durch Verbindung mit dem Vorwort seine Gestalt verändert, keine Biegungsfälle." Hierauf spricht er von den Artikeln und von der Bezeichnung der Mehrheit für beide Geschlechter in der französischen Sprache, und folgert aus dieser Zusammenstellung, dass unsere Sprache hierin über die französische ein entschiedenes Uebergewicht behaupte; aber mit welchem Rechte? Unsere Sprache kann, wegen ihrer mangelhaften Biegungsfälle, die Artikel nicht entbehren; die französische kennt erstere gar nicht, und gewinnt, was ihr dadurch etwa an Ausdruck abgeht, an Einfachheit und leichter Bewegung wieder. Die italienische Sprache kennt die Biegungsfälle eben so wenig. Die in der Anmerkung S. 10. angeführte Form: gelehriges Ohrs (warum nicht gelehrigen Ohrs?), ist kräftig, aber auch so wohlklingend, als die französische: *d'une oreille docile?* Der Vf. führt an einem andern Orte (S. 29. Anmerkung) als einen Vorzug der deutschen Sprache an, dass sie, vermittelst der geschlechtlosen Form, wenigstens im Nennfall und Wirkfall, die Abgezogenheiten: das Grosse, das Schöne, das Gute u. s. w. bestimmter ausdrückt, als die französische, in welcher *le grand, le beau, le bon* etc. eben sowohl der grosse, der schöne, der gute (Mann) bedeuten kann; aber kann denn im Deutschen das Grosse u. s. w. nicht auch das grosse (Weib) bedeuten? Die Verbindung darf da keinen Missverstand zulassen. Der Vf. berührt hier nicht den *Article partitif* der französischen Sprache, der sie mit einer ziemlich feinen Begriffsschattirung bereichert. Wer mit der französischen Sprache vertraut ist, fühlt sie in folgenden Beyspielen: *l'honneur ne me permet pas de le faire; il a de l'honneur; honneur vaut mieux que richesses;* und in

Que c'est souvent à tort que sages on nous nomme;
Et que dans tous les coeurs il y a toujours de l'homme.

Destouches.

Von den *Endungen der Zeitwörter* und der *Conjugation.* (S. 11.) Diese Endungen, sagt der Vf., sind in beiden Sprachen gebrechlich; daher können diese, fügt Rec. hinzu, die persönlichen Fürwörter nicht entbehren. Uebrigens räumt der Vf., in Hinsicht auf die Conjugation, der französischen Sprache viele Vorzüge ein, die Rec. um so bedeutender findet, als das Zeitwort durch die häufige Wiederkehr in allen seinen mannichfaltigen Abwandlungsformen ungleich mehr in die Masse der Sprache eingreift, als irgend eine andere Wortart. (Eigene Worte des Vfs. bey einer andern Gelegenheit.) Die französische Sprache hat mehr Zeiten oder Formen, das Verhältniss der Zeit zur Handlung auszudrücken, als die deutsche: *je mangai, j'eus mangé.* (Nicht auch *j'eusse mangé?* das vom Vf. dafür angeführte, schleppende: ich würde gegessen haben, möchte Rec. mit *Adelung* lieber gar nicht aufnehmen.) Sie hat einfache, statt unsrer zusammengesetzten: *je mangerai, je mangerois.* Der Mangel der erzählenden Vergangenheit (des *Parfait défini*) ist, sagt der Vf., äusserst wichtig. Rec. weiss nur gar zu wohl, wie schwer es dem Deutschen wird, die feinen Unterscheidungen zu fassen, welche der Franzose vermittelst des *Présent relatif* und des *Parfait défini*, so wie des *Parfait antérieur* und des *Plusque-parfait* ausdrückt. Für folgende Formen: *J'avois fini, lorsqu'il entroit — j'avois fini hier, lorsqu'il entra — j'avois fini ce matin, lorsqu'il est entré — Il entra, lorsque j'eus fini* — giebt unsere Sprache nur eine her: ich hatte geendigt, als er herein trat; oder: er trat herein, als ich geendigt hatte. Die französische bedient sich mit vielem Vortheile ihrer *participes actifs: aimant, ayant aimé*, und ihres *gérondif: en aimant;* sie hat leichter klingende Hülfswörter; ihrer *temps surcomposés* gedenkt der Vf. nicht; sie werden selten gebraucht, doch sind sie nicht ganz entbehrlich. Rec. erinnert, dass der in seiner Sprache geübte Deutsche den holprigen Formen unsrer Conjugation ziemlich auszuweichen weiss; statt: wenn er alle seine Pflichten gegen mich erfüllt haben wird u. s. w., kann man sehr wohl sagen: er erfülle erst alle seine Pflichten gegen mich, oder: hat er erst alle seine Pflichten gegen mich erfüllt, oder: ihm liegt erst ob, alle seine Pflichten gegen mich zu erfüllen u. s. w. Note S. 15. spricht der Vf. von dem flüchtigen Klange, der, verbunden mit der leichten Wortstellung, der französischen Sprache so viele Anmuth giebt. Seiner Behauptung, dass der Ton in derselben bey mehrsylbigen Wörtern immer auf die Endsylbe falle, und dass sie fast aus lauter Anapästen oder anapästartigen Füssen bestehe, möchte Rec. jedoch widersprechen. Aus dem *Dictionnaire grammatical de la langue françoise, en deux Vol.* Paris 1788. (von *Férand*) ergiebt sich das Gegentheil. Viele Wörter haben gar keinen merklichen Ton, z. B. *lestement*, worin alle Sylben kurz sind. Ueberhaupt entgeht der Ton, wegen seiner Flüchtigkeit, dem Ausländer und selbst vielen Provinzialen; aber in dem Munde der besten Redner und Schauspieler der Hauptstadt gewinnt die Sprache dadurch einen unbeschreiblichen Reiz.

Steigerungen. (S. 21.) Die deutsche Sprache bildet diese durch Biegungssylben an den Bey-, Neben- und Wechselwörtern. Rec. warnt in unserer Sprache vor harten und sinnlosen Steigerungen, welche man oft hört und liest, wie: der unterrichtetere Mann, der bestmöglichste Verkauf, und (*Schiller* in der Geschichte der Niederlande) die nichtsbedeutendsten Kleinigkeiten. Die französische Sprache macht, mit wenig Ausnahmen, die Steigerungen durch *plus* und *le plus.* Die Minderungsgrade übergeht der Vf. Rec. findet das *moins* und *le moins* der Franzosen viel wohlklingender, als unser *weniger* und *am wenigsten.*

Verkleinerungen. (S. 22.) Hierin sind die Franzosen sehr beschränkt.

Nennwörtliche Zeitwörter. (S. 24.) Die Franzosen gebrauchen nicht viele Zeitwörter im sachwörtlichen Sinne; doch giebt sich die Sprache, meint Rec., zu mehrern her: *le doux revoir, le donner et le prendre*, und dergleichen, würden leicht Aufnahme finden. Es ist, wie der Vf. zeigt, ein groser Vorzug der unsrigen, dass sie sich der meisten Zeitwörter auf diese Art bedient; sie gewinnt dadurch an Ausdruck und Mannichfaltigkeit. Die Italiäner sind hierin noch weit kühner: *Il peccare, il non peccare, il combattere per prova di verità, all' apparir del dì, il nasconderſi, il negarle, il fare ingiuria ed il patirla.*

Sachwörtliche Beywörter. (S. 27.) Die Franzosen haben einige Beywörter, sagt der Vf., die sie als Benennungen gebrauchen können. Rec. findet deren Anzahl gar nicht gering; freylich bedienen wir uns unsrer Beywörter, um die Gattung sowohl, als bestimmte Einzelwesen, als auch die geschlechtlosen Abgezogenheiten anzudeuten, weit häufiger in dieser Gestalt; z. B. der Scharfsichtige (für die Gattung, wie für das Individuum), das Grausenvolle. Eine Note S. 31. gedenkt hier des Gebrauchs, den die Franzosen zuweilen vom Nennwort, als Beywort, machen; z. B. *une femme poëte;* Rec. bemerkt, dass in diesem Falle das beywörtliche allemal nachsteht; so haben z. B. *le mari philosophe* und *le philosophe mari* einen ganz verschiedenen Sinn: der Ehemann als Philosoph, der Philosoph als Ehemann.

Sachwörtliche Wechselwörter. (S. 31.) Auch deren Anzahl findet Rec. nicht so unbedeutend, als der Vf., ob es gleich gewiss ist, dass wir auch hierin einen freyern Spielraum haben, und dass unsere auf so mannichfaltige Weise gebrauchten Wechselwörter eine Zierde der poetischen Sprache sind, wie in den angeführten Beyspielen:

> Das *Weitzerstreute* sammelt sein Gemüth,
> Und sein Gefühl belebt das *Unbelebte* —
> Wie den *Bezauberten von Rausch und Wahn*
> Der Gottheit Nähe leicht und willig heilt. —
>
> *Göthe.*

Wenn übrigens der Vf. anführt, dass die thätlichen und leidentlichen Wechselwörter, als blosse Beywörter neben das Nennwort gestellt, im Französischen ebenfalls seltner gebraucht werden, als im Deutschen: so fängt doch, nach Rec. Meinung, jene Sprache wohl auch an, sich hierin freyer zu bewegen: *une ame aimante* findet keinen Widerspruch mehr, und man sagt sehr gut: *un homme également embarrassé et embarrassant.* Der Vf. erwähnt in einer Note S. 35. noch der Zwitterform in *eur* und *ice*, wodurch der Franzose zuweilen das thätliche Wechselwort ersetzt: *un animal imitateur, la flamme dévastatrice etc.*

Zeitwörter von vielfacher Bedeutung. (S. 35.) In einer Note bestimmt der Vf. den Unterschied zwischen vieldeutigen Wörtern und Wörtern von vielumfassender Bedeutung. Letztere nennt er Gesammtwörter, dergleichen sind: bieder, *naïf.* Der Vf. fürchtet, die französische Sprache sey an solchen reicher, als die unsrige; Rec. muss hinzufügen, dass wir viele in dergleichen Wörtern jener Sprache bezeichneten Haupt- und Nebenbegriffe nur durch Umschreibung oder ganze Phrasen ausdrücken können, z. B. das obige *naïf*, ferner: *génie, candeur, loyauté, procédés (en être aux procédés), ressentiment*, und so viele andere. Der Vf. kehrt nun zu den Zeitwörtern von vielfacher Bedeutung zurück. Von den Vor-

wör-

wörtern und untrennbaren Sylben, die wir unſern Zeitwörtern voranſetzen, haben viele mehr, als eine Bedeutung. (Man ſchlage nur *auf* im *Adelung* nach.) Daher kommt es, daſs eine groſse Anzahl dieſer Zeitwörter, je nachdem das begleitende Vorwort in dieſem oder einem andern Sinne genommen wird, oft ganz verſchiedene Begriffe ausdrücken. Der Fälle, wo auf dieſe Art der Sinn eines und deſſelben Zeitworts, auch der daraus abgeleiteten Nenn- und Beywörter verändert wird, giebt es unzählige. Dieſe Eigenſchaft unſrer Sprache vermehrt gewiſs den Reichthum derſelben nicht wenig. Die Franzoſen kennen dieſe Veränderungsform der eigentlichen Bedeutung (von der figürlichen iſt hier nicht die Rede) nur mit der Vorſylbe *re*, welche bald unſerm *wieder* und bald unſerm *zurück* entſpricht; z. B. *retirer*, wiederziehen, *ſe retirer*, ſich zurückziehen. So weit der Vf. Rec. erinnert hierbey, daſs im Deutſchen die unangenehme häufige Wiederkehr dieſer Vorwörter mit aller Sorgfalt nicht zu vermeiden iſt, z. B. *auf*merkſam *auf* etwas ſeyn, den *Vorzug vor* Jemand haben; und daſs unſere Sprache durch die Verwerfung der ſo genannten, von den Zeitwörtern trennbaren Partikeln an das Ende der Periode oft etwas breit und ſchleppend wird; auch geben dergleichen Zeitwörter bisweilen zu Miſsverſtand Anlaſs; er vergiebt ſich viel, kann heiſsen: er verzeiht ſich viel, aber auch: er läſst viel zu ſeinem Nachtheile geſchehen.

Nun folgt S. 42. ein Abſchnitt ohne Ueberſchrift, der von dem *Wortinhalte der Sprachen* handelt. In der Note theilt der Vf. die Phraſen in grammatiſche und redneriſche ein; unter erſtern verſteht er die ſo genannten Idiotismen, als: einen lahm prügeln, ſich heiſer reden; *il vient de mourir*, *il va venir*. Von unſerm Ueberfluſſe an ſolchen handelt er in der Folge. Als redneriſche (*phraſes faites*) führt er an: etwas aus dem Stegreife thun, einem eine Naſe drehen, einem etwas in die Schuhe gieſsen u. ſ. w. (Freylich nicht ſehr redneriſche!) Von den erwähnten franzöſiſchen gehören eigentlich nur *les plis et replis du coeur humain*, *un caractère boutonné* zu den *Phraſes faites*, mit welchen man Sprichwörter und bekannte Stellen aus Autoren nicht vermiſchen darf. Er räumt ein, daſs die Franzoſen an ſolchen reicher ſind, als wir, und daſs dieſe Formen vorzüglich der franzöſiſchen Umgangsſprache jene Leichtigkeit und Anmuth geben, die ſie ſo allgemein beliebt gemacht haben. Nicht bloſs der Umgangsſprache, meint Rec.: denn das angeführte: *plis et replis du coeur humain*, ferner *perdre le fil des événements*, *heurter de front*, *étouffer au berceau*, *s'élever à la hauteur*, und viele andere eignen ſich auch zu der ernſtren und höhern Schreibart. *Phraſes conſacrées* nennt der Franzoſe ſolche, welche der Gebrauch gegen die Sprachregeln eingeführt hat, z. B. *lettres Royaux*, *tout vient à point qui peut attendre*, *ſentir mauvais* u. ſ. w. Rec. erinnert dieſs, weil der Vf. dieſem Ausdrucke in verſchiedenen Stellen einen ganz andern Sinn unterlegt, und ihn Bd. II. S. 334. ſogar mit den *phraſes faites* verwechſelt. Was die *expreſſions crées* anbelangt, deren der Vf. gedenkt, und wovon er *Racine's*:

Dans une longue enfance ils l'auroient fait vieillir —

und *Göthe's*:

Bis ich vom Leben endlich ſelbſt geneſe —

als Beyſpiele citirt: ſo mag es wohl noch keinem vernünftigen Franzoſen eingefallen ſeyn, ſolche als einen ausſchlieſslichen Vorzug ſeiner Sprache anzuführen; es iſt wohl nur eine Stimme darüber, daſs ſie dem Genie, nicht der Sprache angehören. Was findet aber der Vf. Tadelhaftes an der aus dem *Mercure de France* angeführten Stelle: *Les langues ſont bien moins riches par l'abondance des mots, que par la combinaiſon et la place, que ſait leur donner le génie.* Durch eine arithmetiſche Aufzählung der Wörter möchte wenigſtens Rec. nicht den Reichthum einer Sprache beweiſen wollen. Sollte das: mit wenigen Worten viel ſagen, nicht auf die Sprachen wie auf Perſonen anwendbar ſeyn? Weil wir uns einmal bey den Noten befinden, ſo wollen wir auch die folgende dieſes Abſchnitts mitnehmen, wo der Vf. an verſchiedenen, aus dem Lateiniſchen abzuleitenden, aber ſehr verunſtalteten franzöſiſchen Wörtern ein Aergerniſs nimmt, und meint, daſs die franzöſiſche Sprache ſo ganz ohne irgend eine Regel bey ihrer Bildung aus dem Lateiniſchen zu Werke geſchritten. Im Allgemeinen möchte er dieſs wohl nicht beweiſen können. Und wer kann, fragt Rec., in unſerm Latwerge *electuarium*, in Pfarre *parochia*, in Pilger *peregrinus*, in Vogt *advocatus*, in Pfingſten *pentecoſte*, in Oſterluzei *ariſtolochia* u. ſ. w. die beygeſetzten Urwörter wieder erkennen? Wie entſtellt iſt *populus* in Pöbel, und wie herabgewürdigt der Begriff! Das Franzöſiſche bildete ſich allmälig aus den galliſchen Mundarten, der *Romana ruſtica* (nicht aus der lateiniſchen Schriftſprache) und der germaniſchen, ohne Vorſitz eines Sprachkenner-Ausſchuſſes. Mit ihren gebrauchteſten, aus dem Griechiſchen entlehnten Wörtern iſt nicht bloſs der Gelehrte, ſondern auch jeder gebildete Franzoſe vertraut. Rec. erkennt, beſonders für die Phantaſie, den Werth ſolcher Wörter an, welche ihren Sinn durch ſich ſelbſt ausſprechen, wie *bienfait*, Wohlthat, *bonhomie*, Gutherzigkeit; er glaubt indeſſen, daſs Wörter, welche durch Tradition, Gebrauch und Beſtimmtheit der Sprache als Zeichen für den Begriff feſt daſtehen, wenn ſie ſich auch nicht durch ſich ſelbſt erklären, für den Verſtand keine Dunkelheit laſſen. Der menſchliche Geiſt analyſirt im Gange der Ideen und der Sprache die Wörter nicht. Ungeachtet des Vorwurfs, den Hr. *Villers* der franzöſiſchen Sprache macht, daſs ein groſser, aus griechiſchen und lateiniſchen Wurzeln zuſammengeſetzter Theil ihrer Wörter unverſtändlich für den Franzoſen wäre, bleibt Rec. doch bey ſeinem obigen Satze, und glaubt ihn dadurch erwieſen genug, daſs es eben das Verdienſt der Deutlichkeit und Klarheit iſt, welches Niemand dieſer Sprache ſtreitig macht. Der Vf. fährt nun im Texte fort, beide Sprachen nach ihrem Reichthume an Stammwörtern zu vergleichen.

Stamm-

Stammwörter. (S. 46.) Deren Aufzählung wird immer nach den dabey zum Grunde gelegten Prämissen verschiedentlich ausfallen. Hier werden die französischen zu den deutschen = 4:3 angesetzt. Ausgemacht bleibt es immer, dass die französische Sprache an solchen weit reicher ist, als die deutsche. Rec. gedenkt, dass durch ihre mehrern verschiedenen Wurzel- und Stammwörter, welche sie so mancher Zusammensetzungen überheben, und durch die Mannichfaltigkeit ihrer Ableitungssylben die französische Sprache gedrängter und melodischer wird, als die deutsche es seyn kann, in welcher die Analogieen der Ableitungen und Zusammensetzungen dieselben Töne und Wörter so oft zurückführen. Der Vf. räumt auch diess weiterhin in Ansehung des Wohlklanges ein; zum Beweise der Kürze aber führt Rec. nur folgende Fälle an, wo wir einfache Wörter der Franzosen durch Zusammensetzungen oder Umschreibungen ausdrücken müssen; als unsere Zusammensetzungen mit Kraft: *imagination*, Einbildungskraft, *jugement*, Urtheilskraft, *discernement*, Unterscheidungskraft u. s. w.; mit Sinn: *pénétration*, Scharfsinn, *entêtement*, Starrsinn, *frénésie*, Wahnsinn u. s. w.; mit Lehre: *physique*, Naturlehre, *grammatique*, Sprachlehre, *morale*, Sittenlehre u. s.; mit Kunde: *medecine*, Arzneykunde; mit Kundiger: *antiquaire*, Alterthumskundiger, *naturaliste*, Naturkundiger u. s.; mit Kunst: *blason*, Wappenkunst, *arithmétique*, Rechenkunst, *musique*, Tonkunst u. s.; mit Wissenschaft: *humanités*, Schulwissenschaften, *logique*, Vernunftwissenschaft, *botanique*, Kräuterwissenschaft u. s.; mit Art: *méthode*, Lehr- oder Verfahrungsart, *race*, Geschlechtsart, *phrase*, Redensart u. s.; mit Stück: *fragment*, Bruchstück, *pendant*, Seitenstück; *une nuit*, ein Nachtstück; mit Weise: *cruellement*, grausamerweise, *inconsidérément*, unüberlegterweise, *pareillement*, gleicherweise, *comparativement*, vergleichungsweise u. s.; mit Beere, wohl alle Arten von Beeren; mit Strauch, Staude, Stock: *groseiller*, Stachelbeerstrauch und andere Arten von Beerensträuchern, *noisetier*, Haselstaude, *vigne*, Weinstock u. s. w.; mit Baum: alle Obstbäume; mit Werk: *charroi*, Fuhrwerk, *métier*, Handwerk, *agrêts (cordages)*, Tackelwerk u. s.; mit Handwerk oder Arbeit: *menuiserie*, Tischlerhandwerk oder Tischlerarbeit, *cordonnerie*, Schuster- oder Schumacher-Handwerk oder Arbeit, *charronage*, Stellmacher-Handwerk oder Arbeit u. s.; mit Zeit: *saison*, Jahrszeit, *journée*, Tagezeit, *matinée*, Morgenzeit u. s.; mit Mann: *baillif*, Amtmann, *roulier*, Fuhrmann, *laboureur*, Ackermann u. s.; mit Macher: *chapelier*, Hutmacher, *peignier*, Kammmacher, *perruquier*, Perruckenmacher u. s.; mit Arzt, Hirte, Thier, Fleisch, Fisch, und mit so vielen andern. *Dîner*, *souper*, *goûter*, *raser*, *se raser*, *naturaliser*; *moraliser*, *agoniser*, *franciser*; *se franciser* (eine Menge dergleichen), *révolutionner*, *abonner*, *s'abonner*, *plaider*, *officier*, *parodier*, *dicter*, *gesticuler*, *motiver*, *activer*, *déclamer* (verschieden von *réciter*), *déroger* (vom Adel), und viele andere Zeitwörter müssen wir ebenfalls umschreiben; z. B. *il a dérogé*, er hat seinen Adel durch etwas verletzt. Das Französische, bemerkt Rec. ferner, als Tochter der lateinischen Sprache, verdankt der griechischen und ihrer eigenen, nicht frühern, aber unter günstigern Umständen erhaltenen Cultur ein Heer von Kunst- und Wissenschaftswörtern, von Wörtern des praktischen und gesellschaftlichen Lebens, und selbst der feinern Schreibart, die wir grösstentheils nicht füglich, oder gar nicht ersetzen können, und die auch zum Theil bereits in unsere Sprache verschmolzen sind; z. B. die Benennungen der Redetheile, welche beständige Widerkehr desselben Lauts in Nennwort, Zeitwort, Beywort u. s.; die Eigenheiten einer Sprache: *germanisme*, *helvetisme etc.*; *mode*, *costume*, *original*, *litterature etc.* Blos in der Note 42. bedient sich der Vf. folgender ursprünglich nicht deutschen Wörter: grammatisch, Phrase, Elemente, Idiotisme, Masse, Form, Material, Punkt, Mörtel, Idee, Vers, metaphorisch, Natur, harmonisch, Regel, Sylbe, Prosa, Poesie, Ton, Stil, Scribent (warum?), Philosoph, Classiker, Figur. Bekennen wir also, dass wir andern Sprachen auch viele Wörter zu verdanken haben, so wie auch viele ihnen nachgebildete Wörter, Wendungen und Redensarten: so hält Rec. z. B. die ebenfalls in obiger Note vorkommenden: Bruchstücke *(fragment)*, die gute Gesellschaft *(la bonne société)*, Menschen von einiger Erziehung *(des personnes d'éducation)*, diese Formen sind es, die u. s. *(ce sont ces formes qui etc.)*, für nachgebildete, und man wird ohne Mühe viele dergleichen finden, z. B. ein Mann von Welt, der Geist der Gesetze, die schöne Welt, die grosse Welt, nach dem Französischen; entsprechen, die Handlungen müssen den Worten entsprechen *(facta verbis respondeant)*, nach dem Lateinischen. *Torik's sentimental journeys* wurden übersetzt, und die Franzosen sagten: *sentimental*, wir: empfindsam. Wenn der Vf. in der Note S. 56. vorbringt, dass die französische Nation kein Gemüth und kein Wort für dasselbe habe, so entgegnet Rec., dass leidenschaftliche Ausdrücke nie etwas beweisen. Die Franzosen drücken das, was Gemüth hier bedeuten soll, durch *n'avoir point d'ame* aus, so wie ein gutes Gemüth durch *un bon naturel*, ein böses Gemüth durch *un méchant naturel.* Wie würde es uns gefallen, wenn die Franzosen sagten, wir hätten keinen Takt, weil wir *das Gefühl des Schicklichen und des Unschicklichen* nicht mit einem Worte ausdrücken können. Der Vf. erlaubt sich auch diese Art von Lebhaftigkeit unter andern auch gegen *Adelung*, der zu viele Verdienste um unsere Sprache hat, als dass ein Deutscher ihn zum Stichblatt der Spötterey gebrauchen sollte, wenn er ihn auch für kein Orakel, besonders in Sachen des Geschmacks, gelten lässt. Rec. wird dergleichen in der Folge mit Stillschweigen übergehn.

(Der Beschluss folgt.)

ALLGEMEINE LITERATUR-ZEITUNG

Dienstags, den 7. November 1809.

WISSENSCHAFTLICHE WERKE.

NEUERE SPRACHKUNDE.

Leipzig, b. Reclam: *Ueber den Wortreichthum der deutschen und französischen Sprache, und beider Anlagen zur Poesie* u. s. w.

(*Beschluss der in Num. 303. abgebrochenen Recension.*)

Ableitungen und Zusammensetzungen. (S. 65.) Die zwey Abschnitte hierüber enthalten einen wahren Schatz, welchen jeder Deutsche, dem das Studium seiner Sprache am Herzen liegt, in dem Werke selbst aufsuchen muss. Eine Muttersprache bewegt sich frey und lebendig in ihren Ableitungen und Zusammensetzungen, und es stehen besonders der unsrigen, wie es der Vf. ausführlich darthut, diese beiden, aus ihrem eigenen Schosse strömenden unversieglichen Quellen weit mehr zu Gebote, als der französischen, welche jedoch nicht, wie der Vf. meint, zum Stillstande gekommen ist. Letztere hat nicht aufgehört, neue Wörter zu bilden, und bildet deren immer fort; *Schwan's* Supplemente enthalten einige davon. Als man den neuen und nun wieder abgeschaften Kalender einführte, fanden sich für die Monate zum Theil sehr glückliche Benennungen. Es ist gewiss nicht zu tadeln, wenn wir Deutsche, ungeachtet des grossen Wortreichthums unserer Sprache, dieselbe noch mit manchen glücklichen neuen Wörtern zu bereichern suchen; doch sollten unsre Schriftsteller, meint Rec., angelegentlicher darauf denken, den Werth unsrer Worte immer genauer zu bestimmen, unsern Reichthum mit Geschmack zu verarbeiten, und dem Wohlklange und der Harmonie zu huldigen, als, wie Hr. *Campe*, unaufhörlich neue Wörter schmieden, gleich Hn. *Gedicke* nach seinen eigenen S. 67. angeführten Worten, „wie ein Geizhals in seinen Ducaten, in unsern," (durch ihre öftere Wiederkehr das Ohr beleidigenden) „Analogieen wühlen," oder, gleich dem Vf., unsre Sprache mit Provinzialismen, oder gar mit Helvetismen behelligen, welche *Schiller* blos im Wilhelm Tell wagen wollte und konnte, als: Lug Seppi, der graue Talvogt, dumpf brüllt der Firn, ein still Gebresten, hiedannen, an der Fluch, gähstozig, altvordern, nid u. m. a. In der Note S. 69. sagt der Vf.: „In der Menge und dem Gehalte der Nebenbegriffe, die unsere Sprache (durch Ableitungen und Zusammensetzungen) ausdrückt, besteht ihr vorzüglichster Reichthum. Um eine allgemeine Uebersicht unsres Besitzes und Eigenthums zu geben, nimmt er die berühmte Stelle aus *Voltaire's* Henriade:

Près de ce Capitole — —

bis zu den Worten:

— — — *et l'absolu pouvoir*
Met dans les mêmes mains le sceptre et l'encensoir.

hebt die Zeitwörter, Sachwörter, Bey- und Nebenwörter mit allen ihren Ableitungen aus, und stellt die deutschen wiederum mit ihren Familien gegenüber. Beweist er aber damit immer viel zum Vortheil der deutschen Sprache? Nehmen wir gleich das erste Wort: *près;* zugegeben, dass *nach* ungefähr viermal mehr Ableitungen hergiebt, als *près*, erhellt nicht aus folgendem, dass der Franzose alle unsre Ableitungen von jenem, und zwar mit mehr Mannichfaltigkeit des Lauts auszudrücken weiss? Nach *près, proche:* beynahe, nahbey, *presque, près de, approchant;* nächst, *toutprès, prochain;* zunächst, hiernächst, *auprès, ici-près, ci-après;* nächstens, *prochainement;* demnächst, nächstdem (nach *Adelung* mit nächsten und alsdann), *au plutôt, puis;* nahen, annahen, heranahen, nähern, annähern, *approcher, rapprocher, avoisiner;* Annäherung, *approche;* (unnahbar, Unnahbarkeit, *inapprochable, inapprochabilité*, in beiden Sprachen noch nicht aufgenommene Wörter); *inaccessible, inaccessibilité*, nahfällig; der Nächste, *le prochain;* Nachbar, *voisin;* Nachbarin, *voisine;* benachbart, *voisin; voisiner* (gute Nachbarschaft halten); Näherecht, *retenue, retrait. Inaccessibilité* findet sich so wenig, als *horizontalité (l'horizontalité du terrain — Voyage d'Azara)* im Wörterbuche der Akademie. Aber sehr viele dergleichen neue Ableitungen hat Rec. bey seinem neulichen Aufenthalte in Frankreich im Umlaufe gefunden, die man dort vergebens nachschlagen wird.

II. *Welche von beiden Sprachen ist für die Poesie geeigneter?* (S. 263.) Die Eigenschaften und Mittel, sagt der Vf., wodurch eine Sprache vorzüglich für die Poesie, als sinnliche Rede, sich eignet, sind: 1) malerischer Ausdruck; 2) Wohlklang (2. Bd. S. 1.); 3) Wortversetzung (S. 132.); 4) Reichthum grammatischer Formen. (S. 205.) Diess macht die vier letzten, ebenfalls sehr reichhaltigen Abschnitte des Werks aus. Jeder urtheilsfähige Deutsche wird dem Vf. darin beystimmen, jeder unparteyische, mit unsrer Sprache vertraute Ausländer wird es einräumen, dass unsere Sprache sich vorzüglich für die höhere Poesie und zu Uebersetzungen der Alten eigene. Diess ver-

verdankt fie ihrem beftimmtern Zeitmafse, ihrem malerifchen Ausdrucke, der ihr verftatteten Wortverfetzung, und endlich ihrem Reichthume an grammatifchen Figuren.

Wohlklang. — Die franzöfifche Sprache ift, fagt der Vf., vieltöniger und wohlklingender, als die deutfche, und nennt den Wohlklang felbft eine Saite, die für den Deutfchen häfslich mifsklingt. Wie grofs, fügt Rec. hinzu, ift daher das Verdienft derjenigen unfrer Dichter, die, wie *Göthe* in feinen unfterblichen Meifterftücken, wie *A. W. Schlegel* u. a., auch diefe Aufgabe zu löfen wufsten! Was den vom Vf. gemachten Verfuch anbetrifft, das Tonmafs der Franzofen (wie er fich ausdrückt) zu entwirren: fo will Rec. blofs gedenken, dafs aus dem oben angeführten *Dictionnaire grammatical* etc. häufig das Gegentheil von dem erhellt, was hier über Tonmafs und Quantität behauptet wird. Wenn der Vf. übrigens unfrer Sprache die Wahl läfst, fich auf ihrem eignen Wege weiter auszubilden, oder hierin die alten Sprachen, befonders die griechifche, zum Mufter zu nehmen: fo fcheint Rec. das erftere doch am rathfamften; denn felbft die Voffifchen (befonders neueften) Nachbildungen find doch mehr für den Gelehrten, als für die Nation insgefammt berechnet, und finden nur eine befchränkte Anzahl von Lefern. Die in Text und Noten verftreuten Bemerkungen, Sprache und Literatur betreffend, find äufserft interefsant. Der S. 36. 1. Bd. befindlichen: dafs die franzöf. Sprache die Begriffe lieber erweitere, und ins Allgemeine fpiele, die deutfche fie mehr vereinzelne und erfchöpfe, fcheint Rec. der Charakter beider Nationen fehr zu entfprechen, von denen die eine zu flüchtig zum Refultate fchreitet, indeffen die andere zu lange bey den Prämiffen verweilt. Jene Bemerkung erläutert der Vf. durch viele Beyfpiele, wovon hier nur eins: *Coup* drückt im Allgemeinen die fchnelle oder heftige Bewegung eines Körpers wider den andern aus; wir unterfcheiden die verfchiedene Art derfelben durch: Schlag, Stofs, Hieb, Schufs, Stich, Wurf, Streich. — Das Refultat aller Unterfuchungen über unfere Literatur wird wohl feyn, dafs wir weit mehr vortreffliche Dichter als Profaiker haben, und in der Umgangsfprache noch am weiteften zurück find. Auch ift es Rec. fehr erklärbar, warum die Dichtkunft bey uns in kurzer Zeit fich fo mächtig emporgefchwungen hat. Wefenlofe Formen umgeben den Deutfchen in der Wirklichkeit; alles drängt ihn in eine idealifche Welt hinüber. Seiner Profe hingegen fehlt es noch an Ausbildung, weil er nicht öffentlich fpricht, die Sprache nicht für das Ohr bearbeitet. Da herrfcht todter Buchftabe. Kanzelberedfamkeit ift von geringem, und das Theater von zu befchränktem Einfluffe. Wie viel durch letzteres geleiftet werden könnte, beweift das, was das Weimarifche geleiftet hat. An den meiften Höfen gedeihet das Deutfche nicht fehr. Wie foll fich die Sprache lebendig ausbilden? Nur weniges will Rec. noch im Allgemeinen hinzufügen. Er wünfcht, dafs es dem Vf. gefallen hätte, feiner Abhandlung über den Wortreichthum oder vielmehr Reichthum der Sprache, den jene wirklich umfafst, eine Definition voraus zu fchicken; er fagt nur im Vorbeygehn, dafs, nebft der Menge der Wörter, auch Mannichfaltigkeit der Wortverbindungen oder der Wendungen und Redensarten dazu gehört; Rec. meint jedoch, dafs, wenn diefer Reichthum wahrer Vorzug feyn foll, dazu ferner erfordert werde, dafs er gleich vertheilt, nicht hier ein Ueberflufs, dort ein Mangel an Bezeichnungen fey. Bey uns möchte letzteres wohl zuweilen Statt finden; z. B. für Morgen *(matin)* und morgen *(demain)* haben wir nur ein Wort; desgleichen für Alter *(âge)* und Alter *(vieilleffe)*; im Franzöfifchen bezeichnen *devant* und *avant*, jenes den Ort, diefes die Zeit, im Gegenfatze von *derrière* und *après*; wir haben dafür nur unfer *vor*. Der Doppelfinn von unferm leihen und borgen verwirrt den Begriff; *emprunter* und *prêter* ftellen ihn ganz ins Klare. Wir haben entlehnen und darleihen, Anlehn (Anleihe) und Darlehn; fie find aber noch nicht genug im Umlaufe. Wir gebrauchen laffen für erlauben, verftatten, aber auch für veranlaffen und befehlen; die Franzofen drücken diefe fo verfchiedenen Begriffe durch *laiffer* und *faire* aus; z. B. laffen fie ihn machen, er wird fchon damit zu Stande kommen: *laiffez le faire, il en viendra à bout;* laffen fie ihren Bruder die Sache betreiben, er verfteht fie am beften: *faites arranger cette affaire par vôtre frère, il s'y entend le mieux.* Wir gebrauchen *fchon* von der Vergangenheit, wie von der Zukunft: er ift fchon gekommen, er wird fchon (bereits) kommen; wir haben kein Wort für *fujet* im Gegenfatze von *objet;* die gleiche Form unfres Beyworts und Nebenworts ift eine Unvollkommenheit unferer Sprache: er hat die Sache gut gemacht, kann heifsen: er hat die Sache, die verdorben war, gut gemacht; oder auch: er hat fie gemacht, wie es fich gehört u. f. w. Letzteres hat der Vf. felbft berührt, fo wie einiges andere, was Rec., des Zufammenhangs wegen, in diefer Anzeige wieder hat anführen müffen. Das *pronom démonftratif* der Franzofen: *Les habits de ma foeur me vont mieux que ceux de ma coufine*, müffen wir wie fie gebrauchen, oder das Nennwort wiederholen. Auch feine Unterfcheidungen des Hauptbegriffs und der Nebenbegriffe in finnverwandten Wörtern gehören zum Reichthum einer Sprache, und darin, glaubt Rec., hat die franzöfifche den Vorzug vor allen andern; z. B. *vieux, jeune, neuf; ancien, nouveau; antique, moderne; aifé, facile, léger; alliance, ligue, confédération; animal, bête, brute; repos, calme, tranquillité, quiétude; intrigue, cabale, machination, complot, confpiration, conjuration; danger, péril, risque; hafarder, risquer; indemnifer, dédommager; naïveté, ingénuité, franchife, candeur, fincérité; prodige, miracle, merveille; rêve, fonge; victime, facrifice; facrifier, immoler; aimer, chérir* u. m. Die Franzofen haben überhaupt diefen Gegenftand der finnverwandten Wörter unter den Neuern zuerft bearbeitet. Die Academie hat allerdings die Sprache zu fehr eingefchränkt, wie es *Algarotti* in feinem Verfuche über die franzöfifche

Sprache ausführlich darthut; doch kann man ihr auch viele Verdienste um dieselbe, so wie um die Wissenschaften überhaupt, nicht absprechen. Sie ehrte den Gelehrten, indem sie ihn, als ihr Mitglied, neben den *Duc* und *Pair* in völlige Gleichheit stellte. Kritische Vergleichungen sind für den Sprachforscher und für jeden denkenden Kopf lehrreich und unterhaltend; aber über den Vorzug einer Sprache vor der andern überhaupt zu streiten, hält Rec. mit *Adelung* für unnütz, weil jede ihre besondern hat. Und wer sollte hierin entscheiden? Die verschiedenen Stellen, welche der Vf. aus französischen Schriftstellern gegen ihre Sprache anführt, möchten eben so wenig für Autoritäten erkannt werden, als *Adelung's* Worte vom Vf. Wenn dieser z. B. *Voltaire's* Behauptung citirt, dass folgende Stelle aus dem befreyten Jerusalem:

Così all' egro fanciul porgiamo aspersi
Di soavi licor gli orli del vaso;
Succhi amari ingannato in tanto ei beve,
E dal inganno suo vita riceve. —

nicht mit Würde in das Französische zu übertragen wäre: so scheint solches Rec. durch folgende Uebersetzung, die er der Güte eines Freundes verdankt, widerlegt:

C'est ainsi qu'une tendre mère
Adoucit une coupe amère
Par l'appas d'un miel enchanteur.
Son fils, de sa bouche mourante,
Hume la liqueur bienfaisante,
Et doit la vie à son erreur.

Racine's, *Corneille's*, *Voltaire's* u. a. Meisterstücke wird, wer in den Geist ihrer Sprache eingedrungen und unparteyisch ist, zu würdigen wissen, wird ihr, in der *J. J. Rousseau* sich aussprechen konnte, Energie nicht absprechen, und eine andere sehr interessante Gattung, die leichtere Poesie, wozu das Französische sich vorzüglich eignet, und worin diese Nation zum Theil, und namentlich im Lustspiel, unerreicht ist, nicht, wie der Vf. S. 263. 1. Bd., in fünf Zeilen abfertigen.

Im neuen deutschen Mercur finden sich einige Nachträge zu diesem Werke, so wie auch zu der Schrift: Ueber Wortmengerey, von dem nämlichen Vf., dessen Name uns durch selbige bekannt wurde. Es ist der talentvolle Künstler, Hr. *Kolbe* in Dessau, der mit beiden auch die schriftstellerische Laufbahn rühmlichst betreten hat.

ERDBESCHREIBUNG.

Berlin, b. Quien: *Voyage aux Salines de Salzbourg et de Reichenhall, et dans une partie du Tyrol, et de la Haute-Bavière*, par le Chev. *de B.* 1807. 180 S. 8. (1 Rthlr.)

Der Vf. dieses Werkes charakterisirt sich theils auf dem Titel, theils unter der Dedication (an den Baierschen Staatsminister *von Montgelas*), theils endlich im Verlaufe seiner Reisebeschreibung viel zu deutlich, um nicht sogleich errathen zu seyn. Es ist der kön. Baiersche wirkliche Geheimerath und nunmehrige Commandeur *von Bray*, ehemals Baierscher Gesandter zu Berlin, jetzt zu St. Petersburg. Die Reise ward im J. 1801 u. 2. gemacht, und enthält eine Menge interessanter Bemerkungen über Gegenden, die in unsern Tagen abermals nur zu merkwürdig geworden sind. Ueberall erkennt man den Mann von ausgebreiteten Kenntnissen, von vielseitiger Weltbildung, aber auch von tiefem Gefühl und hohem Sinn für Natur und Einfachheit. Daher der vielfältige Genuss, den die Lectüre dieses auch in typographischer Hinsicht sehr schönen Werkes gewährt. Der Vortrag ist wohl geordnet, der Stil elegant und lebhaft; nur hin und wieder sind dem sprachkundigen Vf. kleine Incorrectheiten, wie S. 59. *civilisation moins elaborée*, S. 142. *ses mérites* u. dgl. entschlüpft. Ein Auszug des Ganzen lässt sich nicht wohl geben; wir schränken uns daher auf einige Bemerkungen ein. (S. 28.) Der Vf. schlägt den *reinen* Ertrag der drey baierschen Salinen auf 800,000 Gulden an. Bloss Reichenhall allein liefert jährlich an 200,000 Ctnr. Salz, wovon der Centner im Lande mit 2 Fl. 45 Kr., bey Lieferungen ins Ausland aber mit 3 Fl. 36 Kr. bezahlt wird. (S. 40.) Der Vf. bestieg die Benedicten-Wand. Er brauchte sechs Stunden, um den Gipfel zu erreichen, traf aber schon auf zwey Drittheilen der Höhe das *Rhododendron hirsutum* u. dgl. an. (S. 77.) In *Mittenwald* in der Grafschaft Werdenfels werden sehr viel Violinen gemacht und zum Theil bis ins innere Russland verschickt. Eine gewöhnliche wird mit zwey Laubthalern, eine sehr vorzügliche mit acht bezahlt. (S. 82.) Im Voralbergischen werden sehr viel hölzerne Häuser, Alphütten u. dergl. verfertigt, und dann in einzelnen bezifferten Stücken im Winter auf Schlitten nach Bregenz geschafft. Von da gehen sie im Frühling zu Schiffe über Stein, Schafhausen u. s. w. nach der Schweiz. Von den Appenzellern z. B. wird ein grösseres hölzernes Haus mit 6 — 800 Gulden bezahlt. S. 84. In den höhern Gegenden Tyrols giebt es mehrere Dörfer, die jährlich mehrere Monate lang von allen erwachsenen Mannspersonen verlassen werden. Diese wandern nämlich, z. B. aus dem Montafuner Thale, in einzelnen Haufen zu 30 bis 40 aus, um in der Schweiz und im südlichen Deutschland als Zimmerleute, Maurer u. s. w. zu dienen. Ja sogar die etwas erwachsenen Knaben ergreifen unter Anführung eines Alten den Wanderstab, und vermiethen sich in Schwaben als Viehhirten, wobey einer für den ganzen Sommer etwa 5 — 6 Gulden verdient. Man kann annehmen, dass jährlich an 30 — 40,000 Tyroler auf 2 — 6 Monate ins Ausland gehn, um auf vielerley Art eine kleine Summe zu erwerben, die für die übrigen Monate zur Unterhaltung ihrer Familien hinreicht. Die grössten und einträglichsten Reisen unternehmen die Einwohner vom Wipsthal. Mehrere von diesen sind bis nach West- und Ostindien gegangen; haben bedeutende Handelsspeculationen gemacht, und sind nach 3 — 4 Jahren mit beträchtlichen Geldsummen zurückgekehrt. — „*C'est ainsi*, sagt der Vf. S. 93., *que dans toutes les montagnes du Tyrol, la population eſt dans une fluctuation continuelle, ſuivant les ſaiſons, ou le genre d'induſtrie des habitans. Pendant l'émigration, les bourgs les plus populeux, parraiſſent déſerts; on n'y rencontre plus que des femmes en petit nombre, quelques vieillards, et les plus petits enfans. Mais pendant la durée de ces émigrations, il n'y a pas d'exemple, qu'un mari à ſon retour, ait retrouvé ſa femme infidèle, ou ſa famille déſunie.* S. 136. Auf den Anhöhen des Brenners fand der Vf. die *Centaurea pannonica*, und die *Pimpinella magna, flore rubro.* (S. 155.) Die vornehmſten Kaufleute von Botzen pflegen ſich im Allgemeinen die Herrn von Botzen zu nennen, und ſetzen ihren Familiennamen das armſelige Wörtchen *von* mit groſser Wichtigkeit vor. (S. 156.) Der Vf. machte eine Excurſion nach dem ſeines guten Weines wegen berühmten Dorfe *Kaldern*. In den Gräben an der Chauſſee fand er die *Galega officinalis*, höher hinauf ſah er den *Celtis orientalis*, worunter der *Dyanthus caryoph.* und das *Sempervivum tect.* blühte. Der Wein wächſt am Ufer des Kalderſee's; er iſt roth und ein ſehr gutes Gewächs, das aber nur wenig Gewürz hat, und ſich auch nur einige Jahre hält. In der Nähe des Sees, ſo wie des Dorfes ſelbſt, ſah der Vf. überall Gebüſche von Feigenbäumen, und pflückte die *Coronilla fruticoſa.* S. 163. Der Vf. beſtieg die benachbarten Berge von Botzen. Auf einer Höhe von 500 Toiſen ſah er noch Kirſch- und Kaſtanienbäume in der üppigſten Vegetation. Er beſuchte das hoch gelegene Dörfchen Ober-Botzen, wo die reichen Einwohner der Stadt die heiſsen Monate zubringen, und das in dieſer Jahrszeit einem Bade gleicht. In den Gärten werden beſonders Nelken gezogen, die hier die Lieblingsblumen ſind. S. 171. ſagt der Vf. viel rühmliches von dem General-Lieutenant von Chaſteller u. ſ. w. Wir beſchlieſsen unſere Anzeige mit einigen der intereſſanteſten Stellen, die zu gleicher Zeit beweiſen können, mit welchem Glücke der Vf. zu ſchildern verſteht. S. 13. von den Salzgruben zu Hallein u. ſ. w., die der Vf. befuhr: „*Rien n'eſt plus beau et plus impoſant, que le ſpectacle de ces vaſtes ſouterrains, de ces galleries commodes, que l'on parcourt rapidement, et ſans danger, où l'on admire partout l'audace et l'induſtrie de l'homme, où vous voyez les mineurs errant comme des ombres, ou travaillant comme des cyclopes, où tous les élémens ſont employés, pour arracher à la nature les treſors, qu'elle ſemblait avoir rendu inexpugnables, où le tonnère des mines, le bruit ſourd des eaux, qui coulent dans des canaux ſouterrains, le ſilence profond qui ſuccède aux exploſions les plus terribles, la ſombre lueur des flambeaux, l'éclat des criſtaux de ſel frappés par les lumières, où tout enfin, forme un enſemble magique et attachant à la fois pour l'imagination et la reflexion. — Lorsque nous y fumes conduits, les galleries étaiet illuminées, et l'oeil ne pouvait atteindre le terme de ces longs canaux ſouterrains, qui ſemblaient être les avenues de quelque temple, conſacré aux divinités infernales. On avoit chargé dix mines; on éteignit toutes les lumières, avant de les faire ſauter. Le bruit des mineurs interrompit ſeul un lugubre ſilence. Mais il eſt impoſſible de décrire l'effet de cette exploſion, de la ſombre clarté qui la precède, du tonnerre ſouterrain, qui ſe fait entendre, de ce long et puiſſant ébranlement, imprimé aux parois de ces obſcurs caveaux, dont les voutes tremblent, comme feroit la peau d'un énorme tambourin. La détonation n'eſt repetée par aucun echo; mais la fibration reſonne longtems par la réaction des maſſes, qu'elle a ébranlées, et qui tendent à reprendre une immuabilité, qu'auroit cru indeſtructible.*

LITERARISCHE NACHRICHTEN.

I. Akademieen und gelehrte Geſellſchaften.

Die am Geburtstage Napoleons im J. 1808. errichtete *Ioniſche* Akademie der Wiſſenſchaften hat einen *olympiſchen*, alle 4 Jahre fälligen Preis für die beſte Schrift oder die beſte Ueberſetzung aus neuern Sprachen, vornehmlich der franzöſiſchen, in *reinem Neugriechiſchen* ausgeſetzt. Der Preis iſt ein *Olivenkranz*, der dem Sieger aufgeſetzt und dann im Saale der Akademie aufgehangen wird, und eine Medaille von Eiſen, dem Erze der Lacedämonier, der Ehre und der Tugend. Sie hat auf der einen Seite die Inſchrift: Napoleon, Wohlthäter und Schützer, die auch den Wahlſpruch der Akademie ausmacht, und auf der andern einen Stern mit den Worten: dem Genie von der dankbaren Akademie. Auch wird der Name mit dem Titel des Vfs. darauf angebracht, und die Zahl der Olympiade, ſo daſs die erſte Preisvertheilung (1812.) in das 1. Jahr der 648. Olympiade fällt.

II. Bibliotheken.

Kürzlich haben die Vorſteher der Bibliotheken in Spanien von dem Miniſter des Innern folgende Inſtruction erhalten: Da keine Rückſicht mehr auf die willkürlichen Bücherverbote des aufgehobenen Inquiſitions-Gerichts zu nehmen iſt: ſo haben ſie bloſs darauf zu ſehen, daſs keine Bücher mitgetheilt werden, welche die Religion oder die Regierung des Staats unmittelbar angreifen, der Sittlichkeit ſchädlich werden können, oder abergläubiſche Andachtsübungen empfehlen.

Nach dem Wunſche mehrerer Bürger zu Schafhauſen, der Geburtsſtadt des verſt. *J. v. Müller*, hat die daſige Regierung beſchloſſen, die über 5000 Bände ſtarke Bibliothek des berühmten Geſchichtſchreibers der Schweiz zu kaufen, um ſo das Andenken an den unvergeſslichen Mann gebührend zu ehren.

ALLGEMEINE LITERATUR-ZEITUNG

Mittwochs, den 8. November 1809.

WISSENSCHAFTLICHE WERKE.

VERMISCHTE SCHRIFTEN.

PARIS, b. Schöll u. Nicolle: *Mélanges de Litterature et de Philosophie*, par *F. Ancillon*, membre de l'academie royale des sciences en Prusse. 1809. *T. I.* XL u. 307 S. *T. II.* 361 S. gr 8.

Wenn unsere deutschen Kritiker sich darauf etwas zu gut zu thun scheinen, stets gegen die Ideen und Versuche, die uns die Philosophen und Politiker jenseit des Rheins aufstellen, mit geschärften Waffen ihre Angriffe zu betreiben, so bleiben wahrlich diese unsere Nachbarn nicht in ihrer Gegenwehr zurück. In Frankreich ist deutsche Philosophie und Kritik, trotz der Versuche eines *Degerando*, *Villers* und einer Frau *von Stael*, und trotz des grossen literarischen Verkehrs und politischen Verhältnisses zwischen Franzosen und Deutschen, noch immer in dem Rufe — einer Unverdaulichkeit, und immer nimmt man noch mit einem gewissen Achselzucken und einer Bedenklichkeit die Ansichten deutscher Philosophen und Kritiker auf, die keinesweges derjenigen nachsteht, mit welcher wir glauben können berechtigt zu seyn, den Versuchen der französischen Philosophen und Aesthetiker begegnen zu können.

Gewiss muss es aber dem Beobachter eine um so merkwürdigere Erscheinung seyn, dass in dem Momente wo wir Deutsche glauben, dass jenseits des Rheins gar keine Ahndung von dem vorhanden ist, was wir Philosophie und Kritik nennen, dennoch mehrere Schriftsteller der französischen Nation versuchten, in unsere Ideen und Ansichten von jenen Gegenständen des Wissens ihre Landsleute einzuweihen. Ob nun freylich der Erfolg dieser Versuche bisher nicht der glänzendste war, so wollen wir doch zur Ehre unsrer Philosophie und Kritik glauben: dass nicht die Schuld an der Bearbeitung jener Gebiete unsers Wissens liegt, sondern an dem Ausfall der Versuche, die eine Empfänglichkeit für dieselben in Frankreich erregen sollten. Und es ist rathsam, wenn wir anders nicht alle Hoffnung aufgeben wollen, jemals einen Ideenverkehr zwischen zweyen der cultivirtesten Völker, über das was die Grundlage der wichtigsten Wahrheiten sichern soll, entstehn zu sehen, dass wir jeden Versuch der in der Art neuerdings gewagt wird, der liebevollsten Aufnahme würdigen.

In dem vorliegenden Werke hat Hr. *Ancillon*, ein Mann der sich durch mehrere Schriften schon als ein denkender Kopf und geübter Schriftsteller gezeigt hat, mit einem Versuche der Art die Literatur neuerdings bereichert. *Placé entre la France*, sagt der Vf. in der Vorrede S. 19., *et l'Allemagne, apartenant à la première par la langue dans laquelle je hasarde d'écrire, à la seconde par ma naissance, mes études, mes principes, mes affections, et j'ose le dire, par la couleur de ma pensée, je désirerais pouvoir servir de mediateur litteraire ou d'interprête philosophique entre les deux nations* etc. Wenn man nun in Frankreich, eben deshalb weil der Vf., wie er selbst bekennt, durch Geburt, Studium, Princip, Neigung und Haltung seiner Denkart, germanisirt ist, nicht das Vertrauen gegen ihn hegen dürfte, das voraus gesetzt wird, um für den Geist eines fremden Volkes ein Interesse zu erwecken, so dürfte er in Hinsicht dessen, dass er die Sprache der Franzosen in seiner Gewalt hat, berechtigt seyn, von den Deutschen das Vertrauen zu erwarten, dass er die Ideen deutscher Philosophie in eine dem französischen Ohre eingängliche Tonart überzutragen fähig sey.

Indess wäre von der andern Seite doch immer die deutsche philosophische Welt, wenn ihr anders etwas daran liegt, die verschiednen Seiten des philosophischen Geistes deutscher Art, im Auslande nicht entstellt zu sehen, berechtigt, genau zu prüfen: ob Hr. *Ancillon* im Kreise derselben sich auf einen solchen Standpunkt empor gehoben, um sie in ihrer Eigenheit und Vollendung, wir wollen nicht sagen, darstellen, sondern nur verkünden zu können.

Hr. *A.* drückt sich in der Vorrede zu deutlich über den Standpunkt aus, auf welchem er in Hinsicht der Philosophie steht, als dass wir uns in der Hinsicht irren können. Nachdem er sehr richtig aus einander gesetzt, wie der Charakter der Philosophie in Frankreich Empirismus, und in Deutschland Rationalismus ist, so glaubt er endlich am füglichsten diesen Widerstreit durch ein sogenanntes Coalitionssystem beyzulegen. Er erblickt im Rationalismus sowohl als im Empirismus Abschweifungen von der Wahrheit. *La vraie philosophie*, ist seine Meinung, *est plus modeste. Il faut prendre l'esprit de son état et se resigner à condition d'homme. Cette condition determine nôtre place entre le monde intellectuel et le monde insensible, entre le fini et l'infini, entre le moi et l'être absolu*, und fügt endlich hinzu: *Le moi est le point de depart de notre philosophie.* Wenn man hier aufmerksam ist, so stösst man auf einen Sprung im Co-

Coroliren. Nachdem Hr. *A.* die Gegensätze zwischen geistiger und körperlicher Welt, zwischen dem Unendlichen und Endlichen, zwischen Subject und Object, Ich und Nicht - ich (denn das soll doch wohl heissen: *Le moi et l'être absolu*) erwähnt, so neigt er sich unmittelbar zur Einseitigkeit in der Aeusserung: dass das Ich der Ausgangspunkt unserer Philosophie sey. Wenn der Mensch zwischen geistiger und körperlicher Welt, zwischen Endlichem und Unendlichem, zwischen Ich und Nicht - Ich steht, so kann unmöglich die wahre Philosophie vom Ich ausgehn. Und das ist auch der Standpunkt auf welchen sich der neueste Schwung deutscher Philosophie gründet, das ist die Idee durch welche *Schelling* den *Fichteschen* Lehrbegriff bestreitet. Man darf aber daraus nicht folgern, dass Hr. *A.* auf dem Standpunkt des transcendentalen Idealismus sich befindet. Keinesweges! Sein Ich ist das sogenannte Coalitionsgeschöpf unserer Philosophen, welches einen Focus für das Endliche und Unendliche, einen Reflex des Idealen und Realen und eine Harmonie zwischen dem Empirischen und Transcendenten begründen soll. Hierüber drückt sich der Vf. deutlich genug in folgender Stelle aus. *Cherchant mes principes dans le monde intellectuel, sans renier le monde sensible, trouvant dans le moi le fini et l'infini, l'existence absolue, j'ai tâché dans les essais sur le Scepticisme, sur le premier problème de la philosophie, sur la notion de l'existence, de combattre ceux qui anéantissent l'une des termes de toute science, en refusant la réalité tantôt au fini tantôt à l'infini, et s'enlèvent ainsi le moyen ou le but, l'un de deux pôles de la science humaine. La raison n'est pas l'experience, l'experience n'est pas la raison; toutes deux se réunissent dans la conscience du moi; toutes deux vont aboutir à l'absolu (Pref. XXXVII.).* Wenn ein solcher Standpunkt den echten Jüngern deutscher Philosophie nicht bequem genug scheinen sollte, um dem Auslande über die jetzige Lage deutscher Philosophie und Kritik eine Ansicht zu verschaffen; wenn sie in demselben blos eine *Camera obscura* erblicken sollten, in welcher nur für solche die schon mit der Hauptsache bekannt sind, über den Ursprung und Zusammenhang des Idealen und Realen, Andeutungen gegeben werden, so ist diess ganz in der Ordnung. Rec. ist aber der Meinung: dass die Methode unsers Vfs. eben die eigentliche Brücke bilden dürfte, wodurch in der zwischen Frankreich und Deutschland herrschenden Geistes - Antinomie eine Näherung bewirket werden könnte. Es würde nämlich nichts natürlicher zu folgern seyn, als dass unsere Nachbaren, durch eine Coalitionsdenkart, worin sie einen Keim ihrer Denkart fänden, sich gleichsam angesprochen fühlen, und endlich zu dem transcendentalen Standpunkt deutscher Philosophie und Kritik hinüber gelockt werden dürften.

Für den deutschen Denker möchten freylich die vorliegenden Versuche nichts enthalten was ihn mit neuen Ansichten über Philosophie und Kritik bereichern könnte, aber sie dürften doch in der Hinsicht von einigem Werth für ihn seyn, wenn er darin ein Muster auffassen sollte, wie die höchsten Ideen deutscher Philosophie und Kritik mit Gewandtheit und Deutlichkeit vorzutragen wären, um ihnen selbst in Deutschland eine grössere Theilnahme zu sichern. Rec. möchte beynahe behaupten: dass die deutsche Literatur kein Product aufzuweisen hat, wo die Idee eines *Kants*, *Fichte* und *Schellings*, bey einer gedrängten Kürze mit solcher Popularität aufgestellt sind, als es hier geschehen.

Der *erste* Band ist blos ästhetisch - kritischen Aufsätzen gewidmet. I. *Essai sur l'Idée et le Sentiment de l'Infini.* Hier setzt der Vf. die bekannte Bemerkung aus einander, dass die Idee des Unendlichen uns nur gegeben ist, die wir nicht durch Begriffe auflösen oder darstellen, sondern durch unser Gefühl nur umfassen können, und sie daher in unsern Gesinnungen, Handlungen und Schöpfungen ausdrücken. II. *Essai sur les grands Caractères.* Eine bekannte Abhandlung die der Vf. als Mitglied der Berliner Akademie 1806. vorgelesen. III. *Essai sur le Naif et le Simple.* Ein Gegenstück der vorhergehenden. Ohne dem Verdienst der beiden Abhandlungen zu nahe treten zu wollen, muss doch Rec. bemerken, dass in Hinsicht des Ideengangs der deutsche Leser ihnen keine neue Ansicht abgewinnen kann. IV. *Essai sur la nature de la Poesie.* Hier tritt der Vf. als ein Gegner der deutschen mystischen Aesthetiker auf, die vor Gefühl nicht vermögen, den Umfang einer Idee aufzufassen. Nach dem Vf. ist die Idee der Poesie wohl zu begränzen, sie ist mit seinen Worten (S. 157.) ausgedruckt: *La puissance de peindre les Idées aux sens par la parole, ou la puissance libre d'employer le langage a représenter l'infini sous des formes definies et determinées qui entretiennent dans une activité harmonique les sens, l'imagination et le jugement.* Ein Pendant zu dieser Abhandlung ist die folgende. V. *Essai sur la différence de la Poesie ancienne et de la Poesie moderne*, worin der Vf. die bekannte *Schillersche* Theorie von dem Unterschied der alten und neuen Poesie zu bestreiten versucht. Er will nicht einräumen, dass der Charakter der alten Poesie durch das Naive und der der neuern durch das Sentimentale bestimmt werde. *La difference*, äussert er S. 228., *qui existe entre la poesie ancienne et la poesie moderne, consiste beaucoup plus dans la difference des sujets que l'une et l'autre ont traités, que dans une différence générale de ton et de manière. Cette difference des sujets elle-même derive de la difference des moeurs et de l'esprit général des siècles, à ces deux époques de l'histoire de l'espèce humaine.* VI. *Essai sur la philosophie de Caractère et sur Tacite.* Die Ueberschrift dieser Abhandlung deutet etwas uneigentlich ihre Tendenz an. Der Vf. will vorzüglich darin die Gemüthshaltung, die dem Geschichtschreiber eigenthümlich seyn muss, festsetzen (S. 239.). *Il y'a trois manières différentes de présenter dans l'histoire les actions humaines: on les rapproche de leur cause et de leur motifs, alors on les explique, ou on les suit dans leurs effets, fussent-ils indirects et éloignés, alors on on les developpe ou on les conſidère en elles-mêmes ſous le rapport de leur rectitude, alors on le juge. Analyſer les motifs des actions jusques dans les principes les plus ſecrets et préſenter l'hiſtoire ſous ce point de vue, c'eſt l'écrire avec ſa raiſon ſeule; la raiſon ne cherche jamais que de cauſes. Suivre les actions dans leurs reſultats les plus éloignés, et ne tenir compte que du bien et du mal quelles ont faites, c'eſt écrire l'hiſtoire avec l'eſprit du calcul et une ſorte d'égoiſme. Examiner, juger, decrire les actions ſous leurs rapports avec la liberté et avec la loi, c'eſt écrire l'hiſtoire avec ſon ame toute entière, et faire preuve de philoſophie de caractère* (S. 248.). *Je nomme cette philoſophie, philoſophie du caractère, parceque c'eſt la hauteur et la force du Caractère qui donne et qui inſpire cette philoſophie. Ce n'eſt pas la philoſophie des livres qui en donne au Caractère. Le genie trouve les regles du beau par un inſtinct heureux, tandisque jamais les regles n'ont donné à perſonne une etincelle de génie. C'eſt la philoſophie de Caractère qui a manqué à tant d'Hiſtoriens, ſophiſtes ingenieux ou calculateurs habiles au lieu d'être des juges ſeveres et inflexibles.* Die alten Geſchichtſchreiber, fährt der Vf. fort, beſaſsen dieſe Gabe im höchſten Grade, und zwar weil ſie feſt und ſtreng auf das hielten was man Freyheit des Volks nennt, und durch keine Vernünfteleyen ihr Gefühl verläugneten. Auſserdem hatten ſie mehr Genie als Geiſt, das Genie ergreift Maſſen, der Geiſt verwikkelt ſich in Nebendingen und entfernte Motiven, er rechnet gern und richtig. *De là vient*, fügt nun der Vf. hinzu, *que la lecture de l'Hiſtoire ancienne trempe les ames, lorsque trop ſouvent l'hiſtoire moderne les detrempe ou les fauſſe.* Dieſe Grundſätze ſucht der Vf. nun auf *Tacitus*, welcher nach ihm im höchſten Grad, das was er *philoſophie de Caractère* nennt, inne hat, anzuwenden. Rec. muſs bekennen, daſs nach ſeinem Gefühle, dieſe Abhandlung, ob er gleich nicht ſo ganz den Ideen des Vfs. über die Behandlung der Geſchichte beytreten kann, und überhaupt in dem Ausdruck *philoſophie de Caractère* etwas Geſuchtes findet, vorzüglich wegen der Bemerkungen über den *Tacitus* eine ernſtliche Beachtung verdient. VII. *Reflexions ſur la différence de la Poeſie et de l'éloquence.* Dieſe Abhandlung iſt vom Vf. am Geburtstage Friedrich des Groſsen (wahrſcheinlich 1806.) in der Akademie verleſen worden, und er will ſie als einen Anhang zu ſeiner Abhandlung: *ſur la nature de la poeſie* betrachtet wiſſen. Obgleich das hier Vorgetragene ſich eben nicht durch Neuheit auszeichnet: ſo wird man doch die gedrängten Ideen über Beredſamkeit mit Theilnahme von einem Manne leſen, der ſelbſt ein beliebter Kanzelredner iſt. Doch darin wird man nicht ſo ganz einſtimmen, wenn er (S. 301.) behauptet: daſs in neuern Zeiten die Franzoſen an Rednern, vorzüglich an rhetoriſchen Schriftſtellern am fruchtbarſten ſeyen. Die Engländer, fügt der Vf. hinzu, haben zwar auch Redner, aber nur in Einer Gattung der Beredtſamkeit. *La Langue françoiſe ſe refuſe ſouvent au vol de la haute poeſie, dans le genre épique et lyrique, elle n'eſt pas aſſez hardie, aſſez forte, aſſez riche, aſſez variée, d'un autre côté elle ne ſe prête que difficilement aux ſpeculations delilées, fines, ſubtiles de la metaphyſique, mais elle eſt éminement une langue oratoire, et elle doit ce caractère au genie même de la nation dont elle porte l'empreinte, genie qui ſe compoſe d'un certain mélange de raiſon, d'imagination et de ſenſibilité.* Hingegen behauptet der Vf. von der deutſchen Literatur, die nach ihm der franzöſiſchen in mancher Hinſicht überlegen iſt, daſs ſie, neben den groſsen Dichtern und Philoſophen die ſie aufſtellt, wenig Redner und redneriſche Schriftſteller aufzuweiſen habe. — Mit dieſer Abhandlung ſchlieſst der *erſte* Band.

Der *zweyte* Band enthält mehrentheils Abhandlungen über Philoſophie, worin der Vf. ſich beſtrebt ſeine Anſichten über die verſchiednen, in Deutſchland ſeit *Kants* Zeiten vorgefallenen, Revolutionen im Gebiet der Metaphyſik aufzuſtellen. I. *Eſſai ſur le Scepticiſme*, worin der Vf. die Waffen der Heroen dieſer Schule, eines *Sextus Empirikus* und *Hume*, zu entkräften ſucht. Daſs der Vf. ſo viel Worte an den *Sextus* verwenden, konnte Rec. nicht befremden, da der Vf. gleich im Anfange (S. 4.) die Aeuſserung vorbringt: *en fait de metaphyſique on peut dire ſans exageration que tout ce qui a été dit, et peut-être tout ce que peut ſe dire, ſe rencontre ſoit en germe, ſoit en un certain degré de developpement dans les philoſophes grecs.* So ſehr Rec. in den alten Philoſophen Scharfſinn und Umſicht verehrt: ſo kann er doch ſeine Bewunderung keines weges ſo hoch hinauf ſtimmen, in ihrem Vortrage jene Gewandheit und Selbſtſtändigkeit in der Analyſe und der Syntheſe der Begriffe und der Gefühle wahrzunehmen, welche die Philoſophie in neuern Zeiten mit allen Wiſſenſchaften in höherem Grade erſchwungen. Eben aber daſs der Vf. im *Sextus* einen Schriftſteller erblickt, der in Hinſicht des Syſtems des Skepticismus etwas vollſtändigeres aufſtellt, als es in der neueſten Literatur vorgefunden werden dürfte, giebt Rec. einen Beweis: daſs die Philoſophie bis in die neueſte Zeit einen poſitiven Fortſchritt gemacht. Der Skepticismus kann nur entſtehen, wo ſich der Dogmatismus zu entkräften beginnt. Rec. glaubt daher, daſs wir in neuern Zeiten wenige Skeptiker haben, weil der Dogmatismus eine gröſsere Anhänglichkeit, und zwar durch das in den Denkern in hohem Grade entwickelte Bewuſstſeyn des Zuſammenhangs einer äuſsern und innern Welt, erlangt. Dieſs Bewuſstſeyn, es mag nun conſtruirt werden wie es wolle, dürfte für immer keinem poſitiven Skepticismus, wie ihn *Sextus* oder *Hume* aufſtellen wollten, mehr Raum geben. II. *Eſſai ſur le premier problême de la Philoſophie.* Rec. muſs bekennen, daſs dieſer Aufſatz einer der gelungenſten in ſeiner Art iſt. Noch nirgend hat er in einem gedrängtern und zugleich lichtvollern Vortrag die Eigenheiten der verſchiednen Syſteme über die Baſis der Erkenntniſs ſo trefflich zuſammen aufgeſtellt gefunden. Und obgleich Rec. aus Gründen, welche hier aus einander zu ſetzen zu viel Raum einnehmen würde, nicht mit dem Vf., nachdem er den Widerſtreit der Philoſophen aufgeſtellt, einſtimmen kann, wenn er (S. 121.) ſagt: *ſi l'on a pris tous les chemins qui paraiſſent devoir mener au but, et qu'aucun d'eux n'y ait conduit, que resteroit-il a faire? Partir de la conscience du moi, y constituer la dualité primitive et d'admettre sans entreprendre de la ramener à l'unité parfaite, ni meme de determiner les rapports de deux elemens entre eux, et la part de chacun d'eux à tout le systême de nos représentations;* so möchte er doch den Aufsatz einem jeden zum Durchlesen empfehlen, der ein Muster im Recapituliren der verschiedenen philosophischen Systeme vor sich zu haben wünscht. III. *Essai sur l'existence et sur les derniers systêmes de metaphysique.* Diese Abhandlung kann füglich als ein Pendant zu der vorigen betrachtet werden. Sie beschäftigt sich mit einer lichtvollen Auseinandersetzung der durch *Kant*, *Fichte* und *Schelling* bisher erfolgten Revolutionen in dem Gebiet der transcendentalen Philosophie. Der Kenner dürfte aber, obgleich er dem Vf. richtige Ansicht von diesen den höchsten Geistesschwung verrathenden Productionen einräumen muss, zweifeln: ob vorzüglich durch die Art, wie der Vf. das *Schellingsche* System oder die Naturphilosophie aufstellt, dem Auslande eine richtige und entscheidende Ansicht von diesem Systeme beygebracht werden dürfte. Rec. kann nur auf diese schwache Seite der Abhandlung aufmerksam machen. Seine Bemerkung hier zu erweisen, würde ihn über die Gränzen einer Recension hinaus führen. Eben so unhaltbar findet Rec. des Vf. Bedenklichkeiten, die er gegen die Versuche der neuesten Philosophie vorbringt. Sie sind ganz dem Standpunkte angemessen auf welchem er sich befindet. Indess fügt der Vf. hinzu: *en elevant avec toute la modestie qui me convient ces doutes et ces questions sur l'idealisme transcendant et sur la philosophie de la nature, je suis bien eloigné de ne pas reconnoitre le talent distingué des createurs de ces systêmes. En étudiant ces systêmes*, fährt er ferner fort, *et d'autres productions du sol de Germanie, digne de leur être comparées, on ne peut se defendre du sentiment d'admiration pour cette vie interieure, cette vie de la pensée qui forme un trait distinctif du caractère et du genie national des Allemands*, und schliesst endlich mit der in mancher Beziehung für uns jetzt tröstenden Aeusserung: *La nation, qui se refuse au monde exterieur autant que possible, et dont les penseurs d'élite s'engageront par un acte de leur liberté dans les galeries souteraines de l'ame, et se replieront sur eux-mêmes, sera une nation plus admirable qu'admirée. Elle s'attachera plus au mouvement de la pensée qu'au mouvement de la vie active, l'univers lui appartiendra, mais le monde sera quelque fois perdu pour elle, parce qu'elle même sera trop occupé dans les profondeurs de son existence; mais la liberté interieure la consolera de tout, et tant qu'elle lui restera, elle conservera un sentiment de dignité.* Dieser Abhandlung folgen nun IV. *Fragmens ou pensées detachés*, mit welchen das Werk geschlossen wird. Sie sind grösstentheils nach den Principien der neuen deutschen Philosophie bearbeitet, und enthalten Bemerkungen und Ansichten über mancherley Begriffe und Gegenstände aus dem Gebiete der Philosophie, Moral und Politik. Der Vf. hat hier *Pascal*, *Rousseau* und *Voltaire* wahrscheinlich als Muster vor sich gehabt. Es gelingt ihm oft sie zu erreichen, wo nicht gar zu übertreffen; doch theilt er im Ganzen mit ihnen ein Schicksal, nämlich: dass bey manchem trefflichen und bedeutenden Ideenwurf auch mancherley Paradoxes und Unhaltbares mit unterläuft. Rec. glaubt, dass bey der Gerechtigkeit die er dem Vf. in Hinsicht des Verdienstlichen seiner Arbeit wiederfahren lässt, dieser Tadel einen Beweis von der Aufmerksamkeit abgeben dürfte, mit welcher er die Lectüre eines Werkes geendigt, dem er jenseits des Rheins eine für die deutsche Philosophie folgenreiche Beachtung wünscht.

STAATSWISSENSCHAFTEN.

LEIPZIG, b. Dyk: *Religion, eine Angelegenheit der Fürsten*, von *Ludwig Pflaum*. (Zufolge der Unterschrift unter der Zueignung an den König von Würtemberg, Pfarrer zu Helmbrechts im Fürst. Bayreuth.) 1809. 125 S. 8. (10 gr.)

Eine gut gemeinte Declamation in dem Stile, den man vor einiger Zeit poetische Prosa nannte. Zu prüfen ist hier nichts. Der Titel könnte verleiten zu glauben, dass man eine Untersuchung über das Verhältniss des Fürsten zu den religiösen Anstalten in seinem Volke, oder Beobachtungen über die Art wie der politische Regent sich in den religiösen Angelegenheiten zu benehmen habe, finden werde. Davon kein Wort. Blosse Empfehlung der Religion, als dem wesentlichsten Bedürfnisse der Menschheit. Von dem verderblichen Gedanken, dass die Religion bloss als eine Staatsangelegenheit angesehn werden müsse, als das wirksamste Werkzeug der Politik, davon ist der Vf. frey. Er meynt es herzlich gut. Aber auch nur das. Er empfiehlt dem Fürsten, seinem Volke das Beyspiel der ernstlichen Religiosität zu geben, und stellt doch Friedrich den Grossen als das Muster eines religiösen Fürsten auf: weil er alle Religionen zu schützen befohlen, und gewollt, dass in seinem Lande *jeder nach seiner Façon selig werde.* Diess bewies nun eher völlige Gleichgültigkeit gegen die Religion seiner Unterthanen. Die historischen Anspielungen aus alter und neuer Geschichte sind nicht sehr sorgfältig gewählt. Wer ist z. B. der *Dionysius, der als Räuber die Welt durchzog?*

ALLGEMEINE LITERATUR-ZEITUNG

Donnerstags, den 9. November 1809.

WISSENSCHAFTLICHE WERKE.

RECHTSGELAHRTHEIT.

HILDBURGHAUSEN, b. Hanisch's E.: *Kritische Einleitung in das bürgerliche Recht des französischen Reiches*, mit vergleichenden Blicken auf das römische, gemeine deutsche, sächsische, und vorzüglich das preussische Recht, von dem Regierungsrathe *Schmid* zu Hildburghausen. *Ersten* Bandes *erste* und *zweyte* Abtheilung. 1808 u. 1809. XII u. 497 S. 8. (2 Rthlr.)

Auch unter dem Titel:

Kritische Einleitung in das gesammte Recht des französischen Reiches. — Erster Theil. *Bürgerl. Recht.*

Rec. ergreift mit Vergnügen die Gelegenheit, ein Werk anzuzeigen, das sich in vieler Hinsicht sehr vortheilhaft auszeichnet, und ein neuer Beweis ist, dass das Geschäftsleben sich mit gelehrter Bildung vereinigen und durch wissenschaftliches Studium verschönern lässt. Der Vf. hatte schon vor mehrern Jahren die Absicht, eine umfassende Darstellung des französischen Reiches in allen seinen Verhältnissen zu liefern, und überzeugt, dass Nationalwohlstand und Grösse, Polizey und Politik lediglich durch Principien des Rechts begründet seyn müsse, sollte der Zustand des öffentlichen und bürgerlichen Rechts mit der Gerichtsverfassung einen bedeutenden Platz darin einnehmen. Die grossen Begebenheiten der letzten Jahre, welche dem neuen französischen Rechtssystem eine so grosse und schnelle Verbreitung gaben, bestimmten aber den Vf. vor der Hand nur *dieses allein* darzustellen. Das bürgerliche Recht macht den Anfang, und es soll dabey vorzüglich auf das *preussische Recht* Rücksicht genommen werden, weil dieses das einzig vollständige und in einem eigenthümlichen Geiste abgefasste Gesetzbuch der neuern Zeit ist. Hr. *Schmid* wird übrigens seine kritische Einleitung nicht bloss auf das bürgerliche Recht beschränken, sondern in einer Reihe von Theilen sich über das Innere der gesammten französischen Gesetzgebung verbreiten; das bürgerliche Recht macht aber begreiflicher Weise den Anfang. Die vor uns liegende *erste* Abtheilung des *ersten* Bandes enthält die eigene Einleitung des Vfs., deren Inhalt wir jetzt etwas näher angeben müssen. Sie enthält *vier* Rubriken: 1) Verhältniss des positiven Rechts zur Wissenschaft. 2) Frankreichs Gesetze vor der Revolution. 3) Die bürgerliche Gesetzgebung während der Revolution. 4) Bürgerliche Gesetzgebung Napoleons I.

Die *erste* Abhandlung (S. 1—35.) haben wir mit vielem Interesse gelesen, sie enthält durchaus eigene Darstellung des Vfs., während die drey übrigen mehr als eine Sammlung historischer Notizen und Actenstücke zu betrachten sind. Ueber das Verhältniss der Philosophie zur positiven Rechtswissenschaft sind drey der vorzüglichsten Rechtsgelehrten: *Thibaut, Feuerbach* und *von Almendingen*, verschiedener Meinung. Der Erste versagt nachdem Vf. der Philosophie oder dem Raisonnement *über* die Natur der Sache, und *aus* ihr, allen Einfluss auf Bildung der positiven Rechtswissenschaft, und will bloss einen *historischen* Grund ihres Gebäudes anerkennen; der Zweyte erklärt zwar das positive Recht nur für die Darstellung des Vernunftrechts, spricht aber diesem doch alle praktische Gültigkeit ab, und will die Philosophie nur für die wissenschaftliche Form der Jurisprudenz benutzt wissen; der Letzte endlich geht so weit, gerade umgekehrt zu behaupten, dass die positiven Gesetze nur in so fern Anwendbarkeit finden könnten, als sie gut, consequent und der Vernunft entsprechend sind. — Unser Vf. vereinigt die verschiedenen Ansichten über das Verhältniss der Philosophie zum positiven Recht auf folgende Art: ein gegebenes System einer positiven Gesetzgebung kann nur durch *historische* Untersuchungen verstanden werden, und erst dann ist eine *philosophische* Analyse und Prüfung desselben möglich. Jene historische Kenntniss der Gesetze ist aber nicht das Einzige und Höchste, was zur *Rechtswissenschaft* gehört: denn sie kann nie den Namen einer *Wissenschaft* verdienen, sondern bleibt auf dem niedern Standpunkte der blossen *Gesetzkunde* stehen; — der Zweck des *Rechts*, gegeben durch die Vernunft, bleibt ihr fremd. In so fern aber die Bestimmung des wahren, tiefern Sinnes, der in dem Gesetz liegt, und überhaupt die Beleuchtung des Gesetzes durch den obersten Grund alles Rechts, jedem Richter obliegt, und in so fern sogar positive Gesetzgebungen den Tribunalen zur Pflicht machen, im Fall keine bestimmte Gesetze vorhanden sind, nach Analogie und allgemeinen Rechtsprincipien zu entscheiden: so ist auch der Einfluss der Philosophie für den praktischen Gebrauch nicht zu verkennen, die *Rechtswissenschaft* selbst aber ist ohne Zweifel ihrer Herrschaft unterworfen. Die Kenntniss der positiven Gesetze ist nur ein Theil des Gebietes der letztern. Ohne den sichern Boden der Vernunft wäre alle positive Gesetzgebung nichts als Act der willkürlichen Gewalt, ein roher ungerechter Zwang, dem sich jeder, der es vermöchte, mit allem Recht entziehen dürfte. Das positive Gesetz ist, seinem Wesen nach, bloss *anerkennend*, und das *aussprechend*, was durch Vernunft gegeben ist, nicht *schaffend*: denn kein Gesetzgeber kann und darf nach selbstgewählten Zwekken ein neues Recht machen, sondern seine Verfügungen müssen bedingt seyn durch die Zwecke der Menschheit. Eine dem Recht an sich widersprechende gesetzliche Norm wird bald durch die öffentliche Meinung in das rechte Licht gesetzt, und durch den Gerichtsgebrauch entweder von selbst ausser Anwendung gelassen, oder doch die Mittel aufgefunden, es zu entkräften. Von der Gesetzgebung ist zwar nach dem Obigen alle Willkür ausgeschlossen; aber es bleibt ihr dennoch ein weites Feld übrig. Da nämlich für die unendliche Zahl der im gesellschaftlichen Leben entstehenden einzelnen Verhältnisse die Ableitung der rechtlichen Regel nicht immer klar und unstreitig aufzuweisen ist: so entsteht das Recht und die Pflicht des Gesetzgebers, eine bestimmte Regel dafür aufzustellen; und abgesehen hiervon ist es auch ein Hauptgeschäft desselben, *Formeln* für die Rechtsverhältnisse der Bürger aufzustellen, an welche die Existenz dieser Verhältnisse gebunden seyn soll und vor Gericht nachgewiesen werden kann. — Der Vf. glaubt, dass zu der niedrigen Ansicht der Rechtsgelehrsamkeit, als blosser *Gesetzkunde*, vorzüglich das Auffinden eines in so hohem Grade vollendeten und vollständigen Systems, als das *römische Recht* ist, gewirkt habe: denn sonst würde die allmälige Bildung des Rechts wahrscheinlich bey uns einen ähnlichen Gang genommen haben, als ehemals in Rom, wo sich das Recht selbst in der fortschreitenden Cultur aus wenig allgemeinen Regeln entwickelte. Der Mangel an Publicität, die herabgesetzte Würde der Gerichte, das Zunftwesen der Rechtsgelehrten, die alles eigene Denken unterdrückende Autoritätenkrämerey, und endlich die fremde Sprache und der fremdartige Charakter des römischen Gesetzbuches haben allerdings sehr nachtheilig gewirkt! Noch nachtheiliger aber war die Reform, welche der preuss. Staat in seiner Gesetzgebung erlebte. Bey dem röm. Recht war allenthalben Raisonnement und Hindeutung auf die Quelle, woraus das ganze System ursprünglich hervorgegangen war, auf Philosophie des Rechts; es forderte Sprachkenntnisse, und den Geist cultivirende Forschungen wurden dadurch bedingt, die Controversen reizten zum Nachdenken, und die Anwendung endlich veranlasste die Untersuchung über das nicht constitutionelle, ewige und unwandelbare Recht. *Friedrich des Zweyten* Idee war kühn, aber despotisch: denn ein so vollständiges Gesetzbuch, das für jeden vorkommenden Rechtsstreit die wörtliche Entscheidung enthält, ist undenkbar, — die Rechtspflege überhaupt lässt sich nicht so leicht übersehen. Als der erste vollständig ausgeführte Versuch, einem deutschen Volke ein deutsches Gesetzbuch zu geben, verdient das preuss. allgem. Landrecht allerdings als ein unvergängliches Ehrendenkmal betrachtet zu werden; seiner Bearbeitung lag aber eine unrichtige Idee zum Grunde, und der Zweck wurde verfehlt. Die Erfahrung hat gezeigt, dass die Zahl der Processe sich nach Publication des allgem. Landrechts von Jahr zu Jahr ansehnlich vermehrte, und auch der Rechtswissenschaft ist dadurch wahrlich kein Dienst erzeigt worden, indem das gründliche wissenschaftliche Studium offenbar darunter gelitten hat, das Studium der alten Sprachen und Rechte nun beynah ganz vernachlässigt wurde. Der Vf. bemerkt sehr richtig: „Man brauchte kein tiefes Studium des Rechts, und die armseligste dürftigste Gesetzkunde, etwas Belesenheit im Landrechte und seinen Ergänzungen und ein glückliches Gedächtniss galt für hohe Weisheit." Das neue französ. Gesetzbuch ist von einem ganz entgegengesetzten Grundsatz ausgegangen; die allgemeinen Maximen des Rechts sollten darin aufgestellt, folgenreiche Grundsätze ausgesprochen, nicht aber das Detail der einzelnen Rechtsfragen erschöpft werden. Die Gesetzgebungscommission hielt mit Recht dafür, dass es den Richtern und Rechtsgelehrten gebühre, in den allgemeinen Sinn der Gesetze einzudringen, und ihrer Ausübung die nöthige Richtung zu geben. Auf diese Weise ist denn auch das Verhältniss der preuss. und französ. Legislation sowohl in Hinsicht auf die vorhandenen ältern Rechte und zur Rechtswissenschaft, als in Hinsicht auf die Richter ganz anders zu bestimmen. Der *Code Napoléon* ist nicht bloss subsidiarisches Recht, wie das preuss. Landrecht, er öffnet der Rechtswissenschaft ein viel weiteres Feld, und die Richter sind bey ihm nicht bloss Diener des positiven Gesetzes, sondern werden durch das Gesetz selbst oft genöthigt, auf höhere und allgemeinere Gründe zurückzugehn, sie sind zugleich *Schiedsrichter*, wo das Gesetz schweigt. Wenn man bey dem Napoleonischen Gesetzbuche auf blosse Vollständigkeit ausgegangen wäre: so lagen ja die Materialien zu einem weitläuftigen Aggregat von gesetzl. Definitionen, Distinctionen und Dispositionen in unabsehbarer Masse bereit, und es würde viel leichter gewesen seyn, daraus ein vollständiges Fachwerk anzufüllen, als aus diesem Reichthum das *Bessere* zu wählen. Man täuscht sich sehr, wenn man den C. N. für ein Werk der Eile hält. — Zum Beschluss der ganzen sehr anziehenden Darstellung hebt der Vf., da es seine Absicht nicht seyn konnte, ein System der Rechtsphilosophie zu liefern, einige Punkte derselben aus, welche auf die Behandlung der Gesetzwissenschaft von praktischem, bisher fast immer verkanntem, Einfluss sind, und wodurch die Gränzen und der Zweck der Kritik des positiven Rechts bestimmt werden können. Die Aufgabe der letztern soll nämlich keine andere seyn, als eine Vereinigung der Theorie mit der Praxis zu stiften, indem sie jene von dem blinden Gehorsam gegen die positiven Gesetze loszählt, dieser aber für das Geschäft, das positive Recht auf eine eigene Weise auszubilden, feste Regeln aufstellt. „Alle positive Gesetzgebung ist nichts als der Versuch, auszusprechen, was ohnehin schon in der Vernunft vorhanden ist. *Sie ist nur in so weit von rechtlicher Gültigkeit*, als sie ihre Gränzen nicht überschreitet, und in dem Grade *vollkommen*, als es ihr gelingt, das ewige und unveränderliche Recht selbst durch den Buchstaben des Gesetzes darzustellen."

Die

Die *zweyte* Abhandlung (S. 36—65.) iſt überſchrieben: *Frankreichs Geſetze vor der Revolution.* Beym Einrücken der germaniſchen Völker in Gallien galt in dem ganzen Umfange deſſelben das röm. Recht, und die german. Rechtsgewohnheiten und Geſetze wurden neben demſelben eingeführt. Der Franke wurde nach fränkiſchem Recht, der Burgunder nach dem Geſetz Gundobalds, der Gallier und Römer nach dem Geſetzbuch des K. Theodoſius beurtheilt. Im Ganzen blieb dieſes Verhältniſs auch nachher, nur daſs im nördl. Frankreich, da die alten Bewohner allmälig mit den Franken zuſammenſchmolzen, der Gebrauch des röm. Rechts nach und nach aufhörte. Im ſüdl. Frankreich erhielt ſich das röm. Recht nicht nur neben den burgundiſchen Geſetzen und dem der Weſtgothen, ſondern wurde auch, als dieſe bereits ihre Gültigkeit verloren hatten, bis auf die neueſten Zeiten befolgt. — Das Lehnweſen und der gerichtl. Zweykampf brachten aber die alten germaniſchen Geſetze, und namentlich die Capitularien der fränkiſchen Könige des erſten und zweyten Stammes, auſser Gebrauch. — Mit der Capetingiſchen Dynaſtie erhebt ſich allmälig eine neue Ordnung der Dinge, es beginnt damit die Periode des *mittlern* Rechts, in welcher ſich nach und nach in der Verwirrung der bürgerl. Unruhen, die für einen groſsen Theil des Reiches, — da, wo das röm. Recht durch andere Geſetze verdrängt war, und dieſe in dem anarchiſchen Zuſtand des Fauſtweſens gleichfalls aufgehört hatten zu gelten, — ſo überaus wichtigen Gewohnheitsrechte entwickeln und bilden. So viel unabhängige Herrſchaften es in dem ſo ſehr zuſammengeſetzten Staate gab, eben ſo viel unabhängige Gewohnheitsrechte (*Coutumes*) muſsten entſtehn. Erſt dem *heiligen Ludwig* gelang es durch ein Zuſammentreffen mehrerer glücklichen Umſtände, den erſten Grund zur oberſten Gerichtsherrlichkeit zu legen. Es dauerte nicht lange, und von den Rechtsſchulen Italiens drang die neue, aus den Pandekten geſchöpfte, Weisheit in die franzöſiſchen Gerichte. Schon unter Ludwig kam eine franzöſiſche Ueberſetzung der römiſchen Rechtsbücher zu Stande, und *Philipp der Schöne* lieſs römiſches Recht in den Provinzen, welche bisher durch bloſse Gewohnheiten regiert wurden, als Theorie der Rechte (*raiſon écrite*) lehren, und in den Provinzen, wo das römiſch-theodoſianiſche Recht von den ältern Zeiten her ſich erhalten hatte, wurde nun das Juſtinianiſche geſetzlich anerkannt. So befeſtigte ſich aufs Neue die groſse Eintheilung in Länder des geſchriebenen und des Gewohnheitsrechtes. König *Karl VII.* endlich faſste den groſsen Plan, die ſämmtlichen Rechtsgewohnheiten zu ſammeln; allein der Tod übereilte ihn, und unter dem folgenden Könige wurden nur einzelne Provinzial- und Localſtatuten förmlich redigirt. So bald die königliche Gewalt unter *Hugo Capets* Nachfolgern ſich wieder mehr befeſtigt hatte, wurde auch von den Königen die Legislation vielfältig ausgeübt. (Der Vf. handelt von den Ordonnanzen der Könige bis auf *Ludwig XVI.* herab ſehr genau S. 43—51.) — Mit Vergnügen ſind wir dem Vf. in der angenehm erzählten Geſchichte des franzöſiſchen Rechts vor der Revolution, und (S. 52 f.) auch in ſeinen Bemerkungen über das Verhältniſs der verſchiedenen erwähnten Rechtsquellen zu einander gefolgt. Daſs die ausdrücklichen königlichen Verordnungen als förmliche Geſetze allgemein verbindende Kraft hatten, und daſs den Provinzial- und Localſtatuten in ihrem Bezirk gleiche geſetzliche Kraft beyzulegen war, darüber konnte kein Zweifel entſtehn. Nicht ſo ausgemacht wurde aber die unbedingte Gültigkeit des römiſchen Rechts angenommen, und in den ſtatutariſchen Rechten herrſchte die gröſste Verſchiedenheit; auch hatte die Praxis der verſchiedenen höchſten Gerichte einen eigenen Gang. Deſſen ungeachtet hat es nicht an Rechtsgelehrten gefehlt, welche ein *gemeines franzöſiſches Recht* zu bearbeiten unternahmen! — Als allgemeiner Charakterzug des geſammten franzöſiſchen Rechts iſt die Einwirkung des Lehnſyſtems auf die meiſten Rechtsverhältniſſe nicht zu verkennen; aus dieſem Grunde fand z. B. die Adoption in Frankreich nie Statt, weil ſie nicht bloſs den Lehnsherrn, ſondern auch den übrigen Mitgliedern der Familie hätte nachtheilig werden müſſen u. ſ. w. Der Vf. berührt den Urſprung des franzöſiſchen Lehnweſens nach *Montesquieu* und *Mably*, und führt vorzüglich die Leibeigenſchaft, die Lehnsmuthung, das Einſtandsrecht (*retrait féodal*), die Jagdgerechtigkeit und die Gerichtsbarkeit als die merkwürdigſten daraus reſultirenden Rechte an.

Die *dritte* Abhandlung (S. 66—126.) enthält die *bürgerliche Geſetzgebung während der Revolution.* Die Urſachen der in ihren Folgen ſo merkwürdig gewordenen Staatsumwälzung werden kurz, aber treffend, bezeichnet, und hierauf der Gang der Civilgeſetzgebung während derſelben dargeſtellt. Vor allen Dingen theilt der Vf. die Beſchlüſſe der erſten Nationalverſammlung mit, welche ihre Arbeiten in jener berühmten Nacht vom 4ten Auguſt 1789. eröffnete. Kurz darauf die von *Sieyes* entworfene berühmte Erklärung der Rechte des Menſchen und des Bürgers, welche den höchſten Grundſatz alles Rechts ausſprach. Alles muſste neu geſchaffen werden, Finanzen, Armeen und Gerichte; das Lehnſyſtem, der Erbadel u. ſ. w. wurde aufgehoben, und machte allein eine Menge geſetzlicher Entſcheidungen nothwendig. Der Geiſt, der die Arbeiten dieſer erſten Verſammlung belebte, war ein Geiſt des ruhigen Forſchens und der Mäſsigung. Vieles davon hat ſich durch alle Stürme der Revolution bewährt, und gilt in ſeinen Grundzügen noch gegenwärtig, namentlich die Organiſation der Civil- und Criminal-Gerichte. Die einzelnen Verordnungen hat der Vf. ſorgfältig bemerkt. Am 3ten Sept. 1791. waren die Arbeiten der *Aſſemblée nationale conſtituante* beendigt, und das entworfene Grundgeſetz wurde angenommen und ſanctionirt. Nach demſelben wurde die geſetzgebende Gewalt unter der Sanction des Königs einer Nationalverſammlung von 745 Repräſentanten übergeben, welche jedesmal zwey Jahre dauern ſollte (*Aſſemblée nationale législative*); ſie nahm auch wirklich

lich den 2ten October ihren Anfang. Es ist bekannt, dass diese gesetzgebende Nationalversammlung, obgleich ihre Aufgabe viel schwerer war, als die der vorigen, doch keine Vereinigung der besten Köpfe war, dass auf der einen Seite blinde Vertheidiger alter Missbräuche, auf der andern Seite blinde Streiter für Volksherrschaft sich befanden, beide von selbstsüchtigen Anführern geleitet, und auch das niedrigste und ungerechteste Mittel nicht verschmähend, ihren Zweck zu erreichen. Ludwig XVI. gut und kraftlos, arm an Geist und Charakter. Die ersten Spuren jenes Taumels, welcher die hohe Idee der Freyheit immer ärger missbrauchte und zuletzt die unglückliche Periode des Terrorismus herbeyführte, den Kampf der beiden Extreme der rohen Despotie und der zügellosen Anarchie. Auch diese Versammlung schloss ihre für das bürgerliche Recht wichtige Laufbahn, und es trat den 21sten Sept. die *Convention nationale* an die Stelle. Hierdurch wurde aber das Königthum völlig gestürzt und Frankreich in eine Republik verwandelt, zugleich die geistreichsten Männer zur Entwerfung einer Constitution ernannt. „In dem Kampfe der Parteyen konnte das Recht nicht gedeihen, und diese Periode zeichnet sich daher durch nichts aus, als durch ein Ringen nach immer grösserer Freyheit und Gleichheit, Worte, mit denen nunmehr nur die Hefen des Volks angelockt wurden." Die Revolutionstribunale durch keine rechtlichen Formen in ihrer abscheulichen Thätigkeit gehemmt, die Guillotine permanent und bald nicht mehr ausreichend die Menge der Schlachtopfer zu morden, die bürgerliche Gesetzgebung ein blosses Werkzeug in den Händen der Demagogen. Endlich als der berüchtigte *Robespierre* das verdiente Opfer seiner Schändlichkeiten geworden, konnte der Nationalconvent eine neue Constitution entwerfen und wichtige neue Gesetze geben. — Durch die neue Constitution, welche seit dem 25sten October 1795. zur Anwendung kam, stand ein vollziehendes Directorium von fünf Männern an der Spitze der Regierung, und die gesetzgebende Gewalt wurde einem Rath der 500 und dem der Alten anvertraut. Von dem Geist der von dem Vf. näher beschriebenen Legislation dieser Periode ist wenig zu rühmen. Es fehlte der ganzen Verfassung an Einheit und Eintracht, indem das Directorium mit den beiden gesetzgebenden Räthen in steter Fehde begriffen war. — (Die Sammlungen der im Laufe der Revolution erschienenen Gesetze beschliessen den ganzen Aufsatz.)

In der *vierten* Abhandlung endlich (S. 126—180.) wird die *bürgerliche Gesetzgebung Napoleons* beschrieben. In dieser Periode sieht das französische Volk seit 1789. zum ersten Mal eine Veränderung der Inhaber und Formen der öffentlichen Macht, die von keinem Blutvergiessen, keiner Verbannung als langsamerer Todesstrafe, begleitet ist. Der Vf. bemerkt, dass in den bürgerlichen Gesetzen Napoleons viel mehr, als in andern Gesetzbüchern, dahin getrachtet werde, den Kreis, in welchem der einzelne Mensch sich ungehindert bewegen darf, zu heiligen, statt ihn unbedingt zum Staatsbürger zu machen; es war aber auch dem ersten Consul leichter, als den vorigen Machthabern, diesem Geiste der Mässigung zu folgen. „Es war kein Zweig der Staatsverwaltung, welcher nicht einer ordnenden Hand bedurft hätte, als Napoleon an das Ruder trat, und keiner ist, in welchen er nicht Ordnung und Licht gebracht hätte." S. 132 f. giebt der Vf. ein Verzeichniss der einzelnen unter seiner Regierung gegebenen Gesetze, kommt sodann (S. 144.) auf die Errichtung des *Code Napoléon*, und zum Beschluss wird der Inhalt desselben mit dem preussischen Recht verglichen.

Die *zweyte* Abtheilung des vorliegenden *ersten* Bandes beginnt mit der Einleitung, welche der verstorbene Minister in Kirchensachen, Hr. *Portalis*, zu dem Entwurfe des bürgerlichen Gesetzbuches, im Namen der Verfertiger derselben, mit so vielem Geiste schrieb (S. 183—263.). Der Vf. theilt darüber sehr instructive Bemerkungen mit, insonderheit über die Gränzen des neuen Gesetzbuches und über die Einführung desselben in den übrigen mit dem französischen Reiche verbundenen Staaten (S. 264—293.). Hierauf folgt eine kurze Uebersicht der französischen Gerichtsverfassung (S. 293—306.), welche zu vollkommener Erläuterung des Napoleonischen Codex unentbehrlich ist. Als Hauptcharakter der bürgerlichen Rechtspflege in Frankreich wird angegeben, dass sie weit schärfer, als in Deutschland, von der Beglaubigung der auf dem freyen Willen der Bürger beruhenden Handlungen geschieden ist. Die Gerichte haben mit sehr wenigen Ausnahmen bloss mit der *streitigen* Gerichtsbarkeit zu thun; die *willkürliche* hingegen befindet sich fast ganz in den Händen der Notarien. Die drey bekannten Stufen der Gerichtsverfassung werden sodann genauer beschrieben: 1) die *Friedensgerichte*, welche bestimmt sind, ohne weitläuftige Verhandlungen die einfachen geringfügigen und dringenden Streitsachen abzuthun, und zugleich die gütliche Beylegung der wichtigern zu versuchen; 2) die *Tribunale*, welche den Zweck haben, durch ein förmliches Rechtsverfahren die Streitigkeiten der Bürger zu schlichten, und wieder von doppelter Art sind: Tribunale erster Instanz und Appellationshöfe; endlich 3) der *Cassationshof*, welcher, als ein rechtlicher Senat, über die Aufrechthaltung der Gesetze und der bey Strafe der Nullität vorgeschriebenen Formen wacht, aber nie in die Materialien eines Rechtshandels eingehen kann.

Der Rest des ganzen *ersten* Bandes ist einem sehr lehrreichen Commentar über die ersten Titel des neuen Gesetzbuchs gewidmet, und es bleibt uns nur zum Beschluss dieser Anzeige nichts übrig, als die Fortsetzung eines mit so vieler Einsicht angelegten Werks lebhaft zu wünschen.

ALLGEMEINE LITERATUR-ZEITUNG

Freytags, den 10. November 1809.

WISSENSCHAFTLICHE WERKE.

ARZNEYGELAHRTHEIT.

Leipzig, b. Barth: *Recepte und Kurarten der besten Aerzte aller Zeiten.* Von einem praktischen Arzte. *Erster* Theil. Fieber, Entzündungen. 1808. 394 S. *Zweyter* Theil. Lokalentzündungen, Ausschläge. 1809. 388 S. gr. 8. (2 Rthlr. 16 gr.)

Dieses Buch enthält theils bey weitem mehr, als der Titel vermuthen läfst, theils ist es auch in der That besser geschrieben, als man nach dem Aeussern desselben (Titel, Druck und Papier erwecken ein Vorurtheil dagegen) glauben sollte. Der Vf. beginnt mit einer Uebersicht der Wege und Grundsätze, auf und nach welchen man die Arzney-Wissenschaft zur Gewissheit zu bringen wähnte. Nur den Weg, aus Erfahrung desjenigen, was sich immer, zu allen Zeiten und unter allen Umständen gleich bleibt und aus Beobachtung dessen, was ist, mit denjenigen Untersuchungen verbunden, welche Anatomie, Chirurgie (Chemie und Physik) möglich machen, zu erkennen, wie es ist, aus vielen einzelnen, richtig gezogenen Schlüssen endlich einen allgemeinen aufzufinden — nur diesen Weg hält der Vf. für den allein sichern, um zur medicinischen Wahrheit zu gelangen. Der Vf. ist besonders gegen die naturphilosophische Medicin, welche auch in der That, zumal unter den Händen der jugendlichen Zeloten im südwestlichen Deutschlande, eines *Troxler*, *Görres*, *Huber*, *Hagen* eher zu einem System der Thorheit und Lächerlichkeit, als zu einem System der Medicin ausgebildet wird. Alles, was der Vf. über den Gang der Schicksale unserer Kunst sagt, ist wahr und gut, nur zu weitläuftig. Man sieht es ihm an, dafs es nur dasteht, um die Bogen zu füllen. Auf die geschichtliche Einleitung folgt eine pathologische. Der Vf. ist ein Erregungstheoretiker nach eklektischen Grundsätze; er nimmt eine Erregbarkeit, directe, indirecte und gemischte Schwäche an. Ueber die letzte erklärt er sich so: So ein offenbarer Widerspruch die gemischte Schwäche ist, so sehr viele Fälle giebt es doch, wo die Natur ihn unwidersprechlich in Facta darstellt. Wenn einer hier nicht das Stückwerk, die Unvollkommenheit unsers Wissens einsieht, so wird er nie von seinem Wahne zu heilen seyn. Es ist natürlich, dafs dieser Widerspruch nur in unserer groben Vorstellung begründet sey, nicht in der Natur selbst, dafs sie bey uns allein von dem Mangel an Kenntnifs (und Ausdruck) herrühre, wie das qualitative oder chemische Verhältnifs der Reize zu der Lebenskraft beschaffen sey u. s. w. Dem zu Folge theilt er auch die Krankheiten in allgemeine und örtliche, sthenische und asthenische Krankheiten. Er nimmt aber auch eine Heilkraft der Natur und kritische Naturbemühungen an, jedoch beide mit vernünftiger Einschränkung und Modification. S. 62. kommt der Vf. noch einmal auf die gemischte Schwäche. Man könnte, meynt er, die Erfahrung damit bezeichnen, wo in einem bestimmten allgemeinen Zustande der Asthenie ein einzelnes Organ, zu folge des verschiedenen Grades der Erregbarkeit und der verschiedenen Gesetze derselben in einem sthenischen Zustande sich befindet. Recht schön ist, was der Vf. (S. 68 ff.) über die Wirkungen der Arzneymittel sagt. Er schliefst diese allgemeine Uebersicht mit einer Bitte an seine deutschen Mitbrüder, vornehmlich gegen die neuen Mittel der englischen und französischen Aerzte misstrauisch zu seyn. *Erster* Haupttheil. *Fieber*. Der Vf. bestimmt nicht, was Fieber sey, nimmt aber an, es gebe nur Ein Fieber, d. h. die nächste Ursache der vielen, unter diesem Namen begriffenen, zahlreichen Erscheinungen im kranken Organismus sey nur Eine. (Ein Begriff, der für uns freylich sehr unfruchtbar ist.) Der Vf. bleibt der Eintheilung in *Synocha* (sthenisches) und *Typhus* (asthenisches Fieber) treu. In Beziehung auf örtliche Affection nimmt er an: gastrische, Fieber mit Localentzündung, Fieber mit Ausschlägen und unregelmäfsige Fieber. Die neuere Eintheilung in Schlag-, Blut- und Saugaderfieber verwirft er (*Ackermanns* Fiebereintheilung in *F. splanchnicas*, *pneumatic.* und *cardiacas* ist beyläufig dieselbe, hat in Rücksicht auf logischen oder theoretischen Eintheilungsgrund wenig, und in Rücksicht auf die Praxis gar keinen Vorzug vor den bisherigen Classificationen.) Wichtig für die Praxis ist die Berücksichtigung des allgemeinen Charakters der *Synocha* und des *Typhus*. Zwar ist es wahr, man mufs in jedem Falle das Charakteristische der einzelnen Fieberarten abstrahiren und darnach das Heilverfahren bestimmen, wahr, dafs jede Fieberart nach ihrem speciellen Verhältnisse behandelt werden mufs, sogar das individuelle Verhältnifs mufs man zu erforschen suchen. Allein oft ist der specielle Charakter verwickelt (complicirt), und bey aller Mühe ist es nicht (frühe genug) auszumitteln, wie vielen Antheil jene oder diese Art (des Fiebers) dabey hat. Epidemische Krankheiten können nach diesem Grundsätze allein so wenig, wie nach andern beurtheilt werden. Ihre Gefahr hängt oft (nicht) wenig von unerkannten äuſsern Einflüſſen, Conſtitution der Atmoſphäre ab. An der Spitze der Fieber, welche der Vf. nun eigends abhandelt, ſteht der *Typhus*. Er empfiehlt gegen denſelben Brechmittel (wenn nicht der Typhus ſelbſt mit ominöſen ſymptomatiſchen Erbrechen eintritt), Säuren in Waſſer (*Acidum vitrioli* ſo gerade hin verſchrieben, iſt unbeſtimmt, der Apotheker weiſs nicht, ob er concentrirtes, oder diluirtes nehmen ſoll), mit ſauren Dämpfen imprägnirte Luft, flüchtige Reizmittel verſchiedener Art (Opium und Bilſenkraut hätten doch wohl noch einer genauern Beſtimmung bedurft; die Anwendung derſelben fordert eine äuſserſt ſcharfe Beurtheilung), warme Bäder (beym anſteckenden Typhus ſcheint dem Rec. die *Currieſche* Methode groſse Aufmerkſamkeit zu verdienen), Chinarinde, fixe Luft (fordert genaue Beſtimmung; eher hätte die Entwickelung des flüchtigen Kali Erwähnung bedurft), Klyſtire von Eſſig und fixer Luft, Alaun, weiſser Vitriol (?) Waſchen des ganzen Leibes mit Eſſig, Phosphor, (weniger der Phosphor ſelbſt, welchen Rec. innerlich für ein gefährliches, äuſserlich für ein unwirkſames Mittel hält, als vielmehr die Phosphorſäure, wovon auch hauptſächlich bey *Herder*, S. 146. die Rede iſt), Biſam (der Vf. beklagt mit Recht die Koſtbarkeit des Mittels, wer wird aber auch gleich 38 Pulver oder 2 Quentchen auf einmal verſchreiben?). *Nervenfieber*. Wenn bey einem hitzigen Nervenfieber einzelne Organe ergriffen ſind, ſo können ſie leicht den Charakter einer Synocha, eines entzündlichen heucheln. Bey (vorwaltender Neigung zu) indirecter Schwäche werden vielleicht nicht alle Organe ſogleich ergriffen, mithin kann eins noch in einem Grade von Sthenie bleiben, während andere in der That überreizt ſind. Ueberdieſs iſt auch eine Möglichkeit da, daſs eine locale ſtheniſche *Diatheſis* geſchaffen werden kann. Hieraus ergiebt ſich der Grundſatz, eine allgemeine ſtheniſche Heilmethode mit einer örtlich ſchwächenden zu verbinden, was in der Theorie ſo viel Schwieriges, in der Praxis allerdings viel Schwankendes, in einzelnen Fällen aber doch ſehr viel (Wahres und) Gutes hat. *Synocha*. Jedes Fieber deſſen Urſache nicht indirect oder direct verminderte Erregung iſt, ſondern das ſich im Gegentheil auf einen (zu hohen) Grad geſteigerte Erregung gründet.. Die Localentzündung dabey erklärt der Vf. von einem negativen oder aſtheniſch wirkenden Reize, welcher auf ein einzelnes Organ, bey hoher allgemeiner ſtheniſcher Anlage, wirkt. Es wird dabey ein weitläuftiger Auszug aus *Chortets* kleiner Schrift gegeben. Ueber die Aderläſſe geht der Vf. zu leicht hinweg, beſonders wenn edlere und zart gebaute Eingeweide afficirt ſind. *Wechſelfieber*. Synocha oder Typhus ſind die beiden Formen, in welchen alle Fieber erſcheinen und auf welche wir bey der Behandlung Rückſicht nehmen müſſen. Auf den Grundcharakter des Fiebers hat die Eintheilung nach dem *Typus* keinen Einfluſs. Jedes Fieber es ſey continuirend, re- oder intermittirend, kann an ſich *Synocha* oder *Typhus* ſeyn, und darnach wird ſeine Behandlung im (Allgemeinen und) Weſentlichen beſtimmt. Indeſs iſt es ausgemacht, daſs die Wechſelfieber, vermöge ihres ſonderbaren auffallenden *Typus* manche Berückſichtigung erfordern, die von jeher, in einzelnen (den meiſten) Fällen auch den beſſern Arzt zu einer empiriſchen, nicht nach deutlichen Vorſtellungen als gut erkannten Behandlung brachten. (Was über die Zeit des Fiebereintrittes (S. 251.) geſagt wird, iſt nicht ganz richtig; alle Wechſelfieber treten zu aller Zeit ein. Rec. hätte des Vfs. Meinung über die jetzige Frequenz des Wechſelfiebers zu leſen gewünſcht; ſollte nicht etwas Contagiöſes dabey einwirken? oder hängt es von der *febris ſtationaria* ab?) Für die nächſte Urſache der Wechſelfieber hält der Vf. Sthenie oder Aſthenie (das kann nicht ſeyn, wir kennen ſie wohl gar nicht und ſie erſcheint uns nur unter beiden obigen Formen oder Geſtalten.). Unter den Mitteln gegen Wechſelfieber führt der Vf. auch den Arſenik an und widerräth ſeinen vorſichtigen Gebrauch nicht. (Rec. hat ihn vielmals geben ſehen und ſelbſt gegeben, ohne daſs er die geringſte widrige Folge darauf hätte kommen ſehen. Doch ſetzt Rec. gerne ein ſpirituöſes *Adjuvans* zu.) *Gaſtriſches Fieber*, worunter gerechnet werden: *eigentlich gaſtriſches*, *Gallen-*, *Schleim-* und *Wurmfieber*. Von der Frequenz der letztern iſt man zurück gekommen. Man giebt zu, daſs dieſe an ſich natürlichen, nie ganz mangelnden Gäſte unſers Darmkanals in ſeltenern Fällen ein Heer von Zufällen erzeugen, und namentlich ein Fieber, das ſich zu dieſen geſellet, modificiren können; allein man iſt zurückhaltender in (mit) den Fällen, wo dieſes Verhältniſs obwaltet. *Fieber mit Entzündungen*. (Auch hier müſſen wir wieder die oben gerügte Aderlaſsſcheu zum Vorwurfe machen. Man kann als Grundſatz aufſtellen, daſs eine zur unrechten Zeit unternommene Aderläſſe lange nicht ſo viel ſchade, als eine zu rechter Zeit unterlaſſene.) Alle topiſchen Entzündungen ſind im *zweyten* Theile gut abgehandelt. Auch die Arzneyformeln haben in Rückſicht auf Wahl der Mittel und Zuſammenſetzung unſern Beyfall. Die *Scilla*, ein äuſserſt wirkſames Arzneymittel, ſcheint der Vf. jedoch, nach S. 116. nicht genau zu kennen. Das Kapitel *Pneumonie* iſt beſonders weitläuftig wegen der Folgekrankheiten, zu denen der Vf. alsbald übergegangen iſt, deſſen ungeachtet aber nicht beſtimmt genug ausgefallen. Bey der *Enteritis* iſt doch ſelten eine ſolche Schmerzloſigkeit, wie S. 150. der Vf. einmal ſah. Die S. 151. empfohlene Aufmerkſamkeit auf die Phyſiognomie des Kranken möchte ſehr häufig täuſchen. Hr. *Dreyſig* hat die Charaktere derſelben ſehr gut aus einander geſetzt. Vor allen andern vom Vf. angegebenen Mitteln hätte das Aderlaſſen angeprieſen werden ſollen, welches (S. 162.) nur beyläufig angegeben worden iſt. Die Blutſcheue des Vfs. zeigt ſich auch hier bey der *Leberentzündung*, wo er (S. 171) fünf bis zwölf Blutigel empfiehlt, eine wahre Kleinigkeit bey einer ſtarken Leberentzündung eines Erwachſenen! Für ein bloſses Vorurtheil hält es Rec. daſs man (S. 179.) bey der *Nierenentzündung* keine

Salze

Salze anwenden folle. Man gebe fie nur unter fchicklichen Vehikeln, fo werden fie auch vertragen werden. Alle Oele u. f. w. find nicht fo wirkfam, als Nitrum und Salmiak. Am magerften ift das *Kindbettfieber* ausgefallen. Der Vf. giebt blofs Winke zur Behandlung; hatte er nicht genug Erfahrungen darüber? Den letzten Abfchnitt des Buchs nehmen die *Fieber mit Ausfchlägen* ein. Viele diefer Ausfchläge werden mit dem damit verbundenen Fieber durch eine gemeinfchaftliche Urfache hervorgebracht. Ausfchlag und Fieber hängen von etwas Drittem ab, das in dem Körper einwirkt und diefe, praktifch unläugbare, theoretifch unerklärbare Folge hat. Welchen Charakter nun fowohl Ausfchlag als das damit erzeugte und verbundene Fieber habe, hängt von der Anlage des Körpers, von der Natur des Stoffes, der fogenannten Krankheitsconftitution felbft, von dem Wege, welcher dem fpecififchen Krankheitsftoffe vorgezeichnet wurde, ab. Manche Ausfchläge fcheinen erft Folge eines ftatt findenden Fiebers zu feyn und alfo zu einer Hauptkrankheit fich als zufälliges Uebel zu gefellen. Oft fteht Fieber und Ausfchlag in keinem Verhältniffe. Die nächfte Urfache der Hautausfchläge ift uns durchaus unbekannt. Die Behandlung ift gut, die der *Pocken* nach *Hufeland* und *Jahn* gezeichnet. In Rückficht auf die Zeit zu impfen, nimmt er aus: das ganz zarte Lebensalter, weil hier die Haut noch runzlich, voll zarter haarichter Wolle, das Fleifch fchlaff (der Körper überhaupt nicht fehr empfänglich dafür) ift; ferner die Zahnperiode und drittens den Winter (trockne, helle Wintertage thun keinen Eintrag; da ift der nafskalte Frühling und Herbft, wo Katarrhe regieren, weit gefährlicher). *Mafern* und *Rötheln*, find nicht genügend abgehandelt. Ueber die letztern kann fich wohl des Vfs. Ueberzeugung bald vervollkommnen, da er, wie wir glauben, in einem Orte lebt, wo diefe Krankheit häufig vorkommt. *Scharlach.* Sehr gut ausgearbeitet nach *Hufeland*, *Hecker*, *Kreyßig*, *Jahn*. Mit Recht declamirt der Vf. gegen *Hahnemanns* Präfervativ. Ganz überflüffig ift in diefer und aller Hinficht die weitläuftige Anführung der *Hahnemannfchen* Vergleichung des Scharlachs mit einer vermeintlich neuen Krankheit, dem fogenannten Purpurfriefel, wodurch *Hahnemann* feinem nutzlofen Präfervativ eine rechtliche Folie unterzulegen fuchte. Diefer Purpurfriefel ift weiter nichts, als eine *Scarlatina puftulofa*, wie man bey jedem guten Schriftfteller befchrieben findet. *Neffelfieber*. *Friefel.* Der Vf. meynt bey *Synocha* erfcheine er faft nie; Rec. hat ihn bey Kinderpyrexien doch häufig (fthenifch) gefunden. *Petechien*. *Rofe*. *Pemphigus*, *Schwämmchen*. Ueber das urfachliche Verhältnifs derfelben nichts Genügendes. Den letztern Kapiteln fieht man überhaupt die Eile an, mit welcher der Vf. der Beendigung feines Buches entgegen gieng. Ueberhaupt aber fehlt es der ganzen Schrift an der letzten Feile. Die meiften Kapitel des erften Bandes find zu weitfchweifig, nicht präcis und bündig genug abgefafst, manches auch zu leicht hingeworfen; fo dafs durch das ganze Buch eine gewiffe Nachläffigkeit hindurch blickt, welche dem Vf. und feinem Buche nachtheilig ift. Hieher rechnen wir auch noch die Menge Druckfehler, welche an manchen Stellen wirklich wichtig find, z. B. *Typhus* ftatt *Typus*, *Acid. nitri* ftatt *vitriol.*

Berlin, b. Maurer: *Ueber die Nervenfieber, welche in Berlin im J. 1807. herrfchten.* Nebft *Bemerkungen über die reizende, ftärkende und fchwächende Kurmethode* — von Dr. *Aug. Friedr. Hecker*, königl. preufs. Hofr. 1808. 72 S. 8. (8 gr.)

Unter die unfeligen Begleiter des Krieges wurden fchon von den Alten Hunger und Krankheiten gerechnet. Sie find es noch jetzt, und in Berlin, wie in den meiften Städten, welche jener Geifsel unterworfen wurden, waren Nervenfieber herrfchend, die dem Tode in jeder Woche zahlreiche Opfer brachten. Der Vf. rühmt fein Glück (S. 8.) in der Behandlung derfelben; er giebt aber keine beftimmte Summe feiner Kranken an. Sein Commentar beginnt mit einer Einleitung über Fieber überhaupt und über die Nervenfieber insbefondere. Der Vf. geht alles recht lichtvoll und deutlich durch, was fich auf das Individuelle, Epidemifche und Contagiöfe diefer Fieber bezieht. Wie jeder Menfch fein eigenes Geficht hat, fagt der Vf. fehr wahr und fchön, fo hat er auch feine eigenen Krankheitsformen, die denen der andern Menfchen nie ganz gleich, fondern nur ähnlich find. So hat auch jede Epidemie ihren eigenthümlichen Charakter. Der Grund davon liegt in atmofphärifchen Schädlichkeiten, die wir, was auch immer von Sauerftoff (Lichtftoff), Elektricität und Galvanifmus (Magnetifmus) gefagt werden mag, doch fo gut als noch gar nicht kennen; in andern gemeinfchaftlichen Krankheitsurfachen, die auf viele Menfchen gleichförmig wirken; in wirklich anfteckenden Stoffen, vielleicht in ganz befondern Verhältniffen unfers Organifmus zur gefammten Natur, die wir jetzt noch gar nicht ahnden (und wahrfcheinlich nie mit Gewifsheit erfahren werden). Wie in jedem individuellen Organismus Metamorphofen vor fich gehen: fo finden fie auch in der gefammten Natur ftatt u. f. w. (Alles diefs ift fo wahr und fo vielmal fchon gefagt, dafs man glauben follte, man müfste es wiffen, und dennoch will man nur immer ein gewiffes gefchloffenes Syftem für wahr und einzig möglich halten!) Das Nervenfieber von fporadifchen und allgemeinen Urfachen konnte man fehr beftimmt von demjenigen unterfcheiden, welches fich in den Winter- und Frühlingsmonaten von dem Pontonhofe (einer Gegend in Berlin) aus durch Anfteckung von den kriegsgefangenen Ruffen verbreitete. Der Winter war fchlaff, die bürgerlichen Verhältniffe unangenehm, Mangel drückte manchen Stand, wo er fonft nie fühlbar war, fo viele Kräfte wurden an- und überfpannt, viele Wünfche und Hoffnungen vereitelt, Leidenfchaften ftürmten und nagten, Erwartungen täufchten, Gefangene, nach einer mühfeligen, weiten Reife von allen Bedürfnissen entblösst, grösstentheils verwundet und mit einem fürchterlichen Lagerfieber behaftet, wurden langsam mitten durch die Stadt in ihrem längsten Durchmesser gefahren und in jenem Hofe untergebracht. Von hier aus verbreitete es sich durch alle Theile der Stadt, doch so, dass die unmittelbar von den Russen Angesteckten, die Krankheit in ihrer fürchterlichsten Gestalt auszuhalten hatten. Augenscheinlich war es, mit welcher Kraft ein so heterogener Krankheitsstoff im Körper eines Russen, unter den Gestirnen Sarmatiens erzeugt, auf die ganz anders organisirten und gestimmten Berliner wirkte. Der Vf. vergleicht diess Fieber mit jenem, welches die gefangenen französischen Republikaner einst nach Deutschland brachten. Die Formen desselben gehörten sämmtlich zu den acuten, waren echte Nervenfieber ohne irgend eine Erscheinung des faulichten; Nervenfieber mit gallichtem Zustande, Nervenfieber mit Pneumonie, N. F. mit Scharlach, N. F. mit Katarrh und Rheumatismus, und mit Gicht. Als Nachkrankheiten kamen oft Cholera und Ruhr vor, welche nicht selten mit einem N. F. zusammentraten. Unter die Hauptmittel zur Heilung des N. F. rechnet der Vf. den reichlichen Genuss des Weines, Heiterkeit des Geistes, Gebrauch warmer Bäder, die Anwendung des kalten Wassers (über den wahren Gebrauch beider hat uns die Erfahrung noch immer nicht viel Bestimmtes gelehrt), das Aderlassen, welches freylich aus vielen andern Gründen bey keinem N. F. in der Regel statt findet (warum kömmt es denn also hier vor?). Ein grosses Zutrauen setzt der Vf. auf Hautreize, besonders in der Nähe des Kopfs und Unterleibes. Immer bleibt jedoch ein allgemeiner Heilplan die Hauptsache. Diess darf aber keine schwächende Methode seyn; auch ist dabey der Unterschied zwischen nähren und reizen nicht vergessen. Man muss ferner genau auf die vorhandenen Idiosynkrasieen und Individualitäten sehen. Man muss nicht gleich mit den stärksten Reizmitteln, nicht gleich mit dem ganzen Apparate derselben anfangen, sich nicht auf Ein oder einige Mittel allein verlassen, die Hautreize und reizenden Clystire nicht bis zur höchsten Gefahr sparen, bey der Abwechslung mit Reizmitteln sorgfältig auf die Grade und Zeitpunkte der Krankheit achten, die entweder nur flüchtige, oder zugleich auch permanente Reize fordert. Opium so wie alle *narcotica*, wende man mit gröster Vorsicht an (zumal wenn es ein Fieber *nervos. stupida* ist; in der *versatilis* ist es in der That ein grosses Heilmittel). Die Heftigkeit des Fiebers im Blutsystem bestimmt an sich die Grade und Gefahr des N. F. nicht allein, darf uns also auch bey der Wahl und Anwendung der Arzneymittel nicht allein leiten. Alle kritische Erscheinungen sind trügerisch. Man sehe auf die besondern Zusammensetzungen und Formen des N. F. Das Detail dieser an sich trefflichen, aber bekannten Regeln entzieht uns der Vf., und giebt nur einige wenige Bemerkungen über die Complication des N. F. mit Affection des Gallensystems (über die Wirkung des Quecksilbers), mit Pneumonie (hier ist gleiche Rücksicht auf Lunge und Nervenzustand zu nehmen. Die Erregungstheoretiker, gegen welche der Vf. declamirt, haben hier den vernünftigen *Brown* überschrien. Die jetzige naturphilosophische Jugend macht es noch ärger. Der Vf. warnt vor der *Senega*). Die Mittel, welche der Vf. gegen pneumonischen Nervenzustand empfiehlt, nutzen auch bey der rheumatischen und katarrhalischen Complication. Bey der Verbindung mit Gicht nutzte das Dunsten mit aromatischem Kräuteressig und Guajak mit Arnica und Baldrian. Die ganze Schrift enthält zwar keine neuen Ansichten und Bemerkungen über eine der frequentesten und gefährlichsten Krankheiten, lässt sich aber doch, wie alles, was der Vf. schreibt, gut lesen und ist besonders jungen Aerzten, wegen der guten ätiologischen Grundsätze zu empfehlen.

LITERARISCHE NACHRICHTEN.

Beförderungen und Ehrenbezeugungen.

Der bisherige königl. preuss. Hr. geh. Rath und Leibarzt *Loder*, vormals Professor in Jena und dann zu Halle, der sich seit einigen Jahren zu Moskwa aufhält, ist als Leibarzt und wirklicher Etatsrath mit 6000 Rubeln Gehalt in russ. Dienste getreten, mit der Verpflichtung, auf Erfordern zu einer Consultation nach St. Petersburg zu kommen. Bey der Entlassung aus preussischen Diensten wurde der Hr. geh. Rath von dem Könige mit dem Adelsdiplom beehrt.

Hr. geh. Kirchenrath *Griesbach* zu Jena ist von der königl. bayer. Akad. der Wissensch. zu München zum auswärtigen ordentl. Mitgliede aufgenommen worden.

Hr. Dr. *Enke*, bisheriger Archidiaconus an der St. Nicolaikirche zu Leipzig, hat das Pastorat an dieser Kirche erhalten; an seine Stelle tritt Hr. Oberpfarrer *Bauer* zu Frohburg als Archidiaconus.

Hr. Hofrath und Stadarzt *Wildberg* zu Neustrelitz ist von der physisch-med. Gesellschaft zu Erlangen zum correspondirenden Mitgliede aufgenommen worden.

ALLGEMEINE LITERATUR-ZEITUNG

Sonnabends, den 11. *November* 1809.

LITERARISCHE NACHRICHTEN.

I. Universitäten und andere Lehranstalten.

Heidelberg.

Die bisherigen ausserordentlichen Professoren zu Heidelberg, Hr. *Marheinecke*, Hr. *de Wette* und Hr. *Voß* der jüngere, nebst Hn. *Loos*, sind zu ordentlichen Professoren ernannt worden; von den drey erstern jeder mit 100 Gulden Gehaltsvermehrung. Eben diese Gehaltsvermehrung erhielt der ausserordentliche Professor der Cameralwissenschaften, Hr. *Eschenmayer*, und der bisherige ausserordentliche Professor der Medicin, Hr. *Heger*, der bis jetzt noch keine Besoldung hatte, erhielt 300 Gulden Besoldung. Auch ist Hr. Hofr. *Creuzer*, der vor Kurzem erst einem Ruf nach Leiden gefolgt war, auf Veranlassung des um die Heidelbergische Universität so sehr verdienten Cabinetsministers *v. Reizenstein* wieder dahin zurückgekehrt.

Am 12ten August vertheidigte hier Hr. *Joh. Christian Eisner* aus Rassiowitz in Böhmen eine *Diss. inaug. med. de syphilidis origine et in specie de blennorhea urethrae inflammatoria* (28 S. 4.), worauf ihm die Doctorwürde der Medicin und Chirurgie ertheilt wurde.

Am 3ten October erhielt Hr. *Karl Schnell* aus Chateau-ville in der Schweiz die juristische Doctorwürde nach vorhergegangenem gewöhnlichen Examen und nach Ueberreichung einer *Diss. de poenis regulariter mitioribus in socios criminum quam in eorum auctores jure Romano sancitis.*

Am 2ten, 3ten, 4ten und 5ten October hatte das hiesige, seit einem Jahre bestehende, Grofsherzogliche Gymnasium seine öffentlichen Prüfungen und übrigen Feyerlichkeiten. Dazu lud der Director des Gymnasiums im verflossenen Schuljahre, der Doctor der Theologie und Professor am Gymnasium, Hr. *G. Ch. Lauter*, ein durch ein Programm mit dem Titel: *Das hiesige Grofsherzoglich-Badische vereinigte Gymnasium nach seiner jetzigen Einrichtung* (Heidelb. 1809. 20 u. 8 S. 4.). Der ordentlichen Lehrer an demselben sind sechs, nämlich die Hnn. Professoren *Lauter*, *Pazzi*, *Kayser*, *Zimmermann*, *Wilcke* und *Mertens*, wovon der erste, dritte und vierte reformirt, der zweyte und fünfte katholisch, und der sechste lutherisch ist. Ausserdem hat das Gymnasium noch einen Schreibmeister, zwey Lehrer des Gesanges und einen Zeichenlehrer. Die Feyerlichkeiten des Actus eröffnete als abgehender Director Hr. Prof. *Lauter* mit einer Rede: *über das Studium der classischen Sprachen des Alterthums als ein vorzügliches Bildungsmittel des jugendlichen Geistes*, die nun auch im Drucke erschienen ist. Hierauf folgten die gewöhnlichen Reden und Recitationen von Gymnasiasten, die öffentliche Promotion derselben und die Vertheilung der Prämien. Nun legte Hr. Prof. *Lauter* in einer kürzern Rede sein Directorat für das nächste Jahr nieder, worauf Hr. Ober-Kirchenrath *Ewald*, der als Commissarius der General-Studien-Commission zu den Prüfungen und Feyerlichkeiten des Gymnasiums hieher gekommen war, dem abgegangenen Director — das Directorium des Gymnasiums wechselt jährlich zwischen dem ersten reformirten und katholischen Lehrer — im Namen der General-Studien-Commission und seinem eigenen Namen seine Zufriedenheit über das von diesem geführte Directorium öffentlich zu erkennen gab, den ersten katholischen Lehrer, Hn. Prof. *Pazzi*, als Director des Gymnasiums im nächsten Schuljahre vorstellte, und die anwesenden Aeltern der Gymnasiasten aufforderte, kräftig mitzuwirken, dass der Zweck des Gymnasiums in Rücksicht auf intellectuelle und moralische Bildung an ihren Söhnen möge erreicht werden. Den Beschluss der Feyerlichkeiten macht Hr. Prof. *Pazzi*, als nunmehriger Director des Gymnasiums, mit einer Rede, durch die er die vom Hn. Ober-Kirchenrath *Ewald* an ihn gerichteten Worte erwiederte. Während dieser Handlungen wechselten Musik und vierstimmiger Gesang von Gymnasiasten. Die gesammte Zahl der letztern betrug am Schlusse des verflossenen Schuljahres 112. Abgegangen auf die Universität waren schon an den letztverwichenen Ostern sechs, wovon vier Theologie, und zwey die Rechte studiren. Einer neuen Organisation sieht das Gymnasium entgegen, wenn der für alle Badische Mittel- und Volksschulen bestimmte allgemeine Schulplan wird entworfen und genehmigt seyn, zu dessen Verfertigung jetzt eine eigene, aus allen drey Confessionen zusammengesetzte, Commission in Karlsruhe angeordnet ist, zu welcher auch die Herren Ober-Kirchenräthe *Sander* und *Ewald*, und Hr. Kirchenrath *Brunner* gehören.

Eine andere Feyerlichkeit, welche hier Statt fand, war die öffentliche Prüfung der jungen Mädchen, welche der Hr. Geh. Rath *May* das Jahr hindurch in der Diätetik und Krankenpflege unterrichtet hatte, am 5ten October des Morgens und Nachmittags. Auf diese Prüfung folgte am 7ten October die Preisaustheilung, wobey Hr. G. R. *May* in einer Rede die Frage beantwortete: „Worauf sollen Aeltern, Vormünder und Erzieher bey der Berufswahl für ihre heranreifenden Söhne,

Söhne, Pupillen und Zöglinge vorzüglich aufmerksam seyn, um nicht nur das allgemeine Wohl der Staatswirthschaft, sondern auch jenes jedes einzelnen Mitgliedes zu gründen und zu befestigen?" Die Preise bestanden theils in den von der Frau Markgräfin Hoheit zu diesem Zwecke bestimmten Preis-Medaillen, theils in andern Belohnungen. Zugleich wurde bey dieser Gelegenheit gedruckt ausgetheilt: „Ueber die Sittlichkeits- und Gesundheitsgefahren bey der aus dem väterlichen Hause auswandernden männlichen und weiblichen Jugend, sammt den Mitteln, denselben vorzubeugen. Eine Anrede an Aeltern, Vormünder und Erzieher — vorgetragen vom Prof. *May* dem ältern am 7ten Weinmonat 1809. (28 S. 8.)."

Darmstadt.

Am 18ten u. 19ten Sept. wurden in dem hiesigen Großherzogl. Gymnasium die öffentlichen Prüfungen, und am 20sten Nachmittags die gewöhnlichen Redeübungen gehalten. Zu diesen Feyerlichkeiten lud Hr. Prof. und Rector *Zimmermann* durch eine *Geschichte des Großherzogl. Gymnasiums zu Darmstadt* 1 St. (32 S. gr. 8.) ein. Bey dem Redeact traten 10 Jünglinge auf, von welchen vier zur Universität abgegangen, drey, um Theologie, einer, um Medicin zu studieren.

Frankfurt am Mayn.

Zu den auf den 30 u. 31sten August, den 1 u. 4ten September festgesetzten Prüfungen und Feyerlichkeiten im hiesigen Gymnasium lud Hr. Dr. *Friedr. Christian Matthiä*, Prof. u. Rector des Gymnasiums, ein durch eine *kurze Uebersicht des römischen und griechischen Maß-, Gewicht- und Münzwesens.* (28 S. 4.)

II. Gelehrte Gesellschaften und Preise.

Die *Wetterauische Gesellschaft für die gesammte Naturkunde* hielt am 28sten September d. J. im Schlosse zu Hanau ihre fünfte öffentliche Sitzung. Hr. Dr. *Gärtner* zeigte bey dieser Gelegenheit drey, neuerdings von ihm in der Wetterau entdeckte, Schwammarten vor. Hr. Prof. Dr. *Kopp* trug eine von Hn. *Schliephacken* zu Gedeon eingesandte Abhandlung über Holzersparung bey Blumen- und Fruchttreiberey vor. Hr. Hof-Intendant *Schaumburg* zeigte mehrere ausgestopfte Exemplare seltner brasilianischer Vögel vor, und einige Bälge gleichfalls seltner dortländischer Affen. Hr. *Hundeshagen* hielt eine Vorlesung über die schöne Eiche zu Harreshausen. Hr. Kammerrath *Leonhard* zeigte der Versammlung mehrere, kürzlich aus Piemont erhaltene und bis jetzt noch wenig bekannte, Mineralien vor. Hr. Hofrath *Nau* machte auf eine neuerdings im Fürstlich-Primatischen Gebiete in der Wetterau, in der Jaßbach, angelegte Perlenfischerey aufmerksam, desgleichen auf die von ihm zu *Marköbel* unweit Hanau entdeckten fossilen Knochen. Auch übergab er die vom Hn. Dr. *Schneider* zu Fuld angestellten und eingesendeten meteorologischen Beobachtungen in Hinsicht auf die Krankheitsconstitution dieser Stadt sowohl, als der ihr zunächst liegenden Gegend. Ferner machte er bekannt, dass von einem activen Mitgliede der Gesellschaft zum Behuf einer auszusetzenden Preisfrage zwölf Ducaten bestimmt worden seyen, und dass die Societät sich, im Einverständnisse mit jenem Mitgliede, veranlasst finde, folgende Frage zur Beantwortung auszusetzen:

> Auf dem Wege der Erfahrung sowohl, als nach den Grundsätzen der Pflanzenphysiologie darzuthun, ob die Gewächse eine eigenthümliche Wärme haben, oder nicht?

An der Beantwortung dieser Preisfrage können, die activen Mitglieder der Gesellschaft abgerechnet, alle Gelehrten des In- und Auslandes Theil nehmen. Der Termin zur Einsendung der Abhandlungen, welche in deutscher, französischer Sprache verfasst seyn können, ist der 28ste Junius 1810. Man sendet die Abhandlungen, mit einem Motto versehen, und dem, in einem versiegelten Zettel beygefügten, Namen des Verfassers an den Secretär der Gesellschaft, Hn. Kammerrath *Leonhard* zu Hanau, ein. Bey der im August 1810. zu haltenden nächsten öffentlichen Sitzung wird über die eingelaufenen Beantwortungen abgeurtheilt und der besten der Preis zuerkannt. Die gekrönte Preisschrift wird in den Annalen der Gesellschaft abgedruckt; auch bleibt es dem Verfasser derselben unbenommen, nach dem Verlauf von zwey Jahren einen anderweitigen Gebrauch davon zu machen, bis zu diesem Zeitpunkte aber ist die Abhandlung Eigenthum der Gesellschaft.

Die wirklichen Mitglieder der Gesellschaft werden übrigens, um mehr Berührungspunkte zu gewinnen, von nun an an jeder ersten Mittwoch eines jeden Monats eine Sitzung halten, und die jährliche öffentliche Hauptsitzung wird die erste Mittwoch im Monat August Statt haben.

III. Todesfälle.

Schon im December des vorigen Jahrs starb im Kloster *Rheinau*, Cantons Zürich, *Joseph Rudolf Valentin Meyer von Oberstad*, ehemals Mitgl. des täglichen Raths des Cantons Lucern; Vf. folgender Schriften: *Gründe und Gegengründe über die Aufnahme neuer Bürger in einer Republik.* 1761. *Patriotische Vorstellungen und sichere Mittel, patriotische Staaten zu bereichern.* 1762. *Ehrengedächtniß Hn. Rathsherrn Franz Urs Balthasar von Lucern.* 1764. Auch muthmaßlich der Schrift: *Widerlegung der Reflexionen eines Schweizers über die Frage: Ob es der katholischen Eidgenossenschaft nicht zuträglich wäre, die regulären Orden gänzlich aufzuheben, oder wenigstens einzuschränken?* Er hatte in dem Jahre 1761. die gerichtliche Anklage eines der ungetreuen Verwaltung von Staatsgütern beschuldigten Staatsbeamten aus der vornehmen Familie *Schumacher* betrieben, hatte aber im Jahr 1769. das sonderbare Schicksal, selbst als Mitglied des täglichen Raths auf fünfzehn Jahre, jedoch seiner Ehre unnachtheilig, und mit

mit Beybehaltung seiner Ehrenstelle, aus dem Canton Lucern verwiesen zu werden. Er begab sich hierauf nach Bischofszell, und kaufte drey Jahre später den freyen Adelsitz Oberstad am obern Bodensee in Schwaben, unweit Stein am Rhein, wo er sich bis 1785. aufhielt, dann aber wieder nach Lucern zurückkehrte, und seine Stelle im Senate einnahm. Während der helvetischen Revolution ward er einmal von den französischen Truppen als Geissel nach Strasburg abgeführt. Er wurde im J. 1725. geboren, und erreichte also ein Alter von beynahe 83 Jahren. Einer seiner Brüder ist Abt (vordem Fürst-Abt) zu Muri (*Gerold II.*). Der letzt verstorbene Abt zu Rheinau (*Bernhard III.*) war auch einer seiner Brüder; daher seine Bekanntschaft mit diesem Kloster, wo er sein Leben beschloss. *Lavater* nannte ihn in seinem Pamphlete gegen *Grebel* (datirt vom 21sten October 1762.), wegen der oben erwähnten Anklage, „den unsterblichen *Meyer*, eine Ehre unsrer Tage, eine Zierde der Eidsgenossenschaft, einen Vater seines Vaterlandes" (S. *Schlözers* Staatsanzeigen Anm. Heft XXII. S. 235.); ja es gab damals Patrioten, welche ihn sogar „den *göttlichen Meyer*" nannten.

INTELLIGENZ DES BUCH- UND KUNSTHANDELS.

I. Neue periodische Schriften.

Folgende Journale sind erschienen und versandt:

1) Journal des Luxus und der Moden. 1809. 9tes St.
2) Allgem. deutsches Garten-Magazin. 7tes u. 8tes St.
3) Neueste Länder- u. Völkerkunde. 8ten Bds 2tes St. oder des Jahrgangs 8tes St.

Weimar, im September 1809.

Herzogl. S. privil. Landes-Industrie-Comptoir.

II. Ankündigungen neuer Bücher.

Neue, bey den Buchhändlern Hemmerde und Schwetschke zu Halle erschienene, Bücher.

1) *Bernstein*, *J. C.*, epistola ad Bonnium sist. observat. luxat. femoris etc. 4. 4 gr.
2) Ciceronis, M. T., epistolae ad Attic. ad Quint. fratr. et quae vulgo ad famil. dic. temporis ordine dispos. cura *C. G. Schütz*. Tom. I et II. 8 maj. 2 Rthlr. 16 gr. (Der 2te Bd. wird in der Neujahrsmesse ausgeliefert.)
3) *Dabelow*, C. C., das französ. Civilverfahren nach den Gesetzen der besten Schriftst. systemat. mit nöthig. Formular. gr. 8. 2 Rthlr. 4 gr.
4) *Dessen* Archiv für den *Code Napoléon*, 1 bis 5tes Stück. gr. 8. 2 Rthlr. 12 gr.
5) *Dessen* Archiv für den *Code de proced. civ.* etc. 1s St. gr. 8. 9 gr.
6) *Eberhards*, *J. A.*, Handbuch der Aesthetik für gebildete Leser. 1r u. 2r Theil. *Zweyte* verbess. Aufl. 8. 2 Rthlr. 16 gr.
7) *Ersch*, *J. S.*, Handbuch über das Königr. Westphalen zur Belehrung über Land und Einwohner, Verfass., Verwalt. u. s. w. Mit einer Karte. gr. 8. 1 Rthlr. 12 gr.
Die illuminirte Karte des Königr. Westph. einzeln 4 gr.
8) Herodoti, H., historiar. libri qui enarrat. pugn. inter Graecos et Persas complectuntur cum summar. animadvers. superior. interpret. atque suis et indicib. iter. ed. Dr. *Schaefer*. 2 Tomi. 8 maj. 4 Rthlr.
Charta membran. (Velin) 6 Rthlr.
9) — liber in usum lection. 8 maj. 1 Rthlr. 12 gr.
10) *Vetterlein*, C. F. R., deutsche Anthologie, oder Auswahl deutscher Gedichte u. s. w. Ein prakt. Handbuch zum Gebrauch in und ausser der Schule. 2 Theile. gr. 8. 3 Rthlr. 8 gr.
11) Landwirthschaftliche Zeitung auf das Jahr 1809. 4. Mit K. 2 Rthlr. 16 gr.
12) *Bucher*, C., titulum digestor. de rebus dubiis in usum prael. 8. 2 gr.
13) *Sachse*, C., Versuch eines Lehrbuchs der griech. und röm. Literaturgeschichte und class. Literatur. 8. 16 gr.
14) *Schallers*, *K. A.*, Magazin für Verstandesübungen. 2ter Theil. Auch unt. d. Titel: Handbuch der Geschichte philosoph. Wahrheiten durch Darstellung der Meinungen der ersten Denker ält. u. neu. Zeit. 8. 1 Rthlr. 8 gr.
15) *Vater*, *J. S.*, oracula Amosi textum et hebr. et graec. vers. alexandr. notis crit. et exeget. instruxit cum version. etc. 4. 18 gr.

In der Fr. Esslinger'schen Buchhandlung in Frankfurt a. M. ist erschienen und in allen Buchhandlungen zu bekommen:

Lehrbuch über das Staats-Oekonomie-Recht, von D. H. *Eschenmayer*, Professor der Staatswirthschaft an der Universität zu Heidelberg. 2 Bde. gr. 8. 5 Rthlr. 16 gr. oder 8 Fl. 30 Kr.

Dieses Lehrbuch umfasst alle Theile und Lehren, welche sowohl dem Kameralisten, als auch dem Juristen, in ökonomischer und rechtlicher Hinsicht, vorzüglichen Nutzen und vollkommene Befriedigung gewähren werden. Privatrechtliche und staatsrechtliche Grundsätze sind mit der National- und Finanz-Oekonomie, auch dem polizeylichen Theile, darin geschickt verbunden, und noch wird man vergeblich von dieser Art ein so vollständiges Lehrbuch suchen, das ganz in dem Geiste der neuesten ökonomischen und finanzwissenschaftlichen Grundsätze geschrieben wäre. Der Hr. Verfasser, bekannt schon durch mehrere praktische finanzwirthschaftliche Schriften, hat auch durch dieses Werk einem Bedürfnisse abgeholfen, wel-

welches nicht nur dem Staatswirthe, sondern auch dem Juristen, in Ansehung des rechtlichen Theils der Staatsökonomie, viele Lücken ausfüllt.

Bey Niemann u. Comp. in Lübeck ist erschienen und in allen Buchhandlungen zu haben:

Denkwürdigkeiten aus dem Leben der Stephanie Louise Bourbon Conti, von ihr selbst geschrieben. Aus dem Franz. übersetzt von *F. A. U.* 2 Bde. 8. 3 Rthlr. 16 gr.

Villers, C., über die Universitäten und öffentl. Unterrichts-Anstalten im protest. Deutschland. Aus dem Franz. übersetzt. gr. 8. 18 gr. geheftet.

Herrmann, *Fr.*, der Nationen Fall. Ein Spiegel für Herrscher und Beherrschte. 8. 1 Rthlr. 4 gr.

Reinbeck, *G.*, deutsche Sprachlehre zum Gebrauch für deutsche Schulen. *Zweyte* verbesserte und vermehrte Ausgabe. gr. 8. 18 gr.

Paulus, Dr. *H. E. G.*, Zusätze und Anmerkungen zur *ersten* Aufl. des Commentars. gr. 8. 2 Rthlr. 12 gr.

Deutsche, *der*, *zu den Deutschen*. Ein statistisches Handbuch der deutschen Bundesstaaten. gr. 8. 1 Rthlr. 12 gr. geb.

Von den

Erhebungen, eine Zeitschrift für das Vaterland, sind vom 2ten Bande des Jahrg. 1809. bereits die 9 ersten Stücke versandt, so wie mit den nächstfolgenden fortgefahren wird.

Im Verlage der Helwing'schen Hofbuchhandl. zu Hannover ist erschienen:

Handbuch der Experimental-Physik, nach den neuesten Entdeckungen bearbeitet von Dr. *J. H. M. Poppe*, Professor der Mathematik und Physik am Gymnasio zu Frankfurt a. M. Mit 6 Kupfern. 1809. 8. 1 Rthlr. 8 gr.

Herr Professor *Poppe* hat diess neue Handbuch der Experimental-Physik, welches alle Theile dieser Wissenschaft in einer eignen zweckmässigen Ordnung ausnehmend bündig und deutlich vorträgt, hauptsächlich für Gymnasien und ähnliche Bildungsanstalten bestimmt. Sowohl in Hinsicht der vorgetragenen physikalischen Lehren, als auch der Auswahl anzustellender Versuche möchte wohl bis dahin kein reichhaltigeres Compendium existiren. Lehrer und Schüler werden gewiss mit Nutzen von diesem Werke Gebrauch machen; und zum Selbstunterricht wird man es ebenfalls sehr zweckmässig finden.

Bey Aug. Wilh. Unzer in Königsberg ist erschienen und in allen Buchhandlungen zu haben:

Bemerkungen auf einer Reise durch einen Theil von Deutschland, die Schweiz, Italien und Frankreich im Jahr 1806. gr. 8. 1 Rthlr. 4 gr.

A. F. Blecks Lehrbuch der allgemeinen Weltgeschichte für höhere und niedere Schulen, in einem doppelten Cursus; nebst einem Anhange einer ausführlicheren Preussisch-Brandenburgischen Geschichte. 8. 1 Rthlr.

Dessen deutsche Sprachlehre für Schulen. 8. 12 gr.

Gelegenheitsreden von Kur- und Livländischen Predigern: *Sonntag*, *Ockel*, *Cruse*, *Collins*, *Albanus* und *Bitterling*. Herausgegeben von Dr. *G. S. Bitterling*. 8. 1 Rthlr. 8 gr.

W. T. Krug von den Idealen der Wissenschaft, der Kunst und des Lebens. 8. 4 gr.

Anhang zum Preussischen Kochbuche: *Von den Getränken*. 8. 4 gr.

J. S. Rosenheyns doppelter Cursus grammatischer Uebungen zum Uebersetzen ins Lateinische. 8. 18 gr.

Der natürlichste und sicherste Weg dem Wohlstand des Preuss. Staats zurückzuführen und dessen Gemeingründe höher zu benutzen. Ein patriot. Beytrag von *Wilh. Leop. v. Witten*. Mit 1 Karte. gr. 8. 10 gr.

Die zoologische Weltkarte von *Zimmermann*, welche der Herr Kanzler *Niemeyer* in den Grundsätzen der Erziehung als ganz vorzüglich brauchbar empfiehlt, ist, nebst der Erklärung, jetzt in meinem Verlage für 16 gr., *Vieths* Leibesübungen für 2 Rthlr. 12 gr., die naturhistorischen Zinnfiguren, 15 Lieferungen, jede 1 Rthlr. 12 gr., die Beschreibung aller Länder, Völker und Städte der Erde, in 4 halben Franzbänden, 6 Rthlr. zu haben. Diese sich zu Weyhnachts-Geschenken passenden Bücher kann man durch alle gute Buchhandlungen verschreiben; am sichersten kauft man bey dem Verleger

Dreyssig zu Halle
im Königreich Westphalen.

III. Vermischte Anzeigen.

Erneuerte Bitte.

Ob ich gleich schon längst und mehrmals — zuletzt in der Vorrede zum 1sten Band meines deutschen Künstlerlexicons — um Beyträge zu dem, dem 3ten Bande beyzufügenden, Verzeichnisse sehenswürdiger Bibliotheken, Kunst-, Naturalien- und Münzkabinette, wie auch deutscher Kunsthandlungen, musikal. Niederlagen, Landkartenwerkstätte u. dgl. höflichst und inständigst gebeten habe: so wurde doch bisher diese Bitte so sparsam erfüllt, dass ich es noch nicht wagen kann, damit hervorzutreten. Statt also den 3ten Band bis zur nächsten Ostermesse zu liefern, verlängere ich den Termin, zur Gewährung meines Anliegens, bis dorthin. Ich rechne desto zuverlässiger darauf, da wir endlich wieder der längst bedurften und ersehnten Friedensruhe geniessen.

Erlangen, am 20sten Oct. 1809. *Meusel.*

ALLGEMEINE LITERATUR-ZEITUNG

Montags, den 13. November 1809.

WISSENSCHAFTLICHE WERKE.

MATHEMATIK.

PARIS, in d. kaif. Druckerey: *Recherches phyfico-mathematiques fur la théorie des eaux courantes*, par *R. Prony*, membre de l'inftit. nat. et de la légion d'honneur etc. 1804. XXXII u. 130 S., nebft Tabellen und 2 Kupfert. gr. 4. (5 Rthlr.)

Die Hauptabficht diefer merkwürdigen Unterfuchungen geht dahin, den Widerftand der Cohäfion und Friction zu beftimmen, welchen laufendes Waffer leidet, wenn es 1) in *hinlänglich langen* Röhren, oder 2) in *hinlänglich langen* natürlichen oder künftlichen Flufsbetten zur gleichförmigen Bewegung gebracht ift. . . *Les mouvements qui ont lieu dans les tuyaux et les lits naturels ou factices, où les fluides peuvent parcourir d'affez grandes longueurs pour acquérir, en vertu des réfiftances dues à la cohéfion et au frottement, une viteffe conftante.* . . Dem einfichtsvollen Vf. ift es gewifs nicht unbekannt, dafs auch durch blofse Plattenmündungen ohne alle Röhren ebenfalls, und in fehr kurzer Zeit die Bewegung gleichförmig wird; auch findet man diefer gleichförmigen Bewegung in feinem 189 §. ausdrücklich erwähnt. Aber indem er dort hinzufügt, dafs diefe *anfcheinend* gleichförmige Bewegung in *kurzen* Röhren oder blofsen Mündungen ohne Röhren, von *befondern* Urfachen herrühre: fo mufs man doch vermuthen, dafs er, ungeachtet feiner grofsen ihm gewöhnlichen Sorgfalt, gleichwohl jene Urfachen fich nicht deutlich genug vorgeftellt hat; fonft hätte es ihm einleuchten müffen, dafs jene von ihm genannten befondern Urfachen bey langen Röhren eben fo gut als bey kurzen wirken. Rec. wird es in der Folge deutlich darthun, was für einen zweckwidrigen Erfolg für die ganze Unterfuchung der Röhrenfahrten, die Anficht des Vfs., welche mit jener *hinreichenden* Länge zufammenhängt, erzeugt hat; wohin auch gehört, dafs er dem jetzt fo gewöhnlichen Hange zur übertriebenen Abftraction, oder Allgemeinheit des Vortrages, zu viel nachgegeben, die Gegenftände der erften und der zweyten Unterfuchung viel zu gleichartig behandelt hat. — Mit Recht behauptet er, dafs die *erfte* Unterfuchung, des *Röhrenwiderftandes*, für die *Mafchinenlehre* fehr wichtig ift; weil die gute Einrichtung vieler hydraulifchen Mafchinen und die gehörige Würdigung ihres beften Effectes auch von diefem Widerftande mit abhängt. Wenn er aber hinzufügt, dafs man bey Berechnung folcher Mafchinen gleichwohl jenen Widerftand bisher nicht in Rechnung zu bringen pflegte, und in diefer Hinficht die Mafchinenlehre nun erft durch diefe feine Unterfuchungen, wodurch jener Widerftand in gehörig genauer und brauchbar anftellige Formeln gebracht fey, eine *neue* Verbefferung erhalte: fo müffen wir doch dagegen verfichern, dafs man in Deutfchland fchon lange jenen Widerftand mit in Anfchlag gebracht hat, indem durch mehrere deutfche Mathematiker, und zuerft durch *Langsdorf*, nicht nur mehrere von den beften Schriften der neuen franzöfifchen Experimental-Hydraulik ins Deutfche überfetzt und beurtheilt, fondern auch die Refultate jener Hydraulik, fo weit man fie für hinreichend zuverläffig zu erkennen meynte, in bequemere Formeln gebracht, und durch folche namentlich auch auf die Mafchinenlehre angewandt wurden. Mag das zum Theil, befonders anfangs, und von mehrern Schriftftellern mit mancher Uebereilung gefchehen feyn: fo fcheinen uns dennoch die deutfchen Mathematiker fchon vor Erfcheinung des vorliegenden Buches fo weit gekommen zu feyn, dafs fie Urfach haben, auf ihrem eigenen Wege zu bleiben, und felbft auch ihre verehrten Nachbarn darauf aufmerkfam zu machen. Namentlich find in *Buffe's Betrachtung der Höll'fchen Wafferfäulenmafchine*, welche fchon im Jahre 1803. gedruckt wurde, die fämmtlichen Formeln für die hydraulifchen Bewegungshinderniffe *dergeftalt* ausgedrückt, dafs fie *nicht* auf ein *gewiffes Linearmaß*, z. B. nicht mit *Boffut* und *du Buat* auf den Parifer Zoll, oder mit andern auf den Fufs, z. B. mit *Eytelwein* auf den Brandenburgifch Rheinifchen u. f. w. eingefchränkt find, fondern, dimenfionenrichtig abgefafst, für alle Mafse gelten. Wenn fie diefe Dimenfionenrichtigkeit nicht haben, fo find fie nicht nur *eben deshalb* auf die jedesmalige bey den Verfuchen gebrauchte Mafseinheit eingefchränkt, und müffen mit grofser Unbequemlichkeit für jedes andere oder neue Mafs wiederum geändert werden; fondern noch viel wefentlicher ift für die philofophifche Betrachtung ihres phyfikalifchen Grundes die Unvollkommenheit, dafs wenigftens eine, wo nicht mehrere, von den wirklich fächlichen Gröfsen die Formel als eine blofse Zahl dargeftellt wird, und dadurch im Dunkeln bleibt, die doch deutlicher und adäquater müfste dargeftellt werden können, weil ja nothwendig jede wahre Formel auch dimenfionenrichtig feyn mufs. Die Formeln, wie fie der berühmte Vf. des vorliegenden Werkes auf eine äuſserſt mühſame Weiſe gefunden hat, ſind nun nicht nur wiederum dieſer Unvollkommenheit unterworfen, daſs ſie nunmehr auf das gegenwärtig in Frankreich übliche Lineärmaſs., auf den Metre eingeſchränkt ſind, wie es *Buſſe* in dem angeführten Werke, von den neu zu erwartenden Formeln in Frankreich vorher geſagt hatte; ſondern die ſämmtlichen Formeln für den Röhrenlauf ſind überdieſs auch einer andern für ihre Anwendung auf die Maſchinenlehre ſehr weſentlichen Unrichtigkeit ausgeſetzt, die wir mit aller in der Kürze hier möglichen Sorgfalt zu erörtern dem berühmten und mit Recht berühmten Namen des Vfs. ſchuldig ſind. — Zuvörderſt werden für ein Syſtem von feſten Körperchen, welche längs einer Rinne von jeder Krümmung auſser ihrer eigenen Schwere auch einem beliebigen, bejahten und verneinten Drucke unterworfen ſind, die Bewegungselemente in Formeln und Gleichungen gebracht, mit Hinſicht auf den Widerſtand, welchen die Körperchen durch ihre Friction und durch ihren Centrifugaldruck leiden. Dann geht der Vf. zu dergleichem Syſtem eines flüſſigen Körpers über. Indem er dabey allenthalben ſorgfältig bemerken läſst, welcher Unterſchied durch die vorausgeſetzte Flüſſigkeit entſteht, und bey den Formeln für dieſes letztere Syſtem immerfort auf jenes erſtere Syſtem der feſten Körper zurückweiſet: ſo wird die Sache freylich eben dadurch ſchwierig, aber auch unterhaltend für jeden, der die Wiſſenſchaft ihrer ſelbſt wegen zu bearbeiten wünſcht. Soll indeſſen von wirklicher Brauchbarkeit für die Anwendung die Rede ſeyn, und dieſes Ziel hat der Vf. ſich geſetzt: ſo ſieht man hier abermals ein neues Beyſpiel, dergleichen beſonders in den franzöſiſchen Schriften ſo viele vorkommen, wie wenig Verbindung zwiſchen jenen bloſs elementariſchen Formeln eines gar zu abſtracten Syſtems und der wirklich brauchbaren und möglichen Anwendung übrig bleibt; indem man von jener Abſtraction durch gewaltige Sprünge ſich entfernen muſs, um auf integrable Formeln zu kommen, und indem man namentlich auch, um eine bleibende Lücke zwiſchen jenen beiden Syſtemen der feſten und der flüſſigen Körper auszufüllen, plötzlich den Satz gebrauchen muſs, daſs in gleichen Zeiten durch alle Querſchnitte des Kanals *gleich viel Maſſe* hindurch läuft. Einleuchtend wird hiermit vorausgeſetzt, daſs man von aller Compreſſibilität des Waſſers abſtrahiren wolle, und es hat den entſchiedenſten, überdieſs auch in der ſehr geringen Compreſſibilität des Waſſers gegründeten Beyfall des Rec., daſs der Vf. nicht etwa auf die ebenfalls ganz unpraktiſche Schwierigkeit ſich einlaſſen wollte, auch jene Compreſſibilität in den abſtracten elementariſchen Formeln zu behandeln, und — — bey der wirklichen Anwendung ebenfalls ungebraucht liegen zu laſſen. — Alles nun, was der Vf. auf dieſem ſeinen Wege für den Zweck ſeiner Unterſuchung erreicht hat, beſteht für die Röhrenfahrten darin, daſs *die Gröſse* $\frac{g}{4} \cdot \frac{D}{\lambda} \cdot a$ *eine Function der Geſchwindigkeit* u *in der Röhre ſeyn muſs*, welche D zum äquirten Durchmeſſer und λ zur Länge hat, und in welcher die Bewegung durch die hydrauliſch-wirkſame Druckhöhe a (durch die algebraiſche bejahte Summe der ſämmtlichen drückenden und gegendrückenden Waſſerhöhen) unterhalten wird, wobey g nach bekannter Gewohnheit der franzöſiſchen Mathematiker das *Eulerſche* 2g der deutſchen Mathematiker, welches wir daher lieber durch 2g hier ſchreiben wollen, bedeutet. Indem überhaupt Rec. ſeiner Gewohnheit nach, alle ſo genannten Geſchwindigkeiten (die bekannten von der gleichförmigen Bewegung und beſtimmter Zeiteinheit hergenommenen Geſchwindigkeitsmaſse) durch deutſche Buchſtaben, die den Geſchwindigkeiten zugehörigen freyen Fallhöhen aber durch lateiniſche Buchſtaben andeutet: ſo wird $u = \frac{uu}{4g} = \frac{uu}{2g}$ die Fallhöhe der Geſchwindigkeit u ſeyn. Wegen der hier nöthigen Hinweiſung auf die Formeln des Buches, wollen wir nämlich mit dem Vf. die hier behandelten Geſchwindigkeiten ebenfalls durch u benennen, obgleich ſonſt wir in Deutſchland ſolche *conſtante* Geſchwindigkeiten lieber durch einen der *erſten* Buchſtaben des Alphabetes zu bezeichnen pflegen. So ſehr wir nun durch dieſe genaue Bezeichnung dafür geſorgt haben, dem Leſer dieſer Recenſion und des Buches ſelbſt, die Ueberſchauung der Formeln zu erleichtern; ſo gewiſs es ferner iſt, daſs ſich der Vf. in ſeinem Vortrage als ein vollendeter Meiſter und als ein äuſserſt gewiſſenhafter und ſorgſamer Lehrer zeigt: ſo werden dennoch einige dem franzöſiſchen Vortrage eigenthümliche Undeutlichkeiten immer noch dem deutſchen Leſer etwas anſtöſsig bleiben. So pflegen die franzöſiſchen Mathematiker das eben erwähnte $g = 2g$ etwas ſonderbar, die *force accélératrice de la peſanteur* $= 9{,}8088$ Metres zu nennen. In Deutſchland nennen wir das mit mehr oder auch mit völliger Genauigkeit, was es iſt, die Geſchwindigkeit oder das Geſchwindigkeitsmaſs eines freyfallenden Körpers am Ende der erſten Secunde, und 1.g ſeine Fallhöhe. Noch mehr wird es dem deutſchen Leſer anſtöſsig, daſs man in Frankreich die *Gewichts*verhältniſſe ebenfalls vermittelſt des $g = 2g$ ausdrückt, und dadurch namentlich für die obige Formel, das g auf eine weit weniger einleuchtende Weiſe gewinnt, als es nach dem deutſchen Vortrage würde ebenfalls erhalten werden; aber dann zugleich unter der ſehr deutlichen Bedingung, daſs die Function des u der Gröſse $\frac{g}{4} \frac{D}{\lambda} a$ dimenſionengleich, alſo durchaus von zwey linearen Dimenſionen ſey. Der ſcharfſinnige, tiefdenkende Vf. dringt mit Recht darauf, daſs die Betrachtung der hydrauliſchen Formeln phyſico-mathematiſch ſeyn ſoll. Dazu hilft aber gar ſehr, daſs man bey der Begründung und bey der Anwendung der dynamiſchen Gleichungen, Gewicht und Beſchleunigung oder Geſchwindigkeitsvermehrung, dieſe beiden Aeuſserungen der Schwerkraft, auch durch verſchiedene Worte unterſcheidet, nicht beide durch *force* benennt u. ſ. w. —

Nach-

Nachdem der Vf. den obigen Satz gewonnen hat, dafs $\frac{g}{4}\frac{D}{\lambda}a = \varphi(u)$ feyn müffe; fo gebraucht er den, eigentlich nur für die abftracte Analyfe blofs arithmetifch richtig ausgedrückten Satz, dafs jedes $\varphi(u) = c + \alpha u + \beta u u$ u. f. w. feyn müffe. Durch eine fcharffinnige Betrachtung, die auch *du Buat* fchon benutzt hat, zeigt er, dafs das erfte conftante Glied in den Fällen der wirklichen Anwendung allemal nur unbeträchtlich fey, gegen die folgenden mit u veränderlichen Theile der Reihe. Da er übrigens fchon aus den Arbeiten feiner Vorgänger es abzunehmen meynte, dafs die Reihe mit $\beta u u$ abgebrochen, zur hinreichend genauen Praxis genüge; fo wird auch von ihm $\varphi(u) = \alpha u + \beta u u$ gefetzt. Durch die beften Kunftgriffe der Interpolierung, die er auch mit eigenthümlicher neuer Anficht, namentlich auch graphifch dargeftellt und durchgeführt hat, werden nun aus 31 durch *Boffut*, *du Buat*, *Condorcet* u. a. angeftellte Verfuche mit Röhrenfahrten die *beiden* Coëfficienten α und β als abfolute Zahlen (alfo auch α als folche!) *dergeftalt* gefucht, *daß* fie das *Minimum der Anomalien* gewähren. Auf diefem, mit mufterhafter Sorgfalt durchgeführten, fehr mühfamen Wege findet der Vf., dafs $\frac{g}{4}\cdot\frac{D}{\lambda}a = 0{,}00017\,u + 0{,}0034\,u u$ fey, diefer Ausdruck aber die Erinnerung auf fich ziehe, dafs er *auf Röhrenfahrten von weniger als drey Metren nicht anwendbar fey*, weil fchon bey diefer Länge die gröfsten Anomalien eintreten; und dafs dagegen die Formel für den einen mit gebrauchten Verfuch einer fehr langen Röhrenfahrt fehr zutreffend fey! Aber diefe Erfcheinung wird man daraus zu erklären haben, dafs ja der Vf., indem er die ganze mechanifch wirkfame Druckhöhe $a = \frac{\lambda}{D} 4 \cdot \frac{\alpha u + \beta u u}{g}$ anfetzt, und demnach feine Zahlen α und β unter der Vorausfetzung findet, dafs die ganze mechanifche Druckhöhe lediglich und allein durch den Widerftand der Friction oder Adhäfion längs der Röhre vermindert werde; da doch in der Wahrheit überhaupt diefe Höhe a als $= (o + f + 1) \cdot u$ zu betrachten ift, fo dafs von dem fämmtlichen a *ein* Theil $= o u$ bey den örtlichen Gefchwindigkeitsänderungen in der *Einmündung* der Röhre verloren geht, *nur* ein *zweyter* Theil $= f u$ auf die Friction längs der Röhre verwandt wird, und dann erft der dritte Theil $= 1 \cdot u$ für die Unterhaltung der wirklichen Gefchwindigkeit u in der Röhre übrig bleibt. Vermittelft diefer deutlichen Unterfcheidung der aufgeführten drey Theile in der mechanifch wirkfamen Druckhöhe a (nach *Prony's* Ausdruck $= \zeta + \frac{P - \pi}{g}$) hat Rec. fchon feit vielen Jahren die Bewegung des Waffers in Röhren behandelt, mehrere Jahre eher, als er fein oben fchon erwähntes Werk über die Wafferfäulenmafchine drucken liefs, auf welches er hier glaubte verweifen zu müffen, weil feines Wiffens auch bey andern deutfchen Mathematikern jene drey Theile nicht ganz fo deutlich und allgemein richtig unterfchieden und behandelt werden. Indem es nun mir ausgemacht genug von vorn her und durch Erfahrung war, dafs man für o eine conftante Zahl gebrauchen kann, weil fie hauptfächlich nur von der Geftalt und Lage der Einmündung abhängt, auch bey beträchtlich wachfendem u nur unbeträchtlich fich vermehren würde (m. f. in diefen Blättern 1809. Nr. 197. und 198. die dortige Recenfion über *Michelotti hydraul. Verfuche*): fo war es ferner von vorn her durch ziemlich zuverläffige Combinationen, wie fie vorzüglich von *Eytelwein* vorgetragen find, abzunehmen, dafs mein obiges $f u = \beta \cdot \frac{\lambda}{D} u$ mit einer *ziemlich* conftanten Zahl für jede einzeln in Unterfuchung genommene Mafchine feyn müffe. Was aber den Gang ihrer Veränderlichkeit betrifft, fo glaubt Rec., dafs diefes β mit *wachfender* Gefchwindigkeit *abnehmen* müffe, aus einem Grunde einzufehen, der, fo nahe er liegt, dennoch keinem Hydrauliker bisher beygefallen ift, und aus welchem fich gleichwohl der fächliche Zufammenhang des β fehr viel befriedigender zu erklären fcheint, als es felbft auch nach *Girard's* Vorftellung nicht gefchieht, welche *Prony* S. 52. mit Recht als dasjenige rühmt, welche mehr, als alle die übrigen dort erwähnten Behandlungen, in die phyfifchen Gründe der Erfcheinung einzudringen fucht. Man habe fich zuvörderft deutlich erklärt, warum ein Schiff, das vom Stapel läuft, einer fo auffallend geringen Friction unterworfen ift; und übertrage dann, was man dort mit entfchiedener Gewifsheit einfieht, mit gehöriger Umficht auf fliefsendes Waffer, und die dadurch zu trennende, weit geringere, aber ebenfalls beftimmte Adhäfion: fo fieht man vor Augen, dafs β mit wachfendem u geringe, und bey grofsem u einem fehr beftimmten Werthe nahe kommen mufs. *Girard* fcheint dagegen mit zu grofsem Vorurtheil für die Form $\alpha u + \beta u u$ feine phyfikalifchen Gründe beurtheilt zu haben. Am beften würden *neue Verfuche* mit *Michelotti's* hydraulifchem Thurme darüber entfcheiden können, ob des Rec. Vermuthung gegründet fey, dafs $f u = \beta \cdot \frac{\lambda}{D} u$ zu fetzen fey, und darin β von 0,016 bis zu $= 0{,}03$ hin etwa fich ändere, von dem gröfsten u an bis zu dem kleinften hin, welche bey Mafchinen vorzukommen pflegen. Unter den 31 Verfuchen, welche *Prony* benutzt hat, und Rec. kennt keine befferen, find vermuthlich keine zweckmäfsig genug angeftellt, und genau genug befchrieben, um aus ihnen darüber gewifs zu werden. So weit Rec. diefe Verfuche nachzufehen weifs, fo hat *Boffut* die Einmündungen noch am genaueften befchrieben, gleichwohl nicht genau genug, dafs man den in ihnen vorfallenden Kraftverluft $o u$ von vorn her mit grofser Zuverläffigkeit fchätzen könnte; und leider hat auch *Boffut* es verfäumt, *diefen* Kraftverluft durch einen *vorläufigen* Verfuch ohne Röhrenfahrt geradezu zu beftimmen! Will man durch Vergleichung feiner mehrern Verfuche auf ihn fchliefsen: fo find die Schlüffe von der Art, dafs

fehr

sehr geringe Fehler in Abmessung der Beobachtungen sie unsicher machen; und es ist gleichwohl, namentlich bey zwey Versuchen, die wir in der unten folgenden Aufführung bestimmt haben, aus mehrern Gründen sehr einleuchtend, dass beträchtlich fehlerhafte Abmessungen dabey vorgefallen seyn müssen. Indessen ist von vorn her so viel abzusehen, dass für die von *Bossut* gebrauchte, *zweymal* cylindrische Einmündung, jenes $o u = 0{,}8 . u$ ungefähr seyn musste, und daher von *Bossut* selbst, und nach ihm auch von *Eytelwein* zu geringe geschätzt ist. — Je kürzer nun die Röhren sind, um desto merklicher mussten bey *Prony*, der für den Kraftverlust $o u$ gar nicht unterschied, die Anomalien ausfallen! Da auch bey den mehrsten Maschinen nur kurze Röhren vorkommen, da ferner z. B. bey *Bossut's* von *Prony* mit benutzten Versuchen ungefähr $o = 0{,}8$ war, bey andern von ihm benutzten Versuchen wenigstens $o = 0{,}5$ gewesen seyn wird, und dagegen bey gut eingerichteten Maschinen man o auf $= 0$ wenigstens herabbringen, eigentlich sogar ins negative übergehend machen kann und muss: so erhellet schon hieraus, dass es nicht rathsam sey, *Prony's* Formeln auf das Maschinenwesen anwenden zu wollen; zu geschweigen, dass das einzige Beyspiel seiner eigenen Anwendung auf die Pumpe auch in anderer Hinsicht unbefriedigend ist. — Nach seiner schon angeführten Hauptformel soll $a = (0{,}00017 . u + 0{,}0034 . u u) \cdot \frac{\lambda}{D} \cdot \frac{4}{g}$ seyn. Suchen wir statt $\frac{4}{g} u u$ lieber die Geschwindigkeitshöhe $u = \frac{u u}{2 g}$ hineinzubringen, wie es für äusserst rathsam ist; so erhalten wir $a = \left(\frac{0{,}00136}{u} + 0{,}0277\right) \frac{\lambda}{D} u$, worin aber fernerhin nicht nur das eine Glied, in welchem statt der absoluten *Zahl* 0,00136 eigentlich eine *Linie* aufgeführt seyn sollte, vom gebrauchten Metre abhängig ist, sondern auch das übrige, an sich dimensionenrichtige Glied deshalb nicht allgemein richtig seyn kann, weil ja auch das vorhergehende Glied durchaus als eine Function von $\frac{\lambda}{D} u$ behandelt, und für die Grösse $(o + 1) . u$ nicht unterschieden ist! — Als eine noch ziemlich richtig abgekürzte Formel wird von *Prony* S. 71. abgegeben $u = 26{,}79 \sqrt{\frac{D a}{\lambda}}$, nach welcher also $a = \frac{1}{26{,}79^2} \cdot \frac{\lambda}{D} u u$ seyn soll, wiederum auf den Metre eingeschränkt! Um bey dieser Formel die ihr so natürliche Dimensionenrichtigkeit herzustellen, haben wir sie als $a = \frac{2 \cdot 9{,}808795}{26{,}79^2} \cdot \frac{D}{\lambda} \cdot \frac{u u}{4 g}$ zu betrachten, also $a = 0{,}0273 \cdot \frac{\lambda}{D} u$. Nach des Rec. Behauptung ist $a = \left(o + 1 + \beta \frac{\lambda}{D}\right) \cdot u$ und so weit man aus *Bossut's* 4 mal 6 Versuchen zu schliessen vermag: so würde

für u =	0,30914	Par. Fuss,	die Zahl f =	0,01796	Versuch	IV,1
—	0,27084	—	—	0,02070	—	II,1
—	0,21291	—	—	0,02123	—	IV,2
—	0,18704	—	—	0,01980	—	III,1
—	0,14715	—	—	0,02194	—	IV,3
—	0,13668	—	—	0,02375	—	II,2
—	0,12652	—	—	0,02260	—	I,1
—	0,10981	—	—	0,02291	—	IV,4
—	0,09819	—	—	0,02341	—	III,2
—	0,09065	—	—	0,02514	—	II,3
—	0,08681	—	—	0,02572	—	IV,5
—	0,07036	—	—	0,02478	—	IV,6
—	0,06626	—	—	0,02630	—	II,4
—	0,06519	—	—	0,02520	—	III,3
—	0,06278	—	—	0,0262	—	I,2
—	0,05216	—	—	0,0215	—	I,3 *
—	0,05087	—	—	0,0278	—	II,5
—	0,04944	—	—	0,0258	—	III,4
—	0,04125	—	—	0,0208	—	I,4 *
—	0,04106	—	—	0,0289	—	II,6
—	0,03854	—	—	0,0269	—	III,5
—	0,03038	—	—	0,0285	—	III,6
—	0,02276	—	—	0,0312	—	I,5
—	0,01815	—	—	0,0328	—	I,6

sich ergeben. Immerhin ist aus dieser Tabelle abzunehmen, 1) unter welchen Umständen *Prony's* Formel beträchtlich fehl führen kann, und dass man 2) selbst für eine Maschine mit geringen Geschwindigkeiten, indem man diese schon im Voraus ungefähr zu schätzen weiss, eine für diese Maschine *constante* Zahl f mit hinreichender Genauigkeit wählen kann; und dass 3) für die beträchtlichen Geschwindigkeiten bey der oben erwähnten Wassersäulen-Maschine das dort gebrauchte $f = 0{,}03$ gewiss *nicht* zu *klein* angenommen ist. — Hauptsächlich nur gegen den *einen* Theil der *Prony'schen* Untersuchungen, welcher die Röhrenfahrten betrifft, haben wir hiermit Bedenklichkeiten aufgestellt, weil doch der Vf. diesen Theil als vorzüglich neu und wichtig für die Maschinenlehre empfiehlt, und die deutschen Maschinisten zu beurtheilen haben, ob sie davon Gebrauch machen wollen. Auch die *andere* Untersuchung, über den Lauf des Wassers in offenen Bettungen, wird dem Tadel ebenfalls unterworfen seyn, dass die dafür aufgestellten Formeln nicht dimensionenrichtig ausgedrückt sind. Da aber hierbey das unbeachtete $o u$ sehr unbeträchtlich *ist*: so ist dieser Theil des Buches unserer obigen wichtigsten Einwendung gegen das Verfahren des Vfs. nicht bloss gestellt; und wir sind vielmehr der Meinung, dass hierin durch die äusserst sorgfältigen Abgleichungen des Vfs. etwas sehr Vorzügliches geleistet ist. Ueberhaupt aber kommen auch in der Behandlung des ersten Gegenstandes mehrere sehr beachtungswürdige Betrachtungen vor, und der Vortrag des Buches überhaupt genommen ist, wie schon gesagt, der Vortrag eines vollendeten Meisters und eines äusserst sorgfältigen Lehrers in seiner Wissenschaft; daher wir dieses Buch zur eigenen Benutzung denen wenigen Mathematikern in Deutschland gar sehr empfehlen, welche dem schwierigen Gegenstande, auf eine so schwierige, aber auch in vieler Hinsicht sehr merkwürdige Weise behandelt, gewachsen sind.

ALLGEMEINE LITERATUR - ZEITUNG

Dienstags, den 14. November 1809.

WISSENSCHAFTLICHE WERKE.

ERDBESCHREIBUNG.

AMSTERDAM, b. Allart: *Reize in eenen Palanquin, of Lotgevallen en merkwaardige Aanteekeningen op eene Reize langs de Kusten Orixa en Choromandel.* Door *J. Haafner.* I. Deel. XII u. 454 S. II. D. 514 S. 1808. gr. 8. mit Kpfrn.

Der Vf. ist bereits durch seine Reise von Madras nach Ceylon sehr vortheilhaft bekannt. (A. L. Z. 1807. Nr. 249. *Fischer's* Reisebibl. III. Bd. S. 169—265.) Auch die gegenwärtige verdient nicht weniger Aufmerksamkeit, denn auch hier weht echter ostindischer Geist. Zwar ist der Anstrich etwas romantisch: denn das Ganze dreht sich um eine Liebesgeschichte herum; allein alle Details, alle Schilderungen, und selbst der Fond dieser Liebesgeschichte selbst, haben eine Wahrheit, eine Individualität, und ein so bestimmtes ostindisches Colorit, dass man auch ohne die Versicherungen des Vfs. in der Vorrede seine Reise durchaus nicht für erdichtet halten kann. Wie die frühere von Madras nach Ceylon, scheint auch diese in den Jahren 1781—83. gemacht zu seyn; wie jene hat auch diese das Verdienst der lebendigsten Schilderungen von dem Leben und Weben in Ostindien. In der That ist uns kein Schriftsteller bekannt, der dieses so vortrefflich dargestellt hat, als Hr. *Haafner*, von dem wir übrigens mit Vergnügen hören, dass er nach seiner eignen Versicherung (Th. II. S. 206.) von einer sehr achtbaren *deutschen* Familie aus Colmar abstammt. Der Vortrag ist sehr belebt, und nicht selten im hohen Grade malerisch; die Kapitel indessen sind häufig sehr undramatisch abgetheilt, ein Fehler, der schon bey dem frühern Werke des Vfs. berührt worden ist. Zu einer vollständigen Uebersetzung würden wir nicht gern rathen, indem der Vf. in der Darstellung seiner Empfindungen, in der Ausmalung einzelner Situationen oft zu weitschweifig ist; ein geistvoller Auszug hingegen dürfte eine sehr belohnende Arbeit werden, zumal wenn man die ganze Reisegeschichte rasch hinter einander erzählen und die interessanten Digressionen als Anhang hinzufügen will. Diess unser Urtheil im Ganzen; jetzt einiges Bemerkenswerthe aus beiden Bänden.

Bd. I. Da der Titel eine Reise in einem Palanquin ankündigt, so dürfte folgende Beschreibung desselben an ihrem Platze seyn. S. 13 f.: Ein Palanquin ist eine Art von Sopha- oder Kanape-Gestell, das ungefähr 7 Fuss lang und 3 Fuss (rhein.) breit seyn mag. Er ist ringsherum mit einem mässig hohem Rande umgeben, unten mit vier kleinen Füssen, oben mit einer gewölbten Decke von Bambusstäben versehn. Der innere Raum wird mit einer weichen Matrazze und einigen Kissen belegt, während die Decke, je nachdem es ein Winter- oder Sommer-Palanquin ist, entweder mit Tuch oder mit Wachsleinwand überzogen zu seyn pflegt. In der Mitte dieses zeltartigen Daches ist ausserdem noch ein grosses Stück, meistens grüner Kattun, befestigt, das auf beiden Seiten, nach der Länge des ganzen Palanquins, bis auf den Boden hinunter reichen muss. Es wird bey Tage in eine Wulst aufgerollt, und so an der Decke fest gebunden, bey Nacht hingegen heruntergelassen, vorausgesetzt, dass man in dem Palanquin schlafen will. Man pflegt diess nämlich dann und wann, theils aus Mangel an Platz in den gewöhnlichen Herbergen, theils aus andern beliebigen Gründen zu thun. Ueberhaupt ergiebt sich aus dem Gesagten, dass sich ein Palanquin wie das bequemste Sopha oder Kanape brauchen lässt. Ein solcher Palanquin wird von vier Männern getragen, denen noch vier andere zum gegenseitigen Ablösen beygesellt sind. Zwey dieser Träger tragen vorn, die andern beiden hinten, doch überall nicht neben, sondern hinter einander, damit die Bewegung gleichförmiger bleibt. Sie fassen den Palanquin vermittelst eines Bambusrohrs an, das in einer besondern Schlinge an der zeltähnlichen Decke befestigt wird, beobachten bey dem Tragen einen gewissen Taktschritt, den sie von Zeit zu Zeit mit der Stimme angeben, und lösen sich zu den gehörigen Stunden mit solcher Behendigkeit ab, dass er keinen Augenblick still zu stehen braucht. Die Bewegung in einem solchen Palanquin ist daher äusserst sanft und angenehm. Man kann dabey lesen, schreiben, schlafen, kurz alles vornehmen, was einem belieben mag. Gleichwohl reist man verhältnissmässig ziemlich schnell, und hat die Freyheit, anzuhalten, wo es einem nur passend scheinen mag. Im Allgemeinen brechen die Träger immer des Morgens noch in der Dämmerung auf, und machen ungefähr um neun Uhr auf eine halbe Stunde zum Frühstück Halt. Hierauf traben sie wieder bis 12 oder 1 Uhr fort, je nachdem das Dorf oder die Chauderie (öffentliche Herberge) näher oder entfernter ist. Nach einer zwey- bis dreystündigen Ruhe wird dann die Reise noch bis Sonnenuntergang fortgesetzt, worauf man nach Befinden entweder in der Chauderie, oder im Palanquine schläft.

Die Träger oder Kulies dieſer Palanquins bilden eine beſondere Klaſſe unter den Suders, der letzten indiſchen Kaſte, und werden daher von Jugend auf zu einem Gewerbe aufgezogen, das keinesweges zu den leichteſten gehört. Sie haben in jeder Stadt und jedem Dorfe ihren eignen Vorſteher, der mit den Reiſenden den Accord abſchlieſst, und für die Treue ſeiner Untergebenen verantwortlich iſt. Es ſind indeſſen die ehrlichſten und gutmüthigſten Menſchen von der Welt. Sie rühren auch von den gröſsten Koſtbarkeiten nicht das Mindeſte an, leiſten den Reiſenden tauſend kleine Nebendienſte, und laſſen immer einen aus ihrer Mitte als Wächter bey dem Palanquin u. m. S. 25. Ueber die Diät der Europäer in Oſtindien. — Tägliche Morgenbäder, ſoviel als möglich nur Geflügel und Reiſs, viel ſpaniſchen Pfeffer, viel Quell- oder Pfeffer-Waſſer; des Morgens etwas Sunie oder friſchen Palmwein, des Abends einen herzhaften Trunk Punſch, wenig Ananas, und immer mit Pfeffer und Salz, wenig Wein, Rum u. ſ. w.; dafür Gujaras und Mangar nach Appetit. Dieſs iſt die Lebensart, bey der ſich der Vf. viele Jahre lang vortrefflich befunden hat. Dagegen warnt er vor dem Genuſs von Rindfleiſch, Schweinefleiſch, vor Schinken, Würſten u. dergl.; ingleichen vor dem übermäſsigen Genuſs von Ananas, von Madera, Rum, Arack, Porter u. ſ. w. Bloſs dieſen Ausſchweifungen, ſagt er, iſt es zuzuſchreiben, daſs Oſtindien das Grab ſo vieler Europäer wird. S. 45. Der Abſcheu und die Furcht der Hindus vor den Europäern iſt auſserordentlich groſs, und hier und da mit allem Recht, wie der Vf. ſelbſt ſehr edelmüthig eingeſteht. Indeſſen hat man keine Exceſſe zu beſorgen, und reiſt mit völliger Sicherheit. S. 72. Der Vf. begegnete zwey Fakirs, wovon der eine 30, der andere 50 Jahr alt war. Jener trug einen eiſernen Ring an ſeinem männlichen Gliede, der wenigſtens ſo dick, wie ein Federkiel, und ſo groſs wie eine geballte Hand ſchien; dieſer hatte das entſetzliche Gelübde gethan, ſeine Hände immer gefaltet über dem Kopfe zu halten, und es bereits ſeit vielen Jahren ausgeführt. Die Arme waren ihm nunmehr ſo ſteif geworden, daſs er ſie nicht wieder herunterbringen konnte; indeſſen hatte er nicht den mindeſten Schmerz daran. Das erſte Jahr aber hatte er unbeſchreiblich gelitten, wie der Vf. von ihm ſelbſt erfuhr. S. 81. Eine ſehr intereſſante Abſchweifung über die Gewohnheit der indiſchen Weiber, ſich mit ihren verſtorbenen Männern zu verbrennen. Nach dem Schaſter muſs es immer freywillig geſchehen, oder ein freywilliges Verſprechen vorher gegangen ſeyn. Die Weiber werden indeſſen ſehr leicht dazu beſtimmt, weil keine Wittwe wieder heirathen darf, weil ſie von ihrem verſtorbenen Manne nicht erben kann, weil ſie alſo ihren Unterhalt bloſs von ihren Söhnen, oder von des Mannes männlichen Verwandten erwarten muſs; endlich weil ſie ſich ihre Haare abſchneiden, und allem Putze für immer entſagen muſs. Dazu kommt noch die allgemeine Meinung von der Verdienſtlichkeit einer ſolchen Aufopferung. Die ganze Familie wird gewiſſermaſsen dadurch geadelt, der Mann aus der Hölle erlöſt u. ſ. w., ohne daſs die Frau von ihrem Feuertode das Mindeſte fühlt. Auf der andern Seite aber iſt es durchaus keine Schande für eine Frau, wenn ſie ihren Mann überleben will: denn entweder kann ſie ſchwanger ſeyn, wo es ihr geſetzlich verboten iſt, oder ſie kann von ihrem Manne zu dieſem Verſprechen gezwungen worden ſeyn, wodurch es von ſelbſt nichtig wird; oder endlich, ſie kann ſich über Miſshandlungen zu beklagen haben, wodurch ſelbſt die freywillige Zuſage ihre Kraft verliert. Es geht daher auch wirklich dieſe Ceremonie verhältniſsmäſsig nur ſelten vor. Auf zwey tauſend Wittwen kann man höchſtens zwey annehmen, die dieſes aus Aberglauben oder aus Liebe thun. — S. 179. Ueber die oſtindiſchen Einſiedler. Jeder Hindus kann ein Baanpruſch oder Einſiedler werden, nur ein Suder nicht. Hat ein Hindus dieſen Entſchluſs gefaſst, ſo baut er ſich auf irgend einem Hügel u. ſ. w. eine Hütte, und führt nun folgende Lebensart. Sein Eſſen muſs bloſs in wilden Früchten, Wurzeln u. ſ. w. beſtehn, wovon er alle 24 Stunden, jedoch nur des Nachts eine kleine Portion genieſsen darf. Sein Getränk iſt friſches Waſſer, doch niemals bis zur gänzlichen Stillung ſeines Durſts. Seine Kleidung iſt aus Baumrinden zuſammengeſetzt, er darf nichts Baumwollenes an ſich tragen, als eine ſchmale Schärpe um die Hüften herum. Eben ſo muſs er ſich ſeine Haare, ſeinen Bart, ſeine Nägel wachſen laſſen, und unaufhörlich vor ſich niederſehn. Sein Nachtlager iſt die bloſse Erde ohne die mindeſte Unterlage oder Bedekkung irgend einer Art, ſeine Hauptbeſchäftigung bey Tage muſs in Beten, Leſen und Meditiren beſtehn. In den Sommermonaten oder in dem trocknen Mouſſon muſs er Mittags in der gröſsten Sonnenhitze zwiſchen vier Feuern ſitzen; in den Wintermonaten oder in dem Regenmouſſon iſt es ein groſses Verdienſt, wenn er ſein Dach abdeckt u. dgl. m. Wird er dieſer Lebensart müde: ſo iſt es ihm erlaubt, ſich um das Leben zu bringen, was aber auf folgende Art geſchehen muſs. Entweder geht er ſo lange nach Oſten oder Norden, und ruht dabey alle 24 Stunden nur drey aus, bis er vor Schwäche den Geiſt aufgiebt; oder er hungert ſich zu Tode, oder er bedeckt ſich mit trocknem Kuhmiſt, ſteckt dieſen an, und verbrennt ſich darin. Eben ſo kann er ſich auf den Gebirgen von Tibet in Schnee vergraben, oder ſo lange an den Mündungen des Ganges im Waſſer ſtehen, bis er von einem Crocodille verſchlungen wird; oder endlich kann er ſich am Zuſammenfluſſe des Ganges und Jumma die Kehle abſchneiden, wenn er ſich [illegible] lieber erſäufen will. — S. 194—225. Ueber die indiſchen Tänzerinnen oder Devedaſchier. Vortreflich, aber keines Auszuges fähig. Die beiden artigen Kupfer ſind nach der Natur gezeichnet und ausgemahlt. — S. 229. Bey der groſsen Hitze in Maſulipatram vom 15. April bis Ende May's fand der Vf. keine beſſere Erleichterung, als wenn er den gröſsten Theil des Tages in einer Badewanne zubrachte, wo ihm das Waſſer bis an den Hals ging. Die dar-

[illegible]

auf folgenden meteorologifchen Details verdienen wirklich Aufmerkfamkeit. In Mazulipatram traf der Vf. auch einen portugiefifchen Miffionar aus Goa an. Da diefer nur fehr fchlecht malabarifch fprach, fich aber dennoch als einen heiligen Mann ankündigen wollte, fo nahm er zu folgendem Mittel feine Zuflucht. Er miethete ein kleines Haus an einem fehr gangbaren Platze, und geifselte fich hier bey offenen Thüren und Fenftern, im Angeficht der herbeyftrömenden Hindus, feinen dicken und fetten Rücken fo unbarmherzig durch, dafs ihm das Blut in kleinen Strömen herunterlief. Indeffen erreichte er dennoch feine Abficht nicht, fondern ward von den meiften Hindus ausgelacht. — S. 352. Der Vf. kam bey einem kleinen, dem Gotte Goneifch (dem Gotte der Andacht) geheiligten Tempel vorbey. Das Götzenbild lag aber noch auf der Erde, weil ihm noch das nothwendigfte Requifit feiner Göttlichkeit abging. Diefs waren die Augen, die immer erft der Oberpriefter mit vielen Feyerlichkeiten einzufetzen pflegt. So lange ein Götzenbild noch diefer Zierde entbehrt, wird es blofs für einen gewöhnlichen Block angefehn. — S. 430. In Pondielpitly erfchien ein Schonie, eine Art Bettelmönch, vor dem Vf. Diefe Schonier dürfen niemanden um etwas anfprechen; es ift ihnen blofs erlaubt, fich mit ihren Talenten zu produciren, und fo ihr Anliegen zu verftehen zu geben. Einige machen daher Bauchredner, andere fpielen zwey bis drey Inftrumente zugleich, und zeigen allerhand Kunftftücke u. dgl. Der obige Schonie war ein Flötenfpieler, allein auf eine ganz befondere Art. Er zog nämlich zwey kleine, ungefähr anderthalb Spannen lange Flöten aus feinem Gürtel hervor, fteckte die Mundftücke in die Nafenlöcher, und bliefs nun mit der gröfsten Fertigkeit Prime und Secunde darauf. — S. 432. Der Vf. fah einen fchönen Ala (*Ficus indica*, *Alon*, *Asvatha*, *Pipal*). Diefer mochte erft 100 Jahr alt feyn; gleichwohl bildete er bereits mit feinen unzähligen herunterhängenden Aeften ein ungeheures grünendes Gewölbe, das wenigftens taufend Schritte im Umfange hielt. Nach der Behauptung der Hindus braucht ein folcher Pipal 500 Jahr, ehe er fein völliges Wachsthum erreicht.

Der gröfste Theil des *zweyten* Bandes ift mit des Vfs. Liebesgefchichte angefüllt. So intereffant nun diefe auch an und für fich feyn mag, fo viel echt oftindifche Züge fie wirklich enthält, fo bietet fie dennoch für unfere Lefer nur wenig Wichtiges dar. Wir begnügen uns daher, nur Folgendes auszuheben, was uns wiffenfchaftlichen oder hiftorifchen Werth zu haben fcheint. — S. 416. Der Vf. kam in das Thal Maveliewarom, das wegen feiner wunderbaren Ruinen bekannt ift. Man fieht hier nämlich eine unzählige Menge von Tempeln, Pyramiden, Chauderien, Gewölben u. f. w., fämmtlich aus einem Stücke in den Felfen gehauen. Am merkwürdigften find fieben Tempel, die fich vom Strande aus, einer hinter dem andern, in gerader Linie über eine Meile weit in das Meer hinausziehn. Der erfte fteht beynahe noch ganz auf dem Lande, und wird nur bey fehr hohen Fluthen mit Waffer angefüllt; die vier folgenden fenken fich allmählig immer tiefer, die zwey letztern endlich find ganz vom Meere bedeckt, und ragen nur bey fehr niedrigen Ebben mit ihren Spitzen aus dem Waffer hervor. Zu gleicher Zeit kann man noch weiter in der See hinaus eine Menge ähnlicher Ruinen erkennen, die den Schiffern bey hohem Waffer, gleich verborgenen Klippen, höchft gefährlich find. Die fieben Pagoden von Maveliewarom werden daher von allen Steuerleuten gefürchtet, und find fogar auf den Seekarten bemerkt. Alle diefe ungeheuern Gebäude zufammen follen die Ueberrefte einer der älteften und gröfsten Städte von Indien feyn, deren Gefchichte indeffen in tiefer Nacht verborgen ift. Blofs ein berühmtes indifches Heldengedicht (Mahebaroth) erwähnt des mächtigen Königs Toudirhter, der dafelbft refidirt haben foll. Wie dem auch feyn mag, fo beweift die Aufführung folcher Maffen einen fehr hohen Grad von artiftifch-fcientififcher Cultur. Das Ganze mufs übrigens von unermefslichem Umfange gewefen feyn, da nicht nur das ganze Thal, fondern auch ein fo beträchtlicher vom Meere verfchlungener Küftenftrich damit bedeckt wär. Jetzt befindet fich nur noch ein kleines, von lauter Braminen bewohntes Dorf dafelbft. — S. 401. Chauderien find in Oftindien, was Karavanferais im Morgenlande, befonders in der Türkey und in Perfien find. Das Wort Chauderie, oder richtiger Tfchautorie, bedeutet im Samfcritt viereckigt, und kommt von *tshauto vier* her, wie denn auch alle diefe Gebäude viereckicht find. Es giebt deren von verfchiedener Gröfse und Befchaffenheit. Bald haben z. B. 1000—1500 Reifende, bald nur 40—50 Platz darin; bald ift die Chauderie nur aus Letten erbaut, und blofs mit Palmblättern gedeckt, bald ift es ein anfehnliches fteinernes Gebäude, das fein ordentliches Ziegeldach hat. In Anfehung der innern Einrichtung indeffen find fich fämmtliche Chauderien ohne Unterfchied gleich. Sie beftehen nämlich aus einem grofsen viereckigten Saale, der theils zum Aufenthalte der Reifenden, theils zum Aufftellen ihrer Waaren dient, und des Nachts durch kleine Lampen erleuchtet wird, die man in die an den Wänden befindlichen Nifchen fetzt. Um die Chauderie läuft aufserhalb ein bedeckter Säulengang herum, wo man fich ebenfalls befonders bey Tage aufhalten kann, und in der Nähe derfelben ift meiftens ein kleiner Weiher (zum Baden) und ein Häuschen befindlich, worin fich ein Bramine, Toagie oder dergleichen aufhält, der die Chauderie zu reinigen, und den Reifenden hülfreiche Hand zu leiften pflegt. Faft alle Chauderien in Oftindien find von frommen Hindus entweder noch bey ihrem Leben oder zufolge ihrer Vermächtniffe erbaut. Die gröfsten und fchönften findet man in Süd-Coromandel, Hindoftan und Bengalen. Längs der ganzen Küfte befonders trifft man deren in jedem Dorfe wenigftens eine, ja oft mehrere an. Bey grofsen Entfernungen der Dörfer find deren immer aller 3 bis 4 Stunden am Wege, mei-

meistens am Eingange von Gehölzen, auch wohl in der Mitte derselben erbaut. Marans, Trivasels u. a. sind Specialnamen der kleinern Chauderien, zumal der geringern, die nur aus Letten erbaut sind. — S. 470. Man hat in Ostindien bloss Fusspoften, andere sind durchaus nicht in Gebrauch. Diese Postboten heissen Tappals oder Dhaaks, und gehen immer zwey zusammen, wovon der eine das Felleisen trägt, während der andere unaufhörlich eine kleine gellende Trommel schlägt. Die Tappals werden aller zwey Stunden immer von andern abgelöst, weswegen in dieser Entfernung immer kleine Posthütten befindlich sind. Diese Umwechslung geschieht mit grosser Geschwindigkeit, indem man vermöge der Trommel die Ankunft der Tappals schon von weitem vernimmt. In Calcutta, Madras, Pondichery, Nagapatnam u. s. gehen diese Fussposten alle Abende regelmässig nach allen Gegenden Indiens ab.

VERMISCHTE SCHRIFTEN.

STENDAL, b. Franzen u. Grosse: Zwey Preisfragen: 1) *Hat das gesetzwidrige Zusammenleben von Personen beiderley Geschlechts nachtheilige Folgen für die Religion und die Gesellschaft, und welche Vortheile gewährt die Ehe vor solch einem regellosen Leben?* 2) *Ziemt es dem moralischen Menschen, in gemischten Gesellschaften über Religion und deren Wahrheiten zu spotten?* Aufgestellt von der Gesellschaft *pro fide et christianismo* zu Stockholm. Beantwortet von der Gesellschaft für Tugend und Weisheit in Deutschland. 1807. 78 S. 8. (6 gr.)

Der Zweck, welchen die auf dem Titel genannte Gesellschaft bey ihren aufgestellten Preisfragen hat, kann kein anderer seyn, als unter Leuten ohne wissenschaftliche Bildung das Nachdenken über wichtige Gegenstände der Moral, des Christenthums und des geselligen Lebens zu wecken, und sie mit den Resultaten des Studiums der Moralphilosophie, der Politik und des biblischen Christenthums durch gemeinfassliche Abhandlungen bekannt zu machen. Wer solche Preisfragen beantworten will, muss diesen Zweck vor Augen haben, und sich einer deutlichen, gemeinfasslichen und dabey präcisen Schreibart befleissigen. Der Verf. der Beantwortung der ersten Frage scheint daran gar nicht gedacht zu haben. Seine Abhandlung hat mehr Gehalt, als die zweyte, welche sehr trivial ist; aber sie ist in einem pretiösen, oftmals verschlungenen und dunkeln Stile geschrieben. Hin und wieder fehlt es den Gedanken eben so sehr als dem Ausdrucke an Bestimmtheit und Klarheit. Rec. braucht für diese Beschuldigung keines weitern Beweises, als welchen der Vf. selbst in folgender Stelle S. 10 f. giebt: „Das Gesetz der Ordnung — wir verstehn unter diesem: Gesetz der Religion, Moral und des Staates zugleich, weil eines doch nur immer die Consequenz des andern ist; so ist das Sittengesetz die erste Norm, aus der sich Religion mit ihren Vorschriften entwickelt, und der Staat hat die Pflicht, um des Wohles seiner Bürger willen, seine Vorschriften nach jenen der Sittenlehre und Religion zu conformiren, oder vielmehr die Staatsgesetze sollen nur jene ersten bestätigen und für ihre Aufrechthaltung sorgen, wie die reinste Politik zugleich die reinste Moral seyn muss; in dieser Vereinigung von Energie mit Consequenz entsteht der allgemeine Complexus eines gesammten Ordnungsgesetzes: das Gesetz der Sittenlehre und Religion wird durch die Staatsgewalt sanctionirt, und das Staatsgesetz ist allumfassende Ordnung der Sitten- und Religionsgesetze. Der Staat ist Energie der Religion, wie diese Energie der Moral ist. — Das Gesetz der Ordnung hat zur Fortpflanzung des Menschengeschlechts u. s. w. Wie nun dem Vf. die Klarheit und Bestimmtheit des Ausdrucks mangelt, so verstösst er auch mehrmals gegen die Schicklichkeit und Anständigkeit desselben. Welcher gebildete Leser kann folgende Stelle ertragen: „Der Jüngling sehnt sich, seine Lust im Schosse des Mädchens zu kühlen; diese in seinen Armen die höchste Lust des Daseyns zu geniessen."

Die Beantwortung der zweyten Frage ist so seicht, als die Frage selbst sehr fehlerhaft ausgedrückt. Unter dem moralischen Menschen kann man nach dem Zusammenhange nur den *sittlich guten* verstehen, und dieser wird so wenig jemals den Spott über die Religion und ihre Wahrheiten für erlaubt halten, dass die Frage ganz überflüssig ist, ob es ihm gezieme, darüber zu spotten; und da sittliche Güte und christlicher Sinn überall im Widerspruche mit leichtsinnigem Scherze über das Heiligste und Ehrwürdigste steht: so ist wiederum nicht nöthig, zu fragen: ob das in gemischten Gesellschaften der Fall sey. Der Concipient der Frage dachte sich unter Religion wahrscheinlich die Kirchenlehre, welche nach Beschaffenheit des Landes und der Partey wohl auch den sittlich guten und christlich gesinnten Menschen bisweilen zum Spotte reizen kann, weil er dadurch vielleicht am sichersten etwas auszurichten hofft.

ALLGEMEINE LITERATUR-ZEITUNG

Mittwochs, den 15. November 1809.

WERKE DER SCHÖNEN KÜNSTE.

SCHAUSPIELE.

BERLIN, b. Schmidt: *Julius von Voß Lustspiele. — Erster* Band. Enthält: 1) Die Griechheit. 2) Wettkampf der Eitelkeit. 3) Der Commandant à la Fanchon. 4) Die Liebe im Zuchthause. 1807. VI u. 120, 88, 48 u. 60 S. kl. 8. (Jedes Lustspiel ist besonders paginirt, und wird auch besonders verkauft.)

Unter den neuern Erscheinungen im Fache der schönen Literatur verdienen obige Lustspiele, deren Vf. ein königl. preuss. Officier, durch verschiedenartige schnell auf einander folgende Schriften die Aufmerksamkeit des Publicums erregte, einer genauern Erwähnung. Hr. *von Voß* besitzt Eigenschaften, die ihn zum Lustspieldichter vorzüglich eignen, er ist mehr durch die Welt, als durch die Schule gebildet; Beobachtungsgabe ist ihm in besondern Grade eigen; am schärfsten fasst er jedoch das Schlechte und Erbärmliche in den Sitten der Zeit auf. Wir wollen ihm diess nicht übel auslegen, ob wir es gleich für besser und lohnender halten, dem Edeln und Vortrefflichen nachzuspähen: denn er könnte nicht ohne anscheinenden Grund erwiedern, dass unsre Zeit an dem Schönen und Trefflichen so gar arm sey. Er besitzt ferner, wie aus dem eben gesagten schon hervorgeht, eine gehörige Kenntniss der Welt, sowohl der höhern als niedern Stände, und ihrer Thorheiten, nebst einer recht guten Darstellungsgabe. Was ihm abgeht, ist harmonische freye Bildung des Gemüths und höherer Kunstsinn, weshalb die einzelnen, der Wirklichkeit treu genug nachgebildeten Stoffe sich nicht zum schönen Ganzen einen wollen; auch fehlt es seinem Streben selbst an dem gehörigen Ernst, an Innigkeit und Liebe. Schon die plötzlich so hoch gesteigerte literarische Thätigkeit, worin wir Hn. *von Voß* kurz nach der traurigen Katastrophe der preussischen Armee im October 1806. erblickten, brachte uns auf die Vermuthung, dass seine Beschäftigung mit den Musen theils die Folge äusserer Umstände, theils einer bey talentvollen Weltleuten nicht seltnen Neigung sey, wonach sie den Ruhm eines schönen Geistes neben her suchen, und diesen Kranz ihrem übrigen Verdienst beyzufügen nicht gern unterlassen möchten. Die genauere Bekanntschaft mit seinen Schriften hat diese Vermuthung nicht widerlegt. Wir wünschten aber besonders jetzt, dass niemand die Laufbahn der Poesie ohne vollgültigen innern Beruf, ohne warme Liebe und Begeisterung für das erwählte Ziel betrete. Denn nur dadurch wird Achtung gegen uns selbst und rastloses Streben nach Vollendung erweckt; dadurch muss zugleich die Kälte des Publicums gemindert werden, welche wahrlich immer mehr zunehmen wird, je mehr es sieht, dass die Vertrauten der Muse selbst kalt und nachlässig in ihrem Streben sind, und, statt in sich selbst die Quelle des ewig Schönen aufzusuchen, sich nach seinem oberflächlichen und wandelbaren Geschmack bequemen. Und daher verdient die sorglose Uebereilung des Hn. *von Voß* und seine offenbare Nachgiebigkeit gegen den Geschmack der Menge vor dem Richterstuhl der Kritik ernste Missbilligung. Diess soll uns jedoch nicht abhalten, das, was wir im gegenwärtigen Bande gefunden haben, mit Unparteylichkeit anzuzeigen, um so mehr, da sich hier doch ein etwas ernsteres und besseres Streben, als in andern Schriften des Vfs. zu offenbaren scheint.

Gegenwärtiger *erster* Band enthält: 1) *Die Griechheit.* Originallustspiel in fünf Aufzügen. In der kurzen Vorrede sagt der Vf. über dieses Stück vornehmlich zweyerley; seine Absicht bey demselben sey gewesen, nicht sowohl das Allgemeinere menschlicher Sitten, als Sitten und Meinungen seines Zeitalters mit Freymüthigkeit und fern von scheuer Zurückhaltung darzustellen, und er habe weniger nach dem Beyfall einer kleinen Anzahl Kunstrichter, als nach der Genugthuung, sein Haus recht voll zu sehn, gestrebt. Die erste Aeusserung des Vfs. billigen wir; denn neben jenen Meisterwerken dramatischer Kunst, die, weil sie das Allgemeinere und Bleibendere menschlicher Sitten darstellen, für alle Zeiten eine Art von Jugendkraft behalten, können sehr wohl auch solche bestehen, die durch Schilderung besonderer vorübergehender Zeitsitten, Meynungen und Thorheiten ein vorzügliches Interesse gewinnen, welches sich aber nicht so leicht, als das der erstern auf die Dauer erhält. Der Dichter der dem Publicum oder einem Theil desselben auf der Bühne über Modeverirrungen die Augen zu öffnen sucht, der diess mit Freymüthigkeit thut, und für seine Bemühung wohl gar Undank und Kränkung einärntet, verdient sicher den Beyfall und Schutz der Kritik. Nur hätte der Vf. ein so nützliches Unternehmen passender ausführen sollen. Was seine zweyte Aeusserung betrifft, so konnte er das Publicum, für welches er dichtete, leicht noch bestimmstimmter bezeichnen; es war nämlich das Berlinische, dessen Anforderungen an die Bühne Hr. *von Voß* vortrefflich kannte, und mit aller Anstrengung seiner Kräfte zu befriedigen entweder gestimmt, oder genöthigt war. Um der Schaulust einmal recht volles Genüge zu leisten, und gleichsam zu versuchen, ob sie zu sättigen sey, bot der Vf. eine Menge von Personen auf, setzte eine Menge von Maschinerien in Bewegung, und gab seinem Stück einen Reichthum abwechselnder, ins Auge fallender Scenen, die er durch alle Aufzüge vertheilte, so dass sich in dieser Absicht wenige Lustspiele dem Seinigen zur Seite stellen können. Auch der Inhalt erhielt eine nähere Beziehung auf dieses Publicum, und mehrere Charaktere tragen Züge berlinischer Individualität, ohne einmal Aeusserungen wie die S. 30. zu erwähnen. Diese Mittel wirkten; der Vf. sah zu seinem Vergnügen, trotz der ungünstigen Zeitumstände das Haus gefüllt und erreichte dadurch (nach S. IV. der Vorrede) seine Hauptabsicht; auch läst es sich leicht glauben, dass dieses Stück nur in Berlin mit solcher Vollkommenheit gegeben werden könne. — Soviel über die äussern Schicksale des Lustspiels, die wir nicht übergehn durften, weil sie so viel erklären; jetzt zu dem innern Gehalt desselben. Der Titel erregt die Erwartung, der Vf. habe darin die neuere Gräcomanie bestreiten wollen. Man hat gezweifelt, ob dieser Stoff überhaupt für ein Lustspiel passend sey und sich auf das Misslingen des Gegenwärtigen berufen, aber wohl mit Unrecht. Freylich muss es sehr schwer seyn, aus diesem Stoffe, ein sogenanntes Spectakelstück von fünf Acten zu machen, aber ist er deshalb zum Lustspiel an sich untauglich? Dem Vf. ist es aber misslungen, diesen Stoff streng aufzufassen und rein wieder zu geben. Neben einigen Tendenzen gegen Gräcomanie enthält das Stück eben dergleichen gegen die revolutionären Anmassungen der neuern Naturphilosophie, ingleichen gegen die angeblich den Spaniern abgeborgte faselnde Romantik und das Assonanzenwesen. Wo bleibt hier Einheit? und wie stimmt dieses alles mit dem Titel des Stücks zusammen? Besser hätte der Vf. sein Lustspiel *die neue Verschrobenheit* genannt, so fanden diese verschiedenen Tendenzen eher einen Einigungspunkt. Das Gesetz, welches sich der Vf. aufgelegt hatte, überall Theaterprunk und Scenen fürs Auge anzubringen, nöthigte ihn, seine Personen als neue Griechen nicht blos reden, sondern auch handeln zu lassen. Gewiss eine schwierige Aufgabe, die Gräcomanie nicht allein vor das Gemüth sondern vor das Gesicht der Zuschauer zu bringen; auch hat sie der Vf. nur mangelhaft gelöst. Ausserdem dass die Dorfkirche des gräcisirenden Barons in griechischem Stil erbaut, Dorfknaben und Dirnen zu griechischen Charakterrollen und Tänzen abgerichtet, Bauerknechte in Argyraspiden umgeschaffen werden, findet sich weniges, was sich hieher rechnen liesse. Daneben wird für die Dorfkirche ein mystisch romantischer Cultus eingerichtet, der Acker des Gutes nach den neuesten chemischen Principien gedüngt, und statt des Roggens mit Reiss besät, nebst mehrerem dergleichen, woran die Griechheit grösstentheils unschuldig ist. — Neben diesem Vorwurfe schlecht gehaltener und halb verfehlter Tendenz entsteht ein zweyter aus dem Charakter der Hauptperson des Baron Hainau, der durch die neue Bildung verschroben aufs väterliche Gut zurückkehrt, sein Vermögen auf eine beyspiellose Art verschwendet, sich ganz von einem Professor der Naturphilosophie, Hn. Wüthig, und einem Virtuosen, Hn. Pral, regieren läst, die ihn beide betrügen, dabey die Tochter eines jüdischen Wechslers, Demoiselle Rahel Joab, ein auf ähnliche Art verschrobenes Geschöpf, heyrathen will, und eben in Begriff ist, sie mit ästhetischem Prunk zu empfangen, als der ausbrechende Bankerott dem unsinnigen Spiel ein Ende macht. Auf einer richtigen Ausführung dieses Charakters beruhte das Meiste, sollte die Tendenz des Stücks gelingen; Hr. *von Voß* hat sich dabey in der äussersten Uebertreibung gefallen, die alle Wahrscheinlichkeit zerstört. Vergebens bemüht sich die Phantasie, diesen Charakter ins Leben zu versetzen; es ist eine trübe Dunstgestalt, aus unhaltbaren, sich in Nichts auflösenden Stoffen geformt. So zerstört Hr. *von Voß* selbst wieder das Vergnügen, welches er seinen Lesern dadurch, dass er sie im leichten Spiel die Sitten ihrer Zeit anschauen liess, machen wollte. Um zu beweisen, dass Hr. *von Voß* ohne klare Einsicht in das Wesentliche seines Stoffes bildete, setzen wir die Worte her, mit denen sich der Baron zuerst ankündigt: (*zweyter* Act, *zehnte* Scene S. 39.) „Das Leben, das poetische mir stöhren? — Durch trübe Nebelolympiaden schon umnachtet Helotendunkel sie, wildet sie Scythenbarbarey. Da steht ein Jüngling auf, der platten Menge, entbundnen Fittigs schwört er aufzustreben, er läst der Seele Sehnsuchtsklänge grünen, verschwundnen Menschenadel heimzurufen; zu dir fleht er, Minerva Polias, und deine heitre Silberglorie strahlt in Busens Tiefe. Nun wirkt er, schafft im freundlich engen Kreise; ein Orpheus. Wohl vermögt ihr zu verstehen, was es euch deutet sein geheimstes Leben. Beneidet nicht Prometheus Götterfunken, ihr löscht ihn nimmer mit unreinem Hauch!" Es wäre an dieser Probe genug; wir setzen noch folgende her aus den Räsonnements, unter denen er sein Geld wegwirft. (S. 41.) „*Wüthig*. Mein Correspondent aus Augsburg sandte die beiden bestellten Blätter zu den Nebenaltären. Ein heiliger Lucas und eine Madonne. Er trieb in Italien echte Domenichinos auf, Krieges Raub, drum kann er sie um tausend Thaler lassen. *Baron*. Das was die Kunst gestaltet vom Himmlischen, es dehnt das Herz der Braut. Sie hat der heil'ge Mythos angezogen, der Jungfrau lieblich Haupt, und er, der es gemalt, da holde Cherubim die Farben rieben. Mich rührt mehr Griechensinn, nicht hehl' ich es; doch freudig nah' ich opferweihend Rahel (legt Goldrollen hin)." — Wir billigen es übrigens sehr, dass der Vf. diesen verschrobenen Charakter auch selbst am Ende des Stücks nicht in das Gleis der Verständigkeit zurückführte, und

und damit, wie es sonst in Dramen die löbliche Sitte ist, den Fehler wieder gut machte, obgleich der Schluss des Stücks, so wie er jetzt ist, auch nicht recht befriedigt. Es wird nur ein Anschein von Besserung erregt; der Baron wird durch seinen Bankerott und das eigennützige Zurücktreten seiner vergötterten jüdischen Braut so weit gebracht, den Vorzug eines andern braven Mädchens, das er einst liebte und das ihn noch immer liebt, anzuerkennen; weiter geschieht nichts und so verlangt es die Consequenz: denn ein solcher Ueberspannter gleicht dem Wahnsinnigen, der auch nicht mit einem male zur Vernunft zurückgebracht werden kann.

Von den übrigen Charakteren des Stücks können wir mit Ueberzeugung recht viel Gutes sagen. Schon die jüdische Demoiselle Rahel Joab, voll faselnder spanischer Romantik, die immer in Assonanzen spricht, hat ungleich mehr Wahrheit. Man erkennt das kalte, völlig herzlose Geschöpf; deren schön prunkende Phrasen durchaus nur Manier sind, überzeugt sich auch wohl, dass es deren in der Wirklichkeit leider! geben möge. Die Assonanzen klingen in dem jüdischen Munde kaum halb so fremdartig, als sonst. (z. B. S. 117. Eine Andere würd es thun, nicht wie ich die Hochherzige ruh'n! *Ermessen* was sind *so Baronessen*, und *vergessen*. S. 118. Doch um Sterben und Leben kann man mir ein Pfand und einen Bürgen geben.) Besonders hat uns die Art gefallen, wie sie aus dem poetischen Schwunge in die höchste Nüchternheit der Prose herabfällt, als die magische Täuschung zerstört wird, der Bankerott des Barons sich offenbart und sie einen Theil ihres Vermögens daran wagen soll. Hier ist erst charakterloser Leichtsinn und mädchenhafter Unbestand (S. 114. Immer bunter, munter, die ganze Griechheit geht unter!). Dann, so bald sie das Wort Bankerott vernommen hat, Niedergeschlagenheit; endlich, als sie mit ihrem Vermögen beystehen soll, ein sehr ungrossmüthiges Weigern. Nirgends ist der jüdische Charakter verfehlt. So wie er hier in einem poetischen Schwunge erscheint, so ist er an dem jungen Banquier Hirsch, dem vorigen Bräutigam der Rahel, in seiner gewöhnlichen Prose treffend und wahr dargestellt. Vorzüglich belustigend ist die Art, wie er zu Göthens Nebenbuhler wird. (S. 72. *Hirsch.* Was thun Sie mit der Griechheit? Was thun Sie mit einem Dichter? *Rahel.* Ein Dichter ist er nicht, es giebt nur drey, Sophokles, Shakespear und Göthe. *Hirsch.* Nun ich kann mich doch auch noch drauf legen. Ich bin ja alt nicht. Ich bin doch sonst ein Mann *comme il faut!*) Ueberall zeigt sich das kleinliche, beschränkte, bey aller äussern Eleganz doch arme Gemüth, dem Geld der einzige Massstab des Werthes ist. So unzulänglich anfangs seine prosaisch berechneten Massregeln bey dem poetischen Schwunge seiner Braut erscheinen, so sicher erreicht er am Ende seinen Zweck. — Wahrscheinlich war es nicht des Vfs. Absicht, der modischen Verschrobenheit ein Gemälde edler Deutschheit entgegen zu stellen; für diesen Zweck scheint uns wenigstens der Charakter des Landschaftsdirectors und Regierungsraths, obgleich sonst aller Achtung werth, zu dürftig ausgestattet. Auch fürchtete er wohl den Vorwurf des egoistischen Zeitalters, wenn er uns an Herminen noch mehr das edle, unverbrüchlich liebende und treue Mädchen zeigte. Unsrer Meinung nach würde das Stück dadurch gewonnen haben, obgleich dieser Charakter, wie ihn der Vf. genommen hat, allerdings dem Zeitgeiste mehr zusagt. Auch musste in jenem Fall der Charakter des Barons gemildert werden, um der Liebe des edeln Mädchens würdiger zu erscheinen. Unter den Umgebungen des Barons gefällt besonders der trinklustige Virtuose, Hr. Pral. Die Betrügereyen der Bauleute hat der Vf. ausführlich genug dargestellt. Der strenge, missvergnügte Haushofmeister, der gegen seine Herrschaft so ehrerbietige, doch männliche Schulze, der verständige, gemässigte Prediger, der drollige Küster greifen von verschiedenen Seiten in die Handlung ein und vermehren das Leben des Stücks, welches wir mit einem gewühlvollen Tage in einer Hauptstadt vergleichen möchten, worin alles sich treibt und drängt, ein Kommender über den andern vergessen wird, niemand besonders interessirt, jeder aber dazu beyträgt, die Idee des Ganzen, des vollen drängenden Lebens, darzustellen. Auch liegt das eigentliche Verdienst des Stücks nach unserm Dafürhalten darin, dass das Streben des Vfs. nach Scenen fürs Auge und theatralischem Schimmer, ihn nur selten zu leeren gehaltlosen Personengedränge verleitet, vielmehr mancher Scene voll freyen und fröhlichen Lebens ihr Daseyn gegeben und in so fern genützt hat. Dahin rechnen wir freylich eben nicht jene Scene, wo der Baron die beiden Landreiter greifen und auf den Esel setzen lässt, oder jene, wo der ernsthaft einhertretende Küster von den tanzenden Schauspielerinnen ergriffen, und eine Weile im Tanz umgedreht wird, bis er mit Verlust des Hutes und der Perücke davon läuft, wohl aber die, worin der Virtuose, Hr. Pral, die Schauspielerinnen und mehr noch die, worin er die Dorfmädchen einübt. Die Erscheinung der rohen ländlichen Natur im harten Conflict mit der bildenden Kunst hat ungemein viel Gemüthliches. Nebenbey ist der Vf. sorgfältig bemüht, Missverständnisse mit komischer Tendenz aufzusuchen. Die Aufführung dieses Lustspiels muss grosse Schwierigkeit haben. Es erfordert besonders einen raschen lebendigen Gang. Der Vf. hat sein Aeusserstes gethan, Bewegungen und Mimik zu bezeichnen; in so fern verdient er alles Lob. Ueberhaupt kann man ihm nicht vorwerfen, dass er zu seinem Zweck etwas unterlassen hätte, sondern dass sein Zweck selbst nicht ein höherer war. Wir wünschen indess, dass sein Stück durch seine heitern gefälligern Partieen noch manchen Trübsinn von der Stirn verscheuchen möge.

Auf dieses Lustspiel folgt 2) ***Wettkampf der Eitelkeit.*** Lustspiel in *drey* Acten, nach dem Französischen des

des *Picard*. Das Stück heifst im Französischen: *La manie de briller*. Unangenehm war es uns, in diesem Schriftsteller, der für die Bereicherung unsrer komischen Bühne etwas zu leisten verspricht, so gleich im Anfang eine übersetzte Arbeit zu finden. Unsere Leser kennen übrigens den Komiker Picard, und wissen, dafs er mehr Terenz als Plautus ist. Das Stück ist in einer beschränkten Manier regelmäfsig und sorgfältig gearbeitet; aber das freye volle Leben und der Reichthum treffender komischer Züge mangelt. Poesie darf man wenig erwarten, wo nur die conventionellen Sitten einer Hauptstadt dargestellt werden sollen; aber in der Zeichnung der Charaktere hat Picard unläugbares grosses Verdienst. Vier Personen erscheinen hier mit der Sucht zu glänzen behaftet, es sind noch dazu zwey Ehepaare, beide Männer Kaufleute, dennoch verschmähte Picard alle grellern Farben, um die Individualität eines jeden zu sichern; er unterschied sie durch die feinsten Pinselstriche. (Nur Henriette ist selbst für ein Mädchen aus diesen Zirkeln zu kalt und regelmäfsig, und hätte mehr Wärme haben sollen.) Den Schluss finden wir nicht ganz dem übrigen angemessen. Warum können diese Personen nur durch die Befriedigung ihrer Geldbedürfnisse dahin gebracht werden, in das Glück ihrer Kinder einzuwilligen? Sie sinken dadurch zu tief; vorher erweckten sie nur unser Mitleid, jetzt wird unser Gefühl Verachtung. Die Uebersetzung verräth sich an einigen Orten als solche. (Statt: das Gesinde *übt* eine Nachlässigkeit, hätten wir lieber gesagt *beweist* oder *begeht*.)

Das *dritte* Stück, *der Commandant à la Fanchon*, eine heroische Posse von einem Act in Knittelversen, ist das Unbedeutendste. Es bezieht sich im Allgemeinen auf die bekannten Ereignisse des Krieges von 1806. und die von mehrern Commandanten bewiesene Feigheit und Treulosigkeit, ohne, wie es sich von selbst versteht, einen bestimmten Fall aus der Wirklichkeit darstellen zu wollen. Hiergegen verwahrt sich der Vf. in der Vorrede. Die Hauptperson des Stücks, der Commandant, ist ein Poltron, der das ihm anvertraute Schloss aus lauter Artigkeit gegen ein Paar Damen übergiebt, um ihnen Schrecken und Verlust zu ersparen. Dieser Charakter ist Karricatur, jedoch als solche mehr in sich abgeschlossen, als der Baron im ersten Lustspiel. Das Ganze kann nur ein vorübergehendes Interesse gewähren. Die Feigheit und Schlechtigkeit eines Theils vom Militär hat der Vf. mit kräftigen Farben gemalt, und zu wünschen wäre es, dafs man einst vieles in dieser Posse minder treffend finden möge.

Kräftig und originell tritt der Vf. im *vierten* und letzten Stück dieses Bandes auf, welches den Titel führt: *die Liebe im Zuchthause*, Tragikomödie in einem Act. Wer vielleicht durch die Titel so mancher andern Dramen verleitet, auch hier das Zuchthaus für unwesentlich halten wollte, würde sich sehr täuschen; der Vf. meynt es ungleich ernstlicher; er führt uns wirklich in diese Wohnstätte menschlicher Verdorbenheit und Elendes, und läfst uns die ganze Dauer des Stücks hindurch darin ausharren. Die Mitternacht (denn um diese Zeit spielt das Stück) vermehrt das Schauerliche der Umgebung, und doch wird es schwerlich jemand gereuen, ihm gefolgt zu seyn: so sehr entschädigen die tiefen Blicke, die er uns in das menschliche Herz thun läfst, und die sprechende Wahrheit und Kraft seiner Darstellung, die diesem Stück vor seinen übrigen einen besondern Gehalt anweist: denn wie schon erwähnt, zeigt er im Auffassen schlechter und verdorbener Sitten seine gröfste Stärke. Räuber, Diebe, Kuppler, Verführte, Lustdirnen und Mordbrenner machen hier unter einander Bekanntschaft, erzählen sich ihre Schicksale, begleiten sie mit ihren Ansichten und richten über einander. Wir erblicken die vollendete Schlechtigkeit, die nicht ihr Verbrechen, nur die Unvorsichtigkeit bereut, wodurch sie in Strafe gerieth; wir sehen den Leichtsinn, der einzelne Momente der Schaam und Reue hat, bald aber in den Ton der andern zurückfällt; wir sehen endlich das reine Herz einer Verführten, die in dieser schrecklichen Gesellschaft vergehen möchte. Wider Erwarten herrscht auch hier ein fröhliches Leben und wechselseitige Zuneigung; ein Plan zur Flucht wird entworfen, der aber sogleich misslingt. Jede Seite bewährt den Vf. als Menschenbeobachter; nur den Charakter des Kandidaten hätten wir hinweggewünscht, er ist zu empörend und hat nicht die volle Wahrheit der andern. Der Vf. führt besonders durch ihn eine Apologie der erzählten Schändlichkeiten, worin auch die meisten übrigen einstimmen, ein unglücklicher Einfall: denn er verwickelt dadurch seine Leser in moralische Zweifel und stört den freyen Genuss des Dargestellten. Es könnte von den gefährlichsten Folgen seyn, wenn diese grellen Darstellungen der Immoralität auf der Bühne erschienen; manche Virtuosität im Laster könnte dadurch, bey der Jugend zumal, erweckt oder verstärkt werden. Der Vf. fühlt diess, und bittet die deutschen Bühnen, sein Stück nicht zu geben. Vorsichtiger hätte er in dieser Absicht gehandelt, wenn er seinen Stoff, dem es ohne diess an den Erfordernissen zum Drama, selbst an einer Handlung, fehlt, in die Form einer dramatisirten Erzählung gebracht hätte, wie wir sie z. B. in *Meifsners* Skizzen finden. Doch vielleicht war er als Drama für manchen noch anziehender, und so wollen wir mit dem Vf. hierüber nicht weiter rechten.

ALLGEMEINE LITERATUR-ZEITUNG

Donnerstags, den 16. November 1809.

WERKE DER SCHÖNEN KÜNSTE.

POESIE.

Giessen, b. Heyer: *Blumen althebräischer Dichtkunst.* Herausgegeben von Dr. *Karl Wilhelm Justi*, Superintendenten, Consistorialrathe und Professor zu Marburg. *Erster* Band, welcher die vier ersten Bücher enthält. *Zweyter* Band, welcher die drey letzten Bücher enthält. 1809. XXX und 687 S. 8.

Seit langer Zeit hatte Rec. keinen so angenehmen Genuss, als ihm die Lesung dieser lieblichen Poesieen des hebräischen Alterthums in den fast durchgängig treuen und geschmackvollen Nachbildungen mehrerer zum Theil schon längst vortheilhaft bekannter und berühmter Verfasser, unter andern eines *Arnoldi, Augusti, Eichhorn, Justi* gewährte. Die verdienstlichen Bemühungen des letztern für zweckmässige Uebertragung des Bessern jener alten dichterischen Productionen des Orients auf deutschen Boden sind längst anerkannt, und durch die Herausgabe dieser Blumen hat er sich von neuem gerechte Ansprüche auf den Dank desjenigen Publicums erworben, für welches das Unternehmen berechnet war. Dass der Herausgeber, von welchem die meisten der mitgetheilten Stücke bearbeitet sind, die Schwierigkeiten kannte, welche der Uebersetzer alter Schriften, zumal poetischer, zu bekämpfen hat, und dass er nicht geringe Forderungen an sich selbst machte, sieht man aus der Vorrede S. X ff. „Ein Uebersetzer muss seine Urschrift nicht bloss verstehen, sondern auch den unterscheidenden Ton derselben und den Charakter ihrer Schreibart auffassen, des Originals unterscheidende Züge und echten Farbenton, — die ganze Individualität des Schriftstellers, in seiner Uebersetzung wiedergeben." Diese ganz wiederzugeben ist der Natur der Sache nach unmöglich; also nur sie *wiederzugeben suchen* konnte gesagt werden. Allein unsers Dafürhaltens ist dieses auch nicht die einzige und letzte Aufgabe, welche der Uebersetzer lösen soll. Eine Uebersetzung muss, auch abgesehen vom Originale, als ihrer Grundlage, ein für sich bestehendes Kunstwerk seyn, welches bloss auf einem fremden Boden entsprossen, auf einem fremden Grunde erbauet ist. Durchaus nicht bloss copiren und nachbilden darf der Uebersetzer; auch die eigene, freye Thätigkeit, das Originelle desselben, muss dem Werk aufgeprägt seyn. Sollten wir durch einen treffenden Vergleich die Sache noch verdeutlichen, so würden wir sagen: der Uebersetzer befindet sich in gleichem Falle mit dem musikalischen Künstler, welcher die Composition eines andern Meisters abspielt. Dieser strebt zwar allerdings in die Individualität des Componisten möglichst tief einzugehen, seinen Sinn und Charakter in dem Werke anzuschauen, so vollständig wie möglich — denn vollkommen kann er es auch nicht —; aber nun drückt er bey der Ausführung dem ursprünglich Fremden doch seine eigene Individualität auf; was keines weitern Beweises bedarf, da man sich nur an die oft gänzlich verschiedenen Ausführungen eines und desselben Stücks durch verschiedene Künstler erinnern darf. Eben so darf der theatralische Künstler durchaus nicht bloss ein sklavisches Organ des Dichters seyn, sondern er muss in seiner Rolle ein eigenthümliches Kunstwerk darstellen, — und jeder wahre Künstler thut das, — wozu ihm nur das Thema ziemlich vollständig gegeben ist. Nicht anders der Uebersetzer. Er muss sich seines Originals so bemächtigt, es so möglichst vollständig in sich aufgenommen haben, dass es gar nicht mehr als ein bloss Fremdes, sondern als sein Eigenes zu betrachten ist. (Dass er dasselbe verstanden haben muss und die Eigenthümlichkeit desselben, so weit diese in und durch Schrift erkannt werden kann, nicht zerstört haben darf, sind Bedingungen und Voraussetzungen, die sich von selbst verstehen.) Und insofern ist Uebersetzung die Reproduction des Originals, welches man sich innigst angeeignet, und demselben seine eigene und somit die Individualität der Sprache, in welche man übersetzt, aufgeprägt hat. Dass demnach die Schwierigkeiten einer vollkommenen Uebersetzung, besonders eines Dichters, ungemein gross seyn müssen, ja dass eine solche, so wie die Idee sie fordert, niemals wird gegeben werden können, dass man nur durch Annäherung an das Ziel die Aufgabe lösen wird, leuchtet von selbst ein. Original und Uebersetzer aber, zwischen denen fast gar keine Verwandtschaft des Geistes und Gemüths Statt findet, müssten nun am wenigsten jemals an einander gerathen: denn aus solchem unnatürlichen Verein können ja nur Missgeburten und charakterlose Zwittergebilde entstehen, von denen unsere Uebersetzerbibliotheken leider schon allzuvoll sind. Wir kehren zu unserm Vf. zurück, der sich von dem Haufen der gewöhnlichen Dolmetscher vortheilhaft auszeichnet. Wenn er S. XI der Vorr. sagt: „Eine gute Uebersetzung eines alten Dichterwerkes muss aber auch poetisch — seyn" u. s. w., so möchten wir wohl fra-

fragen: wie wäre es denn möglich, dafs sie *nicht* poetisch wäre? Sie ist entweder gar keine Ueberfetzung, — nicht etwa blofs keine vollkommene, fondern fchlechthin gar keine Uebertragung, — oder fie ist auch poetifch. Das eigentlich Poetifche, d. i., durch die Phantafie Dargeftellte, kann in der Ueberfetzung weder gegeben noch genommen werden, und wird felbft nach jeder fclavifchwörtlichen Uebertragung aus der einen Sprache in die andere im Wefentlichen daffelbe bleiben. Es fcheint, als hätte der Vf. das Poetifche nicht beftimmt genug von dem Metrifchen, wovon er unmittelbar darauf redet, gefchieden. Ueber manche andere Bemerkung der Vorr. würden wir uns gern noch mit Hn. *J.* unterhalten, wenn wir nicht zu näherer Betrachtung der einzelnen Bearbeitungen felbft übergehen müfsten.

Beide Bände diefer Blumenlefe beftehen aus fieben Büchern. Das *erfte* Buch enthält einzelne recht gut ausgewählte Stücke der *hiftorifchen Bücher des alten Teftaments*, mit vorgefetzten zweckmäfsigen Einleitungen: 1) den *Abfchied Mofis an die Ifraeliten*, aus 5. B. Mof. 32. 2) Den *Siegsgefang der Deborah*, aus B. d. Richt. 5. 3) *Drey alttestamentliche Fabeln*, B. d. Richt. 9, 7—15, 2. B. Sam. 12, 1—4. und 2. Kön. 14, 9. 4) *Davids Klage über Saul und Jonathan*, fämmtlich vom Herausgeber. Nr. 2. ift indefs doppelt bearbeitet; nämlich zum zweytenmale als poetifche Umfchreibung von *H. B. Wenk*, ehemaligem Director des Pädagogiums zu Darmftadt, in einem Schulprogramm, Darmft. 1773. 4. Und diefe Bearbeitung ift offenbar eine der gelungenften in der ganzen Sammlung, welche es wohl verdiente aufgenommen und der Vergeffenheit entriffen zu werden. Vortrefflich ift hier der einfache, aber eindringende, kräftige Ton des hebräifchen Originals getroffen. Z. B. S. 30.:

Erftes Chor, Deborah:

Sie zogen hin nach Taanach,
Und kriegten da, nah' an Megiddo's Bach,
Die Könige, fie kriegten fürchterlich;
Doch wenig war, o Siffera, dein Lohn,
Du trugft nicht einen Silberling davon.
Der Himmel felbft ftritt wider dich;
Die Sterne ragten fich in ihrer Bahn,
Und ftritten wider Kanaan.
Der Kifon wälzt die ftolzen Krieger fort,
Der Flufs von Meeres-Wuth,
Der Kifon wälzt fich fort — —
Werde höher, werde höher, o Schlachtgefang!
Da fchlugen die Hufen der Roffe durch Leichen und Blut,
Da jagten, da jagten die Reiter, und athmeten Wuth.

Und bald darauf mahlt Deborah die Ermordung des Königs Siffera durch die Hand der Gattin Hebers, des Keniten, vortrefflich alfo:

Die Linke ftreckte fie zum Nagel hin,
Die Rechte griff den Hammer, und traf,
Traf Siffera, zermalmte das Haupt,
Zermalmte, durchbohrte den Schlaf.
Zu ihren Füfsen krümmt' er fich empor,
Und fank zum Staub' herab,
Noch einmal krümmt' er fich empor,
Und fank zum Staub' und ftarb.

Wir find überzeugt, dafs diefe Bearbeitung die meiften Lefer mehr anfprechen wird, als die daneben ftehende des Hn. *J.*; aber wir würden doch letzterm Unrecht thun, wenn wir fie der feinigen unbedingt vorzögen, indem wir nicht vergeffen dürfen, dafs *W.* frey umfchreibt, indem *J.* treu überfetzt. Weit mehr Schwierigkeiten hatte alfo der Letztere zu bekämpfen, und er bekämpft fie mehrentheils mit Glück. Seine gebildete Sprache und eine grofse Gewandtheit im Ausdruck, laffen ihn bey fchwierigen Stellen nicht leicht in Verlegenheit. Kleine Härten, welche der Zwang des Metrums hier und da veranlafste, wird der Vf. bey einer wiederholten Durchficht felbft leicht auffinden und wegfchaffen; z. B. gleich im Anfang des eben erwähnten Siegesgefangs S. 20.:

Dafs Ifrael gebrochen feine Feffeln,
Dafs willig hat das Volk den Kampf gewagt, —
Das dankt Jehoven! — —

und im 15. V. S. 22.:

Deboren folgeten die Helden Ifafchars; —

und im erften Stück, V. 42. S. 13.:

Mit Leichnamen nähr' ich mein Schwert,

und ähnliche. Trefflich gelungen ift Hn. *J.* das letzte Stück des erften Buchs, und durch die Parallelen mit Offianfchen Stellen in den Anmerkungen doppelt interreffant.

Das *zweyte* Buch enthält Bruchftücke aus dem *Hiob*, von *Jufti*, *Hufnagel* und *Dahl*; von dem erftern wiederum das Meifte; auch geben *H.* und *D.* blofs die Ueberfetzung, faft ohne alle Anmerkungen, und ohne Einleitungen, die bey *J.* freylich auch zuweilen blofs kurze Inhaltsanzeigen der Stücke find, zuweilen aber auch fruchtbarere Bemerkungen und Fingerzeige enthalten. Die Arbeiten von Hr. *D.* verdienen Beyfall. In den Bruchftücken aus K. 9. S. 78. und K. 14. S. 92., welche er mit Hn. *J.* gemein hat, find einzelne fehr gelungene Stellen, die offenbar den Vorzug verdienen; obwohl anderes wiederum bey *J.* vorzüglicher ift. Das erftere ganz kurze ftellen wir zur bequemen Vergleichung unfern Lefern hier in Parallele.

Dahl.	*Jufti.*
Grofs ift Jehovah an Verftand und Kraft;	Im Herzen weife, furchtbar mächtig!
Wer hat fich je mit Glück ihm widerfetzt?	Wer follt' ihm widerftreben und entrinnen?
Er reifset Berge aus; fie wiffen's nicht;	Er hebet Berge weg; — fie wiffen's nicht. —
Mit feinem Hauch bläf't er fie fort!	Zertrümmert fie in feinem Zorn;
Die Erd' erfchüttert er in ihrer Bahn,	Die Erde regt er auf von ihrer Stätte,
Dafs ihre Säulen beben! —	Dafs tief erbeben ihre Säulen!
Die Sonne leuchtet nicht, wenn er's verbeut,	Die Sonne geht nicht auf, wenn er's verbeut,
Und die Geftirne find, wenn er es will, verfiegelt!	Er drückt fein Siegel auf die Sterne.
Er fpannt den Himmel aus allein,	Er fpannt allein den Himmel aus,
Und wandelt auf des Meeres Höhen!	Und wandelt auf des Wolkenmeeres Höhen!
Er fchafft den Bär und den Orion,	Den Bär erfchuf er und die Nordgeftirn;

Dahl

Dahl.	*Justi.*
Die Pleias auch; und Südens Kammern öffnet er!	Die Siebensterne und des Süd's geheime Kammern;
Er führt grosse Thaten aus, die unerforschlich uns,	Verrichtet unerforschlich grosse Thaten,
Und Wunder, welche unermesslich sind!	Und Wunder ohne Zahl!

Auch die wenigen Beyträge von Hn. *Hufnagel* sind keineswegs ohne Werth; sie verdienen unsern Dank. In dem ersten Stück aus Hiob K. 3. vom Hn. *J.* wird bey V. 12.

Was nahmen mich doch Kniee auf?
Und Brüste, dass ich sog? —

S. 53. die Anmerkung gemacht: „Die Kniee der Hebamme, die das neugeborne Kind zuerst aufnahmen.“ Dieses kann unmöglich gesagt seyn sollen. Man braucht hierbey an nichts zu denken, als an die Mutter, oder wenn man lieber will, an die Amme, die das Kind in ihrem Schosse ruhen lässt, und gerade dann auch, wenn sie es säuget. Zu dem Uebrigen der Note — „vielleicht hat der Dichter auch die Sitte im Auge, das neugeborne Kind auf die Kniee des Vaters zu legen, um es gleichsam feyerlich von ihm anerkennen zu lassen;“ — muss bemerkt werden, dass nach jener alten Sitte das Kind vor den Vater auf die Erde, nicht auf dessen Kniee, niedergelegt zu werden pflegte. Prächtig und voll hoher Majestät sind die letzten aus Hiob mitgetheilten Abschnitte, von S. 105. an, auch schon längst als vortrefflich von Kennern anerkannt, wo der erzürnte Jehovah aus dem Gewittersturme in ununterbrochenen, den Effect vorzüglich hebenden, Fragen zum Hiob redet. Man sieht deutlich, dass auch Hr. *J.* diese Partie mit Vorliebe bearbeitet hat, und seine Mühe hat sich an den meisten Stellen belohnt. Schätzenswerth sind auch hier die in den Anmerkungen gegebenen Aufhellungen bey den Fragen über das Thierreich (S. 111 u. f. f.).

Im dritten Buche folgt eine Auswahl aus der *Psalmensammlung*. Das Meiste lieferte hierzu *Dahl*, der *Herausgeber* und *Eichhorn*; nur vier Stücke *Arnoldi*. Aber die Arbeiten dieses letzgenannten gründlichen Kenners der orientalischen Literatur, der dem Publicum, da nicht eben viel öffentlich von ihm erscheint, noch nicht so, wie er es verdient, bekannt zu seyn scheint, zeichnen sich auf's vortheilhafteste aus. Mit welcher Sorgfalt, mit welchem Fleisse auch an die kleinsten Stücke immer von neuem die bessernde Feile angelegt worden sey, bis es nun endlich vollendet und untadelhaft da stand, wird keinem prüfenden Leser unbemerkt bleiben. Wollten wir Proben mittheilen, so würde uns die Auswahl schwer fallen; wir empfehlen die Arbeiten dieses Gelehrten sämmtlich und unbedingt den Freunden der morgenländischen Literatur zum Nachlesen. Was Hr. *Eichhorn* mittheilte, bedarf unserer Empfehlung nicht. Vorzüglich gefiel uns die Uebersetzung des 49. Psalmes, S. 180 ff.; auch war uns die Vergleichung interessant, welche wir bey Ps. 45. S. 168 ff. anstellen konnten, zwischen *Eichhorns* und *Döderleins* Bearbeitung. Des letztern Uebersetzung erhielt der Herausg. früherhin, als er in Jena studierte, von *D.* selbst, und wir danken ihm für die Mittheilung; gestehen auch aufrichtig, dass sie uns mehr angesprochen hat, als die von *E.* Ueber die in beiden völlig verschiedenen Ansichten liesse sich manches *Wort* sagen, und wohl nicht durchaus für die *Eichhorn'sche*, so zuversichtlich und bestimmt auch Hr. *E.* immer, wie überall, so auch hier, seine Vermuthungen vortragen mag. In Hn. *Dahls* Uebersetzungen wäre freylich manches zu glätten übrig gewesen: z. B. im 19. Ps. (welcher Hn. *J.* in den meisten Stellen besser gelungen ist,) S. 147. ist V. 3. 4. offenbar schleppend:

Ein Tag strömt Gottes Lob dem andern Tage zu,
Und eine Nacht giebt einer andern Nacht die Kunde hin;
Es ist (in der Natur) kein Wort und keine Rede,
Die man nicht tönen hörte!

S. 212. im Anfange des 104. Ps.:

Erhebe *Du* Jehoven, o mein Geist!

ist das *Du* ein blosses Flickwort, welches doppelt störend ist, wegen des folgenden Verses:

Jehovah, *Du* mein Gott, wie gross bist *Du!*

In demselben Psalm V. 27 ff. S. 214. ist die Sprache nicht kraftvoll genug, — das Original hat hier offenbar verloren: Alle Geschöpfe, heisst es, erwarten

Dass Du zur rechten Zeit die Speise ihnen reichest.
Du giebst sie ihnen und sie sammlen auf;
Du öffnest deine Hand und Gutes sättigt sie!

besser das Folgende:

Du birgst dein Angesicht; sie beben;
Nimmst ihren Odem weg, sie sterben hin,
Und werden, was sie waren, Staub.

Im 121. Ps. V. 4. S. 224., welches Stück übrigens recht gut ist, hätten wir anstatt *es* lieber gesetzt

— *er* schläft, *er* schlummert nicht,
Der Hüter Israels.

Der 139. Ps. ist sowohl von *Eichhorn* als von *Dahl* übersetzt; vom erstern an vielen Stellen zwar besser, z. B. V. 8.:

Eichhorn.	*Dahl.*
Stieg' ich gen Himmel — Dort bist Du;	Stieg' ich zum Himmel auf, so bist Du da,
Stieg' ich herab ins tiefe Erdenreich —	Und stürzt' ich mich in's Schattenreich, auch da bist Du!
Auch da bist Du! u. s. w.	u. s. w.

aber doch nicht durchaus. Auch findet sich hier und da einiges zu modern klingende, wie selbst die Ausdrücke *Weisheitsgeist*, V. 7. und V. 23. *schau' in meine Sinnesart* u. a. Gedehnt ist bey *D.* V. 4 ff.:

Bevor ein Wort auf meiner Zunge schwebt,
Weisst Du, Jehovah, es schon ganz genau.
Du hast mich ganz und gar gebildet,
Hast Deine Schöpferhand an mich gelegt.

V. 16.: — —

In Deinem Buche waren aufgezeichnet
Die mir bestimmten Lebenstage alle.

Im *vierten* Buche theilt uns Hr. *J.* seine Bearbeitung der *Salomonischen Hochgesänge der Liebe* mit, welche schon aus dessen 1808. herausgegebenen Gedichten (S. 225 ff.) bekannt ist, und Beyfall gefunden hat. Hier sind nebst manchen Verbesserungen auch erläuterungen ternde Anmerkungen zugefügt. Mit Gewandtheit, und meist mit Glück, wusste der Vf. die bedeutenden Schwierigkeiten der Uebertragung eines solchen Stücks, welches so viele für unsere Zeitgenossen anstössige Stellen hat, zu besiegen; wir rechnen diese Arbeit zu den gelungensten des Vfs. in dieser Gattung. Einer ins Einzelne gehenden Beurtheilung sind wir schon durch andre Beurtheiler überhoben.

Das *fünfte* Buch liefert eine Anthologie aus dem *Jesaias* und *Ezechiel*. Der bey weitem grösste Theil gehört Hn. *Eichhorn* zu, nämlich die ersten 14 Abschnitte, welche alle aus dem erstern Theil des Jesaias genommen sind, und ein herrliches, sorgfältig ausgearbeitetes, chronologisch geordnetes Ganze ausmachen, nebst ausführlichen Erläuterungen, was mit Recht durch keine dazwischen gesetzten Arbeiten anderer Verfasser unterbrochen worden ist. An ein sich durchaus gleichbleibendes Sylbenmass hat Hr. *E.* wohl absichtlich sich überall nicht gebunden; sehr häufig sind die im Allgemeinen angewendeten Jamben durch dazwischentretende andre Füsse unterbrochen, zuweilen auch der Vers ganz aufgelöset. Aber auch in diesen herrlichen Stücken finden wir leider nicht selten die moderne, dem Original fremde, Ansicht in die Uebersetzung hineingetragen. Jes. 8, 11. wird (S. 328.) übersetzt:

Denn also sprach zu mir Jehovah, *im Zustand der Entzückung:*

Dachte sich der Prophet diess? wollte *er* diese Ansicht, welche spätere Erklärer angenommen haben, andeuten? Eben so gefällt uns Kap. 9, 5. (S. 331.) die Ausdrucksart nicht:

— ein *Prinz* wird uns geboren; —

und für *Wort* des Herrn, — der Herr redete ein *Wort* u. s. w. *Orakel* zu setzen, welcher Ausdruck auf eine ganz fremde Idee führt, wie Kap. 9, 7. S. 368. und anderwärts, halten wir für unpassend. Der Abschnitt aus Jes. 10, 5 u. ff., welchen wir von *Eichhorn* und *Augusti* bearbeitet sehen, gewährt durch die Vergleichung beider Uebersetzungen das grösste Interesse. Es ist der einzige Beytrag, welchen *Aug.* zur ganzen Blumensammlung lieferte, aber er ist dem vortrefflichsten in derselben beyzuzählen. Wir waren bey unsrer, mit Sorgfalt angestellten, Vergleichung weit öfter in dem Fall, *A's* Bearbeitung, sowohl in Hinsicht auf Treue, als auf äussere Form, den Vorzug ertheilen zu müssen, als der *Eichhorn'schen;* obwohl wir hierin gern einem Jeden sein individuelles Urtheil lassen. — Es folgen dann am Schluss dieses Buches (S. 445 u. ff.) noch einige Bearbeitungen von *Justi*, Jes. 13, 1—22. 14, 1—23. (der letztere Abschnitt auch von *H. B. Wenk*, dessen wir oben schon rühmlich gedachten, musterhaft übersetzt), Jes. 17, 12—14. 18, 1—7., ferner 21, 1—10. und K. 34., endlich Jes. 38, 9—20., und von *Arnoldi* die schätzbaren Stücke aus Jes. 37, 22—35. K. 49. 63, 1—6., und zuletzt eine Probe aus Ezech. 26., bey welcher wir mit dem Herausg. den Wunsch theilen, dass Hr. *A.* recht bald das Publicum mit einer vollständigen Bearbeitung dieses Propheten beschenken möge.

Das *sechste* Buch, das kürzeste, enthält eine Uebersetzung der *Klagelieder* des *Jeremias* mit guten Anmerkungen, von *Hartmann*. Das Ganze besteht bekanntlich aus *fünf* Elegieen, über deren Aufeinanderfolge man nicht vollkommen einig ist. Sie sind sämmtlich mit Fleiss gearbeitet; und sind sie nicht durch freye Originalität und Eigenthümlichkeit ausgezeichnet: so lassen sie desto weniger manche andere Ansprüche unerfüllt, wie vor Allen den der Gründlichkeit und Treue. Die letzte Elegie ist auch von *Dahl* übersetzt; beide sind treu und treffen an einzelnen Stellen ganz überein. Einige Verse sind bey *D.* weniger schwerfällig, als bey *H.* Gleich der Anfang:

Hartmann.	*Dahl.*
Gedenk', Herr! was wir ehmals hatten —	Gedenk', o Herr! was uns getroffen;

und v. 16.:

Weh! dass wir so gesündigt haben!	O weh' uns, dass wir sündigten!

wiewohl sich auch andre finden, in welchen man *H.* den Vorzug geben wird.

Das *siebente* und letzte Buch liefert endlich eine Anthologie aus den *kleinen Propheten*, zu welcher der Herausg. das Meiste hergab, und *Arnoldi*, *Hartmann* und *Dahl* schätzbare Beyträge lieferten. Von *A.* sind die zwey ersten Stücke, Hos. 4. und 9.; von *D.* die Weissagungen des Zephanjah und Chaggai; von *H.* die des Zacharias; das Uebrige vom Herausg., nämlich die Stücke aus Nahum und Habakuk, welche beide Propheten Hr. *J.* ausführlich bearbeitet herauszugeben verspricht, und am Schluss der Prophet Maleachi. Es gilt von diesen Bearbeitungen dasselbe, was wir über die Vff. derselben weiter oben gesagt haben.

Im Allgemeinen müssen wir zum Schluss nur noch bemerken, dass uns in vielen Einleitungen und Anmerkungen doch allzubekannte und sich zu sehr von selbst verstehende Dinge beygebracht zu seyn scheinen. Nicht selten steht dasselbe mit nur wenig veränderten Worten im Text. Wohl sind wir eingedenk, dass bey der Herausgabe des Werkes nicht sowohl auf das gelehrte, als auf ein gebildetes Publicum Rücksicht genommen worden ist; aber dessen ungeachtet sind wir überzeugt, dass auch für den bloss gebildeten, ungelehrten Leser manches entbehrlich seyn wird. — Das Aeussere des Buchs ist anziehend; Papier und Druck schön. Bedeutende Druckfehler sind uns, ausser den angezeigten, nicht aufgestossen.

ALLGEMEINE LITERATUR-ZEITUNG

Freytags, den 17. November 1809.

WISSENSCHAFTLICHE WERKE.

RECHTSGELAHRTHEIT.

HEIDELBERG, b. Mohr u. Zimmer: *Rechtsgutachten und Entscheidungen des Spruchcollegii der Universität Heidelberg.* Herausgegeben von dem Professor und Justizrath *C. Martin* daselbst. *Erster* Band. 1808. 375 S. (1 Rthlr. 16 gr.)

Die vorzüglichste Absicht bey der Herausgabe dieser Rechtsfälle war, dem Publicum Rechenschaft von der Behandlung der an das Spruchcollegium der Universität Heidelberg seit der Regeneration derselben gelangten Geschäfte zu geben, besonders da seit Hn. *v. Cocceji* keine juristische Ausarbeitungen jenes Spruchcollegiums erschienen seyn. So viel Achtung auch dieses zarte Ehrgefühl verdient, so würde es doch kein zureichender Grund seyn, die grosse Anzahl dieser Sammlungen jetzt noch zu vermehren, wenn nicht wirklich der grösste Theil der hier gelieferten Fälle sich sowohl durch neue interessante Thatsachen, als durch Bemerkungen auszeichnete, welche die Theorie unseres bisherigen Rechts bereichern, und wohl auch bey einer veränderten Gesetzgebung ihren Werth nicht ganz verlieren werden. Doch können wir uns nicht zu allen hier vorgetragenen Behauptungen bekennen.

Bey weitem den grössten Theil dieses Bandes nimmt der gegen den vormals fürstl. würzburgischen Hofr. und Syndicus des Domstifts Hn. Schubert geführte peinliche Process im Punkte eines Depositendiebstahls ein, der auch, nach der Vorrede, eine Mitursache der Herausgabe dieser Rechtsfälle war. Das aus diesem Processe folgende cautelarische Resultat veranlasste die Ueberschrift: Nr. I. *Von der Nothwendigkeit einer genauen Prüfung der Anzeigen eines Verbrechens, und über den Werth der sorgfältigen Beobachtung aller Förmlichkeiten des Beweisverfahrens gleich bey der Einleitung eines peinlichen Processes.* Eine peinliche Untersuchung, welche 18 Jahre, und bis zum Tode des Inculpaten gedauert, und nicht nur vier Juristenfacultäten (zu Leipzig, Jena, Landshut und Heidelberg), sondern auch die berühmtesten deutschen Criminalisten theils als Privatrespondenten, theils als Inquirenten beschäftiget, und ganz ungeheure Actenstösse erzeugt hat, verdient schon im allgemeinen Aufmerksamkeit; sie verdient sie aber vorzüglich durch die Eigenheit der dabey eingetretenen Thatumstände. Wir können hier nur die Hauptzüge des Vorfalls andeuten. Im J. 1791. waren schon fünf Tage zuvor äussere Merkmale einer Verletzung an den Thüren der Depositenkammer des vormaligen kurf. Landgerichts zu Würzburg, (welches, wie Rec. hier gegen die Note 6. S. 27. bemerken muss, schon vor längerer Zeit ein bloss *landesherrlicher* Gerichtshof war) beobachtet worden, ohne jedoch zur Anzeige zu kommen, als der Hofr. Schubert, der die Verwaltung jener Depositen über sich hatte, in Gesellschaft seines Gehülfen in die Depositenkammer Geschäfte halber sich begab, und nicht nur die Thüren erbrochen, sondern auch eine Kiste ausgeleert, die andere aber noch unversehrt fand. Der Betrag des Diebstahls ward sogleich in Eile von einer gerichtlichen Person aufgenommen; und bey der kurz hierauf erfolgten Untersuchung erklärten sich zwey Schlössergeschworne, anfangs etwas schwankend, nachher aber bestimmt, dahin, dass der Dieb einen Schlüssel zu der Kammer und Kiste gehabt haben müsse. Der Verdacht fiel auf einen Diener des Gerichts; nachdem dieser aber von der Instanz befreyt war, gab er Schubert als Thäter an. Die Untersuchung war auch gegen diesen schon weit in die einzelnen Indicien vorgerückt, als der Fürstbischof der Untersuchungscommission, unter Zusendung von 10588 Fl. in Bethmännischen Obligationen und Wechseln, eröffnete, dass diese Summe ihm von dem Pönitenten durch einen Pfarrer in Frankfurt a. M., welcher nachher auch darüber vernommen ward, als Ersatz der entwendeten Depositengelder übergeben, und dabey ihm solche Data mitgetheilt worden seyn, dass ihm als Bischof die mehr als moralische Gewissheit geworden, diejenigen, welche sich bey dem Pfarrer des Diebstahls angeklagt, seyn wirklich die Thäter, nicht aber die in Verdacht Gezogenen. Inzwischen waren neue Kunstverständige über die Zugangsthüren zu dem Depositenzimmer, und die Kisten legal, und genauer, als das erstemal vernommen worden, welche durch Proben zeigten, dass ein wirklicher Einbruch ohne Schlüssel verübt worden sey. — Wenn gleich das hierüber erstattete Rechtsgutachten mehr die Tendenz und Anlage einer Schutzschrift für den Beschuldigten zu haben scheint: so wird doch niemand die Gründlichkeit misskennen, womit die Mängel der Untersuchung, vorzüglich des Anfangs derselben, und das Gewicht der gegen den Inculpaten stehenden Anzeigen geprüft, und alle Thatsachen und rechtlichen Momente benutzt sind, um den Beweis herzustellen, dass der Hofr. Schubert, obgleich nicht von aller Nachlässigkeit in Besorgung der Depositen frey, nicht

nicht nur keiner Verletzung seiner Amtspflichten als landgerichtlicher Depositenverwalter sich schuldig gemacht, sondern auch keinen gegründeten Verdacht, weder einer Unterschlagung der deponirten, aber nicht entwendeten Gelder, noch der Entwendung der aus der Kiste entkommenen Gelder gegen sich habe. — In Nr. II.: *Erörterung eines merkwürdigen Successionsfalls, vorzüglich über die Collision der Gesetze in Erbschaftsfällen, und über die stillschweigende Anerkennung eines als ungültig bestrittenen Testaments*, wird die Meinung ausgeführt, dass sowohl die *successio universalis ab intestato*, als die *testamentarische* nach den Gesetzen des *Wohnorts*, denen der Erblasser für seine Person unterworfen sey, bestimmt werden müsse. Es komme bey dieser Succession durchaus nicht auf die Frage an, wer diese oder jene einzelne Güter haben, sondern wer als Erbe in den Platz des Verstorbenen treten soll: der Grundsatz, dass die Wirksamkeit eines Gesetzes das Staatsgebiet nicht überschreiten könne, leide da eine Ausnahme, wo solches nur auf *indirecte* Weise, wie bey der Universalerbfolge, ausserhalb des Staats wirke. Diesen Gründen steht aber offenbar das Wesen der Unabhängigkeit eines Staats entgegen, nach welcher die Verbindlichkeit irgend eines in einem souveränen Staate gegebenen Gesetzes, es mag direct, oder indirect wirken, für den andern souveränen Staat nicht anders als aus einer vertragsmässigen Uebereinkunft entspringen kann. In Anwendung auf die *vormaligen* Particularstaaten des aufgelösten *deutschen Reichs* lässt sich gegen jene Ansicht nichts einwenden. III. *Wie bald trifft den Beklagten, welcher im ordentlichen Processe sich nur durch Einreden gegen eine Klage vertheidigt, im Falle, daß diese unzureichend ist, der Nachtheil einer fingirten Litiscontestation?* Die ältere Meinung wird gegen die *Gönnersche*, dass nämlich durch Vorbringung der Einreden ohne besondere Litiscontestation in der That die Klage eingeräumt werde, in Schutz genommen, und überdiess gezeigt, dass die negative Litiscontestation, als die Strafe des Ungehorsams, erst dann eintrete, wenn des Beklagten Einrede richterlich verworfen worden, und er peremtorisch zur Einlassung auf die Klage aufgefordert, dennoch bey der illegalen Vertheidigungsart beharret, d. i. die bestimmte Litiscontestation umgeht. IV. Dass *der Anfang der Verjährung nichtig veräußerter Kirchengüter* erst unter dem Nachfolger des nichtig veräussernden Geistlichen statt habe, ist in *c.* 10. *Causs.* 16. *qu.* 3., welches Gesetz nicht nur in vielen Schriften über die schlafende Verjährung, sondern auch in dem hier mitgetheilten Rechtsfalle von einer Juristenfacultät ausser Acht gelassen wurde, klar entschieden. Aber wie, wenn der *Landesherr* wie hier der Fall war, den Contract ausdrücklich *bestätigt* hat? Sollte man hier so geradezu die Wahrheit der Voraussetzung jenes Canons, dass die Kirche bey einer solchen Veräusserung schutzlos sey, annehmen können? V. *Von der Compensation mit Forderungen, worüber erst Rechnung abgelegt werden soll.* Den rechtfertigenden Grund, warum in dem beygefügten Urtheile die Einrede der Compensation verworfen worden, möchte Rec. nicht darin, dass die geforderte Rechnung ein *Factum* sey, welches als ein heterogener Gegenstand mit der *Geldschuld* nicht compensirt werden könne, sondern vielmehr in der natürlichen Auslegung der *l.* 14. §. 1. *C. de compensat.* suchen. VI. *Der Gerichtsstand der Werbofficiere im Auslande* ist, wie hier in einem Rechtsfalle gegen *v. Steck* ganz klar gezeigt wird, kein anderer als der gemeine, nicht privilegirte des Landes, wo er sich aufhält, wenn nicht privilegirte des Landes, wo er sich aufhält, wenn nicht eine positive Uebereinkunft ein anderes bestimmt. VII. *Von der Vindication verkaufter Sachen, wenn das Creditiren des Kaufgeldes durch den Dolus des Käufers veranlaßt worden ist.* Auf dem Grunde der nicht genugsam beachteten *l.* 10. *C. de rescind. vend.* wird behauptet, dass der durch einen *dolus dans causam* hintergangene Verkäufer die Sache von einem *dritten* nur dann abfordern könne, wenn dieser sie als *Nichteigenthümer* besitzt, nicht aber dann, wenn dieser solche Kraft eines das Eigenthum übertragenden Titels hat. Auch die Natur der *rei vindicatio* und *actio Public.* und beider Unterschied in Bezug auf einen dritten Besitzer erhält hier manche interessante Aufhellung. Aber sonderbar ist es, dass in dem hier gegebenen Urtheile dem Kläger noch der Beweis seines prätorischen Eigenthums aufgelegt ist, da dieses doch vom Beklagten gar nicht in Widerspruch gezogen zu seyn scheint. VIII. *Von der Beschaffenheit und den Voraussetzungen kirchlicher Polizeystrafen im Gegensatz wahrer Criminalstrafen.* Ein Pfarrer wird wegen eines starken Verdachts einer unkeuschen Lebensart von seinem Amte entsetzt. Ueber den Grad des Verdachts lässt sich bey dem übrigens ganz erklärlicher Weise vorenthaltenen Detail der Umstände nicht urtheilen; aber als eine blosse Polizeystrafe, auf unvollkommenen Beweis erkannt, ist Entsetzung vom Amte (wahrscheinlich ohne Pension) doch eine zu harte Massregel. Das Aergerniss, welches der Ruf einer unsittlichen Handlung des Pfarrers verursachte, hätte vielleicht durch blosse Versetzung gehoben werden können. IX. *Erörterungen* 1) *von dem speciellen Gerichtsstande und der Proceßart bey einzuklagenden Deserviten eines Sachwalters;* 2) *von der Befugniß, den deferirten und acceptirten Haupteid zurück zu nehmen;* 3) *von der Nichtigkeitsbeschwerde wider Handlungen eines Gerichts;* — haben wenig allgemeines Interesse. X. In den *Beyträgen zur Lehre vom Successionsrechte einer armen Wittwe in den Nachlaß ihres Ehemanns* kömmt die neue Behauptung gegen die gemeine Meinung vor, dass bey Beurtheilung der Armuth der zurückgelassenen Wittwe auf den Zeitpunkt vom Tode des Erblassers bis auf die *von ihr geschehene Erbschaftsantretung* gesehen werden müsse, weil, nach *l.* 49. §. 1. *D. de haered. inst.* die Qualification zur Erwerbung einer Erbschaft vom Augenblick des Anfalls bis zu dem der Erwerbung erfordert werde. Allein zu welchem Augenblicke kann man sagen, dass die Wittwe die Erbschaft angetreten habe, wenn voraus gesetzt wird, die Quarte werde ihr streitig gemacht? Ist Armuth die Bedingung der Succession, und soll einmal

der

der Termin ihres Daseyns über den Tod des Erblassers hinausreichen, warum soll er sich nicht bis zum Zeitpunkt der Rechtskraft des der Wittwe die Quarte zusprechenden Urtheils erstrecken? der Einwendungen nicht zu gedenken, die sich gegen die ausdehnende Erklärung des angeführten Gesetzes machen lassen. Hier wird auch der Praxis der Krieg angekündigt, da ihr doch in der nämlichen Ausführung (S. 360.) eben nicht abgelegt wird. Dass das Vermögen der Frau nicht in die Quarte einzurechnen sey, wird ebenfalls behauptet: aber aus Gründen, die nichts gegen die conträre Meinung vermögen, die die offenbare Absicht des Gesetzes für sich hat.

Leipzig, b. Schmidt: *Etwas über die Verhältnisse zwischen den Gutsherrn und ihren Pächtern bey den neuesten Kriegslieferungen.* 1808. VIII u. 76 S. 8.

Die Kriegslieferungen, von welchen hier die Rede ist, sind die im Herbste 1805. und zu Anfange des J. 1806. von dem preussischen Hofe, für seine damals in *Sachsen*, *Thüringen* und an der *Gränze von Franken* aufgestellten Armee-Corps, geforderten Naturallieferungen, an Getreide, Fourage und Fuhren, deren Bezahlung zwar von den requirirenden Kriegs-Commissariaten damals versprochen wurde, aber, so viel Rec. weiss, bis jetzt noch nirgends erfolgt ist. Mit Recht sieht der Vf. diese Lieferungen, für diejenigen, welche sie zu leisten hatten, als unvermeidliche Unglücksfälle an. Doch können wir ihm durchaus nicht darin beypflichten, dass die Preussen bey ihren Forderungen nichts anders in Anspruch genommen hätten, als einen Theil des Eigenthums derjenigen Individuen, welche Getreide und Fourage geärntet hatten und Anspann besassen. Freylich mussten die einzelnen Regierungen auf diese den Betrag der requirirten Lieferungen *zunächst* repartiren; aber die preussischen Forderungen waren keinesweges an die einzelnen Getreide- und Fourage-Besitzer u. s. w. gerichtet, sondern an die Staaten. Von diesen forderte man den Betrag der Requisitionen, gleich viel sie möchten denselben aufbringen, wie sie wollten. Unrichtig ist es daher, wenn der Vf. durch *diese* Ansichten verleitet, den Gutspächtern das Recht abspricht, dieser Lieferungen wegen von ihren Verpächtern einen Nachlass am Pachtgelde zu verlangen, und (S. 71.) den Grundsatz aufstellt, „*die Gutsverpächter sind ihren Pächtern für die* 1805. *und* 1806. *gemachten Preussischen Magazinlieferungen eine Vergütung zu leisten nicht schuldig.*" Auch die Beweise, welche der Vf. für die Richtigkeit dieses Grundsatzes aus dem römischen Rechte zu führen sucht, scheinen uns nicht ausreichend zu seyn. In den Sanctionen des römischen Rechts über die Verbindlichkeit des Verpächters zum Nachlasse am Pachtgelde wegen erlittener Schäden beym Bezug der Früchte eines erpachteten Grundstücks, spricht sich nichts weiter, als eine *Billigkeit*, aus. Die Gesetzgebung hält es für *unbillig*, dass der Pächter das volle Pachtgeld bezahle, wenn er ohne sein Verschulden nicht die Früchte bezog, welche er nach dem natürlichen Laufe der Dinge etwa hätte beziehen mögen; und dieser Grund ist eben so stringent, wenn der Schade die Früchte auf dem Halm (*fructus pendentes*) traf, als wenn er die schon eingeärnteten Früchte (*fructus perceptos*) getroffen hat: denn in dem einen Falle so wenig als in dem andern bezieht der Pächter das Quantum der Früchte, welches er hätte beziehen sollen, um im Stande zu seyn, dem Verpächter die Pachtbedingnisse gehörig erfüllen zu können. Entschieden hier die Grundsätze vom Eigenthume der geärnteten und nicht geärnteten Früchte, worauf der Vf. so vieles Gewicht legt, so hätte unmöglich *Gajus* in *L.* 25. §. 6. *D. loc. cond.* den Satz als Regel aufstellen können, dass die Pächter in solchen Fällen bloss dann Remiss fordern können, *si plus quam tolerabile est*, *laesi fuerint fructus*; Beschädigungen der Früchte auf dem Halm würden unbedingt dem Verpächter zur Last gefallen seyn, und Beschädigungen der eingeärnteten Früchte dem Pächter. Uebrigens mag der Vf. recht haben, dass der Verpächter keinesweges verbunden sey den Betrag der Lieferungen dem Pächter in *totum* oder in *tantum* unbedingt zu vergüten. Natürlicher Weise müssen bey der Bestimmung der Fragen: *kann der Pächter in einem gegebenen Falle wirklich Remiß fordern?* und *auf wie hoch ist die Remißsumme zu bestimmen?* auf die Grundsätze zu sehen, welche für alle Remissforderungen der Pächter in den Gesetzen vorgeschrieben sind. Dieselben Grundsätze der Billigkeit, auf welchen die Remissforderung des Pächters beruht, müssen auch dem Verpächter zu gut kommen. Denn der Grund, warum man dem Verpächter alle solche Lieferungen allein zur Last schreiben will, nämlich *daß solche Lieferungen zu den Grundbeschwerungen zu rechnen seyen*, — dieser Grund ist offenbar nicht befriedigend. Solche Lieferungen sind allgemeine Staatslasten, wovon sich kein Theil eximiren kann; sie treffen den Pächter so gut wie den Verpächter, und bey der allgemeinen Repartition ist der Eine so gut bey zu ziehen wie der Andere, und das besondere privatrechtliche Verhältniss zwischen dem Pächter und Verpächter mag hierin nichts ändern. Ueberhaupt muss der Verpächter nur dann in die Mitte treten, wenn der Staat für die gleiche Vertheilung solcher Leistungen und behörige Entschädigung der Prägravirten seine Obliegenheit nicht erfüllt.

PÄDAGOGIK.

Marburg, in d. neuen akad. Buchh.: *Ueber die Verbindung der Gymnasien mit Realschulen*, in einer Darstellung des Pädagogiums zu Marburg und als Einladungsschrift der Lehrer zur öffentlichen Prüfung der Zöglinge am 24. März 1809. 48 S.

Der Vf. dieser kleinen gehaltvollen Einladungsschrift, wie wir hören, Hr. Mag. *Koch*, einer der verdienstvollsten und geliebtesten Lehrer der Anstalt, von welcher in der Schrift selbst die Rede ist, handelt hier in einer gebildeten, geist- und herzvollen Sprache, nachdem er die ursprüngliche Tendenz dargelegt hat, welche den Begründern des Pädagogiums zu Marburg vorschwebte, unter den *drey* Abschnitten: I. *Verfassung*, II. *Erziehung*, III. *Unterricht*, von der gegenwärtigen Einrichtung der Anstalt. Sie besteht aus fünf Klassen, und ist zugleich gelehrte und Realschule; das Letztere jedoch beynahe bloss dem Namen nach: denn äusserst wenig von dem wird gelehrt, was man gewöhnlich einer Realschule als Lehrgegenstände zutheilt; auch sind nicht überall die besten Lehrbücher gewählt; ein Uebel, welches sehr oft durch Localumstände veranlasst wird. — Die unterste Klasse heisst *Vorbereitungsschule*, die beiden zunächst höhern machen die *Realschule* aus, und die beiden obersten das *Gymnasium*. Da nur vier Lehrer den gesammten Unterricht aller Klassen zu besorgen haben, so mag es freylich unendlich schwer, ja unmöglich seyn, alles zu leisten, was man von einer solchen Anstalt zu erwarten berechtigt ist. Dieses wird noch deutlicher, wenn man einen Blick auf die angehängte Tafel des Unterrichts wirft. (Wir denken hier nicht an die Lehrgegenstände, von denen Hr. *K.* (S. 27.) meynt, dass sie von manchem vermisst werden würden, als Logik, Rhetorik u. s. f., über diesen Punkt sind wir ganz mit ihm einverstanden; sondern vorzüglich an das fast durchgängige Combiniren zweyer verschiedenen Klassen, welches offenbar der Mangel mehrerer Lehrer nothwendig gemacht hat.) Desto verdienstlicher aber und erfreulicher ist es, wenn durch der wenigen Lehrer vereinte Kräfte, Anstrengung und Liebe zum Geschäft auch bey solcher Beschränkung dennoch sehr vieles, wenn gleich nicht alles, erreicht und geleistet wird, wie das am Pädagogium zu Marburg, welches Rec. kennt, wirklich der Fall ist. Den meisten Bemerkungen des Hn. *K.* ertheilen wir unsern vollen Beyfall. Besonders gefiel uns was (S. 16 u. ff.) zu Anfang des Abschnitts: *Erziehung*, gründlich und wahr gesprochen wird, so viel auch manche der neuesten pädagogischen Künstler dagegen einwenden mögen, von deren Spielereyen sich Hr. *K.* bey vieler Wärme und ernsthaftem Interesse für die Sache der Erziehung so glücklich frey zu erhalten gewusst hat. Wir empfehlen diese gehaltvollen Bogen, die auf allen Seiten die Belesenheit des bescheidenen Vfs. und dessen Bekanntschaft mit den klassischen Schriftstellern des Alterthums beurkunden, jedem Schulmanne zum Nachlesen.

LITERARISCHE NACHRICHTEN.

I. Todesfälle.

Am 16. May 1809. starb zu Eisleben, der Herzogl. Anhalt Cöthensche Ober-Berg-Factor, *Christian Lebrecht Neuwerck*, im 76sten Jahre seines Alters, Mitarbeiter an den von Crellschen chemischen Annalen, besonders in den 1780ger Jahren, auch Vf. einiger Abhandlungen in den Riemschen ökonomischen Schriften und über die Meteorologie. Er war zu Eisleben am 4. April 1734. geboren, daselbst in den bergmännischen Wissenschaften unterrichtet worden, die er zu Freyberg ausbildete, gieng von da im Jahre 1754. in königl. französischen Diensten, als Berg-Ingenieur, nach Vienne in Dauphiné, bey welchem Posten er einen grossen Theil des französischen Reichs zu bereisen hatte, darauf als Bergmeister nach La Chapelle de Montrelais in Bretagne, und im J. 1760. nach Wesep bey Amsterdam, wo er als holländischer Wardein angestellt würde. Nach Ende des siebenjährigen Krieges gieng er nach Sachsen zurück, übernahm von dem J. 1769. an die Direction des Bergbaues zu Strassberg, bey Stolberg am Harz, und zu Cöthen, im Fürstenthume Anhalt, und lebte zuletzt als Privatmann zu Dresden und Eisleben.

In der Schlacht von Talavera (am 27—28. Jul.) ist der als militärischer Schriftsteller bekannte Badensche General *Porbeck* geblieben.

II. Beförderungen.

An des Hn. Canonicus *Hirzels* Stelle ward von dem kleinen Rathe zu Zürich, Hr. *Caspar Horner*, des Predigtamts Candidat, Dr. der Philosophie und russisch-kaiserlicher Hofrath, der als Astronom der Weltumseglungsreise des Hn. *v. Krusenstern* beygewohnt hat, zum Professor in dem *collegium humanitatis* zu Zürich erwählt.

Im September wählte die Synode des Cantons Zürich zum Decan des Kyburger Capitels den Hn. Camerar *Salomon Wolf*, Pfarrer zu Wangen, dessen Synodalrede in den Erg. Bl. der A. L. Z. 1809. Nr. [illegible] angezeigt worden ist.

Hr. *Joh. Caspar Häfeli*, Provisor der Schule zu Frauenfeld und Actuar des reformirten Kirchenraths des Cantons Thurgau, ist als Hofcaplan nach Bernburg berufen, wo sein Hr. Vater Superintendent ist.

ALLGEMEINE LITERATUR-ZEITUNG

Sonnabends, den 18. November 1809.

WISSENSCHAFTLICHE WERKE.

ARZNEYGELAHRTHEIT.

ERLANGEN, b. Palm: *Annalen des klinischen Instituts auf der Akademie zu Erlangen*, herausgegeben von Dr. *Frdr. Wendt.* — *Erstes* Heft. 1808. 141 S. 8. (12 gr.)

Es ist dem Rec. immer eine angenehme Erholung, wenn er aufgefordert wird, Schriften, wie die vorliegende, anzuzeigen. Wenn er, ermüdet, niedergeschlagen, oder indignirt von poetischen, hyperphysischen, mystischen, mit eben so grosser Arroganz als schwerfälliger Dunkelheit dargestellten theoretischen Constructionen, zu einer Schrift *dieser* Art kommt: so ist es ihm so wohl, wie einem Mässigen und Nüchternen, wenn er in einer Gesellschaft Trunkener oder Rasendtanzender gewesen ist. Hier findet man sich, seine Wissenschaft und den Menschenverstand wieder, welche dort verloren gegangen scheinen! Der berühmte Vf., welcher seinen Verdruss über die kritischen Terroristen unserer Zeit durch einige Seufzer laut werden läſst, will uns in diesen Annalen das im Auszuge geben, was die Erfahrung in 29 Jahren bey der Behandlung von mehr als 48,000 Kranken gelehrt hat. Wer wird das nicht mit froher Erwartung und mit Dank annehmen? Der Vf. klagt die Beschäftigung der Einwohner Erlangens, den Hang derselben zu rauschenden Vergnügungen, die Art sich zu kleiden, die Bauart der Häuser, das Tragen schwerer Lasten, die verkehrte Behandlung mancher oft vorkommenden Krankheiten, z. B. des Rothlaufs, als Ursachen der so häufigen chronischen Krankheiten daselbst an. Unter den hitzigen epidemischen Krankheiten haben, nach dem Vf., die Petechien, Friesel und übrigen Ausschlagsfieber abgenommen (?). Die Epidemie der Menschenblattern ist durch die Kuhpocken seit 1800. gröſstentheils vertilgt (welch ein grosses, herzerhebendes Bekenntniſs!); aber auch andere Epidemieen, als Ruhr, Keichhusten, sind seltner (in der Gegend des Rec. ist es mit beiden nicht der Fall). Nur die Masern, das Scharlachfieber und ihre Varietät (?), die Rötheln, erhalten sich noch. Diese drey Krankheiten sind mehr dem Aeuſsern nach unterschieden, als wesentlich. Ihre Symptomen gleichen sich fast durchgängig, und was man von ihrem Unterschiede sagt, leidet viele und grosse Ausnahmen. Nicht zu gedenken, daſs Masern und Rötheln oft beysammen angetroffen werden und die Erkenntniſs der Art des Ausschlags erschweren. Ja wir haben jetzt, sagt der Vf., in der 19ten Epidemie, welche wir beobachten, Kinder, die am Leibe Masern haben, und an den Armen und Füſsen Scharlachblätterchen. (Der Vf. scheint uns hier den Begriff des wesentlichen Unterschiedes dieser Krankheiten nicht fest gehalten zu haben. Heiſst *wesentlich* so viel, als Krankheitssymptomen, welche dieser oder jener Krankheitsform in der Regel zugehören: so sind diese drey Krankheitsformen wirklich und wesentlich verschieden. Der Vf. selbst sagt ja, daſs sogar die äuſsere Form des Exanthems verschieden sey. Bezieht sich aber das *wesentlich* auf die Behandlung und das Grundfieber: so geben wir es zu. Schwer möchte es für die meisten Aerzte seyn, so fein, wie Hr. *W.*, zu unterscheiden, was ein Rötheln-, Masern- oder Scharlachstippchen sey, selbst wenn man Mikroskope, *Wedekinds* und des Vfs. Beschreibung in die Hand nimmt. Hr. *W.* hält Rötheln für eine Varietät des Scharlachs; dem Rec. schienen sie eine nähere Verwandtschaft mit den Masern zu haben. Das Porcellanfieber gehört gar nicht in diese Kategorie.) Unter die dem Vf. eigenen Bemerkungen, über welche Rec. zwar zweifelhaft, aber geneigt ist, dem Vf. beyzutreten, gehört die Beobachtung (S. 27.) der mehrmaligen Wiederkehr der Masern in Einem Subjecte. Für die Masern schlägt der Vf. (S. 28.) die Temperatur 12° Reaumur vor, womit Rec., welcher sich immer gegen die übermäſsige Wärme bey Masern erklärt hat, einstimmt. Selten sah jedoch Rec. auf Masern die, wie der Vf. (S. 29.) sagt, ominöse Geschwulst kommen; öfter kam gegen den 9—11ten Tag ein Zustand, wie *Asthma acutum*. In der Behandlung dieser, wie aller epidemischen Krankheiten, kommt es darauf an, 1) die Epidemie, 2) das Individuum zu studiren, 3) die Umstehenden zu leiten. Selten war das Fieber rein entzündlich, gewöhnlich (nach der Meinung des Vfs.) gastrisch, und nahm erst spät den nervösen Character an. Neigung zum Erbrechen ward durch laues Getränk und äuſsere Manipulation gefördert. Bey Neigung zum Nervösen thaten äuſsere rothmachende Mittel mehr, als innere treibende. Die übeln Symptomen im Verlaufe der Krankheit schreibt der Vf. meist auf Erkältung. Das hauptsächlichste Mittel des Vfs., so bald der Ausschlag verbleichet, ist ein Brechmittel, aber so, daſs wirklich Brechen erfolgt; daher vornehmlich Ipecacuana. Da Wassersucht ein so gewöhnliches Symptom der Ausschlagsfieber (wenigstens des Scharlachs) ist: so theilt uns der Vf. seine Beobachtungen darüber mit. Daſs Wassersucht von Atonie der einsaugenden Gefäſse herrühre,

rühre, sey meistens wahr; aber eben so gut trage gehinderte unmerkliche Ausdünstung von geschwächter Wirkung der aushauchenden Gefäfse das ihrige dazu bey. Das sey besonders der Fall bey Ausschlagsfiebern. Ueber die Heilmittel erklärt sich der Vf. folgender Gestalt: Brechen habe die Wassersucht geheilt, aber selten; Purgiren leere zwar mächtig aus, aber das Wasser komme schnell wieder; Abzapfen eben so. Harntreibende Mittel in Verbindung mit stärkenden seyen am wirksamsten. Meerzwiebel, zumal mit Schwalbenwurzel *(Pulvis scillae compos.)*, Senega, Digitalis, Bryonia, Tacheniische, oder andere flüchtige und feste Mittelsalze, *Sulphur auratum* oder *Kermes*, Attich-Kreuzdorn-Beerensaft *(Rob. ebuli?)*, Belladonna, *Tartarus solubilis*, *Sapo antimonii* leisteten mehr, als andere Mittel. Hauptsächlich kommt es auf die Art an, wie man harntreibenden Mitteln stärkende zu gehöriger Zeit und in gehöriger Gabe beysetze. (Das ist der Hauptpunkt, welchen der Vf. eben hätte genauer aus einander setzen sollen. Man sieht schon auf den ersten Blick, dafs die obigen, so verschiedenen, Heilmittel sehr verschiedene Krankheitsumstände erfordern müssen, wenn sie heilbringende Wirkungen äufsern sollen. Auch irrt der Vf. sich, wenn er glaubt, dafs die Wassersucht nach Scharlach blofs und allein von Erkältung herrühre. Es giebt Scharlach-Epidemieen, bey welchen auch ohne alle Erkältung jedesmal Wassersucht eintritt.) Meerzwiebel ist also das vornehmste Mittel. So bald sie auf die Verdauung nachtheilig wirkt, verwechselt sie der Vf. mit Fingerhut, zumal im Aufgusse. Der Schwäche (Schlaffheit der Faser) sucht er durch Stahlwein, China- oder Cascarillaufgufs, oder durch eisenhaltige Efsignaphtha (ein vortreffliches Mittel, auch nach des Rec. Erfahrung) in kleinen, allmälig verstärkten, Gaben zu Hülfe zu kommen. Besonders rühmt er folgende Mischung: *Rec. Extr. scillae dr. sem., Extr. mart. pom. dr. sesqui Aqu. fl. cassiae unc. V., Symp. cinam. unc.* 1. *S.* Alle 3 Stunden 1 Efslöffel voll. (Die Beobachtungen über die andern Mittel bey der Wassersucht sind nicht genau genug aus einander gesetzt. Wir übergehen sie also. Ein instructives Beyspiel von dem Nutzen der Oeleinreibung führt der Vf. S. 69. an.) Gegen den (zumal nach Masern) übrig bleibenden Husten empfiehlt der Vf. den Saft oder das Extract des Eiskrautes *(Mesembryanthemum crystallinum)*. Es ist zu bedauern, heifst es (S. 72.), dafs diese Pflanze, deren Wirkung im Keichhusten sich uns noch immer bewährt, so selten ist. (Wir machen daher alle praktische Aerzte aufmerksam auf dieselbe.) Zieht sich der Husten in die Länge, wird er feucht und der Auswurf zähe: so werden Schleimharze zu Hülfe genommen; besonders auch das *Acidum benzoicum* mit Honig. Bey stärkerer Abmagerung ein *Electuarium aus Cascarill., Myrrhe* und *Syrup. gummi amoniac.* Nächst dem Husten kamen Durchfälle am häufigsten vor. Sie forderten warmes Verhalten und schleimichte Mittel, selten Opium. Gegen Würmer räth der Vf. *Helminthochorton, rad. filic.* und *vitriol. mart.* innerlich, bittere Kräuterabsude, Queckfilber- und Bleywasser (?) in Klystieren, Galle zum Einreiben. Unter den Entzündungen, welche Folgen jener Ausschlagsfieber sind, handelt der Vf. weitläuftig die Augen- und Ohren-Entzündung, auch die Entzündung der Parotiden ab. Für den schrecklichsten aller Zufälle nach Scharlach und Masern hält der Vf. die Mundfäule, zumal die sphacelöse. Zum Glück ist der Zufall (auch nach unsern Beobachtungen) selten. Hr. *W.* sah ihn in 35 Jahren nur zweymal. Er empfiehlt hiergegen die Phosphorsäure mit China. Ueberhaupt empfiehlt er diese Säure sehr, auch in Beinfrafs. (Man erinnere sich der *Lentin'schen* Beobachtungen. Rec. giebt sie in allen Knochenkrankheiten, auch von venerischem Ursprunge.) Als Ursache des manchmal erscheinenden Friesels nach Scharlach und Masern giebt er Vernachläfsigung der kritischen Aussonderungen an (?), und rühmt dagegen *Sulfur aurat.* und Reiben der Haut, oder Wegreiben des Ausschlags mit feinem Flanell. (Diese Bemerkung ist neu, und verdient geprüft zu werden. Sollte sich der Vf. nicht etwa durch eine falsche Theorie zu dieser Vorrichtung haben verleiten lassen? Sollte sie wirklich jenen gewöhnlich schweren, Zustand erleichtern?) Das Durchräuchern der Wäsche vor dem Anziehen widerräth Hr. *W.* (?) Unter denjenigen Mitteln, welche der Vf. zu neuen Versuchen wegen ihrer Heilkräfte empfiehlt, steht die *aufrechte* und *gemeine Waldrebe* *(Clematis recta* und *vitalba)* oben an. Sie nutzt in Scropheln (in denen er auch gute Dienste von der *Terra ponderosa* und *Hb. sabinae* sah), in venerischen Kranken, Krätze und Rheumatismen. Dann folgt die *Senega*, nicht nur (unter den nöthigen Regeln) bey Entzündungsfiebern, zumal der Lunge, sondern auch gegen den Keichhusten; aber vorzüglich im Eiterauge, zur Beförderung der Eitereinsaugung, wenn man Hoffnung hat, der Eiter werde sich seinen Weg durch die Hornhaut bahnen. Die Hornhaut hat dann, obschon nicht immer, ihre Durchsichtigkeit und ihren Glanz behalten, und der Eiter schwimmt entweder in der wäfsrigen Feuchtigkeit, die noch an den Seiten ziemlich hell ist, oder füllt die ganze vordere Höle des Auges an, und verdeckt die Regenbogenhaut. Der Vf. wünscht, dafs Aerzte anderer Gegenden damit Erfahrungen machen mögen. (Und gewifs ist diefs der Mühe desto mehr werth, da es so schwer ist, es theoretisch zu erklären.) Das dritte *Vegetabile*, welches der Vf. empfiehlt, ist das *Galium verum s. luteum*. Der Vf. giebt 1 Unze ausgeprefsten Saft zweymal täglich gegen fallende Sucht.

HALLE, b. Kümmel: *K. Sprengel's Geschichte der Chirurgie. — Erster* Theil. *Geschichte der wichtigsten Operationen.* 1805. VIII u. 471 S. 8. (1 Rthlr. 18 gr.)

Auch unter dem Titel:

K. Sprengel's Geschichte der wichtigsten chirurgischen Operationen.

Dieses neue Geschenk des Vfs. ist die Frucht eines beynah neunjährigen Studiums, auf welches er bey sei-

seinen historischen Forschungen über die Arzneykunde geleitet wurde, und dem echten praktischen Wundarzte, so wie dem Lehrer der Chirurgie, eben so wichtig, weil es die Lehrsätze, Erfahrungen, Erfindungen, Verbesserungen u. s. w. jedes einzelnen abgehandelten Gegenstandes begreift, und folglich zum Probirstein etwaniger neuer Ideen dient, als dem Geschichtsforscher. Jede dieser Classen von Lesern wird es gewiss dankbar annehmen, und nach Gelegenheit und Umständen seiner Vollständigkeit immer näher zu bringen suchen, zugleich aber auch mit dem Rec. bedauern, dass die Geschichte der Operationen mit diesem *ersten* Theile geschlossen zu seyn scheint, welcher nur die Anwendung des *Trepans*, die Operation der *Katarakte* und *Thränenfistel*, die Behandlung der *Nasenpolypen* und der *Hasenscharte*, die *Bronchotomie*, die Operation der *Darm- und Netzbrüche*, des *Wasserbruchs*, des *Blasensteins* und der *Gesäßfistel*, den *Kaiserschnitt*, die *Amputation* der grössern Gliedmassen, und die Behandlung der *Aneurysmen* enthält. Aber wie viele wichtige Operationen sind nicht noch übrig! Wie schätzbar würde eine solche Behandlung selbst der geringeren Operationen, ja mancher alltäglichen, seyn! Und welche, in so manchem Betrachte lehrreiche, Resultate würde nicht z. B. die Geschichte der Castration und der Castraten gewähren! Doch vielleicht sind diese Wünsche ungerecht gegen den würdigen Vf., der schon so vieles Lehrreiche und Schätzbare freywillig gab. Aber gewiss sind sie eben so sehr zu entschuldigen, da die täglich unter den sich bildenden Aerzten mehr zunehmende Kälte gegen diesen Zweig der Wissenschaft in dieser Rücksicht keine erfreuliche Perspective für die Zukunft darbietet. Vollkommen stimmt Rec. den Aeusserungen des Vfs. in der Vorrede (S. IV.) über den wohlthätigen Einfluss bey, den die Geschichte der Medicin auf die letztere selbst und ihre Lehrsätze haben könnte und sollte; allein leider geht die jetzige Generation immer weiter zurück von dem Ziele, welches der Vf. so richtig anweiset, indem er auf dem folgenden Blatte fortfährt: „Statt aller Schul-Philosophie, die der Medicin, jetzt wie immer, nichts als Verderben bringt, sollten die Aerzte nach der wahren Sokratischen Weisheit streben, welche die Gränzen des menschlichen Wissens nie überschreitet, die bescheiden und offen ihre Unkunde in Dingen bekennt, welche die *Beobachtung* nicht erreichen kann, die überhaupt weniger auf Worte, als auf Handlungen hält. — Aber der *Leichtsinn* und die Trägheit unserer Zeit, der *Mangel klassischer Erziehung*, und der Dünkel, von Unwissenheit aufgebläht, werden noch lange unsere Schulen von der Sokratischen Weisheit und von der einzig echten Natur-Philosophie *Baco's* von *Verulam* und *Newton's* entfernen, während die Chirurgie unaufhaltsam (nur leider noch nicht genug das *Gros* der Chirurgen selbst, dessen der Staat bedarf) ihrer Vervollkommnung entgegen eilt." — Eine ausführlichere Zergliederung des Inhalts kann hier nicht Statt finden: doch muss Rec. bemerken, dass (S. 59.) *Bernh. Albinus* zu nennen vergessen worden, der in seiner Dissertation: *de cataracta*, 1695., der Extraction erwähnt. (Vgl. *Haller bibl. chir.* I, 450.) — Im *zweyten* Theile soll die Geschichte des äusseren Zustandes der Chirurgie folgen.

LEIPZIG u. BRESLAU, b. Meyer: *Kurt Sprengel's Beyträge zur Geschichte des Pulses*, nebst einer Probe seiner *Commentarien über Hippokrates Aphorismen*. 1787. XVI u. 130 S. 8. (8 gr.)

Wer keinen Unterschied zwischen Blut- und Schlagader kennt, der kann sich keinen richtigen Begriff von dem Pulse machen. Die Kenntniss dieses Unterschiedes aber muss dem gänzlich fehlen, der ohne Unterricht auch niemals selbst einen thierischen Körper kunstmässig zergliedert hat. Und in diesem Falle befanden sich die Aerzte vor den Zeiten der Ptolemäer in Aegypten. *Hippokrates* untersuchte niemals in Krankheiten den Puls, sondern wo der Ausdruck σφυγμος vorkommt, da muss man darunter bloss ein widernatürliches Klopfen der Schlagader im kranken Zustande verstehen. *De Haen* (*rat. med.* XII.) untersucht den Kanon der Hippokratischen Werke nicht gehörig, und führt zum Beweise seiner Behauptung Stellen aus solchen Schriften des Hippokrates an, die keineswegs echt sind. *Praxagoras* von Kos war der erste, der sowohl eigene Zergliederungen des thierischen Körpers anstellte und einen Unterschied zwischen Schlag- und Blutader festsetzte, als auch über den Puls theoretisirte. *Herophilus* nahm zuerst den Puls als ein Zeichen im kranken Zustande des menschlichen Körpers, bestimmte seine Veränderungen, und setzte verschiedene Arten desselben fest. *Galens* Pulslehre wurde die Norm, bey welcher alle gelehrten Aerzte nach ihm bis ins sechszehnte Jahrhundert stehen blieben, so wie überhaupt fast durchgängig bey den Grundsätzen, die er ihnen hinterlassen hatte. Zu der Fortsetzung der Geschichte des Pulses im mittlern und spätern Zeitalter macht der Vf. einige unbestimmte Hoffnung.

Die Uebersetzung und Erläuterung der Aphorismen erstreckt sich nur über die allerersten sechs. Dennoch hätten beide zu der Hoffnung berechtigen sollen, dass sie Vieles dazu beytragen würden, das Studium der Alten, namentlich des ehrwürdigen Hippokrates, unter den angehenden Aerzten wieder zu erwecken und immer mehr zu befördern. Allein leider hat sich in den 22 seitdem verflossenen Jahren diese Hoffnung nicht bestätigt. Wie viel hätte, um nur Eins anzuführen, so mancher Arzt gewonnen, wenn er die goldne Regel im dritten Aphorism: αἱ ἀναθρεψιες αἱ ἐν τῳ ἐσχατῳ ἐουσαι, σφαλεραι, recht im ganzen Umfange beherzigt hätte! Wie mancher Kranke würde dadurch nicht vielleicht gerettet werden! Uebrigens vermissen wir in der Uebersetzung des erwähnten Aphorism die Worte: ἠν ἐν τῳ ἐσχατῳ ἐωσιν (S. 112.). Εὐεξια (S. 113.) fasst doch mehr in sich, als den blossen Begriff von „vollblütiger Fettigkeit," und der Satz: ἱνα παλιν ἀρχην ἀναθρεψιος λαβῃ το σωμα, ist doch durch: „damit der Körper sich wie-

wieder erholen könne," nicht scharf und bestimmt genug ausgedrückt: die Constitutionen, von denen hier die Rede ist, können auf der äussersten Gesundheits-Stufe, die sie erreicht haben, weder stehen bleiben, noch höher steigen; man soll sie also einige Stufen herunter leiten, damit sie wieder anfangen können, nach und nach die äusserste aufs neue zu erreichen. Dass (S. 114.) die Partikel ευ vor einem Nennworte *gewöhnlich* eine scheinbar gute und schöne, aber an sich schädliche und gefährliche, Sache bedeute, ist doch wohl eine zu allgemeine Behauptung, die durch das ευογκος, womit *Lucian* einen Wassersüchtigen betitelt, noch nicht hinreichend bewiesen ist.

HEILBRONN, b. Rausche: *Ueber Spital-Einrichtungen als Unterricht für Krankenwärter und solche, welche sich dazu bilden wollen*, von Dr. *Braun*, prakt. Arzte in Güglingen. 1807. 63 S. 8. (4 gr.)

Auch ein Scherflein zur Verbesserung des Hospitalwesens, wenn gleich nur fromme Wünsche, so billig auch die Forderungen des Vfs. sind. Rec. weiss aus Erfahrung, wie schwer es hält, einen Krankenwärter ausfindig zu machen, der die erforderlichen Eigenschaften nur zur Hälfte besitzt. Denn, wenn man auch in dem einen oder andern Punkte mit ihm zufrieden seyn könnte, so hat man in anderen desto mehr Klage zu führen. Da man in dem Stande, aus welchem man Krankenwärter wählen kann, keine feine moralische Bildung suchen darf; so muss man freylich auf Religiosität sehen, weil man bey dergleichen Subjecten durch religiöse Vorstellungen viel auszurichten im Stande ist. Diess ist auch die Ursache, warum der Vf. die Krankenwärter aus dem bürgerlichen, und nicht aus dem Militärstande gewählt wissen will. Diess mag im Allgemeinen zu billigen seyn; nur sollte diess nicht *ausschliesslich* verlangt werden, weil man zuweilen einen alten, oder auch invalid gewordenen jüngern Krieger findet, der von der Rohheit frey, und in seinen religiösen Grundsätzen fest geblieben ist, der in seiner militärischen Laufbahn als Kranker oder Verwundeter die Fehler der Krankenwärter selbst beobachtet und oft tief gefühlt hat, und daher am besten weiss, wie einem Kranken das Leiden erträglich zu machen, und die Aufmerksamkeit in der Pflege und Wartung so einzurichten ist, dass er um so früher zu seiner Gesundheit wieder gelangen kann. Dass bey sehr vielen Kranken ein aufmerksamer, fleissiger und rechtschaffener Krankenwärter mehr zur baldigen Genesung, wo nicht gar Rettung, beyzutragen im Stande ist, als der Arzt, möchte wohl jedem in solchen Lagen einleuchtend seyn. Im *ersten* Kap. handelt der Vf. von den Pflichten, Eigenschaften, und Verhaltungsregeln eines Krankenwärters. Im *zweyten* von der Belohnung des Krankenwärters (die leider häufig nicht so ausfällt, wie es der Vf. mit Recht verlangt). Im *dritten* macht er auf die besondere Sorgfalt aufmerksam, welche der Krankenwärter auf gewisse Krankheiten zu wenden hat. Im *vierten* wird von der Pflicht des Krankenwärters gesprochen, im Spital vorgehende Betrügereyen und Diebstähle anzuzeigen. (Wenn nun aber seine Vorgesetzten die eigentlichen Betrüger sind, soll er auch diese denunciren, trotz der Gefahr, sein Brod zu verlieren, und nicht allein nicht gehört, viel weniger gegen sie geschützt zu werden?) Im *fünften* Kap. handelt der Vf. von dem Unterschiede der Militär- und Bürgerspitäler; im *sechsten* von der Eintheilung der Kranken nach ihren Krankheiten und ihrer Nationalität; im *siebenten* von dem Räuchern und der Badstube (hier werden die Fälle angegeben, wo die Räucherung mit Salzsäure nachtheilig ist); im *achten* vom Ungeziefer in Spitälern, und im *neunten* von der Nothwendigkeit, die Reconvalescenten in besondere Zimmer zu versetzen, und welche Vorsicht dabey zu beobachten ist. Möchten diess Gesagte doch diejenigen beherzigen, die in solchen Lagen sich befinden, in welchen es Pflicht ist, Gutes zu stiften, und Böses zu verhüten!

LITERARISCHE NACHRICHTEN.

Ehrenbezeugungen.

Bey der Krönung des Königs Karl XIII. haben unter andern folgende bekannte Gelehrte Belohnungen erhalten: Zu Commandörs vom Schwertorden sind ernannt: der Staatsrath *Göran Adlersparre*, der Staatsrath Freyherr *von Platen*; zu Commandörs des Nordsternordens im geistl. Stande: der Bischof von Strengnas, Dr. *J. A. Tingstadius*, der Bischof in Hernösand, Dr. *C. G. Nordin*; zu Commandörs vom Wasaorden: Prof. *Dav. Schulzenheim*. Zu Rittern vom Nordsternorden: Staatssecr. *Hans Järta*, Kanzleyrath *Adlersparre*, Kanzleyrath *Bergstedt*, Reichshistoriograph *Hallenberg*, Hof-Intendant *Tham*. Zu Mitgliedern im geistl. Stande: der Bischof in Calmar, Dr. *Stagnelius*, Prof. Dr. *Erich Fant*, Prof. u. Probst *S. Wickmann*. Zu Rittern vom Wasaorden: Dr. *Acharius*, Prof. *Joh. Afzelius*; zu Mitgliedern desselben im geistl. Stande: *Olof Wallin*, Probst u. Lehrer bey der Kriegsakademie. Zu Freyherrn sind *L. v. Engeström* und *Göran Adlersparre* erhoben. Den Adel haben die Kanzleyräthe *Bergstedt* und *Leopold*, der Regierungsrath *Holdin*, der Contreadmiral *Fr. Aschling* und der Oberste *Nath. Schulzen* erhalten.

An die Stelle des Dr. *Lehnberg* ist der Erzbischof Dr. *J. A. Lindblom*, und für den Freyherrn *Zibet* der Freyherr *Gustaf Lagerbjelke* in die schwed. Akademie aufgenommen.

ALLGEMEINE LITERATUR-ZEITUNG

Montags, den 20. November 1809.

WISSENSCHAFTLICHE WERKE.

STATISTIK.

Riga u. Leipzig, b. Hartmann: *Mahlerische Wanderungen durch Kurland* von *Ulrich* Freyh. *von Schlippenbach.* 1809. VI u. 440 S. 8. mit Kpfrn.

Diese Schrift enthält den *ersten* Theil einer ästhetisch-statistischen Darstellung Kurlands, womit der, unsern Lesern schon aus den Anzeigen seiner Ikonologie, Kuronia und Wega in unserer A. L. Z. rühmlichst bekannte Vf. gewiss nicht bloss seinen Landsleuten, sondern auch einer grossen Anzahl eigentlicher Deutschen ein sehr willkommnes Geschenk dargebracht hat. Kurland interessirt uns nicht allein in weltbürgerlicher Hinsicht, als eine der gebildetsten Provinzen des grössten europäischen Reichs; wir sind seinen Bewohnern durch unsere herrliche Muttersprache, die von ihnen bekanntlich reiner und wohlklingender, als, im Allgemeinen, von uns selbst gesprochen wird, wie durch Eigenthümlichkeit der Cultur überhaupt so nahe verwandt, und selbst unsre vaterländische Literatur hat von dort aus durch theils einheimische, theils deutsche Schriftsteller so manche schätzbare Bereicherungen erhalten, dass uns dieses freundliche Land auch als ein Gegenstand unsres Patriotismus längst werth geworden ist. Endlich wird es, in Beziehung auf den häufigen Verkehr durch Reisen, der alljährlich zwischen Kurländern und Deutschen Statt findet, vielen der letztern sehr erwünscht seyn, eine nähere Kenntniss von dem Lande zu bekommen, das sie entweder selbst einmal besuchten, und durch die berühmte Gastfreundlichkeit seiner edeln Familien lieb gewannen, oder in dem sie doch, ohne es gesehn zu haben, Bekannte besitzen, die ihren Herzen theuer sind. Diess geschieht nun hier an der Hand eines Führers, wie wir ihn uns nicht besser zu denken wüssten. Hr. Frhr. *v. S.* hat sich von seinem Gegenstande genau und durchgängig aus eigner Anschauung unterrichtet; sein Beobachtungsgeist ist nicht minder glücklich, als seine Darstellungsgabe; in einem edeln blühenden Stil stellt er die reichen Kunst- und Naturschönheiten seines Vaterlandes dar, und sein poetisches Talent, seine wissenschaftlichen Kenntnisse und seine philosophische Bildung haben ihm Gelegenheit gegeben, sein Werk hin und wieder mit interessanten Reflexionen, Gedichten und geschichtlichen Zügen auszuschmücken, wodurch die Mannichfaltigkeit der Darstellung nicht wenig erhöht wird. Er schreibt endlich mit aller Wärme einer schönen und innigen Vaterlandsliebe, ohne deshalb doch in seinen Ansichten parteylich zu werden. Ueber den letztern Punkt erklärt sich der geistvolle Vf. selbst in der Vorrede mit folgenden beherzigungswerthen Worten: „Für Leser, deren Seele wie das negative Ende einer Magnetnadel immer nach Süden zeigt, und die aus dem Norden nur die Thaler schätzen, mit denen man die Freuden des Auslands bezahlen kann, oder eher von den Schönheiten des Eismeers, als denen des eignen Landes zu sprechen erlauben; das Entzücken im Anblick der Natur nach Füssen und Zollen berechnen wollen, und z. B. glauben, ein Berg müsse wenigstens 2000 Fuss hoch seyn, ein Wasserfall 50 Fuss herniederstürzen, wenn man bey dem Anblick desselben empfinden will, welche Reize die Natur hat; für solche Leser möchte ich nicht gern geschrieben haben, von solchen nicht gern beurtheilt werden. — Dass ich nichts mit Bitterkeit, und nur im Ganzen wenig getadelt habe, möge man mir eben so verzeihen. Erstlich liebe ich die milzsüchtigen Reisebeschreibungen nicht, deren Verfasser wie Epidemieen im Lande herumgrassiren, um alle Krankheitsstoffe an sich zu ziehen, und zweytens fühle ich mich auch nicht berechtigt, Mängel zu rügen, die es vielleicht bey näherer Prüfung nicht sind. Wo etwas auffallenden Tadel verdiente, glaube ich ihn mit Bescheidenheit, zuweilen scherzend, und zuweilen im Ernste geäussert zu haben." Zugleich bemerkt er, dass, ob er sich gleich Mühe gegeben, in sein Gemälde einen gewissen Zusammenhang zu bringen, doch dieser in so fern fehle, dass eine Gegend im Frühlinge, die andere im Herbste gezeichnet worden, indem er diese Reisen nicht zu einer Zeit und in einer Folge machen konnte. Weit entfernt, ihm dieses sehr natürlichen Umstandes wegen einen Vorwurf zu machen, müssen wir vielmehr anerkennen, dass eben dadurch seine Darstellung eine noch angenehmere Abwechslung gewonnen hat. Wir wollen nun, ihrem Gange folgend, unsern Lesern so viel, als es der Raum dieser Anzeige gestattet, das Merkwürdigste daraus, zum Theil mit des Vfs. eignen Worten, im Auszuge mittheilen.

1) *Gross-Wormsahten und Alschkoff.* (S. 1—31.) Mit diesen beiden in der Nähe von Libau gelegenen Gütern, die dem Vf. vormals selbst gehörten, hebt er seine Beschreibungen an; und wer wollte es ihm verdenken, dass er mit den väterlichen Fluren, wo sein eignes Leben begann, und ihm die glückliche Zeit seiner frühesten Jugend verfloss, den Anfang macht?

„Die

„Die Kinderzeit," ſagt er S. 5., „iſt für den Menſchen der Sommermonat im höchſten Norden. Die Sonne des freudigen Daſeyns geht nie unter, ſondern ſchwebt immer um den Horizont, und borgt ſelbſt dem Monde, der endlich für die langen dunkeln Nächte des Lebens aufgeht, ein freundliches mildes Licht, damit der Menſch nicht aufhöre, nach dem Himmel zu blicken, um von dort die Strahlen zu erwarten, die ſein Daſeyn erhellen ſollen, und nicht bloſs die irdiſch niedre Flamme nähre, die nicht lodern und nicht wärmen kann, ohne daſs der Rauch bittere Thränen erpreſst." Dieſer Gedanke hat alle Schönheit eines poetiſchen Gleichniſſes von unſerm *Jean Paul*, dem ſich der Vf. überhaupt in der Art des Ausdrucks ſeiner Ideen häufig nähert. Nicht ohne innigen Antheil wird man auch die rührenden Aeuſserungen ſeiner ſchönen kindlichen Liebe leſen, zu denen ihn die Vergegenwärtigung des Verluſtes ſeiner geliebten Mutter, und die Erinnerung an ſeinen edeln Vater, den er hier „zum letzten Male im Leben umarmte," bey der Schilderung dieſer Gegenden, in Proſa wie in Verſen, hinreiſst. Doch es ſind nicht allein dieſe jedem fühlenden Leſer heiligen Erinnerungen, welche dieſen erſten Abſchnitt anziehend machen, auch der Gegenſtand ſelbſt giebt ihm ein vorzügliches Intereſſe. Das Ambothenſche Kirchſpiel nämlich, in dem die genannten Güter liegen, hat den Vorzug vor den meiſten andern Gegenden Kurlands, „daſs man hier beträchtliche Anhöhen findet, die man Berge und nicht bloſs Hügel nennen darf." Dadurch gehören die Umgebungen von Groſswormſahten und Alſchhoff, durch welche ſich auch der Windauſtrom, an mehrern Stellen von mahleriſchen Felſenpartieen eingeſchloſſen, hinzieht, zu den pittoreskeſten der kurländiſchen Gegenden, und die romantiſche Lage des in alter gothiſcher Form erbauten Wohnhauſes wird noch durch einen groſsen Park verſchönert, deſſen geſchmackvolle Anlagen aber, ſeit der Vf. durch ſeine Amtsverhältniſſe genöthigt wurde, dieſe ihm ſo theuern Beſitzungen mit andern zu vertauſchen, leider ſehr vernachläſſigt werden. Auch in geologiſcher Hinſicht iſt dieſe Gegend eine der merkwürdigſten Kurlands. Es findet ſich hier nicht nur ein Kalkbruch von ſo beträchtlichem Umfange, daſs man einen Glühofen, der 20 Klaftern Holz faſst, anlegen konnte, ſondern auch ſelbſt in den Ruinen alter Hüttenwerke und Schmelzöfen die von der Regierung noch wenig beachtete Spur eines ehemaligen Silberbergwerks, das nach einer alten, durch noch vorhandene Documente begründeten Sage vor mehr als hundert Jahren einer der Beſitzer von Wormſahten angelegt haben ſoll, und wovon auch noch ein kleiner Hügel den lettiſchen Namen Suddrabe-Kalln (Silberberg) führt. 2) *Brinkenhoff*, *Weg nach Ambothen*, *daſiges Schloß*. (S. 31 – 45.) „Der Edelhoff Brinkenhoff liegt auf dem Wege von Wormſahten nach Ambothen am Rande eines hohen Berges, der ſich in allmählig ſinkendem Abhange zu den Ufern eines ſchönen Sees verliert. Ein prächtiges Amphitheater erhebt ſich gegenüber, und beugt ſich mit einer Einfaſſung ſchöner Gebüſche um den ſanft gerundeten See, deſſen Spiegel von allen Seiten durch beträchtliche Höhen gedeckt, faſt immer ungetrübt erſcheint. Klüfte, die ſich in das gegenüber liegende Ufer ſtrecken, Wieſen und fruchtbare Aecker, Baumgruppen und Wohnungen überſieht man mit einem Blicke, und im Vordergrunde den ſchönen See, aus dem ſich eine mit hohen Tannen bewachſene Inſel erhebt." Auch hier iſt ein Garten, der ſich in Terraſſen an einem der hohen Ufer dieſes Sees herabzieht, angelegt, von wo man einer beſonders ſchönen Ausſicht genieſst. „Es giebt," fährt der Vf. fort, „für die todte Natur wie für die lebende eine gewiſſe Grazie, eine Harmonie der Theile des Ganzen, die vorzüglich gefällt. Dieſer Gegend würde ich jene Grazie vorzüglich beymeſſen." Auf dem nun bald ſteigenden, bald ſich ſenkenden Wege von Brinkenhoff nach Ambothen wechſelt die Ausſicht faſt mit jedem Schritte, bis endlich ſchon in der Ferne das alte Bergſchloſs Ambothen hervortritt, welches in der frühern Geſchichte Kurlands, aus welcher der Vf. hier mehrere intereſſante Notizen beybringt, durch den Sieg berühmt geworden, den der Heermeiſter Dietrich von Gröningen über den Fürſt Mendow gewann, der dieſe feſte Burg mit einem 30,000 Mann ſtarken Heere von Kuren und Litthauern belagerte. „Man kann," ſagt Hr. v. S., „dieſe Schlacht bey Ambothen als die vorzüglich entſcheidende betrachten. Denn obgleich die Schamaiten und Litthauer noch lange nachher mit dem Orden fortkriegten, ſo waren die allmählig immer mehr unterjochten Kuren doch nicht mehr ſo allgemein entſchloſſen, das deutſche Joch abzuwerfen, und immer ſchwächer ward ihr Widerſtand. Ambothen läſst ſich daher in der vaterländiſchen Geſchichte als den Ort betrachten, wo der ſtärkſte Ring der Feſſel, die die Kuren für immer umwand, geſchmiedet ward." Als überaus reizend beſchreibt er die Ausſicht, die dieſes Schloſs von ſeiner ſteilen Höhe herab in die mannichfaltigen Naturſchönheiten ſeiner umliegenden Gegend gewährt. 3) *Stroken und deſſen Beyhof Charlottenberg*, *Fiſchröden und daſiger Park*. (S. 45 — 63.) Dieſe Güter liegen mit mehrern andern zwiſchen Ambothen und der 5 Meilen von da entfernten Stadt Libau. Bey Charlottenberg findet ſich wieder ein See, von dem der Vf. ſagt, daſs er die ſchönſte Waſſerpartie ſey, die er je geſehn habe. Das Merkwürdigſte aber iſt eine kleine ſchwimmende Inſel darin, auf welcher die Jäger wie auf einem groſsen Floſse herumfahren, um die dort ſehr häufigen Waſſervögel zu ſchieſsen. Auch das Gut Stroken liegt ſehr angenehm, und zeichnete ſich ſonſt noch durch einen überaus koſtbar, aber im altfranzöſiſchen Geſchmacke angelegten, nun verfallenen Garten aus, den der jetzige Beſitzer in einem neuen Stile wieder herzuſtellen beſchloſſen hat. Der Park des adligen Gutes Fiſchröden gehört durch ſeine Mannichfaltigkeit an mahleriſchen Partieen, und den geſchmackvollen Kunſtſinn, der in der ganzen Anlage herrſcht, zu den ſchönſten in Kurland. 4) *Der Flecken Durben*. (S. 63 — 71.) Auch dieſer kleine Ort, von nicht mehr als

23 Häuſern, iſt durch die Geſchichte merkwürdig. Da wo er liegt, ſtand ehemals die alte lettiſche Feſte *Terwaiten*, wo im J. 1263. am 13. Juli der Ordensmeiſter Burchard von Hornhuſen nebſt 150 Rittern und einer Menge vom Adel und Volk von den Litthauern erſchlagen wurde. Der Vf., der Durben gerade am Jahrestage dieſer mörderiſchen Schlacht paſſirte, nimmt davon Gelegenheit, auch hier einige ſehr unterhaltende Züge aus der ältern Geſchichte ſeines Vaterlandes einzuflechten. „Die Lage Durbens an dem Bache Liſſa, in einem Thale, das ſich längs ſchrägen Hügeln bis zum Durbenſchen See hinzieht, iſt ſehr romantiſch; und ſo klein der Ort iſt, ſo verſchönert er doch die Landſchaft ungemein." 5) *Grobin.* (S. 71—77.) Drey Meilen von Durben liegt *Grobin*, ein kleines Städtchen von nicht mehr als 74 Häuſern, die faſt bloſs von Handwerkern, welche für die benachbarte Handelsſtadt Libau arbeiten, bewohnt werden. Beſonders iſt es der Sitz vieler Huthmacher. Beynahe aus jedem dritten Hauſe ragt eine Stange hervor, an der ein blecherner Huth hängt. „Wenn es ſchwer iſt," ſagt der Vf., „viele Köpfe unter einen Hut zu bringen, ſo mag es hier, für ſo viele Hüte Köpfe aufzufinden, eben auch nicht leicht ſeyn. Daher ſieht man auch auf allen Märkten in Kurland die Grobin'ſchen Hutmacher ihre Waare feil bieten." Auch hier iſt noch die Ruine eines alten Ritterſchloſſes zu ſehen, wo ehemals einer der Kuriſchen Könige reſidirt haben ſoll. Die Lage dieſer Burg, deren Wälle und Gräben ſich noch ziemlich erhalten haben, iſt, wie die Ausſicht über den Libau'ſchen See hinweg, ſehr angenehm. Unſer *Gottſched* rühmt in einer ſeiner Schriften ein ſeltnes Echo, das bey dieſem Schloſs einen ganzen Hexameter Virgil's: *Tityre tu patulae recubans ſub tegmine fagi*, deutlich wiederholt hätte, welches aber jetzt wegen eines umgehauenen Buchenwäldchens nicht mehr Statt findet. 6) *Die Handelsſtadt Libau.* (S. 77—109.) Sie erhebt ſich aus einem mit vielen kleinen Inſeln beſetzten See, der ſowohl im Sommer, durch die Menge von Waſſervögeln, die ihn dann beſuchen, als im Winter, wegen der zahlreichen Schlitten und Fuhren, von denen er, wenn er zugefroren iſt, nach allen Richtungen durchkreuzt wird, einen ſehr unterhaltenden Anblick gewährt. Dicht vor der Stadt liegt noch ein kleiner Ellernwald, der aber, wie er jetzt iſt, ſich wegen ſeines Moorgrundes nicht zu Promenaden eignet, die jedoch mit leichter Mühe darin angelegt werden könnten, was um ſo wünſchenswerther wäre, als es der Stadt gänzlich an ſchattigen Spaziergängen fehlt. Die Vorſtadt, die gleich hinter dieſem Buſche liegt, beſteht, einige anſehnliche Gebäude am Hafen ausgenommen, bloſs aus niedrigen ſchlechten Häuſern, die von Tagelöhnern bewohnt werden. Eine Zugbrücke führt über den Hafen, den die Mündung des Sees hier bildet, durch ein geräumiges Thor in die Stadt. Sie hat an 4500 Einwohner, 446 Häuſer, [illegible] Kirchen, (worunter ſich die deutſch-lutheriſche durch ihre prächtige Bauart, ihre reiche innere Verzierung, und eine der trefflichſten, mit einem Glokkenſpiel verbundene Orgel auszeichnet), ein reformirtes Bethaus, mehrere öffentliche Gebäude, und 40 Straſsen, unter welchen jedoch nur die gröſste und breiteſte, die deshalb ſo genannte *groſse* Straſse, nebſt dem Marktplatz gepflaſtert iſt. Der Hafen iſt durch die Sorgfalt der ruſſiſchen Regierung, die zu ſeiner Unterhaltung jährlich 11,600 Rubel, und noch auſserdem eine Summe zur Abwehrung des häufigen Triebſandes, der ihm ſchon die Gefahr, gänzlich zu verſanden, drohte, angewieſen hat, beträchtlich vergröſsert worden, ſo daſs er jetzt 250 Schiffe faſst, da er ſonſt nur 125 bis 150 aufnehmen konnte. Der Handel von Libau wird durch dieſen Hafen, der unter allen ruſſiſchen am längſten befahren werden kann, ſehr begünſtigt, und iſt daher überaus lebhaft. Der Werth der jährlich exportirten Waaren beträgt an 2 Millionen, der importirten an 800,000 Rubel. Die Ausfuhr, die vorzüglich aus Leder, Flachs, Hanf, Butter, Talg, Federn, Tabak, geſalznem Fleiſch und Getreide beſteht, geht gröſstentheils nach England, Holland und Portugall. Falliſſements ſind bey der Redlichkeit und Vorſicht der Libauiſchen Kaufleute ſelten; doch hat der deutſche Handelsmann in Libau durch die Menge der Juden, die ſich nun auch hier verbreitet haben, verloren; des gröſsern Verluſtes, den der Bruch zwiſchen Ruſsland und England zur Folge gehabt, nicht zu gedenken. Unter den öffentlichen Anſtalten ſind das von zwey Kaufleuten geſtiftete Waiſenhaus, die Armenanſtalt, Feuerаſſecuranz-Compagnie und die Kreisſchule, durch die Wohlthätigkeit und Zweckmäſsigkeit ihrer Einrichtungen beſonders bemerkenswerth. Der geſellſchaftliche Ton unter den Bewohnern Libau's iſt ſehr gebildet; mehrere unter den Kaufleuten und Beamten zeichnen ſich durch ſelbſt wiſſenſchaftliche Kenntniſſe aus, und einige beſitzen auch nicht unbedeutende Sammlungen, wohin beſonders das ſehr ſehenswerthe Naturalien-Kabinet des Hn. Paſtors *Preiß* gehört. Seit einigen Jahren hat auch die Stadt ein ganz gefälliges Theater, auf welchem durchreiſende Geſellſchaften ſpielen. Nur die Muſik, gerade *die* Kunſt, welche ſich ſonſt in Kurland einer ſo vorzüglichen Ausbildung erfreut, wird in Libau wenig cultivirt. Zu den Vergnügungen der Einwohner gehören auſser dem Schauſpiel ein ſehr geſchmackvoll eingerichtetes Caſino, die Spaziergänge an dem lebhaften die mannichfaltigſten Scenen darbietenden Hafen; die zahlreichen Waſſer- und Schlittenfahrten, und beſonders das Volksfeſt am Johannistage, wo ſich faſt alle Einwohner der Stadt in einem öffentlichen Garten verſammeln, um ſich durch Tanz, Illumination, Feuerwerk und andere Beluſtigungen zu vergnügen. Während der Zeit des vortrefflichen Seebades wird die Stadt von Einheimiſchen und Fremden überaus zahlreich beſucht, da denn auch viele Künſtler und Virtuoſen aller Gattung hier ihren Aufenthalt nehmen. Endlich werden die Freuden der Geſelligkeit in Libau noch durch die ſonſt in Kurland nicht übliche Sitte froher Tafelgeſänge erhöht, die wir auch in unſerm Deutſchland allgemeiner verbreitet zu wünſchen

ſchon alle Urſache haben. Den Charakter der Libauer zeichnet übrigens „eben ſo ſehr ſtrenge Redlichkeit und Biederſinn, als frohe Laune aus." Nur den Damen, von denen die Verſchönerung des geſellſchaftlichen Lebens doch hauptſächlich abhängt, macht der Vf. den Vorwurf der Ungeſelligkeit, und um ſo mehr, je gebildeter ſie ſind. Ein in ſeiner Art einziges, hochherziges Feſt feyerte dieſe Stadt, als ſie das Glück hatte, ihren allgeliebten Alexander auf ſeiner Rückkehr von Erfurt in ihren Mauern zu ſehen, worüber Hr. Frhr. *v. S.*, wie wir bey dieſer Gelegenheit anführen wollen, im vorigen Jahr eine eigne kleine Schrift herausgegeben hat, die eben ſo ſehr von dem trefflichen Charakter der Libauer, als dem edeln Sinne ihres Vfs. zeugt. 7) *Die Jagd auf dem Pappen-See.* (S. 109—119.) Dieſer See iſt 6 Meilen von Libau entfernt, und die Jagd auf die Schnepfen, Schwäne und Waſſerhühner darauf, die von den Jägern und zahlloſen Seemöwen zugleich verfolgt werden, iſt beſonders während der Zeit des Seebades für alle Jagdliebhaber ein vorzügliches Vergnügen. Der Vf. beſchreibt ſehr anmuthig eine ſolche Jagd, die er in einer frohen Geſellſchaft ſelbſt mitmachte. Fünf und zwanzig Böte waren allein von den Treibern, die mit lautem Geſchrey in der Morgendämmerung die Waſſervögel aus dem Schilfe des Sees aufſcheuchen, beſetzt, den übrigen Theil dieſer kleinen Jagdflotte nahmen die Jäger mit ihren Gewehren ein. Aber gerade die Menge des Geflügels läſst auch die beſten Schützen hier häufig fehlen. „Die groſse Anzahl des Wildes, das Gekreiſche, mit dem es rund umher auffliegt oder über das Waſſer fortzieht, die Flintenſchüſſe von allen Seiten, das Geſchrey der Treiber, das Schwanken der kleinen Böte, und zum Theil auch die Gefahr, der man im Schilfe ausgeſetzt iſt, von andern getroffen zu werden, alles das trägt dazu bey, einen aus der Faſſung zu bringen, und ſo wird dadurch die Bemerkung bekräftigt, daſs Ueberfluſs gerade den Genuſs eines Vergnügens ſtört, ſtatt ihn zu befördern." 8) *Privatgut Ilgen, Dubnalken, Zierau.* (S. 120—125.) Drey der anſehnlichſten und ſchönſten kurländiſchen Güter, zwiſchen Grobin, Liebau und Goldingen, von denen das erſte vornehmlich wegen einer ſehr beträchtlichen Tricotfabrik, worin nicht bloſs Strümpfe, ſondern auch Mäntel, Damenröcke, Decken u. ſ. w. aus ſpaniſcher und anderer Wolle verfertigt werden, merkwürdig iſt. 9) *Apprikken.* (S. 125—130.) Hier lebt der blinde lettiſche Naturdichter *Indrick*, den unſere Leſer ſchon aus unſerer Anzeige der Wega des Vfs. kennen, worin derſelbe ein Paar ſeiner vorzüglichſten Gedichte in treuen Ueberſetzungen mitgetheilt hat. „Ohne Anweiſung und ſeit ſeiner Jugend blind ſingt er mehrentheils nach eignen Melodieen gereimte Lieder, die er gedichtet, und denen es ſelten an Sylbenmaſs, doch nie an poetiſchem Werthe fehlt." Der würdige Hr. Paſtor Elverfeld, zu Aprikken hat das Verdienſt, zuerſt das Talent dieſes wackern, auch als Menſch ſehr ſchätzbaren Sängers entdeckt zu haben. „Ueberhaupt, ſagt der Vf., verrathen die zu den anſehnlichen Apprikkenſchen Gütern gehörigen Bauern eine gewiſſe Bildung, die in unſerm noch vom Gewebe der Leibeigenſchaft umflorten Vaterlande nur da gedeihen kann, wo ſo wie hier, und Gottlob in den mehreſten Gütern, die Gutsherrſchaft die Rechte der Menſchheit höher als Berechtigungen ſchätzt, wo der Lette ſich ſelbſt zu achten aufgemuntert und angewieſen wird, und nur ſo Gefühl für alles Gute und Schöne in ihm entkeimen kann." 10) *Alſchwangen.* (S. 130—143.) Eine vormals der Familie von Schwerin, die nach einer vom Vf. angeführten Sage einen höchſt tragiſchen Untergang gehabt haben ſoll, gehörige Grafſchaft, welche nachher in den Beſitz der Herzoge von Kurland kam, und jetzt ein Eigenthum der ruſſiſchen Krone iſt. Das alte im gothiſchen Stile erbaute, auf einer Anhöhe liegende Schloſs ſtellt ſich mit ſeinen runden hohen Eckthürmen und vielen Nebengebäuden ſehr maleriſch dar, und von einer davor liegenden Schanze genieſst man einer vortrefflichen Ausſicht in die weite ſehr fruchtbar angebaute Gegend umher. 11) *Edwahlen.* (S. 143—154.) Eine andere nur eine Meile von Ahlſchwangen liegende, im J. 1275. von dem Ordensmeiſter Walther von Nordeck erbaute Burg, auf einem von andern Anhöhen rundum eingeſchloſſenen Hügel. „Keines der alten Schlöſſer Kurlands, auſser Dondangen, hat ſich ſo vollſtändig als dieſes mit allen ſeinen Umgebungen in dem ganzen Geiſte der Vorzeit erhalten. Wenn man von der Brücke über den Schloſsgraben in den Schloſsplatz tritt, ſo glaubt man ſich wirklich in längſt entſchwundene Jahrhunderte verſetzt. — Edwahlen iſt ein Stammhaus der alten Familie von Behr, und der Senior dieſer Familie, ein alter ehrwürdiger Greis von bald 80 Jahren, lebt hier in der Burg ſeiner Väter, und erinnert ſelbſt an den treuen redlichen Sinn der Vorwelt." 12) *Das Privatgut Schleck und die Stadt Pilten.* (S. 154—175.) Auch das an der Windau gelegene Gut Schleck gehört der Familie von Behr, die hier einen ſchönen, im neuen Geſchmack gebauten Wohnſitz hat. Von einigen Bauermädchen, die der Vf. bey ſeiner Durchreiſe hier einige ihrer Nationallieder ſingen hörte, deren Melodie er dem Schweizer Kuhreigen ähnlich findet, nimmt er Gelegenheit, etwas über die kuriſchen Nationalgeſänge überhaupt zu ſagen, das uns wünſchen läſst, die vorzüglichſten davon in den nächſten Jahrgang ſeiner Wega aufgenommen zu ſehn, wodurch unſere bekannten Sammlungen von Volksliedern noch auf eine intereſſante Weiſe bereichert werden könnten. Pilten iſt eine der älteſten Städte Kurlands, die aber jetzt nur noch aus 50 Häuſern nebſt einer Kirche und der Ruine eines groſsen Schloſſes beſteht. Von letzterm erzählt der Vf. wieder mancherley Merkwürdiges aus der ältern Geſchichte ſeines Vaterlandes.

(Der Beſchluſs folgt.)

ALLGEMEINE LITERATUR-ZEITUNG

Dienstags, den 21. November 1809.

WISSENSCHAFTLICHE WERKE.

STATISTIK.

RIGA u. LEIPZIG, b. Hartmann: *Mahlerische Wanderungen durch Kurland*, von *Ulrich* Freyherrn *von Schlippenbach* u. s. w.

(*Beschluss der in Num.* 315. *abgebrochenen Recension.*)

13) Das *Kirchspiel und Schloss Dondangen* (S. 176—199.). Dieses sehr ansehnliche Kirchspiel wird von der nordöstlichen Seite von der Ostsee und dem Riga'schen Meerbusen eingeschlossen; von der Landseite gränzt es meist durch grosse Wälder an das Edwahlensche und Piltensche Kirchspiel. Sein Umfang beträgt nicht weniger als 40 deutsche Meilen, worin ausser dem Hauptgute 11 Beyhöfe, 18 Dörfer und 161 einzeln zerstreute Bauergesinde liegen. Die jetzige Besitzerin ist die seit dem Tode ihres Gemals in Berlin lebende Fürstin *von Sacken*. Die Burg ist die älteste in Kurland und vortrefflich erhalten. Sie wurde 1249. von dem dritten deutschen Ordensmeister in Liefland, *Dietrich von Grüningen*, erbaut. Ihre Lage ist überaus pittoresk, so wie sie auch nach allen Seiten hin eine sehr malerische Aussicht gewährt. Besonders lesenswerth ist, was der Vf. über die vielen alterthümlichen Merkwürdigkeiten, die sie noch enthält, mittheilt. 14) *Der Dondangsche Beyhof Gypken, Fahrt nach Domesnees, der Strand, Strandungen, Heldenthat des Küsters Fritze, der Dondangsche Beyhof Irben* (S. 199—234.). Bey Gypken rühmt der Vf. die ganz besondre Ordnung und Reinlichkeit mit welchen im ganzen Dondangenschen Kirchspiel die Viehpacht besorgt wird. Die Fischerey am Dondangenschen Strande ist sehr lebhaft, besonders werden hier viel Butten, Strömlinge und Dorsche gefangen. Auf den, drey Meilen langen, Wege von Gypken nach Domesnees der am Strande hinführt, zählte unser Reisende nicht weniger als an 50 Fischerwohnungen. Von Domesnees aus, wohnte er selbst einer Seefischerey bey, die er eben so anmuthig als die Jagd auf den Pappensee, zu der sie ein interessantes Seitenstück bildet, beschreibt. Bey Domesnees läuft auf einem sandigen Grunde ein den Schiffern sehr gefährliches Riff, über 12 Werste weit, nur 3 bis 4 Fuss unter der Oberfläche des Wassers, in die See. Diese Erdzunge scheidet den Riga'schen Meerbusen von der eigentlichen Ostsee, und da alle Schiffe die nach oder von Riga und Pernau segeln, hier vorbey schiffen müssen: so werden auf Kosten der Stadt Riga hier zwey Feuerthürme, die in der Nacht einen prächtigen Anblik gewähren, unterhalten. Dennoch stranden hier alle Jahre noch immer mehrere Schiffe. Der Vf. erzählt einige höchst merkwürdige dieser Strandungen, und zugleich ein Beyspiel von Rettung der dadurch Verunglückten, das sich durch die seltensten Züge von Edelmuth und Entschlossenheit auszeichnet. Bey dem fürchterlichen Orkane der am 24. September 1805. auf der ganzen Ostsee wüthete, giengen auch hier mehrere Schiffe zu Grunde. Das erste wurde bey dem Dorfe Irben mit Sturm und Wellen kämpfend erblickt. Alle Versprechungen und Aufmunterungen an die am Strande versammelten Bauern blieben fruchtlos. Endlich stach der Küster des Ortes, Namens *Fritze*, ganz *Bürgers* bravem Manne ähnlich, mit einem Boot mehrmals in die schäumende See, und rettete ganz allein, da ihn Niemand zu begleiten sich getraute, alle noch auf dem Schiffe lebende Menschen, 17 an der Zahl. Der russische Kaiser belohnte ihn mit einem Geschenk von 1000 Rubel und einer goldnen 50 Ducaten schweren Medaille an dem Bande des Wladimir-Ordens. Doch erschien der wackere Mann in allen Gesellschaften, zu denen er hierauf Einladungen erhielt, beständig mit seinem grauen Bauerkittel, indem er äusserte: „dass obgleich er sich wohl nun einen andern Rock kaufen könnte, er doch diesen immer beybehalten wolle, um sich nicht vor seinen Brüdern auszuzeichnen." 15) *Tingern, Poperwahlen, Erwahlen und Sassmaken* (S. 234—250.). Das erste dieser Güter zeichnet sich besonders durch seine schöne Gegend und neuen prächtigen Gebäude aus. Das Wohnhaus gleicht einem Pallast. Zu den schönsten und geschmackvollsten Anlagen im Innern desselben gehört ein grosser Saal worin man sich mitten im Winter in einem Garten von blühenden Orangen und andern seltnen Bäumen und Gewächsen befindet. Auch die Lage der andern zwey Güter schildert der Vf. sehr malerisch. Sassmaken ist ein an einem angenehmen See, an welchen auch Erwahlen liegt, gelegener Hof und Flecken. Der letzte besteht jedoch nur aus einer Kirche, einer Synagoge und zehn Häusern, welche fast bloss von Juden bewohnt werden. 16) *Talsen, Postenden, Rönnen an der Abau, das Rönnensche Pastorat und die Kirche daselbst, Fahrt nach Goldingen* (S. 250—267.). Talsen ist ein von einem kleinen See und hohen Bergen umgebnes Städtchen von 27 Häusern. Nahe dabey liegen Ruinen eines alten Schlosses. Der schöne Hof von Postenden hat zahlreiche Gebäude und manche artige Anlagen. Sehr romantisch aber sind die Umgebungen des Pri-

vatgutes Rönnen, an dem hohen Ufer des ſchönen Abauſtromes, in den ſich hier ein lieblicher Bach, in mehrern Waſſerfällen an 30 Fuſs hoch herabſtürzend, ergieſst. Die neue und maſſiv gebaute Kirche iſt wegen vieler Glasmalereyen in ihren Fenſtern merkwürdig. 17) *Die Stadt und Burg Goldingen* (S. 267 — 301.). Auf einem ſchroffen hohen Felſen über der Windau, die hier einen 20 Fuſs hohen prächtigen Waſſerfall, die Rummel genannt, bildet, liegen die ſtolzen Ruinen der alten im J. 1248. vom Heermeiſter Dietrich von Gröningen erbauten Fürſtenburg Goldingen, von der der Vf. ſehr viel Intereſſantes aus der Geſchichte ſeiner vaterländiſchen Vorzeit erzählt, worauf wir indeſs den Leſer hier nur aufmerkſam machen können. Die Stadt hat 1352 Einwohner und gegen 140 Häuſer, die aber jährlich durch neue Gebäude vermehrt werden, da Goldingen im Winter von einem groſsen Theile des reichſten kurländiſchen Adels bewohnt wird. Aus eben dem Grunde iſt ſie auch der Sitz ſehr zahlreicher und gebildeter Wintervergnügungen. Die glänzendſten Bälle, Maskeraden und Aſſembleen wechſeln mit den anmuthigſten Unterhaltungen die ein hier beſtehendes ſehr vorzügliches Liebhabertheater und Liebhaberconcert gewähren, ab, und ſo bietet dieſes kleine Städtchen den Winter über mehr Freuden des feinſten geſelligen Lebens dar, als ſelbſt manche groſse Reſidenz. Die daſigen Handwerker gehören darum auch zu den beſten in ganz Kurland. Sonſt hat die Stadt auſser einer neu angelegten und ſehr gut eingerichteten Kreisſchule keine beſondern Merkwürdigkeiten. 18) *Privatgut Willgahlen, die Freyſaſſen in den Kuriſch Königen Dörfern; die Peterskirche, Privatgut Wangen* (S. 301 — 332.). Dieſe Güter liegen auf dem Wege von Goldingen nach Haſenpoth, der durch abwechſelnd ſehr angenehme Gegenden führt, die beſonders bey Willgahlen und Wangen romantiſche Ausſichten darbieten. Die *kuriſchen Könige* heiſsen die Dörfer der Freybauern, die unter allen Letten die einzigen ſind, welche ein freyes ihnen ſelbſt eigenthümliches Land und mehrere, auf alte Heermeiſterliche Lehnbriefe gegründete, Rechte des Adels beſitzen, daher ſie auch ein eignes Wappen haben. Die Geſchichte ihrer Entſtehung wird vom Vf. ausführlich erzählt. Die Peterskirche, in der bloſs lettiſcher Gottesdienſt gehalten wird, iſt eine Filialkirche der Haſenpothſchen, und wegen einer groſsen ihr gegenüber ſtehenden Linde merkwürdig, die ein noch aus der Zeit des Heidenthums übrig gebliebener heiliger Baum iſt, der noch jetzt von den Letten als ein Heiligthum verehrt wird. Haſenpoth iſt ein altes aber reizend gelegnes, meiſt von Juden bewohntes Städtchen, von nicht mehr als 88 Häuſern, mit einem alten und neuen Schloſſe. Ehedem war es eine ſehr blühende Handelsſtadt, doch fängt ſich auch jetzt hier der Handel, beſonders mit baumwollnen Tüchern wieder an zu heben. Es iſt der Sitz des Piltenſchen Landraths-Collegiums, das in Civil- und Criminalſachen die höchſte, nur dem Senat untergebne Inſtanz ausmacht, zugleich die Ritterſchaft in Landesangelegenheiten repräſentirt, und wovon der Vf. dieſer Schrift bekanntlich ſelbſt ein Mitglied iſt. 19) *Katzdangen, Neuhauſen, Schrunden, Fahrt nach Frauenburg, der Garten zu Berghoff* (S. 332 — 350.). Dieſe Güter, wie die folgenden, liegen auf dem Wege von Haſenpoth nach der Hauptſtadt Kurlands *Mitau*, mit deren Beſchreibung der Vf. dieſen Theil ſeiner vaterländiſchen Schilderungen beſchlieſst. Katzdangen hat eine vortreffliche Lage, und ſein Gebäude gehört zu den prächtigſten in ganz Kurland. Im ſchönſten antiken Stil iſt es unter Leitung des Berliner Architekten Hn. *Berlitz* meiſt von kuriſchen Bauern aufgeführt worden. Schrunden gewährt mit ſeiner Kirche und der Menge ſeiner zu dem groſsen Gute gehörigen Wirthſchaftsgebäude faſt den Anblick einer kleinen Stadt. *Frauenburg*, wo eine Poſtſtation und auch ein Briefcomtoir iſt, hat angenehme Kunſt und Naturumgebungen durch den auf einer Anhöhe nah gelegnen ſchönen Garten des Gutes Berghoff. 20) *Groſs Blieden, Fahrt nach Meſcheneecken* (S. 350 — 358.). Zu Groſsblieden iſt eine ſehr anſehnliche Tuchfabrik, welche der Vf. für die einzige in ganz Kurland hält. Die Bliedenſche Schäferey hat daher an 1200 Schafe. Merkwürdig iſt auch die Kirche des Orts durch das Grabgewölbe des Reichsgrafen Herrmann Karl von Kaiſerling, der als ruſſiſcher Geſandter 1764 zu Warſchau ſtarb, einer der berühmteſten ruſſiſchen Staatsmänner. Auf dem groſsen bleyernen Sarge liegt ſein balſamirtes Herz in einer ſilbernen Capſel. 21) *Der Park zu Meſcheneecken* (S. 358 — 368.). 22) *Groſs Berſen, nebſt dem dazu gehörigen Park* (S. 368 — 376.). Dieſe beiden Parks gehören zu den ſchönſten in Kurland, das Rec. durch die Mannichfaltigkeit dieſer Anlagen, ſo wie den groſsen Charakter ſeiner Landwirthſchaft viel Aehnlichkeit mit England zu haben ſcheint. Der Vf. beſchreibt ſie als zwey reizende Gegenſtücke. „So ernſt," ſagt er, „ſo friedlich und erhaben die Natur allenthalben in Meſcheneecken hervortritt, ſo freundlich und heiter ſcheint ſie dagegen in Groſs Berſen zu lächeln. Wenn dort heilige Schauer der Ahndung eines höhern Seyns die Seele durchbeben, und das innere Leben ſich in ernſten Träumen entfaltet, ſo führt dieſer Park dagegen ſanft und freundlich das Aeuſsere in heitrer Wirklichkeit den Blicken der Wandrer vorüber." 23) *Doblen, der Flecken und die Ruinen der alten Burg* (S. 376 — 383.). Der Flecken hat nur 15 Häuſer. Ueberaus romantiſch aber iſt die ganze Landſchaft umher durch die zwiſchen Wieſen und Hügeln breit ſtrömende Berſe, und den pittoresken Ruinen der 1263. vom Heermeiſter Burchard von Hornhuſen erbauten Feſte, die ſich ſtolz über dem Fluſſe erheben. 24) *Der Hof und Park in Heyden, Weg bis Mitau* (S. 383 — 387.). Der hier erwähnte Park befindet ſich jetzt noch in der Anlage, die aber nach des Vfs. Verſichrung wenn ſie vollendet ſeyn wird, alle andern Kurlands, an Gröſse des Plans und in der Ausführung, übertreffen dürfte. 25) *Die Gouvernementsſtadt Mitau* (S. 387 — 440.). „Mitau zur Johanniszeit und Mitau auſser derſelben gewährt zwey ganz verſchiedne Gemälde. Ich würde die Stadt mit dem Nil vergleichen, der zu gewiſſen

Zei-

Zeiten seine Ufer verläfst, sie überschwemmt, und dadurch fruchtbar macht, oder wenn das Bild nicht zu gewagt wäre, mit der Proserpina, die einen Theil des Jahres im Tartarus verlebte um den übrigen auf dem Olymp zu geniefsen." Johannis ist nämlich in Kurland der allgemeine Zahlungstermin wo alle Geld- und Handelsgeschäfte, hauptsächlich zu Mitau, abgeschlossen werden. Diese Stadt stellt daher alsdann ganz das Bild unsrer Leipziger Messe dar. Der Vf. beschreibt nun zuerst das rauschende und glänzende Leben, das zu dieser Zeit, wo fast der ganze kurische Adel und eine zahllose Menge von Fremden, Künstlern und Virtuosen aller Art hier zusammen strömt, in Mitau herrscht, und geht dann zu der Schilderung der Stadt selbst über. Sie hat gegen 700 Häuser, 6 Kirchen und 12000 Einwohner, und liegt in einer weiten Ebne an einem Bache, die Drixe, der hier entspringt und einige Werste weiter nordwärts in den Aa-Fluss fällt, mit dem er in geringer Entfernung parallel fortläuft. Unter den öffentlichen Gebäuden sind besonders merkwürdig: das in grofsem Stil angelegte ehemalige Residenzschloss der Herzöge von Kurland, das zwischen der Aa und Drixe von einem Wall und Graben umgeben liegt, und 1736. vom Herzog Ernst Johann nach einem Risse des Grafen Rastrelli, der auch das Winterpalais in St. Petersburg gebaut hat, aufgeführt worden ist; und das Gebäude des akademischen Gymnasiums, eines der schönsten in Kurland überhaupt. Zu den vorzüglichsten öffentlichen Anstalten gehören aufser diesem Gymnasium, zwey sehr wohlthätige Stifte: das adlige Katharinenstift und das Klocksche Wittwenstift, ferner eine vortreffliche Armenanstalt mit einem Fonds von 17237½ Rubel; eine grofse und vier kleine Schulen nebst der katholischen und reformirten Kirchenschule und das Theater, in welchem im Sommer die Riga'sche Schauspielergesellschaft spielt. Alle diese mannichfaltigen Gegenstände, nebst den öffentlichen Vergnügungen, den Kunstsammlungen, Concerten, öffentlichen Gärten, und nächsten Umgebungen von Mitau schildert der Vf. uns hier in einen Gemälde das an reizender Lebendigkeit und geschickter Anordnung, mit den besten dieser Art die wir kennen, z. B. der kunstvollen Darstellung unsers *Fr. Schulz* von Paris, verglichen werden kann. Noch müssen wir erwähnen, dafs dieses reichhaltige Werk sich auch durch die Sauberkeit seines Drucks und Papiers auszeichnet, und mit drey sehr niedlichen Kupfern geziert ist, zu deren ersterm, die Einsiedeley im Park zu Grofswormsahten, die Gemahlin des Vfs. die Zeichnung geliefert hat. In der Vorrede macht der Vf. Hoffnung zu einem *zweyten* Theil dieser Wanderungen, dem er auch eine topographische Karte von Kurland beyzufügen verspricht. Wir sehen dieser Fortsetzung mit um so lebhafterm Interesse entgegen, als Hr. Freyh. *v. S.*, wie sein ganzes Buch davon zeugt, zu *den* Wandrern gehört, die, wie *Jean Paul* so schön sagt, nicht blofs ein artistisches sondern ein heiliges Auge auf die Schöpfung fallen lassen; die den Tempel der Natur nicht als eine Villa voll Gemälde und Statüen, sondern als eine heilige Stätte der Andacht betrachten, kurz, die nicht blofs mit dem Auge sondern auch mit dem Herzen spazieren gehn.

LITERATURGESCHICHTE.

Königsberg, b. Göbbels u. Unger: *Einige Charakterzüge aus dem Leben des verstorbenen Diaconus zu Mohrungen in Ostpreußen*, Herrn *Sebastian Friedrich Trescho*. Zum Andenken für seine Freunde, die sein Herz kannten und denen er werth war. 1807. 55 S. 8. Mit einem Kupfer. (6 gr.)

Das Leben eines Mannes, in einer kleinen Stadt in Ostpreufsen (Liebstadt im J. 1733.) geboren, welcher in einer andern kleinen Stadt die Schule besucht, darauf in Königsberg studirt, dort ein paar Jahr Hofmeister ist, nach einem kurzen Aufenthalt in der Heimath, zum Diaconus in Mohrungen erwählt wird, diese Stelle vier und vierzig Jahr bekleidet, und überdiess ehelos lebte, kann schwerlich reich an merkwürdigen Ereignissen seyn. Aber *Trescho*, wenn gleich hier und da wegen seiner Orthodoxie und seiner Neigung zum Pietismus verkannt, war nicht nur seinen Freunden wegen seines trefflichen Charakters, und seiner geselligen Annehmlichkeiten lieb und werth, sondern auch einem gröfsern Publicum durch seine Gedichte, seine asketischen Schriften und selbst durch seine Briefe über die *Neueste theologische Litteratur* vortheilhaft bekannt. Interessant ist er diesem auch geworden als der erste Pfleger des Genievollen *Herder*, den er als einen jungen Menschen zu sich nahm. Für diejenigen, welche auf einer kleinen Stelle recht nützlich zu werden wünschen, ist das, was diese kleine Schrift von *Trescho's* Amtsführung und Wohlthätigkeit erzählt, als höchst musterhaft anzusehen. Wir heben seine Fürsorge für die Katechumenen aus, und die weise Art, Wohlthaten zu ertheilen. Nach der Einrichtung, welche *T.* mit den Katechumenen machte, blieb er mit denselben drey Jahre in Verbindung. Wenn er die Confirmanden des einen Jahres unterrichtete, mufsten zugleich diejenigen, welche das folgende Jahr zum Unterrichte kommen wollten, dabey gegenwärtig seyn, aber nur als Zuhörer, ohne mit den andern zu antworten. Das dritte und letzte Jahr mufsten sie des Sonntags nach der Vesper in seine Wohnung kommen, wo er mit ihnen seine gehaltne Predigt durchgieng, und freundlich und liebreich jedem das Seinige sagte. — Bey seiner geringen Einnahme konnte er, bis er nach dem Tode seiner Geschwister zu einem kleinen Vermögen gelangte, aus eignen Mitteln nur wenig für die Armen thun; aber er sprach vielvermögende und menschenfreundliche Gönner aufser seinem Wohnorte an, und erhielt von diesen jährlich reichliche Summen. Ueber die Verwendung desselben giebt sein Amtsgehülfe, Pastor *Copinus* in Mohrungen, folgende Nachricht. „*Tr.* beobachtete bey seinen Wohlthun eine weise Sparsamkeit. Es wurden jährlich von ihm mehr, als ein

paar

paar 100 Rthlr. an hiesige Hülfsbedürftige vertheilt; aber er gab baares Geld den Armen wenig; dagegen suchte er auf andern Wegen um so mehr ihre Bedürfnisse zu befriedigen. Armen Kindern kaufte er Schulbücher, bezahlte für sie das Schulgeld, oder schaffte ihnen die nöthigen Kleidungsstücke an, wenn der Mangel derselben sie am Schulbesuch hinderte. Verarmten Personen machte er anfangs kleine Vorschüsse, und wenn sie dabey ehrlich verfuhren, auch wohl in der Folge grössere, bis sie sich wieder helfen konnten. Oder, er kaufte für sie Materialien, die sie verarbeiten mussten, und dafür sie das Arbeitslohn, öfters auch wohl das Geld für die gelieferten Materialien, entweder ganz oder zum Theil erhielten. Besonders pflegte er dadurch viele arme Frauenzimmer zu unterstützen, dass er ihnen Flachs und Wolle zum verspinnen mittheilte. Auch hiervon erhielten einige, nach Beschaffenheit ihrer Umstände, entweder nur das Spinnerlohn, andere alles Geld, was durch den Verkauf an Gelde gelösst war. Sehr viele Arme unterstützte er durch Victualien; auch erhielt fast täglich bald dieser, bald jener Kranke durch ihn seinen Mittagstisch. Häufig wurde auch für sechs, zehn, zwölf und kurz vor seinem Ende für vierzehn Personen in seinem Hause Essen gekocht, und an Abgelebte, Kranke u. s. w. geschickt." Sein ganzes, aus einigen 1000 Gulden Preuss. bestehendes Vermögen vermachte er der Stadtarmencasse.

ARTISTISCHE NACHRICHTEN.

Schöne Künste.

Bildhauerey.

Aus dem Briefe eines Reisenden.

An dem ersten Tage meiner Ankunft in *Zürich* besuchte ich die herrliche Promenade an der Limmat, und eilte *Salomon Gessners*, des lieblichen Sängers, *Denkmal* zu sehen. Allein ich fand es nicht mehr ganz! Man hatte diesen Sommer die Marmorplatten aus einander genommen, um, wie es hiess, für die Zukunft das Denkmal gegen ungünstige Witterung und unangenehme Vorfälle besser zu schützen. Endlich sah ich doch noch das von dem verstorbenen *Trippel* zu Rom verfertigte *Basrelief*, die Hauptzierde des Denkmals, in dem zunächst dabey gelegenen Pavillon, den mir ein Bedienter gegen ein kleines Trinkgeld öffnete. Aber in welch einem Zustande sah ich das Meisterstück! Beschädigt war es an vielen Stellen, und an mehrern mürbe, und voll Spuren des schädlichen Einflusses des für den Marmor zu nassen Erdstrichs und feuchten Bodens, wo es bald zehn Jahre unter freyem Himmel gestanden hatte. Doch nicht diess allein schadete dem Kunstwerke gar sehr, auch die Ungeschicklichkeit eines gewissen Bildhauers, der die Erlaubniss zu erhalten gewusst hatte, das Basrelief abzugiessen. Noch hier und da sieht man Gyps zwischen dem Marmor, und an mehrern Stellen ist das Kunstwerk auf eine Art beschädigt, die nicht der Witterung zugeschrieben werden kann, sondern nur der Misshandlung dieses Menschen, der entweder nicht verstand, seine Abgüsse zu verfertigen, oder dabey nicht mit der gehörigen Vorsichtigkeit zu Werke gieng. An der stehenden Figur zur Rechten sind an der ausgestreckten linken Hand oben die äussersten Gelenke des dritten und vierten Fingers abgebrochen; an der rechten Hand, die ein Schälchen hält, und vor einigen Jahren von neuem, obgleich nicht auf das Beste, gemacht wurde, ist der Zeigfinger abgebrochen. An beiden Figuren ist unten, an den Fusszehen auffallend abgekratzt. An dem linken Vorderarme der Figur zur Linken ist ein ganzes Stück von der Oberfläche des Marmors weg. Auch an einigen Früchten in dem Körbchen, das diese Figur auf den Tisch setzt, scheint hier und da abgekratzt zu seyn. Lässt man den flachen Finger sachte über die Figuren hingleiten, so fühlt man, dass der Marmor an vielen hervorspringenden Partien schieferig zu werden beginnt; auch an der Draperie der Figur zur Linken, und an dem einen Fusse sieht man auffallende Spuren des nachtheiligen Einflusses der Feuchtigkeit. Woher aber an der Figur zur Rechten an dem linken Arme, gerade unter dem Elnbogen ein Bruch, ganz quer über dem Arme entstand, ist schwerer zu entscheiden. Auch schien mir, was ich zwar nicht geradezu behaupten will, an der einen Achsel ein Stück abgebrochen und nur wieder angesetzt worden zu seyn. Man sagt, das Basrelief solle in dem Pavillon aufgestellt werden, nachdem es vorher restaurirt seyn würde. Besser wäre es, man stellte es auf, so wie es jetzt ist, bis ein guter Genius einst einen geschickten Künstler nach Zürich führt, der es zu restauriren versteht, als dass man es noch einmal den Händen eines Mannes vertraute, der sich vor einigen Jahren durch, vermuthlich wohlfeile, Restauration der einen Hand, und nachher durch die so oben erwähnte unglückliche Behandlung des Kunstwerks beym Abgiessen, so gar nicht als einen Meister beglaubigt hat.

ALLGEMEINE LITERATUR-ZEITUNG

Mittwochs, den 22. November 1809.

WISSENSCHAFTLICHE WERKE.

GESCHICHTE.

1) GIESSEN, b. Heyer: *Nic. Gottfr. Eichhoffs* (Prorectors am Herzogl. Nassauischen Gymnasium zu Weilburg) *synchronistische Tafeln über die mittlere und neuere Geschichte.* Zum Gebrauche der obern Klassen in den Gymnasien. 1808. 5 Blätter in gr. Fol. (12 gr.)

2) LEIPZIG, b. Steinacker: *Jean Picot's chronolog. Tabellen der allgem. Weltgeschichte* von der Schöpfung bis 1808. nach Abbé *Lenglet du Fresnoy.* A. d. Franz. übers. (von *Weickert.*) *Erster* Theil. 1809. XL u. 252 S. 8. — (Dieser Theil wird auch unter dem Titel: *Chronolog. Regententabellen* vom Anfange der Staaten bis 1808. u. s. w., einzeln verkauft.) (1 Rthlr. 4 gr.)

Der Thatsachen immer gewaltiger anwachsende Masse zweckmässig, kurz und klar zu ordnen, um sie ohne Mühe zu merken, und lange zu bewahren, wird ein täglich fühlbareres dringendes Bedürfniss. Diese Aufgabe ist aber von keiner der vorliegenden Schriften gelöst. Indessen sind wir auch weit entfernt, diesen Masstab an eine derselben zu legen: wir wollen vielmehr jede nach dem Zwecke beurtheilen, den sie sich selbst vorgesetzt.

Den Schulzweck des Vfs. von Nr. 1. kann man nicht tadeln, die Absicht, zugleich der ungebürlichen Kälte gegen unsrer Altvordern kraftvolle Sprache und Denkmäler entgegen zu arbeiten, die so selten, als verschrieen ist, verdient alles Lob, und über das *Zuviel* und *Zuwenig* wollen auch wir nicht mit ihm rechten. Auf fünf Tafeln ist die mittlere Geschichte, welche er, seinem Plane angemessen, mit Augustus beginnen lässt, und die neuere enthalten. Die Bredow'schen Tafeln sind im Ganzen weit reichhaltiger, aber die Eichhoff'schen haben hie und da, besonders in der Literatur, ihres kleineren Umfanges ungeachtet, eine für das jugendliche Alter grössere Klarheit, und manche treffliche Bemerkung (z. B. ad a. 1697.). Sollen sie aber des Vfs. Zweck vollkommen erfüllen: so wären weniger Wiederholungen, grössere Genauigkeit, bestimmtere Zahlen, oft auch mehr Angaben zu wünschen. — So sind die fünfte und achte Spalte der vierten Tafel offenbar zu arm, ungeachtet noch Raum war; die dritte der fünften Tafel aber ist dunkel, da für Spanien, Holland und Portugal zugleich nur ein sehr schmaler Raum bestimmt wurde. Zuweilen fehlen die nöthigsten Zahlen, öfter (z. B. bey Regenten u. s. w.) sind sie zu unbestimmt, wo bey allen das Antritts- oder Sterbejahr hätte beybehalten werden sollen. — Ganz unhistorisch sind Ausdrücke, wie die folgenden: Die Abassiden sind Kaiser und Päpste zugleich — die Chalifen sind bloss Päpste — deutsche Gelehrte im eilften Jahrhunderte, — so wie wir auch bezweifeln, dass das eilfte Jahrh. die Scheidewand der mittlern und neuern Welt sey. Ausserdem vermissen wir die Genauigkeit, die man mit Recht von Geschichtstafeln, besonders für die Jugend, fordert, welche sich Zahlen leicht einprägt: denn wiewohl der Vf. schon selbst Druckfehler und Verbesserungen angegeben hat, so haben wir doch noch eine ziemliche Menge derselben gefunden, die den allgemein bekannten Angaben widerstreiten, und wovon wir *nur* die *wichtigsten* ausheben wollen: Taf. 1. Ostgothen in Italien. 479. *lies* 489. Alemannen geschlagen v. Julian. 258. *lies* 358. Schlacht bey Zülpich. 495. *lies* 496. Krieg Arsaces 25. mit Hadrian. 114. *lies* mit Trajan. Zenobia geschlagen von Aurelian. 225. *lies* 273. China. Tang. 617 bis 709. *lies* 907. — Taf. 2. Spalte 1. Chlodwig schlägt Alarich 2. 508. *lies* 507. (bey *Vougli*). Die Würde der Hausmeyer erblich. 613. *lies* 639. (und da selbst noch nicht eigentlich.) Sp. 2. Slavische Stämme. — *Setze hinzu:* die Czechen. Sp. 4. Phocas 502 — 610. *lies* 602. Sp. 6. *Dionysius Exiguus.* 556. — Er starb schon 536. — Taf. 3. Sp. 1. Bey Ludwig dem Kinde für 00, *lies* 99. Sächsische Kaiser 911 — 1002. *lies* 1024. *Louis Faineant* † 986. *lies* 987. Fränkische Kaiser. 1024 — 1137. *lies* bis 1125. (denn Lothar war Herzog zu Sachsen.) Heinrich 4. zu Kanossa. 1076. *lies* 1077. (im Januar.) Sp. 2. Englische Monarchie. 828. *schon* 827. *Sueno* erobert England. 986. — *Zweydeutig.* 986. trat er die Regierung an, 1014. eroberte er England. Sp. 8. Wittekind, *ältester* Geschichtschreiber der Sachsen. — Ist nicht genau. Der Poeta Saxo, Anonymus Corbejensis und Meginhard waren älter. — Taf. 4. Sp. 1. 1347. Karl 4. *Luxemburg.* — *richtiger* 1346. Karl 4. war übrigens *Markgraf von Mähren.* Rheinischer Städtebund. 1247. *richtiger* 1254. Sp. 2. Unter-Italien seit 1150. unter Roger 2. — *schon* seit 1130. Sp. 4. Richard Löwenherz. 1198. *lies* 1189. Sp. 5. Johann 1., Kg. v. Portugal. 1395. *schon* 1385. Sp. 9. Kasimir 2., Kg. v. Polen, unterwirft sich Preussen. *lies* Kasimir 4. Sp. 11. Gutenberg. Buchdruckerkunft. 1449. *schon* 1436. Sp. 12. Paris *erste* Universität. — Ist nicht genau. Bologna wars früher, schon von Kaiser Friedrich 1. durch die bekannte *Authentica* mit

mit Privilegien begabt. Dann find in dieser Spalte *Moschopulus* und *Perottus* aufgeführt. Diese konnten den weit wichtigern *Gemistius Pletho* und *Poggio* Platz machen, wie denn der bedeutende *Wilhelm Occam* ganz fehlt. — Taf. 5. Sp. 1. Franz abdicirt 12. Aug. 1806. *lies* 6. Aug. Luneviller Friede. 1081. *lies* 1801. Sp. 2. Karl 7. *lies* Karl 8. Sp. 3. Philipp 2. von Spanien, 1528. — *Erst* 1556. ward er König. Sp. 6. Gustav 3. Adolf. 1796. *richtiger* Gustav 4. Sp. 10. Mustapha 3. 1695. *lies* Mustapha 2. Auch hätte im 16ten Jahrh. ein *Ulrich von Hutten*, und im 17ten ein *Herrmann Konring* keineswegs vergessen werden sollen. — Wenn wir uns freuten, dass der Vf. mehr Achtung, als gewöhnlich, für unsere altdeutsche Literatur hege: so finden wir dagegen die neuere zu unvollständig berührt. Es scheint, der Vf. hat bloss verstorbne Gelehrte und Dichter aufführen wollen; da indessen doch Ein Paar noch lebende genannt worden, so ist es auffallend, da die Tafeln doch bis 1800 gehn, hier solche Namen, wie *Wieland*, *Herder*, *Schiller*, *Göthe*, und so viele andre der berühmtesten Lebenden, die bereits vor 1800 in der wissenschaftlichen und schönen Literatur sich vorzüglich ausgezeichnet hatten, nicht zu finden. Hr. *Eichhoff*, der als ein sehr verdienter Schullehrer bekannt ist, wird bey einer neuen Auflage diese Tafeln durch solche Zusätze und Verbesserungen gewiss noch brauchbarer machen.

Der Vf. von Nr. 2., *Jean Picot*, hat vor Kurzem *Lenglet's* bekanntes Werk, nach der Ausgabe von *Barbeau de la Bruyère*, 1778., bearbeitet, weniges weggelassen, vieles erweitert und hinzugefügt, und sich dabey der Schriften von *Robertson* — *Gibbon* — *Henault* — *Velly* — *Villaret* — *Garnier* — *Gaillard* — *Mallet* — *Senebier* — *Lacretelle* — *Usher* — *Calvisius* — *Petau* — *Sage* — *Blair* — *Rollin* (dessen Werk das *beste* über *alte* Geschichte!!!) — *Koch* — der *l'art de verifier les dates* — und des Wörterbuchs von *Chaudon* und *Delandine* bedient. Er hofft und bittet um Nachsicht, die man ihm bey seinem ungemeinen Fleisse gern gestatten wird. Nur der *Einleitung* hätte er sich ohne Schaden überheben können. Ueber *Begriff* und *Nutzen* der Geschichte müssen wir eine langweilige Tirade *Rollin's*, bey den *Hülfswissenschaften*, Geographie — *Statistik* (von welcher er einen eignen Begriff hat) — Genealogie und Chronologie, allbekannte Dinge, und nicht einmal vollständig, hören. — Das Zählen nach Jahren *vor* und *nach* Christus sey eigentlich ungemächlich, da es doch gerade für das Gedächtniss sehr gemächlich ist, zwey Dinge mit einer Zahl zu merken. Die Geschichte wird dann *noch* abgetheilt in die *biblische*, d. h. in die des israelitischen Volkes, *und* in die *Weltgeschichte*, ein Beweis, wie sehr der Vf. noch zurück sey, wie denn die gewählten Perioden in der *alten* Geschichte nur herkömmlich, und die in der *neuern* keineswegs verständig angesetzt sind, da ihre Wahl nicht so willkürlich ist, als der Vf. glaubt.

Dieser Mängel ungeachtet trägt das Werk unverkennbare Spuren ausserordentlichen Fleisses und gewissenhafter Genauigkeit. In dieser Hinsicht ist es von grosser Brauchbarkeit; aber ob es den Zweck des *Uebersetzers* erfülle, bezweifeln wir mit Grunde.

Der hohe Preis des Originals (7 Rthlr. 12 gr.) und der Umstand, dass kein Band vereinzelt wird, noch werden kann, seiner Einrichtung wegen, bewogen *Verleger* und *Uebersetzer*, beidem abzuhelfen. Es fehle, sagt der letztere richtig, an einem Werke, das die merkwürdigen Ereignisse, Namen und Thaten in der Zeitfolge gebe, und ein Fingerzeig für das Gedächtniss sey: *Bredow's* Tabellen seyen unbehülflich, und die synchronistische Uebersicht durch die ethnographische Ordnung erschwert, welches letztere wir keineswegs finden. Und weil *Picot* diesem abhelfe: so übersetze man sein Werk in *drey* wohlfeilen Bänden, die zum Gebrauch junger Studierenden vereinzelt werden können. Der *erste* (der vorliegende) enthält demnach ein chronologisches Verzeichniss aller bekannten Regenten (Consuln, Ordensmeister, Herzöge, Grafen, Markgrafen, Dogen, Erzbischöfe und Bischöfe mit einbegriffen), die von den ältesten bis auf unsere Zeiten regiert haben. Der *zweyte* eine chronologische Angabe der allermerkwürdigsten Ereignisse jedes Jahrs von Erschaffung der Welt (!) bis 1808. Der *dritte* endlich eine chronolog. Darstellung der ausgezeichnetsten Menschen aller Zeiten. — Ein grosses Unternehmen, das wahrlich zu loben ist. Denn so findet man in diesem *ersten* Bande eine (nach der von *Lenglet* berichtigte) chronolog. Ordnung, in welcher man die Biographieen bey *Plutarch*, *Cornel*, *Pausanias*, *Diogenes v. Laërte* und *Xenophon* zu lesen hat. Ferner: die jüdischen Könige nach *des Vignoles*, die römischen Consuln und Tribunen nach der mit *Catrou* und *Rouillé* verglichenen Ordnung, und nach *Reland*, die Päpste nach der *Art de verifier les dates*, und noch einmal nach *Lenglet* u. s. w. — Man sieht, dass das kleine Buch vortrefflich zum *Nachschlagen* ist, wiewohl es bey der unzweckmässigen Einrichtung schwer hält, etwas zu finden, aber man sieht auch, dass es nicht ist, was der Uebersetzer daraus machen wollte, ein *Fingerzeig fürs Gedächtniss*, oder ein Handbuch für *Studierende*, die daraus lernen wollen. Dann hätte man weit zweckmässiger alle *drey* Bände in ein Werk zusammengeschmolzen, oder doch von den Regenten mehr beygebracht, als die blossen Namen, die kein Gedächtniss auf diese Weise behalten kann; eben so wenig, als die Namen der Kalendertage. — Die eingeschlichenen Druckfehler sind ja vorher zu berichtigen, so wie auch S. XXXV. Z. 11. v. u. *Kock* für *Kocke* zu lesen ist.

WIEN, b. Schrämbl (jetzt b. Schindelmayer): *Geschichte Oesterreichs in sechs Perioden*, von *Franz von Gretzmillern*. — *Erster* Band. *Erstes* bis *drittes* Heft. 1808. 401 S. *Zweyter* Band. *Viertes* Heft. 1809. 147 S. 8.

Ein junger Mann thut ganz wohl, wenn er sich von der Geschichte seines Vaterlandes einen Entwurf nach eigenem Geschmacke macht, um das Ganze zu übersehen, und das Einzelne nach und nach auszufeilen; aber es ist nicht wohl gethan, wenn er diese feine Arbeit sogleich, und ohne die Vorarbeit und Feile mehrerer Jahre, drucken läfst, und kaum selbst Lehrling, schon als Lehrer Andrer auftreten will. Auch bearbeitet wohl ein angehender Geschichtschreiber dieses oder jenes einzelne Thema, um seine Kräfte zu versuchen, und die Meinung des Publicums über sich einzuholen; aber Arbeiten, die das Ganze umfassen sollen, verschiebt er bescheiden, bis er durch einzelne Ausarbeitungen und fortgesetztes Studium den Kreis seiner Einsichten erweitert, und die Feder geübt hat. Indem der Vf. die Geschichte des östreichischen Staats ungefähr nach *Reiffer's* Plan, d. h. zuerst die Geschichte des eigentlichen Oestreichs, dann bey Gelegenheit der einzelnen Vergrösserungen ergänzungsweise die Geschichte der andern Länder in *sechs* Heften und *zwey* Bänden nach *sechs* Perioden liefern wollte, hat er etwas unternommen, was für seine Schultern noch zu schwer war. Eine weitläuftige Kritik wäre hier am unrechten Orte, wir heben aus einigen Heften nur wenige Proben heraus, um dem Vf. theils Sach- und Forschungsfehler, theils die noch mangelnde Bildung seines Stils bemerklich zu machen.

Im *ersten* Hefte, der die alte Geschichte Oestreichs bis 984. oder bis zur Ankunft der Babenberger umfasst, ist es gleich anfangs unangenehm, von Scythen, Hyperboräern und Celten alte Fabeln zu lesen; aber weiterhin stöfst man häufig auf Stellen, die einen völligen Mangel an historischer Propädeutik andeuten. S. 82.: „Nestor berichtet, dafs die Slavischen Rossanen oder Polaben aus Sarmatien an den Dnepr gezogen seyen, und Kiow an dem eben genannten Flusse, nebst Novogrod an der Wochilow erbaut hätten." S. 55.: „Der Name Slaven soll aus dem verderbten *Selovani*, von *Selo*, Ort, entstanden seyn." S. 65.: „Dem König Flaccitheus folgte 468. (lies 486.) sein erstgeborner Sohn *Fallöt*, latein. *Fallötheus*, auch *Fava* (Pfau) genannt, von welchem die Stadt Wien den Namen *Faviana* erhalten haben soll." — Eine Probe des widerlich gezwungenen Stils sey folgende. S. 34.: „Das Hauptgewerbe der Illyrier, Dalmatier und Istrier war Seeräuberey; dieser Umstand mufste dem eroberungssüchtigen Rom einen willkommenen Vorwand zu ihrer allerseitigen Unterjochung geben, um sie dadurch in jene galeerenartige Verbindung zu bringen, kraft welcher immer ein neuer Sklave zu seinem seufzenden Nachbar an die Ruderbank geschmiedet wurde, damit das Raubschiff der Republik neuen Korsarenzügen entgegen geführt würde."

Rec. übergeht das *zweyte* Heft, welches die Geschichte Oestreichs unter den Babenbergern und während des Zwischenreiches bis zur Schlacht von Laa, d. i. vom J. 983—1278. abhandelt, und das *dritte*, welches von Rudolph von Habsburg bis Maximilian I. reicht, um aus dem *vierten*, das die Geschichte bis zu Ferdinand II. fortführt, einige Beyspiele anzuführen, dafs dem Vf. bey der Bearbeitung desselben zwar schon *Hormayr's* östreichischer Plutarch, aber ohne merklichen Nutzen und Erfolg, vorgeleuchtet habe. S. 103.: „Der grosse *Siegmund* Bathori von Somlyo ward 1672. *Woywode* von Siebenbürgen, und nachmals König von Polen." S. 61.: „Erst 1234. wurde Ungarns Aristokratie durch Einrichtungen zu Gunsten des dritten Standes etwas beschränkt." S. 62.: „Bela nannte sich einen König der seit 1239. in der Nähe von Pesth angesiedelten Cumaner." S. 65.: „Die *See*-Städte des *bosnischen* Reichs." S. 70.: „Matth. Corv. errichtete zwey stehende Regimenter, worunter die noch heut zu Tage bekannte schwarze Legion war" u. s. w. Zur Probe des Stils diene folgendes. S. 144.: „Dem Balbin und einem eigens in Europa vertheilten Manifeste der böhmischen Stände zufolge ist dieses *Exfenestriren* eine alte landesübliche Gewohnheit, und eine durch Landtagsbeschlüsse angeordnete Ahndung der Verletzungen des Majestätsbriefes. Nun erlaubten sich die Stände, da sie die Brücke der Rückkehr zum Gehorsame hinter sich abgeworfen zu haben glaubten, allen möglichen Unfug" u. s. w. S. 146.: „Warum müssen doch die Beyspiele der Geschichte immer ungenützt hinter den folgenden Generationen in todten Massen aufgehäuft liegen?" u. s. w.

Zu diesen Mängeln des Werkes gesellen sich nun noch häufige Druckfehler. Der Vf. hat am Anfange eines jeden Abschnittes die hieher gehörige Literatur beyzubringen gesucht, aber auch hier Mangel an literarischer Umsicht und Beurtheilung gezeigt. So z. B. Heft IV. S. 137. citirt er *Schiller's* Gesch. des 30jährigen Krieges mit folgendem Beysatz: „Ein fast allbekanntes, wiewohl sehr parteyisches und zu sehr stilistisches (!!) Werk." — *Häberlin's* Unbefangenheit in Hinsicht auf die protestantischen Angelegenheiten ist nach IV. S. 97. (es ist von seiner Reichsgeschichte die Rede) eben nicht immer zu empfehlen.

Das Bestreben des Vfs., in dergleichen Angelegenheiten unbefangen zu seyn, ist unverkennbar, wenn es auch demselben an consequenter Haltung fehlt; diefs schildert sich in folgenden Stellen aus seiner Geschichte Maximilians II. S. 119.: „Im Allgemeinen war es, wie schon erwähnt worden, dem Geiste des Jahrhunderts nach, schlechterdings unmöglich, den protestantischen Gottesdienst damals unbedingt im ganzen Lande zu erlauben. So sehr änderten sich indessen die Zeiten, dafs die nunmehrige protestantische Geistlichkeit unter die achtungswerthesten Stützen der bürgerlichen Ordnung, der Anhänglichkeit an Fürsten und Vaterland, und der reinsten Christusmoral und Verträglichkeit mit ungeheuchelter Werthschätzung zu zählen ist. Aber der damals herrschenden Stimmung der Gemüther zu Folge beneideten die Katholiken ihre protestantischen Mitbürger um den ihnen zugestandenen freyen Gottesdienst, und letztere sahen in den katholischen Bewohnern Oestreichs nur Nebenbuhler und Feinde." S. 111. „Einen Beweis der religiösen Unverträglichkeit und Rohheit dieser Zeiten liefert der Umstand, dafs die katholischen und protestantischen Landstände in dem Wiener Landhause zweyerley Stiege hatten, deren Mauerdecke Schweinsköpfe

köpfe und andere Embleme enthält (enthielt), wodurch sie sich wechselsweise verhöhnten." — Hätte der Vf. doch neben des *Opitz* (S. 120.) auch der Jesuiten gedacht; der Fehler war auf beiden Seiten, und Action zog Reaction nach sich.

Zwickau u. Leipzig, b. Schumann: *Beyträge zur Geschichte der alten Wenden und ihrer Wanderungen*, nebst einigen Vermuthungen von dem Bergbaue derselben im Sächs. Erzgebirge, von *Christoph Schreiter*. 1807. XIV u. 128 S. 8. (12 gr.)

Ein interessantes Thema, aber sehr schlecht bearbeitet. Dem Vf. fehlt alles Talent zu Untersuchungen der Art, als der Titel ankündigt. Seine Begriffe sind eben so verwirrt, als seine Ansichten unnatürlich. Man kann ganze Seiten lesen, ohne zu merken, was er will; aber urplötzlich wird man mit einem Schluss überrascht, den man nach den Vordersätzen unmöglich vermuthen kann. Zur Beurkundung unsres Urtheils heben wir einige Belege aus: wer nach mehrern lüstern ist, mag die Schrift selbst lesen. Anfangs, sagt er, sassen die Hermunduren, deren Name nach *Adelung* durch deutsche Bergbewohner erklärt wird, in Meissen, und auch im Erzgebirge, wurden aber bey der Völkerwanderung von den Slaven verdrängt. Den letztern kann nicht alle Cultur abgesprochen werden. Um diesen Satz zu beweisen, schlägt der Vf. folgenden originellen Weg ein. (S. 7.) Man beschuldigt die Slaven der Menschenopfer; diess thaten die Mexicaner auch, ein Volk, das wir noch jetzt seiner Cultur wegen bewundern: die Slaven liebten den Ackerbau (?) und die Viehzucht und — waren keine Bärenhäuter, wie die Deutschen. In der Religion waren die Deutschen eben so abergläubisch, wie die Wenden; auch sie hatten eine grosse Hochachtung für die Pferde, aber die Deutschen gingen noch einen Schritt weiter, indem sie die Pferde nicht bloss für heilig hielten und sie als Propheten ansahen, sondern dieselben auch schlachteten und assen, worin sie den rohesten Kalmucken ähnlich wurden. Diess ist alles, was mit vieler Weitschweifigkeit von der Cultur der Slaven gesagt wird; aber der Vf. weiss daraus den Schluss zu ziehn: „*Folglich* mögen die Wenden und Deutschen in Ansehung der Cultur sich ziemlich, wie ein Ey dem andern, ähnlich gesehn haben." Von der Lage und den Sitzen der slavischen Stämme wird äusserst verwirrt gehandelt. So gelehrte und fleissige Männer hier auch vorgearbeitet haben, bleibt einer genauen Kritik doch noch vieles zu bestimmen und zu berichtigen übrig; aber der Vf. hat nicht die entfernteste Ahndung von dem, worauf es hier ankommt. S. 18. erwähnt er der Inschriften auf einem Heiligenbilde in der Kirche des Dorfs Thossen, die, auf eine ganz unbegreifliche Art, vom *Tor* und von ganz neuen Gottheiten, *Om* und *Tr*, erklärt werden: „gemeiniglich, setzt Hr. *S.* hinzu, glaubt man, dass *Tor* nur von den Deutschen verehrt ward; aber er muss auch den Wenden bekannt gewesen seyn, weil er in der Kirche zu Tossen neben dem Bilde des heiligen Martins aufgestellt war." Eine vortreffliche Argumentation! S. 30. kommt das eigentliche Hauptthema: vom Bergbau der Wenden. Der Vf. fängt mit Untersuchungen über den Bergbau der alten Deutschen an; und um das hohe Alter desselben zu beweisen, nimmt er zu den wunderlichsten Argumenten seine Zuflucht. Nur auf eins will Rec. aufmerksam machen: die frühe Bekanntschaft der Harzbergwerke soll folgende Stelle aus *Ottfried* beweisen, und Hr. S. übersetzt:

Its ist filu feizzit,
Harto ist its geweizzit.

[Es, das Land, Franken, ist sehr fett, *sehr* (*harto, valde*) ist diess bekannt.] Jetzt ist viel Reichthumszeit, der *Harz* ist jetzt geweizet. (?) Von gleicher Beschaffenheit sind alle die andern Beweise. Nach allerley unzusammenhängenden Notizen, deren nähere Beleuchtung uns zu weit führen würde, kommt er wieder auf die Wenden. Dass sie auch in frühern Zeiten Bergbau trieben, sucht er durch lauter unbestimmte Möglichkeiten, die oft bis zum Lächerlichen unwahrscheinlich sind, darzuthun: er setzt allerley Bedingungen voraus, wodurch die Wenden, nach seinem Lieblingsausdruck, auf den Einfall gekommen sind, sich edle Metalle zu verschaffen. Dass die alten Volksmährchen von den böhmischen Königen Czech und Krokus einen gläubigen Anhänger an ihm finden, versteht sich von selbst. Die deutschen Sorbenwenden haben vorher in Dalmatien und Croatien gewohnt (S. 59.); eine Meinung ohne allen Grund, die bloss einer abgeschmackten Etymologisirsucht ihren Ursprung verdankt: dass sich gewisse sächsische Ortsnamen in Dalmatien wiederfinden, ist von gar keinem Gewicht; fast alle slavischen Ortsnamen haben eine locale Veranlassung; eben so gut könnten z. B. die Pommern ihre Herkunft aus Dalmatien ableiten, wo es nicht nur eine *Supanie Primorje* giebt, sondern in beiden Ländern finden sich viele gleichnamige Dörfer: diess ist mit allen Gegenden der Fall, wo Slaven gewohnt haben. Auf eine gar gelehrte, aber leider unnöthige, Weise bemüht sich der Vf., zu zeigen, dass Dalmatien nicht von Colonisten aus Meissen bevölkert sey, und schaltet sogar einen Abriss der avarischen Geschichte ein. Die Serben (Sörben) haben nach ihm ihren Namen vom lat. *Servus*, weil sie Unterthanen (des griech. Reichs) waren. S. 98. steht ein Verzeichniss einiger technischer Bergwerks-Ausdrücke, die aus dem Slavischen stammen sollen, aber weit besser aus dem Germanischen hergeleitet werden. Welcher vernünftige Etymolog wird wohl *Drum* oder *Trum* von *wodzjecz*, zerreissen, *Flötz* von *polozicz*, legen, *Göpel* von *hibacz*, bewegen, u. s. w., ableiten, oder nur eine Aehnlichkeit finden!

ALLGEMEINE LITERATUR-ZEITUNG

Donnerstags, den 23. November 1809.

WISSENSCHAFTLICHE WERKE.

VERMISCHTE SCHRIFTEN.

Leipzig, b. Hinrichs: *Francisci Volkmari Reinhardi*, phil. et theol. doctoris, potent. reg. Saxon. concionatoris aulici prim. et consil. in senatu eccles. et consist. supr., *opuscula academica.* — *Vol. I.* 1808. 526 S. *Vol. II.* 1809. 553 S. gr. 8. (5 Rthlr.)

Der Herausgeber dieser schätzbaren Sammlung ist Hr. Prof. *Pölitz.* In *Meusels gelehrtem Deutschlande* wurden einige von ehemaligen Schülern des Hn. Dr. *R.* geschriebene Dissertationen diesem Gelehrten fälschlich zugeschrieben; dagegen ist andern manches nicht bekannt, was derselbe während seines akademischen Lehramtes zu Wittenberg herausgegeben hat: er liess sich also annehmen, dass einer grossen Anzahl von Verehrern des vielfach verdienten Mannes mit einer vollständigen Sammlung seiner damals von Zeit zu Zeit erschienenen kleinern gelehrten Schriften, wovon mehrere einzeln sich nicht mehr leicht auftreiben lassen, gedient seyn würde, obgleich verschiedene davon schon in den von den Hnn. *Velthusen*, *Kuinöl* und *Ruperti* herausgegebenen theologischen Commentationen zu finden sind. Hr. *P.* machte deswegen dem Vf. den Antrag, eine solche Sammlung selbst zu veranstalten; dieser aber fand einige seiner dahin einschlagenden Arbeiten, wie z. B die erste, die er als ein fünf und zwanzigjähriger junger Mann auffetzte, kaum mehr eines erneuerten Drucks würdig; andre wollte er noch umarbeiten, wenn er Musse dazu fände; weil er aber zugleich bemerkte, dass er unter seinen Papieren manches vorräthig hätte, was sich in verschiedene Stellen als Zusatz einschalten liess: so ersuchte ihn Hr. *P.* um die Mittheilung dieser Blätter und um die Erlaubniss, die Herausgabe der Sammlung selbst zu besorgen. Hr. *R.* gab zuletzt nach, verlangte aber, dass Hr. *P.* ausdrücklich erklärte, *dass der Vf. von der Nützlichkeit dieser Sammlung anders als der Herausgeber dächte.* Hierauf konnte in der That Hr. *P.* die Unternehmung schon wagen: denn diese *opuscula academica* enthalten einen so grossen Reichthum gründlicher Gelehrsamkeit, und sind zum Theil mit so viel Scharfsinn geschrieben, bearbeiten zum Theil so anziehende Gegenstände, und empfehlen sich ausserdem durch ihre gute und ungekünstelte Schreibart so sehr, dass Rec. den Herausgeber wohl zu vertreten sich getraute, wenn er etwa, was jedoch nicht zu fürchten ist, deswegen angefochten werden sollte. Die Aufsätze des *ersten* Bandes, die theils vor mehr als dreyssig, theils vor beynahe dreyssig Jahren von dem Vf. geschrieben worden, sind folgende: 1) *Von dem Ansehen der alexandrinischen Bibelübersetzung und dem Gebrauche derselben bey Bestimmung der echten Leseart der hebräischen Bücher.* (Der Aufsatz erschien im März 1777, als sich der Vf. die Erlaubniss, Privatvorlesungen zu halten, auswirken wollte.) Schon in diesem ersten Aufsatze hat sich der Schriftstellercharakter des Vfs. von mehrern Seiten eben so gezeigt, wie man ihn seitdem bis auf die letzte Zeit immer kennen gelernt hat; er dringt auf Vorsichtigkeit; er räth von raschen Schriften und Urtheilen ab; er untersucht seinen Gegenstand mit Bedachtsamkeit; der Fleiss des Forschers, der alle Seichtigkeit hasst, und dem der Vorwurf, flüchtig, oberflächlich gearbeitet zu haben, unerträglich wäre, ist schon hier unverkennbar. Ueberhaupt haben die frühern Aufsätze des Vfs. weder in Fehlern noch in Vorzügen etwas von dem jugendlichen Alter an sich; das reifere Urtheil späterer Jahre muss sich bey ihm schon frühe gebildet haben; frühe schon muss er sich Mühe gegeben haben, seine Einbildungskraft zu zügeln und jeden Affect zu dämpfen; was ihm dagegen an eigenthümlichem Genie abgieng, das befleissigte er sich, wie es scheint, frühe durch ein die Seelenkräfte bildendes und schärfendes Studium zu ersetzen. Man bemerkt deswegen bey weitem nicht eine so grosse Ungleichheit zwischen den frühern und spätern Arbeiten dieses Gelehrten als man bey manchem andern Schriftsteller wahrnimmt; der jugendlichen Auswüchse fand er weniger als dieser und jener genialische Kopf wegzuschneiden; man begegnet in den frühern so wenig als in den spätern Aufsätzen auffallenden Uebertreibungen, Unbilligkeiten, leidenschaftlichen Ausbrüchen; kaum bemerkt man, dass in der Folge irgend wo ein wenig eingelenkt, dieses und jenes gemildert, hier und da etwas weniger einseitig betrachtet werden musste; vielmehr behauptet sich schon gleich anfangs das abwägende, vorsichtige, bis auf den Grund gehende Urtheil, das man nun schon seit so langer Zeit an den Arbeiten des Vfs. schätzt, und die verschiedenen Theile dieser Sammlung empfehlen sich daher durch eine gewisse Gleichförmigkeit der Kraftanwendung auf die verschiedenen in denselben bearbeiteten Materien. In der *ersten* Abhandlung gefallen insbesondere die empfohlenen *Cautelen* bey der Vergleichung der griechischen Uebersetzung mit dem hebräischen Originale, damit man nicht zu schnell die Urschrift aus der Uebersetzung verbessern wolle (*maxime in iis lectio-*

lectionibus, quae aut elegantiae quadam specie, aut facilitatis, concinnitatisque venustate legentes facile capiunt et in errorem abducunt). 2) *Vom Selbstmorde nach einer Stelle in Plato's Werken.* (Im April 1778. geschrieben, um sich als Adjunct der philosophischen Facultät zu habilitiren.) Hier zeigt der Vf. schon frühe seinen vorzüglichen Beruf zum Lehrer der Moral, in welcher Wissenschaft dieser zwar in allen Theilen der theologischen Disciplinen bewanderte Gelehrte doch vielleicht die gröfste Stärke besitzt. Die Reinheit des in dieser schönen Abhandlung aufgestellten Moralprincips verdient insbesondere mit Beyfalle bemerkt zu werden, und die Art, wie *Mendelssohn* gegen den Selbstmord argumentirt, verliert dagegen viel: denn nach ihm würde es nur unklug, nicht pflichtwidrig seyn, an sich selbst einen Mord zu verüben. Mit einiger Verwunderung lieset man was der Vf. gegen *Less*, der den Philisterfeind Simson, etwas zu strenge, den Selbstmördern beygesellte, bemerkt; mit diesem Manne, sagt er, habe es eine besondere Bewandtnifs: denn „von Gotte selbst" sey es ihm aufgetragen worden, dem Erbfeinde der Israeliten allen ihm möglichen Abbruch zu thun, was er sterbend noch gethan habe; hätte er diese Gelegenheit unbenutzt gelassen, so würde er seine Schuldigkeit nicht gethan haben. 3) *Ein Beytrag zur Erläuterung des acht und sechzigsten Psalmis.* (Im November 1779. geschrieben, um Baccalaureus der Theologie zu werden.) Diese schon durch die *commentationes theologicas* bekannte Abhandlung bearbeitet im Ganzen glücklich einen der schwersten Psalmen, obgleich der Vf. gerne gestehen wird, dafs Hr. Prälat *Schnurrer*, dem die Interpretation des A. T. so viele, zum Theil bewunderungswürdig scharfsinnige, Aufklärungen verdankt, über einzelne Verse auch dieses Psalms ein gröfseres Licht verbreitet habe, und dafs sich selbst gegen die zwar gewöhnliche Haupt-Ansicht des Psalms, nach welcher er in *Davids* Zeitalter zu setzen ist, bedeutende Zweifel erheben lassen, die aus mehrern Stellen des Psalms geschöpft werden können. Gewifs wird man ungeachtet der Anstöfse, die man bey einigen Stellen noch finden mag, nicht ohne hohe Achtung für des Vfs. schon so frühe erworbene, ausgebreitete gelehrte Kenntnisse diese Erläuterungen eines Psalms lesen, in welchem mehrere Verse selbst geübte Schriftausleger beynahe zur Verzweiflung bringen könnten, und man erkennt in der Wahl dieses Thema's für eine Dissertation, die minder gelehrt seyn durfte, ohne darum weniger zu ihrem nächsten Zwecke zu führen, einen edeln Geist, der lieber an dem Schwerern als an dem Leichtern seine Kräfte versucht. 4) *Ob man die ganze Natur genau kennen müsse, um zu urtheilen, daß etwas ein Wunder sey?* (1779.) Gewifs hat der Vf. hier bewiesen, dafs, wenn das von ihm Angeführte, genau so, wie er es anführt, sich zugetragen habe, (z. B. ein schon in Fäulnifs übergegangner Todter wird auf Ein Wort wieder lebendig; ein Opfer wird auf das Gebet eines Propheten sogleich vom Blitze entzündet; sechs Krüge voll unzweifelhaften Wassers verwandeln sich plötzlich, ohne dafs ein Mensch etwas dabey thut, in Wein u. dergl. m.), diefs ohne allen Zweifel ein Wunder sey, und dafs man nicht in alle Naturkräfte eingeweiht seyn müsse, um diefs übernatürlich zu finden; die Frage ist nur, ob das Angeführte eine reine, unverfälschte Thatsache sey, und hierauf läfst sich die Abhandlung nicht ein. Wenn es ferner ein Cirkel im Schliefsen ist, die Echtheit der Wunder aus der Lehre des Wunderthäters, und hinwieder die Göttlichkeit der Lehre aus den Wundern beweisen zu wollen: so sollte man denken, es wäre eben so unstatthaft, gegen *Gaßners* angebliche Wunder aus dessen trivialen Lehrmeinungen zu argumentiren. Endlich darf man zweifeln, ob Jesus, um zu beweisen, dafs seine Lehre von Gott sey, Wunder gethan, und in Ansehung der Göttlichkeit seiner Lehre sich auf Wunder berufen habe; wenigstens weiset er bey Johannes (VII, 17.) auf einen andern Weg der Ueberzeugung von dem göttlichen Ursprunge seiner Lehre hin, auf einen Weg, der noch in unserm Zeitalter für jedes Redlichen völlig gebahnt ist, da hingegen der andre für manchen denkenden Wahrheitsfreund etwas zu rauh ist, und ihn wenigstens nicht so sicher zum Ziele führt. 5) *Von einigen Reden Jesu, die auf eine fehlerhafte Weise in einem allgemeinen Sinne genommen werden* (1780.). Als Beyspiel wird Matth. 28—30. angeführt, und dieser Ausspruch Jesu gut erläutert. Wenn man jedoch diese und andere Stellen erst richtig historisch und grammatikalisch erklärt hat, was auch in Predigten immer geschehen sollte: so lassen sich daraus immer noch allgemeine Religionswahrheiten ableiten, die, als unmittelbare Folgerungen aus erwiesenen Lehren des Evangeliums, diesen gleich zu achten sind, was ohne Zweifel der Vf. nicht bestreiten wird. Diese Abhandlung athmet einen freyen und frey machenden Geist; es wird gezeigt, woher es komme, dafs viele geneigt seyn, alles im Evangelium in einem allgemeinen Sinne zu nehmen. Durch die Katechismen, heifst es, werde der Grund zu dieser Neigung gelegt; sodann trage die Art, wie in vielen Predigten die Bibel behandelt wird, manches dazu bey; unrichtige Vorstellungen von der Theopnevstie wirken endlich auch dazu mit, und verleiten manchen zu dem Glauben, dafs die Bibel anders als andre Bücher zu verstehen sey. Daher wage sich auch nicht selten jemand an die Erklärung der heiligen Schriften, der nicht einmal gelernt habe ein gewöhnliches menschliches Buch zu verstehen. 6) *Von derjenigen Art zu argumentiren, welche man Induction (επαγωγη) nennt, nach Diogenes Laertius* (1780.). 7) *Nur ein erhabenes Gemüthe kann sich vornehmen, sich um das ganze menschliche Geschlecht verdient zu machen.* (Im Julius 1780. geschrieben, als der Vf. zum aufserordentlichen Professor der Philosophie ernannt ward.) Aus dieser vortrefflichen Dissertation erwuchs nachher der bekannte *Versuch über den Plan, welchen der Stifter der christlichen Religion zum Besten der Menschen entwarf*, wovon die *vierte* Ausgabe (Wittenberg und Zerbst b. Zimmermann 1798.) schon bis zu 512 S. ohne die Vorrede von XXXII S. erweitert ward.

ward. 8) *Warum Gedichte allgemeinern Beyfall finden als philosophische Schriften?* (1780.). 9) *Eine Rede, welche die Verbindung des Vortrags der Geschichte der Philosophie mit dem der Philosophie selbst empfiehlt* (1780.). 10) *Eine Rede, welche von der Nachahmung der Sokratischen Lehrart von Seiten der akademischen Lehrer der Philosophie handelt* (1780.). Ein ausführlicher Zusatz stellt das Eigenthümliche dieser Lehrart dar. Der Vf. hat diesen Aufsatz recht *con amore* ausgearbeitet, und man liest ihn mit ausnehmendem Vergnügen. Wem es übrigens mit der von dem Vf. gepriesenen Sokratischen Ironie auf der Universität glücken sollte, müsste ungemein gutmüthig seyn; sonst würde sein versteckter Schalksgeist ihm bald viele Feinde machen, und der Kunstgriff sich einfältig anzustellen würde sich in unserm Zeitalter bald abnutzen. Ueberhaupt gehört eine ganz eigne Naturgabe dazu, um diese trockene Ironie gehörig zu handhaben; wem diess Genie nicht gegeben ist, bleibt besser davon; sogar ein eigner Sokratischer Körperbau ist ein beynahe nothwendiges Bedingniss des Gelingens dieser Manier. Darum bleibt es inzwischen immer wahr, dass eine verständige Nachahmung der Sokratischen Frag-Methode noch jetzt in Collegien von Lehrern der Philosophie mit Nutzen statt finden kann, und vermuthlich hat der Vf. während seiner akademischen Laufbahn, selbst davon *cum grano salis* Gebrauch gemacht, und dadurch den Verstand seiner Zuhörer geschärft, sie Bescheidenheit gelehrt, ihnen manches viel deutlicher und anschaulicher zu machen gewusst, und insbesondere die Bildung junger Theologen für ihr künftiges kirchliches Lehramt mit dadurch befördert. 11) *Daß das Glückseligkeitsprincip sich zum Maßstabe der Beurtheilung der Lehren des Christenthums wenig eigne.* (Erschien im November 1782. als der Vf. die theologische Doctorwürde erhalten sollte.) Obgleich mehrere Leser bey einigen Theilen dieser gelehrten Dissertation anstossen werden, wie wenn S. 434. behauptet wird, nichts werde in den Schriften des N. T. *offenbarer* gelehrt, als dass Christus *Gott* sey (*Christum esse Deum*), so wird doch jeder Urtheilsfähige den festen Blick des Vfs und seine feste Hand in Zeichnung und Begränzung theologischer Lehrmeynungen auch in dieser Arbeit erkennen, und die vorzügliche Tüchtigkeit eines solchen Mannes zu dem akademischen Lehramte, zu welchem er damals bestimmt wurde, hochachtungsvoll bezeugen. 12) *Ob, und wenn sich christliche Lehrer bey Verwaltung ihres Amtes zu den Vorurtheilen der Menschen herablassen dürfen?* (Erschien im December 1782., als der Vf. sein Amt als Professor der Theologie antrat.) Diese Dissertation zeigt vorerst nur, wie die ältern Kirchenväter über diesen Punkt gedacht haben. Die zu diesem Zwecke aus den Schriften dieser heiligen Väter ausgezogenen Stellen sind sehr interessant, und interessanter noch würde es seyn, wenn man in die Denkart mancher spätern Kirchenväter eben so helle hineinschauen und deutlich unterscheiden könnte, was nur *exoterisch*, was hingegen *esoterisch* in ihrem Systeme ist, was sie nur κατ' οἰκονομίαν vortragen, was sie nur γυμναστικῶς, was hingegen δογματικῶς schreiben. 13) *Antrittsrede als ordentlicher Professor der Theologie zu Wittenberg* (1782.). Diese aus der Handschrift abgedruckte Rede handelt von der weisen Rücksicht des Lehrers der Theologie auf sein Zeitalter bey Erwerbung und Erweiterung theologischer Gelehrsamkeit.

Sehr gern hätte Rec. im *zweyten* Bande die Fortsetzung der Abhandlung gelesen, welche die wichtige Untersuchung anstellen sollte, in wiefern sich ein christlicher Lehrer nach den Vorurtheilen der Menschen, unter denen er lebt, bequemen dürfe: denn was der Vf. in der ersten Section dieser Abhandlung von den Grundsätzen der Kirchenväter in Ansehung dieser zarten Materie anführte, gehört zu dem Anziehendsten, was der erste Band enthält, und machte nach der weitern Ausführung der Gedanken dieses Theologen über einen so tief eingreifenden Gegenstand ungemein begierig; vielleicht fand es aber der Vf. entweder nicht der Klugheit, oder nicht der Weisheit gemäss, diese Materie weiter zu verfolgen, und überliess es lieber jedem Verständigen, der darüber mit sich selbst einig zu werden wünscht, über diess Gewissenssache, von der man leicht dem Publicum zu viel sagen könnte, auf seinem Museum nachzudenken. Der *zweyte* Band enthält wenigstens keine Fortsetzung dieser Materie, sondern grösstentheils nur vier bereits in die von *Velthusen*, *Kuinöl* und *Ruperti* veranstaltete Sammlung der theologischen Commentationen aufgenommene Abhandlungen. Die *erste* erklärt Jes. XI, 1—5. von Christo, um die Wittenbergschen Musensöhne von 1783. zu einer würdigen Feyer des Weihnachtsfestes durch diese *explanationem loci prophetici* vorzubereiten. Den blossen Exegeten dürfte sie nicht befriedigen; dieser wird z. B. in den „Geist des Raths und der Stärke" zu viel gelegt finden, wenn der Vf. darunter *futura praenuntiandi facultatem* und *portenta et miracula edendi potestatem* versteht; auch wird er sich nicht überzeugen können, dass שָׁפַט צֶדֶק sagen wolle: *benigne reget*; am allerwenigsten wird es ihm einleuchten, dass das, was S. 29. von Christo gesagt wird, und das, was Jesaias in der angeführten Stelle von einem Nachkömmlinge Davids sagt, zwey Figuren seyen, die sich einander decken. Eine erbauliche Anwendung der prophetischen Stelle auf Christum bey Gelegenheit eines Weihnachtsfestes wird inzwischen auch der Exeget gerne zugeben, wenn sie nur nicht weiter getrieben wird, als es die Worte zulassen, und Jesaias nicht aus dem N. T. erläutert wird. Die *zweyte* Abhandlung erregt mehrere Zweifel, als sie heben wird. Dass Jesus seine Auferstehung gerade so, wie sie erfolgt ist, vorhergesagt habe, soll gezeigt werden; Rec. fürchtet sehr, dass diess nicht gezeigt worden sey. Der Vf. war gewiss der Wahrheit sehr nahe, wenn er zwey Mal anführt, Jesus habe bey Erwähnung des ihm bevorstehenden Todes gewöhnlich auch bemerkt, seine Sache werde darum doch nicht unterdrückt werden können, ja gerade sein Tod wer-

werde sein grosses Werk eher fördern, als dessen Fortgang aufhalten. Indem Jesus so sprach, weissagte er mit Geist; in der Weissagung einer körperlichen Neubelebung gerade auf den dritten Tag nach seinem Tode kann Rec., wenn sie Statt fand, nichts Geistreiches finden. Und es wird immer unerklärlich seyn, dass die Jünger die Auferstehung ihres Meisters gar nicht erwarteten, wenn sie ihnen zu wiederholten Malen so positiv, wie versichert wird, vorhergesagt ward. Der Vf. sagt, diese Vorhersagungen seyen nicht verstanden worden; allein was war denn Unverständliches daran, wenn bestimmt gesagt ward: ich werde getödtet, aber am dritten Tage wieder lebendig werden? Auch ist es schwer zu begreifen, wie die Jünger an ihrem Meister irre geworden wären, wenn die Auferstehung nicht erfolgt wäre, da sie dieselbe, und zwar nach des Vfs. Ansicht *darum* nicht erwartet haben, weil sie die Weissagung, dass er von den Todten auferstehen würde, nicht eigentlich, sondern uneigentlich verstanden. Auch in andere Aeusserungen des Vfs. in dieser Abhandlung kann sich Rec. nicht recht finden. Er sagt z. B., Jesus habe dem Volke die Hoffnung, dass er der Messias nach den herrschenden jüdischen Begriffen sey, nicht geradezu gleich anfangs nehmen dürfen, um es nicht von sich abwendig zu machen; wenn er aber diese Erwartung für Aberglauben hielt, so gieng für ihn nichts über die Pflicht, ein redlicher Mann zu seyn; auch nicht Einen Tag durfte er das Volk etwas von sich glauben lassen, wovon er überzeugt war, dass sich das Volk damit am Ende getäuscht sehen würde; auch zweifelt Rec., dass der Sinn der Worte: τι σημειον ἐνδεικνυεις ἡμιν, ὁτι ταυτα ποιεις, dieser sey: *quo miraculo demonstras te talia audendi jus ac potestatem habere?* Das ποτηριον um dessen Wegnahme Jesus bat, versteht der Vf. bloss von der Angst, die ihn anwandelte; dann wäre es aber eine sonderbare Bitte gewesen: doch nicht mein, sondern dein Wille (dass die Angst fortdaure?) geschehe! Ueberhaupt scheint diese Dissertation der schwächste Theil dieser ganzen Sammlung zu seyn. Die *dritte* ist die bekannte vortreffliche Schrift über die *Kleinigkeiten in der Moral (de vi, qua res parvas afficiunt animum)*, welche *J. Christ. Fr. Eck* mit Zusätzen des Vfs. und eignen Anmerkungen in einer deutschen Uebersetzung (Berlin, b. Vieweg d. ä. 1793.) dem Publicum mitgetheilt hat. Die *vierte* handelt von dem Vorzuge der aus der christlichen Lehre geschöpften Trostgründe, und ist ebenfalls in einer von *Joh. Sam. Fest* ausgearbeiteten deutschen Uebersetzung (*Geist des Christenthums in Hinsicht auf Beruhigung in Leiden*, Leipzig, b. Gräff 1792.) erschienen. Aus der Handschrift ist abgedruckt ein Bruchstück einer *epitome doctrinae christianae.* Das Oberconsistorium zu Dresden hatte, als der Vf. noch Professor war, von der Leipziger- und Wittenbergschen theologischen Facultät eine solche *epitome* zum Gebrauche in Gymnasien und auf hohen Schulen verlangt; Hr. Dr. *R.* gieng damit um, dem Wunsche dieses kirchlichen Collegiums zu entsprechen; sein Versuch würde sich in *vier* Abschnitte getheilt haben; er hätte zuvörderst den Begriff von Religion bestimmt, und gezeigt, was man unter natürlicher und geoffenbarter Religion zu verstehen habe; dann hätte er die Gründe für die Wahrheit der christlichen Religion aus einander gesetzt; hierauf hätte er die vornehmsten Puncte des christlichen Glaubens angegeben (musste diess aber nicht den Gründen für die Wahrheit dieses Glaubens vorgehen?), und endlich hätte er einen kurzen Umriss der Geschichte der christlichen Religion beygefügt. Als er aber an diesem Werke arbeitete, erschien des sel. *Morus epitome*, und da er um dieselbe Zeit nach Dresden berufen ward, so gab er um so mehr diese Arbeit ganz auf. Lange weigerte sich der Vf. das Fragment davon, das er noch unter seinen Papieren hatte, für die Sammlung seiner akademischen Schriften mitzutheilen; doch zuletzt gab er den Wünschen des Herausgebers, Hn. Prof. *Pölitz* und des Hn. Hofraths *Böttiger* nach. In der That werden ihnen die Leser Dank dafür wissen, dass sie durch die vereinigten Bitten dieser Freunde des Vfs. zur Kenntniss eines so schätzbaren Fragments gelangten; aber es auch lebhaft bedauern, dass diess nur angefangene Werk, welches schon in seinen Anfängen so viel versprach, unvollendet blieb, und allem Vermuthen nach bleiben wird. Diese Betrachtung hält auch den Rec. ab, dasjenige mitzutheilen, was er noch bey den zwey Bogen, welche diess Fragment einnimmt, zu bemerken fände. Die gelehrten Excurse, womit diess Werk in seiner Vollendung begleitet worden wäre, würden ihm gewiss nach den mitgetheilten Proben, die von der grossen Gelehrsamkeit des Vfs. zeugen, einen vorzüglichen Werth gegeben haben.

LITERARISCHE ANZEIGEN.

Berichtigung.

In der Recension des *Codex Napoleon* dargestellt von *Lassaulx* Nr. 84. ist folgendes S. 684. zu berichtigen:

Hr. *Lassaulx* hatte geschrieben: „Sobald das positive Gesetz schweigt, müssen die Vorschriften des Naturrechts befolgt werden: ist es dunkel, so wird es nach der natürlichen Billigkeit interpretirt."

Der Recensent zog nach der natürlichen Constructionsfolge die Worte *ist es dunkel*, auf das letzte Subject: *Naturrecht*; da aber Hr. *Lassaulx* sich erklärt hat, diese Worte *ist es dunkel*, auf das *positive Gesetz* bezogen zu haben, so fällt natürlich der S. 684 aus jener Voraussetzung geflossene Tadel von selbst weg.

ALLGEMEINE LITERATUR-ZEITUNG

Freytags, den 24. November 1809.

WISSENSCHAFTLICHE WERKE.

THEOLOGIE.

Heidelberg, b. Mohr und Zimmer: *Das Christenthum in seiner Wahrheit und Göttlichkeit betrachtet.* Von *Fr. H. Chr. Schwarz.* — *Erster* Theil.

Auch unter dem Titel:

Die Lehre des Evangeliums aus den Urkunden dargestellt. 1808. XIV u. 463 S. 8. (2 Rthlr. 8 gr.)

In den ewigen Gesetzen der Vernunft und des durch diese geweckten Gefühls strömen nie versiegend, immer gleich wahr und jung die Quellen des Glaubens an Gott und seiner Verehrung. Und wie auch durch die Verkehrtheit der sich nur im Wechsel gefallenden Menschen das Ewige sich aus ihrem Denken, Wünschen und Hoffen verliert, wer nur seinen Sinn und sein Gemüth auf ihn richtet; er wird ihn finden und fühlen. Man kann sich Gemüther denken, und so weit Geschichte und Erfahrung es vermögen, auch diese machen uns mit schönen Seelen bekannt, in denen der Einklang der gesammten Thätigkeit des Denkens und Empfindens den lebendigen Glauben an Gott und seine Gnade aufregt, ohne dass sie, um sich ihre Ueberzeugung zu erhalten, der Reflexion und vermittelst derselben des Bewusstseyns der Gründe und des Zusammenhangs der Wahrheiten, die sie über das Sichtbare und Vergängliche erheben, bedürfen. Ein solches rein orientalisch gestimmtes Gemüth, welches das Höhere und Göttliche anstrebend, sich in angemessenen Bildern das Ewige vergegenwärtiget, bedarf für sich keiner Theologie, keines Erweises der Wahrheit und Göttlichkeit seiner Gottes-Anbetung, und möchte wenig geschickt seyn, einen solchen Erweis aufzustellen. In welchen treffenden Bildern auch das östliche und westliche Asien seine religiösen Ideen einem dem Göttlichen zugewandten Gemüthe vorführt, ein System der Religion gab es uns nie. Dieses Bedürfniss wird nur da gefühlt, wo durch das Verhältniss der Kraft des Geistes und Gemüths die reflectirende Vernunft mehr hervortritt, und der Mensch sich genöthigt findet, nach deutlich erkannten Gründen, seinem Glauben und seinen Gefühlen Nothwendigkeit und Einheit zu sichern. Es ist ein nichtiges und unberufenes Unterfangen, einer Seele, die sich von dem Streben nach dem Unbedingten ergriffen findet, für ein Ewiges und Göttliches fühlt, und durch dieses Gefühl befriedigt, beruhigt, und mit unendlichen, wenn gleich unbestimmten Erwartungen erfüllet, alle Demonstrationen und Deductionen des ihm unmittelbar gewissen Göttlichen zurückweiset, diese aufdringen zu wollen, und allemal Beweis einer einseitigen Ausbildung, wo nicht sogar der Verkrüppelung des in der Wechselwirkung des Gefühls und der Reflexion als Einheit vollendeten Menschen, ihr diese Stimmung unter der spöttelnden Benennung der Gefühlseligkeit aufzurücken. Aber sollen wir es anders ansehn, wenn derjenige, dessen Glaube nur durch Bilder geweckt und unterhalten wird, weil er mit dem Unbestimmten zufrieden ist, dem, der nach Bestimmtheit seiner Vorstellungen strebt, so weit diese zu erreichen steht, dieses Streben und die darauf gestützten Nachforschungen der reflectirenden Vernunft als Denkseligkeit vorwirft? Wer unbefangen und ruhig die Wahrheit sucht, ehrt beide, den, welchem sich unmittelbar das Ewige im Gefühle ankündiget, wie den, der die Gründe kennt, warum sein Vermögen nicht hinreicht, Gott in einem Begriffe zu fassen, ohne ihn doch anders, als unter Begriffen denken zu können, und der eben deswegen sich desto tiefer vor dem Unbegreiflichen beugt. Ihm gilt dieser, weil ihn seine Individualität bestimmte, das Nothwendige, welches ihm bey den sinnlichen Anschauungen zum Bewusstseyn kam, davon zu trennen, es unter einem allgemeinen Begriff zu fassen und von diesem sich zu der Idee eines Nothwendigen an sich und eines Ewigen zu erheben, darum nicht weniger, als jener. Hätte der Vf. diese Gerechtigkeit dem Begriff- und Denkseligen, wie er ihn nennt, nicht versagt, nicht unbedingt dem Gefühle den Vorzug gegeben und von dem religiösen Gefühle, dessen Gehalt doch erst durch Reflexion über das menschliche Bewusstseyn ausgemittelt werden muss, den Werth dieser Reflexion abhängig gemacht: so würde Rec., ohne seinen eigenen aufgestellten Grundsätzen zu widersprechen, an dieser Ansicht des Christenthums nichts haben ausstellen können. Der Forschungsgeist des Gott zugewandten Mannes, würde er gedacht haben, geht nun einmal nicht über die unmittelbare Wahrnehmung des Nothwendigen im Bewusstseyn hinaus, der Gaben sind manche, aber es ist doch nur ein Geist; warum den Guten in seinen frommen Ueberzeugungen stören? Allein da der Vf. der Art, wie Platon das Unbedingte auffasst und begründet, ausschliessend das Wort redet; da das Beyspiel eines öffentlichen Lehrers der Theologie nicht ohne bedeutenden Einfluss bleibt, und der Zeitgeist sich immer mehr in dem Unbestimmten und Begriffleeren gefällt: so sind wir dieser Meinung eine nähere Würdigung schuldig.

Der Vf. meynt alſo, Religion könne nur durch Religion erkannt werden; Religion ſey die ſelbſtthätige Richtung des Gemüths zu Gott, als dem abſolut höchſten und ewigen Weſen, und nur demjenigen, der ſich über die Thätigkeit des Gemüths, wodurch es die Vereinigung des Menſchen mit Gott denken kann, mit ſich ſelbſt verſtändiget hat, vermöge man ſich verſtändlich zu machen. Dieſes Gemüthszuſtandes ſich bewuſst will er, ohne von einer Idee der Religion auszugehn, aus den Schriften des N. T. das Verhältniſs des Chriſtenthums zu demſelben beſtimmen. Dieſes im vorliegenden *erſten* Theile; im *zweyten* Theile ſoll dann gezeigt werden, in wie ferne ſich die Wahrheit und Göttlichkeit der chriſtlichen Religion erweiſen laſſe. Hier dringt ſich zunächſt die Bedenklichkeit auf, wie ſich wohl über das Verhältniſs des Gemüthszuſtandes eines andern zu dem unſrigen urtheilen laſſe. Ob jemand mit einem Worte denſelben Begriff verbinde, davon können wir uns überzeugen, wenn wir ihn die Gegenſtände wahrnehmen laſſen, die vermittelſt dieſes Begriffs zum Bewuſstſeyn kommen; ob er aber bey einem Worte und dem Gegenſtande, welchen daſſelbe bezeichnet, das nämliche *fühle*, wie will man das erfahren, beſonders wenn man ſich in ſeiner Gemüthlichkeit gefällt, und eine ſorgfältige Beſtimmung der Worte und Begriffe ſcheut. Iſt nun gar der Gegenſtand jedem Begriffe und jeder Idee unerreichbar, ſo iſt alle Mühe ſich mit einander über ſein Gefühl für denſelben zu verſtändigen vollends verloren. Wenn man auch zugeben wollte, daſs die Erklärungen der Andacht, als einer ſelbſtthätigen Richtung des Gemüths zu Gott, und das Erkennen Gottes, als Gottes (S. 5.) gleichgeltend wären, wie ſie es doch nicht ſind, da das Gemüth durch ſeine Richtung nichts erkennet, und den gewiſſen Schwung begriffe, der dazu gehören ſoll, um ſich von dem Niedern los zu reiſsen und ſich zum Gedanken des Höchſten zu erheben: ſo würde das Gefühl der Andacht dadurch doch nicht ſo erklärt ſeyn, daſs jeder erkennen könne, ob er dieſen Act bey ſich vollzogen habe. Was iſt aber doch auch das Höchſte, welches der Religiöſe denkt und dem er ſich zuwendet? Der Vf. ſagt zwar manches darüber. Es iſt ihm dasjenige, was einen abſoluten Werth hat, dem wir allein unſre ganze Treue, unſre ungetheilte Liebe, unſern völligen Glauben weihen können, das Heiligſte, das Beſte, auch das Unbegreiflichſte und Unerklärbarſte; das alles aber wird nicht objectiv genommen, ſondern iſt anfänglich ſubjectiv und tritt erſt nachher als ein Objectives hervor. Nun ſind wir aber uns ſubjectiv nur des Nothwendigen bewuſst, welches gewiſſe Arten der Geiſtes- und Gemüthsthätigkeiten begleitet, keinesweges aber eines ſolchen Nothwendigen, welches von dieſer Thätigkeit getrennt werden kann; und von einem ſolchen Nothwendigen an ſich, einem Ewigen, Abſoluten findet ſich vollends nichts in unſerm Bewuſstſeyn. Die Vernunft kündiget ſich nur unmittelbar an durch ein *Streben* nach dem Unbedingten, welches je nachdem es Gegenſtand des Erkenntniſs-, Begehrungs- oder Gefühlsvermögens wird, das Unbegreifliche, das Beſte, das Schönſte heiſst. Iſt alſo nur von dieſem unmittelbaren Bewuſstſeyn des Höchſten in uns, als durch Vernunft thätigen Weſen, die Rede, ſo iſt dieſes Streben, oder wie der Vf. ſagt, indem er unter dem Ausdruck Gott alles, was nur Gegenſtand dieſes Strebens ſeyn kann, ohne nähere Beſtimmung zuſammen faſst, das Richten des Gemüths zu Gott, das Höchſte ſelbſt, was einen abſoluten Werth hat, und dem alle übrigen Prädicate zukommen. Der Vf. ſetzt daher auch das wahrhaft Religiöſe in dieſe Richtung des Gemüths. Hiermit kommen wir aber zu einer ſonderbaren Anſicht der Religion. Sie wird uns nämlich zu einer Richtung des Gemüths auf die Richtung zu dem Höchſten, wo das Höchſte immer wieder dieſe Richtung iſt. Es lautet freylich nicht ſo befremdend, wenn der religiöſe Glaube das in ſich ſelbſt zurückkehrende und durch ſich ſelbſt feſtgehaltene Fürwahrhalten (S. 23.) genannt wird; aber dieſes Fürwahrhalten iſt immer nichts anders, als ein ſolches Richten auf ein Richten, ſo lange das Höchſte nicht durch vorhergegangene anthropologiſche Nachforſchungen ſeine beſtimmte Bedeutung erhalten hat. Der Vf. meynt nun zwar, daſs er ſich eines beſtimmten Gefühls bewuſst geworden, oder in dem Göttlichen mehr als dieſes unbeſtimmte Streben, wie er ſagt, angeſchauet habe, und wir wollen ihm dieſes auch gar nicht abſprechen. Allein es geht mit dieſer Gefühls-Anſchauung, wie mit der intellectuellen. Man iſt ſich der verſchiednen Thätigkeiten des Geiſtes und Gemüthes einzeln bewuſst geworden, hat die Bedeutung des Unbedingten in Beziehung auf jede derſelben kennen gelernt, und ihre vereinte Wirkung ſtimmt in den Augenblicken höherer Begeiſterung zu einem harmoniſchen Einklange zuſammen. Vermöge der Beſchaffenheit unſers Geiſtes werden wir ſie objectiviren. Das Wahre, Gute und Schöne bietet ſich dort *dem Gemüthe* als ein Göttliches zur Verehrung dar; hier wird es in der Idee des Abſoluten *dem Geiſte* vorgeführt. Hält man ſich bey dem religiöſen Gefühl allein an dem Subjectiven, wie der Vf größtentheils, nur nicht immer, mit genugſamer Vorſicht und Beſtimmtheit gethan hat: ſo iſt dieſes Gefühl allerdings das Höchſte im Menſchen, es giebt allen Freuden ihren Werth, adelt alle Empfindungen, es iſt heilig und göttlich, und das Beſte was wir haben können. Allein man darf ſich dabey nicht von der Bedeutung entfernen, welche dieſes Gefühl durch die ſubjectiven Bedingungen unſrer Gemüthsthätigkeit erhält; ſonſt führt dieſes unvermeidlich zu gedankenloſen Schwärmereyen; man verliert ſich in einen Gegenſtand ohne Begriff, wie der ſpeculative Kopf ſich auf ähnlichem Wege in eine Idee ohne Gegenſtand verliert. Und dieſen Fehler hat der Vf. in ſeiner Vorliebe für das Thätige in der Religion nicht vermieden. Es darf allerdings nicht gefodert werden, daſs das religiöſe Gemüth ſich bey ſeiner Andacht der Bedeutung des Höchſten, zu welchem es ſich erhebt, deutlich bewuſst werde; aber das kann mit Recht verlangt werden, daſs der Religiöſe ſich durch Selbſtbeobachten und Nachdenken über die Gründe ſeines Gefühls bilde, um auch in der Andacht die Beſonnenheit nicht zu verlieren. Das Gemüth richtet ſich nur in ſo ferne wahr

und

und angemessen zu Gott, als es durch Nachdenken gebildet ist. Dem Theologen, der sein Gefühl kennen muss, ist nun diese Reflexion keinesweges zu erlassen. Er muss die Elemente der Construction seiner Wissenschaft kennen. Wie kann er das aber, ohne mit den Elementen des religiösen Gefühls und den Gründen desselben bekannt zu seyn? Ueberdiess ist es bloss Folge der Zeitphilosophie und der durch sie herrschend gewordenen Methode, wenn der Vf. die Erforschung des Wahren von der Religion als ihrem Principe abhängig macht. Wäre das religiöse Gefühl Princip der Erforschung des Wahren, so müssten sich aus demselben alle Wahrheiten ableiten lassen. Nun muss aber dieses Gefühl erst selbst in seinen Gründen untersucht, und das Zufällige oder Weltliche, was nach dem eigenen Geständniss des Vfs. sich immer darin findet, von dem Nothwendigen gesondert werden. Dazu wird aber ein höheres Princip erfordert. Die Grundsätze der Mathematik und der Logik sind doch auch Wahrheit, man braucht aber eben nicht religiös zu seyn, um sich der Nothwendigkeit derselben bewusst zu werden. Endlich muss auch das religiöse Gefühl, selbst nach dem Vf. in einem Begriffe aufgefasst werden, ehe man davon Wahrheiten ableiten kann. Beides aber, das Auffassen im Begriff wie das Ableiten, erfordert eine andere Thätigkeit als diejenige ist, aus welcher das Gefühl hervorgeht. Das Gefühl kann also nicht Princip für die durch Reflexion erkannten Wahrheiten seyn. Dagegen fliesst die wissenschaftliche Erforschung der Wahrheit von mehreren Seiten auf das religiöse Gefühl ein, nicht nur indem sie ihm Bedeutung giebt, welche ohne sie ihm gänzlich fehlen würde, sondern auch indem sie durch die Cultur der Vernunft das Streben zum Höchsten aufregt, und der Einbildungskraft die Ideen darbietet, ohne die doch kein lebendiges Gefühl geweckt werden kann. Diese Ideen liegen nicht in der Vernunft vor ihrem Gebrauche, sonst müsste sich jeder ihrer unmittelbar bewusst werden. Nur indem der menschliche Geist den Gesetzen der Vernunft gemäss thätig ist, erhebt er sich zu denselben, und nur von einem gesetzmässigen Vernunft-Gebrauche hängt ihre Wahrheit ab. Von der Analyse der Vernunftthätigkeit muss demnach der Theologe bey der Würdigung des religiösen Gefühls ausgehn, und nicht umgekehrt durch dieses Gefühl die Vernunftthätigkeit bestimmen wollen. Dieses ist noch mehr von ihm zu verlangen, wenn er als Lehrer anderer auftritt. Soll der Schüler nicht der Gefahr ausgesetzt bleiben, sein dunkles Gefühl durch jedes Irrlicht aufgehellt zu wähnen: so muss er gleich anfangs in Stand gesetzt werden, den Schein von der Wahrheit zu unterscheiden, und dazu hilft es nicht, wenn man ihm auch noch so oft wiederholt, er solle sich selbst verständigen, ob er den religiösen Act vollzogen und sein Gemüth auf das Höchste gerichtet habe. Wie kann sich doch jemand mit sich selbst verständigen ohne Begriffe von dem zu haben, worüber er sich mit sich selbst verständigen soll! Um dazu seinem Lehrling zu verhelfen muss er ihn zuvor mit den Gesetzen der Vernunftthätigkeit bekannt machen, und ihm zeigen, bey welchen Anlässen und wie in Verbindung mit der Einbildungskraft hieraus die höhern Gefühle hervorgehn. Dann erst kann er ihn durch die Frage, wie er bey diesen und ähnlichen Veranlassungen sein Gefühl bestimmt finde, zum Selbstverstehn bringen, und ist sicher, wenn er nun in seiner Gemüthlichkeit zu ihm über göttliche Dinge redet, dass er sich immer wieder werde orientiren und sein Gemüth zügeln können, dass es nicht in das Ueberschwängliche ausschweife.

Wie leicht man, sich seiner Gemüthlichkeit überlassend, in Widersprüche und Fehlschlüsse geräth, zu welcher Unbestimmtheit die Vernachlässigung des analytischen Verfahrens führe, und welche nachtheilige Folgen aus dieser Unbestimmtheit für die Sittlichkeit entstehen können, lässt sich aus manchen Behauptungen des Vfs. darlegen. S. 21. wird die Existenz des Ewigen ausser uns dadurch bewiesen, dass sich die menschliche Vernunft im Zeitwechsel befinde, wegen dieses Wechsels das Ewige nicht seyn könne, folglich eine ewige Vernunft, die über allem Zeitwechsel liege, gedacht werden müsse. Kurz vorher war aber gesagt, dass sich die Vernunft in uns als Nothwendigkeit ankündige. Wenn das letzte wahr ist, so ist das erste falsch: denn was wechselt und zufällig ist, kann sich nicht als Nothwendigkeit ankündigen. Und wenn der Mensch, der Gedanke, womit er Gott denket, seine Vernunft zum Weltlichen gehört, und dem Wechsel unterworfen ist: so kann auch die Ueberzeugung wechseln, dass er ein Ewiges zum Festhalten haben müsse, und das darauf gestützte religiöse Gefühl verschwinden; mithin ist die von dieser wandelbaren Vernunft angenommne absolute Vernunft auch das Ewige nicht, woran der Mensch sich festhalten könne. Dieser Beweis, dass der Mensch etwas Bleibendes haben müsse, von dessen Unwandelbarkeit er gewiss sey, um daran fest halten zu können, behauptet der Vf. S. 23., sey lediglich von dem Standpunkte der Religion geführt worden. Durch die Richtung des Gemüths auf das Ewige hat er aber nicht mehr Stärke erhalten, als jeder fromme Wunsch hat. Er hat nicht mehr Gewicht, als die metaphysischen Grundsätze gelten, worauf er eigentlich sich stützt. S. 24. heisst es: Die wenigsten werfen auf das, was in ihnen vorgeht, die Reflexion, und wahrlich nicht zum Nachtheile ihres religiösen Charakters. Nur für die Lehre sey es nöthig, den geheimen Organismus des gläubigen Gemüths durch eine gewisse Zerlegung zu erforschen. Geheimes finden wir nun in diesem Organismus nicht mehr und noch weniger als in jedem andern, weil es unsere Kräfte sind, worauf wir immer reflectiren, und die wir in ihrer Wechselwirkung genauer erforschen können, als die eines uns ganz fremden Organismus. Welche Verurtheilung hat aber der Vf. in diesen Worten über sein Buch ausgesprochen! Bleibt er gleich auf halbem Wege stehn, so will er doch diesen Organismus erforschen, und erforschen lehren; ist es nun dem religiösen Gemüthe vortheilhaft, nicht über sich zu reflectiren, so ist es ja sehr irreligiös, es zu dieser Reflexion zu verführen und so gar Anleitung dazu zu

gegeben. Wie stimmt auch dieses zu der Behauptung (S. 68.) dass es ohne die Besonnenheit der Reflexion kein geistiges Leben gebe. Hätte der Vf. im Ernst so etwas sagen können, so hätte er dadurch den Menschen für desto religiöser erklärt, je gedankenloser er ein Ewiges, von welchem er gar keine Vorstellung hat, anbetet, und sich völlig mit einem neuern Reformator der christlichen Kirche in eine Reihe gestellt. Etwas gar gemüthlich ist es doch auch, wenn (S. 27.) die Unterwerfung unter die Stimme des Gewissens ein Glaube genannt wird: denn der auch nur halb für das Rechte und Gute entschlossene Mensch hält dieses für nicht weniger wahr, als die Gegenstände der Sinne, sonst würde er nicht schwanken können. Die Vergötterung des Sittengesetzes besteht darin, dass das Sittengesetz als das *einzig* Höchste aufgestellt wird, nicht aber, wie es S. 27. heisst, darin, dass nicht die absolute Vernunft als das Höchste aufgestellt wird, sondern nur ihre Form. Die absolute Vernunft kann sich ja auch dem Glauben nicht anders als in ihrer Form zu erkennen geben, sonst würde die endliche Vernunft die absolute seyn, und es mithin keinen Glauben weiter geben. Dem Glauben, so bald er zur Besinnung kommt, wird es daher auch deutlich, dass, wie er sich auch das Absolute denken mag, es nicht anders als unter ihrer Form gedacht werden kann, dass diese Form es zwar nicht erreiche, aber dass er unvermeidlich in Schwärmerey verfalle, wenn er wähnt, sie unabhängig von derselben zu erfassen.

Man sieht auch gar nicht, wie das Sittengesetz, indem es auf das Handeln der Zeitwesen angewandt, das heisst doch wohl indem dieses darnach beurtheilt wird, in menschliche Verhältnisse herabgezogen werde. Hat denn der Vf., indem er sein Ewiges überall in Vergleichung mit dem Weltlichen stellt, und behauptet dass der Gedanke an Gott dem Unterscheiden des Weltlichen von dem Göttlichen, also der Beurtheilung desselben vorauf gehe, auch das Göttliche in das Weltliche herabgezogen? Hätte er die Zerlegung des Organismus des menschlichen Gemüthes weiter verfolgt, als sie ihm etwa passlich zu seyn schien, so würde er gefunden haben, dass eben dieser Organismus die Ableitung des Wahren von dem Guten nothwendig mache. Warum anders setzte er doch auch die Religion in die *selbstthätige Richtung* des Gemüthes auf Gott? Auch ist es unrichtig, dass die Vernunft das Willensgesetz aufstellt, in so fern sich in ihm die göttliche Vernunft offenbaret. Es offenbaret sich blos die menschliche Vernunft in demselben. Denn in der göttlichen Vernunft ist das Gute, Wahre und Schöne durchaus eins; so aber nicht im eigentlichen Willensgesetze. Also ist es nicht die Majestät des ewigen Wesens, in dessen Glanze das Willensgesetz erscheint, sondern es kündiget seine eigene Majestät durch die Nothwendigkeit an, mit der es sich ausspricht. Wir könnten dem Vf. noch mehrere Fehlgriffe und Widersprüche bey seiner Würdigung des Sittengesetzes nachweisen, wenn es die Grenzen einer Recension verstatteten; sind aber auf Verlangen dazu erbötig. Eines müssen wir aber doch noch rügen, weil es zu grell ins Auge springt. S. 29. wird es für einen Zirkel erklärt, wenn man auf die Frage, woher man wisse, dass eine Handlung Pflicht sey, nur die Antwort erhalte, weil man sie als ein Handeln aus Pflicht denke, und doch soll es nach S. 63. ein Abfall von der Heiligkeit des Sittengesetzes seyn, wenn man nach dem Sollen fragt. Und wenn der Vf. es dem Zufalle oder seinem guten Genius verdankt, dass er weiss, was denn nun eigentlich in einem gewissen Augenblick gethan werden soll, so macht er seiner Urtheilskraft eben kein sonderliches Compliment.

Von S. 34. an wird nun der Glaube objectivirt. Das ganze grosse Kunststück, wodurch die Gnade Gottes als Gegenstand der Betrachtung erscheint, beruhet auf der Umkehrung eines analytischen Satzes: Wer an Gott glaubt, fühlt sich in dem Verhältnisse desjenigen, der durch Gott ist und bestehet. Also muss man sich in diesem Verhältnisse fühlen, wenn man an Gott glaubt. Wie man nun damit über das Fühlen des Glaubens hinaus zu einem Gegenstand kommen soll, lässt sich nicht wohl einsehen. Es wäre doch noch etwas, wenn man mit diesem Verhältnisse einen Begriff verbinden dürfte; allein die Gnade Gottes darf nach dem Vf. unter keinem menschlichen Verhältniss gedacht werden. Wie von der Gnade, so von jeder Gott beygelegten Eigenschaft. Jede ist wesentlich von dem unterschieden, was die Namen derselben bey Menschen bedeuten. Was sie nun aber bedeuten, davon erfahren wir nichts; auch bleibt es ganz im Dunkeln, wie die göttlichen Eigenschaften bey ihrer wesentlichen Verschiedenheit und im vollkommnen Gegensatze mit den menschlichen doch denselben analog seyn können. Das Wahre was in dieser Bemerkung liegt soll keinesweges verkannt werden. Das Verhältniss Gottes zu der Welt mag wohl ein ganz anderes seyn, als wie wir es uns denken; allein wollen wir uns etwas dabey denken, und das müssen wir doch wohl, wenn wir eine Theologie haben wollen: so müssen wir dabey die Begriffe des Höchsten, was wir unter menschlichen Vortrefflichkeiten kennen, zum Grunde legen. Das Göttliche offenbaret sich nur auf diese Weise im Menschen, und der Mensch kann Gott nur so erkennen, wie er sich ihm offenbart. Auch die demuthsvolle Anerkennung, wie wenig alle unsere Begriffe hinreichen, den Unbegreiflichen zu fassen, ist Religion; diese aber wird eben dadurch befördert, dass wir uns bewusst sind, doch nicht anders als vermittelst dieser Begriffe das Verhältniss Gottes zu uns beurtheilen zu können. Die Vorstellung, dass Gottes Heiligkeit und Gerechtigkeit wesentlich von der menschlichen unterschieden gedacht werden müsse, kann zur Rechtfertigung der abscheulichsten und verworfensten Handlungen genutzt werden, und zu höchst gefährlichen Schwärmereyen leiten.

(*Der Beschluss folgt.*)

ALLGEMEINE LITERATUR - ZEITUNG

Sonnabends, den 25. November 1809.

WISSENSCHAFTLICHE WERKE.

THEOLOGIE.

HEIDELBERG, b. Mohr u. Zimmer: *Das Christenthum in seiner Wahrheit und Göttlichkeit betrachtet.* Von *Fr. H. Chr. Schwarz.* u. s. w.

(*Beschluss der in Num. 319. abgebrochenen Recension.*)

Ueber Offenbarung und positive Religion findet sich bey vielem Vorzüglichen doch auch durch die Unbestimmtheit der Begriffe ebenfalls manche Aeusserung, welche sich schwerlich rechtfertigen lässt. S. 75. wird das Wunder durch eine Begebenheit erklärt, welche die Ueberzeugung wirkt, dass Gott sich unmittelbar darin bekannt mache. Da Gott wesentlich von allem Weltlichen unterschieden, und diesem entgegen gesetzt ist, eine Begebenheit aber ein Weltliches ist, wie kann ein glaubiges Gemüth, das diesen Unterschied tief erfasst hat, je zu der Ueberzeugung kommen, Gott habe sich im Weltlichen bekannt gemacht? Ein Gedanke, welcher mit dem unmittelbaren Bewusstseyn seiner Göttlichkeit verbunden ist, wird Eingebung genannt. Er führt nicht, heisst es, das Bewusstseyn des eignen Gedankens mit sich, sondern wird dem Geist gegeben. Jeder Gedanke muss den Gesetzen unsres Denkens gemäss seyn: dann aber ist er ein menschlicher Gedanke, und kann nach den eignen Voraussetzungen des Vfs. dem religiösen Gemüthe nicht als göttlich erscheinen. Unbefriedigend und unrichtig ist auch der S. 77. aufgestellte Unterschied unter einer äussern Religion, die bloss Erregungsmittel unserer eigenen Religion ist, so dass diese auf natürlichem Wege entsteht, und einer als göttlich anerkannten Offenbarung. Er wird darin gesetzt, dass die positive Religion nicht etwa nur auf einer niedern Stufe der Menschheit für geoffenbart gehalten werde, sondern dass sie immer von der natürlichen specifisch verschieden sey, und das Göttliche sich in ihr für alle Zeiten ausspreche. Woran erkennt nun aber wohl der Gläubige, dass sich das Göttliche in ihr für alle Zeiten ausspreche? Nicht anders, sollten wir denken, als wenn das Göttliche dadurch in ihm aufgeregt wird: denn indem er dieses dadurch in sich aufgeregt fühlt, muss es ihm, weil es das Göttliche, Religion, ist, für alle Zeiten darin ausgesprochen seyn. Der Gläubige kann also die äussere Religion als Erregungsmittel von der geoffenbarten gar nicht unterscheiden. Für den Gläubigen aber giebt der Vf. dieses Criterium als überzeugend an. Als Grund der Möglichkeit einer Offenbarung wird S. 79. angegeben, weil in dem Religiösen des Gemüths überhaupt das Tiefste und Unerklärbare desselben anerkannt werden muss. Wir wollen das Unerklärbare einstweilen gelten lassen, ob wir gleich überzeugt sind, dass, wo es aufs Erklären ankommt, das Leben überhaupt für unsere Begriffe gleich tief liegt. Folgt nicht aus dieser unerklärbaren Tiefe, dass jedes religiöse Gefühl göttlich gewirkt sey, also eine natürliche Religion von einer göttlichen geoffenbarten gar nicht unterschieden werden, und es also für den Menschen auch gar einen solchen Unterschied nicht geben könne? Was über das menschliche Erkenntniss- und Unterscheidungsvermögen hinausliegt, davon kann hier besonders nicht die Rede seyn, weil der Vf. den Glauben an Offenbarung lediglich auf die subjective Beschaffenheit des religiösen Gemüths stützt. Man findet auch bey einiger Aufmerksamkeit leicht, dass in dem Schlusse: weil das Unerklärbare göttlich ist, deswegen kann einiges Unerklärbare unmittelbar göttlich seyn, das *unmittelbar* erschlichen ist.

In der nähern Bestimmung der Theologie S. 86. unterschreiben wir gern die Behauptung, dass man nicht Theologe seyn könne, ohne Religion zu haben, wenn von dem Theologen im Welt- und nicht im Schulbegriffe die Rede ist, und man uns nur nicht, wie im vorigen Jahrhundert bey den pietistischen Streitigkeiten, den religiösen Sinn als das einzige Erforderniss zum Theologen anpreisen will. Die Schultheologie hat zu allen Zeiten ihren unverkennbaren Nutzen gehabt. Der Grund aber, welcher dafür aufgeführt wird, ist wieder ein Beweis, wie sehr dem Vf. eine schulgerechte Erforschung der Wahrheit zu wünschen wäre. S. 87. heisst es: der Theologe muss die Lehren seiner Religion in denjenigen Gemüthern schauen, aus welchen sie zuerst in ihrer Reinheit hervorgieng, sein forschender Blick muss sie dann weiter durch die Zeiten und Menschen hindurch verfolgen, und hieraus muss ihm eine tiefere und umfassendere Erkenntniss ihres göttlichen Geistes werden. Folglich muss er auch in seinen historischen Untersuchungen von einer anschaulichen Kenntniss und Liebe der Religion ausgehn, theils weil er sie sonst nicht in den Worten und Thaten, worin sie zuerst ausgesprochen worden, finden könnte, theils weil er sie dann auch nirgends in der Geschichte wieder sehen, ihr Wahres aus den Verhüllungen ziehn, und sich nicht Gottes Wort unter der Menschen Wort rein und fest erhalten würde. Da sieht der Theologe aber im-

immer nur *seine* Religion, die, wie wir gern zugeben, nie ganz rein ist; wie will er darnach beurtheilen, aus welchen Gemüthern sie in ihrer Reinheit hervorging. Sein forschender Blick hilft ihm nicht weiter, denn er findet immer nur, was er schon hat. Warum findet sonst so manches religiöse Gemüth in dem A. T. überall sich und sein Göttliches? Ob Wort und That die Religion aussprechen, dieses entdeckt man nicht durch Liebe zur Religion, sondern durch sorgfältige historische Nachforschungen über das Zeitalter, die Umstände und Verhältnisse des Redenden und Handelnden, und in diesen möchte das Bestreben, überall Religion, und zwar seine Religion zu finden, wohl öfters irre leiten. In welchen Worten und Thaten sich die Religion zuerst ausgesprochen, findet sich lediglich auf historischem Wege, auf welchem man sich denn bald überzeugt, dass sie nur nach und nach in grösserer Reinheit verkündigt worden. Ohne Liebe der Religion wird man sie freylich oft in der Geschichte nicht finden, aber bey blosser Liebe zur Religion auch oft sie finden, wo sie nicht ist. Wird nicht das menschliche Gemüth nach allen seinen verschiedenen Anlagen und Kräften gebildet, so ist seine Religion, bey aller Liebe zu ihr, nur ein dürftiges Wesen, das wohl aufgeregt und belebt werden kann durch die Denkmäler religiöser Gesinnung, aber nie mehr Wahres aus den Verhüllungen zieht, als es hinzugebracht hat.

Ueber den nur möglichen Unterschied der drey Arten, wie sich die religiöse Denkart durch eine objective Religion äussert, wollen wir nicht rechten; aber mit dem Grunde der Unterscheidung lässt sich doch schwer zu Rechte finden. Nach S. 95. stellt das Heidenthum das Weltliche als weltlich auf mit religiösem Sinne. S. 7. wurde die Religiosität, welche doch wohl mit dem religiösen Sinne einerley ist, in eine Geneigtheit zur Religion gesetzt; Religion bestand ferner in dem Glauben an ein Göttliches, als von dem Weltlichen unterschieden. Wie lässt es sich nun denken, dass einer geneigt seyn könne, an ein Göttliches als von der Welt unterschieden zu glauben, und doch das Weltliche als Weltliches mit religiösem Sinne aufstelle? Es heisst ferner, das Religiöse im Heidenthume sey ein dunkles Gefühl, und werde durch Vorstellung von Weltwesen erregt, worin das Uebersinnliche geschaut werden soll. Nach S. 6. erkennen wir aber Gottes Werk in der Welt, wenn unsere Religion sich höher entwickelt hat, und die ewige Ordnung des Weltalls ist uns die äussere Offenbarung der Gottheit. Wir sollten also denken, die Religion des Heiden müsse sich höher entwickelt haben, wenn er in den Weltwesen das Uebersinnliche schaute. Es ist auch unrichtig, wenn der Vf. behauptet, das Heidenthum könne kein Gedankensystem hervorbringen. Hat *Plotin* keins hervorgebracht? Und wie kann gesagt werden, das Gemüthliche und Subjective des Religiösen könne nur Gefühl und dunkle Anschauung bleiben? Wie kam denn der Vf. zu einem Gedankensystem, da ihm doch die ganze Religion aus dem Subjectiven und Gemüthlichen hervorgeht; oder hat er vielleicht auch keins aufgestellt? Der Begriff, welchen der Vf. von Mythologie aufstellt, dass es eine Lehre von Vergötterung weltlicher Dinge sey, enthält nur zufällige Merkmale. — Jede Geschichte, wodurch das Göttliche in die Reihe der Weltbegebenheiten eingeführt wird, ist mythisch, kann nur als symbolische Darstellung des Göttlichen aufgefasst werden, und wird von dem aufgeklärt religiösen Gemüthe nur so genutzt. Wir sehen also auch nicht, weswegen nur das Heidenthum eine Mythologie haben könne; auch im Christenthume kann es eine Belehrung geben, wie sich in den Begebenheiten, worauf es sich stützt, das Göttliche ausspreche, und wie es aufgefasst werden muss. Sind wir gleich ganz der Meinung des Vfs. S. 104., dass man über das Christenthum nicht urtheilen könne, ohne die Wirksamkeit desselben an sich erfahren zu haben: so sind wir anderer Seits doch auch völlig gewiss, es werde falsch beurtheilt, wenn man keinen andern Masstab der Beurtheilung hat, als diese Wirkung. Das äussere des Christenthums ist etwas ganz andres, als die Wirkung, welche es in dem Gemüthe hervorbringt. Es ist Geschichte, und soll als Geschichte beurtheilt werden. Die Grundsätze dieser Beurtheilung sind aber ganz andere, und haben einen ganz andern Boden, als das Gefühl seiner innern Wirksamkeit. Die Geschichte kann so wenig Religion werden, als die Religion Geschichte, weil das Eine etwas Aeusseres, das Andere etwas Inneres ist. Facta können nie durch das erwiesen werden, was wir bey ihnen etwa empfinden, sonst müsste jeder gut geschriebene Roman, und wohl nicht einmal der gut geschriebene, zur wahren Geschichte werden. Die wahre Beurtheilung des Christenthums ist also keinesweges durchaus esoterisch. — Was S. 113. über Inspiration gesagt worden, konnte doch alles lichtvoller dargestellt seyn. Allerdings waren die Schriftsteller des N. T. nicht über das, was sie vortrugen, anderer Meinung; auch haben sie den Inhalt der Lehre nicht selbst ausgedacht. Das heisst aber nur, sie gelangten nicht auf dem Wege der Speculation zu ihren Ueberzeugungen, sondern waren durch unmittelbares Bewusstseyn der Wahrheit ihrer Lehren gewiss. Wie der echte Künstler nicht weiss, noch in dem Moment der Hervorbringung es wissen soll, wie sein Kunstwerk aus dem Innern seines Gemüths hervorgeht, oder wie wir eine mit hohem moralischem Interesse empfangene edle That vollbringen, ohne sie von einem Sittengesetz abgeleitet zu haben: so fühlten sich die Apostel bey ihrem hohen religiösen Sinn von der Wahrheit und Gewissheit dessen, was sie lehrten, ergriffen, und schauten die Gottheit in den Worten und Thaten ihres grossen Meisters. Aus diesem Grunde, weil das Höhere dadurch so lebendig in ihnen aufgeregt wurde, die Einbildungskraft bey ihnen vorherrschte, und ein solches Selbstbewusstseyn als unmittelbare Wirkung der Gottheit in ihrem Zeitalter allgemein angesehn wurde, konnten sie sich nicht anders als für Gottbegeisterte ansehn. Sie gelten

auch

auch uns daher, in so fern der erste Ursprung der unveränderten Richtung des Gemüths auf das Göttliche uns bey ihnen, wie überall, unerklärbar ist; wir lassen aber jedem das Recht, ohne ihn deswegen einen Naturalisten zu schelten, den anderweitigen Zustand des gottbegeisterten Gemüths ganz den Gesetzen des Denkens und Fühlens gemäss zu erklären. Erklärt man diesen Zustand für völlig verschieden von dem des denkenden und sinnenden Menschen, wie der Vf. S. 114. vorausgesetzt, dass er darunter nicht den Zustand des reflectirenden Geistes versteht: so lässt sich gar nicht einsehn, wie die göttlichen Seher sich selbst die Vorstellungen der Wahrheiten gemacht haben können, da Vorstellungen ja nicht anders, als den Gesetzen des Denkens gemäss gebildet werden können. Bildeten sie diese Vorstellungen nicht nach diesen Gesetzen, so waren sie Flöten, worauf der Geist Gottes spielte, wie sehr der Vf. diese Vorstellung der Kirchenväter auch missbilligen mag. Kein Uebergehn des heiligen Geistes in den menschlichen, keine Durchdringung des göttlichen und menschlichen, oder welche gemüthliche Ausdrücke der Vf. sonst gebrauchen mag, bringen ohne diese Regeln die untrennbare Einheit des Gefühls, Gedankens und der Aeusserung hervor. Wir übergehen das Uebrige, wenn gleich fast jede Seite dieses Abschnitts zeigt, wie sehr die Gemüthlichkeit der Präcision und Richtigkeit wissenschaftlicher Darstellungen schade.

Nach diesen Vorbereitungen sucht nun der Vf. die ursprüngliche Lehre des Christenthums aus den Schriftstellern des N. T. aufzustellen. Johannes und Paulus sind ihm mit Recht die wichtigsten, ihre Schriften betrachtet er einzeln, und fügt anhangsweise den für seinen Zweck dienlichen Inhalt der übrigen Schriften des N. T. hinzu. Hier hatte der Vf. den rechten Standpunkt gewählt. Es kann nicht fehlen, ein so religiöses Gemüth, wie das seinige, werde das Religiöse dieser Schriften fühlen und beyfallswerth darstellen. Glauben wir gleich, dass Johannes Charakter bestimmter noch hätte aufgefasst werden können; dass *Rousseau's* Charakter aus seinen *Confessions* sich nicht weniger richtig ergebe, als der des Johannes aus seinen Schriften, und dass die grössere Bestimmtheit des letztern ihren Grund lediglich in der vollendeten Einheit desselben habe; dass der Vf. Jesum in dem Evangelium Johannes nur deswegen besser sieht, weil die Idee, welche er hinzu gebracht hat, hier weniger durch Zeitvorstellungen getrübt wird; dass der Einwurf, Johannes, dessen Schriften wir haben, möge ein tieferer Mensch gewesen seyn, als der Apostel, nur unvollkommen dadurch widerlegt sey; dass es nur bey Jesus einen solchen evangelischen Schriftsteller habe geben können, weil die nachfolgenden Zeiten doch zu wenig bekannt sind, als dass eine solche Behauptung mehr als Wahrscheinlichkeit haben könne; und es immer nur der Jesus des Johannes, wo nicht gar nur unser Jesus ist, den wir in seinen Schriften finden; dass der Vf. uns nur sagt, was Johannes bey seinen Worten, z. B. bey seinem λογος, nicht dachte, über den positiven Begriff uns aber in völliger Ungewissheit lässt; dass auch er zuweilen die höhere Ansicht, welche dieser Apostel von Jesu hatte, durch seine Erklärung trübe. Z. B. 5, 16., dass er sich immer noch genauer an Luther's Uebersetzung habe anschliessen können, besonders in solchen Stellen, wo sich der Gang der Rede zur religiösen Belehrung erhebt, und er eine Art von Rhythmus wollte fühlen lassen; und hat er gleich den Sinn des Paulus nicht überall, nach unserer Meinung, so glücklich erreicht, als den des Johannes, weil dieser Apostel ihm näher stand: so bleibt dennoch diese Arbeit des Vfs. sehr schätzenswerth, besonders weil sie den künftigen christlichen Religionslehrer auf dem richtigen Standpunkt erhält, von welchem aus er die Urkunden des Christenthums zu betrachten hat, und ihm Anleitung giebt, die Vorstellungen und Bilder der göttlichen Seher auf die wirksamste Art an sein religiöses Publicum zu bringen.

Die Darstellung der Lehre des Christenthums zerfällt in zwey Theile, in eine historische des Urchristenthums, und eine philosophische. Es ist zu bedauern, dass der Vf. sich nicht hat enthalten können, die Vorstellungen einer gewissen Zeitphilosophie auf das Urchristenthum anzuwenden. Wir wollen nicht weiter untersuchen, mit welchem Grunde er sie darauf überträgt, weil diess uns weit über die Gränzen einer Recension hinaus führen würde.

PREDIGERWISSENSCHAFTEN.

GIESSEN, in d. Univers. Buchh.: *Der Stadt- und Landprediger bey ungewöhnlichen Todesfällen.* Ein Wegweiser für meine jüngern Amtsbrüder, von *Fr. Ludw. Textor*, grossherzogl. Hessischem Pfarrer in Romrod. 1807. VIII u. 232 S. 8. (18 gr.)

Eine Grabrede bey ungewöhnlichen Todesfällen muss, wie der Vf. in der Vorrede bemerkt, alles berücksichtigen, was in Bezug auf den Verstorbenen mit Wahrheit gesagt werden kann, ohne dass sich der Redner dem Verdachte eines parteyischen Lobredners oder eines tadelsüchtigen Mannes aussetzte; *so* local darf sie jedoch nicht seyn, dass sie nur in dem einzelnen Falle, der sie veranlasste, brauchbar wäre. (Wir dächten doch, dass die Individualität einer solchen Rede, also auch die Unbrauchbarkeit derselben für jeden andern Fall, gerade ihren Vorzug ausmachte.) Auch hat der Prediger Veranlassungen dieser Art mit Klugheit zu benutzen, um Lehren, die er sonst nur selten schicklich vortragen kann, seinen Zuhörern nahe an das Herz zu legen. Da nun der Vf. keine Sammlung solcher Reden, die in neuern Zeiten erschienen wäre, kennt, so führte ihn diess auf den Gedanken, diese Leichenreden herauszugeben. Er bescheidet sich gern, dass er dadurch nicht jede Lücke ausgefüllt, und die Erwartungen seiner Leser nicht in allen Theilen befriedigt habe; gleichwohl ist er nach S. V. „eitel genug, zu glauben [zu erklären?], dass man *nichts Besseres* in diesem speciel-

len

len Fache der praktischen Homiletik, als dieses sein Buch habe, und dass eben darum sein Versuch keiner weitern Apologie bedürfe;" doch will er erst die Stimme des Publicums über den Werth oder Unwerth dieser anspruchlosen Arbeit abwarten, ehe er sich zur Fortsetzung derselben entschliesst. Wir haben diese Leichenreden im Ganzen schätzbar gefunden, und beym Lesen nur bedauert, dass der Vf. nicht die letzte Hand an seine Arbeit gelegt hat; man begegnet zu vielen Nachlässigkeiten, die bey einer strengen Revision der Handschrift leicht hätten ausgelöscht werden können; selbst an den Stil ist nicht der gehörige Fleiss gewandt. So sagt er S. 122.: „Erwartet nicht, dass ich *im Sarge* die Erziehungsfehler der Verstorbenen rüge," statt zu sagen: Erwartet nicht, dass ich die Erziehungsfehler der Verstorbenen nun, da sie im Sarge liegt, öffentlich rüge; auch wird *wegen* mit dem Dativ construirt, und *wann* mit *wenn* verwechselt. S. 110. lässt er Jesum zu der Ehebrecherin (Joh. VIII.) sagen: „*Nun, da* niemand dich verurtheilt hat, werde auch ich dich nicht verurtheilen," welches einen falschen Sinn giebt; Jesus machte sein Nichtverurtheilen der Sünderin keinesweges abhängig davon, dass sie von andern nicht verurtheilt worden sey; dadurch hätte er seiner Würde etwas vergeben; er sagt vielmehr nur: *auch ich* verurtheile dich nicht. S. 93. heisst es: „Cham spottete der Schwachheit seines Vaters; *Noah* und seine Nachkommenschaft musste die Folge davon empfinden." Wie Noah? und warum? Vermuthlich hat sich der Vf. verschrieben. S. 164. sagt er: „Es ist sehr gewagt, über die Handlungen eines Menschen ein wahres und richtiges Urtheil fällen zu wollen;" nach dem Zusammenhange wollte er aber sagen: es sey gewagt, über andere Menschen nachtheilig abzusprechen, ohne sie genau zu kennen, und alle Umstände zu wissen, unter denen sie handelten. S. 53. werden Gewitterwolken *unglückschwangere Wolken* genannt; das sind sie aber nicht, wenn auch der Blitz einen Menschen, der unter einem Baume Schutz suchte, erschlägt. Auch ist es nicht gut ausgedrückt, wenn es in einem Gebete (S. 4.) heisst: „Das Nichts, das durch dich, o Gott, Etwas ward, soll deine Wege nicht tadeln." Ungeachtet aller dieser Ausstellungen, denen noch viele hinzugefügt werden könnten, kann man inzwischen dieser Arbeit einen relativen Werth wohl zugestehen, und weniger geübte Prediger werden manches Gute daraus lernen können; ja selbst geübte, aber oft mit einer Menge von Amtsarbeiten überhäufte Prediger können zuweilen im Drange der Geschäfte einen passenden Text zu einer Leichenrede bey ungewöhnlichen Todesfällen darin finden, den sie dann auf ihre Weise zu verarbeiten Gelegenheit haben. Das Merkwürdigste in diesem Buche ist vielleicht die Nachricht von einem Scheintodten in des Vfs. Gemeinde, der kurz vor der bestimmten Begräbnissstunde wieder in das Leben zurückkam; dieser Vorfall legte ihm den Beruf sehr nahe, eine Predigt über Matth. IX, 24. zu halten, und seine Gemeinde dringend zu bitten, mit dem Begräbnisse der Verstorbenen nicht zu eilen, sondern die anfangende unzweydeutige Verwesung der Leichen erst abzuwarten. Wir glaubten diess noch ausheben zu müssen, weil man leicht wieder an manchen Orten die Todten zu früh begraben könnte, da man unsres Wissens nirgends, wo Leichenhäuser angelegt wurden, die Erfahrung gemacht hat, dass auch nur eine dahin gebrachte Leiche wieder in das Leben zurückkehrte; es ist also nützlich, bekannt zu machen, dass doch immer noch hier und da Personen für todt gehalten werden, die es nicht sind, und in die Gefahr kommen, lebendig begraben zu werden, wenn man sie nicht bis zu eintretender Verwesung über der Erde stehen lässt.

LITERARISCHE NACHRICHTEN.

Beförderungen, Belohnungen und Ehrenbezeugungen.

Der k. k. Hoffecretär und bekannte Schriftsteller Frhr. *Jos. v. Hormayr* hat als Intendant eine einstweilige Mission im Hauptquartier und in der Operazuntkanzley Sr. k. Hoheit des Erzh. Johann und des Generals Chatellier erhalten.

D. *Jos. Aug. Rhodius* ist zum Nachfolger des D. *Schultes* in der Professur der Chemie und Botanik zu Krakau ernannt worden, und D. *Joh. Schuster*, der den Ruf nach Clausenburg abgelehnt hat, zum Adjuncten des Professors der Naturgesch. zu Pesth.

Hr. Professor *Fuchs* am evangelischen Gymnasium zu Leutschau hat den Ruf als Prediger zu Käsmarkt erhalten und angenommen. An seine Stelle ist zum Professor zu Leutschau berufen worden Hr. *Kopetz*, zeither Hofmeister zu Harkáts, und überdiess ist als dritter Professor der Philosophie und der ungrischen Sprache der zeitherige Rector zu Gömör, Hr. *Megla*, angestellt worden.

Das durch den Tod des D. *Franz Nyulas* erledigte Protomedicat in Siebenbürgen hat der D. *Andreas Szén*, seit 23 Jahren Physicus der Stadt Clausenburg, erhalten, und die Lehrstelle der Physiologie und Anatomie zu Pesth der zeitherige Graner Physicus *Lenhossék*.

Hr. *Sam. Tessedik*, Prediger zu Szervas, ein bekannter Schriftsteller und Lehrer der Oekonomie, ist in den ungr. Adelstand erhoben worden.

Der Vf. des topographischen Postlexicons, *Christian Crusius*, hat vom Wiener Stadtmagistrate die grosse goldne Stadtmedaille erhalten.

ALLGEMEINE LITERATUR-ZEITUNG

Sonnabends, den 25. November 1809.

INTELLIGENZ DES BUCH- UND KUNSTHANDELS.

I. Neue periodische Schriften.

Bertuchs, C., Bilderbuch für Kinder; mit deutschem, französischem, englischem u. italienischem Texte dazu, und ausgemalten oder schwarzen Kupfern. CXIII. und CXIV. Heft. 4. Nebst

Funke, J. C., ausführlichem Texte dazu. 8.

Diese zwey Hefte sind so eben erschienen, und enthalten folgende interessante Gegenstände:

CXIII. Heft.

Taf. 61. Amphibien. Fig. 1. Das Crocodil von St. Domingo. Fig. 2. Der Schädel eines Nil-Crocodils mit aufgerissenem Rachen. Taf. 62. Die brustförmige Fackel-Distel. Taf. 63. Ein Stück eines ausgegrabenen Elephanten-Waffen-Zahns. Taf. 64. Fig. 1. Die Grotte von Anti-Paros. Fig. 2. Der Eingang der Höhle. Taf. 65. Mikroscopische Darstellung von dem Baue des Distel-Markes.

CXIV. Heft.

Taf. 66. Die Trajans-Säule in Rom. Taf. 67. Versteinerte Blätterformen aus der Urzeit. Taf. 68. Scenen aus Afrika. Taf. 69. Ansicht eines Theils der Stadt Batavia. Taf. 70. Seltene ausländische Pflanzen.

Weimar, im October 1809.

H. S. priv. Landes-Industrie-Comptoir.

II. Ankündigungen neuer Bücher.

Codex Napoleon,
dargestellt und commentirt
von
F. Lassaulx,
ordentl. Professor des Codex Napoleon an der Facultät der Rechte zu Koblenz.
Erster und *zweyter* Theil.

Preis für 3 Bände 5 Rthlr. 4 gr. oder 9 Fl. 9 Kr.

Wenn *französische Rechtsgelehrte* competente Richter eines Werkes über *französische Gesetzgebung und Jurisprudenz* sind, so dürfen wir obiges Werk dem Publicum ohnbedenklich empfehlen. *Le Commentaire le plus complet*, heisst es davon im Moniteur vom 3. October 1809., *qui ait encore paru en langue allemande, est celui de Mr. Lassaulx, qui dans sa qualité de professeur chargé de l'enseignement du Code, a pu mettre dans ses explications des développements puisés dans tous les matériaux, qui forment la source et le complément de notre droit civil actuel, et dont l'analyse sert de base aux leçons approfondies qui se donnent dans nos facultés. Cet ouvrage, connu aussi avantageusement en France, est d'une grande utilité et sert, ainsi que les annales de la legislation de Napoléon publiés par le même auteur à familiariser les Allemands avec l'esprit particulier de nos loix, de notre jurisprudence et de notre droit public.* Mit gleichem Lob erwähnen desselben die Verfasser des *Journal du barreau*, 1809. S. 144., 252. und 253., welche am ersten Orte davon sagen: *Nous nous proposons de rendre compte de cet ouvrage dans un de nos prochains Nos. En attendant, nous dirons, qu'il en est peu en France, qui puissent y être composés.*

Der *dritte* Theil ist unter der Presse, und wird in einigen Monaten erscheinen. Das erste Heft des dritten Bandes der *Annalen der Gesetzgebung Napoleons*, welche mit obigem Werke in inniger Verbindung stehen, wird so eben versendet.

Koblenz, im October 1809.

Pauli et Comp.

Freunden unterhaltender Lectüre

können wir nachstehende interessante Romane empfehlen, welche erst kürzlich erschienen und in allen Buchhandlungen zu haben sind:

Langbein, A. F. E., der Sonderling und seine Söhne, Roman mit Kupfern von *W. Jury*. 8. 1 Rthlr. 12 gr.

Arnoldi, Wilh., Julius von Werden, ein Roman mit einem saubern Titelkupfer von *Lowe*. 8. 1 Rthlr. 8 gr.

Schüppel'sche Buchhandlung in Berlin.

Ankündigung des Linde'schen Wörterbuchs der Polnischen Sprache.

Ein Freund der Slawischen Literatur macht es sich zur Pflicht, unmittelbar mit der Wiederherstellung des Continential-Friedens, die in öffentlichen Blättern schon ergangene Ankündigung der *Fortsetzung des höchst schätzbaren und die Unterstützung aller Freunde der Wissenschaften und Sprachen verdienenden Linde'schen Wörterbuchs* zu erneuern. Von diesem herrlichen, durch die *durchgehende Vergleichung aller verwandten Sprachen ausgezeichnetes* ten *Wörterbuchs der Polnischen Sprache*, ist die *zweyte* Abtheilung des *ersten* Theils noch im vorigen Jahre fertig geworden, und begreift die Buchstaben *G* bis *L*. Der Pränumerations-Preis ist nunmehr von *zehn* auf *zwölf* Ducaten in Golde erhöht, nach Erscheinung des *zweyten* Theils hingegen, der vielleicht noch vor Ende dieses Jahrs herauskommen, und die Buchstaben von *M* bis *O* enthalten wird, tritt der Preis von *funfzehn* Ducaten in Golde für das ganze Werk ein, welche Erhöhungen aber keineswegs auf die älteren Pränumeranten zurückfallen. — Die Freunde der guten Sache und des grossen *Joh. von Müller* wird dessen Brief an den Herrn Oberschulrath *Linde* zu Warschau interessiren. „Ich habe Sr. Maj. dem Könige Ihr polnisches „Wörterbuch zugestellt, welches sehr gnädig aufgenommen ward, wie Sie vielleicht schon aus dem Kabinet in Erwiederung Ihres Schreibens näher vernommen haben. — Meines Orts erinnere ich mich „Ihrer mit vielem Vergnügen und der grossen Hochschätzung, die Ihr Fleiss und Ihre patriotische Tendenz mir seit Jahren eingeflösst hat. Ihr Werk ist „trefflich. Welcher Zeitpunkt war passender, der „Nation ihren Sprachschatz vorzulegen, als der Augenblick, wo sie zu neuer Selbstständigkeit ersteht! „Möge sie ihn jetzt benutzen, auf dass Einheit unter „ihr sey, sich jeder Gedanke schön ausspreche, und „schnell wie das Wort, zum Gemüth, der Wille zur „Thatkraft wirke. Fahren Sie denn fort in Ihrer „glücklichen Thätigkeit, die Literatur, die Kenntniss „und Liebe des Guten und Schönen unter einer so empfänglichen Nation wohl zu begründen. Das Schicksal der Nation und das Ihre liegt mir am Herzen. „Als Ihren alten Freund betrachten Sie mich immer, „der herzlich wünscht, es Ihnen zu beweisen. „Cassel, den 19ten April 1808. Johannes „von Müller."

Anzeige

eines wichtigen und jetzt vorzüglich interessanten Werkes:

Geist

der merkwürdigsten Bündnisse und Friedensschlüsse des 18ten und 19ten Jahrhunderts,

in

besonderer Rücksicht auf die Theilnahme des deutschen Reichs u. s. w.

Dargestellt von

Christian Daniel Voß.

7 Bände.

Die ersten 5 Bände enthalten das 18te, und die zwey letzten das 19te Jahrhundert.

Der rühmlich bekannte Verfasser hat sich bemüht, in diesem Werke den Wünschen und Bedürfnissen des Geschichtsfreunde dadurch zu begegnen, dass er diese Gegenstände nicht nur ihrem wesentlichen Inhalte, sondern auch ihrer Verkettung und Verbindung nach, als Reihenfolge gleichartiger Begebenheiten und als Ursache und Wirkung unter eine leichte und vollständige Uebersicht gestellt hat.

Der Preis des completten Werkes, 7 Bände, ist 10 Rthlr. 4 gr. auf Schreibpap., und 15 Rthlr. auf Velinpap. Es ist in allen guten Buchhandlungen zu haben durch: — **Wilhelm Heinsius in Gera.**

In der Ruff'schen Verlagshandlung zu Halle ist so eben erschienen und in allen Buchhandlungen zu haben:

Eduard, oder der Maskenball; von *Aug. Lafontaine.* 2 Bände. 3 Rthlr. 8 gr.

In der Walther'schen Hofbuchhandlung in Dresden ist so eben erschienen:

System einer vollständigen Criminal-, Polizey- und Civil-Gesetzgebung, von *H. E. v. G.* 3 Bände. gr. 8. 4 Rthlr.

Erster Band,	Criminal-Codex	1 Rthlr. 6 gr.
Zweyter —	Polizey-Codex	20 gr.
Dritter —	Civil-Codex	1 Rthlr. 20 gr.

Von demselben Verfasser erschien im Jahre 1808:

Entwurf eines Massstabs der gesetzlichen Zurechnung und der Strafverhältnisse. Ein letzter Versuch zur Gründung des Criminalrechts. 8. 16 gr.

Beide Werke sind durch alle Buchhandlungen um beygesetzte Preise zu haben.

In der Joh. Benj. Georg Fleischer'schen Buchhandlung in Leipzig sind erschienen:

Bechenberg, Fr. Heinr., Lehrbuch der Kriegswissenschaften. 2ter Theil, welcher das militärische Aufnehmen, die Terrainlehre, das Recognosciren und Zeichnen der Gegenden nach der Theorie der schiefen Flächen, nebst einer Abhandlung vom Augenmasse u. den dahin einschlagenden optischen Sätzen enthält. 2te verb. u. verm. Aufl. 1 Rthlr. 20 gr.

Genius, der, ein neues Orakelspiel, oder das neue Orakelspiel, verborgene Fragen zu beantworten, mit deutscher und franz. Erklärung. 10 gr.

Müller, J. M., praktische Anleitung zur algebraischen und combinatorischen Rechnung in Beziehung auf bürgerliche Geschichte und zum Selbstunterricht. 1 Rthlr.

Nest, das ausgenommene, ein unterhaltendes Gesellschaftsspiel. 12 gr.

Völkergallerie, kleine, für Kinder. Mit 24 illumin. Kupfern. 8. 1 Rthlr.

Von meiner so gütig aufgenommenen Ausgabe der *Fiabe* des *Gozzi* sind nunmehr das 2te und 3te und *letzte* Bändchen erschienen und in allen guten Buchhandlungen für 2 Rthlr. zu haben.

So viele Mühe ich auch auf die Correctur dieses Werks verwandt habe, und mit so grosser Sorgfalt das Verzeichniss der, dennoch durch Nachlässigkeit der

Drucke-

Druckerey stehen gebliebenen, Fehler entworfen ist, hat doch nicht vermieden werden können, dass im *zweyten* Bande einige sinnzerstörende übersehen worden, die ich die Käufer desselben nach dieser Anzeige zu verbessern bitte. Leichtere, von selbst in die Augen fallende, wird jeder billig denkende Sachverständige entschuldigen, der die Schwierigkeiten kennt, die bey dem Wiederabdruck eines Werks in einer fremden Sprache durch deutsche Officinen unvermeidlich sind; vorzüglich eines Werks, in dem so viele verschiedene Dialecte sich durchkreuzen, als in den dramatischen Gedichten des *Gozzi*.

Die vorerwähnten Fehler sind: Bd. II. S. 5. Z. 14. *morassi* statt *morrassi*. S. 53. Z. 2. *affalto* st. *assalto*. S. 65. Z. 19. *libera* st. *liberarla*. S. 230. Z. 25. *falde* st. *calde*. S. 231. Z. 9. *fua* st. *tua*.

Uebrigens benutze ich diese Gelegenheit, die wirkliche Erscheinung der im I. Bd. des *Gozzi* von mir versprochenen Ausgabe der *Numancia* des *Cervantes* (*Spanisch* und *Deutsch*, unter dem Titel: *Taschenbuch für Freunde der Poesie des Südens*, à 18 gr.), und eine unter der Presse befindliche des portugiesischen Originals der *Lusiade* des *Camoens*, die ich nach den vortrefflichsten Hülfsmitteln veranstalte, vorläufig anzuzeigen.

Berlin. Julius Eduard Hitzig, Buchhändler.

In der Buchhandlung von Dunker u. Humblot in Berlin ist erschienen:

Unentbehrliche Erläuterungen über des Herrn Professor Oken Schrift: Erste Ideen zur Theorie des Lichts, der Finsterniß, der Farben und der Wärme. Nebst einem schönen Liede zum Lobe dieses grossen Naturphilosophen. Von einem seiner eifrigsten Schüler. 8. Preis 6 gr.

Neue Verlags-Artikel von Aloys Doll, dem ältern, Buchhändler in Wien, zur Ostermesse 1809. In Leipzig bey Liebeskind.

Abhandlung über ansteckende Krankheiten, Verwahrungsmitteln dagegen und Behandlung derselben gleich nach geschehener Ansteckung, zur Beruhigung für Seelsorger geschrieben. 8. 8 gr.

Ambschell, A. A., elementorum Matheseos. Tom. 3tius, Geometriam continens. 8 maj. 2 Rthlr.

Brentano, Dom. v., biblische Predigten auf alle Sonntage und mehrere Festtage des Jahres. 3 Theile. gr. 8. 2te Aufl. 3 Rthlr.

Erdmann Hilfreichs Handbüchlein für Bauersleute, worin enthalten ein gründlicher Unterricht üb. den Acker-, Wiesen- und Gartenbau, über die Vieh- u. Bienenzucht, und über den Weinbau u. s. w. 4te verm. Auflage. 8. 16 gr.

Gaheis, Fr. A., Handbuch der Lehrkunst für den ersten Unterricht in deutschen Schulen. 4te verbess. Auflage. 8. 1 Rthlr. 8 gr.

Hoff, H. G., historisch-statistisch-topographisches Gemälde vom Herzogthume Krain und demselben einverleibten Istrien. 2 Theile. 8. Laybach. 1 Rthlr. 12 gr.

Mattulik, Karl, praktische Rechnungsaufgaben, mit gemeinnützigen und lehrreichen Anmerkungen aus der Geographie, Naturgeschichte u. s. w. verbunden. 2 Bändchen. 2te verb. Aufl. 8. 1 Rthlr. 8 gr.

Schauplatz der ausgearteten Menschheit, oder merkwürdige Lebensumstände der berüchtigsten Bösewichte und Betrüger der neuern Zeit. Mit einer Vorrede von *Friedrich Schiller*. 2 Theile. 8. 2 Rthlr. 8 gr.

Stöckls, Ant., Homilien und kurze Predigten auf alle Feyertage des Jahrs. 2te verb. Aufl. 8. 1 Rthlr. 8 gr.

Als Fortsetzung erschien so eben:

Encyklopädie der gesammten Chemie, abgefasst von Friedrich Hildebrandt. *Zweyter* Theil. *Praxis. Funfzehntes* Heft. (Preis 1 Fl. rhn. od. 16 gr.)

Dieses Heft enthält die Gewinnung, Zubereitung und Reinigung der brennbaren Stoffe. I. *Schwefel.* II. *Phosphor.* III. *Kohle.* IV. *Oele.* V. *Harze.* VI. *Zucker.* VII. *Alkohol.* VIII. Stoffe, welche aus jenen künstlich zubereitet werden: 1. *Naphthen.* 2. *Essenzen* u. s. w. 3. *Schießpulver.* 4. *Pyrophorus.* 5. *Seifen.* 6. *Salben* und *Pflaster.* 7. *Firnisse.*

Die neue Ausgabe des *ersten* Hefts, welches die Grundlage der chemischen Theorie enthält, und dessen Umarbeitung die neueren Entdeckungen und Ansichten nöthig gemacht haben, ist schon in voriger Michaelis-Messe erschienen.

Uebrigens werden die neuesten Entdeckungen in einem Supplement-Hefte nachgeliefert, so bald das noch übrige letzte Heft nächstens erschienen seyn wird.

Erlangen, den 15ten October 1809.

Walther'sche Kunst- und Buchhandlung.

Zur Michaelis-Messe ist in der Klüger'schen Buchhandlung zu Rudolstadt erschienen und bereits an alle solide Buchhandlungen versendet worden:

Breithaupt Feilhauermaschine, womit ein Kind die feinsten Feilen aller Art in sehr kurzer Zeit verfertigen kann, welche England den Deutschen nicht zukommen läßt. 8. Mit einem Kupfer. 9 gr.

Busch Almanach der Fortschritte in Wissenschaften, Künsten, Manufacturen und Handwerken, enthaltend die neuesten Erfindungen und Entdeckungen von Ostern

Ostern 1808 bis Ostern 1809. 8. Mit 4 Kupfern. 14ter Jahrgang. 2 Rthlr. 20 gr. Auch unter dem Titel: *Busch Neuer Almanach.* 2ter Jahrgang.

III. Manuscripten-Verkauf.

a) Ein MS. über die Italienisch-Römische Geschichte, aus guten Quellen gesammelt, compress und leserlich geschrieben, m. 1 Plane von der alten u. neuen Stadt Rom. 5 Hfrzbde in 4. für 8 Rthlr.

b) Ein MS. über Ital. Röm. Merkwürdigkeiten überhaupt, und der alten Stadt Rom besonders, m. 4 Planen. 1 Hfrzbd. in 4. für 3 Rthlr. — Man wende sich deshalb in frankirten Briefen an M. Nikolai in Leipzig im rothen Collegio.

IV. Auctionen.

Anzeige.

Eingetretener Hindernisse wegen muss die für den November festgesetzte Versteigerung der *Brunkischen* Bibliothek in Strasburg noch aufgeschoben werden. Man wird in den öffentlichen Blättern bekannt machen, wenn dieselbe definitiv vor sich gehen soll.

V. Herabgesetzte Bücher-Preise.

Anzeige für Chemiker und Pharmaceutiker.

Um dem Wunsche des Publicums zu entsprechen und ein Werk gemeinnütziger zu machen, dessen Werth bereits in mehreren Recensionen so laut anerkannt ist, haben wir uns entschlossen,

Bourguets chemisches Handwörterbuch,

nach den neuesten Entdeckungen entworfen und fortgesetzt von Dr. *J. B. Richter*, nebst einer Vorrede vom Herrn Geh. Rath *Hermbstädt*, 6 Bände, nebst Supplementen, welches bisher 8 Rthlr. 8 gr. ord. kostete, für 5 Rthlr. 12 gr. ord. (auch einzeln jeden Band à 20 gr. und die Supplemente à 12 gr.) zu erlassen, und kann es für diesen Preis durch alle solide Buchhandlungen bezogen werden. Dieser herabgesetzte Preis findet jedoch nur bis Neujahr 1810. Statt, und tritt alsdann der vorige Ladenpreis wieder ein.

Berlin, im October 1809.

Schüppel'sche Buchhandlung.

VI. Vermischte Anzeigen.

Erklärung,

Herrn Professor *Reinhard* in Heidelberg betreffend.

In Nr. 235. der Jen. Literatur-Zeitung, von diesem Jahre, befindet sich eine sogenannte Recension der Schrift des Herrn Prof. *Reinhard* zu Heidelberg: *Versuch eines Grundrisses der Staatswirthschaftslehre.* Da mir nebst vielen andern das Glück zu Theil ward, mehrere Jahre hindurch die Vorlesungen dieses trefflichen, von allen, die ihn näher kennen, so sehr geschätzten Lehrers der staatswirthschaftlichen Wissenschaften zu besuchen, und ich diesen Vorlesungen zu viel verdanke, als dass ich zu der ihm in jener seynsollenden Recension eben so grundlos als hämisch gemachten, mein Innerstes empörenden Vorwürfen, als verwirre er seinen Zuhörern die Köpfe u. dgl. m., schweigen dürfte, so erkläre ich hierdurch, von dem Gefühle der aufrichtigsten Dankbarkeit, und der innigsten Hochachtung gegen denselben gedrungen, öffentlich, dass es mir schlechterdings unbegreiflich ist, wie jemand einem *solchen* Lehrer, dessen Vorlesungen sich nicht bloss nach meinem Urtheile, sondern auch nach dem einstimmigen Urtheile aller bessern und verständigern unter seinen Zuhörern, gerade durch eine lichtvolle und strenge Ordnung, durch eine unverkennbare Deutlichkeit und Bestimmtheit der Begriffe und des Ausdrucks, durch seltene Gründlichkeit und Tiefe, und durch eine stete Tendenz zur moralischen Verbesserung des Menschengeschlechts so charakteristisch auszeichnen, mit irgend einem Scheine des Rechts Undeutlichkeit der Begriffe, Verwirrung der Köpfe und was dergleichen Dinge mehr sind, vorwerfen, oder von *ihm*, auch nur mit dem geringsten Grunde sagen könne, auf seinem Lehrstuhle herrsche über die wichtigsten Materien tiefe Dunkelheit, die bloss hinter schimmernden Formen — von welchen Hr. Prof. *Reinhard* aus Grundsätzen ein abgesagter Feind ist — verschleyert sey, oder wie man endlich bey ihm von schielenden Ausdrücken sprechen und fragen könne: wie soll es bey solchen Vorlesungen mit der Menschheit besser werden? Indem ich dieses erkläre, bin ich der Zustimmung aller übrigen unter seinen Zuhörern, welche zu urtheilen vermögen, und unbefangen genug sind, auch der Wahrheit gemäss urtheilen zu wollen, so vollkommen gewiss, dass ich mich bey dieser Erklärung als das Organ ihrer aller betrachte, und nicht im mindesten daran zweifle, dass sie mit mir mit der grössten Verachtung und mit dem gerechtesten Unwillen auf eine Recension blicken werden, die des Namens eines boshaften Pasquilles und einer gegen alle Rechtlichkeit streitenden Calumnie würdiger ist, als des Namens einer mit Wahrheitsliebe, Bedacht und Kenntniss abgefassten, keinen persönlichen Rücksichten, nach niedriger und entehrender Gemeinheit fröhnenden Recension, und die gewiss nur durch einen Missgriff in einer sonst so sehr geschätzten gelehrten Zeitung, als die Jenaische ist, einen Platz finden konnte. Frankfurt a. M., den 27sten October 1809.

T. Friedleben,

Lehrer der Mathematik, des Rechnungsfaches und der Buchhaltung.

ALLGEMEINE LITERATUR-ZEITUNG

Montags, den 27. November 1809.

WISSENSCHAFTLICHE WERKE.

RECHTSGELAHRTHEIT.

1) Jena, b. Göpferdt: *Entwurf eines Systems des Pandectenrechts*, zu Vorlesungen von Dr. *Joh. Ant. Lud. Seidensticker*, Herzogl. Sachs. Weim. Hofr. u. ord. Prof. der Rechte, des Hofger. Schöppenstuhls und der Juristenfac. Beysitzer. 1807. XIV u. 126 S. 8. (12 gr.)

2) Heidelberg, b. Mohr u. Zimmer: *Grundriß eines Systems des gemeinen Civilrechts*, zum Behuf von Pandecten-Vorlesungen von *Arnold Heise*, Prof. zu Heidelberg. 1807. VI u. 105 S. 8. (12 gr.)

Die vorliegenden Entwürfe zu systematischen Vorlesungen über das Civilrecht bekunden von Neuem das auf deutschen Universitäten so sichtbare Streben nach wissenschaftlicher Darstellung, und es wird nicht uninteressant seyn, die Methode zweyer auf verschiedenen Lehranstalten lebenden Docenten neben einander zu stellen.

Hr. *Seidensticker* erklärt sich selbst über den Zweck, Plan und Methode seines Entwurfes in der Vorrede zu demselben, woraus wir mit Vergnügen sehen, dass er sich bestimmte Rechenschaft darüber gegeben hat. Die systematische Behandlung einer positiven Wissenschaft ist nach seiner Ansicht nicht von der Art, dass darin, wie im Felde der Speculation, alles aus *einem* Grundsatz abgeleitet werden kann, aus dem Grunde, weil sie nicht bloss mit dem Rechtsbegriffe, sondern auch mit der Natur und ihren Erscheinungen zu thun hat. „Systematisch wird die Jurisprudenz behandelt, wenn man sie nach Differenzen oder Theilungsgründen ordnet und darstellt, welche bald von dem Rechtsbegriffe, bald von den legislatorischen Zwecken, Motiven und Maximen, bald auch nur von der Verwandschaft nach Object und Subject hergenommen sind." — Um nicht zu versäumen, sich mit der Folge und Ordnung der Quellen vertraut zu machen, hat der Vf. allenthalben die jedesmal einschlagenden Titel der Hellfeldischen, bekanntlich nach der legalen Einrichtung geschriebenen, Pandekten angeführt. Sein Bestreben ging dahin, ein so viel als möglich wissenschaftliches, so wenig als möglich bloss classificirendes System aufzustellen, und den Unterschied zwischen Haupt- und Hülfswissenschaft so streng als möglich zu nehmen, d. h. nur dasjenige darzustellen, was sowohl in der Materie als Form der Praxis entspricht. Alles nicht Privatrechtliche wird ausgeschlossen, auf der andern Seite aber das gesammte in Deutschland geltende gemeine Privatrecht, ohne Unterschied der Legislation, aus welcher es abstammt, dargestellt. Die Lehren germanischen, longobardischen und canonischen Ursprungs werden jedoch nur formaler Weise umfasst, d. h. bloss die Verbindung angedeutet mit der gesammten Wissenschaft und mit den allgemeinen Grundsätzen, unter deren Herrschaft sie stehn, die Ausführung derselben aber in andere Vorlesungen verwiesen. Unter dieser Beschränkung soll übrigens, nach dem Vf., doctrineller Weise gerade dasjenige geleistet werden, was die Legislation selbst zu leisten hätte, wenn sie das in Deutschland geltende gemeine Privatrecht in einem Gesetzbuche darstellen wollte. Nicht Ausführlichkeit des Details oder Polemik und Rechthaberey, sondern Klarheit und Präcision der Begriffe, wissenschaftliche Methode und stete Entwickelung aus Grundsätzen ist das Ziel, nach welchem der Vf. strebt. — Der Darstellung des Systems selbst wird eine Einleitung vorausgeschickt, welche zuerst über den Zweck und die Beschaffenheit des Systems, wie es nach Hn. *S's* Ueberzeugung seyn muss, sich verbreitet; hierauf eine Theorie enthält, nach welcher die mancherley in Deutschland geltenden, theils einheimischen, theils aufgenommenen Gesetze zu behandeln sind, um, hier durch Absonderung des Fremdartigen, dort durch Unterordnung und Auflösung des Streitenden, dahin zu gelangen, dass sich, wenn gleich nicht materialer, doch wenigstens formaler Weise, eine einige, in sich consequente, Sammlung der in Deutschland *wirklich* geltenden gemeinen Rechte *in der Quelle selbst* darstellt. Also Ausmittelung der eigentlichen Quelle des Systems in den verschiedenen sich durchkreuzenden Legislationen. Hierauf folgen die ersten Lehren, welche sich aus der Quelle ergeben, namentlich von den obersten Grundsätzen des Privatrechts und von den verschiedenen Gattungen privatrechtlicher Normen; endlich methodologische Grundsätze. — Die Darstellung des Systems selbst zerfällt in einen nichtprocessualischen und processualischen Theil. Jener beschäftigt sich zunächst mit der vom Vf. sogenannten *realen* Ansicht (mit der Natur und ihren Erscheinungen als Gegenstand des Rechts), und es wird hier von den Personen, Sachen und Handlungen geredet; bey den letztern insonderheit die wichtigen Facten der Willenserklärung und des Besitzes aus einander gesetzt. Die *ideale* Ansicht auf der andern Seite, oder die wissenschaftliche Darstellung der Rechtsinstitute selbst, zerfällt in zwey Hauptclassen, wovon die eine das

das Recht ohne Vorausſetzung eines Todesfalles, und die andere daſſelbe mit Vorausſetzung eines Todesfalles darſtellt. Die erſte Claſſe enthält 1) das Eigenthum mit den ſonſtigen dinglichen Rechten, nachdem in einem beſondern Kapitel von der ſogenannten Dinglichkeit überhaupt geredet iſt, und ſodann 2) die Obligationen, deren Gattungen der Vf. auf eine ganz neue Weiſe zergliedert, indem er *nicht nur* bey den durch Vertrag entſtehenden Obligationen einen Unterſchied zwiſchen Verträgen des bürgerlichen Verkehrs und Familienverträgen annimmt, und unter den letztern namentlich vom Ehe- und Eheverlöbnißvertrage, ſo wie von der Regulirung des Vermögensverhältniſſes unter Ehegatten handelt; *ſondern auch* bey den unmittelbar durch das Geſetz begründeten Obligationen die des bürgerlichen Verkehrs und des Familienrechts von einander trennt, unter den letztern aber die Obligationen aus dem Fact der Zeugung, der Adoption, der vollen Legitimation und der Tutel oder Curatel entwickelt. Nach ſeiner Methode wird alſo das ganze Familienrecht dem der Obligationen einverleibt. — Die andere Claſſe, oder das Recht mit Vorausſetzung eines Todesfalles, wird zuvor den allgemeinen Grundſätzen nach beſchrieben, und hierauf theils von der Entſtehung des Erbrechts durch Willenserklärung und unmittelbar durch das Geſetz, theils von den Wirkungen und Folgen eines durch Willenserklärung oder Geſetz gegebenen Erbrechts geredet. — Der proceſſualiſche Theil enthält, auſser der Einleitung, folgende Theorie: zuerſt wird die Selbſthülfe und auſsergerichtliche Beylegung einer ſtreitigen Sache, hierauf aber die Hülfe durch die Juſtizanſtalten des Staates ſorgfältig entwickelt, namentlich werden die Theile angegeben, aus welchen die Proceſsmaſchine beſteht, d. i. die Perſonen und Rechtsinſtitute, welche in ihr in Wirkſamkeit ſind, und, nachdem dieſes geſchehen iſt, der Gang der Maſchine ſelbſt und das Ineinandergreifen jener darin befindlichen Theile beſchrieben.

Auch der Vf. der andern kleinen Schrift wurde durch das Bedürfniſs ſeiner Vorleſungen veranlaſst, eine tabellariſche, hauptſächlich für ſeine Zuhörer, nicht für das Publicum, beſtimmte Ueberſicht drukken zu laſſen; ein ausführliches Lehrbuch verſpricht derſelbe, wenn er durch fortgeſetztes Studium noch beſſer dazu vorbereitet ſeyn wird, dem Druck zu übergeben. Sein Grundriſs umfaſst wieder das gemeine Civilrecht, und ſchlieſst alle die Theile des Privatrechts gleichfalls aus, worüber beſondere Vorleſungen gehalten werden. Was inſonderheit die Trennung von dem deutſchen Privatrecht betrifft, ſo befolgt der Vf. das *Hufeland'ſche* Princip: alles wahrhaft gemeine Recht, wenn es auch bloſs aus deutſcher Quelle ſtammt, hier aufzunehmen; hingegen alles, was nur auf particularen Quellen oder angeblich allgemeinen Gewohnheiten beruht, in die beſondern Vorleſungen des deutſchen Rechts zu verweiſen. In Anſehung des Kirchenrechts, und vorzüglich der Theorie des Proceſſes, hat Hr. *H.* nur das ausgeſchloſſen, was ihm aus überwiegenden Gründen in jenen Vorleſungen zweckmäſsiger dargeſtellt zu werden ſchien. Uebrigens hat derſelbe ſeine eigenen Anſichten vorzüglich durch die hinzugefügten Noten zu rechtfertigen geſucht. — Die Darſtellung ſelbſt wird, nach einer vorausgeſchickten Einleitung, welche von dem Begriff und Umfang des gemeinen Civilrechts, deſſen Quellen und Literatur handelt, in *ſechs* Bücher getheilt. Das *erſte* enthält allgemeine Lehren, der Vf. redet darin 1) von den Quellen des Rechts; 2) von den Rechten im Allgemeinen; 3) von Verfolgung und Schützung der Rechte; 4) von den Subjecten und Objecten der Rechte; 5) von den Handlungen; 6) von den Raum- und Zeitverhältniſſen. Das *zweyte* Buch umfaſst die dinglichen Rechte ſowohl überhaupt, als inſonderheit die Lehren vom Eigenthum, den Servituten, der Emphyteuſis und Superficies und dem Pfande. Das *dritte* Buch beſchäftigt ſich mit dem Recht der Obligationen, wobey der Vf. zunächſt den Inhalt einer Obligation angiebt, hierauf die Subjecte derſelben durchgeht, dann von der Entſtehung und Aufhebung der Obligationen handelt, und zuletzt folgende Claſſen derſelben darſtellt: 1) die zweyſeitigen Obligationen, 2) die, welche auf ein Geben oder Leiſten, oder 3) auf ein Zurückgeben, oder 4) auf ein Handeln, oder 5) auf ein Unterlaſſen und Wiederherſtellen, oder 6) auf Schadenserſatz und Strafe gerichtet ſind, endlich 7) acceſſoriſche Obligationen. Das *vierte* Buch hat die Rubrik: *jura poteſtatis*, erhalten, und es werden darin die Rechte der Ehe, väterlichen Gewalt u. Vormundſchaft entwickelt. Das *fünfte* Buch iſt dem geſammten Erbrecht gewidmet, und zerfällt in *neun* Capitel, die aber tabellariſch ſo zuſammenhängen: I. allgemeine Einleitung; II. Delation der Erbſch. und Vermächtniſſe: *A) ab inteſtato; B)* durch letzten Willen: 1) allgemeine Grundſätze; 2) einzelne Arten: *a)* Teſtamente; *b)* Codicillardiſpoſitionen. III. Erwerbung der deferirten Erbſchaft und Vermächtniſſe: *A)* der Erbſchaft; *B)* der Vermächtniſſe: 1) allgemeine Grundſätze; 2) einzelne Vermächtniſſe. IV. Verluſt der deferirten Erbſchaft und Vermächtniſſe. — Das *ſechſte* Buch endlich ſetzt eine Lehre aus einander, die man hier nicht erwarten ſollte, die *Reſtitutio in integrum*. Der Vf. bemerkt zur Rechtfertigung dieſer Anordnung in der Note: „Auf das Erbrecht, als allgemeine Erwerbungsart, folgt jetzt zum Schluſſe des Ganzen die Reſtitution, als ein Inſtitut, wodurch umgekehrt faſt alle rechtliche Verhältniſſe aufgehoben werden können. Aus dieſem Geſichtspunkt angeſehen, ſteht ſie ganz ſchicklich am Ende des Syſtems, wohin ſie zu ſtellen aus mehr als einem Grunde rathſam iſt."

Wien, b. Binz: *De haereditario ſuccedendi jure Ducum primum, deinde Regum Hungariae inde ab origine Monarchiae usque ad noſtra tempora.* Liber ſingularis. Auctore *Georgio Sigismundo* Lakitz, S. C. R. M. Conſiliario Aulico, 1809. 173 S. 8.

Da vom Vf. ein ausführliches Lehr- und Handbuch über das ungriſche Staatsrecht erwartet wird, deſſen

Ans-

Ausarbeitung ihm von höhern Orten aufgetragen, und wovon die Handschrift bereits bey der K. Hung. Hofcanzley zur Censur eingereicht worden: so verdient gegenwärtige Abhandlung, als ein Vorläufer des obgedachten Werkes, und als ein Versuch des Vfs., einen einzelnen §. seines Werkes im Detail auszuführen, mehr Aufmerksamkeit, als ihr sonst, ihres Gegenstandes wegen, zukäme. Der Gegenstand derselben gehört zu dem viel bearbeiteten Thema des ungrischen Staatsrechts, dem kaum mehr eine neue Ansicht abzugewinnen ist. Ferner ist derselbe für das regierende Erzhaus durchaus gleichgültig: denn durch die in Ungern gesetzlich angenommene *Sanctio pragmatica* ist das Erbrecht des Erzhauses rechtlich aufs bestimmteste und feyerlichste begründet, und es kann daher dem Hofe ganz gleichgültig seyn, ob vorher und seit dem Anfange des Magyarischen Staates nur männliches, oder auch weibliches Erbrecht gegolten, und ob jemals oder niemals das Wahlrecht von den Ständen gültig oder ungültig ausgeübt worden; der Hof hat nur darauf zu sehen, die *Sanctio pragmatica* durch kluge Diplomatik und Waffenmacht vor auswärtiger Gewalt zu sichern. — Nichts desto weniger haben mehrere Schriftsteller sich beeifert, zu zeigen, dass das Habsburgisch - Lothringische Haus auch ohne pragmatische Sanction in Ungern regieren müsse, deswegen, weil Ungern von je her und immer ein Erbreich gewesen, worin sogar das Erbrecht der weiblichen Linie gegolten habe: und Hr. *Lakics* ist, nächst *Widemann*, der eifrigste Anhänger dieser Meinung. Diese Meinung ist wahrlich so folgenlos, dass man es füglich dabey bewenden lassen könnte, wenn nicht von der andern Seite es gewiss wäre, dass durch Uebertreibung der guten Sache selbst am meisten geschadet wird, dass die reine historische Wahrheit sich durchaus unter keine Hypothese zwängen lasse, und dass keine Privatmeinung sich das Ansehn der alleinseligmachenden geben dürfe. Einige polemische Ausdrücke des Vfs., z. B. S. 82. *Carolus Palma notatur*, S. 83. *qui clarissima Majorum testimonia callida interpretatione corrumpere malunt* u. s. w., haben in dieser Rücksicht dem Rec. sehr missfallen. Rec. hebt einige Behauptungen des Hn. *L.* aus, über die man treulich und ohne Gefährde andrer Meinung seyn kann und der Geschichte zu Folge seyn muss, als Hr. *L.*

Cap. I. *De Orig. Monarchiae Hungaricae.* Rec. bekennt sich zu folgenden drey Sätzen: 1) Die ältesten Magyaren — eine asiatische Nomaden-Nation — hatten eine föderative Stamm-Verfassung: die Emirs der Stämme und Geschlechter desselben Volkes standen unter einander in gleichen Bundes-Verhältnissen. 2) Die Magyaren wurden aber in der Folge — hauptsächlich durch die Chazaren — nomadische Krieger, und nun führten sie, auf Andringen der Chazaren, selbst eine republikanische Verfassung mit einem erblichen Prémier-Consul, *Dux Fö Vezér* (Oberherzog, Oberfeldherr), ein. So blieb es bis zu den Zeiten des Geysa, Vaters des hl. Stephan. Wenn der Vf. (S. 19.) sagt: *Duces leges condunt poenas sanciunt, limites definiunt*, so sagt dagegen der *Anonymus* Cap. XL.: *Dux et sui nobiles ordinaverunt omnes consuetudinarias leges regni et omnia jura ejus* u. s. w. 3) Erst Geysa, und hauptsächlich Stephan I., haben, mit Hülfe der Deutschen, die wahrhaft monarchische Gewalt in Ungern eingeführt. Der Vf. widerlegt diese Sätze, aber nach dem Urtheil des Rec. ganz unzulänglich, und Rec. theilt daher lieber die vorgegebenen Irrthümer des *Verbütz* und des *Gebhardi*, als die ausschliesslichen, jedoch sehr einseitigen, Wahrheiten des Hn. *L.*

Cap. II. *Monarchia Hungarica inde ab origine haereditaria.* In diesem Kapitel bemüht sich der Vf., den ganz absurden Satz aufzustellen: dass schon in der zweyten Periode, von Almus bis Geysa, die Herzogswürde in der Arpadischen Familie auch in der weiblichen Nachfolge erblich gewesen. S. 39. *jus haereditarium Arpadianae Familiae (ab electo Almo) addictum ad sexum utrumque pertinuisse, ordine lineali ex cognatis et agnatis mixto, salva semper in utroque sexu aetatis praerogativa.* Eine nomadisch - kriegerische Nation leidet keinen weiblichen Oberfeldherrn, und Pray und Cornides, die das in der Arpadischen Familie vor Alters festgesetzte Erbrecht auf bloss männliche Nachkommenschaft einschränken, haben unstreitig Recht, so sehr der Vf. auch wider sie zu Felde zieht. Wahr aber und unbezweifelt ist es, dass eine Nation, die sich einmal durch eine lange Reihe der Jahre an die männlich-erbliche Thronfolge gewöhnt hat, ihres eigenen Interesse wegen zu der weiblichen leicht und gern übergeht, auch wenn diese weibliche Erbfolge vorhin nicht bestimmt ist. Diess war der Fall in Ungern mit Karl Robert nach Andreas III. erblosem Tode und mit Ferdinand I. nach der Schlacht bey Mohács und dem erblosen Ableben Ludwigs II.

Cap. III. *De haereditaria in Regnis Successione Principia generalia.* Der Vf. erkennt hier an: *Etiam in haereditariis successionibus consensus populi non temere negligitur.*

Cap. IV. *De usu successionis haereditariae in Regno Hung. a S. Stephano ad Carolum Robertum.* Der Vf. hat sich dadurch sehr viel zu schaffen gemacht, dass er Revolutions-Zeiten nicht von gewöhnlichen unterscheidet. Er fragt diejenigen, die nicht an die weibliche Succession in der Arpadischen Linie glauben, woher sie denn Peters Recht zum Regieren herleiten wollen? und diese können sehr kurz antworten mit dem Chronisten: *Kesla Petrum voluit pro Rege*; die Faction der Gisela beförderte ihn zur Krone ohne alles Recht. Nach dem Vf. hingegen hatten Samuel und Andreas I. kein Recht zum Throne; jedoch giebt er zu: „*Petro demortuo Andream quam in principio per vim arripuerat, legiam dignitatem jure optimo retinuisse, gratia legis violatae a populo accepta.*" Welche Verirrungen! Andreas war der Sohn Ladislaus des Kahlen, eines *Patruelis* von Stephan I., und hatte also viel mehr Recht auf die Krone, als Peter; er musste zwar wegen der Kesla Nachstellungen, auf Stephans Rath (der Vf. beschuldigt ihn ohne Beweis begangener Verbrechen), entfliehen: aber nach Peters Vertreibung machte er sein Recht geltend. So füh-

führen juristische Hypothesen zu historischen Absurditäten! und zu Entstellungen der Geschichte. Rec. muss einige derselben hier nachdrücklich rügen, damit nicht Hr. *L.* auch bey andern Kapiteln seines Staatsrechts die historische Wahrheit vorgefassten Hypothesen aufopfere.

Cap. V. *Andrea III. mortuo jus haereditariae in Regno successionis exstinctum non est.* Was hievon zu halten sey, hat Rec. oben bey Cap. II. gesagt.

Cap. VI. *De usu juris haereditarii Regum Hung. a Carolo Roberto ad Ferd. I.* Von Karl Robert hat Rec. schon oben seine Meinung geäussert: und die Regenten aus dem Hause *Karl Roberts* reden sehr oft von der Gültigkeit der weiblichen Erbfolge in Ungern in ihren Diplomen als *einer alten Gewohnheit*, um nämlich durch diesen Ausdruck die Neuheit ihres Kronrechts zu bedecken. Den Vlad. I. hält Hr. *L.* für einen unrechtmässigen König: aber man könnte ihm seinen eigenen Ausdruck entgegen stellen: *gratiam violatae legis a populo accepit.* Sehr übel ist Hr. *L.* auf Matthias Corvinus zu sprechen: er äussert laut, dass er nur gewaltsam und widerrechtlich eingedrungen worden. Seiner Meinung nach hätten die Stände schon damals den Kaiser Friedrich als König anerkennen sollen. — Nach des Rec. kaltblütiger Meinung war bis dahin kein geschriebenes Gesetz, noch ein reichstäglich sanctionirter Vertrag über die weibliche Erbfolge vorhanden: die Stände durften demnach allerdings ihrem Gefühle und Sinne für das Beste des Vaterlandes folgen, für welches denn durch Matthias Corvinus auch besser gesorgt war, als durch Friedrich gesorgt gewesen wäre. So lange kein geschriebenes förmliches Gesetz oder ein von den Ständen landtäglich sanctionirter Vertrag über die weibliche Erbfolge da war, konnten und durften die Stände allerdings das Wahlrecht bey Erlöschung des männlichen Stammes ausüben. Zu bedauern ist nur, dass die Stände diess Wahlrecht sehr unheilsam ausübten, als sie Vlad. II. erkohren: damals wäre es wohl besser gewesen, wenn sie sich dem östreichischen Maximilian in die Arme geworfen hätten. — Der Vf. bemüht sich sehr, zu zeigen, dass die Heyraths- und Erbverträge zwischen Max. I. und Vlad. II. *non sine consensu Statuum* geschlossen worden seyen, aber er kann den *plenum et formalem Consensum Statuum* nie beweisen: der Bischof Georg Szakmari, und Joh. Cuspinianus waren mit aller ihrer Klugheit nicht im Stande, ihn jemals zu bewirken. Die Stände verwahrten sich noch Art. 5. 1507. gegen alles, was nicht im vollen Rathe des Königs beschlossen und verhandelt würde, und in diesem vollen Rathe sassen viele Zapolyaner. Alle diese Heyraths- und Erbverträge hätten nichts gefruchtet, hätte nicht am Ende das Recht der Waffen und der Friedensartikel für Ferd. I. entschieden, und hätte nicht der Art. 5. 1547. bestätigt, *quod Ungari se Ferd. I. et suorum haeredum imperio in omne aevum subdiderint.*

Cap. VII. *Jus haereditarium Ferdinandi I. in Regnum Hungariae vindicatur.* Die Einwendungen, die Statilius dem Widemann machte, werden von Hn. *L.* einzeln widerlegt. S. 152. wird Hr. *v. Hormayr* kurz zurechtgewiesen, der Ferd. I. Kronrecht bloss aus der Einwilligung seiner Gattin Anna ableitet, und die Verträge von 1491. und 1506. für unrechtmässig erklärt. Was aber immer Ferd. I. für ein Recht hatte, erst die Waffen und dann die Friedensschlüsse und Gesetze begründeten es völlig.

Cap. VIII. *De usu haereditariae successionis in Hungaria, a Ferd. I. usque ad nostra tempora.* Ueber dieses Kapitel ist nichts zu erinnern, es enthält alle jene gesetzlichen Verfügungen, auf denen zum offenbaren Ruhestand der Nation die Erbfolge des Hauses Oestreich in Ungern in männlicher und weiblicher Linie mit rechtlicher Festigkeit beruhet.

LITERARISCHE NACHRICHTEN.

Gelehrte Gesellschaften.

Am 18ten Septbr. d. J. hielt die Königl. Gesellschaft der Freunde der Wissenschaften zu Warschau eine öffentliche Sitzung, worin Hr. Abbé *Stasic*, Präses der Gesellschaft, zuerst Bericht über die eingegangenen Arbeiten der Preisbewerber abstattete. Der in lateinischer Sprache abgefassten historisch-medicinischen Abhandlung über die *Pest* von dem in *Dubno* (in Volhynien) wohnenden Arzte, Hn. Dr. *Lernet*, wurde der Preis einer goldenen Medaille, 25 Ducaten an Werth, zuerkannt und übergeben. Von den erhaltenen zwey polnischen Tragödieen wurde keine den Foderungen entsprechend befunden, daher bleibt die Aufgabe auch fürs künftige Jahr mit dem ausgesetzten Preise von 100 Ducaten. — Folgende Männer sind zu Mitgliedern der Gesellschaft aufgenommen: *Kollątaj*, sonst poln. Vice-Gross-Kronkanzler, berühmt durch viele Schriften politischen, auch moralischen Inhalts. Hr. *Constantin Wolski*, jetzt Redacteur der Elementarwerke. Dr. *Szymkiewicz* in Wilna, *Huisson*, Professor der Mathem. am Warsch. Lyceum, Dr. *Vater*, Professor der Theologie und Philosophie in Königsberg, und die Hnn. *Szopowicz*, *Danielewicz* und *Feliński*; zum Ehrenmitgliede hingegen der verehrungswürdige *Jefferson* in Amerika. Einige von den neu ernannten Mitgliedern, die der Sitzung beywohnten, lasen, jeder in seinem Fache, Abhandlungen vor.

ALLGEMEINE LITERATUR-ZEITUNG

Dienstags, den 28. November 1809.

WISSENSCHAFTLICHE WERKE.

PHILOSOPHIE.

Leipzig, b. Tauchnitz: *Grundriß der allgemeinen Religionslehre* von *L. A. H. Clodius*, Lehrer der Weltweisheit zu Leipzig. 1808. XXXVIII. u. 440 S. 8. (2 Rthlr.)

Je weniger es der philosophischen Religionslehre bisher gelungen ist, sich in den verschiedenen Gestaltungen, welche herrschende philosophische Systeme ihr gaben, als natürliche Theologie, moralische Gotteslehre oder Religion innerhalb der Grenzen der Vernunft, als philosophische Dogmatik, oder als Anweisung zum seligen Leben, auf einem sichern Fundamente zu einem haltbaren Gebäude zu erheben; desto mehr verdient jeder neue mit Kenntniss des bisher Geleisteten und mit Scharfsinn zu diesem Zweck unternommene Versuch Aufmerksamkeit und Achtung. Der Vf. des anzuzeigenden gehaltvollen Versuchs zeichnet sich dadurch besonders aus, dass er nicht von dem Standpunkte irgend einer theoretischen oder praktischen Philosophie zu einer allgemeinen Religionslehre übergeht, sondern dass er vielmehr erst aus dieser die wahre Philosophie entstehen lässt und so statt einer philosophischen Religionslehre eigentlich mehr eine religiöse Philosophie darstellt. Nach S. 76. steht auf synthetischem Wege die allgemeine Religionslehre oben an, als Begründung aller Philosophie. Sie giebt dieser einen reinen ursprünglichen Stoff, das religiöse Bewusstseyn. Und dieses als ein absolut nothwendiges ursprüngliches Verhältniss giebt einen Grundstandpunkt an, auf dem Seyn und Wissen, Denken und Wahrnehmen übereinstimmend erscheinet. Die Religionslehre begründet also in der Philosophie einen höhern Realismus. Diese Ansicht sucht der Vf. nicht nur thetisch, sondern auch antithetisch und polemisch gegen die wichtigsten neuern philosophischen Systeme, welche sich selbst zur Religionslehre zu vollenden, oder diese aus sich hervorzubilden versucht haben, geltend zu machen. In wie fern es demselben gelungen sey, dieses Unternehmen durchzuführen, ohne dem Vorwurfe eines philosophisch-religiösen Synkretismus und eines mystischen Sophismus Raum zu geben, möge eine kurze Darlegung der Hauptmomente seiner Untersuchung, soviel als möglich, in der eigenen Darstellung des Vfs., dem Leser zu zeigen suchen. Nur einzelne Bemerkungen wird Rec. beyläufig einstreuen, um dadurch ein am Ende über das Ganze zu bildendes Resultat zu begründen.

Religionslehre ist dem Vf. die Lehre von dem nothwendigen und abhängigen Verhältnisse des Menschen zu einem, vom menschlichen Willen unterschiedenen, die zufällig scheinende Welt allgemein zweckmässig ordnenden, höchsten Willen. Diese Erklärung schliesst aber noch nicht den Begriff einer persönlichen Existenz Gottes ein, welche der Vf. doch im Folgenden behauptet, wenn er gleich darauf Verzicht leistet, Gott als eine absolute Substanz an sich erkennen zu wollen. (S. 16.) Als irrige Vorstellungen von Religion werden mit triftigen Gründen verworfen: Eudaemonismus und Theolatrie (Lehre von einem Sklavendienste Gottes), die Lehre von der Autonomie und dem Epicureismus, oder die alte und neue Lehre von der Seligkeit eines göttlichen Lebens als Quelle und Grund aller Religion. Die unmittelbare Ueberzeugung vom Religionsverhältniss (religiöse Evidenz) kann sich in dem Menschen entwickeln: 1) durch *Offenbarung* d. i. eine wundervolle Entwicklung derselben, welche durch die Thatsachen der Weltgeschichte und sodann durch Thatsachen in der Geschichte jeder einzelnen Menschenseele veranlasst wird. (Ungern vermisst man hier die genaue Erörterung des Begriffes *wundervoll*.) Diese begründet *besondere Religionslehren*. 2) Durch *wissenschaftliche Zergliederung* des menschlichen Bewusstseyns, wodurch eine *allgemeine Religionslehre* begründet wird. Auf beiden Wegen müssen sich dieselben Hauptresultate ergeben. Doch wird der wahre Denker weit davon entfernt seyn, sich einzubilden, dass eine allgemeine Religionslehre die Offenbarung unnöthig mache, oder dass sie ohne Offenbarung hätte festgestellt werden können. Jede besondere Religionslehre enthält, in wie fern sie Menschen wahrhaft überzeugt, die allgemeine in sich, aber zugleich noch mehrere Bestimmungen, welche nicht unmittelbar aus dem Religionsverhältnisse folgen und welche für ein Volk, für einzelne Stände eines Volks, für den Menschen als einzelnes Wesen in der Zeit, auf der Stufe der Entwickelung, wo er steht, eben so wesentliche Merkmale des Religionsbegriffes seyn können, als die allgemeinen. Man hüte sich daher, gleiche religiöse Ansichten jedem Menschen aufdringen zu wollen und nehme auf die Sphäre Rücksicht, in welcher er wirkt, „eine Toleranz, die heut zu Tage dem

dem Aufgeklärten beynahe mehr zu empfehlen ist, als dem Abergläubischen" (?).

Nach dieser Einleitung folgt die Darstellung der allgemeinen Religionslehre in zwey Haupttheilen, einem *analytischen*, von der Art, wie sich das Religionsverhältniss im Bewusstseyn ankündigt, oder vom Innewerden Gottes im Bewusstseyn, und einem *synthetischen*, welcher eine wissenschaftliche Zusammenstellung aller aus der religiösen Grundüberzeugung folgenden Religionslehren enthält.

Der 1ste Abschnitt des *ersten* Theils liefert eine scharfsinnige Untersuchung über Wahrnehmung, Erkenntniss und Wissenschaft, mit interessanten Bemerkungen über die wichtigsten jene Gegenstände betreffenden philosophischen Ansichten, vorzüglich in Beziehung auf ihre mehr oder weniger reine Wissenschaftlichkeit und religiöse Wichtigkeit. So heisst es hier S. 36., um nur einzelne Resultate anzuführen, von manchem der neuesten Naturphilosophen, dass sie uneingedenk der Grundsätze einer echten philosophischen Kritik, wie auch einer wahren Encyklopädie und Methodologie der Wissenschaften, poetische Ideale und ideelle wissenschaftliche Gegenstände zusammengeworfen, Theorieen, nach subjectiven Maximen der Urtheilskraft hypothetisch aufgestellt, mit wahren constitutiven Wissenschaften, Ernst mit Spiel, wissenschaftliches Verfahren und Diviniren verwechselt, eine, nach unsrer Denkform nur als möglich ausgedachte Naturordnung, und eine, nach den reellen Gesetzen unsers Vorstellungsvermögens mathematisch construirte Naturordnung in einander geflochten, und auf diese Art eine Naturwissenschaft hervorgebracht haben, die weder mathematische Experimentalphysik noch Methodenlehre, noch reine Wissenschaft ist, ungeachtet sie von allen die Miene annimmt. Ueber das neuere Identitätssystem urtheilt der Vf. S. 58. dass die in demselben aufgestellte Idee des Absoluten, welches, gleich *Spinoza's* Substanz, nicht als systematischer Urbegriff, sondern als eine lebendige, sogar religiöse Idee dargestellt sey, in der sich aller Widerstreit des Alls auflösen sollte, keinesweges eine wahre unphantastische Religionslehre begründen konnte. „In der intellektuellen Anschauung fanden daher die Gegner des Absoluten den orientalischen Quietismus, das wahre Nichts einer chinesischen Religionsmetaphysik, höchstens einen wiederkehrenden platonischen Idealismus; in der ästhetischen Anschauung hingegen, schwärmerischen Mysticismus. Als Religionslehre erhob sich diese Philosophie nicht zur Höhe des klaren, alles umfassenden religiösen Bewusstseyns, sondern nur zu einer ästhetischen Seligkeitslehre, nach welcher das göttliche Princip in voller Ruhe, Unthätigkeit und Abgeschiedenheit von der Wirklichkeit dargestellt wurde. Diese speculative Ascetik und ascetische Speculation, nur auf eine Amalgamation des Verstandes, der Phantasie und einem metaphysischen Streben nach Vernunftideen gegründet, gab demnach kein wirkliches vollendetes Leben, gar nicht, was die Religionsbekenner Religion nennen." Nach S. 64. ff. setzt nun der Vf. die höhere Evidenz, welche Seyn und Wissen keinesweges identisch macht, und in das Nichts des Absoluten auflöst, aber sie in ein *inneres* harmonisches *Verhältniß* zu einander bringt, an die Spitze einer sich vollendenden wissenschaftlichen Philosophie und erklärt die unmittelbare Evidenz des wahren Religionsbekenners von seinem nothwendigen Verhältnisse zu Gott für sein erstes Grundaxiom des Lebens und die Religion für das einzig mögliche System des Bewusstseyns. Jene höhere Evidenz kann aber, wie alles axiomatische, nicht bewiesen, sondern nur nachgewiesen, durch die Entwickelung aller Seelenkräfte, vor allen des reinen absolut guten Willens, als wirkliches Bewusstseyn erwiesen werden. Das religiöse Princip muss mit dem höchsten wissenschaftlichen, mit dem vollendeten Bewusstseyn jedes besonnenen Menschen identisch und gleichbedeutend, wenigstens nur in Ausdrücken verschieden seyn. Für den seiner selbst, oder vielmehr Gottes, bewussten Menschen ist das *eigentliche* Seyn, kein unbekannter Grenzbegriff, kein Noumenon, über welches Skepticismus oder Kriticismus den Kopf schütteln, sondern dieses eigentliche Seyn ist das Urwesen selbst, das als heiliger Wille im Gewissen sich kund thut, und dem Glauben, in der Reflexion, sich als wirksam lebendig offenbart. Und das in allen denkbaren Rücksichten bestimmte Verhältniss jenes eigentlichen Urseyns zum Wissen; überhaupt zu dem in der Erfahrung gegebenen Ich des Menschen (in so fern das Ich will, weiss, sich vorstellt seinen Grund vernimmt) ist das höhere Bewusstseyn selbst, die Philosophie in ihren letzten Gründen nichts andres, als eine *religiöse Bewußtseynslehre von dem nothwendigen Verhältnisse des Urwesens zum Wollen, Wissen, Vorstellen und vernünftigen Bewußtseyn des in der Erfahrung gegebenen menschlichen Ichs.* Von der alten durch Skepticimus und Kritik gestürzten Metaphysik, welche vom nothwendigen Seyn an sich, als Begriff oder Idee ausging und dasselbe an sich ohne Beziehung, aus Vernunftbegriffen, erkennen wollte, würde sich die Bewusstseynslehre dadurch unterscheiden, dass sie der menschlichen Beschränkung gemäss, nur ein nothwendiges Verhältniss, eine *copula* zweyer Begriffe an die Spitze des Wissens setzt, wovon der eine Begriff, das empirische Ich, als gegeben, bekannt, beschränkt, nur durch sein Verhältniss zu einem andern Absolutnothwendigen, auf welches es sich richtet und bezieht; Leben, Realität und Bedeutung erhält. Jenes Absolutnothwendige hingegen, als Begriff in dem Satze ausgedrückt, bleibt an sich unerkennbar $= x$, Begriff vom Unbegreiflichen. Der Mensch erkennt nur das Verhältniss zu demselben, wodurch er selbst nothwendig wird. — Hierin scheint aber das πρωτον ψευδος des ganzen Systems zu liegen, dass der Vf. als Basis desselben den Begriff eines Verhältnisses setzt, welches zwischen dem Begriffe von einem bekannten und von einem völlig unbekannten, unbegreiflichen Wesen statt finden soll.

Es

Es ist aber nicht wohl einzusehen, wie hieraus nur einmal ein Verhältnissbegriff, viel weniger ein absolut nothwendiger, oder gar eine Erkenntniss und höhere Evidenz hervorgehen könne. — Nach S. 75. ist die Religionslehre selbst keine Wissenschaft, bekommt keinen Stoff des Wissens, der ihr anderwärts gegeben würde; sondern sie stellt dar den Grund von der Harmonie alles Seyns und aller Wissenschaften, das nicht bloss formale, sondern reale Grundaxiom aller Thätigkeiten des Bewusstseyns. — Als Einleitung in die Religionslehre muss demnach eine Zergliederung des Bewusstseyns nach den verschiedenen Graden, die der Mensch bis zur Vollendung desselben durchgeht, nothwendig vorausgeschickt werden.

Diese liefert der 2te Abschnitt, nachdem noch zuvor die sogenannten Beweise für das Daseyn Gottes, besonders aus dem Grunde, dass die Religionslehre keine erweisliche Gegenstände des Wissens überhaupt umfasse, so wie auch die sogenannten praktischen Postulate als unhaltbar dargestellt sind. Der Vf. sucht sodann sehr mühsam und künstlich aus der Sprache und dem Sprachgebrauche folgende Erklärung von Bewusstseyn zu rechtfertigen, als sey es diejenige unmittelbare Ueberzeugung, welche alles Vorstellen, Denken und Wollen des Menschen begleiten soll, dass der Grund, *warum* vorgestellt, gedacht und gewollt wird, als das eigentliche beharrliche, im aufzuhebenden Seyn, sowohl von der Art, *wie* vorgestellt, gedacht und gewollt wird, als auch von allem dem, *was* vorgestellt, gedacht und gewollt wird, nothwendig unterschieden sey. S. 95. Dieser Begriff vom Bewusstseyn als unmittelbarer und zugleich religiöser Ueberzeugung soll sich bey allen Menschen vorfinden, die man zu vollem Bewusstseyn gekommen nennt, und die allgemeinste abstracte Form alles Bewusstseyns, ohne auf die Realität und Materie Rücksicht zu nehmen, unmittelbare beharrliche Beziehung auf Einheit seyn. Hierauf schildert der *Vf.* sieben verschiedene Grade des Bewusstseyns: 1) Vegetationsgefühl. 2) animalisches Selbstgefühl (Man sieht nicht ein, wie der Vf. diese schon zum Bewusstseyn zählen mag.). 3) Selbsterkenntniss der Person. 4) Dass beym Wollen rege Gewissen, welches als eine sich nach und nach entwickelnde und alsdann beharrliche Anforderung an uns, dass unser zufällig erkanntes empirisches Ich oder Selbst, alle seine Gedanken, Empfindungen und Willensäusserungen nach der sich ihm entgegensetzenden Form eines von ihm unterschiedenen, unwegdenkbaren Urseyns richten und dieses als den unbedingt nothwendigen Bestimmungsgrund zu jeder Thätigkeit voraussetzen müsse, dargestellt wird. S. 130 ff. Mit welchem Rechte aber von dem Gewissen, nicht bloss auf die aus der Vernunft des Menschen zu entwickelnde moralisch-gesetzliche Form, sondern geradezu auf die Existenz des höchsten Urwesens geschlossen werde, geht aus der Deduction des Vfs. nicht klar hervor. 5) Gewissheit des Verstandes, auf Gewissenhaftigkeit gegründet. 6) Glauben der selbstthätigen Vorstellkraft an die Uebereinstimmung der Erscheinungen mit dem Grunde alles Wollens. 7) Das volle religiöse Bewusstseyn, unmittelbare Ueberzeugung von den ursprünglichen Verhältnissen des in der Zeit veränderlichen Ichs zu einem ausschliesslich nothwendigen, allgemeinen, unendlichen, unbedingt selbstständigen Urseyn, und Grund des Bewusstseyns, Gott, nach welchem sich das Ich in Ansehung seiner Verfahrungsart und seiner Gegenstände richten muss. Hierin ist zugleich das Hauptaxiom des Bewusstseyns enthalten, welches im 3ten Abschnitt in vier untergeordnete nebst mehreren Folgesätzen zerlegt wird. In jenem erscheint Gott als der Grund alles Wollens, Erkennens, Vorstellens und alles zum Bewusstseynkommens. Hier findet sich auch eine Widerlegung der drey metaphysischen Hauptsysteme über die Freyheit, des Determinismus, Indeterminismus und Synkretismus von *Spinoza* und *Kant*, wogegen der Vf. seine Erklärung der Freyheit geltend zu machen sucht. Im engsten Sinne genommen ist sie ihm die Richtung des empirischen Ichs, welche dasselbe durch den unbedingt nothwendigen Grund im Urseyn erhält, dessen es sich unmittelbar bewusst wird. S. 164. ff.

(*Die Fortsetzung folgt.*)

NATURGESCHICHTE.

HALLE, in der neuen Gesellsch. Buchh.: *Observationes anatomicae de pelvi reptilium.* Speciminis loco inauguralis ut Doctoris medicinae gradum in Alma Fridericiana adipiscatur, ad diem 9. Martii 1807. exhibet *Ludov. Ernest. Frider. Lorenz* Megapolitanus. Cum Tabula aenea. 60 Seiten. 8. (9 Gr.)

Bey der Seltenheit wichtiger Inaugural-Dissertationen in unsern Tagen ist die gegenwärtige eine erfreuliche Erscheinung, und nur das ist dabey zu bedauern, dass sie in Absicht auf die Sprache den Beyspielen so mancher ihrer ältern Schwestern so äusserst unähnlich ist.

Man kann sie in zwey Theile zerlegen, einen beschreibenden und einen vergleichenden. Der erste ist nach *Dumerils* Ordnungen der Amphibien eingetheilt, indem zuerst das Characteristische des Beckens der Ordnungen angegeben, und dann die Beschreibung desselben, und der Schwanzwirbel derjenigen Arten geliefert wird, welche der *Vf.* in dieser Rücksicht näher zu untersuchen Gelegenheit hatte, und wozu ihm grösstentheils der verdiente Hr. Prof. *Froriep*, welchem auch die Schrift gewidmet ist, die Exemplare mittheilte.

Der *erste* Abschnitt des *ersten* Theils ist *Adnotationes quaedam generales ad reptilium pelvim pertinentes* überschrieben. Richtiger hätte statt *reptilium testudinum* gestanden, da in der That weit weniger vom Becken der Amphibien überhaupt, als dem der Schildkröten geredet wird. Bey diesen letztern ist, was

man

man in der That als einen Fehler dieser Schrift anzusehen hat, *Caldesi*, oder, wenn der Vf. diesen wegen seiner Seltenheit nicht auftreiben konnte, wenigstens *Schneider* gar nicht benutzt; eben so wenig *Cuiter*, *Wallbaum* und *Gottwald*, sondern lediglich *Wiedemann*, und wie dieser benutzt sey, erhellet aus dem zweyten Abschnitte, wo er vorzüglich zu benutzen war: *Pelvis descriptio Testudinis tabulatae*, am besten, wenn wir beyde vergleichen:

Lorenz.	*Wiedemann.*
Os pubis sese conjungit in acetabulo, cujus anteriorem inferiorum partem illud format, cum osse ilium et ischii. Quae superior ossis pars crassior est, atque duas habet superficies, quarum altera ex obliquo in superius et exterius, altera, quae ratis latior est, ex obliquo conversa est in inferius latus atque internum. Illa latissa superficies cum osse opposito format perlatam symphisin [*sic*] *ossium pubis, cujus tamen situs ita est, ut altera superficies plane in partem dorsalem, altera in terram conversa sit. Inde fit, ut id quod in aliis bestiis inferiorem efficit marginem, in caput conversum sit, neque ut in aliis bestiis, arcum formet, sed angulum prominentem etc.*	Das Schaambein stöfst in der Gelenkpfanne, deren vorderen unteren Theil es bildet, mit dem Darm- und Sitzbeine zusammen und ist an diesem Theile platt, so dafs eine seiner Flächen schräg nach oben und aufsen, die andere schräg nach unten und innen gewandt ist. Vorn bildet es eine sehr breite Schaambeinverbindung, welche aber so liegt, dafs die eine ihrer Flächen ganz nach oben, die andere ganz nach unten gewandt ist; daher steht denn das, was unterer Rand seyn sollte, auch ganz nach vorn, und bildet nicht wie bey andern Thieren einen Bogen, sondern einen vorspringenden Winkel.

Diese Stelle zeigt, dafs der Vf. das Becken der getäfelten Schildkröte nicht selbst, wie er es doch angiebt, beschrieben, sondern diese Beschreibung wörtlich übersetzt habe. Diefs macht gegen das eigenthümliche der folgenden Beschreibungen mifstrauisch, bey denen wir gleichwohl nicht im Stande sind, wie bey dieser erstern, Quellen anzugeben, aus denen sie, wie diese, entlehnt wären. Die folgenden Abschnitte enthalten: *Pelvis Testudinis Mydae*, *Testudinis lutariae*, *Sauriorum* (diefs unlateinische Wort soll heifsen *Lacertarum*), *Crocodili americani*, *Tupinambis seu lacertae monitoris L. Lacertae iguanae*, *L. apodae Pallas*, und *Ranae Bufonisque pelvis*. Das Verfahren des Vfs. ist im Allgemeinen dieses: er zeigt zuerst die Gröfse des Exemplars an, dessen Becken hier untersucht wird, und beschreibt dann in abgesonderten Paragraphen das Darmbein, das Schaambein, das Sitzbein, das Heiligenbein und die Schwanzbeine. Ins einzelne dieser Beschreibungen einzugehn, erlaubt uns der Raum nicht, und überdiefs sind sie auch nicht wohl des Auszugs fähig.

Der zweyte Theil oder letzte Abschnitt ist überschrieben: *Comparationes pelvis Hominis*, *Mammalium Reptiliumque.* Dieser Ueberschrift ungeachtet sind doch auch das Becken der Vögel, und das, wohl mit Unrecht so genannte Becken der Fische nicht ganz aus der Acht gelassen. Die Resultate dieses letzten Abschnittes sind ungefähr folgende. Das Becken lasse sich nicht wohl in ein grofses und ein kleines eintheilen, weil bey den Schildkröten die schmalen Sitzbeine von dem breiten untern Ende des Beckens, welches die Hüftbeine und Schaambeine bilden, so sehr verschieden seyen, und Eingang und Ausgang des Beckens einander fast gerade gegenüber ständen. Ein Promontorium des Heiligenbeins entdecke man bey keinem Amphibium, auch treffe bey ihnen das Gesetz nicht zu, dafs das Darmbein desto breiter sey, jeweniger die Schenkel am Bauche anliegen. Aufser bey den Schildkröten sey das Becken der Amphibien schmäler und kürzer als das der Säugthiere, und sein vorderer Theil sehr breit und lang. Der lange Dornfortsatz am Schaambeine der Fledermaus und des Beutelthiers zeige sich auch bey den Schildkröten und manchen Eidechsen. Das Darmbein der Amphibien bestehe, aufser bey der europäischen Schildkröte, nie aus zwey Aesten, sondern sey immer einfach; dagegen auch bey den ältesten Amphibien das Darm-Sitz- und Schaambein immer durch Näthe vereinigt. (Woher weifs Hr *L.* diefs so gewifs, da er doch durchaus, seine getäfelte Schildkröte, die er für ausgewachsen hielt, nicht ausgenommen, lauter noch sehr junge Amphibien zergliederte?) Die eyförmigen Oeffnungen seyen gröfser wie bey den Menschen, nur dem Salamander fehlen sie; auch bey den Vögeln seyen sie vorhanden. Die Pfanne werde bey allen, aufser beym Krokodil, von den drey ungenannten Knochen gebildet. Die Zahl der Lendenwirbel steige nicht über 1 bis 3; die Schlangen endlich hätten die gröfste Zahl von Kukuksbeinen.

Den Beschlufs macht, als Anhang, eine kurze Beschreibung und Abbildung des Beckens der *Rana paradoxa.*

Wir können nicht anders, als den Vf. ermuntern, seine zootomischen Untersuchungen über die Amphibien und andere Thierklassen fortzusetzen, und dabey den Wunsch nicht bergen, dafs er durch Abbildungen dasjenige, was bey der besten Beschreibung doch immer dunkel bleiben mufs, deutlicher aufklären, und sich entweder mehr im Lateinischen üben, oder dann deutsch schreiben möge: denn Stellen wie diese: „*Propter formam pelvis notatu valde dignam primam huius ordinis familiam, cui Ranae, Bufones etc.* adnumerentur, *describam, quae inter alia a secunda eo differt familia,* ut *foecundatio ovorum semine virili extra corpus, immediate postquam parta sint, fiat* u. s. w. mufs man doch nicht drucken lassen.

ALLGEMEINE LITERATUR-ZEITUNG

Mittwochs, den 29. November 1809.

WISSENSCHAFTLICHE WERKE.

PHILOSOPHIE.

Leipzig, b. Tauchnitz: *Grundriß der allgemeinen Religionslehre*, von *C. A. H. Clodius* u. s. w.

(*Fortsetzung der in Num. 323. abgebrochenen Recension.*)

Der *zweyte* Theil liefert eine systematische Verknüpfung aller aus den Grundaxiomen folgenden Religionslehren. Da sich nach denselben vier besondere Fähigkeiten, oder Vermögen unterscheiden lassen, mittelst welcher das Ich zum Bewusstseyn Gottes kommt, der Wille, der Verstand, das Vorstellungsvermögen und das eigentliche Bewusstseyn oder die Vernunft, so zerfällt dieser Theil in *vier* Hauptabschnitte; und da sich jede dieser Bewusstseynsthätigkeiten in Rücksicht ihres Grundes, Gegenstandes und einer sie gestaltenden Form oder Verfahrungsart betrachten läst, so bekommt jeder Hauptabschnitt diesem zufolge *drey* Unterabschnitte. So umfasst I. die *religiöse Willenslehre*, eine *religiöse Thelematologie*, vom Grunde alles religiösen Wollens, eine *religiöse Teleologie*, vom höchsten Gegenstande desselben, und eine *religiöse Moral*, vom Verfahren beym religiösen Wollen. Der Versuch des Vfs., Moral und Religion aufs neue in Verbindung zu setzen, ist um so mehr zu achten, da jene im Leben, wie in der Wissenschaft, oft so sehr getrennt erscheinen, und Rec. bedauert, dass der Raum dieser Blätter ihm nur erlaubt, die Hauptlehren der einzelnen Abtheilungen, mit einigen besonders hervortretenden Ansichten hier anzudeuten.

1) *Religiöse Thelematologie.* „Der menschliche Wille ist bedingt, und muss vernichtet werden. Da der religiöse Mensch überzeugt ist, dass er sich zu jedem Zustande des Bewusstseyns nur durch den für ihn nie wegdenkbaren und also für ihn unbedingt nothwendigen Grund bestimmen müsse, so giebt jener Grund, von dessen Anforderung er durch das Gewissen belehrt wird, der Nothwendigkeit des Urseyns gemäss, dem ganzen höhern Wollen seine Richtung. Mithin ist in so fern das Urseyn selbst ein Wille (göttlicher Wille) zu nennen, der das Ich jedes Menschen bestimmt, sich nothwendiger Gründe bewusst zu werden, und zwar ein Wille, der ausschliesslich Folgen haben oder wirken soll — eine jedes Ich allgemein auffordernde, als ausschliesslich sich ankündigende Richtung," welche der Vf. sehr unpassend *Allmacht* nennt, da sie doch keineswegs in dem bösen Menschen als solche erscheint, und selbst den guten Menschen nie zur Heiligkeit zu führen vermag. „Sittliches gesetzliches Wollen, ohne Gott, ist ein Widerspruch." Gegen den Vorwurf, welchen die kritische Philosophie dem Dogmatismus macht, dass er die freye Caussalität und Wirksamkeit in sich aufzuheben suche, um nur die Modification eines Objects zu seyn, in dessen Unendlichkeit man moralisch untergienge, glaubt der Vf. sich durch folgende Aeusserung hinlänglich zu vertheidigen: „Der Wille des religiösen Menschen wird zwar ebenfalls durch Gott vernichtet, aber nicht nach einer physischen, alles bindenden Naturordnung, wie sie der Verstand denkt, sondern vermöge der moralischen, alles überzeugenden, zum Bewusstseyn aufrufenden Allmacht Gottes, vermöge des Imperativs und des Moralgesetzes. Mithin tödtet Gott keinesweges in dem religiösen Menschen den Willen und die Moralität, vielmehr macht er den Menschen lebendig, und theilt ihm, nach Vernichtung des individuellen Eigenwillens den göttlichen Willen mit. Dieser ist also die höchste persönliche Freyheit, freye Caussalität im guten Menschen" (S. 200.). Diesem zufolge kann das Gesetz für den religiösen Menschen nach S. 205. so ausgedrückt werden: „Entäussere dich deines (individuell wollenden) Ichs, und werde ein taugliches Werkzeug desjenigen Willens, der alles unveränderlich, nach der Nothwendigkeit seiner Natur bestimmt, auf dass du immer mehr zum Bewusstseyn Gottes gelangen mögest." Der gute Mensch handelt nicht, sondern Gott unmittelbar, und der böse handelt nicht, sondern die Natur und sein Trieb, dem er sich überlässt. Hört der Böse die Anforderung, sich zu bekehren, nicht: so muss der göttliche Wille ein Werkzeug wegwerfen, das seiner Richtung entgegenstrebt, folglich nicht tauglich ist. „Schaff du in mir ein reines Herz! beteten schon unsere Alten, die überhaupt philosophisch consequenter ihr Gebet, als unsere Philosophen bey ihren Streitigkeiten jetzt ihre Flüche aussprechen." „Die Anforderung des göttlichen Willens ist unverändert dieselbe, gleich nothwendig. Folglich fordert die Allmacht des göttlichen Willens in Absicht auf jedes Ich unter der Form der Heiligkeit" (S. 210.). Höchst sonderbar lässt der Vf. diese Heiligkeit zur Gerechtigkeit *werden* und Gott zum Gesetzgeber und Richter, in so fern unser menschlicher Wille der Rechtfertigung bedarf, nie ganz gerechtfertigt werden kann, weil er nie genug thut vor dem Gesetze, ob er gleich überall Gottes Wesen und Eigenschaften für ewig erklärt und (S. 109.) ausdrücklich behauptet, dass

daſs wenn der Menſch gut ſey, Gott, dem guten Princip allein Ehre und Verdienſt davon gebühre. Auf dieſe Weiſe würde Gott zu ſeinem eigenen Richter.

2) *Religiöſe Teleologie.* Der Hauptgegenſtand oder letzte Endzweck alles Wollens muſs darin beſtehn, daſs jeder künftige Zuſtand im Bewuſstſeyn irgend eines Ichs die beharrliche Beziehung auf den abſolut nothwendigen Beſtimmungsgrund im Urſeyn, und ſo eine ſtete geſetzliche, untergeordnete Vereinigung jedes Ichs mit dem Urſeyn ausdrücke, wodurch jedes Ich zur Modification des göttlichen Willens wird. Dieſe allgemeine Vereinigung der künftigen Zuſtände jedes Ichs zum Urſeyn, durch ſtetes Bewuſstſeyn nothwendiger geſetzlicher Beſtimmungsgründe beym Wollen, wird in der Sprache der Religionsbekenner, die allgemeine, ausſchlieſsliche Herrſchaft des göttlichen Willens, das Reich Gottes genannt. Die religiöſe Teleologie handelt alſo vom Reiche Gottes als dem höchſten Gut und dem Endzweck, deſſen wir uns beym Wollen bewuſst werden ſollen. „Das Reich Gottes beſteht in immer zunehmendem Bewuſstſeyn der Weſen. Da nun Lehren ſoviel heiſst, als das Bewuſstſeyn in andern entwickeln, ſo erhellt, warum Chriſtus ſo viel Werth auf das Lehren legt, warum Lehren und Werke thun bey ihm Eins (?) iſt. Es verſteht ſich, daſs das Licht des Beyſpiels, zugleich nebſt den Lehren vor den Leuten leuchte. Groſse Weltbegebenheiten hervorzubringen, in die Natur zu wirken durch Gewerbe und Lebensthätigkeit jeder Art, iſt demnach nicht der höchſte Endzweck des Daſeyns, ſondern nur Mittel zu zunehmender Aufklärung, zum Bewuſstſeyn. Möge dieſe Wahrheit Fürſten, Helden und Staatsmännern immer deutlicher, immer mehr ans Herz gelegt werden! Leider zeigt die Geſchichte und die mit Verachtung verbundene Verfolgung, welche Lehrer der Menſchen, wie Chriſtus, Sokrates und andere erduldeten, wie wenig von jeher jene dieſe Wahrheit einſahn" (S. 217.).

3) *Die religiöſe Moral. Sitte* heiſst überhaupt jede beharrliche Handlungsweiſe, die aus dem Bewuſstſeyn der Pflicht entſteht; *Pflicht* das verbindliche Verhältniſs der Menſchen zu Gott in Anſehung möglicher Handlungen. Da nun der Menſch vor entwickeltem Bewuſstſeyn, ſich nur aus Gründen des empiriſchen Ichs beſtimmt: ſo entſteht mit dem Gewiſſen zuerſt die Anforderung, allen empiriſchen Gründen zu entſagen. Die Idee der Pflicht iſt alſo in der Erfahrung anfangs *negativ*, verbietend, nämlich die Verbindlichkeit, alle ſelbſtſüchtigen Handlungen zu unterlaſſen. Im vollen entwickelten Bewuſstſeyn aber iſt alle Pflicht *poſitiv*, gebietend. Man ſoll handeln, weil man dazu verbunden iſt, und immer mit Bewuſstſeyn des ausſchlieſslich nothwendigen Beſtimmungsgrundes nach geſetzlicher Form. Jene Eintheilung kann aber nur in einer angewandten Moral ſtatt finden, nicht in einer reinen; religiöſen, welche nur auf den innern eigentlichen Beſtimmungsgrund ſieht. Sie kann daher kein Phänomen der Handlung als unbedingt böſe brandmarken; auch keine Eintheilung in *verbotene*, *erlaubte* und *gebotene* Handlungen enthalten, in ſo fern Handlung ein Phänomen in der Zeit iſt. — Das furchtſame Menſchengeſchlecht betrachtet leider ſehr oft die Moral nur als ein ökonomiſches Mittel zu Wohlſeyn und Sicherheit. Nicht Gottes Wille und heilige Natur, mit der wir verbunden ſind, iſt der Grund, warum man Moral predigt. Man will ſein Leben, und noch mehr, ſein Eigenthum geſichert wiſſen. Aus dieſer gemeinſten aller Triebfedern flieſst alles gewöhnliche weltliche Moraliſiren, welches nur auf äuſsere Gerechtigkeit geht, und ein Buchſtabengeſetz aufſtellt, wo buchſtäblich gewiſſe Handlungen verboten werden, weil ſie in der Phänomenenwelt ſchädlich ausſehn, oder einer Formel entgegen ſind, da man keinen Gott, kein einfaches geiſtiges Leben der Tugend kennt, das alle Formen erſt hervorbringt" (S. 224 ff.). Auch gegen *Kant* eifert der Vf. bey dieſer Veranlaſſung, weil er der moraliſch-buchſtäblichen Auslegung zu ſehr anhängt und den religiöſen Geiſt der Moral nicht faſſend, unbedingt die Zurückbehaltung eines Depoſitums und das Lügen verbietet. „Es iſt Zeit, daſs jener verderbliche Moralpedantismus aufhöre, der eben ſo peinlich beſchränkend und geiſttödtend iſt, weil er nicht aus den lebendigen Quellen der Religion, ſondern ſogenannten Vernunftformeln entſpringt; der glaubt, daſs nichts wiſſenſchaftlich ſey, als was den Geiſt tödte" (?). Eben ſo verwirft der Vf. die von ihm ſogenannte berüchtigte Claſſification der Pflichten in *vollkommne* und *unvollkommne*. „Die reine Moral kennt keine andere, als vollkommne Pflichten und lehrt das thun, was nach jedesmaliger Ueberzeugung innerlich nothwendig das Beſte iſt." Die Eintheilung der Pflichten gegen Gott, gegen uns ſelbſt und gegen unſere Nebenmenſchen läſst der Vf. zu, obgleich eigentlich alle Pflichten gegen Gott ſind, weil unſer verbindliches Verhältniſs zum nothwendigen Weſen der Grund derſelben iſt. Der Vf. unterſcheidet in Beziehung auf die von ihm angegebenen Seelenkräfte: 1) die Pflicht ſich Gott zu ergeben mit dem Willen, nicht *nur in* Hinſicht auf die göttlichen Gebote, ſondern *auch* auf das Schickſal, durch deſſen unvermeidliche Nothwendigkeit ſich der Wille Gottes ankündigt; 2) die Pflicht Gott anzuerkennen mit dem Verſtande, nämlich als ein unbegreifliches Weſen, und ſeinen Verſtand über Gottes Wege ohne Murren gefangen zu nehmen, nur das Syſtem ſeiner Begriffe auf Gott zu beziehn und Zweckmäſsigkeit und Einheit voraus zu ſetzen; 3) die Pflicht, Gott als Ideal der Herrlichkeit zu lieben mit gläubiger Vorſtellkraft (?). Man ſoll dieſe von der Sinnlichkeit reinigen durch's Schönheitsgefühl, ſie üben in vertrauenvollen Vorſtellungen, und ſein Herz dem Glauben öffnen, ſo daſs man die unbegreifliche Zweckmäſsigkeit bewundern und anſchauen lerne in den Wegen Gottes. Selbſt da, wo man keine ſanften Empfindungen haben kann, ſoll man auch die Schönheit im Grauſenden (?) empfinden lernen. 4) Die Pflicht, alle ſeine religiöſen Zuſtände dem Selbſte Gottes zuzueignen, welche die

Pflicht

Pflicht der Demuth, so wie der Reinheit und Selbsterhebung begreift. „Wer den Menschen für unfähig hält, dass Gott je ihn wahrhaft bestimme, begeht die wahre Sünde gegen den heiligen Geist" (S. 231.). Die Pflichten gegen uns selbst werden ebenfalls nach den Seelenkräften eingetheilt: 1) in die Pflicht, unser Selbst als eine wollende identische Einheit, als Werkzeug des göttlichen Willens zu erhalten; 2) uns selbst zu erkennen und zu erforschen mit dem Verstande; 3) uns selbst zu lieben, und als ein Ebenbild der Herrlichkeit Gottes für die Vorstellkraft darzustellen; 4) uns selbst zu achten mit der Vernunft, als Wesen, die zum Mitbewusstseyn Gottes gelangen können. Auf ganz ähnliche Weise werden auch die Pflichten gegen die Nebenmenschen eingetheilt. Beyläufig bemerkt der Vf., dass eine Collision von Pflichten undenkbar sey, und dass besonders daher grosse Verwirrung in den moralischen Begriffen entstanden sey, weil man Rechtslehre und Moral verwechselt habe, da doch die letztre (auch die angewandte?) gar keine Phänomene der Handlung richte, sondern die Beweggründe *in foro interno* (S. 236.). Das Resultat der Deduction des Vfs. ist folgendes: Zuerst sieht sich der Mensch, wenn er von seinem Bewusstseyn ausgeht, in der Natur allein. Er ist ausschliesslicher Herr der Natur und das ist sein *natürliches Recht*. Aber er erkennt mehrere ihm gleiche Wesen als Menschen an, und nun ist sein natürliches Recht aufgehoben. Es verwandelt sich in ein *allgemeines Menschen-* und *Völkerrecht*. Aber auch dieses muss aufgehoben werden, der Pflicht nach sich in ein allgemeines staatsbürgerliches Recht verwandeln. Aber die ganze Idee von *Recht* soll sich auflösen und der Mensch soll in eine gesellschaftliche Verbindung treten, deren Oberhaupt einzig Gott ist, deren Mitglieder sich unter einander als wahrhaft sittliche d. h. religiöse Wesen anerkennen, sich in dieser Hinsicht behandeln, zu ihrer grossen Bestimmung wechselsweise unterstützen, und diese Gesellschaft heisst die *Kirche Gottes auf Erden*. „Nur in Hinsicht des Aeusserlichen, z. B. der Liturgie, oder der Religionsformeln, mittelst deren sich die einzelnen kirchlichen Mitglieder ihre Ueberzeugungen mittheilen, sind in dieser an sich freyen Kirche Obere denkbar. In Absicht auf die Ueberzeugungen selbst wäre jeder Zwang Unsinn" (S. 238.).

II. Die *religiöse Wissenslehre* zerfällt: 1) in *religiöse Transcendentalphilosophie*, Lehre von dem Grunde der Möglichkeit alles Wissens. Der religiöse Mensch unterscheidet nothwendig ein doppeltes Wissen, nämlich das *Wissen des Ichs* (die menschliche Gewissheit), welches an sich eine blofs beschränkte Fähigkeit ist, unsern jedesmaligen Zustand zur Einheit zu verbinden und als bestimmte Folge eines Grundes anzusehn; sodann die *Allwissenheit* Gottes, welche alle möglichen Zustände in der ganzen Sphäre des Bewusstseyns nach der Einheit eines absolut nothwendigen, für jedes Ich allgemein gültigen Erkenntnissgrundes im Urseyn in sich begreift. Das menschliche Wissen ist nur Modification, einzelne Bestimmung von dem allbefassenden Wissen Gottes, auf welches sich dieses menschliche Wissen, als seinen letzten Grund, bezieht. Die Allwissenheit, in wie fern sie mit jedem einzelnen Zustande des menschlichen Wissens verglichen wird, dem sie eine identische Form für sein Wissen, ein formales Erkenntnissgesetz der Wahrheit vorhält, ist die göttliche Weisheit. Das Gesetz dieser Weisheit für den menschlichen Verstand geht dahin, *erstlich*, jeden zu erkennenden gegenwärtigen Zustand des Bewusstseyns anzusehn, als durch einen unwegdenkbaren, nothwendigen Grund bestimmt; *zweytens*, um zur Erkenntniss dieses zu gelangen, seinen Zustand als eine Einheit zusammen zu fassen. Auf diesen beiden Hauptbestimmungen des Gesetzes (dem Satze des Grundes, von welchem auch der Satz des Widerspruchs abgeleitet wird, und dem Satze der Einerleyheit) beruht die ganze Transcendentalphilosophie. Die göttliche Weisheit wird für den religiösen Menschen zur Vorsehung, d. h. die allgemeine Richtung zum Wissen geht auch auf solche Zustände, welche das Ich aus Mangel an Wahrhaftigkeit, oder Beschränkung in der Zeitgegenwart nicht begreift, und der religiöse Mensch setzt auch von diesen voraus, dass sie mittelst der Einheit des nothwendigen Erkenntnissgrundes bestimmt sind. Die göttliche Allwissenheit, die alles Seyn und Wissen als übereinstimmend in sich begreift, ist die Wahrheit selbst. Dem Menschen kann nur ein Streben nach Wahrheit, Gewissheit eines Grades von Wahrheit, beygelegt werden (S. 255.).

2) *Religiöse Ontologie*, von dem Hauptgegenstande des religiösen Verstandes, der mittelbaren Erkenntniss Gottes durch die Welt. Alles was als Gegenstand gegeben ist, was den Zustand modificirt, hat für den religiösen Verstand 1) eine besondere Bestimmung, die aus einem Grunde erkannt, das Wesen des Dinges ausmacht; 2) einen beschränkten Umfang; 3) eine untergeordnete Beziehung auf den vorausgesetzten allgemeinen Erkenntnissgrund; 4) eine nothwendige Verknüpfung zum Bewusstseyn. Diese vier Hauptrücksichten, nach denen jeder Gegenstand von dem Verstande betrachtet, erkannt und verstanden wird, sind dem Vf. die Ur- oder Stammbegriffe des Verstandes, Kategorieen, welche er nach den drey Verstandeshandlungen, *thesis*, *antithesis*, *synthesis* in mehrere zerfället. Raum und Zeit werden als Urformen aller Sinnlichkeit, wie sie der Verstand voraussetzt, deducirt. Alles dieses ist aber keineswegs auf das Urseyn anwendbar, welches, als Grund alles Begreifens, nie begriffen werden kann. Es ist demnach subjective Maxime des religiösen Verstandes, die Erscheinungswelt nur als das gegebene Verhältnissglied anzusehn, um das nothwendige, an sich unerkennbare Wesen aus Begriffen mittelbar zu erkennen. Diese Physicotheologie, in welche alle Wissenschaften ihren empirischen Weg enden, ist das letzte Streben des Verstandes.

3) *Religiöse Kritik* (Zuchtlehre des menschlichen Verstandes.). Der religiöse Mensch betrachtet dankbar seine im Wahren gegründete Gewissheit als einen ihm zugekommenen Theil der göttlichen Allwissenheit, die sich in ihm offenbart. Er ist überzeugt, dass

dafs er fich Gottes, als des Grundes aller Wahrheit, immer mehr bewufst werden foll. Aber das Urfeyn ift für den Verftand weder Phänomen noch Noumenon. Denn als letztres müfste es doch ein als Gegenftand denkbarer Begriff feyn. Gott hat kein wahres Dafeyn in der Kategorie als Gegenftand der unmittelbaren Erkenntnifs. Ich *denke Gott* heifst nur: ich fetze Gott immer voraus als den Grund des Denkens. Aus diefem Grunde fällt auch die ganze Metaphyfik mit ihren Antinomieen und Widerfprüchen über den Haufen. Der Religionsbekenner wird alfo weit davon entfernt feyn, die Wege der göttlichen Vorfehung ergründen, und über die Endzwecke und Zweckmäfsigkeit der Welt wiffenfchaftliche Unterfuchungen anftellen zu wollen. Denn die Phänomenenwelt und das höchfte Gut, das er anerkennt, das Reich Gottes in uns, unabhängig von den äufsern Erfcheinungen, find heterogene Dinge, aus verfchiedenen Sphären, die fich nicht nach Verftandesbegriffen vergleichen laffen. Diefen Anfichten gemäfs beftimmt der Vf. das Verhältnifs feiner religiöfen Kritik zu der *Kantifchen* philofophifchen.

(*Der Befchlufs folgt.*)

STAATSWISSENSCHAFTEN.

MEISSEN, b. Gödfche: *Ueber die oberfte Gewalt im Staate*, von Freyh. *von Mofer* und *Schlözer*, mit Anmerkungen eines Unparteyifchen. 128 S. 8. (10 gr.)

Der Freyh. *von Mofer* ward durch die Ereigniffe in Frankreich 1792. veranlafst, fich in feinem patriotifchen Archive gegen die damals vorgefchützte Lehre von einem gefellfchaftlichen Vertrage, der allen Staats-Einrichtungen zum Grunde liege, zu erklären, und dagegen auf den Ausfpruch Pauli, alle Obrigkeit ift von Gott, zu verweifen. Für eine philofophifche Erörterung der Gründe des natürlichen Staatsrechts konnte das nicht gelten: es war wohl kaum fo gemeint. Indeffen nahm der zweyte, auf dem Titel genannte, Schriftfteller diefe Ausfprüche zum Texte widerlegender Anmerkungen, in feinem allgemeinen Staatsrechte 1793. Die Schwäche jener Behauptungen war leicht zu zeigen. Die *Schlözerfchen* Anmerkungen, welche nur polemifch find, enthalten keine Sätze deren Prüfung zu einem lehrreichen Refultate führen könnte. Es ift alles längft vergeffen, und verdient nicht wieder aufgenommen zu werden. Der ungenannte Commentator über beides zeigt in Anmerkungen, und in einem angehängten eignen Verfuche über Staatsverbindungen: dafs die bürgerliche Gefellfchaft göttlichen Urfprungs fey, weil die Zwecke der menfchlichen Natur ohne jene nicht erfüllt, ihre Anlagen fich nicht anders als durch fie entwickeln können; dafs aber deswegen nicht jeder der im Befitze der öffentlichen Gewalt ift, für rechtmäfsigen Oberherrn gelten könne. Hierin wird man ihm gern Recht geben. Aber feine Ausführung ift fo fchwerfällig, fo gefucht, die einzelnen Sätze find fo feltfam ausgedrückt und fo unverftändlich, wovon folgender zur Probe dienen mag: S. 89. *Staat ift Menfchen-Gemeinfchaft unter der Vorausfetzung des Zufammenfeyns durch Menfchen-Erhaltung nothwendig*, und die Gedankenfolge ift fo undeutlich, dafs man ihm die Anmafsung in der Ueberfchrift feines Auffatzes, *anch' io fon pittore*, nicht einräumen kann. Der Vf. hat gute Einfichten und rühmliche Gefinnungen; aber die Kunft zu fchreiben verfteht er nicht. Lernen kann derjenige hier nicht, dem die Gedanken noch fremd find: und wem diefe Speculationen geläufig find, dem kann die Art des Vortrags nicht wohl Vergnügen machen.

LITERARISCHE NACHRICHTEN.

I. Univerfitäten.

Die Univerfität Leipzig, welche ihren vorzüglichen Rang unter den erften Univerfitäten Deutfchlands durch das achtzehnte Jahrhundert mit grofsem Ruhm behauptet hat, und zu behaupten fortfährt, wird den 4. December diefes Jahrs ihr *vierhundert-jährigts* Jubiläum feyern. Welcher Freund der Wiffenfchaften wird nicht den freudigften Antheil daran nehmen? um fo mehr, da man fürchten mufste, dafs der erft vor kurzem geendigte Krieg diefe Feyer ftören könnte. Da indeffen die Ruhe in Deutfchland wieder hergeftellt ift, fo vereinigen fich alle glückliche Aufpicien, um diefes Jubiläum zu verherrlichen; auch hat der König von Sachfen durch ein zu diefem Behufe der Univerfität gemachtes anfehnliches Gefchenk feine preiswürdige Achtung für die Wiffenfchaften und den Antheil, den Er an diefer erften feiner Lehranftalten nimmt, von neuem huldreichft bewiefen.

II. Vermifchte Nachrichten.

Der gelehrte Bibliothekar *Del Furia* in Florenz läfst in Leipzig eine Ausgabe feiner neuen Edition des *Aefopus* veranftalten, die mehrere Zufätze enthalten wird.

ALLGEMEINE LITERATUR-ZEITUNG

Donnerstags, den 30 November 1809.

WISSENSCHAFTLICHE WERKE.

PHILOSOPHIE.

Leipzig, b. Tauchnitz: *Grundriß der allgemeinen Religionslehre*, von *C. A. H. Clodius* u. s. w.

(*Beschluss der in Num. 324. abgebrochenen Recension.*)

III. Religiöse Glaubens- und Vorstellungslehre. 1) Die *religiöse Metaphysik* soll zeigen, wie Gott für jedes Ich das unendliche Lebensprincip, die Schöpfung ein Werk der göttlichen Schöpferliebe sey, wie seine Herrlichkeit und Güte durch dieselbe erkannt werde. Jeder Moment des wahren Glaubens in uns ist ein Moment des alles durchdringenden göttlichen Lebens selbst, dessen wir uns bewusst werden. Jedes Geschöpf ist für den religiösen Glauben ewig in Gott, unsterblich. Denn in Gottes zeitlosem Urseyn ist der Grund, der das individuelle Leben bildet, ihm Leben und Gestalt zu geben strebt, ewig. Der Keim jedes Lebens und jede eigenthümliche, die absolute Einheit des Keims ausdrückende, Form muss einmal wiederkehren, wieder erstehn. Denn sie ist beharrlich vorhanden in der göttlichen schöpferischen Idee und so beharrlich, wie der schaffende Gott selbst (S. 291.). Wenn der Vf. (S. 300.) die Untersuchung über den Ursprung des Bösen mit den Worten abweiset: „Niemand wage es, den Grund, warum es da ist, aufzusuchen, noch zu verdammen, denn Gott ist da, der gerecht macht" — so vermisst der nachdenkende Leser ungern die genaue Erörterung dieser Materie, die allerdings in eine philosophische Religionslehre gehört und über welche der Vf., so wie über das Vorhergehende, nur einzelne, nicht gehörig motivirte Andeutungen giebt. „Durch die Glaubensidee der Güte, wenn sie zur Idee der göttlichen Vorsehung hinzukommt, entsteht erst das beruhigende Vertrauen auf Gottes Vorsicht, d. h. Vorsorge, das den Religionsbekenner erfüllt."

2) Die *religiöse Aesthetik* (Idealenlehre, religiöse Symbolik) handelt von dem Ideale unsrer gläubigen Vorstellkraft, der Schöpfung, in so fern sich überhaupt in ihr ein Wiederstrahl von der zweckmäfsigen schaffenden Liebe und Herrlichkeit zeigt, mit welcher sich Gott offenbart. Statt der von *Fichte* angenommenen fünf Epochen für die moralische Bildungsgeschichte der Menschheit setzt der Vf. nur drey, einen Stand der Unschuld, oder Natur vor dem Bewusstseyn, einen Stand der durchs Schicksal forterbenden Sündhaftigkeit, oder einen Stand der Cultur ohne wahre Religion, mit beginnendem Bewusstseyn, und einen Stand der durch die Vorsehung veranstalteten Versöhnung und anhebenden Heiligkeit, oder der Religion nach vollendetem Bewusstseyn. Auch nach dieser Theorie erblicken wir uns abermals in dem Stande der Sündhaftigkeit, in welchen jene philosophischen Rigoristen die ganze Menschheit ohne Erbarmen versinken sehn. Ohne Grund ereifert sich der Vf. gegen die Unterscheidung von natürlicher und positiver Religion, und will dafür lieber allgemeine und besondere Religion unterscheiden, weil wer vermöge natürlicher Vernunftanlagen von unserm Verhältniss zu einem höchsten Wesen überzeugt ist, nicht blofs die Möglichkeit, wie es jetzt heisse, sondern auch die Nothwendigkeit sogenannter positiver Religionen, d. h. Offenbarungen Gottes in der Zeitgeschichte, für sich selbst anerkennen müsse, wie sie der unbefangene Geschichtforscher und Beobachter gewiss auch finde (S. 331.). Aus der Nothwendigkeit positiver Religionen folgt aber keinesweges die Nothwendigkeit, diesen nicht eine natürliche Religion, wenigstens als möglich, entgegensetzen zu dürfen. Der Ausspruch, dafs zur Verbreitung der reinsten Religionsgrundsätze gerade nur solche einfache, unverdorbene, nicht überbildete Seelen dienen müssen, die nicht mit eigenen Augen sehen und klügeln wollen, sondern sich selbst als blinde (?) Werkzeuge kund thun, denen Gott sein höheres Licht offenbart (S. 333.), möchte, um nicht jeder Schwärmerey das Wort zu reden, wohl grosse Einschränkung bedürfen.

3) Die *religiöse Ascetik* handelt von dem Verfahren der religiösen Vorstellkraft des Menschen, indem sie durch stete Uebung ein Mittel wird, den Vorstellungsgrund alles Lebens, die unendliche Liebe mit dem höchsten Ideal alles Lebens, der Herrlichkeit Gottes, im Bewusstseyn zu verbinden, oder von dem in Liebe, Begeisterung, Andacht und Glauben bestehenden seligen Leben in Gott; zu welchem Glauben sich die Vernunft des Menschen durch die Zusammenwirkung von Liebe, Begeisterung und Andacht erhebt. Der Religionsbekenner kann allerdings *mystisch* genannt werden, d. h. er schliefst die Augen und den Mund der blofs durch den Verstand beschränkten weltlichen Erfahrung, wenn diese sich unterfangen will, über das Gefühl der Ewigkeit und des höhern Lebens abzuurtheln und das Ewige zu läugnen, weil es nicht gesehn noch unmittelbar erkannt wird. In diesem Sinne muss man *blind* werden, um das Höhere im Gefühl ergreifen zu können (S. 338.). Gewissenhaf-

haftigkeit und Glauben ſind die beiden entgegen geſetzten Extreme, aus deren Verbindung das vollendete religiöſe Bewuſstſeyn entſteht; wo dieſe nicht den Weg zur Evidenz bahnen, ſo ſchlieſst der Vf. dieſen gehaltvollen Abſchnitt, da iſt keine Religion und kein Vernehmen des freyen ewigen Seyns, mithin auch keine Befreyung von Pflicht und Erſcheinungswelt. Alles was von Erkenntniſs aus dem Abſoluten, alles was man von religiöſer Liebe zum freyen Urſeyn, an der Spitze einer Religionsphiloſophie ſpricht, führt zum Nihilismus, zur Vergötterung einer leeren Verſtandeskategorie (Daſeyn), zu ontologiſchen Beweiſen aus dem Satze des Widerſpruchs, zu genialen Aufſchwüngen der Einbildungskraft, aber nicht zum Weſen der Religion (S. 367.).

IV. Die *religiöſe Vernunft-* und *Bewuſstſeynslehre.* Nach einer kurzen ſyſtematiſchen Ueberſicht des Inhalts derſelben, ſo wie der geſammten metaphyſiſchen Wiſſenſchaften und einer kritiſchen Vergleichung derſelben mit der religiöſen Vernunftlehre, in welcher dieſe als die einzige befriedigende Religionslehre erſcheint, wird als Unterabtheilung derſelben abgehandelt: 1) Die *religiöſe Theologie*, von Gottes Urvollkommenheit, Freyheit, Perſönlichkeit, als von dem Grunde des menſchlichen Bewuſstſeyns. Nur Gott iſt eigentlich Perſönlichkeit zuzuſchreiben, und alle wahre Religion wird dahin gelangen müſſen, eine dreyfache Perſönlichkeit Gottes anzuerkennen, die beharrlich Gottes Selbſt iſt; *a*) die Perſönlichkeit Gottes, in wie fern er, von der Endlichkeit abgewendet, ausſchlieſslich das Urſeyn, und ſein der Endlichkeit zugewandtes, in der Schöpfung ſich offenbarendes Selbſt *beſitzt; b*) in wie fern er der Endlichkeit zugewandt, alles Endliche in der Schöpfung *beſitzt; c*) in wie fern er alles Endliche ſelbſt und allein als Werkzeug ſeiner Schöpfung und Offenbarung gebraucht. „Der wiſſenſchaftliche Verſtand, heiſst es hier (S. 421.) hat die Menſchheit von Gott hinweg gebannt, d. h. das Bewuſstſeyn vom allgegenwärtigen perſönlichen Gott den Menſchen genommen; — jener und die phyſiſche Tendenz unſers Zeitalters verdrängte den allgegenwärtigen Gott der Liebe, der nach dem frommen Glauben unſrer Väter, ungeachtet ihn der Weltkreis nicht faſst, in einer Krippe weinte, aus aller Bewuſstſeyn, wo denn dafür kleinlicher Egoismus des menſchlichen Ichs mit Haſs und Verfolgungsgeiſt ſeinen Sitz nahm. — Spöttelt nicht ihr Aufgeklärten, wenn das alte Kirchenlied ſingt: O groſse Noth, Gott ſelbſt iſt todt! Das Lied ſingt den eigenen Charfreytag in euren Herzen."

2) *Religiöſe Kosmotheologie*, von der Perſönlichkeit Gottes, die durch die Welt zu unſerm Bewuſstſeyn kommt, als den Inhalt alles religiöſen Bewuſstſeyns. Die wahre Welt, der niedern, irdiſchen, als Inbegriff von Erſcheinungen, gerade entgegen geſetzt, iſt (nach S. 428 ff.) die für die Endlichkeit wiederholte, unſerm endlichen Bewuſstſeyn offenbar werdende Perſönlichkeit Gottes, iſt das ewig ausgeſprochene Wort der Schöpfung, durch welches alle Dinge gemacht ſind, das Wort der heiligen Allmacht, Wahrheit und Liebe (λογος), das uranfängliche Licht im Kreiſe alles Lebens, das eine Herrlichkeit bey Gott hatte, das Gott zeugte und liebte, ehe denn eine Welt in der Zeit war. — Dieſe wahre Welt iſt ewig, iſt Gott ſelbſt, (?) die uns zugewandte äuſserliche Perſönlichkeit deſſelben, welche das Eigenthum von der urſprünglichen innern Perſönlichkeit Gottes iſt, aber wiederum alles Endliche beſitzt, der offenbarte perſönliche Mittler und Stellvertreter Gottes, in wiefern dieſer in einem andern Lichte wohnt, wo kein endliches Weſen hindringen kann."

3) *Religiöſe Pſychotheologie* oder *Pneumatologie*, von der Perſönlichkeit Gottes, die als der Geiſt Gottes, in den endlichen religiöſen Weſen, um ſie als Mittel der Schöpfung zu gebrauchen, thätig wird. „Durch den Beyſtand dieſes alles formenden göttlichen Geiſtes wird der Religionsbekenner nicht nur der Unſterblichkeit ſeiner individuellen Form, ſondern auch bey zunehmenden Graden des Bewuſstſeyns, der Ewigkeit eines unbedingt freyen Seyns gewiſs, von deſſen Höhe er ſelbſt auf die Formen aller Individualität, als auf etwas Untergeordnetes, herabſehen muſs, indem er ſich mit allen endlichen religiöſen Weſen zu Einer vollkommnen harmoniſchen Verbindung ihrer Individualitäten, im Urbewuſstſeyn Gottes, vereinigt findet" (S. 429.).

So ſehr ſich nun Rec. in Hinſicht einzelner ſcharfſinniger Beleuchtungen und Prüfungen philoſophiſcher und religiöſer Lehrſätze durch das Studium dieſes intereſſanten Werks befriedigt fühlt: ſo ſehr er den darin geäuſserten wohlmeinenden Geſinnungen, ſo wie den ausgebreiteten philoſophiſch-literariſchen Kenntniſſen des Vf's. alle Gerechtigkeit widerfahren läſst: ſo glaubt er doch nicht, daſs durch dieſes Werk Religionswiſſenſchaft und Philoſophie ein mehr geſichertes Syſtem, als die bisherigen waren, gewonnen haben, und zwar beſonders deswegen, weil der Grund, auf welchen beide erbaut ſind, weder für jene noch für dieſe recht paſſend und haltbar angelegt zu ſeyn ſcheint, und weil das Ganze auf Vorausſetzungen beruht, deren Richtigkeit weder vollſtändig bewieſen noch nachgewieſen iſt. Wenn gleich Rec. nicht in Abrede ſeyn kann, daſs eine philoſophiſche oder allgemeine Religionslehre, wie ſie genannt werden mag, vorzüglich aus dem moraliſch-religiöſen Bewuſstſeyn des nachdenkenden guten Menſchen zu deduciren ſey: ſo glaubt er doch nicht, daſs aus einem religiöſen Bewuſstſeyn überhaupt die ganze Religionswiſſenſchaft, auch nicht, daſs aus derſelben Quelle ein vollſtändiges Syſtem der Philoſophie geſchöpft werden könne; weil bey der Bildung religiöſer Ueberzeugungen zugleich Phantaſie und Gefühl, bey dieſem aber vorzüglich der Verſtand, als das Vermögen der Begriffe, und die Vernunft thätig ſeyn müſſe. Von jenen iſt aber bey unſerm Vf. faſt nirgends die Rede, und das, was er mit dem Namen Vorſtellkraft oder Vorſtellung belegt, wodurch er nicht nur den Willen, ſondern ſelbſt den Verſtand fühlen läſst (S. XXI.), iſt eine willkürlich angenommene und nirgends ganz deutlich nachgewieſene Seelenlenkraft, so wie überhaupt seine Zergliederung des Bewusstseyns und seine Eintheilung der verschiedenen Seelenvermögen oder Bewusstseynsthätigkeiten, zwar oft sinnreich, aber keineswegs den Resultaten der bisherigen psychologischen Forschungen entsprechend erscheinen. Durch die erkünstelte Vereinigung der an sich verschiedenen Grundlagen für Religionswissenschaft und Philosophie sind dem ursprünglich einfachen Gebäude jener so viele ihr fremdartige Nebengebäude angehängt worden, dass der uneingeweihte Forscher sich in denselben verliert, und statt eine einfache Religionslehre vorzufinden, sich ungern noch durch eine *religiöse* Transcendental-Philosophie, Ontologie, Kritik, Metaphysik u. s. w., die sich als die einzigen haltbaren und befriedigenden vor allen *nicht religiösen* Wissenschaften dieser Namen ankündigen, überrascht sieht. Fragt man nun nach dem gemeinschaftlichen Grunde dieser Zusammenstellung, so wie des ganzen Systems: so findet man jenen am Ende in einer sogenannten höhern Evidenz, oder in dem potenzirten Bewusstseyn eines Religionsbekenners, welches aber, als völlig subjectiv, die ganze Lehre zu sehr subjectivisirt, als dass jeder sie sogleich in seinem vernünftigen individuellen Bewusstseyn wieder zu erkennen vermöchte. Wenigstens muss Rec. bekennen, dass es bey ihm noch nicht mit jener höhern Evidenz zum Durchbruch gekommen ist, sollte er gleich fürchten müssen, wegen dieses seines aufrichtigen Bekenntnisses als ein Uneingeweihter mit seinem Urtheile perhorrescirt zu werden, und dass er sich noch nicht von der Haltbarkeit eines Systems hat überzeugen können, welches der Vf. häufig, gleichsam in Orakelsprüchen, einem Religionsbekenner in den Mund legt, ohne die Ueberzeugung desselben durchgehends als nothwendig und richtig zu motiviren, und ohne auf diese Weise zu verhüten, dass ein anderer ganz entgegengesetzte Ueberzeugungen als seine Religion und als die wahre Religion, ja selbst eine Religion ohne Gott, dagegen als die wahre bekenne.

Was die Darstellung des Vfs. betrifft, so ist sie im Ganzen klar und correct; nur wäre zu wünschen, dass der Vf. das Ganze nicht in so vielerley Abtheilungen zerstückelt hätte, weil dadurch oft zusammenhängende Materien zerrissen sind, und dass er sich bey der Aufstellung seines religiös-philosophischen Systems unabhängiger von dem Einflusse christlicher Lehrmeinungen erhalten, nicht häufig Aussprüche der christlichen Religionsurkunden auf eine erzwungene Weise mit seinen Ansichten in Verbindung zu setzen gesucht hätte; auch möchte Rec. einige schielende Seitenblicke auf die den Ansichten des Vfs. vermeintlich zuwider laufenden philosophischen und religiösen Tendenzen des Zeitalters, wodurch der ernste wissenschaftliche Gang der Darstellung unterbrochen wird, hinweg wünschen.

GESCHICHTE.

DRESDEN: *Europa im Kleinen, oder Sammlung mehrentheils kleiner, aber vieler wichtiger Münzen der mittlern und neuern Zeiten aus allen Ländern dieses Welttheils* (die Türkey ausgenommen), welche den 6. Nov. (nach neuern Bekanntmachungen den 20. Nov.) 1809. in Dresden durch *A. T. Ulich* verauctionirt werden sollen. 346 S. 8. (12 gr.)

Je seltener genau verfertigte Catalogen, besonders von Münzen, in unsern Tagen sind, je mehr gebührt diesem unser Lob, der sich überdiess von seinen Brüdern *erstlich* durch wissenschaftliche Classification, und *zweytens* durch die grosse Menge seltener Stücke vortheilhaft auszeichnet. Noch nie fand man bis jetzt so viele seltne und vorzügliche Stücke in einer Auction. Freylich ist es für einen ungelehrten Münzensammler sehr bequem, alles, Fürsten, Grafen, Bischöfe, Städte u. s. w. nach alphabetischer Ordnung aufsuchen zu können; aber was gewinnt die Wissenschaft dabey? Und wird die Numismatik, eine so edle Hülfswissenschaft der Geschichte, nicht auf diese Art zu einer Spielerey herabgewürdigt? — Hr. *Lipsius*, zweyter Inspector der Antikengallerie zu Dresden, der sich unter der lehrreichen Vorrede nennt, ist Besitzer dieser Sammlung und Verfertiger dieses Catalogs, worin er den Freunden der Münzkunde seine mühsam zusammengebrachten Münzen nach geographischer und chronologischer Ordnung vorlegt, und so ein sehr nachahmungswürdiges Beyspiel aufstellt, wie eine Sammlung neuer Münzen geordnet werden müsse, wenn sie historischen Werth haben soll. Die Einwendungen; wegen des schweren Auffindens der Münzen, wenn man die *Madai'sche* Ordnung verlässt, hat er in gedachter Vorrede glücklich gehoben. Um aber auch denjenigen zu Hülfe zu kommen, deren Geschäfte es nicht erlauben, ihre einmal nach der alten Ordnung eingerichteten Sammlungen anders zu ordnen, und die eben desshalb gewohnt sind, auch in Münzcatalogen alles nach *Madai's* Ordnung aufzusuchen, hat er hier eine Uebersicht von *Madai's* Ordnung vorgelegt, und überall die Numern angezeigt, wo man die Fürsten, Bischöfe, Städte u. s. w. in vorliegendem Verzeichnisse finden kann. Vorzüglich zeichnet sich diess Verzeichniss durch die grosse Genauigkeit aus, mit der die Münzen beschrieben, und deren kleinste Abweichungen und Merkmale angezeigt sind, wodurch das vorhandene Stück, von gleichen oder ähnlichen, im Cabinet selbst befindlichen, oder anderwärts beschriebenen sich auszeichnet: besonders bestätigen dieses die sächsischen Münzen S. 184 ff. Nimmt man noch hiezu, dass bey vorzüglich merkwürdigen und seltenen Stücken, kleine historische Notizen, und noch häufiger Allegate der Schriften vorkommen; worin sie abgebildet oder beschrieben sind: so erhält diess Verzeichniss einen bleibenden Werth eines lehrreichen Buchs zur Numismatik, und man würde es sehr erniedrigen, wenn man es für einen gewöhnlichen Münzauctions-Catalog ansehen wollte.

Was die Seltenheiten anlangt, so findet man fast in jedem Lande die ersten und ältesten Stücke, eine grosse Menge Bracteaten, Solidos, und die darauf, der

der Zeit nach folgenden, kleinern Münzern; ein Freund der erstern wird seine Sammlung durch manches Stück noch bereichern können. Ueberdiess findet man hier ganze Kapitel, die man in andern Sammlungen vergebens sucht, als z. B. Münzen von Malta, von den Patriarchen von Aquileja, von Slavonien, Servien, Dacien u. s. w. Man trifft hier ferner auf Münzen Merovingischer Könige, auf die von Bischöfen von Besançon und Clermont; von einem Bischof von Drontheim; einem Bischof von Dorpat; und will man einzelne Münzherrn erwähnen, die nicht vorkommen: so ist man auf mancherley Art überrascht, wenn man auf Münzen von Theodor, Baron von Neuhof, König von Corsica, von Baron Görz mit seinem Bildnisse, von Karl dem Grossen, Ludwig dem Frommen, sogar von einem Könige der Angelsachsen u. s. w. und auf viele andere stösst, die man noch nie gesehen hat. Am reichhaltigsten ist die Sammlung von sächsischen Münzen (von S. 181 – 258.), wo sich nicht nur die kleinern, sondern auch schöne Medaillen finden. Kurz der Kenner wird Befriedigung seiner Neigung finden, und da bey den allermeisten Stücken der Metallwerth gering ist, wird es auch nicht mit allzu grossen Kosten verbunden seyn.

LITERARISCHE NACHRICHTEN.

I. Todesfälle.

Im vorigen Jahre starb zu Batavia der verdienstvolle Dr. *Jessy*, Leibarzt des Gouverneurs, dessen Tod die dortigen Einwohner sehr beklagen. Hr. Hofrath *Blumenbach* und Hr. Dr. *Albers* in Bremen hatten für ihre Sammlungen seiner beyspiellosen Güte sehr viel zu verdanken. — Ebendaselbst und in eben dem Jahre starb Dr. *Falguerolles*, ehemals Arzt in Bremen. — Im September d. J. starb zu London der berühmte Arzt *Edward Ford* am Schlagfluss.

II. Beförderungen.

An die Stelle des nach Königsberg abgegangenen Dr. *Vater* ist Hr. Prof. *Voigtel* vermittelst eines königl. Rescripts vom 30. September zum Oberbibliothekar bey der Universitätsbibliothek zu Halle neben Hn. Prof. *Ersch* ernannt worden. Zugleich ist dieser Anstalt von den obern Behörden die angenehme Versicherung gegeben worden, dass deren Fonds nicht nur erhalten, sondern auch noch vermehrt werden soll. Unter diesen Umständen erwartet man von der Thätigkeit des Oberbibliothekars Hn. Prof. *Ersch* und seines neuen Collegen, dass endlich einmal ein alphabetischer Realkatalog wird angelegt werden, um den Gebrauch der Bibliothek desto mehr zu erleichtern.

Der auch als Schriftsteller bekannte bisherige Regierungsrath zu Mannheim, Hr. *Gamm*, ist als Oberhofgerichtsrath nach Bruchsal befördert worden.

III. Vermischte Nachrichten.

Der Krieg hat auch auf die Literatur in Schweden einen ungünstigen Einfluss gehabt. Gegenwärtig beschäftigt die neue Organisation alle Federn. Für die schwedische Geschichte ist es eine interessante Nachricht, dass die Ritterschaft und der Adel den Druck aller Protocolle, die im Archiv des Ritterhauses verwahrt werden, beschlossen hat: man findet sie daselbst in einer fast ununterbrochnen Folge für alle Reichstage von 1650. an. Man darf insonderheit über die neuere Geschichte die interessantesten Aufschlüsse erwarten. Von den Abhandlungen der königl. Gesellschaft der Geschichte und Alterthümer ist 1808. der achte Band erschienen. — Hn. *Ruders* Reise nach Portugal ist mit dem *dritten* Bande geschlossen. Ein Hr. *Elmén*, der sich lange in Russland aufgehalten, hat eine Statistik des russischen Reichs herausgegeben. Von der Geschichte der Calmarschen Union, die Hr. *Granberg* herausgegeben hat, sind *zwey* Theile herausgekommen; der dritte soll das Werk schliessen. (A. Br.)

Jeder Freund der Sprachkunde und der nordischen Literatur hat gewiss mit dem tiefsten Schmerz die Nachricht vernommen, dass des vortrefflichen *Olafsens* Supplemente zu Ihre bey der Kopenhagner Belagerung ein Raub der Flammen geworden sind: die öffentlichen Nachrichten drückten sich so darüber aus, dass man selbst die Handschrift für verloren halten musste. Höchst erfreulich ist es daher dem Einsender, diese Angabe widersprechen zu können: nur die ersten gedruckten Bogen (die Buchstaben *A.* und *B.*) verbrannten. Das Manuscript ist gerettet und das Verlorne in der Handschrift völlig wieder hergestellt. Leider ist zu bedauern, dass der Zeitläufte und der Papierpreise wegen, jetzt nicht an den Druck dieses wichtigen Werks gedacht wird. Durch eine Subscription dürften doch die Kosten zum Theil bestritten werden können, da diese Arbeit für die Philologen aller Länder ein ausserordentliches Interesse hat. (A. Br.)

ALLGEMEINE LITERATUR-ZEITUNG

Donnerstags, den 30. November 1809.

LITERARISCHE NACHRICHTEN.

I. Studienanstalten und Stiftungen.

Der Armenbezirks-Director *Joh. Wilh. Klein* zu Wien (vergl. A. L. Z. Erg. Bl. Nr. 6. 1808.) hat von Sr. Maj. eine Besoldung von 1000 Fl. und 500 Fl. Quartiergeld zu dem Ende erhalten, damit er eine Anstalt zur Erziehung und Brauchbarmachung blinder Kinder errichte und leite. Se. Maj. haben acht Stellen in dieser Anstalt für eben so viele auf Kosten des Staats zu bildende blinde Kinder gestiftet, und jede Stelle mit jährl. 300 Fl. dotirt. Zur Erweiterung seiner Anstalt hat der Abbé *Werner* mit Einfluss des Fürstl. Lichtensteinischen Hauses eine Collecte veranstaltet: und so dürfte demnach in ganz Europa das Wiener Blinden-Institut, nächst dem Hauy-Reilmann'schen, das bedeutendste in seiner Art werden.

In *Grätz* ist eine ordentl. Sonntagsschule für die Gesellen der Handwerksinnungen bey der Hauptnormalschule eingerichtet, wo die Gesellen ihre Fertigkeit im Lesen, Schreiben und Rechnen üben, aber auch Zeichnung, Messkunst, höhere Rechenkunst und das Verfassen von Aufsätzen erlernen können.

Am 23sten May d. J. feyerte die evangel. Kirche und Schule zu *Teschen* ihr Secular-Jubiläum. Es war im J. 1709, als der Altranstädter Friede zu Stande kam, und vermöge desselben die Evangelischen im Teschner Herzogthume eine Gnadenkirche und Schule vor Teschen zugestanden erhielten. Das Patronat darüber ward den evangel. Ständen (Adligen) anvertraut, auf deren Kosten auch die Gebäude errichtet und Capitalien zusammengelegt wurden. Noch sind schwache Ueberreste dieser Stände vorhanden. Zur Feyer des Jubiläums haben der ständische Kirchenvorsteher *v. Klettenhof* und der Sup. *A. C. Bartelmus* sehr gute und lehrreiche Denkschriften verfasst; besonders hat der erstere die Ehrenmänner, welche die Kirche und Schule gründeten und erbaueten, der Nachwelt aufbehalten.

Am Lyceum zu *Lemberg* studierten im Schuljahre 1808. zu Anfang 1124, zu Ende 885 Schüler. Darunter waren Theologen 238, Juristen 200, Chirurgen 89, Philosophen 313. Am Ende des Schuljahres sind immer weniger Schüler, deshalb, weil viele wegen Familienverhältnissen, oder aus Armuth, oder wegen schlechten Fortgangs im ersten halben Jahre austreten. Es sollen aber jetzt aus den wieder eingeführten Unterrichtsgeldern, welche die Bemittelten zahlen, die Stipendien für Unbemittelte vermehrt werden. (Ann. der Oestr. Lit.)

Hr. *Paul v. Szeleczky*, ein wohlhabender Edelmann zu St. Georgen, hat am 25sten Januar d. J., noch bey Lebzeiten, folgende Stiftungen zu Gunsten des evang. Gymnas. A. C. zu Presburg gemacht: 1) Zur Verbesserung des Gehalts der vier obern Professoren 4000 Fl. 2) Zur Beköstigung armer Schüler oder fürs Alumneum 2000 Fl. 3) Zur Verpflegung kranker Studenten 500 Fl. 4) Zur Gründung eines Seminars für Theologen 500 Fl. 5) Für den Fond der evang. Kirche zu Presburg 500 Fl. Summa 7500 Fl.

An dem reform. Collegium zu *Patak* gab es im Februar 1808. 1241 Schüler, darunter 303 Togaten. (Die Reformirten in Ungern beliefen sich im J. 1806. auf 1,198,000 Seelen.) Die Bibliothek ist gegen 20,000 Bände stark. Die Einkünfte des Collegiums betrugen im J. 1806. 29,472 Fl., die Ausgaben 27,906 Fl. Die Professoren waren im Febr. 1808. *Joh. Szombathi* für Geschichte, Statistik, Beredsamkeit; *Alex. Kövi* für das ungr. Recht und polit. Wissensch.; *Jos. Rozgonyi* für Philosophie; *Paul Sipos* für Naturlehre und angewandte Mathematik; *Steph. Nyiri* für reine Mathem.; *Joh. Patai* für Theologie und Exegese. Die Besoldung eines Prof. besteht in 510 Fl., 20 Metzen Roggen, 5 Metzen Weizen, 5 Fässer Wein, 2 Fuhren Heu, freyer Wohnung. (Ann. der Oestr. L. April 1809.)

Das *Ungrische* Museum erhält noch immer ansehnliche Geschenke an Mineralien, Bildern, Seltenheiten u. s. w. Graf *Joseph Hunyadi* schenkte 4000 Fl. zu dem Besoldungsfond der dabey anzustellenden Officialen.

II. Reisen.

Das Oberschulcollegium des Herzogthums Warschau schickt mehrere hoffnungsvolle junge Leute auf öffentliche Kosten ins Ausland, theils nach Deutschland, theils nach Paris, um die dort gesammelten Kenntnisse unter ihren Landsleuten hernach zu verbreiten, als *Tomaszewski* zur Mineralogie nach Freyberg, *Huisson* zur Mathematik und Physik, *Schubert* zur Botanik nach Paris, *Brodowzki* zur Malerey, und *Kiraltwzki* zur Chemie.

III. Beförderungen.

An die Stelle des Hn. *Wolski*, der von der Oberschulbehörde des Herzogth. Warschau zum Redacteur der Elementarwerke ernannt worden, ist Hr. *Felix* *Bent-*

Bentkowski, bisheriger zweyter Professor der alten Literatur und Geschichte, zum Professor der polnischen Literatur am Warschauer Lyceum mit einer Gehaltszulage befördert worden. — Hr. Dr. *Zebrowski* ist bey demselben Institut als zweyter Professor der polnischen Sprache und Literatur angestellt.

INTELLIGENZ DES BUCH- UND KUNSTHANDELS.

I. Ankündigungen neuer Bücher.

Bey Carl Maucke in Chemnitz sind in der Michaelis-Messe 1809. folgende neue Bücher erschienen, welche in allen guten Buchhandlungen zu haben sind:

Bibliotheca española. Tomo IX.

Auch unter dem Titel:

Novelas Exemplares, de *Miguel de Cervantes Saavedra*. Tomo III. 8. Auf Schreibpap. 15 gr., auf Druckp. 12 gr.

Homeri Ilias, graece et latine, ad praestantissimas editiones accuratissime expressa. Opera M. *Joan Georg Hageri*. Vol. II. Editio Nova. 8. 14 gr. Beide Theile 1 Rthlr. 4 gr. Die Odyssea, 2 Vol., welche früher erschienen ist, 1 Rthlr. 12 gr.

Théatre ou choix de drames aisés pour faciliter l'étude de la langue françoise par *J. H. Emmert*. Tom. I. Nouvelle Edition. 8. 1 Rthlr. Beide Theile 2 Rthlr.

Durch diese beiden neuen Auflagen sind nun beide Bücher wieder complet zu haben. Ueber den Werth dieser Bücher hat das Publicum dadurch schon hinlänglich entschieden, dass sie seit mehreren Jahren schon in vielen Schulen und gelehrten Instituten mit Nutzen eingeführt sind. Auch zeichnen sie sich noch besonders durch ihre äusserste Wohlfeilheit aus.

So eben ist erschienen:

Gemeinnütziges Haus-, Landwirthschafts- und Familienbuch für alle Stände, oder *Sammlung bewährter Vortheile in der Land- und städtischen Hauswirthschaft*. 8. Ladenpreis 1 Rthlr.

Dieses allgemein nützliche Buch ist in allen Buchhandlungen zu haben, und die Anschaffung desselben wird keinen Hausvater reuen.

Leipzig, im October 1809.

Friedrich Wilhelm Rower.

Anzeige für die Prediger Sachsens.

Da die Lehrtexte, über welche bisher in der evangelischen Hofkirche zu Dresden gepredigt worden ist, für das ganze Königreich angeordnet werden durften: so findet sich Endesunterschriebene Buchhandlung, welche die bisherigen evangelischen und epistolischen Perikopen in Predigtentwürfen bearbeiten lässt, bewogen, diese Texte mit den alten in einige Verbindung zu setzen, indem sie den Plan hat, auch ihre homiletische Bearbeitung unter folgendem Titel besorgen zu lassen:

Predigtentwürfe über die neuen Lehrtexte im Königreiche Sachsen, als *Anhang* zu den *Predigtentwürfen über die gewöhnlichen Evangelien und Episteln an Sonn-, Fest- und Aposteltagen*, in *ausführlicher* und *abgekürzter Form*.

Diese neuen Predigtentwürfe werden zwar hier und da, besonders an Festtagen, auf die früheren verweisen, jedoch sich genau an die neuen Lehrtexte binden. Das *erste* Heft, aus 8 Bogen bestehend, erscheint in der Mitte des Decembers, und wird 8 gr. kosten. Die übrigen Hefte erscheinen zur Ostermesse 1810.

Leipzig, im October 1809.

Joh. Benj. Georg Fleischer'sche Buchhandlung.

Bey F. H. Nestler in Hamburg ist erschienen und bey demselben, so wie in den mehresten Buchhandlungen Deutschlands, zu haben:

Geschäfts- und Börsenbuch auf das Jahr 1810. (In Marmorband mit Bleyfeder 1 Rthlr.)

Comptoir-Kalender auf das Jahr 1810. (In Quart auf Schweizer Velin-Papier gedruckt und auf Pappe gezogen, 8 gr.

Die vier Jahreszeiten, welche diesen äusserst eleganten und zweckmässigen Wandkalender zieren, sind von der Meisterhand des Professors *Gubitz* in Berlin, den feinsten Kupferstichen ähnlich, in Holz geschnitten.

Vermischte Gedichte, von *K. G. Prätzel*. gr. 8. 16 gr.

Pequena Chrestomathia portugueza. Petit recueil d'extraits en prose et en vers, de quelques auteurs modernes portugais, placés dans l'ordre d'une difficulté progressive. Publié par *P. G. de Masserellos*. gr. 8. broschirt 1 Rthlr. 8 gr.

Weihnachts-Geschenk.

Wer seinen Kindern ein Geschenk von reellem, bleibendem Werthe geben will, dem ist sehr zu empfehlen:

Naturhistorisches Kupferwerk
nach *Büffon* bearbeitet
von **Ferdinand Seidel**.

Dieses Buch ist mit 176 Quart-Platten zu Büffons Naturgeschichte ausgestattet, und der Verfasser hat in einem erklärenden, nach einem praktischen Systeme geordneten, Texte die reiche Büffon'sche Darstellung sowohl

sowohl für Kinder unterrichtend und unterhaltend, als auch für erwachsene Liebhaber der Naturgeschichte anziehend und werthvoll gemacht.

Der Verkauf-Preis dieses Werkes in halb engl. Einband war bisher 5 Rthlr. 12 gr. Ein sehr geringer Preis in Hinsicht der grossen Menge von Kupferplatten. Um indess die Anschaffung in den jetzigen theuern Zeiten noch mehr zu erleichtern, soll der Verkauf-Preis bis Ostern 1810. auf 3 Rthlr. 8 gr. verringert werden. Auch erhält der Einsender des baaren Betrags von 5 Exempl. das 6te frey, so bald sich derselbe unmittelbar an die Verlagshandlung wendet.

Gera, im October 1809.

Wilhelm Heinsius.

Winckelmann's Werke, dritter Band.

So eben ist der *dritte* Band der Werke *Winckelmann's*, herausgegeben von *H. Meyer* und *J. Schulz*, in der Walther'schen Hofbuchhandlung in Dresden erschienen, und in drey Ausgaben, auf Velinpap. zu 4 Rthlr. 16 gr., auf Schreibp. zu 3 Rthlr. 16 gr., und auf Druckp. zu 3 Rthlr. Sächs. *Subscriptionspreis* durch alle Buchhandlungen zu haben. Er enthält den *ersten* Band der Geschichte der Kunst. Denjenigen, die diese allein zu haben wünschen, wird es angenehm seyn, dass sowohl dieser als die folgenden Bände zu diesem Behufe besondere Titel führen, so dass die Geschichte der Kunst, als ein für sich bestehendes Ganze, auch ohne den *ersten* und *zweyten* Band der Werke *Winckelmann's* verkauft wird.

Bey dem Buchhändler J. E. Müller in Erfurt sind zur Michaelis-Messe, 1809. nachfolgende neue Bücher erschienen und in allen soliden Buchhandlungen zu haben:

Griechenland und Rom. Eine belehrende Unterhaltung für angehende Studierende, als auch zum Selbstunterricht für Liebhaber schöner Wissenschaften. Zur Kenntniss der Archäologie, der Kunst, Literatur und Geschichte dieser Völker und ihrer schönen Geister. 8. Brosch. 16 gr.

Gesänge, sechs, von Solis, mit Begleitung des Pianoforte, von Dr. *G. Schreibner*. Querfol. 16 gr.

Joseph Haydn. Seine kurze Biographie und ästhetische Darstellung seiner Werke. Bildungsbuch für junge Tonkünstler. Seitenstück zu Mozart's Geist, von demselben Verfasser. 8. 18 gr.

Journal, neues, für die Botanik, herausgegeben von dem Prof. *Schrader*, 3ten Bds 3tes u. 4tes Stück. Mit 2 Kupfertaf. u. 1 Portr. 8. 1 Rthlr. 8 gr.

Scheibner, Dr. G., sechs Gesänge, m. Begleitung des Pianoforte. 3tes Heft. Querfol. Geh. 16 gr.

Thüringens geistliche Stiftungen. 1s Heft: die Nonnenklöster in Erfurt enthaltend. 8. Brosch. 6 gr. (In Commission.)

Vertrauen auf Gott im Geiste der Wahrheit, Liebe und Anbetung. Gebetbuch für katholische Christen. *Zweyte* vermehrte und verbesserte Auflage. kl. 8. Geh. 9 gr.

Adolf und Minna, oder die Wallfahrt. Eine Urkunde aus dem geretteten Archive einer Fürstl. Familie. 8. Brosch. 1 Rthlr. 8 gr.

Dämmerstunden am See. In drey Erzählungen und einer Zugabe. Mit 1 Vign. 8. 1 Rthlr.

Botanische Anzeige.

Von des Herrn Professors Dr. *Karl Ludwig Willdenow's Anleitung zum Selbststudium der Botanik, ein Handbuch zu Vorlesungen*, ist so eben eine *zweyte*, ganz umgearbeitete und sehr vermehrte, mit neuen Kupfern versehene, Ausgabe, auf sehr schönes Post-Druckpapier in gr. 8. gedruckt, bey mir erschienen, welches ich den Liebhabern hierdurch bekannt mache.

Berlin, am 24sten October 1809.

Ferdinand Oehmigke der Aeltere.

In der Gebauer'schen Buchhandlung zu Halle sind folgende Bücher neu erschienen und in allen Buchhandlungen zu haben:

Ein mal Eins zur schnellern Uebersicht für Lehrer und Lernende. Sowohl beym Dividiren als Multipliciren mit Nutzen zu gebrauchen. Fol. 1 gr.

Französisches Lesebuch für die ersten Anfänger, nach einer leichten und angenehmen Methode. Herausgegeben von Dr. *Friedrich Wilhelm Wilde*. 8. 9 gr.

Liturgisches Journal. Herausgegeben von *H. B. Wagnitz*, 8ten Bds 3s u. 4s Stück. 8. Jedes Stück 9 gr.

Meine Geschäfte und Methode; prüfenden Gutsherrn, öffentlichen und Privatlehrern zur Beurtheilung und Nachahmung oder Warnung vorgelegt. *Zweyte* veränderte und mit einer Abhandlung vermehrte Auflage. 8. 4 gr.

De otio praedicatorum, inprimis rure degentium disserit Dr. *Frid. Guil. Wilde*. (In Comm.) 4. 4 gr.

Repertorium für alle Amtsverrichtungen eines Predigers. Herausgegeben von *Samuel Baur*. 6ter Band. gr. 8. 2 Rthlr. 6 gr.

Auch unter dem besondern Titel:

Homiletisches Handbuch für Wochenpredigten über auserlesene Bibelstellen. Zum Gebrauch für Stadt- und Landprediger. Herausgegeben von *Samuel Baur*. gr. 8. 2 Rthlr. 6 gr.

Mimigardia,

poetisches Taschenbuch auf das J. 1810., herausgeg. von *F. Rassmann*. Münster, bey P. Waldeck, und in allen Buchhandlungen zu haben. (Preis 20 gr.)

Wenn es auch ein gewagtes Unternehmen wäre, in der jetzigen, den Musen so abholden, Zeit mit einem poetischen Taschenbuche hervorzutreten: so kann der von mehrern Seiten schon vortheilhaft bekannte Herausgeber dessen ungeachtet auf den Beyfall aller Musen-

Musenfreunde rechnen, da er sie hier in einen Kreis von Dichtern einführt, deren Bekanntschaft sie gewiss mit Vergnügen machen oder erneuern werden, und von denen hier nur vorläufig die Namen: *v. Halem*, *v. Sonnenberg*, *Goldmann*, *v. Vegedes*, *Gittermann*, *Nonne*, *Kosher*, *Busch* u. s. w., genannt werden. Ohne hier den Inhalt dieser Blumenlese, der Ersten, die aus dieser Gegend hervorging, einzeln anzugeben, glauben wir, dass sie sich dreist an ihre Vorgänger anschliessen könne, und man sie für würdig finden werde, ihre Stelle einzunehmen. Am Schlusse der Gedichte findet man einen gehaltvollen Aufsatz: *Leib und Seele der Kunst*, den unsere neuern Aesthetiker mit Interesse lesen werden. Ein ganz ähnliches Portrait *Sonnenbergs*, nebst einigen gelungenen Melodieen, dienen dem Taschenbuche zur Zierde.

An Aeltern und Erzieher.

Bey Carl Maucke in Chemnitz ist für Aeltern und Erzieher, welche Ihren Kindern und Zöglingen ein angenehmes und nützliches Geschenk machen wollen, so eben erschienen:

Raritäten - Büreau
für gute
Knaben und Mädchen,

worin sie den reichhaltigsten Stoff zu angenehmer Zeitverkürzung und Belehrung in einer Bibliothek von 16 Bändchen mit 96 illuminirten Kupfern finden.

Aeltern und Erzieher werden sich freuen, ihren lieben Kleinen ein Geschenk machen zu können, welches ganz dem Bedürfnisse derselben entspricht, indem es vielseitige Unterhaltung und Belehrung zweckmässig verbindet, theils durch die verschiedenartig und ganz dem Kindes-Alter angemessen gewählten und behandelten Erzählungen, theils durch die dieselben versinnlichenden niedlichen Kupfer. Es würde zu weitläufig seyn, die vielen Gegenstände, welche jedes Bändchen abhandelt, zu nennen, und wir begnügen uns daher, nur den Haupt-Inhalt eines jeden Bändchens summarisch anzuführen:

Der kleine vaterländische Landschaftsmaler, 1 Bdchen mit 6 Kupfern. — Kinderspiele, 1 Bdchen mit 6 Kupfern. — Mährchen aus der Fabelwelt, 1 Bdchen mit 6 Kupfern. — Kleine Erzählungen, 1 Bdchen mit 6 Kupfern. — Armee-Uniformen, 1 Bdch. mit 6 Kupfern. — Kleine Naturgeschichte für kleine Leute, 3 Bdch. mit 18 Kupfertafeln, worauf 39 verschiedene Kupfer, enthaltend: Säugthiere, Vögel, Amphibien, Fische, Insecten und Würmer. — Die Menschenrassen, als Anhang zu der kleinen Naturgeschichte, 1 Bdch. mit 6 Kupfern. — Unterhaltungen aus der Naturlehre, 1 Bdch. mit 6 Kupfern. — Geographische Merkwürdigkeiten aus allen Welttheilen, 1 Bdch. mit 6 Kupfern. — Naturwunder, 1 Bdch. mit 6 Kupfern. — Kunstalterthümer, 1 Bdch. mit 6 Kupfern. — Kleiner Schauplatz der Künste und Handwerker, 2 Bdch. mit 12 Kupfern. — Das Fuhrwesen, 1 Bdch. mit 6 Kupfern.

Der Verleger sorgte auch dafür, dass diess Werkchen wegen seines äusserst geringen Preises von minder wohlhabenden Aeltern für ihre Kinder benutzt werden könnte, und änderte daher seine erste Veranstaltung:

jedes Exemplar dieser kleinen Bibliothek in einem sauber gearbeiteten netten Büreau aufgestellt auszugeben, worin zugleich in zwey von den drey daran angebrachten Schubfächern von den in der Bibliothek befindlichen 96 illuminirten Kupfertafeln noch ein ganz vollständiges uncolorirtes Exemplar derselben, in dem dritten Schubfache alle Farbe-Materialien, Pinsel u. s. w. sich vorfinden, damit die Kleinen auch hierdurch eine angenehme und nützliche Beschäftigung erhalten, und die schwarzen Kupfer nach dem im Original colorirten selbst nachilluminiren sollten,

dahin ab, dass er nun die gut gebundenen 16 Bändchen der Bibliothek in einem passenden Futterale verschickt, und dafür den Preis von 3 Rthlr. illuminirt, und 2 Rthlr. schwarz setzt, die kleinen Büreaus mit Zubehör aber, welche bereits bey ihm fertig stehen, nur auf sichere Bestellungen an solide Buchhandlungen oder an ihn selbst, um den besondern Preis von 1 Rthlr. 12 gr. Sächsisch, versendet, und in dem Falle, dass man sich deshalb unmittelbar an ihn wendet, noch die Emballage gratis giebt.

II. Bücher, so zu verkaufen.

Folgende Bücher sind bey mir gegen baare Zahlung in Conventions-Geld zu haben. Sie sind sämmtlich neu und sehr sauber gehalten:

Ciceronis, *M. T.*, de officiis, de amicitia et de senectute libri accuratissime emendati, 4 maj. Parisiis, Pap. vel. 1796. Ladenpreis 12 Rthlr. — 4 Rthlr.

Heritier, C. L. l', Stirpes novae, quas descriptionibus et iconibus illustravit. gr. Fol. Parisiis 1784 Fig. color. Ladenpr. 180 Rthlr. — 80 Rthlr.

(Diess Exemplar ist sehr schön illuminirt und vorzüglich gut gehalten.)

Heritier, C. L. l', sertum anglicum, seu plantae rariores quae in hortis juxta Londinum, inprimis in horto regio Kewensi excoluntur. gr. Fol. Parisiis 1788. Ladenpr. 58 Rthlr. — 25 Rthlr.

Linnaei, C., systema plantarum Europae curavit *Gilbert*. 7 Vol. 8. Coloniae 1785. Ladenpr. 15 Rthlr. — 5 Rthlr.

Lucani, *M. Annaei*, Pharsalia ex optimis exemplaribus emendata. Fol. Parisiis 1795. Ladenpr. 15 Rthlr. — 6 Rthlr.

Wilhelm Rein und Comp.
in Leipzig.

MONATSREGISTER

vom

NOVEMBER 1809.

I.

Verzeichniss der in der Allgem. Lit. Zeit. und den Ergänzungsblättern recensirten Schriften.

Anm. Die erste Ziffer zeigt die Numer, die zweyte die Seite an. Der Beysatz EB. bezeichnet die Ergänzungsblätter.

I.

I.

K.

L.

M.

N.

P.

R.

S.

T.

U.

V.

W.

Z.

(Die Summe aller angezeigten Schriften ist 71.)

II.

Verzeichniss der literarischen u. artistischen Nachrichten.

Beförderungen und Ehrenbezeugungen.

Todesfälle.

Universitäten, Akad. u. andre gel. Anstalten.

Vermischte Nachrichten.

III.
Intelligenz des Buch- u. Kunsthandels.

Ankündigungen von Buch- u. Kunsthändlern.

Vermischte Anzeigen.

ALLGEMEINE LITERATUR-ZEITUNG

Freytags, den 1. December 1809.

WISSENSCHAFTLICHE WERKE.

STAATSWISSENSCHAFTEN.

CHARCOW, b. Vf. u. HALLE, in d. Ruff. Verlagshandl.: *Grundsätze der Policeygesetzgebung und der Policeyanstalten* von *Ludwig Heinrich Jakob*. 1809. *Zwey* Bände. Beide mit fortlaufenden Seitenzahlen zusammen X u. 716 S. 8. (3 Rthlr. 6 gr.)

In der Regel enthalten unsere Handbücher der so genannten Polizeywissenschaft nichts weiter, als einen bald mit mehr, bald mit weniger Ordnung zusammengestapelten Haufen von Vorschlägen zu allerley Anordnungen und Anstalten, welche die Polizey gewöhnlich entweder zu treffen pflegt, oder nach der Meinung der Vff. etwa treffen sollte. Nicht in diesem Geiste sind die vor uns liegenden Grundsätze bearbeitet. Der Vf. verfolgt hier einen bey weitem höhern Zweck. Er geht vorzüglich darauf aus, die Gränzen der Polizey zu bestimmen, und ein leichtes deutliches Princip für alle einzelnen Polizeymaſsregeln, worum es der Polizey vorzüglich Noth thut. Um die Anwendbarkeit, Vollständigkeit und Fruchtbarkeit des von ihm aufgestellten Princips deutlich zu zeigen, hat er zwar das ganze System durchgeführt, jedoch dabey solche Materien nur kurz berührt, welche schon hinlänglich aufgeklärt sind, und in Ansehung deren fast alle Grundsätze der Polizey gleiche Resultate liefern, wie bey allem, was die öffentliche Sicherheit betrifft; wo aber die Anwendung des Princips Schwierigkeiten finden konnte, wo man bisher die Gränzen der Polizey überschritt, oder sie zu sehr einschränkte, wo ihm praktische Vorurtheile zu herrschen schienen, da war er ausführlicher, und das mit vollkommnem Rechte.

Diesen Plan vorausgesetzt, handelt denn der Vf. zuerst in der Einleitung *von dem Begriffe, den Gränzen und dem Umfange der Polizey*, dann aber in *zwey* Abtheilungen 1) *von der Beförderung der Zwecke der Regierung durch die Polizeygewalt*, und 2) *von der Beförderung der Zwecke des Volks durch die Polizeygewalt*, und zwar *a*) in Rücksicht auf die *persönlichen* Zwecke desselben, und *b*) in Bezug auf dessen *sächliche* Zwecke, oder in Hinsicht auf die Erhaltung, Vermehrung und Vervollkommnung der äußern Güter des Volks. Ueberall erscheint der Vf., wie in allen seinen Arbeiten, als ein sehr scharfsinniger Denker, und überall bekennt er sich zu sehr liberalen Grundsätzen. Indessen durchaus befriedigt haben uns seine Grundsätze denn doch nicht. Er erklärt in der Vorrede: er habe die neuern Schriften vom Grafen *v. Soden*, *Beck* und *Lotz* benutzt; doch scheint es uns nicht, daſs er die Arbeiten seiner Vorgänger überall der erforderlichen Aufmerksamkeit gewürdigt habe; vorzüglich die Lotz'sche Schrift: *über den Begriff der Polizey, und den Umfang der Staatspolizey-Gewalt* (Hildburghausen 1807. 8.), und die hier entwickelten Grundsätze und Ansichten vom Wesen der Polizey und ihrem eigenthümlichen Charakter, scheint er nicht genug berücksichtigt zu haben.

Polizey nennt er (S. 24.) *die thätige Sorge des Staats für die Beförderung aller gemeinsamen, durch das Recht bestimmten Zwecke*. Aber schwerlich dürften denkende Freunde des Studiums der Polizeywissenschaft diesen Begriff ganz genugthuend finden. Uns wenigstens scheint er auf der einen Seite zu weit, und auf der andern wieder zu eng zu seyn. Der Ausdruck *thätige Sorge*, wodurch das Wesen der Polizey bezeichnet werden soll, paſst keineswegs auf die Polizey allein, sondern er paſst eben so gut auf alle übrigen Zweige der öffentlichen Verwaltung. Sowohl in der Rechtsgesetzgebung, als in der Justiz erscheint der Staat thätig für die Beförderung des Staatszwecks, und wenn er überall für diesen Zweck *thätig* erscheint, worin liegt dann wohl das Charakteristische dieser *Thätigkeit* bey der Polizey? Ueber diesen Punkt hat sich der Vf. nirgends erklärt, und dennoch war gerade diese Erklärung unerläſslich nothwendig, wenn er den Leser in den Stand setzen wollte, das Wesen der Polizey rein aufzufassen, und ihren eigenthümlichen Charakter richtig zu begreifen. Daſs sich in der Wirksamkeit der Polizey für den Zweck des bürgerlichen Vereins eine *thätige Sorge* für die Realisirung dieses Zwecks zeigt und zeigen muſs, liegt in der Natur der Sache. Aber diese *thätige* Sorge ist hier von ganz anderer Art, als bey der Gesetzgebung und der richterlichen Gewalt. Bey der Polizey erscheint die höchste Gewalt *direct* thätig für die Realisirung jenes Zwecks; bey der Gesetzgebung und Justiz aber nur *indirect*. Dort wirkt sie für den Staatszweck auf geradem Wege; hier wirkt sie für diesen Zweck nur auf einem Umwege; nur in so fern, als sie den Willen der Bürger *negativ* zur Rechtlichkeit hinleitet. Das charakteristische Merkmal der *thätigen* Sorge der Polizey für die Realisirung des Staatszwecks liegt im *Handeln*, in einer *positiven* Wirksamkeit; das Merkmal der thätigen Sorge der Gesetzgebung und Justiz hingegen

gegen spricht sich bloss in einem *Befehlen* aus, in einer lediglich *negativen* Wirksamkeit. Ohne möglichst strenge Rücksicht auf diese charakteristischen Merkmale dieser verschiedenen Zweige der öffentlichen Verwaltung wird sich das Wesen der Polizey und ihr eigenthümlicher Charakter nie richtig begreifen lassen; und noch weniger mag es gelingen, das Verhältniss genau zu bestimmen, in welchem Justiz und Polizey gegen einander stehen. Aber weil sich das Wesen der Polizey bloss in einem Handeln, in einer Thätigkeit auf positivem Wege zeigt, müssen wir es durchaus missbilligen, dass der Vf. hier auch von einer Polizey*gesetzgebung* spricht: denn wirklich ist die Polizey keine Gesetzgeberin. Für ihr Ressort gehören bloss *Anstalten*, theils um dasjenige mittelst ihrer directen Thätigkeit auszuführen, was die Gesetzgebung geboten oder verboten hat; theils um solche Zwecke zu befördern, welche ausserhalb des Kreises der Thätigkeit der Gesetzgebung liegen; weil diese überall nur da wirksam seyn mag, wo äusserer Zwang möglich und rechtlich zulässig ist; alles übrige aber, was jenseits der Gränze des öffentlichen Zwangsrechts liegt, durch sie nicht erreicht werden kann. Die alte Eintheilung der Staatsgewalt in *gesetzgebende*, *richtende* und *ausübende* ist zwar richtig, wie der Vf. (S. 20.) annimmt. Aber eine andere Frage ist es, ob sie erschöpfend sey? Nach unserer Ansicht ist sie es allerdings nicht. Sie umfasst bloss die Sphäre der öffentlichen Wirksamkeit für den Staatszweck auf *indirectem* Wege; die *directe* Thätigkeit für diesen Zweck hingegen bleibt dabey ganz ausgeschlossen; und mit der äusserst wichtigen *oberaufsehenden* Gewalt und ihrer Einreihung in die verschiedenen Zweige der öffentlichen Verwaltung kommt man gar in die Verlegenheit, dass man nicht recht weiss, wie und wohin man sie ordnen soll; was denn hier auch dem Vf. begegnet ist, der ihre Functionen (S. 32 f.) der Polizey zugetheilt hat, ungeachtet sie ihr wirklich nicht angehören. Nach der Darstellung des Vfs. erscheint überhaupt die Polizey nicht als ein eigener besonderer Zweig der verschiedenen Staatsgewalten, sondern als ein blosses Amalgama der gesetzgebenden, richtenden und ausübenden. In so fern sie Verordnungen erlässt, soll sie der gesetzgebenden Gewalt angehören; in so fern sie hingegen Anstalten trifft, der ausübenden. Doch dabey hat der Vf. offenbar zweyerley übersehn. Einmal, dass der Ausdruck *ausübende Gewalt* immer nur in Beziehung auf gesetzgebende und richterliche Gewalt genommen werden kann; dass sich in ihr bloss eine Dienerin der einen oder der andern dieser beiden Gewalten ankündigt, keineswegs aber eine unabhängig thätige Gewalt: denn schon in dem Ausdrucke *ausüben* liegt der Begriff von etwas Gegebenen, das zum Vollzug gebracht werden soll (hier von einem gegebenen Gesetze oder einem ertheilten richterlichen Ausspruche), das sich zu dem, was durch die ausübende Gewalt bewirkt werden soll, oder die Ursache zur Wirkung verhält. Dann aber sind die so genannten Polizeygesetze offenbar keine Gesetze im eigentlichen Sinne, keine allgemeine Vorsch[riften] für die Handlungsweise der Einwohner eines St[aats], sondern weiter nichts, als öffentliche Erklärun[gen] der Polizey, dass sie diess oder jenes für die Re[gie]rung des Staatszwecks thun, diess oder jenes nicht dulden und nicht gestatten werde; oder Ankündigungen der Grundsätze und Normen, welche sie bey der Aeusserung ihrer Wirksamkeit befolgen will. Sollten sich aber solche Verordnungen, welche man Polizeygesetze nennt, unter die Kategorie wirklicher und eigentlicher Gesetze subsumiren lassen, so sind sie keine Ausflüsse der Staatspolizey-Gewalt, sondern wahre und wirkliche Acte der gesetzgebenden. Der Umstand, dass in den meisten Staaten die Polizey-Departements dergleichen Verordnungen zu erlassen pflegen, mag die Polizey eben so wenig zur Gesetzgeberin machen, als der Richter dadurch zum Gesetzgeber erhoben wird, wenn man ihm das Recht zugesteht, für diese oder jene Acte seiner Wirksamkeit besondere Reglements zu entwerfen, die er von den Parteyen befolgt wissen will, welche seine richterliche Hülfe fordern. Das ehemalige Reichskammergericht übte bey Ertheilung seiner gemeinen Bescheide wirklich verschiedene Acte der gesetzgebenden Gewalt des Reichs aus, und dennoch hat wohl niemand um deswillen je behauptet, der Richter sey in Deutschland, an sich betrachtet, Gesetzgeber. Es ist zwar ganz unverkennbar ein wesentlicher Unterschied zwischen *Rechtsgesetzen* und so genannten *Polizeygesetzen*; aber die Benennung *Polizeygesetze* ist offenbar unpassend, und um so nachtheiliger, da sie auf die Idee hinleitet, die Polizey sey eine Gesetzgeberin, was sie doch wirklich nicht ist. Der Unterschied zwischen Rechtsgesetzen und Polizeygesetzen liegt bloss in der Verschiedenheit des nächsten Zwecks, den die Gesetzgebung hier oder dort beabsichtigt, indem sie Gesetze erlässt. Dort will sie solche Handlungen psychologisch unmöglich machen, welche schon an sich, und auch abgesehn vom bürgerlichen Vereine, widerrechtlich sind; hier aber geht sie darauf aus, solchen Handlungen entgegen zu arbeiten, welche die Herrschaft der Rechtsgesetze im Staate erschweren. Was man Polizeygesetze nennt, sind nichts als *Anordnungen zur Unterhaltung der guten Ordnung im Staate;* Anordnungen zur Erleichterung der Herrschaft des Rechts in der bürgerlichen Gesellschaft. Dass die Polizey vorzüglich mit der Erhaltung dieser guten Ordnung im Staate beschäftigt ist, mag die Veranlassung gegeben haben, Gesetze der Art *Polizeygesetze* zu nennen. Indessen hätte man sich nur nicht verleiten lassen sollen, nach dem Umfange dieses Zweigs der Gesetzgebung den Umfang der Polizey bestimmen zu wollen; und damit diess nicht weiter geschehe, wäre es gewiss nicht unzweckmässig, den Namen *Polizeygesetz* mit einer passendern Benennung zu vertauschen: denn wirklich hat es die Polizey nicht bloss mit der Erhaltung der guten Ordnung im Staate allein zu thun, sondern ihre Thätigkeit zweckt auch eben so gut darauf ab, dass das Recht überhaupt zur Herrschaft erhoben werde, und dass nichts geschehe, was mit den

For-

Forderungen der Rechtsgesetze nicht vereinbarlich ist. Hätte man übrigens die hier angedeuteten Ansichten vom Wesen der Polizey und von ihrem Verhältnisse zur Gesetzgebung aufgefasst: so würde man wohl schwerlich die Frage haben aufwerfen können: ob die Strafgewalt als ein Zweig der Polizeygewalt zu betrachten sey? Die Polizey mag durch ihre directe Wirksamkeit bloss Verbrechen auf positivem Wege verhindern; den Verbrecher bestrafen aber kann sie nicht, und eben so wenig kann sie ihm, *als Polizey*, Strafe drohen. Das *Bestrafen* kommt der Justiz zu, das *Drohen* aber der Gesetzgebung. Nicht um deswillen aber gehören die Strafgesetze unter die Justizgesetze, weil sie die Art und Weise betreffen, die Rechte zu sichern, — aus welchem Grunde sie der Vf. (S. 22.) aus der Reihe der Polizeygesetze verweist — sondern weil beides, das *Strafedrohen* und das *Strafezufügen*, der Polizey, ihrem Begriffe und ihrem Wesen nach überhaupt, nicht zukommt; wiewohl die Gesetzgebung eben so gut Vergehen wider die gute Ordnung mit Strafübeln verpönen mag, und auch, wie die tägliche Erfahrung zeigt, wirklich verpönt, als Uebertretungen der Rechtsgesetze.

Wäre nun aber nach den bisherigen Bemerkungen der Begriff des Vfs. von Polizey auf der einen Seite wirklich zu weit, so ist er auf der andern Seite aber auch wieder zu enge; und zwar in doppelter Beziehung. Einmal ist es falsch, dass sich die Sorge der Polizey nur auf die Beförderung der *durch das Recht* bestimmten Zwecke beschränke, und dann lässt es sich nicht ganz rechtfertigen, dass sie sich bloss mit *gemeinsamen* Zwecken zu befassen habe. Der Endzweck aller Wirksamkeit der Polizey kann kein anderer seyn, als wirkliche Realisirung des Staatszwecks. Dieser Zweck ist aber keineswegs ein bloss durch das Recht bestimmter, sondern der Vf. erklärt ihn selbst (S. 16.) für einen moralischen, und wieder (S. 63.) für einen *moralisch-politischen*. Er ist auch wirklich kein bloss rechtlicher Zweck, sondern in der letzten Analyse erscheint er als ein wirklich moralischer. Der Zweck des bürgerlichen Vereins ist kein anderer, als der der Menschheit. Der höchste Zweck des Staats ist keineswegs — wie der Vf. (S. 16.) glaubt — nur in so fern ein moralischer, als durch ihn alle übrigen Zwecke eingeschränkt, oder unter dessen Bedingung alle übrigen nur gewollt werden können, sondern er ist es unbedingt. Es ist zwar sehr richtig, dass der Staat Moralität und Tugend nicht durch äussere Macht bewirken kann; aber um deswillen liegt Wirksamkeit für ihre Beförderung noch keineswegs ausserhalb der Sphäre seiner Thätigkeit. Er muss freylich nicht durch Zwang, sondern bloss durch Unterricht und Ueberzeugung, immer darauf hinwirken, dass Tugend und Moralität überall in seinem Innern verbreitet werde; er muss zu dem Ende Anstalten treffen, zur Einwirkung auf das Innere des Menschen, und zur Unterstützung der individuellen Kräfte jedes Einzelnen, und muss auf diese Weise nicht bloss dem äussern Menschen zu Hülfe kommen, sondern auch dem Innern, damit die Hauptzwecke in dem Menschen, Tugend und Wohlseyn, in Harmonie realisirt werden mögen, wozu der ganze bürgerliche Verein nichts weiter ist, als ein Mittel, und zwar selbst nach der Darstellung des Vfs. (S. 18.). Auf diesem Grunde beruht seine Pflicht zur Errichtung von Anstalten für die innere Vervollkommnung und Ausbildung des Volks, und zur Beförderung einer allgemeinen Cultur und Aufklärung, welche der Vf. selbst als einen Hauptgegenstand der Thätigkeit der Polizey aufführt. Der Grund, warum der Staat verpflichtet ist, Anstalten der Art zu errichten, ist keineswegs, weil jeder Privatzweck, der allen gemein seyn muss, auch ein öffentlicher Zweck ist, und weil, wenn derselbe besser durch öffentliche, als durch Privatkräfte auszuführen ist, es Pflicht für den Staat ist, sich dieser Zwecke thätigst anzunehmen, — wie der Vf. (S. 268.) behauptet — sondern er liegt etwas tiefer, in der moralischen Tendenz des bürgerlichen Vereins; und in den Pflichten, welche die Ethik der höchsten Gewalt im Staate vorschreibt. Als moralisches Wesen muss sich der Staat eben so sehr angelegen seyn lassen, die Privatzwecke jedes einzelnen Staatsbürgers zu befördern, als die öffentlichen Zwecke. *Alle* Privatzwecke kann er freylich auch bey der angestrengtesten Thätigkeit nie befriedigen; so etwas übersteigt seine Kräfte; aber so weit seine Kräfte hier nur immer reichen mögen, muss alles geschehen, was zu dem Ende nur immer geschehen kann. Dadurch, dass der Vf. nur *gemeinsame*, d. h. solche Zwecke, den alle Mitglieder des Staats wollen, oder vermöge der Vernunft wollen sollen, unter die Kategorie der Staatszwecke aufgenommen wissen will, und auch diese nur dann, wenn die Staatskraft ein sicheres Mittel ist, diese Zwecke zu realisiren, — dadurch hat er offenbar die richtige Ansicht vom Wesen des Staatszwecks und seinen Bedingungen etwas getrübt, und die Wirksamkeit der höchsten Gewalt für die Beförderung blosser Privatzwecke ihrer Bürger zu sehr beengt. Die Thätigkeit der höchsten Gewalt für die Beförderung des äussern und innern Wohlstandes ihrer Bürger muss wirklich den Einen so gut umfassen, wie Alle. Sie muss zu dem Ende leisten, was sich nur immer leisten lässt, gesetzt auch, der Erfolg ihrer Thätigkeit sollte nicht immer ganz ausgemacht sicher seyn, weil das Individuum, auf dessen Vortheil ihre Thätigkeit berechnet ist, ihre Bemühungen vielleicht nicht gehörig unterstützt, und sich aus Eigensinn oder Vorurtheil, oder aus irgend einem andern Grunde von ihr nicht so leiten lässt, wie sie es gern leiten möchte. Wollte die höchste Gewalt für die öffentlichen und Privatzwecke ihrer Bürger nichts weiter thun, als das, wo der glückliche Erfolg ihrer Bemühungen vollkommen sicher ist, so würde sie so manches unterlassen müssen, wozu sie selbst der Vf. für vollkommen berechtigt und verpflichtet erklärt; insbesondere alle Anstalten zur Beförderung der Cultur und Aufklärung des Volks und zur Verbesserung seines äussern Wohlstandes: denn selbst die zweckmässigste Organisation des öffentlichen Erziehungs- und Unterrichtswesens, und die besten Anstalten zur Erhöhung des Nationalwohlstandes verfehlen oft ihren

Zweck,

Zweck, oder bringen doch das Volk nicht dahin, wohin sie es bringen sollten. Freylich hat der Vf. sehr Recht, wenn er der Polizey (S. 30.) den Rath ertheilt, den öffentlichen oder gemeinsamen Zweck lieber seinem Schicksale zu überlassen, als zu seiner Erreichung Mittel anzuwenden, wodurch die Freyheit der Einzelnen zu sehr eingeschränkt, und die Gesellschaft oder der Einzelne ein grösseres Gut verliert, als die Gesellschaft dadurch gewinnt. Es mag auch vollkommen richtig seyn, dass manche Zwecke, mit deren Realisirung sich die Regierung beschäftigt, durch die isolirten Kräfte der Individuen oder ihre freywilligen Verbindungen eben so gut, und zum Theil sogar noch besser realisirt werden mögen, als wenn die Regierung eingreift. Indessen diess beweist noch keinesweges, dass die Regierung in Beziehung auf solche Zwecke gar nichts zu thun brauche, oder gar nichts thun dürfe; sondern es beweist nur so viel, dass sie nichts zu thun braucht, so lange der angegebene Fall vorhanden ist, und dann, dass sie bey ihrer Thätigkeit nicht so planlos und inconsequent verfahren dürfe, wie sie gewöhnlich verfährt; dass sie, was so häufig geschieht, nicht der Natur entgegenarbeiten, sondern vielmehr deren regelmässigen Gang aufsuchen, und die Natur durch ihre Künsteleyen in ihrem Gange nicht aufhalten, sondern ihr vielmehr zur Hülfe kommen müsse, wenn ihre Kräfte vielleicht nicht ausreichend sind. Dadurch, dass der Vf. die Thätigkeit der Polizey bloss auf solche gemeinsame Zwecke einschränkt, hat er übrigens auch dem ganzen Plane seines Systems eine etwas widernatürliche und künstliche Richtung gegeben, und sich an mehreren Stellen in unnöthige Untersuchungen über die Frage verwikkelt, ob dieser oder jener Gegenstand innerhalb des Kreises der Wirksamkeit der Polizey liege, oder nicht? — eine Frage, die hier und da sehr gezwungen beantwortet wird. Am auffallendsten zeigt sich diess bey der Entwicklung der Lehre von der öffentlichen Sorge für Gesundheit und Leben (S. 127 f.). Der grössere Theil der hier vom Vf. empfohlnen Polizeyanstalten würde wegfallen müssen, wenn hier der Staat alles den einzelnen Individuen überlassen wollte; was er nach der Darstellung des Vfs. von dem Umfange seiner Rechte und Pflichten in dieser Beziehung sehr wohl thun könnte. Da jeder Mensch schon von Natur den stärksten Naturtrieb hat, für die Erhaltung seiner Gesundheit zu sorgen, und jeder diess thut, so weit er mit hinreichenden Kräften versehn ist: so macht sich die Polizey wirklich eine sehr unnöthige Mühe, wenn sie für gesunde Aufenthaltsörter und Wohnplätze der Einwohner, und für gesunde Nahrungsmittel sorgt; wenn sie zweckmässige Medicinal- und Sanitäts-Anstalten trifft, und Land- und Stadtärzte, Hebammen, Geburtshelfer u. dergl. anstellt. Diese Mühe kann sie sich mit gutem Gewissen ersparen, Genug, wenn sie nur dafür sorgt, dass das Leben und die Gesundheit der Bürger nicht durch feindselig gesinnte Menschen in Gefahr komme; dass die von der Natur hier und da gedrohten Gefahren, gegen welche die Kräfte des Einzelnen nicht ausreichen, abgewendet werden, und dass Anstalten vorhanden sind, abzweckend auf Entfernung der nahen Gefahr des Einen, welche dringende Rettung erheischt, die jedoch nicht ohne eine unverhältnissmässige Aufopferung desselben bewirkt werden kann; worauf auch hier der Vf. (S. 128.) ihre Sphäre wirklich beschränkt, ungeachtet er hinterher alle jene Anstalten unter die Kategorie der hier nöthigen Anstalten subsumirt, wiewohl sie, nach dem von ihm aufgestellten Princip, wirklich nicht dahin gehören, sondern augenscheinlich nichts mehr und nichts weniger sind, als Anstalten zur Beförderung reiner Privatzwecke der Bürger.

So viel über die Ansichten des Vfs. vom Wesen der Polizey überhaupt. Wir mussten sie etwas genauer prüfen, weil sie die Grundlage seines Systems bilden, und die Polizeywissenschaft nie auf feste Principien zurückgeführt werden kann, so lange die Grundlage des wissenschaftlichen Gebäudes nicht durchaus und vollkommen fest steht.

(*Der Beschluss folgt.*)

PÄDAGOGIK.

Basel, b. Flick: *Ueber Entwicklung und Bildung der menschlichen Erkenntnisskräfte zur Verbindung des Pestalozzischen Elementarunterrichts mit dem wissenschaftlichen Unterrichte in Realschulen* von Dr. *Georg Franz Hofmann.* 1805. LVI u. 111 S. 8. (16 gr.)

Wir sehen von der polemischen Veranlassung ab, welche der Vf. in der Vorrede aus einander setzt, und haben nur ein paar Worte über die Theorie zu sagen. Die Hauptbegriffe: Entwicklung und Bildung, werden in §. 3. zwar geschieden, in §. 4. aber wieder vereinigt, und treten nicht mit Klarheit aus einander. Indessen lehren die folgenden Paragraphen doch sehr viel Richtiges über den Unterricht, das einen selbstdenkenden und tiefer als gewöhnlich sehenden Schulmann verräth. Er betrachtet 1) die Gemüthskräfte, und besonders die Erkenntnisskräfte des sinnlich vernünftigen Wesens, und das gegenseitige Verhältniss derselben; 2) die durch unwandelbare Gesetze der Natur vorgeschriebene Behandlung in Absicht auf Entwicklung und Bildung derselben; 3) den rechten Stoff und die rechten Mittel zu dieser Entwicklung und Bildung, und die zu diesem Ende zu treffenden Anordnungen des Unterrichts. Er will damit den Beweis liefern, dass auch öffentliche Realschulen Erziehungsanstalten seyn können. Die Lehren sind zwar von psychologisch-pädagogischem Gehalt, aber durch die Grundsätze einer frühern Schule so geformt, dass sie jetzt in allen Theilen berichtigt werden müssten. Zu den guten Eigenschaften des Buches gehört die bündige Kürze.

ALLGEMEINE LITERATUR-ZEITUNG

Sonnabends, den 2. December 1809.

WISSENSCHAFTLICHE WERKE.

STAATSWISSENSCHAFTEN.

CHARCOW, b. Vf., u. HALLE, in d. Ruff. Verlagsh.: *Grundfätze der Policeygesetzgebung und der Policeyanstalten*, von *Ludw. Heinr. Jakob* u. f. w.

(*Beschlufs der in Nr. 327. abgebrochenen Recension.*)

Was die einzelnen vom Vf. behandelten Gegenstände der Wirkfamkeit der Polizey betrifft, fo verdienen feine Grundfätze beynah durchaus den vollkommensten Beyfall, und wir glauben, in Bezug auf diefen Punkt fein Werk Allen empfehlen zu dürfen, denen es um richtige Anfichten von dem zu thun ift, was die Polizey in den hier behandelten Verhältniffen des menfchlichen und bürgerlichen Lebens thun kann. Befonders gehören dahin feine Gedanken (S. 66 f.) über die Mittel, die Bevölkerung eines Staats zu befördern; und feine Grundfätze über die Aufhebung der dem allgemeinen Nationalwohlftande nachtheiligen Privilegien (S. 174 f.), ingleichen feine Ideen über die Beftrafung von Injurienhändeln, die wegen der Unzweckmäfsigkeit der Vorfchriften unferer Gefetze hierüber fo häufig zur Selbftrache führen (S. 205 f.); ferner feine Bemerkungen über die öffentliche Vorforge für Manufacturen und Fabriken (S. 494 f.); am allermeiften aber feine Vorfchläge zur zweckmäfsigern Organifation des Innungswefens (S. 422 f.), das der Vf. mit Recht nicht ganz abgefchafft, fondern nur auf eine, richtigen nationalwirthfchaftlichen Principien angemeffene, Weife eingerichtet wiffen will. Er wünfcht den Corporationsgeift der Innungen fo geleitet zu fehen, dafs er mit dem Staatszwecke übereinftimmt, und der höchften Gewalt ihre Thätigkeit für die Realifirung des letztern Zwecks erleichtert; was fich allerdings erwarten läfst, wenn das Corporationswefen fo organifirt wird, wie der Vf. (S. 424.) vorfchlägt. Wenn, wie der Vf. will, eine zweckmäfsige Prüfung die einzige Bedingung des Zutritts zu einer Gewerbscorporation ift, wenn jedermann zu fo vielen Gewerbscorporationen zugelaffen werden mufs, als er will, fo bald er die Prüfung derfelben befteht; wenn alle Prüfungen und Zulaffungen ohne Koften gefchehen; wenn jeder auch ohne Prüfung, jedoch ohne zünftig zu feyn, alle Gewerbe betreiben kann: fo ift gewifs die vollkommenfte Gewerbsfreyheit mit allen Vortheilen, welche je das Zunftfyftem hat hervorbringen können, vereinigt, und alle Nachtheile des bisherigen Zunftfyftems find gehoben.

Nur hie und da fcheinen uns die einzelnen Behauptungen des Vfs. über beftimmte Objecte der Thätigkeit der Polizey einiger Berichtigung zu bedürfen. So fcheint er uns zu weit zu gehn, wenn er (S. 222.) *dienftlofes Gefinde* und *Bettler* um deswillen von der Polizey verfolgt und aufgegriffen wiffen will, weil Müffiggang eine Hauptquelle von politifchen und moralifchen Laftern ift. Zur nützlichen Thätigkeit und zum Fleifse und Arbeitfamkeit kann der Staat niemanden zwingen, fo lange fein Müffiggang nicht mit widerrechtlichen Handlungen gepaart ift. Wer aus Faulheit und Arbeitsfcheue lieber müffig gehn und darben will, als arbeiten und im Wohlftande leben, mag das thun; der Staat hat keinen rechtlichen Grund, es ihm zu verwehren. Auch die Sinnlichkeit mufs er in Schutz nehmen, fo lange fie in den Schranken der bloffen Sinnlichkeit bleibt, und nicht in Widerrechtlichkeit ausgeartet ift. Müffiggänger, fo lange fie blofse Müffiggänger find, erfordern weiter nichts, und berechtigen die Polizey zu weiter nichts, als zu einer ftrengern Aufficht auf fie und ihr Betragen, um ihnen den Uebergang vom Müffiggange zur Lafterhaftigkeit und Widerrechtlichkeit in jedem Augenblicke verwehren zu können, wo fie ihn etwa verfuchen möchten. Die Betteley ift übrigens zwar allerdings ftrafbar, aber nicht um deswillen, weil fie eine den Müffiggang nährende Gewerbsart und eine Quelle von vielen politifchen und moralifchen Laftern ift; fondern ihre Strafbarkeit beruht auf einem ganz andern Grunde; darauf nämlich, dafs fich in der Betteley wirklich ein Vergehen gegen die gute Ordnung und ein widerrechtlicher Angriff auf fremdes Eigenthum ausfpricht. Der Bettler lockt durch betrügerifche Vorfpiegelungen einer unverfchuldet erlittenen Noth und durch Zudringlichkeit dem Almofengeber die Gabe ab, welche er von diefem empfängt; er geht in der Regel nicht von der Stelle, bis man ihm eine Gabe gereicht und fich dadurch gleichfam von ihm losgekauft hat. Bey einer genauen Analyfe der Natur der Sache erfcheint im Bettelwefen ein künftlicher, nur etwas verfteckter, Diebftahl; wenigftens ein widerrechtlicher Betrug; und diefs Moment ift es, welches die Strafbarkeit der Betteley rechtlich begründet; nicht aber der Müffiggang, dem der Bettler gewöhnlich nebenher ergeben ift. Es giebt Bettler, welche neben der Betteley fich mit allerley fehr nützlichen Arbeiten befchäftigen, und fich daher keineswegs als Müffiggänger betrachten laffen; und ihre Betteley ift dennoch nicht minder ftrafbar, als die eines Bett-

Bettlers, der sich dem Müssiggange durchaus ergeben hat. Und wenn der Müssiggang den Bettler strafbar machte, müsste nicht auch der reiche Müssiggänger bestraft werden, den der Vf. (S. 71.) doch selbst für unschädlich erklärt, weil er ein Instrument habe, das statt seiner arbeite, nämlich sein Landgut oder Capital. Als wenn dieser zufällige Umstand seinen Müssiggang erlaubt machen könnte: denn wirklich arbeitet weder das Capital, noch das Landgut, sondern derjenige, der das Erste benutzt, und das Zweyte cultivirt; und es mögen Tausende sich durch das Capital und das Landgut des reichen Müssiggängers beschäftigen, sie mögen durch Hülfe dieser Instrumente noch so viel produciren, der Müssiggänger selbst thut nichts und producirt nichts; er trägt selbst zum Nationaleinkommen so wenig bey, wie der arbeitslose Bettler. — Auch darin mag wohl der Vf. zu weit gehn, dass er (S. 185.) keine Verträge gestattet wissen will, durch welche jemand sich oder die Seinigen zum Sklaven, Leibeigenen, oder auch nur zum lebenslänglichen Knechte unbedingt machen, oder seine persönliche Freyheit auf eine gewisse Zeit gegen ein unbestimmtes Aequivalent veräussern wollte. Auch im Staate bleibt der Mensch Herr seiner Person und seiner Freyheit, und die höchste Gewalt kann niemanden zwingen, sich dieser Rechte nicht zu begeben, wenn er eine solche Resignation vielleicht seiner Convenienz angemessener finden sollte, als ihre Beybehaltung. Der Wege zur Glückseligkeit giebt es so viele, und am besten thut die Regierung, wenn sie jeden seinen eigenen gehen lässt. Die unendlich mannichfaltigen Wege, wie moralische und erlaubte Zwecke zu befördern sind, müssen, nach der eigenen Erklärung des Vfs (S. 227.), der Freyheit gänzlich überlassen bleiben. Würde der Staat diess nicht thun, so würde er die Freyheit vernichten, indem er sie schützen und erhalten will. — Endlich scheint uns auch der Vf. nicht ganz auf dem richtigen Wege zu seyn, wenn er (S. 93.) der Polizey das Recht abspricht, die Bürger zu zwingen, dass sie ihren Kindern die Schutzblattern einimpfen lassen. Erwachsene Bürger kann der Staat freylich zu so etwas nicht zwingen: denn wider seinen Willen darf die höchste Gewalt niemand gegen ein Uebel schützen wollen, gegen welches er vielleicht selbst sich nicht sicher gestellt wissen will. Aber ganz anders verhält sich die Sache bey den hülfslosen Kleinen. Wegen ihrer Hülfslosigkeit muss sich ihrer der Staat annehmen, und die älterliche Gewalt erstreckt sich keineswegs so weit, dass die Aeltern den Staat hindern könnten, seine ihm obliegende Pflicht zu erfüllen. Die ganze älterliche Gewalt beruht eigentlich, genau betrachtet, wirklich auf nichts weiter, als auf einem Auftrage des Staats, den hülflosen Kleinen jene Unterstützung zu leisten, welche ihnen die höchste Gewalt schuldig ist, aber ohne Concurrenz der Aeltern entweder gar nicht würde leisten können, oder doch nicht in der Vollkommenheit. Die natürliche Liebe der Aeltern zu ihren Kindern, auf welche sich jene Uebertragung gründet, mag zwar dem Staate die Pflege jener Hülflosen bedeutend erleichtern; aber im Vertrauen auf die Wirksamkeit dieses Instincts den Aeltern alles überlassen zu wollen, diess würde sich dennoch auf keinen Fall billigen lassen. Vorurtheile und Leidenschaften würden hier den wohlthätigsten Planen in den Weg treten, und weder für die physische noch für die intellectuelle und moralische Bildung der Jugend würde ausreichend gesorgt seyn. Mit demselben Rechte, mit dem die Polizey öffentliche Unterrichtsanstalten zur Beförderung der intellectuellen und moralischen Bildung der Jugend anlegen kann, kann sie auch solche Anstalten zur Vervollkommnung der physischen Ausbildung der Kleinen treffen. Der grosse Haufe vergisst hier so gut, wie dort, so häufig die Pflichten gegen seine Kinder, und es ist nöthig, dass ihn der Staat immer daran erinnere, und, helfen Erinnerungen nichts, auch wirklich zur Erfüllung jener Pflichten zwinge. Mag es auch grausam scheinen, was der Vf. (S. 93.) glaubt, wenn der Staat den Aeltern seine Ueberzeugung aufdringen, und ihren Kindern (ihrer Meinung nach) ein Uebel zufügen lassen wollte, das für die Kleinen, nach richtigen Ansichten, eine wahre Wohlthat ist; diese vermeintliche Grausamkeit ist nothwendig. Ihre Unterlassung würde auf Seiten des Staats eine Unterlassung seiner Pflichten seyn, und was Pflicht ist, muss geschehen, es falle auch ihre Erfüllung noch so hart. Freylich mag der Staat wohl thun, wenn er von solchen harten Mitteln nicht eher Gebrauch macht, als bis die gelindern, vernünftiger Unterricht über die Nothwendigkeit und Nützlichkeit solcher Anstalten, ohne Erfolg benutzt sind. Aber wenn solche Vorstellungen, wie diess so häufig der Fall ist, nichts nutzen: so bleibt am Ende nichts übrig als directer Zwang, wozu nach unsrer Darstellung der Staat allerdings berechtigt ist. Die vom Vf. (S. 160.) in Vorschlag gebrachten Quarantaine-Anstalten gegen die natürlichen Blattern können wenig Nutzen stiften, besonders auf dem platten Lande, und genau betrachtet äussert sich in ihnen ein bey weitem empfindlicherer und härterer Zwang gegen die der Vaccination widerstrebenden Aeltern, als wenn die Kinder derselben wider ihren Willen vaccinirt werden. Will und muss der Staat einmal Zwangsmittel gebrauchen: so gebrauche er die passendsten und leichtesten, diess erfordern Recht, Moral und Politik, und wenn diese den Vorschriften der höchsten Gewalt zur Seite stehn: dann mag sie getrost alles unternehmen, was sie für gut und nützlich achtet, und was ihrer Ueberzeugung nach dem allgemeinen oder Privatwohl wirklich zusagt.

LEIPZIG: *Uwagi nad teraźnieyszém położeniem tey części ziemi Polskiey, którą od pokoiu Tylżyckiego zaczęto zwać Xięstwem Warszawskiém* (Gedanken bey der Betrachtung desjenigen Theiles von Polen, welchen man seit dem Tilsiter Frieden das Herzogthum Warschau nennt). 1808. 222 S. gr. 8.

Eigene Worte dieser Schrift werden ihre Tendenz und Inhalt am besten erklären. „Derjenige Theil von

von Polen (heifst es gleich im Anfange der Einleitung), den man das Herzogthum Warfchau nennt, ift ein fchweres politifches Räthfel, nicht nur für diejenigen, welche dem polnifchen Namen abhold find, fondern auch für einen jeden, der die politifchen Ereigniffe unparteyifch beurtheilen will. Ein fo kleines, armes und zugleich fo unbequem belegenes Ländchen können einige als ein Spielwerk der Macht unferes grofsen Siegers anfehen, der, nach Eroberung fo vieler Provinzen, fie zu einem anfehnlichen Königreiche in Deutfchland umfchuf und dem Rheinifchen Bunde einverleibte; und nur diefes Stück, gleich dem Apfel der Zwietracht, unter die nämlichen Mächte hinwarf, welche ganz Polen zu zerreifsen und es unter einander ruhig zu vertheilen wufsten, um fich zu überzeugen, welche es darnach lüftern würde, oder welche von den dreyen diefs, was dem Brandenburger Haufe beynahe den politifchen Tod gebracht hätte, als ein Gefchenk zu verdienen fich bemühte. Andere meynen, dafs diefes unmündige Gefchöpf in der Politik nur der erfte Keim grofser Abfichten des grofsen Gefetzgebers fey, welche er im Norden auszuführen befchloffen, und jetzt nur mit einem Punkte bezeichnet, wenn man fich auf diefe Art den erhabenen und folgereichen Gedanken vorftellen darf. Einigen endlich fcheint es, dafs das Herzogthum Warfchau nur augenblicklich dem Könige von Preufsen abgenommen fey, und es in der Folge bey der völligen Organifirung des Rheinbundes fehr zweckmäfsig feyn wird, um den König von Preufsen für die etwanige Länderabtretung, die am linken Oderufer feinerfeits noch gefchehen könnte, damit zu entfchädigen. Kurz, alle befchäftigen fich mit Muthmafsungen, alle bezeugen ihre Freude oder Betrübnifs, nur Napoleon allein kennt die wahren Bewegungsgründe und die Abfichten, die er fich bey der Errichtung diefes Herzogthums, mitten unter den mächtigen Reichen, gedacht hatte. — Dem fey wie ihm wolle, das Herzogthum Warfchau kann in dem jetzigen Zuftande, auch in feiner Verbindung mit dem Königreiche Sachfen betrachtet, auf keine Weife beftehen. Seine Beftimmung alfo ift: entweder Einverleibung mit einem andern Staate, oder Wiederherftellung Polens laut feiner ehemaligen politifchen Exiftenz." — Dann fchildert der Vf. in der Einleitung, auf 60 Seiten, den politifchen Zuftand von Europa feit der letzten Theilung Polens im J. 1795 bis zum Tilfiter Frieden. Das ganze Werk zerfällt in folgende *acht* Kapitel: 1) Von den Urfachen des befondern Namens, welchen man diefem Stück von Polen gegeben, und fchildert den Zuftand des Herzogthums bey dem Tilfiter Frieden. 2) Was denken unfere und fremde Politiker von dem Herzogthum Warfchau? 3) Welche Urfachen haben Napoleon den Grofsen bewogen, das Staatenfyftem in Europa zu verändern und ein neues einzuführen? 4) Welches fcheint wohl der Plan diefer neuen Politik zu feyn? 5) Was konnte Napoleon den Grofsen zur Errichtung des Herzogthums Warfchau bewogen haben, und wozu kann diefes Ländchen in dem neuen Staatenfyftem dienen? 6) Wie wohlthätig find die Abfichten für die poln. Nation, welche Napoleon bey der Errichtung des Herzogth. W. kund gethan. 7) Bemerkungen über die boshaften Einwürfe, welche die der poln. Nation abgeneigten Individuen zu machen pflegen. 8) Aufforderung an die Bürger des Herzogth. W. zur ftandhaften und geduldigen Erwartung des Ausgangs.

Der Hauptgedanke des ganzen Werkes ift, dafs Napoleon der Grofse, deffen erhabene, für die ferne und unerfchütterliche Wohlfahrt der Menfchen forgende, Abfichten fpäter noch mehr gewürdigt werden, wahrfcheinlich einen grofsen Staatenverein-unter dem Schutze des franzöf. Kaifers im Sinne habe, welchen Verein unfer Vf. das *occidentalifche Reich* nennt, und es von Weften, Süden und Norden an Meere, von Often aber an Rufsland, als das *orientalifche Reich*, gränzen läfst; Polen hingegen foll in feiner vollen Integrität und Kraft, zu dem occidentalifchen Reiche gehörend, gleichfam eine Scheidewand zwifchen diefen koloffalifchen Hauptmonarchieen bilden. Gründliche Kenntnifs der Gefchichte unferer Zeit, genialifcher und kräftiger Vortrag, und fonorifche Reinheit des Polnifchen, verrathen einen der gröfsten Denker der poln. Nation.

LITERARISCHE ANZEIGEN.

Antwort auf die in der Jenaifchen Lit. Zeit. Nr. 37. 1809. abgedruckte Antikritik des Hn. Karl Georg Rumi, betreffend *die Beurtheilung feines Mufenalmanachs von und für Ungarn* in diefen Blättern (Nr. 117. 1808.).

Herr *Rumi* ift mit der Beurtheilung des von ihm herausgegebenen Mufenalmanachs nicht zufrieden, und fpart in feiner Antikritik keine Schimpfworte, um feinem Recenfenten wehe zu thun. Aber Schimpfreden machen eine fchlechte Sache nicht beffer, und charakterifiren blofs die Bildung des Verftandes und Herzens deffen, der fie führt. Hr. *Rumi* befchuldigt den Recenfenten feines Mufenalmanachs: „er fetze „*dummdreift Kazinczy's* Ungarifche Poefieen herab, „nenne die Rumifche Ueberfetzung einiger Arabifcher „Gedichte und die Probe einer Ueberfetzung der Alceftis von Euripides fchülerhaft, befpöttle fein, des „Hn. *Karl Georg Rumi*, Lateinifches Epigramm auf eine „gefal-

„gefallene Jungfrau, da doch *Lessing*" (man denke *Lessing* und — *Karl Georg Rumi!* —) „ein ähnliches Epigramm „auf *Lorchen* gemacht habe, und lobe Hn. *Schmitz* aus „Freundschaft." Dem zu Folge erklärt Hr. *Rumi* „den Recensenten auf so lange für einen *hämischen Verläumder*, bis er das Schlechte in den Ungarischen Poesieen *Kazinczy's* und *Dessöffy's* philologisch und ästhe„tisch erweist, und die Schülerhaftigkeit in der Ru„mischen Uebersetzung der Arabischen Gedichte und „der Alcestis durch eine Vergleichung mit dem Ori„ginale dem liter. Publicum darthut." Würde Recensent in Hn. *Rumi's* Tone zu antworten, nicht unter seiner Würde halten, so würde er unter andern sagen: Hr. *Rumi* müsse so lange für einen dummdreisten und hämischen Verläumder gelten, bis er nicht bewiesen hat, dass irgend ein Mann von Geist und Geschmack seine Uebersetzung zweyer kleinen Arabischen Gedichte und eines Fragments aus der Alcestis gelungen und lobenswerth finde, und dass Recensent *Kazinczy's* Ungarische Poesieen herabsetze. Er begnügt sich indess mit einer einfachen Darlegung der Sache, und überlässt das Urtheil darüber jedem gebildeten Leser. Hn. *Rumi's* Uebersetzung der Alcestis fängt (S. 55.) so an: „*Apollo.* O Haus des Admet, in welchem ich mich „mit einem Taglöhner-Tisch begnügte, ob ich gleich „ein Gott bin! Jupiter war die Ursache dieser Dienst„barkeit: denn da er meinen Sohn Aesculap tödtete, „indem er in dessen Brust den Blitz schleuderte, er„mordete ich darüber erzürnt die Schmiede der Blitze „Jupiters, die Cyklopen, und Vater Jupiter zwang „mich deswegen, bey einem Sterblichen zur Strafe „zu dienen. Als ich aber in dieses Land kam, hütete „ich die Ochsen einem Fremden. Und ich bewahrte „dieses Haus bis an diesen Tag u. s. w. Ich verlasse „aber diesen werthen Pallast, damit ich nicht dem „Todtenopfer begegne. Denn schon sehe ich den „Todtengott nahe, den Priester der Todten, der die „Alcestis in die Unterwelt abführen wird. Er kommt „aber sehr schicklich, indem er den Tag nicht ausser „Acht liess, an welchem sie sterben muss. — *Todtengott.* Ah, ah, ah, ah! Was hast du Apollo bey die„sen Gebäuden zu thun? warum hältst du dich hier „auf? du handelst wieder ungerecht, indem du die „Ehre der Götter der Unterwelt berupfst und min„derst." — In diesem schleppenden, erbärmlichen Tone geht es fort. Die Uebersetzung des einen Arabischen Gedichts mit den eingeklammerten geistreichen Erläuterungen des Hn. *Karl Georg Rumi* lautet (S. 61.) so: „Es sang *Alphand* der Semanite im Kriege „mit Basus: Wir vergeben den Dsoholiten und spre„chen: brüderlicher Stamm! vielleicht, dass sie einst „zurückkehren zu einem Volke, so wie sie waren (nämlich, so freundlich, so brüderlich gesinnt). „Aber, wenn die Beleidigung offenbar und sichtbar „ist, so bleibt nichts übrig, als Feindschaft. Wir „vergelten ihnen, wie sie uns zugewogen haben, mit „Schlägen, in welchen Lähmung ist, und Verstüm„melung und Sieg, und mit Verwundungen (die auf„gesperrt sind), wie die Oeffnung eines Schlauchs, „der aussliesst, und voll ist u. s. w." Der unbefangene Leser urtheile aus diesen Bruchstücken, die noch der beste Theil gedachter Uebersetzungen sind, ob der Recensent Unrecht hatte, zu behaupten: „dass die„selben schülerhaft sind, und dass daraus offenbar der „entschiedenste Mangel an Dichtertalent und reinem „Geschmacke hervorleuchte;" der unbefangne Leser entscheide, ob hier der Recensent oder Hr. *Rumi* schmähe und verläumde. Dieser klagt jenen an: dass er *Kazinczy's* und *Dessöffy's* Ungarische Poesieen herabsetze. Das ist aber dem Recensenten nicht eingefallen. Er sagt in einer Beurtheilung des R. Almanachs folgendes: „Wenn Hr. *Rumi* mit der ihm ei„genthümlichen Naivetät versichert, die zwey klei„nen ungrischen, hier auch ins Deutsche übersetzten, „Gedichte von *Franz v. Kazinczy* und Graf *Dessöffy* wür„den gewiss dazu beytragen, den Ausländern einen „bessern Begriff von der Ungrischen Nationalpoesie „beyzubringen: so muss man wenigstens über den „festen Glauben und die Treuherzigkeit dieses kurz„sichtigen Propheten lächeln." Offenbar geht hier der Tadel nicht auf die zwey *sechs* und *acht* Zeilen langen ganz artigen Gedichtchen von *Kazinczy* und *Dessöffy*, die, wahrlich! eines Vertheidigers, wie *Rumi*, nicht bedürfen; sondern auf die abgeschmackte, lächerliche Behauptung des letzten, dass dieselben dazu beytragen würden, den Ausländern einen bessern Begriff von der Ungrischen Nationalpoesie beyzubringen. Wer zwey ganz kurzen Gelegenheitsgedichtchen, deren Inhalt der Ausländer noch dazu aus einer *unvollkommenen* Uebersetzung kennen lernt, so grosse Wirkungen zutraut, macht sich doch in der That in den Augen eines jeden Vernünftigen lächerlich. — Worin besteht endlich das Lob, das Rec. aus *Freundschaft* Hn. *Schmitz* ertheilt haben soll, einem *Manne*, der, nach dem zu urtheilen, was von ihm durch den Druck bekannt geworden, Hn. *Rumi* an Geist, Einsicht und Geschmack gar sehr überlegen ist? Rec. sagt von ihm: „*Generfich*, *Schmitz* und *Unger* scheinen nicht ganz ohne poetische Anlage, und bisweilen gelingt ihnen eine Strophe." Also dazu gehört Parteylichkeit aus Freundschaft, um ein solches Urtheil zu fällen? Wie viel liesse sich hiebey auch in moralischer Hinsicht gegen Hn. *Rumi* bemerken! Es ist unnöthig noch ein Wort hinzu zu setzen.

Der Recensent des Rumischen Almanachs.

ALLGEMEINE LITERATUR-ZEITUNG

Montags, den 4. December 1809.

WISSENSCHAFTLICHE WERKE.

GESCHICHTE.

Tübingen, b. Heerbrandt: *Belisarius, römischer Feldherr*, eine Biographie von *Chr. Fr. Zeller*, Dr. d. Ph., Diaconus zu Liebenzell. 1809. 380 S. 8. (1 Rthlr.)

Wenn ein jugendlich warmes Gemüth den Beruf eines Biographen rein aus sich selbst nimmt: so ist selten unvermeidlich, dass seine Schilderung einen Heiligenschein um den Helden zieht. Denn empfänglich für die Grösse, welche der Held in Leben und Wandel gezeigt, ja bis zum Entzücken begeistert von dessen Trefflichkeit, wird grade die Liebe für ihn durch wiederholte einsame Betrachtung des einen Gegenstandes bis zur Bewunderung gesteigert, welche wohl der Darstellung Feuer und Leben giebt, in der eigentlichen Charakteristik aber die Flecken zu sehr verschleyert. Immerhin ist diese Einseitigkeit, da doch der Geschichtschreiber *sine ira et studio* seyn soll, erfreulicher, als die andre der Neuern, nach welcher alles Hohe in der Geschichte gehörig abgetieft, alles Begeisternde entgeistert wird, weil sich in jener des Historikers religiöser Sinn, in dieser die Frivolität des Zeitalters ausspricht.

Der Vf. gehört zu den Erstern, von welchen das Obengesagte gilt. Denn nach ihm erscheint Belisar ganz fleckenlos (S. 190.), und ein ungemessenes Lob wird ihm zu Theil (S. 255.), das er indirect doch selbst durch Antonina's verrufene Geschichte widerlegt, daher auch *Gibbon* vortrefflich bemerkte: *the hero deserved an appellation, which may not drop from the pen of the decent historian.* So ist es ferner ein hässlicher Flecken im Leben Belisars, dass er die Quellen des belagerten Osimo vergiftete (S. 228.), wovon *Gibbon* ganz anders, als der Vf. urtheilt. Die Simonie, welche man Belisarn bey des Vigilius Erhebung zur Papstwürde Schuld giebt, und wozu ihn sein Weib getrieben, verschweigt der Vf. ganz (S. 178.), und die harte Bestrafung Konstantins, die er in Schutz nimmt, wird von Procopius (Anecdot. 7.) und von Marcellinus weit anders geschildert. Hierin hätte aber der Vf. Geschichtschreiber, nicht Apologet seyn sollen.

Bekanntlich sind des Procopius Werke Hauptquelle für Belisars Leben, aus welcher auch der Vf. geschöpft. Da aber des Helden eigner Geheimschreiber in den Geschichten und in den Anecdoten einen wahrhaft „beidlebigen" Charakter gezeigt, worauf Gibbon in einer scharfsinnigen Bemerkung aufmerksam macht, da selbst in jenen der feine, oft sentimentale Ton der Reden und Briefe so verdächtig ist, und die Barbaren eine sehr unbarbarische Humanität zeigen, (z. B. S. 88. „Thränen träufelten in die Kolfe der Vandalen" — „ihr dumpfer *Schmerz blickte* ins stille Lager" u. s. w.): so konnte man von einem neuen Biographen mit Recht fordern, bey der *hier* eintretenden Schwierigkeit einer *vergleichenden* Kritik die Grundsätze der *innern* (der aus dem Schriftsteller selbst genommenen) geltender zu machen. So, wie es jetzt steht, haben wir immer nur den Procopius in einer glänzenden Bearbeitung. Uebrigens hat der Vf. keine einzige Quelle aufgeführt, auch selbst den Procopius nur ein einziges mal (S. 22.) als solche erwähnt. Wäre es auch ein grosser Gewinn für die historische Kunst, dass man die schöne Gestalt der Geschichte durch *undique adsutos pannos* von Noten und Citaten hinfort nicht mehr entstelle; wäre es selbst Gewinn für die Geschichtschreiber, deren Glaubwürdigkeit durch Quellen-Atteftate nicht mehr belegt zu werden braucht: so kann sich doch der Geschichtsforscher, selbst der aufmerksamere Leser nicht damit begnügen, weil denn doch in allem die eigne Anschauung — und diese bewirkt man durch Citate — über alles geht. So mochte also dieser kritische Apparat nach *Hormayr's* und *Kotzebue's* löblichem Beyspiel in eigne Abschnitte, Einleitung oder Anhang, niedergelegt werden.

Da der Vf. mit *Gibbon* aus einer Quelle geschöpft, so mussten wohl beide im Ganzen übereinstimmen. Doch haben wir diese Uebereinstimmung im *ersten* Buche allzu gross gefunden, wo ganze Stellen, selbst Seiten, oft von Wort zu Wort gleich lauten. (Man vergleiche *Gibbon*. Tom. 7. S. 161 — 196.) Besonders auffallend sind zwey Stellen S. 66. und 140. In jener spricht der Vf. von einer „wahren *Politik*," wo *Gibbon* die Worte: „*genuine policy*" hat, welche richtiger von dem Gegenstande gesagt werden. In dieser hat der Vf. sehr undeutsch gesagt: „glänzende Versprechungen austheilen," das aber nur eine Uebersetzung der Gibbonschen Redensart „*distribute liberal promises*" ist. Der Vf. hätte diess sorgfältig meiden sollen, weil es den *Schein* eines Plagiats auf ihn werfen muss.

So viel über den historischen Gehalt des Buches, zu dessen Kunstform wir uns nun wenden. Mit einer Einleitung (S. 1 — 18.) wird begonnen: sie soll zeigen, was das römische Reich einst, was es unter

unter Justinian gewesen, wie grofs also Belisar erscheine. Aber die Anordnung ist nicht lichtvoll, die Darstellung nicht *genau* genug, und allzu reich an jugendlichen Blumen. Sie läfst unter allem am meisten zu wünschen übrig. Das darauf folgende *erste* Buch (S. 19—110.) umfafst den persischen und vandalischen Krieg, J. 523—535., das *zweyte* (S. 113 bis 256.) den gothischen, J. 535—540., und das *dritte* (S. 259. bis Ende) den persischen, gothischen und hunnischen, J. 540—565. Diese einfache und schöne Anordnung hat durch die Eintheilung der Bücher in Kapitel noch mehr gewonnen, wodurch alles in kleine wohlgegliederte Ganze gefügt worden, die leicht zu überschauen sind. Nur bey S. 298. hätten wir einen Abschnitt mehr gewünscht. Die Entwickelung der Begebenheiten ist allenthalben klar, und nur das *22ste* Kapitel (S. 238.) ermangelt der Aufklärung, so wie auch mit der Beschreibung, welche der der Vf. (S. 26) nach Procopius giebt, der Fall ist. Nicht minder ist der Vf. genau, die Genauigkeit Procops nämlich jetzt nicht weiter in Anregung gebracht. Nur ist mit Recht, wie auch *Gibbon* gethan, die Angabe S. 218. zu bezweifeln, nach welcher bey der Eroberung von Mailand 300,000 Mann erschlagen worden, da die Zahl der Einwohner wohl nie so stark gewesen, indem sie sich jetzt nur bis auf 120,000 beläuft. Ferner ist auch S. 63. *Caucana* (d. i. *Camarina*) für *Laukana* zu lesen. Das *vivarium* zu Rom hat, unsers Wissens, an der *porta querquetulana* gelegen: der Vf. verlegts an das Pränester Thor (S. 155.). So konnte endlich auch der Gegenkaiser (S. 47.), Hypatius, Kaiser Anastasii Neffe genannt werden, dessen Namen der Vf. verschweigt. — Die Schreibart ist voll jugendlichen Feuers und männlicher Kraft, zu reich an poetischen, ja selbst überpoetischen Blumen, noch ermangelnd des weisen Maises, welches die Alten gelehrt, und gestört durch gänzlich unhistorische Bilder, da Einfalt der Schmuck der Geschichte ist. Diesen Tadel zu belegen, wäre zu weitschweifig, aber leicht, wegen der gar häufigen Fälle. Nur einige Beyspiele vergönne man: S. 14. den *verdunsteten Zauber* der Beredtsamkeit *weghaschen*. — S. 34. *verdunkelt* war die *bewegte* Luft *vom* wilden *Geschwirre* der Pfeile. — S. 40. ein gebäumter (!) Sturm. — S. 48. wird die römische *Krone* mit dem *Blute* von 30,000 auf Justinians Haupte *frisch angekittet*. — S. 95. fünf Tage lang hieng Johann an der Ferse Gelimers. — S. 175. den zückenden Arm an feindlichen Schädeln ermüden. — S. 275. Chosroës *wälzte* sich heran. — S. 278. das weite *Feld bewegte* sich *chaotisch*. — S. 289. *Worte über den Zaun der Zähne springen lassen* u. s. w. Eine solche Schreibart fliefst aus derselben Quelle, aus welcher die Vergötterung des Helden entspringt. Provinzialismen, wie *bälder*, *bäldeste*, *in Bälde*, *weggeloffen*, *eine Nachricht kommt mir zu*, für: *gelangt an mich*, — *am Königsmahle schmaufsen*, *Tücke* als *masc.*, *Anbot* für *Anerbieten*, sind nicht weniger zu meiden. Von selbstgeschaffenen, übrigens analogen Worten, führen wir an: *erstbärtiger Jüngling*, *Treueid*, *ein Angreifer*, *ein Dränger*, *ein Mahner*, *ein Anmaafser* (Usurpator), *Erstlingsschlacht*, *vergröfslichen*, die modernen Worte, wie *griechischer Stubengelehrter*, *Kabinet* (vom Hofe gesagt), *intriguiren*, *Oberpostmeister in Africa*, *Offiziers*, *Damen*, *Banquier* erinnern an moderne Begriffe. Auch hat der Vf. die allzu häufige Einmischung des sogenannten historischen *praesentis*, endlich auch grammatikalische Unrichtigkeiten, wie S. 43., S. 101. Z. 3. v. o., S. 130. v. u., S. 223. Z. 12. v. u. höchst sorgfältig zu meiden. Wenn sich übrigens erst dieser brausende Sprudel der Schreibart gelegt haben wird, versprechen wir uns einen trefflichen Stil vom Vf., den er zum Theil durch die ungemein gelungenen Schilderungen S. 31 ff., S. 36 ff. S. 108., S. 155., S. 178. und S. 251 ff. schon sattsam beurkundet hat.

Rostock, b. Adlers Erben: *Kleines Handbuch der Mecklenburgischen Geschichte*; von *Johann Otto Plagemann*, Doctor der Philosophie und drittem ordentl. Lehrer an der Stadtschule zu Wismar. 1809. XXXII u. 428 S. 4.

Wenn gleich Mecklenburg mehrere vorzügliche Darstellungen seiner Geschichte, und unter denselben das klassische Werk des Regierungs-Raths *Rudloff* hat: so wird doch die gegenwärtige um so willkommener seyn, da keine der erstern dem Zwecke eines Lehrbuchs für die Jugend angemessen ist. Allein nicht blos für diesen Zweck, sondern auch für den eines Lesebuchs für diejenigen, welche sich selbst über die mecklenburgische Geschichte zu belehren suchen, ist das vorliegende Handbuch brauchbar, indem es dieselbe in gedrängter, fruchtbarer Kürze, mit Unparteylichkeit und Sachkunde, vollständig und genau in einer angenehmen, zweckmäfsigen Schreibart vorträgt. Ein besondres Verdienst des Hn. *P.* besteht darin, dafs er, gröfstentheils mit Scharfblick und Gründlichkeit in die Gründe und Veranlassung der Thatsachen eingedrungen ist, und auf die, mit der Geschichte Mecklenburgs so nahe zusammen hängende, Geschichte der übrigen norddeutschen Staaten und Deutschlands überhaupt zweckmäfsig Rücksicht nimmt. Der mehr als tausendjährige Zeitraum ist auf folgende Art eingetheilt: *Erster Zeitraum*: von der Zeit, da das Land, welches jetzt Mecklenburg heifst, zuerst in der Geschichte bekannt wurde, bis auf die Stiftung der Grafschaft und des Bisthums Schwerin (v. J. 780 bis 1167.). *Zweyter* Zeitraum: von der Stiftung der Grafschaft und des Bisthums Schwerin, bis zu der Zeit, da die Fürsten von Mecklenburg die herzogliche Würde erhielten (von 1167 bis 1348.). *Dritter* Zeitraum: von der Zeit, da die Fürsten von Mecklenburg die herzogliche Würde erhielten, bis zur Vereinigung aller, noch jetzt zu Mecklenburg gehörigen und seit der Begründung des Christenthums in demselben von weltlichen Herrn besessenen Lande (v. 1348—1471.). *Vierter Zeitraum*: von dieser Zeit bis zur letzten Absonderung der beiden Herzogthümer Mecklenburg-Schwerin und Mecklenburg-Güstrow und dem Ursprunge des engern Aus-

Ausschusses der mecklenburgischen Ritter- und Landschaft (v. 1471 – 1622.). *Fünfter* Zeitraum: von der letzten Absonderung u. s. w. bis zum Aussterben des herzoglich Güstrowschen Hauses, und dem Entstehen des herzoglichen Hauses Mecklenburg-Strelitz (von 1622 bis 1701.). *Sechster* Zeitraum: von der Entstehung der strelitzschen Linie des herzoglich Mecklenburgischen Hauses bis auf den neuesten Landes-Vergleich (von 1701 bis 1755.), und *siebenter* Zeitraum von dem Landesvergleich bis zum Beytritt beider Herzoge von Mecklenburg zum rheinischen Bunde (v. J. 1755 bis 1808.), welchen der Vf. den *achten* Zeitraum, nämlich den seit dem Mecklenburgischen Beytritt zum rheinischen Bunde um so mehr hätte beyfügen können, als er in den §§. 185. 186. und 188. die merkwürdigsten, *nach* jenem Beytritt erfolgten, Handlungen vorgetragen hat. In allen diesen Zeiträumen ist die Geschichte zweckmäsig in einzelne Momente und §§. abgetheilt, und dabey vorzüglich Rücksicht auf die Schilderung genommen, wie die Bewohner Mecklenburgs aus dem Zustand der Roheit in den der Cultur übergiengen, wie die Verfassung sich allmälig entwickelte, wie man nach und nach die Mängel der bisher bestandenen Verfassung durch eigene Erfahrung oder durch das Beyspiel anderer Staaten belehrt, erkannte, und die fehlerhaften Einrichtungen allmälig besseren weichen mussten. Die wichtigeren Begebenheiten sind vorzüglich hervorgehoben, und so geordnet, dass der Zusammenhang desselben unter sich und die Verbindung zwischen Ursachen und Folgen sichtbar wird. Uebrigens ist diese Arbeit so wenig mit Citaten überladen, dass Rec. im Gegentheil wohl gewünscht hätte, dass der Vf. eigentliche Quellen z. B. *Spaldings* Mecklenburgische Landes-Verhandlungen, um so mehr benutzt hätte, als sie erst nach der Erscheinung des *Rudloffschen* Handbuchs herausgegeben sind, und daher in letztrem nicht angegeben werden konnten, wenn gleich Hr. R. R. *Rudloff* aus archivalischen Quellen ihre Materialien anführte. — Wir schliessen mit einigen Bemerkungen über einzelne Stellen. Die, S. 36. und 40. gedachte, Einwilligung der Söhne des mecklenburgischen Fürsten ist nicht sowohl eine Mitregierung, als vielmehr die damals und auch nachher unter der Reichsverfassung übliche Ertheilung des Agnatischen Consenses zu vorzüglich wichtigen Regierungs-Acten; das Haus Werle war wohl nicht eine blosse Nebenlinie des Mecklenburgischen Fürsten-Hauses (S. 39.), so wenig, wie man das Güstrowsche Haus eine Nebenlinie der Schwerinschen nennen kann; S. 249. hätte der Geschlechtsname der Gemahlin des Herzogs Christian Ludwig I. bemerkt werden müssen; sie war bekanntlich eine Prinzessin von *Montmorency*, Schwester des Marschalls von Luxemburg. Nach Abgang des Hauses Güstrow berief nur Mecklenburg-Schwerin, nicht aber Mecklenburg-Strelitz sich auf das Recht der Erstgeburt (S. 268.), letzteres gründete seinen Anspruch auf Testament und Grades-Nähe. Das S. 276. erwähnte Reichstägliche Sitz- und Stimm-Recht hatte Strelitz nur wegen Ratzeburg, wie auch vorhin angegeben ist; Schwerin war in mecklenburgischen Diensten nicht General-Lieutenant (S. 302.), sondern General-Major, wie er auch S. 306. aufgeführt ist; die kaiserliche Commission war wohl nicht allein wegen der Ritterschaft angeordnet (S. 314.); S. 353. u. 354. muss es *Agnat* statt Verwandter heissen; die Herzogin von Mecklenburg-Strelitz war auch nicht in der Art, wie S. 353. angegeben, Landes-Regentin; der Landes-Vergleich vom Jahr 1755. (S. 353.) ist nicht bloss von Mecklenburg-Schwerin allein mit den Landständen verhandelt und abgeschlossen, und nur nachher von Strelitzscher Seite anerkannt, sondern die Verhandlungen wurden von beiden Höfen, jeder mit seinen Ständen, betrieben. Im siebenjährigen Kriege wurden (S. 358.), wie auch §. 188. bemerkt worden, vom Herzogthum Strelitz keine Kriegssteuern gefordert, weil der Regent neutral geblieben war. Die, S. 394 folg. befindliche, Beschreibung der Anstalten des Seebades zu Dobberan gehört wohl eigentlich nicht in eine Geschichte, sondern in das Fach der Topographie.

ALTE SPRACHKUNDE.

Jena, b. Frommann: *Lateinisches Elementarbuch* zu öffentlichem und Privatgebrauche, von *Friedrich Jacobs*, königlich bayerischem Hofrathe u. s. w. und *Friedrich Wilhelm Döring*, Herzoglich Sachsen-Gothaischem Kirchen- und Schulrathe u. s. w.

Auch mit dem Titel:

Lateinisches Lesebuch für die ersten Anfänger, von u. s. w. *Erstes* Bändchen. Vorbereitender Cursus. *Zweytes* Bändchen. *Erster* Cursus. 1808. X u. 116. 228 S. 8. (14 gr.)

Es könnte allerdings überflüssig scheinen, wie die Herausgeber in der Vorrede selbst bemerken, dass die schon ohnehin so grosse Zahl der Chrestomathien und lateinischen Lesebücher mit einer neuen vermehrt werde, wenn nicht eine psychologisch richtigere Ansicht bey diesem Buche gefasst und durchgeführt wäre. Bey allen vorhergehenden Lesebüchern, unter welchen die vom sel. *Gedike* ohne Widerrede am meisten zu empfehlen sind, waren die Ansichten nicht dieselben. In den frühern Zeiten kam es nur darauf an, allerley Redensarten und Floskeln, gleich viel, woher sie genommen und wie sie beschaffen waren, wenn sie nur eine Farbe der Latinität hatten, dem jugendlichen Alter vorzulegen und einzuprägen. Erst *Gedike* sah ein, dass man zweckmässiger verfahren könne und müsse, und machte in seinem Lesebuche mit Fabeln und kleinen Erzählungen den Anfang, worauf er allerley andre geschichtliche, meist aus guten Schriftstellern des Alterthums geschöpfte historische Abschnitte folgen liess. Allein er versah es doch darin, dass er gleich Anfangs schwere Formeln nicht vermied, nicht einen der Grammatik angemessenen und leichten Gang beobachtete, und nicht genug Rücksicht auf die allmälige Erwerbung der alterthümlichen Kenntnisse nahm. Diese Fehler haben nun die Her-

Herausgeber dieses Lehrbuches sehr geschickt zu vermeiden gewusst: so dass sie den doppelten Zweck, den eine Chrestomathie dieser Art haben muss, nämlich den Unterricht in der Sprache zu erleichtern, und die Kenntniss des Alterthums zu befördern, glücklich erreicht haben. Sehr zweckmässig haben sie die Regel befolgt, von kleinen Sätzen, Bemerkungen, Geschichten und Fabeln zu dem zusammenhängenden Vortrage aufzusteigen, bis die Jugend dadurch geübt genug werde, einen ganzen Schriftsteller mit anhaltender Aufmerksamkeit lesen zu können. Mit Recht haben sie sich vorzüglich bemüht, die Jugend früh in die alte Welt einzuführen, welche in der Zeit der Jugendblüthe ihre erste und höhere Heimath seyn soll; und genau haben sie den Gang, den die Grammatik fordert, zu befolgen gewusst. Sie theilen das Elementarbuch in *drey* Theile ein. Der *erste* enthält den vorbereitenden Cursus für die ersten Anfänger, und kann sogleich mit ihnen gelesen werden, wenn sie die Declinationen und Paradigmata der regelmässigen Zeitwörter gelernt haben. Diess kann, wie die Herausgeber sehr richtig bemerken, von einem thätigen Lehrer binnen 4—6 Wochen bewerkstelligt werden. Denn nichts ist dem Fortgange im Erlernen einer Sache nachtheiliger, als das langwierige ausschliessende Treiben der grammatischen Formen allein, die doch erst in ihrer Anwendung hinlänglich von Kindern gefasst und verstanden werden. Man muss bald zum Lesen schreiten, und dabey das Lernen der Elemente fortsetzen, und das Gelernte üben bis eine gänzliche Fertigkeit erworben ist. Diese beiden Theile oder der *erste* und *zweyte* Cursus sind jedesmal in zwey Hälften getheilt. Der *erste* Abschnitt des vorbereitenden Cursus schliesst mit mythologischen Erzählungen, denen jedoch, weil eine richtige Folge der mythologischen Hauptpersonen von Nutzen ist, hier und da eine bessere Stellung zu wünschen gewesen wäre: denn warum gerade *Cadmus* den Anfang mache, ist nicht wohl abzusehen. Inzwischen ist es in diesem Buche nicht eben sehr bedeutend, oder von beträchtlichem Einflusse. Die *zweyte* Abtheilung dieses Cursus enthält einen Auszug der merkwürdigsten Begebenheiten der römischen Republik aus dem Eutropius, so viel als möglich war, mit Beybehaltung der Worte der Alten. Das *zweyte* Bändchen enthält auch *zwey* Abtheilungen: die *erste* nämlich kurze Erzählungen aus Cicero's Leben, kleine Stellen unter Rubriken gebracht, als: *Est Deus. Deus gubernat mundum. Pietas erga Deum* u. s. w. etwa nach *Heusi* Muster: endlich Erzählungen mancherley Art aus dem Cicero. Vielleicht hätten hier, um Neuheit und Mannichfaltigkeit zu verbinden, correcte Neulateiner benutzt werden können. Die *zweyte* Abtheilung enthält die Grundstriche der alten Weltgeschichte aus dem Justinus und Cornel. Nepos. Das *erste* Bändchen hat ein Wörterbuch. Die Auswahl ist sehr gut gerathen. Dem Texte sind jedesmal Anmerkungen untergelegt, welche in den folgenden Auflagen, so zweckmässig sie auch schon jetzt sind, hier verkürzt, dort erweitert und verbessert zu werden verdienen. Wir wollen, um unsere Theilnahme zu beweisen, hiezu einige Beyträge liefern. I. S. 38. Es ist wohl zu allgemein ausgedrückt, dass die poetische Sprache jeden Diener und Begleiter einen Hund genannt habe. Vielmehr hiess nur so jeder Diener der Gottheit, welcher von ihr zu gewaltthätigen Handlungen, zum Bewahren u. dergl. gebraucht wurde: Mercur und Iris hiessen nie so. Vergl. *Ruhnken. Epist. crit.* I. S. 93. 94. *Cynoscephalae* S. 64. sind eine Reihe von Hügeln und keine Stadt *Polyb.* 18, 5. 9. Schwgh. Liv. 33, 7. S. 72. und II. und 151. I. 3. not. lies an der Propontis. S. 45. *Ibis* bezeichnet einen Brachvogel, wie unter andern *Cuvier* neulich gezeigt hat. S. 63. 84. *Quod, quodsi* steht beym Anfange einer Periode oft überflüssig. Wenn man indess annimmt, dass es für *quo* stehe, dem aus der alten Schreibart *d* anklebt so ist es nicht nöthig, einen Ueberfluss zu verstatten sondern dann steht es als Uebergangspartikel für darum, in der Hinsicht, nun. S. 73. statt gewisser christlicher Gemeinen können die Herrenhuter dreist genannt werden. S. 75. kommt die Geschichte des Bankiers Pythius aus *Cic. de off.* III, 14. vor, der den römischen *Eques C. Canius* so bübisch anführte. Hier verbessert Hr. *D. isti* in *istic*, sehr gut: doch ist *isti* dem Conversationstone nicht zuwider. S. 76. ist *musicus* zu kurz erklärt. S. 88. Triptolemus ist Richter in der Unterwelt wegen seiner Verbindung mit *Ceres* θεσμοφόρος. Wir wünschen dem Werkchen wiederholte Auflagen.

LITERARISCHE NACHRICHTEN.

Gelehrte Gesellschaften.

Bey dem ersten Convente der seeländischen Geistlichkeit unter dem Vorsitze des Hn. Bischofs Dr. *Münter* zu Rothschild den 19. October v. J. hielt derselbe eine Rede: *de populari ingeniorum ad humanitatem cultu, deque hujus cultus ratione et limitibus.* Nachher wurde von ihm eine Abhandlung: *Ueber einige Haupteigenschaften einer guten Liturgie*, und von dem Propst *Plum* eine metrische Uebersetzung des Propheten Habakuk vorgelesen.

ALLGEMEINE LITERATUR-ZEITUNG

Dienstags, den 5. December 1809.

WERKE DER SCHÖNEN KÜNSTE.

SCHAUSPIELE.

1) Berlin, b. Braunes: *Beyträge für die deutsche Schaubühne.* In Uebersetzungen und Bearbeitungen ausländischer Schauspieldichter. Von *August Wilhelm Iffland.* — *Erster* Band. 1807. 372 S. (1 Rthlr. 16 gr.) *Zweyter* Band. 1808. 289 S. (1 Rthlr. 8 gr.) *Dritter* Band. 1809. 297 S. 8. (1 Rthlr. 12 gr.)

2) Leipzig, b. Hinrichs: *Neue Lustspiele*, von *Theodor Hell.* — *Zweyter* Band. 1808. 136, 232, 303 u. 48 S. 8. (1 Rthlr. 12 gr.)

3) *Ebendas.*, b. Ebendems.: *Das Strudelköpfchen.* Ein Lustspiel nach dem Franz. von *Theodor Hell.* 1808. 77 S. 8. (8 gr.)

4) *Ebendas.*, b. Göschen: *Familientheater* nach neuen franz. Lieblingsstücken. *Erstes* Bändchen. 1808. 194 S. *Zweytes* Bändchen. 1809. 156 S. 8. (Jedes mit einer Vignette.)

Die Armuth der deutschen Bühnen würde Mitleid verdienen, wenn sie überhaupt einer solchen Masse von Uebertragungen ausländischer Stücke, dergleichen uns hier geliefert wird, bedürften. Zuverlässig aber müssten unsre Theater in kurzem gänzlich geschlossen werden, wenn man eine Verdeutschung solcher Stücke, wie, mit geringer Ausnahme, in den angezeigten Sammlungen enthalten sind, für eine wahre Bereicherung derselben ansehen könnte. Nur der Deutsche besitzt eine so starke Gutmüthigkeit und Achtung für das Ausländische, um so wenig ausgezeichnete Geisteswerke der Aufmerksamkeit zu würdigen; wären sie von Deutschen verfasst, keine fremde Nation würde es sich einfallen lassen, sich dieselben durch Uebersetzungen zuzueignen. — Ob diess Urtheil zu streng, oder nur gerecht sey, mag die Folge bewähren.

Im *ersten* Bande von Nr. 1. stossen wir zuerst auf *Rückwirkung*, Lustsp. in 1 Act, nach den *Ricochets* von *Picard.* Diess ist eins der besten dieser Sammlung, kann aber deutschen Zuschauern nur als ein Gemälde fremder Sitten einigermassen gefallen. Fast dasselbe gilt von der *Nachbarschaft*, Lustsp. in 1 Act, von *Demselben.* Eine Stelle, welche das französische Theater schildert, möge hier Platz finden. S. 98: „Reden Sie nur nicht etwa von den Schauspielen! Calembourgs statt Witz, Madrigale statt Verstand, Spitzbuben, welche Zartsinnige vorstellen, Ehebrecher, die Moral von sich geben, Räuber, mit hoher Empfindung angethan!" — Manches hievon möchte mit Recht auch auf das unsrige angewendet werden! — Auch der *Taufschein*, Lustsp. in 1 Act, von *Demselben*, ist eine ganz artige Kleinigkeit, und mag auf französischen Theatern Wirkung thun; aber für ausgezeichnet gut, für der Verpflanzung auf unsre Bühnen besonders werth, kann auch diess Rec. unmöglich ansehn. Vielleicht entlehnte *Piccard* die Idee dazu aus den *Lettres galantes de Monsieur le Chevalier Her*** (Hermainville)*, die auch *Fontenelle* zugeschrieben werden. S. den 32sten Brief.

Bey den bisher bemerkten drey Lustspielen hat der Uebers. mit Recht die französischen Namen der Personen beybehalten, hingegen bey dem folgenden: *Die erwachsenen Töchter*, Lustsp. in 3 Acten, nach *Demselben*, die Scene nicht zum glücklichsten nach Deutschland versetzt. Hieraus entsteht eine gar nicht wohlthuende Halbheit; kein Leser oder Zuschauer wird hier Deutsche geschildert finden, und doch soll man diess annehmen! Auch ist diess Lustspiel in der Uebersetzung nicht lustig, sondern langweilig, und die Art, wie der Vater die Töchter, und diese sich selbst, unter die Haube zu bringen suchen, nicht im mindesten ergetzend, sondern widrig.

Der *zweyte* Band enthält *Duhautcourt*, oder der *Vergleichscontract*, Schausp. in 5 Acten, nach *Picard.* Diess ist ein Abscheu erweckendes Sittengemälde von Leichtsinn und Betrug, das der Deutsche zwar nicht ohne Verwunderung betrachten wird, welches aber gleichwohl, der Fremdartigkeit der Verhältnisse halber, nicht eben grosse Theilnahme erregen kann. Abgerechnet, dass der grössere Theil des Publicums mit merkantilischen und juridischen Geschäften zu wenig bekannt ist, um an dergleichen Dingen auf dem Theater besonders Geschmack zu finden: so wäre übrigens die Schilderung eines betrügerischen Bankerots, dergleichen ja, leider! auch bey uns nicht ganz selten sind, allerdings ein würdiger Gegenstand für den Pinsel eines deutschen Sittenmalers, und sein Kunstwerk würde auf ein deutsches Publicum weit bleibendern Eindruck machen. Nur freylich müsste er Augenzeuge von solchen Vorfällen gewesen seyn, oder seine Phantasie und Kenntniss der Leidenschaften müssten diesen Mangel ersetzen. Das böse Gewissen eines angehenden Schurken, der bey innrer Angst hochfahrende Trotz des vollendeten, die Erbärmlichkeit der elenden Helfershelfer, die stille Verzweiflung

lung derjenigen, die durch einen folchen Betrug ihr Eigenthum den Klauen der Räuber preisgegeben fehen, die lauernde Arglift der Wucherer, die bey dem Verluft noch gewinnen, und dann die fruchtlofe Kraft eines Mannes von Kopf und Herzen, der dem Betrug fich entgegenftellt, zeichnen fich noch ganz anders, als fie zum Theil hier von *Picard* gezeichnet find, und obfchon, wie der Herausg. in der Vorrede zum *erften* Theile fagt, „die Gefetze und die Formen des gefelligen Lebens allmählig die Charaktere fo geglättet, verfchliffen oder ausgelöfcht haben, dafs nur noch Nüanzen wahrgenommen werden" — er hätte doch wohl hinzufetzen follen: in den gröfsern Städten Frankreichs — fo fcheint es doch dem Rec., als habe *Picard* das Meifte feines Gemäldes nur vom Hörenfagen entlehnt. Es könnte und follte vieles bey weitem lebendiger feyn! — Eine Stelle, die den Kaufmann fchildert, wie er feyn foll, ift zu wahr und fchön gedacht, um hier nicht angeführt zu werden. S. 18.: „Sehen Sie auf jene wahren Kaufleute, jene Banquiers, deren *Wohlftand* ganz Paris, ganz Frankreich *liebt* und *fegnet*. Eben fo ftreng gegen den unredlichen Schuldner, als nachfichtsvoll gegen den rechtfchaffnen Mann, der ein Opfer der zufälligen Umftände wird, vereint, um den Credit zu heben, das Zutrauen zu beleben, ihrem Vaterlande auswärts Achtung zu verfchaffen und es von der Bande von Wucherern zu befreyen, die auf das Unglück der Zeiten fpeculiren; ein wohlberechneter Aufwand, grofse und nützliche Unternehmungen, Aufmunterung der Künfte, des Ackerbaues und der Manufacturen; das giebt Anfprüche auf die öffentliche Achtung und Erkenntlichkeit!" — Wenn hingegen im Anfange des 4ten Acts der Hauptbetrüger feinen Diebsgefellen in demfelben Zimmer, wo jeden Augenblick die Gläubiger erwartet werden, ihre Rollen wiederholt: „Du haft den Auftrag, den Vergleich aufzufetzen; Du bift einer von den Gerichtspfufchern u. f. w. Ihr andern feyd Gläubiger. Du ein grofser Kaufmann, u. f. w.": fo ift diefs eine Unwahrfcheinlichkeit und Unbeholfenheit, die man einem deutfchen Schaufpieldichter fchwerlich verzeihen würde.

Das *zweyte* Stück des *zweyten* Bandes find *Heinrichs des Fünften Jugendjahre*, Luftfp. in 3 Acten, nach *Alex. Duval*, auch von *Theodor Hell* in Nr. 2. unter dem Titel: *Ein Tag aus dem Jugendleben Heinrichs des Fünften*, überfetzt. Unter diefen Ueberfetzungen ift die von *Hell* leichter, frifcher und fliefsender; auch hat fich in die *Iffland'fche* der fonderbare Anachronismus eingefchlichen, dafs von *fünf* Welttheilen geredet wird. Die diefem Luftfpiel zum Grunde liegende Anekdote hat *Meifsner* in einer feiner Sammlungen, zwar nicht für das Theater paffend, doch weit genialer behandelt, und nur der einzige Umftand dünkt Rec. von *Duval* glücklicher erfunden, dafs *Heinrich* und *Rochefter* in der Schenke als Matrofen verkleidet erfcheinen. — Auf deutfchen Theatern wird diefs Stück zuverläffig nur wenig beluftigen.

Der *dritte* Theil von Nr. 1. enthält den *Flatterhaften*, oder *die fchwierige Heirath*, Luftfp. in 3 Aufzügen, nach *Caigniez*. Hier hat der Ueberfetzer abermals deutfches Coftum fubftituirt, und die fchon oben gerügte Halbheit tritt abermals ein, verbindet fich aber zu gleicher Zeit mit einer fo foliden Breite und Alltäglichkeit, dafs fchwerlich eine deutfche Schaufpielergefellfchaft diefs Stück zum zweyten Mal geben wird. Schon die wunderbaren Teftamentsclaufeln, wie z. B. die, dafs der Neffe bey Verluft einer grofsen Erbfchaft bis zum dreyfsigften Jahr heirathen mufs, find ein fo abgenutzter Theaterkniff, dafs man fchon bey der erften Erwähnung die Ausgangsthür fuchen möchte.

Anziehender und gehaltvoller ift das *zweyte* Stück diefes Bandes: *Frau von Sevigne*, Schaufp. in 3 Aufzügen, nach *Bouilly*. Schon der Titel verräth es, dafs es zu jenen, feit einiger Zeit beliebten, Kleinigkeiten gehört, wodurch irgend ein berühmter Name gefeyert wird. In der That ift denn auch die bekannte Briefftellerin hier fehr liebenswürdig dargeftellt, und recht viel Artiges eingewebt, was von ihr und manchen, ihr gleichzeitigen, fchönen Geiftern Frankreichs hie und da erzählt worden ift. Dabey hat jedoch der Vf. das gewöhnliche Loos von dergleichen Darftellungen, nämlich eine gewiffe, ins Kleinliche und Pedantifche fallende, Ungelenkheit, nicht ganz zu vermeiden gewufst. Wenn z. B. gleich im Anfange der *Sevigne* Kammerdiener, *Beaulieu*, auftritt: „Eben fchlägt's zehn Uhr in der Abtey; diefs ift die Zeit, wo die Frau von Sevigne jeden Morgen hieher kommt, um an ihre Tochter, die Frau Gräfin von Grignan, zu fchreiben u. f. w.": fo fieht man wohl ein, dafs den Zufchauern diefs hinterbracht werden foll, keinesweges aber, warum der ehrliche Beaulieu diefs fich felbft erzählt.

So wenig folchergeftalt die Auswahl der einzelnen Stücke diefer Sammlung befonders glücklich genannt werden kann, eben fo wenig können wir zu Hn. *Ifflands* Ehre denfelben für den Ueberfetzer halten. Denn die Uebertragung ift mit fo vielen Fehlern und Nachläffigkeiten durchwebt, dafs Hr. *Iffl.*, wenn er auch nur die Durchficht übernahm, hiebey äufserft flüchtig zu Werke gegangen feyn mufs. Aus mehrern nur einiges zum Beweis: I. Bd. S. 76. Mein Kind, ich bin zufrieden *von dem* Vermögen. S. 96. Er macht *die Hausehre* an meiner Stelle. S. 110. Kennen Sie denn Armand? — *Aber* fehr genau kenn' ich ihn. II. Bd. S. 30. Sie fürchten Sich *für* ihren Neffen, das ift doch wirklich zu fpafshaft. *Für* ein Kind u. f. w. S. 106. Ich *war* recht *verlangend*. S. 133. Wenn die Gerichte fich *von* Angelegenheiten diefer Art bemächtigen. S. 222. Nun, mein Prinz, find Sie *von* ihrem Abend zufrieden? III. Bd. S. 174. *Die* Backe. S. 175. Der Morgen geht *herum*. S. 209. beftattet ft. ausgeftattet u. f. w.

Von Nr. 2. ift der *erfte* Band bereits im J. 1808. Nr. 145. der A. L. Z. angezeigt. Beym *zweyten* ift nicht angegeben, was von dem Mitgetheilten Original oder

oder Ueberſetzung iſt. Das *erſte* Stück, der *Haustyrann*, in 5 Aufzügen, ſcheint Original zu ſeyn. Die Hauptidee, daſs ein grämlicher Hausvater, vor welchem, bey aller ſeiner Gutmüthigkeit und Biederkeit, die Seinigen zittern, mit Hülfe eines zurückkehrenden Frauenbruders und dadurch, daſs ihn Alles verläſst, gebeſſert werden ſoll, iſt zwar ziemlich nach dem gewöhnlichen Zuſchnitt, hätte aber doch wohl beluſtigend und belehrend ausgeführt werden können. Allein wir zweifeln, daſs dieſs hier geſchehen ſey. Beym Leſen hat uns nicht ſelten der böſe Dämon, Langeweile, ergriffen, und die Bekehrung iſt, wie die gewöhnlichen. Für radical kann man die Cur ſchwerlich halten. Uebrigens gehört das Stück zu den Mitteldingen, und der Vf. ſelbſt hat es weder Luſtſpiel, noch auch Schauſpiel — unter welcher Firma doch dergleichen Zwitterarten gewöhnlich curſiren — zu nennen gewagt. — Das einigemal gebrauchte Wort: *Zuvorkommenheit*, gehört nicht zu den guten.

Von dem *Tag aus Heinrichs V. Jugendleben* iſt ſchon im Obigen die Rede geweſen.

Die *Verwechslung*, oder *Kleider machen Leute*, Nachſpiel, gehört zu dem Alltäglichen. Auch hier ſchürzt eine verwünſchte Teſtamentsclauſel den Knoten. Die Tante, ohne deren Einwilligung die Nichte nicht heirathen darf, will dieſe nicht geben, bevor ſie ſelbſt an Mann gebracht iſt. Sie beglückt endlich einen Krähwinkler Schöngeiſt mit ihrer Hand, und ſo erhält denn auch das Nichtchen ihren Erwählten. — Mitunter wird ein ziemlich ſtumpfer Pfeil auf *Alorkos* u. ſ. w. abgeſchoſſen.

Herr Habicht, oder der *Hauswirth unter Siegel*, iſt nicht übel, doch unbedeutend. Das Milchmädchen mit dem Eſel und das Frühſtück von gerührten Eyern paſst nicht auf deutſchen Grund und Boden. Deshalb hätten die franzöſiſchen Namen beybehalten, oder jene Dinge mit etwas anderm vertauſcht werden ſollen.

In Nr. 3. wird eine verzogene, aufbrauſende, aber übrigens gutherzige junge Frau, unter Beyhülfe ihres Bruders, dadurch gebeſſert, daſs ihr Ehemann ſich eben ſo aufbrauſend, ja noch ärger, ſtellt. Die Idee einer ungefähr ſo *bezähmten Widerbellerin* iſt bekanntlich nicht neu; eben ſo wenig erhebt ſich die Ausführung über das Mittelmäſsige. Inzwiſchen kann dieſs kleine Stück, wenn die junge Frau von einer talentvollen Schauſpielerin vorgeſtellt wird, ein halbes Stündchen über angenehm unterhalten.

Nr. 4. verdient, wenn unſre Theater denn doch zum Auslande ihre Zuflucht nehmen ſollen, unter den angeführten Sammlungen den meiſten Beyfall. Die hier mitgetheilten kleinen Luſtſpiele, deren keines mehr als *einen* Act hat, ſind, obwohl ſämmtlich in Proſa, doch vortrefflich überſetzt, und, wie als Aegide auf dem Titel bemerkt wird, in Weimar gegeben worden.

Das *erſte* Bändchen enthält: 1) *Eitle Mühe der Verliebten*, nach *Bliu*, wenn wir nicht irren, ſchon in der *Selene* von *Rochlitz* mitgetheilt; eine niedliche Bagatelle. Die Intrigue, wo ein Liebhaber erſt als Maler, dann als Rechtsgelehrter erſcheint, und am Ende der von zwey Alten beſtimmte Bräutigam ſelbſt iſt, erinnert zwar an unzähliges Aehnliches; indeſſen iſt der Dialog ſehr fein, und die ganze Behandlung im Original wie in der Ueberſetzung witzig und nett. 2) *Herr Temperlein*, oder *wie die Zeit vergeht!* nach *Picard*, das anderswo auch unter dem Namen: *Herr Müſsling*, überſetzt und aufgeführt worden iſt, hat Rec. weniger gefallen. Am wenigſten aber das dritte und letzte dieſes *erſten* Bändchens: *Cephiſe*, oder der *Sieg des Herzens*, in welchem eine ſchöngeiſteriſche Wittwe bekehrt wird. Weder ſie ſelbſt, noch ihr eigentlicher Geliebter, erregen das Intereſſe des Leſers.

In dem *zweyten* Bändchen ſind folgende Stücke enthalten: 1) *Die beiden Luſtſpieldichter*. Eine freye Ueberſetzung des bekannten artigen Luſtſpiels: *Bruis et Palaprat*, von *Etienne*, wovon wir bereits eine in demſelben Verlag gleichzeitig erſchienene, *metriſche*, Ueberſetzung, zugleich mit dem franzöſiſchen Original in unſrer A. L. Z. (1809. Nr. 250.) angezeigt haben. Der Vf. der gegenwärtigen Bearbeitung ſteht dem Vf. jener andern keinesweges nach, obgleich die ſeinige nur eine proſaiſche iſt, und es ſich nicht läugnen läſst, daſs das Versmaſs der gereimten Alexandriner, vorausgeſetzt, daſs der Dichter wie der Schauſpieler es geſchickt zu behandeln wiſſe, auch dem *deutſchen* Luſtſpiel einen eigenthümlichen Reiz verleiht, den gewiſs jeder Zeuge einer gelungenen Darſtellung der kleinen, in dieſer Gattung geſchriebenen Stücke von *Göthe*, *Stoll* und *Conteſſa* empfunden haben wird. Aber auch bey dieſer Rückſicht kann Rec. jener metriſchen Ueberſetzung dieſe nicht nachſetzen, da in ihr der Ausdruck des Originals noch mehr an witzigen Pointen gewonnen hat, als es bey jener der Fall iſt. Man darf jede Scene aufſchlagen, welche man will, und man wird finden, daſs der geiſtvolle Ueberſetzer das Stück mit manchem ſehr guten Wortſpiel und Bonmot noch bereichert hat. — 2) *Haſs den Frauen*, nach *haine aux femmes*, von *Bouilly*. Dieſes niedliche Stück hat der Vf. am freyeſten behandelt, indem er die beiden Hauptcharaktere mit Feinheit etwas deutſcher gezeichnet hat, als ſie im Original ſeyn konnten, wofür ihm unſre Bühnen, auf denen es in dieſer Geſtalt gewiſs überall gefallen wird, Dank ſchuldig ſind. Hätte er nur auch dem Charakter des Weiberhaſſers mehr Haltung gegeben. Denn mit dem *Haſſe* iſt es eben nicht weit her, und indem der Held, durch die Liebe einer jungen Wittwe, noch leichter und ſchneller bekehrt wird, als ſelbſt in *Kotzebue's* Menſchenhaſs und Reue die Bekehrung vor ſich geht, erhält er den Schein der *Affectation*, wodurch der Schluſs des Stücks nothwendig geſchwächt wird. Das dritte und letzte Stück: *Die ſpaniſche Wand*, nach *le Paravent*, von *Planard*, iſt, gleich der *Cephiſe* im *erſten* Bändchen, ganz unbedeutend, und je unverkennbarer der ungenannte Vf. dieſer Ueberſetzungen, in der Correctheit und Eleganz des Stils, in dem ſie geſchrieben ſind, wie in der Leichtigkeit und geiſtreichen

Fein-

Feinheit ihres Dialogs, feinen Beruf zum dramatifchen Ueberfetzer beurkundet hat, um fo lebhafter wünfchen wir, dafs er fein Talent bald gröfsern und gehaltvollern Productionen in diefem Fache der Poefie zuwenden möge. Auch das Aeufsere diefer Sammlung, der wir in Rückficht ihres innern Werths nicht anftehn können, den Vorzug vor der *Iffland'fchen* zu geben, zeichnet fich fehr vortheilhaft aus.

Cöln, in Commiff. b. Keil: *Die Carolinger.* Ein Trauerfpiel in fünf Acten, von *Joh. Jof. Pfeiffer.* 1807. 112 S. 8. (12 gr.)

Der bereits verftorbene Vf. diefes Trauerfpiels, welcher aufserdem auch ein lyrifches Drama, *Ino*, und eine Sammlung Gedichte herausgegeben hat, äufsert in der Vorrede, dafs nur die Bühne über fein Stück entfcheiden könne, und dafs überhaupt die Kritik ihr Forum der Bühne gegenüber auffchlagen müffe, worüber fich, feiner Meinung nach, eine fehr intereffante Abhandlung fchreiben liefse. Rec. räumt diefs theilweife gern ein, findet aber an dem gegenwärtigen Trauerfpiel Nichts, weshalb es eine andere Art der Beurtheilung, als die gewöhnliche, erforderte; vielmehr glaubt er fich, auch ohne eine Vorftellung diefes Stücks gefehn zu haben, recht wohl im Stande, ein richtiges Urtheil darüber zu fällen. Faft follte man glauben, eine Ueberfetzung aus dem Franzöfifchen vor fich zu haben, fo fehr weht der Geift der franzöfifchen Tragödie mit feinen fo oft gerügten Fehlern durch diefes Stück; diefelbe fteife Regelmäfsigkeit, diefelbe Unnatur in den Charakteren. Diefer Vorwurf trifft alle Perfonen des Stücks ohne Ausnahme; keine einzige hat Wahrheit und Leben; und fo fehr fich der Vf. oft anftrengt, die gewaltigen Leidenfchaften frey austoben zu laffen, fo bleiben fie doch in dem Kreife unnatürlicher Steifheit, worin fie einmal gebannt zu feyn fcheinen. Befonders ift dem Vf. die Hauptperfon des Stücks, *Kaifer Karl der Kahle*, mifslungen; ein fchwacher Charakter follte gezeichnet werden, aus deffen Schwäche alles Unglück entfteht, was in dem Stücke aufgehäuft ift; aber wie verabfcheuungswürdig ift diefer Charakter unter den Händen des Vfs. geworden! Wir überheben uns, da der Vf. diefe Erinnerungen ohne diefs nicht mehr benutzen kann, der Mühe, die Fabel des Stücks und ihre Brauchbarkeit zur Tragödie genauer zu unterfuchen, fie fcheint uns einer beffern Bearbeitung nicht unwerth. Das gewaltige Schickfal, welches diefes Kaiferhaus zu Boden fchlägt, tritt in der Bearbeitung des Vfs. gar nicht hervor. Uebrigens ift das Stück in fünffüfsigen Jamben gefchrieben, und enthält manche einzelne fchöne, wenigftens kräftige, Stellen; oft aber herrfcht ein Anftrich von Modernität, der fich fehr übel ausnimmt, z. B. wenn der Kaifer Karl im neunten Jahrhundert fchon von *Verbildung* der Kinder redet, und mehreres dergleichen.

Berlin, b. Schöne: *Der Bankrott.* Poffe in einem Act, nach einem Canefafs des *Federici.* Von *Julius von Voß.* 1805. 48 S. 8. (4 gr.)

Diefes kleine Stück, eine frühere Arbeit des feitdem durch zahlreiche dramatifche Verfuche bekannt gewordenen Vfs., welches wir hier als Original beurtheilen, ift eine recht artige Poffe. Ein blutarmer Schuhflicker, der gehört hat, dafs man durch einen Bankerott (der Vf. fchreibt immer Bankrott) ohne Mühe reich werden könne, entfchliefst fich, einen Verfuch der Art zu wagen, und einen anftändigen Bankerott von 50 Procent zu machen. In diefer Abficht giebt er von den ihm zur Reparatur gebrachten Schuhen und Pantoffeln immer nur einen zurück; einen einzelnen Stiefel fchneidet er mitten durch. Diefs unerwartete Verfahren bewirkt luftige Auftritte mit mehrern, bey ihm erfcheinenden, epifodifchen Perfonen, die der Vf. mit wenigen Pinfelzügen leicht, aber treffend, hingeworfen hat. Das Ganze hat das einer Poffe nöthige Leben und komifche Kraft; auch eine fehr naive Liebfchaft tritt in derfelben paffend hervor. Mitunter aber fagen die Perfonen auch einiges, was über den Horizont ihrer Verftändlichkeit geht, oder man ftöfst auf Ausdrücke, welche zu gefucht und geziert klingen, wie wenn z. B. der Schuhflicker Veit (S. 21.) zu dem Schaufpieler fagt: „Herr, verzeihen Sie, Ihr Titel koftet mir Schweifstropfen." Der politifch-moralifchen Tendenz des Stücks wünfchen wir von Herzen den beften Erfolg.

LITERARISCHE NACHRICHTEN.

Todesfälle.

Am 28ften Julius, in der Schlacht bey Talavera in Spanien, blieb einer der trefflichften Kriegsbefehlshaber des dort mit gegen die Infurgenten und die Engländer fechtenden Grofsherzogl. Badifchen Armeecorps, *Heinrich Philipp Reinhard von Porbeck*, urfprünglich *Büdiker* genannt, Generalmajor und Commandeur des Grofsherzogl. Badifchen Militär-Verdienftordens, ehedem in Kurfürftl. Heffifchen Dienften zu Caffel; auch als Schriftfteller rühmlich bekannt durch feine kritifche Gefchichte der Operationen, welche die Englifch-combinirte Armee zur Vertheidigung von Holland, in den Jahren 1794 und 1795, ausgeführt hat (Braunfchw. 1802—1804. 2 Theile in 8.), und durch die militärifche Zeitfchrift: Neue Bellona (10 Bände oder 40 Hefte. Leipz. 1801—1806. gr. 8.).

ALLGEMEINE LITERATUR-ZEITUNG

Mittwochs, den 6. December 1809.

LITERARISCHE NACHRICHTEN.

I. Gelehrte Gesellschaften und Preise.

Am 4ten November feyerte die *Königl. Societät der Wissenschaften* zu *Göttingen* ihren Stiftungstag zum 58sten Male mit dankbarer Lobpreisung der huldvollen Gesinnung des Königs und seiner gnädigen Zusicherungen nicht nur der fernern Erhaltung, sondern auch der weitern Vervollkommnung dieses *Instituts.* Seit der letzten Stiftungsfeyer führte das Directorium Hr. Prof. *Mayer* als ältestes Mitglied in der *mathematischen* Classe; gegenwärtig folgt ihm in der *historisch-philologischen* Hr. Prof. *Meiners.* — In Ansehung der *gegenwärtigen Mitglieder* fiel in diesem Jahre keine Veränderung vor; dem Alter nach sind es die Hnn. *Heyne*, *Richter*, *Beckmann*, *Meiners*, *Blumenbach*, *Tychsen*, *Heeren*, *Mayer*, *Reuß*, *Thibaut*, *Osiander*, *Schrader*, *Himly*, *Harding*, *Stromeyer*, *Gauß*, und die Assessoren *d'Artaud* und *Gravenhorst.* — Von *auswärtigen* Mitgliedern und *Correspondenten* verlor die Gesellschaft durch den Tod den Grafen *Mor. v. Brühl*, Königl. Sächs. Gesandten (Ehrenmitglied), Prof. *J. Ephr. Scheibel* zu Breslau (Correspondent), Prof. *Ch. F. Rüdiger* zu Leipzig, Prof. *G. C. Beireis* zu Helmstädt (Mitgl.). Auch stand in frühern Jahren mit derselben in Verbindung *A. L. v. Schlözer.* Neu aufgenommen wurden: als Mitglied Hr. *K. F. v. Reinhard*, K. K. Französ. Gesandter am K. Westphäl. Hofe; als Corresp. Hr. Dr. *Kieser*, Arzt und Stadtphys. in Nordheim; Hr. *El. v. Timkowsky*, Prof. der Rechte u. moral. Politik auf der Univers. zu Charkow; Hr. *E. F. L. Fischer*, Dr. Med. u. Aufseher des botan. Gartens des Grafen v. Rasumowsky bey Moskau, und Hr. *St. Quatremère de Quincy*, Vf. der gelehrten Forschungen über Sprache und Literatur der Aegypter.

Vorlesungen wurden gehalten oder vorgelegt im Januar vom Hn. Prof. *Schrader* über die von *Pallas* verzeichneten *Salzpflanzen*, vorzüglich über den wesentlichen Unterschied der Salsola und einiger verwandten Gattungen; im Februar vom Hn. Prof. und Cons. Ass. *Schaubach* zu Meiningen über das *vermeinte Alterthum der Sternkunde der Indier;* und vom Hn. Prof. *Mayer* über das *Gesetz der Expansivkraft der Dünste;* im Septbr. vom Hn. Prof. *Heyne* über die *histor. und antiquar. Merkwürdigkeiten von Byzanz;* und im Novbr. bey der Stiftungsfeyer vom Hn. Prof. *Stromeyer* eine Abhandl. *de Hydrargyri connubio cum Acido acetico.*

Preisfragen. Auf die bereits 1806. und zum zweyten Male auf diesen November bekannt gemachte *Preisfrage* der *physischen Classe* über den *Einfluß der Gasarten auf die Erregung der Electricität durch Reibung* u. s. w. war zwar schon früher eine gelehrte französische Schrift eingegangen, die allerdings um den Preis werben konnte, der aber mehr Genauigkeit der Versuche und Prüfung nach den darüber gemachten Erinnerungen zu wünschen war; aber weder diese wurde umgearbeitet, noch erschien eine neue Beantwortung. — Nicht besseres Glück hatte die sogenannte *ökonomische* Preisfrage über die *Wirkungen der Veränderung eines schweren Münzfußes in einem leichten und eines leichten in einen schweren auf die verschiedenen Gewerbe* u. s. w. Von den vier eingegangenen, größtentheils unbefriedigenden, Antworten konnte die beste aus Mayland gesendete den Preis nicht erhalten, weil der Vf. sich selbst genannt hatte. — Die *neuen* Preisaufgaben für die nächsten Jahre sind folgende: Die *historische Classe* legt für den November 1810. folgende Aufgabe vor: *Die geographischen Notizen, welche in Carpini, Rubruquis, und vorzüglich in Marco Polo von Venedig sich finden, nicht bloß in Beziehung auf ihre Reisen selbst, sondern auch in Hinsicht auf die Länder, Städte, Berge und Flüsse, von denen sie erzählen, zu sammeln, so daß die Nachrichten genauer untersucht, mit den besten und neuesten Reisebeschreibungen und Geographieen verglichen, das Irrige und Ungewisse vom Wahren und Zuverlässigen unterschieden werde.* — Die *physische* Classe legt auf *Michaelis* 1811. die Frage vor: *Cum penitior partium urinam humanam componentium cognitio, quam recentioribus chemicis a Fourcroy aliisque institutis analysibus debemus, plures in Pathogenia et Therapia progressus promittit, fructuosa ad hunc finem ejus applicatio a soc. regia desideratur.* — Die *ökonomischen* Preisfragen sind: auf den *Julius* 1810.: *Welche Wirkungen auf die Beschaffenheit und Menge des Honigs und Wachses hat man bisher von der Verschiedenheit der Pflanzen, des Clima und der Witterung sicher bemerkt?* — Auf den *November* 1810.: *Wie kann das Medicinalwesen für Flecken und Dörfer, oder für das platte Land, am besten eingerichtet werden?* und (die neue) auf den *Julius* 1811.: *Welches sind die sichersten Mittel, den Rübsamen (Brassica napus silvestris* und *Brassica campestris) auf den Aeckern wider die schädlichen Insecten zu sichern?* — Der Preis von jeder Hauptpreisfrage besteht in 50 Ducaten; von jeder *ökon.* Aufgabe in 12 Duc. Die Termine der Einsendung sind der letzte September und der letzte May.

Am 5ten November hielt die *allgemeine kameralistisch-ökonomische Societät* in *Erlangen* ihre jährliche Generalral-Versammlung, wozu der Director, Prof. Dr. *Herl*, durch ein Programm („das Finanz-Ideal und die Methode seiner Realisation") eingeladen hatte. Der Director eröffnete die Sitzung mit einer feyerlichen Rede über den Geist und Charakter der zwey letzt verflossenen Jahrzehende, sprach von den gegenwärtig *drey wichtigsten* Zeitbedürfnissen u. Staatsangelegenheiten — nämlich von der *innern Sicherheit*, von dem *National-Wohlstande* und von der *Bedeckung des Staatsaufwands;* trug einen Bericht vor, von der Entstehung, von dem Fortgange und gegenwärtigen Zustande der Societät, von den Arbeiten ihrer Mitglieder, und legte Rechenschaft über Einnahmen und Ausgaben ab. Die Societät zählt bereits 119 Mitglieder, und zwar 26 ordentl., 70 correspond. und 23 Ehren-Mitglieder. Sie erhielt Geschenke, an Büchern: vom Hn. Geh. Rath und Kammerherrn u. s. w. Frhn. *v. Bücklin* zu Rust, vom Hn. Geh. Rath und Vice-Kammer-Präsidenten *v. Griesheim* zu Altenburg, vom Hn. Chef de Division *Emmermann* bey der Präfectur in Dillenburg, vom Hn. K. W. Oekonomie-Rath *Scheffold* in Monrepos, vom Hn. Repetitor und Prosector an d. K. B. Thierarzneyschule *Schwab* in München, vom Hn. Grossherzogl. Bad. Prof. und Inspector *Herrmann* zu Rastatt, vom Hn. Apotheker *Häule* zu Lahr (im Badenschen); an naturhistorischen Sammlungen: vom Hn. Forst-Kandidaten u. s. w. *v. Schlümbach* in Nürnberg eine Samensammlung von 200 Arten in- und ausländischer Bäume u. s. w. und 6 Bände von *Desselben* grossem forstbotanischem Werk; an Geld: von einem erhabenen deutschen Patrioten, der nicht genannt seyn will, 12 Ducaten zur Erhöhung des für diess Jahr auf *das beste System der öffentlichen Sicherheits-Polizey* ausgesetzten Preises. Zur General-Versammlung wurden eingesandt: Berechnungen der directen und indirecten Staatsauflagen im Königreich Bayern, vom Hn. Polizeydirector *Fischer* in Kreilsheim; über Bewirthschaftung der Getreide-Magazine der Kameral-Aemter in ökonomischer und finanzieller Hinsicht, vom Hn. Stadt-Rendanten *Schlupper* in Windsheim; über die nützliche Hegung der Vögel zur Verminderung der schädlichen Wald- und Garten-Insecten, vom Hn. Forst-Kandidaten *v. Schlümbach* in Nürnberg, und über Vertheilung der Gemeinheiten, besonders aber über die Gemeindewälder, vom Hn. Forstmeister *Friedel* in Schwarzenberg. Von den anwesenden Mitgliedern hielten folgende Vorlesungen: der Hr. K. B. Landrichter *Aschenbrenner* in Banz im Main-Kreise über das Lotto und die Modalität der Abschaffung desselben; diesen Gegenstand machte die Societät zu Folge des Vorschlags des Hn. Landrichters zu einer Preisaufgabe für das J. 1810.; Hr. Dr. *Goldfuß* in Erlangen über die Naturmerkwürdigkeiten und Alterthümer des gebürgichten Theils des Main- und Pegnitz-Kreises; Hr. Kreis-Bau-Conducteur *Fick* in Erlangen über Staatsbedürfnisse und Staatsauflagen überhaupt und über eine eigene Taxations-Methode zum Behufe der Grundsteuer insbesondere; Hr. Dr. *Zimmermann* in Erlangen über die Respiration, so wie über einige die atmosphärische Luft betreffende Mischungsarten in medicin. polizeyl. Rücksicht. Nun nahm die Versammlung einstimmig nachstehende Mitglieder auf, und [illegible] zu Correspond. die Hnn.: *Baruch*, Dr. in Fra[illegible] a. M., *Link*, der Arzneygelahrtheit Doctor und Stadt-Physicus in Neunburg am Walde, *Grauvogl*, Edlen von K. B. Strassen- und Wasserbau-Directions-Ingenieur in Ulm, *Hermann*, Professor in Nürnberg, *Seifer*, K. W. Ober-Landes-Oekomie-Rath in Stuttgart, *Scheurl* von Defensdorf; K. B. Ober-Postamts-Secretär in Nürnberg, und *Schram*, Prof. u. Bibliothekar in Düsseldorf; zu Ehren-Mitgliedern die Hnn.: *Busch*, K. W. Geh. Legations-Rath in Dinkelsbühl, und *Kleindienst*, F. R., Kön. Bayr. wirkl. Rath und Geh. Central-Ober-Rechnungs-Commissar der Finanzen in München. Hierauf schloss der Director die Session mit Danksagung für die bisherige theilnehmende Thätigkeit und mit frohen Hoffnungen für die junge erst aufblühende Pflanze in der Zukunft, dass die Sonne des Friedens, deren Licht von Schönbrunn her strahlte, neues Leben verbreiten und auch für die Societät glückliche Folgen haben werde.

II. Vermischte Nachrichten.

Aus dem Oesterreichischen. Vom October 1809.

Der im April ausgebrochene Krieg hat den literärischen Verkehr im Oestreichischen fast ganz gehemmt. Nun, da der Friede geschlossen ist, bemerkt man auch in dieser Hinsicht eine grössere Regsamkeit. Aus Leipzig sind bereits mehrere Ballen Novitäten angekommen, und auch die Journale fangen wieder an, regelmässiger einzutreffen. Der Freund der Literatur fängt daher an, von neuem aufzuleben.

Während des Krieges haben die Buchhändler fast gar keine Geschäfte gemacht. Die Zahlungen indess, die sie in Bezug auf die, den occupirten Ländern auferlegten, Kriegs-Contributionen leisten mussten, waren nicht unbeträchtlich. Einige Nachdrucker suchten sich für diese dadurch zu entschädigen, dass sie wohlfeile Nachdrücke von classischen deutschen Werken veranstalteten, wobey sie, wie es scheint, ihre Rechnung fanden. Zwey Buchhändler, *Anton Doll* und *Pichler*, kündigten *Schillers* Schriften auf Pränumeration an. Die bey ersterem erschienene Ausgabe zeichnet sich durch Eleganz und Wohlfeilheit aus, und ist bereits bis zum *fünften* Bande vorgerückt. Sie fand eine grosse Anzahl von Abnehmern. Als Seitenstück zu *Schillers* Werken erscheinen die von *Göthe* in einer andern Buchhandlung, aber in demselben Formate und fast ganz in derselben Gestalt. *Thümmels Reise im südlichen Frankreich*, *Rousseau's neue Heloise* nach der Uebersetzung von *le Picque* und mehrere andere vielgelesene Schriften wurden gleichfalls in dieser Zeit nachgedruckt. Es steht nun zu erwarten, was die Oestreichische Censur, wenn alles wieder in Ordnung ist, zu diesen Unternehmungen sagen, und ob sie die Fortsetzung derselben gestatten wird. Es lässt sich übrigens mit einer Art von Zuversicht hoffen, dass, wenn auch manche Schriften verboten werden sollten, dieses wenigstens *Schillers* und *Göthe's* Werke nicht tref-

fen

sen werde. Da die Oestreichische Censur in den letzten Zeiten ohnehin weit humaner und billiger gewesen ist; so ist man um so mehr berechtigt, anzunehmen, dass sie künftighin keine Rückschritte machen, sondern noch mehr die Wünsche berücksichtigen werde, die in dieser Hinsicht die Gebildeten hegen.

Die Wiener politische Zeitung, die ein geborner Oestreicher, *Wiedemann*, seit 1806. in Französischen Diensten stehend, während des Kriegs redigirte, hatte bloss die Aenderung erfahren, dass sie täglich erschien; übrigens war sie nicht-interessanter, als sonst. Ein Paar Numern sind nun wieder, seit der Ratification des Friedens, unter Oestreichischer Redaction erschienen; man sagt aber, dass sie von neuem unter Französische Censur und Redaction gekommen sey, was so lange währen soll, bis Wien ganz von den Franzosen geräumt ist.

Die *vaterländischen Blätter* sind seit dem May ganz ins Stocken gerathen, und es ist noch ungewiss, ob sie fortgesetzt werden. Dieses wäre wohl zu wünschen. *Anton Doll* hat mit der ihm eigenen Unverdrossenheit und Solidität die *neuen Annalen der Oesterreichischen Literatur* pünktlich fortgesetzt und die Abonnenten vollkommen befriedigt. Es ist zu hoffen, dass er sich durch die ungünstigen Zeitumstände und durch die hochgestiegenen Preise des Papiers nicht werde abhalten lassen, die gedachten Annalen auch im künftigen Jahre fortzusetzen. Sie verdienen dieses schon des Intelligenz-Blattes wegen. Unter den Recensionen, die sie liefern, zeichnen sich besonders die im ästhetischen und pädagogischen Fache aus.

Der Freyherr *v. Hormayr*, der literarischen Welt durch seinen Oestreichischen Plutarch und andere historische Werke rühmlich bekannt, ist von dem Kaiser *Franz* zum Hofrathe bey dem Departemente der auswärtigen Angelegenheiten erhoben worden. Die baldige Fortsetzung seines Plutarchs ist zu wünschen. *Friedrich Schlegel* soll in Ungarn die Oestreichische Zeitung redigiren, die als die Hauptquartiers-Zeitung zu betrachten ist. Der Dichter *Collin* befindet sich auch noch in Ungarn.

Der Herzog von Mecklenburg-Schwerin hat unterm 20sten October 1809. eine, den edelsten Geist der Humanität und Gerechtigkeit athmende, Verfügung erlassen; nämlich: „dass Er es nicht weiter zugeben werde, dass verdienstvolle Prediger, die sich auf kleinen Pfarren befinden, und die, schon viele Jahre im Amte gestandene, Schullehrer, in Ansehung einer bessern Versorgung und weitern Beförderungen, durch das Andringen der jungen Kandidaten, oder auch der, nur erst eine kurze Zeit im Amte gestandenen, Lehrer zurückgesetzt, wo nicht gar vergessen werden; dass Er daher den festen, unabzuändernden Entschluss gefasst: von jetzt an durchaus keinen, zuvor nicht schon *mehrere* Jahre im Schulfach gestandenen, und seine darin bewiesene Amts- und Unterrichts-Treue auf eine ganz untrügliche Weise docirt habenden, Kandidaten zum Predigtamt zu befördern, sondern erst die Schullehrer ins Predigtamt zu versetzen, und dann die dadurch vacant werdenden Schulstellen an Kandidaten zu conferiren, weshalb um ledig gewordene Pfarr- oder Schulstellen nur allein die, auf kleinen Pfarren befindlichen, Prediger und die nur gering besoldeten Schullehrer bey offen kommenden resp. guten Pfarren und einträglicheren Schulämtern suppliciren dürfen, wobey sowohl bey Schullehrern als Kandidaten die Anciennetät in Ansehung ihrer verstrichenen resp. Dienst- und Prüfungsjahre ohne einige Neben-Rücksichten genau beobachtet, und darnach jedes Subject, ohne einige weitere Meldung, von selbst resp. zur weiteren Beförderung und Versorgung berufen werden soll; es wäre denn, dass dasselbe, zur ersteren Klasse gehörig, durch Untreue und Vernachlässigung in Erfüllung seiner Pflicht, oder einen, seinen Stand entehrenden, Wandel und sonstiges schlechtes Verhalten, sich einer bessern Versorgung unwürdig gemacht, oder auch ein, aus der letztern Klasse die Reihe treffendes, Subject durch einen tadelswerthen und unmoralischen Wandel oder sonstige schlechte Aufführung, davon der Herzog von Zeit zu Zeit sich schon eine untrügliche Kenntniss zu verschaffen wissen wird, sich selbst der landesväterlichen Beachtung, Behuf einer Versorgung, entzogen hätte, in welchem Falle der resp. Verdienstvollere und zu so wichtigen Aemtern sich besser Qualificirte natürlich, wie billig, den Vorzug erhält."

Auf des Herzogs höchsteigenen Befehl ist diese, auch für die Wissenschaften und deren Flor so wichtige, Entschliessung öffentlich bekannt gemacht.

INTELLIGENZ DES BUCH- UND KUNSTHANDELS.

I. Ankündigungen neuer Bücher.

In allen guten Buchhandlungen ist zu haben:

Ueber die Natur und Heilung der Lungenschwindsucht, von *D. L. Storr*, K. Würt. Hofmedicus. gr. 8. Stuttgart, bey J. F. Steinkopf. 1809. (125 Seiten, ohne Titel, Vorrede und Uebersicht.) 14 gr.

Das medicinische Publicum wird es dem Hrn. Verfasser ohne Zweifel Dank wissen, seine Untersuchungen und Erfahrungen über eine so häufig vorkommende, langwierige und schwer zu heilende Krankheit bekannt gemacht zu haben. Sämmtliche Formen der Lungenschwindsucht sind in dieser Abhandlung nach der Beziehung, in welcher sie zu dem Lebensalter und den verschiedenen Entwicklungsstufen stehen, erörtert, und besonders die ärztliche Behandlung derselben nach einem Gesichtspunkte angegeben, nach welchem sich die mannichfaltigen, einander zum Theil entgegengesetzt scheinenden, Kurmethoden auf eine natürliche Weise vereinigen lassen.

Der

Der Hauptinhalt ist folgender:

1) Verhältniss der Consumtionskrankheiten überhaupt und der Lungenschwindsucht insbesondere zu den verschiedenen Evolutionsstufen des menschlichen Lebens.
2) Vorkommen der Lungenschwindsucht im Alter der Kindheit, im Jünglingsalter, im Mannesalter, im höheren Alter. Corollarien hiezu, nebst
3) Ideen über die nächste Ursache der Lungenschwindsucht.
4) Ueber die Gemüthsstimmung der Lungenschwindsüchtigen.
5) Therapie der Lungenschwindsucht: *a*) der Lungenschwindsucht des Kindesalters; *b*) der floriden, nervosen und catarrhalischen Form des Jünglingsalters; *c*) der Lungensucht des männlichen Alters; *d*) über das symptomatische Heilverfahren in der Lungenschwindsucht; *e*) über die örtliche Behandlung der Lungengeschwüre.

Anzeige
für Aeltern, Jugendlehrer und *Kinderfreunde.*

Von dem geschätzten Herrn Rector *K. Hahn* ist folgendes schöne Buch jetzt von neuem in allen Buchhandlungen zu haben.

Angenehme Schulstunden. Gedichte und gereimte Erzählungen für die Jugend verschiedenen Alters. 8. Leipzig, bey Georg Voss. Preis 1 Rthlr. 4 gr.

Unter die Auswahl der bessern Jugendschriften gehört diese ganz vorzüglich. Ein hübsches Aeussere in Papier und Druck ist dem schönen Inhalt angemessen.

II. Neue Landkarten.

Folgende Karten sind, theils *ganz neu*, theils nach dem Französisch-Oesterreichischen *Wiener Frieden* vom 14. October, theils nach dem Schwedisch-Russischen *Friedrichshammer* Frieden vom 17. Sept. 1809, *berichtigt*, bey uns erschienen, und in allen guten Buch- und Kunsthandlungen zu haben. I. Karten zum *großen Gasparischen Hand-Atlasse*, in Homannischem Formate, zu 8 und 12 gr. Sächs. Cour. 1. Neueste Karte von Deutschland, von *Güssefeld* u. *Streit*. 2. Oesterreichische Monarchie. 3. Königreich Ungarn. 4. West- und Ost-Gallicien. 5. Schweden und Norwegen. 6. Deutschland, als *Post-Karte*, in 2 Blättern. 7. Europa. II. Karten zum *verkleinerten Hand-* oder sogenannten *Bürger-Schulen-Atlasse*, zu 4 gr. Sächs. Cour. 8. Europa. 9. Oesterreichische Monarchie. 10. Inner-Oesterreich oder ehemaliger Oesterreichischer Kreis. 11. Deutschland. 12. Königreich Ungarn. 13. Ost- und West-Gallicien. 14. Schweden und Norwegen. Alle diese Karten sind nach den beiden obgedachten Friedensschlüssen, bis zum *November dieses Jahres*, genau berichtigt, und die Liebhaber können nun ihre Karten-Sammlungen sicher damit ergänzen. Ausserdem ist auch der *Wiener Friedens-Tractat* vom 14. October dieses Jahres Französisch und Deutsch in 4to besonders abgedruckt, mit einer denselben *erläuternden Karte* (Preis 12 gr. Sächs. oder 54 Kr. Rheinl.) in unserm Verlage erschienen, und in allen guten Buch- und Kunsthandlungen zu haben.

Weimar, den 8. November 1809.

Das Geographische Institut.

III. Herabgesetzte Bücher-Preise.

Das nützlichste Weihnachtsgeschenk für die Jugend sind unstreitig:

Die *Bildungsblätter.* Eine Zeitschrift für die Jugend. Nebst pädagogischen Verhandlungsblättern für Aeltern, Erzieher, Jugendlehrer und Kinderfreunde. 4. In wöchentlichen Lieferungen. *Erster* Jahrgang 1806. Mit 52 Kupfern und 12 Musikbeylagen. *Zweyter* Jahrgang 1807. Mit 40 Kupfern und 12 Musikbeylagen. *Dritter* Jahrgang 1808. Mit 42 Kupfern und 12 Musikbeylagen. Preis der drey Jahrgänge statt 24 Rthlr., jetzt 15 Rthlr. Der einzelne Jahrg. statt 8 Rthlr., jetzt 5 Rthlr.

Laut der Anzeige des Verlegers, zu Anfang dieses Jahres, hat diese Jugendzeitung mit dem dritten Jahrgang aufhören müssen, da derselbe beym Absatz 1808. bey weitem nicht für seine Kosten gedeckt war. Unmöglich konnte aber derselbe diese Kosten durch schlechteres Papier und schlechten Druck, durch weniger und schlechte Kupfer u. s. w. vermindern, ohne dem schönen Ganzen dadurch zu schaden, und ein Institut, das er drey Jahre lang mit Vorliebe gepflegt hatte, in einer weniger gefälligen äussern Gestalt hervortreten zu lassen.

Diese Zeitung, gewiss das trefflichste Institut für die Kinderwelt, ward allgemein geschätzt, und fand viele Leser. *Viele Leser sind aber nicht auch Abnehmer.* Unter der Redaction des würdigen Vicedirector Dolz, haben Deutschlands geschätzteste Jugendschriftsteller mit ihren Beyträgen daran Theil genommen, und über den Werth dieser Blätter, wie es die drey Jahrgänge beweisen, ist nur eine Stimme.

Jetzt hofft nun der Verleger, dass sich das Publicum dafür von neuem interessire, um die angenehme Hoffnung zu haben, so wie die allgemeine Ruhe wieder eintritt, davon die Fortsetzung erscheinen lassen zu können.

Zu dem Ende fordert er *Aeltern*, *Lehrer*, *Jugenderzieher* und *Kinderfreunde* auf, sich für diese Jugendzeitung in ihren Zirkeln und Wirkungskreisen zu verwenden, und — um sich von dem Werth derselben vollständig zu überzeugen:

Die drey bestehenden Jahrgänge um den verminderten Preis zu 15 Rthlr., in jeder guten Buchhandlung vorräthig, zur Ansicht geben zu lassen.

ALLGEMEINE LITERATUR-ZEITUNG

Donnerstags, den 7. December 1809.

WISSENSCHAFTLICHE WERKE.

TECHNOLOGIE.

HALLE, in d. Renger. Buchh.: *Ueber die Zurichtung der Backöfen und Obstdarren zum Gebrauche des Torfs und der Braunkohle*, von *Joh. Luk. Deybaldt*, Mauermeister zu Halle. 1809. 147 S. 8. Mit 4 Kpft. Rthlr.)

Eine Schrift, die schon deshalb Dank verdient, weil sie unstreitig zu der kleinen Zahl derer gehört, welche aus reinem, uneigennützigem Eifer für das Gemeinbeste fliessen. Ihr reicher und wichtiger Inhalt, bey so geringem Umfange, heischt um so mehr eine ausführliche Würdigung. Der Vf. ist ein glücklicher Reformator in seinem Fache und hat sich um seine Vaterstadt dadurch ungemein verdient gemacht. Die Geschichte ist kürzlich folgende. Vor geraumer Zeit hatte der Gemeindebäcker eines Dorfes bey Halle die Erfindung gemacht, einen ganz gewöhnlichen Backofen mit Braunkohle (erdigem bituminösen Holze) zu heizen und ohne Nachtheil der Güte alle Arten von Gebäck dabey zu backen, welches bis dahin allgemein für unmöglich gehalten wurde. Da diese Erfindung für die Stadt Halle selbst, bey sehr hohen Holzpreisen und einer starken Consumtion, wichtig werden konnte: so suchte der Vf. sich des Dorfbäckers Vortheile in der Manipulation zu eigen zu machen und dann diese Feuerungsart in Halle einzuführen. Als er hierbey zu viel Widerspruch fand, nahm er im Jahre 1805. den Einfluss der damaligen preussischen Regierung zu Hülfe und wirkte von der Kammer einen Befehl zu officiellen Versuchen aus, in welche er klug genug einen der geschicktesten Bäcker zu verwickeln wusste, um den Kabalen, die er voraussehen musste, zu entgehen. Durch mehrere öffentliche Backproben that er nun die Anwendbarkeit der Braunkohle zur Gnüge dar. Wiewohl aber nicht allein die gröbere Brodbäckerey, sondern auch die Weiss- und Kuchenbäckerey gerieth und mehr leistete, als man sich von den ersten Versuchen im Grossen versprechen durfte: so kämpften doch tief gewurzelte Vorurtheile und Eigensinn zu mächtig gegen den Augenschein, als dass die Sache damals hätte in Gang gebracht werden können. Doch wurden die Bäcker im folgenden Jahre bey einem durch die Zufälle des Krieges erzeugten temporären, aber gänzlichen Holzmangel, durch feste Massregeln der Ortsobrigkeit leicht bewogen, die gewiesene Feuerung anzunehmen, bequemten sich aus Noth und fanden ihre Rechnung so gut dabey, dass nach dieser Zeit keiner wieder zur Holzfeuerung zurückkehrte. Vierzig Bäcker backen jetzt alle ihre Waaren bey Braunkohle und haben davon nach des Vfs. Berechnung zusammen einen jährlichen Gewinn von zehntausend Thalern.

Indessen wünschte der Vf. diese Verbesserung auch ausser seinem Wohnorte zu verbreiten und gemeinnütziger zu machen, als durch Zerstreuung der Hallischen Bäckergesellen von selbst erfolgen würde. In dieser Absicht liefert er hier die ganze Geschichte des Vorgangs mit aktenmässiger Treue und die Details der Versuche, unter deren sorgfältiger Nachachtung die neue Feuerungsart an jedem Orte glükken werde. Mit gutem Grunde wendet er sich dabey an die Regierungen und fordert ihre Mitwirkung, weil ausserdem die Einführung überall schwer halten würde, wo nicht, wie in seinem Falle, gebieterische Nothwendigkeit den Ausschlag gebe. Zwar fordert er zu dem Ende keine Gewaltschritte, sondern nur Aufmunterung, Beyhülfe zur Erleichterung und Befehle an die aufgeklärtern Stadt- und Landbewohner, vorzüglich an die Gutsbesitzer, Amtleute und Landprediger, ihre Mitbürger über die Vortheile der Sache aufzuklären. Für diese Aufgeklärtern schrieb er eigentlich und Rec. hat sich überzeugt, dass das Werkchen zu diesem Zwecke vollkommen geeignet ist. Es ist so plan und deutlich geschrieben, dass jeder geschickte Maurer darnach arbeiten kann. Der Vf. redet die anspruchlose, ungekünstelte Sprache der Redlichkeit, ohne sich über andre erheben zu wollen, bescheidet sich bey Dingen, die dem eigentlichen Gelehrten zustehen, und beschränkt sich lediglich auf die Erfahrung in seinem Wirkungskreise. Doch wir wollen dem Vf. in das Detail seiner Abhandlung folgen.

Sie zerfällt in *fünf* Abtheilungen. In der *Ersten* handelt er historisch von den bisherigen Vorschlägen zur Verbesserung der Backöfen und sucht aus eignen Erfahrungen darzuthun, dass keiner von ihnen dem beabsichtigten Zwecke entsprechen konnte. Mit einer Belesenheit, die in seinem Stande wohl sehr selten ist, recensirt er S. 1—16 die Holzspar-Backöfen von *Cancrin*, *Jachtmann*, *Parmentier* und *Kalkreuth*; S. 17—32 die zu Torf, Braunkohle und Steinkohle projectirten Oefen und Feuerungsmethoden von *Holschen*, *Barlenschlag*, *Tirren*, *Vend*, *Lanoix*, *Brün*, *Hahnemann*, *Cancrin*, *Rumford* und *Rettberg*. Wenn Rec. auch nicht jede einzelne seiner Bemerkungen

gen geradehin unterſchreiben möchte, ſo hat der Vf. doch im Ganzen gewiſs Recht, und man kann ſich nicht verhehlen, daſs hier der ausgebildete natürliche Verſtand oft genug — der ſchulgerechten Wiſſenſchaft ſehr achtungswerther Phyſiker den Preis ſtreitig macht.

In der *zweiten* Abtheilung erzählt der Vf. den Urſprung der neuen Erfindung und berichtet über ſeine officiellen Verſuche, indem er die dabey aufgenommenen, in der That ſehr belehrenden Protokolle mittheilt. Die Hauptſache beſteht darin, daſs die Braunkohle ungeformt, als Erde angewendet, dünn und gleichförmig im Backofen ausgebreitet, vor dem Gebrauche durch Hitze vollkommen ausgetrocknet und in eine Art von Coak verwandelt werden muſs, welches im Backofen ſelbſt nach jedem Backen geſchieht. Nach einigen Stunden läſst ſich dann die Kohle ohne Zuthat einiges Holzes entzünden, wenn man nur etwas glühende Kohle vor das Mundloch ſchüttet. Der Vf. beſchreibt alle einzelne Erſcheinungen, welche bey dem erſten, noch unſichern, Verfahren Statt fanden; er giebt die Maſse und Bauart der dabey gebrauchten Oefen an, ſchätzt die Quantität der Feuerung und Backwaare nach Gewicht und Kubikinhalt, und beſtimmt den Verfolg der Arbeiten nach Stunden und Minuten, ſo daſs es nirgends ſchwer fallen kann, dieſe Verſuche ſicher nachzumachen, auch die dabey anfänglich gemachten Fehler zu vermeiden. Zur bequemen Ausladung der Braunkohlenaſche bey Verſuchen, beſchreibt der Vf. S. 69. eine von ihm erfundene, einfache Vorrichtung, die durch einen Holzſchnitt verſinnlicht iſt. S. 73 — 77 berechnet er einleuchtend, daſs ein Backen, welches bey Holzfeuerung wenigſtens 17 Gr. 10 Pf. koſten würde, bey Braunkohlenfeuerung nur 9 Gr. 7 Pf. koſte, wodurch jeder Bäcker jährlich über 200 Rthlr. gewinnt. Von beſondrer Wichtigkeit ſcheint Rec. der Schluſs des zweiten Abſchnittes zu ſeyn. Da die Braunkohlenfeuerung nur wenigen einzelnen Gegenden zu gut kommt, weit gröſsere Landesſtriche aber dagegen mit Torf verſehen ſind, ſo war die Frage, ob der Torf nicht ebenſo zur Bäckerey benutzt werden könne? Die bisher deshalb angeſtellten Verſuche ſind bekanntlich nicht eben günſtig ausgefallen. Der Vf. vermuthete aber, daſs daran nur ein zweckwidriges Verfahren Schuld geweſen ſey. Halle hat ſelbſt keinen Torf; aber der patriotiſch denkende Mann ſchaffte Torf aus der Nachbarſchaft herbey, um ſeiner Sache gewiſs zu werden. Ein Verſuch, mit kleinzerkrümeltem Torfe zu backen, welcher S. 77. ausführlich beſchrieben iſt, fiel ſehr gut und entſcheidend aus, ſo daſs der Bäcker, bey dem er angeſtellt wurde, ſogleich erklärte: wenn er dieſes Feuerungsmittel eben ſo leicht haben könne, als die Braunkohle, ſo wünſche er ſich für ſeine Lebenszeit kein andres. Dieſer Umſtand macht die Erfindung um vieles gemeinnütziger und giebt dieſer Schrift ein höheres Intereſſe für In- und Ausland. Der Vf. vermuthet auch, daſs Steinkohlenſtaub zur Backofenheizung anwendbar ſeyn werde, welches zu verſuchen er die Bäcker in Steinkohlengegenden ermuntert.

In der *dritten* Abtheilung wird angegeben, wie die vorhandenen Stadtbacköfen, ohne niedergeriſſen zu werden, zur Feuerung mit Torf und Braunkohlen noch zweckmäſsiger eingerichtet werden können, um manchen bisher bemerkten Unbequemlichkeiten abzuhelfen. Das Austrocknen der Kohle im Backofen ſelbſt verurſachte nämlich einen ſchädlichen Aufenthalt in der Geſchwindbäckerey. Auch war das Ausladen der Aſche mit einem beſchwerlichen, ungeſunden Dampfe verbunden und das anhaltende Fortglimmen der Aſche lieſs in enggebaueten Häuſern Feuersgefahr befürchten. Zu dem Ende ſchlägt der Vf. vor, an dem Backofen unter dem Herde einen eignen eiſernen Trockenofen, noch tiefer aber einen feuerfeſten verſchloſſenen Aſchenraum anzubringen, in welchem die Aſche durch eine verſchlieſsbare Oeffnung im Herde gekrückt werden kann. Die ganze Vorrichtung eines ſolchen Ofens iſt auf zwey Kupfertafeln nach allen einzelnen Theilen vorgeſtellt und (S. 92 — 113) ausführlich beſchrieben, wobey der Vf. viele praktiſche Bemerkungen über die Regierung des Feuers einſtreuet. Er empfiehlt zur Vermehrung des Luftzuges die ſchon bekannte, bis dahin aber wenig gebräuchliche Zuwölbung des Schornſteins von unten; die Anbringung eines Zugloches dicht über dem Mundloche zur beſſeren Ausheizung und Benutzung des vordern Herdes, der noch vielfältig unbenutzt gelaſſen wird (wie auch *Riedel* das vordere ⅓ des Herdes als unbrauchbar angiebt); die Anbringung eigner Schieber an allen Zuglöchern, um den Strom der Hitze nach Belieben hie und dahin lenken zu können, u. ſ. w. Darauf beſchreibt er (S. 104 — 113) den Gebrauch ſeines Ofens bey zwey- und mehrmaligem Backen, wie dabey jeder Zeitverluſt vermieden, auch an Feuermaterial möglichſt geſpart werden könne. Endlich folgt (S. 114 — 116) der genaue Koſtenanſchlag der beſagten Zurichtung. Die ſämmtlichen Koſten an Material und Arbeitslohn betragen an 50 Rthlr., alſo noch nicht den vierten Theil deſſen, was durch die Braunkohlenfeuerung ſchon im erſten Jahre erſpart wird. Um ſo leichter werden induſtriöſe Bäcker zu dieſer neuen Anlage zu bewegen ſeyn, wenn ſie nur über ihr Intereſſe aufgeklärt werden; doch warnt der Vf. mit gutem Grunde, daſs man ja nicht zu früh die Bäckertaxe darnach herabſetzen, ſondern vielmehr dem, der die neue Anlage mache, den ganzen Vortheil auf 5 — 6 Jahre zuſichern ſolle, ſo daſs die Feuerung nach dem Holzpreiſe angerechnet werde. (In der Folge würde es freylich *noch* vortheilhafter ſeyn, die Bäckertaxe überhaupt aufzuheben, um die Torf- und Braunkohlenfeuerung *allgemein* in Gang zu bringen.)

Die *vierte* Abtheilung handelt von der Einführung der Torffeuerung auf dem Lande, welche der Vf. nur da für möglich hält, wo Gemeindebäckerey Statt findet. Daher empfiehlt er die Verbindung von beyden, deren Vortheile hier mit einer Kenntniſs der Geſchäfte auseinander geſetzt werden, welche in der

Schrift

Schrift eines Mauermeisters um so mehr überraschen muss. Sodann giebt der Vf. die Mittel an, wie die Gemeindebäckerey am leichtesten einzuführen sey, berechnet die Kosten der Unternehmung und zeigt, wie das Kapital zur Erbauung eines öffentlichen Backhauses sich schon in 7 Jahren wiederbezahlen könne, die Gemeinde möge klein oder gross seyn. — Ein Haupthinderniss für die Einführung der Gemeindebäckerey war bisher die Obstbäckerey der Landleute. Deshalb wird vorgeschlagen, mit den Gemeindebacköfen zugleich Gemeinde-Obstdarren anzulegen. Die ganze Anlage eines Gemeinde-Backhauses nebst einer dreyfachen Anstalt zum Obstbakken, welche 50 Scheffel Obst zugleich aufnimmt, ist auf den letztern Kupfertafeln zergliedert vorgestellt und in der letzten, *fünften* Abtheilung ausführlich beschrieben. Diese Anlagen sind übrigens nach des Vfs. Angabe in einzelnen Theilen schon hin und wieder mit Vortheil getroffen worden. Um so mehr lässt sich von der Ausführung im Ganzen Gutes hoffen, zu welcher wir ihm recht baldige Gelegenheit wünschen.

Die Sache spricht laut selbst für sich und bedarf keiner Empfehlung. Rec. begnügt sich, dieses treffliche Werkchen seinem wesentlichen Inhalte nach angezeigt und der Benutzung näher gebracht zu haben, welche für die Erhaltung unsrer Forsten so sehr zu wünschen ist. Es verdient, in allen Provinzen, die Torf oder Braunkohle haben, nicht nur gelesen, sondern als eine Anleitung zu officiellen Versuchen befolgt zu werden. Dem biedern Vf. gebührt, als einem Patrioten im edelsten Sinne, der Dank des Vaterlandes. Auch die Verlagshandlung hat gethan, was ihr oblag, die gute Sache zu befördern. Druck und Papier sind gut, die Kupfertafeln sogar schön und sehr belehrend.

PHYSIK.

GRÄTZ, b. Ferstl: *Compendiaria physicae institutio, quam in usum tironum conscripsit hujusque scientiae statui recentissimo accomodavit Jo. Phil. Neumann* phys. in C. R. Lyceo Graecensi Prof. P. O. Tom. I. 1808. 231 S. gr. 8. m. K. (1 Rthlr. 16 gr.)

Nach einem K. K. Befehl sollten auf allen österreichischen Universitäten und Lyceen Vorlesungen über die Naturlehre in lateinischer Sprache gehalten werden. Der Vf. sah sich deshalb auch nach einem lateinischen Lehrbuche um, und da er keins fand, welches dem Ideale, das er sich davon gebildet hatte, Genüge leistete: so entschloss er sich, selbst eins auszuarbeiten. Es sollte dem Geiste der Zeit gemäss und so abgefasst seyn, dass es bey den öffentlichen Vorlesungen zum Grunde gelegt werden könnte, es sollte wissenschaftlich und in gehöriger Schärfe, aber doch auch nach der Fähigkeit der Schüler eingerichtet seyn, alles enthalten was zur systematischen Kenntniss der Physik erforderlich ist, aber doch auch nicht zu voluminös werden; es sollte Kürze mit Vollständigkeit verbinden. Ungeachtet dieser nicht leichten Forderungen, hat der Vf. doch alles geleistet, was nach diesem Plane irgend zu erwarten war. Dabey ist der Vortrag sehr deutlich. Sowohl die Hauptsätze als die vornehmsten Resultate sind mit grösserer Schrift, die Beweise hingegen, besonders die verwickeltern, so wie die anzustellenden Versuche, die Folgerungen, die Anwendungen, die historischen Nachrichten u. s., mit kleinerer Schrift gedruckt. Den Anfang des Buchs selbst machen vorläufige Begriffe und Eintheilungen. I. Allgemeine Körpererscheinungen: Ausdehnung, Figur, Undurchdringlichkeit. Eine gedrängte Nebeneinanderstellung des atomistischen und dynamischen Systems. Ueberhaupt werden im Verfolg des Werks alle vorzügliche Naturereignisse sowohl nach der Ansicht der atomistischen als nach der der Dynamiker, erklärt. Der Vf. selbst giebt der dynamischen Ansicht zwar den Vorzug, glaubt aber doch, dass die atomistische wegen ihrer Leichtigkeit in der Vorstellung, nicht geradezu aus der Naturlehre zu verbannen sey. Wenn man alles genau analysirt, so mag wohl am Ende der Unterschied beyder Systeme nur in Worten liegen. Wenn es nämlich heisst: nach der Meynung der Dynamiker füllt die Materie den Raum nicht durch ihre blosse Existenz, sondern durch eine besondere *vim motricem* aus — so kann man nach einer Erklärung des Wortes *motrix* fragen, wenn es nämlich etwas *Bewegendes* giebt, so muss es doch auch etwas geben das davon *bewegt wird*, und dieses muss eine von jenem verschiedene Natur haben. — Dieses letztere nennt man nun Materie im Gegensatz mit der sie bewegenden Kraft. Wenn aber Materie selbst nur das Resultat des Conflicts und Gleichgewichts der repulsiven und attractiven Kräfte seyn soll, so müsste die *vis motrix* sowohl das Bewegende als Bewegte, das *agens* und *patiens* zugleich seyn. Soll sich diess denken lassen, so muss man das Resultat aus dem Conflict der dynamischen Grundkräfte, als etwas von diesen Kräften selbst verschiedenes, ansehen, und so hat man, um diese Verschiedenheit durch einen Ausdruck zu bezeichnen, dafür das Wort *Materie* gewählt. Porosität; zerstreuter leerer Raum; Dichtheit; Theilbarkeit; Beweglichkeit; Trägheit; ohne dieselbe würde keine Legalität in der Natur begreiflich seyn; sie ist nicht als eine positive Eigenschaft der Materie, sondern vielmehr als der Mangel einer solchen, anzusehen. Anziehung. Bey sehr kleinen Abständen haben sie keinen besondern Namen, aber bey grösseren werde sie Schwere genannt. Nach *Berthollets* chemischer Statik scheinen die chemischen Verwandtschaften in den verhältnissmässig kleinen Abständen ihren Grund zu haben. II. Von der Bewegung im Allgemeinen, ohne Rücksicht auf die besondern bewegenden Kräfte. Gesetze der Bewegung mit der allgemeinen mathematischen Darstellung. Einfache und zusammengesetzte Bewegung. Wenn im Parallelogramm beyden Kräften nach einander Folge geleistet würde, so müsste der Körper jedesmal auf einem Punkte der Diagonale des Parallelogramms seyn; diese Ansicht ist unstreitig die einfachste, zumal wenn man, wie bereits geschehen ist, jede Seitenkraft in eine gewisse Anzahl unendlich kleiner Theile getheilt, vorstellt. Krummlinigte Bewegung, mit Anwendung auf die Keplerischen astronomischen Gesetze. Grösse der Bewegung. III. Chemische Elemente der Körper. Sehr ausführlich und ganz nach dem neuesten Zustande der Wissenschaft, doch werden *Winterl's Andronia* und *Thelika* nur mit einem Worte berührt. Gründe und Gegengründe zwischen dem phlogistischen und antiphlogistischen System. Im letztern Systeme führt der Vf. ausser dem *Calorique* auch noch den *Lichtstoff* besonders mit auf; er sagt aber davon bloss, dass er als die Ursache der Lichterscheinungen angenommen werde; warum fiel er nicht darauf, dass derselbe auch wohl eben solche Verbindungen mit andern einfachen Stoffen, wie der Wärmestoff, eingehen und dadurch besondere Körper darstellen könne? — so wäre eine bedeutende Lücke in der antiphlogistischen Hypothese ausgefüllt worden. IV. Von den Aggregatformen der Körper; Erscheinungen der Cohäsion und Adhäsion, chemische Affinität und Anziehungen in kleinen bemerklichen Abständen. Auch ältern Hypothesen und das was sich dagegen sagen lässt. Elasticität. Der Vf. unterscheidet eine expansive und attractive. Auch vertragen sich Elasticität und Härte nach des Vfs. Definitionen vollkommen mit einander. Besondere Körperformen; Krystalle; die vornehmsten Beobachtungen darüber aus *Haüy*. Festigkeit der Körper. Sie wird in einen gewissen Grad des Zusammenhangs ihrer Theile gesetzt, die Höhe dieses Grades selbst lässt sich nicht genau bestimmen. Adhäsion. Es wird mit Recht bemerkt, dass bey den bekannten Versuchen mit den marmornen Zylindern auch der Druck der Luft mit Antheil habe: denn sie fallen im verdünnten Luftraum auseinander. Haarröhrchen. Chemische Verwandtschaften und Processe. Eine kurze Darstellung von *Berthollets* Theorie. Nach ihr gehören nämlich ausser der Verwandtschaft noch andere Kräfte zur Trennung bey den Auflösungen. Die Abweichungen von andern Chemikern werden besonders heraus gesetzt. *Berthollets* Hauptsatz ist, dass sich die Wirkungen der Verwandtschaft verhalten wie die Producte aus der Affinität der Stoffe in ihre Quantität. Dieses Produkt nennt *Berthollet* die chemische Masse; und was daher an Verwandtschaft fehlt, kann durch grössere Menge ersetzt werden. Anziehungen in bemerklichen Abständen. V. Schwere mit ihren Erscheinungen. Pendel. Wurfbewegung. Centralkräfte. VI. Statik fester Körper. Schwerpunkt. Stoss. Hindernisse der Bewegung. VII. Hydrostatik. VIII. Aerostatik. IX. Tonlehre. Mit Rücksicht auf *Chladni's* Entdeckungen, so wie über die Beschaffenheit des Tons in künstlichen Gasarten. Den Beschluss macht die Lehre von der Fortpflanzung des Schalles.

NATURGESCHICHTE.

Leipzig, b. Paul Vogel: *Gallerie der Thiere.* Ein unterhaltendes Bilderbuch für Kinder. *Erstes* Bändchen, mit 37 ausgemahlten Kupfern. Säugethiere. Erste Klasse. Erste bis vierte Ordnung. 76 S. — *Zweites* Bändch., mit 33 a. K. Vielzehige nagende Säugethiere. Erste Klasse. Fünfte Ordnung. 1807. 61 S. *Drittes* Bändch., m. 40 a. K. 66 S. *Viertes* Bändch., m. 46 a. K. 78 S. Beide 1808., und wie das zweyte Bändch., nagende Säugeth. *Fünftes* Bändch. m. 49 a. K. Grössere reissende Thiere. Erste Klasse. Sechste Ordn. 1808. 86 S. 12. Jedes Bändchen in rothem Marokin gebunden. (Subscriptionspreis des Bändchens 1 Rthlr. Ladenpreis 1 Rthlr. 8 gr.)

Wir haben der naturhistorischen Bilderbücher für Kinder bereits so viele, dass ein neues Unternehmen der Art nur dann Beyfall verdienen kann, wenn es sich durch sorgfältige Auswahl des für die Kinder, in ihrem gegenwärtigen und ihrem höheren Alter Interessantesten, durch richtige und schöne Darstellung, die weder zu falschen Vorstellungen leitet, noch den Geschmack verdirbt, durch weise Erzählung des Wissenswürdigen, und seine Anwendung auf Moralität oder Wirthschaft, und Wohlfeilheit des Preises auszeichnet, und mehr leistet, als bis jetzt geleistet war. Von allem diesem leistet aber diese Gallerie nichts: denn eine elendere Sudeley als diese Kupfer, sind uns lange nicht vorgekommen. In der Vorrede zum ersten Bändchen verspricht der Vf. in zwey Jahren das ganze Thierreich nach seinem Plane zu liefern. Nach diesem sollten die nagenden Thiere das zweyte Bändchen einnehmen. Einer Vorrede des Verlegers zu diesem zweyten Bändchen zu Folge, war diesem aber der Plan viel zu eingeschränkt. Drey Bändchen wurden nun den Nagern gewidmet, und das erste soll einen Supplementband erhalten. Wie viele Jahre werden dann bis zur Beendigung verfliessen, welche Summen aufgewendet werden; wenn alle drey bis vier Wochen ein Bändchen erscheint! und wer wird seinem Kinde das Buch kaufen wollen, wenn es ihm sagt, das purpurrothe Thier da kann unmöglich ein hiesiges Eichhörnchen seyn; was für Interesse kann ihm der madagaskarische, der canadische, der guianische, der sibirische Marder, der Vansier, der Nems; welchen Nutzen Beschreibungen wie folgende leisten: „Der Nems hat mit unserm Frettchen viel Aehnliches. Seine Ohren sind kahl, die Augen lebhaft, und die Haare dunkelgelb. Der ganze Körper ist mit langen Haaren bedeckt, welche dunkelbraun marmorirt sind; die Füsse haben vier Zehen und eine kleine Hinderzehe; der Schwanz, welcher nicht viel länger als bey unserm Frettchen ist, ist am Anfang sehr dick, und läuft am Ende sehr spitzig zu. Er ist im östlichen Afrika zu Hause."

ALLGEMEINE LITERATUR - ZEITUNG

Freytags, den 8. December 1809.

WISSENSCHAFTLICHE WERKE.

ERDBESCHREIBUNG.

SKARA, b. Leverentz: *Resa i Levanten* år 1796. Öfversättning från Fransyskan (Reise in der Levante 1796. Uebersetzung aus dem Französischen von) M. *Hasselrot*. 1805. 272 S. ohne die Vorrede. 8.

Der unlängst verstorbne ehmalige schwedische Gesandte in Constantinopel, Hr. *P. O. v. Asp*, hat diess Tagebuch über seine Rückreise von seinem Posten in franz. Sprache geführt, und Hr. *H.* liefert diese Uebersetzung aus der Handschrift des Vfs., der sie selbst durchgesehn und gebilligt hat. Die gelegentlichen Bemerkungen eines so einsichtsvollen und gebildeten Mannes können, selbst wenn sie nicht ganz neu seyn sollten, nicht ohne mannichfaltiges Interesse seyn. Am 22. Januar 1796. reiste Hr. *v. A.* in Gesellschaft des damaligen Majors (jetzigen Obristen) v. Hellwig, der vorher durch manche Untersuchungen sich zu der Reise vorbereitet hatte und auch bereits einige Bemerkungen über Trojas Lage bekannt gemacht hat, von Constantinopel ab. Das Schiff, ein sogenannter Kirlangisch (Schwalbe), von der Insel Shatos (Sciatho) im Archipelagus, war äusserst unbequem, aber ein guter Segler. In der Hauptstadt herrschte die Pest; es schien daher gefährlich, sich mit einer Besatzung von 14 unbekannten Menschen in einen so engen Raum einzusperren: allein Vorsichtsmassregeln konnten hier nichts helfen, und die Reisenden beschlossen daher, ohne Beunruhigung ihr Schicksal zu erwarten. Auf der Insel *Marmara* soll eine Feuerbake seyn, die aber nicht angezündet wird; die Schiffer sind durch die tägliche Uebung genau mit dem Fahrwasser bekannt, übrigens in allem was zur Nautik gehört, höchst unwissend. Sie hatten zwar einen Compass, aber keine Karte: daher geriethen sie auch in die augenscheinlichste Gefahr zu scheitern, da der Nebel die Küste bedeckte: ein griechischer Ziegenhirt von der Halbinsel Artaki, der den unrichtigen Lauf des Fahrzeugs bemerkt hatte, rief dem Steuermann zu es umzuwenden, und führte es als Lotse, aus reiner Menschenliebe, hernach in den Hafen der kleinen Stadt Vathia. Vergebens bot man ihm ein Geschenk an: „ich bin euch nicht um Goldes willen zu Hülfe gekommen, sagte er, und will nicht, dass man es glaube." Eine Windstille zwang den Schiffer bey der kleinen Insel Kutali anzulegen, sie ist flach und wohl angebaut. Von Settilbar, einer kleinen Festung an der europäischen Küste, liessen sie sich nach der asiatischen Seite übersetzen, um *Troas* zu besuchen. In einer Anm. 2. S. 27. wird auf eine sehr merkwürdige, aber fast unbekannte Grotte, in der Nähe von Constantinopel, unweit vom See ponte piccolo aufmerksam gemacht. Bey dem türkischen Dorfe Hali-Ieli finden sich eine Menge Ruinen von Marmor und Granit im schönsten Stil. Am 1. Februar erreichten sie die Stelle, wo, dem Vorgeben nach, *Troja* gestanden hat. Ein Pascha hat das Wasser des Skamander durch einen Kanal abgeleitet, um eine Mühle zu treiben: ihre türkischen Begleiter zeigten den Reisenden diese Wasserleitung als ein Meisterstück der Kunst. Auf dem sogenannten Grabe Achills ist ein kleines hässliches Gemach gebaut. Am folgenden Tage gieng die Reise nach Neu-Troja, bey den Türken Eski-Stambol oder Altconstantinopel. Hr. Helwig entdeckte zwischen Jenisheyr und Kumkaleh den Auslauf eines Flusses, der auf Le Chevaliers Karte nicht bemerkt ist und den er für den des Skamander hielt; er konnte die Sache aber nicht näher untersuchen, weil die türkischen Bootsleute, welche die Reisenden erwarteten, durchaus nicht länger verweilen wollten. Die Ruinen von *Alexandria* liegen in einem Eichwalde versteckt, der gleichsam einen natürlichen Park bildet, hin und wieder sieht man dazwischen einzelne angebaute Felder, aus denen bisweilen schöne Säulen von Marmor oder Granit emporsteigen. Die Lage ist ungemein malerisch. Der Vf. giebt von den Denkmälern keine ausführliche Beschreibung, sondern verweist auf die Schriften seiner Vorgänger. Die Gräber der Helden vergleicht er mit den Grabhügeln um Altupsala. Auch er bestätigt die ausserordentliche Genauigkeit in Homers geogr. und topogr. Angaben. Die Gegend von Neu-Troja, durch drey kleine Flüsse gewässert, ist sehr fruchtbar, ziemlich bevölkert und nicht schlecht angebaut. Dem Orte selbst fehlen süsses Wasser und ein Hafen. Die Reisenden giengen an Bord, mussten aber noch einige Zeit im Hafen von *Tenedos* verweilen. Die Insel ist gut angebaut, übrigens kahl und ohne Bäume; nirgends erblickt das Auge eine reizende Gegend. Bey allen Quellen findet man Sarkophage von Granit und rothem Porphyr, die in Wasserbehälter verwandelt sind. Die Zahl der Griechen und Türken ist gleich. Am 4. Februar wurden die Anker gelichtet und die Schiffer hofften gegen Abend in Lesbos einzulaufen; allein ein starker Gegenwind nöthigte sie, in einem kleinen Hafen auf der Nordwestspitze des Eilands Sigri, in der Nähe der Citadelle und eines elenden Dorfs, eine Zuflucht

flucht zu fuchen. Am 5. Febr. erreichte man nicht ohne Gefahr und Mühe *Scios*, das überall nur eine kahle und unliebliche Landfchaft zeigt. Die dortigen Frauenzimmer find grofs; haben fchöne und lebhafte Gefichter mit etwas hervorftehenden Augen; in ihren Gebehrden verriethen fie nicht die geringfte Spur von Schamhaftigkeit; fie fchminken fich und bedienen fich einer auffallenden Kleidung. Die hiefigen Türken find fehr fchlecht, und die Griechen ungemein ftolz: denn fie find ziemlich wohlhabend und werden für die reichften im ganzen Archipelagus gehalten. Nach Homers Schule (wahrfcheinlich einem Cybelentempel) fragten Hr. v. A. und fein Begleiter zwey junge Geiftliche, die ihnen keinen Befcheid geben konnten und ihre Unwiffenheit mit ihrer Jugend entfchuldigten: am andern Tage fanden fie die Stelle, wo nur noch wenige Ruinen übrig find, die mit der Zeit ganz verfchwinden werden, da jeder, der dahin kommt, ein Stück zum Andenken mit nimmt. Die Stadt Scio ift ziemlich grofs und rings mit Gärten voll Pomeranzen- und Citronenbäumen umgeben, deren Düfte den Schiffern, die fich der Infel nahn, bereits in ziemlichem Abftand entgegen wehn. Die Häufer ftammen noch aus den Zeiten der Genuefer, und find gut gebaut. Die Griechen auf Scio werden für die gefchickteften Gärtner in der Levante gehalten. Unfre Reifenden befuchten auch das griechifche Klofter Neamoni, worin ungefähr 300 Mönche leben, die aber alle Ackerbau treiben. Von Scio wird eine Menge Pomeranzen und Citronen befonders nach Conftantinopel und Smyrna exportirt. Am 14. Febr. ankerten fie im Hafen von *Tfchesmé*, der gut und vor Winden und der Fluth gefichert ift; die Stadt wird von fehr armen Einwohnern bewohnt; der Boden umher ift fchlecht, aber doch überall angebaut; der Oelbaum ift häufig; man findet, wie überall in der Levante, Ueberflufs von Wildpret, befonders Hafen und Repphühner. Die hiefigen Griechen tragen nicht den Stämpel der Unterdrückung, wie an andern Stellen des ottomanifchen Reichs. Die Schiffsleute hielten den Vf. unter verfchiednen Vorwänden ab, feinem Wunfch gemäfs, Mycone und Naxos zu befuchen; fie liefen dagegen in den kleinen Hafen St. Johann auf Tino ein. Ihre Unwiffenheit und ihr Mangel an Uebung, der fo grofs war, dafs fie nicht einmal die Segel einziehn konnten, fogar wenn es die höchfte Noth erforderte, verfetzte die Fremden oft in grofse Angft; übrigens fehlt es den Türken nur an Unterricht, um fich zu guten Seeleuten zu bilden. *Tino* ift mit einer bewundernswürdigen Emfigkeit angebaut; ganz hohe Berge find in Terraffen getheilt, dadurch bis an den Gipfel fruchtbar gemacht, und mit Gemüfe und Bäumen bepflanzt. Die Stadt Tino ift unregelmäfsig, aber nett und hat wohlhabende Einwohner. Auf Syra mufste das Schiff Quarantäne halten: was auf allen Infeln des Archipelagus, wo keine Türken wohnen, ftatt findet. Tino und Syra erzeugen vortrefflichen Wein. Auch der Honig von Syra ift berühmt. Die Schatzung von diefer Infel war damals einer Sultanin angewiefen, welche die Einwohner vor allen Bedrückungen fchützte. Sie ift auch der Sitz eines römifch-katholifchen Bifchofs. Aufser der Stadt giebt es auf dem Eiland keine Dörfer weiter. Der Vf. ward mit grofser Gaftfreundfchaft aufgenommen, weil faft alle feine Bediente in Conftantinopel aus diefer Infel waren. Von hier gieng die Reife durch die fchöne Gruppe der Cycladen, aber der Eigenfinn des Schiffers und der Befatzung verhinderte die Reifenden einige derfelben zu befuchen. Sie fegelten grade auf Cap *Sunium*: noch denfelben Abend ftiegen fie ans Land, wohl bewaffnet und begleitet, weil man fie vor Räubern gewarnt hatte. Die Ruinen des Minerventempels machten in der Beleuchtung des Mondes eine vortreffliche Wirkung. Von Sunium fegelten fie nach *Engia (Aegina)*, um den Tempel des Jupiters aufzufuchen, der noch ziemlich erhalten ift: das Gebäude ift von dorifcher Ordnung, aus einer Art graulichen Speckftein, welcher der Zeit ziemlich widerftanden hat. Am 24ften erreichten fie den Piräifchen Hafen. In *Athen* wurden fie von den dortigen Fremden, meift Franzofen, fehr gut aufgenommen; infonderheit war ihnen der bekannte Maler Hr. *Fauvel* behülflich, die Refte diefer herrlichen Stadt zu betrachten. Von den oft befchriebnen Denkmälern kommen nur ganz kurze Notizen, mehr zu eigner Erinnerung, vor. Ueber den Urfprung des Namens: Demofthenes Laterne (nach Hn. *F.* ein choregifches Denkmal) vermuthet der Vf., dafs der gemeine Haufe es eine Laterne nannte, weil die Form einige Aehnlichkeit damit hat; hernach habe man die bekannte Gefchichte vom Diogenes auf den Demofthenes übertragen und die Namen verwechfelt. Diefs ift doch wohl zu gefucht. Den Hymettus nennen die Türken *Delidag*, Narrenberg, nach der italiänifchen Abkürzung *Monte matto*. Von Athen begaben fich die Reifenden nach *Corinth* und befuchten unterwegs die Infel der *Circe*, die aber nichts Merkwürdiges hat, und das Eleufinifche Gefilde. In *Corinth* findet man wenig Alterthümer. Diefe einft fo reiche und prächtige Stadt befteht jetzt aus kleinen, elenden Hütten; und in dem Wohnort einer Lais trifft man nur häfsliche Negerinnen. Schwarze Bediente find auf der ganzen Halbinfel Morea fehr gewöhnlich, fie werden in den Teftamenten häufig frey gelaffen, und wählen alsdann am liebften Corinth zu ihrem Aufenthalt. Der Eingang in die Feftung, die gut unterhalten zu feyn fcheint, wurde nicht erlaubt. Auffallend ift der Unterfchied zwifchen den Athenienfern und Corinthern. Diefe find roh und plump; bey jenen erkennt man noch immer die alte attifche Verfeinerung; felbft die in Attika gebornen Türken fcheinen mildere Sitten zu haben. In Athen und der umliegenden Gegend herrfcht eine vollkommne Sicherheit; doch befchuldigt man die Einwohner, dafs fie auf eine heimliche und liftige Weife andre zu übervortheilen fuchen. *Athens* Clima ift gefund und alle Producte reifen fchnell; Corinths Lage hingegen ift ungefund und alle Erzeugniffe find von fchlechterer Befchaffenheit. Die Athenienfer waren eben von dem Druck eines Aga befreyt, der fchrecklich gehauft und in

zwölf

zwölf Jahren die fürchterlichste Tyranney ausgeübt hatte; viele Einwohner wanderten aus. Endlich kamen die Klagen der Sultanin Mutter, Valide, zu Ohren: auf ihre Verwendung ward Befehl ertheilt, ihn hinzurichten. Ganz Attika war voller Freude. Dieser Wüthrich hat auch eine Menge Denkmäler zerstört, theils um Kalk aus dem Marmor zu brennen, theils um die Materialien auf andre Art zu gebrauchen. Von Corinth giengen die Reisenden zu Lande nach dem 18 Meilen entfernten Woistitzá. Je weiter man sich von Corinth entfernt, desto wilder und unbebauter werden die Gegenden. Nach verschiednen kleinen Abenteuern erreichten sie Woistitza, bey den Alten Agium, ein elendes Dorf, dessen grobe und schmutzige Einwohner, meist Griechen, den Stämpel der Armuth an sich tragen. Dieser ganze Strich ist sehr ungesund, und die Bewohner haben alle eine bleiche Farbe. Von dem Uebermuth, womit die Türken die Griechen behandeln, erzählt der Vf. mehrere Beyspiele. Um Pferde zu erhalten, musste er hier zwey Tage bis zum Schluss des Carnevals warten: die Männer übten sich während desselben im Steinwerfen. Er gieng von hier nach Patras, in der Hoffnung eine Schiffsgelegenheit nach Italien zu erhalten, da er aber keine traf, beschloss er nach Zante zu gehn. Der Handel ist in ganz Morea sehr beschränkt, und es giebt keine Kaufleute von grossem Vermögen; die Christen sind arm und unterdrückt; und die Türken haben wenig Bedürfnisse; die beträchtlichsten Importen bestehn in Pelzwerk, Kleidern, Eisenwaaren und Uhren. Die Fahrt nach *Zante* wurde in 24 Stunden zurückgelegt. Sie mussten hier in einem Hause ohne Fenster und Thüren und ohne alle Mobilien Quarantäne halten; indessen werden die Contumazgesetze nicht ganz strenge ausgeübt: der Vf. zeigt, dass es nothwendig sey, mit einer gewissen Nachsicht zu verfahren. Durch Verwendung des franz. Consuls, Hn. Guys, und vermittelst eines Briefs von dem venetianischen Gesandten in Constantinopel an den Gouverneur der Insel, wurden die Reisenden am andern Tage frey. Hr. Guys ist ein Sohn des bekannten Schriftstellers über die Neugriechen, der damals hier bey seinem Sohn lebte und sich mit der Vollendung seines Werks über die Levante beschäftigte. Hr. v. A. machte Besuche auf dem Berge Skopo und in der umliegenden Gegend, die mit vielen kleinen artigen Landhäusern geschmückt ist. Die Festung ist sehr verfallen, besonders hat sie durch die häufigen Erdbeben gelitten; man verspürt fast wöchentlich Erderschütterungen, und auch der Vf. erlebte diese Naturerscheinung. V. S. 194—210. werden einige gute Nachrichten von Zante überhaupt geliefert. Der Boden ist gut und wird vortrefflich angebaut. Korinten sind das Hauptproduct, dann Oel. Die hiesigen Weine sind ziemlich gut. Getreide wird nicht in hinreichender Menge gewonnen; der Mangel wird aus Morea ersetzt. Die Einwohner sind sehr betriebsam. Mehr als 15000 Personen, meist Kinder, beschäftigen sich mit dem Spinnen der Baumwolle: das Pfund des feinsten Baumwollengarns wird in Constantinopel mit 100 Piastern bezahlt. Der Charakter der Zantioten ist nicht der beste, sie sind äusserst rachgierig; doch trug auch die Schlechtigkeit einer Regierung viel dazu bey, unter der alles feil war. Der Vf. glaubte bey ihnen auch einen Zug von Härte und Melancholie zu entdecken, wovon man bey den Griechen des Archipelagus ganz das Gegentheil findet. Ueberhaupt sind die Griechen auf den Inseln in der Nähe des adriatischen Meers scheinheilig und abergläubisch. Es giebt auf Zante viele altadlige und wohlhabende Familien, deren Kinder gut erzogen werden. Die Frauenzimmer werden in einem unglaublichen Zwange gehalten, der selbst härter als in der Türkey ist. Die Insel ist durch ihre Lage zu einem Zufluchtsorte für die Fahrzeuge bestimmt, die im mittelländischen Meer oder dem adriatischen Golf von Stürmen überfallen werden; aber sie hat keinen guten Hafen und auch eine schlechte Rhede; Mängel, denen jedoch leicht abgeholfen werden könnte. Ein Grossproveditor war eine Art Pascha, und die Republik ertheilte diese Stelle stets solchen Familien, die in ihren Vermögensumständen zurück gekommen waren. Das Wetter hielt die Reisenden länger in Zante auf als sie wünschten und erst nach wiederholten Versuchen gelang es ihnen abzusegeln; aus Furcht vor einem Sturm lief der Schiffer in den Hafen der Insel Paxu ein: sie hat etwa 6000 Einwohner und bringt nebst dem gegen über liegenden Eiland Antipaxu in guten Jahren 20 Schiffsladungen Oel hervor. Hier verweilten sie zwey Tage, weil sie aus Furcht vor den räuberischen Albanesen nicht wagen, an der Küste von Albanien anzulegen. Am 19. April erreichten sie die Rhede von *Corfu*. Diese Insel gewährt eine sehr malerische Ansicht. Die Stadt ist ziemlich gut befestigt. Die Einwohner selbst gaben der Insel eine Bevölkerung von 40000 Köpfen, davon 14000 auf die Stadt kommen: etwa die Hälfte gehörte zur Garnison und Marine. Die Gegend um die Stadt ist gut angebaut, schlechter das übrige Land. Pferde, Vieh und Lebensmittel werden aus der Türkey geholt. Oel ist fast der einzige Ausfuhrartikel: der Werth desselben hatte 1795. 3 Millionen venetianische Zechinen betragen. Der Mangel an Industrie wird der drückenden Regierung zugeschrieben. Der Handel der Inseln war während der venetianischen Periode ungemein beschränkt. Die Generalgouverneurs, die ihren Sitz auf Corfu hatten, erlaubten sich der schändlichsten Bedrückungen, um Geld zusammen zu scharren. Von den wilden Sitten der Griechen und dem schlechten Zustand der Justiz auf diesem Eilande zeugt eine merkwürdige, ausführlich erzählte Criminalgeschichte. Die Gesundheitspässe von Corfu werden in den italiänischen Häfen am meisten respectirt, und die Reisenden suchten sich daher, hier damit zu versehn. Auf der fernern Reise gelangten sie an die Insel Fana, eine aus dem Meer hervorgehende, grosse Klippe; die aber sehr gut cultivirt ist. Endlich erreichten sie Otranto; ein plötzlicher Sturm aus Osten, wovor der Hafen nicht sicher ist, brachte sie in die äusserste Gefahr: das Fahrzeug scheiterte; die ganze Besatzung eilte ans Land zu kommen und

liess

liefs die Passagier im Stich: nur durch die Bemühungen einiger herbeyeilenden Magistratspersonen und den Eifer eines Matrosen von Zante wurden sie am Ende gerettet. Diese Gefahr benahm ihnen die Lust, sich zur See nach Ancona zu begeben, und sie wählten lieber den Weg zu Lande.

Wien, b. Ant. Doll: *Interessante Länder- und Völkerkunde*, oder Schilderung neu untersuchter Länder, Völker und Städte, anziehender Naturmerkwürdigkeiten, Kunstwerke und Ruinen. Nach den neuesten Reiseberichten bearbeitet von *J. B. Schütz*. — *Erstes* bis *sechstes* Bändchen. 1809. jedes 126—131 S. 8. mit 2 Kpfn. ersteres auch mit 1 Karte.

Die Idee, welche dieser nützlichen Compilation zu Grunde liegt, ist nicht übel. Die pseudonymen Herausgeber (es unterzeichnen sich deren zwey in der Vorrede) wünschen in dieser Schrift das allgemein Interessante aus den neuesten Reisebeschreibungen mitzutheilen, und dadurch für die Bedürfnisse solcher Liebhaber von Reisebeschreibungen zu sorgen, die entweder nicht Lust oder nicht das Vermögen haben, sich alles, was in diesem Fache der Literatur erscheint, anzuschaffen, oder die nicht aufgelegt sind, sich durch das ganze, mit unter langweilige, und vielleicht nur für den Leser vom Fache interessante, Detail mancher Reise durch zu arbeiten. Diese Schrift hat demnach mit dem in Berlin erscheinenden Journale der Reisen einen und eben denselben Zweck. Wir zweifeln nicht daran, dass sie ihr Publicum finden, und eine nützlichere, bessere Lectüre gewähren werde, als der grössere Theil vielgelesener Romane. Was man in derselben zu erwarten habe, davon kann man sich schon durch folgende kurze Inhaltsanzeige unterrichten. *Erstes* Bändchen. 1) *Perons* Beschreibung einer Entdeckungsreise nach Australien, unternommen auf Befehl des franz. Kaisers in den Jahren 1800 bis 1804. 2) Gemälde von Neuspanien. Entworfen von *Alex. von Humboldt*. 3) Charakteristik der Javaner, ihrer Einrichtungen und Unterhaltungen. Von *Deschamps*. 4) Berichte über das Königreich Dahome, in Afrika. Nach *Norris* und *Isouard*. 5) *Joseph Marchena's* Darstellung der Baskischen Provinzen und des Königreichs Navarra. 6) Ueber den Ursprung, die Sitten und den gegenwärtigen Zustand der Albanier. Von *Angelo Masci*. *Zweytes* Bändchen. 1) *Perons* Beschreibung einer Entdeckungsreise nach Australien. (Fortsetzung.) 2) Ueber die Katarakten des Orenoko. Von *Alex. v. Humboldt*. 3) Ueber die Montenegriner und ihre Besitzungen. Nach *Joellio*, *Pouqueville* und *Bolizza*. 4) *Philipp Beavers* Aufenthalt in Bulam. 5) Nachrichten über die Beetjuanas, aus *Trüters* und *Lichtensteins* Berichten gezogen. 6) Ueber die Völker des Kaukasus. *Drittes* Bändchen. 1) Ueber die Völker, welche Erde essen. Von *Humboldt* und andern. 2) Die Perser, nach *Ed. Scott Waring* Esq. und *Olivier*. 3) *Venture's* Nachrichten von den Drusen. 4) *L. A. Pitous* Reise nach Cayenne und zu den Antropophagen. 5) Die Blutfeste der Beniner, geschildert von *B. Palisot Beauvais*. 6) Gemälde der Generalkapitanerie von Karakas, von *Depons*. *Viertes* Bändchen. 1) Ueber die Aegyptischen Pyramiden, von *Valtiner*. 2) *Fressanges* Nachrichten von Madagaskar. 3) Gemälde der Fürstenthümer Moldau und Walachey, nach *Thornton*, *Campenhausen* und andern. 4) Hr. *Stauffachers* Reise nach Kalabrien, Sicilien und Corfu. 5) Beschreibung von Schwedisch-Finnland. 6) Die Afghanen. *Fünftes* Bändchen. 1) Gemälde von Neuspanien, von *Humboldt*. (Fortsetzung.) 2) Schilderung der Beduinen-Araber. 3) Der Berg Montserrat und das Kloster auf demselben. 4) Schilderung von Brasilien, von *Benigni*. *Sechstes* Bändchen. 1) Neueste Nachrichten von Persien, von *Gardane*. 2) Schilderung von Barcellona, nach *Alex. de Laborde*. 3) Die Insel Volkano. Nach *Spallanzanis* Beobachtungen. 4) Schilderung der Cingalesen oder Ceylonesen. 5) Die Bedahs auf der Insel Ceylon. 6) Gemälde von Lima. 7) Bemerkungen über die Moldau, Bessarabien, die Krimm, Weissrussland und die Ukräne. Vom Freyh. *von Campenhausen*. 8) Nachrichten von den Mahratten. Nach *Tone*. 9) Newfoundland. Nach *G. Heriot*. — Man sieht aus dieser kurzen Inhaltsanzeige, dass es der Schrift nicht an Mannichfaltigkeit fehlt.

PÄDAGOGIK.

Leipzig, b. Barth: *Die Verbesserung der Erziehung als das dringendste Bedürfniß der Gegenwart*, dargestellt von Dr. *Theodor Zianssen*, Lehrer der Philosophie und Pädagogik auf der Akad. zu Greifswald, und Vorsteher des dasigen Landschullehrer Seminar. 1805. 30 S. 8. (3 gr.)

Man darf in diesen wenigen Seiten keine Abhandlung dieses Gegenstandes suchen; sondern es ist bloss gesagt, dass der Volkscharakter durch bessere Erziehung veredelt werden müsse, wenn es überhaupt besser werden solle, und dass dazu bey dem Fortschreiten der Menschheit zum Bessern jetzt die rechte Zeit sey; dieses ist in einer akademischen Rede an einem bürgerlichen Festtage mit lebhafter Wärme vorgetragen.

ALLGEMEINE LITERATUR-ZEITUNG

Sonnabends, den 9. December 1809.

WISSENSCHAFTLICHE WERKE.

VERMISCHTE SCHRIFTEN.

Berlin, b. Maurer: *Abälard und Heloisa*, von Dr. *J. A. Feßler*. — *Erster* Theil. 1806. XVI u. 462 S. *Zweyter* Theil. XII u. 634 S. 8. (Beide Theile mit zwey Kupfern und zwey Vignetten, auf Velinpap. 5 Rthlr. 8 gr., Schreibpap. 4 Rthlr.)

Im drey und sechzigsten Jahre des Lebens, nachdem die Stürme und Leiden der Welt überstanden sind, die Leidenschaft besiegt und ein seliger Friede in den heiligen Mauern des Klosters erlangt ist, lässt Hr. *Feßlers* Abälard sein eigenes Selbst aus den früheren Tagen seines Lebens nicht ohne Wohlgefallen vor seinem Geiste übergehen, anhebend von der Unschuld seiner Kindheit, und verfolgend den Weg durch die Erwachung des Verstandes, den Genuss des Lebens in Liebe und Sünde, darauf die Entzweyung mit sich selbst, den Kampf gegen sich und die Welt, bis er unverhofft den ersehnten Ruheplatz im Kloster zu Clugny gefunden hat. „Vollständig will sich sein Geist dem Menschengeschlecht offenbaren; er will des Glaubens und der Liebe heilige Welt, die er in sich aufgenommen hat, in Wort und Schrift ausser sich darstellen." Durch allen Aufwand, alle Anstrengung seiner Kräfte ist *dieser* Abälard zwar kühner als seine Zeitgenossen in das Reich der Erkenntniss eingedrungen, aber er ist nur arm am Wissen, geblendet von Irrthum und reich an Leiden zurückgekehrt. Nun, zu Heiterkeit und Ruhe gelangt, blickt er noch einmal zurück auf die mühselige Fahrt. Das Resultat dieser Selbstbeschauung ist dieses Buch. Abälard ist der Redende; Er stellt sein Wesen hin in den wechselnden Formen, um die Räthsel seiner Unschuld, seines Sündenfalls, seiner endlichen Versöhnung aufzulösen, und überall der Welt die weise Führung einer höhern Macht, die er selbst bewundert, zu zeigen. — Wir haben gesagt: *dieser* Abälard, Hn. *Feßlers* Abälard; mit Absicht: denn, wenn dieser Abälard auch der ist, den die Geschichte kennt, so ist er es doch nicht so, wie sie ihn kennt. Es ist zu erwarten (vielleicht zu fürchten), dass ein Buch, welches von manchen Seiten so äusserst interessant, und aus vielen Gründen so merkwürdig ist, wie das gegenwärtige, von der nachahmenden Menge als Muster angesehen werden wird. Darum wird es vielleicht nicht überflüssig seyn, Etwas über solche Bearbeitungen historischer Gegenstände zu sagen, um so mehr, da Hr. *F.* daran mahnt, und da wir ohnehin nicht erwarten dürfen, unsere Leser durch diese Anzeige erst mit dem Buche bekannt zu machen.

„Wer hier — sagt Hr. *F.* in einem Anhange — die *reine* und *treue* Historie von den Thaten, Leiden und Schicksalen des grossen Meisters *Petri Abälardi* und seiner Geliebten *Heloisae*, lesen wollte, und das Buch nicht schon bey dem ersten Blatte weglegte, der hat den Verlust seiner Zeit, und das Unglück, bloss mit meinem Ideal von diesen zwey merkwürdigen Menschen bekannt geworden zu seyn, lediglich sich selbst zuzuschreiben. — (Woraus offenbar ist, dass Hr. *F.* nur solche Leser will, die schon mit der reinen und treuen Historie *Abälard's* und *Heloisa's* bekannt sind. Denn diese Weisung giebt er erst, wenn man mehr als 400 Seiten gelesen hat; und woran sollen nun solche Leser, die Abälard und Heloisa nur dem Namen nach kennen, auf dem ersten Blatte gewahren, dass sie keine treue Geschichte vor sich haben? Wer ein Werk liefert, bey welchem er sich nicht die Nachrede ersparen kann, der sollte doch die Vorrede vorziehen! —) Wer hingegen weiss, wie es mit der Welt- und Menschengeschichte eigentlich steht, was sie berichten kann, und was ihren Blicken undurchdringlich verschlossen ist, was sie leisten soll, und was sie schlechterdings sich nicht anmassen darf; wer aus einem höhern Standpunkte sich eine eigenthümliche Ansicht von der Beschränktheit alles historischen Wissens erworben hat, mithin idealisirende Darstellungen nach ihrem innern Gehalte zu würdigen weiss: der wird hier manche Erscheinung aus einer höhern Welt gewahr werden, und mehr als Ein Räthsel des menschlichen Herzens gelöset finden. — „Es kann, fährt Hr *F.* fort, nicht an Leuten fehlen, die auch diese Schrift, wie meine früheren Werke, in die Klasse sogenannter *historischer Romane* versetzen werden; man wird diese bedeutungslose Benennung noch nicht aufgegeben haben; aber es sey zur Besserung dieser Leute gesagt, dass ich nie einen *historischen Roman*, in *ihrem* Sinne, geschrieben habe, nie einen schreiben werde, ja nicht einmal einen schreiben kann: in meinem Sinne aber ist jeder Roman historisch, sobald er die Geschichte des Menschen erzählt, und jede Historie *romantisch*, sobald sie das Wirken des Menschen in seiner innern Welt, und die Motive seines Hervortretens aus derselben in die äussere darstellt; das heisst, sobald sie aufhört, Geschichte zu seyn, um das zu leisten, woran es dem Manne von Geist und Gemüthe so recht eigentlich gelegen ist." — Rec. will nicht die Schnödigkeit tadeln, mit

mit welcher Hr. *F.* auf *die Leute* herabſieht, die ſeine Werke für hiſtoriſche Romane genommen haben: denn wirklich enthält dieſer Name in ſich einen Widerſpruch, und iſt ſinnlos; er will auch nicht unterſuchen: ob ein Roman nur dann hiſtoriſch werde, wenn er die Geſchichte *des* Menſchen erzählt, welches doch wohl ganz etwas anders iſt, als die Geſchichte *eines* Menſchen, oder die Entwickelung eines beſtimmten, individuellen Charakters; eben ſo wenig will er auf die wunderliche Behauptung, daſs *die Geſchichte* romantiſch werde, wenn ſie *aufhört* Geſchichte zu ſeyn, Gewicht legen, weil ſie wohl nur ſo hingeworfen iſt: Aber fragen möchte er, was denn mit der Wegwerfung des Namens *hiſtoriſcher Roman*, oder vielmehr durch die Vertauſchung dieſes Namens gegen den einer *idealiſirenden Darſtellung* hiſtoriſcher Perſonen, gewonnen ſey? Fragen möchte er: ob es überhaupt erlaubt iſt, das Hiſtoriſchgegebene zu *idealiſiren?* und, wenn es erlaubt iſt: in wie fern? Endlich, in welchem Verhältniſſe ſolche idealiſirende Darſtellungen zu reinhiſtoriſchen ſtehen? und ob ſie vor dieſen wohl den Rang verdienen, den Hr. *Feſsler* ihnen zu vindiciren ſcheint?

„Des Hiſtorikers eigentliches Geſchäft iſt, ſagt er, die *lacera disjectaque membra* von beſtimmten Geſtalten, die einſt in der Sinnenwelt da geweſen ſind, dieſe Schedeltrümmer, Rümpfe, Hände, Arme, Schenkel, Füſse, ſo wie er ſie ohne Geiſt, oft ohne alle Unterſcheidungsmerkmale vorfindet, zu ſammeln, zu ordnen, zu bezeichnen; das gleichartige, ſo gut als möglich an einander zu reihen, Zeit, Ort und Weiſe ihrer Entdeckung, und höchſtens noch die Gründe ſeiner Bezeichnung und Aneinanderreihung anzugeben. Schreitet er weiter, ſo greift er in *die Kunſt* des idealiſirenden Pſychologen ein, dem es ausſchlieſsend zukommt, die treu überlieferten Bruchſtücke nach *ſeinem* Ideale von der einſt da geweſenen Geſtalt zum Bilde zuſammen zu ſetzen, und daſſelbe aus ſeinem eigenen Geiſte zu ergänzen und zu beleben. Die treuen Sammler der Fragmente von dem was *Friedrich*, *Napoleon* u. a. in ihrer Totalität unter uns waren und ſind, verdienen Dank; aber gröſser wird einſt das Verdienſt der *Cavaceppi's* und *Canova's* ſeyn, deren gewandterer Geiſt dieſe Bruchſtücke, nach ſelbſt geſchaffenen Idealen, zu beſtimmten Geſtalten zuſammenſetzen, ergänzen und beleben wird. In Anſehung *Abölards* und *Heloiſa's*, ſetzt er hinzu, habe dieſs zuerſt *Gervaiſe* verſucht in ſeiner *Vie de Pierre Abrillard* u. ſ. w." Man ſieht alſo, daſs Hr. *Feſsler* die idealiſirenden Darſtellungen den Gebilden *Canova's* gleich ſetzt, denen er das gröſsere Verdienſt zuſpricht, während die armen Hiſtoriker mit einem kahlen Danke entlaſſen werden; — womit freylich auch jene, welche die Knochen durch Faden zuſammen binden, um, ſo Gott will, ein Gerippe zu erhalten, recht füglich zufrieden ſeyn können, und wofür ſie ſich höchlich zu bedanken haben.

Um auszumachen, ob es erlaubt ſey, das Hiſtoriſchgegebene zu *idealiſiren?* müſste man vorher über dieſes Wort einig geworden ſeyn. Das *Ideal* einer hiſtoriſch gegebenen Perſon kann, nach des Rec. Meinung, nichts anders ſeyn, als die treue Auffaſſung derſelben im Gedanken; die lebendige Vorſtellung der Perſon; ihr Bild, ſo rein ergriffen, daſs zwiſchen dieſem und ihr kein anderer Unterſchied ſtatt ſindet, als das die Perſon wirkliches Leben hat, das Bild aber von einem fremden Geiſte getragen werden muſs. Aber wie iſt zu einem ſolchen Bilde zu gelangen? Die Wirklichkeit giebt nur einzelne Züge, nur *lacera disjectaque membra.* Der Geiſt ſucht Totalität und Einheit, und iſt nicht zufrieden mit dieſen Bruchſtücken. Es kommt, um ſie zu einem Ganzen zu vereinigen, darauf an, in ihnen ein Gemeinſames zu entdecken; ein Princip aufzuſinden, aus welchem ſie gebildet wurden, ſo daſs ſie, von dieſem Princip aus angeſehen, als Glieder Eines Leibes erſcheinen. Will man die Auffaſſung dieſes Bildes *Idealiſiren* nennen, ſo haben wir nichts dagegen; aber in dieſem Sinne dürften wenige Menſchen ſeyn, die nicht ein Ideal hätten von den Perſonen, von welchen einzelne Züge durch die Geſchichte aufbehalten ſind. Dieſes Ideal wird freylich immer anders und anders ſeyn, je nachdem die Individualitäten der Geiſter, die es auffaſſen, verſchieden ſind. Hr. *Feſsler* ſagt, daſs die groſsen Männer, von welchen die Geſchichte einige Bruchſtücke aufbewahrt, noch als Totalitäten in der Ideenwelt exiſtirten. Wenn dieſer Satz auch in unſerm Sinne durchaus nicht richtig iſt, ſo iſt doch gewiſs, daſs von jedem groſsen Manne viele Ideale exiſtiren. Es iſt wahrſcheinlich, daſs ein jeder, der ſich ordentlich mit der Geſchichte beſchäftigt, ſich ein ſolches Bild von den merkwürdigen Menſchen derſelben entwirft; von den Hiſtorikern iſt wenigſtens gewiſs, daſs ſie nie ihre Biographie zu geben unternehmen können, ohne den Gedanken eines Ganzen, von welchem das, was die Geſchichte aufbehalten hat, nur Theile ſind. Ihr Geſchäft iſt nicht das, wozu Hr. *F.* ſie herabwürdigt, die Steine herbey zu ſchleppen, aus welchen Er und die ihm gleichen, ſchöne Bildſäulen zu verfertigen unternehmen, ſondern (in dem ausgeſprochenen Sinne) ein wahres Idealiſiren: jenes Geſchäft kommt bloſs den erſten Sammlern zu, die, für eine künftige Bearbeitung des Ganzen, dem fortrollenden Strom der Zeit einzelne Momente, in welchen ſich das individuelle Wirken einzelner Menſchen am leuchtendſten offenbarte, entreiſsen, damit nicht alles verſinke in ewige Vergeſſenheit. Freylich ſtellt der treue Hiſtoriograph nicht das Ganze hin; aber das Ganze lebt in ſeinem Geiſt, und er ſtellt das Einzelne aus dem Ganzen und im Geiſte des Ganzen dar. Er ergänzt nicht in ſeiner Darſtellung das Fehlende dadurch, daſs er der Geſchichte andichtet, wovon ſie nichts weiſs; oder wenn er es ergänzt, um die Geſtalt zu vollenden, ſo ſucht er nicht die Ergänzung zu verſtecken und ihr denſelben Werth zu geben, welchen das durch die Geſchichte Erhaltene hat: aber es ſpricht aus ſeiner Darſtellung ein ſolcher Geiſt, daſs ein jeder, welcher dieſen Geiſt zu erfaſſen vermag, ſeine Ergänzung, ſein Ideal des Ganzen leicht errathen kann. Denn der Hiſtoriker weiſs ſich zu beſcheiſcheiden, daſs es ſchlechterdings nicht auszumachen iſt: ob ſein Ideal von einer beſtimmten Perſon dieſer Perſon, wie ſie einſt lebte und war, gleich iſt oder nicht? und er beſcheidet ſich deſſen um ſo lieber, je mehr er bemerkt, daſs Eine und dieſelbe Perſon von verſchiedenen Hiſtorikern ſo ganz verſchieden gefaſst wird. Warum ſollte er denn ſein Ideal andern aufdrängen? Warum ſollte er es nicht in der Darſtellung verborgen laſſen als das leitende Princip derſelben? Wer ihn verſteht, den wird der Geiſt anſprechen aus den Gliedern des Leibes; wer ihn nicht verſteht, der mag ſich, aus den Gliedern, ſo wie er gethan hat, ſelbſt ein Ideal bilden, ſo gut, wie er es, nach dem Maſse ſeines Geiſtes, zu bilden vermag. Wir möchten dem Hiſtoriographen, der weiter gienge, die Worte zurufen, die Hn. *Feßler's* Abt *Petrus* zu Abälard in einer andern Beziehung ſprach: „Für wen gabſt Du die Mühe Dir, das, bloſs *Dir* Angemeſſene, nur *für Dich* Brauchbare und ausſchlieſsend nur dir Eigenthümliche, hinzuſchreiben und zu lehren? Ganz ſicher nicht für jene, die an geiſtiger Entwickelung über oder unter Dir ſtehen: denn beide treibt die aufgeregte Kraft in ihren eigenen Kreiſen fort, nie können ſie aus dieſen heraus, hinauf, oder herab, zu den deinigen reichen. Nichts vermögen ſie aus den deinigen in die ihrigen hinüber zu tragen, und in keinem Punkte können oder dürfen ſich die unendlich mannichfaltigen, und aus unzähligen Mittelpunkten ausgehenden, Kreiſe der Sterblichen durchkreuzen." Wie weit daher auch der Hiſtoriker in ſeinem Idealiſiren gehen mag: ſo ſcheint uns das eine unnachläſsliche Forderung, daſs in ſeiner Darſtellung das Reinhiſtoriſche und ſein Idealiſiren niemals vermiſcht, ſondern daſs jedes durchaus und überall erkennbar bleiben muſs. Es ſoll immer ſtreng geſchieden ſeyn, was dem Hiſtoriker gegeben, und was aus ihm heraus iſt. An jenem ſoll er nichts ändern, nichts verſtellen, nicht drehen und drechſeln; aber über daſſelbe mag er ſich ausſprechen. Dann wird erfreulich ſeyn, das Hiſtoriſche zu vernehmen und ſeinen Geiſt.

Ein anderes Idealiſiren des Hiſtoriſchgegebenen, als das hier bezeichnete, ſcheint uns in aller Rückſicht unzuläſſig. Rec. erinnert ſich, vor einiger Zeit irgend wo die Meinung eines Kunſtrichters geleſen zu haben, nach welcher dem Romanendichter daſſelbe Recht zukommen ſollte, welches man längſt dem Dramatiker eingeräumt hat; das Recht nämlich, die Geſchichte und hiſtoriſche Perſonen, eben ſo wie jener, für ſeine Darſtellungen zu bearbeiten; aber mit dieſer Bearbeitung ſollten die Perſonen der Geſchichte gänzlich entrückt ſeyn, und die Darſtellung ſollte mit der Geſchichte nichts mehr gemein haben, ſondern nur etwas in ſich und durch ſich ſelbſt ſeyn wollen. Dieſer Meinung ſtimmt Rec. im Ganzen vollkommen bey. Er ſieht nicht ein, warum man nicht dem Dichter jeder Gattung dieſes Recht zugeſtehen ſollte. Die Geſchichte wird nichts dadurch leiden. Aber wir glauben auch bey einer ſolchen Bearbeitung ſtreng auf der Foderung beſtehen zu müſſen, daſs ſie ſich nicht anmaſst, etwas für die Geſchichte ſeyn zu wollen. Es iſt leichter, einen Charakter zu vollenden, zu welchem einige Hauptzüge und Situationen, in welchen er ſich gezeigt hat, gegeben ſind, als alles neu zu erfinden. Dieſen Vortheil, den die Hiſtorie gewährt, mögen die Dichter benutzen: aber dieſe Benutzung ſoll für die Darſtellung ſeyn, nicht für die Geſchichte, das ſoll heiſsen, ſie ſollen nicht wähnen, damit etwas in der Geſchichte genutzt zu haben. Das Werk muſs nichts ſeyn, als ein Kunſtwerk; es iſt ganz als ſolches zu beurtheilen, und es darf gar nicht gefragt werden, was und wie viel aus der Geſchichte, und wie es benutzt iſt. Aber eben darum darf auch ein ſolches Werk nicht an die Geſchichte erinnern. Es muſs nicht ein wirklich geweſenes Zeitalter darſtellen wollen; nicht Verhältniſſe berühren, deren Kenntniſs voraus geſetzt wird, aus der wahren und treuen Geſchichte; nicht auf die Welt hinweiſen, die in der Hiſtorie lebt; ſondern es muſs durchaus ſeine Welt in ſich ſelbſt haben, und ſich ſelbſt gänzlich erklären, weder an eine fremde Zeit mahnend, noch an irgend Etwas, welches nicht in der Darſtellung wäre. Wenn aber ein Schriftſteller ein beſtimmtes Zeitalter und in ihm eine beſtimmte Perſon aufgreift, und durch Mahnung an Jahr und Ort, und Berührung mancher wahren und bekannten Geſchichten, beides in ihrer Wirklichkeit vor unſer Auge ſtellt, dann aber vieles wegſchneidet von der wirklichen Geſchichte, vieles andere hinzu dichtet, bis endlich alles ſo iſt, wie es („nach ſeinem ſelbſtgeſchaffenen Ideal") ſeyn ſoll; wenn er ſeine Zeit in jene Zeit trägt, und ſich hinter die hiſtoriſche Perſon ſteckt, und beides nun zu einem Ganzen miſcht und mengt, ſo daſs die Darſtellung weder ein reines, in ſich geſchloſſenes Kunſtwerk iſt, noch irgend Einem Zeitalter angehört oder eine beſtimmte hiſtoriſche Perſon zeichnet: ſo bleibt das Werk immer ein unglückliches Mittelding zwiſchen Geſchichte und Dichtung, und es liegt wenig daran, ob man es einen hiſtoriſchen Roman nennt, oder eine idealiſirende Darſtellung. Dem eigentlichen Kenner der Geſchichte wird es nie genügen, und dem Kunſtrichter dürfte es immer arm erſcheinen, weil der Vf. nicht eine freye Schöpfung hervor zu bringen vermochte, ſondern nur an einer fremden Welt beſſerte und flickte. Mit *Canova's*, mit allen Schöpfungen bildender Kunſt möchten wir ein ſolches Werk nicht vergleichen. Wenn die bildende Kunſt Porträte liefert, ſo weiſs man, wohin die Geſtalten zu rechnen ſind; wenn aber der Künſtler nach einem „ſelbſtgeſchaffenen Ideal" eine hiſtoriſche Perſon darſtellt: ſo kommt es gar nicht auf dieſe, ſondern darauf an, ob das Ideal gut iſt, d. h. es kommt nicht auf den Namen an, ſondern auf das Werk. Iſt *Canova's* Bild Napoleon's wirklich ein Kunſtwerk, ſo wird es nichts von ſeinem Werth verlieren, wenn auch die Zeit Napoleon's Namen aus der Menſchen-Erinnerung völlig zu vertilgen vermöchte. Es liegt in der Natur eines plaſtiſchen Kunſtwerks, daſs es durchaus erſcheint, was es iſt, und daſs es nichts iſt, was nicht erſcheint. Anders iſt das bey Darſtellungen der ſogenannten redenden Kunſt.

Es

Es thut uns leid, dass Hn. *Fessler's* Werk zu der Art gehört, von welcher zuletzt gesprochen ist. Mit der grossen Kenntniss *Abälard's* und seines Zeitalters, die Hr. *F.* zeigt; mit seiner seltenen Belesenheit in den Schriften der berühmtesten Männer jener Periode; mit seiner ehrwürdigen Achtung für die Individualität anderer; mit seiner genauen Bekanntschaft mit dem Wesen und den Einrichtungen des Katholicismus; mit seiner echten und tiefen Religiosität, die sich überall so schön offenbart; mit seiner Kunde des menschlichen Herzens; endlich, mit seiner seltenen Darstellungsgabe, — hätte er eine Geschichte Abälards und seiner Zeit liefern können, die für alle Zeit geblieben, und aller Zeit tiefes Studium verdient hätte. Dabey hätte er nichts von dem unterdrücken dürfen, was er gegeben. Hätte er uns Abälarden und Heloisa so gegeben, wie sie die Geschichte kennt: so hätte er alles ergänzen mögen, was ihm zu fehlen schien, und, nach eigener Ansicht, Abälards Ansichten erklären, seine Ideen in Abälards Worten nachweisen mögen. Wir hätten doppelt gewonnen; wir hätten Abälard und sein Zeitalter, und *Fessler* und sein Zeitalter zugleich kennen gelernt. Hr. *Fessler* aber lässt Abälarden selbst reden, wie aus jener Zeit; aber, obgleich Abälard redet, so ist es doch Abälard nicht, der redet, sondern Hr. *Fessler* redet in ihm und durch ihn, und zwar meistens so, dass Abälard Hn. *Fessler's* Rede irgend einem Heiligen oder ehrwürdigen Bischof in den Mund legt. Abälards Leben und Leiden, und Hn. *Fessler's* Ansichten von Welt und Leben, Religion und Liebe, sind mit einander verbunden, und unsere Zeit ist in das eilfte und zwölfte Jahrhundert geschoben. So sehr man sich daher auch vieler Stellen, die unübertreffbar seyn möchten, erfreuet, so wenig kann man mit andern zufrieden seyn. Wer freylich die Geschichte kennt, der wird mit unendlichem Wohlgefallen bey dieser Darstellung verweilen, weil sie ihn nicht irre macht; und wenn er auch die Erfindungen von Situationen und Verhältnissen, durch welche Hr. *F.* seinen Abälard zu dem macht, den er haben wollte, nicht lobt: so wird er doch die Reflexionen über die merkwürdigsten Erscheinungen jener Zeit sehr belehrend, und das eigenthümliche Licht, in welchem diese dargestellt sind, sehr wohlthätig finden. Aber wir zweifeln, dass diess für andere Leser in dem Masse der Fall seyn wird, und noch mehr, dass es der Fall seyn wird, wenn im Fortgange der Zeit die Formen des Denkens sich verändert haben.

Einen Auszug aus dem Werke zu geben, scheint uns überflüssig; bey vielen dürfte dieser Auszug zu spät kommen, und keinem kann damit gedient seyn, weil das Ganze gelesen werden muss, und es keinen gereuen wird es gelesen zu haben. Einwendungen gegen Einzelnheiten würden sehr mannichfaltig werden und sehr unzweckmässig seyn; im Ganzen aber sind Hn. *Fessler's* Ansichten bekannt, und zuvor angedeutet: Er erblickt in allem, was wird und geschieht, Offenbarungen des Einen und Ewigen, zu dessen Harmonie auch die Verworrenheit und Unordnung des Lebens gehören. — In einer der gehaltreichen Anmerkungen, welche dem Buche mitgegeben sind, äussert Hr. *F.* die Meinung, dass von den bekannten sechs Briefen von Heloisa und Abälard, die in den Werken des letztern seiner *Historia Calamitatum* angehängt sind, die vier ersten und der Eingang des fünften (die freylich gar nicht zu dem Ideal passen, welches Hr. *F.* sich von Abälard und Heloisa geschaffen hat) untergeschoben und unecht seyn möchten. Seine Gründe scheinen uns nicht beweisend; wir wollen aber nicht darüber disputiren, da ihm in der N. Leipziger L. Z. ein Recensent Einwendungen gemacht hat, die noch nicht beantwortet sind.

LITERARISCHE NACHRICHTEN.

Universitäten.

Erlangen.

Am 23. September ertheilte die philosophische Facultät dem Freyh. *Franz Friedrich Sigmund August von Böcklin zu Böcklinsau*, Ritter des rothen Adlerordens, Brandenburg-Anspachischen geheimen Rath, Würtembergischen Kammerherrn, ehemaligen Beysitzer des Magistrats zu Strasburg u. s. w. das Magister- und Doctor-Diplom.

Am 1. October erzeigte dieselbe Ehre die juristische Facultät dem ehemaligen gelehrten Mitbürger dieser Universität, Hn. *Georg Albrecht Ihering*, aus Aurich in Ostfriesland, jetzigen Director der Abgaben von den Nachlassenschaften, durch Ertheilung des juristischen Doctordiploms. Als Schriftsteller machte er sich rühmlich bekannt durch eine, im vorigen Jahre zu Bremen herausgekommene Uebersicht der sämmtlichen in dem Königreiche Holland bestehenden Abgaben.

Am 12. October ertheilte die medicinische Facultät Hn. *Joh. Samuel Wilh. Wägener*, aus Magdeburg, die medicinische Doctorwürde.

Am 14. October wurde die im Namen des Senats vom Hn. Hofrath *Harless* verfertigte *Memoria Joannis Burcardi Geigeri* (Consiliarii aulici), Professoris in ordine ICtorum primarii, Procancellarii atque Scholarchae Gymnasii Erlangensis (2 Bog. 4.) ausgetheilt.

Am 14. November erhielt Hr. *Georg Rhetoridis*, aus Constantinopel, von der medicinischen Facultät ihre höchste Würde, nachdem er ihr seine Inaug. *Disp.: de morbis periodicis lunaribus* vorgelegt hatte.

Num. 335.

ALLGEMEINE LITERATUR-ZEITUNG

Sonnabends, den 9. December 1809.

INTELLIGENZ DES BUCH- und KUNSTHANDELS.

I. Neue periodische Schriften.

Ankündigung einer allgemeinen Reise-Encyklopädie.

Gewiss wird es das Publicum mit allgemeinem Beyfall aufnehmen, dass die *Herausgeber* des beliebten *Journals für die neuesten Land- und Seereisen* sich entschlossen haben, die vorzüglichsten itinerarischen Werke des In- und Auslandes, welche von der Mitte des vorigen Jahrhunderts an, und früher noch, bis zum Jahre 1807. erschienen sind, in ein neues anmuthiges Gewand zu kleiden und der gebildeten und denkenden Lesewelt, unter dem Titel:

„*Allgemeine Reise-Encyklopädie, in Auszügen aus den grösseren bisher erschienenen Reisewerken, zur unterhaltenden Belehrung in der Länder-, Völker- und Naturkunde.* Ein Buch für gebildete Leser, für Lehrende und Lernende, in allen Ständen. Mit Kupfern und Karten." Berlin und Leipzig, bey C. Salfeld.

in unterhaltenden und gefälligen Auszügen mitzutheilen. Die geschmackvolle und fliessende Darstellung der Redaction ist dem Publicum zur Genüge bekannt, als dass sie noch einer besondern Empfehlung bedürfte.

Dieses Werk wird nur die Reisebeschreibungen bis zum Jahr 1807. aufnehmen, weil das *Journal der Reisen* mit diesem Jahre anhebt. Beide Werke werden also in einer genauen Verbindung stehn, und zusammen ein *Ganzes* im Fache der itinerarischen Literatur bilden. Die *Reise-Encyklopädie* hört da auf, wo das Journal anfängt. Häufig werden auch *ungedruckte* und noch *in Handschrift liegende Reisebeschreibungen* mitgetheilt werden. Gleich im *ersten* Stücke wird die Reise des berühmten *Wadström* nach der Sierra Leona, die bis jetzt noch ungedruckt und äusserst merkwürdig ist, und dessen Reise und Zeichnungen von einem Freunde in Schweden für die Encyklopädie mitgetheilt sind, enthalten. Auch werden darin wichtige, unbekannte Nachrichten aus einem reichhaltigen Archive von Zeit zu Zeit dem Publicum mitgetheilt werden. Belehrende Anmerkungen werden, wo es nöthig ist, die Gegenstände erläutern und berichtigen, und sauber gearbeitete Kupfer- und Kartenbeylagen sollen jedes Heft zieren.

Um den Werth und die Brauchbarkeit des Werks zu erhöhen, wird jeder, aus *zwey* doppelten Heften bestehender, Theil ein specielles Register über die darin berührten Gegenstände erhalten. Jährlich werden 6 Doppel-Hefte, jedes von 12 Bogen, deren zwey einen Band ausmachen, erscheinen, und das Aeussere wird dem Innern vollkommen entsprechen. Das *erste* Doppel-Heft erscheint binnen Kurzem, und Bestellungen kann man in allen soliden Buchhandlungen Deutschlands darauf machen. Der Preis des ganzen Jahrgangs beträgt 7 Rthlr. 12 gr.

Im October 1809.

C. Salfeld,
gegenwärtig in Berlin.

Von den *Beobachtungen und der historischen Sammlung wichtiger Ereignisse aus dem Kriege zwischen Frankreich, dessen Verbündeten und Oesterreich im Jahr 1809.* — ist so eben der *vierte* Heft bey uns erschienen, und enthält folgende interessante Aufsätze:

I. Vorwort an den Leser. II. Gedanken zur Berichtigung der öffentlichen Meinung über Tyrol und seine Bewohner in der neuesten Zeit. (Ein mit strenger Unparteylichkeit geschriebener, vorzüglicher Aufsatz.) III. Die Blokade und Belagerung der Festung Kufstein in Tyrol, von einem Augenzeugen. IV. Anekdoten.

Der Preis dieses Heftes ist 12 gr. Sächs. oder 54 Kr. Rheinl.

Der *fünfte* Heft, welcher die Schlachten von Aspern und Deutschwagram, und den Frieden von Schönbrunn enthält, wird sogleich nachfolgen, und diese ganze interessante Sammlung schliessen, durch welche der Liebhaber unserer so höchst wichtigen Zeitgeschichte einen hellen Ueberblick des ganzen so folgenreichen letzten Krieges erhält.

Weimar, im October 1809.

H. S. priv. Landes-Industrie-Comptoir.

Ankündigung eines neuen Journals für Wissenschaft und Kunst, unter dem Titel: Pantheon. Berlin und Leipzig, bey C. Salfeld.

Verbunden mit vielen achtungswürdigen Männern und unsern Freunden, werden wir Unterzeichnete in dem

dem kommenden Jahre eine Zeitschrift für Wissenschaft und Kunst beginnen, die sich durch Mannigfaltigkeit, durch Prosa und Verse, eigne Sachen und Uebersetzungen, Erzählungen, Abhandlungen, Recensionen, Novellen, Aufsätze von dem verschiedensten Stoff und von der verschiedensten Form auszeichnen soll. Beseelt von dem Wunsche, etwas Vorzügliches zu leisten, haben wir mehrere Männer zur gütigen Beyhülfe aufgefordert, die in der vaterländischen Literatur mit Ruhm bekannt sind, und deren Namen wir demnächst dem Publicum anzeigen werden. Des Beytritts derselben schon grösstentheils versichert, hoffen wir dasjenige, was wir bezwecken, auszuführen, und so dieser Zeitschrift ein zahlreiches Publicum zu verschaffen.

Berlin, im November 1809.

Dr. *J. G. Büsching*. Dr. *C. L. Kannegiesser*.

Das *erste* Heft wird gegen die Mitte des Decembers d. J. ausgegeben werden; die übrigen Hefte, jedes von etwa 12 Bogen, mit Musikbeylagen, und in vorkommenden Fällen mit Kupferst., in farbigem Umschlage, von 2 zu 2 Monaten, so dass jährlich 6 Hefte, welche *drey* Bände ausmachen, erscheinen.

Alle solide Buchhandlungen nehmen Bestellungen hierauf an.

II. Ankündigungen neuer Bücher.

Oken Lehrbuch der Naturphilosophie. 1 und 2ter Theil. gr. 8. 1 Rthlr.

ist schon in letzter Jub. Messe wirklich erschienen. Der Herr Verf. wollte, nach seiner Ankündigung im Intelligenzblatt Nr. 12. der Jenaer Lit. Zeitung, mit demselben ein *Lehrbuch* der Naturphilosophie liefern, welches das ganze System systematisch umfasst und zugleich den Vorlesungen zum Grunde gelegt werden könnte. Was er leisten wollte, was er wirklich geleistet hat, wird das Buch selbst dem Unparteyischen am besten zeigen. Diese *erste* Abtheilung enthält die beiden *ersten* Theile des Systems, die *zweyte*, welche zur Ostermesse 1810. erscheint, wird den *dritten* liefern, und das Ganze schliessen.

Jena, im November 1809.

Friedrich Frommann.

In allen Buchhandlungen ist zu haben:

Neuer historischer Bildersaal, für die Jugend und für alle Liebhaber einer unterhaltenden historischen Lectüre. Von *S. Baur*. *Erster* Theil. Mit 5 Kupfern. Preis 1 Rthlr. 12 gr. Leipzig, bey Georg Voss.

Der neue Bildersaal, den der geschätzte Verfasser hier eröffnet, soll belehren und unterhalten. Dass ein solches Buch unter die nöthigen und nützlichen im pädagogischen Fache gehört, bedarf keiner Bemerkung. Eine gut geschriebene Biographie ist gewiss ein trefflicher Spiegel, in den der Jüngling niemals ohne Nutzen schauen wird. Hier wird ihm an Thatsachen gezeigt, was der Mensch seyn und werden kann; hier wird in ihm Tugendliebe und Abscheu vor dem Laster erzeugt, und es wird zugleich in seiner Seele der edle Wunsch geweckt, sich auch einmal Verdienste um seine Nebenmenschen zu erwerben. Und der Jüngling, der sich den Wissenschaften widmet, bereitet sich durch eine solche Lectüre gewiss sehr zweckmässig auf das systematische Geschichtsstudium vor, oder verbindet sie mit demselben und mit dem Lesen der alten Classiker.

Dieser *erste* Theil enthält in *zwey* Abtheilungen aus der alten und neuern Geschichte *drey und zwanzig* Biographieen. Die fünf Bildnisse dazu sind schön und fleissig gestochen.

Bey Darnmann in Züllichau ist erschienen:

Die Franzosen in Berlin, oder Serene an Clementinen in den Jahren 1806. 7. 8. — Ein Sittengemälde. 1809. 8. 1 Rthlr. 10 gr.

Nachstehende Berlinische Kalender auf das Jahr 1810. sind für beygesetzte Preise in klingendem Courant zu haben im Haupt-Kalender-Comptoir, Berlin Markgrafenstrasse Nr. 42., bey den Kalender-Factoren, auf allen Postämtern, und in den Buchhandlungen.

1. *Historisch-genealogischer Kalender*, mit 8 Kupfern von Bolt, und 3 Bildnissen von M. Haas. Enthält, ausser dem eigentlichen Kalender, und den stehenden Artikeln: 1) König Ludwig IX., oder der Heilige, von Frankreich, auf dem Kreuzzuge nach Aegypten; wozu die Vorstellungen und Bildnisse gehören. 2) Kurze Geschichte der Luftschiffkunst: und Uebersicht der Ursachen, warum es nie möglich seyn wird, Luftbälle von der bisher gewöhnlichen Grösse nach Willkür mit menschlichen Kräften zu lenken: nebst einigen Bemerkungen über die neuesten Versuche in der Kunst zu fliegen. Die neu gearbeitete Genealogie der regierenden und fürstlichen Personen ist im Junius geschlossen worden. Preis 1 Thaler Courant.

2. *Damen-Kalender*, mit 13 Kupfern, von Berger, Haas und Wolf. Enthält: 1) Manfred, Karl von Anjou, und Konradin von Hohenstaufen, um das Königreich beider Sicilien kämpfend. Hierzu die acht Vorstellungen und das Titelkupfer. 2) Nachrichten von den Ersteigung der höchsten Berge. Diesmal: die Reisen nach dem Gipfel des Montblanc, nebst 2 Abbildungen desselben. 3) Zwey Gedichte, mit der Musik dazu. 4) Zwey Kupfer zu Strick- und Stickmustern. Genealogie u. s. w. 1 Thaler.

3. *Hand- und Schreib-Kalender*, in Octavformat; mit einer Postkarte von Deutschland. Die Einrichtung dieses saubern, reichhaltigen und bequemen Taschenbüchleins ist aus vorigem Jahre bekannt. Zu den vielen Artikeln sind diessmal noch hinzugekommen: Tabelle vom Berglachter-Mass, vom Ackermass, Resolvirung von 1 Pfennig bis zu 1 Thlr. in 5 Decimale, Versetzung der Brüche in solche Decimale. Art der

Zib-

Zählung bey mancherley Gütern: Grot, Zimmer, Stiege u. s. w.; Ballen, Ries u. s. w., Last bey Schiffen, Salz, Tonnenwaaren; Eintheilungen bey Fisch-, Tuch-, Leinewand-, Holzhandel. — 1 Thaler 8 Groschen.

4. *Genealogischer und Post-Kalender*, mit 12 neuen Kupfern von Riepenhausen: die Zeit und den Zeitgeist vorstellend. Enthält die Genealogie, und die Postcourse sehr ausführlich. 16 Groschen.

5. *Genealogischer Kalender*, mit 13 Kupfern von Riepenhausen. Genealogie, Postcourse u. s. w. 9 Groschen.

6. *Ein solcher*, ohne Kupfer. 7 Groschen.

7. *Großer Etui-Kalender*: Fabeln von Lafontaine, Deutsch und Französisch, mit 12 neuen Kupfern dazu von Riepenhausen. 8 Groschen.

8. *Kleiner Etui-Kalender*, mit 12 neuen Kupfern von Demselben: Trachten fremder Völker. 3 Groschen.

9. *Almanach de Berlin.* Contient: Tableau Généalogique des maisons regnantes; Guide des Postes; Liste des Foires. 3 Gr. 3 Pf.

Ferner: alle gewöhnliche Quart- und kleinere, auch Comptoir-Kalender. Zu den bekannten Preisen.

Auch sind alle *Kupfer besonders*, ohne die Kalender, zu haben, von diesen und den beiden vorjährigen Kalendern, zu billigen Preisen.

Dr. *J. Fr. Chr. Löffler's Magazin für Prediger*, IV Bds 2tes Stück. Mit dem Bildnisse *J. G. von Herders* nach Buri von Lips. gr. 8. 18 gr.

ist im September versandt worden. Es enthält in allen 5 Abtheilungen sehr interessante Aufsätze, Entwürfe u. s. w., und steht den frühern Stücken an Interesse und Brauchbarkeit in nichts nach. So wird es allen Besitzern der frühern Bände ein willkommenes Geschenk seyn.

Das nächste — V Bds 1s Stück — erscheint in wenig Monaten.

Jena, im November 1809.

Friedrich Frommann.

Die neue merkwürdige französische Sprachlehre unter dem Titel:

Kunst, in zwey Monaten Französisch lesen, verstehen, schreiben und sprechen zu lernen. Vom Prediger C. L. *Küstner. Dritte* Auflage. Preis 18 gr. Leipzig, bey Georg Voss.

ist von neuem in allen Buchhandlungen zu haben. Der geschätzte Herr Verfasser, berühmt durch seine *Gedächtnisskunst*, hat in dieser Sprachlehre gezeigt, wie so oft ein einziges Zeichen, das sich dem Gedächtniss so leicht eindrückt, die Stelle einer Regel vertritt, wo Theorie mit Praxis Hand in Hand geht, wo die Lehre von der Rangordnung der Wörter auf die natürlichste Art vorgetragen wird, wo bisweilen 20 Regeln, wie die über die Veränderlichkeit des Particips, in eine kurze einzige zusammengefasst sind, und wo die in andern Sprachlehren über hundert Seiten lange Belehrung von der Conjugation, durch eine ganz neue Methode, auf noch nicht 14 Seiten, so vollständig, als in jeder andern Grammatik, vorgetragen ist.

In allen guten Buchhandlungen ist zu haben:

Diac. M. *Steucklin's* Anleitung zu den Uebungen der Pest. Einheitstabelle. (17 Bogen in 8.) Stuttgart, bey J. F. Steinkopf. 1809. 16 gr.

Der Hauptzweck dieser Schrift ist eine deutliche Darstellung der sämmtl. Uebungen der Pest. Einheitstabelle. Bey dem Anfang jeder Uebung ist ihr eigenthümlicher Charakter angegeben; im Verlauf derselben ist bemerkt, wie mit den Stäben gewiesen werden soll, was zur Deutlichkeit vieles beyträgt, und am Ende derselben stehen mehrere Aufgaben und Fragen, wie sie zu machen sind. Auch solche, welche mit der jetzt täglich allgemeiner werdenden Pest. Methode noch unbekannt sind, werden aus dieser Anleitung die Uebungen der Einheitstafel deutlich aufzufassen und richtig zu erlernen im Stande seyn.

Grosse Einheitstabellen in 2. gr. Fol. Bogen kosten besonders 2 gr. — Kleine dito auf 1 Bl. 1 gr. — Bruchtabellen in 4 Bl., die erste 4 gr. und die zweyte mit senk- und wagrechten Strichen 6 gr.

Die Kunst, mit Einsicht und Bewußtseyn fertig zu rechnen. Ein Lehrbuch für Jedermann, besonders aber zum Gebrauch bey der Jugend. (Nicht nach *Pestalozzi.*) Von Dr. *H. Rochstroh.* Mit 2 Kupferblättern in Quart. 296 S. 8. Berlin und Leipzig, bey C. Salfeld. Broschirt in farbigem Umschlage 1 Rthlr. Cour.

Sehr achtungswürdige Männer haben bereits andere literarische Arbeiten von dem geschickten Hn. Vf. mit so vieler Einsicht und Gründlichkeit, mit so vieler Humanität und entschiedenem Sinn fürs Gemeinnützige beurtheilt, so dass das Publicum das gerechteste Zutrauen zu diesem Werke haben kann, und gewiss wird dasselbe auch diessmal nicht getäuscht werden.

Andeutungen zur fruchtbaren Anwendung der Abschnitte heiliger Schrift, welche, Allerhöchster Verordnung gemäß, im Jahre 1810. statt der gewöhnlichen Evangelien bey dem evangel. Gottesdienste in den Königl. Sächs. Landen öffentlich erklärt werden sollen, von Dr. *Johann Georg August Hacker*, Königl. Sächs. Hofprediger. gr. 8. Dresden und Leipzig, bey Joh. Friedr. Hartknoch. 1810.

Diese Andeutungen werden den Hauptinhalt jedes einzelnen Textes in gedrängter Kürze darstellen, und über jeden derselben einige kurze Entwürfe beyfügen. Zugleich wird aber der Verfasser, mit Zustimmung des Herrn Oberhofpredigers Dr. *Reinhard*, die Ansichten angeben, welche dieser unübertreffliche Kanzelredner bey

bey der Wahl dieser Texte für die evangelische Hofgemeinde in seinen Predigten über den gröſsten Theil derselben genommen hat. Das Ganze wird in einigen Heften erscheinen, und das *erste* Heft noch vor Weihnachten 1809. zu haben seyn. Der Preis desselben wird für ein broschirtes Exemplar nicht mehr als etwa 12 Groschen betragen.

In allen Buchhandlungen ist zu haben:

Rheinisches Taschenbuch
für das Jahr 1810.
Mit Kupfern und Steinabdrücken.
Auch unter dem Titel:
Groſsherzoglich Hessischer Hofkalender
für das J. 1810.
Darmstadt, bey L. W. Leske,
Leipzig, bey J. G. Mittler.

In schönem Einband à 1 Rthlr. 12 gr. od. 2 Fl. 42 Kr., in Maroquin als Portefeuille 2 Rthlr. 12 gr. oder 4 Fl. 30 Kr.

Notiz für Aeltern, Jugendlehrer und Kinderfreunde.

Neues ABC- und Lesebuch in 191 *Abbildungen mit Erklärungen aus der Naturgeschichte. Siebente* verbesserte Auflage. 8.
Preis mit schwarzen Kupfern geb. 12 gr.
— — mit illuminirten Kupfern geb. 16 gr.

Kleine Bilderschule für die Jugend. Mit illumin. Kupfern. *Vierte* mit ganz neuen Kupfern verbesserte Auflage. 8. Preis geb. 1 Rthlr. 16 gr.

Beide Jugendbücher sind von einem Verfasser; die vielen Auflagen beweisen hinlänglich ihren werthvollen Gehalt und den mit Recht gefundenen Beyfall. Sie sind bey Georg Voſs in Leipzig erschienen, und beständig in allen Buchhandlungen zu erhalten.

Aus der *Histoire générale et raisonnée de la Diplomatie françoise* par Mr. *de Flassan.* Paris 1809. VI Vol. gr. 8. wird Herr Professor *Fischer* zu Würzburg die letzte und neueste Periode (Vol. V. u. VI.) fürs erste besonders bearbeiten, und unter dem Titel: *Geheime Geschichte der französischen Politik* seit 1756 — 1793, unverzüglich in meinem Verlage erscheinen lassen. Man wird in diesem Werke, wie auch bereits in mehrern trefflichen Recensionen, z. B. in den Göttinger gelehrten Anzeigen u. s. w., bewiesen worden ist, die umständliche Darstellung der wichtigsten Verhältnisse, und Unterhandlungen des französ. Kabinets in der angegebenen Periode, eine Menge höchst interessanter geheimer Instructionen und Depeschen, der französ. Gesandten zu Wien, Berlin, St. Petersburg, London, Madrid, Warschau u. s. w., eben so die Schilderungen der vornehmsten politischen Charaktere dieses Zeitraums, und eine Menge bisher unbekannter Anekdoten über die damaligen europäischen Höfe überhaupt finden. Der Name des gelehrten und geistreichen Herrn Herausgebers bürgt dafür, daſs das Ganze eine, eben so nützliche als anziehende Lectüre gewähren wird.

Leipzig, den 16. October 1809.

Heinrich Gräff.

III. Neue Landkarten.

Topograph. militärische Karte von Deutschland in 204 Blättern. 23ste und 24ste Lieferung.

Hiervon ist die *23ste u. 24ste Lieferung* erschienen, und an die Herren Subscribenten versandt worden. Die 23ste Lieferung enthält die Sect. 116. *Troppau*, Sect. 117. *Pleß*, Sect. 129. *Jablunka*, Sect. 197. *Bassano*; die 24ste Lief. enthält die Sect. 189. *Lavis*, Sect. 190. *Botzen*, Sect. 202. *Trient*, Sect. 204. *Biben*; und jeden Monat erscheint eine solche Lieferung von 4 Blättern. Die *Subscription* bleibt bis zur Vollendung der ganzen Karte offen. Der *Subscriptions-Preis* ist für den Unterzeichner auf das *Ganze der Karte* 6 gr. Sächs. Crt. auf gutes *ord. Papier*, und 8 gr. auf *Velin-Papier* für *jedes Blatt*, gegen baare Zahlung; und man kann bey jeder guten Buch- und Kunsthandlung darauf subscribiren. *Einzelne* Blätter kosten 2 gr. mehr.

Weimar, den 10. November 1809.

Geographisches Institut.

IV. Vermischte Anzeigen.

Anzeige für Bibliothekare, Buchhändler, Bücherfreunde, Besitzer von Lesebibliotheken u. s. w.

In der Stettin'schen Buchhandlung in Ulm ist zu haben:

Verzeichniſs von *gebundenen Büchern* aus allen Theilen der Wissenschaften in verschiedenen Sprachen, welche in der Stettin'schen Buchhandlung in Ulm um beygesetzte wohlfeile Preise zu haben sind. gr. 8. 1809. 168 Seiten stark. 15 Kr.

Catalogue des Livres *françois, italiens, anglois, espagnols* etc., qui se vendent dans la Librairie de Stettin à Ulm. 8. 219 Seiten stark. 24 Kr.

Verzeichniſs einiger *gröſserer Werke* aus allen Theilen der Wissenschaften, welche in der Stettin'schen Buchhandlung in Ulm um die billigsten Preise zu haben sind. gr. 8. 1810. 112 Seiten stark. 15 Kr.

Diejenigen, welche sich daraus was zum Kauf wählen, erhalten solche *unentgeldlich;* auch wird bey einer Auswahl für Hundert und mehr Gulden von den angesetzten Preisen ein ansehnlicher Rabatt erlassen.

ALLGEMEINE LITERATUR - ZEITUNG

Montags, den 11. December 1809.

WISSENSCHAFTLICHE WERKE.

KIRCHENGESCHICHTE.

1) Hamburg, b. Perthes: *Geschichte der Religion Jesu Christi.* Von *Friedrich Leopold*, Grafen zu *Stollberg.* — *Erster* Theil. 1806. XXXII, VI u. 510 S. *Zweyter* Theil. 1807. 478 S. *Dritter* Th. 1808. 588 S. *Vierter* Th. *Erste* Abtheil. 1809. 572 S. *Zweyte* Abtheil. von S. 573—790. gr. 8. (7 Rthlr. 8 gr.)

2) Leipzig, b. Gräff: *Anti-Stollberg*, oder *Versuch, die Rechte der Vernunft gegen Hn. Friedr. Leop. Gr. zu Stollberg zu behaupten*, in Beziehung auf dessen Geschichte der Religion Jesu Christi. Von M. *Heinr. Kunhardt*, Prof. am Gymnasium zu Lübeck. 1808. XVI u. 70 S. gr. 8. (12 gr.)

Der Vf. von Nr. 1. hat bekanntlich am Ende des vorigen Jahrhunderts das dringende Bedürfniss gefühlt, einer in der Lehre unfehlbaren Kirche anzugehören, in welcher Machthaber der Gewalt des ewigen Hohenpriesters Sünden behalten und Sünden lösen könnten: denn hätte er auch, wie er sich in einem am 26. Oct. 1800. von Münster geschriebenen Briefe an *Lavater* (theol. Nachr. 1802. S. 84.) ausdrückt, „den beynahe vollendeten Einsturz der protestirenden Kirche nicht erlebt, so wäre ihm doch in ihren Hallen ohne Altar, ohne ein *praesens numen* länger nicht wohl gewesen;" und die Kirche, die sich ausschliesslich die Eine, die heilige, die allgemeine nennt, und ausser sich schlechterdings für niemanden Heil sieht, hat als eine zärtliche Mutter, welche unaufhörlich ihre Arme nach einem von ihr entlaufenen Kinde ausstreckt, um es an ihre Brust zu drücken, den wegen seines Heils bekümmerten Sohn, der es endlich einsah, welch ein trauriger Zustand es ist, von ihr getrennt zu seyn, in ihren Schoss aufgenommen. Und er fühlt sich jetzt o wie selig, obgleich unwürdig, in ihrem Schosse! Aber sie warnt ihn auch vor Sicherheit, und heisst ihn alles aufbieten, um sich in dem Glauben zu befestigen, dass *sie* es sey, die auf dem Felsen gegründet stehe, und wider die selbst die Pforten der Hölle nichts vermögen. Zwar ist die Gefahr so gross nicht, dass er wieder zurückfallen werde in die Denkart seiner irrenden Brüder; schon als er noch unter ihnen lebte, hat er derjenigen Vernunft, welche dem Glauben an eine unfehlbare und allein seligmachende Kirche ungünstig ist, keine übermässig grosse Herrschaft über sich gegeben; die Phantasie des Dichters hatte an seinen religiösen Ansichten einen ungleich grössern Antheil, als die Reflexion des Philosophen; und nicht erst dem funfzigjährigen Manne schien es, dass die berühmtesten Wortführer der protestantischen Kirche dem Glauben zu wenig, und der Speculation zu viel einräumten, dass sie Zeloten wären nur für das Protestiren, nur für das Negative, nur für eine Null, welcher sie keine Zahl vorzusetzen wüssten, die ihr Gehalt geben könnte; inzwischen ruht doch der Versucher nie, und obgleich der Satan dem Vf. nie ein Lichtengel seyn würde, wenn er ihm in der Gestalt eines Weltweisen erschiene, so könnte der Tausendkünstler ihn doch durch Blendwerke anderer Art wieder an dem Heile irre machen, das er sich erworben hat, und der ihm gegebene Rath ist also heilsam, dass er mit Furcht und Zittern seine Seligkeit suchen, und unablässig dahin arbeiten möge, dass er nie wieder verführt werde durch Irrsale, und nicht wieder aus der Festung gelockt werde, in welcher er selbst dem Antichrist trotzen kann. In dieser Absicht mag sich der Vf. die Arbeit aufgegeben haben, deren Erstlingsfrüchte wir in vorliegenden 2400 Seiten starken vier Bänden geniessen können. Rec. wenigstens sieht diess Werk für nichts anders an, als für ein von dem Vf. zunächst für sich und seine Familie geschriebenes Andachtsbuch, wodurch er und sie in dem Gemüthszustande, in welchem sie sich seit ihrer Vereinigung mit der römisch-katholischen Kirche befinden, gestärkt, bekräftigt, und hinfort nicht mehr erschütterlich gegründet werden sollten; und er würde in dieser Hinsicht dem Werke etwa folgenden Titel gegeben haben: Andachtsbuch eines zur römisch-katholischen Kirche Uebergegangenen, der sich gegen die Versuchung zum Rückfalle in die täuschenden Ansichten eines protestantischen Freydenkers schützen will. Weil indessen auch solche Katholiken, welche nie ausser der Kirche lebten, Erbauung aus diesem Andachtsbuche schöpfen können, so lag dem Vf. der Gedanke nahe, dasselbe durch den Druck bekannt zu machen; die nähere Bestimmung ging jedoch nur auf diese seine neuen Glaubensbrüder; „unsere irrenden, unsre von der Kirche getrennten Brüder, unsre heiligen Kirchenväter, unser heiliger Papst," heisst es an mehrern Stellen; der Vf. und seine neuen Glaubensgenossen sind allein in der Kirche, die andern sind ausser ihr; sie haben keine unfehlbare Lehre, keinen unfehlbaren Glaubensrichter; sie gehen in der Irre, wie zerstreute Schafe; ein jeder sieht nur auf seinen

Weg. Doch ſchöpfet Troſt, ihr Verirrten! Der Vf. hat einem Hamburger, dem lutheriſchen Buchhändler Friedr. Perthes, ſein katholiſches Andachtsbuch in den Verlag gegeben; auch Ihr könnt ſchöpfen aus dem Born der Gnade; auch Euch will der menſchenfreundliche Vf. indirecte gewinnen; und möchten nur in dieſen Zeiten des Unglaubens an die Unfehlbarkeit einer Kirche, einer Kirchenverſammlung, eines Pontifex maximus, viele durch dieſs Werk zur Ruhe von den Zweifeln einer gegen das Unglaubliche widerſpenſtigen Vernunft kommen, und die Süſsigkeit eines bequemen Autoritätsglaubens ſchmecken lernen! — Vielleicht erheben ſich gegen dieſe Darſtellung des Geiſtes dieſes Werks mehrere der mitirrenden Brüder des Rec. in der proteſtantiſchen Kirche, und erklären laut, daſs ſie ſehr Vieles in dem Buche auch für wahr halten, daſs auch ihnen der eingeborne Gottesſohn der im Paradieſe erſcheinende Gott, der Engel des Bundes, welcher mit Moſe ſprach, überhaupt das *numen* des alten Teſtaments ſey, daſs auch ſie Greuel haben an den Neologen, daſs auch ſie alles buchſtäblich ſo nehmen, wie es bey Moſe und den Propheten geſchrieben ſtehe, daſs ſie nichts davon und nichts dazu thun, daſs auch ſie in die Weiſſagungen einen nähern und einen entferntern, einen örtlichen und einen myſtiſchen Sinn legen. Rec. muſs alſo ſchon den Beweis führen, daſs deſſen ungeachtet dieſs Werk ein katholiſches Andachtsbuch ſey, und wenigſtens nebenher die Tendenz habe, frommen Proteſtanten die römiſch-katholiſche Kirche als das glückliche Zoar, wohin ſie ſich aus dem Sodom der proteſtantiſchen Kirche retten können, zu empfehlen, was zwar Rec. ſo weit entfernt iſt, dem Vf. zu verdenken, daſs er im Gegentheil gerade hierin ſein wohlwollendes und liebevolles Gemüth erkennt, welches uns gern wie Brände aus dem Feuer reiſsen will. Nicht nur finden ſich nämlich unzählige zerſtreute Stellen, welche die röm. katholiſche Kirche als die Verwahrerin aller religiöſen Erkenntniſs darſtellen, und von ihr verſichern, daſs ſie das Zweifelhafte entſcheide, das Unſichere feſtſetze, dem Glauben das Rechte zur Annahme vorhalte, oder die ſich auf die Sitzungen und Beſchlüſſe der Tridentiniſchen Kirchenverſammlung, auf Erklärungen heiliger Päpſte und auf andere röm. katholiſche Autoritäten berufen, ſondern insbeſondere in der 2ten Abtheilung des 4ten Bandes theilt der Vf. ganze Abhandlungen mit, deren unverkennbare und nicht verhehlte Abſicht iſt, die verirrten Brüder wo möglich durch ſanfte, freundliche Vorſtellungen in den Schafſtall derjenigen Kirche zurück zu locken, die nach unſres Vfs. Verſicherung einen unwandelbaren Beſtand hat, und deren Lehrer zu allen Zeiten und in allen Welttheilen übereinſtimmen, wie es bey menſchlichen Ordnungen nicht möglich iſt, und was ihr eben jenen hehren Charakter giebt, der ſie unterſcheidet. „Unſre irrenden Brüder, ſagt der Vf. S. 685. ſehr treuherzig, wollen doch dieſs bedenken, da es ſich, um nur dieſs Eine zu erwähnen, ohne (eine) beſondere göttliche Ordnung (anzunehmen,) durchaus nicht würde erklären laſſen, wie alle Biſchöfe, deren Gemeinen ſchon zu den Zeiten der Apoſtel in drey Welttheilen verbreitet waren, in Anerkennung Eines Oberhaupts, des Nachfolgers Petri, übereinſtimmen können!" In einer andern Beylage dieſer Abtheilung wird ſogar ein Doctor der Sorbonne zu Hülfe genommen, um uns Abtrünnige von Petri Stuhle für eine Wiedervereinigung mit dem Mittelpunkte der Einheit der allein wahren Kirche einzunehmen. In dieſer Abhandlung wird die göttliche Eingebung der Apokryphen aus röm. katholiſchen Principien bewieſen, und gezeigt, daſs nun allen Gläubigen die Verbindlichkeit aufgelegt ſey, die Göttlichkeit dieſer deuterokanoniſchen Bücher als eine Glaubenslehre anzunehmen (mithin ſich die freye Prüfung des Werths dieſer Bücher ein für allemal zu erſparen). „Sollte wohl, ſagt dieſer ungenannte Doctor, ein Freund des Vfs., S. 709., noch itzt einer von denjenigen Proteſtanten, denen Gott die Gnade erzeigt, dem Chriſtenthum noch aufrichtig anzuhangen, ſich dieſer Autorität (der Kirche) erwehren wollen?" Und S. 711. „Welch anderes Mittel giebt es, ſich der gefährlichen Neigung, über alles nach eignen Ideen zu urtheilen, zu erwehren, als daſs man ſich demüthig und feſt an das halte, wovon man weiſs, daſs es auf ſicherm Zeugniſſe beruhe?" S. 731. „Können die von uns getrennten Brüder noch anſtehen, dieſen Büchern die Huldigung zu erweiſen, welche die katholiſche Kirche im Namen und auf Befehl des oberſten Geſetzgebers der Kirche für ſie fordert? Wiſſen ſie nicht ſowohl als wir, daſs wenn derjenige, der die Wahrheit iſt (und ſein Organ, der Papſt, das Concilium zu Trient u. ſ. f.?), geredet hat, und wir von ſeinem Ausſpruche den ſichern und offenbaren Beweis haben, die Vernunft ſelbſt (o die Vernunft möchte man doch immer noch gerne hineinziehen) uns gebietet zu ſchweigen, anzubeten, und uns mit dem Verſtande und von ganzem Herzen zu unterwerfen?" S. 773. „Der Befehl, dieſe Bücher als Theile der heiligen Schriften zu leſen, muſs ſogar von den Apoſteln gegeben worden ſeyn, der groſsen Regel der Ueberlieferung zufolge, die der heilige Auguſtin einſchärft: was man nicht gegründet findet auf Entſcheidungen der Concilien, gleichwohl aber allgemein angenommen ward, und von jeher im Gebrauch war, das kann von keinem andern herrühren, als von den Apoſteln. Sonach that die Kirche hierin nichts anders als: den Vorſchriften der Apoſtel (daſs die Apokryphen für inſpirirt gelten ſollten) Gehorſam leiſten." S. 784. „Möge es der göttlichen Gnade gefallen, unſern von uns getrennten Brüdern ſortan keinen Zweifel zu laſſen an der Rechtmäſsigkeit des Schluſſes der allgemeinen Kirchenverſammlung zu Trient, welcher der Kanonicität dieſer Bücher die entſcheidende Sanction gab! Möge es der göttlichen Gnade gefallen, hierdurch (daſs die Proteſtanten ſich einem Beſchluſſe des Tridentiniſchen Conciliums unterwerfen) die letzte (??) Schwierigkeit zu heben, welche unſere Brüder im Anfange des verfloſſenen Jahrhunderts (als der Abt zu Lokkum, Molanus, einen Plan zur Vereinigung der kirchlichen Confessionen schrieb) abhielt von der Ausführung des Plans ihrer Vereinigung mit der katholischen, apostolischen, römischen Kirche. In derselben Abhandlung wird endlich S. 710. bemerkt: „Das Zeugniss der Kirche (also ein äusserer Glaubensgrund) sey ein vernünftigerer und festerer Halt des Glaubens, als das vermeinte innere Zeugniss des heiligen Geistes, durch den man sich einbilde, auf unfehlbare Weise die Wahrheit vom Irrthum zu unterscheiden;" und in einer Note bemerkt der Hr. Graf: „diese seltsame Behauptung, nach welcher der heilige Geist dem ihn anrufenden Frommen den wahren Sinn der heiligen Schrift (in Sachen, die seine ewige Seligkeit betreffen) eröffne, führe auf Irrthum, Schwärmerey, Dünkel und Unduldsamkeit." (Aber der Vf. selbst sagt doch in seinem oben angeführten Briefe an *Lavater*, er habe sieben Jahre lang täglich den Geist der Wahrheit angerufen, damit er ihn erleuchten möge zu seiner Ueberzeugung, ob er Protestant bleiben oder katholisch werden solle; ein inneres Zeugniss des heiligen Geistes musste also wenigstens damals noch für ihn ein grösseres Gewicht haben, als jedes äussere Zeugniss.)

Nachdem nun Rec. auf die Tendenz dieses Werks im Allgemeinen hingewiesen hat, macht er noch auf Einzelnes, das in demselben bemerkenswerth ist, aufmerksam. Es wird auffallen, wenn man sagt, dass der Vf. in den vier ersten starken Bänden einer Geschichte der Religion Jesu Christi noch nicht einmal bis zur Geburt Jesu gekommen sey, und dass sein Werk mit der Erschaffung der Welt anfange; allein diess erklärt sich bald durch eine nähere Ansicht dieses Werks. Der Vf. nimmt an, Gott habe schon im Paradiese sich durch seinen Sohn den Menschen geoffenbart, durch seinen Sohn habe er mit den Patriarchen gesprochen, durch ihn sich dem Mose mitgetheilt, durch ihn die spätern Propheten über seine Rathschlüsse belehrt; nach unserm Vf., und diess wird auch von mehrern protestantischen Theologen angenommen, gab es nie eine Offenbarung Gottes, welche nicht, unmittelbar oder mittelbar, den Sohn Gottes zum Gegenstande gehabt hätte, und die Eine wahre Religion, die von Anbeginn bis ans Ende der Welt unter den Menschen vorhanden war, löst sich *vor* der Geburt Jesu in Erwartung dessen, der da kommen sollte, *nach* der Geburt Jesu in Glauben an den, der gekommen ist, auf. Nach dieser Ansicht musste freylich das ganze alte Testament in den Plan des Vfs. aufgenommen werden. Ehe aber Rec. von der Bearbeitung desselben durch den Vf. referirt, muss er der frommen, herzlichen und schön geschriebenen Zuschrift des Werkes an die Kinder des Hn. Grafen gedenken. Diese rührende Zuschrift, in welcher sich das Heilige eines menschlichen Gemüthes aufschliesst, spricht zum Herzen eines jeden unparteyischen Lesers, dem religiöse Gefühle nicht fremde sind. Einige schöne Stellen mögen das Urtheil des Rec. rechtfertigen. „Kurz, ungewiss, gefährdet ist unsere Wanderschaft hienieden; in Absicht auf sie ist nur Eines uns gewiss, der Tod. Wir sehen ihn nicht, wir werden nur inne, dass das Leben unsrer Genossen schwand, die erstarrte Hülle zurückblieb, und Staub wird. So der Mensch, so das Thier. Aber der Mensch empfindet in sich ein Leben, das nicht von der klopfenden Ader, nicht von eingehender und ausgehender Luft abhängt. Er schaut mit dem Blicke des Bewusstseyns auf sein Inneres zurück; er hat Vernunft. Er wendet ihn umher, und fühlet das Leben des Lebens, Liebe. Ob er durch Liebe mit der Urliebe verbunden werde, oder ob seine Liebe sich auf sein eignes Ich so zurückwende, dass er in allen Dingen, die ihm wohlgefallen, nur gröbere oder feinere Mittel des Selbstgenusses finde: das entscheidet seinen ganzen Werth. Wir lieben entweder alles, was wir lieben, in Gott, oder wir lieben in allem, was wir zu lieben wähnen, nur uns selbst, und eben darum dann nur etwas sehr Schlechtes. Je feiner und scheinbarer unsere Täuschung, desto gefährlicher, weil desto blendender. Liebe zu Gott ist unsere Bestimmung. Auch uns sollen wir in Gott lieben. Was seine Bestimmung verfehlt, das gehabt sich übel. Der natürliche Mensch hat die Ahndung dieses Uebelstandes; aber er versteht sie nicht. Darum lassen alle vermeinten Güter ihn leer, schienen sie ihm auch noch so schön. Es geht ihm, wie *Miltons* Eva, ehe sie den Adam erblickte, die ihren eignen schönen Schemen im Wasser sah, und nach augenblicklichem Wohlgefallen unbefriedigt ihn verliess: denn im Bilde hatte sie nur sich selbst gesehen. Es kann weder der Mensch noch irgend ein vernünftiges Geschöpf Ruhe finden, als in Gott und in der Hoffnung, Gottes gewiss zu werden. Weil der Mensch durch Sünde sich von Gott entfernt, also seiner Urbestimmung zuwider handelt; so fühlt er sogleich inneres Missbehagen. Mit Recht nennen wir es Gewissen. Der Mensch weiss, auch wenn niemand ihn belehrte, dass er durch Sünde sein Inneres zerrüttet; und wollte er es läugnen, so würde seine Schamröthe ihn der Lüge zeihen. Im Gewissen offenbart sich Gott. Er offenbart sich auch in der Natur" u. s. f. Diese und andere vortreffliche Stellen der zwey Bogen füllenden Zueignung, in welcher wir nur an des Vfs. Stelle die jedesmalige Angabe der Stellen der Bibel, worauf angespielt wird, unterlassen hätten, weil die Sprache der Begeisterung eine solche Angabe der Kapitel und Verse, wo diess in der Bibel steht, nicht zu vertragen scheint, lassen eine sehr anziehend geschriebene Schrift erwarten; diese Erwartung wird jedoch nicht in dem Grade, in welchem sie erregt ward, befriedigt; denn ein sehr grosser Theil des Werks enthält nur Auszüge aus der Bibel, grösstentheils nach *Luther's*, „der Israel fündigen machte, oder der Deutschen viele von Rom abführte," freylich sehr kernhafter Uebersetzung, und man erstaunt zuletzt, immer nur Auszüge und Auszüge aus der Bibel für so viele Thaler lesen zu sollen, wo man we-

wenigstens eine solche Bearbeitung der biblischen Geschichte, wie wir sie von *Johann Jakob Heß* besitzen, erwarten durfte. Neue Aufklärungen des A. T. darf man in dem Werke nicht suchen; der Vf. ist ein gehorsamer Sohn der Kirche; wo die Kirche über etwas entschieden hat, da erlaubt er sich und andern keine Zweifel mehr, da nimmt er seine Vernunft gefangen unter den Gehorsam des Glaubens, da würde er es für Sünde halten, etwa durch die Conjecturalkritik, oder vollends gar durch Anwendung der Philosophie auf den schwierigen Text etwas anders, als das, was die Hierarchie der Kirche anzunehmen *geboten* hat, herausbringen zu wollen. Wo er, wie in den poetischen Theilen des N. T., von Luthern abgeht, und eine eigne Uebersetzung mittheilt, da hält er sich, weil er des Hebräischen nicht kundig ist, „an die Septuaginta und an die Vulgata, in einzelnen Stellen bald an diesen, bald an jenen heiligen Kirchenvater, auch an *Calmet*, zuweilen sogar an *Grotius*, weil dieser (Bd. III. S. 213.) in vielen Stücken sich der katholischen Kirche, die er ehrte und liebte, näherte, und ihrer nie ohne Bescheidenheit und Achtung erwähnte, und der *deswegen* einer der grössten Schrifterklärer unter den von der Kirche getrennten Brüdern, ein unsterblicher Mann, eine Ehre seiner Nation und seiner Zeit" genannt wird. Diese Uebersetzungen zeugen von des Vfs. gebildetem Geschmacke, und man hat es in der That zu bedauern, dass er, der so viel Dichtersinn und Dichtergeist hat, die kostbaren Ueberreste hebräischer Dichtkunst nicht aus der Urschrift in unsere Sprache übertragen konnte; bey eigner Kenntniss des Originals würde er gewiss als Uebersetzer der poetischen Theile der Schrift etwas sehr Schätzbares geleistet haben, wenn ihm nicht das Gebot der Kirche Fesseln angelegt hätte. Die Epochen, die er in seiner Geschichte angiebt, sind die gewöhnlichen: Adam, Noah, Abraham, Mose, Saul, babylonisches Exil, Jesus, mit dessen Geburt der von dem Rec. noch nicht gesehene *fünfte* Theil beginnen wird. Ueber jeden einzelnen Abschnitt wollen wir nun Einiges ausheben.

(*Die Fortsetzung folgt.*)

STAATSWISSENSCHAFTEN.

Ulm, b. Wohler: *Ueber Errichtung einer National-Garde im Königreich Bayern*, in Folge der königl. Verordnung vom 6. Julius 1809. 45 S. 8. (3 gr.)

Nach der auf dem Titel angegebenen königl. Verordnung wurde in Bayern durch Errichtung einer Nationalgarde die ganze Waffen zu tragen fähige Mannschaft unter das Gewehr gerufen, und der Kriegsmacht einverleibt. Dass dieses im Lande selbst grosse Aufmerksamkeit erregte, und verschiedene Urtheile und Besorgnisse veranlasste, war zu erwarten. Der Vf. gab sich daher Mühe, diese zu berichtigen und zu widerlegen, wobey er als geschickter Sachwalter die Absicht und Beschaffenheit dieser Einrichtung näher zu erklären und in ein günstigeres Licht zu setzen sucht. Etwas weit ausholend geht er bis auf die Bewaffnung der Völker des Alterthums zurück, deren Verfassung doch mit unsern bürgerlichen Verhältnissen so wenig in Vergleichung zu setzen ist, als die Beschaffenheit ihres Landes, die ganz andere Einrichtungen erlaubte, mit der unsres nördlichen Himmels verglichen werden kann. Dann kommt er auf die bewaffneten Bürger der deutschen Städte und ihren kriegerischen Geist in den Zeiten des Mittelalters, wovon sich hier und da ein Schatten bis in unsere Zeiten erhielt, und macht nun davon eine vortheilhafte Anwendung auf die neu errichtete Nationalgarde seines Landes. Diese besteht nämlich 1) aus dem dritten Bataillons aller Regimenter, welche, durch Conscription ausgehoben, als Reserve bey dem ersten Ausbruche eines Krieges in ihren Garnisonen bleiben, bey dringendem Bedürfniss aber als wirkliche, vom Könige uniformirte Soldaten zur Verstärkung und Ergänzung der übrigen Armee überall zum eigentlichen Kriegsdienste gebraucht werden. 2) Aus so genannten mobilen Legionen, welche aus der Masse aller übrigen waffenfähigen jungen Mannschaft besteht, die den Feind, der die Grenzen des Reichs anzugreifen wagt, da, wo die regulirte Armee nicht seyn kann oder Unterstützung bedarf, von den Gränzen zurückdrängen, diese aber nicht überschreiten soll; und 3) aus den gewerbtreibenden Bürgern der Städte und Märkte, die für die Erhaltung der innern Ruhe, Ordnung und Sicherheit zu wachen, und also Wachdienste zu thun, Transporte zu führen haben u. s. w. Zu den beiden letzten sollen alle mittel- und unmittelbaren Staatsdiener durch Wachgelder, Bewaffnung und Uniformirung ärmerer Einwohner u. s. w. beytragen. Dass nun daraus dem Lande in allen Ständen neue beträchtliche Lasten entstehen, ist nicht zu leugnen; allein der rechtliche und vernünftige Unterthan wird sich ihnen, auch wenn sie noch so sehr drücken, ruhig unterwerfen, ohne einer solchen Vertheidigung zu bedürfen, die oft um so misslicher ist, da auch der gewandteste Vertheidiger leicht in Gefahr kommt, durch unbefriedigende oder zu viel beweisende Gründe eher nachtheilige, als vortheilhafte Wirkungen hervor zu bringen.

ALLGEMEINE LITERATUR-ZEITUNG

Dienstags, den 12. December 1809.

WISSENSCHAFTLICHE WERKE.

KIRCHENGESCHICHTE.

1) Hamburg, b. Perthes: *Geschichte der Religion Jesu Christi.* Von *Friedrich Leopold*, Grafen zu *Stollberg* u. s. w.

2) Leipzig, b. Gräff: *Anti-Stollberg.* — — Von M. *Heinr. Kunhardt* u. s. w.

(*Fortsetzung der in Num. 336. abgebrochenen Recension.*)

Von Adam bis Noah. Dafs in der Geschichte der Urwelt alles buchstäblich genommen wird, kann man sich vorstellen; ja der Vf. geht hierin noch weiter, als andre, die doch auch gerne bey dem Buchstaben bleiben. In dem Schöpfungsgesange, der ihm eine Schöpfungsgeschichte ist, findet er, indem er Ps. 33, 6. und Joh. 1, 1—3. zu Hülfe nimmt, schon die drey Personen in der Gottheit. Bey den Worten: „Gott machte Adam und seinem Weibe Röcke von Fellen und zog sie ihnen an," ruft er aus: „Wer würde diefs für möglich (?) halten? Welcher Dichter hätte es dichten dürfen? *Aber die heilige Schrift sagt es.*" (Ja, sie sagt es, aber sie sagt nicht, ob es Geschichte, Mythos oder Parabel sey. Dafür giebt es Gelehrte, die diefs zu untersuchen im Stande sind.) „Er, der dereinst ihre Seelen und so viele Seelen ihrer Kinder kleiden wollte mit Gewanden des Heils und mit dem Rocke der Gerechtigkeit, kleidete hier die Blöfse unserer Stammältern." Der Vf. hofft, dafs Adam im Tode Gnade bey Gott gefunden habe, ungeachtet Sinnlichkeit und Stolz, diese Tyrannen der Welt, in dem Paradiese ihn zur Sünde verleitet hatten. Bey Erwähnung des langen Lebens der Antediluvianer wird unter andern bemerkt: „Wie mögen sie sich in Labyrinthe der Wissenschaft (*vix credo*) verloren haben, wo, von Kenntnifs zu Kenntnifs gelangend und Erfahrung auf Erfahrung häufend (aber war denn das ein so entsetzliches Unglück?) bald grübelnd der Geist in Zweifel gerieth, oder, mit dreistem Stolz der Sophisten, Lehrgebäude gründete, Lehrgebäude stürzte, die wahre Weisheit aber höhnte, welche von unserm *Nichts* ausgeht, sich auf den, der da *ist*, bezieht, und durch diese Beziehung allein uns wahres Leben und Bestand giebt! Welche Entwürfe mochten damals in dem Haupte eines Sylla oder Cäsars sich entspinnen, wo der erste Herrscher auf einem neu errungenen Thron sich schmeicheln durfte, die Huldigungen vieler gleichzeitigen Geschlechte, von funfzigjährigen Jünglingen, und von Greisen, welche neun Jahrhunderte hinter sich hatten, anzunehmen!" In Ansehung des Weins, dessen Noah zu viel trank, wird vermuthet, dafs durch die Veränderung, welche die Erde durch die Sündfluth erlitt, der Traubensaft seine Kraft erhalten habe. „In der Gegend Calabriens, setzt der Vf. hinzu, welche im J. 1784. durch das grofse Erdbeben zerrüttet ward, wächst seitdem im erneuerten Boden ein sehr edler, feuriger Wein, den man den Wein des Erdbebens nennt."

Von Noah bis Abraham. „Mit der Beschneidung waren grofse Gnaden verbunden; sie war ein Sacrament, durch welches Kraft zur Gottseligkeit angeboten ward; sie deutete auf Ertödtung der sinnlichen Neigungen." (Von dem physischen Nutzen der Beschneidung kein Wort.) „Das Lachen der Sarah ist als ein vorüberziehender leichter Schatten des Unglaubens einer glaubigen Frau zu betrachten; ihr Läugnen des Lachens war eine Folge natürlicher Betroffenheit und zwiefacher Verlegenheit, welche theils aus Beschämung über ertappten Unglauben, theils aus Schamhaftigkeit entstand." Sodoma giebt dem Vf. einen schicklichen Uebergang zu Städten, „deren Missethat Hoffahrt, alle Fülle und Müssiggang ist, wo die Fülle den Ekel, dieser die Langeweile und das emsige Bestreben ihn zu bekämpfen, daher jene sittenhöhnenden Ergetzungen hervorbringt, von deren Taumel der Mensch ergriffen, seines Gottes und des dürftigen Bruders vergifst, und dem furchtbaren Gerichte Gottes Sünd' auf Sünde, Frevel auf Frevel aufhäuft, indem er nur auf Zeitvertreib sinnend, die Zeit, an der er doch so klebt, mit Schutt zu vergraben sich bemüht, und es nicht inne wird, dafs er sich den Abgrund einer schrecklichen Ewigkeit aushöhlt." Wenn Abraham seine Gattin für seine Schwester ausgab: „so ist diefs nicht nach dem Scheine zu beurtheilen, sondern wir müssen glauben und versichert seyn, Gott selbst habe dem Abraham geheifsen das thun, was er gethan hat." Bey den Lästerungen derjenigen, welche wegen des Befehls Gottes an Abraham, seinen Sohn zu schlachten, die ewige Weisheit Gottes vor ihren Richterstuhl fodern, mufs man sich nicht aufhalten; „der Mensch ist Gottes Eigenthum, wir alle sollen seine Werkzeuge seyn, und wenn er gebeut, nicht fragen: warum? sondern mit dem Herzen bereit seyn und rufen: Hier bin ich! (auch wenn er uns heifst, unsre Frau, oder unser Kind mit einem Messer abschlachten?), gehn, wohin er uns ruft, und thun, was er befiehlt." Abraham läfst sich nach unserm Vf. die Hand Eliesers *auf* die Hüfte

Hüfte legen; es heifst aber ausdrücklich: *unter* die Hüfte, und der Vf. mufs diefs nicht nach unfern Begriffen von Schicklichkeit beurtheilen; Abrahams Diener legte aller Wahrfcheinlichkeit nach feine flache Hand auf feines Herrn männliches Glied. (S. *Eichhorns* allg. Bibl. der Bibl. Lit. B. X. S. 458 bis 467.)

Von Abraham bis Mofe. Dafs der heilige Patriarch Jakob feinen Bruder übervortheilte und feinen Vater täufchte, hat freylich „etwas das ganze Gefühl Empörendes;" inzwifchen rügt die heilige Schrift diefe Handlungen nicht, und von Jakob wird gefagt, er fey ein Mann von einfältiger Sitte (kein wilder Jäger, fondern häuslich (תם) fanft, bey den Gezelten bleibend) gewefen; Arglift und Trug zum Schaden des Bruders und verbunden mit Täufchung des blinden Vaters fcheinen alfo im Widerfpruch mit feiner Gemüthsart. (Nun was foll man denn davon halten? Der Vf. erklärt fich nicht darüber; man fieht aber wohl, er will nicht gern einen Tadel auf Jakob fallen laffen.) Die Lähmung der Hüfte Jakobs bey dem bekannten nächtlichen Kampfe deutet dahin, „dafs man den natürlichen Menfchen lähmen, die Leidenfchaften bezähmen und die Vernunft unter den Gehorfam des Glaubens mit Vernunft unterwerfen foll, weil wir fonft nicht den Ewigen durch Gebet und Ringen befiegen." Nicht *ein* Engel Jehovens erfchien Mofe, fondern *der* Engel Jehovens; es war Jehovah, *von Jehovah gefandt*, fo wie Jehovah *von Jehovah* auf Sodom Feuer und Schwefel regnen liefs. Die Verftockung Pharaos „läfst fich mit dem Froft in der finnlichen Natur vergleichen, welche durch ihn verhärtet wird, erftarrt. Was ift die Urfache des Frofts? Gehemmte Feuertheilchen, entzogene Wärme. Man erhalte diefe Feuertheilchen, es wird kein Froft feyn; man gewähre der Wärme freyen Zugang, das Waffer wird wieder fliefsen, der Saft wird wieder treiben in Wurzel und Zweige." Gott lenkte die Herzen der Aegypter, dafs fie den Ifraeliten ihre filbernen und goldnen Gefäfse liehen; „er ift ja auch ein reicher Gott, er konnte ihnen diefen Verluft durch Segen reichlich erfetzen; (!!) und er ift allein Eigenthümer von allem; Gott fchaltet mit allem nach feinem weifen Wohlgefallen; fein Wille ift heilig;" (aber die Menfchen dürfen darum doch nicht betrügen; und der Heilige kann nicht gebieten, dafs man borge, mit dem feften Vorfatze, nie wieder zu geben. Diefe Schwierigkeit, welcher Rec. nach feiner Anficht der Gefchichte leicht begegnen kann, hat der Vf. nicht gehoben.) Das: *Herr Gott dich loben wir*, nach erhaltenen Siegen, wird auf Veranlaffung des Gefangs Mofe's vertheidigt; der Stolz des Siegers, heifst es, möge freylich oft mehr Antheil an diefer Sitte haben, als dankbare Empfindung gegen Gott; aber das Volk werde doch dadurch an Gott erinnert, und dazu müffe jede Gelegenheit benutzt werden. (Nur ift freylich auch kein Mifsbrauch des Namens Gottes gut zu heifsen.) Die Fafeleyen flacher Spötter über die mofaifche Gefetzgebung, dafs der Sinai ein feuerfpeyender Berg gewefen fey u. dergl. werden triumphirend niedergefchlagen; der Sieg war leicht.

Von Mofe bis Saul. Bileams Gefchichte giebt dem Vf. Gelegenheit, die Wunderläugner in ihrer Blöfse darzuftellen; ihre Denkart läuft darauf hinaus, wie er fagt: „der Wunderläugner fpricht: Wenn ich Gott wäre, fo thäte ich keine Wunder!" Aber diefem „armen Menfchen" wird gezeigt, dafs er Gott feyn müfste, um zu wiffen, was Gotte gezieme. Die That der Rahab mufs nicht nach gewöhnlicher Richtfchnur gemeffen werden; fie handelte auf höhern Antrieb, als den ihres Herzens. Der von dem copernikanifchen Syfteme hergenommene Einwurf gegen das Stillftehn der Sonne zu Gibeon und des Mondes im Thale Ajalon „ift lächerlich;" Jofua redete nach dem gewöhnlichen Sprachgebrauche. (Gut! Dann ftand alfo die Erde ftill, und wir find fonach nicht weiter als vorher. Der Vf. wird antworten: Wir follen auch nicht weiter kommen; es war ein Wunder; und hierauf läfst fich freylich nichts mehr antworten.) Ifraels Recht auf Kanaan wird nicht von dem frühern Aufenthalte der Erzväter in diefem Lande, auch nicht von dem Kriegs- und Eroberungsrechte jener Zeiten, fondern von Gottes Verheifsung hergeleitet; „Himmel und Erde, heifst es, find Gottes; er ift Herr über alles Eigenthum; er ift Herr über Leben und Tod; mithin konnte er auch den Befehl zu blutiger Ausrottung ganzer Völkerfchaften geben. Freylich wenn Menfchen fie befchloffen, Menfchen aus eignem Willen fie vollbracht hätten, fo wäre es etwas Abfcheuliches; aber wenn der Herr des Lebens und Todes es befahl," (dafs man felbft des Kindes in Mutterleibe nicht verfchonen folle) „fo mufste man gehorchen; Gehorfam gegen Gott ift unfer ganzer Beruf; je fchwerer die Ausübung feiner Gebote ift" (z. B. dafs man fein Kind abfchlachten, alles in einem Lande mit Feuer und Schwert verheeren, und felbft gegen Kinder und Greife, gegen Schwangere und Kranke kein Erbarmen üben folle) „um fo wohlgefälliger ift Gott der Gehorfam. Die zarteften und edelmüthigften Seelen bringen bey Ausübung diefes Befehls ein edleres Opfer, als die gemeinen" (fie verläugnen ihre fittliche Natur). „Wem viel vertraut wird, der mufs reichlichere Gaben darbringen; das Opfer des Willens ift aber allein dem Herrn angenehm." (Man möchte nur noch zweifeln, ob die Weisheit Gottes, wenn fie einem Volke den Befehl ertheilte, gewiffe Völkerfchaften ganz auszurotten, das rechte Mittel wählte, um daffelbe zur Menfchlichkeit zu erziehen; in des Vfs. Kirche weifs man freylich folche Zweifel zu bändigen; mit Erftaunen bemerkt man, wie leicht er fich darüber zu tröften weifs, dafs auf Gottes Befehl die Ifraeliten auch die Kinder der Kananiter ohne Erbarmen umbringen follten). „Diefe unfchuldigen Kinder, fagt er, wurden dadurch dem Abgrunde des fittlichen Verderbens, der auch ihnen fchon fich aufthat, entriffen; höhere (unmenfchliche) Barmherzigkeit verband fich hier mit der Gerechtigkeit (?), wo zu fleifchliche (zu wenig fanatifche) Augen nur Strafe (nur Barbarey) fehen."

Jeph-

Jephthas Tochter ward, nach unserm Vf., nicht geschlachtet, sondern nur einer ewigen Jungfrauschaft geweiht (die gottgeweihten Jungfrauen in den Klöstern können also in dieser Israelitin ihr erstes Vorbild betrachten). Simsons einzige Schwäche war ungeordnete Weiberliebe; mit wunderbarer Leibesstärke verband er seltne Charakterstärke, was schon der Eine Zug zeigt, dass er als Jüngling seinen Aeltern die Erlegung des Löwen verschwieg; er starb in einer That des Glaubens, deren göttliche Eingebung der Erfolg seines letzten Gebets ausser allen Zweifel setzt. Sauls Gemüthszustand war für eine gewöhnliche Schwermuth zu halten, scheint dem Vf. Vermessenheit zu seyn; nach ihm nur er von einem bösen Geiste ganz eigentlich besessen. Die Erscheinung Samuels ist ihm nicht ein Gaukelspiel der gescheuten Hexe von Endor, nicht ein durch Hülfe des bösen Geistes bewirktes Blendwerk, nicht ein Act der Macht Satans über die Seelen der Heiligen des A. T., die er nachher durch Christum verlor, sondern ein Act der Macht Gottes, der dem Samuel befahl, dem Könige Saul zu erscheinen und ihm seinen Ungehorsam vorzuwerfen.

Von Saul bis zum Exil. „Tief fiel David in der Geschichte mit Bathseba und Uria, und von welcher Höhe! Wer wird sagen dürfen, dass er nie fallen werde. Die Tiefe des Falls eines solchen Mannes vermögen wir nicht zu ermessen; nur im Staube liegend mit ihm, können wir Gottes unendliche Erbarmung, die ihn aus diesem Abgrunde wieder erhub, ihn so hoch unter seinen Heiligen empor hub, anbetend preisen. Gereicht sein Fall vielen zum Anstoss, so ermuntert seine Aufrichtung auch viele, welche fielen wie er. Wehe der unmenschlichen Afterweisheit, welche den Werth der Busse verkennt, und sich einen Gott träumt, der, gleich dem zeitlichen Richter, nur die That würdigt, und unsühnbar der wiederkehrenden Liebe der Klage sein Ohr, der Thräne sein Auge verschliesst! Hat doch ein heidnischer Dichter die Thräne für den besten Theil unsrer Empfindung erklärt. David war ein Mann nach Gottes Herzen, nicht darum weil Gott ihn zur Ausführung seiner Absichten geschickt fand, sondern wegen seiner Tugend, Demuth, Liebe zu Gott, vor dem er wandelte. Wer bey Erwähnung dieses seines Wandels vor Gott mit scheelem Auge auf die Fehltritte des Mannes hinsieht, hat noch keinen Blick in sein eignes Herz gethan." Salomo fiel durch ausschweifende Vielweiberey; die heilige Schrift erzählt seinen Fall, schweigt aber von dessen Busse; doch drückt sie sich seinethalben mit Schonung aus, und selbst des Siraciden strenge Rüge seines Frevels enthält nichts was die Hoffnung seiner erhaltenen Begnadigung ausschlösse. Von den *parvenus* in dem Königreiche Israel ist der Vf. kein Freund, noch weniger von ihren Söhnen, die sich oft als verzogne Kinder zeigten, während ihre Väter sich oft durch scheinbare Eigenschaften auf den Thron schwangen und in der Schule des Privatlebens, zum Theil durch Widerwärtigkeiten und Gefahren, gebildet wurden; „in der Regel, bemerkt der Hr. Graf überhaupt, üben Regenten, deren Voraltern schon herrschten, ihre Herrschaft mit mehr Glimpf und Bescheidenheit aus, so wie sich mehr Erkenntniss bey Personen voraussetzen lässt, die durch ihre Erziehung mehr Bildung erhielten." Judith, die dem General Holofernes, neben ihm im Bette liegend, den Kopf abschnitt, war nach dem Vf., eine sehr gottesfürchtige Matrone, die von Gottes Geiste getrieben und von ihm mit Kraft erfüllt ward; in wie fern manche Mittel, den grossen Zweck zu erreichen, von ihrer eignen Wahl, und nicht ganz ohne Tadel, wiewohl von ihr (wie von Charlotte Corday) für tadellos gehalten, mögen gewesen seyn, wird unentschieden gelassen, weil es nicht zum Zwecke des Buchs gehöre, und die Entscheidung dem Vf., wie er sagt, nicht gezieme.

Vom Exil bis zur Geburt Jesu. Der Idumäer, Herodes, vereinigte in furchtbarem Masse die drey Eigenschaften des Sinnes der Welt, den Geist des Trugs, des Mordes und der Unzucht. Die Welt erzeigte sich ihrem Liebhaber dankbar, er besass alles, was sie zu geben vermag, und sie gab es ihm, wie die Welt giebt. Aber noch ehe er in das Grab sank, erschütterten ihn Schrecken vor einem Kinde, das in einer Krippe weinte zu Bethlehem, vor einem neugebornen Könige der Juden, dessen Reich nicht war von dieser Welt.

Die Schrift des Vfs. hat nach jedem der Hauptabschnitte der Geschichte verschiedene *Beylagen*, von denen auch noch einige Nachricht gegeben werden muss. Da der Hr. Gr. die griechischen und lateinischen Dichter kennt, und auch sonst viele Belesenheit besitzt: so wird man leicht vermuthen, dass er in diese Beylagen die Früchte seiner mit Beziehung auf sein Werk gesammelten Kenntnisse werde niedergelegt haben; und so verhält es sich auch in der That. In dem *ersten* Theile findet man erst einige Anmerkungen über einzelne Stellen des ersten Buchs Mose. (z. B. über den Schiloh, dass ein französischer Missionär, *Gaubil*, dem es schon lange geahndet hätte, die vier Buchstaben des hebräischen Worts Schiloh dürften hieroglyphisch seyn, sie einem gelehrten Chinesen gezeigt, und ihm die Buchstaben auf chinesische Weise über einander geschrieben habe; sogleich habe dieser gesagt, der erste Buchstabe bedeute, der Allerhöchste, der zweyte, Herr, der dritte und der vierte, Ein, und Mensch; bald darauf habe der Missionär gelehrte Juden in China gefragt, was sie davon dächten, und ein junger Jude habe erklärt, es sey ihm von einem Grossohm, der nicht mehr lebe, gesagt worden, in diesen vier Buchstaben liege etwas Göttliches, der erste Buchstabe bedeute: *gross*, der zweyte: *Ein*, der dritte: *herabsteigend*, der vierte: *Mensch.*) Hierauf Abhandlungen: *a) Ueber die Nichtigkeit der wider die biblische Zeitrechnung vorgebrachten Einwürfe.* („Alle ben und heuchelnd behaupteten einige, welche sich dieser Einwürfe erkühnten, dass die Religion dadurch nicht gefährdet würde; sie sahen aber nur zu wohl ein, dass der Baum umstürzen müsste, wofern es gelingen könnte, ihn von der Wurzel zu trennen."

Der

Der Einwendung gegen die biblische Chronologie, die von der Behauptung entlehnt wird, dass Mose weder der Erde noch dem Menschengeschlechte Zeit genug zu ihrer Ausbildung eingeräumt, und zu grosse Veränderungen und Begebenheiten in zu wenige Jahrhunderte gedrängt habe, lässt sich, sagt der Vf., leicht begegnen, wenn man die sechs Schöpfungstage von Zeit-Perioden versteht, deren Länge nicht bestimmt werden kann.) [Rec. muss sich hier des Buchstabens der Bibel gegen den Vf. annehmen. Die Worte: es ward Abend, es ward Morgen, der erste, zweyte, dritte u. s. w. Tag, erlauben nicht, die Schöpfungstage in unbestimmt lange Zeit-Perioden zu verwandeln; solche willkürliche Auslegungs-Hypothesen, die sich exegetisch durchaus nicht begründen lassen, dürfen eben so wenig zur Rettung als zur Bestreitung des Inhalts der Bibel aufgestellt werden; der Schöpfungsgesang 1. B. Mose 1. redet allerdings von gewöhnlichen Tagen von 24 Stunden, und nicht von unbestimmbar langen Abtheilungen der Zeit.] *b) Ueber die Nichtigkeit der gegen die Sündfluth erhobenen Einwürfe.* (Der Vf. folgt hier dem Hn. *de Luc.* „Wenn übrigens, heisst es, die Sündfluth wegen ihres Umfangs in der Wirkung, die Vernunft mehr als jedes andre (?) Wunder staunen macht, und wegen der Allgemeinheit der Vertilgung, die natürliche Empfindung mehr zu befremden scheint, so müssen wir den Vorwitz unserer beschränkten Vernunft und die Regung unsers befangenen Gefühls dem Allweisen unterwerfen, der allgerecht und allein heilig ist.") *c) Ueber die Verbreitung des Menschengeschlechts aus Chaldäa.* (Die ersten Ueberlieferungen fast aller Völker deuten alle auf Ursage, die aus Chaldäa ausgegangen, als die Völker nach dem Thurmbau sich zerstreuten; alle führen uns zurück bis in die Arche Noahs.) *d) Ueber die Quellen der morgenländischen Ueberlieferungen.* (Alle Religionsbegriffe unter den Menschen haben ihren Ursprung aus dem Morgenlande.) [Unerwartet stösst man hier auf folgende Stelle: „Wenn getaufte Heiden die Idee einer geistigen Vereinigung mit Gott als fanatischen Aberwitz oder — *die Heuchler!* — als der Sittenlehre gefährlich vorstellen, so lasse kein Christ sich von ihnen irre machen! Jene nenne ich *mit Bedacht* Heuchler, weil sie sich Christen nennen, und denen, die es sind, das erhabenste Ziel unsers Daseyns verrücken wollen, die Vereinigung mit Gott, deren Heil Jesus Christus für die Seinen von seinem Vater begehrte, ehe er, um es uns zu erwerben, in den Todeskampf und in den Tod gieng." Und nun folgt zum überflüssigen Beweise Johannis XVII, 20—26. ganz abgedruckt.] *e) Ueber die Spuren früher Ueberlieferung von Geheimnissen unserer Religion bey den Völkern.* (Selbst von den beiden grössten Geheimnissen der Religion Jesu Christi, von dem göttlichen Mittler zwischen Gott und uns, und von der heiligen Dreyeinigkeit finden sich viele und deutliche Spuren bey den heidnischen Völkern.)

(Der Beschluss folgt.)

LITERARISCHE NACHRICHTEN.

Todesfälle.

Am 18. September starb zu Helmstädt *Gottfried Christoph Beireis*, weil. Herzogl. Braunschweigscher Leibarzt und Hofrath, Professor der Naturgeschichte, Physik, Botanik, Therapeutik, Chemie, Chirurgie und Pharmaceutik, in einem Alter von beynahe 80 Jahren, nachdem die Universität im May sein Amts-Jubiläum auf eine feyerliche Weise begangen, und die philosophische und medicinische Facultät sein Doctor-Diplom mit den gewöhnlichen Solennitäten erneuert hatten. Er war nie verheirathet, und hinterlässt ein Vermögen, das auf 150,000 Rthlr. geschätzt wird, an liegenden Gründen, Capitalien, baarem Gelde und Kostbarkeiten mancherley Art. Er besass ein vortreffliches Münz-Cabinet, eine grosse Sammlung von Gemälden, worin viele Originalien der grössten Meister, insbesondere von der deutschen Schule befindlich sind; die besten, von Lieberkühn verfertigten, Präparaten zur Physiologie; einen herrlichen Apparat zur Physik und andern Vorlesungen, die er bis in sein hohes Alter mit unermüdlichem Eifer und grossem Beyfalle hielt. Nicht minder zeigte sich seine grosse Thätigkeit im Besuche der Kranken, und seine Geschicklichkeit in den vielen glücklichen Curen, die er verrichtet hat. Obgleich bey ihm das *Dat Galenus opes* eintraf, so glaubt man doch nicht ohne Grund, dass wichtige Entdeckungen in der Chemie, besonders in der Farbenmischung, zu seinem Reichthum nicht wenig beygetragen haben. Er war überhaupt ein origineller Kopf und ein Mann von ungemeinen Talenten, welcher der ihn umgebenden Welt sehr nützlich geworden ist, und auch für die Nachwelt, wenn er gewollt, vieles hätte leisten können. Eine wahre Charakter-Darstellung dieses seltenen Mannes, geschöpft aus seinen hinterlassenen Papieren und den Nachrichten derer, die mit ihm umgegangen sind, würde sehr belehrend seyn. Der Universität Helmstädt hat er das Versprechen, was er ihr bey seinen Lebzeiten gegeben hatte, in seinem Testamente erfüllt, indem er ihr, wenn sie von dem Könige bestätiget wird, seine mathematischen, astronomischen und physikalischen Instrumente vermacht hat. Man erwartet von der Weisheit und Gnade des Königs, dass der Universität bald die Erlaubniss ertheilt werden wird, dieses Geschenk anzunehmen.

ALLGEMEINE LITERATUR-ZEITUNG

Mittwochs, den 13. *December* 1809.

WISSENSCHAFTLICHE WERKE.

KIRCHENGESCHICHTE.

1) Hamburg, b. Perthes: *Geſchichte der Religion Jeſu Chriſti.* Von *Friedrich Leopold*, Grafen zu *Stollberg* u. ſ. w.

2) Leipzig, b. Gräff: *Anti-Stollberg.* — — Von M. *Heinr. Kunhardt* u. ſ. w.

(*Beſchluſs der in Num.* 337. *abgebrochenen Recenſion.*)

Die Beylagen des *zweyten* Theils verbreiten ſich: 1) *Ueber die Geſetzgebung Moſe's.* (Daſs ſie von Gott ihren Urſprung habe. Eine Stelle in der Geſchichte ſelbſt, B. II. S. 59., welche ſo lautet: „Gab Minos vor, daſs er alle neun Jahre in einer Höhle Unterredungen mit Zeus hielte; berief Lykurg ſich auf ein Orakel; ſtützte Numa ſein Anſehn auf vorgegebenen Umgang mit der Nymphe Egeria; ſchrieb Zamolxis, Geſetzgeber der Geten, ſeine Weisheit der Veſta zu; trug Odin das eingeſalbte Haupt des Mimer, dem er Götterſprüche zuſchrieb, mit ſich herum; wollte Mankokapak von der Sonne herſtammen, um Peru's Volk zu erleuchten; lieſs Mahomet ſich von ſeiner Taube zuflüſtern, wie Sertorius ſich von ſeiner Hündin in Luſitanien zuflüſtern laſſen: ſo ſahen dieſe auſserordentlichen Männer wohl ein, daſs es eines göttlichen Anſehens bedürfe, um ganzen Völkern neue Denkart einzuflöſsen und dieſer Denkart gemäſs ſie handeln zu machen," könnte einzeln genommen, ſo ausgelegt werden, als wenn der Vf. es nur ſtaatsklug gefunden habe, daſs Moſe ſeine Geſetzgebung von Gott ableitete; allein man darf nur wenige Blätter in dieſem Werke geleſen haben, um ſich zu überzeugen, daſs dieſs der Denkart des Vfs. ganz entgegen geſetzt iſt. Moſe gab nichts vor, heiſst es in dieſer Beylage. Und was das Geſetz Iſraels über alle Geſetze erhebt: „Es will nicht nur Einhalt thun dem Ausbruche des Frevels, ſondern es legt auch die Axt an die Wurzel der Luſt, und faſst alles in Liebe zu Gott und in Liebe zum Nächſten zuſammen.") 2) *Ueber den Glauben der Erzväter und Iſraeliten an ein Leben nach dem Tode.* (Iſraels Volk, und vor ihm die Erzväter, harrten mit Zuverſicht eines beſſern Lebens, wie denn überhaupt der Blick dieſes Volks durch Erwartung des Meſſias, auf Zukunft gerichtet ward; nur nahm das Licht mit der Zeit an Helligkeit immer mehr zu.) 3) *Ueber den dreyfachen Charakter des Götzendienſtes, Trug, Unzucht und Mord.* 4) *Ueber die Achtung der kindlichen Liebe bey den Chineſen.* 5) *Ueber die göttliche Stiftung der Obrigkeit.* [Nur Feinde der heiligen Schrift konnten dem Samuel ehrgeizige Abſichten beylegen, und ſagen, er habe aus eigenem Antriebe dem Volke die böſen Folgen einer Königswahl vorgeſpiegelt; inzwiſchen war es doch eigentlich nicht das Königthum, was Gott miſsfiel, ſondern der Geiſt, in welchem das Volk einen König begehrte. Die monarchiſche Verfaſſung iſt die beſte (für groſse Staaten); und in England ſind die Theile der Staatsgewalt am weiſeſten gegen einander abgewogen; dadurch hat ſich das Volk ſeine Freyheit geſichert.] Auch der *zweyte* Theil enthält einige Anmerkungen über einzelne Stellen der Geſchichte; eine derſelben über das Jobeljahr der Iſraeliten hat Hrn. Prof. *Gerz* zu Münſter zum Vf. — In dem *dritten* Theile hat dem Rec. die Abhandlung über die Pſalmen gröſstentheils ſehr wohlgefallen; Ideen und Urtheile des Dichters *Stollberg* ſind überhaupt gewiſs das Vorzüglichſte in dieſem Werke, und mit dem Dichter wird man ſich leicht verſtehen und befreunden. „Die Poeſie," ſagt der Vf. S. 454. ſehr ſchön, „iſt Tochter der Sehnſucht; ſo wie eine leichte Wallung des Meeres dem Sturme, ſo geht oft der Begeiſterung ein unbeſtimmtes Gefühl wehmüthiger Ahndung vor." Und als religiöſer Dichter folgert er hieraus, daſs die wahre Beſtimmung der Poeſie ſey, ſich zu dem zu erheben, der allein die Sehnſucht des Gemüths ſtillen kann. Aber er ſollte ſich nicht auf Gebiete von Kenntniſſen wagen, die ihm fremd ſind. So kann er z. B. nicht beurtheilen, ob עז in einer Stelle durch *Macht* oder durch *Ruhm* zu überſetzen ſey, und ob nicht κρατος, Offenb. V. 13., durch dieſs hebräiſche Wort am beſten erläutert und durch Ruhm beſſer, als durch Macht oder Stärke ausgedrückt werde; eben ſo wenig kann er bey der ihm abgehenden Kenntniſs des Hebräiſchen beſtimmen, ob Pſ. XXII. 17. כָּאֲרוּ oder כָּאֲרִי zu leſen, und wie das eine oder das andre zu verſtehen ſey, oder ob es in den Pſalmen Aſſonanzen gebe. Auch nimmt er gegen diejenigen Theologen, welche ehrlicher Weiſe nicht finden können, daſs die ſogenannten Meſſianiſchen Pſalmen von Jeſu reden, einen viel zu hohen Ton an. „Wollen," ſagt er, „dieſe Leutlein die heilige Schrift beſſer verſtehen, als Er, der der Inhalt und Zweck der heiligen Schrift iſt? Was ſoll man von chriſtlichen Schriftgelehrten ſagen, wenn ſie den Apoſteln keck widerſprechen, welche ſich auf die Pſalmen mit ſo mächtigem Erfolge als mit freudiger Zuverſicht berieſen." Der Vf. muſs doch ſelbſt geſtehen, daſs eine Vermählung den fünf und vierzigſten, und ei-

eine Salbung zum Könige den zwey und ſiebenzigſten Pſalm möge veranlaſst haben, und er hilft ſich nur durch die Annahme eines doppelten Sinnes, den die Exegeten doch hoffentlich werden verwerfen dürfen, ohne daſs man ſie der Verletzung der Ehrfurcht beſchuldigen darf, die ſie der Bibel ſchuldig ſeyen, und obgleich die Apoſtel mehrere Stellen der Pſalme auf Jeſum anwenden, was zwar Rec. in Anſehung Hebr. I. nicht einmal zugiebt, wo nur gezeigt wird, daſs es in der Bibel mit einem υἱος weit mehr auf ſich habe als mit einem αγγελος. Eine *zweyte* Abhandlung des *dritten* Theils handelt *von den Schriften, die Salomo's Namen tragen*, und auch dieſem Könige von dem der Kritik unkundigen Vf. zugeſchrieben werden. Alle ſind, nach ihm, von dem heiligen Geiſte eingegeben worden. Was von Salomo's Schriften verloren ging, war nicht inſpirirt. Das Hohelied ſchildert unter dem Bilde der Vermählung Salomo's mit der Tochter des ägyptiſchen Königs (?), die Verbindung des Sohnes Gottes mit ſeiner Kirche: „Er hat einige freye Züge;" aber dem Reinen iſt alles rein. Ein Katholik, der es nicht als von Gott eingegeben verehrte, würde ſich von der Kirche Jeſu Chriſti trennen. Eine *dritte* Abhandlung ſchildert das *Glück und die Würde gottverehrender Iſraeliten*. — Der Beylagen des *vierten* Theils ſind *drey*. Die *erſte* handelt von den *Religionsſpaltungen und verſchiedenen Schulen bey den Iſraeliten*; die *zweyte* iſt die ſchon erwähnte Abhandlung eines Doctors der Sorbonne über die *Inſpiration der Apokryphen*; die dritte, deren Ideen der Vf. vom Hrn. Prof. *Kiſtemaker* zu Münſter entlehnt hat, enthält Bemerkungen über das Buch Eſther. Ein kleiner Nachtrag über Simſon beſchlieſst den vierten Band.

Ob nun gleich der Literatur durch dieſs Werk kein Gewinn zuwächſt, ſo verdient es doch die Aufmerkſamkeit des proteſtantiſchen Publicums wegen der ſubtilen, und vermuthlich nicht ganz unwirkſamen, Nebentendenz, die es hat, fromme Gemüther für die allein ſeligmachende katholiſche Kirche zu gewinnen. Der Vf. hat Vieles mit den frommen Schulen der Proteſtanten gemein; ein groſser Theil ſeines Buchs läſst ſich mit eben ſo viel Andacht und Erbauung, wie mehrere aſcetiſche Schriften der Proteſtanten, an denen man ſich in dieſen Zeiten des Abfalls von der alten kirchlichen Lehre im Glauben an die von den neuern Theologen angefochtenen Dogmen ſtärkt, leſen; die Polemik des Vfs. gegen die Afterweiſen der neuern Zeit iſt für dieſe Frommen ohne Zweifel ſehr erfreulich, und es dürfte deſswegen dem Vf. unter begünſtigenden äuſsern Zeitumſtänden nicht allzuſchwer werden, unzählige Freunde der ältern theologiſchen Anſichten in der proteſtantiſchen Kirche, welche gegen gelehrte bibliſche Forſchungen ſchon zum voraus eingenommen ſind, und gegen liberaler denkende Theologen ein tief eingewurzeltes Miſstrauen hegen, noch kräftiger anzuziehen, und ihnen die Wiedervereinigung mit der römiſch-katholiſchen Kirche, ſchon durch das *argumentum a tuto*, ſo wirkſam zu empfehlen, daſs ſie zuletzt, zumal wenn das Oberhaupt der Kirche ihnen *ex ſpeciali gratia* die Communion *ſub utraque*, die Prieſterehe und einige andre nur in die Diſciplin der Kirche einſchlagende Punkte nachſieht, in hellen Haufen nach *der* Kirche wallen, die ſich die allein wahre nennt, und die durch ihre Herolde den heiligen Gemüthern in der proteſtantiſchen Afterkirche unaufhörlich zuruft: „geht aus von ihr, mein Volk, daſs Ihr nicht theilhaftig werdet ihrer Sünden, auf daſs Ihr nicht empfahet etwas von ihren Plagen." Von einer andern Seite arbeitet zugleich eine gewiſſe neuere Philoſophie, die in der katholiſchen Kirche unter uns vielen Eingang findet, und die man ſelbſt mit den härteſten Dogmen derſelben wunderbar zu vereinigen weiſs, ſo wie auch eine gewiſſe der Phantaſie mehr Spielraum laſſende poetiſche Anſicht der Religion und des öffentlichen Cultus dem Katholicismus in die Hände, und ſelbſt manche, den Grundſätzen des Proteſtantismus aufrichtig ergebene und ſogar gelegentlich dafür eifernde, theologiſche Schriftſteller laſſen ſich unbedachtſame Klagen und Wünſche entfallen, die von bekehrungsſüchtigen Uebergängern zu der katholiſchen Kirche trefflich benutzt werden können, um ihren Motionen dadurch mehr Nachdruck zu geben. In dieſer Hinſicht verdient dieſs für die Wiſſenſchaft gleichgültige Werk doch von allen, die es für ein Unglück von nicht zu berechnenden Folgen halten müſsten, wenn der freye Forſchungsgeiſt, das köſtlichſte Gut der proteſtantiſchen Kirche, geſchähe es auch aus Eifer für eine das Heilige der Menſchheit pflegende und bewahrende Myſtik, beſchränkt würde, und unter irgend einer Geſtalt ein den Fortſchritten des menſchlichen Geiſtes nachtheiliger hierarchiſcher Geiſt wieder von neuem unter uns um ſich griffe, ernſtlich bewacht zu werden. *Videant conſules, ne quid detrimenti capiat respublica!* Rec. wird nicht ermangeln, das Publicum auf die Fortſetzungen dieſes Werks, das erſt jetzt anfangen wird, in dieſer Beziehung wichtig zu werden, von Zeit zu Zeit aufmerkſam zu machen.

Der Vf. von N. 2., Hr. Prof. *Kunhardt* zu Lübeck, hätte vielleicht wohl gethan, das: *Anti-Stolberg*, als überflüſſig durchzuſtreichen, da der übrige Theil des Titels hinlänglich anzeigt, was in ſeiner Schrift zu ſuchen ſey; aber mit dem Inhalte der Schrift iſt Rec. einverſtanden. Sie iſt ſehr gut geſchrieben, und die Rechte der Vernunft in Glaubensſachen werden von dem Vf. gegen die Herabwürdigungen derſelben in der von ihm beleuchteten Schrift gründlich und eines Proteſtanten würdig behauptet. In *ſieben* Abſchnitten theilt Hr. *K.* ſeine Gedanken mit. Er unterſucht 1) *was Religion ſey, und wie der Menſch ſubjective und objective dazu gelange.* Religion iſt ihm lebendige Ueberzeugung von dem Daſeyn eines Schöpfers und Regierers der Welt, begleitet von dem Gefühle unſerer Abhängigkeit und von Empfindungen der Ehrfurcht, des Danks und der Liebe, welche auf unſer Verhalten wirkſam genug ſind, um uns anzutreiben, mit freudigem Gehorſam, im Glauben an die Uebereinſtimmung des Pflichtgeſetzes mit

dem

dem göttlichen Willen, unſrer vernünftigen Beſtimmung gemäſs zu leben. In der Erklärung des Urſprungs dieſes Glaubens weicht der Vf. freylich von der Denkart des Hrn. Gr. ſo ſehr ab, daſs ſie ſich ſchwerlich einander jemals nähern werden; der eine geht rationaliſtiſch zu Werke; der andre gründet alles auf eine poſitive Offenbarung. 2) *Es giebt*, ſagt der Vf., *nur Eine wahre Religion;* ihr Princip und Character iſt unbedingte Liebe zu dem, was an ſich wahr und gut iſt, ausgehend und belebt von dem Glauben an einen Geiſt, der dieſe Geſinnung billigt, fördert und ſegnet; nur inſofern ein Menſch ſich nach dieſem Ideal der Frömmigkeit bildet, iſt er wahrhaft religiös. 3) *Was iſt von einer benamten Religion zu halten?* Sie leitet nur inſofern zur wahren Frömmigkeit, als ſie der Religion ohne Beynamen ſich nähert. 4) *Chriſtus ſtellt die wahre Religion durch Lehre und That auf das Vollkommenſte dar.* 5) *Was iſt Religionsgeſchichte, und namentlich Geſchichte der Religion Jeſu?* Nur der Urſprung und die Veränderungen der Dogmen, nur die äuſsern Erſcheinungen in einer Geſellſchaft, die ſich zu dieſen Dogmen bekennt, laſſen ſich nachweiſen; die ſucceſſive Darſtellung desjenigen, was der Geiſt Gottes in dem Menſchen gewirkt hat und noch wirkt, iſt etwas Unmögliches. Die zwey letzten Abſchnitte enthalten eine Beurtheilung des *Stolbergſchen* Werks, ſo weit es damals erſchienen und zu des Vfs. Kenntniſs gekommen war (nur des erſten Theils). Da dieſe Beurtheilung, dem Weſentlichen nach, mit des Rec. Urtheile übereinſtimmt, ſo werde dieſs mit Stillſchweigen übergangen; doch verdient der durchaus anſtändige und würdige Ton des Vfs. der dem Hrn. Gr., von ſeinem Standpunkte aus, alle Gerechtigkeit widerfahren läſst, gelobt zu werden. Daſs er den Mann, deſſen Grundſätze er beſtreitet, nicht überzeugen wird, iſt freylich wahr; Hr. *K.* geht von ganz andren Principien als der Hr. Gr. z. *St.* aus; allein dieſs nimmt der Schriſt nichts von ihrem Werthe; der Proteſtant und der Katholik argumentiren allerdings ungleich; ſchon das iſt aber oft nützlich und nothwendig, daſs man auf die groſse Kluft hinweiſe, die zwiſchen zwey Parteyen befeſtigt iſt, welche man unnatürlich vereinigen will; daſs man zeige, es ſey noch eine Oppoſition vorhanden, die den Muth habe zu ſprechen, und Einſicht genug beſitze, um mit Verſtand zu ſprechen: denn wenn auch nichts weiter dadurch erreicht würde, als daſs man die läſtigen Zudringlichkeiten der einen Partey, welche die andre immer gern abſorbiren möchte, von ſich abhält, und ſie warnt, ſich von ihrem Eifer nicht zu weit führen zu laſſen: ſo iſt doch ſchon dieſs ein Gewinn, um den man ſich einige Mühe nicht verdrieſsen laſſen darf.

Ohne Druckort: *Ueber die Gränzen und Eintheilung des Erzbisthums Bremen.* Ein Beytrag zur kirchlichen Geographie, vom Archivar *Delius* zu Wernigerode. 1808. 67 S. 8.

Der Vf. hat dieſe Schrift bey Gelegenheit der funfzigjährigen Amtsjubelfeyer ſeines Oheims, des Paſtor *Delius* zu Wilſtedt im Herzogthum Bremen, herausgegeben. Die Einleitung handelt von den verſchiedenen kirchlichen Abtheilungen der chriſtlichen Geſellſchaften in Deutſchland. Den Maſsſtab dazu gab bey Stiftung eines Bisthums die beſtehende geographiſch-politiſche Eintheilung des Römerreichs, wie aus den Beſchlüſſen der Kirchenverſammlungen zu Antiochia und Chalcedon erhellet. Im Abendlande, in Spanien, Italien, Gallien, läſst ſich dieſs genau nachweiſen. In Deutſchland ſchieden ebenfalls die Gränzen der politiſchen Kreiſe (Gauen) die Sprengel der Biſchöfe; weil aber die deutſchen Bisthümer gröſser waren, ſo fühlte man das Bedürfniſs einer Unterabtheilung derſelben in Archidiaconate. Der Vf. bedauert hier nur, daſs der Geſchichtforſcher, welcher die kirchliche Geographie von Deutſchland in dem Mittelalter kennen lernen wolle, nur kärglich von Hülfsmitteln unterſtützt werde. *Piſtor*, *Würdtwein*, *Martin Gerbert*, Fürſtabt von St. Blaſien, leiſten hier noch die meiſten Dienſte. Im nördlichen Deutſchlande findet man die Gränzen der Archidiakonate in groſser Unbeſtimmtheit; um ſo mehr wünſcht Hr. *D.* von Freunden des hiſtoriſchen Studiums durch Mittheilung von Urkunden, welche dieſe Gränzen beſtimmen, zu vollſtändiger Entwerfung einer Geographie des Mittelalters und der Eintheilung des Reichs in Gauen und Grafſchaften, ſo wie der kirchlichen Vertheilung derſelben, womit er ſich ſchon ſeit längerer Zeit beſchäftigt, unterſtützt zu werden. — Die Errichtung des Bisthums Bremen wird mit Recht Karl dem Groſsen zugeſchrieben; unrichtig wird ſie aber von dem Vf. in das Jahr 787. geſetzt; die Stiftungsurkunde, welche *Adamus Bremenſis*, *Albertus Stadenſis*, *Albertus Kranzius*, *Lünig* in ſeinem Reichsarchive Lateiniſch, *Renner* in ſeiner Bremiſchen Chronik Niederſächſiſch in *extenſo* haben, hat zum Datum: Speyer im J. 788. (*data* II. *Idus Julii* [14. Jul.] *anno dominicae incarnationis* IↃCCLXXXVIII. *indictione* XII. *anno autem regni domini Caroli* XXI. *actum in palatio Nemetenſi. Feliciter. Amen.*) Hr. Prof. *Roller* hat dieſe Urkunde in der lateiniſchen Urſchrift mit gegenüberſtehender hochdeutſchen Ueberſetzung in ſeiner *Stadt-Bremiſchen Geſchichte* (Th. III. p. 246. ſqq.) ebenfalls abdrucken laſſen. Wenn der Vf. die Einführung des Erzbiſchofs Ansgarius in das Bisthum Bremen nach *Leuderich's* 847., oder, nach *Renner* und *Dilich*, 848. erfolgtem Tode dem Könige Ludwig II. zuſchreibt, ſo iſt zu bemerken, daſs dieſer König, ein Sohn Kaiſer Ludwigs des Frommen, gewöhnlich bey den Geſchichtſchreibern *Ludovicus Germanicus* heiſst, weil er, bey der Vertheilung der väterlichen Monarchie, Deutſchland zu ſeinem Antheile erhielt; da er aber die römiſche Kaiſerwürde nie bekleidete, ſo wird er, um Verwirrungen zu vermeiden, nicht mit einer Zahl hinter ſeinem Namen angeführt. *S.* 31. heiſst es: die Exemtion des Bisthums Bremen von der Metropolitangewalt des Erzbiſchofs von Cölln ſey, nachdem Papſt Sergius dieſelbe anerkannt und 905. beſtätigt habe, nach Bruno's und Hermanns vergeblichen Verſuchen nicht wieder angefochten worden;

es

es scheint aber dem Vf. unbekannt zu seyn, dass, nach *Renner* und *Dilich*, bis zu des Erzbischofs Adelberts (oder Alberts I.) Zeiten, der diesen Stuhl im Jahre 1043. bestieg, der Erzbischof von Cölln seine Diöcesanrechte über Bremen ausgeübt hat. Dass Bremen und Hamburg, wie der Vf. sagt, reel stets zwey geschiedene Kirchen geblieben seyen, erhellt auch daher, weil in beyden Städten zwey besondere Domkapitel blieben, davon zwar das Bremische bereits 1650. von der Königin von Schweden, Christina, als Herzogin von Bremen aufgelöst wurde, das Hamburgische aber bis auf unsre Zeiten fortgedauert hat, jedoch auch nach dem Tode der jetzt noch lebenden Domherren erlöschen wird. Weiterhin handelt der Vf. von den Gränzen des Bisthums Bremen im Allgemeinen und von der Stiftungsurkunde Karls des Grosen; von letzterer behauptet er, sie sey der Form nach nicht echt, und vieles darin sey interpolirt, ohne jedoch die ihm interpolirt scheinenden Stellen anzugeben, wobey er *Hermanns de re diplomatica Imp.* als Gewährsmann anführt; hernach werden aus den Worten der Urkunde die Gränzen des Bisthums, östlich und südwestlich der Weser, genauer bestimmt, und mit groser Wahrscheinlichkeit die in der Urkunde vorkommenden Benennungen durch die itzt gebräuchlichen erklärt; wenn er aber glaubt, dass das in der Urkunde vorkommende *Farstina* das zu dem Stadtbremischen Horner-Kirchspiele gehörige kleine Dorf: *in der Vahre* sey, welches in einer (vermuthlich ältern und sehr unrichtigen) Homannischen Karte der Herzogthümer Bremen und Verden unter Ober-Nieland (Oberneuland) stehe, so können wir ihm hier nicht beypflichten. Denn was für einen grosen einspringenden Winkel würde in diesem Falle die Gränze gemacht haben! Lieber stimmen wir dem von Hrn. *D.* angeführten *Kelp* bey. Endlich zählt der Vf. die fünf Archidiakonate des Erzstifts Bremen auf, und giebt ein Verzeichniss der ihm aus Urkunden bekannt gewordenen Archidiakonen, wobey wir nichts zu erinnern finden. Die kleine Schrift ist gut geschrieben.

NEUERE SPRACHKUNDE.

BREMEN und AURICH, b. Müller: *Anleitung zur Holländischen Sprache für Geschäftsmänner und Kaufleute*, herausgegeben von *F. W. von Halem.* Ohne Jahrzahl. X u. 104 S. Das Handwörterbuch 81 S. gr. 8. (16 gr.)

In der Vorrede, aus der man ersieht, dass dis Büchlein 1808. erschienen ist, erklärt sich Hr. *v. Halem* noch umständlicher über den Zweck desselben, der schon in dem Titel deutlich ausgedrückt ist. Er giebt auch in derselben Beweise von der Kenntniss, die er von den neuesten Fortschritten der Holländer in der Ausbildung ihrer Sprache besitzt; ein Vorzug, der dem Herausgeber der von uns angezeigten neuesten Ausgabe der *Moorbeek'schen* holländischen Sprachlehre (Erg. Bl. 1807. N. 113.) fehlte. Ja, die vor uns liegende *Anleitung zur holländischen Sprache* selbst gehört zu den neuesten Producten der gedachten Ausbildung. Denn sie ist eine Uebersetzung eines Werkchens, welches, wie der Vf. bemerkt, *van Bemmelen* im J. 1806. herausgegeben, und welches ein französisch-holländischer Auszug aus *Weiland's* (Verfassers des noch nicht geendigten *Taalkundig Woordenboek*) 1805. zu Amsterdam herausgegebenen grossen holländischen Grammatik ist. In dieser Anleitung ist auch die Rechtschreibung nach den neuesten, durch die Regierung gebilligten Grundsätzen eingerichtet. Hr. *v. H.* wollte durch ihre Uebersetzung insbesondere seinen Landsleuten, den Ostfriesen, um desto mehr einen Dienst erweisen, da auf der einen Seite ihre gegenwärtige politische Verbindung ihnen die Erlernung der holländischen Sprache zu einem Bedürfnisse mache, und auf der andern in deutscher Sprache keine gute holländische Sprachlehre vorhanden sey. Unseres Bedünkens hat er etwas Nützliches gethan. Auch ist die Kürze, mit welcher die Anleitung abgefasst ist, für die beiden Klassen, die Geschäftsmänner und die Kaufleute, zweckmässig; die Gelehrten mögen sich an die ausführliche *Weiland'sche* Sprachlehre halten. Die Anleitung hat einen doppelten Anhang. Der *erste* besteht in einem Auszuge aus *van Hamelsveld's* Geschiedenis. (Amsterdam, 1802.) und zwar in der vierten Periode: Von der Eroberung von Constantinopel bis zum Westphälischen Frieden; ingleichen in dem 23. Kap. des 3. Buches aus Grotius Vergleichung der Republiken: Ueber die Sitten und den Charakter der Athenienser, Römer und Holländer, und von den Handwerken. Sie sollen ein Hülfsmittel zur Erlernung der holländischen Sprache abgeben, und beiden ist die deutsche Uebersetzung beygefügt. Solche gegenüberstehende Uebersetzungen haben, wie bekannt, ihren Vortheil und ihren Nachtheil. Mit der gegenwärtigen können wir überdiess nicht überall zufrieden seyn. So steht S. 81. Selbstständigkeit (*zelfstandigheid*), statt *Substanz*, und Hersteller (*Hersteldér*), statt *Wiederhersteller.* Die Perioden sind zuweilen nicht geschmeidig deutsch, sondern steif holländisch. S. 85. ist die Periode: „Der Stof besitzt — vertheilt," dadurch unverständlich geworden, dass der Stoff (*de stof*, welches Wort im Holländischen weiblichen Geschlechts ist) von „je weiter" an als ein Femininum gebraucht wird. Der *zweyte* Anhang ist das, auf dem Titel angegebene, *Handwörterbuch der holländischen Sprache.* Dass auf den 81., eben nicht enge gedruckten, Seiten nicht viel habe Platz finden können, lässt sich begreifen. Es kann indessen zum Anfange seinen guten Nutzen haben. Es ist zwar dabey auch auf die Sprache der Schifffahrt Rücksicht genommen; aber wir vermissten doch gleich unter *B* den Artikel *Bries*, z. B. *vrische bries*, frischer Wind. Das Handwörterbuch wird auch besonders verkauft. Druckfehler stiessen uns nicht viele auf; in der Anleit. jedoch steht S. 12. behondenis, statt *behoudenis*; S. 13. voorspreak, st. *voorspraak*; und S. 51. Kamelsveld, st. *Hamelsveld.*

ALLGEMEINE LITERATUR-ZEITUNG

Donnerstags, den 14. December 1809.

WERKE DER SCHÖNEN KÜNSTE.

VERMISCHTE SCHRIFTEN.

Münster, b. Waldeck: *Polyanthea.* Ein Taschenbuch für das Jahr 1807. Herausgegeben von *Karl Reinhard.* Mit Kupferstichen und Musik. 212 S. Taschenformat. Mit *Starke's* Bildniss und 5 andern Kupfern. (1 Rthlr. 16 gr.)

Bekanntlich gab Hr. *Reinkard* ehemals zwey andere periodische Schriften, den Romanenkalender und die Göttinger poetische Blumenlese heraus, von welchen, wie er uns in der Vorrede zu gegenwärtigem Taschenbuch erinnert, die erste Sammlung mit dem J. 1803., die letztere mit 1804. ihre Endschaft erreichte. (Der sogenannte letzte Göttingische Musen-Almanach von 1807. ist kein anderer, als der Jahrg. 1804. mit einem neuen Titel.) Die Polyanthea soll ihrem Plane nach nicht allein beide genannte Institute in sich vereinigen, sondern auch überdiess noch manches in ihr Gebiet ziehen, was, streng genommen, weder in das eine, noch in das andere gepasst hätte, also weder Gedicht noch Roman ist. Da hiernach Hr. *R.* den Anfang gemacht hat, die grosse Anzahl der Poesie mit Prose vermischenden Taschenbücher mit einem neuen zu vermehren, so will Rec. hier zuvörderst über diese Verfahrungsart, so wie über einige andere gewöhnliche Mängel unserer Taschenbücher seine Meinung sagen. Er misbilligt diese Vermischung der Poesie und Prose darum, weil es in den meisten Fällen nur gar zu deutlich ist, dass die Poesie dabey neben der Prose eine untergeordnete Rolle spielt, und diese letztere das eigentliche Vehikel ist, um jene zugleich mit an den Mann zu bringen. Führen nicht die Herausgeber unserer Almanache selbst auf diesen Verdacht hin, indem sie, wie es auch in der Vorrede des gegenwärtigen geschieht, zu verstehen geben, dass ihnen prosaische Beyträge willkommener, als poetische seyn würden? Gewiss kann dieser Umstand nicht dazu dienen, die gesunkene Achtung und Liebe für Poesie neu zu beleben. Ist die Poesie, die sonst für die Sprache der Götter galt, in der Achtung des Publicums so sehr gesunken, dass die grössere Menge lieber schlechte Romane oder prosaische Anekdoten liest: so würden unsere Dichter wohlthun, wenn sie theils mit den Geschenken ihrer Muse sparsamer wären, theils sie nur an solchen Orten ausstellten, wo sie nicht von so vielen, die nur Prose lesen wollen, überschlagen werden.

Welches sind aber die Ursachen des im Allgemeinen so sehr gesunkenen Geschmacks an der Poesie, und des verminderten Einflusses und Ansehens derselben? Auf diese Frage führt uns nicht allein die obige Betrachtung, sondern auch das vorliegende Taschenbuch selbst, sofern es nämlich an die Stelle einer durch 35 Jahre bestandenen, und endlich durch die ungünstigen Zeitumstände aufgelösten, poetischen Blumenlese getreten ist. Rec. will nur drey der vorzüglichsten Ursachen angeben. Die erste ist das vorgeschrittene Alter unserer schönen Literatur, und die Perioden, welche sie bereits durchlaufen hat. So vielerley Töne, Manieren und Redeformen sind bereits versucht, so viele schöne Bilder durch den Gebrauch abgenutzt, so mancherley Situationen und Empfindungen wahr und treffend dargestellt worden, dass das Neue immer seltner, die Gefahr, das Alte zu wiederholen, immer grösser wird. Nur in dem Anbau der noch uncultivirten Regionen romantischer Poesie, oder in dem Auftreten grosser Originalgenies, scheint der deutschen schönen Literatur ein Heil zu blühen; Mittelmässigkeit schadet, und leider ist ihr durch den schon vorhandenen grossen Reichthum, durch die Möglichkeit, überall ohne Mühe zu borgen, Thor und Thüre geöffnet. Eine zweyte Ursache ist das Ueberhandnehmen der Kritik im Publicum, indem nach gerade beynahe jeder Handwerker sich berufen glaubt, die Dichter mit kritischem Auge zu lesen. Diese thörichte Anmassung hindert das unbefangene, stille, wir möchten sagen, gläubige Auffassen des Schönen im innern Gemüth, und erzeugt dagegen Kälte, Gleichgültigkeit, ja zuletzt Ueberdruss und Ekel an der Poesie. Hierzu kommt noch eine dritte Ursache, der bisherige rohe Kampf entgegengesetzter Parteyen, der zwar allmälig eingeschlummert ist, dessen traurige Folgen aber — Verwirrung und dadurch erzeugte Kälte und Gleichgültigkeit vieler Gemüther — gewiss noch lange fühlbar seyn werden. Rechnet man hierzu noch den nachtheiligen Geist der Zeit und den widrigen Einfluss politischer Ereignisse, der die freudige Kraft des Gesanges in manchem Busen lähmt: so erklärt sich das Räthsel, warum an so vielen Orten Prose die Stelle der Poesie einzunehmen anfängt.

Rec. bricht hier ab, um noch einige gewöhnliche Mängel unserer Taschenbücher, wovon auch gegenwärtiges nicht frey ist, zu rügen, ehe er an die specielle Beurtheilung desselben geht. Vor allem missfällt ihm der mikrologische Sammelgeist, der in den meiſten herrſcht, der auch das Kleinſte nicht verſchmäht, jedes Verschen, oft von der Art, daſs man ihrer Hunderte in müſsigen Stunden machen könnte, aufhaſcht, einregiſtrirt und mit Namensunterſchrift verſieht. So ſehen zwar die Einſender ihre Namen unzählige Mal gedruckt, aber wie? „Man muſs die Abgänge des Geiſtes ſammeln, wie die ökonomiſche Hausfrau den Kaffeeſatz," ſagte *Schiller*, indem er von den Horen redete; aber was von ihm ausgeübt, erfreulich war, wird in der Ausdehnung, wie es mancher andere ausübt, ſehr unerfreulich. Auch das miſsbilligt Rec., daſs man von längſt verſtorbenen groſsen Männern kleine unbedeutende Ueberreſte aufhaſcht; wenigſtens iſt es unzweckmäſsig, ſie unter den Producten des Tages zur Schau zu ſtellen. So ſtehn in der Polyanthea S. 114. mitten unter neuen Gedichten folgende zwey Zeilen von — *Philipp Melanckthon*, dem Reformator:

Je länger, je lieber ich bin allein:
Denn Treu' und Wahrheit iſt worden klein.

Aeſthetiſchen Werth haben dieſe Verſe nicht, ſie können nur hiſtoriſchen haben, und gehören alſo nicht unter die übrigen, die doch wohl um des äſthetiſchen Werths willen da ſind. Man ſollte dergleichen Ueberreſten einen eigenen Abſchnitt anweiſen, wenn dadurch das Andenken der Verſtorbenen wirklich geehrt wird, welches aber Rec. in vielen Fällen bezweifeln muſs.

Gegenwärtige Polyanthea enthält an proſaiſchen Beyträgen, auſser einer höchſt intereſſanten franzöſiſchen Abhandlung des Hn *Villers*, worauf Rec. am Schluſſe dieſer Anzeige noch einmal zurückkommen wird, noch ein paar von Hn. *Reinkard* aus dem Franzöſiſchen der Madame *Petigny*, gebornen *Levesque*, überſetzter Idyllen, einen anonymen, intereſſanten Aufſatz über die allbekannte Geſchichte des Grafen von Gleichen, auf welche ſich fünf dieſem Taſchenbuche beygefügte, von einem alten Schnitzwerk entlehnte Kupferſtiche beziehen, die anderwärts mehr an ihrer Stelle geweſen wären; ferner eine Erzählung von *Schink*, überſchrieben: der Mann, ein Liebhaber ſeiner Frau, ohne es zu wiſſen, und endlich einige Anekdoten von *Käſtner*. Von den letztern können wir nichts weiter ſagen, als daſs ſie unbedeutend, übrigens aber hier ſehr an ihrer Stelle ſind, ſobald nämlich die Poeſie ſich nicht mehr ohne die Begleitung würzender Proſe ins Publicum wagen darf. Die Schink'ſche Erzählung ſucht einem abgenutzten Thema mit aller Gewalt neue Anſichten abzugewinnen; allein obgleich dazu Harfentöne, Privatkomödien u. dergl. in Beſchlag genommen werden: ſo müſſen wir doch geſtehn, daſs uns die loſe Speiſe widerſtanden hat. *Julius von Bünau* mag ein recht gewandter Weltmann ſeyn, nur zur poetiſchen Darſtellung taugt er nicht, und ſeine Gemahlin beleidigt durch Mangel an Gefühl des Wahren und Schicklichen. Miſsmüthig über dieſe leeren Nebelgebilde ſuchten wir unter den poetiſchen Beyträgen, und fanden viel Mittelmäſsiges und Gutes, wenig ganz Schlechtes, und nichts eigentlich Vortreffliches. Eine leichte und anſpruchloſe Verſtändlichkeit, ohne hohen Aufflug und Tiefe, fern von den Modethorheiten des Zeitalters, aber nicht über daſſelbe erhaben, ſondern gemächlich nebenher ſchreitend, dieſs iſt der Charakter, den wir uns von dem Ganzen abſtrahirt haben. Ein ungenannter, mit *B.* unterzeichnet, hat die meiſte Poeſie beygetragen, faſt alles gemein und alltäglich; nur S. 85. iſt der *Zeitvertreib* ziemlich artig. *Haug's* Manier und ſeine Unerſchöpflichkeit in derſelben iſt bekannt; ſeine Beyträge konnten ohne Nachtheil auf die Hälfte reducirt werden, und man würde z. B. folgendes nicht bedauern:

An Zelot.

Wer dich vergnügen will, Zelot,
Beſpreche ſich vom Glaubensheile,
Von Satans Liſt, der Kirche Noth,
Und ihres Rächers Donnerkeile.
Wer dich vergnügen will, Zelot,
Macht andern lange Weile.

Desgleichen Röschens Klage S. 43., Lieus S. 57., Beatrix an Roſa S. 84. *Lappe* zeigt poetiſche Kraft, iſt aber zu gedehnt durch Beſchreibungen; in ſeiner Probe aus *Kellgren's* lyriſcher Tragödie: Guſtav Waſa, iſt alles, bis auf die erſchütternde Erſcheinung der beiden ermordeten Kinder, manierirt und doch alltäglich. *Overbeck* iſt zum Theil äuſserſt derb, und ſcheint die platte Sprache des gemeinen Lebens für Poeſie zu halten: denn wie ſollten wir uns ſonſt Gedichte, wie folgendes S. 193., erklären;

Geſindeordnung.

Die Herrſchaft.

Mache dich auf, Polizey, und gieb uns beſſ'res Geſinde!

Das Geſinde.

Beſſere Herrſchaft uns! Mache dich auf, Polizey!

Die Polizey.

Mache dich auf, Vernunft! . . . Hört proviſoriſche Weiſung:
Jeglicher fege den Dreck erſt vor der eigenen Thür!

Die zahlreichen eingeſtreuten Gedichte der *Karſchin* verdienen immer noch, vor ſo manchem modiſchen Geklimper, Aufmerkſamkeit und Beachtung; beſonders hat uns das Geſpräch mit der Leyer *S.* 53. angezogen, obgleich der Ton nicht rein, nicht zart genug iſt. Die Gedichte von *K. W. Juſti* charakteriſirt im Allgemeinen zu viel kalte Verſtändlichkeit; in dieſer Hinſicht hat uns beſonders S. 123. der Burggeiſt und der Wanderer miſsfallen, indem hier der Geiſt einer alten zerſtörten Ritterburg durchaus wie ein moderner Halbgelehrter ſpricht. Z. B.:

Klüger wurden die Menſchen, und ſprachen von Sittlichkeit Vieles;
Aber veredelter nicht, heiterer ward nicht ihr Herz.
Ritterburgen zerfielen in Schutt und ärmliche Trümmer;
Rohheit des Geiſtes verſchwand, aber auch männliche Kraft!

Beſſer als dieſes verfehlte Gedicht iſt jedoch S. 161. die Stimme des Herzens. *Münchhauſens* Minnelieder verdienen im Ganzen Beyfall; z. B. Kaiſer Heinrich S. 115. *Schink* zeigt ſich als guter Verskünſtler, ſein Anti-

Antipode ist in dieser Absicht *Klamer Schmidt* in dem Gedicht: Ramlers Geist, S. 76., welches jedoch, wie wir, um nicht ungerecht zu seyn, bemerken müssen, mit der Jahrszahl 1798. bezeichnet ist. Denn wahrscheinlich hat den Vf. seit jener Zeit der Eifer, den er auf die alten Sylbenmasse wendet, weiter gebracht. Hier aber soll man, nach jenem Horazischen:

— ∪ | — ∪ ∪ — || — ∪ ∪ — | ∪ —
— ∪ | — ∪ ∪ — | ∪ —

z. B. scandiren:

— — — — Vater, auch dein Triumph
Ist vollbracht, unsterblicher weit,
Als Metalle, worauf *Loos* dein bewundertes
Bild geprägt! — Denn Friederich, sieh! u. s. f.

Sein übrigens recht artiges Minnelied S. 128.: Was ich seyn möchte, nach *Gottwalt Harnisch*, ist im Ton nicht rein gehalten: denn es vermischt deutschen, oder vielmehr griechischen Zartsinn mit französischer leichter Galanterie. Viele andere Gedichte von *Conz*, *Starke*, dem Herausgeber u. a. übergehn wir um der Kürze willen. Das, wodurch uns gegenwärtiges Taschenbuch werth, und zu einer nicht unmerkwürdigen Erscheinung der Zeit geworden ist, ist die an der Spitze desselben stehende Abhandlung des Hn. von *Villers: Sur la manière essentiellement différente, dont les poètes français et les allemans traitent l'amour.* Jeder unserer Leser kennt bereits den Vf. als einen Mann, der den Werth deutscher Nationalität und Literatur ganz zu würdigen weiss, und es sich zum Gesetz gemacht hat, ihr bey aller Gelegenheit öffentlich volle Gerechtigkeit widerfahren zu lassen. Auch diese Abhandlung, die man die Verklärung der deutschen Dichter nennen könnte, athmet gleichen Geist. Der Vf. hat seinen Gegenstand nicht bloss, wie sich von ihm erwarten liess, mit Einsicht und Geschmack, sondern auch mit Wärme, mit edelm und tiefem Gefühl behandelt. *Filles de Thuiscon*, so ruft er am Schlusse seiner Abhandlung, begeistert von dem Resultate, das aus derselben für deutsche Poesie hersliesst, den Töchtern Germaniens zu, *Filles de Thuiscon, glorifiez vous de voir ainsi célébré l'amour que vous faites naitre! Est-ce votre vue qui inspire des pensées aussi relevées; et y a-t-il en effet dans vous quelque chose de divin? On doit le croire.* Man übersetze diese Abhandlung, man verbreite sie allenthalben, man gebe sie jedem deutschen Jüngling, jedem deutschen Mädchen in die Hände, damit Anerkennung deutschen Werthes aufs neue die Herzen erfülle und emporhebe. Es ist tröstend, ja wahrhaft erhebend, einer Preisertheilung beyzuwohnen, wobey weder der Brabeute über die Kränze, welche er vertheilt, noch die deutsche Muse über den Lorbeer zu erröthen fürchten darf, womit ihr hier die Schläfe so glorreich umwunden werden. Frägt man aber, ob diese Abhandlung mehr dem Hn. v. *Villers*, oder der deutschen Nation zur Ehre gereiche, so müssen wir das erstere annehmen: denn wer hinderte die Edle, selbst ihren Werth auszusprechen, und wie hätte ihr diess jemals zum Vorwurf gereichen können, da noch niemand den Horaz angeklagt, dass er im freudigen Selbstgefühl sein *Exegi monumentum aere perennius* aussprach, oder den Achilles, dass er sich's bewusst war, er sey der Tapferste im Heer der Achäer? Eins hat uns mit Wehmuth erfüllt, dass *Klopstock* nicht mehr das Erscheinen dieser Abhandlung, die auch ihn verklärt, erlebte. So speciell das Thema scheint, welches der Vf. hier behandelte: so kann sich doch der Einfluss der darin aufgestellten Ideen sehr weit erstrecken, und unter andern dazu dienen, die neuere Poesie gegen die übertriebenen Verehrer der alten in Schutz zu nehmen. Denn es ist allerdings nicht zu läugnen, dass auch den hochverehrten Griechen eine solche Ansicht der Liebe, wie sie Hr. *v. V.* an den deutschen Dichtern rühmt, fremd gewesen sey. Sehr würde derjenige irren, welcher glaubte, dass hier bloss von dem Vorzuge der erotischen Poesie einer von beiden Nationen die Rede sey. Erstreckt sich der Einfluss dieser Behandlung der Liebe nicht auf die gesammte Poesie, ja auf alles, was im Leben schön und heilig ist? Doch wir eilen, unsere Leser mit dem Inhalte dieses interessanten Aufsatzes etwas näher bekannt zu machen.

Der Vf. geht von der Verschiedenheit der Producte des Pflanzenreichs in verschiedenen Klimaten aus, um auf den verschiedenen Charakter der Nationen überhaupt, und der deutschen und französischen insbesondere zu kommen. Er findet ihn mit Recht schon beym Cäsar und Tacitus angedeutet, nur scheint er doch auf die Worte des letztern: *Inesse etiam (feminis) sanctum aliquid et providum ... de mor. Germ.* Cap. 8. zum Behuf seiner nachherigen Ideen etwas zu viel Gewicht zu legen. Denn das hinzugesetzte *providum* erklärt das vorhergehende *sanctum* hinlänglich, um es von einer Art abergläubischer Meinung zu verstehen, welche die alten Germanen von den Weibern hegten, und die mit der idealen Ansicht der Liebe bey unsern Dichtern wohl nicht ganz übereinkommen. Von dem Unterschiede des Nationalcharakters kommt der Vf. auf den Unterschied der Poesie beider Nationen überhaupt, bemerkt, dass es der französischen an Erhabenheit mangele, und geht dann auf die erotische Poesie insonderheit über. Hier stellt er S. 15. folgendes Thema seiner Abhandlung auf: *Il est résulté de là* (von den sinnlichen Stoffen, welche die französischen Dichter zur Darstellung der Liebe wählten) *chez les Français un genre de poésie érotique, qui respire le plus souvent la volupté; qui exprime le désir sous mille formes variées, plus ou moins décentes; tantôt passionnée et tragique, tantôt langoureuse et molle; d'autres fois badine et gracieuse; chez les poëtes les plus purs, accompagnée quelquesfois d'innocence, de dévouement, de tendresse, mais ne s'élevant presque jamais, et n'ayant rien de divin à révéler. — Le genre de poésie érotique chez les allemans dénote, sans aucun doute, un esprit placé sur un plus haut échellon. L'amour, chez la plupart des poëtes germains, n'a rien de sensuel; c'est un habitant de l'éther céleste; son but unique est d'enthousiasmer, de diviniser le coeur dont il s'empare; les faiblesses et les scories de l'humanité sont au dessous de lui; et réunir deux ames qu'il enivre, est la suprême, la seule volupté à laquelle il tend. Si les anges ont des sexes, et qu'ils aiment, leurs amours doivent ressembler à ceux, dont tant de poëtes allemans nous présentent l'image. — Là, s'il est question de l'ame, c'est commnément pour tendre au corps. — Ici, s'il est question du corps, c'est pour tendre à l'ame. D'un côté plus de sensations, de l'autre plus de sentimens.* Nach einigen treffenden Bemerkungen über die Art, wie die Liebe der deutschen und französischen Dichter sich zu erkennen giebt, wovon ungefähr folgendes das Hauptresultat ist: *Ce que le français tire en lumière, et dont il fait son étoffe principale, l'autre le laisse dans les ténèbres d'où il ne devrait jamais sortir*, sagt uns noch der Vf. mit wenigen Worten, was die eine Nation von der erotischen Poesie der andern halte. *La poésie erotique du français parait au germain manquer de dignité. Celle du germain parait au français tenir de la démence; il ne la comprend point; tandis que la sienne est facilement comprise et appréciée par le germain: celui qui domine, juge sans peine de ce qu'il voit au dessous de lui.* — Nach diesem kommt Hr. *v. V.* auf die Nothwendigkeit, seine starken Aussprüche mit Beweisen zu belegen; und bemerkt dabey mit Recht, die beste Art, sich von diesem Unterschiede zu überzeugen, sey, wie er gethan, die schöne Literatur beider Nationen mit unbefangenem Geist zu studieren. Hierauf macht er zuerst auf die Verschiedenheit aufmerksam, die schon in ältern Zeiten zwischen den Minnesängern und Troubadours, zwischen dem Heldenbuch und Nibelungen, und dem Roman von der Rose sichtbar genug ist. Der letztere, nichts anders, *qu'un traité de la séduction*, führt ihn auf die obscönen Schriften der Franzosen. Er stellt eine neue Vergleichung der Literaturen beider Nationen an, und das Resultat ist wiederum für die deutsche höchst ehrenvoll. S. 21. *Cette profondeur de corruption n'existe pas dans la poésie érotique des Allemans. Ce qu'elle offre de plus bas, n'est que traduction ou imitation des italiens ou des françois. Ces translations sont rares, et le public ne les encourage point.* (Möchte dieser Ausspruch, der bis jetzt noch *ziemlich* wahr ist, jederzeit wahr bleiben!) *L'étage le plus inférieur de la poésie érotique des français trempe, je dois le dire, dans la boue. Il s'en faut de beaucoup que l'étage inférieur de la poésie allemande descende aussi bas. Et combien son étage supérieur ne dépasse-t-il pas le faite des poëtes érotiques de la France? L'Allemagne n'a ni Bussis ni Grécourts, mais la France n'a ni Klopstocks ni Gleims.* — Hierauf geht der Vf. zum neuern Parnass seiner Nation über. *Racine* ist es, der unter den Dichtern derselben die Liebe am meisten idealisch behandelt hat; aber was hat dieser gepriesene Tragiker wohl dem Max Piccolomini oder der Thekla unsres *Schiller's* entgegen zu stellen? Seine Berenice, Monimia und Junia sind höchstens zärtlich, sanft, resignirt, aber, sagt Hr. *v. V.*, *on ne remarque pas dans ces personnages le plus léger essai d'une poésie allée du ciel.* *Rousseau*, der vorzüglichste Erotiker, der in französischer Sprache geschrieben hat, war kein geborner Franzose. Nachdem der Vf. noch mehrere Beweise für die sinnlichere Behandlungsart der Liebe unter seiner Nation aufgestellt hat, erinnert er, des Contrastes wegen, an *Klopstock's* herrliche Episode von Semida und Cidli, an *Göthe's* Tasso! Er stellt *Voltaire's* Pucelle mit *Schiller's* Jungfrau, *Segur's* d. ä. Schrift über die Frauen mit *Ramdohr's* Venus Urania, *Campistron's* Andronicus, *Racine's* Mithridates und *Voltaire's* Irene mit *Schiller's* Carlos zusammen, und läfst überall den höhern Adel der Deutschen hervortreten. So heisst es z. B. S. 28. nach Erwähnung *Klopstock's*, des Tasso und der Parthenais: *à ces morceaux que je viens d'indiquer, la poésie érotique des français n'a rien à opposer du même genre, rien à comparer, absolument rien.* Wir übergehen das übrige gehaltvolle Detail, zumal da der Vf. selbst S. 31. Hoffnung macht, diesen von ihm in sehr beschränkter Zeit behandelten Stoff einst weiter auszudehnen. Zwey Bemerkungen mögen unsere Anzeige beschliessen. Die erste ist, dass der Vf. die Literatur seiner Nation zwar mit voller Strenge, wie z. B. S. 28., auch wohl mit einiger, durch die Bekanntschaft mit dem Bessern erweckten Abneigung würdigt, aber sich doch nirgends eigentliche Ungerechtigkeit zu Schulden kommen läfst. Die andere, dass dieser Gegenstand allerdings noch eine vielseitigere tiefere Behandlung erlaubt hätte, worüber aber der Vf. durch die engen Grenzen dieser blofs vorläufigen Abhandlung vollkommen entschuldigt wird. So hat er auch auf die neuern Ansichten der Poesie in Deutschland nirgends auch nur von fern hingedeutet, wiewohl seine eigne S. 12 f. aufgestellte Ansicht der Poesie eine der erhabensten, ja vielleicht die würdigste ist, die es giebt. Seine Bekanntschaft mit der deutschen Literatur, worüber er sich S. 25. etwas schüchtern äussert, ist schon jetzt sehr ausgezeichnet, und er wird bey dem Eifer, den er derselben widmet, einst die meisten Ausländer dadurch übertreffen. In einem sich auf diese Abhandlung beziehenden, am Schlusse des Almanachs stehenden Gedicht in *ottave rime* äussert Hr. *Reinhard* etwas zu gutmüthig Hoffnungen zur Vereinigung dessen, was, wie die Sachen stehn, wohl noch lange getrennt und der Assimilation widerstrebend seyn möchte.

ALLGEMEINE LITERATUR-ZEITUNG

Freytags, den 15. December 1809.

WISSENSCHAFTLICHE WERKE.

VERMISCHTE SCHRIFTEN.

SCHWEINFURT, b. Ernesti: *Grundriß zum Vortrage der vaterländischen Erdbeschreibung und Geschichte in Franken*, von *J. K. Bundschuh*, königl. Bairischem Director der höhern Bildungs-Anstalt und Archidiaconus an der Hauptkirche zu Schweinfurt. 1806. 14 Bog. gr. 8. (14 gr.)

RUDOLSTADT, b. Klüger: *Mannigfaltigkeiten aus der Fränkischen Erdbeschreibung und Geschichte*, zur Unterhaltung für Liebhaber, besonders zur Erläuterung des Grundrisses zum Vortrage der vaterländischen Erdbeschreibung und Geschichte in Franken; von *J. K. Bundschuh*. *Erster* Heft. 1807. *Zweyter* Heft. 1808. Zusammen 24 Bog. gr. 8. (1 Rthlr. 16 gr.)

Hr. *B.* war vor vielen andern seiner fränkischen Landsleute fähig, für Anfänger und Liebhaber ein solches Werk zu verfertigen. Durch sein geographisches statistisch-topographisches Lexikon von Franken, das über die meisten Compilationen dieser Art empor ragt, hat er sich zu demselben gewissermaßen vorgearbeitet. Aus der kurzen Vorrede läſst sich sein Plan und Zweck nicht erkennen; etwas mehr aus dem Titel und der innern Oekonomie. Jener verspricht ein Compendium zu Vorlesungen über die *vaterländische* (ein Pleonasmus) Erdbeschreibung und Geschichte in Franken (besser: Frankens). Unter *Franken* versteht er aber, wie man aus dem Buche selbst wahrnimmt, nicht die Länder des ehemaligen fränkischen Kreises, sondern nur — wenigstens hauptsächlich — die ehemaligen Bisthümer, jetzt Fürstenthümer, Würzburg und Bamberg. Er nennt sie S. 95. zusammen noch *das bairische Franken*, weil sie bis zu Ende des Jahrs 1805. dem Könige von Bayern zugehörten. Bekanntlich erhielt der östreichische Erzherzog Ferdinand, ehemaliger Groſsherzog von Toscana, nachheriger Kurfürst von Salzburg, durch den Frieden zu Presburg das Fürstenthum Würzburg; wofür Bayern das Fürstenthum Ansbach erhielt. Dieſs meldet auch der Vf. auf der vorletzten Seite seines Buches: diesem nach aber hätte er das specielle Titelblatt S. 96. umdrucken lassen, oder es in der kurzen, vom 3. Jun. 1806. datirten, Vorrede melden sollen. Kurz, er liefert im Grunde weiter nichts, als ein Compendium der Geographie und Geschichte von Würzburg und Bamberg, in zwey Hauptabschnitten, deren erster die Geographie, der andre die Geschichte dieser fränkischen Länder begreift. Aber, Hr. *B.* holt sehr weit aus. Zu Anfang giebt er uns in der ersten Unterabtheilung des *ersten* Hauptabschnitts *Allgemeine Vorerkenntnisse der Erdbeschreibung und Geschichte*; in der zweyten eine *nähere Einleitung zur richtigen Kenntniß Deutschlands in Bezug auf Franken*; in der dritten eine *kurze Uebersicht sämmtlicher Theile des fränkischen Kreises mit besonderer Rücksicht auf die königlich bairischen und kurfürstlich würzburgischen Besitzungen*; und erst in der vierten werden *die Fürstenthümer Bamberg und Würzburg nach ihren physischen, gewerblichen, wissenschaftlichen und örtlichen Verhältnissen*, dargestellt. So auch die Geschichte im *zweyten* Hauptabschnitte, deren erste Unterabtheilung überschrieben ist: *Wesentlich erforderliche Vorerkenntnisse der Geschichte*, *insbesondere der Geschichte der Deutschen*, *zur Einleitung in die Geschichte der Franken*; die zweyte: *Von Entstehung des Frankenbundes unter den germanischen Völkerstämmen*, *oder von 244. nach Christi Geburt bis zur Alleinherrschaft des Merovingers*, *Chlodowich I*, *oder nach Chr. Geb. 511.*; die dritte: *Von Chlodowichs I. erstgebornem Sohne*, *Theodorich I.*, *bis auf die Theilung des fränkischen Reichs unter Karls des Großen Enkeln zu Verdun*, *d. i. von 511 — 843 nach Chr. Geb.*; die vierte: *Von 843.*, *wo Deutschland*, *und folglich auch Ostfranken von dem westfränkischen Reiche getrennt wurde*, *bis 1125. oder Kaiser Heinrich V*, *wo dem Kaiser nur die Belehnung der Geistlichkeit mit dem Scepter blieb*, *die Bischöfe von Domkapiteln gewählt*, *und die Graffschaften und Herzogthümer aus Aemtern erbliche Länderbesitzungen zu werden beginnen*; die fünfte: *Von 1125. bis auf den Anfang der eigentlich sogenannten Bauern-Unruhen in Franken*, *oder 1526*; die sechste: *Vom Anfange dieser Unruhen bis zum westphäl. Frieden* (1648.); und die siebente: *Vom J. 1648. bis auf den Preßburger Frieden*, *den 26. Dec. 1805.*

Da sich der Vf., wie gesagt, nirgends über diese Einrichtung und Eintheilung erklärt; so können wir kaum anders vermuthen, als daſs er das Buch zum Leitfaden für Gymnasien und Lyceen bestimmt habe, um den dort studierenden Jünglingen, die nicht weiter gehen wollen, durch Hülfe desselben von Geographie und Geschichte soviel beyzubringen, als ihnen nützend und gut seyn mag. Den wozu sonst das weite Ausholen in den ersten geographischen und historischen Unterabtheilungen? Zum bloſsen Unterricht in der würzburgischen und bambergischen Geographie und Geschichte wäre eine ganz kurze Einleitung hinreichend, wäre nicht beynahe die Hälfte des Buches nothwendig gewesen, würde sich der Vf. durch die vom Verleger vorgeschriebene Bogenzahl nicht eingeschränkt gefunden, würde er folglich mehr zu seifeinem Hauptzweck dienliche Sachen haben vortragen können.

Uebrigens finden wir jene allgemeinen Sätze aus der mathematifchen und phyfifchen Erdkunde — wie diefs bey der Menge ficherer Hülfsmittel wohl nicht anders zu erwarten war — richtig, wie auch gut ausgewählt. In Anfehung der eigentlichen Geographie hat fich freylich feit dem Druck des Buches viel verändert, zumal was den hier noch fogenannten Fränkifchen-Kreis betrifft: was aber leicht nachgetragen werden kann. Ein vorzüglich fchätzbares Stück ift die Geographie und die damit verbundene Statiftik der Fürftenthümer Bamberg und Würzburg. Bey jedem Landgerichte findet man das Wiffenswürdigfte ni fruchtbarer Kürze angegeben; fo auch bey den, jetzt noch zum Königreiche Bayern gehörenden ehemaligen Reichsftädten Schweinfurt und Rothenburg.

Von der Gefchichte gilt, nach unferm Ermeffen, daffelbe, was wir fo eben von der Geographie urtheilten. Was von S. 97. bis 133. fteht, hätte nur fummarifch angeführt und dann fogleich zu der Gefchichte Françoniens, oder des eigentlich genannten Frankenlandes übergegangen werden können. Eben deshalb verweilen wir nicht bey der ältern Gefchichte, ob fich gleich einige Erinnerungen machen liefsen; z. B. dafs S. 120. der von der hiftorifchen Kritik längft in das Reich der Schatten verbannte Pharamund an die Spitze der Franzöfifchen Könige geftellt ift.

Die Specialgefchichte Würzburgs und Bambergs ift fo vorgetragen; dafs in jeder Unterabtheilung erft aus der allgemeinen Gefchichte Deutfchlands, fo viel dahin gehört, erzählt, hernach die Reihe der Bifchöfe chronologifch und genealogifch tabellenmäfsig aufgeführt, alsdann Merkwürdigkeiten der Regierung eines jeden mitgetheilt, und zuletzt noch allerley Notizen, zur Kenntnifs der Verfaffung, befonders des geiftlichen Standes, der Klöfter u. f. w., der Landwirthfchaft, der Münzen, der Sitten u. f. w., brauchbar angeführt wird. Wir finden faft alles gut und zweckmäfsig ausgewählt und fafslich vorgetragen. Zu bedauern ift aber, dafs Hr. *B.* die hinter jede Reihe der Bifchöfe erwähnten Merkwürdigkeiten zwar Abfatzweife, aber ohne angedeutete Beziehung auf jeden, z. B. durch Ziffern, hinftellt; fo dafs man nicht allemal errathen kann, zu welchem Bifchof jede gehört: zumal da die Zahl derfelben nicht durchgehends der Zahl der Bifchöfe entfpricht. So z. B. findet man S. 155. zehn würzburgifche Bifchöfe, aber nur Merkwürdigkeiten von acht derfelben. Daraus entfteht, leicht begreiflich, manche Verwirrung. Selbft der fachkundige Lefer wird fich nicht immer darein zu finden wiffen, oder wird erft andere Hülfsmittel befragen müffen: wie viel mehr der Anfänger oder der gewöhnliche Lefer!

Die Schreibart ift durchgehends rein, richtig, ungezwungen: nur einige Stellen ausgenommen; z. B. S. 144. heifst es: „Man *bath* (bat) — feine freien Güter dem Fürften *auf*;" ftatt *man bot an.* — S. 145.: „Die Geiftlichen liefsen fich unter der Kriegsfahne *erfinden.*" — S. 146.: „Doch fpannten felbft die Vornehmften, wie der König Childerich, noch Ochfen vor *feinem Wägen*;" ftatt *vor ihre Wagen.* — S. 181.: „Noch war man nicht ganz dahin gediehen." — Manches mag auch auf Rechnung des Setzers und Ausbefferers zu fchreiben feyn; wie denn der Fehler diefer Art, befonders in Anfehung der Unterfcheidungszeichen und, was fchlimmer ift, der Jahrzahlen, nicht wenige find. Wir rechnen z. B. dahin das oft vorkommende *beftättigen;* ferner *entfponn*, *eräufsen* (S. 163.), *Stadthalter.* — Einem Irrthume fcheint uns folgende Stelle (S. 142.) zu unterliegen: „Mit vieler Wahrfcheinlichkeit leitet man das Wort *Pagus*, was lateinifch ein Gau heifst, von dem alten deutfchen Worte Pach, Bach, ein kleiner Flufs, ab." Daffelbe wird in den gleich anzuzeigenden Mannichfaltigkeiten (S. 147.) wiederholt. Wie? das fchon von Cicero, Jul. Caefar und Livius gebrauchte lateinifche Wort *Pagus* foll vom deutfchen *Bach* herkommen?

In der Vorrede zu dem Buche, von dem bisher die Rede war, fagt der Vf.: „Die Charakterzeichnungen merkwürdiger Männer und Frauen aus der fränkifchen Gefchichte konnte ich, ohne den Grundrifs der Erdbefchreibung und Gefchichte allzufehr zu verjüngen, nicht noch hinzufügen. Vielleicht gebe ich diefelbigen aus meinen Sammlungen, mit Hinweifung auf die Quellen, aus denen ich fchöpfte, in der Folge." Diefs that er denn auch gleich während der beyden nächft folgenden Jahre in den *Mannichfaltigkeiten*, deren Titel man an der Spitze diefer Recenfion fieht. Ueber jedem Artikel fteht die Seitenzahl des Grundriffes, auf welche er fich bezieht. Im erften Heft folgen fie fo auf einander:

Klodwich, der Franken König, deffen Gefchichte, möglichft von Fabeln gefäubert, zweckmäfsig erzählt ift; *Kilian*, der Apoftel der Franken, bekanntlich ein Irländer. Wenn Hr. *B.* unter die Urfachen, warum im Mittelalter vorzüglich die Engländer, Irländer und Schotten fich die Ausbreitung des Chriftenthums unter den heidnifchen Deutfchen angelegen feyn liefsen? vermuthungsweife den Ueberflufs an Mönchen unter diefen Völkern rechnet, *die man von Zeit zu Zeit habe ausladen müffen:* fo würde er ficherer den bekannten Eifer diefer Heidenbekehrer, Profelyten zu machen, dafür gefetzt haben. Auch gab es ja, in andern chriftlichen Ländern, der Mönche eben fo viel. *Winfried, nachmals Bonifaz;* unpartevifch und befriedigend. S. 19. würden wir ftatt *Kanonen* der Synoden, gefchrieben haben: *Satzungen. Die Grafen von Franken nach ihren 2 Hauptlinien, die Fränkifch-Babenbergifche und Fränkifch-Heffifche;* unter andern die Gefchichte des Grafen Adalbert von Bamberg, und des tragifchen Endes deffelben bewirkt, durch Lift des Erzbifchofs Hatto von Mainz, welcher letzte Umftand mit Recht zweifelhaft erzählt wird. Auch von dem, im Nov. 911. zum König der Deutfchen erwählten Grafen Konrad von Franken, der aber nicht, wie es S. 35. heifst, am 23. Dec. 912. — follte vielleicht 918. gedruckt feyn — fondern am 22. Nov. 919 ftarb (Siehe *Spiefs'ens* Aufklärungen in der Gefchichte u. Dipl. S. 127.). *Nürnberger Firifs*, was man ehemals *darunter verftand. Mufter eines Fehdebriefes und die Ab-*

wort darauf. Vom Ursprung der ehemaligen Hofnarren; einige Proben ihres Witzes. *Ueber Turniere und Scharfrennen;* im Vorbeygehn sey es gesagt, dass der Vf. *Avaren* und *Ungern* für einerley Nation hält, da sie doch ganz verschiedener Herkunft waren. *Altfränkische Sprachsitte;* von einer in einigen Gegenden Deutschlands herrschenden Gewohnheit, welcher zu Folge der gemeine Stamm, wenn er bestimmt von sich selbst redet, nicht *Ich*, sondern *Wir* spricht. *Ueber den Ertrag von wilden Bienen; über den häufigen Bau der Kirschen in Franken. Ueber die einträgliche Baumzucht eben daselbst* (der jährliche Gewinn des einzigen Dorfes Effelderich wird auf 24,000 Fl. angeschlagen). *Bischof Ainhard oder Eginhard zu Würzburg, ein wahrer Menschenfreund. Andr. Bodenstein, genannt Karlstadt* (S. 58 — 72.). *Die sonst schon bekannten 12 Artikel, die der Pfarrer Joh. Henglein zu Serontingen, einer ihrer Anführer, in ihrem Namen aufgesetzt und die 1524. dem Bischof Konrad von Würzburg übergeben wurden. Merkwürdige Wallfahrt aus Franken zum heil. Grabe zu Jerusalem vor den eigentlichen Kreuzzügen;* wobey der Bischof Günther von Bamberg eine Hauptrolle spielte; aus Lambert's von Aschaffenburg und Siegebert's von Gemblures Annalen gezogen. *Von der berühmten fränkischen Familie der Küchenmeister und ihren Wohnsitzen;* vom Vf. selbst. *Wie der obere Rath zu Würzburg* 1391. *die Polizey handhabte. Versuch einer Geschichte der Auflagen und Abgaben im Fürstenthume Würzburg, nach 6 verschiedenen Zeitabschnitten;* ein vorzüglich gut ausgearbeitetes Stück, vermuthlich auch von dem Vf.: wenigstens steht am Ende keine Nachweisung. Es thut wehe, zu sehen, was für eine Menge Schröpfmittel die Plusmacherey vom Ursprung des Frankenbundes, im Jahre 244. bis zum Pressburger Frieden 1805. ausgebrütet hat, um Kriege zu führen, die Prachtlust und Verschwendung der geistlichen und weltlichen Machthaber zu befriedigen und dadurch Theurung der Lebensbedürfnisse zu erzeugen, folglich die Menschheit zu quälen. Unter der kurzen bayrischen milden Regierung hörten 14 Abgaben auf, 22 blieben, nur eine neue allgemeine, die Einführung des Stämpelpapiers, und 6 specielle kamen hinzu.

Im *zweyten* Heft findet man: *Leben und Thaten D. Gregorius Heimburg's, eines großen fränkischen Rechtsgelehrten und Staatsmanns;* die Erneuerung des Andenkens solcher Kern- und Kraftmänner, wie der im Jahre 1472. verstorbene Heimburg war, ist, besonders zur jetzigen Zeit, wo der deutsche Geist seine Mannheit zu verlieren scheint, höchst verdienstlich. Ausser den angeführten Hülfsmitteln hätten noch benutzt werden können *Will* und *Nopitsch* im Nürnberger Gel. Lexikon. *Ueber die Ehe, Enthaltung von derselben, Beobachtung ewiger Jungfrauschaft, Ehelosigkeit der kathol. Geistlichkeit, und über manche deshalb in Franken obgewaltete heftige Streitigkeiten;* der Vf. dieser höchst beherzigungswürdigen Abhandlung (S. 34—61) geht von dem Grundsatz aus: Die Ehe ist das Werk der ehrwürdigsten moralischen Stärke, das einzige mögliche natürliche Zusammenleben von Personen beyderley Geschlechts. Alle Mitglieder des geistlichen Standes zur Ehelosigkeit zu verdammen, nennt er ein unseliges und unnatürliches Gesetz. Am umständlichsten wird, nach Anleitung des würzburgischen Historikers *Frieß*, erzählt ein langwieriger Streithandel, den Bischof Konrad der Dritte von Würzburg durch Verhaftung zweyer Chorherren, D. Apel und D. Fischer, welche heimlich in der Ehe gelebt hatten, im J. 1523. erregte. *Einige ostfränkische Heirathsgebräuche und Heiraths-Maximen;* es wird nur Ein Beyspiel aufgestellt an der Vermählung der ostgothischen Prinzessin Amalberg mit dem thüringischen König Hermanfried. Vermuthlich gab die Erwähnung jener Dame Anlass zu folgendem Aufsatze: *Kleeblatt dreyer schändlichen Weiber, die ungemein viel Unglück in das Land brachten, Amalberg, Brunnehild* (Brunehild), *und Fredegunde;* Hr. *B.* scheint nicht gelesen zu haben, was *Velly* im ersten Band seiner *Histoire de France*, und nach ihm *Mensel* in seiner grössern Geschichte von Frankreich zu Brunehildens Vertheidigung kritisch genau vorgetragen haben: denn sonst würde er sie nicht so schwarz, wie gewöhnlich, geschildert haben. Uebrigens sind die Händel, die jene ehrgeizigen Weiber erregten, umständlich und richtig erzählt. *Ueber den Kalender der alten Deutschen und die durch Karl den Großen vorgenommene Verbesserung desselben;* Hr. *B.* eifert, so wie der inzwischen verstorbene Hofrath *Runde* — im deutschen Museum 1781. — über die Undeutschheit der Kalendermacher, welcher zu Folge sie nicht die bereits von Karl dem Grossen so weise ausgedachten teutschen Monatsnamen in Gang brachten, sondern immer die römischen beybehielten: allein, dieser Eifer wird so wenig fruchten, als damals, obgleich *Wieland*, und andere Schriftsteller von Autorität, mit ihrem Beyspiele vorleuchteten. *Phil. Adam Ulrich, Prof. zu Würzburg* (gest. 1749.), *großer Wohlthäter seiner Zeitgenossen und der Nachkommenschaft durch die Einführung des Klees und Kartoffelbaues;* diesem Manne und seinen Verdiensten hat bereits 1784 ein unvergängliches Denkmal gestiftet sein würdiger Landsmann, der geistl. Rath *Oberthür* zu Würzburg, welches bey diesem Aufsatze zum Grunde liegt. Ein Buch, das, zumal zur jetzigen Zeit, mehr als einmal gelesen zu werden verdient! *Chr. Winkler von Kronach und Konr. Schauer von Wallenfels, ausgezeichnete Beförderer der Industrie im Bambergischen;* durch die auf ihre Kosten errichtete Steinfabrik, übrigens schon bekannt durch des Vfs. Fränk. Merkur 1794 u. aus andern Zeitschriften, zuletzt auch aus *Schneidawind's* statist. Beschreib. des Hochstifts Bamberg I. 127. u. ff. *Nicht bloß der Adel, sondern auch die Gemeinen, legten sich endlich auf die einträgliche Handthierung, vom Stegreife* (d. h. vom Strassenraube) *zu leben. Steife Anhänglichkeit der Einwohner Ostfrankens an ihren alten heidnischen Gebräuchen, auch selbst nach ihrem Bekenntnisse zum Christenthum, und noch nicht ganz verwischte Spuren davon* (worüber S. 119. der Geistlichkeit, die es gern bey dem Alten lässt, und nicht erröthet, die Laien des 19. Jahrh. wie jene des 18. zu behandeln, der Text gelesen wird. Möchte sie ihn beherzigen!). *Vom Bau des Grüns oder Märrettigs in Franken* (besonders von Bayersdorf bey Erlangen. Es wird gezeigt, wie man dabey verfährt). *Wie man schon in der Mitte des 12. Jahrh. über Mönche*

und

und Klöster dachte. Ein Schwank Huldrichs von Hornungen. Dabey über die Ausdrüche Niederwerfen und Schnappkahn. Ueber die ältere und neuere Kleidung des Landvolkes im Schweinfurter Gau. Würzburg. Verordnung (1746.) *über Einlieferung einer gewissen Anzahl von Spatzenköpfen, mit ihren noch gültigen Ursachen* [der Vf. eifert nebst andern erfahrnen Oekonomen, mit Recht, gegen die unbeschränkte Duldung der räuberischen Sperlinge, und theilt aus unserer L. Z. (1806. Sept. S. 630.) ein beherzigungswerthes Urtheil mit; wobey auch vorgeschlagen wurde, aus diesen Vögeln gleich nach der Aernte ein Speisematerial zu machen]. *Ueber die Eintheilung Ostfrankens in Gaue. Die Ursachen, warum diese Ländereintheilung aufhörte, und der Umfang des Radenzgaues.* — Der Druckfehler sind in diesem nützlichen Buche weit weniger, als in dem erstern.

HANNOVER, b. Hahn: *Camillus. Bild eines im Glück und Unglück großen Mannes.* Von *Joh. Georg Heinr. Feder.* 1809. 11 ½ Bog. 8.

Es war dem Rec., und zuverläfsig auch recht vielen Lesern, sehr angenehm, diesen Veteran unserer Literatur wieder erscheinen zu sehen. Wenn er behutsam sich bey dem schnellen Wechsel philosophischer Systeme benahm, keinem unbedingt huldigte, aber auch aufrichtig das Gute anerkannte, wo er es fand: so konnte zwar sein Name in den Zeiten, wo die ausschliefsliche Anerkennung des gangbaren Systems verlangt wurde, nicht allgemein gerühmt, aber sein Werth konnte doch niemals ganz verkannt werden; und wenn man seinen Namen auch nicht da nennt, wo man einen *Cartesius, Spinoza, Leibnitz, Locke, Hume, Kant* u. s. w. als Männer nennt, die der Wissenschaft ganz neue Ansichten und Erweiterungen gegeben haben; so wird man ihn doch immer da nennen, wo man das kleine Verzeichnifs derjenigen moralischen Schriftsteller giebt, die um deswillen unwiderstehlich auf das menschliche Gemüth mit Nutzen wirken, weil ihre Werke mit der eigenen, grofsen Ueberzeugung dessen, was sie schrieben, gestämpelt sind; und so wird man seine Schriften lesen, sich daraus unterrichten und bessern, so lange man ein Gleiches mit den Schriften von *Cicero, Hutcheson, Ad. Smith, Spalding* und *Garve* thut. Auch die angezeigte Schrift wird diese Familienähnlichkeit nicht verläugnen. Der Vf. sagt in der Vorrede: „Zu einer Zeit wo die Gegenwart wenig Erfreuliches für mich aufstellte, zog ich mich in die alte Geschichte zurück, die mich in meiner Jugend so oft begeistert hat. Da verweilte meine Aufmerksamkeit beym *Camillus*, und ich beschlofs, die zerstreueten Züge zu sammeln, um an dem schönen Bilde mit desto vollerem Vergnügen mich zu laben." Der Vf. ist also hier dem Beyspiele vieler guten und grofsen Männer gefolgt, die auch in bedenklichen und trüben Zeiten sich die Gegenwart dadurch vor den Augen zu entrücken suchten, dafs sie zu der alten, ausgestorbenen Welt zurückgingen, und sich mit dieser unterhielten. So bezeugte unter vielen andern *Livius* dieses: *Ego contra hoc quoque laboris praemium petam, ut me a conspectu malorum, quae nostra tot per annos vidit aetas, tantisper, certe dum prisca illa tota mente repeto, avertam, omnis expers curae, quae scribentis animum, etsi non flectere a vero, sollicitum tamen efficere possit.* Der Vf. hat gesucht dasjenige, was *Livius* und *Plutarch* vom Camillus erzählen, in ein Gemälde in der Absicht zusammen zu fassen, um an diesem Manne anschaulich zu machen, wie man im Glück und Unglück gleich grofs seyn könne; um dieses desto gewisser zu erreichen, hat der Vf. eine kurze Beschreibung von dem damaligen Zustande des römischen Staates, wo Camillus als eine öffentlich handelnde Person auftrat, vorausgehen lassen.

Camillus war ein sehr glücklicher Feldherr, er besiegte die Capenater, die Falisker, die Gallier, die Volsker, und rettete selbst Rom vom Verderben. Grofs im Glück kann er um deswillen genannt werden, weil er von vielen Beuten nichts für sich nahm, sondern sie den Göttern, dem öffentlichen Schatz und seinen Soldaten überliefs, weil er unnöthiges Blutvergiefsen nirgends gestattete, weil er gerecht sich gegen Nebenbuhler benahm, weil er den Volskern ihre Kinder zurückschickte, die ihm durch einen Verräther waren überliefert worden u. s. w. Grofs im Unglück erscheint er uns, weil er es nicht nur mit hohem Muthe ertrug, dafs ihm, dem Retter des Vaterlandes niedriger Eigennutz Schuld gegeben wurde, weil er freywillig in das Exilium ging, und dennoch bey neuer Gefahr des Vaterlandes ungerufen sich zur neuen Rettung einfand u. s. w. Der Vf. hat diesem Bilde des Camillus noch drey Erörterungen einiger bey der Geschichte und Beurtheilung derselben wichtigen Begriffe angehängt. I. *Ueber Eigenthum und Recht des Stärkern:* Der Vf. rettet hier das Eigenthum gegen den Einwurf, der von den verderblichen Folgen gehäufter Reichthümer und der bey dieser drückender und gefährlicher werdenden Armuth hergenommen wird, vorzüglich dadurch, dafs gute Armenanstalten, gerechte Vertheilung der Abgaben und möglichste Sorge für die Sittlichkeit nur hergestellt werden müfsten; aber Gewalt dürfe nur nicht an die Stelle der Gerechtigkeit treten. Der Vf. widerlegt hier die Meinungen des *Spinoza* und *Hobbes* kurz und gründlich, und untersucht, ob und was Nothrechte seyen? zu welchem Zweck z. B. die Frage erörtert wird: Ob jemand zur Theilnahme an einem gerechten Krieg mit Gewalt gezwungen werden könne? II. *Ueber leidenden und thätigen Muth:* Ein Auffatz voll von vortrefflichen Lehren. III. *Ueber das politische Vorherfehungsvermögen:* Der Vf. zeigt sehr gut, dafs auch hier keine Wunder geschehen, sondern dafs alles ganz natürlich hergeht. — Ueberall wird der aufmerksame Leser leise und behutsame Hinweisungen auf die neuere Zeit finden. *Macchiavelli* hat über die Begebenheiten des Camillus in seinen schätzbaren *Discorsi sopra la prima Deca di T. Livio* auch manches Interessante gesagt, was aber dem Vf. entgangen zu seyn scheint.

ALLGEMEINE LITERATUR - ZEITUNG

Sonnabends, den 16. December 1809.

LITERARISCHE NACHRICHTEN.

Lehr- und andere öffentliche Anstalten.

An die sämmtlichen Superintendenten ist unterm 31sten October eine Verordnung, die Prüfungen der Lehrer im Preussischen betreffend, ergangen, worin die schon bestehende Verordnung, nach welcher auch alle weiter zu befördernde Lehrer sich einer Prüfung zu unterwerfen haben, erneuert und in Erinnerung gebracht wird. Ein jeder Lehrer, der zu einer höhern Stelle, sey es an derselben oder an einer andern Anstalt, gewählt worden, soll sich einer Unterredung mit der Prüfungsbehörde seiner Provinz, oder deren Commissarien, und einigen in ihrer Gegenwart zu haltenden Probelectionen unterwerfen. Jene Unterredung wird mit dem Zweck angestellt, theils die Fortschritte des Gewählten in pädagogischer und wissenschaftlicher Bildung im Allgemeinen, theils den erhöheten Grad seiner Einsicht in die Fächer, worin er bisher unterrichtet hat, oder künftig unterrichten soll, und in der Art ihrer didaktischen Behandlung, zu erforschen. Diese Probelectionen sollen hauptsächlich seine Fortschritte in der Methode, seinen Tact und seine Gewandheit in psychologisch-richtiger Behandlung der Schüler an den Tag legen. Sie sollen sowohl in den untern Classen, worin er bisher unterrichtet hat, als auch in den höhern, worin er künftig unterrichten soll, an grössern Oertern auch wohl in andern Schulen, gehalten, und brauchen nicht gerade immer besonders veranstaltet zu werden, sondern können auch in mehrmaligen unerwarteten Besuchen der ordentlichen Lehrstunden des Kandidaten bestehn. Die Prüfungscommissarien können auch andere gebildete Männer dabey zuziehen. Wo es nur immer möglich ist, ist bey dieser ganzen Prüfung auf die frühern Prüfungen des Kandidaten, die dabey angefertigten Arbeiten und darüber aufgenommenen Protocolle Rücksicht zu nehmen, um seine Fort- oder Rückschritte desto genauer bestimmen zu können. — Ganz vorzügliche Sorgfalt ist auf die Prüfung derer zu wenden, welche zu Rectoren und Directoren gewählt sind, und besonders ist darauf zu sehen, ob sie philosophische, pädagogische und allgemein-wissenschaftliche Bildung genug besitzen, um das Ganze einer Lehranstalt übersehen und leiten zu können, welche Begriffe sie haben von der möglichsten Annäherung der Schulen zu Erziehungsanstalten, von ihrer Einwirkung auf häusliche und Volks-Erziehung, und von der Beziehung, worin sie in dieser Hinsicht gesetzt werden können; von ihrer Organisation und Leitung in Ansehung des Unterrichts sowohl, als der Disciplin und Polizey, wie sie den Standpukt eines Directors oder Rectors und sein Verhältniss zu den Lehrern, Schülern, Aeltern und dem Publicum gefasst haben, und welche Grundsätze der Directorial-Klugheit sie hegen. Es versteht sich indess, dass nach Massgabe des höhern oder niedern Grades der Schulen diese Prüfung zu modificiren ist. Von dieser Prüfung können nur Männer von bewährter Geschicklichkeit und nur durch die Section des öffentlichen Unterrichts ganz entbunden, auch können statt der Prüfung schriftliche Arbeiten, wozu aber der angegebene Zweck dieser Prüfungen die Aufgaben bestimmen muss, ebenfalls mit Genehmigung der Section des öffentl. Unterrichts gefordert werden. — Bey Einleitung dieser Prüfungen und der Berichtserstattung über dieselben ist übrigens derselbe Geschäftsgang, wie bey den bisher üblichen und gesetzlichen, zu beobachten u. s. w.

Am 3ten October feyerte die *Königl. Akademie der Wissenschaften* zu *München* das Namensfest des Königs durch eine öffentliche Sitzung, in welcher der Ober-Director *Schlichtegroll*, als General-Secretär derselben, einen Bericht über alles erstattete, was die Akademie im verflossenen Jahre that. Der *erste* Theil dieses Berichts handelt von den Fortschritten der Anordnung der mit der Akademie verbundenen Sammlungen, und zwar zuerst von der *Central-Bibliothek* (die kürzlich auch viele der bey der österreichischen Occupation im J. 1710. nach Wien entführten Manuscripte zurück erhalten hat). Durch den Fleiss des Bibliotheks-Personals und die Theilnahme der Administrations-Commission ist es nun dahin gekommen, dass, ausser dem im vorigen Jahrsbericht erwähnten Fache der schönen Wissenschaften, jetzt auch die Fächer der Geographie mit Inbegriff der Reisebeschreibungen, der Literaturgeschichte, Linguistik, Medicin, Naturgeschichte und Jurisprudenz, der Bibelsammlung und der Statistik in Sälen und Zimmern, in welchen sie bleiben können, aufgestellt und so geordnet sind, dass nun an den systematischen Catalogen gearbeitet werden kann, von welchen mehrere bereits angefangen sind. Schon über die Hälfte ist der Catalog der, einen ganzen Saal füllenden, Bibelsammlung fertig, und zwar ist er, mit Rücksicht auf die Literaturen von *Lelong* und *Masch*, so angelegt, dass daraus leicht ein Supplement zu diesen

Werken entstehn kann. Der einst auch zu druckende Catalog der altdeutschen Handschriften ist vollendet. Ungeachtet übrigens das jetzige Local der Bibliothek in mehr als 40 Sälen, Corridors und Zimmern besteht: so muss doch noch ein Drittheil der Bücher unter den Dächern des akad. Gebäudes und der Michaeliskirche aufbewahrt bleiben, bis der Anbau ihre definitive Aufstellung möglich machen wird. Vom 11ten October an wurde sie drey Tage hindurch geöffnet, und jeder Besuchende, der Interesse daran nahm, mit der Einrichtung derselben bekannt gemacht. Am Eingangssale hat die Akademie die Verdienste des Königs um diesen Bücherschatz durch folgende Inschrift geehrt:

Maximilianus Josephus
Rex Bavariae
Bibliothecam
a divis proavis conditam
accessionibus
innumeris pretiosissimis splendidissimis
locupletatam
eleganter exornatam commode dispositam
civium suorum usibus
praesentis et futuri aevi
commodis
destinat tradit dicat
ut hoc Monumentum
urbis et patriae
posteri quoque
conservent adaugeant exornent
MDCCCIX.
Quisquis intraveris utere felix.

Die *naturhistorischen* und *physikalischen* Sammlungen sind nun systematisch aufgestellt. Am Namensfeste des Königs wurden sie zum ersten Male geöffnet; von nun an werden sie jeden Sonntag Vormittag von 10—12, und Nachmittags von 2—4 Uhr offen stehen, und nächstens zu druckende populäre Beschreibungen sollen dazu dienen, solche Besuche lehrreich zu machen.

Die *polytechnische* Sammlung ist aus Mangel an Raum noch nicht so, wie man wünschte, geordnet; und dass für das *chemische Laboratorium*, das *anatomische Theater* und die *Sternwarte* noch manches zu thun übrig blieb, veranlasste der Krieg mit seinen Folgen.

Das *Münzkabinet* hat in dem verflossenen Jahre zwar keinen Zuwachs an *antiken*, wohl aber kostbare Vermehrungen im Fache der modernen Münzen erhalten. Eine Geschichte desselben ist im Drucke erschienen, und man hat angefangen, die seltensten und nicht edirten Stücke zu erläutern.

Der *zweyte* Theil des Berichts begreift die wissenschaftliche Thätigkeit der Akademie. Mehrere Mitglieder der *philologisch-philosophischen* Classe hatten sich damit beschäftigt, die auf die Preisfrage darüber bis Ende Augusts eingegangnen 6 deutschen Sprachlehren zu durchlesen, deren Beurtheilung in der öffentl. Sitzung der Akademie am 28sten März k. J. zu erwarten ist. — Die *physikalische* Classe hat sich durch Forschungen in mehreren Theilen der Naturwissenschaft, und durch Gutachten an die Regierung über mehrere Gegenstände Verdienste um die Wissenschaften und den Staat erworben. — Von der *historischen* Classe wurden mehrere Gegenstände der Altbaierschen Geschichte erläutert, der Druck des 19ten Bds der *Monum. Boic.* besorgt, und eine Revision des ganzen Werks veranstaltet.

Unter den allgemeinen Angelegenheiten verdient bemerkt zu werden, dass die Verlassenschaft der ehemaligen Akademie in Mannheim nun nach München gebracht worden ist, und dass zwey junge Studierende als Eleven der Akademie aufgenommen worden sind.

INTELLIGENZ DES BUCH- UND KUNSTHANDELS.

I. Neue periodische Schriften.

Ankündigung eines neuen
Journals
für
Kunst und Kunstsachen,
Künsteleyen
und
Mode.
Herausgegeben
von
Dr. *Heinrich Rockstroh.*
Der Jahrgang von 12 Heften mit 48 bis 50 Kupfern.
Berlin und Leipzig,
bey C. Salfeld.
Preis 8 Rthlr. Courant.

Dieses Journal hat sich zum Ziele gesetzt, das Neueste von interessanten und gemeinnützigen Gegenständen der Kunst und der Mode so schnell als möglich in Umlauf und zur Kenntniss des ihr huldigenden Publicums zu bringen, und man hofft dadurch nicht sowohl Kunstfreunden und Freundinnen der Mode und des Schönen, sondern auch thätigen und denkenden Künstlern und Kunstarbeitern einen Nutzen zu stiften, der in dieser Art noch nicht realisirt worden ist. Es liegt in dem Plane der Redaction, dass möglichst mannigfaltige und recht viele interessante Gegenstände berücksichtigt werden. Zweckdienliche Beyträge werden mit Dank angenommen und auf Verlangen honorirt; in portofreyen Briefen erbitten sich dieselben

Dr. *H. Rockstroh.* Dr. C. Salfeld.

Berlin, im November 1809.

Das *erste* Heft dieses Journals erscheint im December d. J.

Alle solide Buchhandlungen nehmen Bestellung darauf an.

II. Ankündigungen neuer Bücher.

Erstes bis viertes Toiletten-Geschenk für Damen.

Sicher kann man nichts Schöneres und Nützlicheres zugleich als Literatur für das schöne Geschlecht finden. Die besten und thätigsten Buchhandlungen sind damit, um die dabey bemerkten verminderten Preise, versehen, als:

Erstes Toilettengeschenk. Ein Jahrbuch für Damen. Mit 17 Kupfertafeln und 8 Musikblättern. kl. 4. Geb. *Zweyte* verbesserte Auflage. 2 Rthlr.

Zweytes Toilettengeschenk. Ein Jahrbuch für Damen. Mit 20 Kupfertafeln und 10 Musikblättern. kl. 4. Geb. 3 Rthlr.

Drittes Toilettengeschenk. Ein Jahrbuch für Damen. Mit 20 Kupfertafeln und 10 Musikblättern. kl. 4. Geb. 2 Rthlr. 12 gr.

Viertes Toilettengeschenk. Ein Jahrbuch für Damen. Mit 12 Kupfertafeln und 5 Musikblättern. kl. 4. Geb. 1 Rthlr. 12 gr.

Nach dem ausserordentlichen Beyfall, den das *erste* und *zweyte* Toilettengeschenk gefunden hat, ist die Anzahl der Besitzerinnen, welchen noch das *dritte* und *vierte* mangelt, sehr gross, und der Verleger hofft, dass es diesen nachgeliefert wird.

Für diejenigen, welche es noch nicht kennen, sey die Versicherung, dass das Innere und Aeussere in jeder Rücksicht schön ist; *Bildung zum schönern weiblichen Leben*, *Zeichenkunst und Malerey*, *Tanzkunst*, *Musik*, *Anzug*, *Lectüre*, *weibliche Kunstbeschäftigungen im Stricken*, *Nähen und Sticken*, *Blumenzeichnen* u. s. w.; *häusliche Oekonomie*, *Zimmerverzierungen*, *Kochkunst*, *Regeln zur Erhaltung und Vervollkommnung der weiblichen Schönheit* u. s. w., machen die Gegenstände seines Inhalts aus. Die bedeutende Anzahl Kupfer dazu ist werthvoll, sie sind sämmtlich mit höchstem Fleiss gearbeitet.

In Wahrheit sind also diese *vier* Bücher das schönste, geschmackvollste und passendste literarische Geschenk für Damen.

Georg Voss.

Raccolta di autori classici italiani. · Poeti. Tomo XI. et XII. enthaltend:

La *Gerusalemme liberata* di *Torquato Tasso* esattamente copiata dalla edizione di Bodoni da *C. L. Fernow.* 2 Vol. gr. 12. Geh. auf Baseler Velinpap. 3 Rthlr. 16 gr., auf Franz. Schreibpap. 2 Rthlr.

ist in letzter Mich. Messe wirklich ausgegeben worden. Der Druck des *ersten* Theils war noch bey dem Leben des zu früh für die Wissenschaften wie für seine Freunde verstorbenen *Fernow* fast vollendet, das Mscpt. zum *zweyten* von ihm hinterlassen. Nur wenig Anmerkungen bedurften diese Theile nach dem Plane des Ganzen, wenig wollte der Verewigte deshalb auch nur liefern. Was wir aber unter seinen hinterlassenen Papieren davon vorfanden, war so sehr blosser Entwurf, dass wir es für schicklicher hielten, diese beiden Bände, bey denen man es am wenigsten vermissen wird, ganz ohne alle Anmerkungen zu geben, als mit fremden, denen zu den frühern Bänden gelieferten doch wohl nicht ganz glücklich sich anpassenden.

Es ist übrigens von der ersten Erscheinung dieser Sammlung bis jetzt nur eine Stimme gewesen, dass wir in vollem Masse geleistet, was wir von ihr versprochen. In ihr hat unser deutsches Publicum eine gefällige Handausgabe der Hauptwerke — die *divina Commedia* des *Dante*, 3 Vol.; den *Canzoniere* des *Petrarca*, 2 Vol.; den *Orlando furioso* des *Ariosto*, 5 Vol.; die *Gerusalemme liberata* des *Tasso*, 2 Vol. — der vier grössten Dichter Italiens, wie sie, in dieser Vollkommenheit, Italien selbst nicht besitzt. Auch der Preis ist mäsig, alle 12 Bände der ganzen Sammlung kosten auf Velinpap. 21 Rthlr. 4 gr., auf Franz. Schreibpap. 13 Rthlr. 6 gr.; um aber den wiederholten Aufforderungen mehrerer Freunde der italienischen Literatur zu genügen, will ich bis *zur* und *in* nächster Ostermesse den Pränumerations-Preis für die *ganze* Sammlung — aber nicht für einzelne Theile — verlängern. Bis dahin also kann man bey mir, wie in jeder soliden Buchhandlung, die Ausgabe auf Velinpap. für 18 Rthlr. Sächsisch — die auf Franz. Schreibpap. für 10 Rthlr. Sächsisch erhalten. Nachher tritt aber der Ladenpreis bestimmt wieder ein.

Jena, im November 1809.

Friedrich Frommann.

In allen guten Buchhandlungen ist zu haben:

Darstellung (kurze und fassliche) *der Pestalozzischen Methode*, zur Prüfung derselben und zum Verständnisse der darüber erschienenen Elementarbücher, für Aeltern, Lehrer und alle Freunde der Jugend. 8. Stuttgart, bey J. F. Steinkopf. 1810. 16 gr.

Diese Schrift stellt 1) den Geist und Zweck der Methode im Allgemeinen dar. 2) Charakterisirt sie die einzelnen Theile derselben. 3) Giebt sie deutliche Fingerzeige zu Anwendung der Elementarbücher. — Sie wird dem Lehrer und Jugendfreunde um so willkommener seyn, da die Pest. Methode von Tage zu Tage mehr Ausbreitung erhält, und hier eine vollständige Uebersicht derselben, im verständlichsten Tone vorgetragen, gegeben wird.

So eben ist erschienen und in allen Buchhandlungen zu haben:

Reinhard's, Dr. *Fr. V.*, *Predigt am Feste der Kirchenverbesserung*, den 31sten October 1809. zu Dresden gehalten. gr. 8. Dresden u. Leipzig. 4 gr.

„Fähig zu etwas wahrhaft Grossem macht nur ein lebendiges Gefühl für die Religion. Ein damit verknüpfter fester Wille vermag alles, auch das Ausserordentlichste. Man muss aber das Gute ganz wollen und

und halbe Maſsregeln verſchmähn. Es iſt an ſich kein Unglück, in unruhigen, verhängniſsvollen Zeiten zu leben. Wer in ſolchen Zeiten der guten Sache treu bleibt und für ſie wirkt, kann des Siegs derſelben und ſeiner eigenen Verherrlichung gewiſs ſeyn."

Dieſe Belehrungen entwickelt der berühmte Hr. Verfaſſer mit der ihm eigenen hinreiſsenden Beredſamkeit aus Hebr. 13, 7.

In der Keil'ſchen Buchhandlung in Cöln iſt erſchienen:

Commentar über das Geſetzbuch Napoleons,

oder

Gründliche Entwickelung der Discuſſion dieſes Geſetzbuchs im Staatsrathe, worin der Text der Geſetze, die über jeden Artikel gemachten Bemerkungen und die Entſcheidungsgründe des Staatsrathes, die Bezeichnung der Abweichungen vom römiſchen und ehemaligen franzöſiſchen Rechte, die vom Caſſations-Hofe erlaſſenen Urtheile, um den Sinn der Artikel zu beſtimmen, und die beſondern Bemerkungen des Verfaſſers um verſchiedene Artikel mit einander zu vereinigen und zu berichtigen und die Auslegung anderer zu erleichtern, enthalten ſind. Von *Jacob von Maleville*, Präſidenten des Caſſations-Hofes und einem der Verfaſſer dieſes Geſetzbuches. Aus dem Franzöſiſchen überſetzt, mit vielen praktiſchen Erläuterungen, den Meinungen berühmter Rechtsgelehrten, ſo wie mit allen Urtheilen vermehrt, welche über wichtige Rechtsfragen, die nach dem Geſetzbuche Napoleons entſchieden werden müſſen, in Frankreich erlaſſen worden ſind, von *Wilhelm Blanchard*, Präſidenten des Civil-Gerichts in Cöln. *Vier* Bände in gr. 8. Preis 16 Fl. oder 9 Rthlr. Sächſiſch.

Der Titel dieſes wichtigen Werks zeigt hinlänglich, was man darin findet. Se. Maj. der König von Weſtphalen haben die Zueignung deſſelben huldreichſt angenommen, und der Juſtiz-Miniſter hat es allen Gerichtsbehörden und Rechtsgelehrten dieſes Königreichs anempfohlen.

Theodor Arnold's Engliſche Grammatik. Mit *vielen Uebungsſtücken. Zwölfte* Ausgabe, ganz umgearbeitet und ſehr vermehrt von Dr. *J. A. Fahrenkrüger.* gr. 8. 1 Rthlr.

Daſs ſeit 1736 von dieſer Grammatik, aller ihrer neuern Nebenbuhler ungeachtet, in Deutſchland 11 Auflagen nöthig waren, beweiſt, daſs ſie, ihrer groſsen Mängel ungeachtet, auch bedeutende Vorzüge hatte. Dieſe wären Einfachheit, Klarheit, Reichhaltigkeit. Jene Mängel auszumerzen, dieſe Vorzüge zu erhöhen, war die Pflicht wie der Zweck des neuen Herrn Herausgebers, ſchon rühmlichſt bekannt durch ſeine Umarbeitung des *Bailey'ſchen Dictionary.*

Mit Wahrheit, ohne alle Anmaſsung, und mit Einſtimmung von Kennern kann ich aber dem Publicum verſichern, daſs es in dieſer neuen Ausgabe wirklich ein ganz neues Buch erhält, und zwar eine engliſche Grammatik, die im Ganzen keiner vorhandenen nicht nur nicht nachſteht, ſondern alle an Zweckmäſsigkeit und Brauchbarkeit übertrifft. Man prüfe ſie genau, und man wird finden, daſs ich nicht zu viel ſage. Der groſse Reichthum an Uebungsſtücken aller Art wird ſie beym Unterricht auch ſehr empfehlen, und ein bedeutender Nebenvorzug derſelben iſt, bey einem anſtändigen deutlichen Druck, eine hohe, zwar ſeltene, und doch ſo nöthige, Correctheit derſelben.

Jena, im November 1809.

Friedrich Frommann.

Berlin und Leipzig, bey C. Salfeld iſt erſchienen:

Dramatiſche Spiele von C. L. *Kannegießer*, Dr. der Philoſophie. *Erſtes* Bändchen. 12. Gebunden als Taſchenbuch. 1 Rthlr. 6 gr. Courant.

Der von allen Recenſenten *einmüthig gelobte Ueberſetzer* des Beaumont und Fletcher iſt der Verfaſſer dieſes Werkchens, welches *vier* Stücke enthält, namentlich: *Verliebter Irrthum*, *Venus zu Roß*, oder *der geſtrafte Pädagog*, der *Minneſänger* und *Adraſt*, von denen der Minneſänger bereits auf Privattheatern in Berlin mit Beyfall gegeben worden.

In allen Buchhandlungen iſt jetzt von neuem zu haben:

Elementar- und Leſebuch für Kinder, nebſt Darſtellung einer erprobten und leichten Leſemethode, von *M. L. Kühnke.* Mit 12 fein geſtochenen Kupfern und Titel-Vignette. Leipzig, bey Georg Voſs. Preis 1 Rthlr. 8 gr.

Es vertritt dieſes Buch, welches ſich durch ſeinen leichten und natürlichen Uebergang vom Leichten zum Schweren auszeichnet, nicht nur die Stelle der Fibel beym Elementarunterricht im Leſen; ſondern es erſetzt auch durch ſeinen reichhaltigen Stoff zu Verſtandesübungen verſchiedener Art, ſo wie zu einem ausgedehnten Unterricht in der Orthographie, leichter Stilbildung, Moral, Naturlehre, Geographie u. ſ. w. in Einem concentrirt, die Hülfsmittel, welche ſelbſt der Erſte Unterricht bisher oft nöthig machte. Etwas zur Empfehlung ſo eines Buchs zu ſagen, hieſse dem Verfaſſer zu nahe treten, welcher dem Publicum als praktiſcher Pädagog ſchon vortheilhaft genug bekannt iſt.

ALLGEMEINE LITERATUR-ZEITUNG

Montags, den 18. December 1809.

WISSENSCHAFTLICHE WERKE.

PHILOSOPHIE.

NÜRNBERG, b. Wittwer: *Karl Georg Leroy philosophische Briefe über die Verstandes- und Vervollkommungsfähigkeit der Thiere, sammt einigen Briefen über den Menschen.* Frey aus dem Französischen übersetzt von Dr. *Joh. Anton Müller*, Mitglied des Pegnesischen Blumenordens. 1807. XXIV u. 238 S. 8. (20 gr.)

Das Buch, welches uns Hr. *M.* in einer wohlgerathenen Uebersetzung mitgetheilt hat, scheint in Deutschland weniger bekannt geworden zu seyn. Es wird nicht bemerkt, in welchem Jahre und unter welchem Titel es gedruckt worden; man erfährt in jener Rücksicht nur, dass es, nach des Vfs. Tode, im Laufe der französischen Revolution erschienen sey. Aus der zwischen dem sechsten und siebenten Briefe eingeschalteten Beantwortung einer Kritik im Januarstück des *Journal des Savans* vom J. 1765. erhellet aber noch, dass die sechs ersten Briefe kurz vor dieser Zeit schon gedruckt waren. Es sind dieselben, von welchen der französische Herausgeber der Urschrift, *Roux-Fazillac*, in der den Briefen vorausgeschickten *Nachricht* sagt, dass sie der Vf. aus Furcht vor den Verfolgungen der Sorbonne anonym unter der Firma *eines nürnbergischen Gelehrten* herausgegeben habe. *Leroy*, geboren im J. 1723., und im Jahr 1789., im 66sten Jahre seines Alters, gestorben, folgte seinem Vater in der Stelle eines *Holz- und Jagd-Aufsehers* in den königlichen Gärten zu Marly und Versailles. Er stand mit *Buffon*, *Diderot*, *d'Alembert*, und besonders mit *Helvetius* in Verbindung und lieferte zur *Encyclopédie* die Artikel: *Fermier*, *Forêt* und *Garenne*. Die zuletzt genannten Philosophen vertheidigte er in einem *Examen des Critiques du livre de l'Esprit*, gegen die Angriffe der Gegner dieses Buchs und gegen die lieblosen Beurtheilungen *Voltaire's*, in den *Questions sur l'Encyclopédie* schrieb er seine *Reflexions sur la Jalousie*. Sein Beruf gab dem Vf. Gelegenheit genug, die Thiere genau zu beobachten, und dass er solches mit Besonnenheit und Scharfsichtigkeit gethan hat, beurkunden seine Briefe an mehrern Stellen; doch scheint auch einiges übertrieben zu seyn.

Das Ganze besteht aus mehrern Abtheilungen: 1) Sechs philosophische Briefe über die Verstandeskräfte der Thiere; diesen ist beygefügt: 2) eine Beantwortung der Kritik dieser sechs Briefe in dem bereits oben erwähnten Stücke des *Journ. des Savans* (das der Uebersetzer *Zeitschrift der Gelehrten* verdeutscht, wo man sich denn erst besinnen muss, was damit gemeynt ist). Dann folgen 3) der siebente Brief, über den Instinct der Thiere; 4) zwey Briefe über den Menschen; 5) ein Nachtrag von vier Briefen über die Thiere und den Menschen; endlich 6) zwey Briefe als Fortsetzung der vorhergehenden.

Auf das, was im vierten Briefe unter Nr. 5. und den Fortsetzungen Nr. 6. über den Menschen gesagt ist, lassen wir uns nicht ein: denn es zeichnet sich mehr durch rhetorische Darstellung einzelner allgemeiner Charakterzüge des isolirten und des im gesellschaftlichen Zustande lebenden Menschen, als durch philosophisch anthropologische Ansichten und Bemerkungen, und durch eine kritische Vergleichung beider Intelligenzen, der thierischen und der menschlichen, aus; wovon man hier nichts antrifft. In Ansehung solcher Kenntnisse war man aber freylich zu der Zeit, in welcher diese Briefe geschrieben wurden, noch sehr im Dunkeln. Erst *Kant* und andere deutsche Philosophen nach ihm, besonders *Fries*, haben diese zuvor noch wenig erhellte Gegend der Philosophie mit einem so hellen Lichte erleuchtet, dass jeder, der die Anlage hat und den Beruf in sich fühlt, sich selbst zu beobachten, an ihnen sichere Wegweiser findet. So lange empirische Psychologie mit ihren Begriffen noch nicht durch die Kritik der Gemüthsvermögen berichtiget und vervollständiget war, konnte auch keine Theorie gelingen, die auf derselben als ihrer Basis ruhte, und in ihr musste Unbestimmtheit und Verwirrung die Stelle leichter Uebersicht und Ordnung einnehmen. Jene alte mangelhafte empirische Psychologie, die hier den Betrachtungen über den Menschen zum Grunde liegt, hat zwar auch auf die Betrachtungen über die Thiere Einfluss gehabt, und musste ihn haben, da zwischen Menschen und Thieren in psychologischer Rücksicht eine Analogie statt findet; die, die Handlungsweise der Thiere betreffende, Untersuchung ist hier also bey weitem noch nicht ins Reine gebracht; indessen bewirken doch die von dem Vf. häufig beygebrachten, oft bis in ihr kleinstes Detail ausgeführten Beyspiele, die nebst dem geistvollen, gefälligen Vortrag, dieses Buch interessant machen, bey dem aufmerksamen Leser eine richtigere Ansicht, als sie die Räsonnements und die Begriffe des Vfs. von den Fähigkeiten der Thiere zu geben vermögen.

Wir können uns nur auf die Grundlinien der hier vorgetragenen Theorie einlassen. Die Thiere empfinden und fühlen und haben Erinnerungsvermögen; dieses beweisen ihre Handlungen, die nur die Wirkungen jener zwey Ursachen seyn können. (Der Vf. erwähnt zwar auch nebenbey des Verstandes, der Urtheilskraft und anderer Vermögen der Thiere; aber ausdrücklich nennt er nur Empfindungs- und Erinnerungs-Vermögen, die er immer an die Spitze setzt und aus welchen er die übrigen abzuleiten scheint. Das Erinnerungsvermögen ist ihm eins mit dem Gedächtniss, da er sich beider Ausdrücke zur Bezeichnung einer und derselben Sache bedient, und von der *Beurtheilungskraft* wird gesagt, dass sie ein *Resultat der Vergleichung* (!) eines wirklichen mit einem andern Gegenstande sey, den das Gedächtniss in die Erinnerung zurück rufe; wo wieder beide, Gedächtniss und Erinnerung, wiewohl nicht richtig, unterschieden werden. Das Gedächtniss ruft nicht etwas in die Erinnerung zurück, sondern man erinnert sich einer in das Gedächtniss niedergelegten Vorstellung.) Thiere, deren Organisation und Neigungen mit den sie umgebenden Gegenständen in engerm Verhältnisse stehen, besitzen eine grössere *Masse von Kenntnissen;* diese sind die Fleisch fressenden; die sich von Pflanzen nähren, sind hierin eingeschränkter. Die Lebens- und Handlungsweise der *Füchse* setzt einen geordnetern Plan, einen grössern Umfang verwickelter Ueberlegung und ausgebreitere und feinere Ansichten voraus, als die der *Wölfe*, welche stärker sind als jene. Die Klugheit ist das Hülfsmittel der Schwachen und leitet sie sehr oft sicherer als die Kühnheit der Starken. Doch bemerkt man an diesen beiden Arten von Thieren, ungeachtet des Unterschiedes ihrer Organisation und ihrer Bedürfnisse, eine ihnen gemeine Empfänglichkeit sich zu vervollkommnen. Diese an Orten, wo man sie nicht verfolgt, unwissenden, rohen und fast stumpfsinnigen Thiere werden geschickt, scharfsichtig und listig da, wo die Furcht des unter hundert abwechselnden Gestalten sich ihnen darstellenden Schmerzes und des Todes bey ihnen wiederholte Sinneseindrücke hervorbrachte, welche sich in ihrem Gedächtnisse festsetzten, aus welchen sie Schlüsse zogen, und welche sie, wenn sie durch Umstände in die Erinnerung zurückgerufen wurden, aufmerksam mit andern verbanden, um daraus neue Folgerungen zu ziehen. (Wenn diese Behauptungen ohne Einschränkung angenommen würden, so wäre die Intelligenz der Thiere von der des Menschen dem Grade und Umfange nach nicht verschieden. Aber der Vf. erinnert an mehrern Stellen, dass die Thätigkeiten der thierischen Intelligenz durch die Beschaffenheit der Organisation und der Bedürfnisse jeder Thierart bestimmt und beschränkt würden, und diese ihnen von der Natur gesetzten Gränzen nicht überschreiten könnten. Man muss ihm also darin recht geben, dass die intelligenten Vermögen und Fähigkeiten der Thiere in gewissem Verhältnisse den menschlichen analog sind; aber dieses Verhältniss ist es eben, das er ganz unbeachtet lässt, und das wohl hauptsächlich von dem Umstande abhängen mag, dass die Formen der Sinnlichkeit, des Verstandes und der Vernunft in den thierischen Intelligenzen sich entweder gar nicht oder nur in einem sehr geringen Grade zur Thätigkeit entwickeln können. Und wenn auch hierin noch ein Unterschied unter den verschiedenen Gattungen und Arten der Thiere seyn sollte: so erreicht doch keine den Grad des Selbstbewusstseyns, der den Menschen eigen ist; ihre Vorstellungen erheben sich nie zu reinen Begriffen und Ideen, Ahndungen einer höheren Welt sind ihnen fremd, das Höchste, wovon eine Ahndung vielleicht in ihrem Geiste schlummern und zuweilen erwachen mag, kann nur die Gränze des unmittelbar über ihnen stehenden Geschöpfes seyn; über das Irdische hinaus, in die Ewigkeit hin, wie der menschliche Geist, reicht der ihrige nicht.)

In dem vierten und fünften Briefe wird von der Perfectibilität der Thiere gehandelt. Das Resultat der Untersuchung geht dahin, dass die Thiere Fortschritte gemacht haben könnten, ohne dass wir im Stande wären sie zu bemerken. Denn eben so wenig, als der Adler von seiner Höhe herab von der Verfeinerung und Bildung der Völker zu urtheilen im Stande sey, könnten auch wir, wenn wir den grössten Theil der Thierarten beobachteten, von den besondern Fortschritten einzelner Individuen derselben urtheilen. Es sey ein gänzlicher Unterschied zwischen dem System ihrer und unserer Erkenntnisse. (Allerdings; aber jenes Gleichniss hinkt; unsere Intelligenz ist von weit stärkerer Intension und von weit grösserem Umfange als die des Adlers. Durch aufmerksame Beobachtung eines Thierindividuums können wir gar wohl zu der Erfahrung gelangen, ob es sich innerlich vervollkommnet, d. h. andere als die ihnen in Naturzustande gewöhnlichen Fertigkeiten erlangt habe. Im Naturzustande, und sich selbst überlassen, bleiben die Thiere in den von der Natur ihnen angewiesenen Gränzen; und wenn die junge Schwalbe ihr erstes Nest noch nicht so vollkommen baut als die alte, so bleibt diese doch, so lange sie noch bauen mag, immer bey derselben Form, nach welcher Schwalben von jeher Nester gebauet haben; keine fällt auf eine andere Bauart, die allen übrigen zum Muster der Nachahmung diente.) Bald lenkt der Vf. aber wieder ein und meynt, es sey wahrscheinlich, dass die Thiere wenige Fortschritte gemacht hätten, ja sogar, dass sie deren niemals machen würden, weil ihnen hierzu die nothwendigen Bedingungen fehlten; sie hätten kein Interesse Fortschritte zu machen, lebten wenig in Gesellschaft und alle ihre Aufmerksamkeit werde nur durch die Bedürfnisse des Hungers, der Liebe und durch den Drang sich der Gefahr zu entziehen, beschäftiget. Diese drey Gegenstände füllten den grössten Theil ihrer Zeit aus, und den Ueberrest brächten sie in einer Art von Halbschlaf zu, der weder zur Langenweile noch zur Neugierde geeignet sey. Bey Thierarten, die sich ordentlich begatten, heisst es ferner, setze sich die Idee des wechselseitigen Eigenthums fest, die Sittlichkeit mische sich in die

Liebe,

Liebe, die Eifersucht gehe ins Innere und werde nach Grundsätzen berechnet. (Es ist schwer zu glauben, dass der Vf. diese Ausdrücke wörtlich habe verstanden wissen wollen; sie sollten wohl nur das innigere, nähere Verhältniss der Familie dieser Thiere, in Beziehung auf andere Thierarten, bey welchen eine engere Vereinigung nicht statt findet, bezeichnen. Zu den Begriffen von Eigenthum und Sittlichkeit können sich die Thiere nicht erheben. Es sind gleichsam nur Schatten von Begriffen, Resultate des ganzen innern, geistigen Organismus, deren sie sich nicht klar bewusst sind und welche die Natur der Triebe annehmen, in welchen die Vorstellungen dunkel, aber mit dem Gefühl der Lust oder Unlust verbunden sind.) Ganz richtig ist aber, wenn der Vf. hinzusetzt, dass die von der Liebe abhängende Kunst dieser Thiere für sie nicht sehr fruchtbar an Fortschritten sey, da die Liebe selbst sie nur den vierten Theil des Jahres hindurch beschäftige; dann höre das Bedürfniss auf und mit der gänzlichen Vernichtung desselben sänken auch alle darin entstandenen Ideen (Vorstellungen) in Vergessenheit. Noch wird die Sprache der Thiere berührt und behauptet, sie hätten alle nothwendigen Erfordernisse zur Sprache. Diese setze nichts voraus. als eine Folge von Ideen und das Vermögen verständliche Töne hervor zu bringen. Die Thiere empfänden, verglichen, urtheilten, dächten nach, schlössen u. s. w., sie hätten also in dieser Rücksicht alles was zum Sprechen erfordert würde, und in Ansehung des Vermögens, deutliche und verständliche Töne hervorzubringen, fände sich in der Organisation der meisten Thiere nichts, was sie dieses Vermögens zu berauben scheine. (Die Sprache, welche hier den Thieren beygelegt wird, ist keine Sprache im eigentlichen Sinne des Worts. Unter Sprache versteht man nur eine Wortsprache, die sogenannte thierische ist nur eine Tonsprache. Eben so tief, als die Thiere in Ansehung ihrer Anlagen, Vermögen und Kräfte unter den Menschen stehen, stehen sie auch in Ansehung der Sprache unter ihnen. Diese setzt richtige Operationen des Verstandes voraus, die den Thieren auf keine Weise zugeschrieben werden können; an zusammenhängende Reihen von Begriffen ist bey ihnen nicht zu denken. Ihre sogenannte Sprache schränkt sich auf die einfache Aeusserung ihrer Bedürfnisse, Empfindungen und Gefühle durch Laute und Töne ein, die einer Modification, je der Natur dieser Empfindungen und Gefühle gemäss, fähig, und in so fern auch den Thieren derselben Art verständlich sind. Einige Arten von Vögeln, deren Organe noch am meisten zur Nachahmung der menschlichen Sprache geschickt sind, haben noch nicht so weit gebracht werden können, mehr als die wenigen Wörter, die ihnen mit grosser Mühe beygebracht wurden, hervorzubringen, und wenn solche Thiere hundert und tausend Wörter auszusprechen gelernt hätten, so würden sie doch nicht im Stande seyn, einen verständlichen Satz daraus selbst zu bilden, u. s. w.) So viel mag genug seyn, um den philosophischen Geist dieses Buchs zu bezeichnen, das sich mehr durch seine Schilderungen der Thiere, ihrer Handlungsweise und Oekonomie, und durch seine gefällige Darstellungsart empfiehlt. Der Uebersetzer hat es an keiner Stelle durch eine Anmerkung berichtigt; besonders wäre aber eine Beleuchtung der Einwürfe im ersten Briefe unter Nr. 4. gegen einige Behauptungen unseres verewigten *Reimarus*, der über diesen Gegenstand gründlicher dachte und der Wahrheit näher war, verdienstlich gewesen.

OEKONOMIE.

Prag, b. Schönfeld: *Ueber Verderbniß der Waldungen, insbesondere Fichtentrockniß und Raupenfraß, mit Hinsicht natürlicher und angewandter Mittel.* Von *J. J. Ewig*, Herzogl. Pfalz-Zweybrückenschem Oberförster in Böhmen. 1808. 73 S. 8. (5 gr.)

Die mannichfaltigen Uebel welche zum Verderbniss der Waldungen mehr oder weniger beytragen, sind zwar oder sollten wenigstens einem jeden Forstmanne so gut wie die Mittel, welche er dagegen anzuwenden hat, bekannt seyn. Nach der Sorglosigkeit aber zu urtheilen, mit welcher alle diese Uebel betrachtet und behandelt werden, scheint es dennoch, dass mancher Forstmann sie nicht mit allen ihren nachtheiligen Folgen gehörig kennt, oder wenigstens nicht die gehörigen Mittel dagegen anwenden will. Wenn uns daher ein praktischer Forstmann seine Erfahrungen über so wichtige Gegenstände mittheilt, und uns so aufs neue wieder auf die drohenden Gefahren aufmerksam macht: so muss man wenigstens *dieß* mit Dank erkennen, wenn man gleich nichts Neues mehr erfährt. Diess ist freylich bey der vorliegenden Schrift der Fall, jedoch erhält sie durch manche, wenn nicht immer neue, Erfahrungen des Vfs wenigstens einen grössern Werth, weil dadurch manche ältere Erfahrungen berichtigt werden.

Die *Verderbnisse* der Waldungen theilt der Vf. in solche, die theils durch Verschiedenheit des Erdreichs, theils durch unwissenschaftliche Behandlung, und in solche die durch Missverhältniss der Witterung entstehen. Im Ganzen findet man hier nur Wiederholung und Bestätigung dessen, was über diese Verderbnisse und ihre Folgen zur Gnüge gesagt ist. Der zweyte Gegenstand dieser Schrift ist die *Fichtentrockniß*. Der Vf. schreibt dem Grund und Boden die Fichtentrockniss allein zu, in so fern nämlich als er nicht die rechten und nicht hinreichende Nachrungstheile für die Fichte enthält, oder diese nicht auf ihrem angemessenen Boden steht. Die natürliche Folge davon sey die Zerstörung der trocknen Fichte durch den Rinden- oder Borkenkäfer, indem die Trockniss erst voran gehen müsse, ehe das Eindringen des Insekts zulässig, und es also unmöglich sey, dass er frische und gesunde Fichten anstecken und dieselben zerstören könnte. Der Vf sucht diese Meinung durch mehrere Gründe zu unterstützen, und beruft sich zuletzt auf seine Erfahrung, die ihn nie vom Gegentheil über-

überzeugt habe. Er geht noch weiter und behauptet: dafs der Borkenkäfer niemals einem, durch gar keinen Zufall zerstörten, ganz gesunden Baum so schaden könne, dafs diefs die nächste Urfache zu feinem nachherigen Abstand fey, er möge fich in grofser oder geringer Anzahl vorfinden. — Rec. will nicht in Abrede stellen, dafs die Fichtentrocknifs wohl zum Theil ihren Grund in einem nicht angemessenen Boden habe; allein der Boden allein kann die Trocknifs nicht bewirken, fondern es müffen noch mehrere widrige Zufälle hinzukommen, fonst müfsten alle Hölzer, welche nicht auf ihrem angemeffenen Boden ftehen, trocken werden und absterben. Diefs ift aber den Erfahrungen gemäfs nicht der Fall; ein folcher Baum bleibt höchtens im Wachsthum zurück, und erreicht nicht die Stärke und das Alter, welches er unter günstigern Umständen erreichen würde. Wohl aber find folche Fichten mehr als andere dem Angriff des Borkenkäfers ausgefetzt, weil fie nicht fo faftreich find, als Bäume die einen frifchen Wuchs haben; allein nur dadurch werden fie trocken, und alfo ift der Borkenkäfer nicht *Wirkung*, fondern *Urfache* der Trocknifs der Fichten. Rec. giebt auch gerne nach feinen Erfahrungen zu, dafs Fichten, welche mit wenigern Säften verfehen find, oder welche durch Sturmwinde in ihren Wurzeln losgeriffen worden, alfo dadurch des benöthigten Zufluffes an Säften beraubt und fo in einen krankhaften Zuftand verfetzt worden, zunächft vom Borkenkäfer angegriffen und zerftört oder völlig trocken gemacht werden; allein auf der andern Seite ift es eben fo gewifs, und fo viele Erfahrungen laffen es ganz aufser Zweifel, dafs ein ganz gefunder, noch durch keinen Zufall in feinem Wachsthum geftörter, Baum dann vom Borkenkäfer auch angegriffen wird, wenn er fich fo ftark vermehrt hat, dafs die fchon krank gewordenen Bäume ihm keine hinreichende Nahrung mehr geben, und wenn er keine kranke, mit verdorbenen Säften verfehene, Bäume mehr antrifft. Die Beftätigung davon haben fchon viele forglofe Forftmänner, welche mit dem Vf. einerley Meinung waren, zu ihrem gröfsten Schaden erfahren, und es ift daher der vom Rec. hier angeführte Satz ziemlich allgemein angenommen, und von beobachtenden Forftmännern durch manche Erfahrungen beftätiget worden. — Der dritte Gegenftand diefer Schrift betrifft den *Raupenfraß*. Der Vf. bemerkt ganz richtig, dafs es bey dem Raupenfrafs darauf ankommt, ob fie blofs das Laub und die Nadeln abfreffen, oder auch die Knofpen der Bäume und die Rinde an den jungen Zweigen zerftören. Im letztern Fall find natürlich die Folgen davon verderblicher als im erftern, und koften meiftens die Gefundheit, fehr oft auch das Leben des Baumes, und diefs ift beym Nadelholz mehr, weniger beym Laubholze der Fall, weil letzteres eine gröfsere Reproductionskraft befitzt als erfteres. Im erftern Fall ift der Raupenfrafs nicht fo zerftörend, indem Laub und Nadeln wieder ausfchlagen und fortwachfen. Die fchädlichften Waldraupen werden hierauf vom Vf. kurz befchrieben und die Mittel wider den Raupenfrafs angegeben, welche vorzüglich in Schonung derjenigen Infecten und kleinen Vögel beftehen, die als Feinde der fchädlichen Waldraupen zu betrachten find. Demnächft mufs aber auch fleifsige Auffiicht darüber geführt werden, dafs die Raupen nicht überhand nehmen; überall, wo fie fich zeigen, müffen fie abgelesen oder einzelne Bäume niedergehauen, und überhaupt dahin gefehen werden, dafs fie fich nicht weiter verbreiten.

LITERARISCHE NACHRICHTEN.

Todesfälle.

Im Julius d. J. ftarb *Franz Karl v. Hägelin*, kaiferl. königl. Regierungsrath, Beyfitzer der Büchercommiffion und Theatercenfor zu Wien. Er war geboren zu Freyberg im Breisgau 1735. ward, nachdem er zu Halle, hauptfächlich unter dem grofsen Philofophen *Wolf*, ftudirt hatte, 1764. Supernumerar-Secretär der k. k. Niederöftreichifchen Landesregierung, 1765. Actuar bey dem in dem Ennfifch-Managetanifchen Rechnungswefen aufgeftellten *Judicio delegato*; in der Folge wirklicher Regierungsfecretär; 1770. Supernumerar-Regierungsrath, und in demfelben Jahre Theatercenfor. Unter Maria Therefia und Jofeph II. führte er die Referate des Studien- und geiftlichen Faches. Er handelte dabey ftets nach liberalen und billigen Grundfätzen.

Am 7. October ftarb zu Angouleme der bekannte Philologe *J. B. Lefebure de Villebrune*, ehemals Prof. der oriental. Sprachen am Collège de France und Mitglied der Akademie der Wiffenfchaften, nachher Arzt zu Angoulême, in 77ften J. f. Alters. Er verftand 14 Sprachen, überfetzte aus dem Deutfchen (z. B. Zimmermann über die Erfahrung und über die Ruhr), Englifchen und Schwedifchen, aus dem Italiänifchen, Spanifchen, aus dem Griechifchen und Lateinifchen.

II. Vermifchte Nachrichten.

Der Grofsherzog von Baden hat der Generalftudien-Direction feines Landes 40 Exemplare von Gmelins *flora Badenfis, alfat. et confinium regionum cis- et transrhen.* zur zweckmäfsigen Vertheilung in den höhern Lehranftalten gefchenkt.

ALLGEMEINE LITERATUR - ZEITUNG

Dienstags, den 19. December 1809.

WISSENSCHAFTLICHE WERKE.

STAATSWISSENSCHAFTEN.

Lüneburg, b. Herold u. Wahlstab: *Grundzüge zu einer Theorie der Polizeywissenschaft*, von *Georg Henrici*, Doctor der Philosophie. 1808. VIII u. 374 S. 8. (1 Rthlr. 8 gr.)

An die neuerdings von *Butte*, *Lotz*, *Schukmann* u. a. gemachten Versuche, das Wesen der Polizey richtig zu bestimmen, und die Wirksamkeit dieses Zweiges der öffentlichen Verwaltung auf ein festes und durchgreifendes Princip zurück zu führen, schliesst sich in der hier angezeigten Schrift auch Hr. *H.* an. Geschlossen sind durch die angeführten Versuche die Acten über diesen äusserst wichtigen Punkt unserer Staatslehre noch keineswegs, und in dieser Hinsicht verdient die Arbeit des Vfs. allerdings die Aufmerksamkeit des Publicums. Aber auch nur in dieser Hinsicht. Für die völlige und definitive Beendigung des schon so lange dauernden Streites über die höchst wichtigen Fragen: was denn eigentlich Polizey sey? wie weit sich der Umfang ihres Gebietes erstrecke? in welchem Verhältnisse sie zu den übrigen Zweigen der Staatsverwaltung stehe? und von welchem allgemeinen Princip sie bey ihrer Thätigkeit ausgehen müsse? hat der Vf. wenig oder nichts geliefert. *Lotz* und *Schukmann* sind der Wahrheit bey weitem näher gekommen, als er, ungeachtet auch ihre Ansichten hier und da Berichtigung zu verdienen scheinen. Der Vf. sagt in der Vorrede: *Ense recidendum* müsse der Wahlspruch des Philosophen, wie des Politikers seyn, wenn keine Palliative mehr helfen; und gegen diesen Grundsatz wollen wir auch nichts erinnern. Aber das müssen wir bemerken, dass ein himmelweiter Unterschied ist zwischen dem Lösen und dem Zerhauen eines Knotens, und dass da, wo das kritische Messer angesetzt werden muss, diess mit bey weitem mehr Vorsicht und Bedächtlichkeit geschehen muss, als hier vom Vf. geschieht. Die von ihm im *ersten* Abschnitte seines Werks gewürdigten bisherigen vornehmsten Meinungen über den Begriff der Polizey mögen allesammt unbefriedigend seyn; seine individuelle Meinung hierüber befriedigt eben so wenig, als diese Meinungen seiner Vorgänger. Es ist bey solchen Untersuchungen nicht um Neuheit, nicht um philosophisch klingende Phrasen zu thun, sondern um Wahrheit. Aber sollte wohl der Vf. Wahrheit gefunden haben, wenn er bey seiner im *zweyten* Abschnitte versuchten Deduction der Polizey und Bestimmung ihres allgemeinen Begriffs (S. 82) *Polizey* für denjenigen Theil der Staatsdisciplin erklärt, welcher den Staatszweck (nicht nach rechtlichen Grundsätzen, sondern) nach den Gesetzen des *physischen Causal-Zusammenhangs* fördert? Er selbst glaubt, dass alle Finanzphilosophen über diese Erklärung lächeln werden; aber nach unserer Ansicht werden es nicht bloss die Finanzphilosophen, sondern auch die Rechtsphilosophen thun, und ausser diesen noch die ganze ehrwürdige Gesellschaft aller denkenden Politiker, sowohl die Theoretiker als die Praktiker, von welchen die letztern hier, wo es auf echte Lebensweisheit ankommt, oft das Wahre weit richtiger treffen, als der grosse Haufe der Stubengelehrten, welche sich an ihrem Pulte Welten schaffen, die man nirgends im wirklichen Leben findet, und während sie alles nach einem Schattenbilde, nach einem von der Laune geschaffenen Ideale geformt wissen wollen, mit der wirklichen Welt so unbekannt sind, wie mancher Antiquar, der zwar jedes Gässchen von Athen und dem alten Rom auf das genaueste anzugeben weiss, sich in seiner Vaterstadt aber ausser seiner Wohnung ohne Führer durchaus nicht zurecht finden kann. Mag es auch richtig seyn, dass die sogenannte Polizeywissenschaft auf dem Standpunkte, worauf sie jetzt steht, nur ein Product des gemeinen reflectirenden Verstandes, oder vielmehr der rohesten heillosesten Empirie ist, und kaum einige Anlagen zeigt, dass sie je mehr werden könne; mag es sich auch nicht läugnen lassen, dass sie kaum etwas mehr ist, als ein anorganisches, durch eine allmählige Aggregation und Conglomeration zusammengefügtes Product; ein rhapsodisch zusammengeworfenes Gemisch mannichfaltiger Theilchen, welchem der Organismus der Wissenschaft und des Systems, der beseelende, von innen heraus wirkende Geist eines allgemeinen Begriffs fehlt, wie der *Vf.* (S. 4 — 6.) behauptet: auf den von ihm betretenen Wege wird es wohl schwerlich gelingen, in diess Chaos Licht und Leben zu bringen, die einzelnen Theile eines planlos zusammengesetzten Gebäudes in eine regelmässige Verbindung zu setzen, und da Solidität und Festigkeit zu schaffen, wo alle Harmonie der einzelnen Theile fehlt, und bisher ein ewiges Schwanken herrschte.

Der Vf. hat zwar nicht unrecht, wenn er Justiz und Polizey nicht in das Verhältniss der Subordination gegen einander gestellt wissen will, sondern bloss in das der Coordination; nur sind sie in einer andern

Beziehung coordinirt, als in der von ihm angegebenen. Wenn von der Coordination der Justiz und Polizey die Rede seyn soll, muss der Ausdruck *Justiz* in einem ganz andern Sinne genommen werden, als in dem, wie ihn der Vf. hier braucht. Dass er Justiz und Recht überall als Synonyme aufstellt, verdient eine sehr ernstliche Rüge. Aus dieser Vermischung zweyer ganz verschiedenen Dinge, die sich wie Mittel und Zweck gegen einander verhalten, sind alle die Irrthümer entsprungen, die man dem Vf. zur Last legen muss. Die Justiz (gesetzgebende und richterliche Gewalt) ist weiter nichts, als eine öffentliche Anstalt zur Beförderung der Herrschaft des Rechts im Staate. Aber eine Anstalt auf denselben Zweck berechnet, ist auch die Polizey. Ihr muss bey allen ihren Unternehmungen das Recht (Rechtsgesetz) eben so gut heilig seyn, wie der Justiz bey den ihrigen. Was wäre eine öffentliche Gewalt, welche das Recht nicht achtete? Wenn der Vf. (S. 84.) der Polizey die Befugniss zuspricht, die Aussprüche des Rechts zu modificiren, so stellt er damit eine Polizey auf, der es durchaus an einem sichern leitenden Principe fehlt, und welche sich daher über kurz oder lang allen den Verirrungen hingeben muss, wogegen er sie verwahrt wissen will. Was lässt sich wohl von einer Polizey erwarten, die sich nie direct und positiv, sondern immer nur negativ darum zu bekümmern hat, ob ihre Handlungen *recht* sind? die sich in den meisten Fällen (also nicht in allen) damit begnügt, dem Rechte nicht zu widersprechen? Zwar sagt der Vf. (S. 127.): „Nur dann darf sich die Polizey erkühnen, die Gesetze der Justiz aufzuheben oder zu ändern, wenn dieselben durch ihre physischen Folgen im Grossen einen ausgemachten, überwiegenden und beständigen Nachtheil für die eignen Objecte des Rechts haben." Aber vermag man wohl mit einem so unbestimmten Princip auszukommen in den labyrinthischen Gängen des wirklichen Lebens? und wozu berechtigt es die Polizey nicht, wenn man es genau analysirt? Doch dem Rechte darf keine Unternehmung der Polizey je widersprechen, diese Unternehmung zwecke ab, worauf sie nur immer wolle. Diess ist das Grundgesetz für alle Wirksamkeit der Polizeygewalt; und grade darin, dass man es nicht überall gehörig beachtet hat, liegt der Grund, warum die Polizey nicht immer das zu leisten vermag, was sie leisten sollte; warum man sie oft mehr als eine Anstalt zur Beförderung des Despotismus betrachten muss, denn als ein Mittel zur Beförderung wohlwollender und liberaler Zwecke der Regierung. Die Polizey mag zwar ihre Wirksamkeit keinesweges bloss darauf beschränken, dass sie nur negativ für den Staatszweck und seine Realisirung thätig ist, wie die Justiz; sie hat es keinesweges bloss mit der Abwendung derjenigen Hindernisse zu thun, welche dem Staatszwecke entgegenstehen (wie *von Berg* und seine Anhänger glauben); sie hat wirklich, nach der ganz richtigen Behauptung des Vfs. (S. 45.), zugleich auch eine positive Seite, „in der sich eine sehr lebendige Spontaneität für den Staatszweck äussert;" es darf wirklich der Polizey nicht bloss daran gelegen seyn, „das Ermatten der bürgerlichen Thätigkeit zu verhüten, sondern sie muss den regsamsten, feurigsten Geist der Industrie zu verbreiten suchen; sie darf den gemeinen Wohlstand nicht bloss nicht sinken lassen, sondern sie muss ihn zu immer höhern Graden und neuen Keimen des Nationalwohls zu fördern suchen; sie darf sich nicht bloss darauf beschränken, den menschlichen Krankheiten vorzubeugen, sondern sie muss streben, das lebendigste physische und geistige Kraft- und Gesundheitsgefühl zu erwecken." Dann (S. 71.): „Die Sicherheit des einfachen Naturwesens im Menschen sowohl, als die Ausbildung seines höhern menschlichen Wesens sind die wesentlichen Zwecke, die er durch die Unterwerfung seines individuellen Willens unter einen allgemeinen, constitutionsmässigen Willen, durch den geselligen Verein sucht." Aber die Polizey mag diess thun oder jenes, nie darf dabey das Rechtsgesetz verletzt werden, auch nicht in der mindesten Beziehung. Gegen das Rechtsgesetz steht die Polizey in demselben subordinirten Verhältnisse, wie die Justiz. Der Unterschied zwischen der Justiz und Polizey liegt keinesweges darin, dass die erstere gebietet, was geschehen *soll*, die letztere aber sagt, was geschehen *muss*, — wie der Vf. (S. 84.) meint — sondern er liegt lediglich einmal in dem grössern Umfange des Wirkungskreises der Polizey, und dann in der Verschiedenheit der Form, unter welcher sich die Thätigkeit der Polizey und der Justiz äussert. Der Wirkungskreis der Justiz ist da begrenzt, wo das Zwangsrecht der höchsten Gewalt für ihre Zwecke aufhört: denn nicht anders als durch Zwang mag sie für ihre Zwecke wirksam seyn; der Wirkungskreis der Polizey hingegen umfasst alles, was für die Realisirung des Staatszwecks in irgend einer Beziehung geschehen kann; gleichviel, es sey dabey Zwang anwendbar, oder nur Unterricht und Belehrung. Der Vf. zeigt klar, dass er das Wesen der Polizey nicht gehörig begriffen habe, wenn er (S. 372.) gegen *Lotz* die Behauptung aufstellt: „Alle positiven Einrichtungen, welche für das Gemeinwohl, oder für die gemeinsame Vollkommenheit nothwendig sind, alle Industrie-, Finanz- und nationalwirthschaftlichen Anlagen müssen mit Zwang durchgesetzt werden dürfen." Indem er so etwas behauptet, scheint er vergessen zu haben, dass niemand gezwungen werden mag, sich wider seinen Willen vollkommen machen zu lassen; dass aller Zwang und alles Zwangsrecht nur durch das Daseyn einer Gefahr für die Rechtssicherheit des Zwingenden rechtlich bedingt ist, und dass, wo diese Gefahr aufhört, auch kein Zwangsrecht mehr gedacht werden kann. Der Vf. hat zwar die hier gerügte Ansicht vom Wesen der Polizey mit dem grössern Theile unserer Staatslehrer gemein. Aber nicht immer ist das Wahrheit, wozu sich der grosse Haufe bekennt; und gerade darin, dass die Polizey ohne Unterschied durch Zwang herrschen will, es mag nach Rechtsgesetzen Zwang zulässig seyn oder nicht, gerade darin liegt der Grund, warum es hier um eine Zurückführung auf ein richtiges *Princip* so Noth thut.

thut, und warum die Polizey mit ihren Zwangsanſtalten zur Beförderung der Induſtrie, der moraliſchen und intellectuellen Bildung, und des allgemeinen Nationalwohlſtandes, in der Regel bey weitem mehr Schaden ſtiftet, als Nutzen. Solche Gegenſtände, wie Beförderung der Induſtrie u. ſ. w., gehören zwar allerdings für ihr Gebiet, aber nicht in ſo fern ſie eine Zwangsanſtalt iſt, ſondern nur in ſo fern ſie als eine Hülfsanſtalt erſcheint. Ihre Verbindlichkeit, ſich mit ſolchen Gegenſtänden zu befaſſen, entſpringt aus ihren ethiſchen Pflichten, nicht aber aus ihren Rechtspflichten, und ſie mag ſie nicht anders behandeln, als nur nach den Geſetzen der Ethik. — Es ſind nichts weiter, als leere Sophismen, woraus der Vf. (S. 270.) auch in Fällen der Art für die Polizey ein Zwangsrecht zu deduciren ſucht. Weder die zuſammengeſetzten Bedürfniſſe eines Ganzen, noch das Weſen des bürgerlichen Vereins, worauf er ſich beruft, reden einem ſolchen Zwange das Wort. Der Einzelne tritt nicht in den bürgerlichen Verein, um ſich ſeinen Mitbürgern hinzugeben als Mittel für *ihre* Zwecke, ſondern er thut dieſs zur Erhaltung ſeiner eignen Selbſtſtändigkeit; und dieſe Selbſtſtändigkeit muſs ihm der Staat gewähren, ſo lange ihre Erhaltung nicht mit ſeiner eignen Erhaltung in Colliſion kommt, wo, nach der Natur der Sache, das Recht keine Herrſchaft mehr üben kann, ſondern bloſs die phyſiſche Kraft, die Uebermacht, an ſeine Stelle tritt. So lange kein Fall der Art vorhanden iſt, iſt jeder Eingriff der Polizey in die Privatrechte der einzelnen Bürger widerrechtlich. Die Polizey mag zwar das *ganze* Groſse im Auge haben, aber nie überſehe ſie dabey den Einzelnen. Den Einzelnen *beſchränken*, um das Ganze zu *erweitern* — wozu ſie der Vf. für berechtigt hält — dieſs darf ſie nie; ſo lange ſich das Ganze nicht lüften läſst, ohne einige Feſſeln für den Einzelnen, ſo lange iſt es bey weitem beſſer, auch das Ganze bleibt ungelüftet, als daſs der Staat ſeinen Wohlſtand auf den Ruin dieſes oder jenes geopferten Einzelnen baue. *Gerechtigkeit* iſt das, was der Staat immer zuerſt gewähren muſs; erſt dann, wenn er dieſe gewährt hat, mag er *wohlthun*. Nicht bloſs ein enger Syſtemgeiſt ſpricht — wie der Vf. (S. 245.) glaubt — ſolchen Zwangsanſtalten zum Wohlthun auf Koſten der Gerechtigkeit das Verdammungswort, ſondern der letzte Entſcheidungsgrund für ihre Verdammung liegt in dem erſten Princip alles Rechts; darin, daſs niemand wider ſeinen Willen vom andern gebraucht werden darf, als Mittel für die Zwecke des letztern. Und die Achtung dieſes Princips mag der Polizey nie ſattſam genug eingeprägt werden, wenn ſie das Volk vervollkommnen will. Mit der vom Vf. (S. 264.) gegebenen Anweiſung: „der Staat thue mit ſeiner poſitiven polizeylichen Sorgfalt lieber zu wenig, als zu viel, ſo lange er nicht durch ausgemachte Berechnungen der Vernunft, oder durch ausgemachte Erfahrungen von der Nothwendigkeit und Zuträglichkeit derſelben zum Staatszwecke überzeugt iſt," — mit dieſer Anweiſung langt man bey weitem nicht aus.

Uebrigens wirkt die Juſtiz für *ihre* Zwecke bloſs auf pſychologiſchem Wege, die Polizey aber theils auf pſychologiſchem, theils auf phyſiſchem. Die Juſtiz begründet die Herrſchaft des Rechts im Staate, worauf ihre Wirkſamkeit beſchränkt iſt, nur in ſo fern, als ſie durch ihre Sanctionen den *Willen* der Bürger dahin zu leiten ſucht, daſs er nicht widerrechtlich werde. Bey der Thätigkeit der Polizey, um die Herrſchaft des Rechts zu begründen, hingegen bleibt der Wille der Bürger, wenigſtens zunächſt und unmittelbar, ganz unbeachtet. Sie hindert Widerrechtlichkeiten mit phyſiſcher Kraft, gleichviel, ſie ſeyen Producte eines widerrechtlichen Willens, oder nicht. Sie hat es mit der That zu thun, nicht mit dem Willen. Sie ſtellt den Rechtszuſtand im Staate *materiell* her, ſtatt daſs die Juſtiz nur einen *formellen* Rechtszuſtand giebt. Freylich mögen auch Polizeyanſtalten, die darauf ausgehn, eine vom widerrechtlichen Willen beabſichtigte Widerrechtlichkeit zu hindern, in manchen Fällen ſelbſt den Willen beſtimmen, nicht in die That überzugehen; und in ſo fern mag es ſich freylich auch allerdings ſagen laſſen: die Polizey begründe die Herrſchaft des Rechts im Staate auf pſychologiſchem Wege. Indeſſen dieſe Erſcheinung iſt nichts weiter, als eine nur zufällige Folge der auf jenen eigenthümlichen Zweck der Polizey berechneten Anſtalten; ſo wie den Mächtigen niemand beleidigt, nicht bloſs um deswillen, weil er im Voraus ſeine Rache angekündigt hat, ſondern auch um deswillen, weil man ihn im Stande erblickt, jede Beleidigung mit Gewalt zurückzuweiſen. Wo hiernächſt die Polizey auſserdem noch auf pſychologiſchem Wege für ihre Zwecke wirkſam iſt, iſt dieſs eine pſychologiſche Wirkſamkeit ganz anderer Art, als jene der Juſtiz für die ihrigen. Die pſychologiſche Wirkſamkeit der Juſtiz für ihre Zwecke iſt bloſs *negativ*, die der Polizey hingegen *poſitiv*. Jene wirkt für Rechtlichkeit bloſs durch Hinderniſſe, welche ſie der Widerrechtlichkeit entgegenſetzt; dieſe aber wirkt für dieſen Zweck durch Tugenden, welche ſie im Innern des Menſchen erzeugt, nährt und befeſtigt. Jene ſchafft Rechtlichkeit der Handlungen, dieſe Rechtlichkeit der Geſinnungen. Jene greift den Willen nur auf der Auſsenſeite an; dieſe ergreift ſein Innerſtes. Jene wirkt endlich nur durch die Sinnlichkeit, dieſe durch die Vernunft.

Doch von allem dieſem ſcheint der Vf. durchaus nichts geahndet zu haben, wenn er von der Polizey verlangt, ſie ſolle den Staatszweck nur nach den Geſetzen des phyſiſchen Cauſalzuſammenhangs fördern; oder ahndete er auch etwas davon, ſo war es gewiſs nur äuſserſt dunkel. Es iſt freylich richtig, daſs die Polizey nur nach phyſiſchen Rückſichten verfahren kann, wenn ſie den Bürger durch allgemeine Anſtalten gegen den ſchädlichen Einfluſs der Natur ſichern will; es verſteht ſich auch wohl von ſelbſt, daſs, wenn ſie Widerrechtlichkeiten mit phyſiſcher Kraft hindern will, das Maaſs dieſer Kraft nur nach phyſiſchen Geſetzen abgemeſſen und beſtimmt werden mag. Aber damit iſt es auch mit den phyſiſchen Rückſichten,

ten, die sie zu beachten hat, zu Ende. Da, wo sie bey ihrer Thätigkeit über die Objetce des Rechts, über die wesentlichen Bedingungen des Daseyns hinausgeht, und zur Erhöhung des menschlichen Wohls beytragen will, mag sie nur psychologischen Gesetzen folgen: denn nur auf psychologischem Wege kann sie den Bürger dahin führen, dass er sich von ihr dahin leiten lässt, wohin sie ihn gern leiten will. Zwang ist hier, wie wir vorhin bemerkten, ganz unzulässig. Zwar glaubt der Vf. (S. 199.), das Psychologische bilde keinen eigentlichen Gegensatz gegen das Physische, sondern nur eine Art desselben, weil auch hier nur Leidenschaften, Instinkte, Furcht, also Naturerscheinungen, Producte des niedern Begehrungsvermögens, berechnet würden. Aber wer sieht nicht das Willkürliche in diesem Raisonnement? Stellt man das Psychologische unter diesen Gesichtspunkt, so lässt es sich eben so gut von der Justiz, als von der Polizey behaupten, sie fördere den Staatszweck nach den Gesetzen des physischen Causalzusammenhangs. Wie anders, als auf dem hier *physisch* genannten Wege, begründet die Justiz die Herrschaft des Rechts im Staate? und was giebt wohl in der letzten Analyse dem Rechtsgesetze seine Gültigkeit? was leitet wohl das höhere Begehrungsvermögen zur Achtung des Rechtsgesetzes, als eine im Wesen der Menschheit liegende absolute Nothwendigkeit, diess Gesetz zu achten, wenn die Menschheit sich nicht durch sich selbst vernichten soll? fallen nicht Freyheit und Nothwendigkeit nach dieser Ansicht ganz zusammen? und erscheint nach dieser Darstellung nicht alles, was irgend ein menschliches Wesen thut, als ein Product einer physischen Nothwendigkeit oder des natürlichen Laufes der Dinge?

(Der Beschluss folgt.)

OEKONOMIE.

DANZIG, b. Troschel: *Ueber die vortheilhafteste Behandlungs-Methode, bey Besamung und Bepflanzung der Kiefern auf magern, vorzüglich auf ganz sandigen Boden, Sandschollen und Sanddünen, als die einzige, nach vorhergegangener Bepflanzung, dauerhafte Sicherung der Nehrungschen Ufer.* Von *Sören Biörn*, königl. preuss. Kammer-Commissionsrath u. Ober-Plantagen-Insp. u. s. w. 1807. 38 S. 8.

Den Zweck dieser kleinen Schrift giebt der durch so viele zweckmässige Anlagen zur Bindung des Flugsandes rühmlichst bekannte Vf. in der Einleitung auf folgende Art an: Da schon im Jahr 1768. die einmüthige Stimme des Raths zu Danzig dahin gegangen wäre, dass es nothwendig sey, der augenscheinlichen Gefahr, die einem grossen Stück des Danziger Gebietes mit der Verwüstung, und dem benachbarten Weichselfluss mit der Hemmung seines Laufes drohete, vorzubeugen, und dass es dringend sey, dem leichten Flugsand zu steuern, den die See auswirft, und der Wind weit über das Land ausbreitet, ehe dieser Schaden unheilbar werde; so wirft der Vf. die Frage auf: ob der Ueberrest der Danziger Nehrung, so wie der Ausfluss der Weichsel nicht für die Gefahr der gänzlichen Versandung, ohne grossen Kostenaufwand, wenn nicht ganz gesichert, doch wenigstens durch Vorbauungs- und Erhaltungsmittel, nach vorläufiger Bepflanzung, noch zu retten sey; dass der Flugsand für die Zukunft nicht allein unschädlicher gemacht, sondern das sandige Ufer allmählig mit Wald, als eine nutzbare Schutzwehr, angebaut werde. — Die Möglichkeit davon sucht der Vf. in der vorliegenden Abhandlung zu beweisen. Er glaubt, dass der Anbau der *Kiefer* das einzige dauernde Hülfsmittel zur Sicherung des Flugsandes sey, nachdem die Dünen vorher gehörig bepflanzt oder bindend gemacht worden. Vorher geht eine Beschreibung, auf welche Art die Kiefer überhaupt am besten anzuziehen ist. Der Vf. geht alsdann zur nähern Entwicklung des vorliegenden Gegenstandes über, und beantwortet folgende Fragen: welche Art von Dünenboden eignet sich einigermassen für den Holzanbau? welche Holzarten und Gesträuche kommen am besten darauf fort? wie sollen sie behandelt werden? welche Rücksichten muss man auf die Kosten und wahrscheinlichen Vortheile nehmen? — Von den verschiedenen Holzarten, welche sich vorzüglich für den Dünenboden schicken, ist die Kiefer die beste, und der Vf. giebt die verschiedenen Versuche an, welche bisher von ihm mit der Cultur der Kiefer im Flugsande sind gemacht worden. Von den vielfältigen darüber gemachten Erfahrungen hat er folgende Behandlungsweise im Grossen am besten gefunden: der Sandboden muss zuvor durch Berasung gedeckt und benarbt seyn, und darf nie mit dem Pfluge in Bewegung gebracht werden; blosses Uebereggen bey feuchter Witterung ist als Vorbereitung hinreichend, worauf der an der Sonne ausgeklengelte beflügelte Same ausgestreut wird. Wenn Laubholzarten auf dem Dünenboden angebaut werden sollen, so ist es nothwendig, dass solche in Baumschulen auf mittelmässigem Boden erzogen, und dann ausgepflanzt werden. Der Hauptnutzen von solchen Holzanlagen ist Sicherung und Befestigung der Dünen; der andere, den man vom Holze zieht, ist geringe, und muss auch mit der grössten Vorsicht unternommen werden, und nur Nebensache bleiben, damit der mit vieler Mühe befestigte und berasete Boden nicht wieder fliegend werde. — Am Schlusse giebt der Vf. eine kurze Uebersicht von der physischen Lage der Nehrung bey Danzig, und von der frühern Entstehung der dasigen Wälder. — Diese kleine Schrift kann übrigens als eine gute Anleitung zum Holzanbau im Flugsande, besonders an Meeresufern, um so mehr empfohlen werden, da der Vf. durch so viele schöne und mühsame Anlagen der Art sich schon hinreichend bekannt gemacht hat, und folglich seine Angaben auf vielfältige Erfahrungen gegründet sind.

ALLGEMEINE LITERATUR-ZEITUNG

Mittwochs, den 20. December 1809.

WISSENSCHAFTLICHE WERKE.

STAATSWISSENSCHAFTEN.

Lüneburg, b. Herold u. Wahlstab: *Grundzüge zu einer Theorie der Polizeywissenschaft*, von *Georg Henrici* u. s. w.

(Beschluss der in Num. 343. abgebrochenen Recension.)

Der *dritte* Abschnitt zeigt am deutlichsten, wohin diese offenbar unrichtige Ansicht des Vfs. vom Wesen der Polizey führe. Hier beschäftiget er sich mit der abenteuerlichen Frage: ob es eine Naturpolizey gebe, in dem Sinne, wie man ein Naturrecht annimmt (was bejahet wird, ungeachtet der Vf. am Ende selbst zugestehen muss, dass die Polizey jenseits des Staats beynahe zu einer Nullität herab sinke. Ob wohl das Bedingte je vorhanden seyn kann, ohne die Bedingung?); darauf prüft er *Bergs* Meinungen über die Existenz eines Polizeyrechts, und spricht dann weiter vom Verhältnisse der Finanz- und Kameralwissenschaften, dann der Politik, Staatskunst und Staatsklugheit, und des peinlichen Rechts zur Polizey, ingleichen von Justiz- und Polizeysachen, entwickelt den unterscheidenden Charakter der beiden Haupttheile der Polizey, der *Sicherheits-* und *Vollkommenheitspolizey*, sagt dann noch etwas über Polizeygesetze, Polizeyvergehen, Criminalpolizey und Polizeystrafen, und schliesst am Ende mit einer tabellarischen Uebersicht der ganzen Polizeywissenschaft, welche letztere zwar nicht ganz die Kritik befriediget, aber doch das Beste im ganzen Buche ist. Bey der Erörterung der übrigen hier behandelten Punkte, stösst man auf manche Behauptung, die man kaum ohne Lächeln lesen kann, und bemerkt überall nur zu deutlich, dass der Vf. durchaus nicht weiss, wie er sich in dem Labyrinthe zurecht finden soll, in welches ihn seine Bestimmung des Wesens der Polizey geführt hat. So sagt er (S. 150.), die ganze Polizey ist eine gewisse „Physik," und gleich nachher bringt er in Vorschlag, sie lieber *Staatsphysik* oder *Telophysik* zu nennen, d. h. „eine Lehre, welche durch alle möglichen physischen Operationen (durch allgemeine physische Anstalten und im Handeln nach physischen Grundsätzen) zu dem höchsten Zwecke der Menschheit (zu dem ethischen) hinwirken solle." In der Folge (S. 195.) wird gar das ganze Gebiet der *Politik* der Polizey zugetheilt, „weil in der Politik weder rechtliche noch moralische Grundsätze gelten können, und eine Wissenschaft, welche die Leidenschaften in ihr Interesse ziehen, und bey der Wahl ihrer Mittel den Rücksichten der Klugheit huldigen darf, die sich im Nothfalle den Krieg und das Recht der Stärke verstattet, bloss nach dem physischen Zusammenhange handelt, in welchem ihre Massregeln mit dem Zwecke des Staats stehen." Was unsere Staatslehrer zeither *Politik* nannten, soll für die Zukunft den Namen der *höheren Polizey* erhalten, „weil die Verhandlungen des Krieges und des Friedens unter die wichtigsten, schwierigsten, und folgereichsten aller Staatsgeschäfte gehören, eine glückliche Mischung von den seltensten Talenten und Kenntnissen voraussetzen, und zugleich nur von den höchsten geheimen Kabinettern ausgeführt werden können." Und will man endlich wissen, ob irgend eine Sache eine *Justiz-* oder eine *Polizeysache* sey, so braucht man, nach dem Vf. (S. 210.) nichts weiter zu untersuchen, als ob sich nur rechtliche Principien darauf anwenden lassen, oder ob es bloss auf den physischen Zusammenhang des Gegenstandes mit dem Staatszwecke ankommt. — Welche Tiefe der Weisheit! — Die Strafrechtswissenschaft, so wie sie *Feuerbach* und *Grolmann* dargestellt haben, fällt übrigens nicht der Rechtswissenschaft anheim, sondern gehört lediglich der Polizeywissenschaft an; denn (S. 201.) „der *rechtliche* Gesichtspunkt der zwischen dem moralischen und physischen liegt, ist hier ganz unbeachtet gelassen; bloss der physische ist hervorgehoben." Es giebt im strengen Sinne keine *Strafrechtswissenschaft*, sondern bloss eine *polizeyliche Strafwissenschaft*. Ohne Gesetzgebung ist jede Polizey eine Schimäre; und da überall, wo ein Gesetzgeber ist, auch ein Richter seyn muss: so kann der Polizey auch richterliche Gewalt nicht abgesprochen werden (S. 370.); — Behauptungen, gegen welche wir nichts erinnern wollen, weil wir schon bey einer andern Gelegenheit uns darüber ausreichend erklärt haben. Nur so viel müssen wir bemerken, dass es uns sehr inconsequent zu seyn scheint, wenn der Vf. (S. 283.) der Polizey im Sicherheitsfach die Befugniss zu einer gesetzgebenden und richterlichen Macht nur in folgenden *zwey* Rücksichten zugestanden wissen will: 1) Bey dem Modificationsgeschäfte der einzelnen Proceduren des Rechts, (bey dem Verbot der Getreideausfuhr, des Vorkaufs der ersten Lebensbedürfnisse, bey der Bestimmung gewisser Taxen u. s. w.); 2) nicht bey wirklichen Rechtsverletzungen, sondern bloss bey solchen Handlungen, welche ohne an sich selbst ein Recht anzutasten, doch zu wahren, nicht selten bedeutenden, Verletzungen der Rechtsobjecte Anlass geben (das Tragen geladener Feuergewehre, oder das

das Reiten und Fahren an gewiſſen öffentlichen, häufig beſuchten, Plätzen, das Tabackrauchen, an Orten wo gefährliche feuerfangende Materien liegen, das leichtſinnige Ausgeben gefährlicher Arzneyen an Unkundige u. ſ. w.). Der Vf. ſagt vorher ſelbſt (S. 267.), nach ſeinem Syſtem könnten *Polizeygeſetze* keine andern ſeyn, als „ſolche öffentlich aufgeſtellte Normen der bürgerlichen Handlungsweiſe, nach welchen der Staatszweck, den Geſetzen des phyſiſchen Zuſammenhangs gemäſs, gefördert werden ſoll;" und *Polizeyvergehen* nennt er (S. 269.) „Vergehen gegen denjenigen Theil der Staatsdiſciplin, der den Staatszweck nach den Geſetzen des phyſiſchen Cauſalzuſammenhangs fördert." Aber liegt es in dieſen Begriffen nicht klar, daſs nach ihnen die Polizeygeſetzgebung und die richterliche Gewalt der Polizey, das ganze Gebiet der Geſetzgebung und richterlichen Gewalt umfaſſen müſſe? Der Unterſchied zwiſchen der Polizey und Juſtiz liegt ja nach dem Vf. nicht in gewiſſen Objecten, ſondern bloſs darin, daſs die Eine den Staatszweck nach *rechtlichen* Grundſätzen fördert, die andere aber nach den Geſetzen des *phyſiſchen Cauſalzuſammenhangs;* und die Eine muſs ja alle Objecte, welche ſie ihrer Natur nach überhaupt umfaſſen mag, eben ſo gut umfaſſen, wie die andre, jede behandelt ihre Objecte nur auf die ihr eigene Weiſe. Daſs aber in dem Weſen der Polizey ein Grund enthalten ſey, der ihre Wirkſamkeit bloſs auf die angegebenen Objecte beſchränkte, iſt nirgends nachgewieſen: denn der vom Vf. (S. 285.) angegebene Rechtfertigungsgrund: Es ſey ſchon ein Gebot der Juſtiz, daſs die Objecte des Rechts nicht von Menſchen verletzt werden ſollen, und nichts würde unphiloſophiſcher ſeyn, als die Einheit gewiſſer Geſetze, deren ganzes Syſtem von den Principien Einer höchſten Inſtanz abhängt, und zu deren Publication oder Sanction jede fremde Inſtanz unnöthig iſt, dadurch zu zerſplittern, daſs man ſie an verſchiedene Dicaſterien vertheilte, — dieſer Grund iſt offenbar ſo gut wie keiner, er beweiſt wirklich bey weitem mehr als der Vf. durch ihn beweiſen will: Nach ihm gebührt genau genommen der Polizey gar keine Theilnahme an der geſetzgebenden und richterlichen Gewalt; ſelbſt auch in den vom Vf. angegebenen Fällen nicht; was auch das Richtigere iſt. *Grolman*, *Tittmann*, *Fichte*, *Beck* und *Lüder* verdienen wahrlich den Tadel nicht, den ſich der Vf. hier erlaubt. Die Theorie des Vfs. fällt am Ende mit den von ihnen gemachten Unterſchieden zwiſchen Criminal- und Polizeygeſetzen zuſammen; denn die Objecte, welche der Vf. der Polizeygeſetzgebung zutheilt, ſind wirklich keine andern, als diejenigen, welche ihr anheim fallen, wenn man mit *Grolman* und *Tittmann* die Polizeygeſetzgebung bloſs auf das bürgerliche Wohlbefinden beſchränkt, oder mit *Fichte*, *Beck* und *Lüder*, und den meiſten übrigen Polizeyſchriftſtellern, auf Verhütung gewiſſer Verletzungen des Rechts. Und ſehr recht hat übrigens *Beck*, wenn er der Polizey überhaupt verbietet, die Functionen der richterlichen Würde ſich je anzumaſsen, wiewohl ſeine, für dieſs Verbot angegebenen, Gründe nicht ausreichend ſind. Der Hauptgrund, daſs ſie dieſs nicht thun darf, liegt nicht darin, daſs die Polizey hier als Richter in ihrer eigenen Sache erſcheint, — was *Beck* angiebt, — ſondern in der oben von uns entwickelten eigenen Form ihrer Wirkſamkeit für die Realiſirung des Staatszwecks, und in ihrem eigenthümlichen Charakter.

Die ſogenannten *individuellen und feinern Rückſichten des polizeylichen Geſetzgebers*, welche im *vierten* Abſchnitte angedeutet werden, ſind weiter nichts, als einige ganz in der Natur der Sache liegende, oder auch längſt bekannte, Regeln für das Benehmen der Polizey, oder vielmehr der höchſten Gewalt überhaupt, bey ihrer Wirkſamkeit für den Staatszweck. Nämlich *erſtens* daſs der polizeyliche Geſetzgeber auf die beſondern Verhältniſſe ſeines Staats Rückſicht nehmen müſſe: denn (S. 319.) ein Univerſal-Codex der Polizey, der für alle Staaten tauglich ſeyn ſoll, ſey eine eben ſo ungeheuere Schimäre, als eine Univerſal-Eſſenz für das zahlloſe Heer der menſchlichen Krankheiten;" *ferner*, daſs er ſich nicht in dem Princip vergreifen ſolle, nach welchem er ſeine Geſetze entwirft; *drittens*, daſs er möglichſt die Freyheit der Bürger zu ſchonen habe; denn (S. 340.) „auf Freyheit iſt die Vollkommenheit der Intelligenz, wie die Fülle und Veredelung der ſinnlichen Genüſſe, gegründet, und mit jedem Grade, um welchen der Despotismus dieſe Freyheit verkümmert, ſinkt der Menſch näher zum phyſiſchen Mechanismus, oder doch zur Thierheit herab." (Sehr wahr. Nur hätte dieſs der Vf. ſelbſt beſſer beherzigen, und die Polizey durch das derſelben übertragene Geſchäft der Modification und Rectification der Geſetze des Rechts nicht gleichſam autoriſiren ſollen, den Menſchen auf eine ſolche Weiſe herab zu würdigen.) *Viertens*, daſs er die Volksreligion nie als eine gleichgültige Sache betrachten ſolle, denn „nichts dürfe ihm wichtiger ſeyn, als daſs die bürgerlichen Pflichten auch *um Gottes willen* geſchehen;" und endlich *fünftens*, daſs er ſuchen ſolle unter ſeiner Nation eine groſse Anhänglichkeit an ihr Vaterland zu erzeugen. — Alles ſehr gute Anweiſungen, nur iſt dabey immer die Hauptfrage: *wie geſchieht das?* worauf ſich der Vf. jedoch nicht eingelaſſen hat. Die nebenher angebrachten Bemerkungen über *Montesquieu's* bekanntes Urtheil über den Unterſchied zwiſchen Polizey und Juſtiz hätte ſich der Vf. erſparen können. Jenes Urtheil verdient die Aufmerkſamkeit nicht, welche man ihm eine Zeit lang geſchenkt hat. Es zeigt vielmehr klar, daſs *Montesquieu* das Weſen der Polizey eben ſo wenig richtig begriffen habe, als der Vf.

ERDBESCHREIBUNG.

HAARLEM, b. Bohn: *Reize naar de Middellandſche Zee*, in de Jaren 1777—1779. door *Cornelius de Jong*. 1806. 286 S. 8.

Dieſe Reiſe iſt freylich ſchon vor einigen dreyſsig Jahren gemacht; ſie bietet daher natürlich nur veraltete

altete Notizen dar. Indeſſen hat ſie dennoch als lebhafte Darſtellung des Seelebens, beſonders auf holländiſchen Kriegsſchiffen, einen entſchiedenen Werth. Zudem verſetzt man ſich nicht ohne Vergnügen in jene früheren Zeiten zurück. Hollands damalige Lage, und damaliger Handel, wie viel Stoff zu Parallelen aller Art! Endlich ſtöſst man auch auf mehrere Notizen, wodurch manches frühere Verhältniſs aufgeklärt wird. Der Vortrag iſt angenehm, die etwanige Geſchwätzigkeit mag durch die Briefform zu entſchuldigen ſeyn. Wir fügen einige ausgehobene Bemerkungen hinzu. S. 3. Der Tag wird auf den Schiffen von einem Mittage zum andern gerechnet, und in ſechs Wachten, jede von vier Stunden abgetheilt. Die erſte, oder die Nachmittagswacht geht alſo von 12—4 Uhr; die zweyte, oder die Plattfuſswacht von 4—8; die dritte, ſehr uneigentlich die erſte Wacht genannt; von 8—12; die vierte, oder die Hundewacht von 12—4; die fünfte, oder die Tagwacht von 4—8; und endlich die ſechste, oder die Vormittagswacht, von 8 Uhr Morgens bis Mittag. Jede dieſer vierſtündigen Wachen wird wieder in acht halbe Stunden oder Gläſer abgetheilt, weil man ſich einer Sanduhr dabey bedient. So wie nun die halbe Stunde um iſt, wird es mit lauter Stimme, und auf der Schiffsglocke angezeigt: Ein Glas! zwey Gläſer! ſechs Gläſer u. ſ. w. und eben ſo viel Glokkenſchläge dazu. Zu gleicher Zeit rufen ſich ſämmtliche Schildwachen ihr: alles gut! alles gut! auf allen Poſten des Schiffes zu; was denn zuſammen, von einer halben Stunde zur andern, einen gewaltigen Lärmen macht u. ſ. w. S. 13. Ein Matroſe verſtarb an einer ſtarken Contuſion, die er von einem Segel bekam. Nach gemachter Anzeige ward der Leichnam auf das Verdeck gebracht, in die Hangmatte der Verſtorbenen, mit einer gewiſſen Quantität Ballaſt zu den Füſsen eingenäht, auf das Vordertheil des Schiffes getragen, und mit einer Flagge bedeckt. Kurz vor zwölf Uhr erſchien nun der Schiffsprediger, ſprach ein Gebet, und ſtimmte mit dem ganzen verſammelten Volke den neunzigſten Pſalm an. Nach Beendigung dieſes Geſanges, ward die Leiche auf ein Bret gelegt, woran ein Tau befeſtigt war, und auf den oberſten Rand des Steuerbords geſetzt. Die Mannſchaft entblöſste ihre Häupter, der zweyte Steuermann rief: Eins! zwey! drey! In Gottes Namen, ſchob das Bret über Bord, ſo daſs der Leichnam langſam hinunter ſank, und holte dann das Bret an dem Taue wieder herauf. — S. 16. Auf dem Felſen von Eddyſtore, am Eingange der Bucht von Plymouth, haben ſich die zwey Wächter des Leuchtthurmes ein kleines Gemüſegärtchen angelegt, auch pflegen ſie bisweilen in der Nähe ihres Felſens zu fiſchen, wozu ein Boot vorhanden iſt, das alle Nachte an den Thurm hinaufgewunden wird. — Auf der Höhe von Oueſſant zeigte es ſich, daſs die Beſtimmung der Fregatte Liſſabon, Marſeille und Conſtantinopel war. S. 26. Bey der Paſſirung der Berlingas, einer Reihe niedriger Klippen an der portugieſiſchen Küſte, pflegt auf jedem Kriegs- und Kauffarthey-Schiffe ein Waſſerfeſt ſtatt zu haben, wobey es auf eine Taufe, manchmal wohl gar auf eine Sündfluth ankommt, der niemand, vom Capitän bis auf die Schiffsjungen entgehen kann. Wer ſich indeſſen loskauft, was natürlich der Capitän, die Officier, u. ſ. w. ſehr gerne thun, wird mit der Hauptladung verſchont, und kommt mit einem naſſen Rocke davon. Dieſer Taufe iſt übrigens alles, ſelbſt das Schiff, die Hunde, die Katzen u. ſ. w. unterworfen, alles muſs durchaus triefend ſeyn. Am übelſten ſpielt man meiſtens den armen Jungen mit. Man bindet ihnen nämlich die Hände über dem Kopfe zuſammen, ſetzt ihnen in jeden Aermel einen Trichter, und gieſst ihnen ſo eine ganze Fahrt auf den Leib. Ja zuweilen ſteckt man wohl gar noch einen Trichter oben bey dem Rockkragen hinein, wo dann der arme Täufling beynahe erſaufen muſs. Ein andermal ſetzt man die Jungen unter Körbe, und gieſst ein halbes Dutzend Eymer Waſſer darauf, und dergleichen mehr. — S. 111. Die Fregatte lief in der Bay von *Zea* ein; der Vf. begab ſich mit einigen Freunden ans Land, und machte eine Partie nach der im Innern liegenden Stadt. Man kann ſich nichts ſonderbareres denken, als die Bauart dieſes Orts. Es ſind ungefähr 28 Häuſer zuſammen, und dieſe ſind am Abhange eines ſteilen Berges, eines über das andere gebaut, ſo daſs das Ganze gerade wie eine Treppe ausſieht. Die Täuſchung iſt um ſo vollkommner, da alle dieſe Häuſer viereckigt mit platten Dächern verſehen, und ſehr niedrig ſind. S. 122. Der Wind ward ungünſtig; und bey dieſer Gelegenheit erzählt der Vf. eine luſtige Anekdote von dem Aberglauben ihres franzöſiſchen Lootſen. Dieſer Mann hatte nämlich St. Jacob zu ſeinem Schutzpatron erwählt, und dieſem, wie er tauſendmal verſicherte, die Fregatte zu beſonderm Schutze empfohlen. So lange nun der Wind gut war, hatte auch St. Jacob die beſte Zeit, und wurde *in effigie* auf alle Art und Weiſe verehrt. Als aber Gegenwind eintrat, als dieſer beſonders anhaltend ward, da ergieng auch über den armen Heiligen ein ſehr ſcharfes Gericht. Von Vorwürfen kam es zum Schimpfen, vom Schimpfen zum Prügeln, ja ſogar zum Kielholen ganz auf Schifsmanier. Der Vf. ſagt daſs der arme Heilige, einmal über eine halbe Stunde lang im Meere lag, und am Ende noch obendrein derbe Püffe bekam. — S. 186. Die Fregatte lief in der Bay von Coron (auf Morea) ein. Hier ſind die waldigten Hügel mit einer ungeheuren Menge Wachteln bedeckt. Dieſe Vögel werden hier eingeſalzen, nachdem man ſie gerupft, gehörig gereinigt, am Rücken aufgeſchnitten und ganz platt gedrückt hat. Sie halten ſich auf dieſe Art vortrefflich, und geben, in Butter gebacken, eine ſehr gute Schüſſel ab. Sie müſſen jedoch eine Nacht vorher in friſchem Waſſer liegen, ſonſt bleiben ſie hart, und von zu bitterem Geſchmack. Eben daſelbſt fand der Vf. einen Bach, der ganz mit Schildkröten angefüllt war. Er lieſs einige davon für ſich fangen, nahm ſie mit an Bord, und machte ſie allmälig ſo zahm, daſs ſie auf ein leiſes Klopfen zu ihm kamen, ihm aus der Hand fraſsen, und dergleichen mehr. Oft lieſs er ſie

Wochen-

Wochenlang ohne Waſſer, und ſie befanden ſich eben ſo wohl als vorher; ja zu viel Waſſer ſchien ihnen ſogar zuwider zu ſeyn. Eben ſo hatte der Vf. aus Smyrna ein Chamäleon mitgenommen, das ihm beym Schreiben oder Eſſen auf dem Arme ſaſs, Suppe aus ſeinem Löffel ſchlürfte, u. dergl. m. — Doch genug! Wir bemerken nur noch, daſs dieſe Reiſe die erſte Seereiſe des Vfs. geweſen iſt, daſs ſie mit einigen andern, künftig anzuzeigenden, nach Weſtindien, u. ſ. w. gewiſſermaſsen in Verbindung ſteht, und daſs ſich der Vf. ſpäterhin, durch eine ſehr gediegene Reiſebeſchreibung nach dem Vorgebirge der guten Hoffnung u. ſ. w. bekannt gemacht hat, die in der Hamburger Sammlung von Land- und See-Reiſen (b. Hofmann) überſetzt zu finden iſt.

LITERARISCHE NACHRICHTEN.

I. Gelehrte Geſellſchaften.

Am 29. October hielt die von Sr. Herzogl. Durchlaucht zu Sachſen-Weimar und Eiſenach ſanctionirte *Societät für die geſammte Mineralogie zu Jena* im daſigen Schloſſe abermals eine öffentliche Sitzung. Hr. Bergrath und Prof. *Lenz*, als Director der Geſellſchaft, eröffnete dieſelbe mit einer Abhandlung: *über den Amianth*, *Asbeſt*, *Bergkork und Bergholz.* Hierauf las Hr. Dr. *Panzner*, zeitiger Secretär der deutſchen Nation, eine vom Hn. Bauinſpector *Sartorius* zu Wilhelmsthal bey Eiſenach eingeſandte Abhandlung: *über das vermeintliche Wachsthum der Felſen*, und Hr. Dr. *Brecht* eine Abhandlung *über die Walkererde* vor; worauf Hr. Hofcommiſſär *Fiedler*, beſtändiger Secretär der Geſellſchaft, die Verſammlung mit der Lebensgeſchichte des für die Wiſſenſchaften und für die Geſellſchaft zu früh verſtorbenen Profeſſor *Johann Paul Nuſch* zu Sáros Patak in Ungern unterhielt. Folgende Herren wurden nun hierauf von dem Hn. Director *Lenz* zu Mitgliedern der Societät aufgenommen, und zwar 1) zu hieſigen Ehrenmitgliedern: Hr. Ober-Amts-Hauptmann *v. Buchwald*, Hr. Hofrath und Prof. *Schmid*, Hr. Prof. *Schöman*; 2) zu auswärtigen Ehrenmitgliedern: Hr. Präſident *Neff* zu St. Gallen, Hr. *Wetter*, Mitglied der Bergbaucommiſſion zu St. Gallen; 3) zu ordentlichen hieſigen Mitgliedern die Hnn. *Stemler*, *Müller* und *Bona*, ſämmtlich Candidaten der Medicin; 4) zu auswärtigen ordentlichen Mitgliedern: Hr. *Zuber*, Verwalter bey der Bergbaugeſellſchaft zu St. Gallen, und Hr. *Scherrer*, Mitglied der Bergbau-Commiſſion zu St. Gallen; 5) zu correſpondirenden Mitgliedern: Hr. *Schintzer*, Director der Bergbau-Commiſſion zu St. Gallen und Hr. Bergmeiſter *Schmidt* zu Bieber.

II. Todesfälle.

Am 26. September ſtarb *Albrecht Heinrich Baumgärtner*, königl. preuſsiſcher Kriegsrath und Reſident im fränkiſchen Kreiſe, wie auch fürſtl. brandenburgiſcher Kammerrath, und erſter königl. preuſsiſcher Kammeramtmann zu Erlangen in Frauenaurach, in ſeinem 67ſten Lebensjahr. Im Herbſt des J. 1803. erhielt er auf ſein Anſuchen ſeine Entlaſſung, mit Beybehaltung ſeines Gehaltes, und privatiſirte ſeitdem in der Stadt Erlangen. Er war ein biederer, edel geſinnter, thätiger und dienſtfertiger Mann, im Beſitz ſeiner Studien, und Kenner der griechiſchen, römiſchen, franzöſiſchen und engliſchen Sprachen. Als Schriftſteller machte er ſich, unter andern, bekannt durch eine mit Anmerkungen verſehene Ueberſetzung der alten griechiſchen Kriegsſchriftſteller, durch die aus dem Engliſchen überſetzten Ruinen von Päſtum, durch die Geſchichte der vier älteſten Götter des Orients u. ſ. w. Er hinterlieſs in Handſchrift unter andern eine Ueberſetzung der griechiſchen Erotiker und eine Geſchichte und Statiſtik des Bayreuthiſchen Amtes Bayersdorf, wo er, vor ſeiner Verſetzung nach Frauenaurach, Beamter war. Er lieferte auch eine Zeit lang Beyträge zu unſerer A. L. Z. Mehr von ihm ſehe man in *Fikenſcher's* gelehrtem Fürſtenth. Bayreuth. Band I. S. 71—76.

Am 8. October ſtarb *Johann Friedrich Düſchmann*, Rector der Schule zu Tangermünde.

Am 24. Oct. ſtarb *Joſeph Aloys Schmittbaur*, Oberkapellmeiſter zu Carlsruhe, in einem Alter von 91 Jahren. S. ſein Leben in der *zweyten* Ausgabe von *Meuſels* deutſchem Künſtlerlexicon.

Am 30. Oct. ſtarb *Johann Melchior von Birkenſtock*, kaiſerl. königl. Hofrath, Beyſitzer der k. k. Büchercenſurcommiſſion, wie auch ſeit 1792. Referent in Studienſachen bey der Böhmiſch-Oeſtreichiſchen Hofkanzley zu Wien, 71 Jahre alt. Ein um den Oeſtreichiſchen Staat höchſt verdienter Mann! Irrig ward er ſchon im J. 1801. todt geſagt.

Am 18. November ſtarb zu Greifswald der Director des Conſiſtoriums und Profeſſor der Rechte Dr. *D. W. Warnekros*.

ALLGEMEINE LITERATUR-ZEITUNG

Donnerstags, den 21. December 1809.

WISSENSCHAFTLICHE WERKE.

GESCHICHTE.

Altona, b. Hammerich: *Chronik des neunzehnten Jahrhunderts*, von *G. G. Bredow*, Professor der Geschichte zu Helmstädt (jetzt zu Frankfurt an der Oder). *Erster* Band, enthaltend die Jahre 1801. 1802 u. 1803. 1805. IV u. 746 S. 8. *Zweyter* Band, enthaltend die Jahre 1804 u. 1805. 1807. 1278 S. *Dritter* Band, 1806. Ausgearbeitet von Dr. *Karl Venturini*, herausgegeben von *G. G. Bredow*. 1809. VI u. 626 S. Jeder einzelne Jahrgang mit einem besondern Titel und einem *tabellarischen Register der Begebenheiten des Jahres*. Fol. (Ladenpreis für alle drey Bände 8 Rthlr. 4 gr.)

Da die Anzeige dieses so nützlichen als reichhaltigen Werkes in unsrer A. L. Z. bis jetzt durch zufällige Umstände verspätet worden ist: so kann ihre Absicht gegenwärtig nicht mehr dahin gehn, unsre Leser mit der Erscheinung desselben erst bekannt zu machen, vielmehr hoffen wir, dass es sich längst in den Händen aller Deutschen, denen es um eine gründliche Kenntniss der ausserordentlichen Geschichte unsrer Zeit zu thun ist, befinden werde. Für eine ausführliche *Beurtheilung* hingegen scheint es uns jetzt, da es nun schon zu einem so beträchtlichen Umfang gediehen ist, der rechte Zeitpunkt zu seyn, und auf eine solche hat das Werk sowohl durch die Grösse und Wichtigkeit seines Plans, als durch die Vortrefflichkeit der Ausführung den gegründetsten Anspruch zu machen. Je weniger es jetzt schon Zeit ist, eine eigentliche *Geschichte* der Revolutionen schreiben zu können, welche aus dem Mittelpunkt der französischen Revolution für das gesammte europäische Staatensystem hervorgegangen sind, um desto verdienstlicher muss das Unternehmen seyn, die ungeheure Masse der einzelnen Begebenheiten, welche zusammen jene beyspiellosen Erscheinungen in der politischen Welt vor unsren Augen gebildet haben, mit historischem Sinne zu ordnen, und, so weit es jetzt schon geschehn kann, mit philosophischem Geiste die Motive dieser Ereignisse zu entwickeln, um dadurch einem künftigen Historiker diejenige Vorarbeit zu liefern, welche die nothwendige Grundlage einer *pragmatischen Universalgeschichte unsrer Zeit* seyn muss. Es ist daher für die Wissenschaft der Historie überaus erfreulich, dass sich einer solchen Arbeit einer unsrer verdienstvollsten Gelehrten in diesem Fache des menschlichen Wissens, unterzog, der, innigst vertraut mit dem historischen Geiste der Alten, um so mehr dazu berufen war, je ähnlicher der Charakter unsrer neuesten Zeitgeschichte dem der Geschichte des Alterthums zur Zeit eines *Alexander* und *Cäsar* ist. Der Titel, den er seinem Werke gegeben hat, drückt viel zu bescheiden den Inhalt desselben aus. Es enthält keineswegs eine blofs chronologische Zusammenstellung der einzelnen Thatsachen aus der Geschichte der ersten Jahre des gegenwärtigen Jahrhunderts, sondern eine fortlaufende und sehr geistreich raisonnirende Erzählung derselben. Es enthält daher zugleich einen reichen Schatz eigenthümlicher historischer Ansichten, sowohl über die Begebenheiten, als auch der in ihnen handelnden bedeutendsten Personen, ja mehrere ganze für sich bestehende Abhandlungen, z. B. über das französische Civilgesetzbuch, über *Gall's*-Entdeckungen, die Organe des Gehirns betreffend, und über die neuesten Fortschritte der Jurisprudenz, Medicin, Physik, Chemie u. s. w., die wir jedoch, so interessante Ansichten des *wissenschaftlichen* Zeitgeistes sie auch gewähren, um ihrer Ausführlichkeit willen nicht wohl mit dem Zweck und Plan des Werkes, selbst wenn wir von seinem Titel absehen, in Uebereinstimmung bringen können. Wenn nun auf diese Weise der Inhalt des Buchs der Wahl seines Titels auch nicht entspricht: so fällt dieses doch sehr zum Vortheil der Leser aus: denn wer sähe es nicht gern, dass ihm bey einem Kaufe mehr gegeben wird, als er nach dem Angebot zu erhalten berechnen konnte? Die Arbeit des verdienstvollen Vfs. aber wurde natürlich dadurch noch um Vieles erschwert, und wer, wie Rec. aus eigner Erfahrung es weiss, welche Mühe es kostet, sich aus dem Heer unsrer dermaligen politischen Journale und Zeitungen, auch nur für Ein Jahr, ein vollständiges chronologisches Register über die Tagsbegebenheiten auszuziehn, der wird bey der Lectüre dieses, mit eben so viel historischer Genauigkeit als lehrreicher Darstellung geschriebenen, Werkes innig anerkennen müssen, dass Hr. *B.* darin das Geschäft des Geschichtsforschers mit dem des Geschicht*schreibers* auf das Rühmlichste verbunden hat. Eine tief eindringende Kenntniss und kritische Benutzung der Quellen ist überall unverkennbar, obgleich der Vf. sie nicht durchgängig citirt hat, was eben so, wie eine Anführung der in jedem Jahre erschienenen politischen Literatur, sehr wünschenswerth gewesen seyn würde. Die Dar-

Darſtellung aber zeichnet ſich durch eine lichtvolle Anordnung der Begebenheiten, die, bey der überhäuften Menge und vielfachen Verwicklung ihres innern Zuſammenhangs, in einer ſolchen *ſynchroniſtiſchen* Erzählung gewiſs nicht geringe Schwierigkeiten hatte, und durch eine einfache, jedoch würdevolle, correcte und lebhafte, Schreibart aus, die dem Intereſſe der Gegenſtände vollkommen angemeſſen iſt, und mit ihnen die Leſer in fortwährender Spannung erhält. Ein beſondres Lob verdient auch der Vf. für die in unſern Tagen immer ſeltner gewordne anſtändige Freymüthigkeit, mit der er bisher geſchrieben hat, und die uns dieſen Schriftſteller, der uns durch ſeinen Geiſt und ſeine Kenntniſſe längſt achtungswerth geworden, auch um des edeln, echt deutſchen Gemüths willen, das ſich darin uns offenbart, höchſt liebenswürdig zeigt. Nach dieſem Urtheil über das Werk im Allgemeinen gehn wir nun zu der Beurtheilung ſeiner einzelnen Theile über, wobey wir das Wenige, was uns in den Anſichten des Vfs. noch berichtigt werden zu müſſen ſcheint, in der Kürze bemerken wollen.

Der *erſte* Band, welcher die Jahre 1801 bis 1803. enthält, beginnt mit einer kurzen Vorrede, worin der Vf. ſich ſehr beſcheiden über ſein Unternehmen, zu dem „das eigne Bedürfniſs ihm den erſten Gedanken gab," erklärt. „Damit der Leſer," ſagt er, „von dem Buche nicht etwas Anderes, als kurze hiſtoriſche Belehrung, erwarte, iſt ihm der Titel: *Chronik*, gegeben worden. Hat auch der Vf. nicht ohne Vergleichung nacherzählt, hat er auch den gemeinen Zeitungsſtil zu vermeiden geſucht: ſo ſchien es ihm doch ſeiner Arbeit oft nur der paſſendſte Sinnſpruch: *relata refero.*" Daſs er in dem Werke ſelbſt *mehr* geleiſtet hat, als dieſe Aeuſserung erwarten läſst, haben wir ſchon erinnert. Doch iſt dieſs vornehmlich bey dem *zweyten* Bande der Fall, wie hier ſchon die ungleich gröſsere Summe der oben angegebenen Seitenzahl deſſelben auf eine viel ausführlichere Behandlung ſchlieſsen läſst. Da Hr. *B.* ſeine Arbeit erſt im Jahre 1804. begann: ſo wollte er natürlich eilen, mit den Jahren ſelbſt in den Gang zu kommen, und hat ſich daher bey ſeiner Darſtellung der erſten drey des laufenden Jahrhunderts kürzer gefaſst, als bey der der folgenden. Doch mag eben dieſe gröſsere Ausführlichkeit wohl hauptſächlich Schuld ſeyn, daſs er auch nachher wieder hinter der darzuſtellenden Zeit zurückgeblieben iſt, wie unſre Leſer daraus erſehn, daſs wir, obgleich der Vf. ſich in dem Hn. *Venturini* gegenwärtig einen Mitarbeiter angenommen hat, doch erſt jetzt die Chronik für das Jahr 1806. erhalten haben. Dieſe Verzögerung ihres Fortgangs, die wir ſehr bedauern, läſst uns um ſo mehr wünſchen, daſs wenigſtens Hr. M. *Dyk* ſeine in unſrer A. L. Z. (1808. Nr. 348.) bereits angezeigte *Chronik des Jahres* 1807. baldigſt auch für die Jahre 1808 und 1809. fortſetzen möge, da es uns an brauchbaren Ueberſichten dieſer neueſten, ſo ereigniſsreichen, Zeitgeſchichte ſonſt noch gänzlich fehlt. Der *erſte* Jahrgang der *Bredow'ſchen* Chronik, 1801, fängt nun, zufolge der Inhaltsanzeigen der einzelnen Abſchnitte des Werks, welche der Vf. durchgehends an den Rand des Textes geſetzt hat, mit einer Darſtellung des *Verhältniſſes der Hauptſtaaten Europa's am Ende des Jahres* 1800. an. Da Hr. *B.* einmal gerade vom Anfang des 19ten Jahrhunderts ausgehn wollte: ſo wäre eine Ueberſicht der damaligen *Lage von Europa*, ſowohl in Betreff der innern als äuſsern Verhältniſſe ſeiner einzelnen Staaten, in der That eine ſehr zweckmäſsige, ja wenn der Faden der Erzählung nicht in der Luft angeknüpft werden ſollte, nothwendige *Einleitung* geweſen. Allein was wir unter jener Ueberſchrift hier erhalten, iſt nichts weniger als ein ſolches *diplomatiſches Tableau*, wie durch dieſelbe angekündigt zu werden ſcheint. Der Vf. reiſst vielmehr, auf gut Homeriſch, den Leſer ſogleich in die Mitte der Begebenheiten hinein, indem er ſeine Darſtellung mit dem am 25ſten December 1800. zwiſchen dem Erzherzog *Karl* und General *Moreau* geſchloſſenen Waffenſtillſtand, und der darauf folgenden Eröffnung des Friedenscongreſſes zu Lüneville, anhebt, woran er nur die Bemerkung anknüpft: daſs bey der damaligen Stimmung eines ſo gerechten als lebhaften Unwillens der ſämmtlichen nordiſchen Mächte, über die Gewaltthätigkeit der engliſchen Kaper und Kriegsſchiffe gegen neutrale Kauffahrer, Oeſtreich allgemeine Billigung hätte hoffen dürfen, auch wenn es, wie es bekanntlich *nicht* der Fall war, *ohne* Erlaubniſs Englands Frieden mit Frankreich geſchloſſen hätte. Wir wünſchten, der Vf. hätte hievon Gelegenheit genommen, gleich im Anfang ſeines Werkes die Entſtehung des politiſchen Verhältniſſes zwiſchen Frankreich und England zu berühren, von dem wir nun ſchon ſeit 16 Jahren mit unſerm *Schiller* ſagen können:

„Zwey gewaltige Nationen ringen
„Um der Welt alleinigen Beſitz."

Denn die Darſtellung dieſes in ſeiner Dauer noch nicht zu berechnenden beyſpielloſen Handelskrieges, in welchem alle die andern gleichzeitigen europäiſchen Kriege nur als aus ihm unmittelbar hervorgehende *Epiſoden* erſcheinen, und auf deſſen endliche Entſcheidung mithin auch *Alles* hinauslaufen wird, kann allein einem Gemälde unſrer Zeitgeſchichte die eigentliche *Haltung* geben, und die Schritte, welche *Napoleon* zu einer immer gröſsern Ausdehnung und innigern Zuſammenſchlieſsung ſeines Continental-Syſtems bisher gethan hat, aus dem *rechten* Geſichtspunkte beurtheilen laſſen; ſo wie die Wiederherſtellung der monarchiſchen Verfaſſung in Frankreich, durch dieſen auſserordentlichen Mann, nur aus einer richtigen Anſicht der franzöſiſchen Revolution, (die, ſelbſt nach dem Willen eines ihrer vorzüglichſten Urheber, *Mirabeau*, keineswegs eines republikaniſchen Geiſtes ſeyn ſollte, wie ſie es denn auch nach dem echten Sinn des Wortes nicht war;) und des franzöſiſchen Nationalcharakters, der ſich, wie gleich die Geſchichte der erſten Nationalverſammlung, geſchweige denn die folgende Zeit, unwiderſprechlich bewies, zu nichts weniger als zu einer auf Volks-

reprirepräsentation beruhenden Regierungsform eignet, vollkommen begriffen werden kann. Nur wenn man über *diese* Punkte mit sich selbst eins geworden ist, lässt sich von der Geschichte *Napoleons und seines Zeitalters* eine von allem Parteygeist und Missverstand unbefangene Ansicht fassen, welche, wie sie die allein richtige, auch zugleich die *beruhigendste* ist, die es für die Zeitgenossen dieser verhängnissvollsten Periode der Weltgeschichte geben kann. Nach einer Schilderung der frohlockenden Stimmung in Wien über den geschlossenen Waffenstillstand, die wir nicht ohne Rührung lesen konnten, eingedenk, dass diese durch die Erlösung aus dem schrecklichsten Kriegselend veranlasste Stimmung unter den biedern Bewohnern jener Kaiserstadt seitdem nun schon zweymal wieder Statt gefunden hat, kommt der Vf. auf den Abschluss des *Lüneviller Friedens*, über dessen, nach seinen wichtigsten Artikeln hier angegebnen, Inhalt er sich jedoch, wie wir ungern gesehn haben, jedes Urtheils enthält. Nur in Betreff des kaiserlichen Schreibens an die sämmtlichen Reichsstände, worin das Verfahren des Kaisers, dass er ohne Mitwirkung des Reiches den Frieden doch zugleich im Namen desselben geschlossen hatte, mit dem Beyspiel des Rastadt-Badenschen Friedens vom J. 1714. entschuldigt ward, bemerkt er sehr wahr, dass dieser Fall in der *Form* wenigstens nicht derselbe gewesen sey. Indess der schmälige Ausgang der letzten so fruchtlosen als langwierigen Rastadter Friedensunterhandlungen hatte wohl die Nothwendigkeit eines solchen Verfahrens sattsam dargethan, und der Lüneviller Friede wurde *daher* auch „mit ungewohnter Schnelligkeit von der Reichsversammlung ratificirt." Der Vf. geht nun zur Geschichte der innern Regierung Frankreichs zu Anfang des J. 1801. über. Erzählung der bekannten Verschwörungen gegen den ersten Consul am 10ten October und 24sten December 1800. und der daraus folgenden Einführung der *speciellen Gerichte* in Frankreich, die freylich schon, wie auch im Tribunat bey dessen Opposition dagegen nicht unbemerkt blieb, ein grosser Schritt zur Wiederherstellung der monarchischen Gewalt waren, den wir aber nicht tadeln können, so bald wir die Nothwendigkeit dieser einmal anerkannt haben. Man muss bey diesem, wie allen folgenden Schritten, welche Napoleon schon als Consul dem Monarchismus entgegen that, nur keinen Augenblick die verzweiflungsvolle Lage des französischen Staats vergessen, zu welcher ihn die Revolution am Ende der Directorialregierung geführt hatte, und in der er ohne das kraftvolle Streben dieses Einzigen nach der Alleinherrschaft unvermeidlich ganz untergegangen seyn würde. Der Vf. wendet nun seinen Blick von Frankreich nach Italien, dessen damalige Lage er mit wenigen, aber sehr treffenden, Zügen schildert. Wenn er indess von dem am 28sten März 1801. zu Florenz geschlossenen Frieden zwischen Frankreich und Neapel sagt, dass dieser Tractat allerdings mit ungewöhnlicher Schonung abgefasst sey, aber wohl nicht Grossmuth der Bewegungsgrund dazu gewesen seyn möchte: so können wir nicht unterlassen, daran zu erinnern, dass, in Rücksicht auf die Willkür, mit welcher *Napoleon* bey der Ueberlegenheit seiner militärischen Gewalt bisher jeden Frieden, den er geschlossen, dictiren *konnte*, der Charakter der *Mässigung* in allen seinen Friedensschlüssen mehr anerkannt werden sollte, als es noch zur Zeit geschehn ist. Wie denn z. B. die östreichische Monarchie doch erst durch *vier* Friedensschlüsse auf ihre gegenwärtige Beschränkung, in der sie gleichwohl noch immer die dritte Macht, ihrem Range nach, in dem europäischen Staatensysteme bildet, zurückgeführt worden ist. Bey der Art, wie der Vf. die Erhebung des Erbprinzen von Parma, *Ludwig*, zum König von Etrurien, diese höchst merkwürdige Begünstigung eines *Bourbon's* durch *Napoleon*, erzählt, wollen wir ein für allemal bemerken, dass er auf die frühern republikanischen Lobpreisungen Napoleons in französischen Journalen eine ernsthaftere Rücksicht genommen hat, als Schriftsteller dieser Art, die sich in ihren Meinungen, wie Wetterfahnen, nach dem jedesmaligen herrschenden Geiste ihrer Regierungen drehen, von dem eigentlichen *Geschichtschreiber* verdienen. Die Darstellung der äussern Verhältnisse des Kirchenstaats, womit er das Gemälde von Italien im J. 1801. beschliesst, führt ihn auf die *Wiederherstellung der katholischen Religion* in Frankreich, welche, wie er sagt, „wohl mehr die Sorge um eigne Sicherheit, als um den Frieden in der Kirche rieth." Diess zugegeben, hätte doch auch die *Nothwendigkeit* der Wiedereinführung des Katholicismus in Frankreich berührt werden sollen, die in der Individualität des französischen Nationalcharakters, wie allein schon die Geschichte des tragischen Vendeekrieges beweist, eben so wesentlich, als die der Wiederherstellung der monarchischen Staatsverfassung, gegründet war; und dass *Napoleon* in allen seinen Regierungsplanen von einer sehr tiefen Kenntniss des französischen Volkscharakters ausgegangen ist, wird wohl kein unbefangner Beobachter läugnen mögen. Auch war der Inhalt des Concordats bekanntlich von einer solchen Art, dass man es wohl nicht eine „allzuhochtönende Prahlerey eines erkünstelten Enthusiasmus" nennen kann, wenn *Portalis* behauptete, dass die religiöse Toleranz dadurch in Frankreich proclamirt worden sey. Endlich hätten wir gewünscht, dass der Vf. Rücksicht auf die Vernichtung der *weltlichen* Macht der katholischen Kirche genommen hätte, wobey *Napoleon* zwar ihren Cultus, aber so, dass an eine Rückkehr der Zeiten der Hierarchie gar nicht mehr gedacht werden kann, in dem französischen Staate wieder hergestellt hat. Hr. *B.* kommt nun auf *England* zu reden, das „im Stolz auf die errungene Meerherrschaft als *Recht* fordern zu dürfen glaubte, wozu seine Obermacht ihm die *Gewalt* gab." Vortrefflich werden die, alles Seevölkerrecht verletzenden, Anmassungen des englischen Cabinets, welche die nordische Convention zur Behauptung der Neutralität nothwendig machten, aus einander gesetzt, und der Geist dieser letztern mit allen ihren Folgen, besonders der Schlacht bey Kopenhagen, dargestellt, wie wir überhaupt

haupt dem Vf. in feiner Anficht der *brittifchen* Politik unbedingt beyftimmen müffen. Er geht hierauf zu der Veränderung über, welche diefe Verhältniffe durch *Alexander's I.* Thronbefteigung erfuhren, der in dem Beftreben, die alten Verhältniffe Rufslands wieder herzuftellen, am 17ten Junius die neue Seefahrtsconvention mit England fchlofs, von welcher der Vf. fehr wahr fagt: „dafs man den braven Dänen wohl einigen Unwillen zu Gute halten mochte, dafs darin gerade *die* Grundfätze aufgegeben waren, für deren Behauptung fie fo edelmüthig Gut und Blut gewagt hatten, dafs fie verlaffen wurden gerade von dem Reiche, deffen drohende Obergewalt fie zum unbedingten Beytritt zu der Petersburger Convention vom 16ten December 1800. gezwungen hatte." Es folgt nun der Beytritt Dänemarks und Schwedens zu diefer Convention, der fpanifch-franzöfifche Krieg mit Portugal, und der *Friede* zwifchen diefen Staaten, wodurch England felbft Frieden zu fchliefsen geneigt ward. Da hierin die Schickfale *Aegyptens* den eigentlichen Ausfchlag gaben: fo ftellt der Vf. die ganze Gefchichte des Verluftes diefer Eroberung *Napoleons* von dem 22ften Auguft 1799. an, wo er Aegypten verliefs, bis zur Zurückgabe Aegyptens an die Pforte im October 1801. zufammen, wobey er folgende fehr beherzigungswerthe Bemerkung macht: „Am meiften Selbftverläugnung mochte es wohl dem Oberconful koften, für die Gewinnung des Friedens (mit England) einen Lieblingsplan aufopfern zu müffen, der *fo fchön* entworfen und deffen Ausführung fo glücklich begonnen war: *Aegypten eine franzöfifche Colonie*, und Vorland für Oftindiens reiche Erzeugniffe. So manche der grofsen Revolutionen in der Staaten- und Völkergefchichte find das blofse Werk des Zufalls und mechanifch wirkender Menfchenkraft, dafs man für die kühnen, doch *wohl* berechneten, Entwürfe grofser Geifter um fo ficherer einen glücklichen Erfolg hofft, ihn wenigftens fo gern wünfcht. Und nur englifche Gewinnfucht, und wer Handelsmonopole vertheidigt, konnte einer franzöfifchen Colonie in Aegypten das Gedeihen *nicht* wünfchen." Die ihrem ganzen Inhalt nach hier angegebnen Londoner Friedenspräliminarien vom 1ften October nennt er einen „diplomatifchen Sieg Bonaparte's, der eben fo glänzend, und ohne Vergleich wichtiger war, als irgend einer feiner frühern Siege auf dem Schlachtfelde." Es folgt hierauf die Angabe der Friedensfchlüffe Frankreichs mit *Rufsland* am 8ten October und der Pforte am 9ten October, denen noch der Friedenstractat mit Algier am 17ten December beyzufügen gewefen wäre. „So wurde *Er*, der die alles zermalmende Revolution mit fo viel Kühnheit als Glück gebändigt, der im kurzen Zeitraum von zwey Jahren Frankreich zur höchften Stufe von Macht empor gehoben, die Könige gefchreckt und verföhnt hatte, auch der *Wiederherfteller des allgemeinen Friedens*." Der Vf. geht nun zu der Eröffnung des Amiens'fchen Friedenscongreffes, dem innern Zuftand Englands, und dann der Verhältniffe der Colonieen und Nordamerika's über, wobey er, um des Zufammenhangs willen, fehr gut das Wefentlichfte aus der frühern Revolutionsgefchichte voran geftellt hat. Hierauf folgen die Unterhandlungen wegen der im Lüneviller Frieden beftimmten Entfchädigungen in Deutfchland, woran der Vf. die Erzählung der Arretirung franzöfifcher Emigranten in Bayreuth anknüpft, die ihm wiederum Gelegenheit giebt, etwas über die Sicherheitsmafsregeln des erften Confuls zu fagen, welche indeffen, unfres Erachtens, bey der bekannten Kühnheit, mit welcher Napoleon auf allen feinen Feldzügen in fchon faft unzähligen Fällen fich der augenfcheinlichften Lebensgefahr blofsgeftellt hat, gegenwärtig kaum noch einer Erwähnung verdienen. Mit einer gedrängten, aber gründlichen, Darftellung der innern und äufsern Angelegenheiten *Hollands* und der *Schweiz* in diefem Jahre, und einem Blick auf den fegensvollen Anfang der Regierung *Alexanders I.*, fchliefst der Vf. diefen *erften* Jahrgang feiner Chronik.

(*Die Fortfetzung folgt.*)

LITERARISCHE NACHRICHTEN.

Beförderungen.

Hr. Prof. *Göß* zu Anfpach hat den Ruf als Rector und Prof. an dem Gymnafium zu Ulm erhalten und angenommen.

Hr. *B. G. Weiske*, bisher Subrector an dem Gymnafium zu Görlitz, ift als Profeffor an die Fürftenfchule zu Meifsen abgegangen.

Die Königl. Akademie der bildenden Künfte und mechanifchen Wiffenfchaften zu Berlin hat Hn. *Langer*, Director der Königl. Baier. Kunftakademie, zu ihrem auswärtigen ordentl. Mitgliede aufgenommen.

Hr. *Arrago*, der mit Hn. *Biot* die Meffung des Meridians in Spanien vollendete, ift an *Lalande's* Stelle zum Mitgliede des franzöfifchen National-Inftituts ernannt worden. (Oeffentlichen Nachrichten zufolge hatte Hr. *A.* bey feiner Rückreife nach Frankreich fehr gefährliche Abenteuer zu beftehn. Zuerft wurde er von den fpanifchen Infurgenten, dann von den Algierern, und zuletzt von den Engländern gefangen, welchen letztern er, durch Hülfe eines Algierifchen Capitäns, entkam.)

ALLGEMEINE LITERATUR - ZEITUNG

Freytags, den 22. December 1809.

WISSENSCHAFTLICHE WERKE.

GESCHICHTE.

ALTONA, b. Hammerich: *Chronik des neunzehnten Jahrhunderts*, von *G. G. Bredow* u. f. w.

(*Fortsetzung der in Num. 345. abgebrochenen Recension.*)

Der *zweyte* Jahrgang für 1802. fängt mit dem Frieden zu Amiens an, dessen Hauptinhalt nach den Artikeln angegeben wird. Von den Urtheilen über diesen Frieden im britt. Parlament sagt der Vf. sehr gegründet, „dass die Sprache der Minister den Erwartungen nicht entsprach, die man in Paris hegte, und Bonaparte's Empfindlichkeit nothwendig reizen musste, so dass man nicht ungerecht die Hauptschuld des neuen Krieges, der 1803. wieder ausbrach; dem englischen Ministerio zuschreibt." Hierauf folgt wieder eine treffliche Ueberficht der *italienischen* Angelegenheiten, die der Vf., was wir sehr historisch gedacht finden, immer zunächst den französischen abhandelt. Die ausserordentliche cisalpinische Consulta zu Lyon, die Constitutionen der neuen italienischen und ligurischen Republik, die Vereinigung Piemonts und Parma's mit Frankreich, die neue Verfassung Toscana's und die Lage Neapels, werden mit einem sehr richtigen und scharfsichtigen politischen Blicke betrachtet. Die am 6. Oct. zu Barcellona vollzogene neapolitanisch-spanische Doppelheirath giebt dem Vf. Gelegenheit, auf *Spanien* zu kommen. „Man rechnet, dass bis Ende des Jahres an 100 Mill. Gold und Silber aus Amerika in den spanischen Häfen angelangt sey. Dennoch blieb das goldreichste der Länder das ärmste. Der einst von Mauren und Juden so fleissig angebaute fruchtbare Boden liegt in grossen Strecken öde, Manufacturen und Fabriken finden sich wenig, und auf 9500 Q. M., unter dem freundlichsten Himmelsstrich gelegen, wohnen vielleicht nicht 10 Mill. Menschen. An genaue statistische Nachrichten ist hier nicht zu denken; wären auch die nöthigen Polizeyanstalten vorhanden, um die Anzahl der Einwohner erkundigen zu können, so würde doch lichtscheue Angst die Bekanntmachung dieser Erkundigungen zurückhalten, nicht sowohl aus Furcht vor Spott oder Neid, als vielmehr nach dem dumpfen angewöhnten Glauben, dass das Volk sich nur *geduldig zügeln* lasse, wenn man es *im Dunkel über Regierung und Staat erhalte.*" Wir haben uns nicht enthalten können, diese leider nur allzutreffende Bemerkung über den traurigen Charakter der letzten spanischen Regierung hier auszuschreiben, um hieran auf die Hoffnungen der neuen Schöpfung hinzudeuten, welche *Spanien* der unendlichen Herrscherthätigkeit Napoleon's zu danken haben wird, und für welche unsre Nachkommen diesen gewaltigen Reformator seines Zeitalters eben so, wie für die in Rücksicht auf Industrie und gesellschaftliche Ordnung schon jezt so wohlthätigen Folgen seiner politischen Wiedergeburt *Italiens* segnen werden. „Im Anfange des Jahres," sagt Hr. *B.*, „war die Hauptaufmerksamkeit gerichtet auf *Amiens* und *Lyon*: nach der Constituirung der *italienischen Republik* und dem *Friedensschlusse mit England* erregte zunächst allgemeines Interesse das *Concordat in Frankreich* (d. h. die Publication desselben), bald darauf *Bonaparte's* Erwählung zum *Consul* der französischen Republik *auf Lebenszeit*, zugleich die *Expedition nach Domingo* und das *Entschädigungswerk in Deutschland*, bis endlich gegen Ende des Jahres die *Schweiz*, das nicht verlassene *Malta*, und der Federkrieg der englischen und französischen Zeitungen allgemeine Besorgnisse erweckten, dass der Friede zwischen Frankreich und England nicht von langer Dauer seyn würde. Gern wandte man auch in diesem Jahre von den heimlichen und offenbaren Kunstgriffen, wie von den Machthandlungen ehrgeiziger Herrschsucht, von der blutigen Unterjochung freyer Menschenrechte, von brittischem Handelsneid, Nationalhass und eifersüchtigem Groll, und vor allen von der beschämenden Demüthigung des deutschen Vaterlandes den Blick ab zu dem friedlich-wohlthätigen Wirken des *guten Alexanders*; und dass auch das deutsche Gemüth insbesondere nicht ohne Aufheiterung bliebe: in *Bayern* begann eine neue Schöpfung." In dieser sehr gut gewählten Ordnung handelt der Vf. nun die fernern Begebenheiten dieses Jahres ab. Ueber das Concordat haben wir uns schon oben erklärt. Der ausführlichen Darstellung seines Inhalts knüpft Hr. *B.* die der neuen Einrichtung des *öffentlichen Unterrichts* in Frankreich an. „Dem deutschen Pädagogen," sagt er," mag an diesem Plane Manches nicht zweckmässig und unvollkommen scheinen, besonders dass die Primär- und Secundärschulen, von denen die Bildung der Mehrzahl des Volkes abhängt, ganz der Willkür der Gemeinden überlassen bleiben; dass Philosophie, Pädagogik, alte Literatur" (*diese* doch wohl nur in Rücksicht der griechischen Sprache, deren Studium jedoch dadurch nichts weniger als *verboten* worden, und sich nach wie vor in Frankreich auch

auch immer erhalten wird) „ja ſelbſt Oekonomie unter den Gegenſtänden der Specialſchulen fehlen, daſs von Seminarien für Lehrer nirgends die Rede iſt, daſs Religion unter den Gegenſtänden des Unterrichts gar nicht genannt wird; doch wurde nur der zuletzt erwähnte Mangel im Tribunat herausgehoben, übrigens ſchien den Franzoſen hier ein richtig abgemeſſener Fortgang, der Unterricht nach dieſem Syſtem eine Pyramide, deren Baſis die gemeinen Studien, deren Gipfel die höhern Wiſſenſchaften bildeten, und *wohlthätig* muſste auch der *unvollkommne* Unterricht wirken, wo *gar kein Unterricht* geweſen war." Eine Bemerkung, die wir ganz unterſchreiben, wie die meiſten des geiſtvollen Vfs., wo ſie nicht ſeine Anſicht der Wiederherſtellung der monarchiſchen Verfaſſung in Frankreich betreffen. So können wir denn auch nicht mit ihm in die, *jetzt* ohnehin ziemlich verhallenden Klagen über die durch Bonaparte's Erhebung zum lebenslänglichen Conſulat vereitelten Hoffnungen von der franzöſiſchen Revolution einſtimmen, indem ſich bey einer richtigen Einſicht in das Weſen dieſer Revolution, ſolche Hoffnungen, die nicht einmal in dem Plane ihrer Urheber lagen, keinesweges faſſen lieſsen. Mit vieler Klarheit und Vollſtändigkeit werden die Verhandlungen wegen des Entſchädigungsgeſchäfts in Deutſchland dargeſtellt; wobey der Vf. nur noch hätte bemerken können, daſs in dem Frieden zu Amiens über die Continentalangelegenheiten überhaupt gar nichts feſtgeſetzt worden war, mithin England ſich von allem Antheil an jenen Verhandlungen ſtillſchweigend los geſagt hatte, und deſshalb Frankreich und Ruſsland allein hierin entſchieden.

Es folgt hierauf eine treffliche Charakteriſtik der öſtreichſchen, bayerſchen und ruſſiſchen Regierung. „Wie Alexander ohne eigennützige Abſichten das Anſehn ſeiner Macht anwandte, um Deutſchlands innere Ruhe zu gewinnen, und Italiens ſchwächere Fürſten zu ſchützen; eben ſo wohlthätig und menſchenfreundlich harrte er aus in der Sorge um das Wohlſeyn und die Bildung ſeiner eignen Unterthanen, und verſprach durch das ganze unermeſsliche Reich auch den Künſten und Wiſſenſchaften einen neuen Himmel und eine neue Erde." Nach einem Ueberblick der damaligen Lage der Siebeninſeln-Republik, der Türkey, Schwedens und Dänemarks, kommt der Vf. auf die traurigen Regierungsrevolutionen in der *Schweiz* während dieſes Jahres, die endlich nur durch die Proclamation Bonaparte's vom 30. Sept.: daſs er ſeinen Entſchluſs, ſich *nicht* in die helvetiſchen Angelegenheiten zu miſchen, zurück nehme, unterſtützt von dem Einmarſch franzöſiſcher Truppen in die Schweiz, beendigt werden konnten. „So wurde," ſagt der Vf., „Gehorſam und Ruhe erzwungen, und die *redlichſten* Schweizer erkannten, daſs *jetzt* nur bewaffnete Macht die fortdauernde Ruhe erhalten könne." In der nun folgenden Darſtellung der berufenen Federfehde der engliſchen und franzöſiſchen Journaliſten, welche den Wiederausbruch des Krieges zwiſchen beiden Mächten gegen das Ende des Jahres vorbereitete, wird einfach, wie es die durch ſich ſelbſt ſprechende Sache verſtattet, gezeigt, daſs die Hauptſchuld davon allein die engliſche Regierung trug, die den Ton dazu ſelbſt angab. Wenn der Vf. aber meint, daſs die franzöſiſche Regierung, ſtatt ihn zu erwiedern, nach dem Beyſpiele *Friedrichs II.*, welcher Pasquille, die zu hoch angeſchlagen waren, niedriger heften lieſs, damit jeder ſie leſen konnte, gar keine Notiz hätte davon nehmen ſollen, ſo hätte er vorher erſt die Frage entſcheiden müſſen: ob *Napoleon damals* ſich auch in der *Lage* befand, um ſo wie *Friedrich* handeln zu *können?*

Die *Chronik des Jahres* 1803. beginnt mit der Beendigung der Entſchädigungs-Angelegenheiten in Deutſchland durch den bekannten Hauptſchluſs der auſserordentlichen Reichsdeputation vom 25. Febr., deſſen vornehmſte Punkte, ſo wie die wichtigſten Veränderungen, die Deutſchland dadurch erhielt, ausführlich dargeſtellt werden. Wir wünſchten, der Vf. hätte dabey bemerkt, wie ſehr der Gang dieſes ganzen Geſchäfts eben ſo, wie früher der des Raſtadter Friedenscongreſſes, dem Geiſte Napoleons die Ueberzeugung von der Fehlerhaftigkeit der Verfaſſung Deutſchlands, in politiſcher Rückſicht, von der ſchon 1790. *Göthe* in ſeinem Fauſt ſang:

> Das liebe, heil'ge röm'ſche Reich
> Wie hält's nur noch zuſammen?

und derentwegen unſer Vaterland ſich eigentlich nie zu einem *ſelbſtſtändigen* Staate erhoben hat, aufdringen muſste. Denn in dieſer Anſicht liegt unſtreitig der vornehmſte Grund zu der Entſtehung des Rheinbundes, der, man mag darüber ſagen, was man will, Deutſchland wenigſtens eine *militäriſche* Einheit gegeben hat, die es vorher nicht hatte, und deren Wirkungen auf ſeine politiſche Exiſtenz nicht zu berechnen ſind. „Der einzelnen deutſchen Staaten Hauptbeſchäftigung war nun, ihre neu erworbenen Provinzen zu organiſiren, und Finanzen und Militärverfaſſung zu ordnen." Wie dieſs geſchah, wird in einer ſehr vollſtändigen Ueberſicht gezeigt, nach welcher der Vf. auf die Veranlaſſungen des neuen Kriegs zwiſchen Frankreich und England kommt, in deren Entwicklung er jedoch über die Beantwortung der groſsen Streitfrage, welcher der beiden Mächte die Hauptſchuld zuzumeſſen ſey, mit ſich ſelbſt noch nicht ganz eins zu ſeyn ſcheint. Er geht von dem Grundſatze aus, daſs die engliſche Regierung wegen der Schritte, die die franzöſiſche ſeit dem Frieden von Amiens that, den Krieg endlich habe wollen müſſen, und doch läugnet er nicht, daſs dieſe Schritte durch das bekannte friedensbrüchige Benehmen Englands hauptſächlich erſt veranlaſst worden ſeyen, ſo wie, daſs Napoleon den Frieden für ſein Land und ſeine Plane eben ſo nothwendig als vortheilhaft erkannt habe. Uebrigens ſind die hier zu berückſichtigenden Thatſachen, in denen man die *Zeiten* ſorgfältig unterſcheiden muſs, getreu und vollſtändig erzählt. Die nun folgende Darſtellung der franzöſiſchen Occupapation Hannovers ist *mehr*, als wir billigen können, zu Gunsten des Grafen *Walmoden* abgefasst. Die militärischen Massregeln, welche dieser achtungswerthe Mann zur Vertheidigung seines Vaterlandes ergriff, zeugten zwar von Gefühlen und Grundsätzen, die ihm als *Menschen* und Officier alle Ehre machen, aber der Unterthan war doch nicht befugt, gegen den ausdrücklichen Befehl der Regierung einen solchen Versuch zu unternehmen, von dem bey der damaligen politischen Constellation der Dinge überdem so leicht voraus zu sehen war, dass er misslingen, und das Unglück des Landes mithin dadurch nur vergrössert werden musste. Der Vf. giebt hierauf einen interessanten Ueberblick der Staaten, welche durch ihre Verhältnisse zu Frankreich in den neuen Krieg gegen England mit hinein gezogen wurden, nämlich Hollands, der italienischen und ligurischen Republik, Parma's, Etruriens, des Kirchenstaats, Neapels, Helvetiens, Spaniens und Portugals. Diess war der Anfang der nunmehr von Napoleon begonnenen, und durch den gegenwärtigen Frieden mit Oestreich vollendeten Ausbildung des *Continentalsystems*, über dessen drückende Folgen man mehr die Fehler der europäischen Regierungen, welche seine Ausführung möglich machten, als den Urheber seiner grossen Idee, der dasselbe bey der Misslichkeit einer Landung in England und der Ueberlegenheit der englischen Seemacht, für die Behauptung und Erhaltung seines Staates als nothwendig erkennen musste, anzuklagen hat. Welche Masse von Elend würde dem festen Europa erspart worden seyn, und welcher ganz andern Gestalt der Dinge dürften wir uns jetzt längst zu erfreuen haben, wären alle Continentalmächte gleich damals freywillig in jene Idee eingegangen, in der wir, wie sie ursprünglich aufgefasst worden, den Plan nicht einer Universalmonarchie, sondern vielmehr eines Staatensystems, demjenigen, wie es der Geist Heinrichs IV. auch schon dachte, nicht unähnlich, erkennen zu dürfen glauben. Die Nothwendigkeit, die Oppositionen, welche England dagegen auf dem Continente zu erregen wusste, bekämpfen zu müssen, machte freylich, dass sich diese Idee in einer ganz andern, als der anfänglich beabsichtigten Richtung entwickelte; aber diess kann uns eben darum in jenem Glauben nicht stören. — Nach einer kurzen Darstellung der gegenseitigen Rüstungen Frankreichs und Englands in Betreff der Landungsprojecte des ersten Consuls, und des Fortgangs des Seekrieges beider Mächte in diesem Jahre, geht der Vf. zu der Schilderung der *innern Lage* Frankreichs über, die er sehr vollständig und charakteristisch durchgeführt hat. Dieser folgt ein eben so treffendes Gemälde der innern Lage Grossbritanniens, der Schweiz und Russlands, und dann eine gedrängte Uebersicht der innern und äussern Verhältnisse der Pforte, Schwedens, Dänemarks und Nord-Amerika's, welcher zuletzt noch eine kurze Notiz über die Revolution in China angeschlossen ist.

(*Der Beschluss folgt.*)

NATURGESCHICHTE.

LUND, b. Lundblad: *Flora Virgiliana*, eller *försök at utreda de Växter, som anföras uti Virgilii Maronis Eclogae, Georgica och Aeneides*: jämte Bihang om *Romarnes Matväxter*, af *And. Jak. Retzius*, Prof. 1809. 207 S. 8.

Was genaue Kenntniss der Pflanzen, richtiges Urtheil und fleissige Vergleichung mit den Stellen anderer Alten, ohne Benutzung der Vorgänger, zur Aufhellung der Botanik der Alten vermögen, das hat der berühmte Vf. hier redlich geleistet. Rec., der die Pflanzen der Alten lange zum Gegenstande seiner Forschungen gemacht hat, kann nicht umhin, den Vf. zu bewundern, dass er so richtig manche Pflanzen errathen, ungeachtet er nicht einmal die kritischen Forscher des 16ten Jahrhunderts, Matthioli, Anguillara und Brasavola, geschweige denn *Martyn*, *Voss* und *Sprengel* benutzt hat. Beide letztere führt er indessen an einigen Orten an. Er wählt die alphabetische Ordnung, in welcher wir ihm folgen, und unsere Bemerkungen hinzufügen wollen. *Aconitum* soll, nach Plinius Beschreibung, *Ranunculus Thora* seyn. Dass das eine *Aconitum* der Alten diese Pflanze ist, hat Rec., vorzüglich durch Dioskorides Beschreibung veranlasst, schon bestimmt. Aber es giebt ein anderes (ἀκόνιτον ἕτερον), welches so beschrieben wird, dass man schwerlich auf etwas anderes, als auf *Aconitum Lycoctonum* schliessen kann. Welches Virgil meine, ist nicht leicht auszumitteln; doch scheint *Retzius* Recht zu haben, wenn er sich mehr für *Ranunculus Thora* bestimmt, weil dieser am leichtesten den Suchenden täuschen kann. Bey *Esculus* ist der Vf. zweifelhaft, was für eine Eiche gemeint sey; *Martyn* und *Sprengel* beziehn es auf *Qu. Robur*. Dass die *Alnus* Virgils nicht unsere *Betula Alnus* (*Alnus glutinosa W.*) ist, sondern *Alnus oblongata*, welche in Italien gewöhnlicher ist, als jene, ist auch schon vor dem Vf. bemerkt worden. *Amaracus* soll, nach ihm, *Teucrium Marum* seyn; Dioskorides giebt ihm φύλλα δασέα καὶ περιφερῆ und vergleicht sie mit der καλαμίνθη λεπτοφύλλος; diess könnte auf jene Art von *Teucrium* gedeutet werden, wenn D. nicht (3, 43.) das μύρον genau beschriebe, und ausdrücklich hinzu setzte, es wachse bey *Magnesia*. So ist es in Spanien gefunden worden; aber, dass es in Italien wachse, bezeugt Niemand. Rec. wird demnach seiner Meinung treu bleiben, *Amaracus* sey *Origanum Majorana*. Bey *Ambrosia* kommt eine interessante Bemerkung vor: Dioskorides giebt ihr einen weinichten Geruch, kleine feine Blätter, blüthenlose Trauben (unscheinbare Blüthen), und sagt, sie werde in Cappadocien zu Kränzen benutzt. Dort fanden aber *Tournefort* und *Sibthorp* neuerlich die *Artemisia fragrans*, womit also *Sprengels* Meinung, der sie zur *Ambrosia maritima* machen wollte, widerlegt wird. Ueber *Amomum* (das viel bestrittene) finden wir hier gar nichts; der hallische Botaniker hat es fast zur Gewissheit gebracht, dass es *Cissus vitiginea* sey. Das *Apium* Virgil's soll, nach

nach *Retzius*, Peterfilie feyn; aber es heifst ja: *Virides apio ripae* (*georg.* 4, 121.), und *apium amarum* (*ecl.* 6, 68.). Beides pafst beffer auf *Apium graveolens*. Peterfilie wächft nur in Sardinien wild. Ueber *Baccar* weifs der Vf. nichts zu fagen, und erfchwert fich vorzüglich dadurch die Unterfuchung, dafs er die βάκχαρις des Diofkorides damit verbindet. Die letztere fand *Rauwolf*; es ift *Gnaphalium fanguineum*. Aber Virgils *Baccar* fcheint doch eher *Valeriana celtica*, die Narde, zu feyn. Die *Cafia* hält *R.* für Lavendel; dazu pafst aber der Zufatz *viridis* nicht. *Martyn* hat, nach dem Anguillara, fehr wahrfcheinlich gemacht, dafs es *Daphne Cneorum* ift. Der Vf. fetzt fich dagegen, weil diefe Pflanze eine brennende Schärfe habe; aber die Bienen befuchen nur die Blüthe. Die Lavendel kommt allererft mit Sicherheit beym Hefychius als λαβανις vor; zweifelhaft wird das ἴφυον des Theophraft dahin gezogen. Dafs die *Centauria graveolentia* unfere *Centaurea Centaurium* find, bezweifelt der Vf. noch, aber *Clufius* Befchreibung der Wurzel pafst doch genau. Auch bey der *Cerinthe* entftehn dem Vf. Zweifel, ob es wirklich die Linnéfche fey; aber das *ignobile* geht wahrfcheinlich auf die verfteckte Blume. Dafs Virgils *Cicuta*, woraus die Pans-Pfeifen gemacht wurden, nicht *Cicuta virofa* feyn könne, glaubt der Vf. auf Plinius Zeugnifs annehmen zu können, der, wie Cato, fagt, fie wachfe unter dem Getreide, und habe feinere Blätter als Coriander. Rec., der fonft auf Plinius Ausfage in der Pflanzenkenntnifs wenig Gewicht legt, möchte doch hier auch auf eine andere Doldenpflanze mit hohlen Stängeln, etwa auf *Chaerophyllum bulbofum* oder *Conium maculatum* fchliefsen. *Cucumis*, welches *Vofs* Melonen überfetze, fey wahrfcheinlicher die Gurke: denn jene fey damals noch nicht bekannt gewefen. Diefs ift unrichtig; aus *Athen.* 2, 27. geht hervor, dafs der σικύς, σικυος der Hippokratifchen Schriftfteller und des Theophraft nichts anders, als unfere Melone ift; die Gurke hiefs κολοκύνθη beym Theophraft und Diofkorides. Schwerlich würde Tiberius auch Gurken unter Specularftein haben treiben und ziehen laffen. Beym *Hyacinthus* geht der Vf. mehrere Meinungen durch, ohne fich ausfchliefsend für eine zu beftimmen. Doch ift die wahrfcheinlichfte, dafs es *Gladiolus communis* ift. Dafs die *mala aurea* (*ecl.* 8, 53.) Pomeranzen feyen, wie der Vf. glaubt, will uns nicht einleuchten. Zwar wurden fchon zu Theophrafts Zeiten die medifchen Aepfel in Töpfen gezogen, und Virgil fpricht von Aepfeln der Hefperiden; aber eher find Citronen als Pomeranzen gemeint, und jene goldnen Aepfel find weit eher die gewöhnlichen oder die Quittenäpfel (*Chryfomela* Plin.). Unter der *nux*, *quae ramos curvat olentes* (*georg.* 1, 188.) verfteht der Vf., wie *Martyn*, ausfchliefslich die Wallnufs. Allein *Vofs* überfetzt Mandelbäume, und bemerkt fehr richtig, dafs man alle Arten von Nüffen darunter verftehen kann. Wenigftens paffen die hängenden Aefte mehr auf den Mandelbaum und die Hafelftaude, als auf die Wallnufs. *Saliunca humilis* (*ecl.* 5, 17.) wird vom Vf. *Valeriana fupina* genannt, von der *Allioni* die *V. Saliunca*, die auf den Apenninen häufig wächft, noch unterfcheidet. *Herba fardoa* (*ecl.* 7, 41.) wird für *Ranunculus fceleratus* genommen; allein *Sprengel* hat aus dem Diofk. 2, 206. bewiefen, dafs es eher auf *Ranunculus hirfutus All. Philonotis Retz.* pafst, welche Pflanze *Anguillara* in Etrurien häufig fand, und die eben fo fcharf ift.

Angehängt ift die Ueberfetzung einer Differtation: *de plantis cibariis Romanorum*, die von gleicher Sachkenntnifs und Gelehrfamkeit zeugt, obgleich wir die Benutzung von *Bapt. Fierae, coena notis illuftrata ab Avantio* (*Patav.* 1649. 4.) vermifst haben. Es werden die Getreidearten, die Küchen-Gewächfe, die Obftarten, die Futterkräuter und Gewürzpflanzen befonders angegeben. Dafs auch hier noch immer viel zu ftreiten übrig bleibt, verfteht fich von felbft. So ift *Siligo* nach dem Vf. Winterweizen; Rec. hat es fonft für Rocken genommen. Das *Secale* des Plinius mufs wohl etwas anders feyn, weil es als höchft bitter und dem Magen befchwerlich gefchildert wird. Es wird wiederholt, dafs Plinius zuerft unter *Melopepo* die Melonen befchreibe, und Palladius ihren Anbau zuerft lehre. Mohrrüben kommen zuerft im Apicius als *Carotae* vor; aber das *Sifer* des Columella ift fchwerlich etwas anders; dagegen das *Sifer*, welches Tiberius alle Jahre aus Deutfchland kommen liefs, die Zuckerwurzel, *Sium Sifarum*, ift.

LITERARISCHE NACHRICHTEN.

Beförderungen.

Hr. *Joh. Jakob Horner*, Profeffor zu Zürich, älterer Bruder des ruffifchen Hofraths, *Joh. Cafpar Horner*, der kürzlich zu Zürich Profeffor an dem *Collegium humanitatis* geworden ift, ward von dem Senate zu Zürich zum *Infpector Collegii alumnorum*, anftatt des Kirchenraths *Salomon v. Birch*, gewählt, und behält zugleich fein Profefforat am Carolinum bey, das er bequem daneben verwalten kann.

Der Prediger *Schulze* in Spandau geht als Prediger nach Cremmen in der Mittelmark.

ALLGEMEINE LITERATUR-ZEITUNG

Sonnabends, den 23. December 1809.

WISSENSCHAFTLICHE WERKE.

GESCHICHTE.

ALTONA, b. Hammerich: *Chronik des neunzehnten Jahrhunderts*, von *G. G. Bredow* u. s. w.

(*Beschluss der in Num. 346. abgebrochenen Recension.*)

Der *zweyte* Band dieses gehaltvollen Werkes, welcher die Jahre 1804. und 1805. umfasst, hat keine Vorrede. In einer Nachschrift am Schlusse aber, vom Januar 1807., erklärt der Vf. sich über die Verspätung seiner Erscheinung mit folgenden höchst beherzigungswerthen Worten: „die grössere Hälfte war wirklich schon vor dem 14. October (1806.) gedruckt: allein die kriegrischen Unruhen welche sich seit jenem Tage auch über die hiesige Gegend ausbreiteten, der Tod eines so ausgezeichneten und verehrten Landesfürsten, das Schicksal welches so unerwartet über die ganze regierende Familie ausbrach, werden den treuen und dankbaren Unterthan entschuldigen und rechtfertigen, wenn er die Ruhe zu literarischen Arbeiten für eine Zeitlang nicht gewinnen konnte. Nur zufällige Umstände haben veranlasst, dass einige gelehrte Anstalten unsers gemeinsamen Vaterlandes in diesem Kriege so sehr gelitten haben: im Allgemeinen haben der französische Kaiser so wie seine Generale darin ihren Ruhm gesucht, gelehrte Vereine zu schützen, und ihnen bey den kriegrischen Bewegungen die möglichste Sicherheit und Ruhe zu gewähren. Auch Helmstädt hatte das Glück sich des besondern Schutzes der französischen Generalität zu erfreuen, und einsichtsvolle und freymüthige Deutsche, die bis zu Ihm selbst, dem Ersten Manne der Zeit, zu gelangen das Glück haben, werden nicht unterlassen, darauf aufmerksam zu machen, wie es bereits von mehrern französischen Staatsmännern und Gelehrten anerkannt worden, dass Deutschland seine allgemein verbreitete Bildung gerade der grössern Anzahl von Bildungsanstalten verdanke, von denen eine jede auf ihre nächste Umgebung unmittelbar einwirkte, und die eine weit mannichfaltigere Entwickelung der Geistestalente, und weit zahlreichere und gründlichere Forschungen in den Wissenschaften veranlassten. Die Natur wollte in ihren Werken die höchste Mannichfaltigkeit; Einheit der Form beengt und lähmt die freye rege Wissenschaft, und ein Volk wird nicht gebildet, wenn auf einer Ausdehnung von 12000 Quadratmeilen Ein Punkt alle Hülfsmittel der Gelehrsamkeit und Cultur zusammendrängt. — Frohern Hoffnungen dürfen wir uns überlassen: Deutschlands Universitäten geniessen des französischen Schutzes, und jeder Lehrer kann ungestört üben was seine Pflicht ist." — *Die Chronik für* 1804. enthält zuvörderst eine gedrängte Darstellung des Fortganges des englisch-französischen Krieges, die sich vorzüglich durch Klarheit und Bündigkeit auszeichnet. „Die Eroberung Surinams war der wichtigste Gewinn den England durch seine grossen Anstrengungen während dieses Jahres im offenbaren Kriege errang; dennoch blieb es im Ganzen im Nachtheil. Hatte auch die muthvolle Vertheidigung der Chinaflotte die brittische Seemacht mit neuem Ruhme verherrlicht: es dauerten die Kapereyen, und was man den Franzosen und ihren Verbündeten nahm, war dafür kein Ersatz. Leicht mag was während dieses Jahres von englischen Gütern als Beute in französischen Häfen aufgebracht wurde, an 20 Millionen Thaler betragen haben." Es folgt hierauf die Geschichte der bekannten Verschwörungen, im J. 1804. gegen Bonaparte, so vollständig als es nach den bis jetzt bekannt gewordnen Thatsachen möglich ist, und mit der ganzen schönen Lebhaftigkeit in welcher der Vf. durchgängig sein tiefes Gefühl für Recht und Unrecht äussert, vorgetragen. Meisterhaft besonders wird *Moreau's* Antheil aus einander gesetzt. „Die Regierung *musste* ihn strafen, und die Strafe des Exils finden wir nicht unangemessen noch strenge; je höher derjenige steht, der um verrätherische Plane weiss und sie verschweigt und fortwirken lässt, desto gefährlicher ist er, und desto strenger muss er gestraft werden. Auch für Moreaus Privatwohl hoffen wir, ist so am besten gesorgt." Ausführlich wird nun die Geschichte der Errichtung des *französischen Kaiserthums* erzählt, die Hn. *B.* endlich selbst von der Nothwendigkeit der Wiederherstellung der monarchischen Verfassung in Frankreich überzeugt zu haben scheint, indem er das Urtheil des trefflichen *Nicolaus Vogt* in seinen Staatsrelationen (2. Bd. 1. Heft S. 3.) „dass für Frankreich aus des Demokratismus wilder Gesetzlosigkeit und grauenvoller Despotie nur Rettung war in einer Monarchie nicht ohne Erblichkeit," und die überaus passende und in der That *alles* sagende Stelle des *Tacitus* über den August: „*cuncta, discordiis civilibus fessa nomine Principis sub imperium accepit*" anführt. Wir hätten nur gewünscht, dass der Vf. diese Ansicht, die wir, gewiss nicht minder unbefangen denkend als er, allein für die geschichtlich richtige erkennen, auch aus der Individualität des französischen Nationalcharakters, auf welche sie sich hauptsächlich gründet, entwickelt hätte. Es folgt hier-

hierauf eine musterhaft ausgearbeitete Charakteristik der Organisation der neuern französischen Verfassung in allen ihren Theilen, nach welcher der Vf. die Errichtung des östreichischen Kaiserthums, und dann, sehr ausführlich die Krönung *Napoleons* erzählt. „Wie die innern Veränderungen und Begebenheiten Frankreichs" sagt der Vf. „während eines grossen Theiles dieses Jahrs die allgemeine Aufmerksamkeit Europa's beschäftigten, so bezogen sich auch fast alle irgend wichtige politische Verhältnisse der Staaten gegen einander auf Frankreich." In einer trefflichen Uebersicht werden nun der Bruch zwischen Russland und Frankreich, die Trennung Schwedens und Frankreichs, die Verhältnisse der Türkey zu Frankreich, Russland und England, Russlands innere Verwaltung. Preussens unseliges Neutralitätssystem, die fernern Schicksale Hannovers, und die Lage der übrigen Staaten Deutschlands, dargestellt; worauf der Vf. die wenigen politischen Merkwürdigkeiten, welche Holland, die Schweiz, Dänemark und Italien in diesem Jahre darboten, zusammenfasst. Den Beschluss macht eine sehr gründliche Darstellung der innern und äussern Verhältnisse Grossbritanniens, und der fernern Revolution auf St. Domingo. Angehängt sind diesem Theile: eine Charakteristik des französischen Civilgesetzbuchs, von Hn. Prof. *Schrader*, und eine Charakteristik der Eigenthümlichkeiten der Pestalozzischen Lehrmethode von „dem geistvollen Prüfer philosophischer Systeme" Hn. Hofrath *Schulze*; Namen, deren Anführung allein schon hinreicht, um diese Aufsätze die uns hier keinen Auszug verstatten, als die Resultate scharfsinnigen Nachdenkens und gründlicher Gelehrsamkeit zu bezeichnen. Die *Chronik des Jahres* 1805. ist weit am ausführlichsten bearbeitet, indem sie *ohne* die angehängten Abhandlungen über 700 Seiten einnimmt. Wir können daher, um den uns für diese Anzeige gegebnen Raum nicht allzu sehr zu überschreiten, hier nur den Gang bezeichnen den der Vf. für seine Darstellung gewählt hat, und unsre Leser nur aufmerksam machen auf das viele treffliche was dieselbe im Einzelnen enthält. Sie hebt mit der Geschichte des Friedensantrags an, den *Napoleon* gleich nach seiner Krönung bekanntlich dem König von England machte, und den wir einen der redlichsten nennen dürfen, welchen die neure Diplomatie Europa's aufzuweisen hat. Vornehmlich beherzigungswerth ist in dieser Hinsicht jene Stelle des Schreibens worin *Napoleon* so nachdrücklich und unverhohlen sagt: „dass eine neue Coalition das Uebergewicht Frankreichs und seine Grösse auf dem *festen Lande nur vermehren* würde." Die Folgen der Verachtung dieser prophetischen Warnung liegen nun in den Friedensschlüssen von Pressburg, Tilsit und Wien, am Tage. Hierauf werden die Verhältnisse Frankreichs zu den Continentalmächten, im Anfange dieses Jahres sehr lichtvoll entwickelt. Besonders ausführlich ist die Errichtung des italiänischen Königthums und die Einführung der neuen Constitution Hollands die ihrem Wesen nach, schon wieder ganz monarchisch war, vorgetragen. Wer aber die Nothwendigkeit der Wiederherstellung der monarchischen Verfassung in *Frankreich* begreift, wird sich leicht von derselben auch in Rücksicht der französischen *Tochterrepubliken* überzeugen, wenn er die Lage *recht* kennt, in welche die *vielfältigen* Versuche des Republicanisirens, diese Staaten gebracht hatten. Für ein Zeitalter in welchem alle diplomatische Verhältnisse sich so gebildet haben, dass *Concentration* die erste Bedingung zur Erhaltung der *Staatsexistenz* ist, sind die republikanischen Formen überhaupt so wenig passend, als sie, in jeder Zeit, auf *grössere* Staatsverfassungen anwendbar befunden wurden, und so wird auch die *Schweiz* unstreitig erst unter einer, ihr vielleicht sehr nahe bevorstehenden, monarchischen Regierungsform, sich einer festen und daurenden Consolidirung ihrer Verfassung zu erfreuen haben. Von der Darstellung der innern Lage dieser jetzt noch einzig übrigen Europäischen Republik, geht der Vf. zu den wenigen Veränderungen über welche Dänemark, Schweden, Russland, die Pforte, verbunden mit Aegypten, und die einzelnen deutschen Staaten in ihrem Innern dieses Jahr erfuhren. Sodann folgt eine sehr lesenswerthe Zusammenstellung der Veränderungen und einzelnen Denkwürdigkeiten *im Innern Frankreichs*, besonders in Rücksicht auf Finanzen, Handel, Religions- und Erziehungswesen, und, als ein höchst interessantes Seitenstück dazu, eine sehr ausführliche Darstellung der innern und äussern Lage Grossbritanniens im Zusammenhang mit der fernern Geschichte des Seekriegs und der Colonieen, auf mehr als 130 Seiten, die wir sowohl wegen der Vollständigkeit der mit grossem Fleiss gesammelten Thatsachen, als um der klaren und scharfsinnigen Auseinandersetzung derselben willen, für den musterhaftesten und geistvollsten Abschnitt dieses Theils erkennen müssen. Den Rest desselben nimmt eine sehr wohl geordnete und rein geschichtliche Erzählung des traurigen östreichischen Krieges im J. 1805., mit Hinsicht auf den bekannten schwankenden Gang den die russische und vorzüglich die preussische Politik dabey nahm, ein. „Wie und was das Ungewitter" sagt der Vf. „über unser unglückliches Vaterland herbey geführt hat, ist noch nicht vollkommen entwickelt: (dass *Pitt* der Urheber der neuen Coalition war, ist doch wohl jetzt keinem Zweifel mehr unterworfen?)" Die Unterhandlungen des englischen Ministeriums mit Russland, Oestreich und Schweden sind noch zum Theil Staatsgeheimnisse; die Triebfedern welche in Petersburg und Wien gewirkt haben, werden vielleicht erst dem künftigen Geschlechte offenbart, wenn beobachtende Freunde der Wahrheit in der Nähe waren, und die Denkwürdigkeiten ihrer Zeit für die Nachwelt niederschrieben; und was des Kaisers von Frankreich Wunsch und Zweck war, was er gewusst und vorbereitet hat, das bleibt vielleicht, wie es nur das Geheimniss seiner Brust war, für immer ein Geheimniss, und der grosse Mann, auch in der Verbergung seiner Absichten gross, steht da, der Mitwelt und Nachwelt ein Räthsel. Hass, Furcht, knechtische Schmeicheley suchen, jede auf ihre Art, das Räthsel zu lösen;

ſie müſſen dem Chroniſten fremd bleiben: *Alles eigenen Urtheils entbunden*, gebe mein Blatt das was geſchehn iſt; die Begebenheiten des Tages, die Handlungen und Stimmungen der Völker, die Erklärungen, Gebote und Thaten der gebietenden Machthaber. Freylich wenn ich, ein *Deutſcher*, die Begebenheiten der letzten 14 Monde — ich ſchreibe dieſs im November 1806. — wieder erzählen ſoll, ſo möchten wohl Aeuſserungen des beſchämten oder gekränkten Gefühls verzeihlich ſeyn.

Infandum, Regina, jubes renovare dolorem,
Trojanas ut opes et lamentabile regnum
Eruerint Danai:

ach, ſo mancher wird fortfahren:

quaeque ipſe miſerrima vidi,
Et quorum pars magna fui.

Und Alle werden einſtimmen:

Quis talia fando
Myrmidonum Dolopumve aut duri miles Ulyxi
Temperet a lacrimis!

Doch auch dieſs Gefühl möge ſchweigen: ruhig laſst uns abwarten die Entwickelung des groſsen Schauſpiels, redlich mitwirken, daſs auch aus dieſer Veränderung der Dinge Gutes hervorgehe, und unterthan der Obrigkeit die Gewalt über uns hat, wollen wir frommes deutſches Sinnes treu halten an Volk und an Gott." Wir haben nicht unterlaſſen können dieſe ſo ſchön geſchriebne Stelle hier ganz her zu ſetzen, indem ſie das Trefflichſte enthält was auch jetzt wieder über den *neuen* Krieg Oeſtreichs geſagt werden mag, deſſen raſche Beendigung zugleich die Tröſtungen die ihr Schluſs uns darbietet, am beſten bekräftigt. Denn wie wir durch den gegenwärtigen Wiener Frieden das Continentalſyſtem nunmehr als geſchloſſen anſehen können: ſo dürfen wir uns auch jetzt endlich den Hoffnungen alles des Guten überlaſſen, welches ſein erhabner Urheber bey der Idee deſſelben zur Abſicht hatte, und ohne die Bekämpfung der öſtreichiſch-ruſſiſch-preuſsiſchen Oppoſition dagegen, von welcher unſer unglückliches Vaterland das Opfer wurde, wahrſcheinlich jetzt ſchon auch *erreicht* haben würde. — Noch enthält dieſer Jahrgang fünf ſehr ſchätzbare Abhandlungen: „*Ueber Galls Entdeckungen die Organe des Gehirns betreffend*," vom Hn. Hofr. *Schulze* (vornehmlich intereſſant durch die darin dargeſtellten Beobachtungen an einigen Buſchmannsſchädeln, welche Hr. Dr. *Lichtenſtein* vom Cap mitbrachte). „*Ueberſicht der juriſtiſchen Literatur der erſten fünf Jahre des 19ten Jahrhunderts*," von Hn. Prof *Schrader*; „*Fortſchritte der Phyſik, Chemie und Medicin in dieſem Zeitraum*," von Hn. Prof. *Remer*, und „*Ueberſicht der Bereicherungen der Länderkunde in den Jahren* 1801 — 1805.," von Hn. Hofr. *Bruns*. Durch dieſe Anhänge bildet Hn. *Bredow's* Chronik zugleich ein ſchönes Denkmal literariſchen Vereins deutſcher Univerſitätsgelehrten.

Der *dritte* Band ſeines verdienſtvollen Werkes, welcher *ohne* ſolche Beylagen iſt, umfaſst bloſs das J. 1806., und hat, wie ſchon der Titel beſagt, den, durch mehrere politiſch-militäriſche Schriften bereits rühmlichſt bekannten, Hn. Dr. *Venturini* zum Vf. Hr. *Bredow* ſelbſt hat nur eine Vorrede und einzelne Anmerkungen unter dem Text hinzugefügt. „Man wird Urſach haben," ſagt er in der erſtern, „mit dem Fleiſs im Sammeln und mit der Zuſammenſtellung des Geſammelten zufrieden zu ſeyn; beſonders glaube ich die Aufzählung der kriegriſchen Begebenheiten der drey letzten Monate in Rückſicht der klaren Anſicht des Zuſammenhanges, welche daraus hervorgeht, auszeichnen zu dürfen." Dieſes Urtheil unterſchreiben wir unbedingt. Wenn aber Hr. *B.* nachdem er erwähnt hat, „daſs die Anſichten des talentvollen Vfs. von den politiſchen Begebenheiten nicht immer die ſeinigen ſeyen." ferner ſagt: „beſonders rechne ich dahin, daſs Hr. *V.* bey den Staatshandlungen die ſogenannte Politik faſt als die einzige Richtſchnur der Beurtheilung anſieht, daſs er den Wiener Traktat vom December 1805. einen Meiſterſtreich nennt, und das fernere Thun des preuſsiſchen Cabinets zu hart tadelt. Der Hauptfehler war im Herbſt 1805. begangen. Was im Jahr 1806. geſchah, war nur Folge davon und verdient in Rückſicht des Beweggrundes Lob." ſo können wir nicht ganz mit ihm einſtimmen. Denn einmal zweifeln wir, ob, wo von der Erhaltung der *Exiſtenz* der Staaten die Rede iſt, es eine andre Richtſchnur für die Beurtheilung der Welthändel unſrer Zeit geben *könne* als die Politik, und daſs *die* Verkleinerung des Umfanges der Volkszahl und der militäriſchen Macht Preuſsens, welche der Krieg mit Frankreich zur Folge hatte, durch den Frieden nicht abgewandt worden wäre, wie Hr. *B.* weiterhin, ſich auf das preuſsiſche Manifeſt vom 9. October berufend, behauptet, läſst ſich doch wohl weder aus den Urſachen der preuſsiſchen Kriegserklärung die in dieſem Manifeſte angeführt werden, noch aus ſonſt einem geſchichtlichen Grunde darthun. Preuſsens ganzes Unglück lag einzig und allein in dem irrigen Glauben ſeiner Regierung an die Haltbarkeit eines Neutralitätsſyſtems, zu einer Zeit wo ein ſolches Syſtem, da die vorherrſchende Gewalt von dem Grundſatz: wer nicht *mit* ihr ſey, ſey *wider* ſie, ausgieng, ſchlechthin unausführbar war. Als das preuſsiſche Cabinet dieſs endlich einſah, war es zu *ſpät* um ſich *gegen* Frankreich mit Erfolg entſcheiden zu *können*. Unſre Leſer werden übrigens nun ſchon den verſchiednen Geſichtspunkt erkannt haben, aus welchen der Herausg. und Vf. der Chronik für 1806., die Hauptbegebenheit dieſes Jahres betrachten. Bey der ſchon ſo groſsen Länge dieſer Anzeige können wir nur noch die Methode mit welcher Hr. *Venturini* ſeinen Stoff behandelt hat, hier angeben. Nach einer kurzen, aber ſehr gründlichen Auseinanderſetzung der Schwierigkeiten welche es hat, auch nur eine *Chronik* von den Ereigniſſen unſrer Zeit zu liefern, ſtellt er im kräftigen Umriſs die gegenſeitigen Verhältniſſe zwiſchen Frankreich, England und den

übri-

übrigen Hauptstaaten Europa's zu Anfange d. J. 1806. dar. Hierauf folgt eine sehr interessante Galerie historischer Gemälde von Grossbritannien, Frankreich, Italien, Holland, der Schweiz, Spanien, Portugall, Südwestdeutschland (Rheinbund) und Oestreich, Norddeutschland, Schweden, Dänemark, Preussen und Russland (bis zum Ausbruch des Krieges), der Türkey und Nordamerika in diesem Jahre, durch welche ethnographische Anordnung die Uebersicht des Ganzen noch weit mehr erleichtert wird als es durch die von Hn. *B.* befolgte streng synchronistische geschehen konnte. Die Ausführung des Einzelnen aber ist fast durchgehends musterhaft zu nennen, und geistvoller Fleiss in Sammlung der Thatsachen, vertraute Bekanntschaft mit dem Gange der Begebenheiten, und scharfsichtige Eindringlichkeit des politischen Blicks sind überall unverkennbar. Den Schluss macht: „*Der Krieg im Jahre 1806. Preussen und Russland gegen Frankreich und den Rheinbund.*" Diese Darstellung die der Vf. wieder in *zwey* Abschnitte, den Krieg in Deutschland, und den Krieg in Polen, Schlesien und Preussen eingetheilt hat, können wir unbedingt als die beste rühmen die wir bis jetzt über diesen Gegenstand erhalten haben, und wir sehen darum ihrer baldigsten Vollendung mit dem lebhaftesten Interesse entgegen. Auch in Rücksicht der Würde und Energie der Diction steht Hr. *V.* seinem trefflichen Vorgänger nicht nach. Die Noten die der letztere hinzugefügt hat, möchten wir mit dem was in der Mahlersprache die *Drucker* heissen, bezeichnen, und wir wünschten nur dass sie reichlicher ausgefallen seyn möchten. Eine vornehmlich starke Aeusserung findet sich S. 598. über das Schicksal des Buchhändler *Palm*, die uns jedoch auf einer falschen Ansicht der Sache zu beruhen scheint. Der unglückliche Mann verdiente das innigste Mitleid, kann aber gewiss doch eben so wenig gerechtfertigt werden, als die Procedur des französischen Militärgerichts, das hier nur nach der Strenge des Kriegsrechts verfuhr, einer Rechtfertigung bedarf. Drey zu dem Text gehörige Beylagen, enthalten einen Auszug aus dem preussischen Manifest, besonders der darin angeführten Thatsachen, ein zum ersten mal hier gedrucktes wahrhaft elegisches Gedicht auf den Tod des edeln Herzogs von Braunschweig und einen merkwürdigen Brief des ehmaligen Helmstädtischen Professors *Conring* an *Colbert* zum Beweis „dass auch *Ludwig XIV.* schon danach getrachtet, Oberhaupt der deutschen Nation zu werden, und dass auch damals deutsche Gelehrte sich fanden welche dazu mitzuwirken sich bereit erklärten."

Schliesslich müssen wir noch bemerken, dass zu Ende der Darstellung der politischen Begebenheiten jedesmal auch noch eine Uebersicht der denkwürdigsten Ereignisse in der *Cultur-Geschichte* unsrer Zeit gegeben worden ist, die jedoch im Verhältniss zu der der eigentlichen *Staatengeschichte* allzu beschränkt ausgefallen, und dass Hr. *B.* ausser zwey sehr brauchbaren alphabetischen *Registern* über das Ganze, noch jeder einzelnen Chronik eine *tabellarische Ansicht* der Hauptbegebenheiten in jedem Jahr hinzugefügt hat, die sein schon bekanntes Talent auch in Arbeiten dieser Art von neuem bewähren. Möchte nur die neue Laufbahn die er gegenwärtig so ehrenvoll betreten hat, ihn nicht veranlassen, seine Hand ganz von diesem Werke abzuziehn, das wir mit gerechtem Stolz zu den nicht wenigen deutschen zählen dürfen, welchen das Ausland nichts Aehnliches entgegen zu setzen hat.

LITERARISCHE NACHRICHTEN.

Todesfälle.

Am 18. April d. J. starb *Börge Risbrigh*, Professor emeritus bey der Kopenhagner Universität, und Ritter des Danebrog-Ordens. Er war 1731. zu Veilby in Fyen geboren. Er studirte in Leipzig, wo er 1761 u. f. *Crusius*, *Gellert*, *Ernesti*, *Fischer*, *Reiz* u. s. w. hörte. Von da gieng er über Holland nach Paris, wo er *Desguignes*, *Anquetil* hauptsächlich frequentirte. Nach seiner Rückkehr las er philosophische Collegia in Kopenhagen. Im J. 1767. wurde er Prof. extraordinarius Logices et Metaphysices; 1773. erhielt er eine ordentliche Professur und 1777. Sitz und Stimme im Consistorio. Seine *praenotiones philosophicae* erschienen zuerst 1775., dann 1783. Als Glied der königl. Commission für die verbesserte Einrichtung der Schulen stiftete er viel Gutes. Er hatte sich viele kostbare Kupferstiche, zur Naturgeschichte gehörig, angeschafft, und überdiess 5000 Kupfer, meist von grossen oder achtungswürdigen Männern. Diese, nebst einer schätzbaren Bibliothek von theologischen und philosophischen Schriften verlor er durch das Bombardement im J. 1807. Seit 1803. hatte er wegen Schwäche und Harthörigkeit den Abschied genommen. Seine Abhandlung über den Begriff und das Alter der Philosophie ist ins Deutsche übersetzt. Seine Uebersetzung des *Diogenes Laërtius* ist jetzt unter der Presse. Von seinem geringen Vermögen hat er 600 Rthlr. an *Walkendorphs* Collegium und 1000 Rthlr. an das *Lossensche* Reisestipendium vermacht. Er hinterlässt den Ruf eines edlen Menschen, patriotischen Bürgers und einsichtsvollen Gelehrten.

ALLGEMEINE LITERATUR-ZEITUNG

Sonnabends, den 23. December 1809.

INTELLIGENZ DES BUCH- UND KUNSTHANDELS.

I. Neue periodische Schriften.

Nachstehende Journale sind erschienen und versandt:

Journal des Luxus und der Moden. 10tes u. 11tes St.
Allgem. geogr. Ephemeriden. 10tes u. 11tes St.
Allgem. deutsches Garten-Magazin. 9tes St.
Neueste Länder- u. Völkerkunde. 8ten Bds 3tes St.
Wieland's Neuer deutscher Merkur. 9tes u. 10tes St.

Weimar, im November 1809.

Herzogl. S. privil. Landes-Industrie-Comptoir.

Literarische Anzeige.

Mit dem Anfange des Jahres 1810. erscheint in meinem Verlage eine neue Zeitschrift, unter dem Titel:

Welt- und Zeitgeist,
ein Archiv
polit., philosoph. und literar. Inhalts.

Das Nähere besagt eine Ankündigung, so in allen Buchhandlungen zu haben ist.

Leipzig, im December 1809. Fr. Bruder.

II. Ankündigungen neuer Bücher.

Spiele für die Jugend,
welche bey Georg Voss in Leipzig erschienen, und in allen Buchhandlungen zu haben sind:

Der Kampf mit den Riesen. Ein neues Spiel, illum. 12 gr.
Pomona. Ein neues Spiel, illum. 16 gr.
Die Wege des Lebens; oder: *Was willst du werden?* Ein encyklopädisches Spiel für die Jugend. Mit einer Bildertafel und historischen Erläuterung derselben. 18 gr.
Der Wald. Ein Spiel für Kinder, illuminirt. 12 gr.

Additamenta Animadversionum in Athenaei Deipnosophistas, in quibus et multa Athenaei et plurima aliorum scriptorum loca tractantur, Auctore *Fr. Jacobs.* gr. 8. Franz. Schreibpap. 2 Rthlr. 6 gr., Druckp. 1 Rthlr. 20 gr.

Unter diesem Titel giebt einer unserer ersten und verdientesten Philologen eine reichliche Nachlese von Verbesserungen und Erläuterungen zu einem Schriftsteller des Alterthums, dessen Text, ungeachtet der gesammten Bemühungen der vortrefflichsten Kritiker, von *Casaubonus* an bis auf den neuesten Herausgeber, noch nicht von allen Fehlern gereinigt werden können; theils weil, wie bekannt, das Werk eine Compilation aus meistens verloren gegangenen Schriftstellern ist; theils auch, weil die Handschriften nur aus einem einzigen Codex geflossen sind. Einige dieser Verbesserungen sind bereits in den Recensionen der Schweighäuserschen Ausgabe in der Allg. Lit. Zeitung mitgetheilt worden, erscheinen aber hier vollständiger, ausgeführter und mit sehr vielen andern vermehrt. So macht dieser Band ein Supplement für jede Ausgabe des *Athenäus*, vor allen andern für die Besitzer der Schweighäuserschen, weshalb er auch, wie diese, auf Schreib- und Druckpapier gedruckt ist.

Ausserdem aber erstrecken sich diese Verbesserungen, Bemerkungen u. s. w. auch zugleich auf mehrere beyläufig angeführte Stellen aus andern Autoren. Die Brauchbarkeit des Werks selbst ist durch einen doppelten sehr genauen *Index scriptorum* und *rerum et verborum* noch sehr erhöht. Mehr zur Empfehlung dieses Werks hinzu zu setzen, für dessen Werth der Name des Verf. schon zuverlässige Bürgschaft leistet, kommt mir nicht zu. Es wird in keiner Bibliothek eines Philologen fehlen dürfen.

Jena, im November 1809.

Friedrich Frommann.

In der Thurneysen'schen Buchhandlung in Cassel ist erschienen:

Hausmann's, Joh. Fried. Ludw., Entwurf eines Systems der unorganisirten Naturkörper. gr. 8. Cassel 1809. 14 gr.

Dramatischer Scherflein, ein Taschenbuch für die Bühne. Von *Johann Friedrich Schink.* Lüneburg, bey Herold und Wahlstab, 1810. Auf Velinpapier. 351 Seiten in kl. 8. Gebunden 1 Rthlr. 8 gr.

Die sauber gedruckte und mit einem artigen Kupfer von *Bösger* gezierte Sammlung eignet sich sowohl durch ihr gefälliges Aeussere, als durch den gehaltvollen Inhalt zu einem geschmackvollen Neujahrsgeschenk. Nr. 1. *Die Schriftstellerin,* ein Lustspiel, ist so launig, dass nur die nicht mitlachen werden, die sich

ſich getroffen fühlen. — In der *ſeligen Frau* wird ein neuer Wötzel geheilt. — Der Poſſe: Der *Orang-Outang*, und dem kleinen rührenden Schauſpiele: *Selbſtopfer*, liegen wahre Anekdoten zum Grunde.

Spieker's Jugendſchriften

für Aeltern, Erzieher und Jugendfreunde, die gern und mit Sicherheit etwas Vorzügliches für ihre Lieblinge kaufen wollen.

Emiliens Stunden der Andacht und des Nachdenkens. Für die erwachſenen Töchter der gebildeten Stände. Mit einem Kupfer. kl. 8. 1 Rthlr. 18 gr.

Louiſe Thalheim. Eine Bildungsgeſchichte für gute Töchter. Mit 21 illum. Kupfern. 16. 2 Rthlr. 16 gr.

Die glücklichen Kinder. Ein Geſchenk für gute Söhne und Töchter. Mit 12 illum. Kupfern und Muſikblättern. 16. 2 Rthlr. 16 gr.

Dieſe Schriften des Herrn Prediger und Profeſſor *Spieker* ſind *einſtimmig* für ſchön erklärt, bey **Georg Voſs in Leipzig** erſchienen, und in allen Buchhandlungen von neuem zu erhalten.

Neuigkeiten
von Ign. Heigl und Comp. in Straubing.

ABC-, Buchſtabier- und Leſebuch für Kinder, mit fünf und zwanzig lehrreichen Geſchichten, funfzig Sprichwörtern und Klugheitsregeln, und mit der kurzen Beſchreibung einiger der bekannteſten Giftpflanzen, nebſt den Abdrücken derſelben. Aus Druck- und Schreibſchrift. 8. 1809. 3 gr. od. 12 Kr.

Müller, F. R., kurze Erdbeſchreibung des Königreichs Bayern und ſeiner neuen Conſtitution. *Zweyte*, neu bearb. Auflage. 8. 1809. 8 gr. od. 30 Kr.

Schriften, verbotene. 2 Thle. Mit colorirten Titelkupfern. 2te verb. u. verm. Aufl. 8. Schreibpap. Geh. mit farb. Umſchl. 1 Rthlr. 12 gr. od. 2 Fl. 45 Kr.

Dieſelben mit ſchwarzen Kpfrn. Druckpap. 1 Rthlr. od. 1 Fl. 48 Kr.

Virgils, P. M., Aeneis, überſetzt von *Joſ. Spitzenberger*. 1r Bd. 1 — 4s Buch, mit beygedrucktem lateiniſchen Text. 2te verbeſſ. Aufl. gr. 8. 1809. 12 gr. od. 45 Kr.

Bey
Friedrich Nicolovius,
Buchhändler in Königsberg,
ſind folgende neue Bücher erſchienen:

Dion, ein Trauerſpiel in Jamben in 5 Acten. 8. 16 gr.

Faber, K., Preuſsiſches Archiv, oder Denkwürdigkeiten aus der Kunde der Vorzeit. *Erſte* Samml. 20 gr.

Graff, E. G., Preuſsens Flora, oder ſyſtematiſches Verzeichniſs der in Preuſsen wildwachſenden Pflanzen. 8. 1 Rthlr.

Jahreszeiten von höherer Ordnung, oder über einen Gegenſtand der phyſiſchen Geographie, von *Rohde*, Königl. Preuſs. Major. 4 gr.

Klinger's, Fr. Max., ſämmtliche Werke, 1ſte Lieferung, oder 8r, 9r, 11r und 12r Band, enthaltend: die Betrachtungen, Geſchichte eines Deutſchen, Weltmann und Dichter. gr. 8.

Auf Velinpapier	Pränum. Preis	13 Rthlr.	8 gr.
— —	Ladenpreis	16 Rthlr.	16 gr.
Auf Schreibpap.	Pränum. Preis	6 Rthlr.	16 gr.
— —	Ladenpreis	8 Rthlr.	8 gr.
Auf Druckpap.	Pränum. Preis	5 Rthlr.	8 gr.
— —	Ladenpreis	6 Rthlr.	16 gr.

Klubb, der, oder die vorwitzigen Weiber. Ein Luſtſpiel in 4 Acten nach Goldoni. 8. 14 gr.

Können Gutsbeſitzer die Aufhebung der Patrimonial-Gerichtsbarkeit wünſchen? 8. 5 gr.

Kotzebue, Aug. v., die Biene. 1809. 1 — 8tes Heft. 8. Der Jahrgang von 12 Stücken. Geheftet 8 Rthlr.

— — Philibert, oder die Verhältniſſe. Ein Roman. 8. 2 Rthlr. 6 gr.

Kraus, Chr. Jac., vermiſchte Schriften über ſtaatswirthſchaftliche, philoſophiſche und andere wiſſenſchaftliche Gegenſtände. Nach deſſen Tode herausgegeben von *H. von Auerswald*. 1r und 2r Band. Aufſätze über ſtaatswirthſchaftliche Gegenſtände. 1r u. 2r Bd. 3 Rthlr. 8 gr.

— — Deſſelben Werks 3r u. 4r Bd. Encyklopädiſche Anſichten einiger Zweige der Gelehrſamkeit. 1r u. 2r Bd. 3 Rthlr. 4 gr.

Portrait von *Fr. Max. Klinger*. 3 Rthlr.

la Roche-Aymon, Graf von, über den Dienſt der leichten Truppen. 14 gr.

In meinem Verlage kommen zu nächſter Oſtermeſſe folgende, für Schulen, angehende Künſtler und Handwerker, nützliche Schriften, unter nachſtehenden Titeln, heraus:

1) *C. H. W. Breithaupt* (Lehrer der Mathematik und Phyſik am Gymnaſium zu Bückeburg, und Fürſtl. Schaumburg-Lippiſchen Hofmechanicus und Landmeſſer), *Mathematik für Schulen*, nach einem neuen Plan bearbeitet, mit neuen Sätzen und mit 300 unaufgelöſten geometriſchen Exempeln. *Erſter* Theil. *Geometrie* und die dazu erforderlichen Theile der Arithmetik. Mit 17 Kupfern und eingedruckten Holzſchnitten. Nebſt einem *Beſteck* oder *Reiſszeug*, mit einem Transporteur, Maſsſtab, Dreyeck, Lineal und 3 Tafeln. 8. 3 Rthlr. 6 gr.

2) Auch unter dem nämlichen Titel mit 18 Kupfern, nebſt 3 Tafeln und einigen Holzſchnitten, ohne Reiſszeug. 2 Rthlr. 4 gr.

3) *Ebendeſſelben Mathemat. Lehrmethode*; nebſt Auflöſung von 300 geometriſchen Exempeln, als Anhang zum *erſten* Theil der Mathematik. 8. Mit 2 Kupfertafeln. 8 gr.

Dieſes mathematiſche Lehrbuch iſt in vier Bücher abgetheilt; das *erſte* enthält die *Eintheilung, Benennung, Aufzeichnung* und *Ausmeſſung* der *geometriſchen Zeichnungen*; das *zweyte* die *Eigenſchaften* und *Aufgaben* von *geometriſchen* Zeich-

Zeichnungen, mit Anwendung auf das gemeine Leben; das *dritte* das *Feldmessen*, mit Kette und Stäben, ohne Instrumente, wie auch Figuren geometrisch in Theile zu theilen; und das *vierte*, die *Benennungen* und *Ausmessungen* der geometrischen regulären *Figuren*; wie auch die Aufzeichnung verschiedener krummer Linien.

Eine besondere Ankündigung, die in allen Buchhandlungen und bey mir zu haben ist, erklärt das Weitere.

Erfurt, den 2ten November 1809.

Georg Adam Keyser.

Dr. Fr. Jacobs *Elementarbuch der griechischen Sprache für Anfänger und Geübtere.* I. Thl. 1 u. 2ter Cursus. *Dritte* verb. Ausgabe. 8. 18 gr.

Desselben II. Th. 3ter Cursus. *Zweyte* verb. Ausgabe. 8. 1 Rthlr.

Hat auch den besondern Titel:

Attika, oder Auszüge aus den Geschichtschreibern und Rednern der Griechen, in Beziehung auf die Geschichte Athens. *Für die mittlern Classen gelehrter Schulen.*

Diese so bald nöthig gewordenen neuen Auflagen beweisen am besten, wie zweckmäsig man dieses Elementarbuch beym Unterricht in Schulen wie zum Privatgebrauch gefunden, und macht jedes ruhmredige Anpreisen desselben eben so unwürdig als unnöthig. Das Urtheil der Kenner hat dafür entschieden und die Erfahrung dasselbe bestätigt. Der Text hat bey diesen neuen Auflagen, wie billig, keine wesentlichen Veränderungen erhalten, aber bedeutende Verbesserungen haben beide Theile im Index wie in den Anmerkungen erhalten, ja diese letzten sind im *zweyten* Theile ganz umgeschmolzen worden.

Schulmänner, die sich an mich selbst wenden wollen, erhalten:

12 Exempl. vom I. Theil für 7 Rthlr. Sächs. oder 12 Fl. 12 Kr. Rheinl.

12 Exempl. vom II. Theil für 9 Rthlr. 12 gr. Sächs. oder 17 Fl. Rheinl.

Jena, im November 1809.

Friedrich Frommann.

Fabeln für Kinder.

In allen Buchhandlungen ist zu haben:

Aesopische Fabeln mit Anwendungen. Zur nützlichen und angenehmen Unterhaltung für Kinder. Von *Andreas Wilke.* Leipzig, bey Georg Voss. Preis 12 gr.

Lessing, und besonders *Herder*, verspricht erst dann den Kindern Nutzen und Vergnügen von der äsopischen Fabel, wenn der Lehrer Anleitung giebt, die Dichtung mit einer bekannten Lage im wirklichen Leben zu vergleichen, und auf einen geschehenen, oder doch als geschehen angenommenen, Fall anzuwenden. Der Verfasser hat diesen Rath befolgt, da in *keiner* der bis jetzt erschienenen Sammlungen äsopischer Fabeln darauf Rücksicht genommen ist.

Mit diesem Vorzug begleitet, darf diese Sammlung um so mehr und allgemeiner der Auszeichnung versichert seyn, um Kindern damit ein nützliches und angenehmes Geschenk zu machen.

Von den

Fundgruben des Orients, bearbeitet durch eine Gesellschaft von Liebhabern,

Mines de l'Orient, exploitées par une Société d'Amateurs,

deren Erscheinung zu Anfang dieses Jahrs durch diese und andere gelehrte Zeitungen bekannt gemacht wurde, ist nunmehr das *erste* Heft erschienen, und bey Unterzeichneten, welche die Commission dieses Werks übernommen haben, durch jede solide Buchhandlung, jedoch nur auf bestimmtes Verlangen, zu bekommen.

Der Preis ist 9 Rthlr. Sächs.

Das *zweyte* Heft wird längstens in kommender Ostermesse nachfolgen.

Wien, im December 1809.

C. Schaumburg und Comp.

III. Auctionen.

Den 22sten Januar 1810. lasse ich zu Berlin, in einer freywilligen Auction, durch den Auctions-Commissarius Sonnin, den sämmtlichen in Berlin und Leipzig befindlichen Vorrath meiner Verlagsbücher, *mit Kupferplatten und mit dem Verlagsrechte*, meistbietend gegen baare Zahlung in Preuss. klingendem Courant, *Artikelweise*, verkaufen. Es befinden sich darunter mehrere sehr gangbare Werke von *Jean Paul Richter, Lafontaine, Wegener, Gerhard, Achard, Jenisch, Caven, Euler, Michelsen, Müchler, Hartung, Kiesewetter, v. Held, Küster, Moritz, Vollbeding* u. a.; so dass auch schon einige derselben den Fond zur Errichtung einer Buchhandlung begründen werden, so bald irgend jemand ein Capital im Buchhandel anlegen will. Verzeichnisse erhält man in Berlin beym Auctions-Commissarius Hn. Sonnin, in Leipzig beym Buchhändler Hn. Mittler, in Hamburg beym Buchhändler Hn. Ad. Schmidt, in Halle und Jena in der Expedition der Allg. Lit. Zeitung, in Königsberg beym Buchhändler Hn. Unzer, in Frankfurt a. M. beym Buchhändler Hn. Wilmans, in Breslau beym Buchhändler Hn. W. G. Korn. Berlin, den 11ten November 1809.

Matzdorff.
Commerzienrath und Buchhändler.

(Zu gleicher Zeit bemerke ich aber auch, dass ich die Geschäfte als Buchhändler in neuen Verlags-Unternehnehmungen und in Sortiments-Artikeln nach wie vor fortsetze, und deshalb mit allen Buchhandlungen in Verbindung bleibe.)

Zu Halle im Saaldepartement sollen auf den 5ten Febr. 1810. und folgende Tage die von dem verstorbenen privatisirenden Gelehrten *Johann Wilhelm Gebauer* hinterlassenen mathematischen, astronomischen und physikalischen Instrumente und Bücher meistbietend verkauft werden. Das Verzeichniss davon ist in den Buchhandlungen zu **Berlin**, **Leipzig** und **Gotha**, und in **Jena** beym Hn. Hofcommissar **Fiedler** unentgeldlich zu bekommen. Uebrigens nehmen Bestellungen an: Hr. Mechanicus **Kraft**, Hr. Auctionscommissar **Friebel**, Hr. Antiquarius **Weidlich**, und Hr. Antiquarius **Lippert** in Halle.

IV. Herabgesetzte Bücher-Preise.

Anzeige für die Herren Prediger, Schullehrer u. s. w.

Quartalschrift für Religionslehrer in Kirchen und Schulen, bearbeitet von einer Gesellschaft westphäl. Gelehrten, und herausgegeben von *Natorp* (jetzt Oberconsistorialrath in Potsdam). 4 Jahrgänge. Jeder Jahrgang enthält 4 Stücke von 12 — 16 Bogen in gr. 8. und 1 sauberes Portrait, gestochen vom Prof. *Thelott*.

Diese Zeitschrift kostete bis jetzt compl. 10 Rthlr. 16 gr. Sächs. *Wer sie aber bis Ostern 1810. nimmt, erhält sie bey baarer Zahlung für 6 Rthlr. Sächs.* Nachher tritt der Ladenpreis bestimmt wieder ein.

Diese vortreffliche theol. Quartalschrift ist überall, und in allen kritischen Blättern so ausgezeichnet vortheilhaft beurtheilt worden, dass zu ihrem fernern Lobe nichts zu sagen übrig bleibt. Die rühmlichst bekannten Namen: *Natorp — Hoogen — Krummacher — Ehrenberg — Möller — Seidenstücker — Degen — Busch* u. a. m. bürgen ohne diess dafür, dass man nur etwas Treffliches erwarten konnte.

Sie ist *für jede Confession* bearbeitet: denn unter ihren Mitarbeitern sind auch mehrere ausgezeichnete kathol. Religionslehrer.

Der Ausdruck: „von westphäl. Gelehrten," hat keinesweges auf Localität Bezug: denn bloss einige Anzeigen sind local. — Der Druck ist deutlich und das Papier weiss.

Die Fortsetzung dieser Quartalschrift wird zur Jub. Messe 1810. unter dem Titel: *Philadelphia*, herausg. von Dr. *Recke*, erscheinen, da der vorige würdige Herausgeber jetzt leider zu weit von uns entfernt ist.

Duisburg, den 6ten November 1809.

Bädeker und Kürzel.

V. Vermischte Anzeigen.

Nachricht
wegen der Fortsetzung von *London und Paris*.

Die gehemmte Communication mit England, so wie der Abgang einiger ältern Mitarbeiter in *Paris*, hat veranlasst, dass der Jahrgang 1808 — 1809. von der Zeitschrift: *London und Paris*, jetzt erst geschlossen werden konnte. — Wir bemerken hier von neuem, welches viele Buchhandlungen übersahen, dass *London und Paris*, von seinem ersten Beginnen an, von Johannis zu Johannis in *zwanglosen Heften* erschien, — bey jährlichen 8 Heften schon die gewöhnliche Eintheilung in *Monatshefte* nicht Statt finden konnte, und daher auch nie mit dem laufenden Jahre zu schliessen brauchte, wie man immer verlangte. — Dass aber auch dieser Schluss vom Jahre 1808 — 1809. nicht veraltete Aufsätze enthält, beweisen *Pariser* Artikel, welche in dem eben erschienenen VIII. Stück bis zum September 1809. gehen.

Da uns nun die gütige Unterstützung des Publicums aufmuntert, *London und Paris* fortzusetzen, und wir neue thätige Mitarbeiter dafür erhalten haben: so zeigen wir hiermit an, dass diese Zeitschrift *ununterbrochen* fortgeht. — Um aber das scheinbare Veralten zu vermeiden, wenn wir auf den nächsten Band noch die Jahrzahl 1809. setzen wollten, da wir am Schlusse desselben Jahres schon stehen — so überspringen wir lieber den halben Jahrgang von 1809., und fangen nun sogleich den Jahrgang mit dem neuen Jahre 1810. an.

Da 1808. der *Eilfte* Jahrgang, oder Band XXI. und XXII. von *London und Paris* war: so wird nun 1810. der *zwölfte* Jahrgang, oder Band XXIII. und XXIV. — Auf diese Weise kann in der Folge bey der Berechnung, so wie bey Rangirung dieser Zeitschrift, kein Irrthum entstehen.

Solches bitten wir die Herren Buchhändler und geneigten Leser zu berücksichtigen, und empfehlen unsere Zeitschrift ferner Ihrer geneigten Theilnahme.

Rudolstadt, im November 1809.

F. S. R. Hof-Buch- und Kunsthandlung.

Meine schätzbaren Freunde und Herren Correspondenten bitte ich, Ihre gütigen Mittheilungen oder Bücher für mich an die **Hemmerde**'sche Buchhandlung zu Halle oder die F. C. W. **Vogel**'sche (sonst **Crusius**'sche) zu Leipzig zur Bestellung an mich, aber, wo möglich, ganz frankirt, abgeben zu lassen, damit diese Handlungen nicht wegen der Annahme verlegen werden. Unmittelbare Sendungen hieher macht, ausser in dringenden Fällen, die Entfernung zu kostbar.

Königsberg in Preussen. *Prof. Vater.*

ALLGEMEINE LITERATUR-ZEITUNG

Montags, den 25. December 1809.

WISSENSCHAFTLICHE WERKE.

ARZNEYGELAHRTHEIT.

Nürnberg, b. Campe: *Versuch über die Natur und Behandlung der Ruhr.* Von Dr. *Friedrich Speyer*, Königl. Baierischen Physikus des Landgerichts Bamberg etc. 1809. 164 S. 8.

Wenn ein Schriftsteller über eine Materie schreibt, über welche, wie über die Ruhr, schon so viel geschrieben ist, so darf man billig von ihm erwarten, dass er uns entweder etwas Neues, bisher noch Unbekanntes, darüber zu sagen habe, oder dass er wenigstens das Alte, schon oft Gesagte, besser, als seine Vorgänger, wiedergeben werde. Beydes hat Hr. *S.* in der vorliegenden Abhandlung zu leisten gesucht. Nicht zufrieden, uns bloss das Bekannte wiederzugeben, will er, geleitet durch eine ganz neue Ansicht dieser Krankheit, ihr Wesen tiefer, als bisher, erforscht, ihre mancherley Modificationen gründlicher, als bisher, auseinander gesetzt, und richtigere Grundsätze, als die bisherigen, für ihre Behandlungsart aufgestellt haben. Allerdings gehört die Ruhr unter diejenigen Krankheiten, über deren Natur und Behandlungsart wir noch keinesweges im Reinen sind. Allein ob Hr. *S.* in seiner Abhandlung uns wirklich alle die Aufschlüsse, die uns bisher noch fehlten, gegeben habe, ob das, was er uns nach seiner neuen Ansicht über die Natur der Ruhr sagt, wirklich so neu sey, als er glaubt, ob endlich, was die Hauptsache ist, seine neue Lehre eine richtigere Behandlungsart dieser Krankheit begründe, ist eine andere Frage. Rec. kann diese Frage nicht bejahen und die nähere Darstellung der Behauptungen des Vfs. wird dieses Urtheil rechtfertigen.

Hr. *S.* ist der Neffe und Schüler des berühmten Hrn. *Marcus* in Bamberg, und es ist leicht zu erachten, dass er in seiner Abhandlung den Grundsätzen gefolgt sey, welche der letztere in seinem Entwurf einer speciellen Therapie aufgestellt hat. Nach diesen Grundsätzen gehört die Ruhr zu den Krankheiten der zweiten Dimension, zu den Irritabilitäts-Krankheiten. Sie ist, wie alle diese Krankheiten, eine Entzündung, und zwar eine Entzündung in dem reproductiven System. Sie gehört also zu derjenigen Gattung der Irritabilitäts-Krankheiten, welche in dem Marcus'ischen System Synochus heisst, und als besondere Art des Synochus unterscheidet sie sich von den übrigen Arten bloss durch die Verschiedenheit der Organe, welche bey derselben zunächst afficirt sind. Diese Organe sind vorzüglich die dicken Gedärme, zugleich aber auch meistens der übrige Darmkanal, die Leber, das Pankreas u. s. w., und die Ruhr ist also, nach dem Vf., ihrem Wesen nach nichts anders, als ein Synochus, der sich in diese Organe gesetzt hat. — Dass die Ruhr zu den entzündlichen Krankheiten gehöre, ist eine Behauptung, die nichts weniger als neu ist. Alle Aerzte, welche die Ruhr einen Rheumatismus oder einen Katarrh der Gedärme nennen, rechnen sie auch zu den Entzündungen. Aber um so neuer ist der Begriff, welchen Hr. *S.* nach den Grundsätzen seines Lehrers von dem Wesen der Entzündung überhaupt, und von derjenigen Gattung insbesondere, zu welcher die Ruhr gehört, aufgestellt hat. Es fragt sich, ist dieser Begriff eben so richtig, als er neu ist? Entzündung, sagt Hr. *S.*, ist das Ergriffenseyn des elektrischen Moments in den Dimensionen. Aber diese Definition der Entzündung ist erstlich viel zu weit. Nicht jedes Ergriffenseyn des elektrischen Moments in den Dimensionen, oder, verständlicher zu reden, nicht jede krankhafte Veränderung der Irritabilität in den drey Hauptsystemen des Organismus, darf Entzündung genannt werden. Entzündung ist nur eine Gattung der Irritabilitäts-Krankheiten, eine gewisse bestimmte krankhafte Veränderung der Irritabilität, welche mit den übrigen Gattungen, bey denen ebenfalls die Irritabilität auf eine bestimmte Art krankhaft verändert ist, nicht verwechselt werden darf. — Zweytens, die Entzündung, als eine Krankheit der Irritabilität, muss allerdings in allen drey Systemen des Organismus Statt haben können; allein mit welchem Rechte Hr. *S.* mit Hr. *M.* eine wesentliche Differenz der Entzündung auf die Verschiedenheit des Systems gründet, in welchem sie ihren Sitz hat, kann Rec. nicht einsehen. Die Entzündung mag ihren Sitz in einem System haben, in welchem sie will, so sind es überall nur bestimmte organische Gebilde, die sie zunächst befällt, die arteriellen Gefässe des entzündeten Organs. Nun sind aber diese Gefässe in allen drey Systemen, ihren wesentlichen Eigenschaften nach, von derselben Beschaffenheit. Sie müssen daher auch, wenn sie von einer Entzündung befallen werden, überall auf dieselbe Art leiden, und die *Marcus-Speyersche* Eintheilung der Entzündung in Synocha, Synochus und Typhus, in so fern sie sich auf die Verschiedenheit der Systeme gründet, in denen sie ihren Sitz hat, kann folglich nicht als richtig angenommen werden. Die Eintheilung der Entzündung, wenn sie

ſie der Erfahrung, und nicht einem über alle Erfahrung hinaus liegenden Syſtem gemäſs, gemacht werden ſoll, muſs auf ganz andern Eintheilungsgründen beruhen. Dieſe ſind, nach des Rec. Anſicht: 1) die Verſchiedenheit der arteriellen Gefäſse, die ſie befällt, 2) die Verſchiedenheit des Charakters, den ſie hat. In Rückſicht auf die Verſchiedenheit der arteriellen Gefäſse, die die Entzündung befällt, iſt ſie entweder eine *echte* oder eine *unechte*; ſie iſt eine *echte*, wenn ſie ihren Sitz in den blutführenden arteriellen Gefäſsen; ſie iſt eine *unechte*, wenn ſie ihn in denjenigen arteriellen Gefäſsen des entzündeten Organs hat, die kein Blut, ſondern eine von dem Blut abgeſonderte Flüſſigkeit führen. Wir kennen vorzüglich dreyerley ſolche unechte Entzündungen, die rheumatiſche, katarrhaliſche und die eryſipelatöſe. Zu dieſen unechten Entzündungen gehört unter andern auch die Ruhr; ſie iſt eine rheumatiſche Entzündung der dikken Gedärme, und hat ihren Sitz hauptſächlich in der Muskelhaut derſelben, in denjenigen arteriellen Gefäſsen, durch welche die Abſonderung der Muskelſubſtanz bewerkſtelligt wird, da hingegen die echte Entzündung der dicken Gedärme ihren Sitz in den blutführenden arteriellen Gefäſsen dieſer Organe hat. Dieſe Verſchiedenheit des Sitzes der Entzündung in den verſchiedenen arteriellen Gefäſsen des entzündeten Organs, nicht die Verſchiedenheit des Syſtems, zu welchem das entzündete Organ gehört, begründet eine reelle Eintheilung der Entzündungen, die Eintheilung in *echte* und *unechte*.

Was den zweyten Eintheilungsgrund, die Verſchiedenheit des Charakters, betrifft, den die Entzündung hat; ſo beruht dieſer auf dem Grade der Energie, mit welcher die entzündeten Gefäſse wirken. Dieſer Grad der Energie des Wirkungsvermögens der entzündeten Gefäſse iſt entweder gröſser oder geringer, als der Normalgrad, und hierauf gründet ſich wieder eine andere höchſt wichtige Eintheilung der Entzündungen, die Eintheilung in *active* und *paſſive*, *ſtheniſche* und *aſtheniſche*, *ſynochöſe* und *typhöſe*, oder mit welchem Ausdrucke man ſonſt dieſe Verſchiedenheit des Charakters bey beiden Gattungen belegen will. Dieſen zweyfachen Charakter beobachten wir ſowohl bey den echten als bey den unechten Entzündungen; beide ſind bald ſynochös bald typhös, und ſo wie beide in allen drey Syſtemen des Organismus Statt haben können, und wirklich Statt haben, ſo können ſie auch in allen drey Syſtemen dieſen verſchiedenen Charakter annehmen, in allen dreyen bald ſynochös, bald typhös ſeyn.

Dieſe Eintheilungen der Entzündung, die nach der Ueberzeugung des Rec. ganz der Erfahrung gemäſs ſind, mit der *Marcus - Speyerſchen* Eintheilung verglichen, ergiebt ſich augenſcheinlich, daſs Hr. *M.* bey der Aufſtellung ſeiner drey Gattungen, der Synocha, des Synochus und des Typhus, die beiden oben angegebenen Eintheilungsgründe auf eine, für die Lehre von der Entzündung ſehr nachtheilige Weiſe mit einander verwechſelt hat. Bey ſeiner Charakteriſtik des Synochus und des Typhus hat er offenbar unſere typhöſen, bey ſeiner Charakteriſtik der Synocha unſere ſynochöſen Entzündungen vor Augen gehabt. Allein indem er den Grund von der verſchiedenen Natur beider Gattungen nicht in der Verſchiedenheit des Charakters der Entzündung ſelbſt, ſondern in der Verſchiedenheit des Syſtems ſucht, in welchem die Entzündung ſich geſetzt hat, verwechſelt er die Eintheilung der Entzündung nach ihrem Charakter mit der Eintheilung derſelben nach ihrem Sitze, und ſchreibt dem Syſtem zu, was der Beſchaffenheit der Entzündung an ſich zugeſchrieben werden muſs. Auf dieſe Art beſtimmt er nicht allein den Charakter der Entzündung auf eine irrige Weiſe, und ſtellt, nach den drey organiſchen Syſtemen, drey Gattungen auf, da es doch ihrer nur zwey giebt, ſondern er überſieht auch aus der nämlichen Urſache zugleich die andere Haupteintheilung der Entzündung in echte und unechte, die einzige, welche, der Erfahrung gemäſs, auf die Verſchiedenheit des Sitzes der Entzündung gegründet werden kann.

Von dieſen allgemeinen Bemerkungen über die *Marcusſiſche* Lehre von der Entzündung kommen wir nun auf die nähere Beleuchtung der *Speyerſchen* Abhandlung von der Ruhr. Nach den Grundſätzen des Vfs. gehört ſie zu der zweyten Gattung der Entzündung, zu dem Synochus, deſſen weſentlicher Charakter in dem Ergriffenſeyn des elektriſchen Moments in der zweyten Dimenſion, der Irritabilität in der Reproduction, beſteht. Die Folge hievon iſt: „daſs bey der Ruhr kein ſolches reines Leiden der Irritabilität, wie bey der Synocha, ſondern ein mehr gemiſchter getrübter Zuſtand Statt hat: denn indem ſich dieſelbe von der einen Seite, als eine mehr elektriſche oder irritable, von der andern, als eine mehr magnetiſche oder reproductive Krankheit darſtellt, müſſen auch bey ihr die entzündlichen Zufälle mit den ſo genannten gaſtriſchen coincidiren." Dieſe Verbindung der entzündlichen und gaſtriſchen Zufälle findet bey allen Ruhren Statt, aber nicht bey allen beobachtet man das gleiche Verhältniſs; bald ſchlagen die entzündlichen, bald die gaſtriſchen Zufälle vor, und auf dieſes verſchiedene Verhältniſs gründet der Vf. die Eintheilung der Ruhr in verſchiedene Gattungen, deren er hauptſächlich drey aufſtellt: 1) die *gallicht - entzündliche*, 2) die *gallichte*, 3) die *faulichte*. — Die *gallicht - entzündliche Ruhr* charakteriſirt ſich vorzüglich dadurch, daſs die inflammatoriſchen Zufälle, im Anfange wenigſtens, über die gaſtriſchen prädominiren, jene früher, dieſe erſt ſpäter hervortreten; überhaupt grenzt ſie näher an die Synocha, indem hier ſchon ein reineres Leiden der Irritabilität, wie bey den andern Gattungen, Statt findet. Sie begreift nach dem Vf. wieder zwey Arten unter ſich: *a)* die von den ältern Aerzten ſogenannte *rheumatiſch - katarrhaliſche*, bey welcher ſich weder die entzündlichen, noch die gaſtriſchen Erſcheinungen in einer beſondern Intenſität darſtellen, ſondern die Krankheit vielmehr zwiſchen dieſen beiden Zuſtänden gleichſam in der Mitte ſchwebt; *b)* die *eigentlich gallicht - entzündliche*; dieſe unterſcheidet ſich von den übrigen Formen

der

der Ruhr: 1) durch eine gröſsere Heftigkeit des Fiebers, faſt ganz mit denſelben Zufällen, wie bey der Synocha; 2) durch ungewöhnlich häufige, aber nur mit einem geringen Abgang einer bräunlichen Materie verbundene oder auch gänzlich unterdrückte Stuhlausleerung; 3) durch einen deſto heftigern Zwang und heftige, gleich mit dem Eintritt der Krankheit ſich einſtellende, anhaltende, mit einem harten, aufgetriebenen, gegen die Berührung ſehr empfindlichen Unterleib verbundene Leibſchmerzen; 4) durch das ſpätere Darniederliegen der Aſſimilation und Digeſtion, als bey andern Arten; 5) durch die gröſsere Geneigtheit dieſer Ruhr, in den Brand überzugehen.

Die *gallichte Ruhr* kommt unter allen Arten am häufigſten vor, und ſtellt durch den Verein der gaſtriſchen Erſcheinungen mit den entzündlichen, das Bild der Krankheit am reinſten dar. Sie begreift ebenfalls wieder zwey Arten unter ſich: die eine, bey welcher neben den gaſtriſchen die entzündlichen Zufälle ſehr beſtimmt auftreten, die ſich daher mehr der *inflammatoria* nähert; die andre, bey welcher die entzündlichen Zufälle getrübter, unſcheinbarer auftreten, die gaſtriſchen Erſcheinungen ſich nicht in jener Ex- und Intenſion zeigen, bey welcher die Krankheit viel analoges mit dem ſo genannten pituitöſen Fieber hat, und die gröſste Tendenz beſitzt, in die faulichte Ruhr überzugehen.

Die *faulichte Ruhr* tritt entweder als höhere Krankheitsmetamorphoſe der pituitöſen Ruhr auf, oder ſie erſcheint als primäre Krankheit, und in beiden Fällen unterſcheidet ſie ſich von den andern Gattungen durch die Coexiſtenz der eigentlich dyſenteriſchen und faulichten Zufälle.

Die nähere Beſchreibung dieſer verſchiedenen Gattungen und Arten der Ruhr, da ſie gröſstentheils nach dem Bilde, welches die ältern Schriftſteller davon gegeben haben, gezeichnet ſind, übergeht Rec.; hingegen erlaubt er ſich, noch einige Bemerkungen über jene Eintheilung ſelbſt vorzulegen. Es fällt in die Augen, daſs dieſelbe faſt die nämliche iſt, welche die ältern Aerzte aufgeſtellt haben, die Differenz beſteht bloſs in der Verſchiedenheit der Anſichten, die bey beiden zum Grunde liegen. Nach der Anſicht des Vfs. iſt die von ihm ſo genannte gallichte Ruhr die reinſte Gattung, weil bey derſelben das Ergriffenſeyn der Irritabilität in dem reproductiven Syſtem durch den vollkommenſten Verein der entzündlichen und gaſtriſchen Zufälle ſich am beſtimmteſten zeigt. Dieſe gallichte Ruhr macht gleichſam die Mitte, und neben ihr auf beiden Seiten ſtehen die zwey andern Gattungen, auf der einen die gallicht-entzündliche, bey welcher die entzündlichen, auf der andern die faulichte, bey welcher die gaſtriſchen Zufälle das Uebergewicht haben. Aber ſo verhält ſich die Sache nur in dem Syſtem, in der Erfahrung verhält ſie ſich ganz anders. Dieſer zufolge iſt die Ruhr, als ſolche, weiter nichts als ein Rheumatismus der dicken Gedärme, und beſonders des Maſtdarms. Dieſs iſt die eigentliche Krankheit, die wir Ruhr nennen, und wenn man will, die erſte Gattung derſelben. Aber die Ruhr erſcheint nicht immer in dieſer einfachen und reinen Geſtalt. Die unechte Entzündung, die ihr zum Grunde liegt, kann mit einer echten verbunden ſeyn, die entweder zugleich mit ihr eintritt, oder ſich derſelben erſt in ihrem Verlaufe zugeſellt. Dieſs iſt die zweyte Gattung der Ruhr, die *entzündliche*, (*Dyſenteria inflammatoria*). — Ferner die unechte Entzündung oder der Rheumatismus des Maſtdarms kann verbunden ſeyn mit einer krankhaften Affection der übrigen Eingeweide des Unterleibes, und beſonders der Leber, entweder als einer bloſs conſenſuellen Wirkung der rheumatiſchen Entzündung des Maſtdarms, oder als einer Folge der epidemiſchen Conſtitution. In beiden Fällen iſt das ſonſt einfache rheumatiſche Fieber ein Gallenfieber, und die ſonſt einfache Ruhr iſt hier mit einer fehlerhaften Gallenabſonderung verbunden. Dieſs iſt die dritte Gattung der Ruhr, die *gallichte* (*D. bilioſa*). — Endlich kann der Rheumatismus des Maſtdarms, es ſey als Folge einer ſchlechten Behandlung, oder als Wirkung der epidemiſchen Conſtitution, oder aus welcher Urſache es ſey, mit einem faulichten Zuſtande vergeſellſchaftet ſeyn, das ſonſt einfache rheumatiſche Ruhrfieber iſt hier ein Faulfieber, die Ruhr iſt mit Zufällen der Colliquation verbunden. Dieſs iſt die vierte Gattung der Ruhr, die *faulichte* (*D. putrida*). — Unter dieſe vier Gattungen laſſen ſich alle möglichen Ruhren bringen; aber jede Gattung kann wieder einen zweyfachen Charakter haben, und dieſs begründet eine neue Eintheilung der Ruhr, die Eintheilung in die *ſynochöſe* und *typhöſe*. Schon in ihrer einfachen reinen Geſtalt kann die Ruhr, ob ſie ſchon gemeiniglich den Charakter der Synocha hat, wenigſtens in einem mindern Grade, den Charakter des Typhus haben. Daſſelbe iſt auch der Fall mit der entzündlichen Ruhr. Den Charekter des Typhus hingegen hat faſt immer die faulichte Ruhr, und nur bey ſehr ſtarken Subjecten, und wenn die Krankheit durch Anſteckung entſtanden, kann ſie zuweilen im Anfange ſynochös ſeyn. Die gallichte Ruhr ſteht in der Mitte.

Dieſe Eintheilungen der Ruhr ſind gewiſs der Erfahrung weit gemäſser, als die von dem Vf. aufgeſtellten, und es kann daher auch nicht fehlen, die ſich darauf gründenden Modificationen der Heilmethode müſſen weit präciſer und ihrem Zwecke weit entſprechender ſeyn, als die, zu welchen Hr. *S.* durch ſeine Anſichten geführt werden muſste. Seine erſte Gattung iſt die gallicht-entzündliche Ruhr. In ihrem mindern Grade, wo ſie unter der Form der ſo genannten rheumatiſch-katarrhaliſchen erſcheint, iſt ſie dieſelbe, welche Rec. die einfache eigentliche Ruhr genannt hat. Hr. *S.* empfiehlt dagegen vorzüglich *Spirit. Mind. Vin. antim. H. H. Chamom. Sambuc. etc.*, nebſt der Beobachtung eines, die Ausdünſtung befördernden, Verhaltens. Allerdings kommt es bey der Behandlung dieſer Ruhr hauptſächlich auf die Wiederherſtellung der Hautfunction an, und es iſt auch gewiſs, daſs durch jene Mittel die Ruhr gewöhnlich binnen ſieben Tagen gehoben wird. Aber wenn man das Weſen dieſer Ruhr näher beſtimmt,

und

und dieselbe als einen blossen Rheumatismus der dikken Gedärme ansieht, wenn man bey ihrer Behandlung sein Augenmerk nicht bloss auf Wiederherstellung der Beförderung oder Hautfunction richtet, sondern auch zugleich auf die rheumatische Affection der dicken Gedärme selbst zu wirken sucht, so bietet sich noch ein sehr wirksames Mittel dar, welches Hr. *S.* nicht erwähnt, das Opium in Verbindung mit dem Huxhamschen Spiessglaswein, oder überhaupt in diaphoretischer Form, und die Ruhr, die nach der, von dem Vf. angegebenen, Methode gewöhnlich erst am siebenten Tage gehoben wird, verschwindet nicht selten schon am dritten Tage, ja zuweilen noch früher. — In dem höhern Grade der gallicht-entzündlichen Ruhr, wo der entzündliche Charakter sich deutlicher ausspricht, sind, nebst einem zweckmässigen Verhalten, und einer angemessenen Diät, die Hauptmittel das Aderlassen, die Neutral- und Mittelsalze, die Manna, die Tamarinden, die Cassia, erreichende Fomentationen und lauwarme Bäder. Auch in dem höchsten Grade dieser Ruhr soll es, nach dem Vf. ein unwandelbarer Grundsatz seyn, keine zu grosse Menge von Blut zu entziehen, weil Entzündungszustände in den, der Reproduction angehörigen Organen schlechthin keine so grosse Blutentziehungen vertragen, als Entzündungen, welche rein irritable Gebilde, wie z. E. die Lungen, befallen. Allein mit dieser Behauptung stimmt die Erfahrung nicht ganz überein. Die Menge, des bey Entzündungen zu entziehenden Bluts richtet sich nach der Heftigkeit der Entzündung, nach der Constitution des Subjects, nach dem Witterungszustand u. s. w., nicht nach der Beschaffenheit des entzündeten Organs. Ist, wie diess bey der entzündlichen Ruhr der Fall ist, mit der rheumatischen Entzündung der dicken Gedärme eine echte verbunden, so richtet sich das Blutlassen nach der Vehemenz dieser letztern, und wenn diese sehr gross ist, so kann, wie bey allen echten Darmentzündungen, wohl eben so viel Blut gelassen werden müssen, als bey der eigentlichsten Peripneumonie. Die Tamarinden, die Manna, die Mittelsalze, denen der Vf. in dieser Art Ruhr ein so grosses Lob beylegt, ersetzen das zu sparsame Blutlassen eben so wenig, als der reichlichste Gebrauch des Salpeters in der Peripneumonie. Ueberhaupt schlägt der Vf. den Nutzen jener Mittel in der entzündlichen Ruhr viel zu hoch an. So lange noch ein echter Entzündungszustand in den dicken Gedärmen vorhanden ist, passen sie nach des Rec. Erfahrung nie; erst, wenn dieser vorüber ist, und eine wahre Anzeige zu Darmausleerungen Statt hat, werden sie in der entzündlichen Ruhr mit Nutzen angewendet; ausserdem finden sie ihre Stelle nur in der gallichten Ruhr, die der Vf. offenbar nicht genau genug von der entzündlichen unterschieden hat.

(*Der Beschluss folgt.*)

MATHEMATIK.

Bayreuth, b. Lübecks E.: *Kurzer Leitfaden für den arithmetischen Unterricht*, in theoretischer und praktischer Hinsicht. Zum bequemeren Gebrauch für Lehrer und Schüler entworfen von *Erhardt Schödel*, Lehrer am Gymnas. u. Seminar. zu Bayreuth. *Erster* Cursus, die vier Grundrechnungen in gleichbenannten, gebrochenen und ungleichbenannten Zahlen enthaltend. 1808. 154 S. 8. (10 gr.)

So gut auch diese Schrift an sich ist, so entspricht sie doch dem Titel nicht ganz: denn *kurz* ist dieser Leitfaden keinesweges, sondern vielmehr so ausführlich, als er nur seyn kann, so dass wir glauben, er könne besser zum Selbststudium geduldiger Leser, als zur Grundlage beym Schulunterrichte dienen; wenigstens müsste dann der Lehrer manches hinweg schneiden, statt dass er sonst bey allzu kurzen Anleitungen verschiedenes hinzu zu setzen hat. Dem Vf. war es übrigens nicht unbekannt, dass an guten Anleitungen zur Arithmetik kein Mangel sey, keine aber schien es ihm möglich zu machen, dass dadurch eine Anzahl von 50 bis 60 Schülern auf *Einmal*, und zugleich *zweckmässig* beschäftigt werden könne. Auch bey den besten, waren den Regeln entweder keine, oder nur wenige, wirklich ausgerechnete, Beyspiele untergelegt; oder diese Beyspiele waren ohne Numern; oder sie waren gleich nach ihrem richtigen Ansatz aufgestellt, wo sie dann der Schüler nur mechanisch behandelte; oder die Theorie umfasste sogleich das Ganze einer Rechnungsart und liess erst spät die Beyspiele nachfolgen; oder die Theorie selbst war zu streng systematisch vorgetragen. Bald war auch der Preis des Buchs zu hoch oder dasselbe in allzu bündiger Kürze abgefasst. Diess sind die Unbequemlichkeiten, die der Vf. vermeiden wollte, und die er auch im Ganzen glücklich vermieden hat. Er machte sich dabey die Aufgabe, einen Leitfaden zu entwerfen, der bey der möglichsten Kürze, das Wichtigste der Theorie mit der Praxis verbände, um die durch den ewig zu wiederholenden Vortrag der Regeln und die durch das Dictiren der Aufgaben verschwendete Zeit zu sparen. Dabey sollte auch der Schüler noch vor der Langweiligkeit des bloss mechanischen Rechnens gesichert, und in den Stand gesetzt werden, jeden vorkommenden Fall selbst in gehörigen Ansatz zu bringen. Wirkliche Erfahrungen haben den Vf. bereits von der Zweckmässigkeit dieser Einrichtung überzeugt, als er seinen Schülern diesen Leitfaden bogenweise in die Hände gab. Wie weit der Vf. hier die Arithmetik abgehandelt hat, zeigt der Titel an, und Rec. bemerkt dabey, dass nicht allein der Vortrag deutlich, sondern auch durch die gut gewählten Beyspiele, wo ausser dem Arithmetischen, noch eine Menge interessanter Sachkenntnisse mit verbreitet werden, angenehm unterhaltend ist. Ueberdiess sind häufige Anmerkungen unter dem Texte mit kleinerer Schrift beygebracht, wo manchem Missverständnisse vorgebeugt, und zu einer zweckmässigen Behandlung des im Texte vorgetragenen hingewiesen wird. In einem Anhange sind Tafeln für die Münz-, Mass- und Gewichtskunde beygefügt.

ALLGEMEINE LITERATUR-ZEITUNG

Dienstags, den 26. December 1809.

WISSENSCHAFTLICHE WERKE.

ARZNEYGELAHRTHEIT.

NÜRNBERG, b. Campe: *Versuch über die Natur und Behandlung der Ruhr*, von *Friedr. Speyer* u. s. w.

(*Beschluss der in Nr. 348. abgebrochenen Recension.*)

Bey der *gallichten Ruhr* empfiehlt der Vf., neben den Neutral- und Mittelsalzen, die er, seinen Grundsätzen zufolge, bey allen Entzündungszuständen in dem reproductiven System, und besonders in dem Darmkanal, als die Hauptmittel aufstellt, vorzüglich auch Brech- und abführende Mittel. Sein Hauptgrund zu der Anwendung derselben ist „die Veränderung, welche die Galle bey dieser Art Ruhr erleidet, ihr stärkeres Austreten aus den sie ursprünglich einschliessenden Organen, ihre Verbreitung über den ganzen *tractum intestinorum*." Allerdings sind Brech- und Laxiermittel bey der gallichten Ruhr die Hauptmittel. Aber nicht alle Ruhren, bey welchen eine vermehrte Gallenabsonderung Statt hat, sind wahrhaft gallichte Ruhren. Bey jeder Gattung, selbst bey der einfachsten rheumatischen Ruhr, kann eine vermehrte Gallenabsonderung Statt haben, allein die Ruhr ist deswegen noch keine wahrhaft gallichte. Diese vermehrte Gallenabsonderung ist hier bloss consensuell, und die dagegen angewendeten Brech- und Laxiermittel leeren bloss die in dem Augenblick ihres Gebrauchs vorhandene Galle aus, ihre fernere Ergiessung heben sie nicht. Diese wird nur gehoben, indem ihre Ursache beseitiget, d. i. ihre rheumatische Entzündung der dicken Gedärme gehoben wird. Vortrefflich hat dieses *Vogler* in seiner Abhandlung über die Ruhr, die Hr. *S.* nicht zu kennen scheint, dargethan, und gezeigt, dass dergleichen bloss consensuelle Gallenergiessungen bey der Ruhr selten den Gebrauch der Brech- und Laxiermittel fordern, dass sie weit besser und sicherer durch den Gebrauch des Opiums, und überhaupt durch die zweckmässige Behandlung der Ruhr, als solcher, gehoben werden. Die eigentliche gallichte Ruhr, welche Hr. *S.* mit der eben genannten sehr unpraktisch zusammenwirft, ist ein Product der epidemischen Constitution; die rheumatische Entzündung der dicken Gedärme ist bey ihr mit einem gallichten Zustande verbunden; das sonst einfache rheumatische Ruhrfieber ist bey ihr ein Gallenfieber. Nur für diese eigentliche gallichte Ruhr sind Brech- und Laxiermittel die wahren Mittel, hier ist das Lebersystem idiopathisch afficirt, hier wirken daher auch die Brech- und Laxiermittel als wirkliche Kurmittel, und wenn sie zur rechten Zeit, und mit gehöriger Rücksicht auf die mit verbundene Ruhr angewendet werden: so wird nicht nur der gallichte Zustand, sondern auch nicht selten zugleich die Ruhr gehoben, oder diese letztere bleibt bloss als einfache rheumatische Ruhr zurück.

Eine besondere Modification oder Abart der gallichten ist die von dem Vf. so genannte *pituitöse Ruhr*. Hier sollen die Neutral- und Mittelsalze, die Brech- und Laxiermittel nicht mehr indicirt seyn, indem sie offenbar Verschlimmerung, Verwandlung dieser Ruhrart in die faulichte veranlassen. Der Vf. empfiehlt dagegen vorzüglich Kampfer, Arnica, Serpentaria, Valeriana, Bilsenkraut-Extract, *Nux vomica*, und, als das erste von allen, Opium. Wenn diese pituitöse Ruhr eine Modification der gallichten seyn soll: so muss Rec. gestehn, dass er nicht einsieht, wie Hr. *S.* die eben genannten Mittel dagegen empfehlen kann. Offenbar hat er hier die *nervöse Ruhr* der ältern Aerzte vor Augen gehabt; allein das Nervöse bezieht sich nicht auf die Form, sondern vielmehr auf den Charakter der Krankheit, d. h. es bezeichnet den typhösen Charakter der Ruhr, welchen jede Form derselben, selbst die einfachste rheumatische Ruhr, annehmen kann. Die nervöse Ruhr der ältern Aerzte ist also sehr verschieden von der, welche man unter dem Namen der pituitösen als eine besondere Art der gallichten aufstellen könnte. Die pituitöse Ruhr, als besondere Art der gallichten, würde sich von dieser letztern dadurch unterscheiden, dass die Ruhr bey dieser mit einem gallichten, bey jener mit einem schleimichten Zustande verbunden ist, und solche pituitöse Ruhren giebt es, wie die Erfahrung lehrt, wirklich. Es giebt Ruhren, bey welchen die schleimabsondernden Organe des Darmkanals auf eine hervorstechende Weise zu leiden scheinen, bey denen das sonst einfache rheumatische Ruhrfieber mehr oder weniger sich wie ein sogenanntes Schleimfieber verhält, und da dieses, auch als Begleiter der Ruhr, leicht einen typhösen Charakter annehmen kann: so sieht man ein, wo die von dem Vf. gegen die pituitöse Ruhr empfohlnen Mittel ihre Stelle finden; aber man sieht auch zugleich ein, dass unter denselben nur das Opium, die *Nux vomica* das Bilsenkraut-Extract für die Ruhr, als solche, passen; der Kampfer, die Arnica, die Valeriana, die Serpentaria, die reizenden warmen Bäder hingegen bloss für das mit derselben verbundene Nervenfieber geeignet sind.

Was endlich die Behandlungsart der *faulichten Ruhr* betrifft, so unterscheidet der Vf. zwey Arten derselben: die secundäre, durch den Uebergang der pituitösen entstandene, und die primäre, die sogleich, als solche, eintretende. Gegen die erstere empfiehlt er vorzüglich Moschus, Opium, Kampfer, Naphtha, *Balsam. vit. H. Alcali volat. Liquor anodyn.*, Serpentaria, Valeriana, Arnica, und äusserlich warme Bäder, warme Ueberschläge von aromatischen Kräutern in Wein gekocht auf den Unterleib, reizende Einreibungen, Klystiere aus Baldrian, China, Asant, Kampfer, Sinapismen, Vesicatorien. Die nähern Bestimmungen in Hinsicht auf die Anwendungsart aller dieser Mittel sind von dem Vf. richtig angegeben; allein auch hier muss Rec. die schon oben gemachte Bemerkung wiederholen, dass er den typhösen Charakter, welchen alle Formen der Ruhr haben können, mit der faulichten Ruhr, die bloss eine besondere Form der Ruhr ist, für identisch ansieht. Offenbar passt jene Methode in der faulichten Ruhr nur, in so fern sie einen typhösen Charakter hat. Als reine Putrida muss sie, sie mag secundär oder primär entstanden seyn; wie ein simples Faulfieber, nur mit besonderer Rücksicht auf die Local-Affection der dicken Gedärme, behandelt werden. Da der Vf., seinem eigenen Geständnisse nach, eine reine faulichte Ruhr noch nie selbst beobachtet und behandelt hat: so kann ihm eine genaue Auseinandersetzung der gegen dieselbe anzuwendenden Heilmethode nicht zugemuthet werden; indessen hat er die Hauptmittel auch hier ganz richtig angegeben, und insbesondere hat Rec. mit Vergnügen wahrgenommen, dass er unter andern vorzüglich auch auf den Gebrauch kalter Bäder aufmerksam gemacht hat, die, wie bey dem einfachen Faulfieber, gewiss auch bey der faulichten Ruhr, gehörig gebraucht, ein sehr grosses Mittel sind.

ALTONA, b. Hammerich: *Ueber die Luftröhrenbräune der Kinder.* Eine kurze, zunächst für Nichtärzte bestimmte, Anleitung, diese gefahrvolle Krankheit richtiger zu beurtheilen und sicherer zu verhüten, von Dr. *W. L. Wolf*, A. zu Altona. 1808. 47 S. 8. (6 gr.)

An diesem Schriftchen ist der Zweck und Wille des Vfs. das beste. Er wünscht nämlich, durch eine zeitige Erkennung des Uebels demselben vorzubeugen, und bestimmt die Einnahme zu einem wohlthätigen Zwecke. Dass durch eine frühzeitige Diagnosis allerdings viel gewonnen werde, ist gar keine Frage; nur ist eine populäre Behandlung dieses Stoffes nicht so leicht, als der Vf. glaubt. Wie oft wird dann wohl mancher trockne Katarrh im Anfange für Luftröhrenbräune von denen angesehen werden, die diese kleine Schrift gelesen haben! Zum Glücke schadet es nicht, hier eher zu viel, als zu wenig zu thun, und so möge denn der Vf. recht viele Käufer und Leser bekommen! Unter die gewissesten Zeichen von der Gegenwart dieser Krankheit rechnet der Vf. das sehr veränderte und ängstliche Athemholen, die Abweichungen der Stimme von ihrer Normalität und die mehr oder weniger periodischen Nachlässe, und verstärkt wiederkehrenden Verschlimmerungen aller Zufälle. Man sieht schon aus diesem einzigen Satze, dass der Vf. nicht ganz genau in seinen Angaben ist, und dass er nicht scharf genug zwey Krankheiten von einander trennt, welche beide zwar sehr gefahrvoll, aber in Absicht auf Ursache und Heilung sehr verschieden von einander sind. Der Vf. scheint zwar das Millarsche Asthma für eine Abart der häutigen Bräune zu halten; er hat aber hierin nur in so fern Recht, als die feinere und eigentlich richtigere Distinction kein eigentliches Interesse für den Nichtarzt hat. Sonst sind beide Arten von Kinderkrankheiten in Rücksicht auf Sitz, Ursache und Behandlung durchaus und sehr verschieden. Als Gelegenheitsursache nimmt der Vf. schnellen Wechsel der Temperatur oder Erkältung an. Durch die übertriebene und missverstandene Abhärtungsmethode, besonders durch die üble Sitte, den Kindern im Herbst oder Winter die Haare zu schneiden und sie stets mit entblösstem Halse gehn zu lassen, sey sie viel allgemeiner geworden. Nie habe er sie bey ärmern Judenkindern gesehn, welche ihren Kopf (auch den Hals?) stets bedeckt halten. Man solle deshalb auch alle Erkältungszufälle bey Kindern ernstlich nehmen. Dahin geht auch die Tendenz der Rathschläge, welche der Vf. bey dem Eintritte des Uebels empfiehlt: warmes Verhalten, warme Kopfbedeckung, warme Bedeckung des Halses, fleissiges Trinken warmer Getränke, Einathmen warmer erweichender Dämpfe, warme Fussbäder, erweichende Klystiere, und lauwarme, dem Gefühle der Kinder angenehme, Bäder aus Kleien- und schwachem Senf-Absude. Bey deutlicherer Entwickelung des Uebels müsse ein Arzt gerufen werden.

BERLIN, b. Maurer: *Wodurch reifte die Chirurgie dem Grade ihrer gegenwärtigen Vollkommenheit entgegen? Auf welchen Wegen muss sie zu noch höheren Graden emporstreben?* — Eine Rede am zwölften Stiftungstage der Königl. medicinisch-chirurgischen Pepinière zu Berlin, den 2ten Aug. 1806. gehalten von Dr. *August Friederich Hecker*, Königl. Preuss. Hofrathe, Prof. der Pathologie und Semiotik bey dem Collegio medico-chirurgico, und Mitgliede der medicinischen Ober-Examinations-Commission. 1806. 16 S. gr. 8. (3 gr.)

Zur Beantwortung der ersten Frage wird aus mehreren, S. 4 ff. angedeuteten, zusammentreffenden glücklichen Umständen in der letzten Hälfte des vorigen Jahrhunderts hier besonders das Bestreben der Wundärzte herausgehoben, die vorhandenen Erfahrungen der Vorzeit zu sichten, den Reichthum derselben zu vergrössern, ihr Wissen und Handeln auf den möglichst grössten Vorrath von Thatsachen zu gründen, und dieselben späterhin zu einem wissenschaftlichen Systeme zu vereinigen, ohne dass dabey der Verstand sich irgend einen höheren Einfluss anzugemafst habe, als jenen nüchtern beurtheilenden und logifch ordnenden. Die Speculationen einer fogenannten höheren und höchften Vernunft blieben hier mehr, als in irgend einem andern Zweige der Heilkunde, ausgefchloffen. „Was unfere Chirurgie bis auf den heutigen Tag ift, das ift fie nicht durch Speculation, nicht durch Vernunftbegriffe, die von oben herab kommen follten, geworden. Die Nachwelt wird es anerkennen, was wir keinen Augenblick hätten vergeffen follen, dafs durch leere Formen, die tiefe Einfichten da ahnden laffen, wo eigentlich gar keine find, der Bau der Wiffenfchaften nur zerftört, aber auf keine Weife befeftigt wird. Unter dem Feuer, das in unfern Tagen den Eifer für das echte Wiffen entzündet, ift vieles nur gemalt; es gehört ein eigener Sinn dazu, um an feine Wärme zu glauben; und die Sonne unferer Aufklärung ift oft nur eine Theaterfonne, die zu leuchten fcheint, wo dicke Finfternifs ift." Hieraus folgt die Beantwortung der zweyten Frage von felbft. Möchte doch nicht erft die Nachwelt die Wahrheit der Aeufserungen des würdigen Vfs. anerkennen! — In den verfloffenen eilf Jahren war die ganze Zahl des Perfonals in der Pepinière 640, und die letztere gab unter andern fchon über 400 wohlunterrichtete Compagnie- und Efcadron-Chirurgen an die verfchiedenen Regimenter ab.

OEKONOMIE.

Herborn, in d. Buchh. der hohen Schule: *Forftwirthfchaftliche Tabellen.* Entworfen von *Georg Ludwig Hartig.* 1807. 3 Tabellen in Fol. (8 gr.)

Diefe Tabellen find, ohne eine weitere Erklärung derfelben, und ohne einen Grund anzugeben, warum fie hier erfcheinen, aus *Hartig's* Anleitung zur Taxation der Forfte, wahrfcheinlich ohne Hn. *H's* Vorwiffen, befonders abgedruckt worden. Rec. fieht gar keinen Zweck davon ein, um fo weniger, da nur *drey* Tabellen ausgehoben und nicht fämmtliche in der Taxation vorkommende, übrigens fehr mufterhafte, Tabellen hier abgedruckt worden. Diefes würde, wenn eine kurze Erläuterung hinzugefügt worden, doch noch von einigem Nutzen gewefen feyn.

VERMISCHTE SCHRIFTEN.

München, b. Lindauer: *Kurzgefafste Gefchichte, Statiftik und Topographie von Tyrol.* Von *Peter Philipp Wolf.* 1807. VIII u. 324 S. 8. (1 Fl. 45 Kr.)

Man würde fich fehr irren, wenn man vorliegendes Buch in der Abficht, fich aus demfelben eine ausführliche Kenntnifs der Gefchichte, Statiftik und Topographie Tyrols zu verfchaffen, zur Hand nähme. Es ift, wie der Vf. in der Vorrede felbft gefteht, hauptfächlich für diejenigen Lefer gefchrieben, denen es vor der Hand nur um eine flüchtige Ueberficht der Gefchichte, der Befchaffenheit und Verfaffung diefes Landes zu thun ift; und auch in diefer Hinficht ift es noch ziemlich mager ausgefallen: denn Materialien, die unmittelbar aus den Archiven und Regiftraturen zu beziehen find, fehlten dem Vf., und was man an gedruckten Hülfsmitteln vorräthig hat, reicht noch zur Zeit nicht hin.

Die Gefchichte Tyrols fängt mit dem Zeitpunkt an, da die Römer die in diefer Gebirgsgegend wohnenden Völker ihrer Herrfchaft unterwarfen. Aber welche Völker es waren, ift nicht angezeigt. Diefem Zeitpunkte, das ift, dem Zeitalter Augufts, verdankte Tyrol, nach des Vfs. Meinung, feine *erfte* Cultur. Wir find jedoch überzeugt, dafs die einwandernden Tufcer fchon um einige Jahrhunderte früher viel Cultur nach Tyrol gebracht haben. Das Reich der Oftgothen, unter deren Herrfchaft Tyrol in der Folge kam, läfst der Vf. fich nicht nur auf Italien, fondern auch auf *beide Rhätien*, Noricum, *Vindelicien*, Dalmatien u. f. w. erftrecken. Allein unter beiden Rhätien war Vindelicien feit Hadrians Zeiten bereits begriffen. Wie hierauf die Longobarden fich eines Theiles von Rhätien, oder vom heutigen Tyrol, bemächtigt haben, ift wohl angegeben, aber nicht, wann und auf welche Art die Baiern zum Befitze des weit gröfsern Theiles von Tyrol gekommen find. Wir begreifen nicht, warum der Vf. der Einfälle, welche die Slaven gegen das Ende des fechften, und am Anfange des fiebenten Jahrhunderts in Tyrol unternahmen, mit keiner Sylbe gedenkt. Sie hatten fich bereits in einem grofsen Theile diefes Landes mit folcher Macht feftgefetzt, dafs man fogar daher die Veranlaffung nahm, denfelben mit dem Namen Slavinien zu belegen; und nur nach wiederholten Kriegen gelang es endlich den Agilolfingern, fie bis in die Mitte Kärnthens zurück zu treiben. S. 13. heifst es von Thaffilo II.: „Unbefonnen fchwor er in die Hände des Königs der Franken (Karls des Grofsen) einen Vafalleneid, wie ihn einer vom königlichen Gefchlechte der Agilolfinger nie hätte fchwören follen." Unbefonnen möchten wir nicht gern eine Handlung nennen, wozu man durch die Uebermacht gezwungen worden. Die dem Scepter Karls des Grofsen unterworfenen Völker fand derfelbe (nach S. 15.) „überall in dem Zuftande der *roheften Wildheit.* Ihnen waren noch alle Künfte des Friedens, felbft die Vortheile einer gefellfchaftlichen, bürgerlichen Einrichtung, unbekannt." Das heifst in Wahrheit die Sache gar zu fehr übertreiben. Selbft von den Sachfen möchten wir diefes nicht unbedingt behaupten. Nach S. 21. hat der baierfche Herzog Arnulf zum Vortheile des deutfchen Königs, Heinrichs I., auf den Königstitel mit dem ausdrücklichen Vorbehalt aller königlichen Vorrechte für fich und feine Nachkommen Verzicht gethan. Diefes ift allerdings richtig; dafs aber diefer Vertrag auch Arnulfs Nachfolgern gegolten habe, ift wohl wahrfcheinlich, aber aus keinem gleichzeitigen Document vollkommen erweislich. Ebendafelbft wird Heinrich I. ein Sohn und Nachfolger

ger Otto *das Großen* genannt; es sollte heissen: Otto *des Erlauchten*. Wilten ist keine Abtey, wie sie (S. 27.) genannt wird, sondern ein Stift regulirter Chorherrn Prämonstratenser Ordens. Nach S. 29. erhielt Margaretha Maultasche diesen Beynamen, wie einige versichern, ihres häslich geformten Mundes wegen, oder, nach andern, weil sie am herzoglichen Hofe zu München mit dem Pantoffel eine Maulschelle bekommen hatte. Beides ist falsch; man gab ihr diesen Beynamen von dem zwischen Botzen und Meran gelegenen Schlosse Maultasch, wo sie sich die meiste Zeit aufhielt. In Hinsicht auf ihren Charakter wird diese Fürstin von dem Vf., wie von den meisten ausländischen Geschichtschreibern, in einem eben nicht vortheilhaften Licht gezeigt. Ganz anders dachte man von ihr in Tyrol, und noch heut zu Tage lebt sie unter Geistlichen und Weltlichen, unter dem Adel und unter den Bauern in segenvollem Andenken.

Der statistische Theil dieses Buchs, womit der *zweyte* Abschnitt beginnt, enthält grösstentheils nur summarische, theils bereits veraltete, und jetzt nicht mehr ganz richtige Nachrichten, z. B. über den Rindviehstand im Jahre 1776, über die Zahl der Pferde in eben diesem Jahre, ein Verzeichniss der Handwerker, Künstler und Fabriken (man weiss nicht, von welchem Jahre), eine Liste der im J. 1779. ausgeführten Naturproducte u. s. w. Welche Beschaffenheit es aber mit diesen und mehr andern Gegenständen gegenwärtig habe, wie viel Getreide, Wein, Obst jährlich im Durchschnitt gewonnen werde, wie viel Getreide eingeführt werden müsse, wie hoch der Ertrag des ausgeführten Weins, Obsts, Viehes, und der übrigen Natur- und Kunstproducte sey, wie viel der Handel jährlich überhaupt einbringe, wie sich die Einfuhr gegen die Ausfuhr verhalte, wie viel die Staatseinkünfte betragen, wie hoch sich die Staatsschuld belaufe, ob die Staatsgläubiger Inländer, oder Ausländer seyen? über alle diese und mehr andere Fragen konnte freylich der Vf. seine Leser nicht belehren; aber höchst wahrscheinlich dürfte kein einziger Schriftsteller dessen fähig gewesen seyn. Einige Nachrichten, die wir in diesem Buche fanden, bedürfen einer Bestätigung, andere geradehin einer Berichtigung. Den Flächeninhalt der Grafschaft Tyrol, mit Inbegriff der Fürstenthümer Trient und Brixen, und mit Ausschluss der vorarlbergischen Lande, setzt der Vf. zu 480, das baiersche Regierungsblatt hingegen vom December 1806. nur zu 443¼ Quadratmeilen an. Der Stadt Roveredo giebt Hr. *W.*, mit *Fabri* und *Hassel*, 18,000 Einwohner. Sie hat aber zuverlässig kaum 8000. Dass in Tyrol jetzt *fast der zehnte Mann* sich vom Betteln nähren muss, wie es §. XV. heisst, und dass es schon so weit gekommen sey, dass arme Leute, um dem Hungertode zu entgehn, mit Bittschriften einkamen, um einen Platz im Zuchthause zu erhalten, ist eine grobe Uebertreibung. Beym Artikel: „Industrie der Nation," vermissen wir eine Nachricht von den Schnitzarbeiten der Einwohner in Gröden, womit ein Handel in ganz Europa von ihnen und von andern getrieben wird, und von den Spitzen, welche die Mädchen und die Weiber daselbst klöppeln, und im ganzen Lande zum Verkauf bringen. Das jährliche Auswandern vieler Tyroler ins Ausland, wo sie als Zimmerleute, Maurer, Steinmetzen u. s. w. arbeiten, dürfte dem Land eben so schädlich nicht seyn; sie bringen ausländisches Geld mit sich zurück. Der Vf. selbst gesteht, dass aus einem einzigen Gerichtsbezirke jährlich 270 Mann auswandern, und nach Verlauf von 8 Monaten über 20,000 Gulden aus der Fremde zurückbringen. In einem Lande, dessen Boden so wenig Hoffnung zur Erweiterung der Cultur giebt, ist diese Gewohnheit eine wahre Wohlthat. Unter den tyrolischen Gelehrten sind der Graf *von Brandis*, der ehemalige Professor in Wien, *Ignatz de Luca*, und der sehr gelehrte Mineralog und Oekonom, Professor *Jordan* in Wien, nebst andern, nicht angeführt.

Der *dritte* Abschnitt enthält die Topographie von Tyrol; aber hauptsächlich nur eine aus dem Französischen des *Mémorial topographique et militaire rédigé au depôt général de la guerre et imprimé par ordre du Ministre*, IVe Trimestre de l'an XI., von dem Vf. übersetzte, militärische Topographie. Das Hauptaugenmerk ist darin auf die Beschreibung der Pässe, Festungen, und übrigen zu militärischen Positionen tauglichen Oerter gerichtet. Nur gelegentlich werden auch andere Dinge, z. B. Producte, Kunstfleiss, Handel u. s. w. berührt. Der französische Officier, welcher diesen Aufsatz verfertigte, scheint nicht selbst alle hier beschriebenen Oerter gesehn zu haben; ausserdem wäre es schwerlich zu begreifen, wie er versichern konnte, dass die Hauptstadt Inspruck nur von einer kleinen Mauer umgeben sey, da sie doch ganz und gar keine Mauer hat. Ein anderer Fehler ist, dass hier öfter Zolle, Schuhe und Klaftern mit einander vermischt sind. Auffallend sind die Widersprüche, welche zwischen dem Vf. der Geschichte und Statistik von Tyrol, und dem Vf. dieser militärischen Topographie in Ansehung der Bevölkerung vieler Oerter Statt finden. Nach dem erstern hat Trient nur 1100, nach dem letztern 15,000 Einwohner! Und, damit man nicht etwa glaube, durch einen Schreib- oder Druckfehler sey um eine Null zu viel angesetzt worden: die Zahl ist mit Worten geschrieben. Der Stadt Botzen giebt Hr. *W.* 8000, der freygebigere Franzose hingegen ungefähr 10,000 Einwohner. In Ansehung der Stadt Brixen, deren Volkszahl ersterer zu 8000 ansetzt, ist der Franzose karger: er giebt ihr nur 3500 Einwohner.

ALLGEMEINE LITERATUR-ZEITUNG

Mittwochs, den 27. December 1809.

WISSENSCHAFTLICHE WERKE.

MATHEMATIK.

Berlin, b. d. Vf. und in Com. b. Braunes: *Astronomisches Jahrbuch* für das Jahr 1811., nebst einer Sammlung der neuesten in die astronomischen Wissenschaften einschlagenden Abhandlungen, Beobachtungen und Nachrichten; mit Genehmigung der K. Akad. d. W. berechnet und herausgegeben von *J. E. Bode*, Astronom und Mitglied der Akademie. 1808. 266 S. 8. Mit 1 Kupfer. (1 Rthlr. 8 gr.)

Im J. 1811. fällt Ostern am 14. April; zwey Finsternisse des Monds, und zwey Bedeckungen Aldebarans sind sichtbar. In der Berechnung der Ephemeriden ist die Abänderung getroffen, dass stündliche Bewegung, Durchmesser, Culminationsdauer und Entfernung der Sonne nun von 5 zu 5 Tagen angesetzt sind. — Die Abhandlungen enthalten: 1) *Piazzi's* Verzeichniss der geraden Auffteigung und Abweichung von 220 Sternen, für den Anfang des J. 1805., aus sehr oft wiederholten Beobachtungen hergeleitet. (Aus dem 6. Buche von *Piazzi's* Werk entlehnt.) Die Sterne dieses vortrefflichen Verzeichnisses sind die vornehmsten der ersten bis vierten Grösse, sammt einigen kleineren; die grosse Anzahl der Beobachtungen erhöht die Zuverlässigkeit; die gerade Auffteigung ist bey einigen gegen 200, die Abweichung gegen 100 mal beobachtet. 2) Noch etwas über die Parallaxenrechnung von Dr. *Olbers*. Im Jahrb. 1808. hatte der Vf. Parallaxenformeln, die keine Berechnung des Nonagesimus fordern, bekannt gemacht; *De Lambre* hatte dafür zweyerley Beweise aus der sphärischen Trigonometrie aufgesucht; hier giebt der Vf. seinen eigenen Beweis aus der ebenen Trigonometrie, und empfiehlt überhaupt, da, wo es möglich, die Beweise aus beiden Trigonometrieen zu verbinden. Des Vfs. Beweis dehnt sich auch auf die Parallaxen der geraden Auffst. und Abweichung aus; auch lehrt er am Ende zu noch mehrerer Abkürzung der Rechnung, aus der wahren Länge und Breite des Sterns unmittelbar dessen scheinbare gerade Auffst. und Abweichung finden. Dem Einwurfe, dass seine Parallaxenformeln weniger brauchbar seyen, weil man des Monds scheinbare Länge selbst, nicht bloss deren Parallaxe, suchen muss, begegnet der Vf. mit nicht unwichtigen Gründen; die Formeln VI. und VII. würde übrigens auch Rec. mit *De Lambre* in der Anwendung vorziehen, weil, wenn man einmal den *Sin.* und *Cos.* von α, β und ϵ aus den Tafeln neben einander gestellt hat, die Anordnung der Rechnung sehr erleichtert wird; hingegen Bestimmung einer neuen Grösse, des Hülfswinkels, die Aufmerksamkeit theilt und Zeit wegnimmt. 3) Beobachtungen auf der Prager Sternwarte im J. 1807. von Canonicus *David* und Adjunct *Bittner*. Oppositionen des Mars, Saturn und Jupiter; Beobachtungen der Pallas, Juno und Vesta. 4) Beobachtungen der Jupiterstrabanten-Finsternisse, der Sternbedeckungen, der Sonnenfinsterniss vom 29. Nov. der Vesta, der Gegenscheine des Mars, Uranus, Saturn und Jupiter im J. 1807. von Dr. *Triesnecker* in Wien. 5) Beweis einer Formel zur Vereinfachung der Rechnung für die geocentrischen Oerter der Planeten und einer quadratischen Gleichung in der parabolischen Kometentheorie, von Prof. *Pfaff* in Dorpat. Die erstere Formel gab *Gauß* in der Monatl. Correspondenz, May 1804., die zweyte steht mit einer andern Wendung bey *Lambert* in seinen *Insigniores propr. orb. com.* 6) Ueber den Kometen von 1807., von Prof. *Huth* in Frankfurt a. d. O. Diesen, durch seine scheinbare Grösse berühmt gewordenen, Kometen (er war der erste seit 1769., der dem blossen Auge gut sichtbar war) entdeckte zuerst *Pons* in Marseille am 20. Sept. 1807.; ohne hievon zu wissen, entdeckten ihn noch mehrere späterhin, z. B. *Huth* am 29. Sept. 7) Beobachtungen eben desselben Kometen, und Bemerkungen über ihn von Dr. *Olbers*. In Deutschland wurde der Komet bis zum Ende des Februars 1808., in Petersburg noch bis zu Ende des März beobachtet; man hat also, was sehr selten ist, von diesem Kometen eine Reihe durch volle sechs Monate fortlaufender Beobachtungen, ein Umstand, der die genaue elliptische Berechnung seiner Bahn möglich machte (S. Nr. 14.). Der Kern war sehr glänzend, der Schweif nicht sehr gross, aber, wie auch *Olbers* übereinstimmend mit allen astronomischen Beobachtern dieses Kometen bemerkte, in zwey Theile abgetheilt, oder es waren vielmehr zwey Schweife, die sich, nach *Olbers* etwa $1\frac{1}{2}$ Grade vom Kopfe deutlich trennten; der nordliche Schweif war ganz gerade, sehr blass und schmal, der südliche viel heller und breiter, aber stark nach Süden gekrümmt; nur der Komet von 1744. zeigte, wie *Olb.* anführt, eine ähnliche Erscheinung. 8) Beobachtungen der Kometen zu Wien, und Berechnung seiner Bahn von *Triesnecker*, und 9) Beobachtungen desselben in Prag von *David* und *Bittner*. 10) Verfinsterte Jupiterstrabanten und Sternbedeckungen in den Jahren 1804 bis 1807., die Sonnenfinsterniss 16. Junius 1806,

1806. und der Komet von 1807., beobachtet vom Juſtizrath *Bugge* in Copenhagen. Die Sternwarte daſelbſt erhielt ſich, der 125 auf ſie gefallenen Bomben ungeachtet, bey dem engliſchen Bombardement im Auguſt 1807.; aber der Aſtronom (Juſt. R. *Bugge*) erlitt einen Verluſt an Büchern, Inſtrumenten, Meubles u. ſ. w. von 12000 Rthlrn. 11) Beobachtungen und Elemente des Kometen von 1807., neue Elemente der Pallas und Juno-Bahn, Jupiterstrabanten, Sternbedeckungen und die Planeten Juno, Veſta und Pallas, beobachtet von Prof. *Gauß* in Göttingen. Im Julius 1808. war Veſta von der 7, Juno und Pallas von der 10 Gröſse. 12) Beobachtete und berechnete Gegenſcheine des Saturns und Jupiters 1807., auch Beobachtung des Kometen 1807. von *Derfflinger* in Kremsmünſter. 13) Vermiſchte aſtronomiſche Bemerkungen, Beobachtungen des Kometen und Sternbeſtimmungen vom Oberprediger *Fritſch* in Quedlinburg. Der Vf. hält gelegentlich dem Mondſchein eine Lobrede, und behauptet, gegen die ſonſt hergebrachte Meinung, daſs Mondſchein für die Schärfe *aller* aſtronomiſchen Beobachtungen äuſserſt vortheilhaft ſey, daſs er die Flecken des Mars und Jupiters, die Fixſterne, den Kometen von 1807., nie beſtimmter, als unter dieſen Umſtänden geſehen habe. Es iſt hieran allerdings viel wahres, da der Mond offenbar die Irradiation der ihm benachbarten Sterne vermindert, und auch Rec. fand für eine gewiſſe Art von Beobachtungen den Mondſchein mehr günſtig, als nachtheilig. Aber wer möchte läugnen, daſs er auch, einer eben ſo gemeinen Erfahrung zufolge, als ſtärkeres Licht oft ſchwächer leuchtende Punkte am Himmel, den Aſtronomen zum Verdruſſe, verdunkelt? 14) Beobachtungen der groſsen Kometen von 1807., und Unterſuchungen über ſeine wahre elliptiſche Bahn von *Beſſel* in Lilienthal. Ohne Zweifel eine der intereſſanteſten aſtronomiſchen Arbeiten über dieſen Kometen. Seine paraboliſchen Elemente haben mehrere Aſtronomen zu beſtimmen geſucht, und Anfangs konnte man auch, bey wenigeren Beobachtungen, ſeine Bahn nicht anders als in einer Parabel beſtimmen; je länger man aber die Beobachtungen fortſetzte, deſto gröſser zeigte ſich die Abweichung der Bahn von einer Parabel. Aus Beobachtungen, die zwiſchen dem 22. September 1807. und 28. Februar 1808. enthalten ſind (die ſpätern Petersburgiſchen konnte der Vf. nicht benutzen), berechnete nun der Vf. eine Ellipſe, welche alle Beobachtungen ſo gut, als ſich immer erwarten lieſs, darſtellt, und dieſer Komet gehört alſo unter die wenigen, von denen wir nicht bloſs (obſchon mit groſser Wahrſcheinlichkeit) vermuthen, ſondern *wiſſen*, daſs ſie ſich in einer elliptiſchen Bahn bewegen. Die gefundenen Elemente dieſer Bahn ſind folgende: Umlaufszeit des Kometen um die Sonne 1483$\frac{3}{10}$ Jahre; halbe groſse Achſe, oder mittlere Entfernung von der Sonne (den mittlern Abſtand der Erde von der Sonne = 1 geſetzt) 130,063. Excentricität 0,99503415. Kleinſter Abſtand 0,645872. Der Lauf direct. Mittlere tägliche Bewegung 1″,754722. Länge des aufſteigenden Knoten 266°, 48′, 9″, 3 des Periheliums 270°, 53′, 50″, 9 von der mittlern Nachtgleiche an gerechnet. Neigung der Bahn gegen die Ecliptik 63°, 10′, 10″, 9. Durchgangszeit durch die Sonnennähe 1807. September 18.73709 mittl. Pariſer Zeit. Auf ein Paar Jahrhunderte läſst ſich freylich, was Kenner von dieſer Art Rechnungen nicht befremdet, die Umlaufszeit des Kometen nicht verbürgen; die gröſste mögliche Unſicherheit auf der einen Seite aber beſchränkt ſich auf 700 Jahre, das heiſst, man kann als zuverläſſig annehmen, daſs die Umlaufszeit *gröſser* iſt als eine Dauer von 700 Jahren. Obige Elemente voraus geſetzt, iſt übrigens die Bahn des Kometen zehnmal länger als breit; er kommt der Sonne 402 mal näher in ſeinem kleinſten Abſtand von der Sonne, als in ſeiner Sonnenferne; auch kommt er in ſeiner Sonnenferne 13½ mal weiter weg von der Sonne zu ſtehen, als Uranus, und 259 mal weiter als die Erde; dagegen erreicht er in ſeiner Sonnennähe kaum $\frac{2}{3}$ des Abſtandes der Erde von der Sonne, und befindet ſich alsdann zwiſchen Mercur und Venus, wie dieſs um die Zeit ſeiner Entdeckung im September 1807. der Fall war; aber ſelbſt in ſeinem mittlern Abſtande bleibt er 130 mal weiter von der Sonne entfernt, als die Erde. Um die groſse Verſchiedenheit der Abſtände von der Sonne, in welche der Komet während eines jeden Umlaufs kommt, noch mehr zu verſinnlichen, fügt Rec. noch folgendes hinzu. Das Licht braucht 8′, 13″ um von der Sonne zu der Erde zu gelangen; von der Sonne zum Kometen käme es demnach, bey gleich groſser Geſchwindigkeit, in 5 Min. 18 Sec. wenn der Komet der Sonne am nächſten, aber erſt in 35 St. 32 Min. wenn er von der Sonne am weiteſten entfernt iſt. In der mittlern Entfernung der Erde von der Sonne ſehen wir ihren ſcheinbaren Durchmeſſer unter einem Winkel von 32′, 2″ auf den Kometen müſste ſie, in ſeiner Sonnennähe, unter einem Winkel von 49′, 36″ und in der Sonnenferne bloſs noch unter dem kleinen Winkel von 7″ $\frac{4}{10}$ oder um 259 mal kleiner als bey uns erſcheinen. — 15) Beobachtungen der Veſta 1807., auch Sternbedeckungen und Bemerkungen über den Kometen, von *Beſſel*. 16) Beobachtungen des Kometen, von *Bode* in Berlin. In einer eigenen Figur liefert der Vf. auch die Gegend des geſtirnten Himmels, welche der Komet während einiger Monate ſcheinbar durchlief, in einer andern Figur zeichnet er einen Theil der wahren Bahn, wie ſie ſich vom Perihelium an zwiſchen Merkur und Venus durchzieht, und am 1. März 1808. ſchon über die Bahn der Pallas hinaus reicht; eine dritte Figur zeigt die äuſsere Geſtalt des Kometen ſelbſt, mit ſeinem Doppelſchweife. 17) Genaue Beſtimmung der mittlern auf den 1. Januar 1800. geſtellten Abweichung von 29 der vornehmſten Sterne, im Mittel aus Beobachtungen, die mit ſehr vollkommenen Vollkreiſen und einem Aequatorialinſtrumente, zu Greenwich, Palermo und Weſtbury in den Jahren 1800 bis 1802, und zu Armagh 1797. angeſtellt ſind, von *John Pond*, Eſq. 18) Aſtronomiſche Nachrichten und Formeln, von Prof. *Pfaff* in Dorpat. Aufſtellung eines achtfüſsigen Dollondſchen Paſſageinſtruments auf einer ter-

terime-Sternwarte. Formeln zur Berichtigung des Passageinstruments, und Vorschläge, wie theils diese, theils auch die Formeln für Längen- und Breitenparallaxe zu grösserer Bequemlichkeit in Tafeln dargestellt werden könnten. 19) Ueber Spiegelsextanten und Vollkreise, nebst astronomischen Nachrichten und Bemerkungen, von Prof. *Benzenberg* in Düsseldorf. Nachtrag zu des Vfs. Aufsatz im Jahrbuch 1810. über fehlerhafte Theilung eines Sextanten, sammt andern praktischen Vorschlägen zur Verbesserung und zur Prüfung dieser Art Werkzeuge, auch etwas über achromatische Fernröhre; von den letztern kostet bey *Troughton* ein vierzölliges von 8 Fuss Brennweite 70 Guineen, und ein fünfzölliges von 10 Fuss Brennweite 130 Guineen. 20) Astronomische Beobachtungen im J. 1807. auf der K. Sternwarte in Berlin angestellt von *Bode*. 21) Nachtrag zu der Untersuchung über die wahre elliptische Bewegung der Kometen von 1769., von *Bessel*. Ausführlichere Nachrichten über *Asclepi's* erste Versuche, die Ellipse jenes Kometen zu berechnen, aus einer ohne dessen Namen in Rom 1770. herausgekommenen Dissertation: *De cometarum motu, exercitatio habita in Collegio Romano a Patr. Soc. Jesu prid. Non. Sept.* und aus den später erschienenen *Addenda* zu dieser Dissertation. 22) Neueste Beobachtungen des Saturns, von Justizrath *Schröter* in Lilienthal. Der Inhalt ist aus des Vfs. Kronographischen Fragmenten bekannt, die in der A. L. Z. bereits an einem andern Orte angezeigt worden. 23) Lauf der Pallas, Juno und Vesta im J. 1809., aus Dr. *Gauß* Elementen berechnet von *Bode*. 24) Bestimmung der geographischen Länge und Breite einiger Städte in Russland, nebst der Ankündigung einer geodätischen und astronomischen Vermessung im Gouvernement Moskau, von Hofrath *Goldbach* in Moskau. Länge von Tula aus einer Sternbedeckung 2 St. 18', 43", 4 östlich in Zeit von Paris, Breite 54°, 11', 40". Durch Beobachtungen mit Sextanten und Chronometer; Länge von Twer 2 St. 14', 28", 5, Breite 56°, 51', 44", 4. Länge von Nowgorod 1 St. 55', 56", 6, Breite 58°, 31', 32", 6. 25) Noch etwas über die Methode: aus beobachteten Höhenwinkeln und Azimuthen die Distanz und relative geographische Lage zweyer Oerter herzuleiten, von *Jabbo Oltmans*. 26) Ueber einen neuen am 26. März 1808. entdeckten Kometen, Nachrichten von D. *Olbers*. Auch diesen Kometen, so wie den vorhergehenden von 1807., fand zuerst *Pons* in Marseille; aus den bisherigen Beobachtungen konnten aber die Elemente nicht berechnet werden. 27) Der Komet von 1807., beobachtet durch Hn. *von Humboldt*, und *Oltmans* in Berlin. 28) Astronomische Nachrichten aus Petersburg vom Staatsrath und Ritter *von Fuß*. 29) Astronomische Nachrichten vom Akademicus *Wisniewski* in Petersburg. Der Vf. hat den Auftrag, im ganzen Europäischen Russland geographische Ortsbestimmungen zu machen: Seine Reise wird gegen 4 Jahre dauern; in 110 Städten sind von ihm bereits astronomische Beobachtungen mit einem achtzölligen Sextanten und drey englischen Taschenchronometern angestellt. 30) Ueber die Grösse und Geschwindigkeit der eigenen Bewegung der Sonne, von Dr. *Herschel*. In einer früheren Abhandlung hatte der Vf. die Richtung dieser Bewegung untersucht; hier sucht er ihre Grösse und Geschwindigkeit muthmasslich zu bestimmen. Der Anfang musste mit Bestimmung des Verhältnisses der Entfernung der 36 helleren Sterne gemacht werden, die der Vf. bey dieser Untersuchung zum Grunde legt, und deren eigene Bewegung man aus Beobachtungen kennt. Zufolge der beobachteten Lichtstärke nimmt der Vf. z. B. folgendes Entfernungsverhältniss bey sechs jener Sterne an: Entfernung des Sirius 100, des Arctur 120, der Capella 125, der Wega 130, des Aldebaran 140, des Procyon 140; im umgekehrten Verhältnisse steht die Lichtstärke, oder sie ist bey Sirius und Arctur 120 und 100, u. s. w. Nach verschiedenen scharfsinnigen Voraussetzungen, und geleitet von dem Gedanken, dass man sich wohl am wenigsten irren werde, wenn man unserer Sonne eine eigene jährliche Bewegung zuschreibt, deren Grösse ungefähr in die Mitte der Bewegungen jener 36 Sterne fällt, theilt nun der Vf. eine Tafel mit, welche für jeden dieser Sterne die parallaktische Bewegung, die wirkliche Bewegung, den parallaktischen Winkel und das Geschwindigkeitsverhältniss darstellt. Parallaktische Bewegung eines Fixsterns ist derjenige Theil seiner sogenannten eigenen Bewegung, der bloss von der Bewegung der Sonne oder von der Verrückung unseres ganzen Sonnensystems herrührt, demnach der optische Theil; beide Theile, der optische und der reelle, werden hier von einander gesondert: so giebt z. B. bey Arctur die Beobachtung eine jährliche scheinbare Bewegung von + 2", 087 wenn man ältere und neuere Sternkataloge vergleicht; nach der Absonderung aber gehören von jenen + 2", 087 nur + 1", 489 für die wirkliche, und die übrigen + 0", 598 für die parallaktische Bewegung des Arctur, oder für den optischen Theil. Die kleinste wirkliche jährliche Bewegung hat in dieser Tafel β Adler von 0", 226 die grösste Arctur von 1", 489; die grösste Geschwindigkeit hat β Jungfrau, die kleinste Sirius im Verhältnisse von 29027 zu 3952, der Sonne Geschwindigkeit im nämlichen Verhältnisse ist 11170. Die Grösse der eigenen Bewegung der Sonne in einem Jahre bringt der Vf. zu 1", 117 heraus; diess ist die Grösse der Sonnenbewegung, aus einer Entfernung gesehen, die der des Sirius von uns gleich ist. (Nähme man die Entfernung des Sirius von der Erde 200000 mal grösser als die der Sonne an, so könnten jene 1", 117 eine jährliche Ortsveränderung der Sonne von mehr als 20 Millionen Meilen, oder von einer Strecke, die der Entfernung der Sonne von uns gleich ist, betragen.) Es ist natürlich, dass man bey solchen Untersuchungen von Hypothesen ausgehen *muß*, und dass also das, was man findet, nicht zuverlässiger seyn kann, als das, was man voraussetzte. Der Vf. sucht wenigstens seine Hypothesen, so weit es möglich, durch Erfahrungen zu unterstützen; auch erklärt er selbst, dass er hier bloss den Gang solcher schwierigen Untersuchungen habe anzeigen wollen; durch künftige genauere Beobach-

tun-

tungen über die eigene Bewegung der Sterne werden sich manche Data näher modificiren, und manches vermuthete zur Gewissheit erheben lassen. 31) Vermischte astronomische Beobachtungen und Nachrichten, aus Briefen an den Herausgeber. Nach *Schröter* und *Harding* ist der scheinbare Durchmesser des ersten Jupiterstrabanten (in Jupiters Erdnähe von uns gesehen) 1", 405, des zweyten 1", 15, des dritten 2", 04, des vierten 1", 42. Der wahre Durchmesser in geographischen Meilen in eben der Ordnung ist, 564, 465, 818 und 370. Ihre wahre Entfernung vom Jupiter beträgt 58300, 93000, 148200 und 260600 Meilen. — Die geographische Breite einiger Oerter in Sachsen von *Arzberger* in Coburg, und von *Schaubach* in Meinungen bestimmt. — Den Kometen von 1807. haben, ohne von früheren Beobachtungen zu wissen, auch der Hoffattler *Eule* in Dresden (am 30. Sept.), und Kaufmann *Felgenhauer* zu Reichenbach in Schlesien am 2. October entdeckt. — *Schröter* hat areographische Fragmente (zur Kenntniss der physischen Beschaffenheit des Mars) schon seit einigen Jahren zum Druck ausgearbeitet, die nur auf einen Verleger warten. Sein bisheriger astronomischer Gehülfe in Lilienthal, Hr. *Bessel*, im J. 1808. erst 23 Jahre alt, war im Begriff, ihn zu verlassen, und in Grossherzoglich - Bergische Dienste zu treten. — Preisverzeichniss sehr ausgesuchter astronomischer, physikalischer und chemischer Instrumente des verstorbenen Erblandmarschalls, Reichsgrafen *von Hahn* in Remplin.

LITERARISCHE NACHRICHTEN.

I. Beförderungen und Ehrenbezeugungen.

Der Prof. *Schumacher* in Kopenhagen ist von der Gesellschaft der Naturgeschichte zu Moskau zum ordentlichen Mitgliede, — und von der königl. Akademie der Wissenschaften zu München, nebst dem Bischof *Münter* und Prof. *Wad*, zum correspondirenden Mitgliede aufgenommen worden.

Der Justizrath *M. Stephensen* ist zum wirklichen Etatsrath, und der Dr. juris *C. M. W. Schrader* in Kiel zum Richter der adligen Güter Perdöhl, Schönweck, Deutschniendorf u. s. w. ernannt worden. Der Prof. und Dr. Theol. *J. H. Herboe* hat mit Pension seine Stelle als Rector der gelehrten Schule zu Roeskilde niedergelegt. Der Viceconrector der gelehrten Schule in Slagelse, *Janus Möller*, hat den Ruf als Prof. Theologiae extraordinarius bey der Kopenhagner Universität erhalten, und dem Prof. *B. Thorlacius* sind bey derselben Universität die Vorlesungen über die biblische Exegese, nebst der Theilnahme am theol. Amtsexamen übertragen worden. Dem Oberconsistorialrath und Generalsuperintendenten *Adler* in Schleswig ist die interimistische Verwaltung der holsteinischen Generalsuperintendentenstelle übertragen worden. Die Doctoren der Medicin *C. D. Hahn* im Stift Aarhuus, und *J. Kofoed* im Stift Aalborg haben den Justizrathscharakter erhalten. Der Regimentschirurgus und Adjunct bey der chirurgischen Akademie zu Kopenhagen *J. Colsmann*, ist zugleich zum Prof. med. extraordinarius ernannt worden. — Die *königl. medicinische Gesellschaft* daselbst hat den Prof. *Schönheider* zum Präses, den Prof. *Schumacher* zum Vicepräses, den Prof. *Mynster* zum Secretär ernannt. Zu ordentlichen Mitgliedern hat die Gesellschaft den Hospitalarzt *Roggert* in Kopenhagen, die amerikanischen Aerzte *Rush* und *Barton* und den Prof. *Ritter* in München aufgenommen, auch den Licentiaten *Jacobsen* und *Norbeck* den Zutritt zu den Versammlungen der Gesellschaft verstattet. Die Professoren *Herholdt* und *Saxtorph* werden zugleich mit dem Secretär der Gesellschaft die Ausgabe ihrer Schriften besorgen. — Der Kammerjunker *Otto von Staffeldt* ist zum Amtmann in Cismar mit dem Kammerherrntitel ernannt worden.

Die dänische *Gesellschaft der Wissenschaften* hat den Hofrath und Prof. *Buhle* in Moskau und den Prof. *Gilbert* in Halle zu ihren ausländischen Mitgliedern ernannt. Der Oberauditeur *Schack* hat die Stelle eines Seekriegsprokurators, und der Etatsrath *N. Tönder-Lund* den königlichen Befehl, der interimistischen Regierungscommission in Norwegen beyzutreten, erhalten. Der Justizrath und Postdirector *H. P. von Eggers* ist Postmeister zu Hamburg, und der residirende Kaplan in Randers *J. Hornsyld* Hauptprediger in Assens und *Kjerum* in Fyen geworden.

II. Vermischte Nachrichten.

Das Vermögen des verstorbenen Hofraths *Beirik*, das anfänglich zu 150000 Rthlr. angegeben wurde, ist, nachdem der Nachlass von Sachverständigen taxirt worden, bey weitem nicht so gross befunden, und beträgt vielleicht nicht über die Hälfte dieser Summe, wobey noch zu erwägen ist, dass der Werth vieler Sachen von der Liebhaberey der Kauflustigen abhängen wird. Ein grosser echter Diamant, den er zu besitzen sich rühmte, und den er nur selten den Durchreisenden zu zeigen pflegte, ist nicht gefunden worden.

ALLGEMEINE LITERATUR-ZEITUNG

Mittwochs, den 27. December 1809.

LITERARISCHE NACHRICHTEN.

Gelehrte Gesellschaften und Preise.

Die *Königl. Dänische Gesellschaft der Wissenschaften* in *Kopenhagen* hat folgende, sie betreffende, Nachrichten in den Dänischen Zeitungen bekannt gemacht: Durch das engländische Bombardement der Stadt Kopenhagen im September 1807. verlor die Gesellschaft: 2410 Stück Abdrücke von allen 14 Karten der dänischen Inseln und von Jütland. Fünf Riess Kartenpapier zu Abdrücken. Einen geographischen Zirkel von 18 Zoll im Durchmesser. Eine astronomische Pendel. Uhr. Mehrere Landmess-Instrumente. Einen Pantograph oder Reductions-Instrument. Zwey grosse Zeichentische u. a. m., welches zusammen im Geld-Anschlage 2649 Rthlr. beträgt. — Für die besten Beantwortungen der im vorigen Jahr aufgegebenen Preisfragen sind von der Gesellschaft folgende Preise zuerkannt worden: Dem Dr. *L. S. Wedel-Simonsen*, Unterbibliothekar bey der Universitäts-Bibliothek, die Preis-Medaille in Gold für eine Abhandlung über die von der historischen Classe aufgegebnen Frage: *Ueber die Cultur der Ostgothen von den Zeiten Theodorichs bis zum Untergang des Reichs.* Die Gesellschaft wünscht, dass der Vf. durch öffentliche Unterstützung möge in den Stand gesetzt werden, sein wichtiges Werk herauszugeben, und bemerkt zugleich, dass das Kaiserl. Institut in *Paris* neulich die Preisfrage aufgestellt habe: *Ueber die Gesetzgebung, Staatseinrichtung und politischen Verbindungen der Ostgothen*, über welche Gegenstände Hr. *Simonsen* in seiner gekrönten Abhandlung viele gute Nachrichten und Aufklärungen gegeben habe. — Die von der mathematischen und philosophischen Classe aufgegebenen Preisfragen sind unbeantwortet geblieben, ob sie gleich in den deutschen, französischen, italienischen und russischen (nur nicht in den englischen und schwedischen, da durch den Krieg selbst aller wissenschaftliche Verkehr mit England und Schweden aufgehoben war) Journalen bekannt gemacht worden. — Im Sommer 1808. ist mit den geographischen Ausmessungen im südlichen Theile des Herzogthums *Schleswig* und im Norden von *Holstein*, so weit solche nicht durch Einquartierungen und andere Kriegslasten verhindert wurden, fortgefahren worden. — Der Kupferstecher *Sonne* hat die Platten zur Karte über den nordöstlichen Theil von Seeland und zur Generalkarte von Seeland, welche meist erloschen waren, aufs neue zur Zufriedenheit der Gesellschaft gestochen, so dass künftig gute und deutliche Abdrücke jener Karten werden geliefert werden können. — Von ihren Schriften hat die Gesellschaft das 2te und letzte Heft des 4ten Bandes herausgegeben, welches Abhandlungen von *Pihl*, *Löwenörn*, *Schoo*, *Schmidt-Phiseldeck*, *Schow*, *Werlauff*, *Herholdt* u. a. enthält. — Von der Geistlichkeit mehrerer Stifter sind der Gesellschaft Nachrichten von ungewöhnlichen Wörtern und Redensarten, welche in ihren Kirchspielen gebräuchlich sind, zugeschickt worden, von denen dieselbe zum Behuf des, unter ihrer Aufsicht herauskommenden, *Dänischen Wörterbuchs* Gebrauch machen wird. — Der Capit. *Mourville* hat der Gesellschaft Proben des von ihm, vermittelst der Cementation, verfertigten Stahls zugeschickt, von welchem sie Bohrer, Meissel, Messer u. s. w. hat verfertigen lassen, und die sie von vorzüglicher Güte befunden hat. — Der von dem Mechanicus *Plütz* mitgetheilte Secretär, bey welchem, während man mit der Hand einen Brief schreibt, eine andere Feder durch die eigene Bewegung der Maschine zugleich eine Copie abschreibt, ist von der Gesellschaft vorzüglicher befunden worden, als der englische Secretär, indem die Bewegungen weit freyer und leichter sind, die Copie deutlich, und dem mit der Hand geschriebenen Original gleichend ist, auch die Maschine sowohl bey deutlicher als undeutlicher Handschrift, sowohl bey lateinischen als gothischen Buchstaben angewendet werden kann: — Von auswärtigen Verfassern sind der Gesellschaft zugeschickt worden: des Prof. in *Pisa*, *Gajetano Savi*, wichtige Schrift über die Botanik; des Kaiserlichen Instituts in *Paris* Schriften: *Mémoires de l'Institut*, XIV Volumes; *les nouvelles tables du soleil, de la lune et des planètes* etc.; von der Kaiserlichen Akademie der Wissenschaften in *St. Petersburg* der 15te und letzte Band von *Nova acta Petropolitana* — aber von allen diesen aus dem Auslande ihr zugedachten Werken ist, wegen des Kriegs und der Unsicherheit der Meere, bis jetzt keins angekommen.

Die von der Gesellschaft für 1809. bestimmten Preisaufgaben sind: für die *mathematische* Classe: *explicare constructionem et theoriam tubi hydropici, cujus ope ea, quae in fundo maris posita sunt, distincte conspici possint. Desiderantur formulae analyticae, quibus lentium, objectivae nempe et ocularis, radii et foci, tubi campus et augmentum objecti de-*

terminari possint. Für die *physische* Classe: *quaenam fuerunt meteorologiae et doctrinae de altiorum atmosphaerae regionum proprietatibus incrementa, quae ex hucusque institutis experimentis aerostaticis deduci possunt? Quomodo absque nimio sumtu et minoribus globis aerostaticis, qui hominem elevare non valent, ita instituti possunt experimenta, ut doctrinae de aëris superioris electricitate, de gasis oxygenii, nitrogenii, et carbonici quantitate, quae in data a superficie terrae distantia et in dato volumine aëreo continetur, de ventorum, qui in altioribus atmosphaerae regionibus spirant, directionibus, de gradu caloris, et aliis ejusmodi momentis lux affundatur.* Für die *historische* Classe: *comparentur ea, quae nostra nunc tempora nos plenius et accuratius docuere de variarum gentium, sive Indorum, sive Tatarorum, antiquissima religione religiosisque opinionibus, praecipue quas de Deorum et mundi origine statuque primaevo aliisque majoris momenti rebus sibi finxerunt, cum notionibus, quas de iisdem hisce rebus majores nostros fovisse, mythologia boreali duce et magistra, nobis persuademus.* Für die *philosophische* Classe: *cum multi sint nostro aevo Philosophi, qui, verbis saltem et nominibus, prorsus novam disciplinam condere potius gestiunt, quam priorum inventa perficere et expolire, quaeritur, an nulla jam amplius Philosophiae eclecticae vera sit commendatio? deinde, si quae tamen, qualis illa tum esse debeat? quinam viri hujus nominis honorem imprimis meruerint? et an sic Eclectici vel, quod nonnulli maluerint, Syncretistae dicendi sint, qui scholae alexandrinae seu neoplatonicae quondam lumina fuerant?* — Für die beste Beantwortung einer jeden dieser Aufgaben verspricht die Gesellschaft eine Prämie von 50 dänischen Ducaten Werth, wenn dieselbe gründlich und vollständig befunden wird. Alle Gelehrte und Sachkundige, mit Ausnahme der in Dänemark lebenden Glieder der Gesellschaft, sind zur Concurrenz eingeladen. Die Abhandlungen werden von dem Secretär der Gesellschaft, *Bagge*, in lateinischer, dänischer, deutscher, französischer und schwedischer Sprache vor Ausgang des Jahres 1809. angenommen.

INTELLIGENZ DES BUCH- UND KUNSTHANDELS.

I. Neue periodische Schriften.

Von des Herrn Professors und Oberwundarztes am Julius-Spitale, Dr. *J. B. von Siebold* zu Würzburg, Zeitschrift für Chirurgie, *Chiron*, sind des II. Bandes 2tes und 3tes Stück mit 5 Kupfertafeln und dem Register zu diesem Bande erschienen. Sulzbach, im November 1809.

Seidel'sche Kunst- und Buchhandlung.

Berlin, in der Realschulbuchhandlung:

Hufeland und Himly Journal der praktischen Heilkunde. 1809. *November.*

Inhalt.

I. Medicinische Praxis der Landgeistlichen. Von *Hufeland.* II. Fortgesetzte Erfahrungen über den rohen Kaffe. III. Zeit- und Volkskrankheiten vom Sept. 1806 bis Sept. 1808. in und um Eichstädt Vom Medicinalrath *Widemann.* IV. Erfahrungen über die Anwendung des Bleyzuckers in der Lungensucht. Von Dr. *Kopp*, Professor zu Hanau. V. Erinnerung an die Anwendung des Opiums im zweyten Stadium des Wechselfieber-Anfalls. Vom Dr. *Hegewisch* in Kiel. VI. Ueber den Gang der diesjährigen Wechselfieber-Epidemie und ihre neueste Gestaltung. Von Dr. *Kleefeld* in Danzig. VII. Kurze Nachrichten und Auszüge. 1) Merkwürdige Bestätigung der ausserordentlichen Kraft der Ipecacuanha in kleinen Gaben. Von *Hufeland.* 2) Neuere Nachrichten von dem Giftbaum Bohon Upas. Von C. 3) Versuche über die Wirkung des Upasgiftes auf das Rückenmark. 4) Exstirpation eines grossen Gewächses in der Beckenhöhle während der Geburt. 5) Giftige Schwämme. 6) Bestätigung der Wirksamkeit der bittern Mandeln gegen die Wechselfieber. 7) Ueber den Thee und seine Surrogate. Von *C. L. Cadet.*

Mit diesem Stücke des Journals wird ausgegeben: *Bibliothek der praktischen Heilkunde. Zwey und zwanzigster* Band *Fünftes* Stück.

Inhalt.

Wissenschaftliche Uebersicht der gesammten medicinisch-chirurgischen Literatur des Jahres 1808. (enthaltend zum Eingange eine gedrängte Darstellung des naturphilosophischen Systems der Medicin.)

Beobachtungen und historische Sammlung wichtiger Ereignisse aus dem Kriege zwischen Frankreich, dessen Verbündeten und Oestreich, im Jahr 1809. Mit Karten und Planen. *Fünfter* und *letzter* Heft. gr. 8. Broschirt 1 Rthlr. 6 gr. Sächs. od. 2 Fl. 15 Kr. Rheinl. ist so eben bey uns erschienen, und enthält 1) Fortsetzung der historischen Darstellung der Kriegsoperationen von der Einnahme von Wien bis zum Waffenstillstande von Znaym am 12ten Julius 1809. und dem darauf folgenden Wiener Frieden. 2) Unparteyische Bemerkungen eines alten Soldaten über die Schlachten von Gross-Aspern, Esslingen, Enzersdorf und Deutsch-Wagram. 3) Anekdoten. 4) Beylagen: *a*) Waffenstillstand von Znaym; *b*) Friedenstractat zwischen Frankreich, dessen Alliirten und Oestreich, geschlossen zu Wien den 14ten Oct. 1809; zwey Plane der Schlachten von Gross-Aspern und Deutsch-Wagram und eine Karte zur Erläuterung des Wiener Friedens vom 14ten Oct. Mit diesem 5ten Hefte sind nun die Beobachtungen bis zum Wiener Frieden fortgeführt und geschlossen. Sowohl vollständige Exemplare zu 3 Rthlr. 18 gr. Sächs. oder 6 Fl. 45 Kr. Rheinl., als auch einzelne Hefte sind bey uns und in allen guten Buchhandlungen zu haben.

Weimar, im November 1809.

H. S. priv. Landes-Industrie-Comptoir.

II.

II. Ankündigungen neuer Bücher.

Bey Friedrich Nicolovius in Königsberg in Preussen ist erschienen:

Preußisches Archiv, oder *Denkwürdigkeiten aus der Kunde der Vorzeit*. Herausgegeben von *K. Faber*, Königl. Preuss. geheimen Archivar. *Erste* Samml. 20 gr.

Es ist allgemein bekannt, dass das *geheime Archiv* in Königsberg sehr wichtige historische Materialien enthält, von denen bis jetzt nur wenige durch den Druck öffentlich bekannt gemacht sind. Der Herausgeber liefert hier eine Sammlung der wichtigsten, noch ungedruckten, historischen Aufsätze aus demselben, welche nicht nur dem Geschichtforscher, sondern auch jedem Vaterlandsfreunde sehr willkommen seyn werden. Findet dieses Werk Beyfall und Unterstützung, woran nicht zu zweifeln ist: so wird es fortgesetzt. Die *erste* Sammlung enthält folgende interessante Aufsätze:

1) Historische Miscellen aus der Zeit der Ordens-Regierung in Preussen:
   Der Zug des Hehrmeisters *Johann von Tieffen* in die Wallachey, und sein Tod zu Lemberg im Jahr 1497. Auszug eines gleichzeitigen Reise-Journals des *Liborius Naker*, obersten Secretarii;
   Schreiben des abgesetzten Hehrmeisters *Heinrich Reuß von Plauen* an seinen Nachfolger aus seinem Gefängnisse zu Lochstädt;
   Von den *Preußischen Falken*, die als Geschenk an fremde Höfe geschickt wurden;
   Schreiben des Hehrmeisters *Michael Küchenmeister von Sternberg* an die Königin zu Ungarn, worin er sich wegen unterlassener Ueberschickung eines *Zwerges* entschuldigt;
   Ungefähre Einnahme und Ausgabe des Hehrmeisters *Herzogs Friedrich von Sachsen;*
   Auszug aus dem Inventario der Schlosskirche zu Königsberg, vor der Reformation.
2) Geschlechtstafel des *Markgrafen Albrechts*, ersten Herzogs von Preussen.
3) Beyträge zur Charakter-Schilderung *Albrechts des ältern*, ersten Herzogs von Preussen, nach seinen eigenhändigen Briefen.
4) Historische Beylagen zu den vorstehenden Nachrichten über *Albrechts Charakter*.

Zeichenbuch für die Jugend.

In allen Buchhandlungen ist von neuem zu erhalten:

Elementar-Unterricht im Zeichnen mit freyer Hand, von Dr. *Heinrich Rockstroh*. Mit 20 Kupfertafeln. Preis 18 gr. Leipzig, bey Georg Voss.

Vorzugsweise eignet sich dieses kleine nützliche Werk als Geschenk für junge Leute, welche damit auf das angenehmste beschäftigt werden können. Nach dem Urtheil einsichtsvoller Männer ist dieser Elementar-Unterricht ein sicheres und leichtes Mittel, nützliche Versuche im Zeichnen zu machen, und es in dieser vortrefflichen Kunst bald zu dem Grade der Vollkommenheit zu bringen, bey welchem Auge und Hand, so wie der Sinn für schöne und gefällige Formen wohl geübt sind.

Der Verleger hat, in der gewissen Erwartung, dass dieses Buch allgemein eingeführt wird, den Preis davon niedrig gesetzt.

Griechische Bücher.

Ἀνθίμου Γαζῆ, Λεξικὸν Ἑλληνικόν, πρὸς ἀνάγνωσιν τῶν Συγγραφέων τῆς παλαιᾶς Ἑλληνικῆς γλώσσης, διὰ τῆς νέας ἑρμηνευομένης, καὶ ἀνάπαλιν. εἰς τόμους τρεῖς. Τόμος Α'. 1809. ἐν Βενετίᾳ εἰς 4. μέγα. 10 Rthlr.

Ἑλληνικὴ Βιβλιοθήκη, περιέχουσα τὰς περὶ τῶν Ἑλλήνων παλαιῶν Συγγραφέων βεβαιωτέρας εἰδήσεις, καὶ περὶ τῶν Συγγραμμάτων καὶ ἐκδόσεων αὐτῶν. εἰς τόμους 2. εἰς 8. μέγα. ἐν Βενετίᾳ, τῷ 1807. 3 Rthlr.

Μελετίου Μητροπολίτου Ἀθηνῶν, Γεωγραφία, μετὰ τῶν παλαιῶν καὶ νεωτέρων Ὀνομάτων, καὶ διαφόρων παλαιῶν ἐπιγραφῶν, καὶ ἀκριβῶν σημειώσεων. ἔκδοσις Β', εἰς τόμους 4. εἰς 8. μέγα, καὶ μετὰ πέντε Γεωγραφικῶν Πινάκων. ἐν Βενετίᾳ, 1807. 9 Rthlr.

Γραμματικὴ τῶν Φιλοσοφικῶν Ἐπιστημῶν τοῦ Βενιαμὶν Μαρτίνου, μεταφρασθεῖσα εἰς τὸ ἁπλοῦν Γραικικόν, μετὰ προσθήκης πολλῶν σημειώσεων, εἰς τόμους 2. εἰς 8. τῷ 1799. 2 Rthlr.

Φουρκρουά, Χημικὴ Φιλοσοφία. 1802. ἐν Βιέννῃ, εἰς 8. 1 Rthlr.

Πίναξ Γεωγραφικὸς τῆς Ἑλλάδος μετὰ τῶν παλαιῶν καὶ νεωτέρων ὀνομάτων. εἰς 12. μικρὰ φύλλα. 2 Rthlr.

Δαλάνδ, Ἐπιτομὴ Ἀστρονομίας, εἰς τόμους 2. εἰς 8. 1803. ἐν Βιέννῃ. 3 Rthlr.

Γολδσμιθ, ἱστορία τῆς Ἑλλάδος, εἰς τόμους 3. εἰς 8. 1807. ἐν Βιέννῃ. 4 Rthlr. 12 gr.

Obige Bücher sind durch jede solide Buchhandlung von der unterzeichneten Buchhandlung *auf bestimmtes Verlangen* zu beziehen.

Wien, im December 1809.

C. Schaumburg und Comp.

Leipzig, bey J. A. Barth:

G. Ch. Cannabich, K. R. und Super. in Sondershausen, *Kritik der praktischen christlichen Religionslehre*. *Erster* Theil. gr. 8. 1 Rthlr. 12 gr.

Schon die Anzeige der Erscheinung dieses Werks von dem Verf. der *Kritik alter und neuer Lehren der christlichen Kirche*, 3te Aufl., hat die Aufmerksamkeit darauf rege gemacht, noch mehr wird diess der nun erschienene *erste* Theil selbst thun. Mit einer freyen reinen Ansicht bestimmt der gel. Vf. die Begriffe der Lehren selbst genauer und schärfer, würdigt sie freymüthig, und führt zugleich eine möglichst vollständige Moral durch, welche dem Nachdenken so nahe liegt. Es ist keine Frage, dass durch diese Behandlungsweise der Stoff zum Nachdenken mehr entwickelt und dadurch selbst

ſelbſt dem Religionslehrer Materialien näher geführt worden, welche dem praktiſchen Chriſtenthum zum Grunde liegen. Der *zweyte* Theil erſcheint zur nächſten Jub. Meſſe.

Dr. *Chr. Th. Kuinoelii Commentarius in libros hiſtor. nov. Teſtamenti.* Vol. I. II. cont. *Evang. Matthaei, Marci, Lucae.* 8 maj. 5 Rthlr. 4 gr.

Da die Kritik über die hierin befolgte zweckmäſsige Behandlung und Aufſtellung der gramm. hiſt. Entwickelung, über den Fleiſs, mit welcher der gel. Verf. die Meinungen älterer und neuerer Ausleger geſammelt hat, ſo wie über die Reſultate mehrerer eigenen Unterſuchungen ſchon günſtig entſchieden und empfohlen hat: ſo ſey es genug, hier nur anzuzeigen, daſs der *dritte* Band, das *Evang. Joh.* enthaltend, ebenfalls bald erſcheinen wird.

Bey **Friedrich Nicolovius** zu **Königsberg** in **Preuſsen** iſt erſchienen:

Dion. Ein Trauerſpiel in 5 Aufzügen. 16 gr.

Der Verfaſſer, welcher als einer der erſten deutſchen Dichter längſt anerkannt iſt, zeigt ſich hier und in ſeinem früher bey dem nämlichen Verleger erſchienenen Trauerſpiele: „*Johanna die erſte, Königin von Neapel,*" auch als *dramatiſcher* Schriftſteller. Beide Stücke ſind in *Jamben*, und nach den Anſichten des Verfaſſers von einem Trauerſpiel, wovon er in der Vorrede zum *Dion* Rechenſchaft giebt, ausgearbeitet: ſie werden dem, der dieſe Grundſätze für richtig annimmt, volle Befriedigung gewähren, und es iſt zu erwarten, daſs der Verfaſſer auch als dramatiſcher Schriftſteller allgemein geſchätzt und beliebt werden wird, da beide Stücke, nach dem Urtheil eines bekannten Kritikers, in Anſehung der Compoſition und Diction, muſterhaft ſind.

In allen Buchhandlungen iſt nun wieder zu erhalten:

Moraliſche Gemälde für die Jugend, von *J. Glatz.* 2 Theile. kl. 4. Mit den Porträts von *Salzmann* und *Guts-Muths* und ſechs ſchönen Kupfern von *Penzel* und *Arndt. Zweyte* durchaus verbeſſerte und vermehrte Auflage. **Leipzig, bey Georg Voſs.** Preis 3 Rthlr. 8 gr.

Die Bemerkung, daſs unter der immer gröſser werdenden Fluth von Kinder- und Jugendſchriften doch das Beſſere den verdienten Beyfall und Vorzug erhält, macht Freude; den Beweis davon giebt dieſes ſchöne Buch in ſeiner baldigen neuen Auflage, welches, von dieſem Verfaſſer bearbeitet, die vollgültigſte Empfehlung für daſſelbe iſt. Der Verleger hat, wie er gewohnt iſt, dabey für das Aeuſsere redlich geſorgt; die [illegible] Kupfer ſind keine gewöhnlichen Bilder, ſondern wirklich ſchön.

III. Neue Kunſtſachen.

Unter den mannigfaltigen kleinern Kunſtartikeln an Weihnachts- und Neujahrsgeſchenken, worin auch die deutſche Induſtrie immer alljährlich etwas Neues hervorzubringen weiſs, zeichnen ſich dieſsmal die *Neujahrswünſche*, welche der Buchbinder Hr. *Heſſelberg* in Berlin hat verfertigen laſſen, und bey ihm für ſehr billige Preiſe zu haben ſind, durch die Artigkeit ihrer Erfindung, vorzüglich aus. Sie beſtehn in kleinen beweglichen Bilderchen, die von den beſten Berliniſchen Künſtlern, *Dähling, Bolt, Wolff, Bollinger* u. ſ. w. gezeichnet und geſtochen, und ſehr ſauber colorirt ſind. Man findet darunter eine Menge recht ſinniger Ideen, wie z. B. einen allerliebſten Knaben, der ſeinen Wunſch, wenn man ihn bewegt, aus einem Glückstopf zieht, junge Herrn und Mädchen, die ſich gratulirend verneigen, Blumenverkäuferinnen, Masken u. dgl. m., ſo daſs ſie allen Gratulanten, ſtatt der geſchmackloſen Neujahrswünſche, wie man ſie gewöhnlich auf unſern Märkten verkauft, empfohlen zu werden verdienen.

IV. Vermiſchte Anzeigen.

Warnung vor einem Nachdruck.

Ein Beweis, mit welchem Unverſtand die Nachdrucker noch immer ihr Gewerbe betreiben, giebt ein in Wien unter der Firma von **A. Doll** erſchienener Nachdruck von: *Oſſians Gedichten*, rhythmiſch überſetzt von *J. G. Rhode*, wovon wir die Original-Ausgabe in 3 Bänden in Verlag haben. Letztere hat von jeher 3 Rthlr. gekoſtet; ſie iſt auf Engliſch Druckpapier, mit lateiniſchen Lettern, ſauber gedruckt, mit 3 Titelkupfern und 24 Vignetten geziert. Man vergleiche damit den Nachdruck! auch dieſer koſtet 3 Rthlr., trägt das gewöhnliche Gewand der Nachdrucke, ſchlechtes Papier und ſtumpfe Lettern, und ein paar Bilder, die — nun ſie paſſen zum übrigen. Wir dürfen alſo wohl das Publicum nicht erſt einladen, die rechtmäſsigen Verleger nicht durch Anſchaffung des Nachdrucks zu kränken. Auch fürchten wir dieſs um ſo weniger, da ſelbſt die rechtlichen Wiener Buchhändler noch immer fortfahren, die Original-Ausgabe kommen zu laſſen. Bey dieſer Gelegenheit danken wir denſelben, daſs ſie dieſs auch in Betreff von *Leipzigers Ideal einer ſtehenden Armee* thun, welches Buch eben das Schickſal erlebt hat. **Berlin,** den 15ten November 1809.

Duncker und Humblot,
ehemals **Frölich'ſche** Buchhandlung.

ALLGEMEINE LITERATUR-ZEITUNG

Donnerstags, den 28. December 1809.

WISSENSCHAFTLICHE WERKE.

VERMISCHTE SCHRIFTEN.

HANNOVER, b. d. Gebr. Hahn: *Betrachtungen über den Zeitgeist in Deutschland in den letzten Decennien des vorigen Jahrhunderts*, von *E. Brandes*, geh. Cabinetsrath in Hannover. 1808. 262 S. 8. (1 Rthlr.)

Deutschland, sagt der Vf., existirt nicht mehr; aber die Deutschen sind noch vorhanden, und ihr gemeinsames, mit Liebe zu bewahrendes, Eigenthum ist die Sprache. Der Wirklichkeit nach, war es eigentlich kein Reich, und dieser Umstand hat im Guten und Bösen auf den Nationalcharakter der Deutschen vielfach eingewirkt. Die Vermehrung der Residenzen beynahe unabhängiger Fürsten vervielfachte die Centralpunkte für eine grössere Ansicht der Dinge, und für eine lebhafte Theilnehmung an Wissenschaften und Künsten: denn in der Regel waren sie der Sitz der höchsten Landescollegien; und Männer von Bildung, von Stande und Vermögen strömten verhältnissmässig in grösserer Anzahl den bedeutenden Residenzen zu. Dagegen war der Reichsverband schon seit geraumer Zeit in den grössern deutschen Staaten äusserst schlaff, und bey aller Rechtlichkeit des Charakters der Nation, im Ganzen genommen, fehlte es bey den Leitern derselben, beynahe allgemein an einer, die Zeichen der Zeit richtig würdigenden, tiefen politischen Einsicht. Das deutsche Reich war ein morsches Gebäude, dessen Mängel freylich oft übertrieben wurden. Durch den siebenjährigen Krieg entwickelte sich in der Nation eine grosse Masse von Kräften; zugleich entfaltete sich in dem protestantischen Theile von Deutschland die Blüthe der schönen und wissenschaftlichen Literatur; aber mitten in der schön aufgehenden Saat lag auch der Same des sich bald entwickelnden Unkrauts verborgen, was theils aus der regen Denkkraft selbst entspross, theils aus den in bedeutenden Staatsverwaltungen angenommenen Systemen hervorgieng. In religiösen und pädagogischen Ansichten traten grosse Veränderungen ein. In vielgelesenen periodischen Schriften liess man sich, vorzüglich in den preussischen Staaten, wo man sich freylich nicht über das drückende Finanzsystem, über die illiberale Behandlung der Civilbeamten, über die tyrannische Behandlung des Soldaten und über die Gräuel der auswärtigen Werbung in derselben Art äussern durfte, in deutscher Sprache sehr dreist über theologische Gegenstände heraus, und die streitende Kirche ward bald die siegende bey dem sich bildenden jüngern Theile. Im pädagogischen Fache ward durch das, was *Basedow* aus einem Gemische von gutmüthiger Schwärmerey, Charlatanerie und Finanzspeculation unternahm, zwar einiges Nachtheilige verbessert, und einiges Gute befördert; aber die nachtheiligsten Irrthümer *Rousseaus* waren auch *Basedows* leitende Irrlichter; die Theorieen des erstern wurden von dem letztern praktisch in Anwendung gebracht: so sollte z. B. der Jugend nichts mitgetheilt werden, als was sie völlig zu begreifen im Stande war; und alles, was auf Religion Bezug hatte, ward aus diesem Grunde in die Jahre der reifenden Vernunft zurückgewiesen; auch ward den Philanthropinen und der durch solche Anstalten bewirkten Erziehung ein viel zu hoher Werth beygelegt; der Geist dieser Institute wirkte noch schädlicher, als der der alten deutschen Klosterschulen; ihre Folgen waren wie die der Findelhäuser. Immer mehr bildete sich in derselben Periode die Idee aus, dass der Staat eine von der höchsten Staatsgewalt eingerichtete Maschine sey. Das Prügelregiment Friedrich Wilhelms I. ward unter seinem Nachfolger je mehr und mehr vervollkommnet, und der militärische Mechanismus immer höher getrieben; ja die ganze Staatsverwaltung ward mechanisirt, und das levitische Ceremonialgesetz hat auf Abrahams Nachkommen keine den Geist mehr beengende Lasten gelegt, als es diese Tendenz des preussischen Staats gethan hat. Endlich zeigten sich immer mehr Missverhältnisse unter den gebildeten Ständen. Später, in der neunten Dekade des verflossenen Jahrhunderts, hatte auf die Bildung des Zeitgeistes zuvörderst der Illuminatenorden einen starken Einfluss. *Adolf v. Knigge* führte, durch unerhörte Ränke, dieser Verbindung Rekruten zu Hunderten zu; den vortheilhaftesten Werbeplatz fand er unter den Freymaurern, und das Haupterforderniss zum Werben in seinem unwiderstehlichen Hange zu intriguiren, in seiner Geschmeidigkeit, Gleissnerey, Schriftstellerey und in seinem: *Baron*. Der Orden verschwand zwar in der Folge; aber ein Geist der Unruhe, der List und der Pfiffigkeit, der dem ursprünglich deutschen Charakter vorher fremd gewesen war, blieb. *Josephs* Reformen wirkten sodann auch auf den Zeitgeist; dieser Fürst verstand nur zu herrschen, nicht aber zu regieren; in allen Fächern wollte er auf einmal zugleich mit unbändiger Hast reformiren, und bey allem Guten, was er bezweckte, liess er sich nicht von dem Geiste der Ge-

Gerechtigkeit, ja nicht einmal von der Klugheit regieren; die Prefsfreyheit, die er ertheilte, vermochte nur die Ideen des Tages in schnellern Umlauf zu bringen. Die wiedererweckte grofse Neigung zur abstracten Philosophie richtete ferner unter vielen grofsen Schaden an; das Positive, die Erfahrung, die Geschichte wurden von ihnen verachtet; nur zum Gewinn der speculirenden Vernunft, nicht aber zur Besserung des Gemüths, ward eine laxe Moral, eine unwürdige Glückseligkeitslehre in der Theorie verdrängt, und so wie die Wenigsten derer, die den Thyrsus führten, des Gottes voll waren: so setzte das stolze Aussprechen hoher Formeln der Moralphilosophie die Philosophen des Tages noch nicht in den Besitz der Heiligkeit, worauf sie drangen. Die Veränderungen in der preufsischen Monarchie nach Friedrichs Tode sind bey der Bestimmung desjenigen, was auf die Bildung des Zeitgeistes wirkte, auch nicht zu übersehen. Der Nachfolger war ein Herr von gutem natürlichen Verstande, aber ohne treffenden Menschenblick, und der Sinnlichkeit auf das stärkste ergeben, in deren Schlamme er immer tiefer, je älter er ward, versank; unter ihm bildete sich eine geheime Cabinetsregierung, da der Herzog von Braunschweig, obgleich von heimlicher Herrschsucht verzehrt, bey seinem Unvermögen, muthig aufzutreten, und rasch die Hand auszustrecken, es nicht verstand, seinen eignen, lebhaften Wunsch, in des Königs Namen den Staat zu regieren, zu erreichen; und der Monarch ward unter diesem Favoritten-Regimente das Spiel elender Intriganten. Bey vermehrtem Wohlstande und aufgereizter Sinnlichkeit offenbarten sich endlich mit jedem Tage mehr die Folgen einer unersättlichen Genufsgier. Nur zu frühe ward die kränkliche Reizbarkeit zu dem stärksten sinnlichen Genusse geweckt; die Lüsternheit nach Abwechslung des Genusses folgte auf die verfrühte Befriedigung; die weichlicher, bequemer, sinnlicher gewordenen Menschen schweiften in immer mehrern Arten des Luxus aus; und es gab kein bedeutendes Gegengewicht gegen die Folgen dieser Genufswuth, nicht in vermischten Gesellschaften, nicht in den täglich frequentirten und die Spielsucht nährenden Männerclubbs, nicht in den Einrichtungen des Staats, nicht in der herabgewürdigten oder ausgeleerten Religion, nicht in dem nur schwach wirkenden Patriotismus In dem letzten Jahrzehende des vorigen Jahrhunderts erzeugte die französische Revolution einen grofsen Enthusiasmus für demokratische Staatsformen und Grundsätze, und durch viele Schriften ward der Hang zu wilden Freyheitsideen unterhalten; die schlechten Neigungen unterhielten bey vielen dadurch den üppigsten Wuchs; die Religiosität bekam bey manchem einen mächtigen Stofs; die Ehe ward von vielen leichtsinnig behandelt, und durch das Herunterreifsen jeder Gröfse sollte alles gleich gemacht werden. Eine Menge von Gelehrten hing zu derselben Zeit an der, weder dem Subjecte noch dem Objecte nach, genau bestimmten Idee von dem steten Fortschreiten der Menschheit; am beharrlichsten verbreitete diese Idee ein Mann, der zwar wohl bewandert in der Geschichte, so wie in vielen Fächern des menschlichen Wissens, aber ohne eigne grofse dichterische Schöpferskraft, alles von der dichterischen Seite ansah, in einem rosenfarbnen Glanze darzustellen suchte, und nicht selten Bilder statt scharf bestimmter Begriffe gab, der selige *Herder*. Diese, mit dem Traume eines tausendjährigen Reichs einige Aehnlichkeit habende Hypothese sollte bey manchem ein Surrogat des Glaubens an Unsterblichkeit seyn; im Politischen diente sie zur Unterstützung demokratischer Gesinnungen, weil man daraus die zunehmende Reife der Menschheit, ihre Angelegenheiten immer mehr selbst, ohne befehlende Oberhäupter, besorgen zu können, deducirte; jeder Empörer, jeder Neuerer, der einigen Anschein eines glücklichen Ausgangs seiner Unternehmungen hatte, konnte diese Idee für sich benutzen, um es glaublich zu machen, dafs es auch durch ihn besser werden würde, als es zuvor gewesen sey; und selbst in wissenschaftlicher Hinsicht ward elende Scharlatanerie dadurch begünstigt. Endlich fand seit dieser Zeit eine so schnelle Verbreitung der Begebenheiten und Meinungen des Tages durch Zeitungen, Journale und Flugschriften Statt, wie sie kein voriges Zeitalter kannte; diefs ward eine Hauptquelle der Seichtigkeit des Zeitgeistes, und diente einer schalen Unruhe und Charakterlosigkeit zur Nahrung und Bestärkung; politische Kannengiefserey ward ins Gränzenlose vermehrt; die elendeste aller Eitelkeiten, zuerst Neuigkeiten zu wissen und herum zu tragen, kam in Schwang; und je mehr der periodischen Blätter wurden, je schlechter ward der meisten Gehalt; dennoch wurden sie Hauptlectüre, einzige Lectüre vieler; in vorzüglichem Grade verderblich wirkten diese Lesereyen auf die Jugend, welche die nachdenkendsten Lehrer zu übersehen glaubte, darum weil sie viele Journale durchblätterte; ältere Personen wurden dadurch an vielen Orten von dem Lesen klassischer Werke, die allein Geist und Charakter zu stärken vermögen, beynahe ganz abgezogen; auch giengen mit der Neuheit alle Eindrücke des Gelesenen verloren; selbst manche sehr schätzbare Aufsätze und Urtheile, die sich in mehrern gelehrten Zeitungen fanden, gewannen keine dauernde Einwirkung; alles schien nur für den Augenblick da zu seyn. Eine solche Circulation der Ideen des Moments war nicht viel besser wie die Circulation von Stadtklatschereyen. — Wir hören also hier einen strengen Censor des Zeitgeistes; und wer wollte läugnen, dafs manches, was der Vf rügt, eine Rüge verdiene? Aber es ist doch nur einseitige Wahrheit, was man in dieser Schrift als wahr anerkennen mufs; und es hat vermuthlich nie eine Periode in der Geschichte gegeben, und wird nie eine eintreten, mit deren Zeitgeiste ein früherer oder späterer *Brandes* so zufrieden gewesen wäre, oder so zufrieden seyn würde, dafs er nicht Stoff genug zu einer eben so scharfen Rüge derselben darin gefunden hätte, oder noch finde. Auch ist es bey dem schneidenden Tone seiner Urtheile kaum möglich, sich von gröfsern und kleinern Uebertreibungen, von gröfsern und kleinern Unbilligkeiten

und

und Ungerechtigkeiten immer ganz rein zu bewahren; schon in den Zusammenstellungen liegt manchmal eine grosse Unbilligkeit, wenn nicht gar Ungerechtigkeit. Was hat z. B. der Vf. nicht alles aus der unschuldigen menschenfreundlichen Hypothese von dem Fortschreiten der Menschheit zum Bessern, die ja auch der Glaube an eine göttliche Vorsehung annimmt, hergeleitet; was hat er ihr nicht alles aufgebürdet! Bloss wegen dieser harmlosen Idee hat *Herder* ein ungünstiges Urtheil über sich ergehen lassen müssen. Wenn man aber auch dem Vf. alles zugäbe, was er in dieser Schrift, oft mit viel Beredtsamkeit, nur immer in einem anklagenden Tone, der zuletzt ermüdet, vorbringt, und man ihn nun fragte: Wie soll es denn werden? Wie muss der Zeitgeist beschaffen seyn, wenn man Freude daran haben soll? so fürchtet Rec. sehr, dass man das *Brandes'sche* Reich Gottes mit eben so viel Grund in Anspruch nehmen, und eben so viel Mängel und Fehler, eben so viel bedenkliche, wenn nicht gar heillose Tendenzen darin finden könnte, als er in dem Geist der letzten Decennien des achtzehnten Jahrhunderts gefunden zu haben glaubt: denn man dürfte nur in seiner eignen Manier Betrachtungen darüber anstellen, und man darf sicher annehmen, dass ihm mit nicht geringerer Stärke, als er in seinen Rügen zeigt, würde nachgewiesen werden können, dass die von ihm vorgeschlagenen Reformen in ihren wenn nicht nächsten, doch entfernten Folgen eben so zweydeutig, gefährlich, misslich seyn würden, als was er verdrängt wissen will. Man kann desswegen nicht genug auf seiner Hut gegen so beredte, so kenntnissreiche, und dabey so schneidend urtheilende Schriftsteller seyn, um sich nicht von ihren Betrachtungen zu leidenschaftlichen Ansichten hinreissen zu lassen: denn eben, weil viel einseitig Wahres in ihren Vorstellungen ist, bemächtigen sie sich leicht des Geistes ihrer Leser, und führen, wenn man nicht sehr kaltblütig bleibt, durch ihre Ideen-Verbindungen irre. Auch Hr. *Br.* hat bey viel Wahrheit, die er vorbringt, doch der Sache ein wenig zu viel gethan; doch wird niemand diesen Betrachtungen das Lob einer sehr anziehenden und mit Geist geschriebenen Schrift absprechen. Unrichtig hat sich der Vf. (S. 50.) ausgedrückt, indem er Fr. Wilhelm I., „höchst beschränkt auf höhere Gesichtspunkte" nannte; dem Zusammenhange nach wollte er sagen, er sey von beschränkter Fassungskraft in Ansehung höherer Gesichtspunkte, oder ein prosaischer Mensch gewesen; wäre er aber beschränkt, im höchsten Grade beschränkt auf höhere Gesichtspunkte gewesen, so würde diess sagen: er habe sich nicht zu niedrigern Gesichtspunkten, zu gemeinen Ansichten herablassen können. S. 110. gedenkt der Vf. der *Kantschen* Schrift: *Religion innerhalb der Gränzen der Vernunft*, und bemerkt mit Recht, dass bey einer solchen Accommodation der Bibel, als in diesem Buche vorkomme, die historische Kritik, so wie die grammatikalische Interpretation verloren gehe; Rec. hat inzwischen immer geglaubt, dass *Kant* in dem von Hn. *Br.* in Anspruch genommenen Theile dieser nur auf ein gelehrtes Publicum berechneten Schrift von der ironisch angenommenen Behauptung der ältern Theologen ausgegangen sey, wonach die Bibel in Ansehung ihres ganzen Inhalts ein Werk des allervollkommensten Geistes ist; indem er also, nach dieser Hypothese, *ex concessis* argumentirte, konnte er wohl sagen, dass die Bibel auch in denjenigen Stellen, deren Inhalt unfruchtbar scheine, oder gegen reinere Religionsbegriffe scheinbar anstosse, eines solchen Geistes würdig erklärt werden müsse; allein es war damit nicht so ernstlich gemeint, dass es nöthig gewesen wäre, gegen ihn zu erinnern, dass durch eine solche Auslegung alle Anwendung hermeneutischer und kritischer Grundsätze vernichtet werde: denn er wollte nur den Theologen, die er dabey im Auge hatte, zu verstehen geben, dass sie ihn nicht leicht widerlegen könnten, wenn sie nicht ihre strengern Inspirationsbegriffe aufgäben. Bedenkt man, dass *Kants* Jugend in eine Zeit fiel, da die Lehre von der Theopneustie der Bibel noch beynahe allgemein etwas roh vorgetragen wurde, und dass er von den feinern Vorstellungen späterer gelehrten Theologen keine Kenntniss nahm, so wird man diese Hypothese, worüber jedoch Rec. mit niemanden streiten wird, nicht geradezu verwerfen. Noch einer andern Stelle der hier angezeigten Schrift, auf die man S. 140. 141. stösst, sey mit wenigen Worten gedacht. Der Vf. führt, indem er bemerkt, dass der Bequemlichkeits-Luxus einer weichlicher gewordenen Geschlechtsfolge häufige Veränderungen in der Kleidung und in dem Hausgeräthe nothwendig mache, und dass in frühern Zeiten, in denen der Luxus solider war, nicht so oft gewechselt worden sey, unter andern an, dass der weisse Anzug bey dem andern Geschlechte den Gebrauch seidener Kleidungen verdrängt habe, und dass man mit schnell verdorbenem Papier die Wände, und mit eben so vergänglichem Cattun die Meubeln bekleide. Diess menschliche Elend, sollte man denken; liesse sich, so wie noch das eine und andre *Salzmannsche*, immer noch tragen. Der weisse Anzug lässt sich leicht waschen, ist reinlich, gewöhnt an Reinlichkeit, und es giebt ganz wohlfeile Arten desselben, in denen man doch anständig erscheinen kann; auch kann man papierne Tapeten schonen, und dauerhaftern Cattun zu Meubeln anschaffen, so dass beides verhältnissmässig lange genug vorhält. Es hat doch auch sein Gutes, dass der Mittelstand heut zu Tage gern sauber sich kleidet, gern ein mit Papier tapezirtes Zimmer hat, in das er gebildete Leute hineinführen kann, und ein Kanapee sich anschafft, das wenn jemand in der Familie krank wird, zugleich als Bette sich gebrauchen lässt. Die Schädlichkeit des Modenjournals, das in Verbreitung des Luxus wie das ansteckendste Gift gewirkt haben soll, wird auch sehr übertrieben. Schliesslich werde noch erinnert, dass der Vf. sich bey seinen Betrachtungen über den Zeitgeist in Deutschland nicht ganz strenge auf die letzten Decennien des vorigen Jahrhunderts eingeschränkt hat. Denn er erwähnt S. 228. auch der *Gallschen* Vorlesungen über das Gehirn, der *Fichteschen* Vorlesungen über

über die Philosophie, der *Schlegelschen* Vorlesungen über die Aesthetik, die erst in das neunzehnte Jahrhundert fallen, indem er des mercantilischen Speculationsgeistes mehrerer Gelehrten gedenkt, die, nicht zufrieden, oder anstatt, sich durch Honorare eine bedeutende Summe Gelds zu verdienen, auf die noch weit einträglichere kaufmännische Idee gefallen seyen, durch Vorlesungen in grössern Städten bedeutende Summen zu heben. „Diese Vorlesungen, heisst es, wurden gehalten vor Menschen, der grossen Majorität nach, ganz unbekannt mit Wissenschaft und unfähig zum speculativen Denken, vor Fürsten, Weltleuten, Weltdamen, Freudenmädchen, Officieren, Schauspielern. Langeweile, Neuheit, das Theatermässige zogen an. Dass aber der Beyfall so ganz incompetenter Richter über den innern Werth dieser, wenigstens dem äussern Zuschnitte nach Taschenspielerkünsten ähnlichen Vorlesungen für entscheidend angegeben wurde, charakterisirte den Zeitgeist."

LITERARISCHE NACHRICHTEN.

I. Gelehrte Gesellschaften.

In der *skandinavischen Literaturgesellschaft* wurde am 1. October 1808. von dem Etatsrath *Moldenhawer* eine Abhandlung über *Hannibal Schestedts* Gesandtschaft nach Frankreich; am 22. Oct. von dem Prof. *Wad* ein Aufsatz über den Betrieb des Küchensalzes und der Steinkohlen in Dänemark; am 3. December von dem Prof. *Thorlacius* die Geschichte des nordischen Helden *Thorgil*, übersetzt aus dem alten Skandinavischen mit einer Einleitung; am 9. Nov. eine von dem Capitän *Abrahamson* eingesendete Abhandlung, welche einige Nachrichten von 1730. von einem Missionar *Sigvard Kildal*, betreffend die heidnische Religion der Finnländer und Lappländer, enthielt, vorgelesen.

In der *medicinischen Gesellschaft* machte am 27. Oct. 1808. der Prof. *Hornemann* eine Abhandlung über eine neue Pflanzenart *Ceratostemon*, zur Familie *Scitamineae* gehörig, bekannt. Am 10. Nov. theilte der Prof. *Viborg* Bemerkungen über die Behandlung geschossener Wunden beym Pferde, und über dessen Lungenblutsturz, gehoben durch den Dampf der Essigsäure; am 24. Nov. Hr. *Rathke* eine Abhandlung über die Mittel, das stillestehende Wasser in gesundem Zustande zu erhalten und das verdorbene zu verbessern, mit. Am 8. December las der Prof. *Schumacher* einige Bemerkungen, betreffend die erste Beurtheilung der Tödtlichkeit der Wunden, und eine Abhandlung über einige nothwendig veränderte Operationsmethoden, in dem Augenblicke, da sie vorgenommen werden, vor.

In der königl. *dänischen Gesellschaft der Wissenschaften* zeigte am 25. Nov. 1808. der Mechanikus *Plöss* eine von ihm erfundene Maschine, die er *Sekretär* nennt, vor, durch welche zu gleicher Zeit zwey Briefe geschrieben werden können. Die Gesellschaft nahm zu Mitgliedern die Professoren *Schumacher*, *Münster* und *Oersted* auf.

II. Beförderungen und Ehrenbezeugungen.

Hr. Prof. *Wagner*, welcher bey der neuen Organisation der Universität Würzburg mit einer jährlichen Pension und der Erlaubniss sie auch auswärts zu verzehren, entlassen wurde, hat sich nun nach Heidelberg gewendet und daselbst schon seit Anfang des Wintersemesters philosophische Vorlesungen eröffnet.

Die philosophische Facultät zu Jena hat Hn. *Sel. Michaelis*, Privatlehrer der französischen Sprache, Literatur und Geschichte und der Philosophie der Sprache bey der Universität zu Heidelberg, der sich durch mehrere Schriften in deutscher und französischer Sprache schon bekannt gemacht hat, die philosophische Doctorwürde ertheilt.

III. Vermischte Nachrichten.

Se. Majestät der Kaiser von Russland hat den Hofrath Professor *Jakob* aus Charcow nach St. Petersburg berufen, um über einige Gegenstände der Staatspolizey-Gesetzgebung mit der dasigen Gesetz-Commission zu conferiren. Er ist bereits daselbst eingetroffen, und es ist ungewiss, wie lange sein Aufenthalt daselbst dauern wird.

Der rühmlichst bekannte russisch-kaiserliche Staatsrath und erste Leibarzt, Hr. *Peter Frank*, ist im November mit seiner Familie in Freyburg angekommen, um den Rest seiner Tage im Genusse der schönen Natur zu verleben.

Der bekannte Schriftsteller Hr. *Silverstolpe*, der zuletzt Rector an der Schule in Norrköping war, hat ein neues periodisches Blatt unternommen; es führt den Titel: *Journal för Literatur en Theater* und erscheint in wöchentlichen Numern. Wir behalten uns vor, nächstens eine nähere Nachricht über diese Unternehmung mitzutheilen.

ALLGEMEINE LITERATUR - ZEITUNG

Freytags, den 29. December 1809.

WISSENSCHAFTLICHE WERKE.

PHILOSOPHIE.

LANDSHUT, b. Thomann: *Die ersten Grundsätze der Ethik.* Dargestellt von *A. Buchner*, Prof. d. Philos. zu Dillingen. 1807. X u. 70 S. 8. (8 gr.)

Es ist eine erfreuliche Bemerkung, wenn man sieht, dafs der Schwindelgeist, der alles Heil der Wissenschaft in überschwenglicher Speculation sucht, sich nach und nach verliert, und einer besonnenern Forschung weicht; dafs Wissenschaften, welche auf Gegenstände gehen, die ein unverlierbares Interesse für die Menschheit haben, und in dem Kreise des möglichen Wissens liegen, jetzt wieder zu Ehren kommen, und dafs besonders auch die Ethik als Wissenschaft der praktischen Grundsätze der Vernunft ein neues Interesse gewinnt. Stoff zu solchen Bemerkungen bietet diese kleine Schrift dar, deren Vf., ob er gleich noch in den Fesseln der überspannten Speculation, wie er S. VI. gesteht, gehalten wird, dennoch über den schwindelnden Höhen nicht vergessen hat, was für den menschlichen Geist das gröfste Interesse hat, nämlich die Erkenntnifs der Grundsätze des freyen Handelns. Ist er auch selbst noch nicht auf dem rechten Wege, so wird doch sein fortgesetztes Nachdenken über diesen Gegenstand, wenn es immer von reinem Interesse für die Wahrheit geleitet wird, ihn noch einmal durch gründlichere Resultate erfreuen.

Der vor uns liegende Versuch hat die Absicht, die Ethik mit der Religion wieder auszusöhnen, ohne dabey ihr die Selbstständigkeit zu rauben. Der Vf. ist nämlich überzeugt, dafs die Moralphilosophie der Alten und der Neuen in zwey entgegengesetzte Fehler verfallen ist, indem jene die Tugend mit der Religion vermischte (?), diese die Tugend von der Religion absonderte, und leitet aus dem letzten Irrthume als Folge die Dunkelheit, Verwirrung, Unbestimmtheit, und die schneidendsten Gegensätze in Ansehung der ersten Begriffe und Sätze der Moralphilosophie ab. Diese Unvollkommenheiten aus den ersten Grundbegriffen der Ethik zu entfernen, ist Zweck dieses Versuches. Wir vermissen in allen diesen Behauptungen nicht sowohl den guten Willen, als die gereifte Einsicht in das Wesen, den Zustand und die wissenschaftlichen Mängel der Ethik. Der Versuch, die Ethik mit der Religion zu versöhnen, ist überflüssig: denn eine wahre Ethik, wenn sie auch, was sie als Wissenschaft soll, unabhängig von Gottes Willen und Ideen die Gesetze des freyen Handelns entwickelt, und daher trennt, was in der Wirklichkeit verbunden ist, ist darum noch keine Beeinträchtigung der Religion, dafs sie mit dieser ausgeföhnt werden müfste. Die Religion setzt vielmehr schon eine von Religion unabhängige Moral voraus: denn sie ist nichts anders, als das durch die Idee der Gottheit, als eines höchst sittlichen oder heiligen Wesens, bestimmte Leben und Handeln eines vernünftigen Wesens. Dafs Gott aber ein heiliges Wesen ist, diese Ueberzeugung wird dem Menschen nur durch das Selbstbewufstseyn der Sittlichkeit. Will man aber das Wesen der Sittlichkeit nach religiösen Ideen bestimmen, so läuft man im Zirkel herum, oder setzt stillschweigend das zu Erklärende schon voraus. Dieses ist auch unserm Vf. begegnet. Ethik ist ihm die Wissenschaft von der absoluten Güte des menschlichen Handelns überhaupt, und der einzelnen Handlungen insbesondere. Die absolute Güte des menschlichen Handelns besteht *a*) in dem Handeln aus einem absoluten Zweckbegriffe, oder nach einer praktischen Idee, oder, was ganz dasselbe ist, in dem Handeln nach Wahrheit, und *b*) in dem Handeln aus einem absoluten Triebe oder Beweggrunde, welcher Liebe heifst. Das *Handeln nach Wahrheit und Liebe* ist also das absolut gute und sittliche Handeln. — Dieses sind, wie man sieht, nur neue, unbestimmtere Formeln für die sittlichen Grundbegriffe. Die weitere Erörterung vermehrt diese Unbestimmtheit, und verwandelt die einzig sichern Merkmale, die zur Richtschnur des Handelns dienen können, weil sie aus dem Bewufstseyn des Sollens abgeleitet sind, in leere Begriffe, die wieder aus leeren Begriffen bewiesen werden. Z. B. die absolute Güte der Wirksamkeit eines jeden Dinges besteht im Wirken desselben nach einer Idee; jede Idee, als Identität des Erkennenden und zu Erkennenden, ist eine wahre Erkenntnifs, eine Wahrheit. Die ganze Welt überhaupt, jedes einzelne Ding, ist eine Position Gottes, d. h., der Ausdruck, die Offenbarung, die Affirmation eines göttlichen Gedankens, einer Idee: denn die Gedanken Gottes sind absolut; absolute Gedanken aber Vernunftbegriffe oder Ideen. Die Ideen aber sind nicht blofse Gedanken, sondern als Gedanken Dinge: denn Gott ist als das Ideale auch das Reale, sein Denken ein Seyn. — Wir können daher über die Güte der Dinge nur urtheilen, wenn wir sie in ihrer absoluten Position erkennen, oder welches dasselbe, in der Identität ihres Seyns mit dem Begriffe, welchen Gott von ihnen hat. Diese Identität ist Wahrheit. — Alle Din-

Dinge müssen wirksam seyn nach der Idee, welche Gott von einem jedem hat, und daher nothgedrungen ihre ewige Bestimmung erfüllen. Dem Menschen ist es aber freygestellt, zu handeln, entweder nach einer Idee, d. i., nach der Idee, welche Gott von dem Handeln des Menschen hat, oder nach einer Vorstellung, die der Mensch sich selbst erzeugt, welche daher keine Vorstellung des absoluten Wesens und keine wahre ist. — Der höchste Grundsatz der Ethik würde also seyn: *du sollst nach den göttlichen Ideen handeln*. Hier fragt es sich: sind es theoretische oder praktische Ideen, welche die Richtschnur des Handelns seyn sollen? Dieses ist ganz unbestimmt gelassen. Theoretische Ideen sind unbrauchbar, praktische haben hier kein Fundament, da das Sollen, das einzige Factum, welches auf dieselben führen kann, hier ganz unerörtert geblieben ist. Die göttlichen Ideen scheinen zwar allerdings zur Richtschnur des Handelns dienen zu können, weil Gott das Ideal der Sittlichkeit selbst ist; allein hier wird der Grundbegriff der Sittlichkeit schon als bekannt vorausgesetzt. Zweytens verliert sich der Unterschied eines Handelns nach göttlichen Ideen und menschlichen Vorstellungen in Nichts. Denn es ist nach S. 21. Gottes Kraft, geleitet von Gottes Verstand, ein Handeln nach einem absoluten Begriffe, welches macht, dass der Magnet das Eisen zieht, dass die Körper gravitiren, dass das Samenkorn aus der Erde hervortreibt und zum Baume wird, dass einige Thiere im Wasser, andere in der Luft, andere in der Erde ihre Nahrung suchen, das Schädliche von dem Nichtschädlichen unterscheiden. Auch die Kraft, welche dem Handeln des Menschen zum Grunde liegt, ist göttlichen Ursprungs, ist Gottes Kraft, und sie wird, wie die Kraft jedes andern Wesens der Natur, nach einer Idee geleitet, und selbst in der Identität mit dieser Idee besteht die Güte einer Handlung. Die Aeusserung der sinnlichen Triebe, das Betragen gegen unsere Mitmenschen, alle und jede einzelne Handlung ist von Gott von Ewigkeit her erkannt worden, und muss nach dieser Erkenntniss verrichtet werden. Wer sich diese Erkenntniss erwirbt und darnach handelt, dessen Handlungen sind gute Handlungen, wie die Handlungen der Menschen seyn sollen." Nach diesen Erörterungen verschwindet aller Unterschied zwischen dem sittlichen und nichtsittlichen Handeln. Denn es lässt sich nichts denken, was nicht durch Gottes Kraft, nach Gottes Ideen geschieht. — Das zweyte Moment der Sittlichkeit ist die *Liebe*. „Der Mensch handelt nur wahrhaft gut, wenn er nach Ideen mit absoluter Freyheit handelt, d. i., wenn seine wahre Handlungsweise, die Sittlichkeit, ihm auch *Freude* oder *Seligkeit* gewährt. Die Liebe ist die absolute Triebfeder. „Erst die Liebe giebt der Güte unsres Handelns die Vollendung. Was der Verstand als wahr anerkannt hat, vollbringt sie, ohne alle Rücksicht, was daraus hervorgehe, Gutes oder Böses; sondern schlechterdings, weil sie Eins seyn will mit dieser Erkenntniss, weil sie diese Einheit, als das höchste Gut, fühlt, mit dem verglichen alles andere, was die Menschen noch zur Thätigkeit bestimmen könnte, nichtig ist." Dieses alles ist schön gesagt, und nichts anders, als die reine Triebfeder, die sittliche Gesinnung, welche aus dem Sittengesetz selbst hervorgehen muss, wenn die Handlung sittlich seyn soll. Aber der Vf. weiss diese Idee nicht fest zu halten; er wird durch das Streben, etwas Neues zu sagen, mit sich selbst inconsequent. Er findet mit der Liebe jede Nöthigung, nicht nur eine äussere, was sich selbst versteht, sondern auch eine innere, jeden Selbstzwang, unvereinbar; das Handeln nach Wahrheit soll in dem Menschen nicht bloss ein *Wohlgefallen*, sondern auch ein *Wohlbefinden* erzeugen, und um der *angenehmen Empfindung* willen, die mit jeder wahren Thätigkeit verbunden ist, soll das Gute geschehen. „Nicht aus blosser Achtung gegen eine praktische Wahrheit, sondern aus Liebe muss gehandelt werden. Ich kann daher mit denjenigen Philosophen nicht einverstanden seyn, welche sagen, das gute Handeln müsse bloss aus Achtung für das Gesetz geschehen, und es dürfe sich in das moralische Handeln die Liebe nicht einmengen. Dieser Irrthum beruht auf der unstatthaften Trennung der übersinnlichen Natur des Menschen von der sinnlichen. In jene verlegen sie die Thätigkeit, und in diese die Empfindung, die Freude und die Liebe, und ordnen jener diese unter. Die Trennung ist aber nichtig, die wahre Natur ist nur Eine. Thätigkeit und Empfindung sind mit einander innigst vereint. Jede wahre Thätigkeit ist zugleich angenehme Empfindung, geschieht daher mit Liebe." Kann es wohl einen grössern Widerspruch geben, als die Behauptung, die Liebe vollbringt das Gute, oder, in der Sprache des Vfs., das Wahre, ohne alle Rücksicht auf das Gute (also auch das Angenehme) oder Böse, was daraus entspringt, bloss weil es gut ist, und die Liebe vollbringt das Gute, weil es Wohlbefinden, eine angenehme Empfindung, erzeugt. Nicht geringer ist der Widerspruch, wenn er hier die Unterscheidung der sinnlichen und der nichtsinnlichen Natur als unstatthaft verwirft, und vorher S. 5. als gegründet annimmt. Es giebt, sagt er, dort ein *unteres* Begehrungsvermögen, welches durch sinnliche Triebe Lust und Unlust und sinnliche Zwecke, Nutzen, und ein *oberes*, welches durch übernatürliche (?) Antriebe und ewige Erkenntnisse zu seinen Entschlüssen bestimmt wird. — Wir hoffen, der Vf. wird selbst nach reiferem Nachdenken einsehen, dass dieser Versuch nicht leistet, was er leisten sollte.

NATURGESCHICHTE.

LEIPZIG, b. Sommer: *Vincentii Petagnae*, in regio Neapolitano Lyceo Botanices Professoris, *Specimen Insectorum Ulterioris Calabriae.* Editio nova cum 38 iconibus ad naturam coloratis. 1808. VI u. 46 S. 4. mit einer illum. Kupfrt. (1 Rthlr.)

Die Urschrift dieses Werkchens kam 1786. zu Neapel mit einer von Cataneo gestochenen unausgemalten Kupfertafel heraus. Schon 1787. erschien bey Varrentrapp und Wenner in Frankfurt a. M. ein Nach-

Nachdruck mit der von *H. A. Schmidt* ziemlich gut nachgestochenen Tafel. Die Begierde, etwas von den Insecten eines so südlich gelegenen und so unbekannten Landstrichs zu erfahren, sicherte dieser Unternehmung eine gute Aufnahme. Dennoch muss der Abgang des Buchs nicht sehr gross gewesen seyn, da so viele Exemplare übrig geblieben sind, die eine namhafte Buchhandlung verleiten konnten, das Publicum durch das Aushängeschild einer neuen Auflage hintergehn zu wollen. Denn gegenwärtige *Editio nova* ist ganz die alte Varrentrappische, der man ein neues Titelblatt, das sich schon durch weisseres Papier von dem gelb gewordenen Texte unterscheidet, vorgesetzt hat. Um der Sache einen verführenden Anstrich zu geben, ist die Kupfertafel ausgemalt. Rec. hat von dem neapolitanischen Originale kein Exemplar mit ausgemalten Abbildungen gesehn. Es ist also wohl möglich, dass der Verleger die Ausmalung nicht nach einem Originalmuster, sondern nach Anleitung eines Kenners hat besorgen lassen, und obgleich diese Ausmalung naturgemäss ausgefallen ist, so weit wir sie mit der Natur zusammenhalten konnten: so wäre ein solches Unternehmen denn doch ebenfalls eine Täuschung zu nennen.

Das Buch selbst, so geringen Umfangs es auch ist, enthält eine Menge von Unrichtigkeiten, die man, bey dem Mangel an Beschreibungen, zum Theil nur errathen oder gar nur ahnden kann. So z. B. ist gleich der erste Artikel: *Lucanus Capreolus*, in Ansehung der Citate aus *Linné*, *Degeer*, und in Ansehung der von dem Vf. hinzugefügten Bemerkung falsch. Nach der Abbildung ist 17. *Melolontha horticola* unmöglich dieser gemeine Käfer, sondern eine *Hoplia*, wahrscheinlich *squamosa*. *Silpha ferruginea* 29. würde man dafür nehmen müssen, weil keine Beschreibung sie schildert; die Abbildung aber verräth, dass es *Galleruca rustica* ist. *Clerus formicarius* 73. ist so beschrieben, dass man das Calabrische Insect dafür halten müsste; denn es heisst dort: „im schwarzen Theile der Flügeldecken sind zwey weisse Querstreifen," die Abbildung zeigt aber nur einen, und stellt überhaupt den aus Portugal gebrachten *Clerus myrmecodes* sehr gut vor. Alle Citate sind folglich falsch. *Clerus apiarius* 74. ist nicht der *Trichodes apiarius*, sondern *alvearius*; *Scarites arenarius* 122. ist nach der Abbildung *Scarites laevigatus Fab.*, *Sabulosus Oliv.*; *Ascalaphus barbarus* 151. ist nach der Figur *A. Italicus Fab. Rossi*, und nicht *Linné's Myrmeleon*.

Ueber mehrere noch unbekannte Insecten gab uns *Petagna* zuerst Auskunft. Sein *Scarabaeus Candidae* 9., *Geotrupes excavatus Fabr.*, *Melolontha cornuta Oliv.* ist noch sehr selten, und scheint ein *Trichius* zu seyn. Die *Silpha bimaculata* 31. ist offenbar keine *Silpha*, bey der zu kurzen Beschreibung und nicht vergrösserten Abbildung aber schwer zu deuten; sollte sie *Tenebrio bimaculatus Herbst.* seyn, den wir zu *Phaleria* rechnen, und der nicht vom Vorgebirge der guten Hoffnung, wie *Herbst* angiebt, sondern aus Süd-Europa kommt? *Curculio triangularis* 71. ist entweder *C. Cynarae* oder ein ähnlicher. *Rhinomacer caeruleus* 72. halten wir für *Rh. necydaloïdes* aus Portugal, den *Fabricius* unter dem Namen *Leptura rostrata* beschrieben, und *Latreille* zu *Oedemera* (*Necydalis*) gerechnet hat. *Rhagium nigrum* 83. könnte *Leptura scutellata* seyn, wenn der Halsschild weniger lang und kegelförmig vorgestellt wäre. *Buprestis bruttia* 108. ist *B. cariosa Fabr.*, und *B. Stephanelli* 110. ist *B. cyanicornis Fabr.* *Mylabris melanura* 136. ist *Mylabris (Meloë) quadripunctata Linn.*, *Myl. decempunctata Oliv.*, wovon es mancherley Spielarten giebt, deren eine von *Pallas Meloë melanura* genannt wird. *Mutilla bruttia* 170. ist *M. Hungarica Fabr.*, und *M. littoralis* 171. würden wir für *M. Indigena Illig. ap. Rossi*, *M. Europaea Rossi* und *Fabric. Entom. systemat.* halten, wenn nicht die Fühlhörner als *testacea*, der Kopf als *nigro testaceum* angegeben wäre. *Aranea nigra* 176. eine neue Art aus *Walckenaer's* Gattung *Eresus*. *Papilio Arge* 184. ist *Sulzer's P. Arge*, der *P. Amphitrite Hübn.* *Noctua bifasciata* 197. beschreibt *Borckhausen* unter dem Namen *N. chalcyptera*; die Abbildung könnte man verleitet werden auf *Noctua geometrica Fab. Rossi*, *N. parallelaris Hübn.* zu beziehn. *Phalaena Calabra* 199. ist *Geometra Calabraria Borckh.*, *Hübn.* Es giebt unter den unter bekannten Namen vorkommenden Arten noch manche, die nicht das sind, wofür sie hier ausgegeben werden; z. B. *Pyrochroa coccinea* 95., *Cicindela capensis* 114., die wohl gar *Scolytus limbatus*, oder *Bembidium ustulatum Latr.* (*Carab. ustulatus Fabr.*) seyn mag. Aber es ist Zeit, aufzuhören, und wir würden diese Anmerkungen alle zurückgehalten haben, wenn sie schon vorher gemacht gewesen wären.

BIBLISCHE LITERATUR.

ZWICKAU u. LEIPZIG, b. Schumann: *Das neue Testament*, erklärt und angewendet zur Beförderung der häuslichen Andacht und zum Vorlesen beym öffentlichen Gottesdienste; von *H. G. M.* *Erstes* Bändchen, enthält das Evangelium Matthäi. 1806. VIII u. 168 S. 8. (8 gr.)

Den anfangs angekündigten *ersten* Band hat Rec. nicht gesehn; er zweifelt aber, wenn er von dem vorliegenden Probebändchen einen Schluss auf das Ganze der Unternehmung machen darf, ob es dem Vf. damit glücken werde. Die Erklärungen klären zum Theil nicht auf, oder sind doch unbefriedigend; zum Theil sind sie sogar unrichtig; nur ein Theil derselben macht das Dunklere deutlicher. Die Anwendung bleibt zu sehr beym Allgemeinen stehn, und geht also nicht tief. Die häusliche Andacht, oder die Erhebung des Gemüthes zu Gott in der Einsamkeit, wird schwerlich durch diese Schrift befördert werden; und wer ein Kapitel im N. T. lesen will, und bey dunkeln oder unverständlichen Wörtern oder Redensarten erst noch in diesem Buche nachschlagen soll, ob er darüber Licht fin-

finde, was nicht immer der Fall seyn dürfte, dessen Andacht, steht zu befürchten, wird eher durch diess Geschäft zerstreut werden. Zur Vorlesung bey dem öffentlichen Gottesdienste eignet sich das Buch vollends gar nicht; Prediger, die ein Kapitel der Bibel in der Kirche zu lesen und kurz zu erklären und anzuwenden haben, werden, so Gott will, dieses Wegweisers, Unterstützers und Vorarbeiters nicht bedürfen: denn was in dieser Schrift richtig erklärt und passend angewandt ist, wird ihnen, als studirten Religionslehrern, hoffentlich schon längst bekannt seyn; für Schulmeister aber, welche in den Kirchen, statt des Predigers, die Vorlesung verrichten, giebt es bereits Bücher, aus welchen sie biblische Vorlesungen dieser Art halten können; Rec. erwähnt hier nur das N. T. mit *Osterwald's* Summarien, Betrachtungen und Anmerkungen, das schon vor mehr als vierzig Jahren erschienen, und zu diesem Zwecke ganz brauchbar ist; wenn man diess Buch mit einigen Zusätzen und Verbesserungen neu auflegte, und die Luthersche Uebersetzung dabey abdruckte, so würde es die Dienste, die sich Hr. *H. G. M.* von seinem Buche verspricht, bey Vorlesungen in der Kirche weit besser leisten. Noch will Rec. einige der Unrichtigkeiten, die ihm auf vielen Blättern der vorliegenden Schrift aufgestossen sind, ausheben, um sein Urtheil zu rechtfertigen. Der Vf. sagt S. 1., das Amt eines Zolleinnehmers sey bey den Römern ehrenvoll, bey den Juden aber verhasst gewesen. Offenbar werden hier die *publicani* und die *portitores* mit einander verwechselt. Joseph wird Matth. 1, 19. δικαιος genannt, nicht so sehr, weil er gütig und billig gesinnt, als weil er ein rechtlicher Mann war, der jedoch seine Braut schonen wollte; auch ist die Anwendung des Vfs. nicht der Geschichte angemessen; er sagt nämlich: „man müsse des Nächsten Fehler nicht ohne Noth offenbaren, besonders wenn es nicht Fehler des Herzens seyen;" es wäre ja aber ein Fehler des Herzens gewesen, wenn Maria als Braut ihre Keuschheit einem andern Manne preis gegeben hätte. Matth. 3, 16. wird ανεωχθησαν αυτω οι ουρανοι von dem Blitze, und πνευμα θεου κ. τ. λ. von dem Herabfahren des Blitzes, wie eine Taube zu fliegen pflegt, verstanden. Geistlich arm seyn soll so viel sagen, als sein Sündenelend fühlen. Von Matth. 10, 23: soll der Sinn seyn: ehe Ihr alle Städte in Israel bereisen werdet (werdet bereist haben), wird in Erfüllung gehen, was ich von dem Umsturze des jüdischen Staats geweissagt habe. μυρια ταλαντα sollen 1500 Thalern gleich seyn. ονομα του πατρος, και του υιου και του αγιου πνευματος ist unerklärt gelassen. Solcher Mängel und Fehler könnten noch eine Menge angeführt werden. Selbst der Stil der Schrift ist fehlerhaft. Der Vf. sagt z. B. in der Vorrede: „Nicht alle Prediger haben immer Musse, sich gehörig zu präpariren; ... *so* habe ich geglaubt, manchen Predigern, die nicht Musse haben, etwas Besseres *zu machen*, hiermit ein Buch in die Hände zu liefern, das zweckmässig (*sic!*) zum Vorlesen wäre, *denen* habe ich nicht nöthig, über den Gebrauch desselben etwas zu sagen. Da aber auch in *Filials*-Kirchen die Schullehrer oft Gottesdienst halten .... so will ich *denen* sagen, wie ich zu verfahren pflege."

LITERARISCHE NACHRICHTEN.

Gelehrte Gesellschaften.

In einer zu *Christiania* in Quart erschienenen Uebersicht des Zustandes der *topographischen Gesellschaft* im J. 1807. befinden sich folgende, die Gesellschaft betreffende Nachrichten. Die Gesellschaft wurde aus einem beynahe vollkommenen Tode erweckt und wieder belebt. Sie wurde aufs neue organisirt, hat ihre mehrmals durchgesehenen Gesetze angenommen, ihre ordentlichen Versammlungen gehalten, und in diesen über der Gesellschaft wichtige Gegenstände sich berathschlagt. Sie hat das 33. und 34. Heft ihrer Schriften, welche die Fortsetzung von angefangenen Beschreibungen und Abhandlungen enthält, herausgegeben. Die Redaction derselben ist dem Hn. Prof. *Rosted* übertragen worden. Neue Beyträge, welche der Gesellschaft versprochen worden, sind: Bemerkungen von Hn. *v. Buch* über einzelne Orte auf seiner Reise in Norwegen. Eine topograph. Beschreibung von Hn. *Bull* von der Stadt *Molde* und ihrer Gegend, mit einer darüber aufgenommenen Karte. Eine Karte von der Stadt *Christiania* und ihrer Gegend vom Artillerie-*Lieutenant* Hn. *Friis*. — Die Anzahl der alten Mitglieder dieser Gesellschaft belief sich auf 93. In den Versammlungen sind 24 neue aufgenommen worden, und ausserdem noch, zufolge eines Schreibens von dem geh. Rath *Moltke*, 25 Glieder, meist in Dänemark. Die Gesellschaft hat überdiess beschlossen, die Wiederbelebung der sogenannten *patriotischen Gesellschaft* für das Stift *Aggershuus* zu versuchen, so dass diese Gesellschaft zwar unter der Aufsicht der topographischen stehn, übrigens aber ganz unabhängig von derselben seyn und wirken soll. Der Kassenbestand der Gesellschaft war zu Ende des Jahrs 1807. nur 485 Rthlr., wozu jedoch noch 13 bis 1400 Rthlr. ausstehende Rückstände kommen.

ALLGEMEINE LITERATUR-ZEITUNG

Sonnabends, den 30. December 1809.

WISSENSCHAFTLICHE WERKE.

VERMISCHTE SCHRIFTEN.

Zürich, b. Orell, Füfsli u. C.: *Eugenias Briefe an ihre Mutter.* Geschrieben auf einer *Reise nach den Bädern von Leuk* im Sommer 1806. Herausgegeben von *Heinrich Hirzel*, Professor in Zürich. 1809. 294 S. gr. 8. (1 Rthlr. 20 gr.)

Rec. hat diese in ihrer Art treffliche Schrift mit Theilnahme und wahrem Vergnügen gelesen. Was sie seyn und leisten soll, deutet Hr. *H.* in dem Vorberichte schön und bescheiden an. „Die Freundin seltener Naturschönheiten, denkt er, dürfte sich wohl nicht ohne angenehme Empfindungen in die hier beschriebenen, zum Theil wenig besuchten Heiligthümer der Schöpfung, und in ein Land versetzt sehen, wo die Natur ihre Reize in einer kaum irgend anders wo anzutreffenden Pracht, Gröfse und Mannichfaltigkeit ausbreitet. — Nicht weniger glaubt er, es werde jedes weibliche Wesen, das noch nicht fortwährend in der Schattenseite des Lebens wandelt, und dessen edlere Gefühle zertrümmerte Hoffnungen und verschwebte Träume, Widerwärtigkeiten und traurige Erfahrungen mancher Art noch noch mit Bitterkeit und Kälte umgeben haben, sich im höchsten Grade an dem liebevollen Verhältnisse vergnügen, welches die Vfn. mit ihrer Mutter so innig und enge zusammen hält. Und eben so wenig zweifelt er endlich, dafs nicht jede zart empfindende Tochter, zumal wenn ihr das glückliche Loos sollte beschieden seyn, selbst einer über alles geliebten Mutter und Freundin in den spätern Tagen ihres Lebens als Gefährtin zur Seite zu stehen, in Eugenia's Worten und Herzensergiefsungen mehr als Einmal den reinsten Abdruck ihrer eigenen gefühlvollen Seele wieder finden, und durch die lebhaften und hoffnungsvollen Ahndungen der Zukunft, welche sie hier ausgedrückt findet, sich selbst über das, was jedem nachdenkenden Sterblichen mehr wie alles andere Noth ist, in ihren eigenen Hoffnungen höher gehoben und befestigt fühlen werde. — Anderweitige Ansprüche, wie sie auch immer heifsen mögen, sollen dieser Briefsammlung fremde seyn." — Der Herausg. scheint bey dieser Schrift, den so eben angeführten Andeutungen nach, zunächst auf das weibliche Geschlecht zu rechnen; und allerdings eignet sie sich für dasselbe ganz vorzüglich, und wird für erwachsene Töchter, deren Geist bereits eine höhere und festere Bildung erhalten hat, eine eben so heitre, als für das Herz wohlthätige Lectüre seyn. Doch werden auch Jünglinge von veredeltem Geschmacke und gereifterem Urtheile sie anziehend und nützlich finden. Selbst Leser und Leserinnen von höherem Alter dürften ein Paar Stunden, auf diese Lectüre verwandt, nicht für verloren halten. Es weht darin durchgängig ein edlerer Geist, sichtbares Streben nach dem Besseren und Heiligen, reine, innige Liebe der Natur und ein still-religiöser Sinn. Die Gefühle der Freundschaft und kindlicher Zärtlichkeit und Dankbarkeit drücken sich an vielen Stellen des Buchs auf das reinste und lebendigste aus. Manche Blicke in das Innere des menschlichen Lebens sind hell und heiter; die eingewebten Bemerkungen über das Treiben der Sterblichen oft treffend; manche Andeutungen der Zeichen unsrer Zeit ein wahres Wort; mehrere Betrachtungen über höhere Angelegenheiten des Menschen Verstand und Herz angenehm beschäftigend; am anziehendsten aber und bisweilen vortrefflich die vielen vorkommenden Naturschilderungen. Die Diction ist blühend und edel; hie und da streift sie indefs fast an das Steife; Spracheigenheiten wie *ich anvertraue* (S. 104.) — *zugenannt der Prachtliebende* (S. 118.), *innert* statt *innerhalb* (S. 128.) kommen jedoch nur selten vor; auch geschieht es nicht oft, dafs Perioden durch zu viele Zwischensätze zu sehr gedehnt werden, und dadurch nicht leicht zu übersehen sind.

Wir geben nun bey unsrer Anzeige zu dem Inhalt dieses Buches über, und heben dabey, zur nähern Charakterisirung desselben, einige Stellen aus. I. *Die Reise nach Zürich.* Man findet hier Ergiefsungen kindlicher Liebe und Zärtlichkeit und mancherley ästhetisch-topographische Bemerkungen, die nicht ohne Interesse sind. „Der Rheinfall bey Schafhausen, heifst es S. 10., steht mit grofsen Schriftzügen im Buche der Naturwunder aufgeschrieben. Sie kennen aus den Berichten so mancher Reisenden jene berühmte Stelle, tief unten am Fufse des Schlofsberges bey Lauffen. Auf einem hölzernen Altane steht hier der Wanderer oder schwebt vielmehr, umgeben von wirbelnden Nebelwolken, über das Bette des empörten Stromes hin. Ein steter Donner rollt, als am Eingange acherontischer Gewölbe, betäubend über seinem Haupte. Mit jedem Augenblicke drohen die schäumenden Fluthen sich über ihn zu wälzen, oder berstend ihn zu verschlingen. Die Erde scheint unter seinen Füfsen zu wanken, und durch das Zittern der hölzernen Dielen wähnt er die Sicherheit seines Daseyns gefährdet." Nur wenig noch sagt Eugenia über

über den Rheinfall, aber diefs wenige ist anziehend, so wie die Bemerkungen über das alte, berühmte Zürich, das „reich an bunt zusammen gestellten Monumenten älterer und neuester Zeit und Baukunst" ist, und über die Umgebungen dieser Stadt, besonders über den herrlichen Zürcher-See, lesenswerth und interessant sind. II. *Die Wasserfahrt nach Baden, im Canton Aargau.* Hier vernimmt das Herz die Stimme edler Freundschaft und frommen Glaubens; heitre Worte über eheliches und häusliches Glück; stille Ahndungen und Zweifel in Ansehung des Lebens jenseits des Grabes. „Dafs die wohlthätige Kraft der Zeit (heifst es S. 44.) den von der Gefährtin seines Lebens gewaltsam getrennten Gatten die Ruhe und das Gleichgewicht seines Gemüthes wieder finden lehre; dafs Kinder ohne Wehmuth an die frühe verlornen Aeltern zurück denken, und den Busen der zweyten Mutter mit den Blumen schmücken, die vom Grabhügel der ersten gepflückt sind; diefs der verlassene Freund die Einöde um sich her sich wieder in blühende Gefilde verwandeln sehe; — dafs alles seyen für den denkenden Menschen Andeutungen von höherer Hand, die darauf hinweisen, dafs weder sein Daseyn und Wesen, noch auch seine Glückseligkeit an irgend eine dieser irdischen Gestalten oder Umgebungen gebunden sey. Vielmehr lasse sich aus solchen Erfahrungen schliessen, dafs ein künftiger, ja ein künftiger glücklicher Zustand für den Menschen möglich sey, ohne dafs ihn der ehemalsigen Dinge und Verhältnisse dieser Welt weiter etwas berühren, oder sich auf ihn beziehen werde." Doch dagegen wird weiterhin (S. 46.) von einem Gegner dieser Behauptungen bemerkt: „Eine Zukunft ohne irgend eine Verbindung mit der Vergangenheit und ohne das fortgesetzte Bewufstseyn desjenigen sowohl, was wir, als dessen, mit wem wir hier auf Erden gewesen sind, sey ihm keine Zukunft mehr, und habe, nach seinen nunmehr unabänderlichen Ansichten, für ihn weder Reiz noch Interesse. Dann aber berede auch er sich mit jedem Tage stärker und inniger, dafs der beschränkte Sterbliche sich nicht voreilig auf das unsichre Meer der Zweifel hinaus werfen, noch überhaupt versuchen solle, die unerforschlichen Mysterien des Jenseits zu ergründen." Dieselbe Ansicht wird auch S. 105. angedeutet. —. Ueber *Baden* in Aarau und die dasigen Badeanstalten und ihre Umgebungen lesen wir hier manches Interessante und Schöngesagte — über *Bern* nur einiges wenige. III. *Das Denkmal der Freundschaft.* Dieser Brief Eugenia's ist schon aus den Bädern von Leuk geschrieben. Er berührt, doch nur leise, auch die politischen Ereignisse im Walliser Lande während des französischen Revolutionskrieges. „Mein Nachbar nahm das Wort — schreibt Eugenia — und erzählte eben so wahrhaft und freymüthig, als klug und schonend gegen die anwesenden Franzosen, wie es im J. 1798. mit der Eroberung seines Landes zugegangen sey; mit welchem Heldenmuthe die sonst nicht an Waffen gewöhnten, noch im Kriege geübten Ober-Walliser sich dem Eindringen der feindlichen Heere entgegen gesetzt und ihnen eigentlich jeden Fufs breit Landes streitig gemacht; wie die französischen Truppen ihre vorrückenden Fahnen forthin in blutiges Erdreich haben pflanzen müssen, und zu Tausenden, theils in offener Feldschlacht, theils in den Wellen und in den Tiefen der Abgründe, oder den Hohlwegen gefährlicher Felsenpässe — als einen solchen nannte er besonders die sogenannte Gallerie, auf dem Wege zwischen Siders und den Bächen von Leuk — ihr schauervolles Grab gefunden haben. . . Und dennoch, setzte er gelassen hinzu, dennoch ist unser Widerstand vergeblich gewesen. Der, welcher allein über Feldherren und Völker, und über die Freyheit der Länder gebietet, hat gewollt, dafs wir besiegt würden. Was wir einzig aus dem ungleichen Kampfe davon getragen haben, ist unsre Ehre und die Achtung der Nachwelt." Dieser Brief enthält aufserdem rührende Erinnerungen eines edlen ältlichen Freundes an seinen in der Blüthe des Lebens umgekommenen Freund, einen Bruder von Eugenia. Angehängt sind drey Beylagen, von denen besonders die zwey von dem gedachten Bruder, *Julius*, dem Leser einen reinen und angenehmen Genufs zu gewähren, geeignet sind. Was *Julius* in seinem Tagebuche über *Florenz* und *Rom* bemerkt, wird man nicht ohne Interesse lesen. IV. *Bruchstücke aus Eugenia's Tagebuch.* Ergiefsungen eines liebevollen, frommen Herzens und mancherley Betrachtungen über Welt und Menschenleben wechseln hier mit Naturschilderungen ab, die man gröfstentheils wohl gelungen nennen kann. Ueber die Bäder von *Leuk* bemerkt Eugenia unter andern (S. 145.): „In dieser Gründe willkommener Stille wähnt man sich von der übrigen Welt ganz und gar abgeschnitten. Hier erfreut sich einer des Gedankens, dafs von allen den Menschen, die ihm so oft sein schnell vorübergehendes Daseyn lästig verkümmern, und die er so gern fern von sich weifs, auch nicht einer in die Abgeschiedenheit dieses Asyles eindringen werde. Dort preiset ein anderer sich glücklich, dafs von allen den tausend Dingen, die den freyen Gang seines Denkens und Wollens oft unangenehm hemmen, und die Ruhe seines Gemüthes gefährden, kaum eines über diese Berge hinüber zu seiner Kenntnifs werde gelangen können." Und S. 169. wird von eben denselben Bädern gesagt: „dafs an erwärmender, das innerste Wesen des Menschen durchdringender Heilkraft weder die berühmten Bäder zu Monte Cattini, noch die zu Pisa und überhaupt wenige andere mit den Bädern von Leuk zu vergleichen seyen. Die Abschnitte V. *der Uebergang über den Gemmi* und VI. *die Reise auf dem Rigi und nach den Thälern von Lowerz und Goldau* enthalten gleichfalls des Interessanten nicht wenig. Das Aeufsere der Schrift entspricht dem Innern.

Halle, b. Schimmelpfennig u. Comp.: *Die Weihnachtsfeyer*, ein Gespräch (von *F. Schleiermacher*). 1806. 135 S. 12. (12 gr.)

Es ist ein nicht zu verkennender Vorzug des Christenthums, welcher noch bey weitem nicht genug gewürdigt ist,

iſt, daſs es wie überall, ſo auch darin den ganzen Menſchen erfaſst, daſs es beides ſein Nachdenken und Gefühl aufregt und beſchäftigt. Dieſe Verbindung des Orientalismus, in welchem das Streben nach dem Ewigen, die Einbildungskraft vorzüglich aufregend, überall plaſtiſch wird, mit dem Occidentalismus, der nach Deutlichkeit der Begriffe ſtrebend und das Unveränderliche und Nothwendige in ſeinen Vorſtellungen aufſuchend mehr in Begriffen lebt, hat nicht wenig die Ausbreitung dieſer Religion begünſtigt und bürgt für ihre Erhaltung. Weil ſie auf einem Boden entſprang, wo das Ewige nur in Bildern aufgefaſst wurde, konnte ſie es auch nicht anders als in ſolchen dem Gemüthe nahe bringen. Sie entſprach dadurch nicht nur überhaupt dem Begriffe der Religion, die ſich allemal zunächſt dem Gefühle ankündigen und durch dieſes bewähren muſs, ſondern befriedigte auch die Anſprüche, die ſich an eine Darſtellung der Religion mit Recht machen laſſen, ſie redete zum Herzen. Aber hätte nicht ſchon beym erſten Entſtehen des Chriſtenthums der Geiſt, welchen griechiſche Cultur im Oriente verbreitet hatte, das Nachdenken über die höheren Bedürfniſſe des Menſchen geweckt, und wären nicht unter den erſten Verbreitern des chriſtlichen Glaubens Männer geweſen, die durch Anlage und Bildung ſich mehr zur Reflexion hinneigten; der Geiſt deſſelben wäre, wie jeder Geiſt, der nicht durch Begriffe feſt gehalten wird, bald verflüchtigt, und ſeine Mythen, Feſte und Gebräuche würden in leere Formen und Ceremonien ausgeartet ſeyn, deren Sinn und Bedeutung man bald eben ſo wenig gekannt hätte, wie die mancher Mythen und Gebräuche des griechiſchen Alterthums, denen man vielfältig erſt eine Idee unterlegen muſs um mit Wohlgefallen bey ihnen zu verweilen. Dieſer Geiſt des Hellenismus und die Wahrheit und Beſtimmtheit, mit der er das Nothwendige in den Bedürfniſſen des nach dem Unendlichen in Begriffen, Handlungen und Zwecken ſtrebenden Menſchen in Bild und Lehre ausſpricht, iſt es, was dem Chriſtenthume ſeinen hohen Werth und ſeine unveränderte Dauer ſichert. Wird dieſer Geiſt verkannt; ſetzet man einerſeits das Religiöſe in ein unbeſtimmtes Gefühl, welches durch keinen Begriff zu verdeutlichen noch zu ſtützen iſt: ſo wird das Chriſtenthum ein eitles Luftgebilde, welches die Phantaſie bald ſo, bald anders zu geſtalten ſich berechtigt glaubt, wie denn den *Joſeph* dieſes Geſprächs, dem alle Frömmigkeit in den ſchönen Tönen der Frauen inniger als in den Reden der Männer wohnt, wohl allerley Ahndungen des ſchönen und anmuthigen Daſeyns mögen angewandelt haben. Will man andererſeits kein Nothwendiges und Geſetzmäſsiges der Thätigkeit des Geiſtes anerkennen, welches ſich unmittelbar auch im Gefühle offenbaret, ſo ſieht ein überverſtändiger *Leonhard* höchſtens nichts weiter darin, als was die Erfahrung als nützlich und rathſam empfiehlt; oder überhebt man ſich der Mühe dieſes Nothwendige mit Sorgfalt aufzuſuchen: ſo findet der Eine, wie der *Ernſt* in dieſem Geſpräche nur Bilder in Bildern, welche in unbeſtimmten Formen, durch nichts gehalten, umherflattern, oder die grübelnde Vernunft eines *Eduard* erkennt in ihrem überſchwenglichen Aufſluge die Idee der Einerleyheit des ewigen Seyns und des immer wechſelnden Werdens in dem fleiſchgewordenen Worte dargeſtellt, die noch ein anderer, der in dieſer Unterredung fehlt, wohl darin als die reale Seite deſſelben, als Geſchichte gerne finden möchte.

Es läſst ſich von keinem Schriftſteller fordern, daſs er ſeine Individualität aufgebe; er mag ſie alſo auch ſelbſt da behalten, wo er ſich zu dem Allgemeinern erhebt. Immerhin ziehe alſo auch der Vf. das religiöſe Gefühl dem religiöſen Nachdenken weit vor. Aber wenn er um die Gründe ſeines Gefühls wiſſen, und nach dieſen es ſeinen Leſern mittheilen will: ſo muſs er dieſen Gründen gehörig nachgeforſcht haben, ihm darnach ſeinen Werth beſtimmen und ihren Einfluſs auf die Belebung deſſelben bemerklich machen, er muſs es durch Beſtimmtheit der Begriffe ſeiner Unbeſtimmtheit entziehn, indem es ſo leicht in Unbrauchbarkeit für das thätige Leben und in ſchwärmeriſche Thorheiten übergeht; wo es durch beſtimmte plaſtiſche Formen, wie im Chriſtenthum, geweckt werden ſoll, muſs er dieſe aus dem Geiſte des Zeitalters, in dem ſie entſtanden, erklären und entwickeln, nicht aber eine Zeitphiloſophie in dieſe Formen tragen, beſonders keine ſolche, zu der in der That nichts weiter gehört, als eine Einbildungskraft, die ſtark genug iſt, ſich über alle wirkliche Beſtimmungen des Bewuſstſeyns hinweg zu ſetzen. Vorliegendes Geſpräch, ſo viele Vorzüge es auch in ſeinen einzelnen Theilen hat, und ſo gefällig auch die Gruppe der Redenden zuſammen geſtellt iſt, entſpricht dieſen Forderungen im Ganzen wenig; der Eindruck, welchen es gemacht hat, konnte daher auch nicht bedeutend ſeyn. Chriſtliche Frauen, die ein höheres Selbſtbewuſstſeyn, um mit dem Vf. zu reden, in der Empfindung beſitzen, und nur nicht von aller Erkenntniſs ausgeleert waren, haben ſich *Ernſten* nicht anſchlieſsen können; er ſprach ihnen zu unbeſtimmt, zu gehaltlos, ſeinen Bildern fehlte es zu ſehr an Umriſs und Fülle, als daſs ihr Gefühl dadurch angeregt werden konnte. Bey mehrerem Lichte und reicherer Erkenntniſs fand man noch weniger einen Grund, warum denn das Anſchauen einer neuen Welt, die ja durch manche andere griechiſche oder chriſtliche Mythe eben ſo gut vergegenwärtigt werden könne, gerade in der Weihnachtsfeyer zuſammen gedrängt ſey, und wem nicht ſchon das Bleibende und Wechſelnde zu einer Erkenntniſs geworden, und wer das Zeitliche nicht ſchon in dem Ewigen angeſchauet hatte, begriff gar nicht wie der Erdgeiſt in ſeinem ewigen Seyn und wechſelnden Werden zur Geburt des Heilandes der Welt kam. Unbefangene tadelten es mit Recht, daſs das Gefühl in der Religion, das doch nur Werth hat, ſo weit alle Kräfte des Gemüths

ſich

ſich darin vereinigen, ohne alle weitere Beſtimmung ſo unbedingt geprieſen werde. Sie glaubten nicht, daſs es den Frauen, wenn ſie ſich ihrer auch nicht im Erkennen bewuſst wären, überall gezieme, im Innern des Tempels als Veſtalinnen zu wohnen, die das heilige Feuer bewahren, weil man das heilige Feuer doch kennen müſſe, um es zu bewahren; auch nicht, daſs für die kleine *Sophie* nichts zu fürchten ſey, weil bey ihr alles aus dem Innern hervorgegangen nicht von auſsen angeſetzt ſey, da das Innere durch eigene regelloſe und unverhältniſsmäſsige Thätigkeit verſchroben genug werden könne, um nicht ſich ſelbſt überlaſſen bleiben zu dürfen. Sie zweifelten auch, ob dem Mägdlein nichts von auſsen angeſetzt ſey, da die Mutter ſie ja über ihre Gefühle aufzuklären geſucht habe, und begriffen nicht, wie dieſes die Mutter könne, da ſie ja nie zur Beſinnung über ſich und die Welt gekommen ſey. So ſehr ſie auch für die ſingende Frömmigkeit waren, ſo wollten ſie doch die Muſik nicht in unmittelbare Verbindung mit dem Religiöſen geſetzt wiſſen, und es nicht zugeben, daſs die nähere Verbindung derſelben mit der Religion gerade darin liegen ſolle, daſs ſie, ohne an ein einzelnes Factum geknüpft zu ſeyn, dennoch Gegebenes genug habe, um verſtändlich zu ſeyn. Es läge, meynten ſie, hierin eine offenbare Verwechſelung des Unbeſtimmten mit dem Unbedingten, und konnten dieſe dem Vf. am wenigſten verzeihn. Wenn nun die Eingeweiheten in die Myſterien des Abſoluten auch noch rügten, daſs das wahre Weſen des ewigen Seyns von dem Vf. noch nicht richtig gefaſst ſey, indem ihm dieſes noch zu ſehr durch das Werden getrübt ſey, ſo lag dieſes wahrſcheinlich daran, daſs das Abſolute, welches ſie anſchauten, von dem des Vfs. unterſchieden war, und er hat Recht, bey ſeiner Anſicht zu bleiben, bis ſie ihn ihr Abſolutes haben ſchauen laſſen. Die Charaktere ſind gut gehalten, nur möchte es dem der kleinen *Sophie* an Einheit fehlen. Sie, die in allen Dingen die Hauptſache vom Schein und den Umgebungen unterſcheidet, die ſich des Symboliſchen und Poetiſchen des Chriſtenthums ſo völlig bemächtigt hat, daſs ſie es höchſt bedeutend und ſinnreich zuſammenſtellt, die den Regenbogenſchein in ihrem Bildwerk vermiſst, weil der Chriſt der rechte Bürge iſt, daſs Leben und Luſt nie mehr untergehn werde in der Welt, und die doch unerſättlich iſt an Süſsigkeiten; und um groſse Vorräthe davon zu beſitzen, die Bruchſtücke der zerſtörten Namenszeichen einwechſelt, ſchien doch den Frauen, mit denen Rec. dieſe Weihnachtsfeyer geleſen, verzeichnet.

MÜNCHEN, b. Fleiſchmann: *Freyherrn von Böcklin's Paragraphen theils philoſophiſchen theils hiſtoriſchen Inhalts.* 1809. 314 S. 8. (1 Rthlr. 2 gr.)

Dieſe Paragraphen enthalten Gedanken über die mannichfaltigſten Gegenſtände. *Philoſophiſch* und *hiſtoriſch* können ſie nur genannt werden wenn man dieſe Worte in einem ſehr weiten Sinne nimmt. Aber das verſtändige Urtheil des Vfs. über die Verhältniſſe des menſchlichen Lebens, ſein Sinn für das Einfache, und ſein Gefühl für die Schönheit der Natur macht, daſs man dieſe Aufſätze gern lieſt, und ſichert ihnen eine heilſame Wirkſamkeit auf das Gemüth mancher Leſer. Daſs nichts erforſcht, nichts erſchöpft wird, beweiſt ſchon die Vielheit der Aufſätze, deren dieſe Schrift von mäſsigem Umfange nicht weniger als 52 enthält. Gewöhnlich giebt der Gegenſtand, den die Ueberſchrift bezeichnet, nur Gelegenheit zu einem oder einigen Gedanken; nie wird mehr als eine Anſicht deſſelben gegeben. Bey dieſer Menge und Kürze der Aufſätze konnte es nicht fehlen, daſs nicht mancher unbedeutend ausgefallen wäre; eben dieſe Mannichfaltigkeit aber, in Verbindung mit den bemerkten guten Eigenſchaften des Vfs., macht es auch faſt unmöglich, daſs nicht jeder Leſer wenigſtens etwas finde, das ſeinem Gefühl oder Nachdenken Nahrung biete. — Die Inhaltsanzeige der erſten 50 Seiten mag zu erkennen geben, von welcher Art dieſes Mancherley iſt: 1) Ueber die Vorzüge guter Lectüre. 2) Etwas über die Geiſter. 3) Einige Worte über die phyſiſche Gemeinſchaft zwiſchen der Seele und dem Körper. 4) Kennen wir die alten und rohen Völker ganz? 5) Wie behandelten die Römer das ſchöne Geſchlecht? 6) Unſer Erzvater Abraham war auch ein wohlthätiger Oekonom. 7) Könnte wohl ein Kluger den Wunſch hegen, ſich an der Stelle eines Monarchen zu befinden? 8) Geſicht des Menſchen — gar oft Spiegel des Herzens. 9) Nicht jeder Troſt heiſst willkommen. — Die drey letzten Aufſätze des Buches: *etwas über die amerikaniſchen Freyſtaaten — ein Beytrag zur Geſchichte der Jeſuiten — ein Auszug aus dem Buche, der Triumph der Philoſophie im achtzehnten Jahrhundert betitelt* — ſind die längſten, indem ſie ſich von S. 240 — 314. erſtrecken. Der mittlere derſelben, über die Jeſuiten, iſt zwar nicht unparteyiſch, aber vorzüglich beachtungswerth. Er enthält nämlich die Behauptung der Ungerechtigkeit und Schädlichkeit der Aufhebung dieſes Ordens, und ſchildert die geſetzwidrige Verfahrungsweiſe, die man ſich dabey zu Schulden kommen laſſen. Der letzte giebt eine mit Abſcheu niedergeſchriebene Ueberſicht von *Voltaire's* Leben.

ALLGEMEINE LITERATUR-ZEITUNG

Sonnabends, den 30. December 1809.

LITERARISCHE NACHRICHTEN.

Universitäten.

Am vierten December wurde das *vierhundertjährige Jubiläum* der Universität Leipzig mit grosser und würdiger Feyerlichkeit begangen. Der bis in den October fortdauernde Krieg hatte es zweifelhaft gemacht, ob dieses Fest an gedachtem Tage würde gehalten werden können. Nachdem aber der Friede am 14ten October geschlossen war, ertheilte der König von Sachsen die Erlaubniss zur Feyer des Jubelfestes, und beehrte die Universität durch ein Geschenk von 3000 Rthlrn. zu diesem Behufe. Ungeachtet nun die Zeit zur Vorbereitung sehr kurz war, vereinigten sich doch alle Behörden, die Anstalten zur würdigen Feyer zu beschleunigen.

Das Fest wurde von dem dermaligen Rector der Universität, Hn. Prof. *Kühn*, durch ein Programm, unter folgendem Titel:

Rector Academiae Lipsiensis Sacra Saecularia quartum celebranda a d. IV. Dec. A. Aer. Vulg. CIↃIↃCCCIX. *indicit.* 26 S. 4.

angekündigt, welches vom Hn. Hofr. und Prof. *Beck* verfasst ist, und worin er vom Geiste der Universitäten im Allgemeinen, insbesondere der Universität Leipzig, handelt.

Die Feyer wurde den sämmtlichen Universitäten notificirt; da jedoch die Zeit zu kurz war, als dass man die entferntern Universitäten hätte einladen können: so ergingen diese Einladungen bloss an die nähern, Wittenberg, Jena und Halle, ingleichen an die Universität Prag, von welcher einst Leipzig als Colonie ausgegangen war.

Von Sr. Maj. dem Könige hatten der Hr. Generallieut. *v. Zastrow* und der Hr. Oberhofrichter und Domcapitular Freyherr *v. Werthern* den Auftrag, dem Feste im Namen Sr. Maj. beyzuwohnen. Vom Hochstifte Merseburg erschienen als Deputirte Hr. Domdechant *v. Holleufer* und Hr. Domherr *v. Bodenhausen*; vom Hochstift Naumburg Hr. Domdechant *Wurmb v. Zink.* Von der Universität Wittenberg Hr. Probst *Schleusner* und Hr. Prof. *Assmann*; von der Univ. Jena der Prof. der Mathematik, Hr. Hofr. *Voigt*, und der Prof. der Beredsamk., Hr. Geh. Hofr. *Eichstädt*; von der Univ. Halle Hr. Kanzler und Rector Dr. *Niemeyer*, der Ordinarius der Juristenfacultät, Hr. Prof. *Woltär*, und der Prof. der Lit. Gesch. und Beredsamk., Hr. Hofr. *Schütz*; von dem Stift Zeiz Hr. D. *Küstner*, und von den Ständen des Leipz. Kreises Hr. Kammerherr *v. Wintersheim.*

Am 3ten December, wo das Fest von den Kanzeln verkündigt wurde, hielt der Prof. der Theologie, Hr. Dr. *Zschirner*, in der Universitätskirche die Vorbereitungs-Predigt.

Am Vorabende des festl. Tages hatte Hr. Oberhofgerichtsrath *Erhard* die Königl. Herren Abgeordneten, die sämmtl. fremden Deputirten, den Hn. Rector Magnificus und die ordentl. Professoren, die Anführer der Studirenden, und eine grosse Anzahl der vornehmsten Damen eingeladen. In dieser Assemblee übergab er als ein Geschenk für das physikalische Kabinet einen vortrefflichen parabolischen Brennspiegel von dem berühmten Mechanicus *Peter Höse* (seinem Grossvater mütterlicher Seite) mit einer feyerlichen Anrede, die der Rector Hr. Prof. *Kühn* beantwortete. Ein froher Tanz beschloss diese Feyerlichkeit, worauf die sämmtl. Deputirten bey Hn. Oberhofgerichtsr. *Erhard* zum Souper blieben.

Das Fest selbst begann am 4ten Dec. um 5 Uhr mit dem Geläute aller Glocken, und einem Festgesange der Thomasschüler vom Thurme der Thomaskirche; um 6 Uhr wurde das Geläute wiederholt, und vom Thurme der Nicolaikirche ertönten Gesänge mit Begleitung blasender Instrumente. Nachdem um 7 Uhr zum dritten Male geläutet worden, versammelten sich gegen 9 Uhr sämmtliche Behörden in der Thomaskirche. Die Procession ging unter dem Geläute aller Glocken, und in Begleitung dreyer Musikchöre, in folgender Ordnung. Den Anfang machten die Königlichen Beamten der Stadt, in umgekehrter Ordnung des Ranges. Hierauf die Königlichen Herren Abgeordneten; die Deputirten der Domstifter Merseburg und Naumburg; die Deputirten der Universitäten Wittenberg, Jena und Halle; die Deputirten der Stände des Leipziger Kreises; die Hnn. Officiere vom Major an; der Magistrat *in corpore*; die lutherische, katholische und reformirte Geistlichkeit nebst dem griechischen Popen; die Lehrer der Schulen; die Deputirten der Buchhändler und der Kaufmannschaft.

Hierauf die Universität. Die Statuten der Universität, getragen von Hn. *v. Wulkinau*; das Siegel der Universität, getragen von Hn. *Gauch*; der Rector Magnificus, begleitet von dem Prinzen *von Schönburg*; der Dechant der theol. Facultät, Hr. Dr. *Keil*; die Professoren der Theologie; der Dechant der juristischen Facultät, Hr. Hofr. Dr. *Biener;* die Professoren und Doctoren der Rechte; der Dechant der medicinischen Facultät, Hr. Hofr. *Platner;* die Professoren und Doctoren der Arzneygelahrtheit; der Dechant der philos. Facultät, Hr. Prof. *Arndt;* die Professoren u. Magistri der Philos.; die Advocaten und Notarien; die Officianten und Subalternen der Universität. Alle diese Behörden wurden von Marschällen und Ehrenbegleitern aus der Zahl der Studirenden geführt. Dann folgten die Studirenden der Universität, in zwey Zügen. Hauptanführer Hr. Graf *v. Schönfeld;* Anführer des ersten Zugs Hr. Baron *v. Gutschmidt;* Beschliesser des ersten Zugs Hr. *Dammann.* Anführer des zweyten Zugs Hr. *Crusius;* Beschliesser des zweyten Zugs Hr. *v. Nostitz* und *Jänkendorf.* Ihnen folgte das Chor der Studirenden, die von andern Universitäten sich eingefunden hatten.

Als der Zug in der Universitätskirche angekommen war, und das Vorspiel der Orgel schwieg, ward das *Veni sancte spiritus* nach einer neuen Composition von Hn. *Schicht* blos von Vocalstimmen aufgeführt, worauf nach einem kurzen Kirchengesange von dem Domherrn und Prof. der Theol., Hn. Dr. *Tittmann*, die Jubelpredigt über den Text: *Ihr seyd das Licht der Welt*, gehalten wurde. Hierauf folgte eine vom Hn. Oberhofgerichtsrath *Erhard* gedichtete Cantate, die dem ersten Theil der Musik von *Haydns* Schöpfung untergelegt war. Dann hielt Hr. Hofr. *Wenk*, als Prof. der Geschichte, die lateinische Jubelrede, worin er die Verdienste der verstorbenen würdigen Lehrer Leipzigs pries, und der Schranken wegen, die ihm die Zeit setzte, bey den Theologen und Juristen stehn blieb. Den Beschluss dieser feyerlichen Handlung machte ein *Te deum laudamus*, nach Hn. *Schichts* schöner Composition. Das lateinische *Carmen saeculare* vom Hn. Prof. *Hermann* hätte man wohl noch wünschen mögen im lebendigen Vortrage zu hören.

Nachmittags um 3 Uhr versammelten sich zum festlichen Mahle auf dem Gewandhause an 300 Personen. Es ward im grossen Concertsaale und in einem Nebensaale an mehrern grossen Tafeln gespeiset. Jener war schicklich verziert; besonders durch verschiedne Transparenten, deren eine den Namenszug des Königs mit der Unterschrift: SOSPITATORI, zeigte, vier andere die Schicksale der Universität in den vier Jahrhunderten ihrer Dauer bezeichneten; mit den Inschriften: SAECVLO XV. IN TENEBRIS NATA — SAECVLO XVI. DOTATA ET CONFIRMATA — SAECVLO XVII. INTER RUINAS SERVATA — SAECULO XVIII. FILIORVM NOMINIBVS CELEBRATA.

Abends war von einer Gesellschaft, die grösstentheils aus Doctoren und zur Akademie gehörigen Privat-Gelehrten bestand, im Klassig'schen Hause ein sehr geschmackvolles Fest angeordnet. Am 5ten December hielten die Studirenden einen feyerlichen Aufzug bey Fackeln, wo sie den Königl. Deputirten das Gedicht zum Lobe des Königs überreichten. Dann folgte der grosse Ball und Souper auf dem Gewandhause. Am 6ten Abends weihte Hr. Hofr. *Beck* das von ihm schon seit mehrern Jahren unter dem Namen *Societas philologica* als Privat-Anstalt gestiftete, nunmehr aber von des Königs Maj. zu einer öffentl. Anstalt erhobene Königl. philol. Seminarium ein, zu welcher Feyerlichkeit er durch Vertheilung eines Programms *de consiliis et rationibus Seminarii philologici* einlud. Nach einer kurzen Rede, die er als Director hielt, wurde eine Vorlesung von dem Hn. M. *Baumgarten-Crusius* gehalten, worauf noch einige andere Mitglieder des Seminarii ihre Geschicklichkeit im Examiniren einiger Schüler zeigten. An eben diesem Tage gaben die Studirenden durch einen Aufzug bey Fackeln und Ueberreichung eines Gedichts ihre Achtung und Dankbarkeit einem edeln Magistrate und der löbl. Kaufmannschaft der Stadt Leipzig zu erkennen.

Von den vielen Jubelschriften geben wir nächstens eine Anzeige, und bemerken nur noch, dass die Universität von Einheimischen und Auswärtigen viele Beweise der Achtung, der Dankbarkeit und Theilnahme erfahren, insbesondere aber durch viele Geschenke und Stiftungen erfreut und geehrt worden ist, deren vollständiges Verzeichniss wir beides zur Ehre der Geber, als der Empfängerin künftig mittheilen werden.

Eigentliche Jubel-Promotionen hatte die Universität beschlossen nicht anzustellen. Doch fielen in diese Woche gerade die theologischen Inaugural-Disputationen des nach Wittenberg berufenen Hn. Prof. *Schott* und des Hn. Superint. *Fiedler* zu Wurzen, welche den 5ten u. 6ten gehalten wurden, worauf beiden Hr. Dr. *Rosenmüller* die Doctorwürde ertheilte.

INTELLIGENZ DES BUCH- UND KUNSTHANDELS.

I. Neue periodische Schriften.

Ankündigung
der
meteorologischen Hefte.
Herausgegeben
von
Dr. *Carl Constantin Haberle.*

Da zur Begründung einer allgemeinen und besonderen Witterungslehre nicht nur vielfache, und zahlreiche, stets fortzusetzende Beobachtungen, sondern auch viele wissenschaftliche Untersuchungen und Prüfungen, theils der bisher für wohlgehaltenen, theils der neu aufzustellenden Lehrsätze durchaus nothwendig sind; die Jahrgänge unseres bereits angekündigten, und nunmehr bald erscheinenden *meteorologischen Jahrbuches* immer nur die *Resultate* solcher Vorarbeiten als Grundsätze und Lehrsätze wirklich aufnehmen und in Anwendung bringen können, dasselbe auch jährlich nur einmal erscheint: so wird deshalb ein wissenschaftliches *Magazin* als Sammelplatz alles dessen, was an Vorarbeiten zur Begründung und Erweiterung der Witterungslehre nothwendig erforderlich ist, durchaus unentbehrlich.

Unter dem Titel:

Meteorologische Hefte
für
Beobachtungen und Untersuchungen
zur
Begründung der Witterungslehre,

wird daher in freyen, an keine Zeit gebundenen, Heften eine Zeitschrift in unserm Verlage erscheinen, welche nun mit dem *meteorologischen Jahrbuche* und dem *Witterungskalender* einen ganz interessanten Cyclus der Witterungskunde ausmacht. Wir werden sie aufs beste besorgen, und den billigen Preis eines jeden Hefts bey seiner Erscheinung anzeigen. Man kann sich bey allen Buch- und Kunsthandlungen und Postämtern darauf abonniren. Wir bitten jeden Naturwissenschaftsfreund, sich dafür zu interessiren, und Subscribenten zu sammeln. Jeder Sammler erhält das fünfte Exemplar frey, oder 20 Procent als *Rabat* vom Geldbetrage.

Weimar, im November 1809.

H. S. priv. Landes-Industrie-Comptoir.

II. Ankündigungen neuer Bücher.

Neue Verlags-Bücher von Mohr und Zimmer in Heidelberg.

Michaelis-Messe 1809.

Bibel. Die Schriften des Alten Testaments. 2ter und 3ter Band. Mit 2 Kupfern. gr. 8. Weiss Druckpap: 6 Fl. 45 Kr. od. 3 Rthlr. 18 gr.

Fecht, G. L., über Belohnungen und Strafen in pädagogischer Hinsicht. 8. 40 Kr. od. 10 gr.

Grimm, A. L., Kindermährchen. 12. Geb. mit schwarzen Kupfern. 1 Fl. 48 Kr. od. 1 Rthlr.

— Dieselben mit illum. Kupfern. 2 Fl. 40 Kr. od. 1 Rthlr. 12 gr.

Kastner, C. W. G., Grundriss der Experimentalphysik. 1r Band. Mit 2 Kupfern. gr. 8. 4 Fl. 12 Kr. od. 2 Rthlr. 8 gr.

Ritter, J. W., Fragmente aus dem Nachlasse eines jungen Physikers. 2 Bde. 8. 5 Fl. 6 Kr. od. 2 Rthlr. 20 gr.

Schlegel, A. W., Vorlesungen über dramatische Kunst und Literatur. 1r Theil, und 2n Theils 1ste Abth. 8. Geh. 5 Fl. 24 Kr. od. 3 Rthlr.

Schreiber, A., Lehrbuch der Aesthetik. 8. 3 Fl. od. 1 Rthlr. 16 gr.

Studien. Herausgegeben von C. *Daub* und *Fr. Creuzer*. 5r Band. gr. 8.

Wilken, F., Handbuch der deutschen Historie. 1e Abth. gr. 8. 2 Fl. 6 Kr. od. 1 Rthlr. 4 gr.

Commissions-Artikel.

Danzinger kleines Vermächtniss poetischer Versuche. 8. 1 Fl. od. 16 gr.

Evangelium, das heilige; oder das Leben und die Lehre Jesu aus den Evangelien zusammengestellt. gr. 8. 2 Fl. 45 Kr. od. 1 Rthlr. 20 gr.

Gebetbuch. Auswahl der vorzüglichsten katholischen Gebete. Mit 1 Kupfer. gr. 12. 30 Kr. od. 8 gr.

Reimold, J. K. D. F., Warnung vor gesetzlosem Zustande. Eine Rede. 8. Geh. 12 Kr. od. 3 gr.

— der Friede. Ein Lehrgedicht. 8. Geh. 1 Fl. 12 Kr. od. 18 gr.

Sonntag, G. F. N., Doctrina inspirationis. 8 maj. 1 Fl. 15 Kr. od. 20 gr.

Spätlinge. Erzählungen und Gedichte. Herausgegeben von *A. Schreiber*. Mit Kupfern. 16. Geb. 1 Fl. 30 Kr. od. 1 Rthlr.

Tiedemann, F., Anatomie des Fischherzens. Mit Kpfrn. gr. 4. 1 Fl. 48 Kr. od. 1 Rthlr.

Weber, H. B., die Philosophie in ihrem Geiste und Grenzpunkte. 8. 36 Kr. od. 9 gr.

Zaire. Ein Trauerspiel, nach *Voltaire*; von *A. M. Wallenberg*. Mit dem franz. Original. 8. 1 Fl. 20 Kr. od. 20 gr.

Zinserling, E. A., le Système fédératif des anciens mis en parallèle avec celui des modernes. 8. 36 Kr. od. 8 gr.

Bey J. A. Barth in Leipzig ist herausgekommen:

Dr. *Joh. Aug. Heinr. Tittmann's* Predigt am vierten Jubiläum der Universität Leipzig, den 4ten Dec. 1809. gr. 8. 4 gr.

G. Ch. Cannabich's, Kirchenrath und Super. in Sondershausen, Predigt von der Hoffnung auf Gott in bedrängten Zeiten, am Sonntage Cantate 1809. (die letzte, die er gehalten hat, mit einer kurzen Rechtfertigung seines Entschlusses.) gr. 8. 4 gr.

So eben ist erschienen:

Allgemeine Weltgeschichte für die Jugend. (Zunächst für Söhne und Töchter aus den gebildeten Ständen und für Schulen); in *einem* Bande, von *Karl Stein*.

Sachkundige Männer, deren Urtheil vollständige Competenz hat, gaben diesem Buche das Zeugniss, dass es, mit Einsicht und Fleiss verfasst, seinem Zwecke durchaus entspreche. Es umfasst alle welthistorischen Begebenheiten von der uns bekannten Schöpfung an bis auf unsere Zeit (nämlich bis zum Herbste des Jahres 1809.), und ist in jener für die Jugend angenehmen und leichtfasslichen Erzählungsmethode gearbeitet, welche der verstorbene Dr. *Becker* in seiner grössern Weltgeschichte für die Jugend wählte. Die Thatsachen werden in gedrängter, den jungen Menschen zusagender, Kürze, und nur mit den nöthigen Erläuterungen gegeben; selbst die merkwürdigen Ereignisse unserer Tage sind so dargestellt, dass sie dem Kinde begreiflich werden. Diese Rücksicht des Autors auf die Jugend wird aber auch den Erwachsenen nicht hindern, das kleine historische Lesebuch zur Unterhaltung und Belehrung in die Hand zu nehmen. Der

äusserst

äusserst mäfsige Preis gestattet den Mitgliedern aller Stände, sich das Werk zu verschaffen. Es besteht aus 33 Bogen in gross Octav, und ist auf sehr gutes Papier gedruckt. Der Gemeinnützigkeit halber wird dasselbe in allen guten Buchhandlungen und bey Unterzeichnetem für den äusserst billigen Preis à 1 Rthlr. 8 gr. Courant verkauft. Wer 6 Exempl. von mir für gleich baare Zahlung nimmt, erhält das Siebente gratis.

Berlin 1809. G. Hayn.

So eben ist erschienen:

Hacker's, Dr. *J. G. A.*, *Andeutungen zu einer fruchtbaren Benutzung der Abschnitte heiliger Schrift, welche Allerhöchster Anordnung gemäß im Jahre* 1810. *statt der gewöhnlichen Evangelien bey dem evangelischen Gottesdienste in den Königl. Sächsischen Landen öffentlich erklärt werden sollen. Erstes* Heft, Neujahr bis Ostern. gr. 8. Dresden und Leipzig. 1810. 9 gr. Auf Schreibpapier 12 gr.

Da der Verfasser dieser Andeutungen mit den Ideen, von welchen der Herr Oberhofprediger Dr. *Reinhard* bey der Wahl der vorliegenden Texte für die hiesige evangelische Hofgemeinde geleitet wurde, bekannt zu werden und die Vorträge desselben über diese Texte zu hören Gelegenheit hatte: so glaubte er allerdings einigen Beruf zu haben, den Veranlassungen nachzugeben, welche ihn von mehr als einer Seite ermunterten, für den homiletischen Gebrauch dieser Stellen, die nun in den ganzen Königl. Sächs. evangelischen Landen öffentlich erklärt werden sollen, etwas herauszugeben. Die Bedenklichkeiten, die sich hierüber noch bey ihm regten, wurden gehoben, indem der Herr Oberhofprediger selbst jene Veranlassungen verstärkte, und ihm erlaubte, sowohl die Hauptidee, welche derselbe bey Auswahl dieser Stellen vor Augen hatte, als auch kurze Auszüge der, von diesem berühmten Kanzelredner über den grössten Theil derselben gehaltenen, Predigten bekannt zu machen.

Das *zweyte* Heft wird gegen Ostern künftigen Jahres erscheinen.

Leipzig, den 6ten December 1809.

Joh. Fr. Hartknoch.

Bey Friedrich Nicolovius zu Königsberg in Preussen ist erschienen:

Der Klubb, oder die *vorwitzigen Weiber*. Ein Lustspiel in 4 Acten. Nach *Goldoni* bearbeitet. 8. 14 gr.

Unter der Menge von *Goldoni's* Dramen befinden sich einige recht muntere und leichtlaunige Lustspiele, zu welchen das vorliegende gehört, dessen Bearbeitung für die deutsche Bühne recht wohl gelungen ist. Es wird gewiss Beyfall finden: denn das Thema ist von der Art, dass das Stück von Herzen belacht werden kann, wenn gleich nicht jede Zuschauerin die weibliche Neugier, welche hier dem Gelächter Preis gegeben wird, so treuherzig, wie das lustige Kammermädchen in der Schluss-Scene thut, als einen Lieblingshang ihres Geschlechts anerkennen wird. Von dem nämlichen Verfasser ist früher schon ein anderes Lustspiel nach *Goldoni*, unter dem Titel: „die *Familien-Neckereyen*, in 3 Acten," in demselben Verlage erschienen, welches nicht weniger Beyfall verdient, und bey dem Mangel an guten Lustspielen ein wahrer Gewinn für die deutsche Bühne ist.

In der Schulze'schen Buchhandlung in Oldenburg sind neu erschienen und in allen Buchhandlungen zu haben:

Brandes, H. W., Lehrbuch der Arithmetik, Geometrie und Trigonometrie, zum Gebrauche für zwey verschiedene Lehr-Curse, wie auch zum Selbstunterrichte. 2 Thle. Mit 8 Kupf. 8. 2 Rthlr. 2 gr.

Uhlhorn, D., Entdeckungen in der höhern Geometrie, theoretisch und praktisch abgehandelt. Mit 4 Kupf. 4. 2 Rthlr.

Skizzen zu einem Gemälde edler Seelen, von *L. A.* Freyherrn *v. S.* 8. 20 gr.

Die Aufgeblasenen; ein Lustspiel in vier Aufzügen, von demselben Verf. 8. 12 gr.

Gramberg, G. A. H., Sophonisbe. Tragödie in fünf Acten. gr. 8. 1 Rthlr.

Runde, Dr. *C. L.*, rechtl. Grundsätze über die Vertheilung der Einquartirungslast. 8. 6 gr. geheftet.

Ist die Wiedervereinigung der beiden christlichen Hauptparteyen zum Wohl der Christenheit nothwendig, und welche Folgen würden daraus entstehen? Nebst einigen Worten zur Vertheidigung des Glaubens an eine fortschreitende Aufklärung und Moralität der Menschheit. 8. 8 gr. geheftet.

III. Vermischte Anzeigen.

Die öftern Nachfragen nach dem Namen des Hrn. Verfassers des in meinem Verlag 1808 und 9. erschienenen Werks:

Recepte und Kurarten der besten Aerzte aller Zeiten. 2 Bände. gr. 8. 2 Rthlr. 16 gr.

veranlassen mich anzuzeigen, dass derselbe unbekannt bleiben will bis nach Vollendung seines Werks; mit Wahrheit kann ich aber sagen, dass er als praktischer Arzt und Schriftsteller mehrerer Werke schon längst vortheilhaft bekannt ist. Der 3te Band seines Werks, in welchem er die chronischen Krankheiten und deren Heilarten zu behandeln angefangen hat, erscheint nächstens. Leipzig, den 9ten Dec. 1809.

J. A. Barth.

Halle, gedruckt bey Johann Jacob Gebauer.

I.

Register
der
im Jahrgange 1809
der
ALLGEMEINEN LITERATUR-ZEITUNG
recensirten Schriften.

Anm. Die *Römische Ziffer* I, II, III, *zeigt den ersten, zweyten und dritten Band der A. L. Z., und* IV, *den vierten Band, oder die Ergänzungsblätter, die Deutsche aber die Seite an.*

A.

v. Arndt,

Bibliothek

C.

Del De-

E.

F.

G.

H.

M.

Meusel.

N.

O.

P.

Pouqu-

Q.

R.

S.

Schneider,

T.

U.

Ueber

X.

Z.

II. Re-

II.

Register

über die

LITERARISCHEN NACHRICHTEN

und

ANZEIGEN.

a) Beförderungen und Ehrenbezeugungen.

A.

B.

C.

D.

Dobrowski

L.

M.

N.

O.

P.

Q.

R.

S.

b) Todesfälle.

F.

G.

J.

K.

L.

M.

N.

O.

P.

R.

S.

T.

U.

c) Anderweitige Nachrichten von Gelehrten und Künstlern.

M.

M.

N.

O.

P.

R.

S.

W.

Z.

d) Nachrichten von literarischen und artistischen Anstalten und andern Gegenständen.

A.

B.

C.

D.

E.

F.

G.

J.

K.

L.

M.

N.

O.

P.

e) Literariſche und Ankündigungen.

B.

C.

D.

E.

F.

G.

O.

P.

R.

S.

T.

U.

V.

W.

W.

MONATSREGISTER
vom
DECEMBER 1809.

I.

Verzeichniſs der in der Allgem. Lit. Zeit. und den Ergänzungsblättern recenſirten Schriften.

Anm. Die erſte Ziffer zeigt die Numer, die zweyte die Seite an. Der Beyſatz EB. bezeichnet die Ergänzungsblätter.

(Die Summe aller angezeigten Schriften iſt 98.)

II.

Verzeichniſs der literariſchen u. artiſtiſchen Nachrichten.

Beförderungen und Ehrenbezeugungen.

Todesfälle.

Universitäten, Akad. u. andre gel. Anstalten.

Vermischte Nachrichten.

III.

Intelligenz des Buch- u. Kunsthandels.

Ankündigungen von Autoren.

Ankündigungen von Buch- u. Kunsthändlern.

Vermischte Anzeigen.

Lightning Source UK Ltd.
Milton Keynes UK
UKHW010617011218
333025UK00006B/652/P